发展经济学前沿理论研究

（上册）

Fazhan Jingjixue Qianyan Liliun Yanjiu

马　颖　主编

人民出版社

责任编辑:陈　登

图书在版编目(CIP)数据

发展经济学前沿理论研究/马颖 主编. -北京:人民出版社,2013.12
(发展经济学学术丛书)
ISBN 978-7-01-013023-1

Ⅰ.①发…　Ⅱ.①马…　Ⅲ.①发展经济学-理论研究　Ⅳ.①F061.3

中国版本图书馆 CIP 数据核字(2013)第 317271 号

发展经济学前沿理论研究
FAZHAN JINGJIXUE QIANYAN LILUN YANJIU

马　颖　主编

人民出版社 出版发行
(100706　北京市东城区隆福寺街 99 号)

北京瑞古冠中印刷厂印刷　新华书店经销

2013 年 12 月第 1 版　2013 年 12 月北京第 1 次印刷
开本:787 毫米×1092 毫米 1/16　印张:56.5
字数:1104 千字

ISBN 978-7-01-013023-1　定价:120.00 元(上、下册)

邮购地址 100706　北京市东城区隆福寺街 99 号
人民东方图书销售中心　电话 (010)65250042　65289539

序

武汉大学马颖教授主编的《发展经济学前沿理论研究》（以下简称《研究》）一书将由人民出版社出版，这部由主编及十多位合作者历经 6 年多时间协手完成的著作对近年来发展经济学取得新进展的各主要领域做了全面的概括和评价。一个学术团队沉下心来对一个学术领域潜心研究了 6 年，这一方面表明从事基础理论研究工作，哪怕是研究和评价他人的著述，只要认认真真去做就会是一件耗费时日的事情；另一方面，一个学术领域所取得的新进展值得一个学术团队花上 6 年时间去进行梳理和消化，这本身就说明这个学术领域中涌现出来的研究成果内容颇为丰富，值得一个学术团队去对它进行全面而深入的钻研和评析。

长期以来，我一直不认同发展经济学是一门已经走向衰落或消亡的学说的说法。这类说法的理由大致是，发展中国家各有差异，没有一种宏大的经济发展理论可以加以概括；一些发展中国家因接受了早期发展经济学具有片面性的政策建议而陷入困境，因而发展经济学早该“寿终正寝”了；20 世纪 60 年代末兴起的“新古典主义复兴”在消除其早期理论片面性的同时也使发展经济学失去了作为一门学科的独立性；等等。我认为，发展经济学因为广大发展中国家的存在而成为一门具有强大生命力的学科。发展经济学的研究对象是世界上除 OECD 发达国家之外的 100 多个发展中国家，这些国家的经济在继续发展。此外，众多发展中国家在历史条件、社会经济基础乃至文化传统方面有着很大差异，所选择的发展道路也不尽相同，所经历的不同的经验教训还有待继续总结。所有这一切都构成为发展经济学这门学科存在的基础，是这门学科取之不尽的丰富源泉。所谓的发展经济学“贫困论”或“衰亡论”，如果不算是谬论，也应当算是误解。

马颖教授与他的学术团队总结和评价了自 20 世纪 70 年代以来发展经济学领域丰硕的研究成果，以大量的事实有力地反驳了发展经济学已经衰亡的说法。通过对《研究》一书的阅读，人们根本无法得出发展经济学走向“贫困”或“衰落”的结论，相反，发展经济学正处在自它问世以来未曾有过的全面繁荣的时期。通览全书，我觉得本书的特色和新意可以归纳为如下几个方面：

首先，对近年来发展经济学所取得的新进展做了颇为全面而清晰的概括和梳理。《研究》一书是在参考了自 20 世纪 70 年代以来数百位发展经济学家发表的数百篇著述的基础上撰写而成，内容涉及扭曲理论、对直接非生产性活动的研究、制度与经济发展、分成租制、要素联结等非正规制度与经济发展、家户在经济发展中的作用、社会资本与经济发展、新贸易理论、新—新贸易理论、新增长理论、新经济地理学、金融发展理论、人口流动理论的新进展、对资源、环境与可持续发展的研究等发展经济学取得新进展的所有重要领域。此外，为了能够在浩如烟海的研究文献中厘清思路，进而能够清晰地概括出发展经济学前沿的理论轨迹，本书作者在全书各章的编排上颇费匠心。全书共分为三个部分。第二章至第六章为第一部分，主要概述了新一代发展经济学家对市场效率与经济发展、市场不完善背景下正规制度、非正规制度、作为社会基本单位的家户以及作为社会网络的社会资本与经济发展的关系所开展的研究。这些领域的研究成果一方面反映了自20世纪70年代国际发展经济学界兴起“新古典复兴”以来出现的纠正发展经济学早期阶段因强调发展中国家特殊性而带来的片面性的理论倾向，另一方面也反映了发展经济学向重视政治、法律和历史等因素作用的古典政治经济学回归的理论倾向。第二部分由第七章至第九章所构成，梳理了近年来新一代发展经济学家从规模收益递增假设出发对国际贸易、经济增长和经济地理学这三大领域所开展的研究。其研究成果集中体现了新一代发展经济学家力图突破传统新古典理论规模收益不变和边际收益递减假设对经济发展理论所施加的约束，进而促使经济发展理论进一步朝着动态化方向推进所取得的新进展。第三部分涵盖了第十章至第十二章，对发展经济学近年来一直在持续取得新进展或沉寂一段时间后再度取得理论推进的三个领域进行了概述，包括金融发展理论、对环境、资源与可持续发展的研究以及人口流动理论。

其次，对发展经济学各个领域新进展的理论贡献做了富有新意的解读和评价。譬如，本书作者指出，新一代发展经济学家们在讨论市场效率与经济发展关系时用“帕累托更优”或“帕累托更劣”概念取代“帕累托最优”概念，其重要的理论意义就在于对“帕累托更优”或“帕累托更劣”讨论所依据的是市场不完善假设而不是传统的完善市场假设，从该假设推导出的“多重均衡”往往更符合发展中国家实际；作者把对分成租制、要素联结等非正规制度与效率相互关系的探讨视为新一代发展经济学家为构建发展经济学的微观基础而进行的尝试，认为探讨分成租制有助于理解发展中国家农业中非正式制度对正式制度的替代而产生的激励等功能，而要素联结作为非正式制度的功能不仅在于它使孤立的未被利用的生产要素联结在一起并促成外部性内在化，而且还在于要素联结使得在某个市场蒙受的损失可以由其他市场的收益来补偿，进而突破了传统新古典范式把配置效率与收入分配分隔开来进行研究的藩篱。又如，作者认为新增长理论虽然从技术进步、人力资本积累和创新发明具有收益递增性质的视角把对经济增长机制的研究推进了一步，但现有研究成果离解释清楚这一机制还有很长的距离。此外，作者还指出新增长理论仍带有“欧洲中心史观”的痕迹。新增长理论要想对人类社会长期增长做出回答，不仅要回答西方社会如何从停滞走向增长的，还需要解释西方国家之外的国家何以仍然陷入贫穷落后泥潭的原因。在评析金融发展理论的贡献时，作者写道，基于非对称信息的信贷配给理论虽然为阐述信贷配给的形成机制提供了微观基础，但由于其分析对象是发达国家的商业银行和借款者，将发达国家信贷市场上行为主体的决策机理用于分析发展中国家中的信贷配给现象，其适用性值得怀疑。在本书中，新经济地理学的贡献被理解为对经济活动在空间上的集聚为何产生了企业微观层次上的收益递增以及收益递增与运输费用、要素流动之间的相互作用做出了新的解释，而且这种解释被用来探讨发展与不发展问题。但新经济地理学也有它的不足之处，例如，当论及“中心—外围”关系时提到了一些阻碍集聚的成本因素，但其他非经济因素却未提及，这与发展中国家的现实有很大偏离。在发展中国家，往往是经济和非经济因素（包括政府政策）相互作用促成了区域集聚的形成。

最后，对发展经济学中兴起的“新古典主义复兴”进行了系统而深入的分析并提出了独到的见解。对于研究经济发展理论的学者来说，无论是概括发展经济学70年的演进历程也好，论述发展经济学的新进展也好，都会碰到一个无法避开的理论难题，这就是“新古典主义复兴”与发展经济学演进的关系。在本书中，作者就“新古典主义复兴”在哪些方面推进了发展经济学的理论进步这个问题集中展开了论述。为此，作者集中对一批被称作“新—新古典经济学”的发展经济学理论文献进行了系统的整理和深入的探讨。作者认为，新一代新古典发展经济学家在认真考察发展中国家国情的基础上，不仅批评和纠正了第一阶段经济发展理论过于强调物资资本、计划化、进口替代和工业化而忽视人力资本、市场机制、农业发展和对外开放的政策倾向，而且对传统新古典理论范式进行了全面的检讨和修正，这包括以不完善市场和不完全竞争假设代之以完全竞争导致均衡与帕累托最优的公理性假设，把传统的信息完善假设转换为信息不完善假设，以“制度内生”假设取代“制度给定”假设，恢复更为现实的收益递增假设的主导地位以取代规模收益不变假设的主导地位，重提发展中国家政府在经济发展中应适度干预。作者得出的结论是，“新古典主义复兴”使得新古典经济发展理论突破了自身的藩篱，朝着贴近发展中国家现实的方向迈出了重要一步，增强了发展经济学的包容性和解释力，促使这门学科在理论体系上发生巨大变革的同时，能够在更为广阔的理论框架内继续发展。作者的这些见解是基于发展中国家现实和阅读大量文献并经过深入思考而得出来的，因而具有其独到之处。

当然，作为一部全面概述和评价发展经济学前沿理论的著作，本书仍然有待进一步完善之处，如在篇幅上可以适当精简一些。但就总体而言，本书内容丰富、信息量大、结构严谨、论述清晰、富有新意。此书虽然不是国内出版的第一部评述发展经济学新发展的著作，但却是一部全面梳理、研究和评价发展经济学前沿理论的佳作，这也是武汉大学经济与管理学院研究经济发展问题的学术团队为推进中国发展经济学研究所做出的一大贡献，值得向大家推荐。同时，我也期待着这支学术团队在正确思想指导下，团结奋进，再接再厉，在未来取得新的更大的成绩。

2013 年 10 月

目　录

第一章　导　论 …………………………………………………… (1)
　第一节　发展经济学的演进历程 ……………………………… (1)
　第二节　对发展经济学前沿理论的解读和评价 ……………… (22)
　第三节　发展经济学与新古典经济学之间的关系 …………… (38)
　第四节　发展经济学为什么没有衰落 ………………………… (58)
　参考文献 ………………………………………………………… (71)

第二章　市场效率与经济发展 ………………………………… (85)
　第一节　扭曲理论 ……………………………………………… (86)
　第二节　寻租理论 ……………………………………………… (110)
　第三节　直接非生产性寻利活动 ……………………………… (122)
　第四节　信息不完全与市场不完全背景下的市场效率 ……… (137)
　第五节　简要的评价 …………………………………………… (158)
　参考文献 ………………………………………………………… (166)

第三章　发展中国家市场不完善背景下的经济发展 ………… (172)
　第一节　发展中国家的金融市场 ……………………………… (173)
　第二节　发展中国家的劳动力市场 …………………………… (207)
　第三节　发展中国家的分成租制 ……………………………… (229)
　第四节　发展中国家市场不完善背景下的要素联结 ………… (266)
　第五节　简要的评价 …………………………………………… (299)
　参考文献 ………………………………………………………… (310)

第四章　发展中国家家户经济学 ……………………………… (315)
　第一节　发展中国家家户经济行为的基本模型 ……………… (316)
　第二节　家户内部的人力资本形成 …………………………… (329)
　第三节　家户内部成员营养不良与生产率 …………………… (337)

第四节 简要的评价 …… (346)
参考文献 …… (347)

第五章 制度与经济发展 …… (350)
第一节 制度与经济发展的一般关系 …… (351)
第二节 分析制度变迁的路径依赖思路 …… (363)
第三节 历史上的制度变迁 …… (366)
第四节 制度与经济发展关系的计量与统计分析 …… (383)
第五节 简要的评价 …… (393)
参考文献 …… (397)

第六章 社会资本与经济发展 …… (402)
第一节 社会资本理论概述 …… (402)
第二节 社会资本与经济发展：新古典经济学框架下的理论模型 …… (406)
第三节 社会资本与经济绩效：制度分析的视角 …… (415)
第四节 对社会资本在经济发展中作用的经验研究 …… (435)
第五节 简要的评价 …… (439)
参考文献 …… (443)

第七章 从新贸易理论到新—新贸易理论 …… (447)
第一节 新贸易理论的问世 …… (449)
第二节 新贸易理论的其他主要模型 …… (460)
第三节 新贸易理论在经济发展领域的运用 …… (489)
第四节 微观企业异质性与外贸产业发展 …… (500)
第五节 简要的评价 …… (522)
参考文献 …… (525)

第八章 新增长理论 …… (530)
第一节 新增长理论的兴起 …… (530)
第二节 人力资本与经济增长 …… (537)
第三节 分工与经济增长 …… (564)
第四节 资本积累、投资与经济增长 …… (577)
第五节 国际贸易、技术进步与经济增长 …… (582)
第六节 增长与趋同 …… (600)
第七节 简要的评价 …… (611)

参考文献 …………………………………………………………………………（616）

第九章　发展经济学视野中的新经济地理学 ………………………………（622）
第一节　从杜能、佩鲁和缪尔达尔到新经济地理学 …………………（622）
第二节　中心—外围模型 …………………………………………………（633）
第三节　城市结构 …………………………………………………………（637）
第四节　集聚与经济增长 …………………………………………………（641）
第五节　异质性企业与空间集聚 …………………………………………（651）
第六节　对集聚机制和效应的计量分析 …………………………………（662）
第七节　简要的评价 ………………………………………………………（666）
参考文献 ……………………………………………………………………（669）

第十章　金融发展理论的新发展 …………………………………………（675）
第一节　金融深化理论的形成与两代人的拓展 …………………………（676）
第二节　新结构主义金融发展理论 ………………………………………（701）
第三节　非对称信息条件下的信贷配给理论 ……………………………（715）
第四节　金融约束理论 ……………………………………………………（737）
第五节　金融发展与经济增长：实证检验及其发展 ……………………（746）
第六节　简要的评价 ………………………………………………………（754）
参考文献 ……………………………………………………………………（761）

第十一章　人口流动理论的新发展 ………………………………………（773）
第一节　20 世纪 50 年代初至 70 年代中期的人口流动理论 …………（773）
第二节　人口流动与经济增长 ……………………………………………（774）
第三节　人口流动、社会福利与不平等 …………………………………（780）
第四节　人口流动与人力资本积累 ………………………………………（785）
第五节　对人口流动的迁徙动机和汇款动机的分析 ……………………（793）
第六节　人口流动与劳动力市场政策 ……………………………………（797）
第七节　简要的评价 ………………………………………………………（803）
参考文献 ……………………………………………………………………（805）

第十二章　环境、资源与可持续发展 ……………………………………（807）
第一节　可持续发展理论的起源 …………………………………………（808）
第二节　可持续发展的定义 ………………………………………………（811）
第三节　资源约束、技术进步与可持续发展 ……………………………（822）

第四节　环境与可持续发展 …………………………………………………（833）
第五节　贸易与可持续发展 …………………………………………………（841）
第六节　制度与可持续发展 …………………………………………………（850）
第七节　可持续发展的政策 …………………………………………………（856）
第八节　简要的评价 ……………………………………………………………（868）
参考文献 …………………………………………………………………………（872）

人名译名索引 ……………………………………………………………………（875）

后　记 ……………………………………………………………………………（893）

第一章 导 论

这是一部研究发展经济学前沿理论的学术专著。何谓发展经济学前沿理论？顾名思义，发展经济学前沿理论主要指近年来国际发展经济学界在理论研究中所取得的新进展，包括在有关经济发展的基本观点、理论模型、假设前提、分析工具和政策结论等方面的研究中所做的新的推进。为了更好地将本书的研究内容表述清楚，需要首先解释清楚如下四个方面的问题：发展经济学经历了怎样的演进历程？本书对发展经济学前沿理论做了怎样的解读和评论？怎样看待发展经济学与新古典经济学之间的关系？发展经济学为什么没有衰落？

第一节 发展经济学的演进历程

第二次世界大战后初期，原先遍布亚、非、拉三大洲的殖民地、半殖民地及附属国纷纷独立，形成了众多的发展中国家，因此，如何从理论上对这一大批在政治上赢得独立并急于在经济上谋求发展的新生国家提供经济政策和发展战略的指导，成了整个经济学界面临的一项全球性任务。当时的背景是，曾经在以亚当·斯密为代表的古典经济学中占重要地位的经济发展理论被公认为在1850年至1950年近100年间在西方主流经济学中消失了，在现有的经济理论中能够同不发达国家沾上边的所谓“殖民经济学”，不过是社会学家、人类学家、历史学家、政治学者和殖民地官员各种著述的拼凑而已。这就使得经济学家们不得不考虑开辟出一门针对广大发展中国家的新型的经济学分支学科。当时，一些出生于殖民地或附属国但在西方国家受过经济学系统训练的经济学家在第二次世界大战结束前已经开始了对本国经济发展问题的研究；还有一些发达国家的经济学家在战争结束前后意识到欧洲的经济重建时代即将到来以及新独立的不发达国家将面临紧迫的经济发展问题，因而表现出重振西方经济学中的经济发展理论的浓厚兴趣；此外，部分在国际组织如世界银行、国际货币基金等供职的研究者由于工作性质而涉足发展中国家经济与政策问题的研究。正是在这三股力量相互交织之下，一门主要研究不发达国家发展问题的崭新的现代经济学分支学科——发展经济学应运而生。

发展经济学这门诞生于20世纪40年代初的经济学分支学科，迄今经历了近70年的成长历程。可以把发展经济学的演进划分为三个阶段。

一、发展经济学的早期阶段

从20世纪40年代初到60年代初为发展经济学演进的第一阶段。国际发展经济学界公认，由保罗·N. 罗森斯坦—罗丹（Paul N. Rosenstein-Rodan，1943）发表的论文《东南欧工业化问题》标志着发展经济学的问世，同时也意味着结构主义经济发展思路①登上了历史舞台。在那篇文章中，罗森斯坦—罗丹提出了"过剩农业人口"、"社会分摊资本"、"货币性外在经济"和"技术性外在经济"概念以及在几个有互补关系的工业部门实施有计划的工业化的思想。库尔特·曼德尔鲍姆（Kurt Mandelbaum，1945）则在就人口稠密和经济落后的东南欧地区建立一个数量模型的尝试中，分析了这类地区人口过剩、工业化不足和"大规模农村伪装失业"现象之间的关联，主张政府实行广泛干预，以刺激消费和加速资本形成。张培刚（Pei-kang Chang，1949）在他撰写的《农业与工业化》一书中指出，农业国要实现经济起飞就应该在农业发展的基础上实现工业化，工业化不仅包括工业本身的机械化和现代化，而且包括农业的机械化和现代化；农业国要实现工业化，就必须处理好农业与工业之间的相互依存、工业发展与农业调整之间的相互影响以及农业国与工业国之间的相互关系。

进入20世纪50年代之后，随着新独立的发展中国家数目增多，经济发展问题的紧迫性迫使这门新兴学科在它刚刚诞生不久便跨入了大规模推进的繁荣时期。劳尔·普雷维什（Raul Prebisch，1950）和汉斯·W. 辛格（Hans W. Singer，1950）在各自发表的论文中批评新古典国际贸易理论有关各国生产率相同和技术进步带来的利益将在各国间分配的假设与现实不符，他们不约而同地提出了欠发达国家"贸易条件长期恶化"的命题，认为这种长期恶化趋势是结构性的而非周期性的，因此，发展中国家应通过保护实行进口替代工业化。他们的论述被西方学者合称为"普雷维什—辛格假说"。

W. 阿瑟·刘易斯（W. Arthur Lewis，1954）提出的二元结构模型是这一阶段最有影响的理论模型之一。他在接受古典学派"维持生存工资"水平的基础上提出了"劳动力无限供给"的假定，将经济发展解释为伴随着扩张的资本主

---

① 有关发展经济学结构主义思路的分析，参见马颖：《论发展经济学的结构主义思路》，载《世界经济》2002年第4期，第24—37页。

义部门不断地从传统部门吸收边际生产率为零甚至为负数的剩余劳动的过程。同古典学派一样，刘易斯也认为资本积累是经济发展的中心问题。他提出了二元结构模型，旨在为那些新古典经济学的假设不适合的国家（如亚洲国家）设计一个分析框架，以便说明通过使用剩余劳动来创造资本和推动经济发展。

20世纪50年代，另一个对发展经济学产生深远影响的成果是罗森斯坦—罗丹（1957）在他1943年论文基础上作了完整阐述的“大推进”理论。在他看来，新古典理论最薄弱之处是其投资理论，分散的个人投资不可能达到最佳资源配置；与此同时，由于不发达国家的市场更加不完全（例如不可能存在完善的适合所有商品的期货市场，等等），其生产函数的构成中所具有的不可分性会产生外部经济、递增收益和规模经济，导致价格机制不能给出最适度解所要求的所有信息。这两方面原因决定了不发达国家必须促成“大推进”式的工业化，使工业化达到足够大的规模，犹如飞机升空之前有一个必须超越的地面临界速度一样。

拉格纳·纳克斯（Ragnar Nurkse，1953）受亚当·斯密有关“分工受到市场广度的限制”这一命题的启示，认为要想促成不发达国家突破“贫困恶性循环”就必须促成平衡增长，即全面投资于国民经济各部门，以克服不同产品的供求弹性差异，为其他行业新企业提供广阔市场并引诱新的投资。20世纪80年代初哀叹发展经济学衰落的阿尔伯特·O. 赫尔希曼（Albert O. Hirschman，1958），在50年代时曾经因阐释不平衡增长理论而成为发展经济学舞台上的一员主角。他当时提出了包含“前向联系”与“后向联系”在内的“联系效应”概念来论证不平衡增长，证明发展中国家产业间（尤其是农业及相关部门）联系效应很弱，相对而言，进口替代工业的联系效应较强，所以，应优先发展这类部门。

在第一阶段中产生过重要影响的发展理论，还有探讨长期增长问题的哈罗得—多马模型，霍利斯·B. 钱纳里（Hollis B. Chenery，1962；1966）有关不发达国家经济增长受“储蓄约束”和“外汇约束”的“两缺口”理论；西蒙·库兹涅茨（Simon Kuznets，1955）对增长过程中国民经济结构变动的分析以及对发展过程中收入不均等趋势的“倒U曲线”的分析；冈纳·缪尔达尔（Gunnar Myrdal，1956；1957）用“循环积累因果关系”理论对不平等问题的探讨；理查德·R. 纳尔逊（Richard R. Nelson，1956）的“低水平均衡陷阱”理论以及哈维·莱本斯坦（Harvey Leibenstein，1957）的“临界最小努力”理论；等等。

在第一阶段发展经济学演进中占主导地位的是结构主义经济发展思路。该思路在很大程度上继承了古典学派分析经济发展问题的理论传统，在理论建构上表现出追求“宏大”理论的倾向，所提出的政策建议是强调资本积累、工业化、计划化和进口替代，核心是突出计划化的重要性。哈罗得—多马模型、“大推进”、“平衡增长”、“两缺口”等理论为计划化提供了理论依据，线性规划和动态规划的最优化技术、投入—产出分析等数学工具被用来解决计划配置中的技术性问题。

在同一时期，还有一批秉持新古典主义经济学理论传统①的发展经济学家。他们一方面提出了多种新古典经济增长模型，典型形态为索罗模型、斯旺模型和米德模型；另一方面又同居主导地位的结构主义发展经济学家们展开了论战。雅各布·瓦伊纳（Jocob Viner，1952）反驳了有关贸易条件长期恶化和主张进口替代的观点，认为至少贸易量的增长或出口实际成本的下降快于出口价格下降等有利效应足以抵消贸易条件恶化，与其实行进口替代工业化，还不如把技术进步引进农业，通过提高生产率来扩大出口。他还对有关剩余劳动的边际生产率为零的假说提出了质疑，指出可以把劳动边际生产率为零看作因季节变化造成的间断现象，但决不能视为长期存在的现象。戈特弗里德·哈伯勒（Gottfried Haberler，1959）指出，国际分工和贸易可以提高参与国的经济福利与收入，因而潜在地对经济发展有利。他提醒人们不要忘记国际贸易带来的间接动态收益；他还认为，只要农业中存在着改进生产方法的可能性，伪装性失业的说法就站不住脚。

面对这一时期结构主义者对新古典经济发展理论未能解释发展中国家市场不完全及市场失效原因的抨击和倡导实行计划化的政策主张，哈里·G. 约翰逊（Harry G. Johnson，1958）和阿诺德·C. 哈伯格（Arnold C. Harberger，1959）作了回应。哈里·G. 约翰逊指出，在经济史上找不到完全的计划和完全的市场的例证，市场机制可用作促进经济发展的工具；发展中国家市场不完全是因为不熟悉市场机制、缺乏信息等原因所致；改革特定市场，可以使发展中国家的市场更加接近于理想形态的市场。哈伯格对这一时期拉丁美洲国家因实施计划化引起资源配置不当的主要根源进行了分析，并探讨了重新配置现有资源以增加国民福利的可能性。新古典主义者对结构主义者的上述回应和批评，成为第二阶段发展经济学中“新古典主义复兴”（neoclassical resurgence）的先声。

二、第二阶段：“新古典主义的复兴”

从20世纪60年代中期到70年代末是发展经济学演进的第二阶段。这一阶段兴起的“新古典主义复兴”推动着新古典主义研究思路大举向发展经济学各个领域渗透。第一阶段中的结构主义政策导向被认为助长了政策操作中轻视人力资本、忽视市场机制、歧视农业和闭关自守的倾向。那些接受结构主义政策建议的发展中国家在20世纪50年代和60年代曾取得较为引人注目的发展成就，但自70年代开始却面临重重困难；与此相反，那些在60年代逐渐实行对外开放和

① 有关发展经济学新古典主义思路的分析，参见马颖：《论发展经济学的新古典主义思路》，载《发展经济学的历史、现状及未来》，经济科学出版社2009年版，第92—114页。

引入市场机制的部分发展中国家和地区，如亚洲“四小龙”，却实现了经济的持续发展。西奥多·W. 舒尔茨（Theodore W. Schultz，1964；1978）、贝拉·巴拉萨（Bela Balassa，1965；1971）、贾格蒂什·巴格瓦蒂（Jagdish N. Bhagwati，1971）、哈里·G. 约翰逊（1962）、伊恩·M. D. 利特尔等（Ian M. D. Little at al，1970）、迪帕克·拉尔（Deepak Lal，1972）、安妮·O. 克鲁格（Anne O. Kruger，1974；1977）等人指出，奉行结构主义政策导致了国民经济中价格偏离边际替代率进而造成资源配置扭曲，这才是一些发展中国家陷入重重困境的主要原因；“矫正价格”（getting prices right）则是消除扭曲的主要手段。具体而言，舒尔茨等人对第一阶段发展理论和政策倾向做了如下反思：

首先，批评过于重视物资资本的倾向。舒尔茨指出，国民产出增长一直高于物资资本等生产要素投入的增长，而人力资本投资则是解释这两者之间差别的主要原因。不少发展中国家之所以面临困境，是因为新资本没有用在追加人力投资上，致使人力资本无法与物资资本齐头并进，最终降低了物资资本的吸收率，成为增长的限制因素。加里·S. 贝克尔（Gary S. Becker，1964）则构筑了一个包括生育、教育、健康和劳动力供给与消费的人力资本投资决策的新古典模型。

其次，歧视农业的偏见得到了纠正。舒尔茨把歧视农业的原因解释为前一阶段盛行的“糟糕的”经济学误导的结果，而这种经济学是建立在有关低收入国家农民对价格激励反应迟钝，贸易条件长期恶化造成世界农产品市场长期萧条，穷国农业是增长的负担，其使命是为工业化提供大量资本等推论基础上的。以这些推论为依据的错误政策扭曲了对农业的激励，致使农业中的经济潜力未能发挥出来。

再次，检讨了建立在进口替代基础上的保护政策。这一点被认为是引致扭曲和低效率的主要原因，拉尔、巴拉萨等对此做了全面而深入的阐述：在关税等形式的高保护壁垒之下，大规模进口替代工业因低关税鼓励资本品进口而得以扩张，并从低利率甚至负利率信贷、汇率高估以及公用事业定价过低等补贴中获利，在引致制造业过度扩张生产能力的同时，不鼓励出口，还使相对价格不利于农业等劳动密集型部门，造成收入分配不公，最终导致低效率，让国民经济付出了高昂代价。W. 马克斯·科登（W. Max Corden，1966）等人以“有效保护率”概念分析并估算了实行进口替代国家关税结构的资源配置效应以及反出口倾向的程度，结果显示这类国家不仅保护率水平高得惊人，而且按国际价格计算的增加值为负数。

最后，对计划化及其管理体制进行了分析和评估。（1）体现计划化具体运作的投入—产出模型被认为依托的是物质平衡体系。该体系忽视了相对价格变动，因而缺乏坚实的微观基础。利特尔等人（1970）运用社会机会成本（即影子价格）等成本—收益分析工具评估了计划化中的公共投资项目，分析了被控制价格未能反映机会成本（即价格扭曲）的程度，并讨论如何对用于公共部门的国内资源成本适度定价等问题。（2）讨论了计划管理体制下的低效率问题。舒尔茨和巴拉萨均认为，计划管理体制扭曲了对经济的激励，究其根源，既同信息传递有关，又同公共部门被施加过重负担有关。安妮·克鲁格则指出，第一阶段中的“市场失效论”诱导人们不再信任市场而过于相信政府能力和计划的功能，因此忽视了市场与价格的激励功能。（3）计划管理体制被认为易于产生腐化，安妮·克鲁格对寻租的分析被公认在这一领域做出了贡献。克鲁格认为，计划管理体制下对经济活动干预所引发的租金成为合法与非法寻租活动的目标，而与寻租相伴随的往往是贪污、行贿、走私及黑市等非法活动，由此浪费了大量资源，推动追加成本上升，导致福利净亏损并阻碍增长。

这一时期的新古典发展经济学家，除了从总体上对第一阶段发展经济学的演进加以总结和反思之外，还在认真思考结构主义发展经济学家有关早期新古典经济学不适应广大发展中国家的批评的基础上，对传统的新古典经济发展理论做了重要的修正。这些修正主要表现在如下几个方面：

1. 对传统增长理论的修正

肯尼斯·J. 阿罗（Kenneth J. Arrow，1962）建构的“边干边学”影响持续增长过程的模型将产出表达为生产经验的函数，技术进步被归结为由生产中学习过程所带来的绩效持续递增的结果。在这个内生增长模型中，由生产经验产生的信息广为传播，而扮演类似于递增收益角色的技术进步则以外部性形式出现。

2. 一改将制度视为给定的研究传统并开始研究制度的作用

事实上，早就起步探索企业制度的罗纳德·科斯（Ronald Coase，1937；1960）于20世纪60年代初再度提出交易成本问题并解释企业存在的原因，进而思考权利界定和安排对于社会资源配置的作用及经济体系运转效率对经济增长的影响。阿尔曼·阿尔钦和哈罗德·德姆塞茨（Armen Alchian & Harold Demsetz，1972）则完成了对产权结构、激励与经济行为之间内在关联的研究，证明了产权结构的功能在于提供更有效率地利用资源的激励。直接对制度与经济发展相互关系进行探讨的则是道格拉斯·C. 诺斯与罗伯特·P. 托马斯（Douglas C. North & Robert P. Thomas，1973）。他们采用新古典方法研究经济史。他们的结论是：资本积累、技术进步、人力资本、规模经济等并非经济增长的原因而是增长本身，增长的关键在于包括确立产权在内的制度安排所带来的经济激励作用。

3. 发展中国家的不完善市场及非正式制度开始受到关注

张五常（Chung，Steven N. S.，1969）把交易成本用于分析亚洲地区的分成租制（sharecropping），他反驳了马歇尔有关分成租制导致资源配置无效率的结论，认为分成租制同其他合同形式相比能分散风险和降低交易成本，因而并未降低市场效率。约瑟夫·E. 斯蒂格利茨（Joseph E. Stiglitz，1974）撰文指出，分成租制除了具有分散风险的功能之外，还具有激励功能。斯蒂格利茨（1974）、詹姆斯·A. 米尔利斯（James A. Mirrlees，1975）等人在莱本斯坦（1957）所做研究的基础上，提出了解释消费与工作绩效的关联以及对工资和劳动配置影响的“效率工资”假说；斯蒂格利茨（1976）还利用“劳动转换”理论研究了发展中国家不完善的劳动力市场。同一时期，重要的理论进展还包括对新古典经济学的理论内核（即福利经济学的两大基本定理）的修正。乔治·A. 阿克洛夫（Gorge A. Akerlof，1970）在他著名的“柠檬市场”一文中，论述了在不发达国家因信息不对称导致人们表现出逆向选择（adverse selection）行为的原因：优质产品无法被市场确认，只好按平均质量定价，最终不得不退出市场；市场上盛行的是以劣充优甚至掺假等行为，其结果是将诚实的销售者逐出市场。斯蒂格利茨在同大卫·M. G. 纽贝利（David M. G. Newberry & Joseph E. Stiglitz，1979）等人合写的系列论文中，进一步将分成租制放在信息不对称背景中讨论，指出在不完全风险市场和不完全信息环境中分成租制是理性选择；更有意义的是，在这类环境中甚至竞争性市场配置也不会是帕累托最优，因此，市场有效率的预设缺乏说服力。阿克洛夫和斯蒂格利茨上述修正福利经济学基本定理的一整套推论，在国际发展经济学界被称为阿克洛夫—斯蒂格利茨传统或“新—新古典经济学”（neo-neo-classical economics）。①

4. *尝试用新古典方法阐释人口流动*

戴尔·W. 乔根森（Dale W. Jorgensen，1961）将利润最大化和竞争性劳动市场引入刘易斯二元结构模型，使之变成了新古典模型，并对刘易斯有关农村剩余劳动边际生产率为零的假设提出了质疑。他假定城市工业部门和传统农业部门的工资均由技术进步率和资本积累率决定，并假定人口增长由经济增长所决定，而且人口增长有其生理上限。他证明了，经济增长不会超过人口增长所允许的限度，只要工资水平是上升的，剩余劳动始终不会出现；一旦为人口增长所允许的经济增长达到顶峰时农业剩余就会出现；经济增长得以持续的关键在于技术进步。约翰·R. 哈里斯与迈克尔·P. 托达罗（John R. Harris & Michel P. Todaro，1970）建立的模型尝试在新古典框架内为发展中国家的人口流动提供一种新的解释。该模型把潜在的迁徙者对预期收益的估计作为迁徙决策的主要因素，乡城间收入差距（或预期收入差距）越大，迁移倾向就越强烈。该模型由此解释了不

---

① Bardhan, Pranab K., 1988, “Alternative Approaches to Development Economics”, in Hollis B. Chenery & T. N. Srinivasan, eds., *Handbook of Development Economics*, vol. I, Elsevier Publisher B. V., p. 63.

发达国家剩余劳动力流入城市和城市中高失业率并存的现象。

5. 在贸易理论方面取得了突破性进展

阿维纳什·K. 迪克西特和斯蒂格利茨（Avinash K. Dixit & Joseph E. Stiglitz, 1977）将内部规模经济引进一般均衡模型，推出了市场解考虑最适度边际利润而社会最优考虑消费者剩余的结论。保罗·克鲁格曼（Paul Krugman, 1979）受迪克西特—斯蒂格利茨模型启发，证明了当内生于企业的规模经济存在时，在要素禀赋、技术和嗜好不存在差异的国家之间仍可进行贸易并可获得收益；威尔弗雷德·J. 埃塞尔（Wilfred J. Ethier, 1979）和凯尔文·兰开斯特（Kelvin Lancaster, 1970）等人均提出了递增收益取决于世界市场规模而非国内生产规模的命题，以解释在资源和技术相类似的国家之间行业间专业化趋于消失并出现中间产品贸易或行业内贸易的原因。

6. 创立了金融深化理论

罗纳德·I. 麦金农（Ronald I. Mckinnon, 1973）和爱德华·S. 肖（Edward S. Shaw, 1973）对发展中国家金融发展和经济增长之间的相互关系进行了开拓性研究。麦金农和肖在考虑了发展中国家货币化程度低、货币金融体系具有二元结构特征且效率低下、金融市场特别是资本市场尤其落后、政府对金融部门的广泛干预造成金融抑制等特征的前提下，分别提出了“互补性假说”和“债务中介理论”，并在此基础上建立了刻画金融发展与经济增长相互关系的“金融抑制”和“金融深化”模型。他们认为，为了促进资本形成，发展中国家应消除阻碍资本形成的各种限制，并采取包括改革金融体制、使银行和金融市场真正发挥吸收和组织社会储蓄资金的功能、放弃对金融市场的过度干预、放松对利率和汇率的管制、实行金融自由化和税制合理化等在内的金融改革，以促成“金融深化”。

7. 开始关注资源与环境问题

20 世纪 70 年代发生的两次能源危机迫使国际经济学开始关注资源对经济发展的约束等问题。丹尼斯·L. 麦多斯（Dennis L. Meadows, 1972）等人发表了题为《增长的极限》的“罗马俱乐部”研究报告，其中，他们预测，如果世界人口、工业化、污染、粮食生产以及资源消耗按现在的增长速率持续下去，人类社会就会在今后一百年内某个时候达到增长极限。这份研究报告在当时就引起了学界的高度关注，两年后出现的一批研究文献从理论上证明了麦多斯等人推测的合理性。帕萨·达斯古普塔和杰弗里·M. 希尔（Partha Dasgupta & Geoffrey M. Heal, 1974）所建立的新古典模型显示，只有在假设一个能够抵消资源耗竭影响的外生的技术进步率存在，才能足以保证消费和效用不会趋向于零。索罗

(1974) 假定在缺乏技术进步和人口恒定的条件下，以柯布—道格拉斯函数而言，如果资源对生产的贡献小于资本对生产的贡献，尽管资源经逐渐耗竭，但通过适当途径的资本积累，恒定的消费是可以持续的。约翰·M. 哈特维克 (John M. Hartwick, 1977) 在索罗推论的基础上提出了著名的“哈特维克规则”，以表明在可耗竭资源的经济中维持长期恒定消费所依赖的条件，即必要投资量应恰好等于从可耗竭资源的利用中所得到的租值。

在第二阶段中，结构主义发展理论失去了这门学科创立初期那种激昂豪迈的势头。在滚滚而来的“新古典主义复兴”浪潮面前，结构主义发展经济学家们在冷静反思的同时也在某些领域取得了重要进展。这包括爱尔玛·阿德尔曼和辛西娅·T. 莫里斯 (Irma Adelman & Cynthia T. Morris, 1973) 对43个国家经济增长与收入分配关系所做的经验分析以支持库兹涅茨的“倒U曲线”；阿德尔曼和谢尔曼·罗宾逊 (Irma Adelman & Sherman Robinson, 1978) 建立起脱胎于投入—产出模型的可计算一般均衡模型；钱纳里 (1975) 对结构主义经济发展理论分析方法的完整阐述；钱纳里和摩西·赛尔昆 (Hollis B. Chenery & Moshe Syrquin, 1975) 以及兰斯·泰勒和埃德玛·L. 巴卡 (Lance Taylor & Edmar L. Bacha, 1976) 对经济发展过程中结构变化的探讨；等等。值得提到的是普雷维什领导的拉丁美洲结构主义发展经济学家群体，其主要成果有普雷维什 (1964) 和塞尔索·富尔塔多 (Furtado, Celso, 1970) 这一时期有关中心—外围的结构性相互关系的讨论，以及普雷维什 (1961)、罗伯托·德·奥利维拉·堪波斯 (Roberto de Olivera Campos, 1961)、朱利奥·H. G. 奥利维拉 (Julio H. G. Olivera, 1964) 等用结构主义方法对发展中国家通货膨胀所做的解释。

总之，第二阶段兴起的“新古典主义复兴”思潮极大地推进了新古典经济发展理论，并改变了传统新古典经济学理论的标准形态，为第三阶段发展经济学更大发展做好了准备。

三、第三阶段：发展经济学的全面繁荣

从20世纪80年代初至今构成为发展经济学演进的第三阶段，这是发展经济学进入全面繁荣的时期。一方面，新古典主义与结构主义这两个理论流派之间的长期论战有助于发展经济学领域持续保持繁荣；另一方面，自“新古典主义复兴”以来，发展经济学的全面演进呈现出有增无减的势头。这一阶段发展经济学的新发展主要体现在如下几个方面：

1. 探讨发展中国家中市场效率与经济发展的关系

在这方面，应提到斯蒂格利茨及其合作者所开展的研究。布鲁斯·C. 格林

瓦尔德和斯蒂格利茨（Bruce C. Greenwald & Joseph E. Stiglitz，1986）探讨了技术外在性和货币外在性问题。他们发现，当存在技术外在性时，竞争性均衡不会是帕累托效率，而当经济存在扭曲时，货币外在性则具有显著的福利效果。正是在长期研究的基础上，斯蒂格利茨（1989）得出了有关经济发展过程中市场效率的一般结论：阿罗—德布鲁创立一般均衡模型的伟大成就在于借助于一连串特设发现了市场效率的特例。该模型不仅要求完全竞争，而且要求一整套市场和完全信息，然而，现实经济（尤其是发展中国家经济）总是受约束的帕累托低效率，这是因为外部性、风险和信息不对称等因素造成了市场不完善。这类市场不完善在发展中国家比在发达国家更为流行，因此，在发展中国家，几乎任何地方都存在着政府干预的潜在作用。斯蒂格利茨不赞成在第二阶段上克鲁格等人提出的“政府无效率”的观点，认为东亚经济发展成功的经验就在于及早放弃了计划经济模式，政府帮助、指导并创造市场，履行各项法规，加强部门间竞争并在出口市场上提供激励，而不是替代市场。此外，对市场效率与经济发展关系的研究还拓展到了“寻租”及“非生产性寻利活动”（directly unproductive profit-seeking activities，简称 DUP）领域。巴格瓦蒂、理查德·布雷切和 T. N. 斯瑞尼瓦桑（Jagdish N. Bhagwati，Richard Brecher & T. N. Srinivasan，1984）探讨了寻租活动对资源转移的影响，指出寻租相当于经济中增加了一个产量为零但投入却为正的非贸易部门，由此证明了寻租会造成资源浪费。凯文·墨菲、安德烈·施莱弗、罗伯特·W. 维什尼（Kevin Murphy，Andrei Shleifer & Robert W. Vishny，1993）认为寻租具有收益递增的特征，这是因为随着寻租活动的增加，寻租带来的收益比生产性活动所带来收益更大，这将导致经济体中出现高水平寻租和低水平产出的局面，进而让经济增长付出高昂的代价。卢卡·斯宾尼塞（Luca Spinesi，2005）的研究表明，寻租对收入分配和经济增长将产生负面影响。巴格瓦蒂（1982）指出，DUP 活动虽然能产生货币性收益，但却不会生产出通过上升的产出而进入生产函数的产品或服务，也不会通过增加经济中的产品而进入人们的效用函数，因而使得经济中的“可获性集合”（availability set）发生收缩。

2. 对市场不完善背景下的经济发展展开研究

在这个领域，呈现出结构主义发展经济学家与新古典主义发展经济学家在研究思路上相互靠拢的倾向。对这个研究领域的推进主要集中在两个方面：（1）对发展中国家非正式制度的研究。继 20 世纪 60 年代末兴起对发展中国家分成租制的研究以来，国际发展经济学家们尝试探寻其他有利于促进经济发展的非正式制度。例如，阿维什·布雷夫曼和斯蒂格利茨（Avishay Braverman & Joseph E. Stiglitz，1982）探讨了发展中国家中与分成租制相联系的市场联结（interlinkage of markets）现象，认为在存在道德风险的环境中，这类联结具有资源配置和收入分配效应，并将跨市场外部性有效地内在化。考希克·巴苏（Kaushik Basu，1983）从个人面临不确定性时迫切希望寻求保险的理性出发，认为存在潜在风险的市场具有寻求同另一个市场形成联结的倾向，这就是为什么在落后的乡村地区，大量交易中大都具有联结特征的缘故。克莱夫·贝尔（Clive Bell，1988）从市场联结角度讨论了发展中国家的信贷市场。他指出，当某些跨时资源配置的重要市场（如保险和资本市场）不存在时，个人会通过现有交易方式找到跨市场的交易联结，这是人们对所缺乏的市场做出最适度反应的结果。斯瑞帕德·莫蒂拉姆和詹姆斯·A. 罗宾逊（Sripad Motiram & James A Robinson，2010）用无限重复博弈的模型证明了人们之所以提供要素联结交易是因为这种交易有助于形成合谋。（2）对发展中国家不正规市场的研究。一批结构主义发展经济学家尝试对发展中国家金融市场和劳动力市场进行探讨。在金融市场方面，斯威德·范·维京伯根（Sweder van Wijnbergen，1983）分析了发展中国家正式与非正式金融市场之间的相互关系以及政府金融政策的实施效果；塞巴斯蒂安·爱德华兹（Sebastian Edwards，1988）研究了韩国的利率政策影响非正式信贷市场及投资总规模的效应；伊尔凡·阿利姆（Irfan Aleem，1990）则研究了巴基斯坦非正式信贷市场结构对非正式信贷高利率的影响，等等。在劳动力市场方面，一批结构主义者探讨了亚洲发展中国家普遍存在的“劳动联结”（labor tying）现象，其中，普拉纳布·K. 巴丹（Pranab K. Bardhan，1983）通过研究证实了农业生产中不确定的季节性波动是劳动联结出现的主要因素；弗朗西斯科·卡斯利（Francesco Caselli，1997）分析了发展中国家长期内劳动联结的发生率（incidence），并以金融市场在发展过程中变得越来越有效率以及农村人口减少等因素的作用来解释劳动联结趋于衰落的原因；等等。

3. 家户在经济发展中的作用受到了重视

在发展中国家市场不成熟的背景下，家户承担着劳动力营养配置、人力资本投资、保险等功能，因而担当了替代市场的角色。斯蒂格利茨明确指出，在不发达国家，“决策单位并不是个人而是家庭”，这一点是“理解不发达国家经济行为的中心”。[①]玛乔里·B. 麦克埃尔罗伊与玛丽·J. 霍尼（Marjorie B. McElroy & Mary J. Horney，1981）用博弈论分析了家户内男女性之间在资源配置中讨价还价能力的差异。马克·R. 罗森茨维格与T. 保罗·舒尔茨（Mark R. Rosenzweig & T. Paul Schultz，1982）估算了印度男童和女童存活率差异，得出了该差异取决于男女童预期劳动力相对收入的结论。阿兰·德·杨弗利、马赛尔·法夫尚、伊丽莎白·萨多莱（Alain de Janvry，Marcel Fafchamps & Elisabeth Sadoulet，1991）研

① Stiglitz, Joseph E., 1988, “Economic Organization, Information, and Development”, in Hollis B. Chenery & T. N. Srinivasan, eds., *Handbook of Development Economics*, vol. I, Elsevier Science Publishers B. V., p. 105.

究了发展中国家市场缺失条件下的农户决策行为。安德鲁·D. 福斯特（Andrew D. Foster，1995）从提供工作餐的角度表明，在摄入等量卡路里的条件下，工人个人健康状况的不同将导致生产率的差异，因此，生产率越高的工人越倾向于以计件工资付酬。拉卡西米·K. 劳特和陈莲香（Lakshmi K. Raut & Lien Huong Tran，2005）在假设因某种社会与文化习惯而存在两阶段的双边利他主义行为的条件下，建立了一个代际间人力资本投资与养老双向转移支付的模型，其中，父母对子女教育投资水平以及当父母年迈时从子女那里接受转移支付的金额同时在纳什均衡中被决定。

4. 推进了对制度与经济发展相互关系的研究

奥利弗·E. 威廉姆森（Oliver E. Williamson，1985）一直用科斯的交易成本概念研究经济组织，到 20 世纪 80 年代中期终于建立起一个完整的制度分析框架：他提出有限理性和行为的机会主义倾向两个假定来修正传统新古典理论行为假定，并用经济学、法学和组织理论等多学科方法探讨经济和其他领域中的合同问题，以便在“把工商企业当作规制结构而不是当作生产函数来看待”① 的前提下，说明生产的制度结构对经济体系运转的重要性。诺斯（1989）指出，作为约束人类行为的制度通常被内嵌在人类社会的分层制度结构中，而反映在资源和禀赋相对价格上的变化是导致制度变迁最主要的原因，人口变化、技术变革和信息传递成本的变化都将导致要素相对价格的变化；此外，观念和意识形态体系的变化也会导致制度变迁。阿夫纳·格雷夫（Avner Greif，1994）从历史比较制度分析思路出发，认为不同的文化通过隐含着道德约束的社会实施机制、经济制度、社会结构等要素之间内在联系的机制影响着不同的社会群体走上不同的发展道路，从而在历史上呈现出各国不同的发展路径的轨迹。林毅夫与杰弗里·B. 纽津特（Lin，Justine Yifu & Jeffrey B. Nugent，1995）对制度与经济发展的关系做了全面的阐述，包括制度的界定、制度之间的相互关联、制度的供给与需求以及经济发展过程中的制度变迁等方面。达尼·罗德里克（Dani Rodrik，2000）分析了造就高质量制度的那些因素，其中包括为高质量制度运行提供保障的产权制度、市场管制制度、宏观稳定制度、社会保险制度和社会冲突协调制度等；此外，他还认为，包含了一国通过自主经济运行而形成的所有制度结构在内的“当地知识”（local knowledge）是影响经济发展效率的更重要的因素。巴丹（2005）从民主参与权利与制度相互关系的角度诠释了导致协调失效（coordination failure）的原因，进而解释各国经济发展出现差异的原因。达龙·阿西莫格鲁、西蒙·约翰逊和詹姆斯·罗宾逊（Daron Acemoglu，Simon Johnson & James Rob-

① Williamson, Oliver E., 1985, *The Economic Institutions of Capitalism: Firms, Markets, Relational Contracting*, New York: The Free Press, p. 387.

inson，2005）摆脱传统增长理论用技术、物质资本和人力资本积累来解释经济增长的传统，把制度结构看作解释经济增长的主要原因。他们的思路是：当前的政治制度决定着当前的社会力量，并与社会资源配置和占有状况一道决定了当前社会政治力量的配置格局，从而决定了社会决策中的主导力量，而这些主导力量在制定经济制度和政策时又发挥着支配作用，这就决定了经济制度的形式及其对经济行为人的激励和约束，并决定着经济结果。经济结果在不断累积过程中反作用于资源配置及社会资源的最终分配格局。这个过程持续循环地发生作用，进而推动经济发展。

5. 探讨了社会资本与经济发展的相互关系

近年来，随着对社会资本研究的重心逐渐从社会学领域逐渐向经济学领域转移，“社会资本”这个包含了社会关系、社会网络、社团组织及其规范、习俗、文化等丰富内涵的概念被人们作为影响经济发展的重要因素而被考察。社会学家弗朗西斯·福山（François Fukuyama，1995）从文化角度考察了社会资本，认为社会资本是群体和组织中的人们为了共同目的在一起合作的能力，这种能力是由成员之间的信任水平决定的。帕特里克·弗朗索瓦（Patrick François，2002）摒弃了经济学家侧重于研究信任的激励结构的传统做法，将社会资本定义为拥有“诚信”（trustworthiness）的个体在社会中的普及，社会资本的重要性体现在当契约不完全时诚信所起的重要作用。他特别区分了传统社会中“人格化的信任”和现代化大生产所需要的“匿名信任”。爱德华·L. 格莱瑟尔、大卫·莱布森和布鲁斯·萨瑟多特（Edward L. Glaeser，David Laibson & Bruce Sacerdote，2002）用一个标准的个人投资最优化模型分析了个人积累社会资本的决策过程。他们将社会资本视为个人所拥有的某些社会特征，包括社会技能、个人魅力，以及从社会交往中获得市场或非市场利益的社交圈规模，进而得出了一个人的社会资本来源于其本能或社会资本投资的结论。安德斯·波尔森和格尔特·T. 斯文森（Anders Poulsen & Gert T. Svendsen，2003）用演化方法分析了社会资本在社群中创造及演变的过程。他们将社会资本定义为促进合作的社会规范，并分析了人们在一次性囚徒困境博弈中所出现的合作行为。帕特里克·弗朗索瓦和让·扎博杰尼克（Patrick François & Jan Zabojnik，2005）建立了一个关于偏好演化、内生的社会资本及其在经济发展过程中作用的模型。他们的模型排除了建立激励相容的契约的可能性，使得诚信在决定生产类型方面发挥着重要作用，因为在这类生产中，诚实的个人将得到额外收益。社会资本与企业行为之间的相互关系成为经济发展过程的关键。如果二者之间保持着良性的双边动态关系，则经济发展将会成功，进而带来高水平的现代化生产和高水平的社会资本。蒂亚戈·N. 赛凯拉和亚历桑德拉·费雷拉—洛佩斯（Tiago N. Sequeira & Alexandra Ferreira-Lopes，

2008）以经验材料为依据建构了一个典型的新古典内生增长模型，对人力资本和社会资本之间的相互作用进行了探讨。

6. 新增长理论的问世

保罗·M. 罗默（Paul M. Romer，1986）修正和扩展了了阿罗的“边干边学”模型，提出一个含有外部性、产出在生产过程中收益递增和新知识在生产过程中收益递减的竞争性均衡增长模型，证明了当存在递增收益时，包含外部性的竞争性均衡虽然不是帕累托最优，却能解释历史上的长期增长。罗伯特·E. 卢卡斯（Robert E. Lucas，1988）以物资资本积累和技术变动、通过就学积累人力资本以及通过“边干边学”积累专业化人力资本的三个模型为依托，构筑了一个内生的增长理论框架。其中，他对人力资本内部效应和外部效应做了区分，说明由于具有递增收益的外部效应内在化于企业和家户中，因而使人力资本成为“增长引擎”，并用各国初始资本水平差异来解释各国在持续增长过程中收入水平差距何以长期保持的原因。继罗默和卢卡斯之后掀起了一场“新增长理论热”，前后有几十种新增长理论模型问世。有较大影响的是贝克尔、墨菲和田村（Gary S. Becker，Kevin M. Murphy & Robert T. Tamura，1990）提出了内生生育和人力资本收益率相互关系的模型；巴罗与萨拉—伊—马丁（1991）完成了对各国和地区之间经济增长趋同趋势的研究；阿尔温·扬（Alwyn Young，1991）用内生的“边干边学”模型对产品间外溢效应和国际贸易动态效应所做的分析；吉恩·M. 格罗斯曼和埃尔哈南·赫尔普曼（Gene M. Grossman & Elhanan Helpman，1991）建立了分析多部门序列中各部门之间每种产品在质量阶梯上不均匀地随机攀升并由此对研究与开发带来利润激励的增长模型；杨小凯和杰弗·博兰（Yang Xiaokai & Jeff Borland，1991）建立了一个分工和专业化行为均表现为个人选择结果的模型，由此将分工同市场规模及交易费用的演变紧密联系在一起；阿西莫格鲁和法布里齐欧·齐里波蒂（Daron Acemoglu & Fabrizio Zilibotti，1997）对资本积累与经济增长之间关系所做的考察；阿尔温·杨（1998）建立了一个不存在规模经济的增长模型，并修改了质量阶梯内生创新模型，使之有可能通过创新来增加产品种类，并为市场规模扩大带来的租金增长提供了额外的消散途径，等等。

7. 金融发展理论取得新进展

20 世纪 80 年代以来，金融发展理论主要沿着四个方向扩展。其一，沿着金融深化的方向拓展。巴桑特·K. 卡普（Basant K. Kapur，1983）研究了劳动力过剩与固定资产闲置背景下发展中国家分别在封闭经济和开放经济条件下金融深化过程中经济增长与经济稳定的动态过程。马克斯韦尔·J. 弗莱（Maxwell J. Fry，1988）对货币金融与经济发展的关系进行了大量的理论分析和计量验证，尤其是对发展中国家的储蓄、投资和经济增长之间关系做了深入的研究。瓦拉里·R.本西温加与布鲁斯·D.史密斯（Valerie R. Bencivenga & Bruce D. Smith，1991）证明了当不存在金融中介时，当事人不得不推迟未来投资或变现以前的投资，而金融中介的存在可以避免这类潜在的或现实的投资损失。罗伯特·G.金和罗斯·莱文（Robert G. King & Ross Levine，1993）以企业家精神（即创新活动）为纽带把金融发展和经济增长联系起来，并证明了金融体系通过提供多种服务有助于在推动创新的同时提高生产率，进而提高经济增长率。杰里米·格林伍德和史密斯（Jeremy Greenwood & Bruce D. Smith，1997）认为，金融市场的运行或参与成本意味着在金融市场的形成过程中存在着"门槛效应"，只有当经济发展越过某一"门槛"后，金融市场才会形成。其二，沿着新结构主义思路推进。维京伯根（1983）在他构造的结构主义金融发展模型中证明了在发展中国家，提高存款利率的结果会与麦金农设想的情形相反，一方面会使投资组合中现金减少和存款增加，因而增加信贷供给；另一方面，存款利率上升也会引起非正式市场的存款转向银行体系，进而减少信贷总供给并降低经济增长率，与此同时，还会推动通货膨胀升高。爱德华·F.布菲（Edward F. Buffie，1984）在他的结构主义模型中表明，金融自由化有可能使发展中国家经济增长变慢，金融自由化的最终效果取决于非正式信贷市场金融资产与其他金融资产之间的替代弹性及利率提高后对整个社会产出与储蓄的影响。贝蒂·C.丹尼尔和金弘范（Betty C. Daniel & Hong-Bum Kim，1996）在结构主义的假设之下，认为在发展中国家对正式信贷市场（即银行）进行管制且不存在完全竞争的非正式市场时，金融管制会变相给企业提供补贴，导致其缺乏继续扩大生产的动力；然而，若存在完全竞争的非正式市场，则可以抵补金融管制的补贴效应，促使企业向非正式市场融资，扩大生产，从而促进经济发展。其三，沿着信贷配给理论的方向推进。斯蒂格利茨和安德鲁·魏斯（Joseph E. Stiglitz & Andrew Weiss，1981）探讨了事前逆向选择和事后道德风险与信贷配给的关系。他们表明，利率的提高将产生逆向选择效应，即低风险的借款者退出信贷市场，市场上只剩下高风险的借款者，信贷配给由此可能产生。大卫·德·默扎和大卫·韦布（David de Meza & David Webb，2000）则对企业家隐藏质量的类型及隐藏行为进行了考察。他们的结论是：在一定条件下出现的信贷配给可能意味着出现了过度投资。其四，对金融约束理论的探讨。托马斯·赫尔曼、凯文·穆尔多克、斯蒂格利茨（Hellmann，Thomas，Kevin Murdock & Joseph E. Stiglitz.，1994）批评了金融自由化理论及其政策主张，认为不具备完全信息和完全竞争的发展中国家金融市场无法达到帕累托最优，而政府干预会使金融市场运行得更好。政府还应通过干预使利率水平降至均衡利率以下，使得低利率有利于从整体上改进贷款人的平均质量，从而降低企业融资的成本；与此同时，政府干预下的指导性信贷计划也有利于促进资金流向高技术部门。赫尔曼、穆尔多克与斯蒂格利茨（1996）还提出政府应创造租金机会，让私人部门采取行动，以获得这些机会所带来的收益。赫尔曼、穆尔多克与斯蒂格利茨（1997）通过对东亚经济成功经验的分析提出了金融约束理论的分析框架。他们指出，在发展中国家，不仅完全竞争的市场均衡条件无法实现，而且普遍存在严重的信息不对称，逆向选择和道德风险，使资源得不到优化配置，只有通过不同于金融抑制的金融约束政策，对存款利率加以控制，对市场准入、竞争及资产替代加以限制等措施，为金融部门和生产部门创造"租金机会"，以提高金融体系的运行效率。穆斯塔克·H. 卡恩和夸姆·S. 乔摩（Mushtaq H. Khan & Kwame S. Jomo，2000）指出，政府实施金融约束政策除了创造有利于金融部门发展的"金融租金"之外，更重要的是产生了"租金转移"和"学习效应"。在金融约束背景下形成的租金转移能够在原始积累时期创造一个相对稳定的政治环境，从而有利于经济发展。

8. 新—新贸易理论的诞生

"新—新贸易理论"是21世纪初才问世的崭新的贸易理论，它关注的是企业异质性（heterogeneities of firms）与企业出口或与FDI之间的相互作用，并对为国际市场而生产和出口的企业选择不同的企业内部组织形式等问题进行了探讨。由于它的研究领域有别于20世纪70年代末问世的"新贸易理论"但又与"新贸易理论"有着某种承继关系，因而被人们称作"新—新贸易理论"。马克·梅利兹（Marc Melitz，2003）开启了"新—新贸易理论"的先河。他在一般均衡框架下分析了企业间存在生产率差异的背景之下贸易对于资源再配置所起的作用及其对产业生产率所带来的变化。博尔·安特拉斯（Pol Antras，2003）建立了不完全合同背景下的企业边界产权模型，并将不完全竞争和产品差异化结合进标准的贸易模型，从而解释了跨国公司选择不同的企业边界和生产的国际区位的原因。他认为，跨国公司对于资本密集型产品会选择在企业内交易，而对于劳动密集型产品则在企业间交易；资本充裕的国家在其进口中资本密集度高的商品比重会较高，其比较优势禀赋和成本最小化的决策会对贸易结构产生影响。赫尔普曼、梅利兹和史蒂芬·耶普尔（Elhanan Helpman，Marc Melitz & Stephen Yeaple，2004）在多国和多产业的模型中研究了企业如何做出建立海外分公司决策（即企业直接出口产品还是以FDI形式进入国际市场）等问题。他们表明，企业究竟选择哪一种方式是由企业的生产率水平预先决定的，而产业内异质性对于国际贸易结构的形成具有重要影响。安特拉斯和赫尔普曼（2007）探讨了拥有不同生产率的企业在国内外包、国内一体化，国外外包和国外一体化这四种可行的组织模式中进行选择的原因，并证明了国家和产业特征的差异对每种模式的适用性都会产生影响。吉恩·M. 格罗斯曼和埃斯特班·罗西—汉斯贝格（Gene Grossman & Esteban

Rossi-Hansberg，2008）指出，现代社会所发生的交通和通讯技术的革命性的进步弱化了劳动专业化和地理集中之间的联系，使得生产每种产品的不同工序可以在不同的时间和空间上相分离。于是，出现了生产工序以及其它商业行为的离岸外包（offshoring）业务。离岸外包成本的下降对不同外贸产业将产生不同的生产率效应。这种效应类似于一种要素增大的技术进步，并且随离岸外包数量的增长而同步增大。大久保敏弘（Toshihiro Okubo，2009）探讨了当存在中间投入品链接、企业异质性和固定出口成本时，贸易成本下降对制造业区位集聚所产生的影响。他证明了，当存在固定出口成本时，企业异质性会阻碍集聚过程，而渐进的贸易自由化将导致与不完全集聚结果相伴随的渐进的集聚过程；此外，贸易和技术壁垒自由化会拉大“中心”与“外围”之间的福利差距，即使各国间存在自由贸易，这两类经济体也从来没有在福利上趋同，因为“外围”因贸易自由化而蒙受损失。这意味着发展中国家政府应当通过产业政策与发展政策来吸引企业并形成集聚。安德鲁·伯纳德、史蒂芬·雷丁、皮特·K. 肖特（Andrew Bernard，Stephen Redding，& Peter K. Schott，2010）建立起基于内生的产品选择机制的产业动态模型，并证明了企业在对不断变化的企业和企业—产品特征做出反应的过程中选择生产一个内生的产品序列，而产品的增加和减少带来了企业层面上的巨大变化和企业之间资源的再配置，进而促使产业动态变化的机制逐渐形成。

9. 新经济地理学的兴起

近年来，在国际经济学界先后有两次新经济地理学文献大量出现的时期。第一次是在 20 世纪 70 年代末“新贸易理论”诞生之后，第二次是在 21 世纪初“新—新贸易理论”问世之后。就第一次涌现的文献而言，克鲁格曼（1991）的论文被公认为新经济地理学问世的标志。他构筑了分析一个国家如何内生地分化为一个工业“中心”和一个农业“外围”过程的模型，其中，制造业厂商为了实现规模经济并且使运输成本最小化，倾向于在具有更大需求的区位设厂，而需求本身的分布则取决于制造业的分布。他认为“中心—外围”模式的出现，既取决于运输成本和规模经济，又取决于制造业在国民收入中所占的比重。此后，克鲁格曼和安东尼·J. 维纳布尔斯（Paul Krugman & Anthony J. Venables，1995）考虑了与需求及与成本相关的循环因果关系。他们指出，在垂直联系的产业模型中，企业使用其他企业的产出作为中间投入，不仅改变了国际需求模式，并且改变了国际成本模式，使两个不同但紧密联系的循环因果过程鼓励了集聚，并通过循环因果关系促使产业活动趋于集中。杰弗里·H. 费雪和约瑟夫·E. 小哈灵顿（Jeffrey H. Fischer & Joseph E. Harrington，Jr.，1996）指出，更大的产品异质性增加了消费者的搜寻努力，提高了在集聚地购物的数量，增加了集聚的激励。这表明产品的异质性有助于形成企业集聚。藤田昌九和知也森（Masahisa Fujita & Tomoya Mori，1997）证明了在一个因制造消费品而引起产品多样化并由此产生集聚效应而同时农业腹地的扩张导致了制造业生产分散化的经济中，当人口规模逐渐增长时，城市系统将通过自组织而成为一个高度规则的分层体系。邓肯·布莱克和弗农·亨德森（Duncan Black & Vernon Henderson，1999）研究了在一个经历了内生经济增长和外生人口增长的经济中，城市化如何影响增长的效率，增长又如何影响城市化模式的过程。克里斯托弗·惠勒（Christopher Wheeler，2001）研究了城市集聚可以通过降低搜寻成本帮助企业—工人实现匹配并提高生产率的过程。他们的分析表明，如果资本和劳动对于生产是互补的，城市集聚不仅将产生更有效率的匹配，还将产生不同技能群体之间工资的不均等和对高技能高收益的预期。克里斯蒂安·伯仁斯（Kristian Behrens，2007）认为，包括交通枢纽在内的地理特征和交通技术的特征将决定城市的选址决策。他发现，即使交通枢纽并不是处在中心地理位置上，也非常容易成为新城市出现的地方。交通枢纽是吸引企业集聚的一个基本地理因素，城市倾向于在交通枢纽上形成，而与交通技术无关。让·卡维埃尔、卡尔·盖涅、隆俊田渕、雅克—弗朗索瓦·蒂瑟（Jean Cavailhès，Carl Gaigne，Takatoshi Tabuchi & Jacques-François Thisse，2007）指出，贸易成本、交通成本和交流成本塑造着地区间和城市内部水平上的经济结构，但是，不同的空间模式可以在同一技术和经济条件下共存。就"新—新贸易理论"问世后出现的第二批文献而言，理查德·E. 鲍德温和大久保敏弘（Richard E. Baldwin & Toshihiro Okubo，2006）认为，如果在新经济地理模型中引入异质性企业的假设，不仅会得到在同质性企业假定下相类似的结论，还可以得到一些新的结论。譬如，"选择效应"的存在意味着新经济地理学原有的实证研究中所使用的对集聚经济的标准测度存在高估的偏向，而"筛选效应"则意味着区域经济政策可能诱致生产率最高的企业迁移到核心地区，而生产率最低的企业转移到外围；此外，引入企业异质性假设后有可能弱化母国市场效应（home market effect，HME）。大久保敏弘、皮埃尔·M. 皮卡德和蒂斯（Toshihiro Okubo，Pierre M. Picard & Jacques-Francois Thisse，2010）认为，在市场一体化背景下，异质性企业会在不同区位选址。贸易成本下降将导致有效率的企业逐步集聚到规模更大的国家，因为在那里会有更多消费者光顾；而高成本的企业在更小的国家选址，以规避来自效率更高企业的竞争压力。但是，如果市场的空间分离不能作为逃避外国竞争的保护手段时，高成本企业也会在更大的市场选址。

10. 人口流动理论再度繁荣

人口流动理论被公认为发展经济学形成时期的标志性成果之一。从 20 世纪 70 年代中期以后，对人口流动的研究曾经沉寂了一段时间，但自 80 年代中期开始重又趋热。再度成为热点的人口流动理论探讨了早年未曾涉及的一些新的领域。奥德·斯塔克（Oded Stark，1984）研究了发展中国家人口向外迁徙以及迁徙者向其家庭汇款的动机。他与J. 爱德华·泰勒（Oded Stark & J. Edward Taylor，1989）在对人口由墨西哥向美国迁徙的经验研究中发现，家庭成员由农村向城市迁徙，其目的并不在于增加家庭的绝对收入，而在于改进其相对收入。约翰·利奇（John Leach，1996）对培训、人口流动与地区收入差距之间的关系展开了研究。他表明，一部分人口流动是人们对地区收入差异做出反应的结果，但是，某些迁徙成本（包括运输成本及在不熟悉的环境中找工作所放弃的工资等）会造成人口流动在工资差距完全消失之前就已经中断。在这种情况下，均衡的特征表现为工资差距的贴现值等于处在边际上的迁徙者的迁徙成本。本西温加与史密斯（1997）构建了一个描述乡—城人口流动与城市失业或就业不足二者并存的模型。他们认为，经济发展中两个显著的方面在传统的新古典增长模型中被忽视：其一是经济发展常常与乡—城间人口大规模流动相伴随；其二是所有的经济中都存在着失业，而发展中国家失业率更高。大量劳动力在相对低收入的非正式的城市部门中就业，这类就业可以视为某种形式的就业不足。罗伯特·E. 卢卡斯（2004）提出了这样的问题：在一些发展中国家的城市化进程中，进入城市的许多新迁徙者没有正式工作，在城市贫民窟中占地而居，其境况比他们原先在农村时还要糟。为什么这些城市的新迁入者不去竞争城市中高工资的职位呢？为何他们要留在城市呢？在他看来，一方面，城市高工资所反映的是高技术水平，而这些高收入职位不能向来自农村的低技术移民提供；另一方面，迁徙者之所以来到城市，是因为城市是积累人力资本的最好场所，而归于这类活动的收益同处于均衡中的农村工资相等。他认为将上述两方面的问题放在一起讨论有助于理解发展中国家大量过剩人口由农村向城市迁徙与城市中存在着大批失业者二者并存的现象。城市是迁徙者面临新的机会和积累新的技术的场所。迁徙者所在城市的技术水平越高，技术积累的速度越快，归于人力资本投资的收益将更高。加里·S. 菲尔茨（Gary S. Fields，2005）用福利经济学方法对发展中国家政府实行的包括“现代部门创造就业的政策”、“乡村发展政策”及“限制城市工资上涨的政策”在内的劳动力市场政策带来的利益进行了分析。他的结论是：若政府想在上述三种政策之间做出选择的话，不仅需要考虑将这些政策付诸实施的效果，还要对操作这些政策的社会成本和社会收益加总起来考虑。

11. 对环境与可持续发展的探讨

环境与可持续发展一直以来归属于资源或人口经济学以及生态与环境等技术科学研究的范围。卡尔—戈兰·马勒（Karl-Göran Mäler，1989）提出了“帕累托可持续性”（Pareto sustainability）定义，就此将流行了多年的非经济学的“可持续发展”概念纳入经济学分析的视野。西奥多·帕那约托（Theodore Panayotou，1992）提出的“环境库兹涅茨曲线”显示，环境退化程度与收入之间存在一种“倒U型”曲线的关系，即污染水平在收入较低的阶段呈上升趋势，在收入较高的时候开始下降。吉恩·格罗斯曼和艾伦·B. 克鲁格（Gene Grossman & Alan B. Krueger，1995）通过实证研究证实了环境质量与经济发展之间确实存在这种关系。罗伯特·E. B. 卢卡斯、大卫·惠勒与赫玛马拉·赫特杰（Robert E. B. Lucas，David Wheeler & Hemamala Hettige，1992）分析了1960—1988年间80多个国家制造业产出的污染强度和GDP增长的关系。他们发现当一国变得更富裕而且产出结构趋向于以“清洁工业”为主的时候，每单位GDP的污染排放量随收入增加而降低；最高程度的污染增长发生在最贫穷的国家。由此，作者认为经合组织（OECD）国家严格的环境政策驱使污染工业向发展中国家转移。南希·伯德萨尔和大卫·惠勒（Nancy Birdsall & David Wheeler，1993）对拉丁美洲“污染庇护”现象的研究也表明，在OECD国家加强环境管制之后，拉丁美洲整体的污染强度迅速增长。达斯古普塔和马勒（1995）提出了“环境资源基数”、“当地公用地”和“全球公用地”等概念，论述了制度、环境资源基数同贫困的关系，认为包含市场失效在内的制度失效加上政策失效导致了环境恶化，而贫困本身是环境恶化的原因，同时又是环境恶化的结果。达斯古普塔（1998）在研究撒哈拉以南非洲地区和印度次大陆的欠发达国家的贫困、人口和环境资源退化之间相互关系的基础上，反驳了人们一般认为由于贫困欠发达国家人口对未来收入所采用的非常高的折现率加速了对自然资源的开采因而自然资源基数难以得到保护的说法，认为这种说法并未得到经验上的支持，而源于制度失败的自然资源私人投资回报率偏低才是问题的根源所在。赫尔曼·E. 戴利（Herman E. Daly，1996）研究了贸易自由化对污染排放量的影响，强调自由贸易将加剧环境污染和生态破坏。克雷奥克莱默和巴蒂纳（Jeffrey A. Krautkraemer & Raymond G. Batina，1999）利用叠代模型探讨了可持续发展中代际转移对代际公平和代际效率的影响。他们认为，代际转移和社会时间偏好率均会对代际公平产生影响。阿罗和达斯古普塔等学者（2004）对可持续性政策标准进行了阐述，并使用该政策标准对实际经济体的可持续性做了判断。柯奇（Matthew J. Kotchen，2006）分析了能同时提供私人用品和环境公共品的“绿色市场”如何对环境资源公共品的私人供给产生影响的过程。

前文提及，在第二阶段中，新古典发展经济学家对结构主义思路的激烈抨击迫使结构主义者考虑重构其理论构架的问题。一方面，他们在某些研究领域（如微观发展领域）呈现出同新古典主义者相互渗透的倾向；另一方面，他们仍然坚守其具有“比较优势”的某些领域。从20世纪80年代开始，一批冠之以“结构主义—制度主义”思路（以区别于第一阶段的结构主义思路）的文献展现于国际发展经济学界。这些保持着结构主义传统的文献涉及对发展过程进行宏观的结构分析，对历史过程做出结构主义—制度主义的解释等。泰勒（1983）用数学工具建立起结构主义宏观模型，以表明“结构主义思想也能严密地表达出来”,[①]他建构的系列宏观模型旨在回答“嵌入宏观理论中的制度结构及其内在因果联系”[②]，并“体现第三世界广泛存在的功能性配置特征”[③]。钱纳里（1988）特地阐述了作为“结构主义研究纲领”的两个基本点：第一，探讨以需求、贸易、生产、就业作为发展中心特征的全面的经济结构转变的过程；第二，描述该过程中各主要部分的关联。他认为，新古典主义和结构主义的主要差别在于前者除了将经济划分为抽象的“贸易品”和“非贸易品”两个部门之外，从不重视对实体部门的分析，而结构主义者则主张“部门是重要的”（sectors matter）[④]。巴卡（1990）致力于把“两缺口”模型扩展为含有“财政约束”的“三缺口”模型，以便分析高债务国家的政策调节问题。莫里斯和阿德尔曼（1988）描述了 23 个国家和地区 19 世纪至 20 世纪初的结构转变特征，探讨了不同国家和地区实现成功的发展或结构转变未完成甚至失败的原因。她们认为对动态过程施加的效应无论正负与否都有助于诱使制度变迁，而各国在制度与经济结构相互作用上的差异导致了各国不同的增长路径。进入 21 世纪以来，结构主义者仍然在他们擅长的研究领域里探索，不断有结构主义者的著作问世。譬如，在阿米塔瓦·K. 杜特和杰姆·罗斯（Amitava K. Dutt & Jaime Ros，2003）主编的一部题为《发展经济学与结构主义宏观经济学》的纪念文集中，一批结构主义发展经济学家对发展中国家实行进口压缩和金融抑制背景下投机性资产对宏观经济的影响、发展中国家的金融脆弱性、结构主义模型中的多重均衡以及“矫正结构”（getting the structure right）等问题进行了探讨；又如，泰勒（2004）尝试在各种不同的行为人群体所形成的社会关系基础上来表述结构主义思路对包括社会账户和社会关系、价格与分配、货币、利息与通货膨胀、有效需求及其实际金融含义、短期模型与长期增长等在内的宏观经济现象的理解。在他看来，结构主义理论不同于新古典理论之处，在于“这些理论是直接按照诸如家户消费、工商企业投资、总出口这些总量来建构的。同最主流的（尤其是同盎格鲁—美利坚（Anglo-American）式的）宏观经济学相比，就算是求助于由单个‘代理人’做出的所谓最优化决策，

---

① Taylor, Lance, 1983, *Structuralist Macroeconomics: Applicable Models for the Third World*, New York: Basic Books, Inc., p. 4.

② Taylor, Lance, 1991, *Income Distribution, Inflation, and Growth: Lectures on Strcturalist Macroeconomic Theory*, Cambridge, Massachusetts: The MIT Press, p. 13.

③ Taylor, Lance, 1991, *Income Distribution, Inflation, and Growth: Lectures on Strcturalist Macroeconomic Theory*, Cambridge, Massachusetts: The MIT Press, p. 7.

④ Chenery, Hollis B., 1988, "Introduction to Part 2", in Hollis B. Chenery & T. N. Srinivasan, eds., *Handbook of Development Economics*, vol. I., Elsevier Science Publishers B. V., pp. 199-200.

那也是极少数的"①。

第二节 对发展经济学前沿理论的解读和评价

在第一节对发展经济学演进的历史作了概述的基础上，这一节将我们对发展经济学前沿理论各个研究领域所做的解读和评论做一个简单的归纳。这里有三点考虑需要说明。

第一，鉴于近20多年来发展经济学领域的研究文献如雨后春笋般大量涌现，在本书中作者对这些文献的概括不可能面面俱到，而只能把重点放在对当今国际发展经济学界主要研究领域公认的尤其是产生过重要影响的研究成果进行分析和评价。为了做到这一点，我们搜寻了多种国际公认的经济学类学术期刊和一批有代表性的发展经济学家的专著、论文集和工具书，并参考欧美国家著名大学研究发展经济学的学者为博士生和硕士生开设的数十份发展经济学课程的教学大纲(syllabi)。经反复斟酌权衡，从中选取了一大批有代表性的研究文献作为本书的主要参考资料。

第二，我们不赞同完全撇开历史关联而直接着手提炼新近出现的各种理论的做法，而主张从发展经济学演进的历史连贯性中找到判断其各分支领域前沿理论适当的切入点。其理由在于，"新古典主义复兴"肇始于20世纪60年代中期，此时发展经济学的演进正处在第二阶段，这一思潮给发展经济学诸多领域带来的影响至今依旧存在。因此，尽管本书概括的前沿理论主要是指发展经济学演进第三阶段中出现的研究文献，但为了使陈述更加全面而清晰，我们在概括相关理论时，会适当涉及第二阶段中出现的相关研究成果，以便更好地表明该领域新文献的前沿性质。至于第一阶段的相关理论，除非确有必要，一般不涉及。

第三，鉴于当代发展经济学的研究成果大都采用数学模型形式表述，为避免对原作者思想的误读，我们对本书各章中的内容也主要采用模型表述方式。

本书对发展经济学前沿理论的概述，侧重于对20世纪80年代中期以来新一代发展经济学家在三大领域取得的学术成就进行探析。第一个领域由第二章至第六章组成，阐述了新一代发展经济学家（主要指使用经过修正的新古典分析工具的研究发展中国家发展问题的学者）在对发展中国家市场效率与经济发展相互关系进行考察时，如何运用新制度分析工具并以研究扭曲、寻租、DUP活动作为出

① Taylor, Lance, 2004, *Reconstructing Macroeconomics: Structuralist Proposals and Critiques of the Mainstream*, Cambridge MA: Harvard University Press, pp. 1-2.

发点，逐渐转向主要探讨除正式制度之外的非正式制度（如分成租制、要素联结及家户）以及社会资本对发展中国家市场效率和经济增长的效应，进而由讨论市场偏离“帕累托最优”的原因的传统分析范式转向探讨市场不完善和信息不对称条件下市场运行带来“帕累托更优”（或更劣）结果和多重均衡的“新—新古典经济学”分析范式①的过程。这一转变集中体现了发展经济学的微观化趋势。第二个领域包括第七、第八、第九共三章，涉及以收益递增为假设的新贸易理论、新增长理论及新经济地理学②。自1929年爆发大危机以来，西方主流新古典经济学在疏远了收益递增近50年之后，终于回过头来重新探讨收益递增问题。所不同的是，早年的探讨更趋向于短期的和微观的资源配置的角度，20世纪70年代开始的新的探讨侧重于同长期的经济发展相关的贸易理论、增长理论和新经济地理学等领域。此外，在发展经济学演进的第一、第二阶段就已出现但在第三阶段仍然是理论热点的金融发展理论、人口流动理论、环境与可持续发展理论构成为本书考察的第三个领域。基于对上述三大领域的划分，我们把20多年来国际发展经济学界在对上述三大领域的研究中，在基本观点、理论模型、假设前提、分析工具、基本结论和政策建议等方面所做的推进称之为“发展经济学前沿理论”。

需要指出的是，在本章第一节对发展经济学历史演进过程的概述中，笔者提到了一批结构主义者对其传统研究领域和新研究领域所进行的探讨以及同新古典主义者展开论战的文献。鉴于笔者已经在所发表的论文中对这部分文献做了较为系统的整理、研究与评论③，因此，除了作者在已发表的论文中未曾论及的内容

---

① 这里主要指以阿克洛夫和斯蒂格利茨为代表的学者认为当存在交易成本、信息不对称、道德风险和逆向选择等因素的条件下，经济只能是“受约束的帕累托低效率”而达不到“帕累托有效率”，因此，他们主张在发展中国家市场体系不完整和市场机制不完善的前提下政府应当实行干预。由于斯蒂格利茨等人放松或改变传统新古典范式的假设条件并得出了不同于传统范式的结论，因而在国际发展经济学界被称之为“新—新古典经济学”，使之有别于传统的新古典经济学。

② 一般认为，“规模收益递增假设”下的新古典范式的转变包括新产业组织理论、新贸易理论、新增长理论和新经济地理学。然而，从发展经济学的角度来看，虽然新产业组织理论研究者在规模收益递增假设下做了理论分析的尝试，但新产业组织理论大体上仍然在整体上维持着资源配置的静态分析框架。因此，我们仅把新贸易理论、新增长理论与新经济地理学单独列出三章作为发展经济学前沿理论进行评述，而没有把新产业组织理论单列为一章。我们的观点同藤田昌九、克鲁格曼和维纳布尔斯认为迪克西特和斯蒂格利茨模型构成为新贸易理论、新增长理论与新经济地理学这样“一个庞大的经济理论的基础”的看法相一致。藤田昌九等人也没有把新产业组织理论视为是接受迪克西特和斯蒂格利茨模型并对其加以引申的理论分支。参见：Masahisa Fujita, Paul Krugman & Anthony J. Venables, *The Space Economy: Cities, Regions, and International Trade*", Cambridge, MA: The MIT Press, p. 6。

③ 参见马颖：《论发展经济学的结构主义思路》，载《世界经济》2002年第4期；马颖：《结构主义经济发展思路的新发展及其对我国的启示》，载《经济评论》2003年3期；马颖：《结构主义发展思路的收入分配理论研究新进展》，载《经济学动态》2003年12期；马颖：《结构主义思路进口替代理论的新进展及其启示》，载吴易风、丁冰等主编：《开放下的宏观经济与企业理论研究》，中国经济出版社2004年版；马颖：《关于政府干预理论的结构主义经济发展思路》，载《国外社会科学》2005年第4期；马颖、陈波：《发展经济学结构主义思路数学分析工具的新发展》，载《江西社会科学》2005年第11期；马颖、陈波：《发展经济学结构转型分析方法的演进与评价》，载《经济理论与经济管理》2006年第3期。

之外，已探讨过的内容在本书中不再赘述。

此外，近年来国际发展经济学的研究文献还对一些新的领域进行了开拓，例如，他们或者对发展中国家出现“协调失效”的原因与机理进行分析；或者从“人力资本异质性”角度讨论人力资本的差异对经济发展的影响；或者探索外部性、市场规模、需求外溢、互补性与经济发展的关系；或者以“垂直专业化”或“水平专业化”为切入点分析全球化背景下基于产业链的各国之间的贸易关系；或者探讨“全球化”对发展中国家经济和经济政策的影响等。截至目前为止，由于研究这些领域的文献不太多，因而尚未被多数学者们公认为发展经济学体系中的一部分，故这些领域的成果暂未收入本书中。然而，有的领域（如对营养摄入量与劳动生产率乃至经济增长相关性的分析等）却涌现了大量新文献，但其中多数属于涉及计量方法的纯技术性分析。我们选择了部分代表性成果在本书相关章节中做了简要概述。

本书总共十二章，除了第一章导论之外，在余下的十一章中，作者从中国学者的视角出发，对发展经济学主要前沿领域进行了归纳、分析和评价。现将各章得出的主要研究结论简述如下：

第二章“市场效率与经济发展”，对已经构成为当代发展经济学的一个专门研究领域的有关市场效率与经济发展相互关系的成果做了概括与评论，内容涉及扭曲理论、寻租理论以及对 DUP 活动和对信息不完全与市场不完全背景下发展中国家市场效率的分析。本章得出的结论为：（1）扭曲理论抓住了发展中国家市场体系不完全和市场运行机制不完善的某些主要特征，虽然其大部分分析工具属于短期的和静态的范畴，但若是将短期的资源配置同长期经济发展摆在同一个分析框架中展开分析时，就被赋予了具有动态性质的经济发展的含义。在政策含义上，该理论打破了传统新古典经济学以追求理论完美性为最高境界的分析传统（集中体现在着力刻画“帕累托最优”状态与实现该状态的路径上），有助于发展中国家政策制定者在存在扭曲的次优框架下选择符合实际的政策目标，并根据本国市场体系的完善程度和市场机制的成熟程度采用相应的政策工具。（2）寻租理论把对发展中国家的研究视野从生产性领域拓展到同非生产性领域相关的人类社会生活中，不仅指出寻租挤占了发展中国家原本稀缺的资源进而对长期增长带来不利影响，而且还表明由于发展中国家市场制度不完善，政府行为缺乏约束力，加上设租和寻租的机会成本相对较低，因此，为避免政府有可能被某些通过寻租谋取利益的集团所“捕获”，就应当“硬化”足以有效遏制寻租的制度设计和执行的机制。（3）DUP 理论沿袭古典学派经济学家提出的“生产性”和“非生产性”的分析框架，对经济主体如何通过使用真实资源获取货币性收入却没有对那些直接或间接进入效用函数的产出做出贡献，因而导致经济中的“可获得性集合”发生收缩，并通过降低市场效率影响长期增长的机理进行了分析，进而阐释了发展中国家效率低下的原因。该理论还在政府变量被内生化的环境下探讨了利益集团利用各种资源获取在政府管制领域中的特殊优惠或特权的可能性，并证明在DUP活动流行的背景下形成同寻租相比有更多渠道对政府施加影响的政治市场的可能性，再度说明了发展中国家设计、培育和切实执行相关制度的重要性。（4）如果说前三种理论是从新古典分析范式出发，观察发达国家与发展中国家在市场效率方面的差异，并且把发展中国家市场中的各种现象同静态的帕累托最优条件相比照，力图在传统新古典框架内对发展中国家不完善市场偏离帕累托最优的原因做出解释的话，那么，信息与市场不完全背景下的市场效率理论则不同。该理论直接从信息不完全和市场不完善假设出发，运用“帕累托更优”（Pareto superior）或“帕累托更劣”（Pareto inferior）等概念工具，尝试在规模收益递增的假设下讨论从某种初始状态朝着“更优”或“更劣”的状态推进的过程，常常得出的是具有相对意义的多重均衡的结论，从而对强调完全竞争和完善市场假设的“标准的”新古典范式提出了具有颠覆性意义的挑战。新一代新古典发展经济学家主张从长期的和动态的角度考虑，在发展中国家广泛存在市场不完全和信息不对称的领域中实行政府干预，并认为需要在承认市场既有其长处也有其局限的前提下对市场失效加以鉴别；区分哪一类市场失效可以通过使得市场自身更有效运行的方式着手解决，哪一类市场失效则需要借助于非市场制度（如政府或非政府组织行为等）来加以修复。

第三章“发展中国家市场不完善背景下的经济发展”，对有关发展中国家金融市场、劳动力市场、分成租制和要素联结的研究文献加以梳理和评论。本章的分析表明：（1）新一代结构主义发展经济学家在市场不完善和结构刚性等假设下，对发展中国家正规与非正规金融市场相互关系及运行机制进行实地调查和实证分析，并研究了政府对信贷市场干预的效果。他们表明，在发展中国家市场不完全和信息不对称更为普遍的背景下，在正规市场上实施的金融抑制政策使一部分借款需求向非正规市场溢出，而在非正规市场上处于垄断竞争环境中的放贷人在一定程度上满足了这部分借款需求，但却无法独享在非正规市场获得的收益。这就促成两类市场形成了共生的竞争与互补关系，使得非正规市场上的资金使用效率可能高于正规市场。由此，他们反驳了麦金农和肖提出的维持高储蓄利率的政策建议，认为在受管制的正规市场利率与由市场决定的非正规市场利率之间存在关联的条件下，金融自由化将导致正规市场对非正规市场的挤出效应，进而对经济增长带来负作用。为此，他们建议采用利率之外的手段来增加储蓄。（2）发展中国家劳动力市场除了整体上不完善之外，还具有地方性、季节性和分散性特征。在20世纪70年代中期之前，对这个领域的探索只是在与劳动力市场相关的乡—城间人口流动理论方面成就斐然，其他方面则几乎没有取得重要的进展。70年代中期以后，新一代发展经济学家，无论是新古典主义者还是结构主义者，均在研究发展中国家劳动力市场的部分领域取得了推进。在新古典主义者方面，斯蒂格利茨用效率工资理论解释了发展中国家中高工资和失业并存的原因，指出在贫穷的经济中实行完全平均主义的工资是不可行的，只有牺牲部分平等才能获得更高的产出。他还用劳动转换理论证明了当影响劳动转换成本的失业效应小于城市中企业之间通过提高工资来影响劳动转换成本的竞争效应的条件下，企业才会支付过高的工资，而过高的工资水平将导致城市中的失业率更高，并且使劳动转换率下降。斯蒂格利茨的推论比早期新古典范式简单地依据劳动供求模型分析发展中国家劳动力市场的做法更胜一筹。在结构主义者方面，以巴丹为代表的一批学者继承了注重实地调查的结构主义传统，对部分发展中国家劳动力市场上形成的“劳动联结”和“劳动—信贷联结”等非正式制度安排做了考察并构建了模型，表明这类近似于隐性合同的制度安排具有平滑消费、控制成本、提高效率和增加产出的作用，为探索发展中国家劳动力市场上现有的非正式制度安排与市场效率和经济发展的关系另辟蹊径。（3）新一代发展经济学家还从不同思路出发，刻画发展中国家市场不完全背景下分成租制实际运行的机理，得出了分成租制有效率（如斯蒂格利茨等新古典主义者）、无效率（如巴丹等结构主义者）以及分成租制是否有效率取决于多种因素，并要依据具体条件来判断的结论。分成租合同与正式的工资合同、固定租制合同被放在一起做比较。结果证明，分成租制之所以长期存在，不仅因为它具有提高效率等功能，还因为它实际上被用作市场经济制度的替代品。于是，作为非正式制度的分成租制成了理解和把握发展中国家整体微观制度结构与经济发展关系的一个切入点。（4）如果说新一代发展经济学家对分成租制的探索主要聚焦于土地租佃市场的话，那么，对要素联结的研究则意味着把分析向发展中国家农业部门的所有市场伸展。研究要素联结的理论意义在于诠释了要素联结的非正式制度的内涵，在更为现实的分析框架中讨论要素联结的市场效率，并突破了市场效率和收入分配被相互分隔的新古典传统。要素联结的制度设计内涵体现在它促成了在两个或更多的相互分割而又不完善市场上达成有关要素交易条件的非正式合同，使之替代缺失的正式市场并发挥与市场机制相似的功能。要素联结的效率含义在于，它适用于分析“市场不完善”背景下因垄断、外部性、信息不对称、道德风险、逆向选择等因素所引起的不确定性和提升市场效率的问题，进而推进了对经济发展微观机理的研究。要素联结的收入分配含义则表现在，作为非正式制度的要素联结如同正规的市场机制一样，即便它带来了有效的资源配置也不一定会给所有当事人带来公平的收入分配。结构主义发展经济学家甚至直言要素联结合同中隐含了剥削关系，较高程度的收入不平等多半会降低市场效率。此外，由于签署联结合同的双方皆关心由联结带来的整体利益或净收益，这意味着在某个市场蒙受的损失可以由其他市场上的收益来弥补，因而提高了分析发展中国家农业部门中市场效率与收入分配相互关系的难度。

第四章“发展中国家家户经济学”，对发展中国家市场缺失和市场不完善背景下，作为非正式制度的家户何以在某些领域（如储蓄、信贷、保险、营养配置、人力资本形成等）替代市场进行了分析，并对有关发展中国家家户的基本模型、家户内部人力资本形成和家户营养配置影响劳动力供给和工作效率的文献加以考察和评价。兹将该章结论列举如下：（1）从完全市场和完善市场的传统假设转向市场缺失和市场不完善假设为研究发展中国家家户打开了突破口。在西方主流经济学教科书和早期著作中，不加区别地提出了以发达国家历经数百年经济发展而形成的成熟市场体系为背景的完善市场假设，这类假设离广大发展中国家的现实相去甚远。早在发展经济学形成之初，结构主义者就对将完善市场假设用在分析发展中国家的做法提出了质疑，但他们的见解在长时期内并未在国际发展经济学界达成共识。20 世纪 70 年代中期以来，发展经济学家们逐渐意识到，无论是发达国家还是发展中国家，不论其市场达到何种成熟程度，其中都有正式或非正式制度在发挥作用，关键在于它们是否形成了适合一国经济发展水平的激励和约束机制。在市场体系完善的发达国家，对经济行为起调节作用的主要是包括法律和契约在内的各种正式制度；而在发展中国家，市场体系不完善甚至有的市场不存在，对经济行为的调节大都依赖于非正式制度。在这一背景下，传统农业社会长期存在的有血缘关系的家户及其相关的一系列非正式制度，就成为对成熟市场经济中的法律和契约的替代物而发挥作用。新一代发展经济学家在研究发展中国家时把聚焦点放在家户上，旨在探寻家户中如何依据非正式制度发挥替代市场的功能。（2）对家户进行研究是发展经济学家为发展经济学构建微观基础的必经途径。在发展经济学演进的早期阶段上，发展经济学家大都把目光投向工业化、人口流动、发展战略、资本积累、金融政策、经济增长等宏观领域，但是，近年来发展经济学的研究重点逐渐向探索经济发展的微观基础转移。新一代发展经济学家意识到，在农业仍然占主导地位的广大发展中国家，企业家阶层还很弱小，在更多场合中，是家户而不是“标准的”新古典模型中的代理人（消费者或厂商）扮演着经济主体角色。譬如，发展中国家的家户通过其内部营养配置和对人力资本投资等渠道，直接对未来劳动力要素供给质量和经济长期发展潜力施加影响。因此，研究发展中国家的家户行为，自然就成为发展经济学家从微观层次上探索发展中国家经济发展问题的切入点。（3）通过对发展中国家家户行为的研究为发展中国家政府提供制定相关政策的依据。在发展中国家，家户不仅兼有储蓄、信贷、保险功能，而且还发挥着为未来劳动力配置营养和积累人力资本的作用。在一些亚洲发展中国家，家户为家族企业筹资扮演了提供物质资本的角色；此外，发展中国家家户通过跨代转移支付实际上还能起缓解贫困和改善收入分配的作用。因此，应当从微观层面上把家户视为推动一国经济发展的重要源泉。

第五章“制度与经济发展”，从制度与经济发展的一般关系、研究历史上制度变迁的三种思路以及探讨制度与经济发展相互关系的博弈、计量与统计分析方法这三个维度考察并评价了该前沿领域的代表性文献。本章得出的结论是：（1）对制度与经济发展关系研究的新进展打破了发展经济学中对制度研究的“二元格局”。所谓“二元格局”是指一方面根据传统的新古典经济发展思路，制度或作为外生变量被束之高阁，或被作为虚变量处理；另一方面，第二次世界大战后初期居于主导地位的结构主义经济发展思路在探讨制度与经济发展关系时过于强调“制度约束”或“制度刚性”，却无法把分析引向深入。20 世纪 60 年代中期以来，随着新制度经济学的兴起，经过改进的分析范式不仅开拓了产业组织理论、信息理论、产权理论、委托—代理理论等新的微观研究领域，还把分析的触角延伸到历史上的制度变迁、制度对经济发展的作用等曾经属于结构主义思路的传统研究领域，由此形成了不同的研究思路在制度与经济发展相互关系的研究中既激烈竞争又相互吸收的局面，致使新古典经济学与发展经济学在经济发展研究领域中“二元格局”的“防火墙”被最终突破。（2）应当全面评价博弈论方法、计量方法与多元统计方法运用到制度与经济发展相互关系分析中的效果。20 世纪 70 年代中期以来，一批研究发展的学者尝试运用博弈论、计量与统计方法对制度的形成与演进、制度与经济发展的关系等领域进行了探讨。此时，随着各国经济统计数据的不断趋于完善为这些分析方法的运用提供了便利，由此促成该领域的研究文献像滚雪球一样迅速增大。但近年来，有些学者对这三种方法尤其是对计量工具不恰当的应用提出了批评，他们指出，由方法使用不当所得出的结论最多只能说明最后的结果，而无法说明其间的作用机理。计量方法虽然为寻找影响经济发展的制度变量提供了某种筛选手段，但当需要探讨更为具体的机制时，则可用其他方法（譬如，制度分析的多元统计方法）来弥补计量方法的不足。此外，在设立了较贴近于现实的假设之下，可以采用博弈论方法从历史比较制度分析的视角探讨与经济发展过程相伴随的自发性交易机制、交易制度的形成和建立正式制度和组织的内在动力，等等。

第六章“社会资本与经济发展”，简要地在对包含社会关系、社会网络、社团组织以及其中的规范、习俗、文化等在内的“社会资本”做出诠释的基础上，对从新古典经济学和新制度经济学①视角研究社会资本与经济增长和经济绩效关

① 严格地说，新制度经济学在研究风格上基本沿用的是新古典经济学范式，或者可以被看作是经过修正的新古典范式。但是，研究社会资本的学者为了其研究上的方便，大都在区分新古典经济学和新制度经济学的意义上使用其术语。虽然我们认为，从基本假设和分析方法来看，新制度经济学在学术传统上仍然归属于新古典范式，但在这里，为了如实地反映社会资本研究者的成果的内容，我们亦采用对两者分开陈述的方式来处理相关文献。

系的文献进行概述和评价。这一章的基本结论有：（1）社会资本的引入推动着增长理论研究者从社会网络等人文因素的角度探讨经济发展。增长理论研究者把资本的外延从物质和人力资本延伸到社会资本，认为社会资本具有“资本”属性，由此解释社会资本的积累过程，并度量个人和社会层次上的社会资本存量，因而为增长理论增添了新的解释变量。虽然个人社会资本加总与社会资本的外部性问题仍然悬而未决，只是将社会资本引入了生产函数或资本积累方程，而未能阐明社会资本影响生产函数和资本积累的机制。但这一研究毕竟为社会资本与经济发展关系的研究打开了一扇窗口。（2）社会资本的引入从社会网络层面上加深了对个人行为和集体行动的理解。就个人行为而言，传统新古典经济学强烈地推崇个人主义，认为任何经济行为都是个人选择或个人之间协商的结果，个人选择被作为经济分析的起点和分析宏观现象的微观基础。弗里德里希·A. 哈耶克（Friedrich A. Hayek）指责这种倾向为“伪个人主义”（pseudo-individualism）。我们认为，将社会资本引入经济分析可避免陷入“伪个人主义”的泥淖，因为社会资本的引入在“社会”或“社群”与个人之间搭建起一座桥梁，使人们在从事经济分析时需要考虑个人与其他人之间在预期和偏好等方面的相互影响。传统新古典范式假定个人偏好是稳定的，个人获得的效用仅受自身选择的影响，与其他人的选择无关，因此，个人效用函数彼此独立。但偏好的相互影响确实存在，而且在非合作博弈中极为普遍。一个决策人的偏好序依赖于其他决策人的偏好序，这在经济学中表述为相互依赖的效用函数。社会资本的引入有助于将对人们之间相互依赖的研究推向深入。在集体行动方面，近年来不少发展经济学家尤为关注集体行动对一国长期经济发展的影响。我们认为，这类研究撇开新古典范式寓于个人主义的分析框架，从人们相互影响或社会关联上探讨经济发展问题，显然具有重要的理论意义。（3）社会资本理论将社会关系网络、社群、社会组织等人文因素纳入经济分析框架，是对研究制度与经济发展关系的重要补充。社会资本同正式与非正式制度之间存在着相似之处和不同之处。就相似之处而言，无论正式或非正式制度均旨在抑制人们相互关系中的机会主义行为。所不同的是，正式制度中存在第三方强制执行机制，非正式制度则没有这类强制机制，它有赖于包括惯例、内生化的规则、习俗和礼貌等在内的自动服从机制。社会资本发生作用的机制类似于非正式制度，只是社会资本的构件更为广泛，除了规范与习俗之外，还包括社会关系、社会网络、社团组织以及文化等。再就相异之处而言，三者最主要的区别体现在实施惩罚的方式上。社会资本是社会网络中共享的规范，不遵守规范的人将受到社会网络中其他成员的惩罚，即惩罚通过第二方强制执行，不存在一个独立地实施惩罚的第三方。社会资本更强调社会团体及社会组织等自组织行为对于经济绩效和经济发展的重要影响。与正式制度相比，社会资本的组织与实施成本要低得多。（4）社会资本理论的兴起为发展中国家政府部门提供了重要的政策参考。鉴于不同类型的社会资本在经济发展中扮演着不同角色，加上社会资本具有正的或负的两类外部效应，因此，政府应当对社会资本加以因势利导。

第七章“从新贸易理论到新—新贸易理论”，同时对“新贸易理论”和“新—新贸易理论”的代表性文献做了综述。涉及新贸易理论的部分，综述的内容涵盖新贸易理论诞生的背景、迪克西特—斯蒂格利茨模型、新贸易理论的代表性模型以及在新贸易理论框架下对中心—外围关系、发展中国家的贸易保护、贸易条件与经济增长的关系所做的讨论。涉及新—新贸易理论的部分，概述的内容包括对企业异质生产率与产业平均生产率、企业组织形式异质性与产业发展、企业异质性与产业集聚等。本章“对新贸易理论”的评价是：（1）新贸易理论的创新意义在于它修正了完全竞争和规模收益不变的传统假设，对收益递增分析方法做了有意义的尝试。完全竞争和规模收益不变是“标准的”新古典理论框架中的两个主要假设。在传统新古典完全竞争和规模收益不变的假设之下，发展中国家普遍存在的现象难以得到合理解释。但自从引入收益递增分析工具以来，贸易模型可以在收益递增和不完全竞争同时存在的前提下成立，给发展经济学界带来了理论创新机会。他们使用收益递增分析工具，不仅摆脱了传统均衡分析框架力图证明均衡存在“唯一性”的束缚，使之能够分析“多重均衡”现象以及发展中国家经济增长与收入差距拉大等涉及收益递增的技术难题，而且还可以探讨诸如“中心—外围”、“外溢效应”、“联系效应”等现象，使发展经济学更加贴近于发展中国家现实。（2）通过引入收益递增分析工具从经验上证明了不完全竞争和规模经济早已成为现代制造业部门的行业特征。新一代发展经济学家在收益递增的前提下重新表述保护“幼稚工业论”，强调实施保护的关键在于通过政府提供保护措施降低幼稚工业创立时的初始成本，使平摊在单位产出上的平均总成本随时间推移而下降，进而提高市场份额和对外竞争力。新贸易理论同早期进口替代理论之间的主要差异在于，新贸易理论强调由进口替代转向促进出口的过程中，应逐步使受保护行业能够利用规模经济并提升出口竞争力，而不是通过高关税在闭关自守的环境中推进本国工业化。本章对“新—新贸易理论”的评价是：（1）突破了传统新古典 的“企业同质性”假设和抽象地研究产业或部门的分析模式，在“企业异质性”假设之下探讨具有不同生产率差异的企业行为及生产组织形式，推进了探讨现实中具体产业组织形式的分析思路。在传统的完全竞争理论框架中，所有企业被假设规模不大，均生产同质产品，可以自由进入或退出市场，但无法影响价格。这些假设足以保证完全竞争市场上的价格相同，而且确保了企业在行为方式和组织形式上也具有同质性。而企业异质性研究文献或者把重点放在解释有的企业从事出口而有的企业不参与出口的原因，或者通过建立企业内生边界模型，用以解释是哪些因素决定了企业将选择公司内贸易、国内市场贸易、FDI 或外包形式从事生产等问题。这些文献探究了企业微观差异及行为对产业结构的形成、变迁和外贸产业区位集聚的影响，得出了新的结论，为推进产业组织理论和国际贸易理论提供了重要启示。（2）“新—新贸易理论”证明了“贸易是增长引擎”作为一般说法缺乏依据，进而推出了重要的政策含义。自古典学派以来，西方主流经济学一味强调贸易促进经济增长的正向效应，这一命题曾遭遇结构主义发展经济学家的质疑，但在主流经济学内部从未遇到挑战。“新—新贸易理论”学者以“企业异质性”为切入点，通过对更为自由的贸易从横向上改进产业生产率但却使经济增长减速的分析，有关企业异质性会抑制“国内市场效应”发挥的论证，以及允许企业迁徙在有助于提升大国生产率收益的同时将导致小国生产率收益发生逆转的推论等，证明了有关“贸易是增长引擎”作为一般说法站不住脚。此外，他们还在说明贸易开放可能给一国落后地区带来负面冲击的同时讨论了如何消除这类负面效应的手段。

第八章“新增长理论”，从该理论兴起的背景、人力资本与经济增长、分工与经济增长、资本积累、投资与经济增长、国际贸易、技术进步与经济增长以及增长与趋同七个方面考察和评价这一领域的代表性文献。本章认为新增长理论的贡献与不足在于：（1）新增长理论将新古典经济学核心概念由收益递减扩展到收益递增，改变了西方经济学的理论传统。自李嘉图以来的西方经济学一直遵循收益递减的传统。一方面，古典经济学家认为增长的停滞是人类社会的普遍现象，即使在第二次世界大战前的新古典经济学家看来，工业革命带来的经济增长也是缓慢而微不足道的，因为收益递减所刻画的理论与人类社会发展的历史相近似。在 20 世纪 50 年代之后人类社会持续快速增长的局面到来之前，很少有人想到去挑战这一传统理念。另一方面，自边际革命以来，收益递减在数学上得到了很好的体现。新古典经济学家使用的边际效用、边际产出、生产可能性边界、埃奇沃思盒状图等分析工具均建立在收益递减这一核心概念之上。20 世纪 40 年代末，萨缪尔森（Paul A. Samuelson）将收益递减传统发扬光大，在凸集上定义收益递减，并由此建构了整个经济学体系。在这种背景下，若要研究收益递增需要将收益递增融入建立在凸集基础上的经济学体系之中，当时的经济学家不知从何处入手。到了 50 年代，为了解释增长，索罗在模型中加进了外生的技术进步。这虽然能产生平衡增长路径，但却无法解释技术进步从何而来，使经济增长再次成为一道无从下手的难题。罗默（1986）首先挑战了经济学收益递减信条，并引入了收益递增概念，但他的挑战并未很快被人们所认同。罗伯特·E. 卢卡斯（1988）认同了收益递增概念，并从人力资本角度论证了经济持续增长的机制。鉴于新增长理论把知识与技术视为收益递增的载体，因而实际上回答了两个问题：第一，如何通过知识增进和技术进步来容纳收益递增；第二，知识与技术通过何种渠道推动长期增长。（2）新增长理论对解释增长机制做了富有创新意义的尝试。把知识的增进归结为人力资本积累和创新发明这两种方式，虽然朝着解释增长的内在机制方面迈出了重要的一步，但仍然离把增长机制解释清楚还有很长的距离。就人力资本积累而言，在现代社会，存在着一系列包括学校教育制度、文献制度、图书馆制度、专利制度等在内的保证知识传承的制度，使后人易于在前人所掌握知识的基础上积累人力资本。对整个社会来说，人力资本积累具有物质资本等要素所没有的收益递增特征。新增长理论家们力图说明知识的增进体现在作为载体的劳动者自身人力资本水平的提高上，这一思路无疑是正确的。然而，他们对人力资本积累机制的分析却是相当粗糙的。罗伯特·E. 卢卡斯对人力资本积累的收益递增性质做了标准化处理，此后，人们一般都沿用他的人力资本积累方程，却无人去思考这种处理方式背后的制度含义，也无人去推进对人力资本积累机制本身的探讨，似乎一切要说的都隐含在卢卡斯的人力资本积累方程中了。再就技术创新而言，新增长理论认为每一次新发明在利用先前技术知识的同时又能增加现有的技术知识，因而技术创新本身被赋予了收益递增的性质。然而，新增长理论把创新者追逐垄断利润视为从事技术创新的动力，并以此解释技术创新的机制。众所周知，在现实经济中大量存在着由非商业机构和个人承担的并不是为了商业利润而进行的创新，这类创新的案例在近代以来的科学技术史上屡见不鲜。新增长理论显然无法囊括这类创新。（3）新增长理论尝试对人类社会经济增长的历史做出新的解释。新增长理论家们不满足于对第二次世界大战后经济快速增长现实所提供的解释，他们还将其所做的观察上溯到 100 年、200 年、500 年甚至上千年前，试图解释人类社会如何从增长停滞的传统社会演变为目前持续增长的经济。以卢卡斯为代表的一批增长理论家们认为人类社会跳出“马尔萨斯陷阱”的关键原因在于人口转型（demographic transition）。由于工业革命之后出现了人均收入持续增长却没有出现刺激人口增长的趋势，随着技术不断进步，人力资本变得越益重要。家庭会理性地选择少生育和加大对子女的人力资本投资。于是，人口转型就自然而然发生了。这一说法显然突出了人力资本在人类社会经济增长史中的核心作用。然而，历史是复杂的，很难用人力资本和人口转型这种单一的机制来解释历史上的增长。此外，需要指出的是，新增长理论仍然带有明显的“欧洲中心史观”（Eurocentism）的痕迹。新增长理论对增长现实和历史的解释实际上基于对发达国家的考察上，对广大发展中国家却缺乏足够的关注。新增长理论要想有更强的解释力，就需要对整个人类社会的长期增长做出解答。

第九章“发展经济学视野中的新经济地理学”，对 20 世纪 80 年代问世的“新经济地理学”和 21 世纪初出现的“异质性企业”研究文献中讨论经济发展的地理因素和企业区位集聚的原因及结果等问题进行了评析。主要结论有：（1）新经济地理学运用收益递增分析工具从要素空间配置的角度探寻了经济发展的机制。人们之所以能使用收益递增分析工具，是因为迪克西特—斯蒂格利茨模型使人们开始能驾驭规模收益递增、外部性、区位等这些在过去经济学家们难以驾驭的概念。虽然它们产生于新古典理论传统，但是当它们被用于新经济地理学领域时，确实推进了研究经济发展的分析工具的进步。经济发展过程在传统上被诠释为在要素供给、技术变迁和政策组合的作用下，人均 GDP 增长、经济结构变化以及与之相伴随的制度变迁的过程。无可否认，要素、技术、制度与政策等因素对于解释经济发展机制具有重要意义，但从人类经济活动空间分布或集聚的角度专门来探究经济发展的机理不能不说是另辟蹊径，尤其当分析一些国家在经济发展水平相同或类似的背景下却因经济地理因素的负面影响而使得其发展潜力未能发挥的案例时，新经济地理学便提供了一个新的研究视角。（2）新经济地理学家运用收益递增分析工具对“趋同论”提出了质疑。新经济地理学把经济发展刻画为处于不同地缘上的穷国向富国依次转变的过程，但这个过程并不是所有国家趋同的过程，其原因就在于规模经济在其中发挥了重要作用。有两个典型实例可以解释。一个是“中心—外围”概念。这一概念最早被普雷维什用于描述发达国家与发展中国家之间的国际经济关系，而新经济地理学则在存在货币外部性的前提下，推出了收益递增将促使起初具有微弱优势的区域不断积累并最终演变为产业集聚的“中心”，而另一个起初缺少微弱优势的区域将演变成以农业为主的“外围”的结论。另一个是“异质性企业”理论。该理论对最优效率的厂商首选向更大的区域迁徙而生产率最低的厂商却在外围选址，企业异质性为何会削弱“母国市场效应”以及为何在全球化背景下贸易成本下降将诱使异质性企业逐渐向大国集聚等现象做出了新的解释。新经济地理学通过对这些典型实例的研究而体现出它与“趋同假说”及“有条件的趋同假说”之间的差异。（3）尽管新经济地理学为发展经济学的新发展做出了重要贡献，但由于该理论（尤其是 20 世纪 80 年代的新经济地理学）将新古典分析方法的作用过于放大，因而显现出一些缺陷。第一，新经济地理学采用的模型方法太过抽象，其结论的有效性依赖于一些特殊的假设。当涉及三个或三个以上区位时，可能达到的空间均衡就不再是唯一的；而当超过某些关键的参数值时，一个空间均衡就会转化为另一个空间均衡，进而使理论分析变得高度复杂且难以检验。第二，该理论假设人口充分就业，这不符合发展中国家现实。当存在无限劳动供给的条件下，工资不再是一个变量，而是一个常数。这将使现实的产业集聚与新经济地理学的预测截然不同。第三，由于新经济地理学过于强调其新古典经济学的“主流性”，在分析中只考虑经济因素，避开现实中的区位集聚往往是由经济的和非经济的因素相互作用所致的事实，这将导致以新经济地理学为依据的政策在实践中难以奏效。此外，由于该理论只考虑经济因素，若将其用于分析微量的边际变化时还能见效，然而，一旦涉及大规模的社会经济变动或国际政治经济关系时，这种分析范式就显得力不从心了。

第十章“金融发展理论的新发展”，对金融发展理论的新进展进行了评析，内容涵盖了两代金融学者对金融深化理论的拓展、新结构主义金融发展理论、信贷配给理论和金融约束理论。本章的基本结论包括：（1）麦金农和肖创立的金融深化理论在批评传统货币理论的同时探讨了发展中国家金融环境的特殊性，在此基础上，提出了提高利率以准确反映资金供求状况，有效抑制通货膨胀以确保经济增长等政策建议。但由于该理论遵循完全竞争的一般均衡分析框架，其结论与发展中国家实际不相符合；而过分强调高利率和取消政府对金融体系干预的政策主张最终导致一些实行金融自由化的发展中国家惨遭失败。第一代拓展理论继承了金融深化理论的核心观点，并在理论分析和政策建议上有所推进。理论上的推进包括建立了更符合发展中国家实际的两部门（即完全依靠自我融资的技术落后的部门，可获得银行信贷的技术先进部门）模型；通过刻画银行体系向企业提供信贷的过程探讨了金融部门对经济增长的影响；在模型中引入时滞因素以便准确地反映储蓄与投资变动对增长的效应；将对金融深化的分析拓宽至开放经济；等等。在政策上，第一代拓展理论更强调金融改革政策的实践性与可操作性，不仅对分析平抑通货膨胀的政策工具及其组合运用提出了建议，而且对如何解决因金融改革造成的经济动荡做了分析，并给出了兼顾金融改革和保持稳定的最优组合的政策建议。第一代拓展理论的主要缺陷在于其诸多假设不符合发展中国家的实际，这一点被第二代金融深化拓展理论研究者所意识到。在理论上，第二代拓展理论从不完全竞争的角度探讨了金融中介和金融市场的形成机制及其与经济增长相互作用的机制，同时引入了不确定性（流动性冲击、偏好冲击）、信息不对称（逆向选择、道德风险）、监督成本、外部性等导致不完全竞争的因素，着力于阐述金融发展与经济增长的关系以及金融中介与金融市场在经济发展不同阶段上所发挥的作用。在政策上，第二代拓展理论提出了改革金融中介与金融市场以及实行金融自由化的建议，例如，区分金融中介与金融市场在经济发展不同阶段上的作用；发挥政府在提供流动性方面的作用；金融自由化需具备一定的前提条件，等等。由于第二代拓展理论的兴趣点在于金融体系的形成以及它同经济增长的相关性，很少关注由金融抑制转向金融自由化的路径选择问题，这一点是第二代拓展理论的不足之处。（2）新结构主义金融发展理论指出发展中国家金融体系中存在二元结构，认为有组织的、正式的信贷市场与分散的非正式的信贷市场并存是发展中国家金融市场的典型特征。在理论上，以维京伯根、布非为代表的新结构主义者采用资产组合选择分析框架，在正规信贷市场存在资金漏损且效率低下而非正规信贷市场竞争充分且效率高的假设之下，分析了非正规信贷市场在一个金融抑制的经济中何以发挥作用的过程。在政策上，新结构主义者研究了发展中国家在金融自由化背景下提高利率对全社会可贷资金总量、就业和物价水平等总量指标的负面效应，进一步强调非正式信贷市场的作用。尽管新结构主义者在理论分析及政策建议方面没有脱离发展中国家现实，因而有其合理性，但在其基本假设上仍然存在着问题。究竟是非正规信贷市场还是正规信贷市场的效率高，仍然值得商榷。（3）信贷配给理论从市场不完全和信息不对称的角度，把信贷市场上的配给行为解释为一种市场均衡的形成机制，分析了抵押、担保等非价格因素在信贷配给操作中的作用，进而探讨了信贷配给对货币政策传导机制有效性的影响。在理论上，由于信贷配给理论对金融深化理论有关发展中国家实行利率自由化之后在金融市场上信贷配给何以广泛存在的质疑从理论上做出了解释，因此，信贷配给理论被认为是对金融深化理论的发展；此外，由于信贷配给理论建立在分析商业银行和借款人的微观行为决策的基础上，因而构成为现代微观金融理论的一个重要组成部分。在政策上，信贷配给理论从信贷传导机制的角度讨论了货币政策有效性问题，既拓展了现代货币政策理论的内涵，也为对货币政策传导机制有效性研究展开了新的视野。尤其是信贷配给理论中有关担保和抵押在信息不对称背景下有助于克服借款人逆向选择和道德风险行为的分析，对商业银行构建完善的信用风险防范体系和发展中国家政府为中小企业融资提供担保等操作提供了重要的理论依据。另外，本章作者还指出了信贷配给理论的局限性。例如，该理论过于强调信息不对称对经济主体的影响；与纯理论研究相比，有关信贷配给理论的实证研究却显得较为薄弱；由于存在着依托于一国金融体系的信贷传导机制（尤其是银行信贷渠道）是以直接金融还是以间接金融为主的问题，若一国的金融体系以直接金融为主，则货币政策的信贷渠道能否发挥作用或发挥多大作用仍然值得深入探讨。（4）金融约束理论是对20世纪70—80年代发展中国家从金融抑制转向金融自由化过程中的失败教训以及90年代亚洲金融危机进行反思的产物。在理论上，金融约束论以不完全信息条件下的市场失效为基础，分析了利率控制和市场准入限制等政府干预政策在发展中国家由金融抑制转向金融自由化过程中的作用。在政策上，金融约束理论家们建议，当金融深化达到一定程度时，即此时所带来的利益已不能超过因利率控制而导致的成本时，就必须放弃对金融部门的管制。作者在指出金融约束理论丰富和发展了金融深化理论的同时，其理论自身也存在着某些局限性。譬如，该理论所要求的宏观经济环境和微观经济条件在大多数发展中国家都不具备；该理论隐含着有关政府有能力维护公正、追求社会福利最大化和完全理性等不符合现实的假设；该理论有关发展中国家实行金融约束的政策建议过于模糊，有关发展中国家推进金融体系发展的建议也显得有些偏颇；等等。

第十一章“人口流动理论的新发展”概述了自20世纪80年代以来国际发展经济学界再度掀起探讨人口流动理论的热潮中出现的研究文献。鉴于投入这一热潮的新一代发展经济学家从这一时期西方主流经济学所取得的重大理论进展中汲取了大量的学术营养，因而促使人口流动理论从广度上和深度上都取得了重要进展。本章对人口流动理论的新发展的评价是：（1）拓宽了人口流动理论的研究领域。在新一代人口流动模型中，人口流动连同就业不足一道进行考察，城市积累人力资本的功能、人口流动与“倒U曲线”的关系、对人口流动总体福利的计算等均被纳入分析的视野。应特别提到的是，新一代发展经济学家注重从微观角度探讨人口流动及相关问题。例如，在对移民汇款动机的分析中将利他主义和利己动机放在互利隐性合约中进行讨论，把传统的对个体理性行为的分析扩展到分析整个家庭追求最大化行为，使之不仅包括收入最大化、人力资本投资等微观变量，而且把分散与转换风险、资产专有化、迁徙网络等一批新的变量也纳入了进来。这在很大程度上反映了西方主流经济学近年来呈现的宏观研究微观化趋势对发展经济学的深刻影响。（2）修正了传统人口流动理论的假设，并引入了新的研究方法。就假设而言，新一代人口流动模型对传统的“劳动力为同质”、“迁移成本不变”、“城市工资呈刚性”等假设在新一代人口流动模型中被“劳动力异质”和“成本异质”假设所取代。新的假设突破了“工资刚性”和“迁移成本不变”等传统假设所造成的局限性，由此推出了劳动力市场上的逆向选择行为将引致失业，迁移成本随迁移人数增多而递减，收入不平等程度同“倒U曲线”相吻合等重要结论。就方法而言，新一代发展经济学家尝试从传统的短期静态分析转向长期动态分析，其中最有代表性的是本西温加和史密斯建立的两部门、两阶段的世代交叠模型。在假设和方法上的创新有助于解释发展中国家大量农村过剩人口向城市迁徙而城市中却存在着大批失业二者并存这一长期未能解决的难题。（3）从福利经济学角度分析了人口流动政策的效应。新一代发展经济学家更多地从全社会角度考察政府实行的有关人口流动的政策所带来的福利效应，这包括考察政府对移民实行补贴是否对潜在迁徙者具有福利效应，为什么应当从人均消费的正函数和消费不平等程度的负函数两方面来定义社会福利，农村自身发展能否为劳动力市场带来正效应，等等。此外，新一代发展经济学家还认为，需要考虑现代部门对劳动力需求弹性的大小：如果缺乏弹性，失业将下降；如果需求弹性无限大，限制工资的政策将导致失业增加。

第十二章“环境、资源与可持续发展”从可持续发展理论的起源和定义、资源约束、技术进步与可持续发展、环境与可持续发展、贸易、制度与可持续发展以及可持续发展的政策等多个领域评述了可持续发展领域有代表性的研究文献。本章把可持续发展理论的贡献归纳为：（1）明晰了可持续发展的定义。自然资源对经济发展的约束一直是古典经济学家关注的焦点，工业革命带来生产力的巨大进步曾一度让新古典经济学家对经济的持续发展充满信心。然而，第二次世界大战后，日益严重的资源环境问题迫使人们重新思考既有的经济发展模式是否可以长期持续下去。由此，环境资源对经济发展的约束问题逐渐拓展为经济的可持续发展问题。学者们围绕着如何界定可持续发展的概念展开了争论，最终把可持续发展定义为“既满足当代人的需要，又不对后代人满足其需要的能力构成危害的发展”，并得到了人们的广泛认同。从发展经济学角度来看，可持续发展概念不仅体现为一种必须坚守的操作规则，而且也体现为一种有关经济发展的代际道德标准。(2) 探讨了技术进步、贸易与制度同可持续发展的相互关系。就技术进步而言，早期新古典经济学家认为实现可持续发展的策略主要体现在资本积累与技术进步上，他们只是想通过引入外生的技术进步来突破可持续发展中的资源约束，但这种想法在理论上仍然无法回答如何才能提高技术进步率的问题。新增长理论所做的回答是，在资源有限的条件下，知识、技术和人力资本积累可以消除生产中边际收益递减的趋势，并通过提升技术进步率获得产出的持续增长。然而，从可持续发展的观点来看，尽管资本积累和技术进步有助于克服经济发展中的资源约束，但人类经济的物理规模不可能无限制地扩展下去。为此，可持续发展专家戴利提出了类似于约翰·穆勒的“静止状态”的发展观，认为物理规模意义上的“经济增长”将趋于停止，人类社会将转向依赖于可再生资源的“经济发展”①。就贸易而言，自由贸易有利于经济发展，但贸易对环境所带来的不良效应涉及污染工业从发达国家向发展中国家转移的问题。“污染庇护所假说”和“要素禀赋假说”被认为是解释污染工业转移的两种有代表性的说法。这两种假说从不同角度把各国形成的比较优势解释为由结构效应所导致的生产结构变化何以引起污染工业转移的原因。就制度而言，对资源有效利用是最好的保护环境的方式，然而，在自然资源利用方面存在的“制度失效”使得资源利用缺乏效率。这是因为资源与环境本身具有公共品的非排他和非竞争的特性。当市场规模足够大时，“搭便车”行为将使得环境公共品进一步恶化，这在市场环境下会导致社会成本与私人成本相分离，而现有的福利指标体系偏向于诱致自然资源被过度消耗，最终导致了无效率的结果。正如研究可持续发展的专家达斯古普塔所言，同发达国家相比，发展中国家环境恶化中制度失效的问题更为严重。制度失效、环境恶化和贫困人口增加这三者之间可能形成恶性循环②。(3) 提出并逐步完善可持续发展的政策。如何适度地使用自然资源以确保人类社会的可持续发展已成为各国经济长远发展规划中必须面对的议题。目前，人们在制定可持续发展政策领域所达成的共识主要有：其一，各种具体的经济活动和政策行为都应当按可持续发展的标准来评判，以便使各国的政策取向同确保可持续发展目标的相关国际协定相吻合。其二，可持续发展的代际公平原则必须通过政策标准来予以贯彻。该原则是指时间轴上各个不同代际之间的利益应当公平分配，确保判断

---

① 参见赫尔曼·E. 戴利：《超越增长：可持续发展的经济学》，上海译文出版社 2001 年版，第 43—45 页。

② 参见 Dasgupta, Partha, 1995, “Poverty, Institutions, and the Environmental Resource-Base”, in Jere Behrman & T. N. Srinivasan, eds, *Handbook of Development Economics*, vol. III, Elsevier Science, BV., pp. 2383-2384。

可持续发展的福利标准具有合理性和可操作性。由于代际公平的含义有别于按效率标准界定的公平含义，这就需要从可持续发展的角度考虑兼顾公平和效率的代际关系。其三，在政策选择上应注意不同政策在操作中的匹配问题。在现实的政策操作中，有些政策是自相矛盾的，这就需要遵循经济学方法为可持续发展政策的制定提供指导。其四，需要在各类学科专家相互借鉴和切磋的基础上制定出可行的可持续发展政策。不同学科专家之间的沟通尤为重要。例如，“人造资本”能否替代自然资源，这是可持续发展研究中的一个关键问题，经济学家和生态学家之间对此一直存在着争议。此类争议激励着各方学者在进行深入研究的同时借鉴对方观点。事实证明，动员各方学者从不同角度来研究可持续发展未尝不是一种有用的思路。

第三节　发展经济学与新古典经济学之间的关系

在前文中，笔者多次提到“新古典主义复兴”这个术语，它是我们全面而准确地理解发展经济学前沿理论的关键点所在。也就是说，要了解发展经济学前沿理论，必须厘清发展经济学与新古典经济学之间错综复杂的关系。否则，无法全面而准确地把握发展经济学的理论前沿。为此，本节所要阐释的问题是：第一，什么是“新古典主义复兴”？第二，“新古典主义复兴”在哪些方面带来了发展经济学的理论进步？

一、对“新古典主义复兴”的界定

当代西方经济学界经常提到的“新古典主义复兴”，实际上是指20世纪60年代中期以来涌现的主张放弃凯恩斯主义式的政府干预的政策理念，以恢复凯恩斯经济学问世之前的新古典经济学的主导地位的一股理论思潮。这种向新古典经济学皈依的理论倾向自60年代中期开始也在西方发展经济学界流行，并一直延续至今。森曾经准确地评价了“新古典主义复兴”同时对“一般经济学”和发展经济学所产生的影响，他说，“反对凯恩斯经济学的新古典主义复兴曾经在一定程度上同经济发展领域中的新古典主义复兴并行不悖”。[1]

鉴于本书关注的是发展经济学理论前沿，因此，笔者主要就发展经济学领域

① Sen, Amartya, 1983, “Development: Which Way Now?”, *Economic Journal*, vol. 93, Dec., p. 747.

中的“新古典主义复兴”的相关问题进行分析。从笔者所了解的经济发展理论文献来看，最早涉及发展经济学中“新古典主义复兴”的提法，系由罗伯特·艾斯纳（Robert Eisner）于1958年在他发表的论文《论增长模型和新古典主义复兴》中①提出。在该文中，艾斯纳把索罗等新古典经济学家对哈罗德—多马模型有关要素配置比例固定不变的假设和将增长路径设定为一条狭窄的“锋刃”的做法所展开的攻击称之为“新古典主义复兴”。随后，在长达20多年的时间里，这个术语几乎没有任何人提到，直至1982年才再度出现在利特尔所著《经济发展：理论、政策和国际关系》一书中。② 自那以后，“新古典主义复兴”这个术语在国际发展经济学界逐渐流传开来。

随着“新古典主义复兴”这一术语的传播，对它的定义也逐渐增多，发展经济学们从不同的角度对“新古典主义复兴”下定义。譬如，哈拉·明特（Hla Myint，1987）认为，“‘新古典主义复兴’可以用这样一种断言来描述，即不存在两种（一种适合于发达国家，另一种适合于发展中国家的）不同的经济理论，只存在一个单一的以有效资源配置为基础的主流理论思路”。③ 他显然是指在发展经济学领域中，原先在第一阶段构成为主流的结构主义思路到第二阶段时其主流地位让位给了新古典主义思路，新古典主义复兴最终结束了发展经济学中存在“二元经济学”的状态，使得新古典经济学独步天下。阿历克斯·凯恩克罗斯（Alex Cairncross，1987）从市场与经济发展相互关系的角度指出，“新古典主义复兴……意味着重新肯定市场力量对促进经济发展的影响”。④ 世界银行前副行长尼古拉·斯特恩（Nicholas Stern，1989）则从发展政策的角度指出，“新古典主义复兴”对于发展政策的重要意义就在于，“消除对计划化的迷信”构成为新古典主义复兴的“中心部分”。⑤ 迈尔把“新古典主义复兴”的涵义阐释为，“拥有精致的分析工具和重视微观研究”⑥ 的新古典经济学家试图为正在寻找合适的发展政策的人们提供答案。

在本书中，笔者把发展经济学中出现的“新古典主义复兴”理解为自20世纪60年代中期以来，新一代新古典主义经济学家旨在发展经济学领域消除早期

---

① Eisner, Robert, 1958, "On Growth Models and the Neoclassical Resurgence", *Economic Journal*, vol. 88, no. 272, Dec., pp. 707-721.

② 参见 Little, Ian M. D., 1982, *Economic Development: Theory, Policy and International Relations*, Basic Books, Inc., New York, p. 124。

③ Myint, Hla, 1987, "The Neoclassical Resurgence in Development Economics: Its Strengthen & Limitation", in Meier, Gerald M., 1987, *Pioneers in Development*, *Second Series*, Oxford University Press, p. 135.

④ Cairncross, Alex, "Comment", in Meier, Gerald M., 1987, *Pioneers in Development*, *Second Series*, Oxford University Press, p. 137.

⑤ Stern, Nicholas, 1989, "The Economics of Development: A Survey", *Economic Journal*, vol. 99, Sept., p. 621.

⑥ Meier, Gerald G., 1994, "The Future in Perspective", in Gerald G. Meier, ed., *From Classical Economics to Development Economics*, The Macmillan Press LTD, p. 243.

结构主义学派的影响，在理论与政策方面修补传统新古典理论范式的缺陷，并力图恢复新古典经济学的理论主导地位的一股理论思潮。

需要指出的是，在国内外经济学界，有些学者简单地将属于“新古典主义复兴”范畴的理论思潮直接等同于“新自由主义”思潮。按照他们的理解，货币主义、理性预期学派、供给学派、新制度经济学、哈耶克经济学说、奥地利学派、瑞典学派、弗莱堡学派等统统可以纳入“新古典主义复兴”的范畴，似乎“新古典学派”、“新古典主义复兴”同“新自由主义”完全是一回事。对此，我们不敢苟同。我们主张把这个问题置于上述流派与新古典经济学的关系以及新一代新古典经济学家同发展经济学的关系这两个层面上来讨论。

1. 从以上提到的各个学派同作为西方经济学主流的新古典经济学的关系这个层面来看

一般来说，自19世纪70年代“边际革命”以来形成的微观经济学（在相当大程度上还包括后来发展起来的宏观经济学）被认为最能体现居于西方经济学主流地位的新古典理论体系的基本内容和理论风格。一直以来，人们都把某种理论被主流经济学“教科书化”看作是被正式纳入新古典理论体系的标志。近几十年来，在上述几个经济学流派中，只有货币主义、供给学派、理性预期学派和新制度经济学中的一部分理论推论和政策主张被纳入新古典经济学教科书中，除此之外，其他学派如哈耶克的经济学说、奥地利学派、瑞典学派、弗莱堡学派等，虽然它们大都与居于主流的新古典学派在意识形态和经济分析的基本假设（如自由竞争、理性经济人等）上相同或相近，但由于在分析工具（如边际分析、静态分析、短期分析、微观分析等）上的差异而没有被主流经济学所接受。因此，那些未被接受的流派自然就不能被归于新古典经济学的范畴。从这个意义上说，这些经济学流派既然没有被纳入新古典经济学范畴，何以能够作为在“新古典主义复兴”中修补传统新古典理论范式的缺陷的参与者来对待呢?

2. 从新一代新古典经济学家同发展经济学的关系这个层面来说

本书中提到的新一代新古典经济学家特指一批被冠之以“新—新古典经济学”（neo-neoclassical economics）的新古典发展经济学家。他们在对广大发展中国家实际情况进行了较为深入考察和了解的基础上，对传统阿罗—德布鲁模型中所隐含的完全市场和完善市场、完善信息和完全预期、制度外生给定、规模收益不变等假设进行了重大的修正，并重新评价和肯定了政府在经济发展中的作用，得出了发展中国家政府应当有选择地在某些领域适度地进行干预的政策结论。基于发展中国家实际而得出的理论和政策推论，使得这一批新古典发展经济学家在研究思路和风格上不同于早期信奉传统阿罗—德布鲁分析范式的老一代新古典发展经济学家。正是由这一批学者构成为发展经济学中推动“新古典主义复兴”的潮流持续推进的主体。此外，还应当特别提到的是。我们之所以明确地不赞同把“新自由主义”同发展经济学中的“新古典主义复兴”牵扯到一起，是因为基于这样一个基本事实，即在上述提到的新自由主义学派当中，除了新制度学派对制度与经济发展的一般关系做了一些研究，并对包括发展中国家在内的一些国家中的制度路径依赖等问题做了一些探讨之外，其他学派基本上既不研究经济发展问题，也与发展中国家无涉。

二、“新古典主义复兴”在哪些方面推进了发展经济学的理论进步

“新古典主义复兴”在哪些方面推进了发展经济学的理论进步？我国著名发展经济学家谭崇台教授在肯定这场“复兴”推进了经济发展理论的发展的同时，着重对发展经济学中“新古典主义复兴”的积极方面和消极方面做了全面而中肯的评价[①]。鉴于本书重点在于梳理和评价发展经济学前沿理论，因此，笔者拟就“新古典主义复兴”对推进发展经济学新发展有何重要的理论意义这个问题做一个评价。笔者认为，这一出现在发展经济学领域中的“新古典主义复兴”思潮，其意义不仅仅在于批评和纠正第一阶段结构主义发展理论过于强调物质资本、计划化、进口替代和工业化但忽视人力资本、市场机制、对外开放和农业发展的政策倾向，还在于一批富于改革和创新精神的新一代新古典发展经济学家对传统新古典经济学的理论范式的种种缺陷进行了检讨，并且对传统新古典理论的基本假设前提做了重要的修正，使得新古典经济发展理论突破了自身的传统藩篱，朝着贴近发展中国家现实的方向迈出了重要的一步，进而增强了发展经济学的包容性和解释力。从发展经济学的整个历史演进过程来看，“新古典主义复兴”为发展经济学的理论进步创造了一个极为有利的学术环境，促使这门经济学的分支学科在理论体系上发生了巨大变革的同时，能够在被修正过的更为广阔的理论框架内继续发展。

在国际发展经济学界，传统新古典经济学范式因其假设前提过于脱离发展中国家实际而为发展经济学同行们所诟病。在传统新古典经济学的理论框架中，明确地或隐含地存在着诸多假设前提，如完全竞争，市场完全和市场完善，资源自由流动，要素充分替代，价格调节敏感，市场能无障碍地运行且能结清；信息完善或近于完全对称，市场主体有理性且能精确预见未来；不存在外部性，规模收益不变；制度为中性，不存在交易成本或交易成本很小，产权明晰和法制健全；经济分析可以在虚象时间中进行而与真实的历史无关（ahistorical）；等等。

---

① 参见谭崇台：《对发展经济学中新古典主义复兴的一般评议》，载《中国人民大学学报》2000 年第 4 期。

自20世纪60年代中期以来，以斯蒂格利茨、阿克洛夫、卢卡斯、克鲁格曼、诺斯、杰里·贝尔曼（Jere Behrman）、T. N. 斯瑞尼瓦桑（T. N. Srinivasan）、纽贝里、格林瓦尔德、桑福德·J. 格罗斯曼（Sanford J. Grossman）、卡尔拉·霍夫（Karla Hof）、布雷夫曼、迪克西特、罗默等人为代表的新一代新古典发展经济学家在考虑了来自其他学派的种种批评和对新古典理论的种种缺陷进行检讨的基础上，对上述假设中的大部分假设做了修正。他们突破了仅仅以市场缺失、不完全竞争、公共品和外部性这四类因素来解释"老市场失效"（old market failures）的传统分析思路，进而把反映发展中国家现实的不完全市场和不完善市场、不完善信息、道德风险、逆选择、动态外部性（dynamic externalities）、互补性（complementarities）、范围经济（economies of scope）、规模收益递增、多重均衡（multiple equilibria）、协调失效（co-ordination failure）、路径依赖等被称作导致"新市场失效"（new market failures）的因素纳入其分析框架，进而得出了重要的研究结论。概言之，新古典理论范式在这些方面发生的变化对于推进发展经济学进步的理论意义主要体现在如下几个方面：

1. 以更为现实的假设代之以传统的完全竞争势必导致均衡进而带来帕累托最优的公理式假设

众所周知，阿罗—德布鲁模型在第二次世界大战后数十年内曾被尊奉为体现了新古典主义经济学最高成就的经典之作。该模型对福利经济学两大基本定理的阐释，以公理化形式表述了竞争性均衡与帕累托有效率（Pareto-efficient）以及配置效率与收入分配之间的关系。第一基本定理断言，在有关消费者偏好和生产的技术状况等一系列假设之下可以证明，每一个竞争性均衡都是一个帕累托最优，而且在通常情况下，只存在唯一的均衡。由于早期新古典经济学家大都不关注发达国家与发展中国家在市场效率上的差异，他们理所当然地相信在发展中国家"完全竞争"也能带来帕累托最优，即便没有达到最优，"在许多情况下，只要改革特定的市场"，就能"使之更加接近理想型市场"。[①] 近年来，新一代新古典发展经济学家重新审视了这一断言竞争性均衡势必带来帕累托最优的第一定理，揭示了其在逻辑上存在的重大缺陷。斯蒂格利茨曾经直言，"同这一定理完全相反，竞争性经济几乎从来就不是有效率的"。[②] 在现实中，"大部分市场事实上[③]并不是完全竞争的"。霍夫等人具体指出了阿罗—德布鲁模型的重大缺陷在于"没有配备处理消失的市场、当价格无法调节到市场结清水平时出现的数量约束

① Johnson, Harry G., 1967, "Planning and the Market in Economic Development", in *Money, Trade & Economic Growth: Survey Lectures in Economic Theory*, Harvard University Press, p. 157.

② Stiglitz, Joseph E., 1994, *Whither Socialism*, Cambridge, MA: The MIT Press, p. 33.

③ Stiglitz, Joseph E., 1994, *Whither Socialism*, Cambridge, MA: The MIT Press, p. 39.

以及非市场交易”的分析工具，而对“在现实经济中许多市场不存在”以及“许多交易远非以价格为基础这一事实”[①] 所做的解释则是自20世纪60年代后期以来才发展起来的。具体而言，新一代新古典发展经济学家对阿罗—德布鲁模型中第一定理依托的假设所做的补充以及对该定理所做的修正可归纳为三个方面：

（1）揭示出“完全竞争”假设背后所隐含的“完全市场”和“完善市场”同时存在的假设。所谓“完全市场”是指市场的完整性，也就是人们经常提到的“一整套完全市场集”（a complete set of markets），不仅包括产品、劳动力等市场，还包括金融、保险、期货、风险等市场在内的所有市场。所谓“完善市场”是指市场在资源自由流动、完全竞争、要素充分替代、产权明晰和法制健全、合同得以履行、市场主体有理性且能精确预见未来等条件下能够平滑地运行。纽贝里和斯蒂格利茨（1984）的研究表明，在包括保险市场在内的一整套风险市场缺失的情况下，尽管所有其他方面都能满足有关一个竞争性经济的所有传统假设，但自由贸易非但不会带来帕累托最优，反而会带来帕累托低劣（Pareto inferior）。这是因为帕累托最优“不仅要求市场是竞争的，而且还是完善的”。[②] 在斯蒂格利茨看来，在现实生活中，“即便是想拥有一个完全的风险市场集也是不可能的”。[③] 他把资本市场看作是“市场不完全”（incomplete market）和“市场不完善”（imperfect market）最典型的形态，断言资本市场从来就不是完善的。与发达国家相比，发展中国家的资本市场效率更低。斯蒂格利茨写道，“当市场不完全时，价格发挥着两种功能：价格不仅具有传统的配置资源的作用，还在分担和转移风险方面起关键作用。例如，当价格和数量呈反方向变化时，生产的风险便通过价格制度从生产者向消费者转移。显然，当价格制度被要求做太多的事情时，它就不会运行得很好”。[④] 这意味着市场不完全会破坏阿罗—德布鲁模型中所预期的通过完全竞争达到市场均衡的机制，当一整套完整的风险市场集不存在因而需要价格制度来担当分散和转移风险的双重责任时，市场便会是无效率的。

（2）用多重均衡假设代之以均衡唯一性假设。由于在传统的阿罗—德布鲁模型中，各种经济关系被简化为价格关系，对价格激励的完全依赖不仅有助于推导出实现了帕累托有效率的资源配置，而且还得出了均衡唯一性的结论。既然价格激励可以发挥如此完美的功能，早期新古典经济学家就不再去考虑其他机制

---

① Hoff, Karla, Avishay Braverman & Joseph E. Stiglitz, 1993, *The Economics of Rural Organization: Theory, Practice, and Policy*, Oxford University Press, p. 2.

② Newberry, David M. G. & Joseph E. Stiglitz, 1984, “Pareto Inferior Trade”, *Review of Economic Studies*, vol. LI, p. 2.

③ Stiglitz, Joseph E., 1994, *Whither Socialism*, Cambridge, MA: The MIT Press, p. 33.

④ Stiglitz, Joseph E., 1982, “The Inefficiency of the Stock Market Equilibrium”, *Review of Economic Studies*, vol. XLIX, pp. 257-258.

（例如以上提到的数量约束和非市场交易）配置资源的功能了，也几乎不去考虑在市场未结清时出现的问题。在“新古典主义复兴”浪潮中，传统的均衡唯一性假设被多重均衡假设取代。新一代新古典发展经济学家使用的多重均衡概念含义较广，既可以指特定市场上不同种类的多重均衡，也可以指帕累托排序意义上同一时点上的不同层次的多重均衡，这就为新一代新古典发展经济学家分析发展中国家现实问题提供了更为广阔的空间。就对特定市场上不同种类多重均衡的分析而言，多重均衡被用来解释在20世纪50年代至70年代曾经被认为是“非均衡”（disequilibrium）的那些现象，包括对传统阿罗—德布鲁模型无法解释的均衡为什么会因对信贷的过度需求（即信贷配给）或劳动力的过度供给（即效率工资）而使得市场结清无法实现的原因所做的探讨，对发展中国家劳动力市场上学历被用作筛选机制的分析，对与要素联结相关的“合同均衡”所做的分析以及对排队配给（queue rationing）的分析，等等。譬如，斯蒂格利茨在探讨发展中国家劳动力市场时就曾采用了多重均衡概念。他写道，在发展中国家“有可能存在多重均衡，其中的某一个均衡相对于另一个来说是帕累托低劣；帕累托低劣均衡或许要么与太多的筛选有关，要么与太少的筛选有关，要么是该均衡造成了某种错误的筛选。另一方面，或许存在着均衡原本就不存在的状态”。[①] 又如，斯蒂格利茨在讨论签署分成租合同达到的均衡时写道，“均衡肯定处在‘合同曲线’（contract curve）上。该合同从当地来看是有效率的，但市场均衡或许不是——而且一般来说将不会是——帕累托有效率；因为每个厂商把价格视为给定；而且那些价格并未正确地反映机会成本”。[②] 再就对同一时点上多重均衡的一般分析而言，霍夫和斯蒂格利茨在他们合写的文章中，基于探讨“新市场失效”的视角对发展中国家广泛存在的多重均衡现象做出了解释。他们指出，传统阿罗—德布鲁模型至多只能作为“思考复杂问题的工具”，或者说“仅仅作为一个基准”（just a benchmark），但是，“其含义在存在广泛外部性的现实背景中有可能起误导作用”，这是因为“在许多不同的背景下，非市场相互作用会产生互补性，而这些互补性或许同多重均衡相联系”。[③] 因此，均衡不可能是唯一的，“而且每一个均衡可能是低效率的。在某一个初始均衡为给定的条件下，即使每一个人也许都知道存在着另外一个使所有人境况变好的均衡，但是，每一个人都无法使各自行动中的互补性变动协调起来，尽管获得那个结果是必要的”。在发

---

① Stiglitz, Joseph E., 1975, "The Theory of 'Screening', Education, and the Distribution of Income", *American Economic Review*, vol. 75, no. 3, June, p. 283.

② 参见 Greenwald, Bruce C. & Joseph E. Stiglitz, 1986, "Externalities in Economies with Imperfect Information and Incomplete Markets", *Quarterly Journal of Economics*, vol. 101, May, pp. 229-264。

③ Hoff, Karla & Joseph E. Stiglitz, 2001, "Modern Economic Theory and Development", in Gerald M. Meier & Joseph E. Stiglitz, eds., *Frontiers of Development Economics: The Future in Perspective*, New York: Oxford University Press, p. 427.

展中国家，“寻租也好，低效率制度也好，以及研发和培训中的投资不足也好，每一项都可以解释为协调失效”。[①] 多重均衡还被运用到国家间发展过程的比较分析上。斯蒂格利茨写道，“多重均衡赋予某个特定国家什么样的特征，这一点取决于历史。在学习模型中，特别是在伴随着本土化学习的模型中，特定事件（战争、灾难、萧条等）具有持久效应”。[②]

（3）修正了阿罗—德布鲁模型对完全竞争的解释，并修改了传统新古典理论关于竞争与垄断相互关系的推论。巴里·J. 纳来巴夫（Barry J. Nalebuff）和斯蒂格利茨联手对现代资本主义经济中竞争的作用做了探讨，证明了这种作用“并非体现为阿罗—德布鲁模型中特定的纯粹价格竞争的静态形式，而是动态的竞争，更像是表现为体育竞赛和其他竞赛（包括专利权竞赛在内）的那种竞争”。[③] 斯蒂格利茨本人把对这个问题的研究更推进了一步，强调“市场可能是高度竞争的——但不会是完全竞争的。每一次对完全竞争的偏离有可能很小，但当它们被加总起来……将导致该经济呈现出一个明显不同于标准范式的画面”。[④] 他主张在“一个更为一般的市场相互关系理论”的框架下分析竞争以及竞争与垄断的关系。他提到在国际经济学界一个广泛传播的信念是增加竞争将增大福利。他以三个观察结果为依据提出了“增加竞争也许会导致帕累托低劣均衡”的命题对此予以反驳。第一个观察是，由于在厂商获取的收益同来自研发的社会收益之间不存在紧密的对应关系，因此，增加竞争可能导致经济中用于研发的金额投入过多。第二个观察是，潜在竞争（potential competition）的出现将改变现有垄断厂商的行为，进而带来更高的价格和更低的利润，使生产者和消费者境况恶化。第三个观察是，“如果生产成本是因为经验（即“边干边学”假说）而下降，那么，垄断厂商将使生产超越边际收益等于生产的现时边际成本；该厂商会对增加本期生产会降低随后几期的生产成本加以考虑……如果学习过程中的某个特定部分是该厂商所特有的，这将提高垄断厂商的‘有效边际成本’，这样一来，在进入市场之前的本期内，该垄断厂商的产出将下降而价格将上升”。[⑤] 事实上，斯蒂格利茨多年来一直觉得阿罗—德布鲁模型把完全竞争作为理想状态来描述的做法离现实中的现代市场经济相去甚远。在他看来，市场并不是以新古典模型所假

---

① Hoff, Karla & Joseph E. Stiglitz, 2001, “Modern Economic Theory and Development”, in Gerald M. Meier & Joseph E. Stiglitz, eds., *Frontiers of Development Economics: The Future in Perspective*, New York: Oxford University Press, p. 390.

② Stiglitz, Joseph E., 1989, “Markets, Market Failure, and Development”, *American Economic Review*, vol. 79, no. 2, May, p. 199.

③ Nalebuff, Barry J. & Joseph E. Stiglitz, 1983, “Information, Competition, and Markets”, *American Economic Review*, vol. 73, no. 2, p. 278.

④ Stiglitz, Joseph E., 1994, *Whither Socialism*, Cambridge, MA: The MIT Press, p. 39.

⑤ Stiglitz, Joseph E., 1981, “Potential Competition May Reduce Welfare”, *American Economic Review*, vol. 71, no. 2, p. 184.

设的那种方式运作的，传统新古典理论所做的描述也许只适合于19世纪大量中小企业构成为市场主体那种情况。现代市场经济的现实状况是，“如果我们允许自由的、竞争式的准入，我们将得到一个相当重要的结果：所有的垄断利润将在过度进入中消散掉；竞争意味着全社会的浪费。相对于自由竞争来说，垄断是帕累托更优……这样一来，竞争性厂商数目的减少或许会带来更有效率的竞争和对于消费者来说更低的价格”。① 他的具体理由是，“同拥有更大数量厂商的市场相比，拥有有限数量厂商的市场或许会有更有效地竞争”。② 他的一系列具有挑战性和颠覆性意义的研究成果还表明，“对标准模型稍加修改将导致市场均衡不存在；其他修改将导致市场均衡中的价格成为垄断价格，或者市场均衡以价格差别（price dispersion）为特征”③。

2. 由“信息完善”假设转变为“信息不完善”假设

新一代新古典发展经济学家们认为，作为阿罗—德布鲁模型核心内容之一，“福利经济学的第一基本定理是建立在存在完善信息，或者更确切地说，是建立在信息确定……而且存在着一整套风险市场的假设基础上的”。④ 由于早期新古典模型中的这些假设与现实相去甚远，尤其是脱离发展中国家实际，因而引发了新一代发展经济学家的批评。这类批评集中在两个方面：

（1）完善信息假设同完全市场假设自相矛盾。新一代新古典发展经济学家们指出，传统的阿罗—德布鲁范式的信奉者之所以否认信息是不完善的而且获取信息需要支付成本，其原因就在于他们要么习惯于假设市场上存在着足够多的信息灵通者，这些人所从事的套利活动可以确保“一价定律”（law of one price）得以实现，并确保价格为同生产的边际成本相等的所谓“竞争性价格”，要么隐含地假设“所有的个人都拥有相同的信息，而且不存在交易成本”。⑤鉴于市场不完全本身可以用交易成本来解释，而交易成本中一个重要的构成部分是信息成本。当信息不完善而且需要支付费用时，市场通常就不会是完全竞争的。“在这种形势下，完全竞争理论不再相干；所需要的是垄断竞争理论的某一变种”。⑥ 这是

① Stiglitz, Joseph E., 1979, “Equilibrium in Product Markets with Imperfect Information”, *American Economic Review*, vol. 69, no. 2, p. 340.

② Stiglitz, Joseph E., 1985, “Information and Economic Analysis: A Perspective”, *Economic Journal*, vol. 95, supplement, March, p. 34.

③ Stiglitz, Joseph E., 1989, “Imperfect Information in the Product Market”, in R. Schmalensee & R. D. Willig, eds., *Handbook of Industrial Organization*, *vol. I*, Elsevier Science Publisher, B. V., p. 774.

④ Stiglitz, Joseph E., 1994, *Whither Socialism*, Cambridge, MA: The MIT Press, p. 29.

⑤ Hoff, Karla, Avishay Braverman & Joseph E. Stiglitz, 1993, *The Economics of Rural Organization: Theory, Practice, and Policy*, Oxford University Press, p. 2.

⑥ Stiglitz, Joseph E., 1989, “Imperfect Information in the Product Market”, in R. Schmalensee & R. D. Willig, eds., *Handbook of Industrial Organization*, *vol. I*, Elsevier Science Publisher, B. V., p. 772.

因为信息不完善赋予部分厂商以市场支配力。此时，“虽然存在着竞争，但并不是经济学教科书中作为价格接受者的厂商之间的完全竞争，而是更多地像垄断竞争”。[①] 与之相反，采用信息不对称假设有助于揭示市场有效传递信息的假设与对获取信息的激励之间的矛盾，并解释完全信息假设的问题出在哪里。桑福德·J. 格罗斯曼和斯蒂格利茨的研究证明了，只要传统的完全竞争模型经修正后允许信息不完善和信息成本存在，则竞争性均衡不成立。其理由不仅在于收集信息需支付费用，而且使市场上的知情人成为信息的垄断者，因而导致了市场不完全。斯蒂格利茨在不同场合明确指出，传统新古典模型“所依托的信息假设不仅不能令人信服，而且该模型的所有结果都对这些假设高度敏感”。[②] 譬如，仅仅因为交易耗费成本这一事实，即交易耗费成本导致了有限的市场数目这一点，就使得“在完善信息假设和完全市场之间不一致”。[③] 因此，“不完善信息经济学……根本上不同于完善信息经济学”的地方就在于，前者承认在不完善信息条件下“有可能存在多重均衡”。[④]

（2）不完善信息会破坏价格机制的运行，产生诸多市场上的不完全，并导致市场不再以完全竞争为特征。格罗斯曼和斯蒂格利茨证明了，市场价格所反映的是知情者（即套利者）所获得的部分信息，那些花费资源以获得信息的知情者能够得到补偿。当知情者观察到归于证券的收益要上升时，他们通过竞价来提高证券收益；当看到证券收益要下降时，他们又将以竞价方式压低证券收益。在这个过程中，价格体系把知情者获得的信息向不知情者传递，而价格体系在多大程度上能够传递信息则取决于知情者的数量。此外，价格体系传递信息的效率还取决于“噪音”（noise）的大小。“噪音”越大，则该体系中蕴含的信息越小，信息灵通者的比例也就越大。在这种情况下，价格不可能反映所有信息。如果价格能够反映所有信息，那些动用资源去获取信息的人们便无法得到补偿；换言之，如果价格能够完善地反映所有有用信息的话，那么就不会有任何人有对信息投资的激励了。因此，在传递信息的效率和获取信息的激励之间存在着根本的冲突。斯蒂格利茨进而认为，不可否认存在着信息灵通者试图以牺牲信息不灵通的消费者的利益为代价的行为。最为典型的实例，就是在保险市场常常遇到的逆向选择和道德风险这两道难题。在他看来，“一般来说，只要存在着道德风险，就会有不完全的保险。……于是，道德风险和逆向选择提供了市场何以‘单薄’

① Stiglitz, Joseph E., 1994, *Whither Socialism*, Cambridge, MA: The MIT Press, p. 39.

② Stiglitz, Joseph E., 1993, “Comment on ‘Toward a Counter-Counterrevolution in Development Theory’ by Krugman”, *Proceedings of the World Bank Annual Conference of Development Economics*, The World Bank, p. 42.

③ Stiglitz, Joseph E., 1994, *Whither Socialism*, Cambridge, MA: The MIT Press, p. 37.

④ Stiglitz, Joseph E., 1975, “The Theory of ‘Screening’, Education, and the Distribution of Income”, *American Economic Review*, vol. 75, no. 3, June, p. 283.

(thin)的理由，在某些情况下，市场也许实际上是关闭了”。[①] 他还指出，“不完善信息的一个中心后果就在于市场将不再是以完善竞争为特征”。[②] 此外，在生产过程中，逆向选择和道德风险行为还会造成对投入和产出无法实行监督，致使监督成本上升和配置效率下降。无独有偶，阿克洛夫也从销售市场的角度探讨了有关产品质量信息不透明条件下，竞争使得高质量产品销售者被劣质产品销售者逐出了市场，致使“伪交易”(false trading) 等不诚实行为盛行，最终导致市场缺失的原因。他证明了在信息不对称条件下，交易机会将受到极大的限制，并有可能促使另一种交易动机产生，这就是欺诈。他的研究从另一个侧面论证了在信息不完善背景下人们行为的相互作用对福利造成的影响。斯蒂格利茨在讨论道德风险和逆向选择造成市场消失的后果时写道，“在阿克洛夫的模型中，需求与供给相等的唯一可能的均衡就是价格为零，质量为零，因而需求为零和供给也为零的均衡”。[③]

3. 以“制度为内生”的假设取代“制度为给定”的假设

在早期新古典理论模型中，制度如同技术、偏好、要素禀赋等因素一样，要么被列入经济模型之外的外生变量之列，要么至多被看作影响经济模型参数的约束条件或影响社会福利函数的背景条件。鉴于传统的新古典理论基本上以短期的、均衡的、静态的、微观的演绎推导为其特色，因此，早期新古典主义者从这一理论体系分析框架的逻辑严密性出发，自然把制度作为等同于技术、偏好、要素禀赋等长期因素来看待，并认为这类因素在短期的、微观的、静态的经济分析中不起作用。在早期新古典主义者的心目中，经济学既然是一门研究资源最优配置的学科，而资源配置作为一种近乎于技术性的选择行为同制度并无必然联系。这意味着制度对于经济绩效发挥不了独立的作用，没有人把它作为影响经济发展过程的内在因素来看待。因此，大多数人认为制度仅仅被视为一个外在的、既定的前提，在经济分析中至少应当保持“制度中性”(neutrality of institutions) 的理论传统。诺斯曾尖锐地指出，传统新古典经济学的各种假设“使得新古典理论成为一种无制度(institution-free) 的理论”。[④] 在新古典模型所描述的“一个工具理性(instrumental rationality) 的世界中，制度是不必要的”，这是因为“不管制度安排如何，有效市场的竞争结构导致各方无需耗费成本就能达到总收入最大化

---

① Stiglitz, Joseph E., 1994, *Whither Socialism*, Cambridge, MA: The MIT Press, p. 37.

② Stiglitz, Joseph E., 1985, "Information and Economic Analysis: A Perspective", *Economic Journal*, vol. 95, supplement, March, p. 34.

③ Stiglitz, Joseph E., 1979, "Equilibrium in Product Markets with Imperfect Information", *American Economic Review*, vol. 69, no. 2, p. 342.

④ North, Douglas C., 1995, "The New Institutional Economics and Development", in John Harris, Janet Hunter & Colin M. Lewis eds., *The New Institutional Economics and Third World Development*, New York: Routledge, p. 17.

的解”。[①] 霍夫等人也认为，早期新古典理论所坚持的“经济中特定的制度集无关紧要”的论点的依据在于如下三点：“（1）结果由根本性因素（这反映在资源、偏好和技术上）所决定；（2）这些力量将导致帕累托有效率的结果；（3）制度甚至并不影响均衡的选择”。[②] 这样一来，“在阿罗—德布鲁模型中，完全依赖于价格激励就能导致帕累托有效率的资源配置。这就是为什么除了产权制度之外不存在制度的作用的原因所在”。[③] 自 20 世纪 60 年代中期兴起“新古典主义复兴”以来，新一代新古典发展经济学家在经济分析中推进制度内生化的努力主要体现在两个方面。其一是在制度与经济发展的一般关系方面，其二是围绕发展中国家广泛存在的非正式制度的作用展开分析。

就制度与经济发展的一般关系而言，其在理论上的新进展主要集中在如下三点推论上。（1）制度内生化于经济发展过程中，意味着制度会对经济变动和激励做出反应，进而对经济绩效施加影响。贝尔曼和斯瑞尼瓦桑尤其强调制度对经济绩效的影响。他们写道，“经济发展往往被描述为一个经济的生产可能性集的扩张。……包括市场在内的制度的存在及其作用决定着在任何时点上该经济运行至其生产可能性集的效率边界有多近”。[④]（2）制度的存在有助于解决因交易成本而引发的效率难题。诺斯认为，“制度如同所采用的技术一道，它们决定着交易（和生产）的成本”，之所以如此，是因为“交易成本构成为制度形成的基础”。具体而言，交易成本不仅由“度量被交易的产品和劳务多重价值维度的成本，或者说度量代理人绩效的成本”所构成，而且由“履行协约的成本”所构成。鉴于一国“国民收入的一大部分被用在交易上了，制度与特定的产权就成为市场效率的关键性决定因素”。[⑤] 新的制度框架使得对产品、劳务和绩效的度量等多个维度都被囊括了进来，而不是像传统模型中价格理论的二维值域（two dimensional range）那样仅仅考察进行瞬间交易的价格与数量，因此，“它包括了一个比传统新古典效用函数更宽的效用函数概念”[⑥]，进而有助于克服因交易成

---

① North, Douglas C., 1995, "The New Institutional Economics and Development", in John Harris, Janet Hunter & Colin M. Lewis eds., *The New Institutional Economics and Third World Development*, New York: Routledge, p. 19.

② Hoff, Karla & Joseph E. Stiglitz, 2001, "Modern Economic Theory and Development", in Gerald M. Meier & Joseph E. Stiglitz, eds., *Frontiers of Development Economics: The Future in Perspective*, New York: Oxford University Press, p. 390.

③ Hoff, Karla, Avishay Braverman & Joseph E. Stiglitz, 1993, *The Economics of Rural Organization: Theory, Practice, and Policy*, New York: Oxford University Press, p. 7.

④ Behrman, Jere & T. N. Srinivasan, 1995, "Introduction to Part 8", in Jere Behrman & T. N. Srinivasan, eds., *Handbook of Development Economics, vol. III*, Elsevier Science Publisher, B. V., p. 2105.

⑤ North, Douglas C., 1995, "The New Institutional Economics and Development", in John Harris, Janet Hunter & Colin M. Lewis eds., *The New Institutional Economics and Third World Development*, New York: Routledge, p. 18.

⑥ North, Douglas C., 1986, "The New Institutional Economics", *Journal of Institutional and Theoretical Economics*, vol. 142, p. 234.

本而引发的难题。（3）制度变迁和制度路径依赖都与相对价格变动息息相关。诺斯把“相对价格的根本性的和持续的变动”看作是“制度变迁的一个基本源泉”，因为这种变动导致“合同双方中的一方意识到通过改变合同可以使其境况变好。……制度变迁或许是通过对合同的逐渐修正而发生的”。① 至于为什么会出现制度路径依赖，在诺斯看来，是“因为与某个给定的制度母体（institutional matrix）共存的网络外部性（network externalities）、范围经济和互补性”等因素所致。换言之，“作为制度框架的结果，那些拥有讨价还价能力的个人和组织与这个体制的持续存在利害攸关”。诺斯觉得，讨价还价能力与制度路径依赖的关联同是否承认交易成本的存在有关。在传统新古典模型所刻画的“一个零交易成本的世界中，讨价还价实力并不会对结果的效率产生影响，但是，在一个正交易成本的世界中，讨价还价实力确实会产生影响——而且会决定着长期经济变迁的方向”。他甚至认为，“一旦一个经济处在能够造成停滞的某个路径上时，该经济就能因路径依赖的性质而能够持续存在下去”。②

再就发展中国家广泛存在的非正规制度而言，新一代新古典发展经济学家在制度内生化方面所付出的努力主要包括：（1）将非正规制度解释为在市场不完全和不完善背景下对消失的市场所做出的反应。由于在发展中国家因市场不完全和不完善而引起的道德风险和逆向选择广泛存在，某些类型的市场（如信贷市场、土地租赁市场或保险市场等）将不复存在，在这种情况下，某些制度或非正规制度（如分成租和要素联结）便会应运而生。以分成租制为例，斯蒂格利茨从为了给佃农提供激励、租佃双方对消失的市场以及对分散风险做出反应的角度，对这种非正规制度进行了分析。再以要素联结为例，它指的是在南亚、东南亚和非洲一些发展中国家农村市场不完全和不完善的环境中，为了解决生产要素不得其用的问题，在农业生产中通过委托人与代理人双方签署正式的或隐含的合同的方式，将市场缺失条件下分散或孤立的要素联结在一起并投入生产的一种非正式制度安排，使得“在跨越数个市场的两方之间的交易，通过一种交易以另一种交易为条件的方式被同时固定下来”。③（2）非正规市场制度有助于缓解发展中国家广泛存在的因道德风险和逆向选择而引发的配置效率和收入分配等难题。霍夫等人认为，由于道德风险和逆向选择基本上属于外部性的不同形式，通过签署合同建立起跨市场间的要素联结，“可以使所有那些外部性当中的一部分内部

---

① North, Douglas C., 1986, "The New Institutional Economics", *Journal of Institutional and Theoretical Economics*, vol. 142, p. 234.

② North, Douglas C., 1995, "The New Institutional Economics and Development", in John Harris, Janet Hunter & Colin M. Lewis eds., *The New Institutional Economics and Third World Development*, New York: Routledge, p. 19.

③ Hoff, Karla, Avishay Braverman & Joseph E. Stiglitz, 1993, *The Economics of Rural Organization: Theory, Practice, and Policy*, New York: Oxford University Press, p. 6.

化”。这样一来，要素联结“可以引诱在资源配置中的帕累托改进式的变动，也就是说，要素联结交易双方境况改善。然而，要素联结是否确实能改善双方境况，这将要么取决于一般均衡效应（在代理人处于完全竞争的情况下），要么取决于要素联结赋予每一方讨价还价能力所施加的效应（在非完全竞争的情况下）”①。这意味着，还可以从要素联结等非正式制度的角度探讨配置效率与收入分配的关系，由此摈弃了传统阿罗—德布鲁模型第二定理把配置效率和收入分配分隔开来进行讨论的做法。霍夫等人证明了既然要素联结起着替代市场机制的作用就将同市场机制一样，在某些场合可能因较高程度的收入分配不平等而减低经济效率；在另一些场合，一定程度的收入分配不平等反倒有可能提高效率。也就是说，收入分配问题不一定会随着资源配置问题的解决而自动解决，不确定性使得配置效率的改进并不一定会改善所有当事人的福利。此外，在要素联结等非正式制度背景下，进入联结的双方关心的是联结带来的整体利益或净收益，联结使得在某个市场蒙受的损失可以由其他市场的收益来弥补。在单一市场上为不可行的交易在联结市场上却是可行的。由要素联结所引发的双方对更高收益的预期更进一步强化了有关配置效率和收入分配相互关系分析结果的不确定性。

4. *恢复更为现实的收益递增假设的主导地位以取代规模收益不变假设*

规模收益不变（constant returns to scale）假设是传统新古典理论框架中的主要假设之一，其具体内容包括：其一，在生产与消费中不存在任何外部性（这就保证了完全竞争所要求的非外部条件得以满足）；其二，生产中的投入与产出均为同质并具有无限可分性（这意味着不可能因产品差异或规模收益递增而形成垄断，由此排除了规模收益递增破坏资源最优配置边际条件的可能性）；其三，假定生产者的边际技术替代率和消费者的边际替代率均为非递增（即生产函数和消费函数均具有连续性和无跳跃性，生产可能性边界曲线为凹性（concavity），无差异曲线为凸性（convexity），以保证不出现非凸性（non-convexities）和边际效用及边际收益递增）。如果说完全竞争假设的使命旨在证明完全竞争能够带来帕累托有效率的话，那么，规模收益不变假设则旨在确保由完全竞争推导出来的结果不至于偏离帕累托最优，或者不至于偏离得太远。人们一般认为，斯密在《国富论》中事实上已经提出了收益递增命题，但后来经过马歇尔和萨缪尔森等人对新古典经济学假设体系进行了逻辑上的和数学形式化的改造，最终确立起规模收益不变（以及收益递减）假设在这个体系中的主导地位，而收益递增假设在很长时期内一直被排挤到次要的和服从的地位上。在斯密那里，为了阐释分工与相

① Hoff, Karla, Avishay Braverman & Joseph E. Stiglitz, 1993, *The Economics of Rural Organization: Theory, Practice, and Policy*, New York: Oxford University Press, pp. 6-7.

对生产率之间关系，他提出了著名的“分工取决于市场的广度”这一命题，意在说明那些走向富裕的国家能开放市场，以至于能够在更大程度上利用其劳动专业化带来的优势。经济学诺贝尔奖得主詹姆斯·布坎南（James Buchanan）指出，若是把斯密有关“扩大利用劳动（或其他资源)”的推论进一步引申为“一个更高价值的产品和劳务集”的话，则斯密的这一推论意味着“作为一个整体来看待的该经济，显示出了一般化的递增收益（generalized increasing returns)”。[①]然而，斯密并未沿着“分工取决于市场的广度”的命题继续推演下去，而是把注意力从整个经济层面上的递增收益转向某个单个行业（如别针制造业）层面的规模收益递增上。在李嘉图的著作中，斯密原本要表述的“一般化的递增收益”概念不复存在，人们频频读到的是因土地稀缺造成的收益递减的推论。“边际革命”的集大成者马歇尔在对待收益递增的态度上充满了踌躇和纠结。他在《经济学原理》中多处将规模收益递增同规模收益不变、规模收益递减放在一起讨论，同时还创立了“外部经济”和“内部经济”概念，并对垄断理论做了初步表述。[②] 值得注意的是，马歇尔笔下的收益递增也是指某个行业层次的规模收益递增。1928 年，阿林·杨（Allyn Young）在他著名的论文《递增收益和经济进步》中勾勒出整个经济范围内的递增收益与经济发展之间的关系，使斯密关于分工的中心命题重新引起人们的关注。1932 年，初出茅庐但后来获得诺贝尔奖的西奥多·舒尔茨发表了《从农业进步来看递增收益》一文，大胆地提出农业中出现过长期递增收益的证据。[③] 1933 年，琼·罗宾逊（Joan Robinson）和爱德华·张伯伦（Edward Chamberlin）的著作问世，两人都在其建构的垄断竞争模型中把收益递增体现了出来。在布坎南看来，尽管他们对递增收益的探讨仍然偏离了“一般化的递增收益”的研究思路，但毕竟“垄断竞争模型提供了 20 世纪 80 年代引进对递增收益加以应用的分析工具”。[④] 20 世纪 40 年代，萨缪尔森借助于对二阶条件的推导，在凸集上定义收益递减和规模收益不变。在经过他对整个经济学体系进行数学形式化加工和雕琢之后，个人和厂商的行为不仅被描述为对简单的最大化问题的求解，而且经济作为一个整体的行为似乎也能够被描述为对某些最大化问题求解，最终促成规模收益不变（以及收益递减）成为新古典体系

---

① Buchanan, James M., 1994, “The Return to Increasing Returns: An Introductory Summary”, in James M. Buchanan & Yong J. Yoon, eds., *The Return to Increasing Returns*, The University of Michigan Press, p. 4.

② 布坎南认为，“马歇尔承认若不存在某种不变（或递减）收益假设的话，竞争本身在动态上是不稳定的……在特定过程中显示了规模收益递增的行业必然迅速地成为垄断行业”。参见 Buchanan, James M., 1994, “The Return to Increasing Returns: An Introductory Summary”, in James M. Buchanan & Yong J. Yoon, eds., *The Return to Increasing Returns*, The University of Michigan Press, p. 6。

③ 参见 Schultz, Theodore, 1932, “Diminishing Returns in View of Progress in Agricultural Production”, *Journal of Farm Economics*, vol. 14, no. 4, Oct. pp. 640-649。

④ Buchanan, James M., 1994, “The Return to Increasing Returns: An Introductory Summary”, in James M. Buchanan & Yong J. Yoon, eds., *The Return to Increasing Returns*, The University of Michigan Press, p. 7.

整个大厦中的主要假设之一。[①] 到了20世纪70年代末，迪克西特和斯蒂格利茨复兴了张伯伦对生产差别产品的相似的“大集团”厂商之间竞争的分析，从垄断竞争的角度对传统新古典一般均衡分析框架提出了批评，通过证明传统新古典意义上的“第一优最适度（first best optimum）”低于“所有的规模经济被用尽”[②] 的社会最优均衡点，解决了市场结构与标准的新古典竞争模型不相吻合这一长期悬而未决的难题，最终找到了使递增收益得以回归的入口。这一成果被直接应用到国际贸易领域，由此诞生了“新贸易理论”。随后，新贸易理论同新增长理论、新经济地理学一道形成了“向收益递增回归”的潮流并融入“新古典主义复兴”的思潮之中，由此掀起了20世纪80年代至90年代发展经济学领域中“新古典主义复兴”的新一轮高潮。具体而言，新一代新古典经济学家为了恢复收益递增假设的主导地位在如下两个方面付出了努力：

（1）以非凸性为切入点把收益递增假设引入经济分析中。鉴于一直以来人们将经济中是否存在非凸性看作是判断递增收益存在与否的一个基本标志，于是非凸性成了近似于递增收益的代名词。与阿罗—德布鲁模型中和萨缪尔森构建的理论体系中因假设了规模收益不变而强调凸性的做法不同，新一代新古典发展经济学家强调非凸性对递增收益的重要意义。斯蒂格利茨认为，“一旦考虑到不完善和信息成本时，凸性假设不再有说服力；非凸性无处不在……随着非凸性变得足够大，市场不再是竞争性的”。[③] 非凸性的产生与固定成本有关，这不仅因为“固定成本是一种不管做了任何事情与否都会发生的成本，而固定成本会产生非凸性”，[④] 而且与现代产业组织形式不同于传统新古典模型刻画的100多年前的产业组织形式有关。在他看来，“传统模型也许适合于19世纪简单的由所有者进行管理的企业，但不能对现代工业企业提供充分的描述”。[⑤] 传统模型是建立在马歇尔的“连续性”预设基础上的，因此，“伴随着‘小规模’搜寻成本的市场均衡会‘非常近似于’零搜寻成本的市场均衡”，[⑥] 在这一背景下存在的企业肯

---

① 斯蒂格利茨曾带着几分幽默评论道，“正是因为马歇尔，自然界才厌恶非连续性……正是因为萨缪尔森，自然界才厌恶非凸性”，实际上，“世界并不是凸性的”。参见 Stiglitz, Joseph E., 1985, “Information and Economic Analysis: A Perspective”, *Economic Journal*, vol. 95, supplement, March, p. 22。

② Dixit, Avinash K. & Joseph E. Stiglitz, 1977, “Monopolistic Competition and Optimum Product Diversity”, *American Economic Review*, vol. 67, p. 301.

③ Stiglitz, Joseph E., 1994, *Whither Socialism*, Cambridge, MA: The MIT Press, pp. 56-58.

④ Stiglitz, Joseph E., 1994, *Whither Socialism*, Cambridge, MA: The MIT Press, p. 52.

⑤ Stiglitz, Joseph E., 1985, “Information and Economic Analysis: A Perspective”, *Economic Journal*, vol. 95, supplement, March, p. 32。值得提到的是，斯蒂格利茨在一篇1988年发表的论文的脚注中写道，“非凸性产生不完全竞争市场”。这实际上是指现代经济中的市场大部分是不完全竞争的。参见 Stiglitz, Joseph E., 1988, “Economic Organization, Information, and Development”, in Hollis B. Chenery & T. N. Srinivasan, eds., *Handbook of Development Economics*, vol. 1, Elsevier Science Publishers B. V., p. 152。

⑥ Stiglitz, Joseph E., 1979, “Equilibrium in Product Markets with Imperfect Information”, *American Economic Review*, vol. 69, no. 2, p. 339.

定不会是“伴随着非凸性生产集”① 的企业。此外，新一代新古典发展经济学家还尝试在“新市场失效”范畴的框框内对非凸性和收益递增的相互关系展开探讨。斯蒂格利茨指出，“在效用函数表面看起来运行良好的条件下，当存在道德风险或激励问题时，非凸性自然就会出现”。② 他还把非凸性运用于对多重均衡的探讨中。他说，“采用伴随着非凸性和外部性的模型将会使建构多重均衡变得容易”。③ 克鲁格曼则从国际贸易的角度谈到递增收益和多重均衡之间的关系。他说，“在那些存在着重要的递增收益的模型中，有一个特征，这就是存在着多重均衡”。④ 在这里，克鲁格曼虽然没有提到非凸性，但由于他关注的是国际贸易中的规模经济，鉴于规模经济与非凸性之间存在着某种关联，由此我们可以认为克鲁格曼的以上陈述中隐含了非凸性与递增收益和多重均衡相互关系的推论。

（2）将影响长期增长的因素引入增长模型以确立递增收益假设的主导地位。1986 年罗默在被誉为新增长理论“开篇之作”的《递增收益与长期增长》一文中，对阿林·杨“松散地把专业化作为一种与外部效应相伴随的递增收益形式加以论述”⑤ 的做法进行了补救，提出了一个主要由知识积累驱动并以内生技术进步为特征的长期增长模型。在该模型中，一方面假定用新知识生产出来的产品服从于收益递减律；另一方面强调由于知识具有“非专有”和“非保密”特征，某个厂商创造的新知识将对其他厂商带来正外部性。因此，具有递增收益性质的知识的增长是“无界的”。罗默在归纳其模型的特征时谈到，“外部性、产出生产中的递增收益，以及新知识生产中的递减收益”这三个要素的“结合产生了定义清晰的竞争性均衡增长模型。尽管出现了递增收益，但伴随着外部性的竞争性均衡仍将存在”。该模型的关键特征在于引进了有关“无形资本品知识递增的边际生产率的假设，而不是有关无形资本品知识递减的边际生产率的假设”。⑥ 1988 年卢卡斯在题为《论经济发展的机制》的著名论文中，把人力资本作为长期增长因素引入增长模型，表达了他旨在“对个人获取知识的决策以及对这些决策对于生产率的后果进行思考”⑦ 的人力资本理论加以数学形式化表述的愿望。他把具有收益递增性质的人力资本视为长期增长的核心要素，把劳动力流动条件

① Stiglitz, Joseph E., 1994, *Whither Socialism*, Cambridge, MA: The MIT Press, p. 57.

② Stiglitz, Joseph E., 1994, *Whither Socialism*, Cambridge, MA: The MIT Press, p. 55.

③ Stiglitz, Joseph E., 1993, "Comment on 'Toward a Counter-Counterrevolution in Development Theory' by Krugman", *Proceedings of the World Bank Annual Conference of Development Economics*, The World Bank, p. 45.

④ Krugman, Paul R., 1987, "Increasing Returns and the Theory of International Trade", in T. Bewley ed., *Advances in Economic Theory*, Cambridge University Press, p. 326.

⑤ Romer, Paul M., 1986, "Increasing Returns and the Long-Run Growth", *Journal of Political Economy*, vol. 94, no. 5, Oct., p. 1034.

⑥ Romer, Paul M., 1986, "Increasing Returns and the Long-Run Growth", *Journal of Political Economy*, vol. 94, no. 5, Oct., p. 1003-1004.

⑦ Lucas, Robert E., 1988, "On the Mechanics of Economic Development", *Journal of Monetary Economics*, vol. 22, p. 15.

下的人力资本效应区分为两种，即个人积累人力资本“仅仅影响其‘所有者’的生产率”的内部效应以及通过“一个人向另一个人溢出的外部利益”① 的外部效应，并认为只有在后一种情况下在任何技术水平上的工资率的提高将同该国财富一道增长。因此，卢卡斯实际上是将人力资本看作是长期增长的发动机。与罗默不同的是，卢卡斯完全放弃了收益递减假设，他觉得自己建构的模型“违背了收益递减”② 的理论传统。

从20世纪40年代末算起直到80年代中期，在近50年的时间里，递增收益假设几乎被人们遗忘。50年之后，新一代新古典发展经济学家抹去历史的尘封，在重新恢复递增收益在经济学理论体系中主导地位的同时，力图借助于推进新增长理论的机缘把对递增收益的分析从行业层面引导到整个宏观经济的层面上，这使得增长理论真正抓住了增长的本源，促使人们在一个更加深入的视野来思考增长问题。这里需要特别指出的是，笔者强调恢复收益递增假设在新古典体系中主导地位的理论意义，并不意味着规模收益不变（以及收益递减）假设一无是处，而是旨在说明递增收益假设更适用于对现代经济中产业组织的分析。至于规模收益不变（以及收益递减）假设，诚如诺贝尔奖得主希克斯所言，“如果适当谨慎地加以应用，而且被用在合适的背景中，将会有所帮助；但是如果被误用了，或者如果被用于错误的背景中，那就如卡尔多所认为的那样，确实会成为一个障碍”。③

5. 在“新—新古典经济学”分析框架中推导出政府在经济发展中作用的新见解

一直以来，人们公认阿罗—德布鲁模型所表述的福利经济学两大基本定理集中体现了早期新古典学派关于政府作用的理念。第一定理断言只要利用市场就能带来帕累托有效率的均衡；第二定理则断言既然每一个帕累托有效配置都能利用市场机制来实现，需要政府做的只是以一次性支付方式对初始禀赋进行再分配。这两大定理清晰地表达了传统新古典模型中所蕴含的两个基本理念：其一，政府在资源配置和经济发展中的作用非常有限。传统新古典理论信奉的是，有效率的政府的运行不应当成为人们追求自身利益的障碍。早年在西方发展经济学界颇有影响的哈里·G. 约翰逊甚至认为，即使在发展中国家，“适当发挥功能的市场体系趋于刺激经济效率和经济增长”，因此，“毋需庞大的行政机构，毋需中央决

---

① Lucas, Robert E., 1988, “On the Mechanics of Economic Development”, *Journal of Monetary Economics*, vol. 22, p. 40.

② Lucas, Robert E., 1988, “On the Mechanics of Economic Development”, *Journal of Monetary Economics*, vol. 22, p. 28.

③ 参见 Hicks, John R., 1989, “The Assumption of Constant Returns to Scale”, in Tony Lawson, J. Gabriel Palma & John Sender, eds., *Kaldor's Political Economy*, London: Academic Press, pp. 9-17。

策，除了提供法制以便履行合同之外，几乎不需制订什么政策”；政府的作用仅限于“传播使市场高效运作所需要的知识和信息，并提供利用市场所需要的教育”。① 其二，以第二定理为依据可以把效率问题同收入分配问题分开来进行探讨。新古典体系与古典经济学理论一样，隐含了每个人在市场竞争中追求自身利益时无意中增进了公共利益（即只存在正外部性而不存在负外部性）的假设。在这个过程中，每个人被假定在没有任何道义约束的前提下从事经济活动，每个人承担自身行动的得失；任何交易的双方都会自行承担其义务，各种合同将会被自动履行。这一假设实际上排除了出现道德风险和逆向选择等行为的可能性。新一代新古典发展经济学家从强调市场不完善和信息不对称的“新—新古典经济学”分析框架出发，从两个方面推进了对政府在经济发展中作用的研究：

（1）将政府内生于经济分析中，并在政治过程与经济市场二者相互关系中探讨政府的作用。新一代新古典发展经济学家对传统新古典模型中漠视政府作用的理念提出了批评。斯蒂格利茨指出，正因为早期新古典经济学家信守“没有任何政府——不管它是多么好——能够比私人市场做得更好”的信念，所以，“在传统的福利分析中，人们无需非常精确地去为政府建立模型”。② 这种在经济分析中摈弃政府的做法造成了严重后果，诚如诺斯所言，“我们无法对一个具有任何实际意义的有效解（an effective solution）加以界定，因为我们无法具体说清楚一个建立在产权经济结构基础上的‘政府’是什么样子。在无法具体说明有效率的政府的前提下，我们实际上无从谈及帕累托效率”。③ 此外，新一代新古典发展经济学家在论述政治过程与经济市场相互关系时，表达了政府并不是真正的“中立者”以及政府必然会对经济过程实施干预的观点。譬如，诺斯主张“把政治过程作为经济绩效中的关键因素，作为各种不同的经济绩效的源泉，并且作为对‘低效率’市场的解释来建立模型，通过这种方式来拓展经济理论”。④ 他的理由在于，“因为政治结构（polities）对博弈中的经济规则起界定和履行的作用。因此，发展政策的核心必须是创造将能够创造和履行有效产权的政治结构”。⑤

① Johnson, Harry G., 1967, "Planning and the Market in Economic Development", in *Money, Trade & Economic Growth: Survey Lectures in Economic Theory*, Harvard University Press, pp. 156-157.

② Stiglitz, Joseph E., 1985, "Information and Economic Analysis: A Perspective", *Economic Journal*, vol. 95, supplement, March, p. 26.

③ North, Douglas C., 1986, "The New Institutional Economics", *Journal of Institutional and Theoretical Economics*, vol. 142, p. 236.

④ North, Douglas C., 1995, "The New Institutional Economics and Development", in John Harris, Janet Hunter & Colin M. Lewis eds., *The New Institutional Economics and Third World Development*, New York: Routledge, p. 19.

⑤ North, Douglas C., 1995, "The New Institutional Economics and Development", in John Harris, Janet Hunter & Colin M. Lewis eds., *The New Institutional Economics and Third World Development*, New York: Routledge, p. 25.

在他的眼中，政治市场比起经济市场要复杂得多，如果说“找到接近于为效率所必不可少的那些条件的经济市场是一个例外”的话，那么，要“找到接近于为效率所必不可少的那些条件的政治市场则是不可能的”。①

（2）在“新—新古典经济学”分析框架中讨论政府如何适度地干预经济。早期新古典经济学家一般都反对政府对经济领域实行干预，即使当涉及“老市场失效”时，他们除了在对不完全竞争和外部性这两类“老市场失效”大致上赞同政府干预之外，对于其他类型的市场失效（如公共品和市场缺失）均未达成一致。在斯蒂格利茨看来，传统新古典模型在应对某些类型的“老市场失效”时尚能找到对策，但是“当市场失效的主要源泉是同信息难题相联系时”，在传统新古典理论中“不存在任何明显的处方”。② 他从两个方面道破了“新—新古典经济学”同传统新古典理论的主要区别：其一，前者主张“当出现不完善信息、不完全风险市场以及不完全期货市场时，存在着政府干预的潜力”；③ 其二，前者认为“问题不在于政府是否应当发挥作用，而在于更加精确地界定合适的作用”。④ 他尤为赞赏东亚地区政府在20世纪70年代至80年代推行的以市场为基础的发展战略和帮助、指导或创造市场而不是替代市场的发展理念，并且从部分国家经济发展经历中归纳出政府应当发挥重要作用的六大领域。这些领域包括：其一，促进教育尤其是促进普及教育的发展有助于创造更平等的机会和社会稳定。其二，促进技术进步尤其是对关键行业的技术进步提供资金支持。其三，支持金融发展，这是因为金融部门“在以最有效率的方式处理稀缺的资本资源方面负有责任。金融部门与信息的收集、加工和传播有关——确切地说，在该领域中市场失效往往最为显著”。⑤ 其四，政府应成为对包括道路、通信体系等在内的广义的基础设施投资的主要担当者，其中政府尤其应当在建设有利于竞争性市场走向繁荣的制度基础设施（institutional infrastructure）方面有所作为。其五，保护环境并阻止环境恶化。其六，由政府提供基本的医疗服务并创造和维持一个覆盖面较宽的社会保障网。当然，斯蒂格利茨所列举的政府在上述领域的重要作用并非政府的全部职责，但他认为这些方面至少涵盖了政府最基本的职责。在他看

---

① North, Douglas C., 1995, “The New Institutional Economics and Development”, in John Harris, Janet Hunter & Colin M. Lewis eds., *The New Institutional Economics and Third World Development*, New York: Routledge, p. 20.

② Stiglitz, Joseph E., 1988, “Economic Organization, Information, and Development”, in Hollis B. Chenery & T. N. Srinivasan, eds., *Handbook of Development Economics*, vol. 1, Elsevier Science Publishers B. V., p. 155.

③ Stiglitz, Joseph E., 1991, “Development Strategies: The Roles of the State and the Private Sector”, *Proceedings of the World Bank Annual Conference of Development Economics*, The World Bank, p. 430.

④ Stiglitz, Joseph E., 1991, “Development Strategies: The Roles of the State and the Private Sector”, *Proceedings of the World Bank Annual Conference of Development Economics*, The World Bank, p. 432.

⑤ Stiglitz, Joseph E., 1997, “The Role of Government in Economic Development”, *Proceedings of the World Bank Annual Conference of Development Economics*, The World Bank, p. 14.

来，经济发展过程中所需要的政府适度干预“处在政府对经济的全面控制和完全的自由放任之间。在不同的发展阶段上或者在不同的形势之下，各国将而且应当选择处在这个序列上的不同的点”，[①] 以便找到“在市场的强度和局限性、政府以及二者如何才能确定它们相互之间最佳的互补性的一种平衡”。[②] 此外，斯蒂格利茨将政府同市场进行比较，讨论各自在应对市场失效中的比较优势。他说，“在发展中国家市场失效特别盛行。好的政策需要识别市场失效，问题在于哪一种市场失效可以通过使市场运行得更有效率来直接消除之（特别是，可以减少政府对运行有效的市场所施加的障碍），而哪一种市场失效则不可以。我们需要确认哪一种市场失效能够通过非市场制度加以纠正。……我们还需要承认市场的局限性和强度以及旨在纠正市场失效的政府干预的强度和局限性”。[③]

第四节　发展经济学为什么没有衰落

多年来，在西方经济学学术圈里，人们就发展经济学究竟是否应该存在这个问题曾有过多次讨论。曾一度在西方居于主流的观点是这门学科已经衰亡了，这种观点也被一部分国内学者所接受。但令人诧异的是，每当笔者进入欧美各国际知名大学查询课程设置时，总能看到“发展经济学”或“经济发展”被赫然列入其中。在本节中，我们拟对发展经济学“衰落说”做一个全面的剖析，以证明发展经济学存在的合理性。

一、“衰落说”的兴起及其不同说法

发展经济学发轫于20世纪40年代初，迄今已经走过了近70年的历程。由于发展经济学是应第二次世界大战后初期广大发展中国家对发展理论的急迫需求而问世的，这个未经过充分酝酿就降生的“早产儿”注定了命运多舛。如同不少发展中国家在经济发展过程中屡经劫难一样，这门以发展中国家经济发展为研究对象的新兴学科在近70年的演进中也是一波三折，其作为一门经济学分支学

① Stiglitz, Joseph E., 1997, “The Role of Government in Economic Development”, *Proceedings of the World Bank Annual Conference of Development Economics*, The World Bank, p. 12.

② Stiglitz, Joseph E., 1997, “The Role of Government in Economic Development”, *Proceedings of the World Bank Annual Conference of Development Economics*, The World Bank, p. 17.

③ Stiglitz, Joseph E., 1989, “Markets, Market Failure, and Development”, *American Economic Review*, vol. 79, no. 2, May, p. 203.

科存在的合理性受到某些学者的质疑，曾几度险遭灭顶之灾。

早在20世纪70年代中期，作为结构主义发展经济学家领军人物之一的爱尔玛·阿德尔曼（1974）开了对发展经济学发难之先河。她在一篇短文中指出，早年发展经济学有关发展中国家穷人的收入水平将随着工业化和经济增长而改进的预设是错误的，事实上，归于穷人的收入份额不仅相对地而且绝对地下降了。另一方面，现代化的社会过程与现有权力结构的交互作用导致了不同程度的不稳定和内部动乱。因此，20世纪50—60年代的经济发展并未实现其基本人类发展目标。由此，她得出了发展经济学已经失败的结论，而失败的根源在于"发展经济学家所采用的思路归根结底有4个根本性的缺陷"①：第一，对发展过程未能采用一个足够宽广的系统观；第二，未能对结果施加足够的监控；第三，广泛搜寻万能药方和简单的指导规则；第四，对发展的探讨中缺乏足够的谦恭和专业水平。

时隔数年，另一位在国际发展经济学界颇有影响的学者达德利·西尔斯（Dudley Seers，1979）表达了近似的看法。他写道，"一般而论，发展经济学被证实同它的青春期处在精神振奋的乐观主义中的人们的预期相比，不再是那么有用了"。其理由在于，发展过程是复杂的，而发展经济学缺乏一个包括政治、社会与经济变迁在内的令人信服的框架。最后，当西尔斯将审视发展经济学前景的眼光延伸到21世纪时，他成了宣布发展经济学死亡的第一人："在21世纪回溯的感觉中，发展经济学或许被看作是一次反常的转变阶段（a transitional stage in the metamorphosis）"，"预示着它的死亡阵痛和它的顶替者的思想形成均已开始"。②

20世纪80年代初，曾经被公认为发展经济学奠基人之一的赫尔希曼（1981）也发出了"发展经济学衰落"的哀叹。在他看来，发展经济学作为一门相对年轻的经济学分支学科，在20世纪40—50年代，在这个新领域中占主导地位的各种基本观点和模型纷纷涌现并引发各种争论，给这一学科带来了活力。在那个激昂的年代，发展经济学同它的研究对象（即世界上贫穷国家的经济发展）相比，要发展得更好。但近年来这一独特的差距正在缩小。虽然"文章和著作仍然被制作出来"，但是，"原有的活力不复存在，而且新思想更难出现，这个领域已经不足以繁衍下去了"。③ 赫尔希曼认为，发展经济学由盛转衰的主要原因应当从这门学科形成时期所依托的理论架构中去寻找。发展经济学是由不同的意

① Adelman, Irma, 1974, "On the State of Development Economics", *Journal of Development Economics*, vol. 1, pp. 3-5.

② Seers, Dudley, 1979, "The Birth, Life and Death of Development Economics: Revisiting a Manchester Conference", *Development and Change*, vol. 10, pp. 707-719.

③ Hirschman, Albert O., 1981, "The Rise and Decline of Development Economics", in *Essays in Trespassing: Economics to Politics and Beyond*, London: Cambridge University Press, p. 1.

识形态潮流汇集而形成的结果，这一汇合被证实具有极大的创造性，但也为未来造成了不少难题。这门新学科不仅随时面临着意识形态上的冲突，而且各种不合理的殷殷希望和勃勃雄心也给这门新学科施加了过重的负担，致使它注定要受挫。当发展中国家的发展进程远非人们想象的那样顺利时，发展经济学给人以“东拼西凑”感觉的这种“杂交特性”（hybrid nature）引发了来自“左的”和“右的”两方面攻击。新马克思主义者从“新依附论”角度指出工业化在总体上已归于失败，不仅体现在外国资本通过跨国公司对发展中国家实行控制和剥削，还因为资本过于密集而导致失业增加和收入分配不公，使得依附关系比过去更加强化。新古典主义者则把锋芒指向围绕国内市场推进工业化的发展政策，抨击这类政策的主要缺陷在于导致了“资源错误配置”。于是，赞成加速工业发展的新兴的发展经济学便成了替罪羊，不得不在理论上为所有错误承担责任。在通常情况下，这类批评应当导致发展经济学的重构并最终加固它的理论架构。但事实上，这种结果并未发生，也没有出现新的理论上的大综合。

一年之后，同样在国际发展经济学界颇有影响的拉尔（1982）在谴责了凯恩斯理论为发展经济学中的“统制教条”（dirigiste dogma）提供了分析基础①以及现代“次优”福利经济学为该教条提供了逻辑框架与伦理基础的同时，逐个数落了计划化、贸易保护主义、贸易条件恶化论、依附论以及由此造成的恶果之后，进而声称“就作者而言，是不会同赫尔希曼一道去哀叹发展经济学的衰亡的”，相反，他郑重其事地写道：“发展经济学的死亡，可能有助于经济学和发展中国家经济的兴旺发达”。②

20世纪80年代中后期到90年代初中期，国际发展经济学界基本上不再广泛讨论发展经济学是否衰亡的问题，而是代之以另外的说法，即发展经济学要么已归并到居于主流地位的新古典经济学之中，要么被挤出了主流经济学。持这类说法的代表人物主要是世界银行前副行长安妮·O. 克鲁格（Anne O. Krueger, 1986）以及贝尔（1987）和克鲁格曼（1993）。安妮·O. 克鲁格认为，“一旦承认个人会对激励做出反应，而且承认‘市场失效’是由不适当的激励所造成的结果，而不是由对激励不做出反应的结果，那么，发展经济学作为一个领域的独立地位在很大程度上将不复存在。相反，发展经济学变成了一个应用领域，在该领域，劳动经济学、农业经济学、国际经济学、公共财政以及其他领域的工具和见解，都可以用来解释在发展背景下出现的特殊问题和政策问题”。③ 一年之后，

---

① 有关对凯恩斯经济学与发展经济学之间的关系的探讨，参见谭崇台：《发展经济学》，上海人民出版社1989年版，第657—671页。

② Lal, Deepak, 1985, *The Poverty of "Development Economics"*, second edition, Harvard University Press, Cambridge, MA. p. 109.

③ Krueger, Anne O., 1986, "Aid in the Development Process", *World Bank Research Observer*, Oct. 1, no. 1, Jan. pp. 62-63.

贝尔在他撰写《新帕尔格雷夫经济学大辞典》中“发展经济学”这一词条时表达了自己的看法：“经济发展是古典经济学家最先注意到的问题。然而，所谓‘发展经济学’的出现则是晚得多的事情……尽管发展经济学仍然受到古典经济学较强的影响，它已经开始从其他显然更‘现代’的经济学领域中大量吸取营养。实际上，我们可以认为，发展经济学已经被重新吸收到主流经济学之中，现在已不再独立存在。这种观点，还有待于做出评价。……发展经济学正在倒退，也可能不再作为一个学科而独立存在。假若那样，该学科的学生并不需要特殊的培养，只要有微观经济学和宏观经济学的一般训练，再加上贸易、公共经济学、劳动经济学等方面的课程就够了。毫无疑问，这种变化正在发生”。①

如果说贝尔在判断发展经济学是否已经衰亡的问题上多少还有几分踌躇的话，那么，克鲁格曼似乎是自相矛盾的。一方面，克鲁格曼（1993）说，“有许多优秀的经济学家研究发展中国家的经济学（economics of developing countries）。他们研究的某些问题在实质上对于所有国家都具有一般意义，但还是有一些唯独为穷国所特有的问题，从这个意义上讲，存在着一个专门聚焦于欠发达经济学（economics of underdevelopment）的领域”；另一方面，他又说，发展经济学“是一个分散的领域。……实际上，一场反革命已经把发展经济学一扫而光”，“这个领域已不复存在”。② 那么，为什么发展经济学会被“一扫而光”呢？他的解释是因为当早期发展经济学（在本书中我们称其为第一阶段的发展经济学，克鲁格曼则称其为“高级发展理论”（high development theory））处在繁荣期时，当时居于主导地位的发展理论研究者未能将他们的直觉见解（intuitive insights）转变为清晰的模型，而模型则有助于一门学科得以延续的关键。在经济学已经普遍地变得更为数学形式化的今天，没有以模型形式表达的见解也许能暂时引起关注，但这些见解除非被整理成可以复制和可以用于教学的形式，否则，再高明的见解也无法在同行之间交流，更不能被追随者所继承，因而无法持久存在下去。克鲁格曼承认，实际上，发展经济学早期的几篇重要文献中包含了强调由收益递增和市场规模所导致的货币性外部经济的思想（即 30 年之后体现在新贸易理论中有关“战略互补性”在发展中发挥着关键作用的思想），这些文献以某种方式预示了新贸易理论和新增长理论最尖端的部分（cutting edge）。尽管少数早期发展经济学家试图将这些见解加以模型化，但未能成功。在他看来，他们的失败并非他们在数学表述方面缺乏能力，而是他们在处理规模经济与竞争性市场结构之间的

① Bell, Clive, 1987, "Development Economics", in John Eatwell, Murray Milgatt & Peter Newman eds., *The New Palgrave A Dictionary of Economics*, vol. 1, The Macmillan Press Limited, p. 818, p. 819, p. 825.

② Krugman, Paul, 1993, "Toward a Counter-Counterrevolution in Development Theory", *Proceedings of the World Bank Annual Conference of Development Economics*, The World Bank, pp. 15-16.

相互关系方面面临着困难，因为由产业组织理论研究者开发出来的一整套与这类问题相关的分析工具在当时还没有问世。总之，克鲁格曼认为，“高级发展理论”并不是因为被拒绝而消失的，而是因为没有采用数学形式化表述而被搁置在一边，最终被埋没了。不久，在克鲁格曼（1995）出版的著作中写了“发展经济学的衰落与崛起”① 一章，基本上重述了他在 1993 年文章中的观点。表面上看，克鲁格曼持折中态度，但是，把他的说法综合起来就可以看出，他实际上是一个坚守“单一经济学”（monoeconomics）② 立场的学者。他说的发展经济学衰亡实际上是企望第一阶段居于主导的结构主义思路退出发展经济学的学术舞台，而新古典经济学范式因采用数学形式化模型而带来了发展经济学的崛起。显然，他主张把是否运用数学形式化模型视为判断一个经济学流派盛衰的唯一标准。

二、对“衰落说”的反驳

发展经济学竟然被发展经济学家们一而再、再而三地宣告衰亡了！这让人感到疑惑不解。人们不禁要问：发展经济学究竟怎么了？这门经济学的分支学科是不是真的“不复存在”？若是对以上学者所宣称的“发展经济学衰亡”的断言做一个归纳就会发现，他们分别从发展经济学的理论架构、发展经济学的政策误导以及发展经济学的数学形式化表述这三个方面，推出了有关发展经济学注定要衰落乃至死亡的结论。对于这一结论，我们不能苟同，因而觉得有必要表明我们的看法。

首先，就发展经济学的理论架构而言，阿德尔曼、西尔斯与赫尔希曼从不同角度提到，发展经济学在它的形成初期就缺乏一个成熟的、理想的理论架构，其原因在于发展经济学具有明显的“杂交”的特征。因此，自发展经济学诞生之日起，在其内部就存在各种不同研究思路之间的激烈冲突。三位学者的看法既符合事实，也有一定道理，然而，不能因为一门学科目前不成熟就认为它永远不会成熟起来，更不能由此得出发展经济学衰亡的结论。众所周知，在发展经济学形成初期的理论架构中就已经存在着结构主义、新古典主义和激进主义三种不同的

---

① Krugman, Paul, 1995, “The Fall and Rise of Development Economics”, in *Development, Geography and Economic Theory*, Cambridge, MA: The MIT Press, pp. 1-29.

② “单一经济学”是指发展经济学诞生之前在西方经济学界居主流地位的新古典主义经济学，其基本原理被认为不仅适合于研究发达国家，也可以用来分析欠发达国家。因此，在发展经济学领域只需要新古典主义经济学就已足够。20 世纪 40—50 年代，发展经济学结构主义思路的形成被认为打破了“单一经济学”的局面而呈现出“二元经济学”（dual economics）并存的局面。此后，这两种思路之间展开了长时期的理论论战。

研究思路①，其中结构主义思路在当时占据着主导地位。自20世纪60年代中期开始在国际发展经济学界出现了一股"新古典主义复兴"思潮，从理论与政策两个方面对结构主义思路发起猛烈的攻击，结构主义思路由此失去了主导地位，新古典主义经济发展思路取而代之。所谓发展经济学的新古典研究思路，是指一批新古典学派经济学家运用西方主流新古典经济学的假设前提和分析工具来探讨发展中国家的经济发展问题的一种理论范式。自20世纪80年代初以来，发展经济学界进入了全面繁荣的时期。诚如新一代国际发展经济学家中的佼佼者瑞所言，"近年来，这门学科（指发展经济学——笔者注）对经济学理论、计量方法、社会学、人类学、政治学和人口统计学做了极好的应用，并且已经快速发展成所有社会科学中最活跃的研究领域之一"。② 纵观发展经济学70年的演进过程，我们所看到的情景并不是发展经济学整个学科领域的衰落，而是学科内部不同流派的此伏彼起。正是在"一波未平，一波又起"的思想激荡中，新观点不断涌现，老观点被重新讨论。这门学科中呈现的"诸家争鸣"的兴盛情景恰好说明发展经济学并未衰亡，相反，目前它正处在前所未有的繁荣时期。

其次，就发展经济学的政策效应而言，阿德尔曼和拉尔分别使用"失败"或"无人惋惜地死去"（unlamented demise）这样的词汇描述了发展经济学因其政策建议致使部分发展中国家的经济发展所陷入的困境。阿德尔曼和拉尔、安妮·O. 克鲁格分别归属于结构主义阵营和新古典主义阵营，他们用词的不同显现出在对待结构主义思路发展经济学的态度上大相径庭。如同历史上多次理论论战中发生的情形那样，不同学派的互相攻讦，往往抓住对方被应用于政策操作上的失误不放。但问题在于，能否从第一阶段的发展政策失败（不论失败是由激励不当所引起，还是是由其他原因所引起）而得出发展经济学已经"死亡"的结论？从本章第一节描述的发展经济学演进过程可见，自第二阶段以来，"新古典主义复兴"使得发展经济学的结构主义思路退居次要地位。其间发生的不是发展

---

① 对这三种研究思路的具体分析和评价，参见谭崇台主编：《发展经济学》，上海人民出版社1989年版第104—135页；马颖：《论发展经济学的结构主义思路》，载《世界经济》2004年4期；马颖：《论发展经济学的新古典主义思路》，载《世纪之交的中国与美国：中国哈佛—燕京学者第二届学术研讨会论文选编》，上海外语教育出版社2000年版，第277—300页；Kindleberger, Charles & Bruce Herrick, 1977, *Economic Development*, New York: McGraw-Hill Book Company, pp. 48-60; Little, Ian M. D., 1982, *Economic Development: Theory, Policy and International Relations*, New York: Basic Books, Inc., pp. 16-26; Myint, Hla, 1987, "The Neoclassical Resurgence in Development Economics: Its Strength and Limitations", in Meier, Gerald, *Pioneers in Development*, Oxford University Press, pp. 107-136; Bardhan, Pranab, 1988, "Alternative Approaches to Development Economics", in Hollis B. Chenery & T. N. Srinivasan, eds., *Handbook of Development Economics*, vol. 1, Elsevier Science Publishers B. V., pp. 39-71; Dutt, Amitava K., 1992, "Two Issues in the State of Development Economics", in Amitava K. Dutt & Kenneth P. James, eds., *New Directions in Development Economics*, London: Edward Elgar, pp. 1-34; Todaro, Michael P. & Stephen C. Smith, 2006, *Economic Development*, 3rd edition, Pearson & Addison Wesley, pp. 102-125。

② Ray, Debraj, 2000, "What's New in Development Economics?", *The American Economists*, vol. 44, no. 2, p. 3.

经济学的消亡，而只是两种不同的研究思路的“易位”，作为一门学科的发展经济学依然存在。“衰落论者”在判断上出错的原因，在于他们简单地把结构主义经济发展思路等同于发展经济学，而没有意识到发展经济学内部存在着包括结构主义、新古典主义、激进主义等各种不同的研究思路或者说流派。如果说这一时期发展经济学消失了，岂不等于说发展经济学的新古典范式不复存在，更近乎于断言作为西方主流新古典经济学分支之一的新古典经济发展理论也跟着消失了。

最后，就发展经济学的数学形式化而言，根据克鲁格曼（1993）的说法，发展经济学的创始人未能将他们有关经济发展有价值的见解用“数学形式化方式”（formalism）表述出来，因而被“一扫而光”（swept away）、“被埋没了”（buried）、“被遗失”（lost）、“被搁置一边”（bypassed）、“被抛弃”（abandoned）、“衰落”（decline）或“崩溃”（collapse）。应当说，他使用的这些词在含义上有较大差异。如果说被克鲁格曼称作“高级发展理论”的早期发展经济学被“一扫而光”、“被埋没了”、“被遗失”、“被搁置一边”、“被抛弃”还可以看作是理论论战中常用的过激之词的话，那么，他认为发展经济学是因为未能用“数学形式化方式表述”其思想而走向衰落或崩溃的说法过于夸大了数学模型的作用，值得商榷。我们认为，广泛采用数学模型来表达作者的经济学思想已经成为现代经济学研究中的主流方法。这是一个不争的事实。本书所综述的发展经济学前沿理论也主要借助于数学模型来表述。然而，数学形式化虽然有助于理论表述更为清晰，使重点更为凸显，但建模过程往往是以限制变量数目和缩小分析范围为代价的。此时，有可能忽略掉某些关键变量。因此，不能过于强调模型的作用。在当今时代，一门学科尤其是经济学中的分支学科是否衰落，固然同是否采用数学形式化表述进而有利于教学和传承有一定关联，但该学科的生存同时还取决于该理论对现实问题的贴近程度、民众的接受程度、理论的普适性等诸多因素。其中，在研究中是建立了模型还是没有建立模型，虽然在经济学同行之间尤为关注，但对于一门学科的存亡不至于产生决定性影响。毕竟分析工具不是决定一门学科存亡的唯一的决定因素。值得一提的是，20 世纪 90 年代初，在克鲁格曼和斯蒂格利茨之间发生的那场有关发展经济学中使用数学建模方法的论战中，斯蒂格利茨表示“同意克鲁格曼有关理论和模型对于培育经济学这一专门职业的方向具有重要意义的观点”，但他不赞同克鲁格曼有关模型对于理论来说起决定作用的观点。他认为模型“最多只是对某个逻辑关系、对某些思想的前后一致性做了一次检验。把思想加以数学形式化之所以极为重要完全是因为另外一些原因：它使得争论更有效率和更简洁，并且转到更精确和更有用的问题上去”；但是，人们“能够把有关某种现象几乎不能证明任何东西的模型写出来。它不能证明该思想正确与否，重要与否”。他明确地指出，“存在着一些可以获得的数学形式化模型”，言下之意是有些问题和领域是无法建立模型的。对于克鲁格曼过于强调数学模型化的说法，他不无揶揄地说，那些具备了“简洁、优雅和严密”这些所有新古典特征的模型“无法对高级发展理论暂时还没有死亡做出解释”，相反，“高级发展经济学理论并没有死亡；它还活着，而且很健康”。①

稍加观察就会发现，以上各位发展经济学家对该学科是否存在所发表的观点有两个明显的特征：第一，各位学者对发展经济学学科地位问题在理解和态度上存在着差异。阿德尔曼对发展经济学的批评率先打开了讨论发展经济学理论缺陷的大门，但她的批评是在肯定其存在合理性的前提下提出的，因而是建设性的，目的在于重振发展经济学当年雄风。西尔斯和赫尔希曼发出了这门学科已经衰亡的讣告。尽管这个结论出自该学科创立时期的两位著名学者之口，但从其文章的字里行间透露出更多的不是对这门学科的指责，而是惋惜和哀叹。拉尔过激地抨击了发展经济学，但他的抨击显得理性少而激愤多。国际发展经济学界公认，他的抨击仅仅涉及发展政策中的一小部分内容，既不全面，也欠深刻。他有关凯恩斯学说构成发展经济学中“统制教条”理论基础的推论忽略了发达国家与发展中国家在社会制度、历史传统以及心理结构等方面的差异，因而需要商榷。安妮·O. 克鲁格以人们是否对经济激励做出反应或反应程度的大小来判定发展经济学作为一门特定学科是否应当存在的标准。诚然，这个问题曾经是结构主义发展经济学家和新古典发展经济学家争论的焦点之一。但是，用这个标准来判断发展经济学是否有理由存在也是站不住脚的，因为即便能够证明人们对激励会做出反应，并证明结构主义者的推论存在问题，也不能就此推出发展经济学没有理由存在的结论。贝尔的说法在很大程度上重述了安妮·O. 克鲁格的观点，但他在下结论时多少有些踌躇。这可以理解，因为百科全书或辞典的写作文体和风格要求作者在阐释和评论某一观点和流派时，尽量保持客观和中立。克鲁格曼则是第二次世界大战后成长起来的新一代发展经济学家。这一代学者因长期沉浸在经济学日益数学模型化的浓厚氛围中，因而对“非数学化风格”的研究文献多半持排斥或歧视的态度。瑞典经济学家阿克塞尔·莱琼赫夫德（Axel Leijonhufvud, 1973）曾经批评了由这种氛围所带来的学科歧视问题。他指出，在当代西方经济学内部已经形成类似于印度的“僧侣卡斯特”（priestly caste）的背景下，发展经济学与“数理经济学”或“宏观经济学与微观经济学”相比，“无疑处于更低的等级”，其原因在于“未能严格执行不同政治学、社会学和其他部落（tribes）结盟的禁忌”。② 与莱琼赫夫德提到的学科歧视相比，克鲁格曼更有过之。他干脆以“非数学化风格”为依据断言发展经济学“作为一个特定领域

① Stiglitz, Joseph E., 1993, "Comment on 'Toward a Counter-Counterrevolution in Development Theory' by Krugman", *Proceedings of the World Bank Annual Conference of Development Economics*, The World Bank, p. 41.

② Laijonhufvud, Axel, 1973, "Life among the Econ", *Western Economic Journal*, vol. 11, no. 3, Sept., pp. 327-337.

已被挤出了经济学主流”。[①] 第二，从历史过程来看，发展经济学“衰落说”的论题正在逐渐趋于淡化。发展经济学迄今为止经历过来自“衰落论者”三次大的挑战。第一次对发展经济学体系发起了攻击，第二次针对政策绩效，第三次冲击的是研究方法。总体上看，“衰落论者”抨击的目标从体系到政策再到方法，其抨击的势头越来越小；所攻击的领域从整个理论体系的根本缺陷到发展政策的实施效果再到方法论问题，攻击的力度也一次比一次缓和。论辩的最终结果是大多数经济学家承认发展经济学作为一门“特殊学科”有其存在的合理性。

三、发展经济学存在的合理性

我们认为，这一场有关发展经济学是否衰亡的理论论战之所以发生是因为在“衰亡”的理解上存在歧义，而引起歧义的根源在于对发展经济学作为当代经济学的一个分支学科是否存在的结论是从“广义”上还是从“狭义”上来理解。实际上，发展经济学“衰落说”的提出者大都是“狭义论”者。他们要么将第一阶段占主导地位的结构主义思路直接等同于发展经济学，要么把结构主义思路与新古典主义思路看成是相互对立的，将两者之间的论战看作是发展经济学与西方新古典主义主流经济学之间的论战。若是做出这样的判断，那么，当“新古典主义复兴”浪潮袭来而结构主义思路退居其次时，自然也就认为发展经济学从此“衰落了”或“死亡了”。应当指出，赫尔希曼、拉尔、安妮·O. 克鲁格、贝尔和克鲁格曼这五位“衰落说”的主要代表都有论域过窄的问题。显然，他们所说的发展经济学（或“高级发展理论”）仅限于第一阶段结构主义经济发展理论。如果他们将其所指的发展经济学涵盖面再扩大一些，使之包括新古典经济发展思路和其他思路，则结论一定会迥然不同。分别就五人而言，当赫尔希曼（1981）公开其“衰落说”时，正值新古典经济发展思路迅速扩张的时期，结构主义者也开始着手忙于重铸其微观理论架构以筹谋东山再起。此时发展经济学的全面繁荣期才初露端倪，如果他再静观一段时间，可能就不会有他的“衰落说”了。拉尔的本意是指望基于“统制教条”的发展经济学尽早“寿终正寝”，但时至今日，他恐怕不会让力主推进市场导向改革的发展经济学也一道“无人惋惜地死去”吧？安妮·O. 克鲁格实际上是有条件地推出发展经济学作为一门学科应当取消的结论。但问题在于，有关人们是否对激励做出反应的命题在经验研究中还没有得出一致的结论，因此，她的说法根据不足。贝尔的陈述漂浮不定，对于发展经济学作为一门独立学科是否还存在，他似乎还在彷徨。至于克鲁格曼，他

① Krugman, Paul, 1993, “Toward a Counter-Counterrevolution in Development Theory”, *Proceedings of the World Bank Annual Conference of Development Economics*, Washington, D. C.: The World Bank, p. 15.

把经济理论是否被模型化作为判断是否具备存在理由的唯一标准，他无疑走过了头。不过，在他断言发展经济学因“非数学化风格”而被“一扫而光”时，明确指出其原因在于“发展经济学的创始人未能使他们的论点足够清晰地到将其论点的实质同其他经济学家沟通的程度，高级发展理论事实上被埋葬了”,① 但他仍然留有余地。他说，发展经济学“那个领域不再存在”，但“仍然存在着尤其以穷国为特征的各种问题，从这个意义上说，存在着专注于欠发达经济学的某个领域”。② 在他看来，“高级发展理论”用文字表述的某些命题如今可以借助于数理模型加以改进。这恰恰说明发展经济学这门学科是有生命力的。

反之，若是从“广义论”角度来理解发展经济学存在的合理性就会在考虑多种思路并存的前提下做出符合事实的判断。截至目前为止，国际发展经济学界站在“广义论”立场上基本上达成了关于发展经济学学科定位的共识。其基本点包括两个方面：

1. 发展经济学是当代经济学当中一门主要研究发展中国家经济发展的特殊学科

其特殊性主要体现在两个方面：一方面，尽管该学科作为一个专门的分支学科而存在，但它的涵盖面却比经济学其他分支学科如劳动经济学、农业经济学、产业组织理论、国际贸易、金融学等要宽泛得多，从而使发展经济学处在仅次于“一般经济学”③ 但远远高于其他分支学科的地位上。正如2010年末在《经济学展望杂志》中收入的一组有关发展经济学现状和前景的文章中安格斯·迪顿（Angus Deaton，2010）所指出的那样：“经济发展不同于经济学的大部分领域，这是因为对低收入经济体以及对低收入经济体的民生（people living）的研究吸收了经济学所有分支学科的内容”。这就使“如今被称作发展经济学的学科变得更为广阔”。④ 另一方面，发展经济学在对发展中国家的研究中扮演了中心角色，该角色使得经济学其他任何分支学科可以互补之，但绝不能替代之。这意味着发展经济学具有很强的不可替代的针对性和专业性。克里斯托弗·布利斯（Christopher Bliss，1989）指出，“发展经济学部分地由一般经济学的精华所构成，用以探讨在发展背景下出现的问题，而且它还部分地由在研究发展中国家时被证实

① Krugman, Paul, 1993, "Toward a Counter-Counterrevolution in Development Theory", *Proceedings of the World Bank Annual Conference of Development Economics*, Washington, D. C.: The World Bank, p. 16.

② Krugman, Paul, 1995, *Development, Geography, and Economic Theory*, Cambridge, MA., The MIT Press, p. 7.

③ “一般经济学”这个术语经常被人使用，但其含义却不同。从狭义上说，“一般经济学”在西方经济学界通常就是指包括微观经济学与宏观经济学在内的居于主流的“新古典主义经济学”；从广义上说，它指的是包括所有经济学在内的“当代经济学”。作者在这里所指的是狭义的“新古典主义经济学”。

④ Deaton, Angus, 2010, "Understanding the Mechanisms of Economic Development", *Journal of Economic Perspectives*, vol. 24, no. 1, p. 3.

为有用的某些特别的思想所构成”。[①] 在我们看来，发展中国家在历史背景、文化传统、制度架构、行为方式及经济结构方面表现出不同于发达国家的某些差异构成为“某些特别的思想”产生的源泉。

2. 发展经济学与“一般经济学”之间存在着紧密的联系

发展经济学作为一门从“一般经济学”中分离出来的学科，并不意味着它应当完全不同于经济学的其他部分。森曾主张，“重要的是不要太强调这种划分，也不要把分离和独立相混淆。……坚持在发展经济学与其他类型的经济学之间做一个明晰的划分或多或少是反创造性的（counter-productive）。发展经济学……不仅应当关注对‘自己的’领地的保护，而且一般来说，还应当同经济学主题的基本驱动力一道与时俱进”。[②] 或许有人会问，在发展经济学既要考虑自身的特殊性又要兼顾其同一般经济学之间的关系的背景下，会不会造成一般经济学与发展经济学之间的差异被淡化，并出现发展经济学被融入到“一般经济学”之中的后果？两者之间的边界究竟在哪里？对此，刘易斯所做的解释是，“发展中国家经济学和发达国家经济学之间的重叠部分必然会是很大的”；“我们是否有必要从现有的有关富国增长的经济学中划分出一门有关穷国增长的经济学？该答案肯定部分地以人们所指的增长理论的含义为依据。假如人们所提到的是数学化的增长理论（mathematical growth theory），每个人都会同意这是一门单独的学科，与发展经济学几乎没有重叠之处”。[③] 因此，能否弄清楚发展经济学与“一般经济学”之间的这种错综复杂关系是理解发展经济学在当代经济学体系中的学科地位的关键所在。

需要指出的是，判断一门学科是否有生命力固然与这个学科本身的理论架构（如假设前提、分析工具、推导过程、理论结论和政策建议等）有关，但是，还需要考虑更多的因素，其中尤为重要的是社会公众对某一学科的需求和接受的程度。我们认为，发展经济学存在的合理性主要基于如下三个方面的理由：

第一，广大发展中国家对这一分支学科有巨大的需求。发展经济学的存在与它的研究对象发展中国家的存在息息相关，发展经济学随着发展中国家的诞生而诞生，并随着广大发展中国家的发展实践而与时俱进。在现今世界上已有的200多个国家（其中190多个为联合国成员国）和地区当中，34个国家加入经济合作与发展组织（OECD）。在联合国和OECD这两个重要的国际组织中，只有23

---

① Bliss, Christopher, 1989, "Trade and Development", in Hollis B. Chenery & T. N. Srinivasan, eds., *Handbook of Development Economics*, vol. II, Elsevier Science Publishers B. V., p. 1188.

② Sen, Amartya, 1988, "The Concept of Development", in Hollis B. Chenery & T. N. Srinivasan, eds., *Handbook of Development Economics*, vol. I, Elsevier Science Publishers B. V., p. 11.

③ Lewis, W. Arthur, 1984, "The State of Development Economics", *American Economic Review*, vol. 74, no. 4, March, p. 2; p. 9.

个是发达国家，其余170多个国家为发展中国家，如此众多的发展中国家的客观存在向发展经济学提出了强烈的需求。此外，由于各国之间在地域、历史、文化以及制度方面存在着差异，因而选择了不同的经济发展模式，这种在发展模式上的多样性为发展经济学自身发展提供了取之不尽、用之不竭的源泉，使发展经济学展现出其强大的生命力。可以预料，在这个世界上，发展中国家会在相当长一段时期内存在；与之相伴随的是，一门主要以发展中国家为研究对象并"以问题为导向"的专门学科也将长期存在。

第二，不能仅仅因为发展经济学同"一般经济学"之间有部分叠加关系就否认它存在的合理性。前文中提到，有的学者主张不要在发展经济学与"一般经济学"之间做一个明晰的划分，但我们认为，不做划分并不意味着根本不需要在二者之间进行划分，发展经济学毕竟不能等同于以新古典经济学为主体的"一般经济学"。这里的关键之处在于，新古典经济学一般都否认发达国家和发展中国家之间存在差异，认为未来所有发展中国家都将在很大程度上与发达国家的市场经济模式趋同。但实际上，发展经济学作为主要探索低收入经济体的"结构和行为"[①] 的经济学分支学科，需要使用部分有别于在探讨发达经济体时所使用的理论假设和分析工具，使它在诸多方面展现了不同于"一般经济学"的"某些特别的思想"。在我们看来，不能等量齐观地判断"一般经济学"与"某些特别的思想"二者的关系，"特别的思想"应居于主导地位。从经济思想史的演进过程来看，往往是某些"特别的思想"成为某个分支学科诞生的起源。发展经济学也正是因为"某些特别的思想"（而不是因为全部的思想）中所体现的学科特殊性为发展经济学存在的合理性提供了依据，使之延续至今。

第三，从历史学意义上的长期来看，发展经济学探讨发展中国家从不发达经济向发达经济转变这一特定的过渡阶段中的经济发展问题，一旦所有的发展中国家完成了这一转变过程就将成为发达经济。但是，在达到这个目标之前，发展经济学依旧在当代经济学体系中扮演着不可替代的角色。专门研究发展经济学理论史的斯坦福大学教授杰拉尔德·G. 迈尔（Gerald G. Meier）明确指出，"'发展经济学'这样一门独特的分支学科将不能简单地等同于一般经济学原理的应用"，"但是，只要发展中国家拥有的那些特征有别于工业国家，发展经济学这门分支学科就会是息息相关的"[②]。因此，从这个角度来看，不管人们将研究发展中国家的这门学科称作"发展经济学"也好，还是称作"经济发展理论"也好，其

① Lewis, W. Arthur, 1984, "The State of Development Economics", *American Economic Review*, vol. 74, no. 4, March, p. 6.

② Meier, Gerald G., 2000, "The Old Generation of Development Economists and the New", in Gerald G. Meier & Joseph E. Stiglitz, eds., *Frontiers of Development Economics: the Future in Perspective*, World Bank & Oxford University Press, p. 39.

基本内容并没有发生什么改变。然而，这一解释主要是从经济发展程度来考虑的。若是进一步考虑各国经济发展道路的差异或研究发展中国家的问题将对发达国家的研究带来何种启示的话，贝尔强调，“发展经济学同样为更为成熟的经济体提供了知识”①，因而其存在的合理性将进一步得到证实。斯蒂格利茨也曾指出，“在许多场合，这类（对发展中国家的——笔者注）研究提供更适合于发展中国家的模型，但事实证明，这些运用得很好的针对发展中国家的模型同样为探讨发达经济体的运行提供了重要的见解”②。发展经济学理论史研究者杜特对这种说法抱有同感。他说，“对发展经济学的研究或许会提出新问题以及原先对于发达国家来说非常重要但未曾考虑到的问题——例如，那些同市场不完善、外部性和递增收益相关的问题，尤其是农业制度的形式以及那些涉及社会的、政治的和技术的因素的问题”③。又如，迈克尔·约瑟夫·皮奥里（Michael Joseph Piore）受早期发展经济学二元结构理论的启示，尝试采用“二元劳动力”分析框架来探讨美国南部的劳动力市场；再如，贝尔认为拉丁美洲学者创立的结构主义通货膨胀理论对研究发达国家通货膨胀的著述产生了影响。④ 事实上，自2007年以来，缘起于美国的“次贷危机”（sub-prime crisis）经过几年的发酵，逐渐演变成为一场席卷全球许多国家的金融与经济危机，在部分欧洲国家甚至出现了金融危机、国债危机、银行信用危机以及实体经济中的生产过剩危机相互交织在一起的错综复杂的局面。危机并非主要通过传统的实体经济部门生产过剩机理而爆发出来，而是因为一条漫长的由“集体道德风险”（collective moral hazard）所创造的借贷链条的突然断裂而引发。要想对这一场在全球化正在深入推进背景下爆发的具有结构性特征的危机做出合理的解释，仅仅依赖于“一般经济学”的资源配置原理及其分析工具是远远不够的，恐怕还需要依赖发展经济学的理论与分析工具。事实上，美国“次贷危机”爆发以及由此引发的波及全球的灾难性后果已经引起了国际经济学界的广泛思考，不少人对现有的“一般经济学”理论的有效性进行了反思并提出了质疑。对此，笔者认为，可以这样说，即便在当

---

① Bell, Clive, 1987, “Development Economics”, in John Eatwell, Murray Milgatt & Peter Newman eds., *The New Palgrave A Dictionary of Economics*, vol. 1, The Macmillan Press Limited, p. 825.

② Stiglitz, Joseph E., 1988, “Economic Organization, Information, and Development”, in Hollis B. Chenery & T. N. Srinivasan, eds., *Handbook of Development Economics*, vol. 1, Elsevier Science Publishers B. V., p. 99.

③ Dutt, Amitava K., 1992, “Two Issues in the State of Development Economics”, in Amitava K. Dutt & Kenneth P. James, eds., *New Directions in Development Economics*, London: Edward Elgar, p. 6.

④ 参见：Stiglitz, Joseph E., 1988, “Economic Organization, Information and Development”, in Hollis B. Chenery & T. N. Srinivasan, eds., *Handbook of Development Economics*, vol. I, Elsevier Science Publishers B. V., p. 99; Piore, Michael J, 1970, “The Dual Labor Market: Theory & Implication”, in Samuel H. Beer & Richard E. Barringer eds., *The State and the Poor*, Winthrop, Cambridge, MA: pp. 55-59; Piore, Michael J, 1983, “Labor Market Segmentation: To What Paradigm Does It Belong?”, *American Economic Review*, vol. 73, no2, May, pp. 249-253; Bell, Clive, 1987, “Development Economics”, in John Eatwell, Murray Milgatt & Peter Newman eds., *The New Palgrave A Dictionary of Economics*, vol. 1, The Macmillan Press Limited, p. 825。

今发达国家，只要仍然存在着某些“发展特征”，如经济发展不平衡、收入分配不均等、经济结构中的某些部分长期处于失衡状态、针对某些经济失衡所做的政策调节滞后或错位等诸如此类的结构性问题，只要世界上仍然存在着发展中国家因而发达国家需要同发展中国家打交道，只要人类面临着与经济发展相关的各种问题，发展经济学就有着广泛的用武之地。发展经济学的这一独特地位诚如布利斯所概括的那样，“发展经济学是一门由一般经济学论述发展背景中所出现的问题的精粹部分所构成，而且部分地是由已经被证实为对于研究发展中国家有用的某些特殊的观点所构成的”①。

总之，笔者认为，在现代经济学体系中，发展经济学是一门具有浓厚的综合性、边缘性和现实导向性色彩的分支学科。就现代经济学中所有分支学科同发展中国家的关联度而言，发展经济学同发展中国家的关联最为紧密。退一步说，即便发达国家可以不需要发展经济学，发展中国家却不能没有发展经济学。这就是我们的结论。

参考文献

1. 谭崇台：《对发展经济学中新古典主义复兴的一般评议》，载《中国人民大学学报》2000 年第 4 期。

2. Acemoglu, Daron, Simon Johnson & James Robinson, 2005, “Institutions as the Fundamental Cause of Long-Run Growth”, in Philippe Aghion & Steven N. Durlauf, eds, *Handbook of Economic Growth*. vol. I., North Holland: Amsterdam.

3. Acemoglu, Daron & Fabrizio Zilibotti, 1997, “Was Prometheus Unbounded by Change? Risk, Diversification, and Growth”, *Journal of Political Economy*, vol. 105, no. 4, pp. 709-751.

4. Adelman, Irma & Cynthia T. Morris, 1973, *Economic Growth and Social Equity in Developing Countries*, Stanford, California: Stanford University Press.

5. Adelman, Irma, 1974, “On the State of Development Economics”, *Journal of Development Economics*, vol. 1, pp. 3-5.

6. Adelman, Irma & Sherman Robinson, 1978, *Income Distribution Policy in Develo-*

① Bliss, Christopher, 1989, “Trade and Development”, in Hollis B. Chenery & T. N. Srinivasan, eds., *Handbook of Development Economics*, vol. II, Elsevier Science Publishers B. V., p. 1188.

ping Countries A Case of Korea, Stanford, California: Stanford University Press.

7. Akerlof, Gorge A., 1970, "The Market of 'Lemon': Quality of Uncertainty and the Market Mechanism", *Quarterly Journal of Economics*, vol. 84, no. 3, pp. 488-500.

8. Alchian, Armen & Harold Demsetz, 1972, "Production, Information Cost and Economic Organization", *American Economic Review*, vol. 62, Dec., pp. 777-795.

9. Aleem, Irafan, 1990, "Imperfect Information, Screening, and the Costs of Informal Lending: A Study of a Rural Credit Market in Pakistan", *World Bank Economic Review*, vol. 4, no. 3, pp. 329-349.

10. Antras, Pol, 2003, "Firms, Contracts, and Trade Structure", *Quarterly Journal of Economics*, vol. 118, no. 4, pp. 1375-1418.

11. Antras, Pol & Elhanan Helpman, 2007, "Contractual Frictions and Global Sourcing", NBER Working Paper, no. 12747.

12. Arrow, Kenneth J., 1962, "The Economic Implications of Learning by Doing", *Review of Economic Studies*, vol. 29, pp. 155-173.

13. Arrow, Kenneth, Partha Dasgupta, Lawrence Goulder, Gretchen Daily, Paul Ehrlich, Geffrey Heal, Simon Levine, Karl-Göran Mäler, Stephen Schneider, David Starrett & Brian Walker, 2004, "Are We Consuming Too Much?", *Journal of Economic Perspectives*, vol. 18, no. 3., pp. 147-172.

14. Bach, Edmar L., 1990, "A Three-Gap Model of Foreign Transfers and the GAP Growth Rate in Developing Countries", *Journal of Development Economics*, vol. 32, pp. 279-296.

15. Balassa, Bela, 1965, "Tariff Protection in Industrial Countries: An Evaluation", *Journal of Political Economy*, vol. 73, no. 6, pp. 573-594.

16. Balassa, Bela at al., 1971, *The Structure of Protection in Developing Countries*, Baltimore: The John Hopkins University Press.

17. Baldwin, Robert E. & Toshihiro Okubo, 2006, "Heterogeneous Firms, Agglomeration and Economic Geography: Spatial Selection and Sorting", *Journal of Economic Geography*, vol. 6, pp. 323-346.

18. Bardhan, Pranab K., 1983, "Labor Tying in a Poor Agrarian Economy", *Quarterly Journal of Economics*, vol. 98, pp. 501-514.

19. Bardhan, Pranab, 1988, "Alternative Approaches to Development Economics", in Hollis B. Chenery & T. N. Srinivasan, eds., *Handbook of Development Economics*, vol. 1, Elsevier Science Publishers B. V., pp. 39-71.

20. Bardhan, Pranab, 2005, "Institutions Matter, but Which Ones?", *Economics of Transition*. vol. 13, no. 3, pp. 499-532.

21. Barro, Robert & Xavier Sala-i-Martin, 1991b, "Convergence across States and Regions", *Brookings Papers on Economic Activity*, no. 1, pp. 107-182.

22. Basu, Kaushik, 1983, "The Emergence of Isolations and Interlinkage in Rural Markets", *Oxford Economic Papers*, vol. 35, pp. 262-280.

19. Becker. Gary S., 1964, *Human Capital*, New York: Columbia University Press.

20. Becker, Gary S., Kevin M. Murphy & Robert Tamura, 1990, "Human Capital, Fertility, and Economic Growth", *Journal of Political Economy*, vol. 98, no. 5, S13-S37.

21. Behrens, Kristian, 2007, "On the Location and Lock-in of Cities: Geography vs Transportation Technology", *Regional Science and Urban Economics*, vol. 37, no. 1, pp. 22-45.

22. Bell, Clive, 1988, "Credit Markets and Interlinked Transactions", in Hollis B. Chenery & T. N. Srinivasan, eds., *Handbook of Development Economics*, vol. 1, Elsevier Science Publisher B. V., pp. 763-830.

23. Beneivenga, Valerie R. & Bruce D. Smith, 1991, "Financial Intermediation and Endogenous Growth", *Review of Economic Studies*, vol. 58, pp. 195-220.

24. Bencivenga, Valerie R. & Bruce D. Smith, 1997, "Unemployment, Migration, and Growth", *Journal of Political Economy*, vol. 105, no. 3., June, pp. 582-608.

25. Bernard, Andrew, Stephen Redding & Peter Schott, 2010, "Multiple-Product Firms and Product Switching", *American Economic Review*, vol. 100, no. 1, pp. 70-97.

26. Bhagwati, Jagdish N., 1971, "The Generalized Theory of Distortions and Welfare", in Jagdish N. Bhagwati et al. eds., *Trade, Balance of Payments and Growth*, Amsterdam: North-Holland, pp. 69-90.

27. Bhagwati, Jagdish N., Richard A. Brecher & T. N. Srinivasan, 1984, "DUP Activities and Economic Theory", in David C. Colander, ed. *Neoclassical Political Economy*, Cambridge MA., Ballinger Publish Company, pp. 17-32.

28. Birdsall, Nancy & David Wheeler, 1993, "Trade Policy and Industrial Pollution in Latin America: Where Are the Pollution Havens?", *Journal of Environment & Development*, vol. 2, pp. 137-149.

29. Black, Duncan & Vernon Henderson, 1999, "A Theory of Urban Growth", *Journal of Political Economy*, vol. 107, no. 2, pp. 252-284.

30. Braverman, Avishay & Joseph E. Stiglitz, 1982, "Sharecropping and the Interlinking of Agrarian Markets", *American Economic Review*, vol. 72, Sept., pp. 695-715.

31. Buchanan, James M. & Yong J. Yoon, eds., *The Return to Increasing Returns*, The University of Michigan Press.

32. Buffie, Edward F., 1984, "Financial Repression, the New Structuralists, and

Stabilization Policy in Semi-Industrialized Economies", *Journal of Development Economics*, *vol.* 14, pp. 305-322.

33. Cairncross, Alex, "Comment", in Meier, Gerald M., 1987, *Pioneers in Development*, *Second Series*, Oxford University Press.

34. Campos, Roberto de Olivera, 1961, "Two Views on Inflation in Latin America", in Albert O. Hirschman ed., *Latin American Issues: Essays and Comments*, New York: Twentieth Century Fund, pp. 69-79.

35. Caselli, Francesco, 1997, "Rural Labor and Credit Markets", *Journal of Development Economics*, vol. 54, pp. 235-260.

36. Cavailhès, Jean, Carl Gaigne, Takatoshi Tabuchi & Jacques-François Thisse, 2007, "Trade and the Structure of Cities", *Journal of Urban Economics*, vol. 62, pp. 383-404.

37. Chang, Pei-kang, 1949, *Agriculture and Industrialization: The Adjustments that Take Place as an Agricultural Country Is Industrialized*, Cambridge, MA: Harvard University Press.

38. Chenery, Hollis B. & Michael Rruno, 1962, "Development Alternatives in Open Economy: The Case of Israel", *Economic Journal*, vol. 72, March, pp. 79-103.

39. Chenery, Hollis B., 1966, "Foreign Assistance and Economic Development", *American Economic Review*, vol. LVI, no. 4, Sept. pp. 679-733.

40. Chenery, Hollis B., 1975, "The Strcturalist Approach to Development Policy", *American Economic Review*, vol. 65. no. 2, May, pp. 310-315.

41. Chenery, Hollis B. & Moshe Syrquin, 1975, *Patterns of Development*: 1950-1970, London: Oxford University Press.

42. Chung, Steven N. S., 1969, *The Theory of Share Tenancy*, University of Chicago Press.

43. Coase, Ronald, 1937, "The Nature of the Firm", *Economica*, no. 4, Nov., pp. 386-405.

44. Coase, Ronald, 1960, "The Problem of Social Cost", *Journal of Law & Economics*, vol. 3, Oct., pp. 1-44.

45. Corden, W. Max, 1966, "The Structure of A Tariff System and the Effective Protection Rate", *Journal of Political Economy*, vol. 74, no. 3, pp. 221-237.

46. Daly, Herman E., 1996, *Beyond Growth: The Economics of Sustainable Development*, Boston: Beacon Press.

47. Danial, Betty C. & Hong-Bum, Kim, 1996, "Financial Dualism in a Cash-in-Advance Economy", *Journal of Macroeconomics*, vol. 18, no. 2, pp. 213-234.

48. Dasgupta, Partha & Geoffrey M. Heal, 1974, "The Optimal Depletion of Exhaustible Resources", *Review of Economic Studies*, Special Issue, vol. 41, Issue 128, pp. 3-29.

49. Dasgupta, Partha & Karl-Göran Mäler, 1995, "Poverty, Institutions, and the Environmental Resouce-Base", in Jere Behrman & T. N. Srinivasan, eds., *Handbook of Development Economics*, vol. III, Elsevier Science Publishers B. V., pp. 2371-2463.

50. Dasgupta, Partha, 1998, "The Economics of Poverty in Poor Countries", *Scandinavian Journal of Economics*, vol. 100, no. 1, pp. 41-68.

51. Dixit, Avinash K., & Joseph E. Stiglitz, 1977, "Monopolistic Competition and Optimum Product Diversity", *American Economic Review*, vol. 67, pp. 297-308.

52. Dutt, Amitava K., 1992, "Two Issues in the State of Development Economics", in Amitava K. Dutt & Kenneth P. James, eds., *New Directions in Development Economics*, London: Edward Elgar, pp. 1-34.

53. Dutt, Amitava K. & Jaime Ros, eds., 2003, *Development Economics and Structuralist Macroeconomics: Essays in Honor of Lance Taylor*, Massachusetts, USA, Edward Elgar.

54. Edwards, Sebastian 1988, "Financial Deregulation and Segmented Capital Markets: the Case of Korea", *World Development*, vol. 16, Jan, pp. 185-194.

55. Eisner, Robert, 1958, "On Growth Models and the Neoclassical Resurgence", *Economic Journal*, vol. 88, no. 272, Dec., pp. 707-721.

56. Ethier, Wilfred J., 1979, "Internationally Decreasing Costs and World Trade", *Journal of International Economics*, vol. 9, pp. 1-24.

57. Fields, Gary S., 2005, "A Welfare Economic Analysis of Labor Market Policies in the Harris-Todaro Model", *Journal of Development Economics*, vol. 76, pp. 127-146.

58. Fischer, Jeffrey H. & Joseph E. Harrington, Jr., 1996, "Product Variety and Firm Agglomeration", *The RAND Journal of Economics*, vol. 27, no. 2, pp. 281-309.

59. Foster, Andrew D., 1995, "Nutrition and Health Investment", *American Economic Review*, vol. 85, no. 2, May, pp. 148-152.

60. Francois, Patrick, 2002, *Social Capital and Economic Development*, London; New York: Routledge.

61. Francois, Patrick & Jan Zabojnik, 2005, "Trust, Social Capital and Economic Development", *Journal of the European Economic Association*, vol. 3, no. 1, pp. 51-94.

62. Fry, Maxwell J., 1988, "Financial Development: Theories and Recent Experience", *Oxford Review of Economic Policy*, vol. 5, pp 13-27.

63. Fujita, Masahisa & Tomoya Mori, 1997, "Structural Stability and Evolution of

Urban Systems",*Regional Science and Urban Economics*,vol. 27,pp. 399-422.

64. Fukuyama,François,1995,*Trust: The Social Virtues and the Creation of Prosperity*,New York: Free Press.

65. Furtado,Celso,1970,*Economic Development of Latin America: A Survey from Colonial Times to the Cuban Revolution*,Cambridge University Press.

66. Glaeser,Edward L.,David Laibson & Bruce Sacerdote,2002,"An Economic Approach to Social Capital",*Economic Journal*,vol. 112,no. 483,F437-F458.

67. Greenwald,Bruce C. & Joseph E. Stiglitz,1986."Externalities in Economies with Imperfect Information and Incomplete Markets",*Quarterly Journal of Economics*,vol. 101,May,pp. 227-264.

68. Greenwood,Jeremy & Boyan D. Smith,1997,"Financial Markets in Development,and the Development of Financial Markets",*Journal of Economic Dynamics and Control*, vol. 21,pp. 145-181.

69. Greif,Avner,1994,"Cultural Beliefs and Organization of Society: A Historical and Theoretical Reflection on Collectivist and Individualist Societies",*Journal of Political Economy*,vol. 102,no. 5,p. 942.

70. Grossman,Gene M.,& Elhanan Helpman,1991,"Quality Ladders in the Theory of Growth",*Review of Economic Studies*, vol. 58,pp. 43-61.

71. Grossman,Gene M. & Alan B. Krueger,1995,"Economic Growth and the Environment",*Quarterly Journal of Economics*,vol. 110,no. 2,pp. 353-377.

72. Grossman,Gene & Esteban Rossi-Hansberg,2008,"Trading Tasks: A Simple Theory of Offshoring",*American Economic Review*,vol. 98,no. 5,pp. 1978-1997.

73. Grossman,Sanford J. & Joseph E. Stiglitz,1980,"On the Impossibility of Infromationally Efficient Markets",*American Economic Review*, vol. 70, no. 3, June, pp. 393-408.

74. Haberler,Gottfried,1959,*International Trade and Economic Development*,Cairo: National Bank of Egypt.

75. Harberger,Arnold C.,1959,"Using the Resources at Hand More Efficiently",*American Economic Review*,vol,49,no. 2,May,pp. 134-146.

76. Hartwick,John M.,1977,"Intergenerational Equity and the Investing of Rents from Exhaustible Resources",*American Economic Review*,vol. 67,no. 5,pp. 972-974.

77. Harris,John,& Michael P. Todaro,1970,"Migration,Unemployment and Development: A Two- sector Analysis",*American Economic Review*, vol. 60, no. 2., pp. 126-142.

78. Harris,John,Janet Hunter & Colin M. Lewis eds.,1995,*The New Institutional*

Economics and Third World Development, New York: Routledge

79. Hellmann, Thomas, Kevin Murdock & Joseph E. Stiglitz, 1994, "Deposit Mobilization through Financial Restraint", mimeo, Stanford University.

80. Hellmann, Thomas, Kevin Murdock & Joseph E. Stiglitz, 1996, "Deposit Mobilization through Financial Restraint ", in Niels Hermes & Robert Lensink, eds. , *Financial Development and Economic Growth: Theory and Experiences from Developing Countries*, London: Routledge.

81. Hellmann, Thomas, Kevin Murdock & Joseph E. Stiglitz, 1997, "Financial Restraint: Toward a New Paradigm", in Masahiko Aoki & Hyung-Ki Kim eds. , *The Role of government in East Asian Economic Development: Comparative Institutional Analysis*, Oxford: Clarendon House, pp. 163-207.

82. Helpman, Elhanan, Marc Melitz & Stephen Yeaple, 2004, "Export versus FDI with Heterogeneous Firms", *American Economic Review*, vol. 94, no. 1, pp. 300-316.

83. Hirschman, Albert O. , 1958, *The Strategy of Economic Development*, New Haven: Yale University Press.

84. Hirschman, Albert O. , 1981, "The Rise and Decline of Development Economics", in *Essays in Trespassing: Economics to Politics and Beyond*, London: Cambridge University Press.

85. Hoff, Karla, Avishay Braverman & Joseph E. Stiglitz, 1993, *The Economics of Rural Organization: Theory, Practice, and Policy*, Oxford University Press.

86. Janvry, Alain de, Marcel Fafchamps & Elisabeth Sadoulet, 1991, " Peasant Household Behaviour with Missing Market: Some Paradoxes Explained", *Economic Journal*, vol. 101, no. 409, Nov. , pp. 1400-1417.

87. Johnson, Harry G. , 1958, "Planning and Market in Economic Development", *Pakistan Economic Journal*, vol. III, no. 2, , June, pp. 44-55.

88. Johnson, Harry G. , 1967, *Money, Trade and Economic Growth*, Cambridge, MA: Harvard University Press.

89. Jorgensen, Dale W. , 1961, "The Development of a Dual Economy", *Economic Journal*, vol. 71, no. 282, Nov. , pp. 309-334.

90. Kapur, Basant K. , 1983, "Optimal Financial and Foreign-Exchange Liberalization of Less-Developed Economies", *Quarterly Journal of Economics*, vol. 97, no. 1, Feb. , pp. 41-62.

91. Khan, Mushtaq H. , 2000, "Rents, Efficiency and Growth", in Mushtaq H. Khan & Kwame S. Jomo, eds. , *Rents, Rent-Seeking and Economic Development: Theory and Evidence form Asia*, Cambridge University Press.

92. King, Robert G. & Ross Levine, 1993, "Finance and Growth: Schumpeter Might Be Right", *Quarterly Journal of Economics*, vol. 108, pp. 717-738.

93. Kotchen, Matthew J., 2006, "Green Markets and Private Provision of Public Goods", *Journal of Political Economy*, vol. 114, pp. 816-834.

94. Krautkraemer, Jeffrey A. & Raymond G. Batina, 1999, "On Sustainability and Intergenerational Transfers with a Renewable Resource", *Land Economics*, vol. 75, no. 2., pp. 167-184.

95. Krueger, Anne O., 1974, "The Political Economy of the Rent-seeking Society", *American Economic Review*, vol. 64, no. 3, pp. 291-303.

96. Krueger, Anne O., 1977, *Growth, Distortions, and Patterns of Trade among Many Countries*, International Finance Section, Department of Economics, Princeton University, Princeton, New Jersey.

97. Krugman, Paul R., 1979, "Increasing Returns, Monopolistic Competition and International Trade", *Journal of International Economics*, vol. 9, pp. 469-479.

98. Krugman, Paul R., 1987, "Increasing Returns and the Theory of International Trade", in T. Bewley ed., *Advances in Economic Theory*, Cambridge University Press, pp. 301-328.

99. Krugman, Paul, 1991, "Increasing Returns and Economic Geography", *Journal of Political Economy*, vol. 99, no. 3, pp. 483-99.

100. Krugman, Paul, 1993, "Toward a Counter-Counterrevolution in Development Theory", *Proceedings of the World Bank Annual Conference of Development Economics*, The World Bank, pp. 15-38.

101. Krugman, Paul, 1995, "The Fall and Rise of Development Economics", in *Development, Geography and Economic Theory*, Cambridge, MA: The MIT Press, pp. 1-29.

102. Krugman, Paul R. & Anthony J. Venables, 1995, "Globalization and the Inequality of Nations", *Quarterly Journal of Economics*, vol. 110, pp. 857-80.

103. Kuznets, Simon, 1955, "Economic Growth and Income Inequality", *American Economic Review*, vol. XLV, no. 1, March, pp. 1-28.

104. Lal, Deepak, 1972, "The Foreign Bottleneck Revisited: A Geometric Note", *Economic Development & Cultural Change*, vol. 20, no. 4, July, pp. 720-730.

105. Lal, Deepak, 1985, *The Poverty of "Development Economics"*, second edition, Harvard University Press, Cambridge, MA., USA.

106. Lancaster, Kelvin, 1979, *Variety, Equity, and Efficiency*, New York: Columbia University Press.

107. Leach, James, 1996, "Training, Migration, and Regional Income Disparities",

Journal of Public Economics, vol. 61, pp. 429-443.

108. Leibenstein, Harvey, 1957, *Economic Backwardness and Economic Growth*, New York: John Willey & Son.

109. Lewis, W. Arthur, 1954, "Economic Development with Unlimited Supplies of Labor", *Manchester School of Economic and Social Studies*, vol. 22, pp. 139-191.

110. Lin, Justin Yifu & Jeffrey B. Nugent, 1995, "Institutions and Economic Development", in Jere Behrman & T. N. Srinivasan, eds, *Handbook of Development Economics*, vol. III, Elsevier Science Publishers, B. V., pp. 2301-2370.

111. Little, Ian M. D. Tibor Scitovsky & M. FG Scott, 1970, *Industry and Trade in Some Developing Countries*, London: Oxford University Press.

112. Little, Ian. M. D., 1982, *Economic Development: Theory, Policy and International Relations*, New York: Basic Books, Inc., pp. 16-26.

113. Lucas, Robert E., 1988, "On the Mechanics of Economic Development", *Journal of Monetary Economics*, vol. 22, pp. 3-42.

114. Lucas, Robert E. Jr., 2004, "Life Earnings and Rural-Urban Migration", *Journal of Political Economy*, vol. 112, no. 1, pt. 2., S29-S59.

115. Lucas, Robert E. B., Hemamala Hettige & David Wheeler, 1992, "The Toxic Intensity of Industrial Production: Global Patterns, Trends, and Trade Policy", *American Economic Review*, vol. 82, no. 2, pp. 478-481:

116. Mäler, Karl-Göran, 1989, *Environmental Resources, Risk and Bayesian Decision Rules*, mimeo, Stockholm School of Economics.

117. Mandelbaum, Kurt, 1945, *The Industrialization of Backward Areas*, Oxford: Basil Blackwell.

118. McElroy, Marjorie B. & Mary J. Horney, 1981, "Nash-Bargaining Household Decision: Toward a Generalization of the Theory of Demand", *International Economic Review*, vol. 22, no. 2, June, pp. 333-349.

119. Meier, Gerald M. & Joseph E. Stiglitz, eds., 2001, *Frontiers of Development Economics: The Future in Perspective*, New York: Oxford University Press.

120. McKinnon, Ronald I., 1973, *Money and Capital in Economic Development*, Washington, D. C.: The Brookings Institution.

121. Meadows, Dennis L. at al., 1972, *Limits to Growth*, London: Earth Island.

122. Meier, Gerald M., 1987, *Pioneers in Development, Second Series*, Oxford University Press, p. 135.

123. Meier, Gerald G., 2000, "The Old Generation of Development Economists and the New", in Gerald G. Meier & Joseph E. Stiglitz, eds., *Frontiers of Development Eco-*

nomics: the Future in Perspective, World Bank & Oxford University Press.

124. Melitz, Marc, 2003, "The Impact of Trade on Intra-industry Reallocations and Aggregate Industry Productivity", *Econometrica*, vol. 71, no. 6, pp. 1695-1725.

125. Meza, David de & David Webb, 1999, "Wealth, Enterprise and Credit Policy", *Economic Journal*, vol. 109, pp. 153-154.

126. Mirrlees, James A., 1975, "A Pure Theory of Underdeveloped Economics", in Lloyed G. Reynolds, ed., *Agriculture in Development Theory*, New Haven: Yale University Press, pp. 84-108.

127. Morris, Cynthia T. & Irma Adelman, 1988, *Comparative Patterns of Economic Development: 1850-1914*, Baltimore: The Johns Hopkins University Press.

128. Motiram, Sripad & James A. Robinson, 2010, "Interlinking and Collusion", *Review of Development Economics*, vol. 14, no. 2, pp. 282-301.

129. Murphy, Kevin, Andrei Shleifer & Robert W. Vishny, 1993, "Why Is Rent-Seeking So Costly to Growth?", *American Economic Review*, vol. 83, no. 2, pp. 409-414.

130. Myint, Hla, 1987, "The Neoclassical Resurgence in Development Economics: Its Strength and Limitations", in Meier, Gerald, *Pioneers in Development*, Second Series, Oxford University Press, pp. 107-136.

131. Myrdal. Gunnar, 1956, *Development and Under-Development: A Note on the Mechanism of National and International Economic Inequality*, Cairo: National Bank of Egypt.

132. Myrdal. Gunnar, 1957, *Economic Theory and Under-Developed Regions*, London: Methuen.

133. Nalebuff, Barry J. & Joseph E. Stiglitz, 1983, "Information, Competition, and Markets", *American Economic Review*, vol. 73, no. 2, pp. 278-283.

134. Newberry, David M. G. & Joseph E. Stiglitz, 1979, "Sharecropping, Risk Sharing and the Importance of Imperfect Information", in James A. Roumasset, Jean-Mare Boussard & Inderjit Singh, eds., *Risk, Uncertainty & Agricultural Development*, SEARCA & A/D/C.

135. Nelson, Richard, R., 1956, "A Theory of Low Level Equilibrium Trap in Underdeveloped Countries", *American Economic Review*, vol. 46, Dec., pp. 894-908.

136. North, Douglas C. & Robert Paul Thomas, 1973, *The Rise of the Western World: A New Economic History*, Cambridge University Press.

137. North, Douglas C., 1989, "Institutions and Economic Growth: A History Introduction", *World Development*, vol. 17, no. 9, p. 1319-1332.

138. Newberry, David M. G. & Joseph E. Stiglitz, 1984, "Pareto Inferior Trade", *Re-*

view of Economic Studies, vol. LI, pp. 1-12.

139. Nurkse, Ragnar, 1953, *The Problems of Capital Formation in Underdeveloped Countries and Patterns of Trade and Development*, New York: Oxford University Press.

140. Okubo, Toshihiro, 2009, "Trade Liberelisation and Agglomeration with Firm Heterogeneity: Forward and Backward Linkages", *Regional Science and Urban Economics*, vol. 39, no. 5, pp. 530-541.

141. Okudo, Toshihiro, Pierre M. Picard & Jacques-François Thisse, 2010, "The Spatial Selection of Heterogeneous Firms", *Journal of International Economics*, journal homepage www. elsevier. com/locate/jie.

142. Olivera, Julio, H. G., 1964, "On Structural Inflation and Latin-American 'Structuralism'", *Oxford Economic Papers*, vol. 16, pp. 321-332.

143. Panayotou, Theodore, 1992, *Environmental "Kuznets" Curves: Empirical Tests and Policy Implications*, Harvard Institute for International Development, Harvard University.

144. Poulsen, Anders & Gert T. Svendsen, 2003, *Rise and Decline of Social Capital*, Department of Economics, Aarhus School of Business, Working Paper 03-10.

145. Prebisch, Raul, 1950, *The Economic Development of Latin America and its Principal Problems*, New York: United Nations.

146. Prebisch, Raul, 1959, "Commercial Policy in the Underdeveloped Countries", *American Economic Review*, May, pp. 251-273.

147. Prebisch, Raul, 1961, "Economic Development or Monetary Stabilization: The False Dilemma", *Economic Bulletin for Latin America*, vol. vI, no. 1, March, pp. 1-24.

148. Prebisch, Raul, 1964, *Towards a New Trade Policy for Development*, *Report by the Secretary-General of UNCTAD*, United Nations. pp. 11-124.

149. Raut, Lakshmi K. & Lien H. Tran, 2005, "Parental Human Capital Investment and Old-age Transfers from Children: Is a Loan Contract or Reciprocity for Indonesian Families?", *Journal of Development Economics*, vol. 77, pp. 389-414.

150. Ray, Debraj, 2000, "What's New in Development Economics?", *The American Economists*, vol. 44, no. 2, Fall, pp. 3-16.

151. Rodrik, Dani, 2000, "Institutions for High-Quality Growth: What They Are and How to Acquire Them", *Studies in Comparative International Development*, vol. 35, no. 3, pp. 3-31.

152. Romer, Paul M., 1986, "Increasing Returns and the Long-Run Growth", *Journal of Political Economy*, vol. 94, no. 5, Oct., pp. 1002-1037.

153. Rosenstein-Rodan, Paul N., 1943, "Problems of Industrialization of Eastern

and South-Eastern Europe" ,*Economic Journal*,June-September,pp. 204-207.

154. Rosenstein-Rodan,Paul N. ,1957,"Notes on the Theory of the 'Big Push'", Massachusetts Institute of Technology, Center for International Studies, in H. S. Ellis, ed. ,1966, *Economic Development for Latin America*, Macmillan St. Martin Press, pp. 57-67.

155. Rosenzweig, Mark R. & T. Paul Schultz, 1982, "Market Opportunity, Genetic Endowments, and Intrafamily Resource Distribution: Child Survive in Rural India", *American Economic Review*, vol. 72, no. 4, Sept. ,pp. 803-815.

156. Schultz, Theodore W. , 1964, *Transforming Traditional Agriculture*, University of Chicago Press.

157. Schultz, Theodore W. , ed. , 1978, *Distortions of Agricultural Incentives*, Bloomington: Indiana University Press.

158. Seers, Dudley, 1979, "The Birth, Life and Death of Development Economics: Revisiting a Manchester Conference", *Development and Change*, vol. 10, pp. 707-719.

159. Sen, Amartya, 1983, "Development: Which Way Now?", *Economic Journal*, vol. 93, Dec. ,pp. 745-762.

160. Sequeira, Tiago N. ,& Alexandra Ferreira-Lopes, 2008, *An Endogenous Growth Model with Human and Social Capital Interactions*, Working Papers ercwp0908, ISCTE, UNIDE, Economics Research Centre.

161. Shaw, Edward, 1973, *Financial Deepening in Economic Development*, New York: Oxford University Press.

162. Singer, Hans W. , 1950, "The Distribution of Gains between Investing and Borrowing Countries", *American Economic Review*, May, pp. 473-485.

163. Solow, Robert M. , 1974, "Intergenerational Equity and Exhaustible Resources", *Review of Economic Studies*, Special Issue, vol. 41 Issue 128, pp. 29-46.

164. Stark, Oded, 1984, "Rural-to-Urban Migration in LDCs: A Relative Deprivation Approach", *Economic Development and Cultural Change*, vol. 32, no. 3, pp. 475-486.

165. Stark, Oded, & J. Edward Taylor, 1989, "Relative Deprivation and International Migration", *Demography*, vol. 26, no. 1. ,pp. 1-14.

166. Stern, Nicholas, 1989, "The Economics of Development: A Survey", *Economic Journal*, vol. 99, Sept. ,pp. 597-685.

167. Stiglitz, Joseph E. , 1974, "Incentives and Risk Sharing in Sharecropping", *Review of Economic Studies*, vol. 41, no. 2, April, pp. 219-255.

168. Stiglitz, J. E. , 1974, "Alternative Theories of Wage Determination and Unem-

ployment in LDCs: The Labor Turnover Model", *Quarterly Journal of Economics*, vol. 88, no. 2, pp. 194-227.

169. Stiglitz, Joseph E., 1975, "The Theory of 'Screening', Education, and the Distribution of Income", *American Economic Review*, vol. 75, no. 3, June, pp. 283-313.

170. Stiglitz, J. E., 1976, "The Efficiency Wage Hypothesis, Surplus Labor, and the Distribution of Income in LDCs", *Oxford Economic Papers*, March, pp. 185-207.

171. Stiglitz, Joseph E., 1979, "Equilibrium in Product Markets with Imperfect Information", *American Economic Review*, vol. 69, no. 2, pp. 339-345.

172. Stiglitz, Joseph E., 1981, "Potential Competition May Reduce Welfare", *American Economic Review*, vol. 71, no. 2, pp. 184-189.

173. Stiglitz, Joseph E., 1988, "Economic Organization, Information, and Development", in Hollis B. Chenery & T. N. Srinivasan, eds., *Handbook of Development Economics*, vol. 1, Elsevier Science Publishers B. V., pp. 93-158.

174. Stiglitz, Joseph E., 1989, "Markets, Market Failures, and Development", *American Economic Review*, vol. 79, no. 2, May, pp. 197-203.

175. Stiglitz, Joseph E., 1989, "Imperfect Information in the Product Market", in R. Schmalensee & R. D. Willig, eds., *Handbook of Industrial Organization, vol. I*, Elsevier Science Publisher, B. V., p. 771-847.

176. Stiglitz, Joseph E. & Andrew Weiss, 1981, "Credit Rationing in Markets with Imperfect Information", *American Economic Review*, vol. 71, pp. 393-410.

177. Stiglitz, Joseph E., 1985, "Information and Economic Analysis: A Perspective", *Economic Journal*, vol. 95, supplement, March, pp. 21-41.

178. Stiglitz, Joseph E., 1991, "Development Strategies: The Roles of the State and the Private Sector", *Proceedings of the World Bank Annual Conference of Development Economics*, The World Bank, pp. 421-435.

179. Stiglitz, Joseph E., 1993, "Comment on 'Toward a Counter-Counterrevolution in Development Theory' by Krugman", *Proceedings of the World Bank Annual Conference of Development Economics*, The World Bank, pp. 39-49.

180. Stiglitz, Joseph E., 1994, *Whither Socialism*, Cambridge, MA: The MIT Press.

181. Stiglitz, Joseph E., 1997, "The Role of Government in Economic Development", *Proceedings of the World Bank Annual Conference of Development Economics*, The World Bank, pp. 11-23.

182. Taylor, Lance & Edmar L. Bacha, 1976, "The Unequalizing Spiral: A First Growth Model for Belindia", *Quarterly Journal of Economics*, vol. 90, pp. 197-218.

183. Taylor, Lance, 2004, *Reconstructing Macroeconomics: Structuralist Proposals*

and Critiques of the Mainstream, Cambridge MA: Harvard University Press.

184. Viner, Jacob, 1952, *International Trade and Economic Development*, New York: The Free Press.

185. Wheeler, Christopher H., 2001, "Search, Sorting, and Urban Agglomeration", *Journal of Labor Economics*, vol. 19, no. 4, pp. 879-899.

186. Wijnbergen, Sweder van, 1983, "Interest Rate Management in LDC's", *Journal of Monetary Economics*, vol. 12, pp. 433-452.

187. Yang, Xiaokai & Jeff Borland, 1991, "A Microeconomic Mechanism for Economic Growth", *Journal of Political Economy*, vol. 99, no. 3, pp. 460-482.

188. Young, Allyn, 1928, "Increasing Returns and Economic Progress", *Economic Journal*, vol. XXXVIII, no. 152, pp. 527-542.

189. Young, Alwyn, 1991, "Learning by Doing and the Dynamic Effects of International Trade", *Quarterly Journal of Economics*, May, pp. 369-405.

190. Young, Alwyn, 1998, "Growth without Scale Effects", *Journal of Political Economy*, vol. 106, no. 1, pp. 41-63.

第二章　市场效率与经济发展

在发展经济学问世之前，西方主流新古典经济学家很少关注发达国家与市场体制不完善的发展中国家之间在市场效率方面的差异，而是把静态的帕累托最优条件作为判断一切国家市场效率的标准。在他们的视野中，世界上只有“富国”和“穷国”之间的区别。至于是什么原因导致了这些差别，在这些原因当中，“富国”与“穷国”的市场运行状况又是如何？市场效率对于经济发展会造成什么影响？对于这类问题，在主流经济学家当中，除少数学者之外，很少有人做深入的探究①。第二次大战后，随着发展经济学的兴起，尤其是20世纪60年代中期以来，一批包括主流新古典经济学家在内的发展经济学家开始专注于对市场效率与经济发展之间关系进行探讨，所涉及领域包括扭曲理论、寻租理论、对“直接非生产性寻利活动”的分析以及对信息不完全与市场不完全背景下发展中国家市场效率的分析等。如今，对市场效率与经济发展相互关系的探讨已经成为当代发展经济学的一个专门研究领域。

本章对当代发展经济学在上述研究领域的新进展作一个梳理。第一节概述对发展中国家经济中扭曲问题的研究，内容涉及扭曲的一般理论，扭曲与贸易政策，扭曲与经济增长，扭曲与发展中国家的经济政策等。第二节对研究发展中国家寻租问题的文献作一个介绍，内容包括寻租与国际贸易，寻租与经济增长及收入分配的关系，寻租对市场效率及社会成本的影响等。第三节讨论发展中国家存在的“直接非生产性寻利活动”，相关内容涵盖有关这类活动的一般理论，对这类活动类型的划分，分析这类活动所造成的社会福利影响等。第四节概述有关信息不完全与市场不完全背景下发展中国家市场效率的代表性研究文献，主要涉及对“柠檬”市场中运行机制的讨论，对完全信息市场不可能存在的论证，对与信息不完全及市场不完善相伴随的外部性的讨论，对帕累托劣等贸易的探讨以及对发展中国家市场失效、市场低效率与经济发展相互关系的分析。

需要说明的是，对发展中国家市场效率与经济发展关系的研究经过一个漫长的演进过程，不同时期文献之间的相互承继关系错综复杂。为了陈述清晰起见，

---

① 有关这个问题的解释，参见谭崇台主编：《西方经济发展思想史》，武汉大学出版社1997年修订版，第14—18页。

笔者在对各相关理论前沿领域做出陈述之前，有意识地对该前沿领域先前的代表性文献做了必要的交代，以求为正式陈述提供必要的准备。

第一节 扭曲理论

在20世纪50年代以来发轫的关于“扭曲”（distortions）的研究文献中，通常都没有对“扭曲”这个术语下正式的定义，而是常常根据处理对象的不同场合采用有差异的定义。米尔提亚德斯·查可里亚德斯（Miltiades Chacholiades，1981）综合了有关研究这个问题的重要学者们的看法，将“扭曲”定义为“市场不完善，不能引导资源在国民经济中达到最优配置；是对市场价格与机会成本的背离，是对国内和国外市场的帕累托最优条件的背离”。①

在二战前传统的突出完全竞争的微观经济学理论体系中，对扭曲问题并没有留下多少讨论的空间，直到马歇尔（1920）率先提出外部性概念，才为对扭曲的研究打开了一个突破口。马歇尔在《经济学原理》中写道：“我们可把任何一种货物的生产规模之扩大而发生的经济分为两类：第一是有赖于这工业的一般发达的经济；第二是有赖于从事这工业的个别企业的资源、组织和经营效率的经济。我们可称前者为外部经济，后者为内部经济”②。马歇尔之后直到20世纪50年代，有诸多作者逐步丰富和完善了外部性理论③。

如果将上述有关外部性理论的产生与演进看作扭曲理论登台的前奏曲的话，那么，20世纪50年代中期问世的“次优”（second best）理论则为对付扭曲的经济政策提供了理论基础。理查德·G. 利普西和兰开斯特（Richard G. Lipsey &

① Chacholiades, Miltiades, 1981, *Principles of International Economics*, New York: McGraw-Hill Book Company, pp. 200-201.

② 马歇尔：《经济学原理》上卷，商务印书馆1965年中文版，第279—280页。

③ 阿瑟·C. 庇古（Arthur C. Pigou，1924）在《福利经济学》一书中，通过区分社会边际净产出和私人边际净产出两者之间的差异，补充了外部性可以为正也可以为负的重要思想，并将市场失效引入经济理论之中。阿林·杨（Allyn Young，1928）在其著名论文《收益递增与经济进步》中系统地阐述了动态外部性的思想。动态外部性是指随着产业增长而产生的劳动分工的扩大，由此出现了专门从事新活动、专门为其他厂商开发资本设备或为之服务的厂商。该思想与技术外部经济联系不紧密，而与货币外部经济相关。米德（1952）在《竞争状态下的外部经济与不经济》一文中，把外部性分为两种情况。一种是“无偿的生产要素”的作用，即生产中的正外部性，如苹果园和养蜂场的例子；第二种是来自环境对于企业的有利或不利的影响。弗朗西斯·巴托（Francis Bator，1958）将外部性概念用非帕累托最优的成本与收益之间的关系来表述，并最先给出了市场效率的条件。他提出的外部性概念使得市场失效这一术语被人们广泛接受。威廉·鲍莫尔（William Baumol，1993）在《福利经济及国家理论》一书中对外部性理论进行了综合性研究。在对外部性的处理上，鲍莫尔强调用政府机构代替市场机制的效果不见得更好。

Kelvin Lancaster，1956）在总结前人研究的基础上正式创立了次优理论。他们所定义的“次优”含义是：如果在一般均衡体系中存在着某些情况，使得帕累托最优的某个条件遭到破坏，那么，即使其它所有帕累托最优条件得到满足，结果也未见得令人满意。换句话说，假设帕累托最优所要求的一系列条件中有某些条件没有得到满足，那么，帕累托最优状态只有在清除了所有这些得不到满足的条件之后才能达到。如果帕累托最优的某一条件得不到满足，只能在背离帕累托最优的其它条件的情况下寻求更好的状态，该状态可被叫作“次优”。扭曲理论和次优理论构成了对完善市场和完全竞争假设的冲击，确证了市场的不完全性，为政府干预提供了空间；此外，次优理论更进一步地明确了政府干预的方向、手段、程度和有效性的界限。

一、发展经济学家对扭曲的一般分析：早期理论与新近的发展

哈伯勒（1950）在他发表的经典论文中，在对封闭经济和自由贸易作对比分析时，最早将注意力放到了对国内扭曲的研究上①。除了哈伯勒之外，该领域的主要贡献者还有詹姆斯·米德（James Meade）、科登、艾佛瑞特·哈根（Everett Hagen）、巴格瓦蒂、V. K. 拉玛斯瓦米（V. K. Ramaswami）及哈里·G. 约翰逊等人。他们认为，除了贸易条件理论之外，大多数关于保护的论点都是基于对国内经济中某种形式的价格和边际成本之间偏离的讨论。新一代发展经济学家在这些早期文献的基础上推进了对扭曲的研究。

1. 巴格瓦蒂、拉玛斯瓦米和斯瑞尼瓦桑对扭曲现象的分类

巴格瓦蒂、拉玛斯瓦米和斯瑞尼瓦桑（Jagdish N. Bhagwati，V. K. Ramaswami & T. N. Srinivasan，1969）在他们联名发表的《国内扭曲、关税和最优补贴理论：一些进一步结果》一文中明确地提出了扭曲概念，并且用一个统一的模型来考虑经济环境中存在的种种扭曲现象。他们假设存在着 1、2 两种商品，在模型中分别用 C_i 和 X_i 代表商品 $i(i=1,2)$ 的消费和国内产出；另外有 $DRS=-\mathrm{d}C_2/\mathrm{d}C_1=p_c$ 代表消费的替代率，用 $DRT=-\mathrm{d}X_2/\mathrm{d}X_1=p_t$ 代表国内转换率，用 p^f 来表示两种商品的世界价格的比率即平均贸易条件。只有在国内不存在垄断力量的特殊情况下，边际贸易条件 FRT 才会与 p_f 相等。福利函数 $U(C_1,C_2)$ 和生产函数都是可微的。在以下的整个分析中，都假定在自由放任条件下存在消费和生产的非专业化，因而贸易才会发生。由此，对初始状态为自由放任均衡的微小偏离所引致的

① 哈伯勒认为垄断、寡头垄断、外部经济和非经济、价格和工资刚性及信息缺乏等都可能导致从理想条件的偏离和摩擦。

福利变化为：

$$dU = U_1 dC_1 + U_2 dC_2 = U_2(\frac{U_1}{U_2}dC_1 + dC_2) \quad (2.1.1)$$

而效用最大化的边际条件为：$\frac{U_2}{U_1} = p_c$

代入式（2.1.1），并且通过变换可得到：

$$dU = U_2[d(p_f C_1 + C_2) - C_1 dp_f + (p_c - p_f)dC_1] \quad (2.1.2)$$

当贸易收支平衡时，有等式：

$$p_f C_1 + C_2 = p_f X_1 + X_2 \quad (2.1.3)$$

代入式（2.1.2），并且经过整理，可得：

$$dU = U_2[dX_1(p_f - p_t) + (X_1 - C_1)dp_f + (p_c - p_f)dC_1] \quad (2.1.4)$$

厄尔·格里诺尔斯（Earl Grinols，1985）认为，式（2.1.4）将福利变化的价格和收入效应分解为生产所得、贸易条件所得和消费所得，这样就可以用它来表示要素市场扭曲、产品市场扭曲和贸易扭曲①。然后，可以用两个定理来概括不同扭曲状态的特征及其福利效应。

定理1：在自由放任情况下，前述的*DRS*、*DRT*和*FRT*这三个变量的赋值中有两个相等，而与第三个不同。这样就有三种情形：$DRS = FRT \neq DRT$、$DRS = DRT \neq FRT$以及$DRS \neq DRT = FRT$，可以分别对这三种情形加以探讨。

第一种情形：假设没有国家的垄断力量，不等式可能源自于生产中的外部性或者是一种经济活动中的工资差异性。这时，有$p_c = p_f, dp_f = 0$，以及$p_f \neq p_t$。

这样，方程式（2.1.4）就可约简为：

$$dU = U_2[dX_1(p_f - p_t)] \quad (2.1.5)$$

假如p_f大于（或小于）p_t，任何轻微的导致第一种商品产出增加（或降低）的政策措施将会提高福利。于是，如果是在存在外部性的条件下，通过对生产实行税收兼补贴的措施，仍然无法达到最优，而强制实行关税（或贸易补贴）或者对要素施加关税兼补贴的措施，则能实现较自由放任条件下更大的福利。

第二种情形：假设存在着国家垄断力量，但不存在国内扭曲，则在自由放任条件下会有$DRS = DRT \neq FRT$，此时，$p_c = p_t = p_f$，兼有$dp_f \neq 0$，则从式（2.1.3）可以推出：

$$dU = U_2(X_1 - C_1)dp_f \quad (2.1.6)$$

在这种情况下，对生产、消费和要素采用税收兼补贴的措施，将会通过改变贸易中的边际转换率，从而将福利提升到自由放任的水平之上。

第三种情形：此时不存在国家垄断，在生产中也不存在扭曲和外部性，但

① Grinols, Earl, 1985, "Trade Distortions, and Welfare under Uncertainty", *Oxford Economic Papers*, New Series, vol. 37, no. 3, p. 362.

是，商品的销售方却会在国内和进口品的成本之上再加上一个溢价。此时，在自由放任情况下，$DRS \neq DRT = FRT$，而且 $dp_f = 0$，$p_t = p_f$，$p_c \neq p_f$，从式（2.1.4）可得：

$$dU = U_2(p_c - p_f)dC_1 \tag{2.1.7}$$

通过对定理 1 的上述三种情形的分析可以得出，如果对于 *DRS*、*DRT* 和 *FRT* 三个变量中两个相等的初始情况的轻微偏离是由于实行了关税（或补贴）所致，则一般都不会造成福利损失。假如实行关税（或补贴）使得第三个变量的值接近初始相等的两个变量的值时，则可能会带来福利的净增加，而且这一结果不局限于由一种形式的税收（或补贴）所致。

定理 2：在存在国有垄断力量的情况下，且当存在生产外部性或者要素税（或补贴）不能消除扭曲性工资差异时，这时，$DRS \neq DRT \neq FRT$，而且 $p_t \neq p_f$，$dp_f \neq 0$ 以及 $p_c = p_f$，代入方程（2.1.4）可得到：

$$dU = U_2[dX_1(p_f - p_t) + (X_1 - C_1)dp_f] \tag{2.1.8}$$

从式（2.1.8）可以看出，同时施加关税和生产税（或补贴）将会确保在存在生产外部性的情况下达到最优，以及在存在扭曲型工资差异的情况下实现次优均衡。但是，若只实行任何一种政策手段的话，则在 $dX_1(p_f - p_t)$ 和 $(X_1 - C_1)dp_f$ 两项中会产生完全抵消的作用，福利将不会上升。

2. 巴格瓦蒂对扭曲的一般分析

在扭曲理论的形成过程中，最具历史意义的当属巴格瓦蒂（1971）撰写的《扭曲和福利的一般理论》一文。他在总结前述大量文献的基础上，对扭曲的类型、来源、相关政策选择的优劣等一系列问题做了系统的阐释。

巴格瓦蒂的扭曲一般理论不仅包括国内扭曲，也涵盖了贸易扭曲的情形。他证明了，在满足帕累托最优的完全竞争自由开放经济的两种商品模型中，最优化的一阶条件（FOC）成立时经济应该满足 $DRT = FRT = DRS$，但是，经济活动往往会偏离这一帕累托最优状态。当这三个等式中任意两个不能成立而另一个成立时，即形成了以下四种扭曲：

生产扭曲：$DRT \neq DRS = FRT$。国内生产边际转换率不等于国内消费边际替代率，但国内消费边际替代率与国外边际转换率相等，此时，国内生产发生扭曲。

消费扭曲：$DRS \neq DRT = FRT$。国内消费边际替代率不等于国内生产边际转换率，但国内生产边际转换率与国外边际转换率相等，这便是消费扭曲。

要素市场扭曲：$DRS_1 \neq DRS_2$。即一国的国内生产边际转换率与另一国的国内生产边际转换率不相等，生产点不是生产可能性曲线上有效的点，这时发生了要素市场扭曲。

贸易扭曲：$FRT \neq DRT = DRS$。国外边际转换率不等于国内生产边际转换率，但国内生产边际转换率与国内消费边际替代率却相等，即国外市场发生了扭曲。

巴格瓦蒂认为，这四种扭曲根据成因可以分为三种类型，即内生原因（如市场垄断或失效）造成的扭曲、政策施加的工具性扭曲（如为了抵制进口而征收关税所致）以及政策施加的自发性扭曲（如并非为了特定的政策目的而征收关税所致)。

上述四种扭曲又可以划分为内生性扭曲和政策性扭曲两大类。内生性扭曲是某种导致自由放任的竞争性市场达不到帕累托最优的因素引起市场失效所造成的扭曲；而政策性扭曲是由各种经济政策所造成的扭曲。此外，政策性扭曲又可细分为自主性扭曲和非自主性扭曲。自主性扭曲是政策并非作为实现某种特定目标的工具时出现的扭曲；非自主性扭曲则是由经济政策的工具性所造成的扭曲。

巴格瓦蒂认为，在现实中进行上述这种区分常常是很困难的，这是因为旨在消除最初扭曲（这类扭曲或许是内生的或政策强加的）的政策往往会带来一些伴生的扭曲（by-product distortions)，其结果是，政策所产生的是人们不希望看到的效果。

巴格瓦蒂具体讨论了针对上述四种扭曲状态应该采用的各种政策的排序问题。首先，应当考虑最优政策；然后，对政策排序以决定在什么层次上应该采用次优政策工具的原则，并且评估由次等政策带来的收益或损失。当存在扭曲时，不管是内生的、政策引致的还是自发的扭曲，都应当对各种不同政策依据其福利效果从最优到次优依次向下做一个排序。

可以利用与式（2.1.4）基本推理相同的模型来分析政策排序问题。假设有1、2两种商品，分别用 C_i 和 Q_i 代表商品 $i(i = 1,2)$ 的消费和国内产出；另外，有 $DRS = -\mathrm{d}C_2/\mathrm{d}C_1 = p_c$ 代表消费的替代率，用 $DRT = -\mathrm{d}Q_1/\mathrm{d}Q_2$ 代表国内转换率，用 p^w 表示两种商品的世界价格的比率，即平均贸易条件。只有在国内不存在垄断力量的特殊情况下，边际贸易条件 FRT 才会与 p^w 相等。福利函数 $U(C_1,C_2)$ 和生产函数都是可微的。在以下的整个分析中，在自由放任条件下，当存在消费和生产的非专业化时，贸易才会发生。当贸易收支平衡时，有等式：

$$p^* C_2 + C_1 = P^* Q_2 + Q_1 \tag{2.1.9}$$

对初始状态为自由放任均衡的微小偏离所引致的福利变化为：

$$\mathrm{d}U = U_1[\mathrm{d}Q_2(p^* - DRT) + (Q_2 - C_2)\mathrm{d}p^* + (DRS - p^*)\mathrm{d}C_2] \tag{2.1.10}$$

利用上述等式，就可以分别对不同扭曲状态下的政策进行排序。最优的政策被排除之后，各种可行政策的排序就依赖于所考虑的特定情形。具体如表2.1.1所示。

表 2.1.1　扭曲的各种状态与政策排序①

扭曲类型	扭曲原因	最优政策	次优政策	第三优政策	其他
1. FRT≠ DRT = DRS	贸易中存在垄断力量	关税	生产、消费或者是要素的征税附加补贴	n. a②	n. a
2. DRT≠ DRS = FRT	纯生产外部性	生产税附加补贴	关税或者要素税附加补贴	n. a	消费税附加补贴无助于福利
3. DRS≠ DRT = FRT	商品销售者对买方收取统一溢价	消费税附加补贴	关税	n. a	生产或者要素税附加补贴无助于福利
4.	不在有效的生产可能性曲线上运行（要素市场不完全性）	要素税附加补贴	生产税附加补贴	关税（贸易补贴）	消费税附加补贴无助于福利

3. 巴拉萨对国内扭曲的分析

巴拉萨（1975）在《改革发展中国家的激励体系》一文中以发展中国家资本市场为例展开分析，并证明了扭曲可能源自于政府行为，也可能源自于这些国家资本市场的不发达状态。发展中国家实行的进口高保护措施导致了所投资的行业资本密集度较高，这常常是因为发展中国家中实行低实际利率以及对汇率和出口的管制政策人为地降低了资本的成本，导致就业增长率低和收入不平等的扩大。通过降低通货膨胀率，提高实际利率以及消除信贷配给将改善信贷资金在潜在借款者中的配置，并且有助于提高储蓄率。但是，这些措施需要通过对信贷市场进行相应的改革来配合。同时，消除信贷配给有助于提高就业率和促成更为公平的收入分配。对使用非熟练劳动力的行业提供补贴以及对公共设施实行更为合理的定价有助于实现提高就业率、改善收入分配和资源配置“三效合一”的目标。巴拉萨相信，撤销那些以中小型规模的劳动密集型项目为代价使之有利于资本密集型进口替代项目的信贷配给，将有助于提高收入水平和实现更平等的收入分配。他觉得，若用以上提到的引致扭曲的政策所造成的产出损失来衡量的话，发展中国家的扭曲成本要高于发达国家。

巴拉萨（1982）对发展中国家产品市场上和要素市场上的政策所施加的扭曲以及可能造成的经济效应做了进一步的检验，并估计了这些扭曲在配置现有资

① 根据巴格瓦蒂 1971 年《扭曲和福利的一般理论》一文有关内容归纳。

② not available 的简称。

源、储蓄、投资效率和影响经济增长方面的效应。他认为，保护主义措施引发了国民经济中三种形式的歧视：

第一，国内产品之间的歧视，这一点可以用相对（总）有效保护率来显示：

$$z_i = \frac{t_i - \sum_j A_{ji} t_j}{1 - \sum_j A_{ji}} \tag{2.1.11}$$

第二，国内和国外产品之间的歧视，可以用净有效保护率来表明，但是，要用均衡汇率进行调整，即：

$$z_i = \frac{r_1}{r_0}(1 + z_i) - 1 \tag{2.1.12}$$

第三，最后是对特定产品在国内和国外销售的歧视，可以用出口偏向（the bias against exports）来表示：

$$x_i = \frac{z_i^m - z_i^x}{z_i^x} - 1 = \frac{(t_i^m - \sum_j A_{ji} t_j^m) - (t_i^x - \sum_j A_{ji} t_j^x)}{1 - \sum_j A_{ji}} - 1 \tag{2.1.13}$$

在上述三个方程中，t 代表名义保护率，下标 i,j 分别为产品和可贸易投入品，上标 x,m 分别指某特定商品在国内的销售和用于出口的销售；A_{ji} 是自由贸易条件下的投入产出系数；r_1,r_0 分别指实行保护与自由贸易背景下的汇率。

巴拉萨认为，保护性歧视会导致资源配置的无效率，并且因出口偏向而使得配置效率进一步恶化。发展中国家若实行关税保护将失去规模经济所带来的好处，而且将失去对技术进步的激励，即产生 X－非效率。除了保护措施之外，对公共事业部门的价格控制也会造成产品市场上的扭曲。通过影响劳动和资本的相对价格（即工资－租金比率），保护会引起要素市场上产生扭曲，这将会降低发展中国家在劳动密集型产品上的竞争力。利率上限和优惠信贷是发展中国家广泛使用的信贷工具，它们不仅会妨害资源配置的有效性，而且有害于金融中介的发展，因为负的或者低于均衡水平的实际利率限制了金融中介的发展，并降低了投资效率，打击国内储蓄，进而鼓励资本外流。这就是麦金农和肖所分析的金融抑制现象。同样道理，因采用限制性货币政策而导致过高的实际利率也会阻碍对社会有利的投资，同时不利于长期资本市场的发展。此外，就发展中国家的某些税收措施（包括对公司收入的双重征税）而言，若是未考虑通货膨胀因素，没有设立加速折旧的条款，也没有考虑免税期问题，则会影响资本的价格，加上对私人储蓄征税也将对金融中介系统施加影响，进而影响投资效率和发展中国家国内储蓄的规模。过高的边际税率降低了对工作努力的激励，抑制劳动力从低生产率部门向高生产率部门流动，而最低工资法和对社会保障基金的征收同样提高了劳动力成本，由此造成劳动力市场的扭曲。

巴拉萨（1988）考察了发展中国家的产品和要素市场以及这些市场扭曲之间

是如何相互作用的。产品市场扭曲主要起源于关税、出口补贴、汇率政策以及价格控制等形式的贸易政策对相对价格的影响。要素市场扭曲则主要起源于财政政策和税收政策。这些扭曲都会影响资本和劳动的相对价格。用巴格瓦蒂的术语来表述就是，产品市场扭曲归结为因保护措施所产生的政策引致性扭曲，而要素市场扭曲则集中在内生性扭曲这种形式上。产品市场扭曲通过影响要素价格来影响要素市场，反之，要素市场则透过生产成本来影响产品市场。要素市场扭曲不利于发展中国家资源有效配置和就业。当要素市场扭曲是由政策性扭曲所引起时，要素市场与产品市场之间的交错作用将会影响到产品市场上的政策选择，这通常又会抑制对外向型发展政策的选择。巴拉萨还认为，产品、劳动力和资本市场之间扭曲的相互作用将会产生寻租行为，进一步导致资源配置低效率。由于这类寻租活动误导了生产力的作用方向，引发了各种过度投资活动，这类活动往往能使投资者从配给制度中获益。此外，政策性扭曲还将使发展中国家中产生非正式的信贷市场，这又将反过来限制金融中介发挥正常作用。

二、扭曲与贸易政策

1. 约翰逊等人对贸易政策造成扭曲程度的测度

对扭曲成本度量的研究文献最早可以追溯到哈里·G. 约翰逊（1960）①，他复兴了使用消费者剩余和生产者剩余工具来测度来自贸易的收益的方法。对扭曲成本度量的研究大体经历了四个阶段②：第一阶段以科登（1957）为代表，建立了只考虑总进口和总出口的加总水平的模型；在第二阶段，人们开始考虑由进口产品之间的替代性和互补性所产生的效应；第三阶段则以斯蒂芬·P. 玛吉（Stephen P. Magee）等人的研究为代表性文献，此类研究文献扩展到包括贸易条件效应以及以统一的关税当量（uniform tariff equivalent，UTE）来计算关税结构指数；到了第四阶段，中间产品被包括进来，而且在计算保护成本时用有效保护率取代名义保护率。这些对实际保护率进行测度的模型通常显得非常复杂。

克拉伦斯·巴伯（Clarence Barber，1955）首次提出了“有效保护”（effective protection）的概念，米德（1955）也在他的《贸易和福利》一书中简要地谈到“有效保护”概念，但没有详加解释。科登（1963）在一份涉及澳大利亚的研究中提出了“有效保护率”（effective rate of protection，ERP）概念，并用案例讨论了对“有效保护率”的计算方法。哈里·H. 约翰逊（1965）认为，有效保

① Johnson, Harry G., 1977, “The Cost of Protection and the Scientific Tariff”, *Journal of Political Economy*, vol. 68, no. 4, Aug., pp. 327-345.

② 参见 Melo, Jaime de, 1977, “A General Equilibrium Approach to Estimating the Costs of Domestic Distortions”, *American Economic Review*, vol. 67, no. 1, pp. 423-424。

护的概念对于解释递增的关税结构很有助益,[1] 他的研究激发了巴拉萨(1965)和吉奥吉·巴瑟维(Giorgio Basevi, 1966)发表了最早的两篇关于有效保护的实证性论文。后来在世界银行的资助下,巴拉萨所主持的研究项目对发展中国家有效保护问题进行了大规模的研究,逐步发展了关于有效保护率的一整套理论模型与实证分析方法。他提出的有效保护率的基本计算公式为:

$$\left(\frac{VA_d}{VA_{\text{int}}}\right) - 1 \qquad (2.1.14)$$

其中,VA_d 为国内产品增加值(domestic value added),通常是指实行贸易保护政策时的产品价值;而 VA_{int} 为国际产品增加值(international value added),指没有实行保护政策时的产品价值。

从此项研究中得出了几个结论:第一,计算出的有效保护率(ERPs)大大高于名义保护率(NRPs)水平,这说明保护成本大于名义保护率所体现的成本;第二,ERPs 与 NRPs 之间的差距在每个国家各不相同,所以,在跨国的比较中 ERPs 更为适用,而在同一国家内,ERPs 对于跨产业的比较更为适用;第三,ERPs 揭示在某些产业中资源浪费问题极为严重。

在扭曲理论提出之后,许多学者致力于将贸易扭曲进行量化,包括对各种关税和非关税政策进行衡量。巴格瓦蒂(1973)和玛吉(1973)分别提供了改进对贸易政策效应进行分析的方法,但是,上述这些研究都没有相应的实证研究的支持,而且对国内扭曲福利成本的度量大都是在部分均衡框架下完成的。杰姆·德·梅罗(Jaime de Melo, 1977)率先尝试了使用瓦尔拉一般均衡方法来检验扭曲的静态福利成本,并且用哥伦比亚的例子展示了这种方法的效果,其结果是测量福利成本的框架与理论分析更加吻合。爱德华·利默(Edward Leamer, 1988)结合大量实证研究数据,运用赫克歇尔—俄林一般均衡模型,对政府干预贸易的指数进行了估算,并且对贸易的导向性以及政策对贸易的扭曲程度做了度量。

在度量贸易扭曲方面真正有效的方法是詹姆斯·安德森和 J. 彼得·尼律(James Anderson & Peter Neary, 1996)提出的"贸易限制指数"(trade restrictiveness index, TRI)。他们把该指数定义为同给定的贸易保护模式的福利效果等价的统一关税,用以衡量贸易政策扭曲所带来的福利损失。与其他测度贸易限制的方法不同,贸易限制指数方法有坚实的理论基础。他们通过对一个贸易平衡方程求解,将非关税措施关税化,并得出福利效果的一般形式。

安德森和尼律首先通过定义贸易支出函数来刻画经济行为,确认该支出函数等于家庭支出(由支出方程决定)与生产(由 GNP 方程定义)之间的差额:

$$E(p,\pi,u,\gamma) \equiv \max_h\left[e(h,p,\pi,u,\gamma) - g(h,p,\pi,\gamma)\right] \qquad (2.1.15)$$

---

① 在所谓"递增的关税结构"(escalation of tariff structures)中,对原材料和燃料征收的关税为零,工业半成品的关税稍高,而最终产品的关税率最高。

式（2.1.15）中，u 为加总的家庭部门的效用（不考虑分配问题），γ 为外生参数向量（包括要素禀赋水平、口味、世界价格等）。经济体的技术和要素禀赋包括在 GNP 方程中。当关税是唯一导致贸易扭曲的因素时，贸易支出函数是一个重要的分析基准。当考虑到配额等其他贸易壁垒时，可以建立一个被扭曲的贸易支出函数（distorted trade expenditure function），该函数等于以关税水平为条件且在超出关税所限制的商品之上的净支出：

$$\tilde{E}(q,\pi,u,\gamma) \equiv \underset{p}{\mathrm{Max}}[E(p,\pi,u,\gamma) - p'q] \qquad (2.1.16)$$

式（2.1.16）可以概括私有部门的活动，但它只对可以进行纯粹再分配的特定公共部门行为适用。假如所有的关税收益以总量的形式再分配给家庭，则每种 j 产品只能有 ω_j 部分的配额租金能够进入国内经济，而留在国内再分配给家庭的配额租金为 $(p-p*)'(I-\hat{\omega})q$ 。于是，可以定义新的被扭曲的贸易平衡方程：

$$\tilde{B}(q,\pi,u,\gamma) \equiv \tilde{E}(q,\pi,u,\gamma) + p'q - (p-p*)'(I-\hat{\omega})q - t'm - \beta \qquad (2.1.17)$$

接着，推导出贸易限制指数

$$\Delta(q^1,\pi^1,u^0,\gamma^0) \equiv [\Delta : B(\tilde{p}/\Delta,\pi^1/\Delta,u^0,\gamma^0) = 0] \qquad (2.1.18)$$

在式（2.1.18）中，Δ 为贸易限制指数，其实际含义是指贸易品扭曲价格的调整指数，π^1 表示变化后的价格，B 表示贸易平衡函数，式（2.1.17）中的 β 表示外生的收支平衡盈余，各期的 β 被近似地看作等于 0 期的 β 值。这一指数满足以下两个条件：第一，当关税为 0 时指数值为 0；第二，该指数总是存在，而且数值是唯一的。

贸易限制指数将效用作为基准，这使得它可以与保护成本的标准测度联系在一起：

$$C(q^1,\pi^1,q^0,\pi^0,u^0,\gamma^0) = \tilde{B}(q^0,\pi^0,u^0,\gamma^0) - \tilde{B}(q^1,\pi^1,u^0,\gamma^0) \qquad (2.1.19)$$

将式（2.1.19）与单独实行关税背景下的保护成本的标准公式相结合：

$$C(\pi^1,\pi^0,u^0,\gamma^0) = B(\pi^0,u^0,\gamma^0) - B(\pi^1,u^0,\gamma^0) = \int_{\pi^1}^{\pi^0} B_\pi(\pi,u^0,\gamma^0)\mathrm{d}\pi \qquad (2.1.20)$$

式（1.1.20）表明，限制贸易指数确实是对贸易限制的平均高低水平的正确测度。

2. 巴拉萨和克鲁格对扭曲背景下贸易政策效应的实证分析

如果假设不能移除所有的扭曲情况，那么，有关发展中国家不同贸易政策的福利分析就会变得非常复杂。若能将系统中的其它扭曲固定，将注意力聚焦到改变一种政策工具的效应上时，次优理论告诉人们将会得出多种可能性。但是，巴拉萨（1978）的分析表明，韩国、新加坡和中国台湾在 20 世纪 60 年代初采用了外向型战略，它们在1960—1966年间制造品出口和出口产出比率均增长迅速，而在1966—1973年间在加强了出口推动的努力之后，出口绩效继续趋好。韩国在1960—1966年间，工业产出的出口比重从0.9%上升到13.9%，在1966—1973年间达到了40.5%，新加坡的增长是从11.2%到20.1%再到42.6%；中国台湾的变化分别是8.6%—19.2%，最后到49.9%[①]。他所得出的结论是，尽管这三个经济体的自然资源禀赋不充裕，但是，其外向型战略的效果却是显著的。

巴拉萨（1985）进而采用横截面数据对43个发展中国家做了计量分析，他在分析中分别引入了初始的贸易倾向和对于外部冲击政府所做出的政策反应。贸易倾向的程度是用人均出口的真实值和假设值之间的差距来衡量，而人均出口假设值则来自于一个包括矿产品出口占GNP的比重及人均收入和人口在内的回归方程。政策的反应程度主要由两部分所构成，即由出口促进和进口替代所造成的国际收支平衡效应以及为应对外生冲击和取得国际收支平衡效应而进行的净外部融资来衡量。贸易倾向对于增长的效应显示在由处在以贸易倾向衡量的上四分位上，以表示位于贸易倾向中位数的国家以及贸易倾向为零的国家之间GNP增长率差异的估计值。数据表明这些国家来自贸易的收益为0.5。1986年，他又采用一个包含52个国家时间序列数据的计量模型检验了汇率变化对出口的效应。他发现，实际汇率1%的变化对应于出口—产出比率0.5%的变化；而对农产品出口来说，这个对应的变化则达到0.6%。

安妮·克鲁格（1983）也认为，即使在发展中国家严重扭曲的经济环境中，外向型政策仍然具有重要的正效应。在她看来，部分发展中国家外向型贸易政策的成功有赖于消除这些国家在资本和劳动力市场中因政策而导致的扭曲。这类扭曲会提高劳动力价格和资本价格之间的比值，从而妨碍了发展中国家比较优势的发挥。此外，金融资源的可获得性对于从事那些容许实际采用外向型发展战略的投资行为是必需的。在实行进口替代战略的发展中国家中，汇率一般是高估的，这会导致对于进口资本品的无形的补贴，也等于对本国资本提供了暗补，其结果是刺激本国企业更多地使用资本，而不是更多地使用劳动。但是，在采用开放的贸易战略之后，资本市场的扭曲程度会相应地降低，资本品的价格会更加接近国际价格，劳动力的价格会更加便宜，从而刺激企业更多地使用劳动，提高本国劳动力就业水平。安妮·克鲁格进而指出，出口促进战略的有效程度取决于发展中国家国内市场的竞争程度。在发展中国家，普遍存在的特征是市场扭曲，这不仅发生在商品市场上，也发生在要素市场上。市场扭曲会改变一国的贸易模式，使得劳动力资源丰富的国家转而出口资本密集型产品。对于发展中国家而言，在采取出口促进的贸易政策的同时，还要降低国内市场的扭曲程度，尤其是减少政府

① Balassa, Bela, 1978, "Export Incentives and Export Performance in Developing Countries: A Comparative Analysis", *Weltwirtschaftliches Archiv*, vol. 114, p. 36.

对市场的过多干预。

安妮·克鲁格还认为，发展中国家采用干预性贸易政策的理论依据在于经济偏离了竞争性市场所要求的均衡条件。有三类论点支持政府采取外贸干预措施。第一，动态因素的存在，或者为了扶植幼稚产业，或者是其它能被大体上归为暂时性和外部性的因素；第二，发展中国家不是国际市场上的价格接受者；第三，发展中国家要素市场的非完善性使得这类国家在自由放任下的资源配置并不是最优的。就幼稚产业论而言，它作为背离自由贸易的一种观点，其有效性建立在受到保护的产业在短期内具有成本劣势以及不能使外部性内在化或者把外部性"俘获住"（capture）等假设基础上，然而，外部性的存在和产业生产效率的不断增加构成为通过自由贸易实现最优的必要条件，而非充分条件。换言之，即使对自由贸易的背离是在合理的条件下发生的，也不能证明贸易干预是最优的，更不能说明贸易干预与自由贸易相比能增进福利。总之，安妮·克鲁格认为，贸易干预是直接导向扭曲的根源；即使贸易保护会增加福利，但是，采用其他政策措施可能会使福利提升更多。

3. 李钟和对贸易扭曲效应的分析

李钟和（*Lee*，*Jong-wha*，1993）在《国际贸易、扭曲和长期增长》一文中对贸易政策的扭曲效应进行了定性分析①。由关税和外汇控制这类政策引致的贸易扭曲在长期内将导致增长率和人均收入的跨国差异。实证结果亦表明，关税税率和黑市上的溢价在自由贸易条件下将会同进口份额发生相互作用，这对各国之间人均收入的增长率有显著的负面效应。

李钟和从开放经济的一般均衡模型出发，建立了一个在消费者方面被程式化（the stylized version）的新古典增长模型。其中，无限期存活的家庭使其总体效用最大化。

$$U = \int_0^{\infty} u(c_t) L_t e^{-\rho t} \mathrm{d}t \qquad (2.1.21)$$

在式（2.1.21）中，c 为个人消费，而 $\rho > 0$ 为常数的时间偏好率，家庭中的个体数目为 L_t，以外生的速率 n 增长。即时的效用函数为：

$$u(c_t) = \frac{c^{1-\theta}}{1-\theta}, \theta > 0 \qquad (2.1.22)$$

不考虑外国资产的存在，资本在这里被视为包括物质资本和人力资本在内。资产的实际回报率为 r，于是，家庭的预算约束由式（2.1.23）所给定：

$$\dot{a} = ra + w - c - na \qquad (2.1.23)$$

① Lee, Jong-wha, 1993, "International Trade, Distortions and Long-Run Economic Growth", IMF Staff Papers, International Monetary Fund.

这里，a 是每个人的资产，$\dot{a}$ 为资产相对时间的微分。假设每个人提供一单位劳动力，则每个人的工资收入等于实际工资 w 。从消费者最大化效用的一阶条件可得消费的增长率：

$$\dot{c}/c = (1/\theta)(r-\rho) \tag{2.1.24}$$

假设根据新古典的生产函数只生产一种商品，国内生产除了要有国内要素之外，还要有外国要素投入，如原材料、中间产品和资本品等。假设一个常替代弹性的生产函数：

$$Q = [\gamma_1(K^{\alpha}\hat{L}^{1-\alpha})^{\mu} + \gamma_2 M^{\mu}]^{\frac{1}{\mu}} \tag{2.1.25}$$

$$\mu < 1, \gamma_1 > 0, \gamma_2 > 0, 0 < \alpha < 1$$

在式（2.1.25）中，Q 为总产出，M 为进口投入品，K 为资本投入品。$\hat{L}$ 为有效劳动投入，生产中将伴随着外生的技术进步速率 x 和人口增长率 n 的成长。

$$\hat{L}_t = L_t e^{(x+n)t}, x > 0 \tag{2.1.26}$$

定义 $\hat{q} = \dfrac{Q}{\hat{L}}$；$\hat{m} = \dfrac{M}{\hat{L}}$

这样一来，完全竞争条件下企业利润最大化的一阶条件意味着如下一组方程：

$$r_t = V - \delta = \frac{\alpha\hat{k}^{\alpha-1}}{[(1-\psi)h(z)]^{\frac{1}{\sigma}} - \delta} \tag{2.1.27}$$

$$p_t = [\psi h(z) z^{-1}]^{\frac{1}{\sigma}} \tag{2.1.28}$$

$$w_t = [\hat{q}_t - \hat{k}_t V - p_t \hat{m}_t] e^{xt} \tag{2.1.29}$$

定义 $y = g_2^s$，$t - y = g_1^s$，s 为国内和进口投入品之间的弹性，$s = \dfrac{1}{1-m}$。

假设分析的是小国经济，p_t 为由世界市场条件决定的国内外商品的相对价格。可以求解出均衡状态下的 z 以及 $h(z)$ ：

$$\bar{z} = \bar{z}(p) = (1-y)^{1/(s-1)} y [p^{s-1} - y]^{s/(1-s)}, z_p \leqslant 0 \tag{2.1.30}$$

$$h(\bar{z}) = (1-y)^{1/(s-1)} [1 - p^{1-s} y]^{s/(1-s)}, h_p \leqslant 0 \tag{2.1.31}$$

将家庭和厂商的行为结合在一起，可以求得唯一的竞争性市场均衡。此时，每个家庭的资产与每个工人的资本相等，即有 $a = k$ 。于是，可以导出这个经济的资源约束和每个有效劳动力的消费增长率。

在新古典稳态模型中，消费、投资、资本存量和产出都会以同外生给定的技术进步率一样的速率增长，这样，其它参数就对稳态的增长率没有什么影响。但是，如果在上面考虑的开放经济模型中引入由限制外国商品可得性而导致的贸易扭曲，就会降低稳态的人均收入和消费。

假设通过对外国商品的进口施加一个关税 τ ，这样，国内消费者支付的价格为：

$$p = (1+t), t \geqslant 0 \tag{2.1.32}$$

假设政府会将关税收益转移给公众，这种一次性的转移支付将直接提高私人部门收入。因此，关税对于经济将产生资源配置扭曲和收入转移两种效应。其中，关税收益为：

$$\hat{G} = \tau\hat{m} \tag{2.1.33}$$

这里，$\hat{G}$ 是每单位有效劳动力的关税收益。可以导出存在贸易扭曲状态下经济的时间路径。

$$\dot{\hat{k}} = \hat{k}^{\alpha}\Phi - \hat{c} - (x+n+\delta)\hat{k} + \hat{G} \tag{2.1.34}$$

$$\frac{\dot{\hat{c}}}{\hat{c}} = (1/\theta)[\alpha\hat{k}^{\alpha-1}\Phi - \delta - \rho - \theta x] \tag{2.1.35}$$

在式（2.1.34）和式（2.1.35）中，$\Phi = [(1-\varphi)h(\bar{z})]^{\frac{1}{\sigma}} = [(1+\pi-\pi(1+\tau)^{1-\sigma}]^{\frac{1}{1-\sigma}}$，这里的参数 $\pi = \frac{\varphi}{1-\varphi}$，实际上是贸易增加值中进口投入品的份额，可以代表自由贸易开放度，它依赖于经济中要素禀赋和贸易壁垒等结构特征。得到稳态下每个有效劳动力的资本存量：

$$\hat{k}^{*} = [\alpha(\delta+\rho+\theta x)^{-1}\Phi]^{\frac{1}{1-\alpha}} \tag{2.1.36}$$

显然，$\frac{\partial\Phi}{\partial\tau} < 0$，这样，稳态下的资本存量与关税负相关。稳态下的收入水平为：

$$\hat{y}^{*} = \hat{k}^{\alpha}\Phi + \hat{G}^{*} = (1+\hat{g}^{*})\hat{k}^{\alpha}\Phi = [\alpha(\delta+\rho+\theta x)^{-1}]^{\frac{\alpha}{1-\alpha}}(1+\hat{g}^{*})\Phi^{\frac{1}{1-\alpha}} \tag{2.1.37}$$

从式（2.1.37）可以看出，贸易中的扭曲对稳态收入的影响可以归结为扭曲效应和收入效应。关税造成的扭曲效应总是会降低资本存量、产出和消费的稳态水平；而贸易扭曲对稳态中的总储蓄率的影响则完全取决于收入效应。稳态中的总储蓄率为：

$$s^{*} = \frac{(x+n+\delta)\hat{k}^{*}}{\hat{y}^{*}} = \frac{(x+n+\delta)\alpha^{-1}}{\rho+\delta+\theta x}(1+\hat{g}^{*})^{-1} \tag{2.1.38}$$

在标准的新古典索罗增长模型中，储蓄率为固定，则上式可以改写为：

$$\dot{\hat{k}} = s(1+\hat{g}^{*})\hat{k}^{\alpha}\Phi - (x+n+\delta)\hat{k} \tag{2.1.39}$$

通过对式（2.1.39）在稳态附近进行对数线性化，可以看到，在转移动态中贸易扭曲的效应完全依赖于稳态收入的变化。转移动态中的增长率为：

$$(1/T)\log[y(T)/y(0)] = \frac{1-e^{\beta T}}{T}\alpha(1-\alpha)^{-1}\log[\alpha(\delta+\rho+\theta x)^{-1}]$$

$$- \frac{1-e^{\beta T}}{T}\log[\hat{y}(0)] + \frac{1-e^{\beta T}}{T}\log(1+\hat{g})$$

$$+ \frac{1-e^{\beta T}}{T}(1-\alpha)^{-1}\log\Phi + x \tag{2.1.40}$$

假设国内投入和国外投入是以柯布—道格拉斯函数形式组合在一起的，那么，扭曲效应可简化为：

$$- \frac{1-e^{\beta T}}{T}(1-\alpha)^{-1}\pi\log(1+\tau) \tag{2.1.41}$$

这样一来，可以看出，不仅关税对于增长率的扭曲效应明显地取决于自由贸易的开放程度，而且开放度会以乘数的形式放大扭曲效应。这就意味着，在 π 较高的经济中，同样的贸易扭曲会在更大程度上降低增长率。

这里，采用一个变形的“*AK*”模型①，也可以在假设生产不需要固定劳动投入的情况下，在内生增长模型框架之内探讨贸易扭曲与增长之间的关系。生产函数为：

$$Q = AKh(Z), A > 0 \tag{2.1.42}$$

接下来，可以采用与前文相同的分析过程，所得到的结论是，当储蓄率为给定时，无论是在外生模型中还是内生模型中，扭曲效应是相等的。

上面讨论的都是关税这种贸易政策工具所带来的扭曲效应。不少发展中国家，尤其是在那些具有高财政赤字以及货币供应量过高总是困扰着力图保持预设的名义汇率稳定的发展中国家中，大都实行了汇率管制。出口商被要求将所有出口外汇卖给中央银行，于是，官方市场上有限的外汇供给导致了黑市上的汇率溢价。此时，进口品的国内价格实际反映了黑市溢价，即以官方汇率获得的进口投入品又被转卖给出口品生产商。与此相对应，除了走私和低开发票之外，出口商不得不将所有出口超额所得按官方汇率上缴管理当局。因外汇管制产生的扭曲总是会提高进口投入品的价格，并使稳态中的收入和转移动态中的增长率下降。

三、扭曲与经济增长

对发展中国家扭曲与经济增长相互关系的研究起源于巴格瓦蒂（1958）对“贫困化增长”的探讨。随后，拉姆格派尔·阿加瓦拉（Ramgopal Agarwala，1983）等人的分析中认为，应设法直接就政策对相对价格和资源配置造成的扭曲进行测度，而且各国在实行这些政策上的差异能够或至少能部分地解释发展中国家之间在经济增长率和收入增长方面的巨大差异。

① “*AK* 模型”因其形式而得名，在其形式上表现为最简单的边际收益不减的生产函数。

1. 巴格瓦蒂的“贫困化增长”理论

巴格瓦蒂受弗朗西斯·Y. 埃奇沃斯（Francis Y. Edgeworth）“损害型增长”概念的启发，证明了在某些环境下，尽管经济增长表现为产出的增加，但是，产出的增长却有可能导致贸易条件恶化，进而抵消经济扩张带来的收入增加的效应，使得实际收入减少。

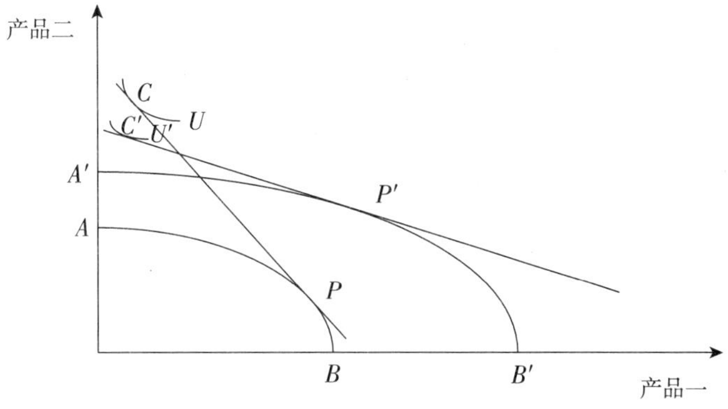

图 2. 1. 1　“贫困化增长”

在图 2. 1. 1 中，*AB* 和 *A′B′* 分别为经济增长之前与之后的生产可能性曲线。增长前的生产、消费和福利分别处在 *P*、*C* 与 *U* 点上；增长之后，它们分别处于 *P′*、*C′* 和 *U′* 点上，贸易条件由 *PC* 恶化为 *P′C′*。其结果是，福利由 *U* 下降为 *U′*，由此导致了出现“贫困化增长”（immiserizing growth）。

实际收入的减少被认为是由三种效应共同作用的结果。它们分别是：由经济扩张引起的进口品产出的增加，由价格变动引起的对进口消费的减少以及由价格变动带来的进口品产出的增长。在这三种效应的共同作用下，处于增长中的发展中国家实际收入下降。

哈里·G. 约翰逊（1967）① 从另一个角度证明了“贫困化增长”的存在，即“贫困化增长”可以使得社会福利降到低于增长前的水平，如果技术进步发生在受关税保护的进口竞争行业中，或者在该行业中密集使用的要素密集度上升，则“贫困化增长”现象就会在国际贸易中不拥有垄断支配力的弱国中出现。

哈里·G. 约翰逊的观点给了巴格瓦蒂以启发，使巴格瓦蒂意识到“贫困化增长”的根源在于市场扭曲。他在后续的一系列文章中对贫困化和扭曲之间的关系做了进一步引申，使之成为一个一般化的理论。他在这一领域所做的推进包

① Johnson, Harry G., 1967, “Two Notes on Tariff, Distortion and Growth”, *Economic Journal*, vol. LXXVII, no. 305, March, pp. 151-154.

括：第一，从分析“贫困化增长”的特例中推导出扭曲导致“贫困化增长”的一般结论。他认为，在他使用的传统案例中，扭曲发生在国外，来自增长的收益被来自贸易条件恶化造成的亏损所抵消，即平均贸易条件和边际贸易条件之间出现了差距；而在哈里·G. 约翰逊分析的小国实行关税的例子中，扭曲是由政策强加的，其结果是关税导致了次优状态。当国际贸易中不存在垄断力量时，关税必然引起扭曲并引起福利损失，这种损失在经济出现增长后将进一步增大，最终造成“贫困化增长”。巴格瓦蒂还将分析引申到传统的两种要素、两种商品的贸易模型之中，证明了当扭曲造成工资差距拉大时，生产可能性边界将内缩，贫困化将可能发生。通过上述分析，巴格瓦蒂得出了一般结论，这就是只要经济中存在扭曲，贫困化就会发生。第二，分析两国之间存在贸易情况下的“贫困化增长”。当一国与他国同时出现增长时，假定一国所面临的提供曲线不变，同时该国在增长前后均实行最优关税，该国来自贸易的最初收益将会被贸易后的收益减少所抵消。其原因就在于，国外出现的增长使得外国的提供曲线产生了变动。同时，当一国在国际贸易中既不存在国内扭曲，也不拥有垄断支配力时，自由贸易是当然的最优政策，但是，当外国的提供曲线不变时，该国来自贸易的收益将下降，如果外国的提供曲线进一步恶化，该国发生增长后的均衡便是与贫困化相伴随的均衡。第三，鉴于“贫困化增长”的根源在于扭曲，巴格瓦蒂将其区分为同要素市场不完全相关的内生性扭曲和由外国引起的内生性扭曲两种类型。前者表现为工资差距因扭曲而拉大，后者同贸易中存在垄断支配力有关。尽管拥有垄断支配力的国家在出现增长之前实行的是最优关税政策，则通过取消政策强加的扭曲的方式，或者采用旨在消除减少福利的扭曲效应的最优政策干预手段，将有望从根本上消除出现“贫困化增长”的可能性。

2. 阿加瓦拉对价格扭曲和经济增长之间关系的分析

阿加瓦拉（1983）在《价格扭曲和发展中国家增长》一文中测度了商品价格（包括可贸易品和非贸易品）扭曲和要素价格扭曲对发展中国家增长绩效的影响。他采用了与1981年《世界发展报告》相同的方法，也就是将价格扭曲偏高国家的平均增长绩效与那些价格扭曲低的国家相对照，然后，通过对整个20世纪70年代的观察来检验一个足够长的时期内不同国家一系列政策措施对经济发展带来的影响。

阿加瓦拉首先单独地对价格扭曲和增长之间的关系做了统计分析，并且将样本国家分为高、中、低三个扭曲的类别。他使用了世界银行提供的有关31个发展中国家在外汇、资本、劳动和基础设施服务业等领域扭曲程度的数据，这些国家代表了除中国之外的发展中国家人口的75%。在分析对工业的保护（亦即进口替代）时，他将分析建立在巴拉萨（1982）研究成果的基础上，把总有效保护率作为在制造业中为增加值定价并且与贸易相关的扭曲指标。其结果是，这种对扭曲的度量方法能解释20世纪70年代以来增长绩效变化的11%。与工业保护相对应的是，通过各种不同类型的政策工具对农业实行征税，如对产出和出口征收直接税、实行低价强制收购或通过政府的营销和分配管道对农产品销售提供补贴等。用名义保护系数（nominal protection coefficients，NPC）[①] 作为对农业中扭曲程度的测度。他的统计分析表明，农业中的扭曲程度与总的增长率之间呈现出温和的负相关关系，在农业部门呈现高度扭曲的国家中，农业生产增长率显著较低，出口增长率也较低，而且其影响还波及到工业部门，甚至影响到资源利用的总效率。

当发展中国家面对不断变化的经济环境时，缺乏积极的政策应对措施，相反，频繁地采用固定汇率政策来应对，由此造成了汇率扭曲。统计数据显示，汇率扭曲同经济增长之间存在强烈的相关性。在扭曲程度偏高的国家中，经济增长率、工农业产出增长率以及投资效率这些分组平均数明显低于总样本的平均数。20世纪70年代，发展中国家通常都执行严格控制的低利率政策和信贷配给政策，当这些国家面临不断增高的通货膨胀率时，投资者所面临的实际上是负利率，用这种负利率来代表信贷成本中的扭曲，只能解释增长绩效差异的10%。在发展中国家，政府政策的失误和来自工会的压力将导致劳动力成本发生扭曲，但是，由于很少有发展中国家保存了系统的记录工资和劳动生产率的数据，因而很难对这种扭曲的程度进行度量。但是，却可以用工业部门的实际工资是否比经过外部贸易条件调整的人均收入增长更显著这种方法来对这类扭曲进行度量。度量的结果表明，劳动市场扭曲也能解释各国增长率差异的10%。

阿加瓦拉认为，大多数发展中国家倾向于出于对外部性的考虑而将基础设施服务的定价偏低，但是，由这些基础设施提供服务的却是资本密集型部门和能源密集型部门，这将导致对资本和能源的过度需求，有时甚至会出现价格不足以抵消生产中的平均成本的情况。若采用世界银行报告所提供的电力设施服务的价格扭曲数据作为度量其它基础设施服务扭曲的代理变量来做分析，其结果表明，这种扭曲程度能解释增长率的11%。不断加速的高通货膨胀强烈地影响着资源的配置效率，所导致的价格扭曲将显著地影响发展中国家的增长绩效。

不同的价格会对构成增长的不同组成部分的影响交织在一起，并且呈现出复杂的现象；与此同时，政策效果往往有时滞。不论是采用时间序列方法还是横截面方法，都很难令人满意地将这些效果捕捉住，尤其是很难在对单个扭曲状况分

---

① 所谓的NPC就是商品边境价格等价（border price equivalent for the commodity，BP）和国内价格（domestic price for the commodity，DP）之间的差异，即有 $NPC = \frac{DP}{BP}$，它与名义保护率（NPR）之间的关系为 $NPC = (NPR/100) + 1$。

析的基础上来判断配置效率。因此，采用一些度量价格扭曲的复合测度方法可能更为合意。他认为，有三种方法可以确认不同扭曲在复合指数中的重要性。第一种方法是将上述7种扭曲对于增长的效应通过多元回归来分析。第二方法是以根据这些单个扭曲与增长之间的相关系数比例来对其赋予不同的权数。第三种方法是简单地对每一个扭曲给予同样的权重。虽然使用不同的方法会显示各国的扭曲程度在排序存在差异，但却不会改变有关增长和复合价格扭曲指数之间存在显著的负相关关系的结论，其中，第一种方法最具有解释力。阿加瓦拉建立了一个有关经济增长与扭曲指数和之间的简单的回归方程：

$$G2 = 11.2 - 3.4DI \tag{2.1.43}$$

在式（2.1.43）中，$G2$代表增长率，DI为扭曲指数（distortion index）。回归结果说明扭曲指数能够解释经济增长差异的34%。对于横截面分析来说，这一结果相对较高。

为了进行更系统的分析，阿加瓦拉对上面提到的各种不同的政策因素和非政策因素同经济增长做了多元回归。他的回归结果发现，就与主要价格指数的关系而言，那些扭曲程度较高的国家，其经济增长率相对较低。如果按照价格的不同扭曲程度对这些国家进行分类，则经济增长和价格扭曲之间的负相关关系更为明显。在整个20世纪70年代，低扭曲国家的经济增长率大约是每年7%，比发展中国家作为整体的平均增长率水平高出2个百分点，而那些高扭曲的国家，通常要低2个百分点。在储蓄绩效、投资效率、工农业生产增长率与出口之间也存在这样的系统性关系。回归分析表明，价格扭曲能解释经济增长率差异的1/3。

3. 伊斯特里对扭曲与经济增长率差异的分析

威廉·伊斯特里（William Easterly，1993）在《扭曲会在多大程度上影响增长》一文中试图采用内生增长模型来刻画发展中国家在政策扭曲方面的一些特性。他提出的模型假设资本既包含物质资本又包含人力资本，并用所定义的两类资本在正式部门和非正式部门中生产一种产品，即产出。他首先分析了初始状态下由政府对正式部门中的企业投资征收销售税所引起的扭曲，然后，在上述假设之下研究扭曲比率与经济增长之间的关系，最后，将他的这一套分析思路拓展到其它类型的扭曲性政策上去。

伊斯特里所设立的生产函数是：

$$Y = A(\gamma K_1^{\varepsilon} + (1-\gamma)K_2^{\varepsilon})^{\frac{1}{\varepsilon}} \tag{2.1.44}$$

这便是内生增长理论中常用的“CES”类型①的产出函数，其中，资本有两种类型，替代率为$\frac{1}{(\varepsilon-1)}$。在一般均衡的框架下，还需要定义一个效用函数：

① 即“不变替代弹性（constant elasticity of substitution）”类型的函数形式。

$$\int_0^{\infty} e^{-rt}\frac{C^{1-s}-1}{1-s}\mathrm{d}t \tag{2.1.45}$$

效用为总消费的等弹性函数，而跨期替代弹性为 $\frac{1}{\sigma}$ 。总消费为收入减去投资之后的剩余部分，即：

$$C = Y - (1+\tau)I_1 - I_2 + T \tag{2.1.46}$$

在式（2.1.46）中，τ 为购买第一种投资品的消费税税率，T 为转移给消费者的总量税收收益。事后的总量为 τI_1 ，但是，它对于消费者来说是固定的。因此，资本积累的方程写为：

$$\dot{K}_1 = I_1 - dK_1 \tag{2.1.47}$$

$$\dot{K}_2 = I_2 - dK_2 \tag{2.1.48}$$

其中，d 为折旧率。从一阶条件可以看出，扭曲可成为插在两种产品的边际产品之间的“楔子”，于是，可以有：

$$\frac{\partial Y}{\partial K_1}\Big/\frac{\partial Y}{\partial K_2} = 1 + t \tag{2.1.49}$$

从以上6个等式可以推导出两种类型资本之间的比率为：

$$\Phi = \frac{K_2}{K_1} = \left[\frac{(1-g)(1+t)}{g}\right]^{1/(1-\varepsilon)} \tag{2.1.50}$$

扭曲系数 t 将导致类型2资本与类型1资本之间的比例同社会最优水平相比要更高一些。替代弹性 $\frac{1}{(\varepsilon-1)}$ 将决定扭曲增大后资本投入的变化比率。当实现稳态时，消费和产出以相同的速率增长：

$$g = \frac{r_2 - \delta - \rho}{\sigma} \tag{2.1.51}$$

其中，r_2 为第二种类型的资本的边际产品，可以表示为：

$$r_2 = A(1-\gamma)(\gamma\Phi^{-\varepsilon} + 1 - \gamma)^{\frac{1}{(\varepsilon-1)}} \tag{2.1.52}$$

从以上等式可以看出，当类型1资本被征收更重的税时，类型2资本的边际产品将随着两种资本比率的上升而下降。毫无疑问，增长表现为税率 τ 的负函数。

这样一个理论分析框架也可以用来分析其它类型的扭曲性政策。例如金融抑制政策，将利率控制在市场利率水平之下的金融抑制通常会导致正规金融部门实行数量型信贷配给，也会导致生产者和消费者按照市场利率来进行相互借贷的地下交易市场。这种数量型信贷配置常常被用来促进某些类型的经济活动，如为小企业或农业生产提供融资等。可以设想，若对所有投资于特定资本品的投资者提供信贷补贴，而补贴的资金来源于对非补贴资本的隐含的税收。若是将这两种资本重新定义为进口资本 K_1 和国内生产资本 K_2 ，且将税率 τ 重新定义为对进口商品课征的关税；与此同时，假设国内商品可以参与国际贸易，而且本国为价格接受者，这样一来，关税就形同于对类型 1 投资品所课征的税收。于是，较高水平的关税（或等价补贴）将导致较低的增长率。

伊斯特里从模型中得出的结论是：对投入品相对价格的扭曲对增长与福利具有明显的效应，该效应的量值取决于生产的替代弹性。对投入品和投资品提供补贴即便在使福利恶化的情况下也有助于促进增长。但是，以对另一种资本品征税的方式来补贴某一种资本品，这种做法将有可能降低增长率；此外，由跨部门投资品相对价格的变动所产生的负效应不仅会打击投资，而且还会通过扭曲金融市场的方式降低经济增长率。

四、扭曲与发展中国家的经济政策

1. 扭曲与市场失效和政府失效

市场失效对于落后经济的增长来说是一个严重的障碍，但是，在 20 世纪 40—50 年代，发展经济学家关注的只是与投资决策相关的范围狭窄的市场失效现象。这就导致了在发展政策领域对投资过于强调，与此同时也形成了一种简单化的看法，即认为一旦投入物质资本，接下来的生产过程本身及提高生产率的问题都会迎刃而解。但是，后来的理论研究和发展经验都发现了仍然存在着同学习过程[①]（learning process）以及同已安装能力的运用相关的市场失效问题。

安妮·克鲁格和巴兰·唐瑟（Anne Krueger & Baran Tuncer，1982）对基于外部性和动态要素的政府干预幼稚产业论与市场失效之间的相互关系做了实证研究。他们对土耳其的案例研究表明，没有证据显示，受到更多保护的产业同受到较少保护的产业相比，其成本的下降率更大。他们指出，市场失效论诱导人们不再信任市场，而过于相信政府能力和计划的功能，这就忽视了市场与价格的激励功能，与此同时，计划管理体制易于产生腐败。奉行结构主义政策会导致国民经济中价格偏离边际替代率，进而造成资源配置扭曲。这才是一些发展中国家陷入重重困境的主要原因。

阿加瓦拉（1983）指出，在相关文献中至少提到四种重要的市场失效的类型[②]："第一种失效是指因规模收益递增而导致的一种倾向——它倾向于形成一

---

① 穆里纳尔·达塔—乔杜里（Mrinal Datta-Chaudhuri，1990）在《市场失效和政府失效》一文中写道，学习过程可能发生在不同的层次，例如在如何运用新的生产技术的层次上，在如何引入新的降低成本和改进质量的创新层次上，以及在如何迅速改变生产组合以适应环境变化的层次上，等等。

② 巴托（1958）在《市场失效探析》一文中指出，若按市场失效模式来分类，可以将其分为 5 个层次，但若强调按市场失效的原因分类，可以按所有权外部性（ownership externality）、技术外部性（technical externality）、和公共品外部性（public good externality）这 3 种极化形式来分类。

种妨碍竞争运行的垄断体系，在其中，价格不再由市场给定。第二，存在着由经济因素（庇古，1946）[①] 或社会因素（Fred Hirsch，1976）[②] 所导致的外部性，在这一方面，个人所面临的成本不再反映社会成本。第三种难题在于对于相关活动来说，市场可能不存在，这类难题之所以会产生，不仅仅是公共品（控制洪水或国防）的缘故，但也可以由未来产品（future goods）所引起。第四，市场产生了尽管从配置角度来看是有效的结果，但却未能满足其他社会目标，如平等或国家威望"[③]。在阿加瓦拉看来，对"看不见的手"失效可能做出解释的一种理由是分派给这只手的任务太复杂了。假使"看不见的手"让政府的那只"看得见的手"取而代之，这种复杂性并不会消失。问题在于：市场失效是不是比政府失效更具有破坏性？或者更有实用意义的问题是：市场或政府各自的比较优势在哪些领域？在某种给定的环境下，什么是两者的最优组合？他认为，在经济发展的后期阶段，市场失效的影响更为明显，但在经济发展的早期阶段，国民产出主要由简单的必需品如食物、衣着、住房和初等教育所构成，这时，规模收益递增和外部性对于这些产品而言不如对大部分技术先进的工业产品那么重要。与此同时，运输和通信手段的落后削弱了在早期发展阶段上政府干预的比较优势。以此为依据，可以有理由认为价格与市场对于发展中国家来说特别重要。价格之所以对增长来说是重要的，这是因为对于增长来说不仅仅价格重要，高价格扭曲不仅有害于增长，而且无助于收入分配。他对比分析了韩国与智利的案例：前者是政府积极参与国民经济管理，因而避免了高价格扭曲；后者是政府实行"放手"政策（a hands-off policy）却对关键价格造成了高度扭曲。阿加瓦拉试图通过他的研究向世人表明，确实存在着"理顺价格"（get the prices right）的案例，但它不应当必然按照某种"自由放任"（*laissez faire*）的论点来做出解释。他所得出的结论是：价格对于增长来说是重要的，但并非仅仅是价格重要。

安妮·克鲁格（1990）对发展过程中政府失效的问题做了全面分析。她认为早期发展经济学家承认政府在提供"社会分摊资本"（social overhead capital）即基础设施以支持经济发展方面具有重要作用。然而，他们的分析更多地集中在政府的第二种作用上，即政府应当承担对市场失效予以补偿的那些活动。在上述理念指导下，在20世纪50—60年代，许多发展中国家都采用了政府在投资配置中起领导作用，政府控制经济管理部门，政府通过其他措施对市场失效实行补偿等广泛干预经济的政策。其结果是，到了20世纪70—80年代，大多数发展中国家政府深陷在被证明并不成功的经济政策中，出现了非常严重的政府失效。在有些

---

① Pigou, Arthur, 1946, *Economics of Welfare*, London: Macmillan & Company.

② Hirsch, Fred, 1976, *The Social Limits to Growth*, Cambridge, MA: Harvard University Press.

③ Agarwala, Ramgopal, 1983, "Price Distortions and Growth in Developing Countries", World Bank Staff Papers, no. 575, Management and Development Subseries no. 2, p 2.

国家，政府失效明显地压倒了市场失效。

安妮·克鲁格把政府失效区分为因代理不当所造成的“代理失效”（failure of commission）和因管理失职而带来的“失职失效”（failure of omission）。“代理失效”具体表现在政府建立了极高成本的公共部门企业，政府从事制造业和其他类型的经济活动，国家对市场营销直接管理，在零售业中实行国家所有权，国家经营采掘业，在进出口部门中建立国营企业，对私人部门直接控制，对银行与保险公司运营实行国有化，把高档旅馆纳入公共部门等。此外，政府投资计划低效率和浪费，政府因对私人部门实行广泛的控制而付出很高代价，政府因对私人部门企业融资而导致公共部门赤字，过度投资及其他政府支出引发过高通货膨胀率等也被安妮·克鲁格纳入“代理失效”的范畴。“失职失效”则表现在运输与通讯设施恶化，由此增加了私人与公共部门活动的成本，当面临迅速上升的国内通货膨胀时却通过汇率控制和颁发进口许可证来维持固定名义汇率，通过信贷配给方式使名义利率长期大幅度低于通货膨胀率的利率政策，以至于政府能够在相互竞争的客户中所实行的信贷配给进行监控，未能维持现有的基础设施等。安妮·克鲁格指出，大规模的和“看得见”的腐败往往作为“代理失效”和“失职失效”的副产品而出现。

安妮·克鲁格在上述分析的基础上提出了相关政策建议。第一，经济学家不能因为存在着市场失效就断言说存在着政府进行干预的理由，这是因为政府所采取的任何行动并不是不需要成本的。所需要的是详细陈述一整套政府实行干预的标准或规则，还需要对实施干预的行政成本（administrative cost）、干预的可行性以及是否存在足以改变一开始所选择的干预过程的政治压力的可能性进行判断。第二，即便当政府行为是有效时，仍然存在着这样的预设，即只赞成最低限度行政与官员投入的政策和计划，因为政策一旦被实施有其自身的寿命，还因为一部分稀缺的行政资源从那些政府拥有更为强大的比较优势的领域中转移了出去。第三，假使可供选择的机制与政策也许能够实现某个给定的社会的或政治的目标，仍然有可能存在寻租行为，使得这种政策的运行机制为某些利益集团服务。第四，还存在透明度问题。当实施一项政策的成本不够明确时，私人和政府部门的特殊利益集团就有了机会在不被其他集团批评和指责的情况下利用该政策来获取自身利益。于是，可以预见的是，在通常情况下会选择一项具有更低信息成本的政策。

2. 对东亚地区政府干预政策及其效应的分析

维诺德·托马斯和王燕（Vinod Thomas & Yan Wang，1996）在《扭曲、干预和生产率增长：东亚是否不同?》一文中，通过区分政府干预和扭曲这两个概念，对这两者在东亚经济增长中的作用进行了研究，并回答了如下两个问题：第一，东亚地区政府促进增长的政策是否与其他地区不同？第二，是否在东亚地区，政府政策的效应同其他地区相比有很大不同？他们使用了两种实证检验模型。第一种是传统的索罗新古典增长模型；第二种是内生增长模型。通过这两种模型来检测扭曲、政府干预与经济增长之间的关系。

在按照第一种模型的简化形式的实证模型中，使用了增长核算文献中常见的柯布—道格拉斯生产函数，其中，未解释的余项（unexplained residual）被认为是全要素生产率的增长率，而全要素生产率的增长率被假定为政府政策、东亚地区的哑变量（regional dummy for East Asia）以及两者交互项的函数：

$$\Delta \ln Y_{it} = \alpha_{i0} + \sum_{j} \gamma_j P_{ijt} + \sum_{j} \delta_j P_{ijt} \times D + \theta D + \sum_{X=k,l,h,e} \beta_X \Delta \ln X_{it} \quad (2.1.53)$$

在式（2.1.53）中，Y_{it} 是 i 国在 t 年的产出，而 X_{it} 代表以对数形式度量的物质资本、劳动和土地等生产要素。变量 P_{ijt} 是 i 国在 t 年的政策指标 j，它可能是单一政策变量或者是一个复合指数。而 D 为东亚地区的哑变量，$P_{ijt} \times D$ 为交互项。

在实证分析中，式（2.1.53）可以有两种估计方法，或者是用所有的要素投入变量和政府政策来进行估计；还有一种方法是首先估计生产函数，然后，将未被解释的余值视为全要素生产率的增长（total factor productivity growth，TFPG），再进行估计：

$$TFPG_{it} = \alpha_0 + \sum_{j} \gamma_j P_{ijt} + \sum_{j} \delta_j P_{ijt} \times D + \theta D \quad (2.1.54)$$

在第二种方法中，假定被考察的经济体接近于资本流（即储蓄 = 投资），该经济体的人均产出的增长率 g 是新的物质资本和人力资本积累率、资本—产出率和折旧率的函数。政府政策通过影响资本实际回报率、要素积累率以及经济增长来对增长率产生作用。该方程为：

$$g_{it} = \alpha_0 + \sum_{j} \gamma_j P_{ijt} + \sum_{j} \delta_j P_{ijt} \times D + \theta D \quad (2.1.55)$$

这里 g_{it} 是 i 国在 t 年人均 GDP 增长率，其他项的定义同上文。

托马斯和王燕的计量分析结果表明，贸易开放度和宏观经济稳定性同经济增长和生产率增长呈显著的正相关关系。从总体上看，东亚地区的贸易政策、价格政策和宏观经济政策比其他地区更为优越。这反映在宏观经济中的扭曲程度更低，而且这些政策与更强劲的增长绩效相联系。东亚地区在通过从更为优越的政策框架中获得收益方面更有效率。与产出相关的政府支出既不低也不高，与其他地区相比，东亚地区的这类政府支出处于适度水平。东亚地区的贸易和价格政策比其它地区的发展中国家更具有生产力。该地区不同于其他地区的地方就在于，该地区不仅从开放与稳定中获得了最多的收益，而且还使得公共支出发挥了作用。由此可以说，东亚地区的成功可以部分地归结为其优越的政策框架。

第二节 寻租理论

对“租金”（rent）的研究从古典经济学时代就已开始，只是李嘉图等人仅仅着眼于“地租”，将“经济租”定义为支付给永远缺乏供给弹性的生产要素（主要指土地）所有者的报酬；马歇尔则提出了“准租金”（quasi-rent）概念，他指的是付给暂时没有供给的生产要素所有者的报酬；而以萨缪尔森为代表的新古典综合派则认为“经济租”等于要素收入与其机会成本之间的差额。但是，直到20世纪60年代中期，一些发展经济学家们才从完整的意义上提出“寻租”概念，并由此形成了“寻租”理论。戈登·塔洛克（Gordon Tullock，1967）和安妮·克鲁格（1974）基于对发展中国家的观察探讨了寻租问题。此时，“租金”被定义为要素在一种制度或权利安排下所获得的收入与在其他不同制度或权利安排下所获得的收入两者之差，而“寻租”则被定义为人为地寻找和制造此类租金的活动。

由于寻租理论来源于对发展中国家现实的观察，因此，寻租理论能较好地用来解释发展中国家的经济现实。在发展中国家，由于市场制度不完善，政府对经济的干预比发达国家要广泛得多。发展中国家政府不仅可以通过制度限制经济个体的活动，同时政府本身拥有的国有资产也可以直接对经济发展产生影响，在这种情况下，发展中国家政府的主动“设租”及“寻租”的行为普遍存在，有可能导致市场的低效率和资源浪费。诺斯（1984）① 指出，分析发展中国家经济发展应该结合寻租思路、交易成本思路以及利益集团思路，使三者统一在制度研究的框架内分析经济发展问题。沃伦·萨缪斯和尼古拉·莫卡洛（Warran J. Samuels & Nicholas Mercuro，1984）② 则指出，不能过分强调寻租对发展中国家的不利影响，在次优的法律—经济背景下，用于寻租的资源有可能会有利于福利的提高。

实际上，寻租活动会从多个维度影响着发展中国家的市场效率和经济发展。一方面，寻租活动直接影响发展中国家经济政策的决定，尤其是国际贸易政策的

① North, Douglas, 1984, “Three Approaches to the Study of institutions”, in David C. Colander, ed., *Neoclassical Political Economy: The Analysis of Rent-Seeking and DUP Activities*, Cambridge, MA: Ballinger Publishing Company, pp. 33-40.

② Samuels, Warran J. & Nicholas Mercuro, 1984, “A Critique of Rent-Seeking Theory”, in David C. Colander, ed., *Neoclassical Political Economy: The Analysis of Rent-Seeking and DUP Activities*, Cambridge, MA: Ballinger Publishing Company, pp. 55-70.

决定；另一方面，寻租活动所导致的资源重新配置也会间接地影响到发展中国家经济增长等领域。本节旨在评述寻租对发展中国家经济发展影响的新进展。第一部分介绍分析寻租影响发展中国家贸易的研究文献；第二部分介绍探讨寻租影响发展中国家经济增长和收入分配的研究成果；第三部分介绍分析寻租对发展中国家市场效率和社会成本的效应的有关著述。

一、发展中国家的寻租和国际贸易

尽管大量的理论和实证研究均表明，对发展中国家而言，自由贸易政策有利于经济发展，但是，与发达国家相比，大多数发展中国家均有较高的对外贸易保护度。在发展经济学兴起的20世纪50年代，发展经济学家们大多从贸易条件恶化的角度探讨发展中国家为何大多采取贸易保护政策的问题，而寻租理论的兴起则为研究发展中国家的国际贸易行为提供了更为丰富的解释。

安妮·克鲁格（1974）最早使用寻租概念，在她经典性论文《寻租社会的政治经济学》中，通过一个简单的模型分析了存在进口限制的情况下竞争性寻租所带来的后果。她考虑了一个不能影响贸易条件的小国，国内只生产食品，并通过出口食品换取消费品，竞争性寻租使得农业部门的工资与国际贸易部门的平均工资相等，即 $A' = \frac{p_D \bar{M}}{L_D + L_R}$。这里，$A'$ 是农业部门的工资，p_D 为贸易部门的单位溢价，$\bar{M}$ 为受限制的进口量，L_D 和 L_R 分别为贸易部门和寻租部门的劳动力。由于同不存在寻租的关税相比，进口量不变，故 L_D 不变。因此，新增的寻租部门投入 L_R 来自于农业部门，这将减少农业部门的产量。因此，这将导致生产可能性边界内移，致使该国福利降低。安妮·克鲁格的分析也可以用图2.2.1来描述：

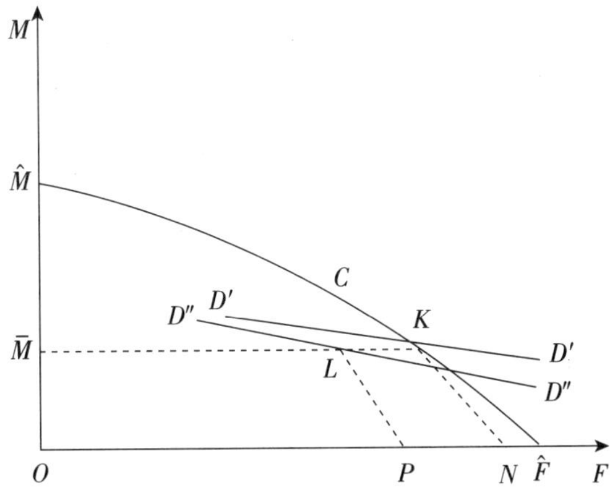

图2.2.1　克鲁格模式

在图 2. 2. 1 中，$\hat{M}\hat{F}$ 为生产可能性边界，纵轴为出口品，横轴为进口品。由于产品的进口花费人工销售成本，$D'D'$ 代表存在进口限制但不存在竞争性寻租情况下的相对价格，此时，均衡出现在 K 处。$D''D''$ 则反映存在竞争性选择情况下的相对价格，由于生产中存在边际产出递减规律，在存在寻租的情况下，更多的劳动力将转向寻租领域。一方面，这提高了进口品的相对价格，另一方面，又减少了出口品的生产，因此，$D''D''$ 比 $D'D'$ 要更为陡峭，此时，均衡出现在 L 点。与 K 点相比，L 点的福利水平显然更低。由此可见，竞争性寻租减少了福利水平。克鲁格从分析中得出了如下结论：第一，竞争性寻租导致经济体处于它的生产可能性边界之内；第二，数量限制所导致的福利损失明显地大于与之等价的关税所带来的损失；第三，竞争性寻租使某些活动的社会成本和私人成本之间存在差异。

巴格瓦蒂、布雷切和斯瑞尼瓦桑（1984）联手探讨了寻租活动对寻求资源转移的影响。这类寻租活动对实际经济的影响表现在，它相当于在正式模型中加入了一个非贸易部门，这个部门的产量为零，但其投入为正。他们在捐赠国和接受国的转移支付中考虑了游说因素，证明了游说的存在造成了资源浪费，接受国的福利不一定能得到改善。图 2. 2. 2 反映了他们所表达的思想：

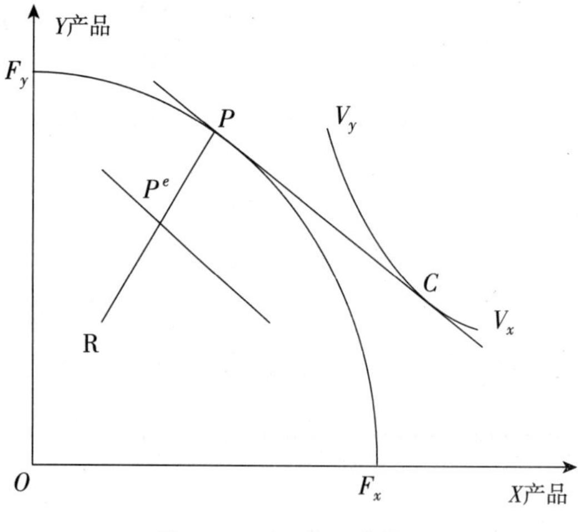

图 2. 2. 2　巴格瓦蒂模式

起初，接受国在生产可能性边界 F_yF_x 的 P 点上生产，同时与捐赠国进行贸易并在无差异曲线 V_yV_x 上的 C 点上消费。当捐赠国向接受国捐赠时，寻租行为的存在将不一定改善接受国的福利。如果接受国是一个贸易条件不变的小国，由于各个利益集团通过寻租行为为了获得捐赠而展开竞争，这将使接受国的产量沿着 PR 下降直到达到 P^e 点。在该点上，贸易条件线仍然和 PC 平行，但是，由于寻租行为所浪费的资源同捐赠总量相同，接受国仍在 C 点消费。如果接受国是贸易条件会发生变化的大国，那么，寻租行为的存在可能会降低接受国的贸易条件，甚至可能因捐赠行为的存在反而降低了接受国的福利。

克鲁格和巴格瓦蒂等模型的着重点是研究在贸易政策外生给定的情况下，发展中国家寻租行为对福利的影响。但是，玛吉（1984）在一篇文章中指出，发展中国家的贸易政策（尤其是关税）是国内收入分配内生化所带来的结果。因此，在玛吉看来，贸易政策不是一个外生变量，它是国内各个利益集团投入资源游说政府并相互竞争的结果。威廉·布洛克和玛吉（William Brock & Stephen P. Magee，1980）曾利用公共选择理论提出存在游说和最大化行为的政府模型，在他们的模型中，贸易政策实际上是各个游说集团在政治市场上相互竞争并最终实现均衡的变量。

罗纳德·芬德莱和斯坦尼斯拉夫·威利斯茨（Ronald Findlay & Stanislaw Wellisz，1982）则利用博弈论对寻租过程所产生的内生贸易政策进行了分析，因而提出了一个有内生性政治活动的一般均衡模型。他们认为，政治体系应该是一个垄断均衡或寡头纳什均衡。他们将政治因素引入到国际贸易模型中以考察关税的决定，并且用一个古诺—纳什过程来描述为决定关税水平而进行的政治斗争，每个派别都视对方的投入为既定，根据关税形成函数和经济结构来确定自己的最优投入。在民主多元政体下，“土地利益集团”和“制造业利益集团”之间的竞争决定了关税水平。他们使用了关税形成函数，并分析了该过程：

$$t = F(L_K, L_T)\text{，并且}\frac{\partial F}{\partial L_K} > 0, \frac{\partial F}{\partial L_T} < 0 \tag{2.2.1}$$

这里的 t 为关税水平，L_K 和 L_T 分别为“制造业利益集团”和“土地利益集团”投入到游说中的资源，$\frac{\partial F}{\partial L_K} > 0, \frac{\partial F}{\partial L_T} < 0$ 反映了两个利益集团对关税水平的不同期望。该过程是一个古诺均衡，关税水平将由两个利益集团反应曲线的交点决定。均衡的资源投入由 L_K^* 和 L_T^* 表示，意味着确定关税的寻租过程损失了（$L_K^* + L_T^*$）单位的资源，这些资源本来可用于生产活动。若资源的“影子价格”是 $\hat{w}$，确定关税的寻租过程带来的福利损失为 $\hat{w}$（$L_K^* + L_T^*$）。

芬德莱和威利斯茨分析了官僚权威体制下的寻租。在这种体制下，政府利用既定的资源使公共品的供给达到最大化，而政府的资源来源为关税收入。因此，对这个问题的求解为：

$$\text{Max } G(L_g) \qquad \text{s. t. } w(t)L_g = R(L_g, t) \tag{2.2.2}$$

这里的 G 为公共品的供给量，L_g 为投入的劳动，$R(L_g, t)$ 为关税收入。对该最优化求解意味着 $\frac{\partial G}{\partial L_g} = \lambda\left[w(t) - \frac{\partial R}{\partial L_g}\right]$ 以及 $L_g\frac{\partial w}{\partial t} = \frac{\partial R}{\partial t}$，这两个条件决定了均衡的关税水平 t^* 以及政府公共品的投入 L_g^*，第二个条件表明，均衡关税应该是，对于既定的 L_g^* 来说，使提高关税造成的工资削减量等于提高关税导致的收入减少边际量。换一种说法，即均衡关税应该使政府赤字 $w(t)L_g - R(L_g, t)$ 最小或财政盈余最大。在这种情况下，从表面上看似乎不存在直接的寻租行为，但是，当政府是官僚权威的情况下，租金实际上完全由政府支配。正如公共选择学派所分析的那样，此时由于政府官员拥有对租金的支配权，寻租行为将发生在人们竞争政府官员的岗位上。这种现象在发展中国家尤为突出，因为发展中国家的官员任免制度不规范，政府对租金的支配权诱使人们纷纷通过贿赂或寻租的方式竞争公务员岗位。

发展中国家存在的另外一个广泛现象是对已经丧失了比较优势和衰退行业实行保护，对此可以用埃尔·希尔曼（Arye Hillman，1982）提出的政府支持概念来解释。他认为，政府在做决策时要在从工业集团获得政治支持和因消费者不满而失去选票之间做出权衡。由于政府从工业集团获得的政治支持和工业集团的利润收入正相关，因此，政府将对衰退产业实行保护，尽管这会减少来自消费者的支持。

龙吴文和沃斯登·内尔（Ngo Van Long & Vousden Neil，1991）在希尔曼所做分析的基础上建立了一个理论模型。他们假定存在进口品和出口品两种产品；并假定存在出口部门、进口部门和劳动力所有者这三个利益集团。他们按政府对三个利益集团的偏好给这三个集团一个外生的权数，并运用政府在这三个集团之间的权衡函数而得出关税水平。因此，政府的政治支持函数可以写成：

$$G(p,p^*) = \sum_{i=1}^{3} a_i V^i(p,Y_i) \tag{2.2.3}$$

这里的 $V^i(p,Y_i)$ 为集团 i 的间接效用函数，Y_i 则为集团 i 的收益：

$$Y_1 = R_1(p) + \beta_1(p)T,\ Y_2 = R_2(p) + \beta_2(p)T,\ Y_3 = wL + \beta_3(p)T \tag{2.2.4}$$

在这里，$R_i(p)$ 表示分别归于出口集团和进口集团专有要素的收益，$T = tM$ 为进口关税，β_i 为关税在这三个利益集团之间分配的比例。作者分析了在两种情况下政府最优解的含义。第一种情况是，$\beta_i(p) \equiv 1; \beta_j(p) \equiv 0, j \neq i$，也就是说，在这种情况下，关税收入只分配给了某个特定的集团。作者证明了，若把关税收入分配给劳动力所有者或受保护部门，那么，进口品世界价格的下降将促使相应的国内价格下降。但若将关税收入全部分配给未受保护的部门，则国内价格可能将上升。第二种情况是，对所有的利益集团 i，$\beta_i(p) \equiv \gamma_i(p)$。这里的 $\gamma_i(p)$ 表示该部门要素在总要素收入中所占的比重。作者证明了，在这种情况下，如果出口部门的风险厌恶系数高于进口部门，可能将导致进口品的国内价格上升。进口品的国内价格上升恰好反映了政府对国内进口替代行业的保护，因此，实际上，他们的分析在一定的条件下也支持了希尔曼有关衰退工业受到政府保护的结论。

二、发展中国家寻租、经济增长和收入分配

如何促使发展中国家在经济快速增长的同时缩小收入不平等差距，这是近年来国际发展经济学界极为关心的问题。然而，发展中国家普遍存在的“创租”和“寻租”现象却给缩小收入不平等差距增加了难度。一方面，寻租行为通过浪费资源或资源配置不当而削弱了经济增长；另一方面，利益集团通过寻租活动寻求收入再分配也会进一步扩大发展中国家的贫富差距。因此，研究寻租活动对发展中国家经济增长和收入分配的影响，无论对于缓解发展中国家的社会矛盾还是对于消除贫困而言，都是至关重要的。20 世纪 90 年代以来，新增长理论的问世为将寻租纳入增长模型提供了框架，促使一大批学者在这一框架内分析寻租对发展中国家经济增长及收入分配的效应的问题。

墨菲、施莱弗和维什尼（1993）分析了为什么寻租行为会让经济增长付出非常大的代价。他们证明寻租行为具有收益递增的特征，这是因为随着寻租活动的增加，由生产性活动所带来的产出被寻租者掠夺走的可能性更大，因此，相对于生产性活动来说，寻租活动带来的收益将可能更大，这将导致更多的寻租行为。在这种情况下，经济体中存在多重均衡，当存在“坏”的均衡（“bad” equilibrium）时，经济体将有高水平的寻租和低产出。他们的分析可用图 2. 2. 3 来表述。

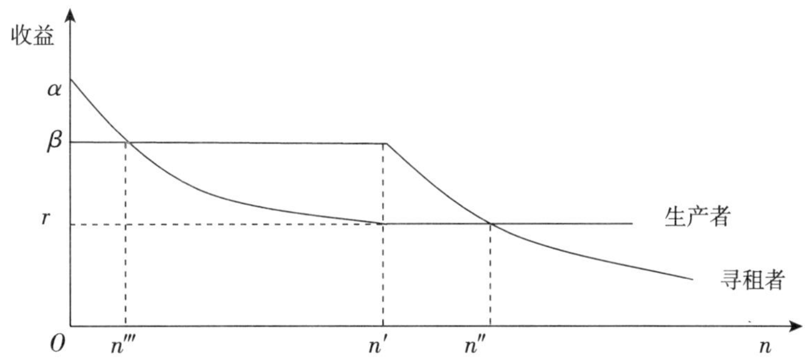

图 2. 2. 3　墨菲等人的模型

图 2. 2. 3 显示，人们可以从事三种活动。第一，他可以作为生产者进行生产，但不保护寻租行为，此时，他的收益为 α 减去被寻租者掠夺的部分；第二，作为生产者从事生产的同时对寻租行为实行保护，因此，他的产出不被寻租者所掠夺，此时，他的收益为 γ；第三，他可以作为寻租者从他人那里掠夺产出，此时，他的最大化收益为 β。为了考虑均衡的多重性，假定 $\gamma < \beta < \alpha$，并假设用图中 n 来衡量寻租者在人口中所占的比重。由于存在寻租者，第一种人从事生产的收益为 $\alpha - n\beta$，直到寻租者人数多到使得 $\alpha - n'\beta < \gamma$ 时，人们才会选择作为

第二种人从事生产。就寻租者的收益而言，当寻租人数较少时，由于生产者均为第一种类型，因此，寻租者可以获得β的收益；但是，当寻租人数增加之后，人们作为第二种类型进行生产，寻租收益开始带来“挤出效应”，此时，寻租者收益变为$\frac{(\alpha-\gamma)}{n}<\beta$。但是，只要此收益大于$\gamma$，人们便继续作为寻租者存在。因此，经济的均衡出现在生产者收益曲线和寻租者收益曲线两者的交点，图2.2.3表明存在着两个均衡点，而且可以发现，社会很可能在n''点上达到均衡，即高寻租者与低生产者的均衡。

另外，墨菲等人还指出，私人部门的寻租仅仅不利于生产，而政府部门的寻租却会阻碍创新活动。这是因为创新活动需要政府供应相关物品，比如许可证、进口配额等，而政府官员的寻租行为将会减少这些物品的供给。他们还指出，存在着多种原因表明创新者不容易得到政府的支持和关照。第一，创新者没有能力组织完善的游说集团，并且不是政府的“赞助者”，因此，对于政府而言，创新者是一个“外人”；第二，由于创新者在信贷方面往往受到约束，因此，没有足够的资金来实行贿赂；第三，由于创新活动的周期往往比较长，而且靠个人积累资本的速度比较慢，这就为政府官员长期寻租提供了机会，在产权不完善的发展中国家，这种现象尤为普遍；第四，由于创新活动具有高风险，创新者也没有对官员进行贿赂的意愿。这是因为即使创新活动取得成功，其收益也会被官员掠夺走；如果创新不成功，贿赂成本则无法收回。针对寻租对创新的不利影响，墨菲等人提出的解决方案是，通过资本市场让政府参股创新活动，于是，政府就会将创新者作为内部人看待而不会阻碍创新活动。

基于发展中国家普遍存在非正式部门，并且非正式部门在经济中占据重要地位，丹尼尔·G. 萨特（Daniel G. Sarte，2000）在分析寻租和经济增长关系时，则强调非正式部门的作用。在他的模型中，经济增长是通过有成本地采用发达国家的先进技术实现的，企业必须选择在正式部门或非正式部门中运作。作者采用中间产品多样性生产函数：

$$Y=\left[\int_0^A x(i)^{\alpha}\mathrm{d}i\right]L^{1-\alpha},0<\alpha<1 \qquad (2.2.5)$$

这里，$x(i)$ 为中间产品，在任何一个产业 i 中，都存在正式部门和非正式部门。假设每个产业均拥有 n^F 个正式部门企业和 n^I 个非正式部门企业，因此，每个产业的企业总数为$N=n^F+n^I$。假设每个产业 i 均采取古诺竞争模式，故中间产品 $x(i)$ 的价格可写为：

$$p=\alpha(X+\sum_{j\in n^F,n^I}X_j)^{\alpha-1} \qquad (2.2.6)$$

这里，X表示产业内每个企业的古诺产量。非正式部门的特点在于其存在的非法性，它的产权往往得不到政府的保障。因此，抢劫、偷窃和合约得不到执行等行为可能会导致非正式部门的企业遭受损失，但是政府不能对他们征税。因此非正式部门企业的利润为 $\pi^{I} = pX - vX - \lambda, \lambda > 0$，这里 v 为生产中间产品所需的投入，$\lambda$ 为处在非正式部门所需的成本。正式部门则受到政府的保护，但是，正式部门因此要向政府部门纳税，因此正式部门的利润可写为：$\pi^{F} = pX - vX - T$，这里 T 为正式部门的税收，政府利用这部分税收为正式部门企业提供保护，并且作者解释了在政府预算平衡时 $T = \eta n^{F}$。萨特的分析发现在企业自由进出的情况下，正式部门和非正式部的均衡企业数量和经济增长率为：

$$n^{F} = \begin{cases} \lambda/\eta, \lambda < \lambda^{*} \\ \lambda^{*}/\eta, \lambda \geq \lambda^{*} \end{cases} \qquad n^{I} = \begin{cases} N(\lambda) - \lambda/\eta, \lambda < \lambda^{*} \\ 0, \lambda \geq \lambda^{*} \end{cases}$$

$$\gamma = \begin{cases} ((1-\alpha)[N(\lambda)X(N(\lambda))]^{\alpha} - \rho)/\sigma, \lambda < \lambda^{*} \\ ((1-\alpha)[(\lambda^{*}/\eta)X(\lambda^{*}/\eta)]^{\alpha} - \rho)/\sigma, \lambda \geq \lambda^{*} \end{cases} \tag{2.2.7}$$

这里，λ^{*} 是一个临近成本，当 $\lambda > \lambda^{*}$ 时，非正式部门企业将无利可图。

随后，萨特分析了存在寻租的情况。这里，寻租被定义为“寻租部门瓜分正式部门的利润”。在这种情况下，寻租部门将不允许正式部门自由进入，以保证企业获取正的利润。假设经济中有 S 个寻租部门，那么，每个部门将瓜分 A/S 个产业的利润。因此，代表性寻租部门的效用函数可写为：

$$\max_{\psi} U^{b} = \int_{0}^{\infty} e^{-\rho t} \frac{[C^{b}]^{1-\sigma} - 1}{1-\sigma} \mathrm{d}t \tag{2.2.8}$$

这里，$C^{b} = \int_{0}^{A/S} n^{F} \psi \mathrm{d}i, \psi \leq \pi^{F}$

假设寻租者搜刮了正式部门企业的所有利润，即 $\psi = \pi^{F}$，此时，寻租部门的最大化问题可以转化为：

$$\max_{\pi^{F}} U^{b} = \frac{[(A_{0} n^{F} \pi^{F})/S]^{1-\sigma}}{(1-\sigma)(\rho - \gamma(1-\sigma))} \tag{2.2.9}$$

在这种情况下，正式部门和非正式部门中的均衡企业数量和经济增长率分别为：

$$n^{F} = \begin{cases} \lambda/2\eta, \lambda < \bar{\lambda} \\ N(\lambda), \lambda \geq \bar{\lambda} \end{cases}, \qquad n^{I} = \begin{cases} N(\lambda) - \lambda/2\eta, \lambda < \bar{\lambda} \\ 0, \lambda \geq \bar{\lambda} \end{cases}$$

$$\gamma = \frac{(1-\alpha)[N(\lambda)X(N(\lambda))]^{\alpha} - \rho}{\sigma} \tag{2.2.10}$$

这里，$\bar{\lambda}$ 是一个临界值。在存在寻租的情况下，当 $\lambda > \bar{\lambda}$ 时，非正式部门企业将无利可图。从均衡中可以得知，当存在寻租部门时，非正式部门的企业数目多于不存在寻租时的情况，而且如果企业在非正式部门中运作的成本与正式部门中的运作成本一样高，则寻租行为将阻碍经济增长；但若非正式部门中运作的成本不高，则寻租行为将不会影响经济增长。这是因为寻租活动的增加将使得在正式部门中运作的企业转到非正式部门。总之，萨特认为，当正式部门中存在寻租活动时，企业将被迫从正式部门转向非正式部门，这将增加经济中非正式部门的数量。在这种情况下，如果非正式部门的效率低于正式部门，那么，寻租将不利于经济增长。由此可见，在萨特的模型中，非正式部门起着非常重要的作用。

保罗·巴瑞利和塞缪尔·佩索阿（Paulo Barelli & Samuel Pessoa，2002）在一个标准的新古典经济增长模型中加入了寻租部门，以考察寻租行为对经济增长的影响。因此，在他们的模型中，经济活动被分成两个不同的部门。一个是生产性部门（部门1），另一个是非生产性部门（部门2），两个部门都要投入生产要素以寻求产出最大化，所不同的是，部门2的产出要使用部门1的产品，部门2只是纯粹的转移收入而不是创造财富，这意味着部门2将掠夺部门1的产出。这样一来，实际上部门1的企业 i 只保有 $(1-\tau)$ 部分的产出，其中，τ 为被部门2掠夺走的部分，因此，部门1中企业的最大化问题可以写为：

$$\max_{K1i,L1i}(1-\tau)Y_{1i}-r_1K1i-w_1L_{1i} \tag{2.2.11}$$

他们文章的创新之处在于部门2。令G为部门2从部门1掠夺来的总产出，那么，G将依赖于两个部门的产出，$G=G(\theta Y_2,Y_1)$。这里的 θ 表示制度质量，更大（小）的 θ 值表示更差（好）的制度质量，并假设G是一阶齐次函数，因此：

$$G=g(\theta\frac{Y_2}{Y_1})Y_1=g(\theta y^R)Y_1 \tag{2.2.12}$$

根据前面的分析，应该有 $g(\theta y^R)=\tau$。部门2的生产函数同样假定为 $Y_{2i}=F_2(K_{2i},L_{2i})$，而且部门2中的企业 i 获取的掠夺份额为 $\frac{h(\theta Y_{2i})}{\sum_{j\in N_2}h(\theta Y_{2j})}$，这里的 N_2 为部门2的企业总数，而且 $h(0)=0,h'(x)>0$。因此，部门2企业的最大化问题可以写为：

$$\max_{K2i,L2i}\frac{h(\theta Y_{2i})}{\sum_{j\in N_2}h(\theta Y_{2j})}g(\theta\frac{\sum_{j\in N_2}Y_{2j}}{Y_1})Y_1-r_2K_{2i}-w_2L_{2i} \tag{2.2.13}$$

巴瑞利和佩索阿在这种框架下分析了静态均衡（要素分配决策）和动态均衡（消费—投资决策），并证明了两个均衡均存在且均唯一。他们得出了如下两个主要结论：第一，寻租收益的大小与制度效率有关；第二，垄断寻租比竞争寻租对经济增长的负面影响要小。对于第一个结论，作者在其理论模型的比较均衡中发现，人均产出和制度效率二者之间并不存在单调的关系。这是因为制度效率的改变对福利的效应可以分为“塔洛克效应”和“哈伯格效应”①。“塔洛克效应”是明确的，这是因为制度效率的降低将使寻租活动从生产性部门获得更多的

① “塔洛克效应”指的是制度质量的降低导致寻租行为增多，并使得更多的要素资源转向寻租部门，从而减少了生产性部门的产出；“哈伯格效应”则是指制度质量的降低给资本积累所带来的扭曲。

转移收入；而“哈伯格效应”是不明确的，这一点同寻租活动需要的要素有关。

“哈伯格效应”可以写成：

$$\left(\frac{\mathrm{d}y_1}{\mathrm{d}k}\Big|_{\theta*}-\rho-\delta\right)\frac{\mathrm{d}k}{\mathrm{d}\theta}\Big|_{\theta*}\text{，并且}\ \frac{\mathrm{d}y_1}{\mathrm{d}k}\Big|_{\theta}-\rho-\delta\begin{cases}>0, k_1>k_2\\=0, k_1=k_2\\<0, k_1<k_2\end{cases}\text{，}\tag{2.2.14}$$

其中，k为资本—劳动比率，即如果寻租活动是资本密集型的，“哈伯格效应”的符号和“塔洛克效应”则是相反的。作者还证明了，“塔洛克效应”总是占主导地位。这意味着随着制度质量的提高，福利将增进，即 $\frac{\mathrm{d}W}{\mathrm{d}\theta}\Big|_{*}<0$。第二个结论指的是非生产性部门的竞争不像生产性部门的竞争那样能增加福利。这是因为更多的人寻求转移收入，把更多的资源用来进行非生产性活动，相对于垄断寻租来说，这将造成更多的资源浪费。

对于垄断性寻租而言，部门2的最大化问题可以写为：

$$\max_{K_2,L_2} g\left(\theta\frac{L_2f_2(k_2)}{Y_1}\right)Y_1-r_2K_2-w_2L_2\tag{2.2.15}$$

同竞争性寻租相比，该最大化问题的解表明，部门2的资源投入较少，这意味着造成了更少的浪费。巴瑞利和佩索阿的模型实际上是用制度质量来衡量寻租活动。制度质量的降低将导致寻租的收益增加，从而导致新增加的寻租活动不仅在短期内扭曲了资源配置，而且在长期内对人们的投资决策造成扭曲。

即使在发展中国家，也会有利益集团投入资源对政府进行游说，以争取获得更多的转移收入，因此，寻租活动对收入分配也会产生影响。人们一般认为，不平等和收入再分配之间存在正向关系，这是因为收入不平等的增加将使穷人增加，更多的中位数投票者将成为穷人。因此，投票结果是更多的收入从富人转移到穷人手中。弗兰西斯科·罗德里格斯（Francisco Rodríguez，2004）对这一推论表示质疑。他的思路是：为什么在资本主义民主国家，政治权力是平等的而经济收入却是不平等的？为什么穷人不通过政治过程来征收富人的财产？为了得出与事实相符的不平等与收入再分配之间的机制，罗德里格斯建立了一个包括寻租和政治影响力在内的政治经济学模型，以分析收入再分配的决定因素。在模型中，工人的收入为：

$$Y_l=w(1-\tau)+s\tag{2.2.16}$$

这里，w 是工人的工资，τ 是工人支付的税收，s 为工人获得的转移支付。资本家除了获取工资以外，还获得资本收益，因此，资本家i的收入可以写成：

$$Y_k^i=(w+\rho K_i)(1-\tau+\varepsilon_i)-C_i-C_0\tag{2.2.17}$$

这里，K_i 为个人拥有的资本，ρ 为资本利得，$\varepsilon_i\leqslant\tau$ 是个人免税率，C_i 为资本家对政治家的政治献金。C_0 为提供政治献金的成本，当 $C_i>0$ 时，$C_0=a$。政治家的目的在于使中间选举人的效用和政治献金的加权平均达到最大化，因此，政治家的最大化函数可以写成：

$$U_p = Y_l + \lambda\gamma\int_i C_i(\varepsilon_i \mid K_i)f(K_i)\mathrm{d}K_i = w(1-\tau) + s + \lambda\gamma\int_i C_i(\varepsilon_i \mid K_i)f(K_i)\mathrm{d}K_i$$

$$\text{s.t. } s = \tau w + \gamma\int_i(\tau - \varepsilon_i)(w + \rho K_i)f(K_i)\mathrm{d}K_i \tag{2.2.18}$$

假设 $\lambda > 1$ 为赋予政治献金的权重。在第一期，政治家确定税率 τ 并把它固定下来；在第二期，资本家和政治家进行讨价还价，以确定提供政治献金的数额 C_i 和免税率 ε_i。罗德里格斯证明了，在这样一个博弈框架内，政治家和资本家之间有效的讨价还价结果为：

$$\varepsilon_i = \begin{cases} \tau & \text{如果} \quad w + \rho K_i \geqslant \dfrac{a\lambda}{(\lambda - 1)\tau} \\ 0 & \text{其他} \end{cases} \tag{2.2.19}$$

也就是说，如果资本家的收入超过一定份额，他将提供政治献金并获取全额免税；而当资本家的收入小于一定份额，他将不提供政治献金。此时，工人将投票产生税率 τ，以便最大化从资本家那里获得的净转移收入 $r = \int_w^{\frac{a\lambda}{(\lambda-1)\tau}} \tau y_i f(y_i)\mathrm{d}y$。一方面，税率 τ 的提高将增加从资本家那里获得的税收；另一方面，税率 τ 的提高将使更多的资本家转向选择提供政治献金并获得免税，因此，在这种情况下，工人不会投票选择太高的税率。实际上，罗德里格斯模型的中心思想是，富人将通过寻租活动获得政治影响力，因此，其结果是，对富人征税的税率将会降低；与此同时，投票人深知政治过程，穷人在无能力影响政府政策的情况下，其理性选择是支持低税率，以降低富人从事寻租活动的激励。罗德里格斯的模型支持了不平等的扩大有害于经济增长的论断。他的分析机理是，不平等的扩大将增加富人的寻租投入，这将降低资本积累，进而有碍于经济增长。

斯宾尼塞（2005）同时考虑了寻租活动对收入不平等和经济增长的影响。他的模型是一个包含了公共部门的熊彼特式的经济增长模型，其中，经济增长的源泉来自于产品创新，而产品创新需要熟练劳动的投入。斯宾尼塞采用公共部门官僚体制的制度质量分析框架，因而把寻租和腐败纳入他的探讨之中。他表明，低质量的公共官僚体制将使更多的政府代理人试图从事寻租行为，因此，政府需要投入更多的资源对代理人进行监督，由于监督官僚政治代理人需要专业技术和知识，因此，这将增加对熟练技术人员的需求，进而提高了熟练劳动的收入水平。一方面，这增大了熟练劳动和非熟练劳动之间的收入不平等；另一方面，熟练劳动收入的提高又将减少产品创新部门对熟练劳动的需求，从而不利于经济增长。由此可见，斯宾尼塞是基于资源竞争的角度探讨寻租对经济增长的影响。在他的模型中，不是寻租行为本身而是为了监督和制止寻租而扩大对熟练劳动的需求，最终导致不利于经济增长的结果。

三、发展中国家的寻租、市场效率与社会成本

发展中国家盛行的寻租行为导致的资源扭曲和浪费会对社会带来有害的影响。一方面，人们为了争夺租金而采取各种行为造成了资源配置的扭曲，阻碍了市场效率的提高和有效生产方式的实施；另一方面，寻租活动浪费了大量资源，但结果仅仅只起了对社会财富进行再分配的作用，并没有增加社会财富总量。因此，寻租行为实际上不仅会降低发展中国家的市场效率，同时也增加了社会成本。由于发展中国家本身制度不完善而且社会成本又较高，因此，评估由寻租行为所引发的社会成本就显得更为必要。

实际上，现代寻租理论是在经济学家们分析由垄断所造成的社会成本的过程中提出来的，图 2. 2. 4. 描述了这个过程。

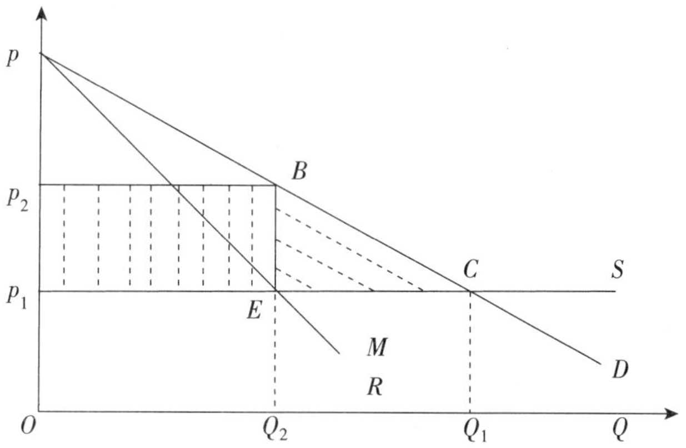

图 2. 2. 4　“哈伯格三角”和“塔洛克四边形”

在图 2. 2. 4 中，S 和 D 分别为供给曲线和需求曲线，p_1 和 p_2 分别为完全竞争和存在垄断条件下的价格。哈伯格（1954）分析了垄断所造成的社会成本。当市场结构由完全竞争转变为垄断之后，消费者剩余由三角形 pp_1C 减少为三角形 pp_2B，减少部分为四边形 p_1p_2BC；而生产者剩余增加了四边形 p_1p_2BE，因此，综合来看，在垄断条件下，社会的福利损失或社会成本为三角形 EBC，该三角形也被称为“哈伯格三角”。

塔洛克（1967）则更进一步地指出，由于垄断者获得了面积为 p_1p_2BE 部分的租金，因此，垄断者愿意投入资源以维护或争取该租金。在均衡状态下，为了寻租，垄断者愿意支付的资源正好与该租金相等。在塔洛克看来，归于四边形 p_1p_2BE 部分的租金也将因寻租行为而消散，因此，垄断的社会成本远不止“哈

伯格三角”的面积，还应包括“塔洛克四边形”。

塔洛克的分析仅仅从定性角度分析了寻租带来的社会成本，而安妮·克鲁格（1974）和理查德·波斯纳（Richard Posner，1975）则分别定量分析了在发展中国家和发达国家寻租造成的社会成本。克鲁格分析了实行进口限额背景下的寻租，即人们为了争夺进口许可证将花费大量资源来从事寻租活动。她的实证分析表明，1964 年印度的租金大概占到其国民总收入的 7.3%；此外，克鲁格还研究了 1968 年在土耳其因争夺进口许可证而从事寻租活动所带来的社会成本，结果发现租金竟然占到了其国民生产总值的 15%。波斯纳所做的是：首先，为估算寻租的社会成本构建了数学模型，然后，对美国各个行业的寻租成本进行了实证估计和比较。他的研究表明，美国在 20 世纪 70 年代初期，因寻租而在农业、交通、银行和电信等几大垄断行业中引发的社会成本大概占美国 GNP 的 17% 左右。同哈伯格所指出因垄断造成的社会成本仅占 GNP 的 0.1%—1% 的分析相比，安妮·克鲁格和波斯纳经过定量分析发现，实际上垄断者的寻租行为导致的社会成本要高得多，因而进一步验证了“塔洛克四边形”的存在。

塔洛克（1980）从实验的角度分析了寻租的社会成本。他把寻租看作是一场赌博，其目的是为了赢得一笔奖金。游戏的参加者在不知道其他人对策的背景下选择下赌注买奖票的多少，各参与者以相同的随机概率获得奖金。塔洛克发现，参赌者投入的赌注可以大于、等于或小于奖金额；而游戏者最佳支出的总额也可以低于、等于、甚至高于奖金额。因此，塔洛克的实验并没有像理论所预期的那样，租金将完全消散。这个结论便是所谓的“塔洛克悖论”。

泰勒·柯文和亚历山大·塔巴罗克（Tyler Cowen & Alexander Tabarrok，1999）从机会成本的角度阐述了寻租的社会成本。他们认为，寻租的福利损失不仅包括“哈伯格三角形”和“塔洛克方块”，还应该包括投入到寻租中的资源的机会成本。他们以小偷为例分析了这类成本。在他们看来，偷窃的成本还应包括小偷改行所带来的社会福利。在均衡的情况下，小偷从事别的工作所带来的收入应该等于从事偷窃之所得。因此，他们觉得，寻租的社会成本应该等于“哈伯格三角形”和两个“塔洛克方块”。

第三节　直接非生产性寻利活动

无论是在发达国家还是在发展中国家，都存在着某些无需直接进入生产过程但却是有利可图的活动。这类活动或者旨在逃避政府的某项贸易政策（如走私），或者试图迫使政府修改某项贸易政策（如用保护关税替代自由贸易）以便使某些利益集团从中获利，等等。这类 活动都有一个共同特征，这就是，经济主体使用了真实资源来获得收入，但却没有对那些能够直接或间接进入效用函数的产出做出贡献，这类活动使得经济中可利用的资源集（即可进入效用函数的货物与服务）缩小。早在 20 世纪 70 年代，一些学者就对这类活动进行了考察，巴格瓦蒂将这类活动称之为“直接非生产性寻利活动”（directly unproductive profit-seeking activities，以下简称 DUP）[①]。一些发展经济学家认为，从历史和现实情况来看，在发展中国家 DUP 活动远比发达国家盛行。本节将对一些发展经济学家对 DUP 活动的研究成果做一概述。第一部分介绍巴格瓦蒂提出的有关 DUP 活动的一般分析，第二部分对不同类型的 DUP 活动进行分述，第三部分讨论 DUP 活动对福利造成的影响。

一、有关 DUP 活动的一般理论

巴格瓦蒂（1982）在《直接非生产性寻利活动》一文中给出了对 DUP 活动的定义，认为 DUP 活动最主要的特征是通过从事那些直接的但却又是非生产性的活动来获取利润。也就是说，这类活动虽然能产生货币性收益（pecuniary returns），但却不会生产出通过上升的产出而进入生产函数的产品或服务，也不会通过增加经济中的产品而进入人们的效用函数。它实际上会引起一个经济体中的“可获性集合”（availability set）发生收缩。[②] 在后来的文献中，巴格瓦蒂等人（1984）[③] 列举了现实中 DUP 活动的不少实例，例如，寻求实行关税是为了通过改变关税和要素收益的方式来获取货币收入，利用包含关税的合法进口品与避开关税的非法进口品之间的价差来逃避关税以便获取货币收益的行为，以及通过进口许可证所带来的溢价以获得货币收益的寻求溢价（premium-seeking）的行为，等等。从图 2. 3. 1 中可以大致看出被巴格瓦蒂定义 DUP 活动的各种具体形式[④]。

在图 2. 3. 1 中，巴格瓦蒂实际上是按照从初始状态到终结状态过程是否会涉及扭曲而将 DUP 活动分为四种主要的类别：第一类，在该活动发生前后，市场条件是被扭曲的。例如上述围绕政府收入而展开的争夺起源于政府对市场竞争的

---

① 对“生产性活动”和“非生产性活动”的区分最早可以上溯到法国重农学派和英国古典经济学家。

② Bhagwati, Jagdish N. , 1982, “Directly Unproductive, Profit-Seeking Activities”, *Journal of Political Economy*, vol. 90, no. 5, p. 999.

③ Bhagwati, Jagdish N. , Richard A Brecher & T. N. Srinivasan. , 1984, “DUP Activities and Economic Theory”, *European Economic Review*, vol. 24, no. 3, pp. 291-307.

④ 图 2. 3. 1 根据巴格瓦蒂与斯瑞尼瓦桑（T. N. Srinivasan）1982 年合写的文章“The Welfare Consequences of Directly-unproductive Profit-Seeking（DUP）Lobbying Activities: Prices versus Quantity Distortions”（载 *Journal of International Economics*，vol. 13，no. 1-2，pp. 33-44）中的内容而画出。

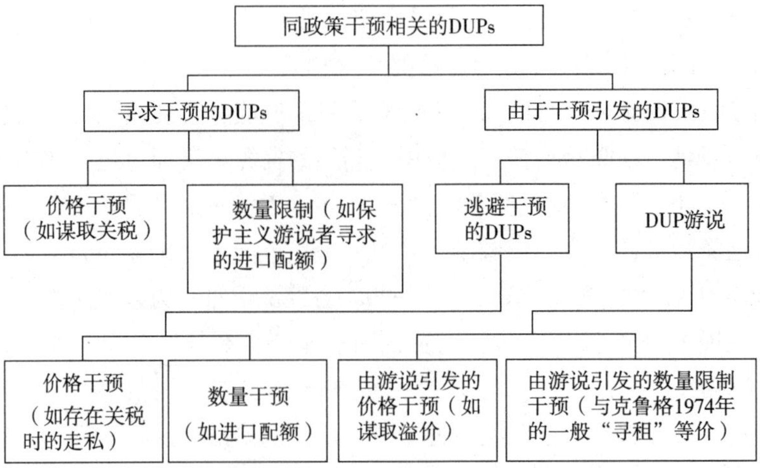

图 2.3.1　DUP 活动的分类图

限制，其结果也不会改变政府所施加的限制。第二类，在非生产性活动发生前，市场条件被扭曲，但该活动的效果却是被扭曲的市场条件进行矫正。比如一些希望通过竞争获利的企业通过游说方式迫使决策当局废除限制竞争的政策法令；又如黑市交易也可以使政府管制失效等。第三类，非生产性活动是那种使得市场扭曲从无到有的活动，这类活动是寻租理论家们研究的最主要对象，如上述寻求政府实行保护来维持部分企业既得利益的行为等。第四类，这类活动包括合法的与非法的两类，它们在发生前后既不会增加也不会减少政府对市场活动的行政法律限制。合法的如涉及经济纠纷的法律诉讼等，非法的如偷盗活动等。在 4 类活动中，前两类活动与后两类活动之间仍然有一些基本差别。可以将前两类 DUP 活动归为一个集合，其中有些活动可能带来有益的而且是非贫困化的结果；可以将后两类活动归为另一个集合，其中有益的结果是不可能的。此外，在前一类集合中，在初始状态上就已存在扭曲；在后一类集合中，在初始状态上并不存在扭曲问题。

巴格瓦蒂还按 DUP 活动产生的原因将与 DUP 活动相关的行为分为与外生型政策相关的 DUP 行为和与内生型政策相关的 DUP 行为。他和斯瑞尼瓦桑（1982）撰文指出，与外生型政策相关的 DUP 活动会引致以另一种途径增加的额外扭曲，而与内生型政策相关的 DUP 却存在多种可能，即在某些案例中减少与内生型政策相关的 DUP 可能改进福利，而在另一些案例中则未必。他们认为征收关税会产生关税收益，于是会出现类似于厂商试图获取进口许可证那样的“寻求收益”（revenue-seeking）的行为。虽然在不存在“搭便车”情况下无法确定公共支出是否适当，但游说毕竟能够通过花费资源对实施关税税额的大小和关税结构施加影响，因此，DUP 活动被认为造成了资源的浪费，因而不利于经济增长。

二、DUP 活动的类型

1. 对逃避关税活动的分析

巴格瓦蒂和本特·汉森（Jagdish N. Bhagwati & Bent Hansen，1973）在他们发表的《对走私的理论分析》一文中率先尝试对逃避关税的行为展开理论分析。他们认为，在一些欠发达国家中走私行为泛滥，因而对国民经济造成严重影响。例如，在 20 世纪 70 年代阿富汗的外贸总额中，约有 1/4 到 1/5 的金额与走私有关。人们通常认为，既然走私能部分地或全额地逃避关税或进口数量限制，这对于小国来说或许是达到“次优”之举，故这种行为有助于提高经济福利。但是，巴格瓦蒂和汉森却认为这不尽然，因为该说法成立需要某些限制条件。

他们在其建立的模型中借用萨缪尔森的“融冰”（melting ice）① 假设来描述因走私所引起的非法贸易成本。在他们看来，非法贸易的特征是其出口与进口之间的转换率低于相对应的合法贸易的转换率。如果非法贸易意味着某种“磨损”（例如商品在运输过程中会腐烂；又如因担心走私品被查获而将其扔入海中，等等）的话，他们的模型所要表述的意义就凸现了出来。但是，这需要另外附加假设。令合法的贸易品与非法的贸易品两者价格相等，模型的含义可以通过图 2.3.2反映出来。

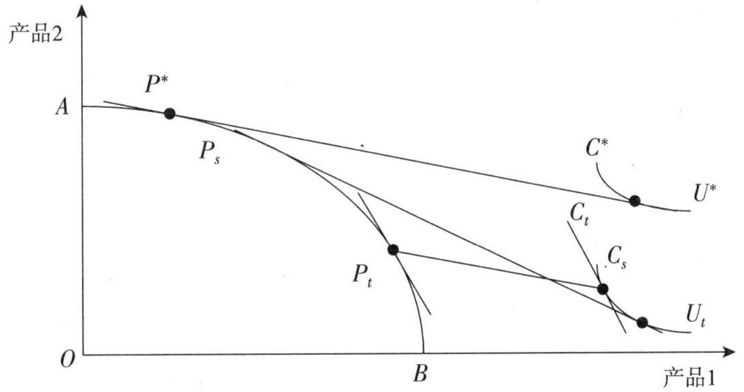

图 2.3.2　巴格瓦蒂和汉森对逃避关税行为的分析

在图 2.3.2. 中，在所征收的关税的作用下，生产点从 P^* 转移到 P_t，消费

① 即国际贸易领域中常用的将贸易过程中产生的成本理解为如同冰川逐渐消融的过程，用以说明产品因从一地被运到另一地而在途中被耗散的部分，即“冰山成本”（iceberg cost）。参见保罗·A. 萨缪尔森 1954 年发表的“The Transfer Problem and the Transport Costs II：Analysis of Effects of Trade Impediments”（载 *Economic Journal*，vol. 64，no. 254，June，pp. 264-289.）一文。

与福利分别转移到 C_t 点与无差异曲线 U_t 的交点上。现在假设存在一个小国，在走私成本不变的条件下，假设在逃避关税的非法交易行为中，较劣的转换率为 P_sC_s ，该转换率同合法贸易的价格比率 P^*C^* 相比更为陡直。由于非法贸易逃避了关税，所以，P_sC_s 要比合法贸易的价格比率 P_tC_t 更具有优势。这个模型也可以用来考虑关税同盟中导致贸易转移的情况。此时，用“非法贸易”来指代关税同盟中的伙伴国，用合法贸易来代替关税同盟以外的国家，这些国家受到关税同盟协调一致的对外关税的约束。从图 2.3.2 中可以看出，在达到平衡点的情况下，一国在转向非法贸易后，其福利状况应该不会比实行合法贸易条件下的状况更糟糕。于是他们表明，较好的非法贸易条件可以促进福利，较糟的贸易条件则导致福利恶化。

依然沿用上面的假设。如果再加入非法贸易和合法贸易可以共生的条件，则可以用图 2.3.3 来描述在此条件下福利水平的变化。当非法贸易的贸易条件和含有关税的合法贸易的价格比率相等时，这就意味着非法贸易与合法贸易可以共存，即在含有不变转换率的合法贸易与非法贸易提供曲线的模型中，两者没有高下之分。在此条件下，不能确定非法贸易和非法贸易各自的水平。但是，正值的非法贸易的福利水平低于合法贸易的福利水平，而且在较劣的贸易条件下，非法贸易量与其福利水平是相对应的。

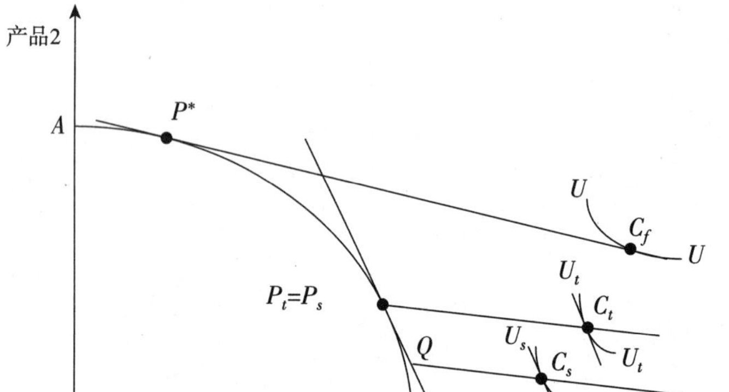

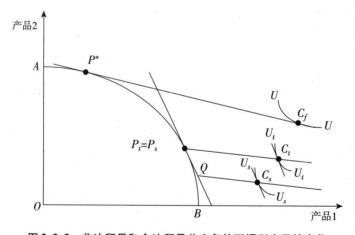

图 2.3.3　非法贸易和合法贸易共生条件下福利水平的变化

在图 2.3.3 中，包括走私在内的非法贸易与合法贸易二者并存，非法贸易的生产点由 P_t 点与 P_s 点上升到 Q 点，而合法贸易则由 Q 点转向 C_s 点时出现，使得经济最终处在 U_s 点（此点的效用水平最终低于 U_t 点）上。其理由是，在走私背景下的贸易条件要劣于（inferior to）合法贸易背景下的贸易条件。与此同时，消费者和生产者所面临的价格与在合法贸易背景下所达到的价格水平相同。因此，走私必然会导致福利恶化。

马克·M. 皮特（Mark M. Pitt，1981）从另一个角度建立了分析走私的模型，用来研究巴格瓦蒂—汉森模型所无法应用的例子。巴格瓦蒂—汉森模型假定可贸易品的国内价格所反映的是含税的可进口品价格与不含税的可出口品价格，而可出口品价格同其外国价格相对应。然而，在印度尼西亚出口贸易的实例中，走私（即逃避出口关税）的出口品国内价格一般要高于那些可赢利的合法贸易所包含的价格，因此，如果可出口品的出口关税是以从价税率 t_x 征收，并且国外 FOB 价格为 p_i^x 的话，则在合法贸易情形中，本国价格应当是 p_i^x（$1-t_x$）。在印度尼西亚市场上，国内价格总是高于该价格水平，这意味着合法贸易是以某种损失为代价而进行的。

皮特同样认为非法贸易和合法贸易可以共存，因为合法贸易对于非法贸易来说必不可少。如果像在印度尼西亚所观察到的那样，由于合法贸易亏损而带来了足以抵消从非法贸易中获得的利润而有余，使得合法贸易掩盖了非法贸易，并使得非法贸易能够行得通。在任何小经济体中，只要存在非法进口贸易，其国内价格比率肯定处于零关税与不存在非法进口贸易时包含关税的国内价格比率之间。因此，在这种情况下，非法贸易的特征是从事非法贸易所获得的生产者收益和消费者收益大于不存在非法贸易时的情形。如果巴格瓦蒂和汉森是在这样一种情况下做出了“融冰”假设即非法贸易的转化率以劣于合法贸易的转化率为特征的话，则任一处于正值水平的非法贸易将带来相应的贸易条件损失。因此，从生产者收益与消费者收益的角度来看，从皮特模型得出了与巴格瓦蒂—汉森模型相反的结论，那就是合法贸易与非法贸易共存会改善福利，使得由此带来的福利大于只存在合法贸易条件下所获得的福利。同时，正如在印度尼西亚所观察到的情形那样，在皮特模型中，在含有关税的合法贸易国内价格比率与国内实际价格比率之间出现了一个“价差”（price disparity）。这一点与巴格瓦蒂—汉森模型的观察结果恰好相反。

2. 对寻求收益活动的分析

巴格瓦蒂和斯瑞尼瓦桑（1980）建立了一个分析寻求收益活动（revenue-seeking activities）的标准的赫克歇尔—俄林—萨缪尔森式的一般均衡模型（*Heckscher-Ohlin*-Samuelsonian model of general equilibrium）①。在该模型中，存在一个从事生产性活动的部门和一个“非贸易”部门，后者专门从事为谋求由关税所产生的收益而进行的游说活动（由于关税被设定为外生给定，因此，不存在游说实行关税的任何活动）。此模型可以借助于图 2. 3. 4 来分析。

① 作者旨在解释在一般均衡框架中也能够说明即使对于小国来说，寻利行为也能导致可进口品部门中产出下降而不是上升。

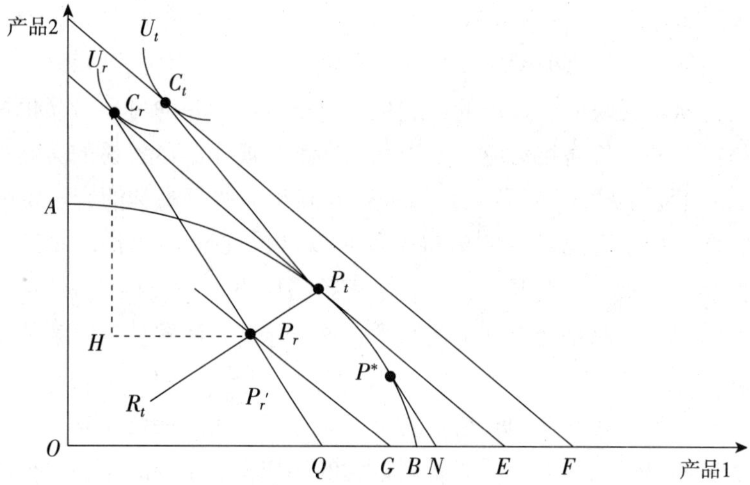

图 2.3.4　巴格瓦蒂和斯瑞尼瓦桑对寻求收益行为的分析

从图 2.3.4 中可以看出关税均衡的标准表达式。在图中，世界价格比率为 P_tC_t ，自由贸易状态下的生产点为 P^* ，实行关税政策下的生产点和消费点分别为 P_t 与 C_t。假设对消费者实行总量的收益转移支付，则用产品 1 表示的相关关税收益为 EF 。

兹将寻求收益的活动引入这个模型。设想一个寻求收益的生产函数，其中 K_T 与 L_T 是所投入的要素。于是，可以证明，在相互竞争的寻求收益活动的条件下，给定租金 r 与工资 w 的市场价值，通过选择 K_T/L_T 的比率将可以使成本达到最小化。

在这个典型的 2×2 模型中，只要将分析限定在生产不完全专业化的情形下，本国含税产品的价格比率（即图中的 $C_tF = P_tE$ ）将决定要素价格比率（如寻求收益者面临的 w/r 比率）与 K_r/L_r 比率。在选择了这个 K_r/L_r 比率的背景下，在 P_t 点上，在生产产品过程中退出的要素总量将等于税收收益的总额。巴格瓦蒂和斯瑞尼瓦桑假设该税收总额受到寻求收益活动的约束，这一点由他们有关竞争性寻求收益活动的假设中推出。关税总收益被划分为来自寻求收益活动的收入与避开了寻求收益过程的米德式的一次性转移支付（Meade-type lump-sum transfer）两部分。

由于存在寻求收益的活动，K_r 与 L_r 的退出将会减少生产产品 1 与产品 2 过程中可资利用的要素总量。另一方面，在产品和要素价格为固定不变的条件下，可以证明对本国产品的消费将处在本国的支出线上，它等于图 2.3.4 中要素成本线 P_tE 所表示的国民收入。本国支出必须等于在均衡条件下寻求收益的国民收入，而后者只等于产品生产过程中所使用的要素价值与投入寻求收益活动中的要素价值两者之和。该两项价值相加等于在 w 与 r 水平上的所有生产要素的价值，它与

P_t 点相关联，因而等于在 P_t 点处由要素成本水平度量的国民收入。

在图 2.3.4 中，本国的支出线（或由要素成本度量的国民收入线）是 P_tE 。因此，消费必然出现在 C_t 点上。此外，世界价格线必然会穿过 C_r，因此，C_rQ 为世界价格线。同时，新生产点必然会处于 $C_r'Q$ 线上，也必然会处在一般化的罗勃津斯基线（Rybczynski line）P_tR_t 上（它是连续生产点的轨迹，在不变的本国产品价格比率 P_tE 上，为了以 K_r/L_r 的比率寻求收益，要素从资源总量中连续地撤出）。因此，满足这些要求的生产点为 P_r。于是，C_r 与 P_r 之间的差额把 C_rH 定义为进口水平。同时，关税收益现在由 GE 表示，产品生产中要素收入的价值为 OG ，寻求收益中要素收入的价值为 GE ，总要素收入价值为 OE 。

在引入竞争性寻求收益活动的背景下，福利由 U_t 下降为 U_r 。在资源通过寻求收益活动转化为生产零产出的“浪费性”活动的条件下，这一结论显然符合直觉，但仍然需要修正，福利恶化的结果并不是唯一的可能性，这是因为由寻求收益活动所吸纳的资源是从先前存在的扭曲状态下转移过来的。在关税为给定的条件下，能引起资源转移的寻求收益的活动意味着在存在关税扭曲的经济中，一部分要素会从有收益的部门向零产出的活动转移。虽然用于转移的资源在数量上不是很显著，但这种活动有可能使福利增进。但巴格瓦蒂和斯瑞尼瓦桑同时指出，这类现象只是在一定条件下才会出现的悖论（paradox）。他们的中心结论是：在存在关税扭曲的状态下，寻利活动有可能增进福利，因为这类活动是在次优状态下发生。这一结论同关于在最优状态下资源向直接非生产性活动转移注定会带来浪费的结论并不矛盾。

3. 对寻求关税保护活动的分析

巴格瓦蒂和斯瑞尼瓦桑关于寻求收益活动的分析把关税视为是外生的，而有关寻求关税活动（tariff-seeking activities）的分析则旨在使关税内生化，对后者的分析最先始于布洛克和玛吉（1978）[①] 所做的研究，随之而来的是芬德莱和威利斯兹（1982）[②] 所做的研究。后者在模型中假定存在一个可以在两个部门间流动的要素，其中每个部门又分别拥有一种部门专用要素，在此基础上，对支持与反对关税游说的活动建立模型。通过模型，他们证明关税将提高一种要素实际收入的同时降低另一种要素的实际收入，游说本身会使流动要素耗尽。模型被用来对在这一套假设之下而产生的内生关税进行求解。

---

① Brock, William A. & Stephen P. Magee, 1978, "The Economics of Special Interest Politics: the Case of the Tariff", *American Economic Review*, vol. 68, May, pp. 246-250.

② Findlay, Ronald & Stanislaw Wellisz, 1982, "Toward a Model of Endogenous Rent-Seeking", *Kyklos*, vol. 36, no. 4, pp. 469-481.

罗伯特·C. 费斯特拉与巴格瓦蒂（Robert C. *Feenstra* & Jagdish N. Bhagwati, 1982）① 同样在一个常规的2×2模型中，在允许使用那些因贸易条件改变而遭受损失的要素的条件下，对寻求关税保护的活动进行了分析。在其模型中，给定寻求关税活动的成本函数为：

$$C(t,w,r) = \left\{\frac{t\phi(w,r)}{\max\{0,(p_0^* - p^*(1+t)\}}\right\} \tag{2.3.1}$$

这里，$\phi(w,r)$ 为递增且拟凹的函数。由此可见，当关税上升到 $p^*(1+t)$ 且接近 p_0^* 时，工人的实际工资会达到进口竞争上升前的水平，因此，成本将变得无限大。假如进口竞争下降（$p^* > p_0^*$），且伴随着工人的实际工资上升，此时，任何寻求正的关税水平的游说活动的成本都可能是任意大的。他们求解的结果是：关税将给这种游说活动带来收入最大化。

假设政府从国家利益角度出发进行干预，则会引入一种新的扭曲。假设政府利用实现均衡时的关税收入去贿赂游说者接受社会负担最少的关税，使得在该关税水平上，游说者仍然能够获得一笔收入，其数量等同于关税收益分配前的收入（即工资加上关税收益）。在为了寻求关税而游说的条件下，由于关税收益被作为一种行贿的政策工具来使用，则这时的关税带来了较高的社会福利，因而被为“效率关税”。

巴格瓦蒂（1982）② 在他的另一篇文章中，将关税、更多外国劳动力流入和资本输出（FDI）作为当某些集团面临进口竞争并以游说活动做出反应时可能列举的三种理由。他把面临进口竞争的产业分为两类，即传统的劳动密集型产业和熊彼特式的技术创新部门。在前一种面临进口竞争的产业中，企业家和工人的反应有所不同：企业家欢迎采用关税或要求政府放松移民限制以引进更多的外国廉价劳动力，工人则只对关税保护感兴趣。在熊彼特式的产业中，如在美国汽车行业中，将被技术上更先进的竞争者超过的企业家更偏好于关税保护，而工人考虑的是如何借助于保护主义者所施加的威胁，迫使外国企业通过FDI将其生产转移到其他地方。巴格瓦蒂在模型中分析了前者所做的选择，即因放松移民限制而实现的劳动力引进以及企业家和工人为应对进口竞争而采取的鼓动实施关税保护的游说活动。

4. 由既存的价格扭曲与数量扭曲所引发的DUP活动

研究DUP活动的学者还对在已经存在数量扭曲和价格扭曲背景下发生的

---

① Feenstra, Robert C. & Jagdish N. Bhagwati, 1982, “Tariff Seeking and the Efficient Tariff”, in Robert C. Feenstra & Jagdish N. Bhagwati, eds., *Import Competition and Response*, Chicago: The University of Chicago Press.

② Bhagwati, Jagdish N., 1982, “Lobbying, DUP Activities and Welfare: A Response to Tullock”, *Journal of Public Economics*, vol. 19, no. 3, pp. 395-401.

DUP 活动展开了研究。早在 20 世纪 70 年代中期克鲁格就对存在数量扭曲背景下的 DUP 活动做过分析①，到了 20 世纪 80 年代，巴格瓦蒂和斯瑞尼瓦桑（1982）②则在已经存在价格扭曲的背景下分析了旨在寻求收益的一系列游说活动，并认为这类活动会产生相互矛盾的福利效应。

巴格瓦蒂和斯瑞尼瓦桑提出了两个不对称的命题：第一，若引发 DUP 游说活动的扭曲是经济中唯一出现的扭曲，而且该扭曲作为一种数量限制始终对 DUP 游说活动构成有约束力的约束（binding constraint）的话，则可能不会带来福利的改进。第二，若经济中存在的唯一的扭曲是价格扭曲的话，那么，DUP 游说活动却有可能提高福利。他们采用传统的 2×2 的小国开放经济模型，分别对存在关税和进口配额、生产配额和生产税、要素使用配额和要素税以及消费配额和消费税这四种扭曲的案例进行了分析。

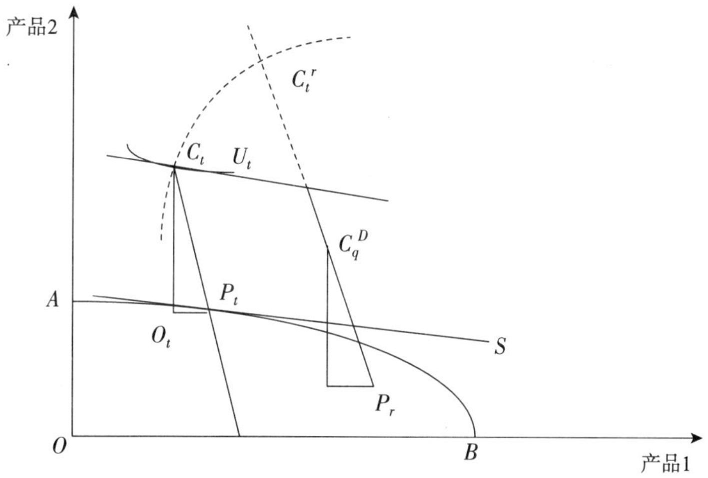

图 2.3.5　在存在价格扭曲与数量扭曲背景下所引发的 DUP 活动

从图 2.3.5 中，可以看到当存在关税和进口配额时引发 DUP 活动的情形（从对其余 3 个案例的分析中也可以看到同样的情形）。假设寻求关税的游说已经成功，而且保护性关税已经付诸实施。接下来，设想从这种（非禁止性）关税所获得收益将吸引寻求收益的游说，因此，这种寻求收益的游说活动会从存在扭曲关税的初始均衡点上开始运作。小国给定的贸易条件为 P_tC_t，生产可能性边界为 AB。征收关税使得进口品 2 在国内变得更加昂贵，并导致产品价格比率

① 参见 Krueger, Anne, 1974, "The Political Economy of the Rent-Seeking Society", *American Economic Review*, vol. 64, no. 3, pp. 291-303。

② Bhagwati, Jagdish N. & T. N. Srinivasan, 1982, "The Welfare Consequences of Directly-Unproductive Profit-Seeking (DUP) Lobbying Activities: Prices versus Quantity Distortions", *Journal of International Economics*, vol. 13, no. 1-2, pp. 33-44.

P_tS 与 AB 的切点 P_t 成为生产点，而消费点为 C_t 。因关税而产生的这种寻求收益的 DUP 活动会导致产品的生产从 P_t 转移到 AB 之内的某个地方。如果这种移动发生在 P_r 点上，则寻求收益的活动会令人吃惊地改善福利，如图中的 C_t^r 所示。

如果用进口配额来取代处在 P_t 点上的关税，这种令人吃惊地改善福利的可能性是否同样会出现呢？实际上，当对出口或进口实行配额是按照纯数量（而非按价值）来定义的时候，则对于处在 $C_tO_tP_t$ 之内的约束性配额来说，该贸易三角区是固定的；此外，作为寻求溢价（premium-seeking）的结果，无论 P_t 移动到 AB 曲线之内的任何地方，与之相伴随的受约束的贸易均衡必然意味着由此而产生的消费点既不会高于 C_tS ，因而同样也不会高于 U_t 。

三、DUP 活动的福利后果分析

1. 寻求收益与梅茨勒悖论

巴格瓦蒂、布雷切和斯瑞尼瓦桑（1984）① 分析了寻求收益与梅茨勒悖论（Metzler paradox）两者的关系。传统贸易理论分析了在凸性条件下小国实行关税将提高受保护产品的国内价格和产出，梅茨勒则证明了对于一个能够影响贸易条件的大国来说，关税将带来国际贸易条件这样一种改进，以至于包含关税的可进口品（importable goods）的国内价格下降，并由此造成对可进口品的保护不起作用。巴格瓦蒂等人则强调，在发展中国家，无论该国是贸易中的大国还是小国，由于存在 DUP 活动，受保护程度越高，其结果越可能偏离保护的初始目标。

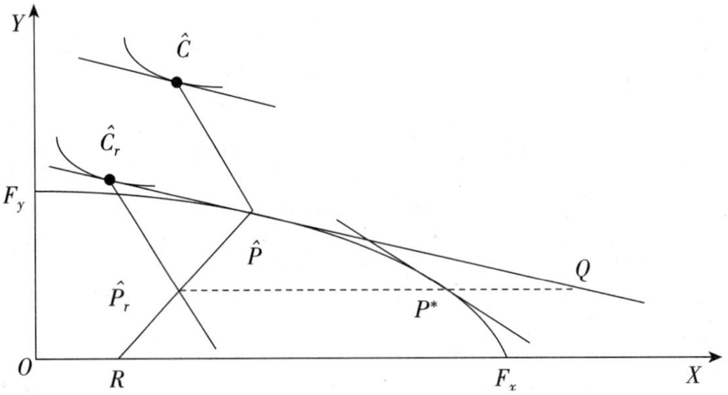

图 2.3.6　寻求收益与梅茨勒悖论

① Bhagwati, Jagdish N., Richard A Brecher & T. N. Srinivasan, 1984, "DUP Activities and Economic Theory", *European Economic Review*, vol. 24, no. 3, pp. 291-307.

如图 2. 3. 6 所示，F_xF_y 为生产可能性边界，世界价格由通过 P^* 点的直线斜率所决定。在自由贸易条件下，作为小国经济，将在 P^* 点上生产；在存在关税的条件下，生产转移到 $\hat{P}$ 点，可进口品 Y 的产量提高了，消费转移到 $\hat{C}$ 点。但是，若关税导致了旨在获取关税收益的 DUP 游说活动，那么，部分资源将被转移到这种寻求收益的非生产性活动上，其他产品的产量将下降。均衡点会发生位移，消费将处在 $\hat{C}_r$ 点，生产将处在 $\hat{P}_r$ 点。因此，图中可进口品 Y 的生产处在 $\hat{P}_r$ 点，低于 P^* 水平，这便是所谓的"梅茨勒悖论"。在传统贸易理论中，关税的"替代效应"确实能对可进口品起保护作用，使得生产从 P^* 上升到 $\hat{P}$，但这一上升过程足以被寻求收益所引发的"收入效应"所抵消，其结果是生产再度转移到 $\hat{P}_r$ 的水平上。

如果收入转移（transfer）不是像经济学传统分析中所说得那样直接被消费者所接受或者作为一次性收入转移赠给消费者，而是转变为政府预算并由此引发了寻求收入跨国转移（transfer-seeking）的 DUP 游说活动的话，会产生怎样的福利后果？巴格瓦蒂、布雷切和斯瑞尼瓦桑对此所做的分析可用图 2. 3. 7 来表述。

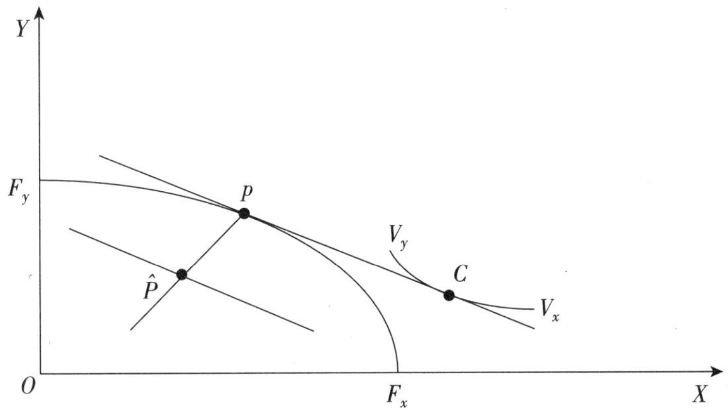

图 2. 3. 7　寻求收入跨国转移的 DUP 活动

图 2. 3. 7 显示，在初始状态下，收入转移接受国在其生产可能性边界 F_xF_y 上的 P 点生产，在其社会无差异曲线 V_xV_y 的 C 点消费，并且沿着从 P 点到 C 点的价格线 PC 同赠与国进行贸易。在小国情形下，收入转移不会对产品—价格比率（goods-price ratio）产生影响。然而，寻求收入转移的游说活动却会导致接受国的产出沿着罗勃津斯基线 $P\hat{P}$ 向下移动，直到抵达 $\hat{P}$ 点。在此点上，接受国国民产出价值的下降相当于收入转移的数量，即降到通过 $\hat{P}$ 并与 PC 平行的由价格线所代表的水平上。由于产出加上转移收入的价值等于支出，消费依然维持在 C 点上。因此，这种收入转移并没有给接受国带来福利的增长。

在大国案例中，如果赠与国消费 X 产品的边际消费倾向低于接受国沿着罗勃津斯基线 $P\hat{P}$ 生产这种产品的边际生产倾向（marginal propensity to produce），则接受国的福利实际上会下降。在初始价格水平下，收入转移会带来对产品 X 的过剩需求，促使其价格上升，以实现国内和国际市场同时出清，因此，接受国将会降到更低的无差异曲线上。

2. 存在寻求收入背景下的政策排序

巴格瓦蒂、布雷切和斯瑞尼瓦桑（1985）考虑了政府应对 DUP 活动的政策选择和排序问题。在存在寻求全部收入的均衡（full revenue-seeking equilibrium）的背景之下，假设从价税率为 t，如果不存在寻求收入的活动，该经济的产出向量为 (X^t, Y^t)，而自由贸易即零关税时的产出向量为 (X^0, Y^0)。在关税和寻求全部收入的行为并存时，在可进口品的相对价格给定为 $(1+t)$（在这里，世界相对价格被归一化）的条件下，消费者使其效用达到最大化，而消费者收入 Y 等于 $[X^t + (1+t)Y^t]$。消费者得到用间接效用函数 $v(p, y)$ 来表达的效用为 $v[1+t, X_1^t + (1+t)Y^t]$。在从价税率 t 基础上征收消费税并伴随着寻求全部收入的行为的背景下，消费者将面对相同的价格 $(1+t)$，但收入为 $(X^0 + Y^0)$，于是，消费者所获得的效用为 $v[1+t, X^0 + Y^0]$。在关税为既定的条件下，(X^t, Y^t) 向量使得产出的价值达到最大化，因此有

$$[X^t + (1+t)Y^t] \geqslant [X^0 + (1+t)Y^0] \geqslant [X^0 + Y^0] \qquad (2.3.2)$$

进而有：

$$v[1+t, X^t + (1+t)Y^t] > v[1+t, X^0 + Y^0] \qquad (2.3.3)$$

式（2.3.2）和式（2.3.3）意味着，当存在寻求全部收入的行为时，关税政策优于（superior to）存在寻求全部收入行为时的消费税政策。

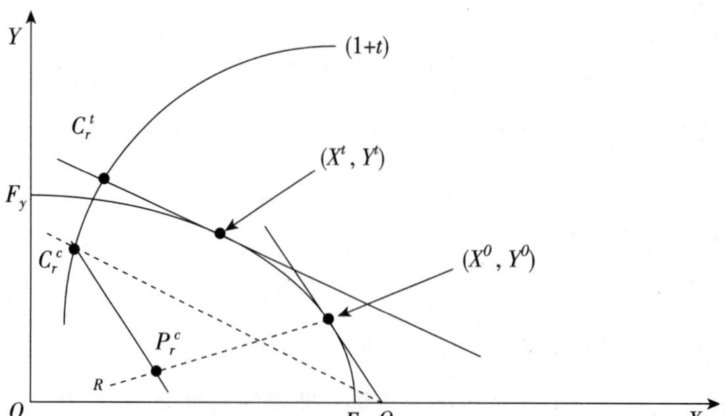

图 2.3.8　存在寻求收入背景下的政策排序

也可以用图2.3.8来表述反映福利的变化的政策排序。在不存在任何寻利活动但却存在自由贸易的条件下，均衡产量为（X^0,Y^0）。当采用关税时，相对价格比率变为（$1+t$），此时产量移动到（X^t,Y^t）。当存在寻求关税收入（tariff-revenue seeking）时，消费处在C_r^t点上。如果采用了一种与寻求收入相伴随的对产品Y征收的消费税，生产依然会维持在（X^0,Y^0）水平不变，此时，用产品X折算的收入为OQ，且消费税的价格比率为（$1+t$），支出为QC_r^c线段。图2.3.8也反映了当消费税和寻求收入处于均衡时的产量，该产量由以C_r^c为起点的世界价格线和作为罗勃津斯基线的R线段的交点P_r^c给出。显然，C_r^t点的福利高于C_r^c点的福利。这意味着征收关税优于消费税。

如果将征收生产税和关税税率为t时的情形用于分析X产品，在生产税和关税产生相同的国内产品相对价格且伴随着寻求全部收入活动的条件下，可以得到相似结果，即关税相对于生产税而言，同样具有更优的福利效应。

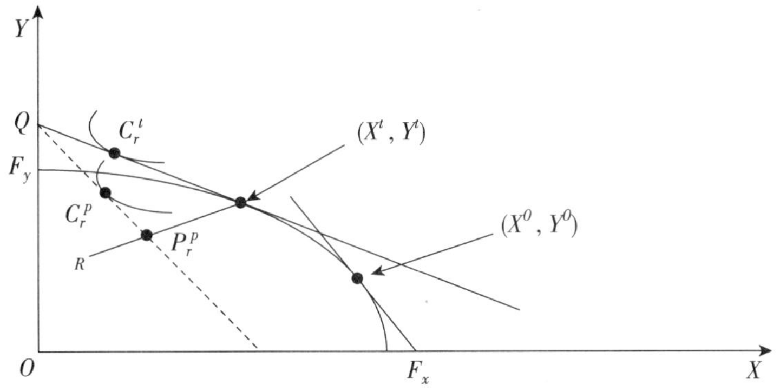

图2.3.9　征收生产税或关税背景下的政策排序

在图2.3.9中，存在关税时的均衡消费点为C_r^t。如果此时实行生产税，用产品Y折算的收入与存在关税时的情形相同，为OQ，但消费者将在C_r^p点上面临着世界价格比率（同样被归一化）和消费。均衡产量将由支出线QC_r^p和以（X^t,Y^t）为起点的罗勃津斯基线的交点P_r^p所决定。显然，C_r^t点优于C_r^c点。这说明，当存在寻求全部收入的行为的条件下，在实行关税背景下的福利超过了在实行生产税的背景下所获得的福利。

从直觉中得出的解释是，在不存在寻求收入行为的背景下，采用消费（生产）税同按照同样税率所采用的关税相比会产生更多的收入，其理由就在于，此时不存在由生产或消费对关税起抵消作用的补贴效应。然而，在这种情况下，还是面对着两种扭曲：一种是政策的实施本身就意味着直接扭曲，另一种是（诱发的）DUP活动意味着造成了间接扭曲。在以上有关特定的决策过程所做的分析中，有趣之处在于这类排序仍然有可能确实存在，而且在引入由DUP活动所带来的间接效应的背景之下，由实施相应的政策所带来的福利效应实际上可能恰恰会发生逆转。

但是，如果在内生政策的框架之下考虑 DUP 活动的福利含义，则一般不会得到如上文所推出有关福利分析的政策排序。在这种情况下，分析的重点应当转移到对内生均衡点的变动进行考察。

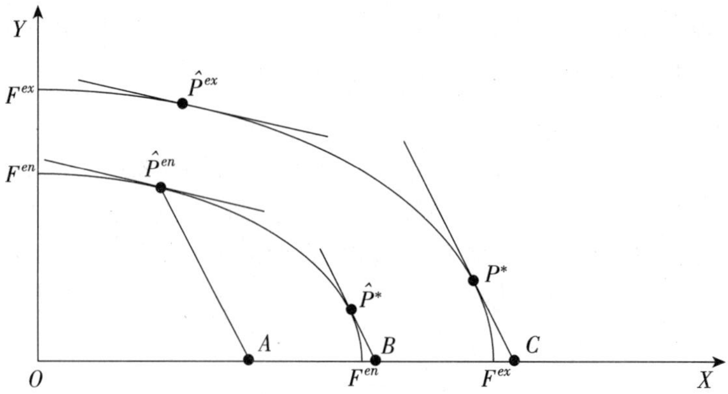

图 2.3.10　内生政策框架下 DUP 活动的福利含义

在图 2.3.10 中，$F^{ex}F^{ex}$ 是当全部资源被用来生产 X 和 Y 这两种产品时的生产可能性边界。某一外生关税的实施导致该小国经济从处于给定的世界价格水平的 P^* 点移动到受到保护的 $\hat{P}^{ex}$ 处。但是，在内生关税的扩展模型中，当经济处于均衡状态时，资源会在这种寻求关税的 DUP 活动中被消耗殆尽，此时，包含关税的均衡点为 $\hat{P}^{en}$ 。$F^{en}F^{en}$ 为假设的生产可能性边界，而要素禀赋则被当作是当寻求关税的活动达到均衡时已被消耗殆尽的要素禀赋的净额，这意味着包含关税的产品价格比率因而必然与该生产可能性边界相切于 $\hat{P}^{en}$ 。

那么，如何在内生性关税这类模型中测定保护成本呢？巴格瓦蒂（1980）给出了适当的处理方法。首先，让世界价格比率线与 $F^{en}F^{en}$ 相切于 $\hat{P}^*$ 点；其次，采用希克斯等量变换方法（Hicksian equivalent-variational measure），把从点 $\hat{P}^{en}$ 到点 $\hat{P}^*$ 的位移量视为因保护而造成的标准的生产成本，用以反映生产者所面临的价格扭曲；再次，将从点 $\hat{P}^*$ 到点 P^* 的移动量看作是因寻求关税游说活动而追加的成本，用以反映资源转移到游说活动而带来的损失。因此，在内生关税模型中，实施保护的总成本为 AC。该成本反映了内生关税均衡位置 $\hat{P}^{en}$ 对自由贸易均衡位置 P^* 的偏离，进而又可以将总成本分解为 AB（传统意义上的保护成本）和 BC（游说成本）两个组成部分。把总成本命名为“保护过程”（protectionist process）的成本或许是恰当的，这样可以避免把 AC 和 AB 混淆起来。

第四节　信息不完全与市场不完全背景下的市场效率

20 世纪 50 年代问世的阿罗—德布鲁一般均衡模型一直以来被尊奉为西方主流新古典经济学的“标准”分析框架。在这个采用严密的数学形式化表述的模型中，不仅隐含了市场上每个人都拥有完全相同信息的假设，而且还隐含了存在包括足以分散所有风险的期货市场和保险市场在内的完整市场集的假设。当这个“标准的”分析框架被用来分析市场相对完善和市场机制运行相对有效的发达国家时，在相当大程度上还能够提出合理的解释，然而，当它被用来探讨普遍存在市场不完善和信息不对称的广大发展中国家时，却显得力不从心。由此，阿罗—德布鲁模型（该模型一直被认为是新古典经济学理论体系的核心部分）乃至整个新古典经济学的普适性受到了人们的普遍质疑。从 20 世纪 70 年代开始，一些在发展中国家曾经有过研究经历的新古典经济学家开始尝试以信息不完善和市场不完全为切入点，探讨发展中国家中的市场效率与经济发展的相互关系。本章第四节对这一领域的研究文献做一概述，包括对“柠檬市场”的分析、对完全信息市场不可能存在的论证、对与信息不完全与市场不完全相伴随的外部性问题的探讨、对存在“帕累托劣等贸易”的证明以及对发展中国家市场低效率背景下经济发展的解释。

一、存在“柠檬市场”背景下的市场运行机制

阿克洛夫（1970）曾经有过在发展中国家从事访问研究的经历，对信息不完全背景下的市场行为有较深的感悟。他以二手汽车市场为例构造模型分析“柠檬”（lemon）市场，以探寻存在产品质量差异和不确定性情况下的市场运行机制，并以此为基础对保险市场、少数民族就业、不诚实的成本以及发展中国家的信贷市场进行探讨。他认为，在许多市场中，消费者总是利用部分市场统计数据来判断所购产品的质量，这将激励销售者销售劣质商品，这是因为从销售优质商品获得的收益主要归于在统计上受影响的销售者集团而不是归于单个销售者，其结果是导致产品的平均质量下降，市场规模缩小。而且在这些市场中，私人收益和社会收益之间存在差别，因此，在某些场合，政府干预或许能增进所有各方的

福利。或者说，私人制度的产生也能潜在地增加归于所有各方的福利。

阿克洛夫认为质量差异和信息不对称可能会造成市场缺失，他用二手汽车（used cars）市场作为实例对此做了论证。假设在市场上恰好有四种汽车，即新车和二手车，好车与坏车（在美国人们称坏车为“柠檬”）；新车可能是好车，也可能是“柠檬”；二手车也可能是好车或坏车。人们在这种市场上购买一辆新车时，并不知道他所购买的汽车是好车还是坏车。若假设生产出来的汽车中好车的概率是 p，坏车的概率为（$1-p$），则买者知道买到好车的概率是 p，买到坏车的概率是（$1-p$）。但是，在对某辆汽车拥有一段时后，车主就可以了解该车的质量，即车主会对该车是坏车的概率做更为准确的评估，于是就造成了二手车市场上的信息不对称：即卖主比买主更了解汽车的质量。由于买主无法判断汽车质量，而在二手车市场上，好车和坏车将以相同的价格出售，这将造成好车的卖主退出市场。因此，当汽车质量存在差异时，信息不对称将导致二手车市场上绝大多数出售的汽车是坏车，好车的买卖可能根本就不存在，坏车将倾向于将好车挤出市场。需要指出的是，二手车市场的这种现象再现了“劣币驱逐良币”的“格莱欣定理”（Gresham's Law）只不过二者产生的原因不同：在劣币驱逐良币的案例中，良币和劣币的兑换率相同，但在该市场上买卖双方都知道两类货币的信息；而在二手车市场的案例中，只有卖主知道所有信息，而买主则一无所知。

在不同档次商品的连续市场中，情况可能更糟。这是因为坏车可能会将不太坏的车挤出市场，而不太差的车又将中等质量的车挤出市场，最后，中等质量的车将好车逐出市场。如此层层递进将最终导致不存在任何市场。

阿克洛夫通过一个简单的模型对此进行了说明。假定二手车的需求严格取决于汽车的价格 p 和用于交易的二手车的平均质量 u，即 $Q^d = D(p,u)$ 。同时，二手车的供给和平均质量都取决于价格 p，即：$u = u(p)$ 和 $S = S(p)$ 。当实现均衡时，当平均质量为给定时，二手车的供给将与需求相等，即 $S(p) = D(p, u(p))$ 。随着价格下降，平均质量也会下降。完全有可能发生的情况是，在任何价格水平上都不存在任何产品的交易。

效用理论模型能更明确地对上述结论加以说明。假设在二手市场上只有组 1 和组 2 两组交易者。令组 1 的效用函数为：

$$U_1 = M + \sum_{i=1}^{n} x_i$$

这里，M 为除汽车之外其他商品的消费量，x_i 为第 i 辆汽车的质量，n 为汽车数量。相类似的是，令第 2 组交易者的效用函数为：

$$U_2 = M + \sum_{i=1}^{n} \frac{3}{2}x_i$$

进一步假定两组交易者都是效用最大化追求者，而且假设组 1 有 N 辆汽车，这些汽车的质量 x 呈现均匀分布，并且 $0 \leqslant x \leqslant 2$ ，组 2 没有汽车；其他商品 M

的价格标准化为 1。

令 Y_1 和 Y_2 分别为组 1 和组 2 的收入，对二手车的总需求将是两组交易者对二手车需求的总和。组 1 对二手车的需求将是：

$$\begin{cases} D_1 = \dfrac{Y_1}{p}, \dfrac{u}{p} \geqslant 1 \\ D_1 = 0, \dfrac{u}{p} < 1 \end{cases}$$

而且，对组 1 的二手车供给和汽车平均质量为：

$$\begin{cases} S_1 = \dfrac{pN}{2}, p \leqslant 2 \\ u = \dfrac{p}{2} \end{cases}$$

与此相类似的是，组 2 对二手汽车的需求为：

$$\begin{cases} D_2 = \dfrac{Y_2}{p}, \dfrac{3u}{2p} > 1 \\ D_2 = 0, \dfrac{3u}{2p} < 1 \end{cases}$$

对两组交易者的需求进行综合，可以得到对二手汽车的总需求为：

$$\begin{cases} D(p,u) = \dfrac{(Y_1 + Y_2)}{p}, p < u \\ D(p,u) = \dfrac{Y_2}{p}, u < p < \dfrac{3u}{2} \\ D(p,u) = 0, p > \dfrac{3u}{2} \end{cases}$$

从中可以发现，尽管在 0—3 之间的任何给定价格水平之下，组 1 交易者愿意以组 2 交易者的价格出售汽车。但是，如果价格为 p，而平均质量为 $p/2$ 时，在任何价格水平上都不会发生交易。

阿克洛夫将上文推出的针对“柠檬”市场质量差异和信息不对称的分析模式应用于保险、不诚实行为等其他案例。在保险市场上，一个众所周知的事实是，65 岁以上的老年人很难买到医疗保险。这种现象自然会引发人们的疑问：为什么保费不上升以便与相应的风险相匹配呢？这种情况类似于对二手车市场的分析。如果保险费上升，那么为自己投保的人将是越来越确信自己需要投保的人，信息不对称的存在将使保险申请人比保险公司更容易评估相关风险。这种情况将导致保险申请者的平均医疗状况随着保费上升反而恶化，致使在任何保费水平下都不会有保险交易。这种结果与二手车市场的例子非常相似。此外，保险市场上也存在“逆向选择”（adverse selection）行为：一方面定期保险保单的持有者可能会因为年龄增大和保费增长而决定终止他们的保险条款；另一方面保险公司也存在逆向选择，即只向身体健康的人出售保险。这将导致最需要医疗保险的人反而得不到保险。保险市场上出现的这类问题为政府设立老年人保健医疗制度提供了理由。从成本—收益的角度看，强制性老年保健医疗制度有可能会成功的。保险市场上的每个人都愿意支付其预期的保健医疗费用并购买保险，但是，没有任何保险公司愿意出售保单，这是因为不论保费达到了多高的水平，都有大量健康状况较差的人购买保单。从这个观点来看，老年保健医疗制度类似于政府公共品的供给那样能够起到提高福利的作用。

阿克洛夫的模型也被用来解释在发展中国家因不诚实所造成的成本。考虑这样一个市场，在该市场上，卖主诚实或不诚实地销售商品，即对商品质量的说明可能是真实的，也可能是虚假的，而买主所面对的难题是如何判别商品的质量。当市场上存在这类愿意销售劣质商品的人时，可能会导致市场不存在，因为不诚实的交易可能把诚实的交易挤出市场，而正是这一点构成为不诚实所造成的主要成本。在适当的价格范围内，优质商品的潜在购买者和销售者都可能存在，但是，若存在以次充好的卖主的话，合理的交易将不复存在。因此，阿克洛夫认为不诚实的成本由两部分所构成：第一，它体现在买主被欺骗的金额上；第二，它必须包括因将合法企业逐出市场而导致亏损的成本。在发展中国家，商业中的不诚实是一个严重的问题。大量例证表明，在发展中国家，产品质量的差异要大于发达国家，这就很容易造成发展中国家的市场缺失。阿克洛夫写道："印度的家庭主妇必须仔细辨别在当地市场上销售的大米，以便筛选出有意搀入大米中的相同颜色和相同形状的石粒来"。① 一般而论，辨别商品质量是企业家的重要技能，在阿克洛夫的例子中，那些能辨认出二手车质量并使质量得到保证的人可以和那些能够知道组 1 和组 2 两组交易者之间价差的人获得一样的利润。但问题在于，企业家才能是一种稀缺资源，尤其在发展中国家企业家尤为稀缺。

阿克洛夫认为，在缺乏企业家才能为给定的前提下，产品差异会以两种方式阻碍发展中国家的经济发展：第一，对企业家来说，从商业中得到的收益更为可观，这就引诱企业家们纷纷从生产过程中转移出来；第二，产品的质量差异越大，企业家消耗在每单位产出上的时间总量也就越多。为此，阿克洛夫在他的论文一开头就发出了"在欠发达国家，经营工商业何等艰难"② 的感叹。在他看来，正因为存在甄别优质产品和劣质产品的困难，包括产品担保、宣传名牌产品、建立连锁店以保证产品质量、通过减少颁发营业执照的数量来减少产品质量的不确定性等在内的许多制度便应运而生。

---

① Akerlof, George A., 1970, "The Market of 'Lemon': Quality of Uncertainty and the Market Mechanism", *Quarterly Journal of Economics*, vol. 84, no. 3, p. 488.

② Akerlof, George A., 1970, "The Market of 'Lemon': Quality of Uncertainty and the Market Mechanism", *Quarterly Journal of Economics*, vol. 84, no. 3, p. 496.

二、对完全信息市场不可能存在的论证

桑福德·J. 格罗斯曼和斯蒂格利茨（Sanford J. Grossman & Joseph E. Stiglitz, 1980）对传统一般均衡模型中所隐含的完全信息假设提出了质疑。他们建立的模型表明，如果竞争性均衡被定义为这样一种状态，在该状态下的各种价格中，所有的套利利润（arbitrage profits）均被消除，那么，竞争性经济便不可能总是会处在均衡状态。其理由就在于：如果套利需要耗费成本，则有关包含信息市场在内的所有市场总是处于均衡状态的假设便与完全套利的假设相互矛盾。这意味着信息有效市场不可能存在。在他们的模型中，价格反映了知情者（套利者）（informed individuals（arbitrageurs））所获得的部分信息，那些花费资源以获得信息的知情者能够得到补偿。在当知情者观察到归于证券的收益要上升时，他们通过竞价来提高证券收益；当看到证券收益要下降时，他们又将以竞价方式压低证券收益。在这个过程中，价格体系把知情者获得的信息向不知情者传递，而价格体系在多大程度上能够传递信息则取决于知情者的数量。

格罗斯曼和斯蒂格利茨的模型可以看作是对罗伯特·E. 卢卡斯（1978）①的噪音理性预期模型（noisy rational expectation model）的扩展。假定有两种资产，一种是收益为 R 的安全资产；另一种是收益为 u 并在各期随机变化的风险资产。收益 u 由两部分组成：

$$u = \theta + \varepsilon \tag{2.4.1}$$

这里，θ 和 ε 均为随机变量，θ 需要花费成本 c 才可以观察到，而 ε 无法观察到。市场上存在两种类型的人，分别是观察到 θ 的知情者和无法观察到 θ 的不知情者，交易者是否能成为知情者仅仅取决于他们是否花费成本 c 去获得信息。进一步假设 $E\varepsilon = 0$、$E\theta\varepsilon = 0$ 以及 $\mathrm{Var}(u^* \mid \theta) = \mathrm{Var}(\varepsilon^*) \equiv \sigma_\varepsilon^2 > 0$（$*$ 强调变量是随机变量）。如果第 i 个交易者在期末拥有无风险的和有风险的资产组合为 (M_i, X_i)，那么，他的财富将是：

$$W_{1i} = RM_i + uX_i \tag{2.4.2}$$

假设个人效用函数为幂指数形式，即 $V(W_{1i}) = -e^{-aW_{1i}}$，$a > 0$ 为绝对风险厌恶系数。每个交易者都利用所有可获得信息追求预期效用最大化，因此，知情者的预期效用可写为：

$$E(V(W_{1i}) \mid \theta) = -\exp\{-a[E(W_{1i}^{\theta} \mid \theta) - \frac{a}{2}\mathrm{Var}(W_{1i}^{\theta} \mid \theta)]\}$$

① Robert E. Lucas, 1978, "Asset Prices in an Exchange Economy", *Econometrica*, vol. 46, no. 6, Nov., pp. 1429-1445.

$$= -\exp\{-a[RW_{0i} + X_I(\theta - RP) - \frac{a}{2}X_I^2\sigma_\varepsilon^2]\} \quad (2.4.3)$$

这里，X_I 为知情者对风险资产的需求，将式（2.4.3）最大化，便可获得知情者对风险资产的需求函数为：

$$X_I(P,\theta) = \frac{\theta - RP}{a\sigma_\varepsilon^2} \quad (2.4.4)$$

由于交易者的需求不取决于其财富水平，因此，可以去掉下标 i。

对于不知情者而言，假设噪音的唯一来源是风险资产的人均供给量 x，并且令 $P^*(\cdot)$ 为 (θ,x)，并且使 u^* 和 P^* 服从联合正态分布的函数。因此，不知情者的预期效用为：

$$E(V(W_{1i}^* \mid P^*)) = -\exp\{-a[E(W_{1i}^* \mid P^*) - \frac{a}{2}\mathrm{Var}(W_{1i}^* \mid P^*)]\}$$

$$= -\exp\{-a\{RW_{0i} + X_u[E(u^* \mid P^*) - RP]$$

$$- \frac{a}{2}X_u^2\mathrm{Var}[u^* \mid P^*]\}\} \quad (2.4.5)$$

可以由此推断出不知情者对风险资产的需求函数为：

$$X_u(P;P^*) = \frac{E[u^* \mid P^*(\theta,x) = P] - RP}{a\mathrm{Var}[u^* \mid P^*(\theta,x) = P]} \quad (2.4.6)$$

在此基础上，均衡要求风险资产的人均需求量等于人均供给量，即：

$$\lambda X_I(P_\lambda(\theta,x),\theta) + (1-\lambda)X_u(P_\lambda(\theta,x),P^*) = x \quad (2.4.7)$$

在式（2.4.7）中，λ 为知情者占总交易者的比例。格罗斯曼和斯蒂格利茨证明了，此时如果 $(\theta^*,\varepsilon^*,x^*)$ 服从联合正态分布，则式（2.4.7）的均衡解的形式为：

$$P_\lambda(\theta,x) = \alpha_1 + \alpha_2 w_\lambda(\theta,x)\text{，这里，}w_\lambda(\theta,x) = \theta - \frac{a\sigma_\varepsilon^2}{\lambda}(x - Ex^*)$$

考虑信息市场达到均衡时的情形。此时需要将 λ 内生化，即均衡要决定组合 (λ,P_λ^*)。对均衡而言，要求当 $0 < \lambda < 1$ 时，知情者的期望预期效用等于不知情者的预期效用。若知情者的预期效用在均衡时小于不知情者的预期效用时，则有 $\lambda = 0$；而若知情者的预期效用在均衡时大于不知情者的预期效用时，则有 $\lambda = 1$。令知情者和不知情者的期末收入分别为：

$$W_{Ii}^\lambda \equiv R(W_{0i} - c) + [u - RP_\lambda(\theta,x)]X_I(P_\lambda(\theta,x),\theta) \quad (2.4.8a)$$

$$W_{ui}^\lambda \equiv RW_{0i} + [u - RP_\lambda(\theta,x)]X_u(P_\lambda(\theta,x),P_\lambda^*) \quad (2.4.8b)$$

格罗斯曼和斯蒂格利茨证明了知情者和不知情者预期效用比值满足以下方程：

$$\frac{EV(W_{Ii}^\lambda)}{EV(W_{ui}^\lambda)} = e^{ac}\sqrt{\frac{\mathrm{Var}(u^* \mid \theta)}{\mathrm{Var}(u^* \mid w_\lambda)}} \equiv \gamma(\lambda) \quad (2.4.9)$$

并且，当均衡要求 $0 < \lambda < 1$ 时，有 $\gamma(\lambda) = 1$。与此同时，可以证明 $\gamma(\lambda)$

是 λ 的严格递增函数。对于均衡而言，定义：

$$m = \left(\frac{a\sigma_{\varepsilon}^{2}}{\lambda}\right)^{2}\frac{\sigma_{x}^{2}}{\sigma_{\theta}^{2}} \tag{2.4.10a}$$

$$n = \frac{\sigma_{\theta}^{2}}{\sigma_{\varepsilon}^{2}} \tag{2.4.10b}$$

这里，m 和价格体系传递信息的灵敏程度成负相关，这是因为 P_{λ}^{*} 和 θ^{*} 相关系数的平方为 $\rho_{\theta}^{2} = \frac{1}{1+m}$；$n$ 与知情者信息的质量直接相关，这是因为 $\frac{n}{1+n}$ 是 θ^{*} 和 u^{*} 相关系数的平方。

式（2.4.9）以及 $\gamma(\lambda) = 1$ 说明了信息成本 c 决定知情者和不知情者拥有信息质量的均衡比率，因此，由（2.4.1）式和（2.4.10）式可得到该比率为：

$$\frac{\mathrm{Var}[u^{*} \mid \theta]}{\mathrm{Var}[u^{*} \mid w_{\lambda}]} = \frac{1+m}{1+m+nm} = \left(1+\frac{nm}{1+m}\right)^{-1} \tag{2.4.11}$$

将式（2.4.1）代入式（2.4.9），并且利用 $\gamma(\lambda) = 1$，可推出当达到均衡时：

$$m = \frac{e^{2a}-1}{1+n-e^{2a}} \tag{2.4.12}$$

$$1-\rho_{\theta}^{2} = \frac{e^{2a}-1}{n} \tag{2.4.13a}$$

式（2.4.12）表明，在均衡状态下，价格体系传递信息的灵敏程度完全取决于信息成本 c，知情者传递的信息质量 n 以及风险厌恶程度 a。

格罗斯曼和斯蒂格利茨证明了，在资本市场和信息市场达到均衡的条件下不存在总体均衡，亦即当存在着噪音时（$\sigma_{x}^{2} = 0$），总体均衡根本就不存在；或者换言之，如果信息是完美的（$\sigma_{\varepsilon}^{2} = 0, n = \infty$），总体均衡也将不复存在。这是因为如果 $\sigma_{x}^{2} = 0$ 或者 $\sigma_{\varepsilon}^{2} = 0$，那么，当实现均衡时，要么知情者的预期效用与不知情者的预期效用之比等于1；要么在该比值大于1的情况下，没有人会是不知情者。然而，格罗斯曼和斯蒂格利茨通过均衡特征证明了当所有人都是知情者时，该比值小于1。因此，可以推断有效信息市场的均衡不存在。

此外，格罗斯曼和斯蒂格利茨还从投资市场匮乏的角度证明了有效信息市场的不可能性。他们假设交易者的偏好相同，因此，交易的发生来源于交易者在禀赋和信念上的差异。

令 $h \equiv \sigma_{\varepsilon}^{2}$，$\bar{x} \equiv Ex^{*}$ 以及 $\bar{\theta} = E\theta^{*}$，那么，人均净交易量为：

$$X_{I} - x = \frac{(1-\lambda)\left[\left(nm+\frac{ah}{\lambda}\right)(x-\bar{x}) + [(m+1)h-1](\theta-\bar{\theta}) + \bar{x}nm\right]}{1+m+\lambda nm} \tag{2.4.13b}$$

因此，该交易量的均值和方差分别为：

$$E\lambda(X_I - x) = \frac{(1-\lambda)\lambda m\bar{x}}{1+m+\lambda nm} \tag{2.4.14}$$

$$\sigma^2_{X_I - x} = \frac{\sigma^2_\theta(1-\lambda)^2\{[(m+1)n-1]^2 + (nm + \frac{a\sigma^2_\varepsilon}{\lambda})\frac{\sigma^2_x}{\sigma^2_\theta}\}}{(1+m+\lambda nm)^2 n^2} \tag{2.4.15}$$

格罗斯曼和斯蒂格利茨进一步证明了当 $\lambda\to0$ 时，$\lambda(X_I - x)$ 的分布将退化为0，即均值和方差均退化为0，此时，资本市场的交易量将非常少。而 $n\to\infty$ 是 $\lambda\to0$ 的原因，因此，竞争性市场均衡与有效信息市场的不相容性也可以用来解释在价格传递大量信息的投机市场上，人们的信念非常接近，因此，交易量非常小。

总之，格罗斯曼和斯蒂格利茨试图通过模型分析表明，只要传统的完全竞争模型被修正，使之略微允许存在信息成本和信息不完全的话，则竞争性均衡就会站不住脚。导致竞争性均衡不复存在的理由是：第一，收集信息需要耗费成本，这将导致在竞争性均衡能够确立的背景下只能有不包括资本、股票、保险、期货等市场在内的有限的市场存在；第二，价格不可能反映所有的信息，这是因为如果价格能够反映所有信息的话，则那些动用资源去获取信息的人们便无法得到补偿。据此，他们认为，在市场被假设能够有效地传递信息的假设与激励人们去获取信息二者之间存在着根本冲突。

三、与信息不完全及市场不完全相伴随的外部性

格林瓦尔德和斯蒂格利茨（1986）试图在一般均衡背景中提出一种既能讨论伴随着信息不完全和市场不完全的经济中的外部性效应又能适用于计算最优纠正性税收（optimal corrective taxes）的分析框架。外部性在传统意义上被区分为“技术外部性”（technological externalities）和“货币外部性”（pecuniary externalities）两类。技术外部性指的是个人或企业的行动直接影响到其他个人或企业的效用或利润；而货币外部性指的是个人或企业的行为仅仅通过价格对其他个人或企业产生影响。虽然技术外部性的存在意味着在一般情况下，竞争性均衡不会是帕累托最优，但货币外部性本身并不是导致低效率的根源。然而，当经济中存在扭曲时，货币外部性将造成显著的福利后果。尤其是因不完全信息和不完全市场而产生的扭曲导致了在其他场合被认为是属于纯货币效应（purely pecuniary effect）的现象却可能是真正的福利效应。其结果是，伴随着不完全信息和不完全市场的经济并未实现受约束的帕累托效率（constraint Pareto efficient）。因此，存在着能带来帕累托改进的（Pareto-improving）政府实施干预的空间，从而使每

一个人境况得以改善。

为了分析伴随着不完全信息和市场不确定的经济中的外部性问题，格伦瓦尔德和斯蒂格利茨在一般均衡背景下提出了一个既能分析外部性影响又能计算最适度纠正性税收的模型。在该模型中，家户在约束条件下的最大化效用函数可以写为：

$$\max: u^h(x^h, z^h)$$

$$s.t.\ x_1^h + q \cdot \overline{x^h} \leqslant I^h + \sum_F a^{hf}\pi^f$$

这里，$x^h = (x_1^h, \overline{x^h})$ 为家户 h 的消费向量，x_1^h 为计价物商品（numeraire good）的消费量，$\overline{x^h} = (x_2^h, \cdots, x_N^h)$ 为 $N-1$ 种非计价物商品的消费量；z^h 为其他影响家户 h 效应的向量；q 为非计价物商品的消费价格向量；π^f 为企业 f 的利润，a^{hf} 为家户 h 对企业 f 的利润的部分持有额，且 $\sum_H a^{hf} = 1$；I^h 为政府对家户 h 的一次性转移支付向量。在这种情况下，便可定义家户 h 的支出函数为 $E^h(q, z^h; u^h)$，即在给定价格为 q 和 z^h 的前提下，家户为获得效用 u^h 所需要付出的最小支出。根据包络定理（envelope theorem）可得当 z^h 和 u^h 不变时，商品 k 的补偿性需求为：

$$\hat{x}_k^h(q; z^h, u^h) = \frac{\partial E^h}{\partial q} \Big|_{z^h, u^h} \tag{2.4.16}$$

企业在生产函数的约束下使其利润达到最大化，即：

$$\max: \pi^f = y_1^f + p\,\overline{y^f}$$

$$s.t.\ y_1^f - G^f(\overline{y^f}, z^f) \leqslant 0$$

这里，$y^f = (y_1^f, \overline{y^f})$ 为企业的生产向量，y_1^f 和 $\overline{y^f}$ 的定义类似于 x_1^h 和 $\overline{x^h}$；p 为 $N-1$ 中非计价物商品（non-numeraire good）的生产者价格向量；G^f 为生产函数，z^f 为影响企业生产的其他向量。类似地，企业最大化利润具有以下性质：

$$\frac{\partial \pi_*^f}{\partial p_k} \Big|_{z^f} = y_k^f, k = 1, \cdots, N \tag{2.4.17}$$

政府不进行生产，并通过征税和分配获得净收入：

$$R = t \cdot \bar{x} - \sum_H I^h$$

这里，$\bar{x} = \sum_H \overline{x^h}$，而且税收 $t = (q - p)$，即税收为消费者价格和生产者价格的差额。

为了分析政府干预的福利效应，首先，考虑没有税收时的均衡，此时，$I^h = 0$ 且 $q = p$，市场出清要求：

$$\bar{x}(q,I,z) - \sum_F \bar{y}^f(p,z) = 0 \tag{2.4.18}$$

检验该均衡是否是帕累托最优的均衡，就需要检验是否存在一套税收、补贴与一次性转移支付政策，使之能够在保持家庭效用水平不变的前提下增加政府收入。这意味着如果经济的初始均衡便是帕累托最优的，那么，以下最大化问题将在 $t=0$ 处有一个解：

$$\max: R = t \cdot \bar{x} - \sum_H I^h \tag{2.4.19}$$

$$s.t.\ I^h + \sum a^{hf}\pi^f = E^h(q,z^h;\bar{u}^h) \tag{2.4.20}$$

这里，$\bar{u}^h$ 为在初始竞争性均衡上的效用水平。为了考察在什么样的条件下式（2.4.19）的解为 t=0，对式（2.4.20）求导，经转换可得：

$$E_q^h + (E_q^h - \sum_f a^{hf}\pi_p^f)\frac{\mathrm{d}p}{\mathrm{d}t} = \frac{\mathrm{d}I^h}{\mathrm{d}t} + \{\sum_F a^{hf}\pi_z^f\frac{\mathrm{d}z^f}{\mathrm{d}t} - E_z^h\frac{\mathrm{d}z^h}{\mathrm{d}t}\} \tag{2.4.21}$$

在式（2.4.21）中，左边为税收的货币效应，右边括号中为外部性效应。将式（2.4.16）和式（2.4.17）代入式（2.4.21）中，并利用 $\sum_h a^{hf} = 1$ 以及均衡时 $\bar{x} = \bar{y}$ 的事实，可得政府为了满足式（2.4.20）的约束所必须付出的全部补偿为：

$$\sum_H \frac{\mathrm{d}I^h}{\mathrm{d}t} = \bar{x} - (\sum_F \pi_z^f\frac{\mathrm{d}z^f}{\mathrm{d}t} - \sum_H E_z^h\frac{\mathrm{d}z^h}{\mathrm{d}t}) \tag{2.4.22}$$

对式（2.4.19）式求导，并代入式（2.4.22），可得：

$$\frac{\mathrm{d}R}{\mathrm{d}t} = \frac{\mathrm{d}\bar{x}}{\mathrm{d}t}\cdot t + (\Pi^t - B^t) \tag{2.4.23a}$$

这里：

$$\Pi^t \equiv \sum_F \pi_z^f\frac{\mathrm{d}z^f}{\mathrm{d}t} \tag{2.4.24}$$

$$B^t \equiv \sum_H E_z^h\frac{\mathrm{d}z^h}{\mathrm{d}t} \tag{2.4.25}$$

鉴于初始均衡为帕累托最优，那么 $\frac{\mathrm{d}R}{\mathrm{d}t}$ 在 $t=0$ 处必须等于零，这意味着 $\Pi^t = B^t$，亦即：

$$\frac{\mathrm{d}R}{\mathrm{d}t} = (\Pi^t - B^t) = 0 \tag{2.4.23b}$$

这样一来，帕累托最优便取决于不随税收变动而变动但却既能影响企业利润又能影响家户效用的其他外部性变量 z。式（2.4.23a）不仅能够确定一个经济是否是一个受约束的帕累托最优，而且提供了一个当存在外部性条件下显示出最优税收水平特征的一系列必要条件。由于 $\frac{\mathrm{d}R}{\mathrm{d}t}=0$ 为帕累托最优的必要条件，所以，由式（2.4.23a）可以求得最优税收水平为：

$$t = -(\Pi^t - B^t)(\frac{d\bar{x}}{dt})^{-1} \tag{2.4.26}$$

在这个一般模型的基础上，格林瓦尔德和斯蒂格利茨探讨了在不完美全信息和不完全市场的背景下，经济外部性与相应的纠正政策所造成的福利效应。首先，考虑市场上存在逆向选择的情况，在这方面，劳动力市场中的某些现象同该模型最为接近。在模型中，买方和卖方之间存在信息不对称，卖方知道所有产品的质量，而买方仅知道市场整体的平均质量，但并不知道具体某个产品的质量。令 θ 表示每单位异质商品的质量，$\bar{\theta}$ 表示市场中商品的平均质量，因此，一般模型中的外部性向量 z^h 将由等于 $\bar{\theta}$ 的单一元素组成，此时：

$$E^h = E^h(q;\bar{\theta});\pi^f = \pi^f(p;\bar{\theta})$$

在这些条件下，对于微小的税收 dt，式（2.4.23b）可以变成：

$$\frac{dR}{dt} = [\sum_F \pi_\theta^f - \sum_H E_\theta^h] \cdot \frac{d\bar{\theta}}{dt}$$

由于 π_θ^f 随着 θ 增加而增加，而 E_θ^f 则随之减少，因此，括号内的符号为正。这意味着增加市场平均质量的政府干预措施能够带来帕累托改进。

进而言之，在伴有信号传递和甄别机制的模型中，拥有高质量劳动力的卖方可以通过信号传递将自己同提供低质量劳动力的卖方区分开来。当然，获取这种信号需要花费成本才能获得。假设购买这种信号的人有平均质量 $\bar{\theta}_1$，没有购买信号的人的平均质量为 $\bar{\theta}_2$。由于工资取决于个人所发出的信号，因此，这里需要假设 $\bar{\theta}_1 > \bar{\theta}_2$。应用式（2.4.23b）可得此时微小税收 t 的净效应为：

$$\frac{dR}{dt} = \sum_i \frac{\partial\bar{\theta}_i}{\partial t}[\sum_F \frac{\partial\pi^f}{\partial\bar{\theta}_i}] \tag{2.4.27}$$

由于 $\frac{\partial\pi^f}{\partial\bar{\theta}_i} > 0$，可以发现，任何同时提高购买信号或不购买信号的人群的平均质量的税收都是帕累托改进的。更进一步说，如果生产过程是可分的，即 $y_0^f = \sum_i n_i^f y_{0i}(\hat{y}_i^f,\bar{\theta}_i)$，其中，$n_i^f$ 为企业 f 所雇佣的第 i 类工人的数目，而 y_{0i} 为每个 i 类工人的产出，于是有：

$$\sum_F \frac{d\pi^f}{d\bar{\theta}_i} = n_i \sum_F [\frac{n_i^f}{n_i}][\frac{\partial y_{0i}^f}{\partial\bar{\theta}_i}] \equiv n_i \frac{\partial\bar{y}_0}{\partial\bar{\theta}_i}, \bar{y}_0 = \sum \frac{n_i^f}{n_i} y_{0i} \tag{2.4.28}$$

这里，n_i 为 i 类工人的总数。将式（2.4.28）代入式（2.4.27），并假定劳动力总的平均质量不受信号影响，于是，可得：

$$\frac{\mathrm{d}R}{\mathrm{d}t}=[n_1\frac{\partial\bar{\theta}_1}{\partial t}][\frac{\partial\bar{y}_{01}}{\partial\bar{\theta}_1}-\frac{\partial\bar{y}_{02}}{\partial\bar{\theta}_2}]-\frac{\partial n_1}{\partial t}[\frac{\partial\bar{y}_{02}}{\partial\bar{\theta}_2}](\bar{\theta}_1-\bar{\theta}_2) \tag{2.4.29}$$

在式（2.4.29）中，第一项反映了信号的“分类”效应（“sorting” effect）。如果质量对发信号的工人更重要，那么，这一项为正。如果这种质量的增加通过减少发信号工人的数量来实现，那么，式（2.4.29）中第二项为正。在这种情况下，税收毫无疑问是帕累托改进的。

格林瓦尔德和斯蒂格利茨还将其一般分析框架应用于存在自然风险的不完全市场经济中。假定一个简单 2 阶段模型，在阶段 2，自然状态可以是 k 个值中的任何一个，并且只有一个用商品 0 表示的价值储藏品（store of value good），其在阶段 2 的相对价格由当时的自然状态所决定。家户在阶段 2 的预期效用取决于价值储藏品的所有量 W_0^h 以及价格向量 s，而且家户的效用函数和约束条件可以写为：

$$V^h(W_0^h;s)=\sum_k u_{2k}^h(x_k^{h*};W_0^h,s_k)b_k$$

$$s.t.\ s_k\bar{x}_k^h\leqslant 0$$

其中，b_k 为状态 k 实现时的概率；x_k^{h*} 为家户 h 在第 2 阶段的 k 状态下使其效用达到最大化时的消费向量；$\bar{x}_k^h$ 是个人在第 2 阶段上的净交易向量。对于商品 0 而言，$\bar{x}_{0k}^h=x_{0k}^{h*}-W_0^h$；对于其他商品而言，$\bar{x}_{jk}^h=x_{jk}^{h*}-W_{jk}^h$；其中，$W_{jk}^h$ 为家户 h 在第 2 阶段的状态 k 下的禀赋向量。

一个家户的预期效用将是第 1 阶段和第 2 阶段效用相加的总和，即：

$$u^h(W_0^h;s)=u_1^h(\bar{W}^h-W_0^h)+V^h(W_0^h;s) \tag{2.4.30}$$

这里，$\bar{W}^h-W_0^h$ 为第 1 阶段价值储藏品的消费量，$\bar{W}^h$ 是该商品的总初始禀赋。家户将选择 W_0^h 以便使两个阶段效用达到最大化。考虑在第 2 阶段价格发生微小变化，这将导致 W_0^h 的购买量发生变化，从而导致 s 向量的变化。因此，在式（2.4.30）中，s 作为一种外部性（as a kind of externality）直接进入效用函数，于是，价格向量 s 的变化就具有实际福利效应。

将式（2.4.23）直接应用于式（2.4.30）意味着此时微小的税收变动 dt 产生的净效应为：

$$\frac{\mathrm{d}R}{\mathrm{d}t}=\sum_H\sum_k\frac{\mathrm{d}E^h}{\mathrm{d}s_k}\frac{\mathrm{d}s_k}{\mathrm{d}t}b_k=\sum_k[\sum_H\bar{x}_k^h\cdot\frac{\lambda_k^h}{U_1^h}]\frac{\mathrm{d}s_k}{\mathrm{d}t}b_k$$

这里，λ_k^h 为家户 h 的收入在状态 k 下的边际效用。从这个式子可以发现，一般来说，存在着通过税收来改进整体福利的可能性。这是因为税收变化会导致各个自然状态中的价格分布（the distribution of prices）发生变化，而这种变化将对那些具有重要的传递风险和分担风险功能的市场（这类市场在数量上有限）能力施加影响。然而，由于单个交易者把价格分布视为给定的，因此，他们在做出决策时忽略了这些考虑。

格林瓦尔德和斯蒂格利茨得出的结论是：当不存在一个完整的市场集时，一个竞争性经济就不是受约束的帕累托效率。这里的“受约束”是指受到可以获得的风险市场的限制。正因为竞争性均衡不能确保实现帕累托效率，各种税收政策不仅对经济分担风险的能力施加影响，而且还对个人获取信息的能力施加影响，除非市场上的任何一套均衡价格均能充分地传递信息。在他们看来，由于在“标准的”竞争性均衡模型中不讨论扭曲现象，因此，在这类模型中，他们所关注的由货币外部性所产生的效应无足轻重；但是，如果承认扭曲的存在，则不论经济的规模大小，这类效应是举足轻重的。为此，不仅需要承认低效率（inefficiency）的存在，而且应当承认，借助于包括税收手段在内的政府政策可以实现帕累托改进。

四、帕累托劣等贸易

相信自由贸易能够带来帕累托最优，这是在西方新古典经济学界普遍受到赞同的为数不多的几个主要信条之一。然而，纽贝里和斯蒂格利茨（1984）却指出，这个信条所依托的根基是不牢靠的。他们建构了一个简单的缺乏一整套风险市场但在所有其他方面均能满足有关一个竞争性经济传统假设的模型。他们证明了，同不从事贸易的情形相比，自由贸易也许是帕累托劣等贸易（Pareto inferior trade）。

他们在模型中设定了两个国家，每个国家均生产一种有风险的农产品（a risky crop）和一种安全农产品（a safe crop），且两国农产品的产出是完全负相关的。当不存在贸易时，当产出下降，价格就会上升。如果需求函数具有单位价格弹性，那么，价格变化将会为农场主的收入提供完全的保险。而当存在自由贸易时，风险农产品的产出变化将会相互抵消，并通过使价格不再变动以抵消产出变动的方式对价格起稳定作用。其结果是，来自风险农产品的收益将发生波动，而农场主面临的风险也将增加。这将引诱农场主将生产从风险农产品转向安全农产品，从而提高平均价格。由于消费者的需求价格弹性被假定为1，他们在两种农产品上支出固定的收入份额。这意味着在贸易开放条件下农场主的平均收入维持不变而风险却增加了。因此，农场主的福利将下降。

对于消费者而言，在贸易开放之前，消费者承担所有风险；随着自由贸易的推进，消费者不承担任何风险，在其他条件不变前提下，这将使消费者境况改善。然而，随着风险农产品的风险增大，农场主将转向生产安全农产品，这将提高风险农产品的平均价格，进而使消费者境况恶化。在靠近闭关自守的地方，风险收益超过了资源配置效应；在靠近自由贸易的地方，资源配置效应将超过风险收益。但如果风险农产品的供给和价格变化足够大，且如果消费者的风险收益足够小，那么，消费者将因为贸易开放而境况变坏。由于在这个模型中，生产者的福利确定随着贸易开放而恶化，因此，相比于闭关自守而言，自由贸易确实是帕累托劣等的。图 2. 4. 1 对生产者和消费者贸易开放前后的福利状况进行了描述。

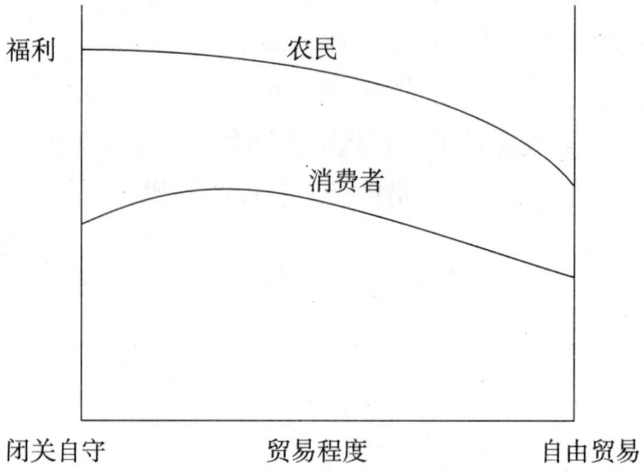

图 2. 4. 1　自由贸易的福利效应

纽贝里和斯蒂格利茨指出，自由贸易能够带来帕累托最优这一传统命题不仅要求市场是竞争性的，而且要求市场是完全的。对于农产品市场来说，所谓“完全的”意味着必须存在能使农场主为价格和产出购买保险的一整套保险市场，但由于道德风险和逆向选择等原因，这样的一整套保险市场不存在，或者即使存在也是不完全的。

在纽贝里和斯蒂格利茨建构的模型中，闭关自守状态向农场主提供了收入保险，而贸易开放（即从事风险农产品的国际贸易）具有关闭这类隐含的保险市场的相同效应。他们的分析结果依赖于三个关键假设：第一，模型中必须存在风险产品的净供给者和净需求者，这些人必须参与贸易，于是，他们的福利受到价格分布的影响；第二，生产者和消费者都不能为他们所面临的风险而购买保险。贸易程度的变化将改变个人所面临的价格分布和风险。第三，两个国家的产出之间不存在完全的正相关，那么，在与之相伴随的两国在其他方面完全相同的假定之下，贸易开放将使得价格分布不受影响。这三个假设使得本文中的模型同先前作者设立的有关贸易和不确定的模型区别开来。

纽贝里和斯蒂格利茨在模型中采用一种单位价格弹性并用以描述消费者需求的非常特殊的函数形式，并假设两个国家除了风险农产品的产出完全负相关之外其他方面均相同，而且每个国家有 n 个完全相同的农场主和 m 个完全相同的消费者。每个生产者都拥有一单位土地，并且将 x 单位土地用于生产风险农产品，用下标 r 表示；剩余 $1-x$ 部分土地用于生产安全农产品，用下标 s 表示。每公顷风险农产品的产出为随机变量 θ，其均值为 1，方差为 σ^2；每公顷安全农产品的产出为 1。农场主是风险规避型的，他们在知道随机变量 θ（气候）之前选择 x，以便使利润的预期效用（expected utility of profits）达到最大化：

$$EU(\pi),U' > 0,U'' < 0 \tag{2.4.31}$$

这里，$\pi = xp\theta + q(1-x)$ 为农场主的利润，其中，p 为风险农产品的价格，q 为安全农产品的价格。

假设有代表性消费者的间接效用函数（indirect utility function）为 $V = V(I, p,q)$，其中，I 为固定的消费者收入。令间接效用函数为：

$$V = \begin{cases}(Ip^{-a}q^{-b})^{1-\rho},\rho \neq 1 \\ \log I - a\log p - b\log q,\rho = 1\end{cases} \tag{2.4.32}$$

这里的 ρ 为消费者相对风险规避系数（coefficient of relative risk aversion）。该效用函数会产生对具有以下单位价格和收入弹性（unitary price and income elasticities）的两种农产品的总需求函数：

$$Q_r = \frac{amI}{p},Q_s = \frac{bmI}{q} \tag{2.4.33}$$

这里，Q_i 为对产品（风险产品或安全产品）i 的总需求，mI 为消费者总收入。而且该效用函数具有当其价格发生变动时并不影响收入的边际效用的性质，即：

$$V_{Ip} = V_{Iq} = 0 \tag{2.4.34}$$

首先，考虑闭关自守时的均衡，竞争性市场均衡下的价格将促使供给和需求相等。如果所有农场主的行为方式相同，那么，市场结清价格为：

$$p = \frac{ay}{x\theta},q = \frac{by}{1-x} \tag{2.4.35}$$

这里，$y = \frac{mI}{n}$ 为每个农场主获得的消费者收入。式（2.4.35）意味着获得完全安全的收益，如果两种农产品都被种植出来，那么，这两种农产品的预期收益应该相等，即：

$$p\theta = q \tag{2.4.36}$$

式（2.4.35）和式（2.4.36）共同给出的均衡解为：

$$x = \frac{a}{a+b},q = (a+b)y,p = \frac{(a+b)y}{\theta} \tag{2.4.37}$$

此时，由于生产者的利润为 $\pi = q$，因此，生产者的福利可以简化为 $U =$

$\{(a+b)y\}$；而有代表性的消费者的平均福利为：

$$EV = V_0 + aE\log\theta \tag{2.4.38}$$

这里，$V_0 = \log I - (a+b)\log\{(a+b)y\}$ 为消费者无风险时的效用水平。从生产者和消费者的效用函数中可以发现，消费者需求单位弹性将风险从农场主转向由消费者承担，并且风险农产品供给的波动仅仅影响其价格，而不会对安全农产品的价格产生影响。

其次，考虑自由贸易时的均衡。由于两国风险产品的产出之间存在完全的负相关，那么，$\theta + \theta^* = 2$，上标"＊"表示国外。在对称性自由贸易均衡的背景下，两国都将配置 x 单位土地生产风险农产品，配置 $1-x$ 单位土地生产安全农产品，因此，自由贸易下的总产出为：

$$Q_r = nx\theta + nx(2-\theta) = 2nx, Q_s = 2n(1-x) \tag{2.4.39}$$

而且价格将完全稳定在以下水平上：

$$\bar{p} = \frac{ay}{x}, \bar{q} = \frac{by}{1-x} \tag{2.4.40}$$

农场主的总利润为：

$$\pi = \bar{p}x\theta + (1-x)\bar{q} = (a\theta + b)y \tag{3.4.41}$$

从式（2.4.41）中可以发现，尽管农场主收入的均值同闭关自守时一样，但此时农场主的收入却具有风险性。这说明贸易开放减少了农场主的福利。农场主的最大化效用水平可以由在两种农产品之间的土地配置来满足：

$$EU'\{y(a\theta+b)\}\left(\frac{a\theta y}{x} - \frac{by}{1-x}\right) \equiv EM(\theta,x) = 0 \tag{2.4.42}$$

再次，考虑自由贸易情况下消费者福利的变化。令上标"∧"表示闭关自守状态，上标"－"表示自由贸易状态。把 $\{\hat{x},\hat{p},\hat{q}\}$ 和 $\{\bar{x},\bar{p},\bar{q}\}$ 对比可以发现，当农场主是风险规避型时，有：

$$E\,\bar{p}\theta = \bar{p} \text{ 或者 } \frac{ay}{\bar{x}} = \frac{by}{1-\bar{x}}$$

同闭关自守状态相比，可以发现 $\hat{x} > \bar{x}$ 且 $\hat{q} > \bar{q}$，由此可以得到在自由贸易时安全农产品的价格低于闭关自守时以及投入到风险农产品生产中的土地亦少于闭关自守时的情况。进而言之，定义 $\Delta x = \hat{x} - \bar{x}$ 为从闭关自守转到自由贸易时投入生产风险农产品中的土地减少量。作者证明了 Δx 具有两个性质：第一，Δx 随农场主风险规避态度的增强而增大；第二，只要 θ 不太大或者风险规避系数不变，那么，Δx 将随着 θ 风险性的增大而增大。Δx 的这两个性质保证了表达式 $M(\theta,x)$ 对于 θ 而言是凸的。这将保证下文中分析结论得以成立。

由于在自由贸易的情况下消费者没有面临风险，这将使消费者境况改善；但是，x 的变化却会导致消费者境况恶化。考虑如何配置 x 才能使消费者福利达到最大化：

$$V = V\{I(\frac{ay}{x})^{-a}(\frac{by}{1-x})^{-b}Z(\theta)\} \tag{2.4.43}$$

这里，$Z(\theta) > 0$ 依赖于贸易政策，在闭关自守情况下，$Z = \theta^{a}$，而在自由贸易背景下，$Z = 1$。在任何情况下，最优的 x 都将满足 $x = \frac{a}{a+b} = \hat{x}$，即农场主在闭关自守时的最优选择，任何偏离此选择的 x 都将降低消费者福利。因此，从闭关自守转变到自由贸易时，消费者福利的变动将既取决于资源配置改变的幅度 Δx，又取决于因消费者所面临的风险消除时而获得的收益。从上文的分析中可知，Δx 的大小取决于风险的规模和农场主规避风险的程度，而消费者因风险下降而获得的收益则取决于风险的规模和消费者规避风险的程度。因此，如果农场主的风险规避程度足够大，那么，自由贸易将使消费者的福利恶化。

由于农场主总是会在自由贸易达到均衡时境况恶化，因此，如果消费者也在自由贸易背景下境况变糟，那么，自由贸易同闭关自守相比将是帕累托劣等的，即在以下条件下，自由贸易是帕累托劣等贸易：

$$E\frac{(\bar{p}^{-a}\bar{q}^{-b})^{1-\rho}}{1-\rho} < E\frac{(\hat{p}^{-a}\hat{q}^{-b})^{1-\rho}}{1-\rho} \tag{2.4.44}$$

在对称性均衡中，将价格代入式（2.4.44）中，可得式（2.4.43）且等价于：

$$\frac{\bar{x}}{\hat{x}}\frac{1-\bar{x}^{b/a}}{1-\hat{x}} < \{E\theta^{a(1-\rho)}\}^{1/a(1-\rho)} \tag{2.4.45}$$

式（2.4.45）的右边为消费者风险系数的单调递减函数，而左边为农场主风险系数 R 的单调递减函数。因此，必将存在单调递增的临界函数 $R = f(\rho)$，使得消费者在闭关自守和自由贸易状态时的福利无差异。这就意味着在存在某些参数的情况下，自由贸易将导致消费者的福利减少，因此，模型证明了存在某些系数导致自由贸易成为帕累托劣等贸易。

总之，纽贝里和斯蒂格利茨通过所建立的模型对“自由贸易将带来帕累托最优”这一传统的新古典经济学的命题提出了质疑。他们的模型表明，在对导致市场结构变动所引起的风险和配置效应进行分解后发现，风险与配置效应二者可能是相互冲突的。例如，从闭关自守转向贸易开放等贸易政策的变动会对生产者所承担的风险带来显著的效应，生产者将通过改变其资源配置方式来对此做出反应。由此引起的产出模式的改变反过来又将影响消费者，消费者同样将经历一次因贸易政策变化所引起的风险的变动。随之发生的风险由消费者向生产者转移可能会使消费者境况变好，而生产者对此在资源配置上做出的反应将使得生产者境况变坏。他们的模型之所以能够得出上述结论，关键在于提出了有关缺乏完全的风险市场的假设，此外，有关单位价格弹性的假设也有助于避免在转移效应和风险效应之间造成混淆。

五、发展中国家的市场、市场失效与经济发展

斯蒂格利茨（1989）从市场低效率和市场失效的角度探讨了发展中国家经济发展落后的原因。斯蒂格利茨觉得，发展经济学的中心问题在于解释发达国家与欠发达国家之间何以在收入水平和增长率方面存在差异。在20世纪50—60年代，对于这个问题的标准解答是，发展中国家经济落后的原因在于缺乏物质资本和人力资本等要素。但斯蒂格利茨指出，如果事实果真如此，那么，在发展中国家物质资本收益率和人力资本收益率均应高于发达国家，这将诱使更多的物质资本和人力资本流入发展中国家，然而，这种现象并没有在发展中国家出现，与之相反，倒是发展中国家受教育人口大量流向发达国家。此外，"标准的"新古典增长模型所预测的有关各国人均收入增长率将趋同却并没有实现。因此，这些观察结果表明，发展中国家至少在某些重要方面存在着不同于发达国家之处。

在斯蒂格利茨看来，两类国家之间的差异或许可以归结为在经济组织、作为市场要素的个人之间如何相互作用以及对个人之间相互作用进行调节的制度方面存在差异，其中最为重要的是两类国家在市场制度上的差异。虽然在发达国家也会因多种原因而导致市场失效，但在某些情况下，市场失效可以由非市场制度（nonmarket institutions）来修正。比如，若仅仅因为获取信息需支付高成本或信息不完善而导致资本市场运行欠佳，则可以通过发展非市场制度（如大企业中的内部资本市场）来取而代之。市场失效在发展中国家比发达国家更为流行，而能够对市场失效后果进行修正的非市场制度至少没有像发达国家运行得那么成功。

斯蒂格利茨在他这篇1989年发表的论文中，集中地反映了自20世纪60年代末以来他本人及其合作者对发展中国家中市场失效与经济发展相互关系所做的深入思考。在他看来，以学习过程、资本市场、产品市场作为切入点对于理解发展中国家市场失效与经济发展相互关系具有极为重要的意义。他觉得从这几个切入点来分析问题就能解释为什么市场没有在"标准的"新古典经济学理论所假设的那种方式中运行。

1. 学习过程

斯蒂格利茨写道，在市场所有的商品当中，同市场不完善联系最紧密的"商品"当属知识和信息；知识在很多方面近似于公共品，生产知识的企业在一段时间内难于占有来自知识的全部收益，这将造成知识的供给不足。于是，知识的供给不足将会对经济发展过程产生重要影响。20世纪80年代问世的新增长理论把在"边干边学"和在跨国界传递专门知识（learning）的能力方面受到限制归结

为造成发达国家和发展中国家之间主要差异的原因，认为发展中国家不可能获取发达国家的专门知识，并认为在初始劣势为给定的前提下，对发展中国家来说，其最优选择是专司（specialize）只需要低学习潜力的技术与产品。毫无疑问，学习现象同经济发展过程联系在一起。为了说明这两者的关系，斯蒂格利茨从如下多个方面做了详细阐释。

（1）价格效应与不完全竞争

在产品是竞争性地被生产出来且又存在自由贸易的情况下，价格调节或许会部分地（或充分地）抵消在生产率增长上的差异；在需求是单位弹性的情况下，那些以低生产率增长率从事商品生产的国家将经历一个充分抵消相对价格增长的过程。[①] 当一国之内的知识外溢是不完全的，则市场将绝不会是完全竞争的。首先进入市场的企业将获得垄断租金[②]。垄断租金或许能说明收入差距持续存在的原因，而创新速率的变动将能对收入差距扩大做出解释。

（2）本土化学习过程与低水平多重均衡

在某种程度上，技术变迁（即学习过程）具有本土化（localized）特征[③]。对于某些在发达国家采用的生产工艺来说，生产率的增长将会有限地将相关技术向发展中国家外溢。本土化程度的增长（即发展中国家所使用的技术类型同发达国家所使用的技术类型之间差异的增大）将导致两类国家之间的差距拉大。由于学习能力本身具有本土化特征，因此，这将导致发展中国家陷入一个“低水平均衡陷阱”。

考虑一个简单的生命周期模型。在其中，个人的生命周期分为两阶段，在第一阶段只工作并进行储蓄，而在第二阶段退休后依靠上一阶段的储蓄进行消费。在模型中，储蓄率是人均收入增长率的增函数并且是利率的递减函数；假设技术为劳动扩大型（labor augmenting）的，并假设和技术 k 相联系的稳态劳动扩大型技术进步率为 n（k），这里的 k 为资本—有效劳动比率（capital-effective labor ratio），而且更为资本密集型的技术将会产生更高的稳态学习函数，即 $n' > 0$。为简化起见，假设人口固定不变，因此，当达到均衡状态时，资本增长率 K 必须等于有效劳动供给的增长率，即：

$$\frac{\mathrm{d}\ln K}{\mathrm{d}t} = \frac{sQ}{K} = s(k)q(k) = n(k)$$

这里，Q 为总产出，q（k）为同技术 k 对应的产出—资本比，并且 q 是 k 的

---

① 参见 Skeath, Susan, 1988, “Learning, Price Effects, and Income Growth”, mimeo, Princeton University。

② 参见 Dasgupta, Partha & Joseph E. Stiglitz, 1988, “Learning-by-Doing, Market Structure and Industrial and Trade Policies”, *Oxford Economic Papers*, vol. 40, June, pp. 246-268。

③ 参见 Atkinson, Anthony & Joseph E. Stiglitz, 1969, “A New View of Technological Change”, *Economic Journal*, vol. 79, Sept., pp. 46-49。

递减函数。在这种情况下，储蓄率 s 将是 k 的函数，如果 s 随着 k 增长得足够快，那么，在上式中将存在多于一个均衡的多重均衡。图 2.4.2 描述了这种情况，其中，同高 k 值相联系的是生产率的高增长率；而和低 k 值相联系的是生产率的低增长率。

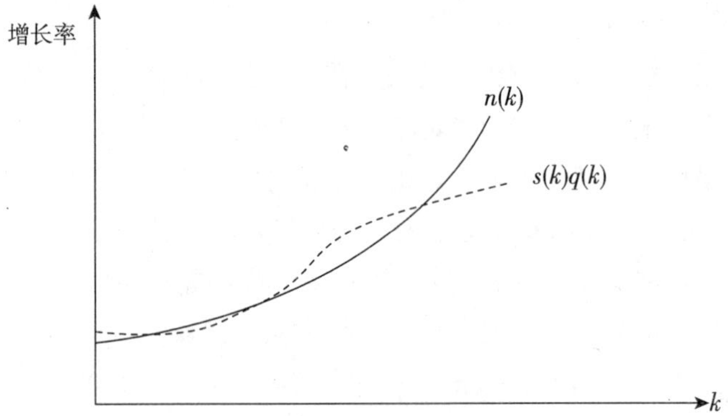

图 2.4.2　与本土化学习过程相伴随的多重均衡

（3）历史的重要性、外部性与多重均衡

在图 2.4.2 中，哪一个国家处在多重均衡中的哪一个均衡点上，在斯蒂格利茨看来，这取决于历史。在包含学习过程的模型中，尤其是在伴随着本土化学习过程的模型中，诸如战争、饥荒、经济衰退等偶然历史事件会产生长期效应，致使发展中国家一直处于低水平均衡中。正是从这个意义上说，历史是重要的（History matters）。此外，在学习过程中和研发（R&D）过程中存在着重要的外部性。这类非市场外部性会扩散开来，进而产生多重均衡。然而，在形成多重均衡的过程中将存在着某种"正反馈"（positive feedbacks），例如，企业对 R&D 的高支出水平将产生足够大的外溢效应，以至于增加了企业来自从事研究所获得的边际收益①；又如，社会中有了更多的受过教育的人会有助于增加来自教育的收益。

（4）收入效应与两类国家之间的差异

收入效应同样会产生多重均衡。如果经济中所有部门都在迅速增长，那么，对产品的需求将迅速增长，这将迅速地扩大生产并导致快速的学习过程。斯蒂格利茨进而指出，在讨论发达国家与发展中国家差异时还需要提到两个起特殊作用的因素：第一，发达国家的经济规模一般都很大，这就使得发达国家从"分摊获取信息的活动"（overhead information acquisition activities）中获得了足够的收益，

① 参见 Sah, Raaj K. & Joseph E. Stiglitz, 1988, "The Invariance of R&D to the Number of Firms in the Industry", NBER Working Papers no. 1798。

进而降低了旨在占有全部收益而遭受失败所带来的福利损失；第二，在很大程度上，经济发展的难题尤其是推进工业化的难题就是获取有关技术的信息的问题；换言之，也就是弄清楚什么产品应当生产，如何生产这些产品以及应当怎样获取生产这些产品的技术的问题。

2. 资本市场

资本市场不完善也是造成发展中国家经济落后的原因之一。即使在发达国家，逆向选择、道德风险和合约执行等问题的存在意味着资本市场看起来不像是教科书中所描绘的完善资本市场的模型。事实上，甚至是竞争性市场也许是以“信贷配给”（credit rationing）① 以及被称之为“证券配给”（equity rationing）② 的机制为特征。证券配给造成新股票的发行规模大到足以降低企业的市值，以至于几乎没有企业以发行新证券方式来筹集资本。证券配给意味着企业无法分散它所面临的风险。在这种情况下，企业会以规避风险的方式行事。任何对经济造成冲击的情况（如出口市场不稳定性等）发生都会导致企业不愿扩大生产能力。只要生产率提升是通过 R&D 的投入或通过“边干边学”来实现的话，那么，企业因规避风险而造成投资不足将进一步对生产率的增长率带来影响。于是，多重均衡将再一次出现。

在发达国家，当企业通过发行新证券筹集资金受到约束的条件下可以通过其他的非市场制度来弥补。譬如，大企业可以借助于内部融资（internal financing）方式来扩张其生产能力，尤其是跨国大公司发展其内部资本市场（internal capital markets）并在其子公司之间重新配置资金。但是，发展中国家却在这方面具有双重劣势：一方面，在发展中国家，由于信息不完善的难题可能比发达国家显得更为严重，由此导致了信贷配给和证券配给的实施；另一方面，由于发展中国家企业规模较小，加上收集、评估和传播信息的制度远未建立起来，致使处理这类资本市场不完善的制度框架一旦运作起来可能不那么有效力。

3. 产品市场

斯蒂格利茨强调，产品市场上的信息不完全不仅直接影响生产者，而且还通过消费者来间接地影响生产者。信息不完全是造成发达国家和发展中国家的大部分厂商都面对着一条向下倾斜的需求曲线的一个主要原因，这一点同“标准的”新古典教科书中所假设的完全需求弹性的情形相悖。对于发展中国家来说，向下

---

① 参见 Stiglitz, Joseph E. & Andrew Weiss, 1981, “Credit Rationing in Markets with Imperfect Information”, *American Economic Review*, vol. 71, June, pp. 393-410。

② 参见 Greenwald, Bruce C. & Joseph E. Stiglitz, 1988, “Financial Market Imperfections and Productivity Growth”, paper given at Stockholm conference, June 1988。

倾斜的需求曲线的存在具有两层含义：第一，降低汇率或许不会对销售立即产生影响；第二，有可能将在同质量相关的产品之间产生重要的外部性效应（externality effects）。在同一个国家之内，消费者会囤积由不同厂商生产的产品；某种假冒伪劣产品（a shoddy good）被一家企业所购买会导致消费者认为其他厂商可能也在生产劣质产品。如果情况确实如此，将会带来高质量产品生产不足的后果。信息不完全会因为两个理由而对市场进入起阻碍作用：第一，因为消费者关心的是所生产的产品的质量，而进入市场的新企业很难在新市场上站得住脚；第二，发展中国家的企业在有关生产和销售新产品的能力上面临着更大的不确定性。在发展中国家，新企业进入市场所面临的困难致使企业在需要高学习能力的产业中存在比较劣势，进而导致发展中国家处于低水平均衡中。

第五节　简要的评价

第二次大战后，原先遍布亚、非、拉的殖民地、半殖民地及附属国纷纷独立，形成了众多的发展中国家。随着发展经济学的兴起，一批西方主流新古典经济学家把目光投向了这些在政治上赢得了独立并在经济上谋求发展的发展中国家。他们从新古典经济学分析范式出发，对发达国家与发展中国家之间在市场效率方面的差异进行观察，并且把发生在市场不完全的发展中国家中的各种现象同静态的帕累托最优条件相比照，进而对发展中国家偏离帕累托最优条件的特征及其原因做出解释，在对完全竞争和完善市场假设构成具有颠覆性意义的挑战的同时，形成了探讨发展中国家市场效率与经济发展相互关系的一系列理论。

笔者拟在以上概述扭曲理论、寻租理论以及对“直接非生产性寻利活动”的分析与对信息不完全与市场不完全背景下发展中国家市场效率的分析的基础上，分别对这 4 种理论的产生与发展对发展经济学的新发展具有什么重要意义做了一个简要评价，评价的侧重点在于理论本身的发展及其政策含义这两个方面。

一、对扭曲理论的评价

一直以来，“帕累托最优”状态构成为西方主流新古典资源配置理论的核心概念。在 20 世纪 70 年代后期之前，收益递增分析工具尚未广泛运用于发展经济学领域，西方主流新古典经济学家在探讨市场经济体制和市场运行机制不完善的发展中国家中的市场效率与经济发展相互关系时，静态的“帕累托最优”状态被作为唯一的判断经济效率的参照系：一个经济体若是达到或接近于“帕累托最优”状态便被判定为实现了或近似于实现“帕累托最优”或“帕累托有效率”；反之，若是偏离“帕累托最优”更远则被判定为“帕累托无效率”或“帕累托低效率”。在以上概述的自战后以来研究市场扭曲与经济发展相互关系的代表性文献中，大都采用了反映福利效应的新古典经济学“标准的”静态分析工具（需要指出的是，也有少数学者对扭曲做了动态的考察，譬如，前文中概述的李钟和与伊斯特里的两篇论文便是分别从贸易扭曲和扭曲比率角度对扭曲与长期增长相互关系进行动态考察的范例），把发展中国家市场不完全相关的种种现象与“帕累托最优”状态相比照，分析这些现象对“帕累托最优”状态的偏离程度。自20世纪60年代扭曲理论问世之后，包括米德、科登和巴格瓦蒂等人对贸易扭曲的分析，巴格瓦蒂等人对扭曲的分类研究，巴拉萨对扭曲起源的讨论，哈里·G. 约翰逊对扭曲成本的度量以及由此引发的对“有效保护率”的测度等研究成果基本上都是同“帕累托最优”进行对比分析得出的结果。尽管这种分析范式具有典型的静态或比较静态特征，但这些研究毕竟是西方新古典经济学家探讨发展中国家问题的一种尝试，他们针对发展中国家市场经济运行效率问题所建立的扭曲理论正是抓住了发展中国家市场体系不完全和市场运行机制不完善的某些主要特征，因而具有重要的理论价值。尤为重要的是，虽然扭曲理论属于短期的和静态的范畴，而不属于长期的和动态的范畴，然而，一旦将短期的资源配置同长期经济发展摆在一个分析框架中进行探讨时无疑就具有动态的经济发展的含义。著名发展经济学家明特（1987）曾明确指出这一点。他写道：“经济增长并不仅仅取决于储蓄供给和可投资资源的增长，而且关键性地取决于这些资源如何被生产性地（productively）加以利用。配置效率是生产性地使用资源的一个主要因素；更确切地说，当我们所关注的不是给定资源，而是来自于储蓄和资本积累增长而形成的资源扩张流（an expanding stream of resources）时，有必要防止资源错误配置就显得特别重要。在这样的背景下，资源配置的扭曲会通过其累积效应严重地阻碍增长，因此，认为静态的配置效率问题对于动态的、通过资本积累来促进增长的问题并不重要的说法具有误导性”。①

再就扭曲理论的政策含义而言，自20世纪50年代中期利普西和兰开斯特在总结前人研究的基础上创立了次优理论以来，“次优”概念便取代了“帕累托最优”概念，不仅为包括扭曲理论在内的各种市场不完全理论有关政府干预的论点提供了理由，而且也成为判断发展中国家政策效果的一个可供操作的参照系。新一代发展经济学家们从次优概念中引申出两个方面的政策含义：第一，需要对各种扭曲加以甄别并进行分类，然后针对不同扭曲采用不同政策；第二，对可供选

① Myint, Hla, 1987, "The Neoclassical Resurgence in Development Economics: Its Strength and Limitations", in Gerald M. Meier ed., *Pioneers in Development* (*second series*), Oxford University Press, p. 135.

择的政策工具进行排序，在政策操作过程中应遵循“两害相权取其轻”的原则。就第一个含义而言，巴格瓦蒂基于扭曲的成因对扭曲进行分类，巴拉萨对发展中国家的产品市场和要素市场中扭曲相互作用的机理所做的考察，阿加瓦拉对产品价格扭曲和要素价格扭曲对发展中国家增长绩效的影响进行测度等，都是对各种扭曲进行甄别和分类的范例。他们的研究确证了发展中国家因市场不完全和市场机制不完善而存在市场扭曲，不仅为政府干预提供了空间，而且明确了政府干预的方向、手段、程度和有效性的界限。再就第二个含义而言，主要由巴格瓦蒂创立的针对扭曲的政策工具排序理论告诉人们，当存在市场扭曲时，不管是内生的、政策引致的还是自发的扭曲，都应当对各种不同政策工具依据其福利效应从最优到次优、第三优、第四优等顺序依次向下做一个排序，并针对扭曲的类型采用适当的措施。否则，政策运用不当又会带来由政策引致的新的扭曲。笔者以为，扭曲理论对于发展中国家最重要的政策含义就在于，该理论与次优理论一道，率先打破了传统新古典经济学以追求理论完美性为最高境界的分析传统（着力于刻画“帕累托最优”状态和实现该状态的过程是这一传统的集中体现）。这有助于发展中国家政策制定者在扭曲理论和次优理论的框架下做出决策，考虑经济现实同“帕累托最优”假设之间存在的距离，选择符合实际的追求次优状态的政策目标，并根据本国市场体系的完善程度和市场机制的成熟程度采用不同的政策工具。然而，扭曲概念毕竟属于静态分析的范畴。新一代发展经济学家逐渐意识到，虽然应当消除由包括政府干预在内的各种因素所造成的扭曲，但在长期中，消除扭曲似乎既不是持续增长的充分条件，也不是必要条件。因此，自20世纪80年代末以后，仅能查到为数不多的研究扭曲与经济发展相互关系的文献。

二、对寻租理论的评价

寻租是人类社会中普遍存在的一种经济现象。虽然这种现象早已流行，但直到20世纪60—70年代才进入经济学家的研究视野。经济学家们在“理性经济人”假设之下以“集体行动”的范式分析寻租行为。寻租既流行于发达国家，也流行于发展中国家。本节所概述的是探讨市场不完善和政府干预更为频繁的发展中国家中的寻租理论，侧重点放在梳理寻租活动影响发展中国家市场效率和经济发展的相关论述上。以下笔者拟从理论贡献和政策含义两个方面对寻租理论做一个评析。

首先，就寻租理论对发展经济学的理论意义而言，寻租理论拓宽了发展经济学的探索视野。在寻租理论问世以前，发展经济学的研究范围主要集中在生产性活动领域；然而，在人类社会生活中仍然有许多活动同非生产性领域有关。20世纪60年代末以来，新一代发展经济学家如克鲁格、巴格瓦蒂、斯瑞尼瓦桑、墨非等人正是以市场效率与经济发展相互关系为切入点，运用新古典政治经济学分析方法，研究了发展中国家各利益集团通过对政府施加影响或者同政府博弈来获取租金等寻租行为。对寻租行为展开理论研究的意义就在于，由于发展中国家市场制度不完善，限制政府行为的制度也不完善，政府行为缺乏约束力，加上设租和寻租的机会成本相对较低，在这种情况下，政府往往成为那些通过寻租谋取利益的集团力求“捕获”（capture）的对象。此外，寻租理论也可以在一定程度上对经济转型国家不同的经济绩效提供某种解释。① 在部分转型国家中，由于转型急剧发生而造成的制度真空为寻租活动提供了空间，因此，寻租理论认为转型国家政府所实施的政策是各利益集团寻租活动博弈的均衡结果。鉴于寻租理论具有重要的经济发展的含义，诺斯（1984）曾经建议，分析发展中国家经济发展应该结合寻租思路、交易成本思路以及利益集团思路，使三者统一在制度研究的框架内分析经济发展问题。② 从前文概述的研究文献中可见，安妮·O. 克鲁格等人证明了，属于非生产性活动的寻租行为通过将资源从生产性领域转移到非生产性领域的方式导致了资源配置不当。有的学者证明了在特定条件下和局部环境中（譬如：巴瑞利和佩索阿将垄断性寻租与竞争性寻租相比较），某类寻租活动有可能带来福利损失较小的结果，甚至有可能带来福利的改进；但我们认为，从总体上看，作为非生产性活动的寻租挤占的是发展中国家本来就稀缺的宝贵资源，局部的福利改进无法抵补由寻租引起的全局性资源配置不当造成的损失，因而将对发展中国家长期经济增长带来不利影响。

其次，寻租理论对发展中国家具有两个方面的政策含义，其一是对经济发展的一般含义；其二是对贸易政策的特定含义。就第一个方面而言，新一代发展经济学家通过分析证明了寻租将给发展中国家长期增长带来负面效应，这包括克鲁格有关竞争性寻租导致经济体处于生产可能性边界之内的推论；墨非等人有关寻租具有收益递增特征，寻租不仅带来了相对于生产性活动更大的收益，而且还对创新活动起阻碍作用，致使经济中出现高水平寻租与低水平产出的多重均衡的推论；巴瑞利和佩索有关寻租对经济增长关系的考察，寻租收益的大小与制度效率有关以及垄断寻租比竞争寻租对经济增长的负面效应相对要小的结论；斯宾尼塞利用公共部门官僚体制的制度质量分析框架，同时考虑寻租对收入不平等和经济增长的影响，所得出的寻租不利于经济增长的结论，等等。就第二个方面而言，新一代发展经济学家实际上是把对国际贸易领域中寻租的研究作为探讨寻租活动

① 有相当数量的发展经济学家认为，在经济转型国家中发生的诸多问题属于发展经济学的研究领域。参见：Joseph E. Stiglitz, 1992, “Alternative Tactics and Strategies for Economic Development’, in Amitava Krishina & Kenneth P. Jameson, eds. , *New Directions in Development Economics*, Edward Elgar。

② North, Douglas, 1984, “Three Approaches to the Study of institutions”, in David C. Colander, ed. , *Neoclassical Political Economy: The Analysis of Rent-Seeking and DUP Activities*, Cambridge, MA: Ballinger Publishing Company, pp. 33-40.

的起点，然后才把对寻租的研究延伸至经济增长等领域。他们在分析国际贸易领域中的寻租行为时，着力于在寻租影响政府制定贸易政策的前提下讨论由此对资源转移、经济增长和收入分配等领域带来的影响，包括巴格瓦蒂、布雷切和斯瑞尼瓦桑有关寻租对资源转移的效应在于寻租实际上造成经济中出现了一个产出为零但投入却为正的非贸易部门的论证；玛吉有关作为内生的贸易政策不仅是发展中国家国内各利益集团投入资源游说政府并在政治市场上通过相互竞争最终实现均衡的一个变量，而且贸易政策同政府一道作为内生变量介入了经济增长与收入分配过程的分析；希尔曼关于发展中国家政府在制定贸易决策时从工业集团获得政治支持和因消费者不满而失去选票之间做出权衡因而对已经丧失了比较优势和衰退行业实行保护的讨论，等等。新一代发展经济学家的这些研究结论对于发展中国家政府制定政策无疑具有重要的参考价值。

需要指出的是，防止寻租行为对发展中国家经济发展带来负效应进而把这类负效应降低到最低限度涉及如何通过制度设计来遏制寻租行为这个问题。但是，要想在市场不完善的发展中国家设计出一整套有效遏制寻租行为的制度架构将面临重重困难。这一点诚如肯尼斯·J. 柯福特和大卫·柯兰德（Kenneth J. Koford & David Colander，1984）① 所指出的那样，由于治理寻租活动必须依赖于政府行为，加上在实际操作中各种治理措施相互之间存在内在矛盾，因而加大了制度设计的难度。因此，如何根据各国国情设计出一套足以有效地遏制寻租行为的制度，这是一项有待经济学界同仁进一步深入研究的课题。

三、对 DUP 理论的评价

对 DUP 活动的研究实际上是把对寻租的研究思路进一步拓展到与寻租相似的其他领域。克鲁格运用标准的新古典分析思路，从发展中国家市场效率与经济发展相互关系的角度入手，率先对竞争性寻租过程进行了分析，而巴格瓦蒂等人则从自己的亲身经历出发，把克鲁格开创的探索寻租的研究思路拓展到与寻租行为相似的其他领域，譬如：通过改变关税和要素收益的方式来获取货币收入，逃避关税的走私活动，利用包含关税的合法进口品与避开关税的非法进口品之间的价差来逃避关税以便获取货币收益的行为，通过进口许可证所带来的溢价以获得货币收益的寻求溢价行为，等等。在笔者看来，新一代发展经济学家所做的这一扩展工作在推进发展经济学研究方面具有重要的理论意义和政策含义。

首先，DUP 理论进一步拓展了发展经济学的研究领域，使得更多的在传统上不属于发展经济学的探索范围现在也被纳入进来。近几十年来，人们经常提到

---

① Koford, Kenneth J. & David C. Colander, 1984, "Taming the Rent-Seeking", in David C. Colander, ed., *Neoclassical Political Economy*, Cambridge MA., Ballinger Publishing Company, pp. 205-216.

“经济学帝国主义”现象，其实，这一现象在发展经济学领域也得到了最好的展现。早在20世纪60—70年代，以巴格瓦蒂等人为代表的新一代发展经济学家把他们在国际贸易理论中使用的福利经济学分析工具运用于研究发展中国家，不仅使传统国际贸易理论长期忽视对发展中国家进行专门研究的局面得以改观，而且还针对性地探讨了发展中国家广泛存在的扭曲现象和寻租现象。20世纪70—80年代，巴格瓦蒂等人将福利经济学分析工具更为一般化地分析DUP活动，从而创立了比寻租理论更具一般意义的DUP理论。巴格瓦蒂1982年发表题为《直接非生产性寻利活动》经典型论文中，指出了各种类型的DUP活动具有阻碍经济增长的共同本质，这就是，经济主体使用了真实资源来获得货币性收入，但却既没有对那些能够直接或间接进入效用函数的产出做出贡献，也没有生产出通过增加的产出而进入生产函数的产品和劳务总量，因而导致了一个经济体中的“可获得性集合”发生收缩。笔者认为，DUP理论在扩张发展经济学研究视野方面的一个重要贡献就在于，DUP理论沿袭古典学派经济学家提出的“生产性”和“非生产性”概念，在融合消费与生产的基础上构建了一个统一的分析框架，并围绕生产领域与非生产领域之间相互影响来讨论配置效率，进而把这种分析引伸到研究配置效率对发展中国家经济增长的效应上来，使得该理论在理论分析的诸多方面更加贴近于发展中国家的现实。

其次，DUP理论对于发展中国家所具有的重要的政策含义主要体现在该理论更为广泛地采用将政府变量内生化的研究思路，这有利于更为现实地理解发展中国家政府制定政策的过程。如同寻租理论一样，在对DUP活动的分析中，政府变量也被内生化并进入分析过程。政府不再凌驾于经济体之上，而是本身作为经济过程的参与者而被加以探讨。在政府被内生化的环境中，各利益集团对经济政策所施加的影响并非毫无意义。现实情况是，许多发展中国家政府在对国民经济管理中采用了诸多管制措施，这些管制措施客观上成为诱导各利益集团利用各种资源来获取在政府管制领域中的特殊优惠或垄断特权。由此可见，DUP活动的存在意味着有可能形成一个比寻租更为广泛的从多种渠道对政府施加影响的政治市场。这一市场的运作致使政府政策时常不能够达到预期目标，甚至可能与政策的初衷背道而驰。内生分析思路优于外生分析思路之处就在于，内生框架通过将DUP活动与政府行为同时引入分析过程，使之被置于相同的制度背景之下，便于研究者分析政府对DUP活动所做出的反应以及政府与从事DUP活动的利益集团进行博弈等行为，进而有助于得出具有实际政策含义的研究结论。如果不设立一个将政府与DUP活动同时进行分析的内生化的分析框架，不利于把对DUP活动的研究引向深入，也就难以找到消除DUP活动所带来的不利影响的对策。需要特别提到的是，DUP理论和寻租理论一样，再一次凸显出在发展中国家设计相关制度和执行相关的制度是何等重要。

四、对信息与市场不完全背景下市场效率理论的评价

在本章所概述的发展经济学家对发展中国家生产效率与经济发展相互关系的分析中，可以明显地看出所概述的文献具有两个主要的特征：第一，前三节有关扭曲、寻租和 DUP 活动的研究文献所讨论的问题基本上与传统的市场失效概念（即因外部性、规模经济以及收益分配不公等所引起的市场失效）有关，而第四节则与信息不对称、道德风险、逆向选择等新型的市场失效概念有关；第二，在前三节所涉及的文献中，虽然各位学者对完全竞争模型以及作为标志着“标准的”新古典主流经济学最高理论成就的阿罗—德布鲁竞争性均衡模型提出了种种批评，但这类批评从总体上看还是在完全竞争和竞争性均衡的理论框架内所展开的，批评的目的旨在对整体框架做一些修补，然而，在第四节所涉及的研究文献中，学者们已经不满足于对完全竞争模型和有关竞争性均衡的推论进行修补，而是直截了当地指出现有的新古典完全竞争和竞争性均衡模型不适合于发展中国家实际，进而通过分析得出了一系列对于建立在完全竞争和竞争性均衡模型基础上的整个新古典理论体系具有颠覆性意义的结论。这里，笔者拟对新一代发展经济学家创立的信息与市场不完全背景下市场效率理论对于发展中国家的理论意义和政策含义做一个评价。

首先，新一代发展经济学家所创立的信息与市场不完全背景下市场效率理论修正了传统新古典经济学有关市场效率的假设前提，并提出了新的概念工具，在力求促成新古典分析范式同发展中国家现实相适应方面做了具有重大理论意义的推进。就改变传统的假设前提而言，阿克洛夫研究了“柠檬”市场，率先对信息不完全和存在不确定性的市场中的运行机制进行了探索；格罗斯曼和斯蒂格利茨在对传统一般均衡模型中隐含的完全信息假设提出质疑的基础上，证明了在假设市场能有效传递信息同人们被激励去获取信息二者之间存在着根本冲突，这意味着只要传统的完全竞争模型中被允许存在信息成本和信息不完全的话，则竞争性均衡就会站不住脚；格林瓦尔德和斯蒂格利茨表明，“标准的”竞争性均衡模型因为不讨论扭曲现象致使由货币外部性产生的效应无足轻重，但如果承认一个不完整的市场集存在，则竞争性经济便不会带来受约束的帕累托效率；纽贝里和斯蒂格利茨建构了一个简单的缺乏一整套风险市场但在所有其他方面均能满足一个竞争性经济传统假设的模型，用以说明帕累托最优不仅要求市场是竞争的，而且要求市场必须完善到包括能够让农民为价格和产出购买保险的一整套保险市场在内的程度，甚至还要求在该市场上不存在道德风险和逆向选择，否则无法证明自由贸易能够带来帕累托最优；斯蒂格利茨在发展中国家市场不完善前提下探讨了发展中国家经济发展落后的原因，他尤其认为知识和信息同市场不完善联系最

为紧密，致使生产知识的企业在一段时间内难于占有来自知识的全部收益，而信息不完全使得大部分厂商面临一条向下倾斜的需求曲线，致使大部分企业在有关生产和销售新产品的能力上面临着更大的不确定性，由此带来了创新动力不足和高质量产品生产不足的后果，进而导致发展中国家陷于低水平均衡中。就提出新的概念工具而言，新一代发展经济学家在分析中使用了“帕累托优于”或“帕累托更优”（Pareto superior）以及“帕累托劣于”或“帕累托更劣”（Pareto inferior）等概念工具。或许人们会问，同传统的概念工具“帕累托改进”（Pareto improvement）相比，新一代发展经济学家提出的新的概念工具有何不同？我们认为，二者之间的差别主要在于如下两点：第一，所依据的假设不同。传统的概念工具“帕累托改进”基于市场既“完全”且市场机制运行又“完善”的假设基础上，所对应的参照系是“帕累托最优”或“第一优”（the first best），所分析的是从低于“最优”之下的某种状态朝着“最优”推进的过程；而新的概念工具所对应的参照系并不是“最优”，而是“更优”或“更劣”，所展开的分析以发展中国家市场既不完全又不完善作为假设前提，所讨论的境况变动从一开始到最终结束均只有相对含义；第二，传统的分析工具在使用时还同规模收益不变的假设联系在一起，而新的概念工具在使用时往往与规模收益递增的假设相联系，而且往往由此推导出了多重均衡的存在。当然，在当今新一代发展经济学家当中，也有一些人也在市场不完善和规模收益递增假设之下使用“帕累托改进”概念，在这种情况下“帕累托改进”所转述的不再是传统概念的含义，因此，可以认为二者之间不再有差异存在。

其次，新一代发展经济学家从他们所创立的信息与市场不完全背景下的市场效率理论中推导出了发展中国家政府应当干预市场的结论，因而具有重要的政策含义。作为新一代发展经济学家的斯蒂格利茨等人采用的仍然是新古典经济学分析范式，但由于他们在市场不完全和市场机制运行不完善的假设之下，得出了在分析发展中国家的经济问题时，应当放弃完全竞争带来帕累托最优的信条，在广泛存在市场不完全和信息不对称的领域中实行政府干预的主张。在以上概述的文献中大都明确提到了在一定条件下实行干预的必要性和重要性。诸如，阿克洛夫指出，在发展中国家信息不完全背景下，由于在甄别优质产品和劣质产品方面存在着困难，在造成产品的平均质量下降的同时市场规模缩小，在某些场合政府干预有助于增进所有各方的福利；格林瓦尔德和斯蒂格利茨认为，当经济中存在的扭曲造成货币外部性带来显著的福利后果时，存在着包括税收手段在内的政府实施干预的空间，进而使得每一个人境况有可能得以改善；等等。同本章中前三节中所概述的扭曲理论、寻租理论及 DUP 理论相比，信息与市场不完全背景下的市场效率理论具有更为强烈的力主政府干预的色彩。然而，这并不意味着这一支主张在发展中国家实行政府干预的学者有意要将政府干预市场的能力无限放大。

诚如这一支理论文献的主要代表人物斯蒂格利茨所言，“市场失效在发展中国家尤为盛行。好的政策要求对市场失效加以鉴别，考虑一下哪一类市场失效可以通过使得市场更有效地运行的方式（尤其是减少由政府施加的障碍，以便使市场有效运转）着手解决，而哪一类则不行。我们需要鉴别哪一类市场失效可以借助于非市场制度来加以修复（政府也许可以在建立起这类非市场制度方面助一臂之力）。我们有必要承认市场既有其长处也有其局限，正如旨在纠正市场失效的政府既有其长处也有其局限一样”。①

参考文献

1. Agarwala, Ramgopal, 1983, "Price Distortions and Growth in Developing Countries", World Bank Staff Working Papers, no. 575.

2. Akerlof, Gorge A., 1970, "The Market of 'Lemon': Quality of Uncertainty and the Market Mechanism", *Quarterly Journal of Economics*, vol. 84, no. 3, pp. 488-500.

3. Anderson, James & Peter Neary, 1994, "Measuring the Restrictiveness of Trade Policy", *World Bank Economic Review*, vol. 8, no. 2, pp. 151-169.

4. Anderson, James & Peter Neary, 1996, "A New Approach to Evaluating Trade Policy", *Review of Economic Studies*, vol. 63, no. 1, pp. 107-125.

5. Anderson, James & Peter Neary, 2003, "The Mercantilist Index of Trade Policy", *International Economic Review*, vol. 44, no. 2, pp. 627-649.

6. Balassa, Bela, 1965, "Tariff Protection in Industrial Countries: An Evaluation", *Journal of Political Economy*, vol. 73, no. 6, pp. 573-594.

7. Balassa, Bela, 1975, "Trade, Protection and Domestic Production: A Comment", in Peter B. Kenen, ed., *International Trade and Finance*, Cambridge University Press, pp. 154-163.

8. Balassa, Bela, 1975, "Reforming the System of Incentives in Developing Countries", *World Development*, vol. 3, no. 6, pp. 365-382.

9. Balassa, Bela, 1978, "Export Incentives and Export Performance in Developing Countries: A Comparative Analysis", *Weltwirtschaftliches Archiv*, Bd. 114, SS. 24-61.

① Stiglitz, Joseph E., 1989, "Markets, Market Failures, and Development", *American Economic Review*, vol. 79, no. 2, May, p. 202.

10. Balassa, Bela, 1982, "Disequilibrium Analysis in Developing Countries: an Overview", *World Development*, vol. 10, no. 12, pp. 1027-1038.

11. Balassa, Bela, 1985, "Exports, Policy Choices, and Economic Growth in Developing Countries after the 1973 Oil Shock", *Journal of Development Economics*, vol. 18, no. 1, pp. 23-35.

12. Balassa, Bela, 1988, "The Interaction of Factor and Product Market Distortions in Developing Countries ", *World Development*, vol. 16, no. 4, pp. 449-463.

13. Barber, Clarence L., 1955, "Canadian Tariff Policy", *Canadian Journal of Economics and Political Science*, vol. 21, no. 4, pp. 513-530.

14. Barelli, Paulo & Samuel Pessoa, 2002, "A Model of Capital Accumulation and Rent-Seeking", CARESS Working Paper, no. 02-26.

15. Basevi, Giorgio, 1966, "The United States Tariff Structure: Estimates of Effective Rates of Protection of United States Industries and Industrial Labor", *Review of Economics and Statistics*, vol. 48, no. 2, pp. 147-160.

16. Bator, Francis M., 1958, "The Anatomy of Market Failure", *Quarterly Journal of Economics*, vol. 72, no. 3, pp. 351-379.

17. Baumol, William, 1952, *Welfare Economics and the Theory of the State*, Cambridge, MA.: Harvard University Press.

18. Benson, Bruce L., 1984, "Rent-Seeking from a Property Rights Perspective", *Southern Economic Journal*, vol. 51, no. 2, pp. 388-400.

19. Bhagwati, Jagdish N., 1971, "The Generalized Theory of Distortions and Welfare", in Jagdish N. Bhagwati et al. eds., *Trade, Balance of Payments and Growth*, Amsterdam: North-Holland, pp. 69-90.

20. Bhagwati, Jagdish N., 1982, "Directly Unproductive Profit-Seeking (DUP) Activities", *Journal of Political Economy*, vol. 90, no. 5, pp. 988-1002.

21. Bhagwati, Jagdish N., 1982, "Lobbying, DUP Activities and Welfare: A Response to Tullock", *Journal of Public Economics*, vol. 19, no. 3, pp. 395-401.

22. Bhagwati, Jagdish N., 1983, "DUP Activities and Rent Seeking", *Kyklos*, vol. 36, no. 4, pp. 634-637.

23. Bhagwati, Jagdish N. & T. N. Srinivasan, 1973, "The General Equilibrium Theory of Effective Protection and Resource Allocation", *Journal of International Economics*, vol. 3, no. 3, pp. 259-281.

24. Bhagwati, Jagdish N. & T. N. Srinivasan, 1980, "Revenue Seeking: A Generalization of the Theory of Tariffs", *Journal of Political Economy*, vol. 88, no. 6, pp. 1069-1087.

25. Bhagwati, Jagdish N. & T. N. Srinivasan, 1982, "The Welfare Consequences of Directly-Unproductive Profit-Seeking (DUP) Lobbying Activities: Prices versus Quantity Distortions", *Journal of International Economics*, vol. 13, no. 1-2, pp. 33-44.

26. Bhagwati, Jagdish N. & T. N. Srinivasan, 1983, *Lectures on International Trade*, Cambridge, MA., The MIT Press.

27. Bhagwati, Jagdish N., Richard A. Brecher & T. N. Srinivasan, 1984, "DUP Activities and Economic Theory", in David C. Colander, ed. *Neoclassical Political Economy*, Cambridge MA., Ballinger Publish Company, pp. 17-32.

28. Bhagwati, Jagdish N., Brecher, Richard A. & T. N. Srinivasan, 1985, "DUP Activities and Economic Theory", *European Economic Review*, vol. 24, issue 3, pp. 291-307.

29. Brock, William A. & Stephen P. Magee, 1980, "Tariff Formation in a Democracy", in John Black & Brian Hindley, eds., *Current Issues in Commercial Policy and Diplomacy*, New York: St. Martin's Press.

30. Buffie, Edward, 2001, *Trade Policy in Developing Countries*, Cambridge University Press.

31. Chacholiades, Miltitiades, 1981, *Principles of International Economics*, New York: McGraw-Hill Book Company.

32. Colander, David C., ed., *Neoclassical Political Economy The Analysis of Rent-Seeking and DUP Activities*, Cambridge, MA: Ballinger Publishing Company.

33. Corden, W. Max, 1966, "The Structure of A Tariff System and the Effective Protection Rate", *Journal of Political Economy*, vol. 74, no. 3, pp. 221-237.

34. Corden, W. Max, 1969, "Effective Protection Rates in the General Equilibrium Model: A Geometric Note", *Oxford Economic Papers*, vol. 21, no. 2, pp. 135-141.

35. Corden, W. Max & Ronald Findlay, 1975, "Urban Unemployment, Intersectoral Capital Mobility and Development Policy", *Economica*, New Series, vol. 42, no. 165, pp. 59-78.

36. Cowen, Tyler & Alex Tabarrok, 1999, "The Opportunity Costs of Rent Seeking", *Journal of Public Finance and Public Choice*, vol. XVII, pp. 121-127.

37. Findlay, Ronald & Stanislaw Wellisz, 1982, "Toward a Model of Endogenous Rent-Seeking", *Kyklos*, vol. 36, no. 4, pp. 469-481.

38. Feenstra, Robert C. & Jagdish N. Bhagwati, 1982, "Tariff Seeking and the Efficient Tariff", in Robert C. Feenstra & Jagdish N. Bhagwati, eds., *Import Competition and Response*, Chicago: University of Chicago Press.

39. Fishlow, Albert & Paul A. David, 1961, "Optimal Resource Allocation in An

Imperfect Market Setting ", *Journal of Political Economy*, vol. 69, no. 6, pp. 529-546.

40. Greenwald, Bruce C. & Joseph E. Stiglitz, 1986, "Externalities in Economies with Imperfect Information and Incomplete Markets", *Quarterly Journal of Economics*, May, pp. 227-264.

41. Grinols, Earl, 1985, "Trade Distortions, and Welfare under Uncertainty", *Oxford Economic Papers*, New Series, vol. 37, no. 3, pp. 362-374

42. Grossman, Sanford J. & Joseph E. Stiglitz. 1980, "On the Impossibility of Infromationally Efficient Markets", *American Economic Review*, vol. 70, no. 3, June, pp. 393-408.

43. Harberger, Arnold C., 1954, "Monopoly and Resource Allocation", *American Economic Review*, vol. 44, pp. 77-87.

44. Harberger, Arnold C., 1959, "Using the Resources at Hand More Effectively", *American Economic Review*, vol. 49, no. 2, pp. 134-46.

45. Haberler, Gottfried, 1950, "Some Problems in the Pure Theory of International Trade", *Economic Journal*, vol. 60, no. 238, pp. 223-240.

46. Hagen, Everett, 1958, "An Economic Justification of Protectionism", *Quarterly Journal of Economics*, vol. 72, no. 4, pp. 496-514.

47. Hillman, Arye L, 1982, "Declining Industries and Political-Support Protectionist Motives", *American Economic Review*, vol. 72, pp. 1180-1187.

48. Johnson, Harry G., 1972, "Fiscal Policy and the Balance of Payment in a Growing Economy ", in David Wall, ed., *Chicago Essays in Economic Development*, Chicago: The University of Chicago Press.

49. Johnson, Harry G., 1972, "Two Notes on Tariffs Distortions and Growth", in *Aspects of the Theory of Tariffs*, Cambridge, MA., Harvard University Press.

50. Koford, Kenneth J. & David C. Colander, 1984, "Taming the Rent-Seeking", in David C. Colander, ed., *Neoclassical Political Economy*, Cambridge MA., Ballinger Publishing Company, pp. 205-216.

51. Krueger, Anne, O., 1974, "The Political Economy of the Rent-seeking Society", *American Economic Review*, vol. 64, no. 3, pp. 291-303.

52. Krueger, Anne O. & Baran Tuncer, 1982, "An Empirical Test of the Infant Industry Argument", *American Economic Review*, vol. 72, no. 5, pp. 1142-1152.

53. Krueger, Anne, O., 1983, *Trade and Employment in Developing Countries vol.* 3, *Synthesis and Conclusions*, Chicago: University of Chicago Press.

54. Krueger, Anne, O., 1987, "The Importance of Economic Policy in Development: Contrasts between Korea and Turkey", in Henryk Kierzkowski, ed., *Protection and*

Competition in International Trade, London: Blackwell.

55. Krueger, Anne O., 1990, "Government Failure in Development", *Journal of Economic Perspectives*, vol. 4, no. 3, Summer, pp. 9-23.

56. Leamer, Edward, 1988, "Measures of Openness", in Robert Baldwin ed., *Trade Policy Issues and Empirical Analysis*, Chicago: University of Chicago Press, pp. 147-200.

57. Lee, Jong-wha, 1993, "International Trade, Distortions and Long-Run Economic Growth", IMF Working Papers, 92/90, International Monetary Fund.

58. Lipsey, Richard G. & Kevin Lancaster, 1956, "The General Theory of Second Best", *Review of Economic Studies*, vol. 24, no. 1, pp. 11-32.

59. Lloyd, P. J., 1974, "A More General Theory of Price Distortions in Open Economies", *Journal of International Economics*, vol. 4, no. 4, pp. 365-386.

60. Long, Ngo Van & Neil Vousden, 1991, "Protectionist Responses and Declining Industries", *Journal of International Economics*, vol. 30, pp. 87-103.

61. Melo, Jaime de, 1977, "A General Equilibrium Approach to Estimating the Costs of Domestic Distortions", *American Economic Review*, vol. 67, no. 1, pp. 423-428.

62. Magee, Stephen P., 1973, "Factor Market Distortions, Production and Trade: A Survey", *Oxford Economic Papers*, vol. 25, pp. 1-43.

63. Magee, Stephen P., 1984, "Endogenous Tariff Theory: A Survey", in David C. Colander, ed. *Neoclassical Political Economy*, Cambridge, MA., Ballinger Publishing Company.

64. Meade, James E., 1952, "External Economies and Diseconomies in a Competitive Situation", *Economic Journal*, vol. 62, no. 245, pp. 54-67.

65. Meade, James E., 1955, *Trade and Welfare*, Oxford University Press.

66. Meier, Gerald, 1987, "On Getting Policies Right", in Gerald Meier ed., *Pioneers in Development*, second series, Oxford University Press.

67. Murphy, Kevin, Andrei Shleifer & Robert W. Vishny, 1993, "Why Is Rent-Seeking So Costly to Growth?", *American Economic Review*, vol. 83, no. 2, pp. 409-414.

68. Newberry, David M. G. & Joseph E. Stiglitz, 1984, "Pareto Inferior Trade", *Review of Economic Studies*, vol. LI, pp. 1-12.

69. Pitt, Mark, 1981, "Smuggling and Price Disparity", *Journal of International Economics*, vol. 11, no. 4, pp. 447-458.

70. Posner, Richard A., 1975, "The Social Cost of Monopoly and Regulation", *Journal of Political Economy*, vol. 83, pp. 807-826.

71. Rodrik, Dani, 1992, "The Limits of Trade Policy Reform in Developing Countries", *Journal of Economic Perspectives*, vol. 6, no. 1, pp. 87-105.

72. Rodríguez, Francisco, 2004, "Inequality, Redistribution and Rent-Seeking", *Economics and Politics*, vol. 16, no. 3, Nov., pp. 287-320.

73. Samuels, Warren J. & Nicholas Mercuro, 1984, "A Critique of Rent-Seeking Theory", in David C. Colander, ed., *Neoclassical Political Economy*, Cambridge MA.: Ballinger Publishing Company, pp. 55-70.

74. Sarte, Pierre-Daniel G., 2000, "Informality and Rent-Seeking Bureaucracies in a Model of Long-Run Growth", *Journal of Monetary Economics*, vol. 46, no. 1, pp. 173-197.

75. Spinesi, L., 2005, "Rent-Seeking Bureaucracies in a Schumpeterian Endogenous Growth Model: Effects on Human Capital Accumulation, Inequality and Growth", Université Catholique de Louvain, Département des Sciences Economiques Working Paper with no. 2005027.

76. Srinivasan, T. N., 1996, "The Generalized Theory of Distortion and Welfare: Two Decades Later", in Robert C. Feenstra, Gene M. Grossman & Douglas A. Irwin, eds, *The Political Economy of Trade Policy: Papers in Honor of Jagdish Bhagwati*, Cambridge, MA., The MIT Press, pp. 3-25.

77. Stiglitz, Joseph E., 1989, "Markets, Market Failures, and Development", *American Economic Review*, vol. 79, no. 2, May, pp. 197-203.

78. Thomas, Vinod & Yan Wang, 1996, "Distortions, Interventions, and Productivity Growth: Is East Asia Different?", *Economic Development and Cultural Change*, vol. 44, no. 2, pp. 265-288.

79. Tullock, Gordon, 1967, "The Welfare Costs of Tariffs, Monopoly and Theft", *Western Economic Journal*, vol. 5, pp. 32-224.

80. Tullock, Gordon, 1980, "Rent Seeking as Negative Sum Game", in James M. Buchanan, Robert D. Tollison & Gordon Tullock, eds, *Toward a Theory of the Rent-Seeking Society*, College Station: Texas A & M University.

第三章　发展中国家市场不完善背景下的经济发展

自20世纪60年代末以来，对发展中国家市场不完善背景下的经济发展的研究实际上沿着两种思路向前推进。第一种思路是围绕着传统的静态帕累托最优条件做文章，要么仍然大体上接受这一分析框架并且在这一框架之下探讨发展中国家市场效率与经济发展之间的关系，如扭曲理论、寻租理论和DUP理论就是采用这一框架；要么在经过修正的市场不完全和信息不对称假设之下探讨同一问题，如信息与市场不完全背景下市场效率理论所采用的框架就是如此。本书的第二章对以第一种思路为主的研究成果进行了概括。第二种思路则是新一代发展经济学家在对发展中国家进行大量实地考察的基础上，将这些实地考察结果进一步提升为理论推论，尝试对市场不完善背景下发展中国家何以利用现有的制度安排促成了经济发展或者在经济发展中遇到问题的种种原因做出解释。这种思路将探索的侧重点体现在两个维度上：第一，重视实地调查发展中国家市场的现实状况，并在如实地描述和分析调查结果的基础上概括出理论结论；第二，着力于在发展中国家市场不完全背景之下探寻其市场实际运行的机理，并尝试对发展中国家在市场缺失条件下如何通过特定的制度安排来提升经济效率进而促进经济发展的原因进行探讨。

本章第一节评述新一代发展经济学家对发展中国家金融市场的研究，内容涉及对信贷市场的一般分析，正规信贷市场与非正规信贷市场之间的关系，非正规信贷市场与政府政策等。第二节介绍研究发展中国家劳动力市场的文献，内容包括发展经济学家运用效率工资理论和劳动转换理论对发展中国家所做的研究，以及对发展中国家劳动力市场上流行的劳动联结及劳动与信贷联结现象等所做的分析。第三节评述有关发展中国家盛行的“分成租”制及相关问题的研究文献，内容涵盖对分成租制效率的证明，有关分成租制具有激励效应和分散风险效应的证明，围绕分成租制效率所开展的理论与经验研究，运用博弈方法对分成租制所进行的探讨，对二元结构背景下的分成租制的研究，对分成租与其他形式的合同的比较分析，以及对不确定条件下分成租制的讨论等。第四节概述讨论要素联结与市场效率相互关系的代表性文献，主要涉及对要素联结与市场效率一般关系所进行的探讨，分成租制中的要素联结，以及存在时间偏好率、逆向选择背景下的要素联结等。

第一节　发展中国家的金融市场

发展经济学家们一般认为，发展中国家金融市场具有二元结构特征，因此，发展中国家的信贷市场[①]是分割的，以商业银行为核心的正规信贷市场与以“非正规市场”（curbmarkets）为主要形式的非正规信贷市场共存。一方面，这一特征从深层次上反映了发展中国家的生产结构和财富分配方式；[②] 另一方面，非正规部门的存在也是发展中国家普遍存在的因信贷市场受到广泛干预而伴随着金融抑制的结果。在讨论究竟是什么原因导致了这种二元结构时，发展经济学家们各有各的解释。贝斯利·蒂莫西（Besley Timothy）指出，信息不对称和贷款还款等问题是非正规部门存在的重要原因，这些问题在农业部门占主导地位的发展中国家中更为显著，因此，他认为存在非正规市场是发展中国家农村信贷市场区别于其他信贷市场的一个重要特征。[③] 麦金农和肖认为，金融抑制政策导致了这种二元信贷市场的出现。从实际效果看，非正规市场比正规市场具有优势。斯蒂格利茨认为，在发展中国家信息不完全和合同执行代价昂贵的问题更为普遍和更为突出的情况下，大型公共信贷机构并不能很好地完成甄别和监督的功能；而非正规部门借贷双方之间邻近的地理位置，遵守社区章程或历史传统的交易方式，对资金使用的同伴监督（peer monitoring），以及社会联系（social ties）的存在或社会担保（social collateral），使得非正规市场能够更好地解决逆向选择、道德风险和还款违约问题。[④] 维京伯根则指出，不受准备金制度约束的“非正规市场”可以比银行系统更有效地提供金融中介服务。[⑤] 可见，发展中国家信贷市场在运行方式和资源配置上表现出特殊性和复杂性，特别是非正规市场的存在对正规市场

① 本章中所概述的研究文献主要对发展中国家金融市场中的信贷市场进行了考察，因此，在本章中信贷市场等同于金融市场。

② 参见 Ghate, Prabhu B., 1992, “Interaction between the Formal and Informal Financial Sectors: The Asian Experience”, *World Development*, vol. 20, no. 6, pp. 859-872。

③ 参见 Timothy, Besley, 1994, “How Do Market Failures Justify Intervention in Rural Credit Markets?”, *World Bank Research Observer*, vol. 9, no. 1, Jan., pp. 27-47。

④ 参见 Stiglitz, Joseph E., 1989, “Financial Markets and Development”, *Oxford Review of Economic Policy*, vol. 5, no. 4, pp. 55-68。

⑤ 参见 Wijnbergen, Sweder van, 1983, “Interest Rate Management in LDC's”, *Journal of Monetary Economics*, vol. 12, pp. 433-452。

的运作和政府干预作用的发挥施加了影响。因此，有必要对发展中国家信贷市场特别是其非正规市场进行考察。本节将对发展中国家信贷市场的一般情况、正规信贷市场与非正规信贷市场之间的关系，以及非正规信贷市场与政府干预等方面的研究的最新进展进行概述。

一、对部分发展中国家信贷市场的一般分析

20 世纪 90 年代以来，新一代发展经济学家广泛采用实地调查和经验研究方法，对有代表性国家的非正规信贷市场的运行特征、作用等进行了研究。这一节将简要地概述贝尔（1990）对印度正规市场与非正规市场相互关系所做的考察，布雷特 · E. 科尔曼（Brett E. Coleman，1999）对发生在泰国的群体借贷对农户福利的影响程度的研究，阿利姆（1990）对巴基斯坦非正规信贷高利率的成因以及巴基斯坦非正规信贷市场结构的分析，爱德华兹（1988）对韩国提高正规市场利率的政策对非正规市场以及投资总规模的影响的探讨，以及克里斯托弗 · 尤迪（Christopher Udry，1990，1994）对尼日利亚农村信贷具有风险分散作用的讨论。

1. 印度

贝尔考察了印度正规市场与非正规市场之间的相互关系。他通过对印度农村信贷的各种调查数据（包括印度储备银行（the Reserve Bank of India，RBI）的官方调查《全印农村信贷调查》（All-India Rural Credit Survey）与分别由世界银行研究项目（World Bank research project，WBRPO）“农业发展对印度就业与贫困的影响”（Impact of Agricultural Development on Employment and Poverty in India）和国际半干旱热带地区作物研究所（International Crop Research Institute for the Semi-Arid Tropics，ICRISAT）的乡村研究项目分别主办的两项独立调查）进行对比分析，得到以下结论：第一，印度储备银行经过统计得到的农村债务规模和借款规模的数据比两项独立调查所反映的规模要小，农村地区有组织信贷的扩张虽然使得非正规信贷损失了不少地盘，但后者所占比例减少的程度并没有印度储备银行记录的那么大，因此，它仍然是农户融资的非常重要的渠道，而且考虑到农村债务总规模的快速增长，非正规信贷绝对量甚至在增加。第二，非正规部门放贷人（moneylenders）具有不同的类型，同一放贷人因客户不同，其放贷类型也不相同，其中，证券商（traders）和佣金代理人（commission agents）经常积极地为种植业提供融资，但其前提是客户分别向他们或者通过他们出售农作物。特别是在商业化氛围最为浓重的地方，非当地的商人和代理商是这些地方十分重要的融资来源。可以看出，促进农业增长及其商业化进程的政策，在鼓励了商人涌现的同时也鼓励了他们所从事的放贷业务的兴盛。第三，除了竞争之外，参与有

组织信贷市场的合作社和银行也为非正规部门放贷人提供资金，两者形成金融中介关系。

贝尔以上述事实为基础建立了模型来分析正规部门与非正规部门之间的关系，并讨论了这种关系对借款人福利和资源配置的影响。他提出了若干假设前提：第一，非正规部门放贷人对借款人的特征比较了解，而且为了避免逆向选择和道德风险，一方面，放贷人只为某一熟悉的客户群体提供贷款；另一方面，这种借贷关系是一种长期重复的关系，因此，不同的借款人有相应的放贷人，而放贷人也只与相应的借款人相匹配。这意味着在非正规市场上形成了一定程度的垄断力量，市场并不是自由进入和完全竞争的。第二，虽然提供信贷的正规部门的存在使得非正规部门放贷人相对比例下降，但后者仍然是非常重要的融资渠道，而且作者通过分析 WBRPO 的调查结果发现，正规部门收取的利率大大低于非正规部门收取的利率，因此，借款人通常首先会考虑正规部门贷款，只有在不能借到所需要的全部款项时才会寻求非正规部门的贷款。也就是说，正规部门实行的信贷配给使得借款人的贷款需求向非正规部门溢出。这意味着正规部门提供的合同不具有独占特征。第三，考虑到非正规部门与正规部门之间存在的金融中介关系，很多非正规部门放贷人从正规部门获得贷款作为自己的资金来源，非正规部门在竞争中也不可能完全将正规部门排挤出去，即非正规部门放贷人提供的合同也具有非独占性。这是因为如果要独占市场，非正规部门的贷款在借款人看来至少要与正规部门的贷款收取相同的利率，这显然难以实现。第四，放贷人的预期利润要为非负。因此，模型所考察的环境具有如图 3. 1. 1 所示特征。

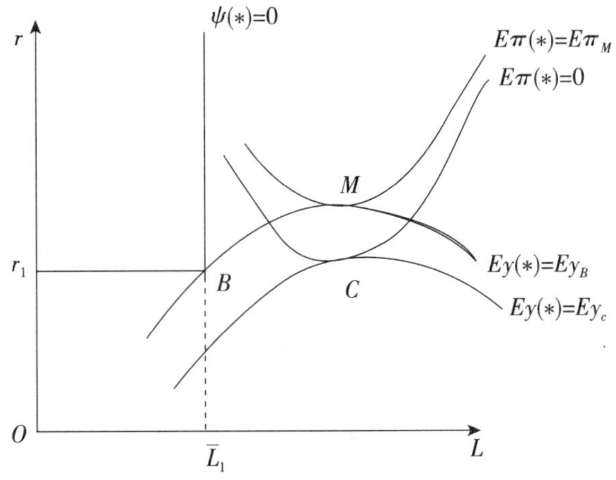

图 3. 1. 1　非独占合同下两部门竞争关系

在图 3. 1. 1 中，$\bar{L}_1$ 是在利率水平 r_1 上的信贷配额，而 $\psi(*)=0$ 这条在 B 点弯曲的曲线代表着借款人获得的来自正规部门的机会集（opportunity set）。由于存在非独占性，即正规部门不能完全满足借款人的贷款需求，部分贷款需求外溢到非正规部门，因此，$E\pi(*)$ 描述的是以（$\bar{L}_1$，0）为原点的非正规部门放贷人的等预期利润线（iso-expected profit curves）。由于发放贷款需支付固定成本，加上道德风险使得在某一时点之后违约风险将随贷款规模扩大而递增，等预期利润线具有 U 型特征。相反，$Ey(*)$ 表示借款人的预期净收入等值线（iso-expected net-income contour），具有倒 U 型特征。由于 $E\pi(*)=0$ 是放贷人提供合同的极限，当利润低于 0 时，放贷人不会提供贷款，因而 $E\pi_M>0$；$Ey(*)=Ey_B$ 是借款人获得的最低预期净收入，即保留收入，低于这个值，借款人便只会接受正规市场贷款，从而获得机会集所提供的收入，因此，$Ey_B<Ey_C$。

如果 $E\pi(*)=0$ 与 $Ey(*)=Ey_B$ 不相交，那么，非正规市场上就不会有任何贷款。如果相交，即如图 2.1.1 所示，那么，会出现两种情况：第一，当非正规市场放贷人处于一定的垄断地位时，非正规市场提供的贷款合同为 M，此时借款人仅获得保留收入，放贷人攫取了借款人大部门剩余；第二，若非正规市场允许自由进入，贷款合同便为 C，借款人获得较高的收入，而放贷人的预期利润为 0。

综上所述，一方面，印度正规市场实行的信贷配给使得借款需求向非正规市场溢出，造成了在客观上非正规市场有存在的可能性；另一方面，非正规市场上的放贷人享有一定程度的垄断地位，这使得非正规市场放贷人能够满足由正规市场所溢出的借款需求，而且由于该市场上的借款利率较高，并且与正规市场形成金融中介关系，非正规市场也无法独享从信贷市场上获得的收益，因此，双方形成了竞争和互补的关系。

2. 泰国

科尔曼（1999）对泰国农户以群体借贷（group lending）为主要形式，从乡村银行借款对农户福利的影响进行了考察。以往的研究多半专注于对群体借贷何以具有高还款率的原因做出解释，但是，在泰国，乡村银行的主要目标是增进借款人的福利，使之摆脱贫困，这一点往往被忽略。科尔曼指出，在评估泰国乡村银行时，除了考虑贷款人的成本、利润和贷款还款率之外，还需要根据其他标准来检验乡村银行是否达到了减轻农村贫困的目标。在这方面，为数不多的研究由于受到自我选择和内生项目设置（endogenous program placement）这两类问题的影响，可能导致在估计上有偏颇。一方面，在群体借贷模式中，各个成员既进行选择，也进行自我选择，即个人在决定参加或不参加群体借贷的同时，还要对是否接纳其他人作为群体成员参加借贷做出选择。某些指标可以用作区分成员和非成员的标准，比如受教育程度等。这些可观测的指标对解释变量（如收入水平等）的影响可以被控制，但是，在评估自我选择时，有些指标是不能被观测到的，比如村民的企业家精神、风险偏好、可信度等。这种指标可能会影响到村民是否参加群体借贷的决策，同时也可能对要考察的指标产生影响。这样一来，对需要考察的指标的估计可能造成偏颇，也就是说，是否群体中的成员这个因素“看似”对收入水平等有正的影响，而实际上收入水平的增长可能源于未被观测到的企业家精神等。科尔曼把这类问题归为自我选择问题之列。另一方面，从事群体借贷研究项目时所选择的村庄可能并不是随机选择的，而是按照某种不可观测的标准（例如企业家精神）来选择符合条件的村庄并加以实施，如果这一标准对所要考察的指标（如收入水平）产生影响的话，就会出现科尔曼所说的“内生的项目设置”问题。

科尔曼从两个方面着手来解决这两个问题。一是从数据调查方面着手。他选择了泰国北部 14 个村庄的住户作为调查对象；其中，7 个村庄拥有乡村银行已经有 2—4 年的历史；1 个村庄在第一次调查后马上获得乡村银行贷款；其余 6 个作为研究的控制村庄，它们已经被批准设立乡村银行，但要在 1 年以后才能获得贷款。以 14 个村庄里的成员和非成员作为样本，可以避免自我选择问题。这是因为控制村庄里的乡村银行成员也需要通过自我选择来决定是否参加借贷，与村庄里的已获得贷款的成员相比，其唯一区别在于还没有获得贷款，其他方面（尤其是在涉及不可观测的那些指标方面）不存在差异。而对非成员进行调查，可以便于利用乡村固定效用估计来排除内生的项目设置问题。二是从模型设置方面入手。以往的研究一般采用以下模型进行检验：

$$B_{ij} = X_{ij}\alpha_B + V_j\beta_B + \varepsilon_{ij} \tag{3.1.1}$$

$$Y_{ij} = X_{ij}\alpha_Y + V_j\beta_Y + B_{ij}\delta_Y + \mu_{ij} \tag{3.1.2}$$

其中，B_{ij} 为村庄 j 的家户 i 向乡村银行借入的贷款量；X_{ij} 是家户特征（该特征可以观测到）向量；V_j 是村庄特征向量；Y_{ij} 是需要考察的指标，如收入水平等；α_B、β_B，α_Y、β_Y、δ_Y 为需要估计的参数；ε_{ij}、μ_{ij} 各自代表可以观测到的家户和乡村特征的误差项。δ_Y 是最主要的参数，因为它被用来衡量乡村银行借贷对所要考察的指标的影响程度。如果 ε_{ij} 与 μ_{ij} 相关，那么，对上面方程组所进行的计量估计就会产生有偏参数估计量；而以上提到的“自我选择”和“内生项目设置”这两者会导致 ε_{ij} 与 μ_{ij} 相关。

于是，科尔曼另外提出了他自己的估计模型。基于作者独特的数据调查方式，可以把式（3.1.1）和式（3.1.2）合成一个方程：

$$Y_{ij} = X_{ij}\alpha + V_j\beta + M_{ij}\gamma + T_{ij}\delta + v_{ij} \tag{3.1.3}$$

其中，Y_{ij}、X_{ij}、V_j 和前面所定义的一样；M_{ij} 是表示会员资格的虚拟变量，取值 1 表示家户自我选择进入信贷项目，否则取 0；T_{ij} 也是虚拟变量，取值 1 表示自我选择的乡村银行成员可以获得贷款，否则取 0。虚拟变量 M_{ij} 可以控制家户所有未观测到的特征，因此，该变量的引入解决了造成 ε_{ij} 与 μ_{ij} 相关的自我选择问题，而 T_{ij} 的引入并不能彻底避免非随机的项目设置问题。如果各村庄获准建立乡村银行的次序不是随机的（源于未观测到的村庄特征），那么，对 δ 的估计就是有偏差的。排除这种偏差的方法之一，就是使用村庄固定效应估计。当然，如果这种次序是随机的，使用固定效应估计得到的估计值效率较低；因此，需要根据 Hausman 检验来决定是否使用固定效应估计。

科尔曼以这种避免了自我选择和内生项目设置这两个问题的模型为依据，得到了以下估算结果：参加村庄银行的妇女对实物资产、储蓄、产出、销售、生产性支出、劳动时间以及大多数健康和教育支出等方面作用不明显，而对妇女实行的高利贷借款以及对妇女的套利性质的放贷具有正的、显著的影响。因此，以往的研究高估了村庄银行的效果。科尔曼的研究表明，借款并不是帮助大多数穷人提高其经济境况的有效工具，贫困是缺乏信贷渠道以外的原因所造成的。在科尔曼看来，对于消除贫困来说，乡村银行提供信贷支持的力度太小，因而起不了明显的作用；而加入乡村银行的成员陷入高利贷或从事放贷业务，这恰恰说明他们缺乏可以获利的投资机会，因此，政府有必要采取相应的政策措施。

3. 巴基斯坦

阿利姆（1990）对巴基斯坦非正规借贷高利率的成因进行了研究。他的中心论点是，在信息不完全的背景之下，贷款人把对借款人进行甄别和监督的支出转嫁给借款人，因而造成借款成本上升。阿利姆对 1980—1981 年间位于巴基斯坦信德（Sind）省昌巴尔（Chambar）地区微观水平上的信贷供求状况进行了调查，调查对象为这一地区由放贷人提供信贷服务的村庄。昌巴尔地区的信贷市场具有与其他发展中国家相同或相近的特征，这些特征对信贷市场借贷双方的行为会产生影响。第一，信贷市场结构是二元的或分割的，这主要体现在收取统一的较低利率的、被高度管制和全国一体化的有组织市场与收取高度差异化的高利率的非正规市场共存；第二，非正规市场上的中介机构并不是专业化的放贷人，他们具有不同的身份，如贸易商、放债人、小店主、土地所有者等；第三，在非正规市场上最典型的贷款方式是将信贷与农作物贸易和杂货销售相互联结的前提下提供贷款，只有少量贷款是以到期还本付息的传统形式操作的；第四，非正规市场在信贷业务中处于主导地位；第五，资金规模较小的借款人很难获得来自正规市场的贷款；第六，非正规放贷人发放的贷款没有安全保证，但是，非正规市场上贷款的违约风险反倒比正规市场上贷款的违约风险低。

在昌巴尔地区的信贷市场上，信息不完全条件下的借贷成本主要包括贷款管理成本（包括对借款申请人的甄别、对拖欠贷款的追讨等）、日常开支以及与资本成本相关的损失（包括资金成本、未收回贷款的损失以及欠款的利息损失等）。首先，就贷款的管理成本而言，由于法律制度不完善以及抵押品转让出售不方便等原因，发放贷款前对贷款申请人进行仔细甄别就显得非常重要。甄别成本随着放贷人从业时间的增长而下降，由此体现了“学习曲线”效应。因此，各个放贷人在平均甄别成本上的差异不仅反映了放贷人从业时间的差异，也反映了放贷人在管理理念上的差异，此外，放贷人还会在花费资源对借款人进行甄别与高违约风险之间进行取舍。对借款人来说，放贷人会将甄别成本转嫁给借款人，因此，借款申请被否决的比例过高意味着会增加由借款人来承受的甄别成本。此外，阿利姆指出，发放贷款后放贷人所面临的风险主要是借款人拖欠还款而不是违约，因此，贷款后放贷人的成本主要集中在对拖欠贷款的追讨方面。总之，由于在非正规市场上，借贷不需要涉及大量的文书工作，也不需要抵押品，放贷人主要的贷款管理成本就是甄别成本和追讨拖欠贷款的成本。其次，就贷款管理成本中的日常开支而言，对这类成本的核算需要考虑两种情况：如果放贷人的主要活动是放贷，其他活动相对较少或者与放贷活动构成互补关系，则所有日常开支将全部纳入放贷成本中；如果其他贸易活动与放贷相平行，则日常开支就应根据花费在不同活动上的时间比例来分摊。最后，就资本成本而言，其中，资金成本反映了与获取放贷资金相关的机会成本；贷款违约、坏账也会造成损失，故也应计入成本；而欠款的利息损失是指超过到期日的时间内应计的利息损失，这些利息损失也应计入资本成本中。

为了具体地分析非正规市场的市场结构，阿利姆引入了张伯伦垄断竞争模型，故有必要考察放贷人的边际成本和平均成本。根据以上对成本构成所做的分析，放贷人的边际成本和平均成本分别由边际贷款管理成本加上边际资本成本以及平均贷款成本加上平均资本成本所构成。阿利姆根据他的调查结果，将总的边际成本和平均成本用表 3. 1. 1 表述如下：

表 3.1.1 每 100 卢比贷款的成本

单位：卢比

	边际管理成本	边际资本成本	总边际成本	放贷为主业时平均管理成本	放贷不为主业时平均管理成本	平均资本成本	放贷为主业时总平均成本	放贷不为主业时总平均成本	利率
均值	6. 54	38. 80	48. 09	49. 52	38. 72	26. 95	79. 20	67. 94	78. 65
标准差	6. 83	10. 64	14. 58	50. 20	41. 40	9. 48	40. 75	40. 52	38. 14

资料来源：根据 Irfan Aleem, 1990, “Imperfect Information, Screening, and the Costs of Informal Lending: A Study of a Rural Credit Market in Pakistan”, *World Bank Economic Review*, vol. 4, no. 3, pp. 329-349 整理而得到。

表 3. 1. 1 显示，在以放贷为主业和不以放贷为主业这两种情况下的平均成本均比边际成本高，而且考虑到边际成本有可能被高估了，两者之间的差距更大。利率与平均成本大抵相等，虽然不一定完全相等，但肯定比边际成本高。此外，

放贷人索取的利率各异，而且放贷人能够自由进入市场。这些特征与张伯伦垄断竞争模型相一致。①

阿利姆把巴基斯坦昌巴尔地区非正规信贷市场的特征概括如下：第一，非正规市场上拥有大量放贷人，每个放贷人只服务于少量的客户，只要放贷人需要补偿成本，就必须索取高于边际成本的利率，因而造成市场扭曲。第二，放贷人能够自由进入非正规市场，进入的唯一障碍是缺乏有关客户信贷可靠性的信息，不过在放贷的初始年份，未来获取信息而支付更高的甄别成本可以部分地解决这个问题。第三，昌巴尔地区放贷人索取的利率呈分散化状态，这一点不能用贷款规模、违约风险、贷款期限等原因来解释，这是因信息不完全造成的产品差异化所致。在贷款供给方面，放贷人实施的甄别过程是不完善的；而在贷款需求方面，借款人对各个放贷人提供贷款的合同条件不熟悉。因此，一方面，放贷人将削减利率的信息只能被少数人所知道，而借款人又不情愿透漏他的债务状况，加上贷款缺乏透明度以及在贷款合同中包含了隐性利率等因素，更加剧了信息不完全程度，致使放贷人通过削减利率来扩大市场份额的激励不足；另一方面，即使借款人知道某个放贷人将削减利率，他也不会变换借款渠道：因为他对陌生的放贷人的贷款合同条件不熟悉，对借款甄别过程能否通过不确定，在这种情况下，变换借款渠道可能让他的境况变糟。因此，阿利姆认为，昌巴尔地区的非正规市场在信息不完全的情况下出现了放贷人贷款能力过剩和整个市场具有垄断竞争特征二者并存的局面。

4. 韩国

爱德华兹（1988）在分析韩国非正规金融市场与正规金融市场共存的分割化性质时指出，金融自由化政策对这种分割化倾向具有重要影响。由于非正规市场资金对投资将产生重要的媒介作用（intermediation），金融自由化过程反而会使得正规市场对非正规市场产生挤出效应，从而导致资金在整体上所发挥的媒介作用下降。因此，爱德华兹旨在考察韩国受管制的正规部门的利率与由市场决定的非正规市场利率之间联系的机理，并探讨为了放松对金融市场的管制而采取的政策对利率、资金媒介和投资可能产生的影响。

首先，爱德华兹建立了非正规市场利率的决定模型。由于与利率有关的数据难以获得，他的研究的基本思路是：如果正规市场上的存款利率上升，某些部门的资金就会从非正规市场流出而减少该市场中的资金供给，非正规市场的市场利率会上升；因此，间接的做法是考察在其他条件不变的情况下正规市场利率上升是否会导致非正规市场利率上升。

---

① 张伯伦垄断竞争模型的特征是价格与平均成本相近但高于边际成本，市场进入自由，以及产品差异化。

鉴于韩国对资本账户实行部分开放，并在资金流动受到控制的前提下实行半开放的政策（semi-open policy），其市场利率会同时受到经济中流动性供求状况等封闭因素和世界利率和货币预期贬值率等开放因素的共同影响，因此，利率决定模型可以设定为：

$$\Delta i_t = \theta[(iw_t + D_t + P_t) - i_{t-1}] - \lambda[\log m_{t-1} - \log m_t^d] \tag{3.1.4}$$

其中，i 是国内名义市场利率（即非正规市场利率）；iw_t、D_t、P_t 分别为世界利率、货币预期贬值率、风险溢价因子；m 是实际流动性数量，m^d 是公众对流动性的总需求，θ 和 λ 衡量两种因素影响利率的程度；$\theta = 1$ 以及 $\lambda = 0$，则经济为完全开放经济；$\theta = 0$ 以及 $\lambda = 1$，则经济为完全封闭经济；半开放经济拥有正的 θ 和正的 λ。

由于 m^d 具有半对数形式，即 $\log m_t^d = b_0 + b_1 \log y_t - b_2 i_t$，在加入正规市场利率因素 TDR_t 之后，爱德华兹从式（3.1.4）推导出半开放条件下的利率决定模型：

$$i_t = \beta_0 + \beta_1(iw_t + D_t + P_t) + \beta_2 i_{t-1} + \beta_3 \log m_{t-1} + \beta_4 \log y_t + \beta_5 TDR_t + \mu_t \tag{3.1.5}$$

其中，$\beta_1 = \dfrac{\theta}{1 + \lambda b_2}$，$\beta_2 = \dfrac{(1 - \theta)}{1 + \lambda b_2}$，$\beta_3 = \dfrac{-\lambda}{1 + \lambda b_2}$，$\beta_4 = \dfrac{\lambda b_1}{1 + \lambda b_2}$。

然后，爱德华兹建立了总投资决定模型。由于缺乏经由非正规市场融通的资金规模的数据，并缺少在正规市场上实行信贷配给操作并达到市场出清的利率的数据，所以，只能得到一个折中的模型：

$$INVR_t = \gamma_0 + \gamma_1 INVR_{t-1} + \gamma_2 CURBR_{t-1} + \gamma_3 DLOAN_{t-1} + \gamma_4(y_{t-1} - y_{t-2}) + \phi_t \tag{3.1.6}$$

其中，$INVR$ 为实际总投资额；$CURBR$ 为非正规市场实际利率；$DLOAN$ 为正规市场新贷款的实际流量；$(y_{t-1} - y_{t-2})$ 是加速项，y 为实际值。由于对各个变量的观测值存在误差，特别是缺乏非正规市场实际利率的数据，爱德华兹使用了工具变量估计量，并且使用 Fair 方法修正工具变量估计值，以避免一阶自相关问题。

最后，作者通过对两个模型实施计量检验后得出以下结论。金融自由化所带来的更高的正规市场利率将对非正规市场上的资金产生挤出效应，这种效应主要反映在更高的市场利率（即非正规市场利率）上。当然，更高的正规市场利率使得通过正规市场融通的资金数量增多，但如果考虑到对非正规市场没有规定法定准备金要求，其融通资金的媒介作用效率将更高。在这种情况下，同等数量的资金在正规市场会比在非正规市场更少地转化为投资。因此，如果正规市场因提高利率而增多的储蓄主要来自于非正规市场，则整个社会上投资规模就有可能下降。这在计量模型中也得到了体现，即式（3.1.6）中的 γ_2 显著为负。

5. 尼日利亚

尤迪（1990）对尼日利亚北部扎里亚市（Zaria）4个村庄的198个家户的信贷状况做了调查，目的是要研究缺乏保险市场的不完全市场和不完善信息条件下农村信贷市场上的信贷行为。他发现这些非正规市场中的信贷交易具有以下特点：第一，高参与率，高达90%以上的家户参与了信贷活动；第二，贷款的规模和时机与短期内对消费和流动资本的需要相关，而且借款和放贷数量随财富增大而增加；第三，每个月所实现的名义收益率差别很大，虽然扣除通货膨胀后平均为-7.5%，但是，大概有五分之一的贷款的每月名义收益率为7.5%（即扣除通货膨胀后的实际收益率为3.8%）；此外，收益率与借贷是否发生在亲戚之间无关，与贷款期限也无关；第四，大部分贷款都没有明确规定名义利率和还款日期，也没有成文的合同和公证人，因此，贷款条件是隐性的；第五，在还款的执行机制方面，对违约最简单和最直接的惩罚是剥夺违约者将来从该放贷人获取贷款的机会，或者向所在社区当局申诉。

一方面，信贷交易的这些特点反映了非正规信贷市场上的信息环境，信息在借贷双方之间是自由流动的。第一，借贷双方相互之间非常熟悉，有97%的贷款发生在同村居民或亲戚之间。第二，不存在信息不对称的证据，应付道德风险和逆向选择的合同几乎不需要，即使所有的家户都拥有自己的土地而且土地交易市场很活跃，以土地为抵押也少见；即便有必要使用抵押品，信息不对称也不会发生，因为放贷人对这些使用了抵押品的借款人更为熟悉；另外，信贷市场与土地、劳动力和产品市场之间不存在相互联结的关系。总之，当不存在信息不对称时，规避信息不对称的市场联结或抵押品等手段在提供贷款时没有被采用。

另一方面，信贷交易的特点也反映了在农村缺乏保险市场的条件下贷款所具有的分散风险的作用。尤迪在调查中发现，贷款的偿还取决于借贷双方是否受到了来自生产或消费方面的随机冲击。因此，他认为这实际上是按照某种以状态为条件的贷款合同（state-contingent loan contracts）来操作的方式。如果债务人所在的家户遭受了不利的冲击，他所支付的利率将会较低，而且还款期限还会相对延长；如果债权人所在家户受到不利冲击，则该债权人收取的利率将会较高，而且还款期限将缩短。与传统的固定利率贷款相比，以状态为条件的合同使借贷双方能够抵御意外冲击，从而不会对财富产生影响。不过，这种可以被分散的风险是对特定家户的冲击，而不是整个村庄受到的冲击，因此，这种冲击是可以被观察到的。

基于以上分析，尤迪认为尼日利亚北部农村地区村庄居民之间的信贷常常具有分散风险的作用，其原因就在于这类合同的贷款条件根据借贷双方未来所获得的收入的状况来决定，因此，它是一种以状态为条件的贷款合同。几年之后，尤迪（1994）用模型对以状态为条件的合同所具有的分散风险的作用进行了论证，并依据模型的结论，运用经验研究来对这些信贷交易中隐含的以状态为条件的合同进行验证。

根据信息可以在家户之间自由流动的假设，尤迪建立了以状态为条件的合同的竞争性均衡模型，这意味着违约是不可能的。在该模型中，借贷双方都是价格接受者，双方只能接受贷款条件而不能对其施加影响。所有家户同住在一个村庄里，收入受到乡村层次上的（village-level）和为家户所特有的风险的影响。不同家户收入所面临风险之间的任何相关性也被加以考虑。在以状态为条件的竞争性均衡中，家户消费由村庄总消费水平决定，独立于家户收入所受特有风险的影响。以状态为条件的合同导致帕累托有效率分布（Perato efficient distribution），即在每一期 t，每个家户从事一系列贷款活动，这些贷款的以状态为条件的还款额恰好可以抵消 $t+1$ 期家户所遇到的特有风险，即家户在有足够的资源按照村庄总体消费决定的水平进行消费的同时，仍然可以从事一系列最优贷款交易，以补偿自己在 $t+2$ 期受到的特有风险的影响。因此，在原则上，居民之间所进行的以状态为条件的信贷交易可以支持与村庄所面临的风险相关的帕累托有效率分布。

村庄家户数量为 N；考察期限为 $T+1$ 期，每期表示为 $t \in \{0,1,\cdots,T\}$；有 S 种状态，每种状态具有客观的、不变的、为大家熟知的发生概率 π_s，这种概率与过去发生过的状态无关；假定没有产出，每期每一家户所获得的数量为由状态决定的、不可储存的唯一禀赋产品 $Y_{i,s}, 1 \leqslant i \leqslant N, 1 \leqslant s \leqslant S$。以状态为条件的贷款合同可以看成是一批以状态为条件的的证券，每一份证券使得其所有人在下期某种特定状态实现时可以获得一单位产品。如果这些证券可以覆盖整个状态空间，竞争性均衡为帕累托有效率。在帕累托有效率的分布中，对所有的 $h_{t-1} \in H_{t-1}$ 都有 $c_{i,s,t}(h_{t-1}) = c_{i,s,t}$，而且经济没有增长，即对所有 t 有 $c_{i,s,t} = c_{i,s}$，这意味着消费与过去和某个时期无关；此外，每个家户在任一状态下的消费量是整个村庄在该状态下所能获得的资源的非减函数。依据这些结论，可以对以下模型的结果进行检验。

家户 i 的可分的冯·诺依曼—摩根斯坦效用函数（dividable utility function of Von Neumann-Morgenstern）为：

$$U_i = u_i(c_{i,s,0}) + \sum_{t=1}^{T} \beta^t \Big[\sum_{h_{t-1} \in H_{t-1}} \pi(h_{t-1}) \Big[\sum_{s=1}^{S} \pi_s u_i(c_{i,s,t}(h_{t-1})) \Big] \Big] \tag{3.1.7}$$

其中，$h_t = \{s_1, s_2, \cdots, s_t\}$，表示从第 1 期到 t 期各期出现的状态的历史，$\pi(h_t)$ 表示 h_t 出现的概率，H_{t-1} 则为到 $t-1$ 期时所有可能出现的历史集；$c_{i,s,t}(h_{t-1})$ 是家户 i 在 t 期、历史记录为 h_{t-1} 并且出现状态 s 时所实现了的消费数量，$c_{i,s,0}$ 则为家户 i 在初期的消费。

家户 i 的预算约束为：

$$c_{i,s,0} = Y_{i,s} - \sum_{s'} q_{s,0}^{s'} \times R_{i,s,0}^{s'}, \forall s \tag{3.1.8}$$

$$c_{i,s,t}(h_{t-1}) = Y_{i,s} + R_{i,s*,t-1}^{s}(h_{t-2}) - \sum_{s'} q_{s,t}^{s'}(h_{t-1}) \times R_{i,s,t}^{s'}(h_{t-1}),$$
$$t \in \{0,1,\cdots,T-1\}, \forall s \tag{3.1.9}$$

$$c_{i,s,T}(h_{T-1}) = Y_{i,s} + R_{i,s*,T-1}^{s}(h_{T-2}), \forall s \tag{3.1.10}$$

其中，变量的下标表示当前出现的状态，而上标表示下一期可能发生的状态。因此，$R_{i,s,t}^{s'}(h_{t-1})$ 表示家户 i 在 t 期、历史记录为 h_{t-1} 并且出现状态 s 时为获得 $t+1$ 期 s' 状态下的还款和购买的证券（贷款合同）数量；$q_{s,t}^{s'}(h_{t-1})$ 则为这种证券的价格（即贷款条件）。而 s^* 则代表历史记录为 h_{t-1} 时，$t-1$ 期实现了的状态。式（3.1.7）至式（3.1.10）构成家户 i 的效用最大化问题，通过求解可计算在所有可能的历史 h_T 下该家户对以状态为条件的证券的需求。

在信息自由流动和存在证券覆盖状态空间的情况下，信贷市场是完善的，竞争性均衡是帕累托有效的。依据前面的结论，帕累托有效率的一个必要条件是任意状态 s 下的消费独立于过去和各时期，即 $c_{i,s,t}(h_{t-1}) = c_{i,s}$，带入效用最大化问题的一阶条件，得：

$$\frac{q_{s,t}^{r'}(h_{t-1})}{q_{s,t}^{r}(h_{t-1})} = \frac{\pi_{r'}}{\pi_r} \cdot \frac{u_i'(c_i, r')}{u_i'(c_i, r)}, \forall i,t,1 \leqslant (r,r',s) \leqslant S \tag{3.1.11}$$

可见，不同证券的相对价格独立于当前状态 s 并且恒定不变。找到与当前每种状态对应的标量 τ_s 以及每一证券的常量价格 q^r，使得 $q_{s,t}^{r}(h_{t-1}) = \tau_s \times q^r$，其中，$\tau_s > 0$，$\sum_r q^r = 1$。然后，找到第 0 期和 t 期的一阶条件：

$$\frac{q_{s*,t}^{r}(h_{t-1})}{q_{\hat{s},0}^{r}} = \frac{u_i'(c_{i,\hat{s},0})}{u_i'(c_{i,s*,t}(h_{t-1}))} = \frac{u_i'(c_{i,\hat{s}})}{u_i'(c_{i,s*})}, \forall i,t,1 \leqslant (r,\hat{s},s^*) \leqslant S \tag{3.1.12}$$

其中，$\hat{s}$ 是 0 期已经出现了的状态，s^* 是 t 期出现了的状态，r 是状态空间中任何可能在 $t+1$ 发生的状态。因此，给定只决定于 0 期村庄消费的 $c_{i,\hat{s}}$，任意状态 s 的 τ 只决定于那个状态下已实现了的消费 $c_{i,s}$，而 $c_{i,s}$ 反过来又决定于该状态下的村庄消费。如果该状态下村庄消费水平越高，则 τ_s 也就越高。更高的 τ_s 意味着一定数量的 t 期借款应在 $t+1$ 期还款更少。换言之，为了在 $t+1$ 期获得给定还款额 $R_{i,s,t}^{s'}(h_{t-1})$，借款人在 t 期可获得 $\tau_s \sum_{s'} q^{s'} \times R_{i,s,t}^{s'}(h_{t-1})$ 的借款。这意味着更高的 τ_s 给定 $t+1$ 期的还款额，借款人在 t 期可以获得更多的借款，信贷更为便宜。因此，在村庄收入和各个家户消费较高的状态下，信贷更为便宜；随着村庄收入和家户消费减少，信贷变得越来越昂贵，并抑制了对信贷的潜在超额需求，因而可维持均衡。

尤迪证明了，从纯理论意义上说，在竞争性市场中，以状态为条件的信贷交易可以带来完全的风险分散，即家户特有的风险对借款人和放贷人的借贷行为不产生影响，风险分散可以达到帕累托有效。然而，尤迪对尼日利亚北部农村信贷市场的实地考察发现，一方面验证了农村信贷交易中确实隐含了以状态为条件的信贷合同；另一方面为家户所特有的风险并未完全分散。信息并非完全，借款人和放贷人之间可以就合同条件进行协商，并非完全是价格接受者。这些制度安排使得借款人所面临的特有风险会影响放贷人收回的还款的多少，而贷款人的风险加大反过来也将不利于借款人。因此，在考虑到这些制度因素之后，完全的风险分散将不会出现。对此，尤迪通过建立模型加以说明。不过，他觉得即使不能完全分散风险，以状态为条件的合同仍然能够至少分散部分为家户所特有的风险。

二、正规信贷市场与非正规信贷市场之间的关系

竞争和互补被认为是发展中国家正规信贷市场与非正规信贷市场之间存在的两种关系，不少发展经济学家对此进行了考察。其中，普拉布·B. 盖特（Prabhu B. Ghate，1992）描绘了这两种关系分别存在的范围及形式，桑贾伊·贾因（Sanjay Jain，1999）认为正规市场和非正规市场之间的信息不对称对两类市场关系的形成具有重要作用，玛利亚·S. 弗洛罗和德布拉吉·瑞（Maria S. Floro & Debraj Ray，1997）在他们合写的文章中对两类市场之间形成的互补关系将影响非正规市场结构并影响借款人收益的过程进行了探讨。本小节着重概述研究发展中国家正规信贷市场与非正规信贷市场之间相互关系的这一支文献。

1. 对两类市场关系的总体描述

盖特（1992）认为，在发展中国家，由正规市场和非正规市场中的所有子市场按照其市场正规化的程度（degree of formality）形成了一个统一体（continuum），在这个统一体中，正规市场和非正规市场的各子市场根据自身的比较优势而处在不同的位置上，它们根据自身比较优势的不同而与不同的借款需求相适应，这样一来，正规部门与非正规部门就形成了一种互补（complementarily）和竞争（competition）的关系。盖特用一个图型（参见图 3. 1. 2）表达了他对这个问题的分析。

就互补关系而言，盖特认为存在着三种不同的互补关系。第一，在各自具有比较优势的领域内，如正规部门在图 3. 1. 2 中区域 A，而非正规部门在区域 C 内，各自拥有比较优势，他们分别满足不同的借款需求，共同为整个市场提供信贷，每一个市场都是信贷市场中不可缺少的子市场。第二，即使在交叉的中间区域 B 也存在着互补，譬如：正规部门一般满足企业的固定投资需求，而非正规部门一般满足企业的流动资本需求。第三，这种互补性还体现为两部门之间联结

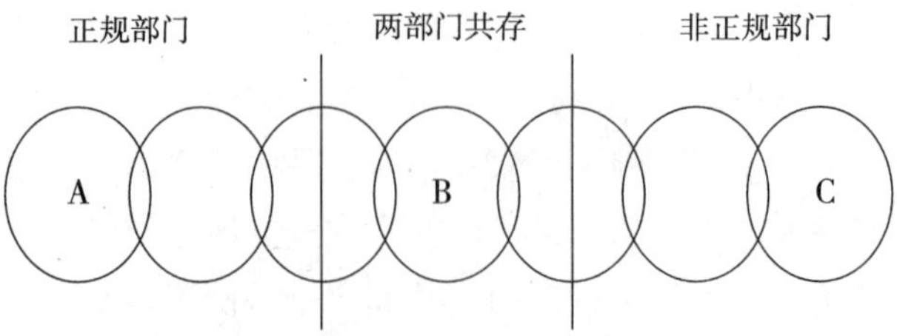

A：完全适用于正规部门的子市场，比如为规模大的行业固定投资提供的长期贷款
B：两个部门都适用的子市场，比如农作物贷款或小企业的流动资金贷款
C：只适用于非正规部门的子市场，比如对贫困借款者的小额短期贷款或无抵押品贷款

图 3.1.2 根据对正规市场贷款依赖程度降序排列的子市场

（linkages）的资金流（flows of funds）上，即一方面，正规部门资金是非正规部门贷款人资金的重要来源；另一方面，银行等金融机构也吸纳非正规部门的资金。他所说的两类市场之间的互补关系，实际上指的就是这两种联结关系。

再就竞争关系而言，两类市场之间的竞争主要集中在图 3.1.2 中的区域 B。在该区域中，贷款可获得性和条件决定由哪个市场提供贷款。如果在其中的一个市场上贷款可获得性和条件得到改善，借款人将从其他市场转移到该市场。因此，在非正规部门特定的子市场中的信贷数量就是对该种贷款的总需求与正规部门提供的贷款之差。如果在正规部门贷款更容易获得，那么，借款人将用来自正规部门的贷款来替代来自非正规部门的贷款。

2. 信息不对称背景下两类市场的竞争关系

贾因（1999）构建了一个有正规部门（银行）、非正规部门（放贷人）和借款人（企业家）三方参与的模型。在该模型中，正规部门在储蓄动员上具有优势，而非正规部门在借款人信息方面具有优势。正规部门将借款人在非正规部门融资的程度作为甄别借款人的一个标准，此外，正规部门通常只为投资者提供一部分资金，这就迫使借款人设法向非正规部门筹得余款。他的模型解释了当借款人信息在正规部门和非正规部门之间不对称时，何以发生正规部门和非正规部门同时提供融资的现象，并讨论了政府对正规部门贷款利率设置上限的政策对借款人福利的影响。

由于借款人是异质的，可以按投资项目把借款人分为 $i = a,b$ 两类，两类借款人拥有的投资项目都需要固定投资 k。投资项目用 (X_i,p_i) 表示，其中 X_i 是项目成功的收益，而 p_i 是项目成功的概率；失败的项目收益为 0，而“好”项目更为安全，即 $p_a > p_b$，并且具有更高的预期收益，$p_aX_a > p_bX_b$。拥有“好”项目的借款人所占比重为 γ。所有的借款人没有资本，因而不可能提供担保品，他们从银行或非正规部门获得资金。

银行被假定为拥有寡头垄断地位，这样便于对它进行利润最大化分析。银行资金成本即动员储蓄的利率为 c，而非正规市场放贷人资金成本是 m，但 $m \geqslant c$。银行除了提供一种供借款人自我选择的合同之外，例如（q_a, r_a）和（q_b, r_b），不能分辨借款人类别；其中，r_i 是对贷款规模 $k - q_i$ 收取的贷款利率。只有借款人可以在非正规市场获得 q_i 的借款之后，项目才能顺利实施；否则，银行将不会支付 $k - q_i$ 的贷款。银行不能提供以状态为条件的贷款合同，即银行只限于提供债务合同（debt contracts），还款额是在事先固定的。而在非正规市场上，放贷人则熟悉借款人的种类，非正规市场是完全竞争的。最后，"好"项目具有社会有用性（socially worthwhile），即假设 $p_a X_a \geqslant kc$。

银行的效用最大化问题可以表述为：

$$\max_{q_a, r_a, q_b, r_b} \pi = \gamma[p_a R_a - (k - q_a)c] + (1 - \gamma)[p_b R_b (k - q_b)c] \quad (3.1.13)$$

其中，R_i 代表项目成功后的还款数额（$R_i = (k - q_i) r_i$）。

如果用 u_i 表示（预期）效用，s_i 表示借款人的保留效用，即：$s_i = \max\{0, p_i X_i - mk\}$，则这个最优化问题的约束条件有：

技术约束：$q_a, q_b \geqslant 0; 0 \leqslant R_a \leqslant X_a; 0 \leqslant R_b \leqslant X_b$；

借款人自愿参与约束（constraint of voluntary participation，即 VP）：a：$u_a(q_a, R_a) \geqslant s_a$；b：$u_b(q_b, R_b) \geqslant s_b$。这意味着每个借款人从接受贷款合同中获得与不接受合同时（即不参与）至少同等的预期效用。如果借款人不参与，说明他要么通过非正规部门获得了全部资金，要么他的项目没有被实施（即预期收益为 0）。

借款人激励一致性约束（constraint of incentive compatibility，即 IC）：a：$u_a(q_a, R_a) \geqslant u_a(q_b, R_b)$；b：$u_b(q_b, R_b) \geqslant u_b(q_a, R_a)$。这意味着相对于其他接受合同的借款人来说，该借款人更偏好自己接受的合同。

可以观察到，这个以贷款合同来甄别借款人的模型具有三个特征：第一，在最优化问题的任一解中，对"坏"的借款人的联合融资要求为 0。银行设置联合融资要求是为了防止"坏"的借款人冒充"好"的借款人，即通过设置一定的要求，使得"好"的借款人能够与"坏"的借款人区别开来。但是，"好"的借款人是不会冒充"坏"的借款人的，所以，在甄别出"好"的或"坏"的借款人之后，可以对"坏"的借款人不提出联合融资要求。这一机制之所以是可行的，是因为一方面银行可以更低的成本提供贷款融资，另一方面"坏"的借款人也愿意支付更高的还款数额。第二，在问题的任一解中，对于"坏"的借款人来说，激励一致性约束是起作用的。这意味着如果约束是松弛的，那么，银行可以通过向"好"的借款人提供新的贷款合同（R 更大，而 q 更小）而从后者身上榨取利润。而这种合同对"坏"的借款人来说具有更大的效用，因此，只要"坏"的借款人的激励一致性约束是松弛的，银行才可以从"好"借款人身上获得利润，直到约束产生作用时为止。第三，在问题的任一解中，"好"的借款人的参与约束是起作用的。这意味着如果“好”的借款人可以从银行贷款和项目投资中获得盈余，则银行总能够在不改变“坏”的借款人效用的前提下攫取“好”的借款人的这部分盈余；在最优解中，可以为“好”的借款人提供 R 更大而 q 更小的贷款合同，“好”的借款人的效用被压缩至保留效用水平上，其余则被银行获得。因此，借款人的约束条件可以简化为：

VP：a：$u_a(q_a,R_a) = s_a$　　b：$u_b(q_b,R_b) = p_b(X_b - R_b) \geqslant s_b$

IC：a：$u_a(q_a,R_a) \geqslant u_a(q_b,R_b)$　　b：$u_b(q_b,R_b) = p_b(X_b - R_b) = u_b(q_a,R_a)$

银行的最大化问题也可以简化为：

$$\max_{q_a}\pi = \gamma\{p_aX_a - mq_a - s_a - (k - q_a)c\} + (1 - \gamma)\left\{(p_aX_a - mq_a - s_a)(\frac{p_b}{p_a}) + mq_a - kc\right\}$$

其中，
$$0 \leqslant q_a \leqslant \frac{[p_ap_b(X_b - X_a) + p_bs_a - p_as_b]}{[(p_a - p_b)m]}, \tag{3.1.14}$$

式（3.1.14）表示，银行利润最大值是 q_a 的线性函数，据此，通过分析银行利润最大化目标下可能提供的贷款合同可以判断银行与非正规市场的关系及相应的条件。银行最求利润最大化贷款合同有两种形式。一种是共享合同（pooling contracts），按照这种合同，两种借款人获得相同的贷款合同，由银行提供全部融资资金，即 $q_i = 0$；由这种贷款合同设定的还款数额使得借款人仅能获得保留效用（reservation utility），即 $R_i = X_a - (\frac{s_a}{p_a}), i = a,b$。另一种是分离合同（separating contracts），一方面，银行向“坏”的借款人提供全部融资资金，而合同的还款数额使得该类借款人仅获得保留效用；另一方面，银行向“好”的借款人提供部分融资，而合同的还款数额使得该类借款人同样获得保留效用。此外，即使存在既有社会有用性又具有潜在利润的项目，共享合同和分离合同仍然有可能给银行带来负利润。

至此，可以根据以上提到的合同内容区分如下三种类型的竞争关系及其条件。第一，在信贷市场上不存在任何贷款。如果“好”项目的收益太低，即使它对社会有用，非正规部门也不愿意为其提供贷款融资，即 $p_aX_a \leqslant km$，那么，无论正规部门还是非正规部门都可能不会提供任何贷款。这一点构成为正规部门和非正规部门都不提供任何贷款的一个必要条件。否则，银行肯定可以从分离合同中获得非负利润。第二，在实行共享合同背景下正规部门将挤出非正规部门。在共享合同中，不管项目是“好”还是“坏”，银行都会为它们提供全部融资，并且选择一个恰当的还款数额，即 R_a，这就使“好”借款人只获得保留效用，而非正规部门被正规部门挤出。第三，在分离合同背景下正规部门与非正规部门共生（symbiosis）。在分离合同中，联合融资要求被用作筛除“坏”借款人的工具。银行只为“好”项目提供部分融资，“坏”借款人不能从非正规部门获得贷款（事实上，如果 $p_b X_b \leqslant kc$，银行可以向这些被筛除出来的“坏”借款人提供很差的合同，于是，“坏”的借款人最好不接受新合同，也不参与；否则，银行向他们提供 (q_b, R_b)）。“坏”的借款人要么得到全部融资，要么得不到任何贷款。正规部门和非正规部门为全部借款人特别是“好”借款人共同融资。如果“坏”借款人所占比例更高，相对于“好”的项目而言“坏”项目的风险更大；若两部门资金成本差额较小，则满足利润最大化目标的分离合同会带来更多的利润，分离合同对银行更有利。

总的来说，竞争关系的类型可以在 (γ, c) 坐标系中表示出来，如图 3.1.3 所示。在 $p_a X_a < km$ 的情况下，满足利润最大化目标的合同形式随着参数 γ 和 C 变化而变化。

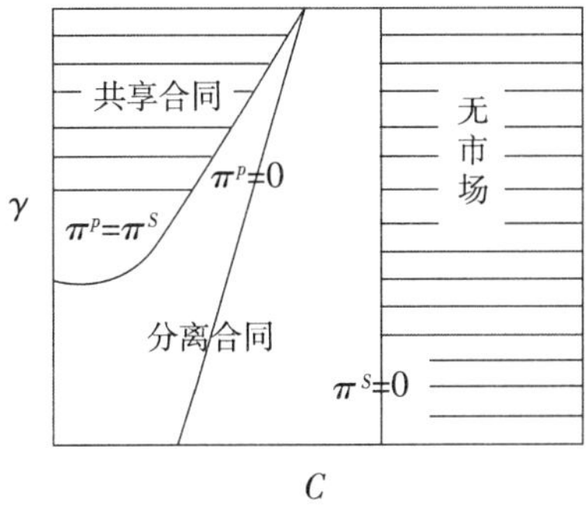

图 3.1.3　正规市场与非正规市场关系

总之，“坏”的借款人所占比例越高，两部门资金成本差额就越小（m 越小，或 c 越大，或者两者兼具），银行越有可能提供分离合同，正规部门便与非正规部门形成共生竞争关系。

3. 两类市场互补关系与非正规市场结构

弗洛罗和瑞（1997）以菲律宾大米磨坊主的信贷—产出市场为考察对象，对非正规部门的市场结构何以对两部门联结关系的原因及其政策含义进行了探讨。他们认为，正规部门的信贷扩张有可能强化非正规部门放贷人之间的合谋，但同时未必能使非正规部门借款人因贷款条件改善而获益。为此，他们假设放贷人之间将处于重复博弈的关系中，每个放款人都有特定的客户借款人，而且每个放贷人具有抢夺其他放贷人生意的激励（incentive to undercut）。当然，这种激励会受到“信贷战争”（credit war）的威胁。在信贷战争中，其他放贷人会在违规放贷人（deviant lender）的业务领地内实施报复性的信贷扩张，但这种报复性的信贷扩张要求放贷人在获取资金方面不受约束。因此，一方面，获取资金越容易，潜在的报复威胁便越是可行；另一方面，放贷人之间维持合谋的可能性越大，获取资金便越容易。因此，正规部门的信贷扩张通常被视为潜在威胁，这是因为它为合谋提供便利，进而使非正规部门借款人贷款条件恶化。然而，任何为了促进两部门联结的策略是否有效，最终将取决于非正规部门的市场结构。

弗洛罗和瑞假设非正规市场的信贷层次由大米磨坊主（ricemillers）和农户所构成。在生产开始时，农户从大米磨坊主那里获得现金预付款，到收割的时候，再把稻谷送到磨坊那里，以归还预先支付的现金，因此，农户和磨坊主处在被称作“农产品贸易—信贷”的相互关系中。他们的模型考虑了非正规市场放贷人之间同时存在“策略性合作”关系与竞争关系，但却假定他们之间普遍存在着“水平的”信息共享网络，故信息不对称问题不在讨论范围之内。正规市场与非正规市场之间形成“垂直的”信贷分层：大米磨坊主从银行等正规部门获得资金，然后转借给农户，成为银行资金在非正规市场上的零售商。每个大米磨坊主都有自己的“影响地带”（zones of influences），即对于每个磨坊主来说都有一群借款人。磨坊主在与他们交易时具有比较优势，这种优势存在于磨坊主不仅能收集借款人的信息，而且能对他们进行监管。因此，某个特定的磨坊主可能最适合与某一群农户借款人进行交易，而对于其他的借款人，磨坊主将获得较小的收益。

磨坊主和借款人从交易中所获得的总净收益（overall net gains）最大值记为 S，其大小取决于磨坊主和借款人各自的特征以及磨坊主从正规金融中介融入资金的难易程度。净收益在磨坊主和借款人之间分配。对借款人来说，他与一个特定的磨坊主交易，因而必须放弃与其他人交易的选择。对于借款人来说，这种机会成本力求得以补偿，因此，借款人必须至少获得保留效用。保留效用由两类因素决定：一类是外部因素，即借款人在“农产品贸易—信贷”关系之外仍然可能获得的效用，这包括不借款而从事生产活动的效用，或者从放贷人那里获得某种不与农产品贸易相联系的贷款的效用，或者通过从农村银行或合作社借款所带来的效用。另一类是内在因素，即与另外一个磨坊主进行交易的效用。如果合同双方都拥有足够信息，而且交易成本达到最小，则他们获取的 S 最大。因此，可以认为它不受外部因素影响，却不能排除内部因素影响。对磨坊主来说，如果磨坊主具有垄断地位，他总可以选择适当的贷款合同让自己独占潜在收益 S，而让借款人只获得保留效用。下文将表明，除非能直接改变借款人的保留效用，否则，正规市场上的信贷扩张对农户的福利毫无影响。

“影响地带”可以用“霍特林区位模型”（Hotelling locational model）来说明。一个特定地区的农户可以被看作是位于某一区位上，而这个区位中的不同点则反映了处在那个点上的借款人的特征。磨坊主同样可以被认为是处在某一区位上。于是，净收益随着借款人与磨坊主之间“距离”的增加而减少。如果用 $S^i(x), i = 1,2$ 表示农户 x 与磨坊主 i 之间所产生的潜在盈余，利用区位模型，可

以将 S^1 和 S^2 用图表示出来。图 3.1.4 表明，对于特定的借款人 x，磨坊主 1 较磨坊主 2 拥有比较优势，即 $S^1(x) > S^2(x)$。弗洛罗和瑞按照以下步骤，分析了信贷扩张所引起的竞争、竞争威胁以及串谋对借款人福利所造成的影响。

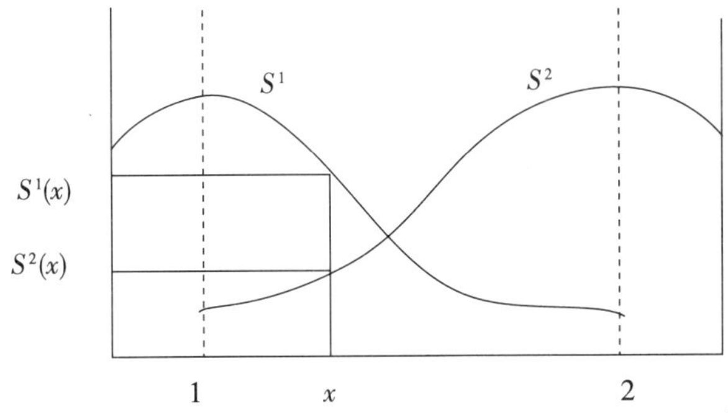

图 3.1.4　两磨坊主：影响地带及其重叠

（1）信贷扩张引发竞争的可能性

政府可以通过两种方法来促成两部门之间形成互补关系。一是降低非正规部门从正规部门获得贷款的利率，二是增加每一个磨坊主获取的正规部门的可贷资金数量，即信贷扩张。

利率降低增加了潜在收益，使 S 曲线向上移动，而可贷资金数量的增加对 S 曲线没有影响，但却会引起延伸效应（outreach effect），即磨坊主潜在借款人数量的增加。随着可贷资金数量增加，AB 之间潜在借款人逐渐被纳入到与磨坊主之间的信贷关系中。这一过程继续下去，竞争效应就将发生。这可以用图 3.1.5 来表示。随着信贷的扩张，在 AB 之间，有越来越多的借款人被信贷所覆盖。最终，可贷资金的供给使得两个磨坊主均有能力进入对方市场。此时，在磨坊主市场相重叠的部门中延伸效应被终止，而竞争效应则开始显现。

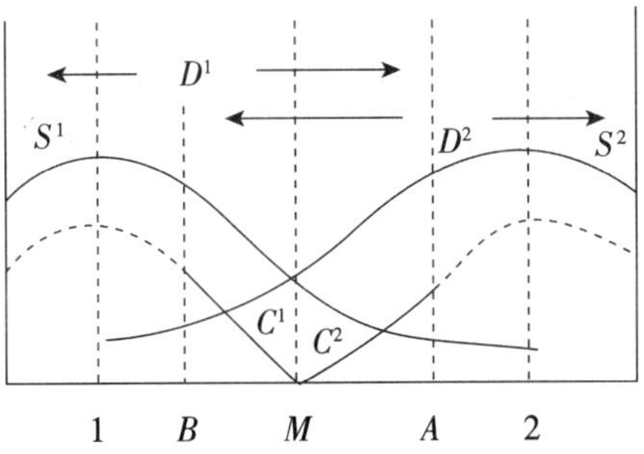

图 3.1.5　信贷资金扩张的竞争效应

由此可见，只有当磨坊主的"影响地带"重叠时，竞争才会出现。C^1、C^2 代表磨坊主可以获得的竞争利润。随着可贷资金供给的扩张，“竞争地带”增宽，竞争将更为激烈。竞争效应将压低磨坊主所能获得的利润，并把潜在收益 S 中更大的部分转移到借款人手中。

（2）策略性合谋对福利的影响

如果在“竞争地带”内，磨坊主之间达成合作协议以实行串谋，即磨坊主为各自的“影响地带”内的农户提供贷款并能抽取潜在收益 S^i，那么，正规部门向非正规部门扩张信用的政策将对借款人的福利影响甚微。当然，这种合谋行为并不是出于双方自愿友好的合作要求的考虑，而是在充分权衡了违反合作协议的成本和收益之后而采取的。违反协议可以带来短期收益，但这种短期收益必须与因违规行为所带来的潜在损失进行对比。这样一来，可贷资金扩张政策的效果就直接取决于如何影响偏离合谋路径的成本和收益这个问题。

前面已经提到，弗洛罗和瑞假设磨坊主 1 与磨坊主 2 的“影响地带”分别位于 M 的左右两侧。随着借款人覆盖范围 D^1 的增大以及“竞争地带”的出现，磨坊主 1 侵犯磨坊主 2 的“影响地带”即市场的可能性变大，特别是对方在其“影响地带”内获得的高收益更易于引诱着磨坊主 1 以破坏合作协议方式侵犯对方市场。在磨坊主 2 的市场里，磨坊主 1 通过向原来磨坊主 2 的客户借款人提供较为优惠的贷款合同，以获得自己所有的潜在收益。当然，磨坊主 1 的这种违规行为迟早会被磨坊主 2 发现，后者会采取惩罚行动。磨坊主 2 会采取一系列竞争行为，这将给磨坊主 1 带来损失。收益和损失的对比以及从发现侵犯行为到采取惩罚措施的时滞决定了实施成功而持久的策略性合谋的可能性的大小。如果收益很小而损失却很大，加上从违规到惩罚之间的时滞越长，持久合作的可能性便越大。因此，存在串谋可能性的充要条件是：侵占对方市场带来的收益 $\leqslant \frac{\delta}{1-\delta}$（因受到报复而造成的损失），其中，由于存在着时滞，δ 为贴现因子。

第一种可能性是，假设模型是完全对称模型，即磨坊主 1 和磨坊主 2 的潜在盈余曲线和竞争利润曲线均为完全对称，且收益和损失恰好相等。于是，信贷扩张产生的两种相反的作用（即一方面加剧竞争，另一方面增大惩罚的严厉程度）在程度上相等且互相抵消的话，则实行策略性合作的可能性不受影响，而借款人所获额外收益甚微。第二种可能性是，随着非正规市场上可贷资金的扩张，“竞争地带”将扩大，相应地，更大规模的市场侵犯更容易被发现，从察觉到报复的反应时滞大大缩短，因此，维持合谋合同的可能性将增大；与此同时，随着磨坊主相互之间进入到报复或惩罚阶段，损失会随着可贷资金的增加而增大。这两个因素降低了因侵入对方市场而带来的收益对因受到报复而造成的损失的比率，因而增大了进行策略性合作的可能性。

三、非正规信贷市场与政府政策

在发展中国家，政府对金融市场实行干预一般来说是针对正规信贷市场而言的，非正规市场由于自身特征难以受到政府的控制。因此，笔者在对发展中国家政府在正规信贷市场中实施干预政策的目的、特征、缺陷及实际效果的研究文献进行介述的基础上，再来分析非正规信贷市场何以对政府政策施加影响的研究文献。

1. 对发展中国家政府干预金融市场的一般分析

戴尔·W. 亚当斯和罗伯特·C. 福格尔（Dale W. Adams & Robert C. Vogel, 1986）对低收入国家中受到政府干预的农村金融市场的运行效果及其原因做了分析。为了促进农业生产和帮助农村贫困人口，低收入国家政府增加了农业信贷总量和金融中介农村分支机构的数量；与此同时，为了给农民提供廉价贷款，还对农村金融市场实施了一系列的具体干预，包括贷款组合要求（loan portfolio requirements）、提供再贴现融资（rediscount facilities）、贷款和收成担保（loan and crop guarantees）、扩大农村银行网点、实行银行国有化以及更有实质意义的低利率管制政策（low-interest ceilings）① 等政策措施。在亚当斯和福格尔看来，这些政策并没有达到促进农业生产和帮助农村贫困人口的预期效果。其理由在于：

第一，政策本身有缺陷。就贷款组合要求而言，政府可以对金融机构特定种类的贷款实行最低额或最高额限制，或者对贷款规模进行约束。但是，金融机构很容易在满足这种要求的同时逃避政策的管制，即通过给单个借款人提供多笔中等规模的贷款来规避贷款规模约束，或者重新定义贷款类型。就再贴现措施而言，金融机构能够以比向借款人索取的利率低得多的利率从政府获得资金，并更积极地参与政府的信贷计划，但却不能避免由此带来的长期依赖于政府的消极作用；此外，贴现利率通常低于金融机构向储蓄者支付的存款利率，使银行对吸收个人储蓄缺乏激励，从长远看会导致农业信贷资金趋于减少。就为贷款和收成提供担保而言，一方面，实施担保计划的成本非常昂贵，政府不得不提供大量的补助来支付违约成本，政府还要为担保计划的管理成本提供补贴；另一方面，农业损害会在同一时间内影响众多的生产者，需要大量的工作人员及时地评估这些损失；此外，担保的提供会降低贷款者追讨过期贷款的决心。就增开农村银行分支机构而言，效果自然也很有限。银行可以设立象征性的分支营业点，这些营业点每个星期只营业几个小时或者仅仅提供有限的服务种类，甚至变成仅仅吸收存款

① 包括通过限制再贴现机构收取的利率对金融中介存款利率直接管制，并对金融中介贷款利率管制等措施。

的机构。就银行国有化政策而言，在为农村贫困人口提供金融服务、增加农民的中长期贷款数量、提供有吸引力的存款服务、降低金融中介活动的交易成本以及设立创造性的和能够自我维持的农村金融机构等方面，国有化银行是否更有效率还不清楚。就低利率政策而言，不少实行该政策的发展中国家曾经遇到过严重问题。一方面，低收入国家普遍的高通货膨胀率使银行获得的实际贷款利率很低甚至为负，这就损害了贷款人的生存能力，而实际操作中银行经常对贷款附加额外条件，借款人支付的有效利率可能并不低，使借款人的借款能力受到影响；另一方面，低利率政策自身也存在问题，对存款利率的管制限制了银行吸引存款的能力，而对贷款利率的管制使银行不得不采取配给办法，将资金配置给较少受到管制并具有抵押能力的借款人。因此，低利率政策扭曲了金融中介的存款和贷款活动，损害了贷款人的生存能力和金融机构吸收储蓄的能力，使大多数贫困人口反而难以获得贷款，并有可能带来农村地区资金的净流出。可见，这些旨在通过改变贷款者贷款行为并且为农业提供信贷支持的政策在大多数情况下都事与愿违。

第二，政府干预没有有效解决农村金融市场中的交易成本、贷款还款以及储蓄动员等问题，反而加剧了这类问题。贷款人的交易成本包括动员转贷资金、收集潜在借款人信息以及与发放、维持和收回贷款等操作相关的成本。农村借款人具有分散化和多样化、贷款交易数目多而数额小等特征，加上农业灾害在同一时间影响大量农户等因素的作用，致使交易成本上升。此外，政府干预也引发交易成本上升，这是因为低利率政策增加了动员储蓄的难度，银行必须提供非利率奖励（non-interest rewards）以吸引储蓄，而为了完成政府规定的定向信贷计划，金融机构采用新的操作计划和提供定期报告也会显著增加放贷人的成本。如果交易成本太大，就不会有任何贷款交易。当然，这种交易成本可以在贷款人和借款人之间分担，而这又会影响贷款的去向。放贷人可以将交易成本连同信贷配给机制来操作，即把交易成本转移给它所不偏好的借款人。因此，交易成本数额的大小及其配置势必影响政府信贷计划的实现。此外，贷款的还款问题也十分突出。低收入国家农业受到其他政策的压榨，财政投入不足，农业本身利润低而且不稳定，农民利用金融市场的能力以及还款的能力受到影响。通过银行国有化与建立专门性的发展银行来提供资金等政府干预手段，也会降低了银行追讨欠款的激励。农村金融储蓄动员的职能也经常被忽略。其原因在于，一方面人们通常认为农民可供储蓄的剩余不多，而且储蓄对利率的反应不明显，因而不太可能在农村地区动员大量储蓄，如果储蓄动员的幅度太大，储蓄只是从一个机构转移到另一个机构，或者由于存款利率过高使得金融机构为了避免破产而将资金投资于利润较高的城市，从而使资金从农村转移到城市；另一方面，人们认为较高的存款利率与低利率借贷政策不一致，因此，金融中介常被政府要求实施与储蓄动员不一致的低利率等政策，而储蓄动员常常被忽略，因此，金融中介在动员储蓄上的绩效并不好。事实上，积极的储蓄动员不但可以为农民提供有利可图的投资机会，从而帮助贫困人口，改善资源配置，而且储蓄资金的积累以及从存款人获得的额外信息，有助于增强农村金融中介机构的生存能力。

第三，在信贷资金的使用上也存在问题。一方面由于资金使用替代性（fungibility）的缘故，使得对农村金融市场的项目评估难以推进，农民有把借贷资金用作其它用途（如消费）的动机；另一方面，农业受到其他政策的压榨，获利能力较弱，农民会把所获得的资金用于收益较高的其他项目。这些方面都将使政府的定向贷款计划难以实现。

总之，亚当斯和福格尔认为，政府对金融市场的不恰当干预以及在其他方面采取的政策，特别是造成农业贸易条件恶化的政策，导致低收入国家农村金融市场不能有效地和公平地发挥作用。他们进而认为，加强农村地区储蓄的动员、保持较高的实际利率以及重视对金融服务整体质量的改善等，这类政策才是能够使政府取得成功的合适政策。

斯蒂格利茨和玛丽露·乌伊（Joseph E. Stiglitz & Marilou Uy，1996）对“东亚奇迹”中对金融市场所采取的具有促进增长作用的政府干预做了总结，得出与亚当斯和福格尔不同的结论。在斯蒂格利茨和乌伊看来，东亚地区政府对金融市场进行着广泛的干预，干预的目的主要有两大类。一是使金融市场和机构更好地运行。如果运行有效，金融市场和金融机构能够使不同部门和企业的边际收益相等，分散市场风险，从而使企业能够进行具有更高风险和更高预期收益的投资。二是纠正资源的不合理配置。即使各个部门和企业边际收益相等，如果个人边际收益和社会边际收益存在系统性偏差，资源配置也不会有效率。斯蒂格利茨和乌伊指出，政府干预达到预期目的的前提条件是政府施政应该具有灵活性，也就是说，政府干预应具有以下性质：一是在金融市场中引入某些有意设计的特征以避免政策被滥用，进而加大政策成功的可能性；二是坚决放弃不起作用的干预政策；三是随经济情况变化及时调整政策。他们把“东亚奇迹”中的政府干预政策归纳为三种类型：一是创建市场和金融机构；二是对市场和机构进行监管；三是为具有优先权和示范作用的企业、团体和产业提供信贷、外汇等方面的奖励。具体而言，这类干预政策包括以下五个方面：

第一，创建金融机构并通过对它们进行监管等渠道来促进储蓄。邮政储蓄系统（Postal Saving System）和公积金（the Provident Funds）是东亚地区政府创建的最重要的促进储蓄的机构。政府采取的鼓励储蓄的管理手段包括：一是限制消费信贷，例如通过有意阻止抵押品市场和其他消费信贷工具的发展来阻止消费的增长；二是对银行进行管制以降低银行陷入困境的可能性，并有利于增加储蓄；三是采用金融约束（financial restraint）政策，通过低利率促使家户的收入（东亚地区家户普遍有高储蓄倾向）转移到企业，由此提高了整体储蓄水平；四是保持经济稳定并维持低赤字财政有益于增加储蓄，因为低通货膨胀率可降低储蓄收益的变动程度并增加实际收益，而低赤字财政致使财政盈余直接增加国民储蓄。

第二，对银行进行监管以提高其偿付能力。监管有助于提高储蓄率和资源配置效率，如果没有政府干预，金融危机出现的可能性和频率将会大大增加。一方面，通过实施审慎监管（prudential regulations）来确保银行健康运行的条件，包括资本充足要求、贷款抵押品要求、放贷限定（例如防止投机性贷款）、直接监督（例如对银行贷款组合和银行内部管理实行监督）、确保国有银行审慎操作（例如避免国有银行陷入财政软约束）以及对非银行金融机构的监管等。另一方面，保护银行免于过度竞争，并对金融机构的进入和运营进行管制，以确保新成员和已有银行的安全并具备偿付能力。需要提到的是，东亚地区政府实施进入限制主要基于三点考虑。一是出于审慎操作的考虑。限制竞争可以增加利润，进而巩固银行体系安全性；更高的利润又可以增加银行特许权，进而激励银行采取审慎行为以保持良好的声誉；因此，由数量小的大银行所组成的金融体系比由数量众多的小银行组成的金融体系更为安全。二是效率考虑。大银行在信息收集和对借款人监督方面具有规模经济，大银行能更有效地提供金融中介服务。三是因为国内银行在能够与外国银行公平竞争之前需要得到保护。

第三，为弥补信贷缺口而创建发展银行和金融市场（尤其是资本市场）。发展银行信贷是对商业信贷的补充，对商业银行信贷具有信号效应（signal effect），进而影响商业信贷的投向，与此同时，发展银行与商业银行合作放贷，可以实现风险分担。此外，专业性的发展银行的设立，可以为特定的部门（例如农业和中小企业）提供贷款，而这些部门自身难以获得商业信贷。

第四，通过金融约束和信贷配给来促进增长。金融约束具有配置效应。如果低存款利率与低贷款利率相平行，金融约束可增加企业的资产，从而增加企业的投资规模，并能提升企业审慎操作以承担风险的能力和愿望；如果低存款利率不与低贷款利率平行，金融约束便可增加银行的资本，进而提高银行发放贷款的愿望和能力，况且更多的银行资产可以带来更为稳定的金融体系。此外，金融约束还具有激励效应。隐含利润增加提高了银行的特许权价值，从而提升银行进行审慎操作的激励。

第五，通过指令性贷款（directed credits）优先支持某些部门。一方面，政府向具有优先权的企业、团体和产业发放贷款；另一方面，政府基于社会原因的考虑向小农户、中小企业或特定族群提供贷款。斯蒂格利茨和乌伊指出，东亚地区的指令性贷款与其他国家相比更为成功的因素有以下几点：一是信贷政策能够快速变化；二是向私有企业而不是向公有企业发放指令性贷款；三是根据绩效标准来发放贷款；四是更常用信贷而不是补助的形式；五是指令性信贷所占比重受到限制；六是对借款人的监督更为有效，其违约率较低。

总之，东亚地区政府采取的干预政策并不是要取代市场和市场机制的运作，而是利用市场并对代理人加以指导。政策操作中强调灵活性，设立了防止政策滥用的制度安排，在确保金融体系稳定性和限制其租金二者之间的平衡方面能够有效把握，这几点是东亚地区政府之所以能够对金融市场进行有效干预并取得成功的主要原因。

2. 非正规信贷市场与政府干预

非正规市场与正规市场之间形成的互补或竞争关系会影响政府政策的效果。为了确保借款人能够借到便宜的资金，政府实行一系列的干预措施，而实行以低利率、廉价信贷资金等形式出现的直接信贷补贴成为许多发展中国家最流行的做法。[①] 不少发展经济学家对此展开了研究，盖特（1992）从资金成本角度描述了不存在信息不对称条件下廉价信贷政策分别在两类市场的竞争和互补关系中的效果，贾因（1999）讨论了因两类市场信息不对称而引起的共生竞争关系对政府的利率管制政策做出的反应，皮纳基·博斯（Pinaki Bose，1998）则关注非正规市场上各放贷人之间的信息不对称对正规市场廉价信贷政策效果的影响，与实行直接信贷补贴的政策建议不同，维京伯根（1983）以两类市场资金中介效率问题作为出发点，提出了提高正规市场利率的政策建议。

（1）理想状态下两类市场关系与廉价信贷政策

鉴于非正规市场与正规市场之间存在着联结和竞争两种关系，盖特（1992）认为在正规市场上资金的机会成本（opportunity cost，即图 3.1.6 中的 OC）比非正规市场低，而交易成本（transaction cost，即图 3.1.6 中的 TC）和风险溢价（risk premia，即图 3.1.6 中的 RP）则比非正规市场高，在这种情况下，通过促进两个市场之间的竞争或联结有利于降低借款利率。具体理由是：

第一，就促进竞争而言，从图 3.1.6 可以看出，通过竞争，非正规部门获得的垄断利润（monopoly profit，即图 3.1.6 中的 MP）消失了，从非正规部门获得的 B 类贷款的利率降低到 18（如成本结构 D 所示），借款人的福利得到改善。这意味着，由于银行廉价资金参与竞争，整个信贷市场贷款利率随之下降。

第二，就促进联结而言，如果正规部门不与非正规部门直接竞争，而是将资金借给非正规部门的放款人，利用他们作为自己的代理人，一方面可以为他们提供便宜的资金（OC 为 5，而不是 8），另一方面，可以利用他们在信息上的优势，以降低交易成本和风险（B 类贷款的 TC 为 2，而不是 4；RP 为 8，而不是 9）。这样一来，从非正规部门获得的 B 类贷款的利率降低到 15（成本结构 F 所示），借款人的福利得到进一步改善。因此，无论正规部门是促进竞争关系还是促进互

① 参见 Timothy, Besley, 1994, "How Do Market Failures Justify Intervention in Rural Credit Markets?", *World Bank Research Observer*, vol. 9, no. 1, Jan., pp. 27-47。

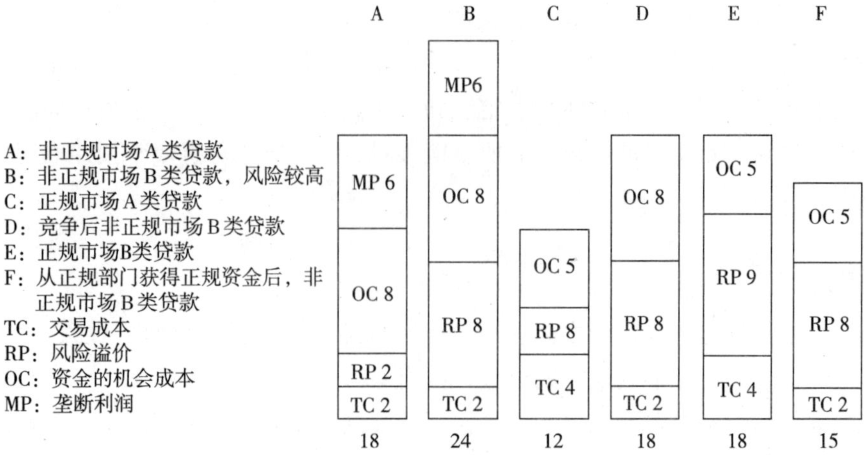

图 3.1.6　正规市场与非正规市场上的贷款成本结构（成本值为假设值）

补关系，都可以降低借款人的借款利率。

（2）两类市场的竞争关系、信息不对称与利率管制政策

贾因（1999）用图 3.1.7 描绘在信息不对称和政府实行利率管制背景下两类市场的竞争关系。

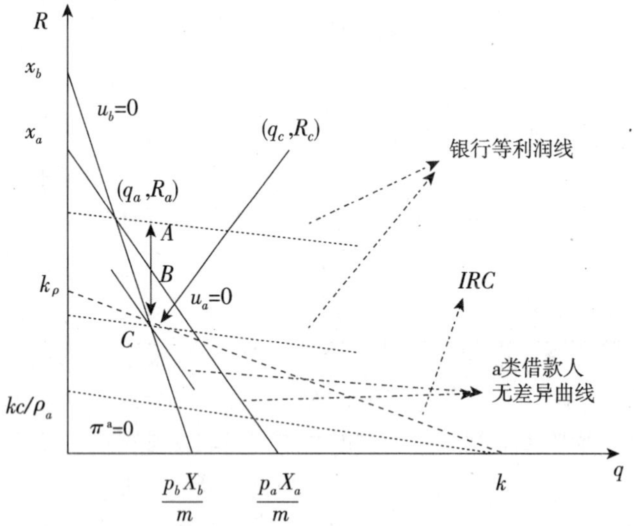

图 3.1.7　在非正规市场上利率管制政策的效果

图 3.1.7 概述了贾因（1999）对正规市场与非正规市场放贷人之间在信息不对称条件下形成的竞争关系所进行的分析，他的分析为探讨利率管制政策的效果提供了思路。若将正规部门贷款受到政府利率管制表示为 $\rho \geqslant c$，则还款额为 $R_i \leqslant (k - q_i)\rho$。如图 3.1.7 所示，标记为 *IRC*（代表"利率封顶"（interest rate ceiling)）的直线表示这一约束。由于存在 IRC 的约束，银行的分离合同由（q_a，R_a）移动到（q_c,R_c），（q_c,R_c）合同位于 IRC 和 $u_b=0$ 线的交点（点 C）上。在这一点上，有新的无差异曲线和新的银行等利润线通过。显然，在 IRC 的约束下，C 点的还款额度小于初始点上的还款额度，即 $R_a > R_c$，而其共同融资要求大于初始点上的共同融资要求，即 $q_a < q_c$。这意味着银行更密集性地使用贷款规模工具（loan size instrument）（即 q 越大，银行贷款规模越小）来弥补其利率工具在甄别能力上的不足（还款额度变动范围越大表明利率工具越能发挥甄别作用）。此外，图中 AC 段表示的是银行利润减少的幅度，其中 BC 部分转移给"好"的借款人，AB 因而为净损失。这部分损失是因为资金成本更高的非正规部门为给新增贷款（$q_c - q_a$）提供融资而造成的。

可见，政府实行的旨在为某些部门提供便宜信贷的计划虽然会带来损失，实际上却引起盈余转移。因此，利率不仅是甄别工具，而且也是盈余提取（surplus extraction）的工具，对它的任何约束不仅影响投资盈余索取权的分配，而且也将影响融资效率。这是因为更多的融资由资金成本更高的非正规部门所提供。

（3）两类市场互补关系、信息不对称与廉价信贷政策

博斯（1998）研究了在正规部门为非正规部门提供资金而众多耕种者只能向非正规部门申请贷款的条件下，当非正规市场放贷人对借款人违约风险的识别存在着信息不对称时，而正规部门向借款人提供廉价信贷的政策可能会引起非正规市场出现"结构效应"（composition effects），进而恶化非正规部门信贷条件和贷款可获性的运行机理。他发现，正规部门廉价信贷会对放贷人产生两种相反的效应。一种是直接效应，即降低了信贷资金的机会成本；另一种是结构效应，即利率的降低可能对非正规市场上的放贷人所面对的某些或全部潜在客户群的构成产生不利影响，致使具有更大的违约风险的借款人所占比例会增大，使放贷人面临更高的违约率。放贷人在对两种效应相互比较的基础上做出贷款决定。如果结构效应更强，正规部门利率的下降将导致这些放贷人提供的贷款数量收缩并造成收取的利率升高，因而对借款人产生不利影响。

博斯通过构建模型来讨论结构效应及其发生作用的条件。假设可以按照偿还贷款可能性的高低把非正规部门具有有限数量的借款人区分为 π_L 和 π_H 两类，且 $\pi_H > \pi_L$；两类借款人的违约概率可表示为 $1-\pi_i, i = L,H$。以 N_i 表示第 i 种借款人的人数，那么，借款人总数有 $N = N_L + N_H$。贷款需求函数为 $L(i)$ 且 $L'<0$，其中 i 是贷款利率。相应地，r 是指正规部门的利率。另外，假定这些借款人只能在非正规部门获得贷款，同时，假设违约是指本金和利息都不归还的情形。根据有关借款人类别信息所了解到的差异，可将非正规信贷市场的放贷人分为两类：放贷人 1 完全可以分辨出借款人的类别，而放贷人 2 根本就分辨不出。放贷人需要采用一定的催款技术来避免借款人逃账，这种技术带来的成本对每个放贷人都

相同，即 $c(n_j)$ 且 $c' > 0, c'' > 0$，其中 n_j 为第 j 位放贷人的客户数量，i_j 是他收取的贷款利率。

信息不完全的放贷人 2 所面临的还款概率（以 θ 表示）取决于他所能得到的借款人总数的构成（composition of the pool）。在给定 θ 和 r 的情况下，他的预期利润为：

$$R_2(i_2, n_2, \theta; r) = n_2[\theta(1 + i_2) - (1 + r)]L(i_2) - c(n_2) \tag{3.1.15}$$

当利润最大化的最优决策解 i_2, n_2 是 θ 和 r 的函数，可以得到如下三种情况：

第一种情况是，当 θ 和 r 相互独立时，可以证明 r 降低，通过减少资金的机会成本，会引起 i_2 减少和 n_2 增加；θ 的减少，通过提高违约风险（相应地降低每笔贷款的预期收益），会导致借款人 2 收取的利率 i_2 增加，而提供贷款的客户数量 n_2 减少。此时，它们独立地影响着借款人 2 的决策。

第二种情况是，当 r 的变动会影响 θ 时，便发生了"结构效应"。"结构效应"是因为信息完全的放贷人 1 对正规部门利率 r 变动做出反应而产生的。由于信息完全的放贷人能够完全分辨出借款人的类别，其中，H 类借款人的利润较高，因此，只要放款人 1 的客户数量 n_1 小于 H 类借款人总数 N_H，放贷人 1 便只会向 H 类借款人提供贷款，这就使信息不完全的放贷人 2 留下的剩余潜在客户总数中包括两类借款人。显然，n_1 的变化引起剩余潜在客户总数中 H 类借款人比例的变化，从而影响总体结构以及 θ。据此，θ 可以表示成：

$$\theta = \frac{\pi_H(N_H - n_1) + \pi_L N_L}{N - n_1} \tag{3.1.16}$$

对放贷人 1 来说，如果 r 下降，他的利润最大化决策就是增加 n_1（这与第一种情况中对放贷人 2 的分析一致）；而根据式（3.1.16），n_1 增加会降低 θ。因此，正规部门利率 r 下降，通过增加 n_1，引起放贷人 2 面临的还款概率 θ 下降。r 和 θ 同方向变动，即 $\frac{d\theta}{dr} > 0$，于是，"结构效应"便出现了。

第三种情况是，在"结构效应"下，r 变动将对 i_2 和 n_2 带来影响。在第一种情况中分别讨论了 r 和 θ 对这两个变量所产生的独立的影响，但是，如果 r 还会通过 θ 间接影响 i_2 和 n_2，特别是当通过 r 对 i_2 和 n_2 的直接影响在方向上与 r 通过 θ 对 i_2 和 n_2 的间接影响在方向上相反的话，r 的变动对 i_2 和 n_2 的总体变动方向从而对放贷人 2 的预期利润的净影响就是不明确的。因此，r 对预期利润的影响程度 $[\theta(1 + i_2) - (1 + r)]L(i_2)$ 取决于 r 通过资金机会成本对 i_2 和 n_2 的直接影响与通过 θ 对 i_2 和 n_2 的间接影响两者的净值。用包络定理来解释就是，r 对 θ 的影响程度不同，即"结构效应"的强度不同，这两种影响的净值亦不同。如果 $\frac{d\theta}{dr} > \frac{1}{1 + i_2}$，$r$ 的下降会引起放贷人预期收益减少以及 n_2 同时减少；反之，如果

$\frac{d\theta}{dr} > \frac{\theta}{1+r}$，$r$ 的下降则导致 i_2 增加。由于每笔贷款利润为非负的必要条件是 $\theta(1+i_2)-(1+r)\geqslant 0$，这意味着 $\frac{\theta}{1+r}\geqslant\frac{1}{1+i_2}$。因此，"结构效应"强度对 i_2 和 n_2 的净影响可以归纳为以下 3 点：首先，如果 $\frac{d\theta}{dr}\leqslant\frac{1}{1+i_2}$，$r$ 的下降导致 n_2 增加和 i_2 降低；其次，如果 $\frac{1}{1+i_2}<\frac{d\theta}{dr}<\frac{\theta}{1+r}$，$r$ 的下降导致 n_2 和 i_2 一起降低；最后，如果 $\frac{d\theta}{dr}\geqslant\frac{\theta}{1+r}$，$r$ 的下降导致 n_2 减少和 i_2 上升。从最后一点可以看出，如果"结构效应"足够大，以至于超过了降低资金机会成本的直接效应，那么，正规部门廉价信贷会引起放贷人 2 的贷款利率上升和贷款规模减少。不过，如果考虑 r 的下降对放贷人 1 的影响，即 n_1 增加和 i_1 下降，廉价信贷对信贷市场的贷款总规模的影响并不明朗。当然，如果进行放贷需要承担固定成本，r 的下降使放贷人 2 的预期利润 R_2 大幅度减少，从而迫使他完全停止放贷活动。在这种情况下，贷款总规模将出现非连续的下降。

博斯接下来考虑二维贷款合同和策略性违约（strategic default）的问题。在简单的模型中，隐含了放贷人 2 能够以 i_2 借入他所意愿的任何数量贷款的假定，该假定可能与事实不符。放贷人可以根据贷款规模同时规定贷款合同的利率，这样可以从借款人身上攫取更多的盈余。而且信息不完全的放贷人 2 可以选择一份这种类型的合同菜单，以便引诱借款人在自我选择时披露出自己的风险特征。这样一种分离均衡（separating equilibrium）使放贷人 2 所面临的剩余借款人在总体上被分隔成不同的类型，此时，"结构效应"不再适用。因此，有必要考察当贷款合同规定利率和贷款数量时，前面模型所得出的结论依然成立的条件。

博斯表明，在策略性违约可能存在从而致使放贷人实行信贷配给的情形下，"结构效应"及其后果与这种"二维"合同是相容的。当策略性违约出现时，实行信贷配给对放贷人可能是最优的，而他所提供的贷款最大值随着利率（r）上升而减小。博斯在纳入了"二维"贷款合同和策略性违约的模型后指出，在一定条件下，一方面，为了预防策略性违约的出现，信息不完全的放贷人 2 将实施信贷配给；另一方面，这种信贷配给与分离均衡是不相容的；在这种情况下，"结构效应"仍然起作用，而且其发生作用的效应更为强烈。这意味着，廉价信贷在使所有放贷人的利率提高的同时，将使得所有借款人的福利下降。

博斯假设所有耕作者所拥有的不可分的等量土地和劳动力可以为他们生产固定数量 y（>0）或者 0 的产品。π_j 代表 j 类（$=L,H$）借款人得到产出 y 的概率；$\pi_j=\pi_j(L)$，π_j 是借款和投资数额 L 的递增凹函数；$\pi_H(L)>\pi_L(L)$，且 $\eta_H(L)>\eta_L(L)$。其中，$\eta_j(L)=\frac{\pi'_j(L)L}{\pi_j(L)}$ 反映的是 π_j 关于借款和投资数额 L 的弹性。因此，j 类借款人的预期收益为 $V^j(L,i) = \pi_j(L)[y-(1+i)L]$。“二维”合同用 (L,i) 表示，$[\theta(1+i)-(1+r)]L$ 表示放贷人从这种合同中所获得的预期利润。其中，θ 与前面一样表示还款概率，由接受合同的借款人的总体结构所决定。信息不完全的放贷人 2 的总利润可以写成：

$$R_2(i_2,L,n_2,\theta;r) = n_2[\theta(1+i_2)-(1+r)]L - c(n_2) \qquad (3.1.17)$$

其中，i_2、L、n_2 是决策变量。

图 3.1.8 给出了借款人的无差异曲线和放贷人的等利润线。图中实线代表的是初始位置上的合同情况，虚线代表受 r 下降影响后的合同情况。借款人的无差异曲线由倒 U 型曲线表示，由于 $\eta_H(L) > \eta_L(L)$，在任何交点（如 A 点）上，H 类借款人的无差异曲线的斜率都较大，并且越靠近横轴效用越大。而放贷人的等利润线的斜率（绝对值）随着客户的预期违约概率增大而变小，即变得越来越平坦，而且越向右上角移动，其利润越大。

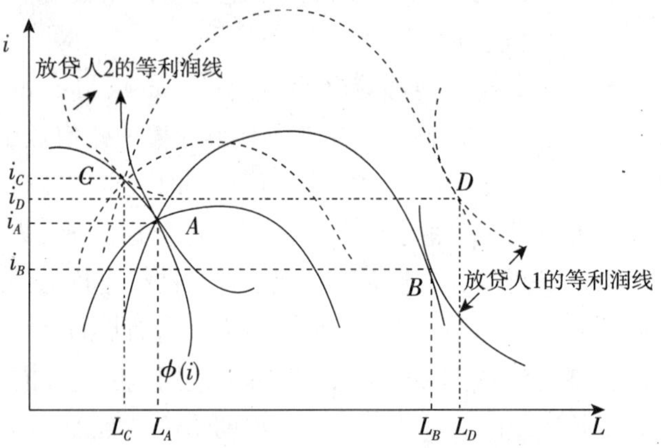

图 3.1.8 “二维”合同、策略性违约与借贷条件

引入策略性违约后可以看出，它并不是由借款人破产所引起。假定 L 类借款人中有比例为 μ 的人可以无成本地逃债（另外 $1-\mu$ 部分的人由于成本太高不可能操作策略性违约）。如果满足：$L+y_0 \leqslant \pi_L(L)[y-(1+i_2)L]$，那么，没有人会操作策略性违约。用 $L_R = \phi(i)$ 表示满足该约束的最大 L，即为了不招致策略性违约的前提下放贷人 2 提供的贷款合同所能规定的最大贷款数量（见图 3.1.8）。在这里，$\phi(i)$ 的引入具有两层涵义：一是分离均衡不可能实现，这是因为分离均衡所要求的贷款规模会超过 $\phi(i)$；二是将产生信贷配给，在任何 i_2，在 $\phi(i)$ 约束下，放贷人 2 提供的贷款数量将小于借款人所需要的贷款数量。

因此，在初始状况下，放贷人 2 向两类借款人提供（L_A，i_A），而放贷人 1 只向 H 类借款人提供（L_B，i_B），而且 $V^H(L_A,i_A) = V^H(L_B,i_B)$。$r$ 下降，放贷人

1 每笔贷款的预期利润将增加，因而会促使 n_1 扩大，从而使得放贷人 2 的 H 类借款人的比例下降，于是，“结构效应”将显现。该效应减少了贷款的预期利润，使放贷人 2 的等利润线的斜率增大；同时，因为资金机会成本减少而带来的直接效应又使得等利润线的斜率变小。如果“结构效应”足够强以至于抵消直接效应，那么，等利润线的斜率仍然将增大，即它将变得更为平坦。如图 3.1.8 所示，$\phi(i)$ 与更为平坦的等利润线相交于点 C，此时的合同为（L_C，i_C），处在 L 类借款人效用更低的无差异曲线上。同点 A 相比较，显然有 $L_C < L_A$，$i_C < i_A$。同时，为了使 $V^H(L_D,i_D) = V^H(L_C,i_C)$，放贷人 1 有能力在不丧失客户的前提下，从借款人那里获得更大的盈余（即 (L_D,i_D) 处于更高的无差异曲线上）；同点 B 相比，显然有 $i_B < i_D$。因此，在一定条件下，正规部门廉价信贷可能会使非正规部门所有放贷人提高他们的贷款利率，相应地，这将使借款人的收益下降。

（4）正规市场与非正规市场的互补关系与高存款利率政策

研究发展中国家金融市场的学者一般都认为非正规市场与正规市场之间存在着两种类型的互补关系：一类是正规市场为非正规市场提供资金；另一类是非正规市场的资金向正规市场流动。维京伯根（1983）专门研究了当存在“非正规市场”的条件下提高正规部门的存款利率导致“非正规市场”资金流向正规市场的现象及其对产出、通货膨胀和增长的含义。在维京伯根看来，发展中国家金融市场具有两个重要特征：第一，鉴于金融市场中的证券市场和商业票据市场等市场不发达，信贷市场就构成为金融市场的主体；第二，在信贷市场上存在着以银行为主体的正规信贷市场和以“非正规市场”为主体的非正规市场共存的二元结构。在这种情况下，如果提高正规市场的存款利率，储蓄的增长主要来自非正规市场的资产，而不是来自非生产性的资产（如黄金、存货、现金等），那么，在非正规部门比正规部门能够提供更多中介的前提下，提高存款利率成为一种紧缩政策，因而将对短期变量（如产出与通货膨胀等）和长期变量（如经济增长等）带来负作用。

维京伯根在以上对发展中国家进行深入观察的基础上，提出了他的 3 个基本假设：

第一，公众面临着 3 种资产选择，即现金、银行存款和非正规市场存款；此外，公众还将财富 W 按相应比例持有这 3 种资产，各自持有比例是通胀率、名义市场利率（“非正规市场”利率）、存款利率、实际产出这 4 个变量的函数，即

$C = f^c(\hat{p},i,r_{TD},y)W$，$TD = f^{TD}(\hat{p},i,r_{TD},y)W$，$UMM = f^{UMM}(\hat{p},i,r_{TD},y)W$，其中，$UMM$ 为非正规货币市场（unorganized money market）之缩写，W 代表真实财富；$\sum_i f^i = 1$，$\sum_i f^i_j = 0$，由于 $f^C_y > 0$、$f^{TD}_y > 0$，则 $f^{UMM}_y < 0$，即随着收入水平的提高，公众对非正规市场资产的需求将减少。

第二，在贷款的供给方面，银行受到法定准备金率 ρ 的约束，因此，银行将

扣除准备金后的资金按照通货膨胀水平和贷款利率提供贷款，即 $L^S = b(\hat{p}, r_L)(1-\rho)TD$；而非正规市场则将资金全部放贷出去。在这种情况下，由公众持有的通货、银行的法定准备金和超额准备金构成了实际货币基数 MR。

第三，在贷款的需求方面，企业流动资本与固定资本的融资主要依靠银行和非正规市场，这意味着，企业会把银行发行的贷款全部吸收掉（可以用发展中国家银行贷款利率经常低于市场出清水平这一点作为佐证），而未满足的贷款需求则通过非正规市场来解决。

在以上三个假设之下，维京伯根采用了凯恩斯学派的 $IS-LM$ 分析框架对短期内市场利率、通货膨胀和产出之间的关系展开了讨论。

第一，分析短期内存款利率上升对市场利率的影响。假定在固定价格下由需求决定产出的机制导致产品市场达到均衡，即 $y = A(i-\hat{p}, y), A_i < 0, 0 < A_y < 1$。根据以上假设，金融市场均衡为 $f^{UMM}(\hat{p}, i, r_{TD}, y)W = D_f(w, y) - b(\hat{p}, r_L)(1-\rho)f^{TD}(\hat{p}, i, r_{TD}, y)W$，其中，企业因流动资本融资而产生的贷款需求为 $D_f = D_f(w, y), D_{f1,2} > 0$，$w$ 为实际工资率。

根据产品市场均衡和资本市场均衡可以分别求出市场利率和收入空间内的 IS 曲线和 LM 曲线。IS 曲线可以根据产品市场均衡方程对市场利率求其关于收入的导数获得，可以表示为$\frac{\mathrm{d}i}{\mathrm{d}y}|_{IS} = \frac{(1-A_y)}{A_i} < 0$；而 LM 曲线则可以根据资本市场对市场利率求其关于收入的导数获得，即$\frac{\mathrm{d}i}{\mathrm{d}y}|_{LM} = \frac{-[f_y^{UMM} + b(1-\rho)f_y^{TD}W - D_{fy}]}{(f_i^{UMM}b(1-\rho)f_i^{TD})}W$。可以证明，$\frac{\mathrm{d}i}{\mathrm{d}y}|_{LM} > 0$，$IS$ 曲线和 LM 曲线可以在利率和收入空间内表示在图3.1.9中。

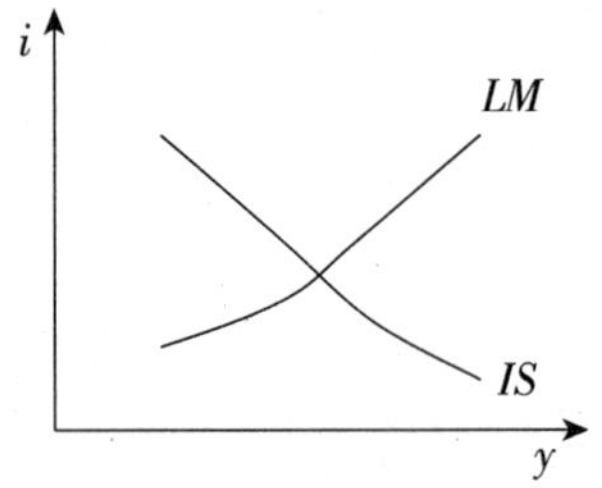

图 3.1.9　资本市场和产品市场均衡时利率和产出的决定

存款利率不影响产品市场，故 IS 曲线不受影响，因此，存款利率主要通过资本市场来影响 LM 曲线的移动，进而决定市场利率的升降，即：

$$\left.\frac{\mathrm{d}i}{\mathrm{d}r_{TD}}\right|_{y=\overline{y}_{LM}} = [(1-b+b\rho)f_{r_{TD}}^{UMM} - b(1-\rho)f_{r_{TD}}^{C}]/[f_i^C + (1-b+b\rho)f_i^{TD}] \tag{3.1.18}$$

由式（3.1.18）可知，如果满足条件$f_{r_{TD}}^{UMM}/f_{r_{TD}}^{C} > b(1-\rho)/(1-b+b\rho)$，即随着存款利率的上升，非正规市场上资金的变动比现金等非生产性资金对利率的变动更为敏感，于是，大量的非正规市场资金将流入银行。与现金等非生产性资产相比，非正规市场资金是存款储蓄更紧密的替代品，这类资金大量流入银行将推动市场利率上升。与此同时，由于非正规市场能够比银行提供更多的融资，对于整个经济来说，由于非正规市场融资所减少的资金规模比现金等非生产性资产进入银行而增加的资金规模要大，致使企业所获得的贷款总额减少，进而导致产出下降。

第二，讨论了短期内存款利率上升对通货膨胀的影响。维京伯根援引了多明戈·F. 卡瓦洛（Domingo F. Cavallo，1977）① 的观点，即存款利率上升在减少产出的同时也会平抑需求，但是，如果对产出的减少效应大于对需求的平抑效应，则在短期内通货膨胀有可能上升而不是下降。维京伯根认为，在产品市场方面，总供给和总需求共同决定市场的价格。在短期内，假设固定资本 K 不变，企业需要贷款来为劳动力提供融资；总需求则由对国内商品的消费、投资、净出口和政府支出构成，其中，对国内商品的消费取决于贸易条件 q、实际利率、可支配收入和公众财富，而投资则取决于实际利率、利润率（决定于产出和固定资本），当政府开支给定时，净出口取决于实际汇率。因此，总需求函数可表述为：

$A_d = C_d(q, i-\hat{p}, Y-\hat{p}MR, K+MR) + \overline{I}(i-\hat{p}, Y, K) + \overline{E}(q) + G$，其中，$q = p/ep^*$，MR 为实际货币基数；总供给函数为：$1 = ay^{a-1}w(1+i-\hat{p}), y = Y/K$。假定价格水平为粘性，相对价格仅发生逐步变化，汇率 e 为固定汇率，因此，国外预期通货膨胀率和对国内商品的超额需求会决定国内通货膨胀率，即 $\hat{p} = \pi^* + \lambda(A_d - y)$。在金融市场方面，公众持有的财富为 $K+MR$，企业需要为固定资本 K 和流动资本 D_f 提供融资。因此，市场均衡为：

$$f^{UMM}(\hat{p}, i, r_{TD}, y, mr+1) = 1 + D_f(w, y, 1) - (1-\rho)f^{TD}(\hat{p}, i, r_{TD}, y, mr+1)$$

其中，$mr = MR/K$。

同理，可以分别根据产品市场和金融市场求得通货膨胀率和收入空间内的 IS 曲线和 LM 曲线。IS 曲线的表达式可以根据产品市场均衡方程对市场利率求其关于收入的导数获得，即：

$\left.\frac{\mathrm{d}\hat{p}}{\mathrm{d}y}\right|_{IS} = -\lambda\frac{1 - C_{dy} - I_y + (C_{d3} + I_1)(1+i-\hat{p})y^{-1}}{1 + \lambda mr \cdot C_{dy}}$，而 LM 曲线则根据金融

① Cavallo, Domingo F., 1977, *Stagflationary Effects of Monetarist Stabilization Policies*, unpublished Ph. D. thesis, Harvard University, Cambridge, MA.

市场求相应的导数获得，即：

$$\frac{\mathrm{d}\hat{p}}{\mathrm{d}y}\bigg|_{LM} = -\frac{f_y^C + \rho f_y^{TD} + D_{fy} + (f_i^C + \rho f_i^{TD})(1 + i - \hat{p})(a - 1)y^{-1}}{f_{\hat{p}}^C + \rho f_{\hat{p}}^{TD} + f_i^C + \rho f_i^{TD}}$$

根据卡瓦洛效应，*IS* 曲线向下倾斜，*LM* 曲线向上倾斜。因此，*IS* 曲线和 *LM* 曲线可以在通货膨胀率和收入空间内（如图 3. 1. 10）表述出来。

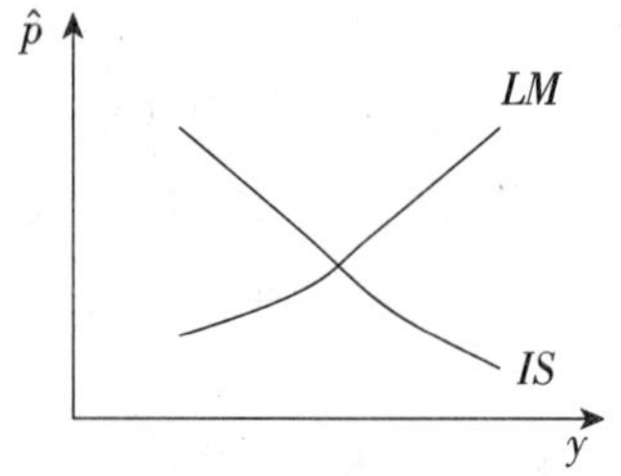

图 3. 1. 10　资本市场和产品市场均衡时通货膨胀率和产出的决定

由于存款利率不影响 *IS* 曲线，所以，主要通过 *LM* 曲线的移动来影响通货膨胀率。因此，维京伯根认为，如果存款利率上升导致资金主要从非正规市场流出，那么，由于银行准备金的限制而使企业可获得的资金供给减少，从而使市场利率上升，致使在既定通胀水平下产出下降，即 *LM* 曲线向左移动，提高存款利率不仅是一种紧缩型政策（产出下降），而且在短期内还会导致通胀水平上升。

第三，讨论了提高存款利率对长期经济增长的影响。资本积累是经济增长的引擎，经济增长率表现为资本积累率，即 $\eta = \overline{I}(i - \hat{p}, Y, K)/K = I(i - \hat{p}, y, 1)$ 。前文分析中指出，短期变量（如产出、市场利率和通货膨胀率）受到存款利率的影响。此外，贸易条件 q 以及金融深化程度 mr ，（ $mr \equiv MR/K$ 意味着金融深化程度等于货币基数之实际价值对物资资本存量之比）也会对这些短期变量产生影响。因此，$\eta = \eta(q, mr; r_{TD})$ 。其中，q 增大表明贸易条件恶化会降低利润率从而减少投资和经济增长；金融深化程度的提高会增加信贷供给从而提高投资和经济增长；而提高存款利率对投资和经济增长的影响仍然不明确。

为了准确地分析存款利率对经济增长的影响，维京伯根通过构造贸易条件 q 和金融深化程度 mr 相互关系空间内的 *RP* 曲线和 *AA* 曲线，并通过分析存款利率的变动对 *RP* 曲线和 *AA* 曲线移动的影响来考察存款利率对经济增长的影响。也就是说，他试图分析当经济处于平衡增长状态时存款利率变动对经济增长的影响。*RP* 曲线是使贸易条件变动为 0 时 q 和 mr 的组合，即 $\dot{q}/q = \hat{p}(q, mr; r_{TD}) - \pi^*$ ，$\dot{q} = 0$ ；由于 $\mathrm{d}q/\mathrm{d}mr < 0$ ，*RP* 曲线向下倾斜。*AA* 曲线是表示金融深化程度为 0 时 q 和 mr 的组合，即 $\dot{mr} = 0$ 。维京伯根指出，一方面，实际利率上升会带来更高的储蓄率，并增加金融资产积累；另一方面，根据卡瓦洛效应，如果实际

利率使得产出降低，即使有更高的储蓄率，总的储蓄也会降低，因此，$m\dot{r}$ 会降低。从总体上看，mr 上升所带来的 $m\dot{r}$ 降低可以通过收入效应占主导假设之下 q 的减少来抵消，即 AA 曲线向下倾斜。因此，RP 曲线和 AA 曲线在贸易条件 q 和金融深化程度 mr 空间内的相互关系可以用图 3.1.11 来表示。

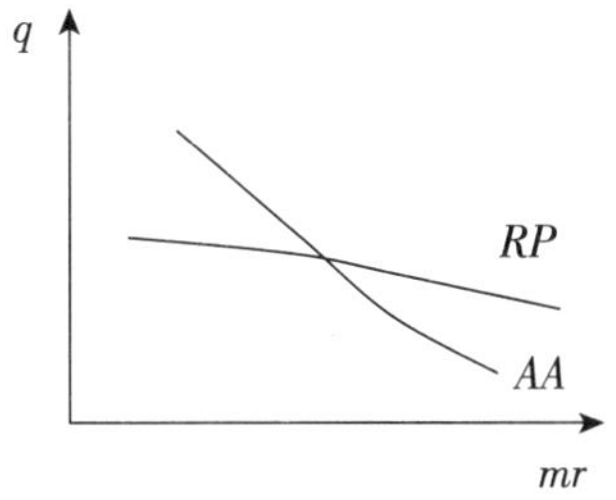

图 3.1.11　*RP* 曲线和 *AA* 曲线

维京伯根接着指出，存款利率的上升使得 RP 曲线向右移动，并使 AA 曲线向左移动，因此，长期效果是增加 q 而降低 mr 。由此看来，存款利率的上升对稳态增长的影响是导致长期利润下降、实际利率上升以及投资减少，因而使长期经济增长率下降。

第二节　发展中国家的劳动力市场

发展中国家不完善的劳动力市场的运行机理也是新一代发展经济学家关注的领域。新一代发展经济学家从两个视角对发展中国家劳动力市场及其相关问题展开了研究。第一个视角是在针对发展中国家实际修改某个现有理论模型的基础上对发展中国家劳动力市场中的运行机理进行探讨。沿着这个视角的代表性文献包括斯蒂格利茨（1976）利用效率工资模型对发展中国家农村部门劳动力过剩和收入分配所做的分析以及斯蒂格利茨（1974）利用劳动力转换（labor turnover）模型对发展中国家城乡工资差别、城市失业和乡—城劳动力迁移等现象所做的研究。第二个视角则是在发展中国家从事大量实地考察的基础上，在发展中国家劳动力市场不完善背景下探讨在当地形成的劳动力市场制度安排如何对市场效率和经济增长施加影响的机理。从这个视角出发的代表性文献，包括巴丹（1983）在季节波动不确定性背景下对劳动联结（labor tying）现象所做的解释，阿宁迪塔·慕克吉和瑞（Anindita Mukherjee & Debraj Ray，1995）对存在季节波动的背景下劳动联结不增加反而减少以及临时工①和非联结劳动仍然成为农村劳动力主要构成部分的原因的解释，巴丹（1984）对农民与土地所有者之间形成劳动—信贷联结具有平滑消费和控制成本作用的分析，以及卡斯利（1997）对临时工利用消费信贷市场进行跨期消费选择进而影响劳动联结演化过程所做的讨论。

一、对发展中国家劳动力市场的早期探讨：效率工资模型

有关消费与工作绩效之间的关联以及这一关联或许会对工资与劳动力配置产生影响的观点最早由莱本斯坦（1957）提出，经过米尔利斯（1975）② 进行数学模型化处理之后，很快成为一批发展经济学家所使用的分析工具。斯蒂格利茨（1976）也研究了效率工资模型对发展中国家农村部门劳动力过剩和收入分配的含义，并探讨了农村人口增长对农业产出和不平等的效应。在他看来，不同的生产方式（如产出最大化的农场（output-maximizing farm）、种植园农场（the plantation farm）、平均主义的家庭农场（eglitarian family farm）等）代表产出和收入分配的不同模式。产出最大化农场追求产出的最大化，种植园农场追求租金最大化，平均主义的家庭农场追求收入在各成员当中均等分配。收入水平不同的国家（它们可以依次分为非常富裕、富裕、贫穷、非常贫穷等）因采用的生产方式不同，产出和收入分配的结果可能也会不同。非常富裕的国家既可以实现产出最大化，又可以实现收入的平等分配；而在非常贫穷的国家，不但不能同时实现产出最大化和平等的收入分配，而且有可能牺牲平等的收入分配来维持生存。因此，他指出，在贫穷的发展中国家中，产出与收入平等之间存在着某种替代（trade-off）关系。

（1）效率（产出优先）与平等（收入分配平等优先）之间的关系

在斯蒂格利茨看来，效率工资理论认为一个劳动者所提供的劳务是他所得到的工资的函数，因此，一个获得高工资的工人所生产的产出或许是两个获得低工资的工人所生产的产出。可见，效率工资理论强调产出取决于有效劳动投入量。这意味着，效率工资是指使单位有效劳动的工资成本最小的工资。如图 3. 2. 1 所示，效率工资 w^* 是使 $\theta = w/\lambda(w)$ 达到最小化的工资，即 $\theta_{\min} \equiv \theta^* = w^*/\lambda(w^*)$。

图 3. 2. 1 中的曲线表示“平均主义的工资要求曲线”，虚线表示“非平均主义的工资要求曲线”，分别代表平均主义和有效率的生产方式。“平均主义的工

① 本章中提到的工人，是指那些在实行资本主义市场经济体制的发展中国家中，在农场里工作的工人。

② 参见 Leibenstein, Harvy, 1957, *Economic Backwardness and Economic Growth*, New York: John Willey & Son; 以及 Mirrlees, James A., 1975, "A Pure Theory of Underdeveloped Economics", in Lloyed G. Reynolds, ed., *Agriculture in Development Thwory*, New Haven: Yale University Press, pp. 84-108。

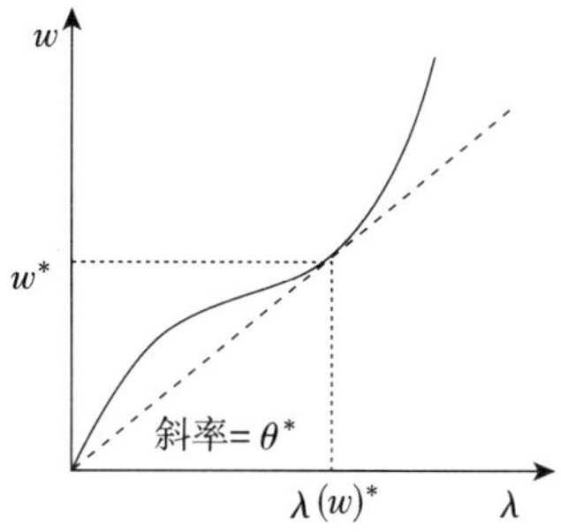

图 3.2.1　给定有效劳动条件下的工资要求曲线

资要求曲线”意味着向每个工人都支付相同的工资，而为了达到同样的有效劳动数量，“非平均主义的工资要求曲线”表明，只需要向部分高效率工人支付效率工资即可，其余工人则不需要支付。

（2）不同生产组织方式下的产出与收入分配以及收入水平不同的经济的比较

首先，就追求产出最大化的农场而言，其产出最大化点出现在非平均主义的工资要求曲线与生产函数相交的最高点，于是，可将最大化产出及相应的工资分别记为 Q_{max} 和 w_{max} 。

其次，竞争经济中的种植园农场追求的是租金最大化。实现租金最大化的均衡雇佣劳动量是使 $G'(L\lambda(w^*))\lambda(w^*) = w^*$ 的雇佣量，即生产函数的斜率等于“非平均主义的工资要求曲线”的斜率。可将租金最大化的工资和劳动数量组合表示为（w_p，L_p），产出为 Q_P。

最后，平均主义家庭农场追求家庭成员收入的平等，将总产出平均分配给家庭成员，即 $w_e = G(\bar{L}\lambda(w_e))/\bar{L}$。可以将平均主义家庭农场的工资和产出表示为（$w_e$，$Q_e$）。

斯蒂格利茨进而指出，在收入水平不同的国家中，各种生产组织方式中的工资与产出之间的关系将表现出不同。在特别富裕的经济中，$Q_{max} = Q_e > Q_P$，$w_{max} = w_e > w_p > w^*$，这意味着产出最大化农场与平均主义的家庭农场是等同的，两者的产出和工资都比种植园农场高，反过来，在种植园农场中的工资要高于效率工资。在富裕的经济中，即使在超过效率工资水平之上的充分就业是可行的，在种植园农场中仍然有可能出现失业。在贫穷的经济中，平均主义的农场和种植园农场的产出比产出最大化农场的产出低，而平均主义农场的产出水平介于产出最大化农场和种植园农场之间；产出最大化农场和种植园农场向雇佣工人支付效率工资，但是，产出最大化农场可雇佣更多的工人。在特别贫穷的经济中，平均主义的工资要求曲线在任何地方都位于产出曲线之上，这意味着实行完全的平均主义（即向所有工人支付相同的工资）是不可行的，而非平均主义的工资要求曲线则与产出曲线相交。因此，只有引入某些不平等，经济才能生存，即只有部分工人被雇佣并被支付效率工资，其余工人则失业。产出最大化农场与种植园农场都支付效率工资，与产出最大化农场之间的区别在于种植园农场只雇佣较少的工人。由此，斯蒂格利茨认为，虽然在富裕的经济中不存在产出和平等之间的替代，但是，在贫穷的经济中，只有牺牲部分平等才能获得较高的产出。

二、对发展中国家劳动力市场的早期探讨：劳动转换

斯蒂格利茨（1974）以劳动转换（labor turnover）为切入点，建立了同时解释城—乡工资差别、城市失业及劳动力在乡—城之间的配置的一般均衡模型，并以该模型为基础，比较了政府所采取的不同措施（政府直接控制城市部门、对私人部门给予工资补贴、对公共部门雇员按影子价格支付薪酬等）对国民产出、城市就业和城市失业率的影响。随着劳动力转换的引入，斯蒂格利茨对乡—城之间的劳动力迁移，劳动力迁移与城市工资和失业率之间相互作用，以及这种相互作用何以使政府的政策效果发生偏离的机理展开了分析。他证明了，如果失业效应（即失业对劳动力转换成本的直接与间接作用）的幅度小于城市中企业之间的竞争效应（企业工资差别对转换成本的作用）的幅度，则企业会支付过高的工资，而这一过高的工资水平将导致城市部门中失业率更高，就业水平和劳动转换率更低。

1. 市场竞争均衡：以劳动转换为视角的一般均衡模型

城市部门中的劳动转换主要包括3种形式，即个人辞去工作以便在城市部门中换别的工作，个人辞掉工作返回到农村部门，个人辞工以换成城市部门中的其他工作，在此期间加入失业者队伍。因此，城市部门中单个企业所面临的劳动转换率（辞职率（quit rate））取决于该企业所支付的工资与其他企业支付的工资同农村工资的对比以及失业率，即：$q = q(w_u/Ew_u, w_u/w_r, U)$，且 $q_i < 0, i = 1, 2, 3$，其中 q，w_u，w_r 和 U 分别表示辞职率、企业工资、城市部门中其他企业和农村部门支付的工资以及失业率。劳动转换所带来的转换成本主要包括培训和雇佣成本（training-hiring costs），假设每个工人的转换成本为常数 T。因此，企业的劳动成本为工资成本加上转换成本，即 $w_uL_u + qTL_u \equiv w_u^* L_u$。其中，$L_u$ 为企业雇佣的劳动数量，w_u^* 为每个雇员的劳动总成本。

（1）城市工资的决定

企业的目标是在雇员数 L_u 为给定且失业率、其他企业工资率及农村工资率为给定的条件下，选择 w_u 以便使 $w_u + qT$ 即每个雇员的成本实现最小化，这就满足了一阶条件：

$$1 + T\left(\frac{q_1}{Ew_u} + \frac{q_2}{w_r}\right) = 0 \tag{3.2.1}$$

式（3.2.1）意味着边际转换成本的节省在数量上等于额外增加的工资成本。在假设所有企业都相同的条件下，当城市劳动力市场处于均衡时要求所有企业支付相同的工资，即 $w_u = Ew_u$。因此，企业支付的工人工资为失业率、城市部门中其他企业和农村部门支付的工资以及每个工人转换成本的函数，即：

$$w_u = \Omega(U, w_r, T) \tag{3.2.2}$$

根据假设可知，$\Omega_T > 0, \Omega_{w_r} > 0, \Omega_U < 0$。

（2）城市就业水平的决定

企业选择能够实现利润最大化的就业水平，其利润最大化的条件为劳动的边际生产力等于工资加上培训成本（training costs），即单位劳动的总成本：

$$F_L = w_u + T_q = w_u^* \tag{3.2.3}$$

由于劳动的边际生产力是递减的，即 $F_{LL} < 0$，代表性企业的劳动需求可以表示为单位劳动的总成本的函数，即：

$$L_u = L_u^d(w_u^*; K_u) \tag{3.2.4}$$

（3）乡—城之间劳动力配置的决定

乡—城之间劳动力迁移的幅度取决于城—乡之间工资差别的大小，较大的工资差别引起劳动从农村迁移到城市，而如果迁移的劳动数量多于城市能够提供的就业数量，城市就会出现失业，失业因而反过来会阻止劳动力的迁移。因此，工资差别越大，均衡失业率更高。工资差别大小与均衡失业率的关系为：

$$\frac{w_u}{w_r} = \phi\left(\frac{1}{1-U}\right), \quad \phi' > 0 \tag{3.2.5}$$

如果引入预期工资概念，城市中的预期工资为 $w_u^e = w_u(1-U)$，农村人口向城市迁移直到城市预期工资等于农村工资，即

$$w_r = w_u^e, \text{即}: w_u/w_r = 1/(1-U) \tag{3.2.6}$$

同时，农村工资应等于农村劳动的边际产出，即 $w_r = G_{L_r}$，其中，农村产出 G 为农业资本、农村劳动力 L_r 以及可耕土地 A 的函数。

（4）经济均衡

城乡工资与城乡劳动迁移的决定方程与劳动力市场均衡条件一道共同决定经济均衡。劳动力市场均衡条件为：

$$L_r + N_u = L \tag{3.2.7}$$

其中，N_u 表示城市工人总人数（包括就业者和失业者），$N_u = L_u/(1-U)$；L 为经济中的劳动力总数量。综上，所有工资都可以用失业率来表示：

$$w_u = -T\left\{q_1\left[1, \phi\left(\frac{1}{1-U}\right), U\right] + q_2\left[1, \phi\left(\frac{1}{1-U}\right), U\right]\phi\left(\frac{1}{1-U}\right)\right\} \equiv h(U) \tag{3.2.8a}$$

$$w_u^* = h(U) + Tq\left(1, \phi\left(\frac{1}{1-U}\right), U\right) \equiv w^*(U) \tag{3.2.8b}$$

$$w_r = w_u/\phi(1/1 - U) = h(U)/\phi(1/1 - U) \quad (3.2.8c)$$

并且, $h'(U) < 0$, $w^{*\prime}(U) < 0$, $w'_r(U) < 0$ 。

因此，劳动力市场均衡可以用以下图 3.2.2 表示。

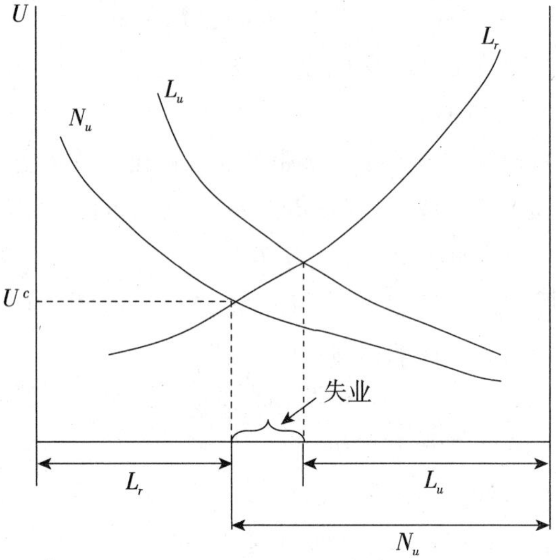

图 3.2.2　劳动市场均衡

既然所有工资同失业率呈反方向变动，这意味着随着失业率增加，对农村劳动力的需求 L_r 也随之增加，城市就业水平 L_u 将提高，城市失业人数也将增加。因此，当式（3.2.7）成立时，劳动力市场达到均衡。

2. 政府期望的均衡：对城市部门直接控制的最优均衡

政府可以通过选择城市就业水平和城市工资对城市部门进行直接控制，并在式（3.2.5）和式（3.2.7）约束下实现国民产出最大化。当然，政府一般会选择城市就业水平和失业率以实现国民产出最大化，即: $\max\limits_{L_u, U} F(L_u, K_u) + G(L - \frac{L_u}{1 - U}, K_r, A) - Tq(1, \phi(\frac{1}{1 - U}), U)L_u$ 。

对一阶条件整理后可得：

$$w_r/(1 - U)^2 + T(q_2\phi'/(1 - U)^2 + q_3) = 0 \quad (3.2.9a)$$

$$w_u/(1 - U)\phi = F_L - Tq \quad (3.2.9b)$$

当我们将表达最优均衡的式（3.2.9a）、式（3.2.9b）和式（3.2.7）与表达市场竞争均衡的式（3.2.1）、式（3.2.3）和式（3.2.7）进行比较时，可以得出以下结论：

第一，城市部门中劳动的影子价格等于 $w_u/(1 - U)\phi$ ，因此，在式（3.2.6）

成立的情况下，即使存在着失业，劳动的影子价格即城市工资。

第二，对于任意给定的失业率来说，城市部门中的市场工资可能高于或低于最优工资，即：由于 $h^c(U) > (<) h^o(U)$，$w_u^c(u) > (<) w_u^o(U)$。其中，$w_u^c(u)$ 表示城市部门的市场工资，$w_u^o(U)$ 表示最优工资，$h^c(U)$ 由式（2.2.8a）表示，而 $h^o(U) = -T\{q_2\phi\phi' + q_3(1-U)^2\phi\}$。

当企业错误地估计了工资增长对劳动转换的影响的情况下会对劳动力市场产生一系列后果。首先，企业将失业率看成是不变的，但是，当所有企业都增加工资时，失业率上升，因而转换成本下降；其次，企业假定农村工资不变，因此，城市工资的增长全部转化为城乡之间工资差别的增长，但是，当所有企业都增加工资时，农村工资肯定也会发生变化。在均衡中，城乡工资差别的增长与失业率的增长是相互伴随的，因此，增加失业又可以通过增加城乡工资差别来对转换成本产生影响；最后，每个企业都认为自己处于垄断竞争市场中，当支付的工资相对于其他企业增长时，自己的转换成本会降低。但是，当所有企业都增加工资时，这种竞争优势不存在。若失业效应（即上述第一点和第二点中提到失业对转换成本的直接与间接作用上）幅度小于城市中企业间的竞争效应（即以下第三点中提到的企业工资差别对转换成本的作用）的幅度即 $-[q_3(1-U)^2\phi + q_2\phi(\phi'-1)] < -q_1$ ① 的话，企业将会支付过高的工资，即 $w_u^c(u) > w_u^o(U)$。

第三，在正常情况下（即 $h^c(U) > h^o(U)$），市场竞争均衡中的均衡失业率比最优均衡中的失业率更高，即当 $h^c(U) > h^o(U)$ 时，$U^c > U^o$；市场竞争均衡中的均衡城市工资高于最优均衡中的均衡城市工资，即 $w_u^c = h^c(U^c) > h^o(U^o) = w_u^o$；市场竞争均衡中的城市就业水平低于最优均衡中的城市就业水平，即 $L_u^c < L_u^o$；但在这两种均衡当中，农村工资水平是高还是低不明确。

总之，如果 $h^c(U) > h^o(U)$，即竞争均衡中失业率对转换成本的影响程度高于最优均衡中失业率对转换成本的影响程度，则竞争均衡点上的工资更高，由此将导致城市部门中更高的失业率、更低的就业水平以及更低的劳动转换率。

3. 政府引导企业进行最优选择的政策效果

为了实现最优均衡中的更高的就业水平，政府会实施一些政策，如提供工资补贴、影响公共部门的规模以及在城市中征收所得税等。

（1）工资补贴

有两种情况可能会影响到实行工资补贴的效果：首先，城市部门就业的增加会引起劳动力向城市部门迁移，而这将会导致失业增加（即使失业率不变）；其次，如果工资补贴部分转移到工人手中，那么，城市工资会上涨，失业人数和失

① 由正常情况 $h^c(U) > h^o(U)$ 推导得到。

业率均会因此上升。

由于工资补贴的引入，市场竞争均衡的各种工资可以重新表示为：

$$w_u = \frac{h^c(U)}{1-\tau} \tag{3.2.10a}$$

$$w_r = w_u/\phi(1/1-U) = \frac{h^c(U)}{\phi(1/1-U)(1-\tau)} \tag{3.2.10b}$$

$$w_u^* = w_u(1-\tau) + Tq(1,\phi(\frac{1}{1-U}),U) = h^c(U) + Tq(1,\phi(\frac{1}{1-U}),U) = w^*(U) \tag{3.2.10c}$$

其中，τ 为补贴率。同理，$h^{c\prime} < 0$，$\mathrm{d}w_r/\mathrm{d}U < 0$，$w^{*\prime}(U) < 0$。

由以上推导可知，工资补贴并没有影响到城市就业（如式（3.2.10c）所示），但是，对于任意给定的失业率来说，补贴率的上升将引起农村部门工资增加，因而对农村劳动力的需求将减少。这一点在图3.2.2中表现为农村劳动需求曲线向左移动。可见，工资补贴的结果是城市失业率上升、城市工资上涨及城市失业增加。

（2）公共部门中劳动的工资与影子价格

甚至在混合经济中，也有很大一部分劳动力在公共部门中就业。政府可以通过确定公共部门的相对规模以及是否采用劳动力密集型技术，在城市或乡村选择公共部门活动履行的区位，确定在城市或农村区位上所支付的工资等手段对就业和收入施加影响。由此出发，可以将短期内的公共部门生产函数表示为 $g^g(L_u^g, L_r^g)$，其中，L_u^g 和 L_r^g 表示公共部门在城市部门和农村部门的雇员；可以将城市平均工资写为 $W_u = (w_u L_u + w_u^g L_u^g)/(L_u + L_u^g)$，其中，$w_u^g$ 为公共部门工资（当城市与农村工资一致时为 $w_u^g = w_r^g$）。因此，城乡工资差别为 $W_u/w_r = \phi(1/1-U)$。由于通常情况下公共部门的工资低于城市工资，即 $w_u^g < w_u$，所以，不存在私人部门向公共部门的劳动转换问题。城市公共部门中的劳动转换率为：$q_u^g = q_u^g(w_u^g/w_u, w_u^g/w_r, U)$，将农村公共部门的劳动转换率设定为常数，即 $w_r^g = w_r$。

政府选择 L_u^g，L_r^g 和 w_u^g，以便使国民产出达到最大。假设在农村部门中雇佣劳动不会带来失业，农村公共部门中劳动的影子价格就是农村工资。由于城市公共部门的工资低于城市私人企业的工资，雇佣一个额外的劳动会降低城市平均工资，因而会降低城市失业率。这意味着城市公共部门中劳动的影子价格低于城市平均工资；此外，这还意味着在相当弱的条件下，城市公共部门中劳动的影子价格高于政府公共部门支付的工资。如果政府寻求它的最优工资和雇佣政策，仍然有可能存在着显著的城市失业。

（3）城市所得税

为了能够直接解决城乡工资差距越益扩大的趋势，可以考虑采取只对城市部门课征所得税的做法。在这种情况下，政府目标为：

$$\min[w_u + Tq(w_u/Ew_u, w_u\lambda/w_r, U)]$$

其中，λ 为税率。各种工资可以相应地表示为：

$$w_u = h(U),\ w_r = \lambda h(U)/\phi(1/1-U),\ w_u^* = w^*(U)$$

由此可见，城市所得税并没有影响到城市就业（如式（3.2.10c）所示），但是，对于任意给定的失业率来说，税率的下降引起农村工资减少，因而对农村劳动的需求增加。这在图 3.2.2 中表现为农村劳动需求曲线向右移动。显然，税率下降降低了均衡的失业率，因而提高了 w_u（即税收至少出现了部分转移）和 w^*。

斯蒂格利茨由以上分析得出了如下结论：第一，尽管达到一般均衡时的竞争性工资水平有可能高于政府在直接控制城市部门时设定的工资水平，政府仍然将城市工资设定为高于农村工资，因此，即使在政府控制工资的情况下仍然会出现城市失业；第二，当政府直接控制城市部门时，即使存在着城市失业，劳动的影子价格可能会等于城市工资；第三，工资补贴并不能很好地替代政府对城市部门的直接控制，工资补贴总是会部分地发生转移，其结果是，总是会提高失业率，并有可能减少国民产出；第四，在混合经济中，政府支付的工资可能处于城市工资与农村工资之间，农业部门劳动的影子价格恰好等于农村工资，但是，城市部门劳动的影子价格则处于城市私人部门工资与城市公共部门工资之间；第五，对城市部门的工资征收所得税也总是会部分地发生转移，增加劳动总成本，并降低失业率。征收所得税措施对国民产出的影响则依赖于具体条件。

三、劳动联结

在当代发展经济学界，有关发展中国家中劳动联结（labor tying）的成因和演化主要存在着 3 种解释。一种解释认为，农场主为了减少部分招聘成本而形成劳动联结合同；另一种解释则认为，劳资双方为了规避农业生产中的季节性波动对效用和成本的影响而形成劳动联结关系；① 第三种解释则认为由于发展中国家信贷和保险市场不完善，迫使工人无法通过储蓄和信贷来避免消费的季节性波动，从而需要形成劳动联结合同。本小节主要讨论有关季节波动对劳动联结做出解释的文献。在这一支文献中，巴丹（1983）的研究证实了农业生产中不确定的季节性波动是劳动联结出现的主要因素；与之相反，慕克吉和瑞（1995）在隐性合同（implicit contracts）理论框架中对存在季节波动情况下劳动联结不增加反而减少以及临时工和非联结劳动仍然构成发展中国家农村劳动力的主要部分的事实

① 巴丹认为在一定条件下，基于具有风险分散考虑的劳动联结合同可以平衡劳动者的消费。

做出了解释。

1. 不确定性、季节波动与劳动联结

巴丹（1983）验证了工人与雇主双方在面对农业生产中的不确定性时为了实现风险共担而自愿形成劳动联结关系的合理性。巴丹把农业生产分为淡季和旺季，在旺季时需要使用大量劳动，而天气和其他方面的不确定性导致农业生产在旺季时临时工市场上的工资具有不确定，进而影响劳动供需双方。这种不确定性既影响工人的效用水平，又影响雇主的劳动成本。为了解决这个难题，雇主在淡季时就与若干工人签订联结合同，提前向他们支付固定数量的生活资料，以换取工人在旺季时为雇主提供劳动。如果旺季的劳动需求超过了联结合同所确定的劳动数量，雇主再从临时工市场上雇用额外劳动，并支付不确定的工资。

巴丹所构建的两阶段双层劳动力市场模型（two-period two-tiered labor market model）表明，这种劳动联结合同不仅会随着农业生产率提高而增加，而且也随着对劳动力需求吃紧而增加。由于技术进步和农村人口的减少是经济增长过程中必然发生的结构转变现象，因此，他的研究意味着随着发展中国家的经济发展，劳动联结合同在长期内会出现增长①。

巴丹把雇主的利润方程表述为：

$$\pi = \pi_1 = Ax - (2+\rho)cL_t,\ \beta Ax \leqslant L_t \tag{3.2.11}$$

$$\pi = \pi_2 = Ax - (2+\rho)cL_t - (\beta Ax - L_t)W,\ \beta Ax > L_t \tag{3.2.12}$$

其中，β 表示生产旺季每单位产出的劳动需求系数，为固定系数；x 代表平均产出水平，A 是期望值为 1 的随机变量，表示天气和生产中的其他不确定性因素。因此，实际产出水平为 Ax；c 表示为了吸引工人参与联结合同而在每个季节支付给工人的最低消费支出；ρ 表示为支付淡季工人的消费支出而引起的单位利息成本；W 表示生产旺季时临时工市场上的工资水平。

（1）联结劳动的供给

只有加入劳动联结合同而获得的消费所带来的效用水平高于不加入劳动联结合同或者从其他渠道获得收入的效用水平时，工人才愿意加入劳动联结合同，即：

$$(2+\rho)U(c) > EU[\max(y, W)] \tag{3.2.13}$$

其中，y 表示工人在旺季时通过在自己土地上生产或从事其他生产获得的收入，因而如果 $W > y$，工人会进入临时工市场。因此，未加入联结合同的工人的效用函数由不等式右边表示。由式（3.2.13）可知，如果一个收入为 y 的工人加

① 卡斯利的研究表明，随着发展中国家信贷市场的演化以及变得越来越有效率，联结劳动制度将趋于衰落。参见 Caselli, Francesco, 1997, "Rural Labor and Credit Markets", *Journal of Development Economics*, vol. 54, pp. 235-260。

入了联结合同，任何收入为 y^* 且 $y^* < y$ 的工人都会参加联结合同，因而规定消费水平为 c 的联结合同可以吸引收入在临界值 y（c）以下的所有工人加入。因此，联结劳动的供给数量为 $G[y(c,W^e(A))]N$，从而给定 W 的临时劳动的供给数量为 $N\max[0,G(W) - G[y(c,W^e(A))]]$，其中，$y(c,W^e(A))$ 由以下式（3.2.14）所决定，即：

$$(2+\rho)U(c) = U(y)H(y) + \int_y^{\infty} U(W)\mathrm{d}H(W) \qquad (3.2.14)$$

式（3.2.14）是工人决定是提供联结劳动还是临时劳动的临界条件。其中，函数 $G(\bar{y})$ 表示收入为 $y \leqslant \bar{y}$ 时的工人的比例，H（W）表示 W 的累积分布函数（cumulative distribution function），$W^e(A)$ 表示工人采用点期望（point expectation）来估计的与每一状态 A 相对应的唯一工资水平 W。

（2）对联结劳动的需求

对联结劳动的需求是由追求最大化的农场主的期望利润所给出的，即：

$$\max_{L_t} x - (2+\rho)cL_t - \int_z^m (Ax - L_t)W^{\varepsilon}(A)\mathrm{d}F(A) \qquad (3.2.15)$$

其中，$z \equiv L_t/\beta x$ 表示联结劳动在总雇用劳动中所占的比例；m 表示随机变量 A 所能取到的最大值；$W^{\varepsilon}(A)$ 表示雇主估计的临时工资；$F(A)$ 表示 A 的累积分布。A 的取值有限制，即 $m < G(\beta^{-1})/b$，$b \equiv \beta x/N$ 表示为平均产出所需要的劳动雇佣比例。

一阶条件可得到联结劳动的需求数量 $L_t(c,W^{\varepsilon}(A))$，即：

$$(2+\rho)c = \int_z^m W^{\varepsilon}(A)\mathrm{d}F(A) \qquad (3.2.16)$$

（3）均衡与求值

均衡条件意味着对联结劳动的需求等于联结劳动的供给，即：

$$L_t(c,W^{\varepsilon}(A)) = G[y(c,W^e(A))]N \qquad (3.2.17)$$

由于 W 的实际分布可以表示为：

$$W(A,W^e(A),W^{\varepsilon}(A)) = \begin{cases} y(c,W^e(A)), & \beta Ax \leqslant L_t(c,W^{\varepsilon}(A)) \\ G^{-1}(Ab), & \beta Ax > L_t(c,W^{\varepsilon}(A)) \end{cases} \qquad (3.2.18)$$

根据理性预期理论，$W^{\varepsilon}(A) = W^e(A) = W(A)$。当 $A > z$ 时，W 的分布函数为：

$$H(W) = \Pr(G^{-1}(Ab) \leqslant W) = \Pr(A \leqslant G(W)/b) = F(G(W)/b) \qquad (3.2.19)$$

因此，H（W）可以表示为：

$$H(W) = \begin{cases} 0, & W < y(c,W) \\ F(G(W)/b), & W \geqslant y(c,W) \end{cases}$$

根据式（3.2.4）、式（3.2.8）和式（3.2.9），工人的均衡条件可以表示为：

$$(2+\rho)U(c) = U(y)F(G(y)/b) + \int_{z}^{m} U(G^{-1}(Ab))\mathrm{d}F(A) \quad (3.2.20)$$

根据式（3.2.16）、式（3.2.17）和式（3.2.20），可以求出 $y(b)$，$z(b)$ 和 $c(b)$。可以证明 $\mathrm{d}z/\mathrm{d}b > 0$，这是巴丹得到的最重要的一个结论。

根据这个结论，巴丹做出以下推论：第一，农业生产率的改进（即 x 提高）会提高联结劳动的比例；第二，劳动节约型技术的进步（即 β 下降），比如农业机械化，将会降低联结劳动的比例；第三，总劳动人数越多（即 N 越大），联结劳动的比例越小；相反，这也意味着劳动力市场越吃紧，需求越紧张（即 b 越大），联结劳动所占的比例便越大。

2. 信息不完全、季节波动与劳动联结

招聘成本和季节波动（前者可预见而后者不确定）的解释都认为联结劳动是占主导地位的劳动形式，劳动联结合同会随着经济增长而增加，但是，在印度农村劳动力市场上的临时劳动和非联结劳动却构成农村劳动力的主要部分，因而被部分学者认为在事实上与巴丹的解释相悖。慕克吉和瑞（1995）以隐性合同理论作为分析框架，分析了劳资雇佣双方为了规避季节波动对效用和成本影响而形成的劳动联结合同随着经济增长过程而演化的趋势，因而对印度农村劳动力市场上的联结劳动不断减少的现象做出了不同的解释。

慕克吉和瑞的分析建立在对参加劳动联结合同的工人是否有履行合同的激励上。他们的描述是：在生产淡季，工人受雇于农场主，获得若干固定工资并可以进入临时工市场寻找其他工作机会；在旺季时，这些工人在生产中为农场主提供约定的劳动，同样获得固定工资。但是，如果旺季的临时工资高于协议中的合同工资，参加联结合同的工人就有撕毁合同的动力。毁约者会受到合同终止的惩罚。如果合同终止的惩罚将影响到毁约者未来联结合同的可获得性的话，那么，惩罚是有意义的；但在发展中国家，信息共享是不充分的，毁约者违约的历史并不会被其他农场主所了解，因此，合同终止并不意味着毁约者未来不能从其他农场主那里获得联结合同，毁约者与其他工人一样具有同样的概率来获得联结劳动合同。可见，重新获得联结合同的较高概率降低了惩罚的效力，因而减少了联结劳动的发生。

正是基于此，慕克吉和瑞推导出可以避免工人违约的“激励相容合同”与联结劳动存在的条件，因而对印度劳动联结在长期内减少的现象做出了解释。他们认为，一方面，经济增长降低了信息流通的程度，使得合同终止的制裁效力因增加了重新获得合同的概率而大打折扣，最终导致劳动联结合同减少；另一方面，经济增长还会增加各种联结和非联结合同的绝对数量，即使联结劳动的比例不变，重新获得联结合同的概率会上升，这同样会导致劳动联结的减少。慕克吉和瑞以隐性合同为框架的模型分别讨论了农场主与工人的行为、二者之间的相互关系以及劳动力增长和信息流动对劳动联结的影响等问题。

（1）农场主的行为

风险中性而且处在充分竞争市场中的农场主奉行追求利润最大化行为，即：

$$\max \delta F(n) - nC \tag{3.2.21}$$

其中，$F(n)$ 代表产出，在“一年”的时间内被生产出来；“一年”分为淡季和旺季；淡季和旺季使用劳动的比例分别固定为 $\alpha:1$ ，$\alpha < 1$ ，n 代表有效劳动；$\delta \in (0,1)$ 表示贴现因子；C 表示使用一个单位有效劳动的贴现成本。

农场主同时使用联结劳动和临时劳动，联结劳动和临时劳动完成相同的生产任务，因而可以完全替代，合同形式是它们唯一的不同之处。联结劳动在淡季和旺季均从农场主获得固定收入，但是，收入水平不同；联结工人在淡季时可以在临时劳动市场上找工作，但在旺季也只有在旺季时必须向农场主提供合同规定的劳务。据此，农场主提供的联结劳动合同可以表示为：(x_*, x^*) ，其中，x_* 和 x^* 表示联结工人在淡季和旺季分别从农场主那里获得的收入。临时劳动合同随某个生产季节的结束而被解除，联结劳动合同在淡季和旺季两个生产季节中持续有效，并且可以更新。合同未被更新的原因有多种，可能是因为客观存在的外生的辞职率所致，也可能是因为联结工人的违约行为所致。

（2）工人的行为

工人的效用来源于收入或闲暇，如果工人决定通过提供劳务来获取收入，那么，工人就会将所拥有的一单位闲暇全部投入到劳动市场上。工人是否提供劳务，取决于他所获得的收入的效用与一单位闲暇的效用之间的对比。如果 w_0 是使效用与享受闲暇的效用一样大的工资水平，即 $u(w_0) \equiv u_0$ ，那么，当工资等于这个水平或高于这个水平时，工人将无弹性地提供一单位劳动，用 L_0 表示劳动供给总量，即：

$$L(w) = \begin{cases} L_0 & w \geqslant w_0 \\ 0 & 其他 \end{cases}$$

在淡季开始时，工人会选择不同的合同。获得联结劳动合同的概率是 p ，收入为 (x_*, x^*) ；工人在临时市场逗留的概率为 $1-p$ ，收入为 $(\underline{w}, \bar{w})$ 。因此，参加联结合同的工人的效用为 $u_* \equiv u(\underline{w} + x_*) + \delta u(x^*)$ ，临时劳动的效用为 $\underline{u} \equiv u(\underline{w}) + \delta u(\bar{w})$ ，且假设前者大于后者。用 z 表示工人所面临的参数，即 $z \equiv (\underline{w}, \bar{w}; x_*, x^*; p, q)$ 。在淡季开始时，对合同进行选择的工人的终身效用 V_* 和已经获得劳动联结合同的工人的终身效用 W_* 分别可以表示为：

$$V_* = pW_* + (1-p)(\underline{u} + \delta^2 V_*)\text{；}W_* = u_* + \delta^2(qV_* + (1-q)W_*) \tag{3.2.22}$$

W_* 不小于 V_*，并且都可以由式（3.2.22）解出来，以 z 表示。

（3）农场主与工人之间的相互关系

单个农场主的行为相对于整个市场的影响来说无限小，因此，追求利润最大化的农场主需要根据 z 参数来提供成本最小化的合同。如果他选择劳动联结合同，则为了吸引工人在淡季开始时选择联结合同并在旺季仍然履行合同，农场主提供的合同需要满足两个条件：一是可接受性约束（acceptability constraint，AC），即工人从劳动联结合同中获得的效用至少不小于淡季开始时随机选择合同的期望效用；二是激励约束（incentive constraint，IC），即旺季开始时继续履行联结合同的效用至少不小于违约带来的效用。违约的工人在旺季获得市场工资 $\bar{w}$，但之后不能再同这个农场主续签联结合同，但仍然在下一个淡季开始时与其他工人以同样的概率获得任意合同。令 $(\underset{\sim}{x}, \tilde{x})$ 为满足这种条件的合同，接受这种合同而不违约的工人所获得的效用为 $\underset{\sim}{u} \equiv u(\underline{w} + \underset{\sim}{x}) + \delta u(\tilde{x})$，终身效用为 $\underset{\sim}{W} = \underset{\sim}{u} + \delta^2(qV_* + (1-q)\underset{\sim}{W})$；违约的工人在"一年"内的效用为 $\underset{\sim}{u}' \equiv u(\underline{w} + \underset{\sim}{x}) + \delta u(\bar{w})$，终身效用为 $\underset{\sim}{W}' = \underset{\sim}{u}' + \delta^2 V_*$。据此，两个条件可以分别表示为：

$$\text{AC: } \underset{\sim}{W} \geqslant V_*\text{；IC: } \underset{\sim}{W} \geqslant \underset{\sim}{W}' \tag{3.2.23}$$

因此，$(\underset{\sim}{x}, \tilde{x})$ 为激励相容合同（incentive-compatible contract），为了保证联结合同的顺利实施，农场主必须提供激励相容合同。农场主追求利润最大化的目标之一就是寻找成本最小化的合同，即无论是雇用联结劳动还是临时劳动：$C(z) \equiv \alpha\underline{w} + \min\{\underset{\sim}{x}(z) + \delta\tilde{x}(z), \delta\bar{w}\}$，[①] 然后，再根据最小化的单位成本选择应当雇用的有效劳动数量 n。

（4）均衡与结论

鉴于单个农场主的市场影响有限，故所提供的联结合同都有 $(\underset{\sim}{x}(z), \tilde{x}(z)) = (x_*, x^*)$，因此，整个经济中的均衡联结合同可以用满足这个条件的向量 (z, l) 表示，其中，l 表示向量 $(T, \underline{L}, \bar{L})$，T 表示联结劳动总数，$\underline{L}$ 和 $\bar{L}$ 分别表示淡季和旺季雇用的临时劳动数量；与此同时，$p = qT/(L_0 - (1-q)T)$。此外，还应满足以下条件：

① 慕克吉和瑞认为，在提供给联结劳动的细节合同（trivial contract）中，$(0, \bar{w})$ 并不是满足可接受性约束和激励约束并使成本最小化的合同，相反，在非细节合同（non-trivial contract）中，$(\underset{\sim}{x}, \tilde{x})$ 满足 AC 和 IC 条件并能使成本达到最小。而且在均衡中必有 $x^* < \bar{w}$，$x_* > 0$，这意味着旺季联结劳动的收入少于临时工资，因而成为联结劳动者违约的一个诱因。此处所指的联结合同都是指非细节合同。

第一，$\underline{L} \leqslant L_0$，$\underline{w} \geqslant w_0$，$(L_0 - \underline{L})(\underline{w} - w_0) = 0$；

第二，$\bar{L} \leqslant L_0 - T$，$\bar{w} \geqslant w_0$，$(L_0 - T - \bar{L})(\bar{w} - w_0) = 0$。

这些条件表明，在 z 的均衡水平上，当使用联结合同和使用临时合同的单位劳动的贴现成本均等时，淡季和旺季的临时工资会做出调整，使得不存在对有效劳动的过度需求。这意味着，这些条件保证了工人们不愿意削低临时工资，而且也没有能力削低联结工资。

以他们建构的模型为基础，慕克吉和瑞推出了如下三个命题：

第一，均衡中存在劳动联结（即 $T>0$）的充分必要条件是

$$\delta^2(1-q)u'(w_0) > u'(\max\{w_0, F'(L_0) - \alpha w_0/\delta\}) \qquad (3.2.24)$$

假设存在着一个只签有临时劳动合同的基准经济（benchmark economy），鉴于在淡季和旺季对劳动的需求为固定比例 $\alpha:1$，且 $\alpha < 1$，故淡季临时工资为 w_0，而旺季工资为

$$w^0 \equiv \max\{w_0, F'(L_0) - \alpha w_0/\delta\} \text{ ①}$$

式（3.2.24）意味着基准经济中的季节波动必须足够大，即只有当旺季工资超过淡季工资时，联结劳动才有可能存在。但是，如果不能满足激励约束条件，即使存在季节波动，联结劳动也不会存在。

第二，在任何均衡中，临时劳动市场总是能够发挥其作用。

第三，存在着唯一的均衡。如果式（3.2.24）不成立，则不存在劳动联结，而只存在工资为 $(\underline{w}, \bar{w})$ 的临时劳动；如果式（3.2.24）成立，在均衡中联结劳动和临时劳动共存。其中，临时劳动的工资 $(\underline{w}, \bar{w})$ 一定等于基准经济中临时劳动工资 (w_0, w^0)，而联结劳动的工资则由以下两个条件决定：一个是农场主无差异条件，即 $x_* + \delta x^* = \delta w^0$；另一个是部分保险，即 $\delta^2(1-q)u'(w_0 + x_*) = u'(x^*)$，完全保险意味着淡季和旺季的联结劳动工资相等，但是，激励约束要求在旺季工资中包含“激励溢价”（incentive premium）。因此，在联结劳动工资中只存在部分保险。在这种情况下，概率 p 可表示为：

$$p = 1 - \frac{u(w^0) - u(x^*)}{\delta(1-q)\{u(w_0 + x_*) - u(w_0)\}}$$

联结劳动的比重为 $t \equiv T/L_0 = p/(q + p(1-q))$。

（5）劳动力增长和信息流动对劳动联结的影响

慕克吉和瑞在建立模型并对上述命题进行论证之后，对劳动力增长和信息流动对于联结劳动的影响进行了探讨。他们指出，劳动供给和劳动需求同步增长，

---

① 慕克吉和瑞证明了，在任意均衡中，临时工资 $(\underline{w}, \bar{w})$ 等于基准经济中的工资 (w_0, w^0)。

以使双方保持平衡，但是，劳动供求的增长会使获得联结合同的概率发生改变，从而影响劳动联结所占的比重。如果将劳动供求的增长率设定为 g ，那么，获得新的联结合同的概率可以表示为：$p = (qt + gt)/(1 - t + qt + g)$ 。显然，这意味着重新获得联结合同的机会更大。相应地，在新的均衡中，联结劳动所占的比重将变为：$t = (p + pg)/(q + p(1 - q) + g)$ ，该比重相对低于 $p = (qt + gt)/(1 - t + qt + g)$ 式中的比重，而且 g 为单调递减的。

信息流动可以被看做是反映工人违约历史被农场主发现的难易程度的变量。如果违约历史得以完全隐瞒，所有违约的工人可以与其他工人一样重新获得联结合同。如果违约历史可以依照一定的概率 π 被发现，那么，违约工人重新获得联结合同的难度会增加。因此，违约工人重新获得联结合同的概率为 $p' \equiv (1 - \pi)p$，而 p 为诚实工人的概率。违约工人作为淡季工人的终身预期效用（the expected lifetime utility）为 $D_* = p'W_* + (1 - p')(\underline{u} + \delta^2 D_*)$ ，其中，V_* 和 W_* 含义保持不变。根据定义，$V_* > D_*$ ，由于农场主希望雇用诚实工人，故可接受性约束不变，仍为 $W_* \geqslant V_*$ ；激励约束则变为 $W_* \geqslant u(\underline{w} + x_*) + \delta u(\bar{w}) + \delta^2 D_*$。可以证明，激励约束条件隐含着可接受性约束条件。与式（3.2.23）相对应，激励约束条件可以写成：

$$\delta(1 - q)(\underset{\sim}{W} - V_*) + \frac{\delta p \pi (u_* - \underline{u})}{(1 - \delta^2(1 - p'))(1 - \delta^2(1 - p)(1 - q))} \geqslant u(\bar{w}) - u(\tilde{x}) \tag{3.2.25}$$

式（3.2.25）意味着当处于均衡时，联结劳动的比重将随 π 而递增。这说明，如果信息传递被阻碍，那么，均衡中联结劳动所占的比重将会下降。

总之，慕克吉和瑞表明，即使存在着季节波动和收入平滑，临时工市场也一直是运行着的。只有当季节波动的程度超过某一个正的下界时，劳动联结才会出现。联结劳动的工资和临时劳动的工资相等，但是，联结劳动的效用水平更高，因此，尽管联结劳动的收入并未完全保险，但其收入较少发生波动。劳动供给和需求的跨时平衡增长降低了劳动联结所占的比重。这意味着任何一种社会或经济因素（诸如：庇护人—被庇护人（patron-client）关系的瓦解，因工人流动的增长而提高了出现联结劳动转换（turnover of tied laborers）的概率等）都会降低联结劳动的比重。因此，经济增长会导致劳动联结合同的比重下降。

3. 跨期消费平滑、信贷市场与劳动联结

卡斯利（1997）对发展中国家长期内劳动联结的发生率（incidence）进行了探讨。他觉得已有的文献在解释劳动联结出现的原因时是成功的，但在两个方面存在不足：一是已有文献隐含了劳动联结具有增长趋势的反事实的含义；二是文献中假设不存在向工人提供消费信贷的可能性。卡斯利的分析表明，一旦考虑到

借款的可能性将导致对劳动联结的演化作出新的解释。① 据此，他在引入了金融市场的基础上，重新考察了发展中国家乡村存在的劳动联结现象，并且对发生在经济其他领域中的结构变迁（例如：金融市场自身的发展使它变得越来越有效率，农村人口的减少等）通过影响临时工人的跨期消费选择模式而对劳动联结的演进施加影响的过程做了考察。在他看来，为了平滑消费，工人要么与农场主形成劳动联结，向农场主提供劳务并获得联结工资，要么作为临时劳动在生产淡季中从信贷市场借入消费信贷，并在生产旺季中进入劳动市场以提供临时劳动并获得临时工资。农场主基于“效率工资”的考虑，向联结劳动提供具有“激励相容”（incentive compatible）特征的隐性合同，以避免联结劳动在生产淡季中的“偷懒”（shirking）行为。在淡季中，对劳动的需求较少，工人从事的生产活动难以受到监督，这就为联结工人“偷懒”提供了机会；但在旺季中，对劳动的需求较多，生产活动易于受到监督，而且还可以根据收成大小来推断联结工人在旺季中是否履行了合同义务。如果临时劳动的终身效用高于联结劳动的终身效用，便有可能发生“偷懒”行为。因此，临时劳动终身效用的提高会引诱联结劳动在生产淡季中“偷懒”，而为了避免出现“偷懒”，农场主必须提高“激励相容”隐性合同中商定的工资，以提高联结劳动的效用，由此导致联结劳动变得相对昂贵。因此，农场主有可能以临时劳动替代联结劳动。

（1）农场主行为及其对劳动的需求

工人可分为永久劳动（permanent workers，即联结劳动）和临时劳动。永久劳动永久受雇于农场主，每期都获得相同的工资 w_p ；临时劳动只在旺季中才会得到雇用以补充永久劳动的不足，所获得的临时工资为 w_c 。此外，作为生产要素的资本和劳动可以相互替代。在淡季生产中只使用资本和联结劳动；在旺季生产中使用资本、联结劳动和临时劳动。各期的生产函数具有二阶连续可导、线性奇次、递增并且拟凹的特征。假设农场主处于完全竞争的市场之中，并且是最终产品价格和要素市场价格的接受者。由于受到资本和劳动以外的要素（例如土地等）的限制，农场主每期的最大化产量也受到限制，但是，一旦他决定从事生产，便会生产出最大化产量。因此，给定最终产品价格和要素价格，农场主的目标就是在最大化产出的约束下选择每期资本和劳动的数量，以使整个生产周期的生产成本最小。由于影响成本的唯一决定因素是联结劳动的数量，因此，对其他要素的需求就成了联结劳动数量的函数。所以，对临时劳动的需求可以表示为总劳动需求减去联结劳动的余值，即：

$$L_c^d(q, L_p, r_2, w_c) = L_a^d(q, r_2, w_c) - L_p \qquad (3.2.26)$$

① 卡斯利把劳动市场的供给设定为外生的，以便在分析中避开劳动—信贷联结的问题。参见 Caselli, Francesco, 1997, “Rural Labor and Credit Markets”, *Journal of Development Economics*, vol. 54, p. 249。

其中，L_a^d、L_c^d 和 L_p 分别表示旺季中对劳动的总需求、对临时劳动的需求以及淡季时所雇用的联结劳动的数量；q、r_2 则分别表示最大化产量和旺季时的资本租赁成本。农场主根据联结劳动与临时劳动相对成本的大小来决定在淡季时雇佣联结劳动的数量，即：

$$L_p^d = L_p^d(q, r_1, z) \tag{3.2.27}$$

其中，$z \equiv (1+\beta)w_p - \beta w_c$，表示整个生产周期内联结劳动与临时劳动的相对成本，β 是贴现因子。

式（3.2.26）和式（3.2.27）描述了有代表性的农场主基于成本最小化原则做出的劳动需求选择。式中，劳动总需求关于临时工资的偏导数以及联结劳动关于相对成本的偏导数均小于零，前者反映了资本对劳动的替代，后者反映了临时劳动对联结劳动的替代。

（2）不存在信贷市场条件下的工人效用与劳动联结

假定工人们作为终身效用最大化的追求者（life-time utility maximizers）是相同的，其时间上可分离效用函数（time-separable utilyty function）为 $u(c, e)$。其中，c 为消费，e 为工作努力。效用函数关于 c 是递增和凹性的，而关于 e 则是递减的。利用归一化处理，令 $u(0,0) = 0$，而且效用函数的混合偏导数大于等于零。这意味着消费与努力是互补的。每个工人的禀赋为一单位劳动，每一单位劳动上付出的工作努力固定为 $\bar{e}$。临时工人在旺季中决定参加工作的前提条件是工作的效用应大于保留效用，即 $u(\underline{w}_c, \bar{e}) \equiv 0$。这意味着只有当工资高于保留效用工资 $\underline{w}_c$ 时，工人才提供一单位的劳动。由于所有的临时工人在淡季不工作，如果他在旺季工作，则他这一年的效用为 $\beta u(w_c, \bar{e})$。因此，临时工人的终身效用为：

$$J_c(w_c) = \sum_{i=0}^{\infty} \beta^{2i} \beta u(w_c, \bar{e}) = \frac{\beta}{1-\beta^2} u(w_c, \bar{e}) \tag{3.2.28}$$

联结劳动被区分为“偷懒的”与“诚实的”两类。农场主们对“偷懒的”工人的激发策略是终生剥夺其获得联结劳动合同的权利。因此，先前的联结工人一旦被剥夺权利就转变为临时工人。据此，“诚实的”联结工人的终身效用为：

$$J_p^h(w_p) = \sum_{i=0}^{\infty} \beta^i u(w_p, \bar{e}) = \frac{u(w_p, \bar{e})}{1-\beta} \tag{3.2.29}$$

“偷懒的”联结工人的终身效用为：

$$J_p^s(w_p, w_c) = u(w_p, 0) + \beta u(w_p, \bar{e}) + \beta^2 J_c(w_c) \tag{3.2.30}$$

处于均衡中的联结劳动合同需要满足激励相容约束，即

$$J_p^h(w_p) \geqslant J_p^s(w_p, w_c) \tag{3.2.31}$$

（3）劳动市场的均衡

当劳动需求等于农村工人数量 N 时，劳动力市场就实现了均衡，即

$$L_a^d(q, r_2, w_c^*) = N \tag{3.2.32}$$

式（3.2.32）可以决定劳动力市场处于充分就业均衡的临时工资 w_c^*。如果充分就业工资 w_c^* 高于保留效用工资 $\underline{w}_c$，w_c^* 便是均衡的临时工资。这表明在旺季中的劳动市场处于充分就业状态；如果相反，$\underline{w}_c$ 便是处于均衡的临时工资，表明部分劳动力处于失业状态。临时工资 w_c 被决定后，根据式（3.2.31）可以求出处于均衡的联结劳动的工资水平 w_p（即阻止联结工人偷懒所要求的最低工资）；然后，还可以得到相对成本 z；最后，可以分别求得处于均衡的联结劳动与临时劳动的数量。

（4）信贷市场效率改进的影响

工人可以从不完善的消费信贷市场上借入贷款。信贷市场不完善导致更高的借款交易成本和高额的中介边际利润（intermediation margins）等，从而使得有效利率因子（effective interest factor）高于完善市场上的均衡利率因子。随着经济的发展，信贷市场上的无效率会减少，不完全竞争程度会减轻，因此，交易成本和边际利润会持续下降。

卡斯利证明了，对劳动的需求不会受到信贷市场的影响，而劳动供给则会受到影响。临时工人为了平滑消费（源于效用函数的凹性假设）会利用信贷市场并借入消费信贷。临时工人的最优化问题为：

$$\max_{c_1, c_2} \quad u(c_1, 0) + \beta u(c_2, \bar{e}), \text{ s.t. } c_2 = w_c - \beta^{-1}\theta c_1; c_1 \geqslant 0, c_2 \geqslant 0$$

其中，β^{-1} 表示完全市场的均衡利率因子。$\theta \geqslant 1$ 为不完全系数（imperfection parameter），代表各种交易成本及边际利润，它在短期内被认为是外生的。因此，$\beta^{-1}\theta$ 为工人借款的利率因子。

定义消费为 0 并定义努力为 0 的消费边际效用与消费为保留工资以及努力为单位劳动固定努力的消费边际效用的比率为 θ^*，即 $\theta^* \equiv \dfrac{u_1(0,0)}{u_1(\underline{w}_c, \bar{e})}$，并假设 $\theta^* > 1$。

据此，卡斯利得到了三点观察结果：第一，被雇佣临时工人的终身效用关于 θ 的偏导数为非正，特别是当 $\theta < \theta^*$ 时，该偏导数严格为负。根据定义，$\beta^{-1}\theta^*$ 表示临时工人在没有利用信贷市场借款情况下的淡季消费与旺季消费之间的边际替代率，$\beta^{-1}\theta$ 则表示淡季消费与旺季消费的相对价格。这意味着，只要借款成本是非禁止性的（non-prohibitive），临时工人就会利用平滑其消费的机会，并且会因为借款成本的降低而使自己的境况得到改善。联结工人则不会受到信贷市场的影响，其中，“诚实的”联结工人因为他的各期效用相同（收入和努力完全一

致），在贴现因子为β以及凹性效用函数的情况下，只有当借款因子小于β^{-1}的条件下才会借款；“偷懒的”联结工人也不会利用借款机会，因为一旦借款，“偷懒的”联结工人就会暴露自己。第二，如果在旺季中经济是充分就业的，并且$\theta < \theta^*$，那么，交易成本减少会导致联结工资上升，但临时工资保持不变。第三，如果在旺季中经济中存在失业，并且$\theta < \theta^*$，那么，交易成本减少会导致临时工资降低，但联结工资保持不变。第二点发现和第三点发现意味着交易成本的减少总会使联结劳动比临时劳动昂贵，其结果是，农场主会转向使用更为便宜的劳动。因此，信贷市场效率改进的影响可以归结为：如果$\theta < \theta^*$，联结劳动的绝对数量及其在农村劳动总量中所占的比例将随着交易成本的减少而下降。

（5）当存在信贷市场时农村人口减少的影响

乡村人口的减少对联结劳动的效应取决于这一变动对于联结劳动对临时劳动的相对成本z的效应。所以，考察人口增长对联结劳动的影响需要综合考虑联结工资与临时工资相对变动的幅度。卡斯利发现，如果$dz/dw_c > 0(<0)$，当乡村人口减少时，联结劳动的数量会减少（增加）。

农村人口的减少引起临时劳动力供给减少，临时工资将上涨，临时工人的效用将增加，致使临时劳动相对于联结劳动更有吸引力。为了维持激励兼容原则，联结工资也需要上涨。但是，相对成本z的变动取决于临时工资与联结工资各自相对变动的幅度，在临时工资和联结工资都上涨的情况下，不能判断z是否上涨。

卡斯利指出，如果效用函数关于消费与努力是可分离的，那么，$dz/dw_c > 0$。这是因为在存在信贷市场并且临时工人借入信贷的情况下，如果效用函数是凹函数并且是可分的，临时工人就能完全平滑自己的消费，即$c_1 = c_2 = c$。在这种情况下，对联结工人和临时工人的消费边际效用的比较就取决于各自每期消费的相对大小，即c与w_p的相对大小，而不再需要比较w_c与w_p的相对大小。由于$c < w_p$（否则临时劳动比联结劳动更有吸引力，况且临时劳动还拥有更多的闲暇）总是成立的，因此，临时劳动的消费边际效用比联结劳动的消费边际效用更大。这意味着，需要联结工资上升的幅度比临时工资更大才能保证联结工人的效用比临时工人的效用大。因此，临时工资的上涨将带来联结工资更大幅度的上涨，相对成本z将会增大，联结劳动因而变得更加昂贵，结果导致联结劳动的数量趋于减少。

卡斯利指出，在其他条件不变的情况下，只要存在信贷市场并能够提供消费信贷，亦即当市场不完全系数满足$\theta < \theta^*$时，农村人口减少也会导致联结劳动的下降。

（6）信贷与劳动联结的出现对主要结论的影响

农场主除了使用劳动联结之外，还可向临时工人提供联结的信贷—劳动合同（interlinked credit-labor contract），也就是说，以低于信贷市场借款利率$\beta^{-1}\theta$的利率提供贷款，并对临时劳动支付低于临时工资的工资。只要农场主收取的利息不低于 β^{-1} ，只要他所支付的工资低于临时工资，农场主就可以获利。

卡斯利进而指出，如果 $\theta < \theta^*$ ，联结劳动的绝对数量及其在农村劳动中的比例会随着交易成本的下降而下降；也就是说，若存在 θ^0 ，且 $1 \leqslant \theta^0 \leqslant \theta^*$ ，从而只要 $\theta > \theta^0$ 就存在着数量为 $\bar{m}$ 的联结合同；一旦 $\theta \leqslant \theta^0$ ，联结合同就不会出现。其中，$\bar{m}$ 是指农场主为防止工人违约而有能力发放的合同数量。这意味着引入信贷—劳动联结合同并不会改变信贷市场与劳动联结的动态变化二者之间的关系，此外，信贷—劳动联结合同将随着金融发展而消失。

卡斯利从他的研究中得出两点主要结论：第一，在考虑了信贷市场之后，信贷市场的日益完善以及农村人口的减少将导致农村中联结劳动的衰落，这就为劳动联结随经济发展而减少的原因提供了新的解释；第二，劳动联结发生率长期衰落这一现象与效率工资合同理论所做的解释是相吻合的。

四、劳动与信贷联结

在新一代发展经济学家们看来，劳动联结被认为是解决消费和成本波动问题的一种方法，而劳资双方形成的劳动—信贷联结则是解决这类问题的另一种方法，特别是，后一种方法可以解决与临时劳动相关的消费和成本波动的问题。巴丹（1984）正式从这一角度对劳动—信贷联结对消费平衡和成本控制的作用做了分析。他认为在南亚和东南亚的部分发展中国家中，农业生产周期中的波动促使农民和土地所有者双方自愿形成了劳动—信贷联结。其具体操作是：在生产淡季中，农业生产对劳动的需求较少，农民难以获得生活资料。为了生存需要，他们向土地所有者借入一定数量的消费信贷，并承诺在旺季中向土地所有者提供相应的劳务进行偿还。由于在旺季中，生产活动对劳动的需求很大，农民承诺提供劳务便可以满足这种需求，对土地所有者来说，只需对这种劳务提供低于市场水平的工资就能有效地控制劳务成本。于是，消费信贷的数量、所承诺的劳务量及工资是这种劳动—信贷联结中需要明确的内容，而双方则据此形成隐性合同。巴丹正是以隐性合同为基础建立了劳动—信贷联结模型。

假设存在一个具有两个时期的程式化的农业经济（a stylized agrarian economy with two periods），农民与土地所有者双方既可以在临时市场上也可以通过劳动—信贷联结来对劳动进行交易。土地所有者在融资方面唯一地处在主导地位，他可以按照外生给定的利率 r 借入和发放任何数量的贷款；农民除了从土地所有者获得贷款以外，还可以按照 $r^0 > r$ 的利率从其他渠道获得贷款。隐性合同的内容包括土地所有者提供的消费信贷数量 c 、农民所承诺的劳务量 e 及其协议工资 y 。巴丹在依次讨论了农民和土地所有者的行为的基础上得出了他的结论。

1. 农民的行为

农民的效用取决于其在淡季和旺季的消费水平，即 $U = U(C_1, C_2)$ ①，如果农民从土地所有者那里获得贷款，那么，他在淡季的消费应等于消费信贷数量，而他在旺季的消费则由土地所有者对承诺劳务的补偿 ye 与农民将其剩余劳动提供给临时市场所获得的报酬 $w(1-e)$ 之和，即：

$$U = U[c, ye + w(1-e)] = U(c, w-t) \tag{3.2.33}$$

其中，$t \equiv e(w-y)$，这意味着土地所有者因协议工资低于市场工资 w 而让农民为消费信贷支付的还款额。

当然，农民还可以从其他渠道获得贷款以维持淡季的生活，而在旺季中向临时市场提供全部劳动以获得工资收入。相应的预算约束为 $w = C_1(1+r^0) + C_2$。在这种情况下，农民会根据等式 $\frac{U_1[C_1, w - C_1(1+r^0)]}{U_2[C_1, w - C_1(1+r^0)]} = (1+r^0)$，即农民为边际单位的消费信贷付息意愿等于消费的跨期边际替代率来决定他各期的消费水平，以实现其最大的效用 $V(w, r^0)$。

因此，农民加入劳动—信贷联结，需要满足自愿服从约束（voluntary compliance constraint，VCC），即向土地所有者借入消费信贷的效用不能小于从其他渠道获得贷款的最大效用，即：$U(c, w-t) \geq V(w, r^0)$。但是，追求利润最大化的土地所有者总是会选择一定的消费信贷数量，以使农民尽可能只获得其保留效用 $V(w, r^0)$，即：

$$U(c, w-t) = V(w, r^0) \tag{3.2.34}$$

由式（3.2.34）可知，在给定临时工资水平和其他贷款的利率的条件下，还款额与消费信贷数量之间具有以下对应关系：$t = t(c; w, r^0)$，而在均衡中，农民同样会按照边际单位的消费信贷付息意愿数量等于消费的跨期边际替代率的条件（即 $t_c = U_1/U_2$）来安排他的各期消费水平。

2. 土地所有者的行为

土地所有者与数量为 M 的农民签订劳动—信贷合同，在淡季中为农民提供消费信贷，在旺季中使用劳动投入 L 进行生产（即向数量为 eM 的劳动提供补偿工资 y；而超出部分的劳动量由临时劳动市场提供，并需支付市场工资），土地所有者的利润因而可以表示为：

$$\begin{aligned}\pi &= F(L) - w(L - eM) - yeM - (1+r)cM \equiv F(L) + tM - wL - (1+r)cM \\ &= F(L) + t(c; w, r^0)M - wL - (1+r)cM \end{aligned} \tag{3.2.35}$$

① 设定各期消费的边际效用为正且递减，并且各期消费互补。

土地所有者选择恰当的 L 和 c 以使利润达到最大，一阶条件为：$F'(L) = w$，$t_c(c;w,r^0) = 1 + r$，这就决定了均衡的劳动投入和消费信贷数量（L^*, c^*），而且由于 $t^* = t(c^*;w,r^0) = e(w - y)$，均衡的隐性合同由 $t^* = t(c^*;w,r^0) = e(w - y)$ 式给出。

3. 结论

巴丹通过上述分析得出了三点结论：第一，隐性合同具有平滑消费、增加工人效用以及为土地所有者节约成本（因为在均衡中，$t_c(c;w,r^0) = 1 + r$ 表示消费信贷的边际收益率等于信贷资金的机会成本，这意味着农场主至少可以获得非负的收益，与此同时，至少成本不会增加）的作用。第二，还款额 t 的均衡值 t^* 存在，但由于 $t^* = e(w - y)$，所承诺的劳务量及其工资水平并未达到均衡值，因此，隐性合同可以在延长工作时间的同时支付更高的工资或者在缩减工作时间的同时支付更低的工资这两种方式来实现，因此，农民之间所获得的合同工资存在差异。第三，所实现的均衡具有比较静态特征。从以上分析可见，临时劳动市场上的工资上涨会减少土地所有者的劳动投入，并增加消费信贷数量和提高还款额；土地所有者面临的资金利率升高不会影响其劳动投入，但却会减少消费信贷，进而减少还款额；农民面临的其他渠道贷款的利率升高，同样不会影响其劳动投入，但却会减少消费信贷并增加还款额。

第三节　发展中国家的分成租制

分成租制（sharecropping）或分成租佃制（share tenancy）早在古典经济学时代就一直困恼着经济学家们，古典经济学家们和早期新古典经济学家有关分成租制缺乏效率的研究结论很长时期内在西方经济学界居于主导地位。早在 1776 年，亚当·斯密在撰写《国富论》时就考察了分成租制，他认为在这种制度下，"土地所有者既不费分文，而享受土地生产物的一半，留归对分佃农享有的自属不多。在这不多的部分中，所能节省的更是有限。对分佃农决不愿用这有限的节余来改良土地"①，由此得出了分成租制会阻碍农业进步的结论。英国古典经济学家基本上同斯密一样对分成租制持谴责态度，但约翰·S. 穆勒可以说是例外。穆勒对分成租制给予了某种程度的褒扬。他认为，由于佃户同土地所有者"有共

① 亚当·斯密：《国民财富的性质和原因的研究》上卷，商务印书馆 1972 年版，第 356 页。

同经营的关系，并且可以同后者平分共同的收益”，加上“他的永佃权是靠习惯保证”，“所以他具有的勤奋努力的动机比没有租地权的任何佃农强烈”。至于对土地改良的问题，他写道，“在租佃制度下，一切要花费资本的改良必须靠土地所有者的资本来进行，这确实是这种制度的根本性质所在”。[①] 到了新古典经济学早期集大成者马歇尔那里，他明确指出分成租制的低效率性质。他写道，“因为当佃户必须把他每次投于土地的资本和劳动的收益之半数交给他的土地所有者时，如投资的总收益作为他的报酬之数的两倍，则于他不利，他决不从事这种投资。如果任他自由耕种，则他耕作的集约化程度远比英国制度下的为低。他所投的资本和劳动，以能给他两倍多的报酬为限，因此，他的土地所有者在该报酬中所得的份额，比在报酬固定制下要少些”。[②]

20世纪50年代，随着发展经济学的兴起，人们对发展中国家的经济发展问题抱有浓厚兴趣，分成租制的问题再次被提了出来。发展经济学家们感到诧异的是：与发达国家不同，分成租制至今仍然在一些发展中国家尤其是亚洲国家盛行。既然如同古典和早期新古典经济学家们断言的那样，它是一种低效率制度，那么，为什么该制度依旧能够在相当一部分发展中国家存在？1950年，美国芝加哥大学的D. 加尔·约翰逊（D. Gale Johnson，1950）凭借他多年的观察指出，在分成租流行的地方并未出现土地的边际产品为零的情况，相反，分成租制下的地租高于固定租佃制下的地租。虽然不能断言分成租比其他租佃制度更有效率，但至少表明有必要对分成租制重新展开探讨。[③] 然而，他的观点在当时并未引起经济学界的关注，自古典学派以来形成的有关分成租制的主导观点没有发生改变，直到20世纪60年代末张五常（1969）《租佃理论》一书的问世才使局面发生了改观。随后，探索发展中国家分成租制的著述大量涌现，其规模可以说是汗牛充栋。在这一节中，笔者拟从大量文献中择选一小部分最具代表性的文献加以评述。

一、张五常对分成租制效率的证明

经济学家对农业中存在的分成租佃制度的关注由来已久，古典经济学和新古典经济学均认为在分成租制度下，由于佃农仅获得其产出的一部分，即佃农的边际收益会小于其边际产出价值，这会导致佃农的投入不足。因此，古典经济学家

---

① 参见约翰·穆勒：《政治经济学原理及其在社会哲学上的若干应用》上卷，商务印书馆1997年版，第337—338页、第339—340页。

② 马歇尔：《经济学原理》下卷，商务印书馆1981年版，第302页。

③ Johnson, D. Gale, 1950, “Resources Allocation under Share Contracts”, *Journal of Political Economy*, vol. 58, April, pp. 111-123.

和新古典经济学家的判断是，分成租制同定额租制相比是低效率的。但是，为什么这种无效率的制度会在现实社会中长期存在呢？张五常（1969）对此提出了质疑，他从合同选择的角度指出，至少分成租制的效率同其他租佃制度一样。张五常的这一结论基于如下推论：如果个人是在自由市场私有产权条件下追求财富最大化的话，只要资源的使用具有排他性和可转让性，那么，任何合同当事人均可以接受或者拒绝分成租制的合同，这样的话分成租制合同不可能是无效率的。

张五常认为，传统经济学之所以得出分成租制效率低于定额租制的结论是因为他们忽视了土地所有者可以将自己的全部土地分租给多个佃农的可能性，还因为他们假定分成租制的地租率是固定的。张五常觉得，土地所有者将根据收益最大化原则确定土地的分配和分成租制的地租率。图 3. 3. 1 表达了张五常的思想。

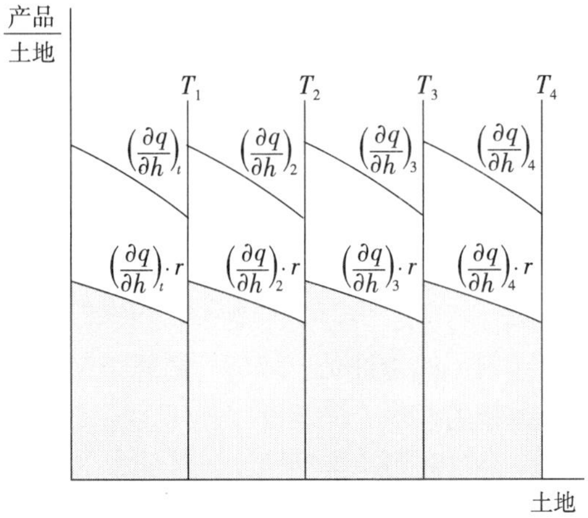

图 3. 3. 1　存在多个佃农的分成租制

在图 3. 3. 1 中，q 为产出，h 为一个佃农所承租的土地面积，r 为地租率，T_i（i =1，2，3，4…）为第 i 个佃农的土地分界线。因此，$(\frac{\partial q}{\partial h})_i$ 为第 i 个佃农的土地边际产出曲线，$(\frac{\partial q}{\partial h})_i r$ 则时土地所有者从第 i 个佃农处获得的土地边际产出，第 i 个佃农的收入则由介于曲线 $(\frac{\partial q}{\partial h})_i$ 和 $(\frac{\partial q}{\partial h})_i r$ 之间的区域来表示。土地所有者面临两种选择：其一是为了获得更多的土地边际产出，土地所有者会将土地分租给尽量多的佃农以获得更大的地租总额；其二是随着每个佃农获得的土地减少，为了防止佃农放弃分成租制合同，土地所有者必须降低地租率，这将减少土地所有者获得的地租总收益。由此可以推断，土地所有者将根据地租总收益最大化的原则确定土地的分配和地租率。

正式地用数学形式化表达，则是令每一个佃农的生产函数均为：

$$q = q(h,t)$$

这里，q 为产出，h 为每个佃农承租的土地，t 为佃农的劳动投入。并且令土地所有者拥有的土地总量为 H，承租的佃农数为 m，则有 $h = \frac{H}{m}$。此时，土地所有者的地租总收益可以表述为：

$$R = mrq(h,t)$$

这里，r 为地租率。在竞争条件下，地租率必须满足佃农收入等于市场工资率的条件：

$$W_t = (1-r)q(h,t)$$

式中，W_t 为市场工资率。土地所有者所面临的问题是，在竞争约束下选择 m，r 和 t，以便使地租总收益达到最大化。这个问题可以用公式表述为：

$$\max_{(m,r,t)} : mrq(h,t)$$
$$\text{s. t. } W_t = (1-r)q(h,t)$$

该最大化问题可以通过拉格朗日方法求解得到如下解：

$$\frac{rq}{h} = \frac{\partial q}{\partial h} \text{和} \frac{\partial q}{\partial t} = W_t$$

第一个解表明，每单位面积土地所获得的地租等于土地的边际产出。这一条件同定额租制下的条件是一致的。第二个解表明，佃农的边际产出等于市场工资率。这一条件同工资合同制下的条件是一致的。因此，这两个解说明分成租制佃农合同的效率是同其他类型的佃农合同制度安排下的效率相一致的。

需要说明的是，以上分析所得出的分成租制效率与其他合同制度一致的结论是在无交易成本的前提下推出来的，但是，在现实社会中交易成本无处不在。正是基于此，张五常从交易成本和规避风险的角度分析了对各种不同合同的选择。在农业生产合同中，由于分成租制合同的产出分成所依据的是实际产量，这就要求在进行分成时，土地所有者必须尽力弄清楚所收获的产量，而佃农却有隐瞒实际产出的激励，因此，分成租制的市场交易成本要高于定额租制和工资合同。但是，在农业生产过程中同时也存在着各种自然风险，气候变化和害虫盛行等都是影响农作物产量的风险因素。在定额租制合同下，佃农需要单方面地承担这类风险；而在工资合同下，土地所有者需要承担这类风险；但在分成租制合同下，这类风险却可以在土地所有者和佃农之间进行分担。因此，尽管履行分成租制合同的交易成本更高，但是，它的风险分担功能却使得它会被人们广泛接受。此外，张五常指出，在现实社会中，之所以存在各种不同的合同形式，这是因为在不同的环境下人们在交易成本和风险规避之间做出权衡的结果。

二、对分成租制的激励效应和分散风险效应与成本分成的分析

1. 斯蒂格利茨有关分成租制激励效应和分散风险效应的论述

斯蒂格利茨（1974）对分成租制的经济效率展开了研究。同张五常一样，斯蒂格利茨也认为分成租制具有分担风险的功能，并通过建立模型详细地分析了在不同条件下，土地所有者和佃农为了分担风险所进行的最优合同选择；另外，斯蒂格利茨还通过他的模型证明了在佃农劳动努力程度不可观测的情况下，采用分成租制所带来的激励效应。

为了突出分成租制的风险分担功能，斯蒂格利茨假设劳动供给是固定的，而且佃农的努力程度是不可改变的。产出由投入的土地和劳动所决定，生产过程具有规模收益不变的特征，并且存在不确定性。因此，生产函数可以写为：

$$Q = g(\theta)F(L,T)$$

这里，Q 为产出量，L 和 T 分别为投入生产中的劳动和土地数量，θ 为“自然状态”且 $g(\theta)$ 表示风险，满足：$Eg(\theta) \equiv 1$，$\sigma_g^2 \equiv E(g-1)^2 > 0$。

由于 F 为一次齐次函数，可以将生产函数进一步改写为：

$$\frac{Q}{T} = g(\theta)F(\frac{L}{T},1) \equiv g(\theta)f(l)\ ,\ l = \frac{L}{T} \qquad (3.3.1)$$

假设土地所有者和佃农之间的收入分配是线性的，那么，佃农的收入 Y_w 和土地所有者的收入 Y_r 可以由下面方程来表示：

$$Y_w = \frac{\alpha Q}{L} + \beta = \alpha g(\theta)\frac{f(l)}{l} + \beta = g(\theta)x + \beta \qquad (3.3.2)$$

$$Y_r = (1-\alpha)Q - \beta L = [(1-\alpha)g(\theta)f(l) - \beta l]T = [(\frac{f(l)}{l} - x)g(\theta) - \beta]lT \qquad (3.3.3)$$

这里，$x \equiv \alpha\frac{f(l)}{l}$，$0 \leqslant \alpha \leqslant 1$，并且 α 和 β 的值确定了分成租合同的状况。如果 $\beta = 0$，那么，便是纯粹的分成租制；如果 $\alpha = 0$，则是工资制合同，即土地所有者以固定的工资雇佣佃农；如果 $\alpha = 1$，则是定额租制，即佃农向土地所有者支付固定的租金。因此，所讨论的问题就转换成了土地所有者和佃农在效用最大化原则下确定均衡的 α 值和 β 值的问题。

斯蒂格利茨在假设土地所有者和佃农均为无差异的个体的前提下，引入了“等效用合同”的概念。这一概念指的是第 j 个佃农产生期望效用水平 W_w^j 的合同集，用公式表达为：

$$EU^j \equiv W_w^j = EU_w^j[\alpha g(\theta)\frac{f(l)}{l} + \beta] = EU_w^j[xg + \beta] \qquad (3.3.4)$$

对于任何给定的 W_w^j，式（3.3.4）最大化的一阶条件均可解的 β 为 x 的函数，即：

$$\beta = h^j(x; W_w)$$

因此，土地所有者的最大化问题便可描述为在此约束下使其效用达到最大化，即：

$$EU_r[(1-\alpha)f(l)g - \beta l] = EU_r[((\frac{f(l)}{l} - x)g - \beta)l] \qquad (3.3.5)$$

当佃农的效用水平为给定的前提下，斯蒂格利茨证明了土地所有者最大化的一阶条件满足以下方程：

$$\frac{\partial \bar{Y}_r}{\partial \alpha} = -f(1+h') \leqslant 0 , \frac{\partial \bar{Y}_r}{\partial l} = f' - \bar{Y}_w + \frac{\alpha}{l}(1+h')(f - f'l)$$

$$\frac{\partial \sigma_{Y_r}}{\partial \alpha} = -f\sigma_g < 0 , \frac{\partial \sigma_{Y_r}}{\partial l} = (1-\alpha)f'\sigma_g > 0$$

这里，$\bar{Y}_r \equiv (1-\alpha)f - lh$ ，$\sigma_{Y_r} \equiv (1-\alpha)f\sigma_g$ 分别为土地所有者收入的均值和标准差。

这些条件表明，如果佃农是风险中性的，即 $1 + h' = 0$ ，那么，α 的增加将会使土地所有者收入均值不变的情况下降低标准差，因此，α 会被设定为1；同样道理，如果土地所有者是风险中性的，那么，土地所有者将会选择 $\alpha = 0$，以使其收入均值 $\bar{Y}_r$ 达到最大化；但是，更为一般的情况是，土地所有者和佃农均不是风险中性的，此时，土地所有者会选择 $0 < \alpha < 1$ ，以便在土地所有者和佃农之间分担风险。在 l 为给定的情况下，由于佃农和土地所有者的收入均值之和等于期望总收入，佃农和土地所有者的收入标准差之和等于总标准差。因此，斯蒂格利茨利用埃奇沃思方盒（Edgworth box）来反映佃农和土地所有者之间对风险及产出的相互分担。图 3.3.2 表达了斯蒂格利茨的上述想法。

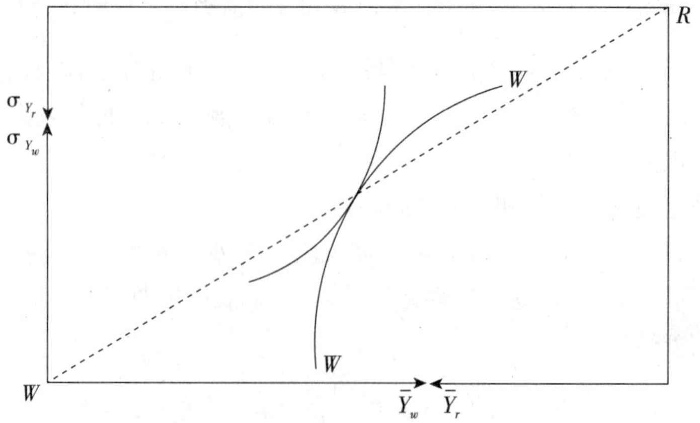

图 3.3.2 佃农和土地所有者之间风险与收入的配置

在图 3.3.2 中，*WW* 表示土地所有者的无差异曲线，显然，土地所有者会在自己的无差异曲线和佃农的无差异曲线的相切点处进行选择。如图所示，如果相切点正好落在对角线上，那就意味着存在着一个纯粹的分成租制合同，土地所有者和佃农按照一定比例共同分担产出均值和标准差；如果相切点落在下方的水平轴上或上方的水平轴上，则意味着存在着纯粹的工资制或者纯粹的定额租制。基于此，斯蒂格利茨得出以下几点结论：第一，当且仅当土地所有者或佃农是风险中性时，才会存在着一个纯粹的工资制 W（wage system）或租佃制 R（rental system），并且由风险中性的一方承担所有风险；第二，如果土地所有者和佃农都是风险厌恶的，则对风险的绝对厌恶程度更高的一方将承担比他所应对的风险比例更低的风险。

分成租制之所以被古典经济学和早期新古典经济学所摒弃的一个主要原因在于，人们通常认为分成租制会导致对佃农的激励不足。针对这个问题，斯蒂格利茨也通过建立模型进行了探讨。他指出，在信息不对称的情况下，由于土地所有者无法观测佃农劳动的努力程度，分成租制合同由此具有提供激励的效应。显然，如果有关劳动的供给和努力程度可以观测并能够在无需成本的条件下执行时，土地所有者和佃农便可以在分成租合同中明确规定需要投入的劳动量，此时，分成租制合同就不存在激励不足的问题。但在现实中，佃农的努力程度只有他自己能观察到，土地所有者无法观测。此时，提供一定的产出分成比例给佃农有助于激励其分担更大的风险并提高其付出劳动的努力程度。在这种情况下，生产函数和效用函数均需要被改写，而且为了突出分成租制的激励效应，土地所有者被假设为风险中性，以便排除因规避风险所产生的影响。此时，产出和佃农的收入分别为：

$$Q = Tf(el)\ ,\ Y_w = \frac{\alpha f(el)}{l}g + \beta \tag{3.3.6}$$

这里，e 为佃农提供劳动的努力程度。努力程度的提高虽然能增加产量和佃农的收入，但与此同时也增加了佃农的负效用。因此，佃农的效用函数可以写为：

$$U = EU[Y_w] + V(e)\ ,\ V'(e) < 0$$

同样，在佃农方面，存在着无差异合同集：

$$\bar{W} = \max_{\{e\}} EU[\frac{\alpha f(el)}{l}g + \beta] + V(e)$$

由于土地所有者是风险中性的，因此，此时土地所有者的最大化问题便转换为在佃农的最优合同集内使其自身收入水平最大化的问题，即：

$$\max_{\{\alpha,l\}}(1-\alpha)f(el) - hl$$

同时求解佃农和土地所有者最大化问题的一阶条件，经过计算可以得到：

$$\alpha = \frac{\gamma(\frac{\partial \ln e}{\partial \ln \alpha})_w}{c + \gamma(\frac{\partial \ln e}{\partial \ln \alpha})_w}$$

$$\frac{S_w - \gamma}{\gamma} = \frac{c((\frac{\partial \ln e}{\partial \ln l})_w + (1-\gamma)(\frac{\partial \ln e}{\partial \ln \alpha})_w)}{c + \gamma(\frac{\partial \ln e}{\partial \ln \alpha})_w}$$

这里，$c \equiv 1 - \frac{E[U'g]}{EU'} \geqslant 0$，$\gamma \equiv \frac{f'l}{f}$为佃农的平均边际产品，$S_w$为总收入中佃农收入所占的比重。

第一个条件表明，当佃农是风险厌恶时，努力程度对分成比例反应的敏感程度随着分成比例的增大而增大，这反映了佃农在拥有一定的分成比例的条件下可以提高其努力程度；进而言之，在佃农努力程度不可观测的情况下，分成租制会产生重要的正向激励效应。同以上已经分析的分成租制所具有的分担风险的功能相比，即使土地所有者是风险中性的，在被激励的条件下，佃农也会承担一部分分成比例。第二个条件则表明，佃农平均收入和平均边际产品之间的关系取决于劳动投入和付出劳动努力程度之间的替代弹性的大小，即当替代弹性大于或等于或小于1时，佃农所获得的平均收入将大于或等于或小于他们的平均边际产品。

斯蒂格利茨对分成租制的分析具有重要的理论创新意义。他的研究表明，当不存在其他分担风险措施的前提下，分成租制是对消失的市场做出的反应，它之所以被采纳是因为委托人出于对代理人努力程度和规避风险的考虑。分成租合同之所以被佃农所接受是因为其平均收入高于其边际产品，高出的部分类似于“风险溢价”。可见，分成租制相对于传统的固定收入的工资制具有更大的激励效应，相对于租佃制而言，又具有更强的分担风险的功能，因而是有效率的。至于分成租制在许多国家先后消失的原因，则被斯蒂格利茨归结为资本市场的发展、农业中资本密集程度的提升以及技术进步率的增长。

2. 斯蒂格利茨和布雷夫曼关于成本分成的论述

如果说上述斯蒂格利茨（1974）的模型从信息不对称的角度对分成租制所具有的规避风险和激励的功能进行了探讨的话，那么，布雷夫曼和斯蒂格利茨（1986）所建立的模型则从信息不对称的角度出发探讨了成本分成安排（cost-shareing arrangements），并试图说明成本分成合同广泛存在的原因。在信息不对称环境中，由于土地所有者并不参加生产活动，这决定了土地所有者几乎不知道任何有关最优成本投入的信息，而佃农在成本投入决策方面拥有信息上的绝对优势。如果生产环境的变化能被佃农观察到，而土地所有者观察不到，那么，土地所有者希望通过订立合同来激励佃农根据不同环境的变化调整投入成本，在这种情况下，成本分成合同与固定投入合同相比便具有一定的优势。

具体而言，为了刻画成本分成合同，生产过程被假设为同时需要投入劳动和肥料，肥料投入由土地所有者和佃农按比例共同分担，此时，佃农的收入可以表达为：

$$Y = \alpha gf(e,x) - \beta Px - \gamma = \alpha[gf - \delta Px] - \gamma \tag{3.3.7}$$

这里，α 为产出分成比例，e 为佃农努力程度，x 为肥料投入，β 为佃农的成本分成比例，P 为肥料的市场价格，γ 为佃农支付给土地所有者的固定租金，并且 $\delta = \frac{\beta}{\alpha}$ 反映了成本分成和产出分成之间的关系。佃农通过决定其努力程度和肥料投入使其期望效用最大化，即：

$$\max_{\{e,x\}} EU[Y(e,x),e] \equiv \hat{V}(\alpha,\beta,\gamma) \equiv \hat{V}(\alpha,\alpha\delta,\gamma)$$

对这个最大化问题一阶条件的求解可以发现，努力程度 e 和肥料投入 x 均取决于分成合同的参数，即：

$$e = e(\alpha,\delta,\gamma)\ ,\ x = x(\alpha,\delta,\gamma)$$

这说明尽管土地所有者不能直接控制佃农的努力程度和成本投入，但是，却可以通过调整产出分成和成本分成的比例间接控制佃农的努力程度和成本投入。土地所有者的最大化问题可以写为：

$$\max_{\{\alpha,\delta\}} \Pi = (1-\alpha)f(e,x) - (1-\alpha\delta)Px + \gamma$$

受约束于佃农至少能获得市场竞争带来的最低效用水平。

当土地所有者和佃农都了解生产技术并能观察到成本的变化情况时，对土地所有者和佃农而言，成本分成合同是与其他合同无差异的。考虑一个成本分成合同 $[\alpha^*,\beta^*,\gamma^*]$，由于投入是可观察的，那么，此合同必然存在一个均衡的肥料投入量 x^*。另外，还考虑一个新的固定成本合同：$\hat{x} = x^*$，$\hat{\alpha} = \alpha^*$ 以及 $\hat{\gamma} = \gamma^* - (1-\beta^*)Px^*$。可以发现，新合同和成本分成合同有同样的产出分成比例，成本投入和固定租金会被调整到使佃农获得相同的收入为止，因此，与成本分成合同相比，新合同所设定的产出和佃农努力程度是不变的。

当土地所有者和佃农之间存在信息不对称时，即佃农了解肥料随着生产环境变化而带来的生产率变化，而土地所有者不拥有这方面的信息，此时的生产函数可改写为：

$$Q = f(e,ux)g$$

这里的 u 能够被佃农所观察到，而土地所有者却观察不到。此时，佃农的最大化问题将满足 $\alpha u\rho f_x = \beta P$，$\rho$ 为佃农对待风险的态度。在这种情况下，相比于固定投入合同，成本分成合同将具有两方面的优势：

第一，当佃农的劳动供给无弹性或者努力程度不变时，只要佃农对待风险的态度对于 u 的敏感程度不太高，那么，成本分成合同将会使得佃农和土地所有者双方同时受益。针对 $[\hat{\alpha},\hat{x},\hat{\gamma}]$ 这样一个固定成本合同，可以设定成本分成合同 $[\alpha^*,\beta^*,\gamma^*]$ 能够满足 $\alpha^*=\hat{\alpha}$，$x^*=\hat{x}$ 以及 $\gamma^*=\hat{\gamma}+P\hat{x}(1-\beta^*)$。这种成本分成合同会使佃农收益，因为对于所有的u，在两种合同下佃农的平均投入是相同的，因此，其预期效用也相同；但是，对于某些u，$x^*\neq\hat{x}$，此时佃农能通过调整投入增加其产出和效用。在这种情况下，产出增加显然也会增加土地所有者的效用。

第二，当佃农的努力程度可变时，成本分成租制也将优于固定成本合同。这是因为成本分成合同能提高成本投入的配置效率，佃农只有在产出分成增加的价值量大于成本分成的增加值时才会增加肥料的投入，因此，在外部环境导致生产率提高的情况下，佃农会增加投入并提高努力程度。对土地所有者而言，在风险中性的假设下，产出增加显然会使其受益。由此可见，在这种情况下，可以通过订立这样的成本分成合同来替代固定成本合同，即成本超出 $\hat{x}$ 的部分由佃农承担 β^* 比例，并设定 $\alpha^*=\hat{\alpha}$，进而调整 γ^* 以使佃农的期望收益不变。按照上文的分析，此时，$0<\beta^*<1$ 将会使佃农和土地所有者同时受益。

从以上分析可以发现，不同形式的分成租制合同均能起到激励的作用。在斯蒂格利茨的模型中，正是由于土地所有者无法监督佃农的劳动努力程度，在合同中规定一定比例的产出分成能起到激励佃农努力的作用。在布雷夫曼和斯蒂格利茨的模型中，则正是土地所有者无法观测到成本投入的变化，因此，他与佃农之间设立一定比例的成本分成，就能够激励佃农更好地配置成本投入。这两个模型均说明了在信息不对称的情况下，分成租制并非如古典经济学家和早期新古典经济学家们所说的是无效率的，相反，它比其他的合同形式能带来更高的效率。

三、巴丹和斯瑞尼瓦桑对分成租制的理论与经验分析

1. 巴丹和斯瑞尼瓦桑对分成租制的研究

巴丹和斯瑞尼瓦桑（1971）利用理论模型和实证方法对采用土地分成租赁制度的决定因素进行了分析。在他们看来，不同地区的土地制度是由历史、政治以及社会等诸多方面的因素所决定的，但是，其中起根本作用的却是经济因素。他们着重分析了工资的变化和技术进步等经济因素对分成租制所造成的影响。为了达成研究的目标，巴丹和斯瑞尼瓦桑首先建立起模型以确定达到均衡的土地分成租赁制度，然后进行比较静态分析，最后利用不同的样本数据对理论预期进行了实证检验。

在他们的模型中，无地的佃农可以按一定的分成比例租赁土地进行耕种，也

可以受土地所有者雇佣劳动获得市场工资。农业生产需要投入土地和劳动，因此如果佃农将所有收入都用于消费，那么他的消费量可以用下式表示：

$$C^1 = (1-r)F(H,l_1) + l_2 w \tag{3.3.8}$$

这里，r 为土地所有者在农业产出中所占的分成比例；F 为农业生产函数，假设该函数为严格凸且交叉偏导数为正；l_1 为佃农投入分成租赁土地中的劳动量，l_2 为佃农被土地所有者雇佣的劳动量；w 为市场工资率。将佃农的总劳动力标准化为1，那么，他能获得 $1-l_1-l_2$ 单位的闲暇，因此，佃农的效用函数可以写为：

$$U^1(C^1, 1-l_1-l_2)$$

在式（3.3.8）的约束下，佃农若使得该效用函数达到最大化便可以获得：

$$(1-r)F_1 = 0 \tag{3.3.9}$$

$$(1-r)F_2 - w = 0 \tag{3.3.10}$$

$$U_1^1 w - U_2^1 = 0 \tag{3.3.11}$$

这里，下标 i 表示对第 i 个变量的偏微分。条件（3.3.9）意味着佃农将租赁尽量多的土地，直至土地的边际产出等于零为止；条件（3.3.10）意味着在采用分成租制情况下，佃农在分成土地上不会充分利用其劳动；条件（3.3.11）则意味着资源在劳动和闲暇之间的最优配置出现在两者边际效用之比等于市场工资率时。利用克雷默法则（Cramer Rule）对式（3.3.9）、式（3.3.10）和式（3.3.11）求全微分，通过计算可得：

$$\frac{\mathrm{d}H}{\mathrm{d}r} = \frac{-F_2F_{12}}{(1-r)[F_{11}F_{22}-(F_{12})^2]} < 0 \tag{3.3.12}$$

$$\frac{\mathrm{d}l_1}{\mathrm{d}r} = \frac{F_2F_{11}}{(1-r)[F_{11}F_{22}-(F_{12})^2]} < 0 \tag{3.3.13}$$

式（3.3.12）和式（3.3.13）表明，在采用分成租制的情况下，佃农分成租赁的土地量和投入生产的劳动量均随着土地所有者分成比例的提高而减少。对于土地所有者而言，他既可以将土地租赁给佃农耕种以获得一定比例的产出分成，也可以支付市场工资以雇佣佃农同自己一起耕种土地。与此相似的是，如果土地所有者将所有收入都用于消费，那么，他的消费率可以表述为：

$$C^2 = G(1-q, x+y) - wx + rF(q,L) \tag{3.3.14}$$

这里，G 为土地所有者自己耕种时的生产函数并且具有和 F 一样的性质；将土地所有者的土地量标准化为1，那么，$1-q$ 为土地所有者自己耕种的土地量，q 为租赁给佃农的土地量；x 为土地所有者雇佣的劳动力；y 为土地所有者自身投入的劳动量；L 为佃农投入到分成租赁土地上的劳动量。土地所有者的劳动总量被标准化为1，那么，土地所有者的效用函数为 $U^2(C^2, 1-y)$。效用最大化原则可以得到：

$$G_1 - rF_1 = 0 \tag{3.3.15}$$

$$G_2 - w = 0 \tag{3.3.16}$$

$$U_1^2 G_2 - U_2^2 = 0 \tag{3.3.17}$$

条件（3.3.15）表明土地所有者自己耕种土地的边际产出必须等于从佃农租赁获得的边际产出；条件（3.3.16）表明雇佣佃农进行耕种的边际产出必须等于市场工资率；条件（3.3.17）表明土地所有者在劳动和闲暇之间的配置必须满足边际效用之比等于自身劳动的边际产出。类似地，利用克雷默法则对式（3.3.15）、式（3.3.16）和式（3.3.17）进行全微分，可以得到：

$$\frac{\mathrm{d}q}{\mathrm{d}r}\Big|_{L=L_0} = \frac{-F_1 G_{22}}{G_{11}G_{22} - (G_{12})^2 + rF_{11}G_{22}} \tag{3.3.18}$$

$$\frac{\mathrm{d}q}{\mathrm{d}L}\Big|_{r=r_0} = \frac{-rF_{12}G_{22}}{G_{11}G_{22} - (G_{12})^2 + rF_{11}G_{22}} > 0 \tag{3.3.19}$$

土地所有者提供租赁分成土地的供给和佃农对租赁分成土地的需求必须满足 $H(r) = q(r,L)$ 和 $L = l_1(r)$，这两个等式可以进一步表述为：

$$H(r) = q(r, l_1(r)) \tag{3.3.20}$$

式（3.3.20）对 r 求导，并且由于在均衡时 $F_1 = 0$，可得：

$$\frac{\mathrm{d}q}{\mathrm{d}r} = \frac{\mathrm{d}q}{\mathrm{d}r}\Big|_{L=L_0} + \frac{\mathrm{d}q}{\mathrm{d}L}\Big|_{r=r_0}\left(\frac{\mathrm{d}l_1}{\mathrm{d}r}\right) = \frac{\mathrm{d}q}{\mathrm{d}L}\Big|_{r=r_0}\left(\frac{\mathrm{d}l_1}{\mathrm{d}r}\right) < 0 \tag{3.3.21}$$

$$\frac{\mathrm{d}H}{\mathrm{d}r} - \frac{\mathrm{d}q}{\mathrm{d}r} < 0 \tag{3.3.22}$$

式（3.3.12）和式（3.3.21）列出了均衡分成比例的决定因素，而且由式（3.3.22）保证了均衡的唯一性。图 3.3.3 反映了这种均衡。

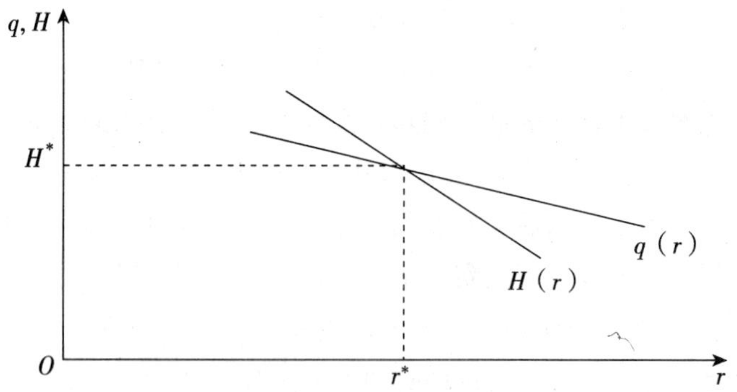

图 3.3.3　分成租制的均衡

巴丹和斯瑞尼瓦桑所得到的均衡不同于张五常的均衡。在张五常的均衡中，最大化问题仅限于土地所有者，土地所有者可以任意选择分成土地中的佃农数量；而巴丹和斯瑞尼瓦桑则同时从佃农对分成土地的需求以及土地所有者对分成土地的供给两方面来考虑均衡。此时，佃农投入到分成土地上的劳动量由佃农按照效用最大化原则来决定。因此，由两个模型得出的结论是不相同的，比如在巴丹和斯瑞尼瓦桑模型中，佃农投入分成租赁土地上的劳动量是无效率的，但在张五常模型中却是有效率的；在巴丹和斯瑞尼瓦桑的模型中，产出分成比例由市场供求关系决定，而在张五常的模型中，产出分成比例则由土地所有者来确定。

在得到分成租赁均衡的基础上，巴丹和斯瑞尼瓦桑做了比较静态分析。为了研究市场工资率的变化对分成租制的影响，在给定分成比例 r 的情况下，利用克雷默法则对式（3.3.9）和式（3.3.10）以及式（3.3.15）、式（3.3.16）和式（3.3.17）再次求全微分，可得：

$$H_w|_{r=r_0} = \frac{-F_{12}}{(1-r)[F_{11}F_{12}-(F_{12})^2]} < 0 \quad (3.3.23)$$

$$l_{1w}|_{r=r_0} = \frac{F_{11}}{(1-r)[F_{11}F_{12}-(F_{12})^2]} < 0 \quad (3.3.24)$$

$$q_w|_{r=r_0,L=L_0} = \frac{G_{12}}{G_{11}G_{22}-(G_{12})^2+rF_{11}G_{22}} > 0 \quad (3.3.25)$$

式（3.3.23）和式（3.3.24）表明，在分成比例不变的情况下，佃农对分成土地的需求以及投入到分成土地上的劳动量均随着市场工资率的提高而减少；式（3.3.25）则表明，在分成比例和佃农投入到分成土地上的劳动量均不变的情况下，土地所有者对分成土地的供给将随着市场工资率的提高而增加。由于市场工资率的提高既减少了佃农对分成土地的需求，也增加了土地所有者对分成土地的供给，由此必将导致土地所有者分成比例的下降，即 $\frac{\mathrm{d}r}{\mathrm{d}w} < 0$。因此，在均衡时，便可推出：

$$\frac{\mathrm{d}H}{\mathrm{d}w} = H_w + \frac{\partial H}{\partial r}\frac{\mathrm{d}r}{\mathrm{d}w} > 0 \quad (3.3.26)$$

式（3.3.26）说明，达到均衡时的分成土地量将随着市场工资率的提高而增加，这是因为分成比例下降的幅度大于佃农因工资提高而减少对分成土地需求的幅度。

为了分析技术进步对分成租制的影响，生产函数和佃农的消费量被改写为：

$$C^1 = (1-r)\rho F(\mu H, \lambda l_1) + l_2 w$$

这里，ρ，μ 和 λ 分别代表希克斯中性技术进步（Hicks-neutral technological progress）、土地扩大型技术进步和劳动扩大型技术进步。类似于上文的比较静态分析，通过计算处理可以得到均衡时：

$$\frac{\mathrm{d}H}{\mathrm{d}\mu} > 0, \frac{\mathrm{d}H}{\mathrm{d}\rho} < 0, \frac{\mathrm{d}H}{\mathrm{d}\lambda} < 0 \quad (3.3.27)$$

式（3.3.27）说明，土地扩大型的技术进步能增加均衡的分成租赁土地量；

而希克斯中性技术进步和劳动扩大型技术进步均会减少均衡的分成租赁土地量。

为了对从模型中得到的比较静态分析结论进行实证检验，巴丹和斯瑞尼瓦桑构建了以下计量模型：

$$\log S = \alpha_0 + \alpha_1 \log W + \alpha_2 \log I + \alpha_3 \log B$$

这里，S 为分成租制土地占总土地量的比例；W 为农业市场工资率；I 为灌溉土地面积占总土地面积的比重，用以度量土地扩大型技术进步；B 是度量土地所有者垄断程度的指标。利用美国南方各州 1960—1961 年的数据以及印度村落的数据进行回归均发现 $\alpha_1 > 0$，$\alpha_2 > 0$ 和 $\alpha_3 < 0$，而且系数均显著。因此，回归结果恰好验证了理论模型中对比较静态分析的预期，即市场工资率的提高和土地扩大型技术进步均能增加均衡的分成租赁土地量。

2. 巴丹对模型的进一步扩展

尽管巴丹和斯瑞尼瓦桑利用理论模型和实证分析研究了经济因素对分成租制的影响，但他们的模型并没有考虑土地市场不完善、劳动力市场不完善、信贷市场不完善以及三者之间的复杂关系。为此，巴丹（1979）在他所建构的另一个模型中考虑了这些因素，并分析了农业发展对分成租制的影响。在巴丹的模型中，存在两个季度的生产活动：第一季度为耕种准备、播种和养护阶段，在该阶段上，投入土地和劳动并产出稻苗；第二季度为收获阶段，在该阶段上，所投入的稻苗和劳动产出谷物。由此可见，两个季度的生产是互补的，而且这一划分对要素投入市场有重要影响。第一个季度可以被认为是农闲季度，因此，该季度的市场工资不能结清劳动力市场，因而存在失业；第二个季度为农忙季度，此时，劳动力实现充分就业，而且工资由市场竞争决定。由于经济中存在失业，失业佃农在农闲季节将向土地所有者借贷消费，并在收获季度还本付息。

假设土地所有者共有土地量 $\bar{A}$，并将其中的 A_t 分成租赁给佃农，因此，$A = \bar{A} - A_t$ 为土地所有者由自己雇佣劳动而从事生产的土地量。再假设 $Q(BA,L)$ 为土地所有者第一季度的稻苗生产函数，$Q_t(BA_t,L_t)$ 为佃农第一季度稻苗生产函数。这里，B 为土地扩大型技术系数，L 为土地所有者雇佣的劳动，L_t 为佃农投入分成租赁土地上的劳动量。此时，土地所有者在第二季度末的收入可写为：

$$Y = [1 - \beta w_2] Q(BA,L) + r Q_t(BA_t,L_t) + iC - (1+i) w_1 L$$

这里，r 为土地所有者在产出中的分成比例，i 为利率，w_1 为第一季度给定的工资率，w_2 为第二季度由市场竞争所决定的工资率，β 为第二季度收获一单位稻苗所需要的劳动，C 为佃农从土地所有者那里借贷的消费量。因此，土地所有者的收入由三个方面的收入来源所构成，即租赁土地的分成收入、自己雇佣佃农劳动耕种的净收入和利息收入。

与此相类似，佃农在第二季度末的收入可以写为：

$$Y_t = (1 - r)Q_t(BA_t, L_t) + (1 + i)w_1\mu(1 - L_t) + w_2(1 - \beta Q_t) - iC$$

由于第一季度是农闲季节，因此，这里 μ 反映的是第一季度的佃农失业率。

使土地所有者收入达到最大化的一阶条件可得：

$$r\frac{q_t}{a_t}(a_t) - [1 - \beta w_2]q'(a) = 0 \quad (3.3.28)$$

$$[1 - \beta w_2][q(a) - q'(a)a] - (1 + i)w_1 = 0 \quad (3.3.29)$$

这里，q 和 q_t 分别为第一季度的平均劳动生产率，$a = \frac{BA}{L}$ 和 $a_t = \frac{BA_t}{L_t}$ 分别为第一季度的有效土地—劳动比。如果生产函数中每个要素的边际产出都是递减的，则式（3.3.28）和式（3.3.29）的雅可比行列式（the Jacobian determinant）$J > 0$。将式（3.3.28）和式（3.3.29）对 w_2 全微分，经整理可得：

$$\frac{\partial A}{\partial w_2} > 0 \text{ 和 } \frac{\partial L}{\partial w_2} > 0$$

这说明，随着在第二阶段中市场竞争工资的提高，土地所有者将增加在第一阶段中由自己雇佣劳动耕种的土地量，并雇佣更多劳动。

佃农使其收入达到最大化的一阶条件可得：

$$(1 + i)w_1\mu - (1 - r - \beta w_2)[q_t(a_t) - q_t'(a_t)a_t] = 0 \quad (3.3.30)$$

在第二阶段中，农忙季节所达到的充分就业要求劳动需求等于劳动供给。将佃农的劳动总量标准化为1，可得：

$$\beta Q(BA, L) = 1 - \beta Q_t(BA_t, L_t) \quad (3.3.31)$$

巴丹说明了存在唯一的均衡必须满足：

$$K = \frac{\partial(Q + Q_t)}{\partial w_2} = B\frac{\partial A_t}{\partial w_2}(q_t' - q') + (q - q'a)\frac{\partial L}{\partial w_2} + (q_t - q_t'a_t)\frac{\partial L_t}{\partial w_2} < 0$$

巴丹在论证了均衡存在的基础上进行了比较静态分析，以研究农业发展对分成租制的影响。式（3.3.28）和式（3.3.29）对 B 求导，通过简化可以得到当市场工资不变时：

$$\frac{\partial A_t}{\partial B} = -\frac{A_t}{B} \text{ 和 } \frac{\partial L}{\partial B} = \frac{\bar{A}}{a} \quad (3.3.32)$$

通过均衡条件，从式（3.3.31）和式（3.3.32）可以获得：

$$\frac{dw_2}{dB} = \frac{-1}{K}\left[\frac{q}{a}\bar{A} + 2\frac{A_t}{a_t}(q_t - q_t'a_t)\right] > 0$$

这说明土地扩大型技术进步将会提高第二阶段上的市场竞争工资。因此，通过计算可以得到当生产过程中要素的替代弹性较小时，存在：

$$\frac{dA_t}{dB} = \frac{\partial A_t}{\partial B} + \frac{\partial A_t}{\partial w_2}\frac{dw_2}{dB} > 0$$

这是因为土地扩大型的技术进步会对分成土地租赁产生两种相反的影响：一方面，技术进步增加了土地所有者通过雇佣佃农劳动来增加在自己耕种土地上的产出，进而减少了土地所有者租赁出去的土地；另一方面，技术进步提高了第二季度中的市场工资，从而又增加了土地所有者租赁出去的土地。当生产函数的要素替代弹性较小时，后一方面将占主导地位。因此，就总体而言，土地扩大型的技术进步增加了均衡时分成租赁的土地量。

与此相似，式（3.3.28）、式（3.3.29）和式（3.3.30）分别对β，i和μ全微分，计算可得：

$$\frac{\mathrm{d}A_t}{\mathrm{d}\beta} = \frac{\partial A_t}{\partial \beta} + \frac{\partial A_t}{\partial w_2}\frac{\mathrm{d}w_2}{\mathrm{d}\beta} = -\frac{\partial A_t}{\partial w_2}\frac{Q + Q_t}{\beta K} > 0 \tag{3.3.33}$$

$$\frac{\mathrm{d}A_t}{\mathrm{d}i} = \frac{\partial A_t}{\partial i} + \frac{\partial A_t}{\partial w_2}\frac{\mathrm{d}w_2}{\mathrm{d}i} < 0 \tag{3.3.34}$$

$$\frac{\mathrm{d}A_t}{\mathrm{d}\mu} < 0 \tag{3.3.35}$$

式（3.3.33）说明了在第二季度中，收获季节劳动系数的提高将对分成土地量产生影响，即在收获的生产过程中，劳动密集度的提高会增加土地所有者分成租赁的土地量。式（3.3.34）则说明了利息率提高对分成土地量的影响。一方面，当市场工资不变时，利息率的提高将激励土地所有者增加放贷，并将更多的土地租赁出去以减少第一季度中的就业；另一方面，利息率的提高却会降低第二季度的市场工资，进而促使土地所有者倾向于雇佣佃农劳动来自己耕种，而后一种效用占据了上风。式（3.3.35）说明失业率的上升将会导致均衡的分成租赁土地量增加。

为了对采用比较静态分析方法的理论预期进行检验，巴丹建立了如下的计量方程：

$$X_0 = \alpha_0 + \alpha_1 X_1 + \alpha_2 X_2 + \alpha_3 X_3 + \alpha_4 X_4 + \alpha_5 X_5$$

这里，X_0为分成租制土地占土地总量的比重；X_1为灌溉土地面积的比重，用以度量土地扩大型技术进步；X_2为劳动密集型农作物的耕种面积所占的比例，以反映劳动系数的变化；X_3为佃农借贷占家庭支出的比重，用以反映利息率的变化；X_4为反映土地所有者垄断状况的指标；X_5为农业家庭中的失业人数，用以反映失业率的变化。巴丹利用印度20世纪50年代跨地区之间的数据进行回归发现，$\alpha_1 > 0$，$\alpha_2 > 0$，$\alpha_3 < 0$，$\alpha_4 < 0$以及$\alpha_5 > 0$，且系数均显著。这些结论恰好验证了模型中采用比较静态分析方法所做的预期。

四、探讨分成租制的博弈思路

贝尔和平哈斯·朱斯曼（Clive Bell & Pinhas Zusman，1976）运用博弈和讨

价还价思路讨论了分成租制中分成比例的确定及其效率问题。在巴丹和巴丹和斯瑞尼瓦桑建立的模型中，分成比例是由马歇尔式市场供求关系中的竞争机制来决定的；而在张五常的模型中，分成比例则由土地所有者在保证佃农获得最低效用的基础上根据土地所有者自身效用最大化原则来确定的。这两种模型均假设佃农除了劳动外便没有其他的投入要素，而且农业生产仅仅只需要劳动和土地。然而，贝尔和朱斯曼通过对印度的实际观察发现，佃农除了劳动之外，还拥有少量自己的土地、资本与管理技能。这种情况与一无所有的农业工人有所不同。此外，在农业生产过程中，除了投入土地和劳动之外，往往还需要投入家畜和工具，等等。在发展中国家，这些财产的交易租赁市场并不完善，人们必须依靠自身拥有的家畜和工具进行生产。基于此，土地所有者更倾向于将土地分成租赁给拥有这些财产的佃农。由此可见，实际上，在订立分成租制合同时，由于劳动供给并不具有完全弹性，佃农便在分成比例的确定上有了讨价还价的筹码，因此，需要从博弈和讨价还价的角度来研究分成比例的确定及其效率问题。

为了集中于关注分成租制的博弈过程，贝尔和朱斯曼的模型并没有考虑风险不确定性因素。为了简化模型分析，佃农被假设不拥有自己的土地，但却拥有劳动、管理技能以及生产工具等要素。假设存在 1 个土地所有者和 $n < \infty$ 个佃农，土地所有者拥有 α 单位土地，但自己却不耕种；每个佃农都是相同的，并且均用于 1 单位劳动。劳动力市场达到完善的条件要求佃农闲暇的边际效用等于工资率，而且佃农使其收入和劳动投入成本之间的净差额达到最大化。模型中产出分成比例由土地所有者和佃农通过讨价还价来决定，而且佃农的生产函数为两阶连续可微的凸函数。考虑土地所有者在其他所有佃农均完成分成比例为 $\bar{r}$ 的合同基础上与单个佃农就分成比例 r 进行合同谈判，该佃农和土地所有者的收入将分别为：

$$Y^1 = (1 - r)F(h, l_1) - wl_1 + w$$

$$Y^2 = (n - 1)\ \bar{r}F[(\alpha - q)/(n - 1), l] + rF(h, l_1)$$

这里，l_1 为该佃农的劳动投入，且 $h \leqslant q$，$(\alpha - q)$ 为土地所有者租赁给其他佃农的土地。假设土地的边际产出为正并且土地被完全利用（即，$h = q$），那么，要使该佃农和其他所有佃农的收入达到最大化，就要求：

$$(1 - r)F_2(h, l_1) = (1 - \bar{r})F_2[(\alpha - h)/(n - 1), l] = w \quad (3.3.36)$$

如果土地所有者和该佃农没有达成合同，那么，土地所有者将会把 h 单位土地平分租给其他 $n-1$ 个佃农。此时，该佃农和土地所有者的收入分别为：

$$y^1 = w \text{ 和 } y^2 = (n - 1)\ \bar{r}F(\alpha/(n - 1), l')$$

这里，其他 $n-1$ 佃农的劳动投入将满足 $(1 - \bar{r})F_2(\alpha/(n - 1), l') = w$，此时的收入也反映了佃农和土地所有者各自在谈判中的地位。

为了分析该问题的纳什均衡，兹定义：

$$N = (Y^1 - y^1)(Y^2 - y^2)$$

按照博弈论原理，任何最大化 N 的 r 均为纳什均衡。但是，针对该问题，由于佃农必须获得最低效用，因此，纳什均衡同时受式（3.3.36）和 $Y^i - y^i > 0$ $(i = 1,2)$ 的约束。求解最大化 N 的一阶条件，可得：

$$\frac{\partial N}{\partial r} = -F(h,l_1)\{rF(h,l_1) + \bar{r}(n-1)[F(h,l) - F(\alpha/(n-1),l')]\}$$

$$+ [F(h,l_1) + rF_2\frac{\mathrm{d}l_1}{\mathrm{d}r}][(1-r)F(h,l_1) - wl_1] = 0 \qquad (3.3.37)$$

这里，根据式（3.3.36），$\frac{\mathrm{d}l_1}{\mathrm{d}r}|_{w,h} = \frac{F_2}{(1-r)F_{22}} \leqslant 0$。可以发现，任何满足式（3.3.37）的 r^0 都是 $\bar{r}$ 的函数，这是因为单个佃农的合同依赖于其他 $n-1$ 个佃农合同的谈判结果。由于佃农是完全相同的，因此，每个佃农分成合同的分成比例也是相同的，这要求 $r^0 = \bar{r}$，因此，从式（3.3.37）可以计算得到分成比例的纳什均衡为：

$$r^0 = \frac{1-\beta_2}{\{(n+1) - (n-1)\frac{F(')}{F(.)} - \beta_2[1 + \varepsilon_2(1-\beta_2)]\}} \qquad (3.3.38)$$

这里，β_2 为产出对劳动的点弹性，$F(.) = F(\frac{\alpha}{n},l)$ 为所有佃农都签了约时的生产函数，$F(') = F(\frac{\alpha}{n-1},l')$ 为有一个佃农不签约时其他佃农的生产函数，而且 $\varepsilon_2 = \frac{F_2}{l_1F_{22}}$。

式（3.3.38）说明均衡的分成比例取决于生产技术及相关的参数，因此，为了更加具体地阐述均衡分成比例的确定，贝尔和朱斯曼（1976）讨论了三种不同形式的生产技术。

如果生产函数满足要素之间替代弹性为零，即 $F = \min[h^{\nu},l^{\nu}]$，$0 < \nu \leqslant 1$，此时，佃农最大化产出要求 $l = h$，不失一般性令 $\alpha = n$ 并令 n 足够大。代入式（3.3.38）可得此式：

$$r^0 = \frac{1-w}{2-\nu}$$

该式可以理解为 $1-w$ 为签署分成合同的净收益，因此，分成比例为该收益取决于谈判能力在佃农和土地所有者之间的分布状况。

如果生产函数为柯布—道格拉斯型，即 $F = Ah^{\beta_1}l^{\beta_2}$，$0 < \beta_1 + \beta_2 \leqslant 1$，考虑到 $F(')$ 可以展开为 $F(.)$ 的泰勒展开式（Taylor series），式（3.3.38）经过运算可得：

$$r^0 = \frac{1 - \beta_2}{[2 - \beta_1/(1 - \beta_2)]}$$

通过计算该式，可以发现 $F_2 = w/(1 - r^0) > w$，这说明劳动投入的边际产出大于市场工资。在这种情况下，分成租制的劳动投入是无效率的。

如果生产函数满足土地和劳动可以完全替代，即 $F = (h + l)^\nu$，$\nu \leq 1$，此时，通过式（3.3.38）可以计算得到：

$$r^0 = \frac{(1 - \beta_2)(1 - \nu)}{(2 - \nu - \beta_2)}$$

对比前三个式子可以发现，随着土地对劳动替代弹性的增大，土地所有者分成比例将会增加。这是因为替代弹性的提高增加了土地所有者的谈判能力，因此，在分成比例的讨价还价过程中占据了更大的优势。

五、二元结构背景下的分成租制

针对张五常得出的有关分成租制合同、固定租金合同以及工资合同三种不同租赁形式下土地生产的效率和租金收入均相同的结论，迪帕克·玛祖姆达（Dipak Mazumdar，1975）提出了反驳。他指出，张五常并没有考虑农业国中二元劳动力市场的存在，而二元劳动力市场的存在会导致家庭劳动的供给曲线位于工资劳动供给曲线的下方，在这种情况下，土地分成租制将产生不同于张五常得出的结论。由于二元劳动市场的经济基础仍然存在争议，因此，玛祖姆达提出了有关在发展中国家二元劳动市场的存在具有重要性的几点理由：第一，在亚洲（包括埃及）的大部分国家农业中，对长期雇佣的工资劳动的使用远远少于对每天雇佣临时劳动的使用。在这种情况下，一个家庭劳动者除了能确保在自己农场中的雇佣劳动之外，并不一定能确保在特定的时间内能够获得临时劳动，这是因为他需要同其他家庭劳动者竞争。此时，对于同样数量的劳动，家庭劳动的供给价格 S_f 和工资劳动的供给价格 S_w 之间的关系将满足 $S_f = pS_w(p < 1)$。这里的 p 为家庭劳动比临时雇佣的概率。由于在农业生产中存在关联性，这种关联性不仅在农闲季节成立，而且在农忙季节也成立；尽管在农忙季节 p 将增大，但是，只要劳动力市场的存在是暂时性的，那么，p 将始终小于 1。由于不同农场具有分散性，生产波动具有随机性，对临时性劳动需求的一个特点是存在较高的工资以至于每天都有过度的劳动供给。第二，如果对劳动的需求在任何季节都能达到消除过度劳动供给的高点，那么，劳动力市场将由暂时需求导向转变为长期合同导向。当雇主坚持在农忙季节签署长期合同时，那么，家庭劳动便无法在家庭农场和工资劳动之间进行边际调整，此时，对长期合同的劳动需求将由无地农民来满足。尽管在长期合同下，无地农民的劳动供给曲线在任何季节都高于家庭农场的农民，但是，由于农业生产具有不确定性，雇主只有在对劳动需求得以明确时才

会签署长期合同，因此，无地农民相比于家庭农民将面临更大的劳动需求波动的风险。第三，在家庭农场中，由于每个家庭成员能分享总产出，因此，他获得的收入接近平均产出而不是边际产出。如果该农民旨在使整个家庭的福利最大化，那么，只要他的边际产出大于家庭农场内的边际供给价格，他将在家庭农场之外供给劳动，此时家庭农民和工资农民的劳动供给曲线是一样的。但如果该农民旨在使个人福利达到最大化，那么，除非他的收入至少能达到家庭农场的平均产出，或者家庭能补偿他平均产出和边际产出之间的差额，他才会在家庭农场之外供给劳动。如果该农民的边际产出在家庭农场之外高于家庭农场之内，那么，家庭是愿意对其进行补偿的。但由于家庭农场经常消费自己的产出，因此，这种补偿只发生在家庭农场和工资劳动工作地点较近的情况下，此时该农民的工资劳动供给曲线将位于家庭劳动供给曲线之上。第四，在通货膨胀经常发生的国家，由于通货膨胀预期和工资上调滞后于价格，工资农民对长期合同的工资会要求一个溢价。在这种情况下，由于存在大量的替代因素和互补因素，家庭劳动的供给曲线将会位于工资劳动供给曲线的下方。

玛祖姆达在对二元劳动市场加以说明的基础上，利用图 3.3.4 分析了二元劳动市场对张五常的结论的影响。先不考虑存在二元劳动市场的情况。在工资率为 *W* 的工资合同下，工人在生产函数和个人闲暇偏好函数的约束下使其效用最大化，他将投入 t^* 单位劳动到农业生产中（*SS* 为其供给曲线）。此时，工人获得由区域 *SBW* 衡量的剩余，而土地所有者获得区域 *DBW* 的剩余。在不同的固定租金制下，土地所有者将在确保工人获得同固定工资体系下相同的剩余并使其自身租金 *DBW* 最大化的基础上出租土地。而在分成租制安排下，佃农也必须至少能获得和其他体系下相同的剩余。张五常认为土地所有者能够控制劳动投入量和产出分成比例，可以发现，土地所有者的最优行为是控制劳动投入为 t^*，并调整分成比例为 r^*，以确保佃农获得同其他体系下相同的剩余。这是因为 t^* 单位的

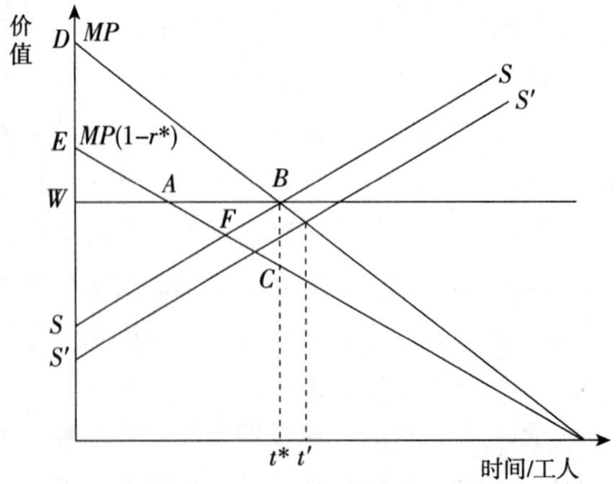

图 3.3.4　存在二元劳动市场背景下的分成租制

劳动投入将会产生最大的总效用 DBS。如果 r^* 分成比例使佃农获得相同的净效用，那么，就必须满足 AEW（收益）$=AFB+FBC$（损失）$=ABC$。

张五常的分析中隐含着两个前提假设：第一，土地所有者有能力促使分成租制农民投入特定的劳动到分成土地中；第二，家庭农民和工资农民的劳动供给曲线相同。当存在二元劳动市场时，家庭农民的劳动供给曲线 $S'S'$ 将位于工资农民劳动供给曲线 SS 的下方，在这种情况下，固定租金制度和分成租制将使土地所有者获得多于工资制的剩余。比如，在分成租制下，土地所有者使佃农劳动投入保持在 t^*，分成比例也固定在 r^*，尽管土地所有者的租金收入仍同工资制下一样，但分成租制农民的剩余将增加平行四边形 $S'B$ 部分。进而言之，土地所有者可以控制分成租制农民将劳动投入增加至 t'，并提高分成比例使其净效用同工资制下的一样，此时，土地所有者将获得高于 DBW 区域的收益。类似地，土地所有者通过选择出租土地量，固定租金制度也能达到同样的效果。但是，在现实生活中，发展中国家农业体系中大部分土地都是由土地所有者雇佣劳动进行耕种，并且大土地所有者使用较多的工资劳动而小土地所有者使用较多的家庭工人。因此，关键问题是，既然固定租金制度和分成租制能使土地所有者获得更多的收益，为什么大部分土地所有者却采用工资制呢？这个问题又可以进一步分解为两个问题：为什么相对于固定租金制而言，土地所有者更偏好于分成租制？假设中只有分成租制可供选择，那么，在怎样的条件之下，雇佣工资劳动进行耕种能获得多于分成租制的收益呢？

针对第一个问题，经验研究发现，分成租制更多地出现在小农户中，这是因为大农户拥有更多的财富，并能承担风险和不确定性带来的成本，而小农户更倾向于规避风险。可见，尽管固定租金制的生产效率更高，但小农户却因无法承担风险使得固定租金制得不偿失，因此，土地所有者将土地分成小块并按分成租制的形式租给小农户，以保证土地的生产率。于是，便出现了另一个问题：为什么土地所有者不承担风险？比如土地所有者可以通过在支付佃农一个最低保证工资的基础上实行较高的固定租金租赁制，因为土地所有者的风险承担能力高于佃农，这种制度能增加土地所有者的租金收入。但在现实社会中，由于农业产出不仅因季节不同存在很大差异，而且在不同农场也存在很大差异，因此，确定最低保证工资和固定租金需要支付很高的成本。事实上，分成租制不仅仅是风险分担的方法，而且是在环境不确定导致衡量固定租金存在困难情况下的潜在选择。尽管土地所有者能通过承担所有风险来获得更多的租金收入，但是，在管理和监督上，固定租金制度的成本可能会超过收益，因此，分成租制便成了一种替代选择。

针对第二个问题，玛祖姆达指出，按照古典经济学家和早期新古典经济学家们的判断，分成租制的劣势在于佃农的劳动投入不会达到边际供给价格等于劳动边际产出的最优点。尽管张五常意识到可以通过规定佃农的劳动投入来避免该问题，但这种做法却低估了监督劳动的成本；张五常也指出，可以凭借最终产出检测劳动投入，但由于农场之间存在较大差异使得这种做法也不可行。当然，土地所有者可以不规定分成佃农的劳动投入以避免高额的监督成本，即完全由佃农按照自己福利最大化原则确定劳动投入，玛祖姆达认为在这种情况下，相对于雇佣劳动，土地所有者仍然可在不使佃农受损的情况下通过分成租制来受益，但受益的可能性既取决于边际生产率曲线的弹性，也取决于家庭劳动供给曲线低于工资劳动供给曲线的程度。

针对第一个问题，考虑如果佃农接受了分成租赁土地制，则该佃农便不再能参与雇佣劳动市场制。此时，土地所有者需要确定出租给佃农的土地量以及分成比例，以便在保证佃农不少于作为工资劳动净效用的前提下使自己的租金收入达到最大化。在图 3.3.5 中，假设佃农作为工资劳动将供给 *WB* 单位的劳动，并获得 *WSB* 区域的剩余（*SS* 是其作为工资劳动的供给曲线），作为分成租制佃农，他的供给曲线将是位于下方的 *S′S′*。针对第二个问题，在其他条件相同的情况下，出租给单个佃农的土地越少，所获得的收益便越多，这是因为随着单个佃农耕种的土地量减少，劳动的边际产出下降但土地的边际产出将增加。土地所有者租给单个佃农的最少土地量将出现在 *S′S′* 曲线和 *EM* 的交点处，此时，佃农获得了 *S′QE* 的效用，而且与作为工资劳动的效用 *WBS* 相同。这就促使土地所有者把分成率提高到正值，此时，佃农的边际收益曲线因降到 *EM* 下方而导致其收益低于工资，因此，土地所有者必须增加出租给佃农的土地以使劳动的边际产出曲线增加到维持 *EM* 的程度。随着分成比例的进一步增加，土地所有者的土地出租量也必须相应增加。因此，土地所有者的租金收入将受到两种相反力量的影响：每单位土地的产出下降和分成比例的增加，土地所有者最大化的租金收入将出现在

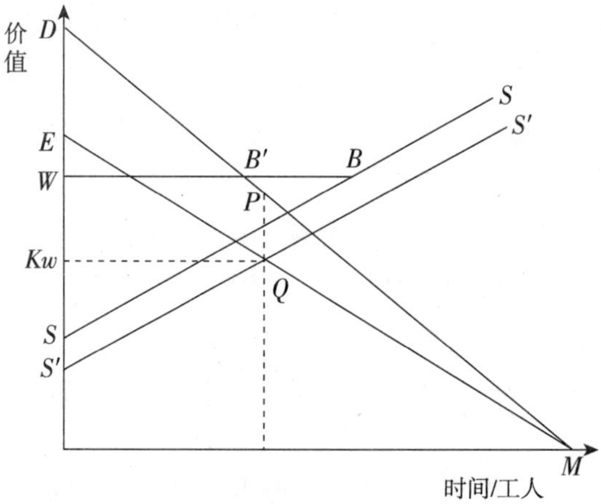

图 3.3.5　存在二元劳动市场背景下的分成租制

这两种力量相平衡时。假设该收益在图中正巧是边际产出曲线为 MD 时，此时，土地所有者最大化分成租制租金收入可能大于也可能小于采用雇佣工资劳动生产的情况；如果区域 $EQPD$（分成租制的收益）大于区域 $DB'W$（雇佣工资劳动的收益），则土地所有者将会从分成租制中收益；反之，土地所有者将在分成租制中受损。

再考虑劳动雇佣主要采取每天临时性合同的情况。在这种情况下，对分成租制佃农而言，他能够将劳动在租赁土地上和工资劳动之间进行调整。此时，分成租制佃农劳动的机会成本将等于 Kw（$K<1$）。这里的 w 为市场工资率，K 为决定家庭劳动供给价格和工资劳动供给价格差距的参数，它意味着在分成租赁土地上劳动的边际收益不能低于 Kw。给定这些条件，土地所有者无法在佃农边际收益小于 Kw 时租出土地。若在图 3.3.5 中，EM 曲线从 Q 的左边穿过，则土地所有者无法通过更低的劳动边际供给价格获得更高的单位土地生产率。这是因为佃农会将部分劳动作为工资劳动在租赁土地之外供给，而土地所有者需要增加大量的监督成本。在这种情况下，租赁给每个佃农的土地和分成比例必须调整以满足两个条件：第一，在分成租制下，佃农的净效用不能小于其作为工资劳动时的净效用；第二，佃农的边际供给价格不能低于 Kw。

六、分成租制合同与其他形式合同的比较

1. 巴丹对农业经济中不同租赁合同的比较分析

针对农业经济中经常共同存在分成租制和固定租金制度两种不同形式的土地租赁制度，巴丹（1977）通过模型分析了决定不同租赁形式的经济因素。他的模型中存在两种类型的佃农，一种是无地的分成租赁佃农；另一种是通过固定租金合同扩大耕种土地的有地农民。无地佃农在给定分成租比例下接受任何数量的租赁土地，拥有一定垄断权的土地所有者通过分成租赁合同决定出租给无地分成租赁佃农的土地数量；无地佃农并不参与该过程，但有地佃农拥有讨价还价的权利，并决定租入多少数量的土地。在劳动市场上，有地佃农雇佣劳动，无地佃农家庭则是工资劳动的净供给者。在农业生产中存在两个季度，第一季度为土地准备、播种和灌溉阶段，该阶段投入劳动和土地并生产稻苗；第二季度为收获阶段，该阶段投入第一阶段生产的稻苗和劳动生产谷物；第一季度还是农闲阶段，无地佃农作为工资劳动可能存在失业，故需要向土地所有者借贷进行消费；第二季度为农忙阶段，此时无地佃农实现充分就业。

令 $Q_f(A_f,L_f)$ 为有地佃农通过固定租金制租赁土地并在第一季度末生产的稻苗，L_f 为有地佃农第一季度雇佣的劳动，并将其工资标准化为 1；A_f 为有地佃农投

入的劳动，该佃农自身拥有$\bar{A}_f$单位的土地，因此，有地佃农以每单位R租金向土地所有者租赁$A_f-\bar{A}_f$单位的土地。在第二季度末，有地佃农用产出支付租金。假设一单位稻苗能生产一单位的谷物，那么，到了第二季度末，有地佃农的收入为：

$$Y_f=(1-bw)Q_f(A_f,L_f)-R(1+i)(A_f-\bar{A}_f)-(1+i)L_f$$

这里，i为利息率，w为第二季度收获阶段的工资，b为收获一单位稻苗需投入的劳动。

类似地，在第二季度末，无地的分成租赁佃农的收入可以写为：

$$Y_s=(1-r)Q_s(A_s,L_s)+(1+\rho)\mu(1-L_s)+(1-bQ_s)w-\rho C$$

这里，r为支付给土地所有者的分成比例，Q_s为稻苗和谷物的产量，A_s为土地所有者租赁给无地佃农的分成土地；L_s为无地佃农第一季度投入到自己农场中的劳动；将总劳动力标准化为1，则$1-L_s$为无地佃农第一季度作为工资劳动的劳动力，μ为第一阶段的就业率，$1-bQ_s$为第二季度无地佃农作为工资劳动的劳动量；C为第一季度的消费量，假设消费量超出工资收入的部分需要向土地所有者借贷，ρ为借贷利息率；由于信贷市场不完善，无地佃农的借贷利率ρ大于有地佃农的利息率i。

土地所有者的收入来源由三个方面所构成：从无地佃农那里获得的分成收入；从有地佃农处获得的固定租金收入以及贷给无地佃农家庭的利息收入。因此，如果土地所有者拥有数量$\bar{A}$的总土地量，那么，土地所有者在第二季度末的收入可以表示为：

$$Y_l=rQ_s(A_s,L_s)+R(1+i)(\bar{A}-A_s)+\rho(C-\mu(1-L_s))$$

为了简化分析，假设生产函数为柯布—道格拉斯型，即：

$$Q_i=B_iA_i^{\alpha}L_i^{\beta}$$

这里，$i=f$，s，B_i为固定值，并且$\alpha+\beta<1$。

考虑土地所有者通过控制租给无地佃农的分成土地量A_s来使其收入Y_l达到最大化的情况。尽管土地所有者不能直接影响无地佃农的单位劳动投入量l_s，但是，却能间接影响无地佃农的总劳动投入量$L_s=l_sA_s$，因此，土地所有者使其收入达到最大化的一阶条件可得：

$$r(\alpha+\beta)Q_s+\rho\mu L_s-R(1+i)A_s=0 \tag{3.3.39}$$

无地佃农通过控制l_s使其收入Y_s最大化；而有地佃农通过控制租入的固定租金土地量A_f和雇佣劳动量L_f使其收入Y_f最大化，因此，可得以下三个一阶条件：

$$(1-r-bw)\frac{Q_s}{L_s}\beta-\mu(1+\rho)=0 \tag{3.3.40}$$

$$(1 - bw)\alpha \frac{Q_f}{A_f} - R(1 + i) = 0 \tag{3.3.41}$$

$$(1 - bw)\beta \frac{Q_f}{A_f} - (1 + i) = 0 \tag{3.3.42}$$

在土地市场实现均衡要求土地所有者以固定租金方式出租的土地供给等于有地佃农的土地租入需求，即：

$$\bar{A} - A_s = A_f - \bar{A}_f$$

从式（3.3.39）、式（3.3.40）、式（3.3.41）和式（3.3.42）分别可以得到：

$$\frac{\partial A_s}{\partial R} = -\frac{(1-\beta)A_s}{(1-\alpha-\beta)R} < 0$$

$$\frac{\partial A_s}{\partial w} = -\frac{bA_s[\beta r(\alpha+\beta)Q_s + \rho\mu L_s]}{(1-r-bw)(1-\alpha-\beta)[r(\alpha+\beta)Q_s + \rho\mu L_s]} < 0$$

$$\frac{\partial A_f}{\partial R} = -\frac{(1+i)(1-\beta)A_f^2}{\alpha(1-\alpha-\beta)(1-bw)Q_f} < 0$$

$$\frac{\partial A_f}{\partial w} = -\frac{bA_f}{(1-\alpha-\beta)(1-bw)} < 0$$

上一个式子说明，在其他条件不变的情况下，每单位土地固定租金的增加以及第二季度工资的增长均会减少土地所有者出租给无地佃农的分成土地，或者增加土地所有者固定租金租赁的土地供给。下一个式子则说明，每单位土地固定租金的增加以及第二季度工资的增加均会减少有地佃农对租入土地的需求。此外，这两个式子意味着式（3.3.42）的瓦尔拉均衡（Walrasian equilibrium）满足 $K = -[\frac{\partial A_s}{\partial R} + \frac{\partial A_f}{\partial R}] > 0$。在此基础上，可得 $\frac{dR}{dw} = \frac{1}{K}[\frac{\partial A_s}{\partial w} + \frac{\partial A_f}{\partial w}] < 0$。因此，如果 $1 - \frac{r}{1-bw} > \beta(1 + \frac{\beta}{\alpha})$，那么，就会存在：

$$\frac{dA_s}{dw} = \frac{\partial A_s}{\partial w} + \frac{\partial A_s}{\partial R}\frac{dR}{dw} > 0$$

该式表明，在均衡状态下，第二季度工资率的提高将会增加分成租赁土地的比例。由于在式子中 b 一直以乘积的形式和 w 一道出现，因此，显然存在 $\frac{dA_s}{db} > 0$，说明收获时劳动密集度的提高会增加分成租赁土地的比例；反之，降低劳动密集度的劳动节约型技术进步将会减少分成租赁土地的比重。

类似地，式（3.3.39）、式（3.3.40）、式（3.3.41）和式（3.3.42）对 ρ 求全微分可得：

$$\frac{dA_s}{d\rho} = \frac{\partial A_s}{\partial \rho} + \frac{\partial A_s}{\partial R}\frac{dR}{d\rho} < 0$$

该式说明，借贷利率越高或信贷市场的不完善程度越高，将会减少分成租赁土地的比重。由于μ也是以乘积形式和ρ同时出现，因此，$\frac{dA_s}{d\mu}<0$。这说明在第一阶段无地佃农的失业率越高，分成租赁土地所占的比重就越高。

下面考虑一下技术进步B_i对不同形式土地租赁产生影响的情形。如果B_i对无地佃农和有地佃农是一样的，那么，从式（3.3.39）、式（3.3.40）、式（3.3.41）到式（3.3.42）可以得到$\frac{dA_s}{dB}=0$，即技术进步不会影响不同合同形式中土地租赁的比重。但是，如果技术进步是不均衡的，譬如存在有地佃农更容易得到灌溉而无地佃农得不到灌溉的情况，在极端情况下，如果技术进步发生在有地佃农的土地上，那么，从试（3.3.39）、式（3.3.40）、式（3.3.41）和式（3.3.42）可得$\frac{dA_s}{dB_f}<0$。这说明有地佃农的技术进步减少了分成租赁土地的比重。

2. 海勒根对不同租赁合同选择的分析

威廉·海拉根（William Hallagan，1978）将阿克洛夫的柠檬市场理论和A. 迈克尔·斯彭斯（Andrew Michael Spence，1974）[①] 有关劳动力市场信号甄别理论应用到农业部门企业家市场中，通过一个简单的模型，对拥有不同企业家才能的佃农通过自我选择导致多种土地租赁合同形式共存的状况展开了分析。在他的模型中，存在三种类型的佃农，他们均拥有一单位的劳动，但却拥有不同程度的企业家才能。假设第一类佃农没有企业家才能，第二类佃农拥有 0.5 单位的企业家才能，第三类佃农拥有 1 单位的企业家才能。土地所有者和佃农之间存在信息不对称，佃农能够观察到自己的企业家才能，但土地所有者却观察不到；然而，土地所有者能监督佃农的劳动投入，但是，却无法监督佃农的企业家才能的投入。

为简化起见，假设在土地投入量相同条件下具有不同企业家才能的佃农的生产函数为：

$$Q=100+F(E),Q_E>0,Q_{EE}<0$$

这里，E为佃农的企业家才能。佃农可以在三种不同土地租赁合同中选择。其一是工资合同，在这种合同中，佃农获得固定的工资收入W；其二是固定租金合同，在这种合同中，佃农向土地所有者支付固定的租金R，剩余部分全归佃农所有；其三是分成租制合同，在第三种合同中，佃农按照分成比例获得产出的r

① 参见 Spence，A. Michael，1974，*Market Signaling*，*Informational Transfer in Hirring and Related Process*，Cambridge MA：Harvard university Press。

部分。因此，在固定租金和分成租制合同下，佃农的收入可以分别表示为：

$$Y_R = 100 + F(E) - R$$

$$Y_S = r(100 + F(E))$$

当佃农的企业家才能是连续变量时，图 3.3.6. 描述了拥有不同企业家才能的佃农选择不同形式租赁合同时各自的收入状况。图中的 *WW* 表示来自工资合同的收入，*RR* 表示来自固定租金合同的收入，*SS* 表示来自分成租制合同的收入。从图中可以发现，企业家才能小于 E_1 的佃农将选择工资合同；企业家才能在 E_1 和 E_2 之间的佃农将选择分成租制合同；而企业家才能大于 E_2 的佃农将选择固定租金合同。

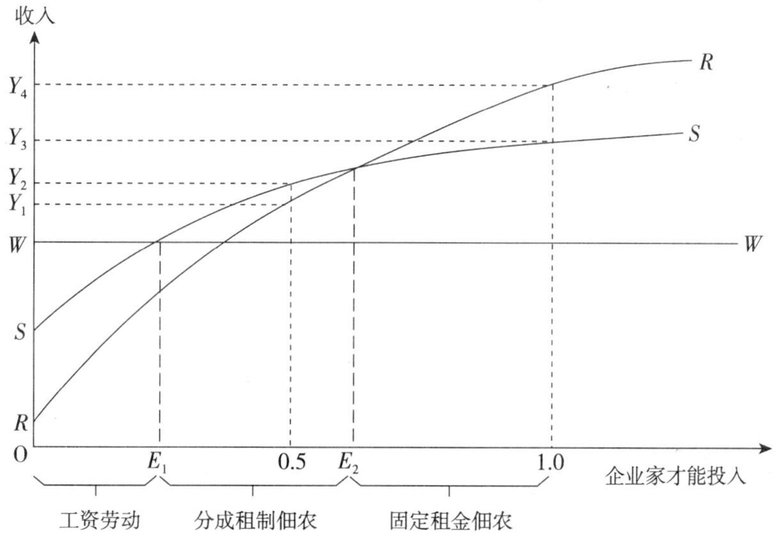

图 3.3.6　具有不同企业家才能的佃农的收入

具体而言，针对文中的模型，表 3.3.1 给出了三种不同类型佃农选择三种不同租赁合同时的收入情况。显然类型 1 的佃农选择工资合同，类型 2 的佃农选择分成租制合同，类型 3 的佃农选择固定租金合同。他的模型发现，拥有企业家才能越强的佃农获得的收入也越高。

表 3.3.1　不同类型佃农的收入情况

佃农类型	工资合同	分成租制合同	固定租金合同
类型 1（$E=0$）	W	S	R
类型 2（$E=0.5$）	W	Y_2	Y_1
类型 3（$E=1$）	W	Y_3	Y_4

类似的情况也出现在土地所有者当中。企业家才能较高的土地所有者将选择以工资合同形式雇佣企业家才能较低的佃农进行耕种；企业家才能居中的土地所有者将以分成租制合同形式将土地租给企业家才能居中的佃农；企业家才能较低的土地所有者将以固定租金合同形式将土地租赁给企业家才能较高的佃农。相类似的是，拥有企业家才能越强的土地所有者获得的收入也就越高。由于海勒根的简单模型不考虑分担风险的情况，因此，农业生产中可以有多种不同形式的土地租赁合同共存，而导致这一现象的原因在于具有不同企业家才能的土地所有者和佃农所进行的自我选择。

3. 阿伦关于能力甄别和不同租赁合同选择的分析

富兰克林·阿伦（Franklin Allen，1982）通过建立数学模型，规范地分析了海勒根关于佃农能力甄别和不同土地租赁合同相互关系的观点。阿伦的模型中存在两类生产率不同的佃农。第一类佃农的单位劳动生产率为 α_1 ；第二类佃农的单位劳动生产率为 α_2 ，而且 $\alpha_1 > \alpha_2$ ，因此，即使两类佃农的劳动投入量相同，但是，他们的有效劳动量却不同。不考虑风险和不确定因素，且土地仅由土地所有者供给，劳动仅由佃农供给，那么，第 i 类佃农的生产函数为：

$$Y = Y(K,\alpha_i L_i) = \varepsilon_i y(\frac{K}{\varepsilon_i}),i = 1,2$$

这里，K 为土地所有者的土地量，L 为佃农的劳动投入量，$\varepsilon_i = \alpha_i L_i$ 为第 i 类佃农的有效劳动。如果第 i 类佃农的工资为 w_i^h ，那么，他的劳动供给量将为 $L_i = L_i(w_i^h)$ 。

第 i 类佃农的效用函数为：

$$U(C_i,L_i),U_C > 0,U_L < 0$$

假设土地所有者同时提供工资合同和分成租制合同。首先考虑土地所有者能够观察到佃农的生产率水平的情况，在这种情况下，如果土地所有者提供工资合同，那么，土地所有者旨在使其收入达到最大化：

$$\max_{\varepsilon}:\varepsilon y(\frac{K}{\varepsilon}) - w^e\varepsilon$$

这里，w^e 为付给一单位有效劳动的工资，该最大化问题的一阶条件可得：

$$y(\frac{K}{\varepsilon}) - \frac{K}{\varepsilon}y'(\frac{K}{\varepsilon}) = w^e$$

上式表明，当达到均衡时，每单位有效劳动配置的土地量是相等的，生产率水平为 α_i 的佃农将获得单位工资 $w_i^h = \alpha_i w^e$ ，并且获得 $w_i^h L_i$ 的总收入水平。

如果土地所有者提供 (σ_i,L_i,K) 的分成租制合同（这里的 σ_i 为土地所有者的分成比例），那么，佃农的最优劳动投入将满足：

$$(1 - \sigma_i)\alpha_i L_i y(\frac{K}{\alpha_i L_i}) = w_i^h L_i,i = 1,2$$

将该式和 $w_i^h = \alpha_i w^e$ 比较可以发现 $\sigma_1 = \sigma_2 = \sigma$，而且工资合同和分成租制合同下的佃农和土地所有者的收入均相同。这恰好说明当佃农的生产率水平能被土地所有者观察到时，如果不考虑合同的执行成本的话，那么，土地所有者和佃农在工资合同和分成租制合同之间都是无差异的。

现在考虑佃农的生产率水平仅被自己观察到，而土地所有者只观察到佃农的劳动投入，却无法观察到佃农的生产率水平的情况。在这种情况下，土地所有者提供（σ, L_i, K）分成租制合同以及工资为 w_2^h 的工资合同，此时，第一类佃农将选择分成租制合同，而第二类佃农将选择工资合同。这是因为对第一类佃农而言，存在：

$$U((1-\sigma)\alpha_1 L_1 y(\frac{K}{\alpha_1 L_1}), L_1) = U(w_1^h L_1, L_1) > U(w_2^h L_2, L_2) \quad (3.3.43)$$

在式（3.3.43）中，不等号之所以成立是因为佃农偏好于更高的工资 $w_1^h > w_2^h$。此外，如果 α_2 远小于 α_1，并且劳动的负效应足够大，那么，对于第二类劳动将存在：

$$U(w_2^h L_2, L_2) > U((1-\sigma)\alpha_2 L_1 y(\frac{K}{\alpha_2 L_1}), L_1) \quad (3.3.44)$$

式（3.3.43）和式（3.3.44）共同表明，生产率水平不同的佃农将会选择不同形式的土地租赁合同，这就进一步地说明了不同形式土地租赁合同能起到能力甄别的作用，与此同时，也解释了多种不同形式租赁合同何以共存于农业部门的现象。

4. 阿伦对分成租制合同执行中违约行为的分析

纽贝里和斯蒂格利茨（1977）① 曾经指出分成租制具有四大特征：第一，分成租制往往和固定租金制、工资合同制以及其他形式土地租赁合同并存；第二，在现代发达国家，分成租制的比例趋于下降；第三，采用分成租赁合同的土地生产率往往（但并不总是）低于采用固定租金合同的土地生产率；第四，在很多国家，土地所有者和佃农之间的分成比例往往都集中在五五分成比例上。阿伦（1985）为了进一步解释分成租制的这四大特征，在他先前的模型（1982）基础上考虑了佃农违约的可能性及其后果。在现实社会中，佃农租赁土地所有者的土地时，并不直接支付地租，而是直到收获后才支付，因此，实际上佃农租赁土地所有者的土地可以理解为类似于贷款。由于在农业经济中并不存在用佃农储蓄和财富作为担保的可能性，因此，就存在佃农违约的可能性，即在收获后不支付地租，这一点构成了阿伦模型和其他分成租制模型的最大区别。在阿伦的模型中，

① Newbey, David M. G. & Joseph E. Stiglitz, 1977, "Risk Sharing, Sharecropping and Uncertain Labor Markets", *Review of Economic Studies*, vol. 44, Oct., pp. 580-594.

土地所有者可以通过工资合同雇佣佃农进行耕种，也可以将土地以固定租金或分成租制形式租赁给佃农，而佃农的产出取决于其能力，而且其能力只有在一次生产活动发生之后才能被同一地区的所有土地所有者所观察到。租赁土地的佃农可以在收获后搬到其他地区而不支付土地所有者租金，并且假设土地所有者无法阻止佃农搬走。在佃农搬到其他地区之后，由于其他地区的土地所有者并不知道该佃农的能力信息，因此，也只能在他从事一次生产活动之后重新对该佃农的能力进行评估，这就构成了因高能力的佃农违约所引起的间接成本。

设产出取决于所投入的土地和佃农的能力，因此，生产函数为：

$$Y = Ay(K); y' > 0; y'' < 0$$

这里，A 为佃农的能力，并且假设能力下限为 0，上限为 A_u；K 为投入生产的土地量。时间被划分为多个离散的生产期，在每一生产期的初期，佃农和土地所有者确定合同并投入生产；在生产期末，佃农可以选择支付土地所有者租金或者违约搬到其他地区，但是，这样做会导致他的能力被重新评估。因此，佃农的效用函数可以写为：

$$U = \sum_{t=1}^{\infty} \delta^{t-1} C_t$$

这里，C_t 为 t 时期佃农的消费量，$\delta < 1$ 为贴现率。

在同一个地区，合同的运行过程可以分为两个阶段。第一个阶段可以被认为是甄别阶段，在该阶段上，佃农的能力不能被观察到，此时，假设租金和土地量分别为 $\phi_s(A)$ 和 $K_s(A)$，由于佃农知道自己的能力，因此，可以自我选择不同的合同形式；在第二个阶段以及以后阶段上，佃农的能力被该地区的所有土地所有者观察到；假设此时的租金支付和土地量分别为 $\phi(A)$ 和 $K(A)$。考虑一下第一阶段佃农的最优化问题。假设竞争性均衡将足以保证以下的帕累托最优合同能够向那些能力尚未被观察到的佃农提供：

$$\max_{\phi_s(A), K_s(A)} Ay[K_s(A)] - \phi_s(A)$$

并受到以下诸条件的约束：$\phi_s(A) \geqslant rK_s(A)$ (3.3.45)

$$A_0 y[K_s(A_0)] - \phi_s(A_0) + \frac{\delta}{1-\delta}\{A_0 y[K(A_0)] - \phi(A_0)\} \geqslant \frac{w}{1-\delta} \tag{3.3.46}$$

$$A_0 y(K_0) = w \tag{3.3.47}$$

$$K_s(A) \leqslant K_0(A_0) \tag{3.3.48}$$

$$Ay[K_s(A)] - \phi_s(A) = \max_{\hat{A}} Ay[K_s(\hat{A})] - \phi_s(\hat{A}), \hat{A} \geqslant A_0 \tag{3.3.49}$$

$$\phi_s(A) \leqslant \delta(Ay[K(A)] - \phi(A) - \{Ay[K_s(A)] - \phi_s(A)\}) \tag{3.3.50}$$

$$K_s(A) \geqslant 0 \tag{3.3.51}$$

这里，$K(A)$，$\phi(A)$ 以及对于 $\hat{A} \neq A$ 的 $K_s(\hat{A})$ 和 $\phi_s(\hat{A})$ 均为给定。

均衡要求不存在同时使佃农和土地所有者境况变好的合同安排。约束条件（3.3.45）要求土地所有者获得的收入至少能覆盖土地的机会成本。条件（3.3.46）中的等号意味着能力为 A_0 的佃农在租赁土地合同和工资合同之间均无差异，而能力为 $A < A_0$ 的佃农签署工资合同对其更有利；能力为 $A \geqslant A_0$ 的佃农签署租赁合同对其更有利。条件（3.3.47）中 $K_0(A_0)$ 是能力为 A_0 的佃农恰好覆盖其违约的机会成本所需的土地投入量，如果土地所有者提供土地量 $K_s(A) > K_0(A_0)$，则土地所有者不仅能够吸引能力大于 A_0 并刚从其他地区转来的佃农，而且还能吸引能力小于 A_0 的佃农。由于这些佃农能从工资合同获得更大的收入，故他们可能将会在收获后违约；而条件（3.3.48）正是为了防止这类情况的发生。由于佃农能观察到自己的能力，故在合同甄别阶段，他们能够自我选择适合其特定能力的最优合同，而不是选择适合其他能力的最优合同，式（3.3.49）保证该约束条件能成立。式（3.3.50）保证合同能被执行，即保证佃农能从支付给土地所有者的地租中获得更多收益，该式左边表示违约的收益，右边表示违约的成本，即佃农搬到其他地区后能力被重新评估的损失。式（3.3.51）表明土地所有者出租给佃农的土地量不能为负。

当佃农的能力被同一地区的土地所有者共同观察到时，佃农面对的合同将满足：

$$\max_{\phi(A),K(A)} Ay[K(A)] - \phi(A)$$

其约束条件为：

$$\phi(A) \geqslant rK(A)\ ,\ K(A) \geqslant 0 \qquad (3.3.52)$$

$$\phi(A) \leqslant \delta(Ay[K(A)] - \phi(A) - \{Ay[K_s(A)] - \phi_s(A)\}) \qquad (3.3.53)$$

这里，$K_s(A)$ 和 $\phi_s(A)$ 为给定。这里的式（3.3.52）和式（3.3.53）式类似于式（3.3.45）、式（3.3.46）、式（3.3.47）、式（3.3.48）、式（3.3.49）、式（3.3.50）和式（3.3.51），区别仅仅在于，由于此时佃农的能力能被所有土地所有者观察到，因此，不需要约束条件式（3.3.45）、式（3.3.46）和式（3.3.47）。

阿伦在这两个最大化问题的约束下证明了在能力甄别阶段时，对于所有能力 $A < A_0$ 的佃农而言，工资合同是最优的，而且工资 w 在所有阶段上都能赚到；对于所有能力 $A \geqslant A_0$ 的佃农而言，租赁合同优于工资合同；此外，在对佃农的能力甄别阶段，对于所有 $A \geqslant A_0$ 的佃农而言，存在着 $\phi_s(A) \geqslant rK_0(A_0)$ 和 $K_s(A) = K_0(A_0)$。在佃农能力被识别之后的其他阶段，对于能力满足 $A_0 \leqslant A \leqslant A_1$ 以及其他 $A_i \leqslant A \leqslant A_{i+1}$ 的佃农而言，如果存在 $f(A,A_0) > 0$，那么，分成租制合同是最优的；如果存在 A_2 使得 $A_1 \leqslant A \leqslant A_2$ 以及其他 $A_i \leqslant A \leqslant A_{i+1}$，当存在 $f(A,A_0) \leqslant 0$ 时，固定租金合同便是最优的。这里，$f(A,A_0)$ 是约束（3.3.52）是否收紧的条件，$f(A,A_0) > 0$ 意味着约束是收紧的。该定理表明，三种类型的合同都有可能是最优的，但能否达到最优取决于不同的佃农的能力以及约束是否收紧：对于高能力的佃农而言，如果约束条件（3.3.52）没有收紧，那么，标准的固定租金合同是最优的；如果约束条件是收紧的，那么，分成租制合同是最优的；对于低能力佃农而言，工资合同始终是最优的。

阿伦利用他的观察结果来解释纽贝里和斯蒂格利茨提到的分成租制的四个特征。第一，定理表明，在佃农能力存在差异和在一定的约束条件下，各种合同形式都可以成为最优选择，这正好说明分成租制可以在几个世纪内流行并且同固定租金合同及工资合同共存。第二，观察结果是，分成租赁制在现代发达经济中趋于衰落，这是因为分成租制存在的一个关键前提是农业经济中不存在把储蓄和财富用作贷款抵押的机制，如果存在这种机制，那么，这种分成租制合同不再有存在的必要。因此，在那些需要对分成租赁进行观察的经济体中，分成租赁要么不存在，要么以仅仅以某种原始形式而存在。第三。阿伦通过数字模拟发现，采用固定租金制土地上的生产率通常（但并不总是）高于采用分成租制土地上的生产率，这一观察结果与模型并不矛盾。第四，阿伦通过模型计算发现采用分成租制的佃农，其分成比例将等于$\delta/(1+\delta)$，即分成比例取决于效用贴现率，如果贴现率接近于1，那么，分成比例便接近于五五分成。

阿伦从研究中得出了如下结论：第一，有众多例证表明，货币信贷中的违约行为是发展中国家乡村地区的一个主要难题，这表明在这样的背景中合同难以得到履行。第二，同合同能被执行的理想世界相比，分成租制合同不受欢迎，因为依据此合同执行的土地的边际成本不等于其机会成本。然而，在不存在合同履行机制的环境中，采用分成租制合同会是最优的。第三，由此引发的政策导向是，应当设计和建立一系列制度使得合同能够以低成本得以执行，以便使有效率的固定租金合同能在所有佃农中使用。

七、不确定性背景下的分成租制

1. 里德关于农业不确定性和分成租制的分析

约瑟夫·D. 里德（Joseph D. Reid，1976）从竞争性均衡的角度分析了当不存在不确定性与当存在不确定性两种情况下的分成租制的效率问题。他首先分析了不考虑不确定性的情况。针对古典经济学家和早期新古典经济学家认为分成租制将导致激励不足和无效率的论断，里德指出这是因为古典经济学家和早期新古典经济学家学仅仅从参与分成租制的一方（土地所有者或佃农）来考虑所得出的结论，一旦从竞争性市场角度出发，便可以得到分成租制是帕累托有效的结论。竞争性市场应该满足三个基本假设条件：第一，每个要素所有者通过投入要素使其收入最大化；第二，每个要素所有者都可以与其他任何要素所有者自由达成生产合同，即要素可自由流动；第三，合同能够得到执行。这三个条件意味着分成租制的分成率以及劳动—投入比不是由土地所有者或佃农单方面决定的，而是由市场竞争决定。

在里德的模型中，假设佃农共有 N 单位劳动量，他可以同时选择工资合同、固定租金合同以及分成租制合同进行生产。假设单位土地的产出为 $Q_i/T_i = F(N_i, T_i)/T_i = f(n_i)$，这里，$n_i = N_i/T_i$ 为劳动—土地比，Q_i 为总产出，N_i 和 T_i 分别为投入生产中的劳动和土地量，$i = w, r, s$ 分别表示工资合同、固定租金合同和分成租制合同。将产出价格标准化为 1，则佃农的收入可以表示为：

$$N_w W + T_r[f(n_r) - R] + T_s[bf(n_s)]$$

受约束于：$N - N_w - T_r n_r - T_s n_s = 0$

这里，W 为工资水平，R 为单位土地租金，b 为佃农的产出分成比例。约束条件意味着佃农将所有劳动在不同生产合同中进行分配。佃农能决定投入工资合同中的劳动量 N_w，即投入固定租金合同土地上的劳动—土地比 n_r，按照固定租金租赁的土地量 T_r，以及按照分成租制合同租赁的土地量 T_s，因此，佃农使其收入达到最大化的一阶条件满足：

$$f'(n_r) - W = 0 \quad (3.3.54)$$

$$f(n_r) - R - Wn_r = 0 \quad (3.3.55)$$

$$bf(n_s) - Wn_s = 0 \quad (3.3.56)$$

假设土地所有者拥有的土地总量为 T，他也可以同时选择三种不同形式的合同，因此，土地所有者的收入可以写为：

$$T_s[(1 - b)f(n_s)] + T_r R + T_c[f(n_c) - Wn_c]$$

受约束于：$T - T_s - T_r - T_c = 0$

这里，下标 c, r, s 分别表示工资合同、固定租金合同和分成租制合同。约束条件意味着土地所有者将所有土地在三种不同形式的合同中进行配置。土地所有者能够同时控制投入到不同合同中的土地量 T_c，T_r 和 T_s，以及自己耕种土地上的劳动—土地比 n_c。因此，土地所有者使其收入达到最大化的一阶条件满足：

$$(1 - b)f(n_s) - R = 0 \quad (3.3.57)$$

$$f(n_c) - Wn_c - R = 0 \quad (3.3.58)$$

$$f'(n_c) - W = 0 \quad (3.3.59)$$

在上述条件下，佃农对固定租金土地和分成租制土地需求的方程以及土地所有者对相应土地的供给方程能决定单位土地上的租金 R 和分成比例 b；类似地，土地所有者的劳动需求等式和佃农的劳动供给等式能决定工资水平 W 和分成租制的劳动—土地比 n_s。式（3.3.54）和式（3.3.59）表明土地所有者租出土地的劳动边际生产率等于工资水平 W；式（3.3.55）和式（3.3.58）表明土地的边际生产率等于单位土地租金 R；式（3.3.56）和式（3.3.57）则能决定分成租制中的 b 和 n_s。这些条件以及三种合同共存均表明，分成租制是帕累托有效率的。

在现实社会中，农业生产面临着多方面的风险，天气变化和农产品的价格波动都会对农业收入产生影响。因此，土地所有者和佃农不仅关心农业收入，同时也要关心自身所面临的收入不确定性。在这种情况下，工资合同将由土地所有者承担所有风险，固定租金合同将由佃农承担所有风险，而分成租制合同则由土地所有者和佃农共同承担风险。在不确定的条件下，生产函数被改写为 $Q_i = PF(N_i, T_i) = PT_i f(n_i)$。这里，$P$ 为反映农业生产收入不可预期的随机波动因素，而且 P 服从均值为 1，标准差为 v 的整体分布。此时，效用函数同时取决于收入和所承担的风险，而且效用水平随着收入的增加而增加，随着所承担的风险增加而减少。佃农的效用函数可以表述为 $U^T = U^T(I_T, V_T)$，这里：

$$I_T = N_w W + T_r[f(n_r) - R] + T_s[bf(n_s)]$$

$$V_T = [T_r f(n_r) + T_s bf(n_s)]v$$

同不考虑不确定性的情况相似，佃农通过决定 N_w，T_r，n_r 和 T_s 使其效用达到最大化，经过计算可得：

$$f(n_r)S_T - R - W = 0 \tag{3.3.60}$$

$$f'(n_r)S_T - W = 0 \tag{3.3.61}$$

$$bf(n_s)S_T - Wn_s = 0 \tag{3.3.62}$$

这里，$S_T = 1 + U_{V_T}v/U_{I_T}$，并且 $1 - S_T$ 等于佃农的风险溢价比例。

对于土地所有者而言，效用函数为 $U^L = U^L(I_L, V_L)$，这里：

$$I_L = T_s[(1-b)f(n_s)] + T_r R + T_c[f(n_c) - Wn_c]$$

$$V_L = [T_c f(n_c) + T_s(1-b)f(n_s)]v$$

土地所有者通过决定 T_r，T_c，T_s 和 n_c 使其效用达到最大化，通过计算可得一阶条件满足：

$$(1-b)f(n_s)S_L - R = 0 \tag{3.3.63}$$

$$f(n_c)S_L - R - Wn_c = 0 \tag{3.3.64}$$

$$f'(n_c)S_L - W = 0 \tag{3.3.65}$$

这里，$S_L = 1 + U_{V_L}v/U_{I_L}$，并且同样 $1 - S_L$ 为土地所有者的风险溢价比例。

与不考虑不确定性的情况一样，佃农对固定租金合同和分成租制合同中的土地需求以及土地所有者对相应合同的土地供给共同决定了均衡。如果佃农的风险溢价比例 $1 - S_T$ 大于土地所有者的风险溢价比例 $1 - S_L$，那么，$S_T < S_L$ 并且 $W/S_T > W/S_L$。对比佃农最优条件式（3.3.60）和土地所有者最优条件式（3.3.65）可以发现，土地所有者雇佣劳动耕种土地上的劳动—土地比大于租赁土地上的劳动—土地比。这意味着土地所有者雇佣劳动耕种的土地上的边际产出大于租赁土地上的边际产出。因此，佃农对租赁土地的需求没有土地所有者自己对土地的需求来得强烈，因而将不存在租赁。进而言之，结合式（3.3.61）、式（3.3.63）和式（3.3.64）可以得到：

$$f(n_s)-f(n_c)=f'(n_c)(n_s-n_c)+Wn_s/(S_L S_T(S_L-S_T))$$

但是，该等式在$f(n_i)$是凸的，且$S_T<S_L$时不成立。因此，如果佃农的风险溢价比例大于土地所有者的风险溢价比例时，分成租制不成立，而所有土地都将由土地所有者通过雇佣劳动进行耕种。类似的情况也出现在土地所有者的风险溢价比例大于佃农的风险溢价比例时，此时，所有的土地将由佃农通过固定租金合同进行耕种，这时同样不存在分成租制。这些分析表明，在生产过程中，当一类生产要素所有者的风险承担能力大于另一类生产要素所有者时，不确定性的引入将导致风险程度能力强的一方承担所有风险，由此导致分成租制不存在；而工资合同、固定租金合同和分成租制合同三种合同共存的情况仅仅出现在佃农和土地所有者的风险承担能力相同时，此时，将不存在因分成租制所引起的低效率。

3. 纽贝里对不确定劳动市场条件下分成租制的分析

纽贝里（1977）指出，仅仅是产出的不确定性并不能充分解释分成租制存在的理由，这是因为如果合同的执行无需耗费成本的话，竞争性工资合同和固定租金合同就足以产生帕累托有效率的资源配置，在这种情况下，若引入竞争性分成租制合同并不会对收入水平和收入分配产生影响。但是，当劳动市场存在风险和不确定性时，分成租制便具有额外的分担风险的优势。实际上，当产出具有带来风险的可能性时，固定租金合同和风险工资合同都不足以达到生产中的有效率，只有引入分成租制才能产生帕累托有效率的生产。

在纽贝里的模型中，由于农业生产存在不确定性，生产函数可以写为：

$$Q(s)=F(L,T,s)=Tf(x,s),x\equiv L/T$$

这里，L和T分别为投入生产中的土地和劳动量，$s=1,2,\cdots,S$为反映不确定状态的变量。所有的佃农都能进入相同的生产可能性边界，并且在各种不确定状态下都能获得同样的收获模式。假设代理人i拥有$\bar{T}_i$单位土地和$\bar{L}_i$单位劳动，而且效用水平取决于消费和闲暇，因此，效用函数为$U_i(C,\bar{L}-L)$。假设该效用函数具有连续递增和严格凸的特征，并对所有的s均满足$\lim\limits_{C(s)\to 0}U(C,\bar{L}-L)=-\infty$和$\lim\limits_{L\to\bar{L}}U(C,\bar{L}-L)=-\infty$。这两个条件保证了消费的非负性以及不存在破产的可能性。在这种情况下，如果只存在工资合同和固定租金合同，那么，代理人将在如下约束条件下使其效用函数最大化：

$$C_i\leqslant(WL_i+R\bar{T}_i)u+T_i[f(x_i)-(Wx_i+R)u]$$

$$\sum_i T_i \leqslant \sum_i \overline{T}_i, \sum_i T_i x_i \leqslant \sum_i L_i$$

这里，C_i 和 $f(x_i)$ 为向量，W 为工资合同中的工资水平，R 为固定租金合同中单位土地的租金额，u 为元素为 1 的 S 维向量。纽贝里证明了，在这些条件下，将存在工资合同和固定租金合同均衡，而且在均衡状态上能实现生产中的帕累托最优。此时，引入分成租制合同后的均衡结果将与仅仅存在工资合同和固定租金合同的均衡结果一样。进而言之，如果风险具有倍增性（multiplicative），即 $f(x,s) = \theta(s)f(x)$，那么，纽贝里证明了在均衡状况下，三种租赁合同的要素边际产出是相同的。这些分析均表明，仅仅存在产出不确定性不足以解释分成租制盛行的原因。

但是，劳动市场存在不确定性时的情况会有所不同。此时，如果仅仅存在工资合同和固定租金合同，而且工资水平为 $W\varphi(s)$ 并随着状态 s 变化而变化，此时，代理人的约束条件将改变为：

$$C(s) = \varphi(s)WL + R\overline{T} + T(\theta(s)f(x) - \varphi(s)Wx - R)$$

此外，在此约束条件下，佃农最大化效用函数的一阶条件要求满足 $f'EU'_i\theta = WEU'_i\varphi$。这表明，生产中的有效率要求对所有的代理人 i 而言，$EU'_i\varphi/EU'_i$ 均相等，但是，除非所有佃农拥有相同的偏好、信仰及要素禀赋等，否则，该等式不可能成立。这说明，当工资存在不确定性时，仅仅存在工资合同和固定租金合同并不能保证生产中的帕累托最优。纽贝里证明了在这种情况下，如果风险具有倍增性，那么，包含分成租制合同的竞争性均衡将能够保证生产中的帕累托最优。当固定租金合同存在风险不确定时，也可以推出类似的结论。此时，仅仅存在工资合同和固定租金合同的均衡同样不能产生帕累托有效率的生产，在这种情况下，只有引入分成租制合同，才能实现帕累托最优。

4. 大塚启二郎和村上直树对不确定性背景下分成租制的效率分析

为了使不确定背景下分成租制的效率问题能够被资源配置数据所检验，日本学者大塚启二郎和村上直树（Keijiro Otsuka & Naoki Murakami，1987）对斯蒂格利茨的模型做了进一步扩展，使得在模型中能够假设土地所有者自己也耕种部分土地。土地所有者自己耕作的现象在分成租制较为盛行的农业社会中比较符合现实，而且该假设可以使比较不同租赁合同制下的资源配置效率和收入分配变得更为容易。他们二人证明了，除非生产投入之间的替代弹性全为 1，否则分成租制合同在资源配置效率上就会同其他合同显现出差异来。

在他们模型中，土地所有者和佃农都是同质的，而且生产过程中面临着不确定性，土地所有者和佃农均力图使其效用水平最大化。当土地所有者能够无成本地监督佃农的劳动投入时，亦即合同是可执行时，土地所有者将在确保佃农最低效用的基础上通过确立合同形式和佃农投入的劳动量以实现自身效用的最大化；当监督成本非常高时，亦即合同变得不可执行时，土地所有者必须考虑用不同合同形式来激励佃农时佃农所作出的反应。由此，佃农和土地所有者的生产函数分别写为：

$$Q = \theta F(L,X,T)$$
$$q = \theta f(l,x,t)$$

这里，大写字母表示佃农，小写字母表示土地所有者；L，X，T 分别为投入生产中的劳动、肥料和土地；θ 为反映不确定的随机干扰项，并且均值为1；生产函数满足 $F_i > 0$ 和 $F_{ii} < 0$，$i=1$，2，3。肥料投入全部由土地所有者提供，因此，佃农和土地所有者的收入分别为：

$$Y = \alpha Q + \beta$$
$$y = (q - px) + N[(1 - \alpha)Q - \beta - pX]$$

这里，$0 \leqslant \alpha \leqslant 1$ 为佃农的分成比例；β 为固定量，$\beta < 0$ 为固定租金合同；$\beta > 0$ 则为工资合同；N 为土地所有者将土地租给佃农的户数，并且 $t = \bar{T} - TN$，$\bar{T}$ 为土地所有者的土地总量，T 为每户佃农租赁的土地量。效用函数随着收入的增加而递增，但随着劳动投入的递增而递减，即佃农的预期效用函数和土地所有者的预期效用函数分别写为 $EU(Y,L) = \bar{V}$ 和 $Eu(y,l)$，并且 $U_1 > 0, U_2 < 0$，$U_{11} < 0, U_{22} < 0, U_{12} < 0$。

首先考虑一下合同可执行的情况。此时，土地所有者可以不耗费成本地控制佃农的劳动投入。土地所有者的最大化问题是在确保佃农预期效用水平的前提下使其自身效用达到最大化，即：

$$\max_{\{\alpha,\beta,L,X,N,l,x\}} Eu(y,l) = \tilde{u}$$

该最大化问题对土地投入量求导的一阶条件以及佃农预期效用对劳动投入求全微分可得 $f_3 - F_3 = 0$。这说明，无论是土地所有者自己耕种还是雇佣佃农耕种，土地投入的预期边际产出是相等的。与此相类似的是，最大化问题对肥料投入的一阶导数和佃农预期效用对肥料投入求全微分可得 $f_2 - F_2 = 0$，即肥料投入的边际产出无论在土地所有者耕种还是佃农耕种的情况下均相等。这两种情况均表明，当佃农的劳动投入可以被监督时，体现在所有租赁合同形式的资源配置效率是相同的，也就是说，分成租制合同的效率和其他合同形式是一样的。

再考虑佃农劳动投入不能直接被监督的情况。当合同不可执行时，佃农的行为将存在道德风险问题。佃农选择劳动投入使其效用最大化，故佃农和土地所有者的最大化问题可以描述为：

$$\max_{\{L\}} EU(Y,L) = \bar{V}$$

$$\max_{\{\alpha,\beta,X,N,l,x\}} Eu(y,l) = u^*$$

这两个最大化问题对土地投入的一阶条件可得：

$$f_3 - F_3 = -\alpha(1-\alpha)\frac{F_1F}{T}(\frac{\partial S_3}{\partial L})(\frac{EU_1\theta}{EU_{LL}})$$

这里，$S_3 = \frac{TF_3}{F}$ 为土地投入的预期产出弹性，由于 $U_{LL} < 0$，因此，f_3 和 F_3 之间的相对大小取决于 $\frac{\partial S_3}{\partial L}$ 的符号。大塚启二郎和村上直树证明了，只有当所有投入的直接替代弹性均为1时，$\frac{\partial S_3}{\partial L}$ 才能等于0，即 $f_3 = F_3$。同样，两个最大化问题对肥料投入求导的一阶条件可得：

$$f_2 - F_2 = -\alpha(1-\alpha)\frac{F_1F}{X}(\frac{\partial S_2}{\partial L})(\frac{EU_1\theta}{EU_{LL}})$$

这里，$S_2 = \frac{TF_2}{F}$ 为肥料投入的预期产出弹性。与此相类似的是，大塚启二郎和村上直树证明了，只有当所有投入的直接替代弹性均为1时，$\frac{\partial S_2}{\partial L}$ 才能等于0，即 $f_2 = F_2$。这两项说明了，在合同不可执行的情况下，不同形式租赁合同的效率是不同的，即分成租制合同的效率和其他形式租赁合同是不同的，除非生产函数中所有投入的直接替代弹性均为1。

第四节　发展中国家市场不完善背景下的要素联结

要素联结是部分发展中国家（尤其是南亚与东南亚国家）农村地区广泛流行的一种制度安排。众所周知，在市场不完全和市场运行机制不完善的发展中国家，一些市场（尤其是要素市场）或者是缺失的，或者是因为某个单个的市场不存在而导致整体市场无法运行。在这样环境中，为了解决市场不完善所带来的问题，在部分发展中国家中出现了一些制度安排，例如：在农业生产领域，委托人与代理人双方经过博弈和协商签署相关的正式的或隐含的合同，使得原先在市场缺失条件下分散的和孤立的要素联结在一起并投入生产过程。要素联结合同就是部分发展中国家中旨在提高农业部门生产与分配效率的诸多制度安排中的一种安排。新一代发展经济学家们通过对要素联结的研究发现，它与分成租制合同一样对于提高农业生产效率和改进收入分配具有重要意义。这一点诚如巴丹所言，如果对要素市场联结特别是土地、劳动和信贷等要素的联结缺乏足够的了解，农业发展的很多关键问题便不能得到解释。①

本节分为两个部分。第一部分主要介绍新一代发展经济学家对要素联结与市场效率相互关系的一般分析，具体内容包括要素联结的成因，潜在风险、分离与要素联结，不确定性、道德风险与租赁联结，时间偏好率、逆向选择与要素联结，有限负债与要素联结以及要素联结与合谋。第二部分主要陈述有关分成租制中的要素联结的研究文献，具体包括分成租制背景下土地所有者的控制工具及其对福利和产出的效果，信息不完善与分成租制中的要素联结方式的选择以及异质劳动、信息不完全与分成租制中的信贷联结。

一、对要素联结与市场效率相互关系的一般分析

在发展中国家，形成要素联结的原因是什么？要素联结是否能提高市场效率？这些问题为新一代发展经济学家所关注，其中有代表性的研究文献包括巴丹（1980）在回顾要素联结研究文献的基础上提出了他对要素联结成因的看法，巴苏（1983）和普拉迪普·K. 米特拉（Pradeep K. Mitra，1983）分别从潜在风险和道德风险的角度讨论了要素联结的成因及其效率问题。

1. 对要素联结成因的分析

巴丹（1980）认为，在落后国家农业经济的制度环境中，即使交易者并不总是采用竞价方式或者不是在开放市场的非个人的氛围（impersonal atmosphere）中提供服务，一切按照经济学原理而不是按照超经济强制（extra-economic coercion）或义务为基础的要素交易活动都应该被视为“市场”关系。根据这种松散的市场定义，要素市场联结就是市场关系。非市场关系往往是由于市场发育不完全而出现的，它代表着以收益为导向的交换尚未成为经济组织中主要内容的前资本主义的社会结构，在这种结构中，交易模式主要表现为强制性支付（obligatory payment）和承诺共享（commitment to sharing）。与此相对应，在市场不完全因素影响下的交换则属于市场关系，因为市场交换已经成为占主导地位的交换模式，与此同时，交易模式对市场激励显示出相当程度的敏感性。例如，联结劳动所获得合同中的期限比临时劳动会同的期限更长，但这并不意味着联结劳动处于某种程度的被奴役地位。相反，雇员对就业保障的需要和雇主对可靠和随时可得的劳动供给来源的需要，为联结劳动与其雇主之间形成市场关系提供了动机。因此，所有经济中的持久关系或多或少都具有个人化的特征，特别是在不可靠的农村市

① 参见 Bardhan, Pranab K., 1980, “Interloking Factors Markets and Agrarian Development”, *Oxfords Economic Papers*, vol. 32, pp. 82-93。

场体系中。

不完全市场理论假设市场存在着信息不对称、风险和不确定性、经济支配力（economic power）等因素。在一个信息昂贵的世界中，将信贷体系建立在个人信任（personal trust）的基础上以及把发生在相同主体之间的各种不同交易及责任联结起来，是既能防止交易任何一方拥有过多的阿克洛夫式的“柠檬”产品，又能节约获取信息的过高成本的良策；个人化交易的联结体系还可以促成某个代理人在某次交易中的不诚实和怠工有可能被发现并通过威慑其他交易的外溢效应的方式迫使他传出高昂的代价，从而发挥降低工作监督、履行合同以及搜寻的成本的功能。除了市场不完全因素以外，将个人化交易联结起来，这在货币化程度不充分的农村经济中可以实现“需求的双重巧合”（double coincidence of wants），例如，在雇主兼债权人（employer-creditor）与雇员兼债务人（employee-borrower）之间所形成的信贷—工资联结合同，可以确保雇员承诺以提供劳动作为本金和利息的支付方式所体现的信贷需求正好同雇主愿意在此条件下提供信贷的供给愿望相吻合。

2. 潜在风险、分离与要素联结

巴苏（1983）从发展中国家农村中生产要素处于分离（isolation）状态和要素联结的角度出发，对部分发展中国家要素价格的价差持续而广泛存在但却不存在套利和人口迁徙的现象进行了探讨。他认为，信贷市场上存在的潜在风险①必须通过要素联结才能得以规避；劳动者只有作为工人受雇于土地所有者才能获得借款，而土地所有者为了确保还款也只愿意向自己雇佣的工人发放贷款；只有当劳动力市场和信贷市场相互联结才能避免潜在风险对借贷双方所造成的影响。因此，要素联结的结果是形成了由土地所有者雇佣劳动并向劳动力提供信贷的各自分离的交易联结（interlinked deats），单个土地所有者因而可以在将工人的效用维持在保留效用（reservation utility）水平的前提下，在向劳动者支付不同的工资的同时，对贷款收取不同的利率，而其他土地所有者和工人则不能利用这种差异来进行套利。

（1）潜在风险与要素联结

巴苏写道，贷款人风险假说（lender's risk hypothesis，即 LRH）认为农村贷款人面临着贷款违约的风险，平均而言，违约的贷款在总贷款中占据一定的比重。但巴苏指出，平均违约比重并不意味着具体到每笔贷款都会有一部分违约。该比重更有可能是在贷款人的所有客户中违约客户所占的比重。在缺乏司法机构对还款加以约束的条件下，贷款人能够加以控制的客户基本上是不会违约的，而

---

① 巴苏指出，并不只是在信贷市场上才存在潜在风险，所有的经济交易中都存在着不同程度的潜在风险。

不能加以控制的客户则会违约。在这种情况下，贷款人必须能够对潜在借款人进行辨别，否则就会遭受因违约带来的损失。当所有的贷款人都意识到这一点时，就只会向能够施加控制的借款人提供贷款。因此，如果贷款人对借款人不进行仔细选择，贷款就会有违约风险，这种现象就是潜在风险；在能够甄别借款人的条件下，贷款人所发放的贷款就不会有违约风险，因为他确信能够对借款人施加控制。

对土地所有者而言，能够施加控制的就是与之有交易往来的佃农和雇佣工人。因此，为了规避潜在风险，土地所有者只会向这些佃农和雇佣工人提供贷款；反过来，对该土地所有者而言，非佃农或雇佣工人不可能获得贷款。由此可见，对潜在风险的规避客观上需要劳动力和信贷要素进行联结。在要素联结的背景下，潜在风险将导致出现分离。承受过高利率的借款人并不能转向其他的土地所有者，因为后者不会向他提供贷款，否则，后者会蒙受损失。借款人唯一能做的就是尽可能说服该土地所有者雇佣他并向他提供贷款。当然，该借款人可以选择迁往别处，但这种迁徙是否值得，不仅取决于新雇主收取的贷款利率，还取决于利率与工资的组合。

（2）联结、分离与要素价格差异

巴苏认为，要想在信贷与劳动力之间形成联结至少应当具备以下几个条件：

第一，工人愿意与土地所有者形成要素联结关系的条件是由土地所有者支付的工资和索取利率二者的组合所带来的效用必须至少等于劳动者因从事其他活动而获得的保留效用：如果他的效用低于保留效用，那么，没有工人会选择该土地所有者；如果他的效用等于或高于保留效用，那么，就会有无限的劳动供给。

就工人而言，[①] 工资和利率组合的效用可以表示为：$u = f(w,i); f_1 > 0, f_2 \leqslant 0$，也可以改写为在效用给定时工资关于利率的函数，即 $w = \phi(i,u)$；$\phi_1 \geqslant 0, \phi_2 > 0$。当工人被土地所有者雇佣之后，他可以借到任何数量的借款，但不能违约，借款数量为 $L = L(i); L'(i) \leqslant 0$。当然，如果利率达到或超过某一水平时，工人不愿意借入任何贷款，因此，$f_2 = 0$，$\phi_1 = 0$。这意味着如果工人不借入贷款，利率对效用或工资没有影响。所有工人提供无限劳动的条件是从工资和利率的组合中所获得的效用至少应等于保留效用，即

$$u = f(w,i) = \tilde{u}\text{，相应地，} w = \phi(i,\tilde{u}) \qquad (3.4.1)$$

该约束表示土地所有者攫取工人效用的极限值。

① 显然，这里的效用水平和借款数量并不是基于工人效用最大化假设推导出来的，巴苏对此进行了扩展，采用跨期收入法（inter-temporal earnings approach）将工人的总效用视为工资、利率和借款数量的函数，而且假设效用关于各期收入可加，消费者在给定工资、利率的情况下选择借款数量以使效用最大化。此外，跨期收入法的最大效用必须不低于保留效用，而土地所有者便在此约束下实现其利润最大化。鉴于经过跨期收入法调整后的效用和借款数量并不会改变研究的基本结论，因此，在本节中不作展开。

第二，处在分离中的土地所有者在满足所提供的工资和利率组合的效用至少等于保留效用的条件下追求利润最大化，即：$\max\limits_{\{w_j,i_j,n_j\}} \pi_j = X_j(n_j) - w_j n_j + n_j(i_j - r_j)L(i_j)$ ，使得 $w_j = \phi(i_j,\tilde{u})$ 。其中，$j = 1,2,\cdots,l$ ，代表不同的土地所有者j；n_j 表示土地所有者j雇佣的工人数量；$X_j(n_j)$ 表示土地所有者j的产出，并满足凸性生产函数特征；r_j 表示土地所有者j从城市部门所获得的资金的利率，不同的土地所有者拥有的资金来源不同，因而利率也不同。事实上，每个工人的生产成本等于土地所有者支付的工资与所收取的利息之比，即：$C(i_j,w_j;\tilde{u}) = w_j - (i_j - r_j)L(i_j)$ 。

满足利润最大化的条件为：

$$X'_j(n_j) = \phi(i_j,\tilde{u}) - (i_j - r_j)L(i_j) \tag{3.4.2}$$

$$L(i_j) + (1 - r_j)L'(i_j) = \phi_1(i_j,\tilde{u}) \tag{3.4.3}$$

在给定保留效用 $\tilde{u}$ 和利率 r_j 的情况下，土地所有者j支付的工资、收取的利率和雇佣的工人数量都可以由（3.4.1）和（3.4.2）得到，即：

$i_j = i_j(\tilde{u},r_j)$ ；$n_j = n_j(\tilde{u},r_j)$ ；根据约束条件 $w_j = \phi(i_j,\tilde{u})$ ，$w_j = w_j(\tilde{u},r_j)$ 。

可见，由工资、利率和雇佣的工人数量组成的组合（w_j,i_j,n_j）确保了工人的效用处于保留效用水平，同时确保土地所有者j实现利润最大化。这意味着由于所有工人是相同的，无论工资和利率的组合如何（或不管受雇于哪个土地所有者），当处在均衡时，效用都处在保留效用的水平；而所有土地所有者都选择不同的（w_j,i_j,n_j），以便使其利润达到最大化。在均衡中，所有土地所有者雇佣的工人总数则为 $\sum\limits_{j=1}^{l} n_j(\tilde{u},r_j)$ 。

第三，当信贷与劳动力要素联结的体系处于均衡时，还需要满足劳动力市场供求均衡条件，这个条件决定了保留效用 $\tilde{u}$ 的大小，即：$\sum\limits_{j=1}^{l} n_j(\tilde{u},r_j) = N$ 。其中，N 表示劳动力总数。巴苏证明了劳动需求与 $\tilde{u}$ 成反方向变动，$\tilde{u}$ 的变动对劳动需求进行调节使之与供给相等。

至此，由信贷与劳动力所构成的联结体系已处于均衡中，而（$\{w_j,i_j,n_j\}_{j=1,2,\cdots,l},\tilde{u}$）便是实现这一均衡的工资、利率、雇佣人数和效用的不同集合。根据以上模型，巴苏从三个方面解释了要素市场上存在价差的理由。

第一，农村利率 i_j 有可能比城市利率 r_j 高，但这并不会引起套利；农村利率 i_j 也可能比城市利率 r_j 低，但这并不意味着工人福利的改善。在要素联结的背景下，根据式（3.4.1）和式（3.4.2），支付更高利率的工人获得的工资也更高，而支付更低利率甚至零利率的工人，其工资也更低，即：$i_j < (>) r_j \Leftrightarrow X'_j(n_j) > (<) w_j$ 。这说明，如果土地所有者j索取的利率低于（或高于）资金的机会成本，其支付的工资必然高于（或低于）劳动的边际产出。即使根据跨期收入法所得出的农村利率 i_j 等于城市利率 r_j 的话，这也并不意味着工人福利的改善。这

是因为土地所有者把利率定在更低的水平以便使工人更充分地利用资金，而在要素联结的条件下，工人因低利率而获得的利益将被土地所有者所全部攫取。另外，当处于均衡时，所有工人的效用都是保留效用，不同的工资和利率组合将带来相同的保留效用，即 $f(w_j,i_j) = f(w_k,i_k) = \tilde{u}$ 。那么，根据 $w = \phi(i,u)$；$\phi_1 \geqslant 0,\phi_2 > 0$ ，不同的组合之间的关系有 $i_j < i_k \Leftrightarrow w_j < w_k$ 。要素联结所带来的这种关系意味着在农村市场上的工资差异并不会导致工人发生迁徙；与此同时，支付更高利率的工人也不可能从收取更低利率的土地所有者那里获得贷款，因为潜在风险的存在，工人必须受雇于所在地的某个土地所有者才可能获得贷款；但是，在这种情况下，他获得的工资也较少，其结果是，一方面两种组合所带来的效用相同，但要素价格的价差仍然存在。巴苏进一步指出，某一商品市场的分离将引起该商品出现价差，而联结也会引起市场的分离。① 当要素联结引起市场分离时，一个生产要素的价差会被其他要素的价差所抵消。

第二，在要素联结中，工资或利率都不能视为劳动或贷款的收益，相反，工资和利率的组合作为整体反映了劳动和贷款的价格，因而将工资和利率分别用来衡量劳动和贷款却是不准确的。例如，当 $i_j < r_j$ 时，$X_j'(n_j) > w_j$ ，工资小于劳动的边际产出，但这并不意味着劳动力市场不完全，因为劳动者的工资低于边际产出，同时，他支付的利率也低于城市利率，工资和利率被一道用来衡量劳动和贷款，单位劳动的生产成本与劳动的边际产出依然相等。因此，当要素联结出现时，很多在传统市场分析方法中被认为是非常标准的表达形式，却被认为无法准确刻画要素联结。

第三，农村利率高于城市利率（即 $i_j < r_j$ ）并不意味着农村信贷市场是垄断的。要素联结中是否存在垄断，这要看土地所有者提高利率会不会致使对贷款的需求为零。显然，当土地所有者提高利率时，如果工资不变，那么，土地所有者提供的工资和利率的组合效用将减少，因而会失去所有的贷款需求。由此可见，土地所有者并不是垄断者。当然，如果在提高利率的同时提高工资，使组合的效用保持不变，贷款需求是不会减少的。可见，土地所有者对市场价格又是可以施加影响的。因此，在存在要素联结的条件下，单独描述任何市场上的垄断和竞争都不恰当（所以要用“分离”来描述）。若把两个要素联结起来所形成的市场作为整体来看待，那么，要素联结体系是竞争性的。

巴苏得出的结论是：存在潜在风险的市场的特征就在于它具有寻求同另一个市场形成联结的倾向。当然，这是个人理性（尤其是当个人面临不确定性时迫切

① 巴苏指出，虽然存在着要素价格差异，但发展中国家市场上的这种联结从土地所有者提供的工资与利率组合来看是效用等价的。然而，有时某种工资和利率的组合确实会比其他组合效用更大，但却不存在套利或迁徙的现象，这一点就不能用要素联结来解释了。巴苏认为是转移成本（transfer cost）或外生的进入壁垒（barriers to entry）阻止了套利和迁徙的出现。所以，转移成本和进入壁垒也是引起分离的因素。

希望寻求保险）的结果。在落后地区，把各种交易连接起来（the interlinked deals）便是一种抵御风险的措施，这就是为什么在大量的乡村交易中大都具有联结的特征的缘故。

3. 不确定性、道德风险与信贷和租佃联结

米特拉（1983）认为，租佃和信贷中的要素联结是应对发展中国家农业生产中存在不确定性与信息不对称问题的有效方法。在发展中国家的传统农业中，存在着相当大的不确定性和风险，当对生产的监管成本高昂以及对农民（佃农或雇佣工人）生产决策的信息不充分而又存在道德风险时，很难准确地推断低产出是不利环境还是劳动者努力程度不够所引起。米特拉采用委托—代理理论框架，研究了向农民提供消费信贷对其努力程度的影响。他指出，农民的借贷对其付出的努力是有影响的，要提高配置效率就需要对农民的信贷决策进行干预，因此，有必要进行要素联结。相反，废除土地所有者（或雇主）向农民提供信贷的放贷活动或实施为农民提供便宜的正规市场信贷的政策反而会是“帕累托劣等的”。

（1）佃农和土地所有者的行为

发展中国家租佃市场的结构多半由众多同质的无地农民和一个土地所有者所构成。假设农业生产分为两期，产出是有效劳动和反映自然状态的随机变量的函数，即 $Y = f(e,\theta)$ 。有效劳动是劳动时间（常被标准化为1）和努力程度的乘积，自然状态有多种形态且每种自然状态都有相应的概率，而且存在着一种发生概率为正的状态，并使得产出为零。有效劳动须在第一期投入，而自然状态只能在第二期得到反映。

农民的效用取决于消费和努力程度，在第一期需要借入消费贷款，第二期从生产中获得收入并偿还贷款；收入分为纯工资和产出分两部分，因此，其效用可以写为：

$$u = u(c_1,c_2,e) = u[c,\alpha + \beta f(e,\theta) - c(1+i),e] \qquad (3.4.4)$$

其中，纯工资 α 和分成比例 β 在自然状态出现之前被确定。生产函数和效用函数均为递增的和严格凸性函数，且当消费趋于零时，消费的边际效用趋于无穷；而当努力程度趋于最大值时，其边际负效用趋于无穷。

设风险中性土地所有者的预期利润为

$$T = rE[(1-\beta)f(e,\theta) - \alpha] \qquad (3.4.5)$$

其中，$r = \dfrac{1}{1+i}$ 为贴现因子，土地所有者的利润最大化问题就是选择 α 、β 和其他控制工具（例如：努力程度和消费信贷数量），并在佃农的效用不小于保留效用的约束下，实现其预期利润最大化，该约束为：

$$V = Eu[c,\alpha + \beta f(e,\theta) - c(1+i),e] \geqslant \bar{u} \qquad (3.4.6)$$

根据可供土地所有者选择的控制变量范围，米特拉假定了两种情况：一种是非约束的帕累托效率模型。所谓非约束是指土地所有者可以完全决定农民的生产决策，包括消费信贷数量、努力程度等；另一种为约束的帕累托效率模型，约束来源于农民的努力程度由农民自己决定，此时，土地所有者只能选择 α 、β 和消费信贷数量。

（2）非约束的帕累托效率模型

在非约束的帕累托效率状态下，假定佃农的努力程度由土地所有者来控制，那么，土地所有者选择消费信贷数量、努力程度、纯工资和分成比例，在式（3.4.6）的约束下实现式（3.4.5）所表达的最大化。米特拉发现，土地所有者利润最大化的解有如下特征：第一，利润最大化的最优解会使式（3.4.6）取等，且该最优解为帕累托有效率；第二，最优配置只包含一个纯工资合同即分成比例为零，这意味着土地所有者承担所有风险；第三，由于佃农的效用函数只包括纯工资而不包括产出分成，自然状态因而并不进入效用函数，因此，在所有自然状态下，佃农的第二期消费都是相等的，即均为 $c_2 = \alpha - c(1 + i)$ 。

由此可见，在土地所有者能够控制佃农的努力程度的条件下，最优配置表明，消费信贷与努力程度并无直接联系，因此，要素联结对于解决努力程度上存在的道德风险问题并不起作用。

（3）有约束的帕累托效率模型

在有约束的帕累托效率状态下，土地所有者不能控制佃农的努力程度，佃农自由地决定其努力程度；然而，土地所有者仍然可以选择消费信贷数量、纯工资和分成比例，同样在式（3.4.6）的约束下实现式（3.4.5）的最大化。但是，佃农的努力程度却取决于消费信贷数量、纯工资和分成比例。因此，式（3.4.5）和式（3.4.6）分别转变为：

$$T = rE[(1 - \beta)f(e(c,\alpha,\beta),\theta) - \alpha] \qquad (3.4.7)$$

$$V = Eu[c,\alpha + \beta f(e(c,\alpha,\beta),\theta) - c(1 + i),e(c,\alpha,\beta)] \geqslant \bar{u} \qquad (3.4.8)$$

米特拉发现，最优解具有以下特征：第一，如果第二期中消费的边际效用不随着努力程度增加而增加，即 $u_{32} \leqslant 0$ ，那么，最优解会使式（3.4.8）的约束条件取等号，而且这种配置是有约束的帕累托有效配置。有约束的帕累托有效配置表明，土地所有者仍然对佃农第一期中的消费信贷规模实行控制，佃农并不能按自己的意愿借入信贷数量，在这样的次优配置中，土地所有者不允许佃农从正规信贷市场上获取无限制的贷款。运用最大化问题的拉格朗日求法，关于消费信贷的一阶条件为 $r(1 - \beta)\frac{\mathrm{d}e}{\mathrm{d}c}Ef_e + \lambda V_c = 0$ ，可知 λ 为正。于是可得对应于 $\frac{\mathrm{d}e}{\mathrm{d}c}$ 大于、等于或小于0，V_c 分别小于、等于或大于0。这意味着，如果让佃农效用最大化的条件 $V_c = 0$ 成立，在次优配置中，必须让 $\frac{\mathrm{d}e}{\mathrm{d}c} = 0$ ，但这一点显然不可能。因此，消费信贷可以作为土地所有者影响佃农努力程度的工具，即在一个受约束的次优配置中，佃农愿意借入更少（还是更多）的消费信贷取决于他的努力程度是否随着借贷增加（或减少）。第二，在一定的条件下，允许佃农自由决定借贷数量和努力程度的“去联结化合同”（delinked contract）并不比这种租佃与信贷联结的合同更有效率。“去联结化合同”将使土地所有者只能选择纯工资和分成比例来实现其利润最大化，因此，他所获得的利润肯定不及选择纯工资、分成比例和消费信贷实现的利润。对于佃农来说，由于约束方程总会取等号，所以其效用总是处在保留效用水平上，所以，“去联结化合同”并不能使佃农的境况变好。

总之，米特拉的研究为土地所有者在其他市场上对佃农加以限制的做法提供了解释，即通过限制佃农的信贷数量，土地所有者可以影响佃农的努力程度使之有利于自己。

4. 时间偏好率差异、逆向选择与要素联结

在起点上，个人在财富、能力或时间偏好率（rate of time preference）等方面存在着差异，这使得某些人更具有生产力。桑贾伊·巴纳吉（Sanjay Banerji，1995）对个人在时间偏好率上存在的差异以及由这种差异引起的信息不对称（即信息为个人所有）而导致出现逆向选择时，怎样利用信贷和租佃联结来为个体筛选提供自我选择的机制进行了研究。他觉得，当存在信息不对称时，处于垄断地位的土地所有者兼放贷人（landlord-cum-moneylender）通过满足“参与约束”（participation constraint）和“自我选择约束”（self-selection constraint）来提供一系列合同。其中，最优的合同便是规定了分成比例和利率的联结合同，而分成比例和利率则取决于个体的类型。

(1) 佃农的行为

佃农的效用取决于各个时期中的消费，而时间偏好率反映了佃农的消费模式，因而会影响佃农的投资倾向。由此，佃农选择资本存量以实现效用最大化。第一期的消费为佃农的贷款减去购买的资本存量，第二期的消费为佃农在以资本作为生产要素的产出中所占部分减去贷款本息之和，即 $\max\limits_k u = \max\limits_k (u(c_1) + du(c_2)) = \max\limits_k [u(w-k) + du(sf(k) - (1+r)w)]$。其中，效用函数和生产函数都是凸性函数，$d$、$s$、$w$、$r$ 分别表示主观贴现因子、分成比例、贷款数量和利率。可知，佃农使其效用最大化的一阶条件为：

$$u'(c_1) = du'(c_2)sf'(k) \tag{3.4.9}$$

据此，有最优资本存量为 s、r 和 d 的函数，即 $k^* = k^*(s,r,d)$，因而最大化效用亦有 $u^* = u^*(s,r,d)$，其中，$\frac{\partial u^*}{\partial s} > 0$，$\frac{\partial u^*}{\partial r} < 0$。因此，巴纳吉指出：一方面，对于任意给定的合同 (s,r)，时间偏好率越低（即 d 越大），则最优资

本存量和最大化效用水平便越高；另一方面，给定最大效用、变动合同 (s,r) 以形成无差异曲线，那么，在横轴为 s 和纵轴为 r 的空间内，时间偏好率越小的佃农，其无差异曲线越陡俏，即无差异曲线的斜率变动幅度随着时间偏好率减少而增加。这意味着对时间偏好率越小的佃农索取的利率越高。

（2）土地所有者的行为

假设作为委托人的土地所有者像斯塔克尔伯格式主导厂商（a Stackelberg leader）那样行事，他在佃农的行为方式为给定的前提下，选择合同 (s,r)，以实现其利润最大化。合同需要满足两类约束：其一是自我选择约束，即合同仅适用于一种佃农，其他佃农不能从这种合同中套利；其二是参与约束，即合同必须对佃农具有足够吸引力。土地所有者面对两种类型的佃农（即 $d_a > d_b$），其利润为 $(1-s_a)f(k_a^*)+(1+r_a)w+(1-s_b)f(k_b^*)+(1+r_b)w$，约束条件为：

类型 a 的自我选择条件：　$u^*(s_a,r_a,d_a) \geqslant u^*(s_b,r_b,d_a)$　(3.4.10)

类型 b 的自我选择条件：　$u^*(s_b,r_b,d_b) \geqslant u^*(s_a,r_a,d_b)$　(3.4.11)

类型 a 的参与条件：　$u^*(s_a,r_a,d_a) \geqslant \bar{u}$　(3.4.12)

类型 b 的参与条件：　$u^*(s_b,r_b,d_b) \geqslant \bar{u}$　(3.4.13)

巴纳吉发现，前面有关佃农偏好和效用函数的假定和结论暗示着以上四种约束并不全是有约束力的（binding），其中，类型 b 的自我选择条件（即式（3.4.11））和类型 a 的参与条件（即式（3.4.12））是严格不等的。因此，土地所有者的最优化问题可以写成：

$$Z=(1-s_a)f(k_a^*)+(1+r_a)w+(1-s_b)f(k_b^*)+(1+r_b)w$$
$$-\theta_1[u^*(s_b,r_b,d_b)-\bar{u}]-\theta_2[u^*(s_a,r_a,d_a)-u^*(s_b,r_b,d_a)] \tag{3.4.14}$$

其中，θ_1、θ_2 为拉格朗日乘子。对式（3.4.14）求最大化问题将引出提供给两类佃农的多种合同形式。

（3）若干结论

巴纳吉从以上分析中得出了如下结论：第一，在分离均衡中，时间偏好率小的佃农（类型 a）获得纯粹的信贷合同（$s_a=1$，$r_a>0$），类型 b 的佃农获得分成合同（$s_b=\frac{1}{1+\beta}$）和信贷合同（$r_b<r_a$）。其中，$\beta=\dfrac{f(s_b,r_b,d_a)-f(s_b,r_b,d_b)}{\frac{\partial k_b^*}{\partial s_b}\big|u=\bar{u}}\cdot\dfrac{u'(c_2)}{u'(c_1)}$。第二，将第一点结论推而广之。假定有多种类型的佃农，他们的时间偏好率依次增加，那么，时间偏好率最低的佃农获得信贷合同而其他佃农获得联结合同，即其特征为：$1=s_a>s_b>s_c \wedge r_a>r_b>r_c$。第三，非联结合同（如纯粹的信贷合同）是最优的，而联结合同则是次优的。

5. 有限责任与要素联结

大多数文献都是从不确定性和信息不对称的角度讨论要素联结存在的合理性，而巴苏、贝尔和博斯（2000）则指出，即使不确定性和信息不对称（特别是由此引起的道德风险）不存在，佃农因为需要向土地所有者缴纳租金并向放贷人还款而具有的有限责任（limited liability）以及佃农对剩余所有权的拥有等因素的存在使得参与分配各方之间展开了序贯博弈（sequential game），这种博弈将使要素联结起到提高配置效率的作用。他们的研究表明，一个土地所有者和一个放贷人作为两个委托人分别与佃农签订合同，并以非合作的方式决定各自合同的条件。因此，在序贯博弈中，土地所有者作为先行者先决定自己的地租，只要佃农的责任是有限的，那么，就存在一定的条件，使土地所有者本身给佃农提供信贷的联结具有更高的配置效率。

佃农需要租入土地和借入资本进行耕作，但土地大小及佃农的劳动投入数量多少对产出没有影响，因为佃农在他租入的一单位不可分的土地上将投入一单位不可分的劳动。关于努力程度的道德风险却未加以考虑。收成分为好收成（ y_H ）和差收成（ y_L ）两种情况。好收成出现的概率依佃农借入的资本而递增，即 $\pi = \pi(K)$ ①。另外，为了体现投资的重要性，假设收成差时的收入肯定比佃农的保留收入（ $\bar{y}$ ）还要低，以及 $\pi(0) = 0$ 。佃农向土地所有者支付地租，收成好时的地租为 β_H ，收成差时的地租为 β_L 。佃农可以从土地所有者或放贷人那里获得单位资本的机会成本为 $(1 + m)$ 的借款作为投资。佃农若从放贷人借得资金，须向放贷人支付还款，根据收成好坏，还款分别为 R_H 和 R_L 。土地所有者、放贷人和佃农被假定为风险中性，因而不确定性和风险未加以考虑。此外，他们对序贯博弈中的先行者做了假设。假设土地所有者对佃农的产出具有优先权，且可先决定其地租；放贷人对佃农拥有垄断支配力，可决定是否发放贷款，并且这种贷款是“全有或全无的”（all or nothing）；此外，还假设土地所有者只关注收成不小于在相应的地租合同中所规定的数量，即满足 $\beta_i \leq y_i, i = H,L$ ，以便使土地所有者有优先权的假定有意义。这表明佃农的有限责任使超过产出的地租是无法实现的，因为佃农只会以产出作为支付的全部来源，也就是说，产出盈余被分配后的剩余不应该小于佃农的保留效用。

土地所有者向佃农提供贷款合同因而导致要素联结；而当土地所有者不向佃农提供贷款时，佃农则从放贷人那里获得贷款。在两种情况下，对资源配置效率进行比较是他们研究的核心内容。

---

① K 为非劳动投入的投资额，这里的 $\pi(K)$ 是关于资本 K 的递增的、严格为凹的、两阶可导的函数，并满足稻田条件（Inada condition），以确保最优解为内点解。

（1）联结合同的资源配置效率

土地所有者拥有优先权，因而土地所有者选择一定的地租和贷款规模，以使利润最大化。土地所有者的最大化问题可表示为：$\max_{\beta_H,\beta_L,K}[\pi(K)\beta_H+(1-\pi(K))\beta_L-(1+m)K]$，并受到佃农“参与约束”的限制，即$\pi(K)(y_H-\beta_H)+(1-\pi(K))(y_L-\beta_L)\geqslant\bar{y}$。可知，在均衡中，该约束条件是紧的，而$\beta_i$均为一次性的转移工具。因此，土地所有者追求利润最大化的一阶条件可以表述为：

$$\pi'(K)(y_H-y_L)=1+m \tag{3.4.15}$$

那么，令满足式（3.4.15）的K表示为K^o。显然，式（3.4.15）既是土地所有者利润最大化的一阶条件，也是扣除生产成本之后的产出最大化的一阶条件。因此，根据$K=K^o$和约束条件，可得到任意满足条件的地租组合(β_H,β_L)与不依赖于地租的K^o，以实现资源的最优配置。

（2）序贯博弈中的资源配置效率

佃农从土地所有者那里租入土地，并从放贷人那里借入资本。由于放贷人在土地所有者之后行动，且只有土地所有者取得了地租之后，放贷人才能获取还款，并尽可能攫取佃农的所有盈余。因此，放贷人的行为旨在选择贷款规模及与不同收成对应的还款额，以使其收益达到最大化。这可以表示为$\max_{R_H,R_L,K}\{\pi(K)\min(R_H,y_H-\beta_H)+(1-\pi(K))\min(R_L,y_L-\beta_L)-(1+m)K\}$，并受到$\pi(K)(y_H-\beta_H)+(1-\pi(K))(y_L-\beta_L)-\{\pi(K)\min(R_H,y_H-\beta_H)+(1-\pi(K))\min(R_L,y_L-\beta_L)\}\geqslant\bar{y}$佃农“参与约束”的限制。由于放贷人对佃农具有垄断支配力，而且当实现均衡时，约束条件是紧的，因此，放贷人的收益最大化问题就等同于产出扣除各分配方的收益之后的剩余盈余最大化的问题，即：$\max_K[\pi(K)(y_H-\beta_H)+(1-\pi(K))(y_L-\beta_L)-(1+m)K]-\bar{y}$。一阶条件因而可以求得为：

$$\pi'(K)[(y_H-y_L)-(\beta_H-\beta_L)]=1+m \tag{3.4.16}$$

令满足式（3.4.16）的K表示为K^m，则K^m需要使产出扣除各分配方的收益之后的剩余盈余（此时，该剩余盈余为最大值）至少不低于佃农的保留收入，否则，放贷人无利可图，且不提供贷款，即K^m须满足$\pi(K^m)(y_H-\beta_H)+(1-\pi(K^m))(y_L-\beta_L)-(1+m)K^m\geqslant\bar{y}$。与此同时，为了满足这个条件，可以假定土地所有者的地租不至于太高。因此，K^m及合适的地租便构成了该问题的解。从式（3.4.16）可知，K^m随地租差额$(\beta_H-\beta_L)$递减，且根据式（3.4.15），$K^m\neq K^o$，即放贷人并没有提供使产出达到最大及土地所有者利润达到最大化的贷款规模。

因此，巴苏等人指出，如果地租不随收成状况改变，即β_i都假定为β^o，那么，放贷人将把贷款规模由 K^m 提高至 K^o ；而从土地所有者的角度看，根据有关在实行联结合同条件下资源配置的结论，当资本为 K^o 时，$\pi(K^o)(y_H-\beta_H)+(1-\pi(K^o))(y_L-\beta_L)-(1+m)K^o=\bar{y}$ ，这意味着土地所有者获得扣除资本机会成本之后的全部盈余并且该盈余为最大值。由于地租组合（β_H,β_L）在一定条件下可任意取值，故若 $\beta^o\in(0,y_L)$ ，则 β^o 可以成为地租组合的一种取值，使得土地所有者获得的盈余 β^o 满足 $\pi(K^o)y_H+(1-\pi(K^o))y_L-\beta^o-(1+m)K^o=\bar{y}$ 。在序贯博弈中，这意味着产出的剩余由土地所有者和放贷人所占有。土地所有者获得扣除资本机会成本后的全部剩余，而放贷人获得资本的机会成本，佃农则只获得了保留收入。由此可见，地租固定为 β^o ，既是引致放贷人提高贷款规模至最优水平的充分必要条件，又迎合了土地所有者追求利润最大化的目标。进一步说，根据以上推论，当地租被固定为 β^o 时，放贷人提供贷款后所获得的还款为 $\pi(K^o)\min(R_H,y_H-\beta^o)+(1-\pi(K^o))\min(R_L,y_L-\beta^o)=(1+m)K^o$ 。此时，资本、地租和还款的选择均实现了资源的最优配置。

但是，巴苏等人证明了，如果土地所有者因对产出剩余拥有优先权故而可以先行一步的方式决定地租，那么，$\beta_L=\min(\beta^o,y_L)$ 。如果 $\beta^o>y_L$ ，那么，佃农的有限责任会使土地所有者收取非固定的地租，并且 $\beta_H>\beta_L=y_L$ 。这意味着固定地租不可行，而且根据式（3.4.16）$K^m<K^o$ ，资源配置不是最优。因此，在这种情况下，如果实行要素联结，便可以提高产出以及土地所有者所获收益，以使资源实现最优配置。

巴苏等人得出的结论是：在某些环境下，由于以非合作行为为依据而签订的土地与信贷合同无法带来“第一优”的结果，此时，土地所有者若提供要素联结合同就能扮演放贷人的角色，并且使其收益和配置效率都得以改善。

6. 要素联结与合谋

许多文献都假定要素联结合同中的占优方（dominant party）在某一市场上拥有垄断支配力。事实上，在要素联结涉及的所有市场中都可能存在着许多竞争者，这些竞争者更有可能为了抢夺市场而相互竞争，从而导致占优方失去了对非占优方的控制。如果竞争者进行合谋（collusion）将获得经济利润。但是，竞争者之间并不总是会形成合谋，在很多情况下，市场中不会出现合谋。

莫蒂拉姆和詹姆斯·A. 罗宾逊（2010）利用带有贴现的无限重复博弈（infinitely repeated game with discounting）和搜寻与匹配（search and match）的分析框架，证明了人们之所以提供要素联结交易（interlinked deals）是因为它有助于形成合谋。他们探讨了要素联结促成合谋形成的两种机制。其一是要素联结具有将各个市场之间的激励约束（incentive constraints）集中起来的效应，即在单一市场上为维持合谋而限制竞争者的紧激励约束反而会在联结市场上得到放松，也就是说，在某一市场上竞争者所获得的不足以维持合谋的激励可通过从其他市场获得充足的激励而得以补偿，于是，从整体上看，竞争者获得了维持合谋所需要的足够激励。其二是要素联结影响着对代理人的激励，使之同意背离合同（deviating contracts）。这意味着在竞争者所联结的市场上引入了“摩擦”，这种摩擦来自于租佃市场上的搜寻和匹配成本。莫蒂拉姆和詹姆斯·A. 罗宾逊认为，未实行要素联结的竞争者为抢夺市场必须说服加入了要素联结的竞争者中的合同合作方背离原有合同而接受自己提供的具有更优惠条件的合同；背离合同也意味着合作方在已联结的其他市场上寻找新的合同（如租佃合同），但其他市场上存在的摩擦使得寻找新合同具有成本，竞争者的联结合同合作方因而不愿意背离联结合同。因此，在其他市场上存在的摩擦，使得在已经实行要素联结市场上的竞争者之间的合谋得以维持。

（1）市场未联结时单一市场合谋的必要条件

莫蒂拉姆和詹姆斯·A. 罗宾逊对信贷和租佃两个市场做了考察。如果不合谋，在信贷市场上的放贷人将通过降低利率争夺其他放贷人的客户；在租佃市场上，土地所有者将通过提高佃农的分成比例来争夺客户。信贷市场存在两个放贷人合谋的必要条件（即激励约束条件）是遵守按合谋瓜分市场而获得的收入至少不小于背弃合谋但从此永远受惩罚所获得的收入，即需满足：

$$\frac{i(\alpha^*,R^m)(R^m-\underline{r})\lambda_j^c N}{(1-\delta_j)} \geqslant i(\alpha^*,R^m)(R^m-\underline{r})N \qquad (3.4.17)$$

不等式两边分别表示放贷人 $j=1,2$ 遵守合谋与背弃合谋两种状态下的收入，两种收入都是对无限期收入流的贴现。其中，i（实际上为 i_t，由于主要考虑静态均衡，所以，为了表达简便去掉下标。下同）和 N 分别表示农户借款数量和农户数量，农户借款数量是农户在租佃市场上所获分成 α（在讨论信贷市场时，假定产出分成比例为由租佃市场既定的 α^*）和放贷人收取利率 R 的函数，而在放贷人收入方程中引入的借款数量实际上是农户最优的借款数量。R^m 是使放贷人各期收入最大化的垄断利率，$\underline{r}$ 是放贷人获得资金的成本。δ_j 为放贷人的贴现率。λ_j^c 表示放贷人 j 在合谋时的信贷市场份额，有 $\lambda_1^c+\lambda_2^c=1$。故根据式（3.4.17）可知，如果令 $\hat{\delta}_j=(1-\lambda_j^c)$，那么，信贷市场两位放贷人形成合谋的必要条件为 $\delta_j \geqslant \hat{\delta}_j$。

同理，租佃市场上的放贷人（此时身份是土地所有者）合谋的必要条件可以表示为：

$$\frac{(1-\alpha^*)f(i(\alpha^*,R^*))\lambda_j^s N}{(1-\delta_j)} \geqslant (1-\alpha^*)f(i(\alpha^*,R^*))N \qquad (3.4.18)$$

其中，f 表示佃农的产出，它是借款数量的递增凹函数，并且 $f(0)=0$；λ_j^s 是放贷人 j 在合谋时的佃农市场份额，有 $\lambda_1^s+\lambda_2^s=1$；利率取值为 R^* 表示利率为给定。因此，如果令 $\tilde{\delta}_j = (1 - \lambda_j^s)$，那么，租佃市场上两个放贷人形成合谋的必要条件为 $\delta_j \geqslant \tilde{\delta}_j$。

（2）激励约束分散化与合谋

要素联结可以在被联结的市场上分散单一市场竞争者所面临的激励约束，使合谋在更大的参数区间内出现。假设放贷人 1 不愿意在租佃市场上合谋，而放贷人 2 不愿意在信贷市场上合谋，即 $\delta_1 \geqslant \hat{\delta}_1, \delta_2 < \hat{\delta}_2$ 以及 $\delta_2 \geqslant \tilde{\delta}_2, \delta_1 < \tilde{\delta}_1$，那么，最终在两个市场上都不会出现合谋，并且在唯一的子博弈最优均衡中，农户按照 $R = \underline{r}$ 和 $\alpha = 1$ 获得所有的经济利润。此假设也意味着 $\hat{\delta}_1 < \tilde{\delta}_1, \tilde{\delta}_2 < \hat{\delta}_2$，且有 $\delta_1 \in [\hat{\delta}_1, \tilde{\delta}_1), \delta_2 \in [\tilde{\delta}_2, \hat{\delta}_2)$。

莫蒂拉姆和詹姆斯·A. 罗宾逊指出，在联结合同背景下出现合谋的必要条件是放贷人从两个市场上所获得的收入总和必须不小于背弃合谋所带来的收入，即：

$$\frac{[(1-\alpha^*)f(i(\alpha^*,R^*))\lambda_j^s N + i(\alpha^*,R^*)(R^* - \underline{r})\lambda_j^c N]}{(1-\delta_j)} \geqslant$$
$$(1-\alpha^*)f(i(\alpha^*,R^*))N + i(\alpha^*,R^*)(R^* - \underline{r})N \tag{3.4.19}$$

其中，分成比例和利率为使放贷人收入最大化的解。由式（3.4.19）可知，如果令 $\frac{(1-\lambda_j^c)i(\alpha^*,R^*)(R^* - \underline{r}) + (1-\lambda_j^s)(1-\alpha^*)f(i(\alpha^*,R^*))}{i(\alpha^*,R^*)(R^* - \underline{r}) + (1-\alpha^*)f(i(\alpha^*,R^*))} = \bar{\delta}_j$，那么，在联结合同背景下产生合谋的必要条件是 $\delta_j \geqslant \bar{\delta}_j$。

莫蒂拉姆和詹姆斯·A. 罗宾逊证明在以上假设条件下，$\hat{\delta}_1 < \bar{\delta}_1 < \tilde{\delta}_1, \tilde{\delta}_2 < \bar{\delta}_2 < \hat{\delta}_2$。因此，当 δ_1、δ_2 分别在区间 $[\bar{\delta}_1, \tilde{\delta}_1)$、$[\bar{\delta}_2, \hat{\delta}_2)$ 取值时，如果放贷人不提供联结合同，那么，放贷人之间是不可能形成合谋的；但是，一旦要素市场联结起来，当 $\delta_1 \in [\bar{\delta}_1, \tilde{\delta}_1), \delta_2 \in [\bar{\delta}_2, \hat{\delta}_2)$，合谋将得到维持。莫蒂拉姆和詹姆斯·A. 罗宾逊觉得，他们通过聚焦于对要素联结策略方面的探讨得出了此前被人们忽视的有关农业经济中要素联结理论的某些重要见解，这就是合同的形式有可能对代理人实行合谋的能力施加影响，因而对要素联结何以存在的原因提供了新的解释。

二、分成租制中的要素联结

在本章第三节中，笔者概述了有关发展中国家分成租制的有代表性的研究文献，在本节第一小节中，笔者又介绍了有关发展中国家要素联结的代表性文献。需要指出的是，分成租制和要素联结被认为是发展中国家广泛流行的租佃制合同

（tenancy contracts）的两种典型形态。实际上，在发展中国家农业中，除了这两种典型的租佃制合同之外，还存在着一些介乎于这两者之间的租佃制形态，如本章第二节中陈述的“劳动联结”以及在这一小节中拟介绍的与分成租制相结合的要素联结。后一个领域所涉及的代表性成果有：布雷弗曼和斯里尼瓦桑（1981）对分成租制中土地所有者使用各种控制工具对福利和产出不同效果的研究，布雷夫曼和斯蒂格利茨（1982）对分成租制中要素联结方式的选择以及要素联结对福利影响所做的探索，以及布雷夫曼和 J. 路易斯·格瓦施（Avishay Braverman & J. Luis Guasch，1982）对分成租制中的信贷联结作用的考察。

1. 分成租制背景下土地所有者的控制工具及其对福利和产出的效应

布雷夫曼和斯里尼瓦桑（1981）研究了土地所有者采用各种控制工具（包括出租耕地面积、分成比例、贷款利率和联结信贷数量）对土地所有者和佃农各自福利以及对农业产出的不同影响。他们指出，在一个土地稀少而劳动力充足的经济中，无论土地所有者和佃农之间是否存在信贷交易，换言之，无论土地所有者是否拥有分成比例、贷款利率和联结贷款数量等控制工具，只要土地所有者能改变出租耕地面积，由此形成的土地和劳动力要素联结均衡可以被视为“效用等价合同”（utility-equivalence contracts），即佃农在分成租制中获得的效用等于其保留效用。因此，佃农被限制在保留效用水平上，并不是因为信贷方面的控制，而是因为耕地面积的变动，而土地所有者和佃农之间的信贷联系也不是土地所有者剥削佃农的手段。合同的效用等价性质直接影响着其他控制变量的作用，在把佃农的效用限定在保留效用水平的前提下，土地所有者可以利用其他控制变量尽可能攫取佃农产出中的剩余成果。

（1）单个佃农的耕地面积与“效用等价合同”

第一，佃农的行为。每个佃农的产出是其租入的耕地面积 H 和有效劳动 eL 的函数，即 $Q = F(H,eL)$ 。其中，L 表示以年计算的劳动力数量，e 表示单位劳动力的努力程度；生产函数为一次齐性凸函数。由于佃农的劳动力数量为固定量，将其取值为 1① 可得：

$$Q = H \cdot F(1, e \cdot \frac{1}{H}) \overset{\frac{1}{H}=x}{\equiv} \frac{1}{x} f(ex) \tag{3.4.20}$$

① 由于生产函数具有一阶奇次性质以及下文推导的无限弹性的佃农供给的缘故，对单个佃农而言，劳动力数量是固定的，因而可以标准化为 1，而耕地面积是不固定的；对单个土地所有者而言，耕地面积是固定的，因而也可以标准化为 1，而佃农人数则不固定。无论从哪种角度得到 $f(ex)$，x 都表示每亩土地的劳动力数量（由于佃农的劳动数量标准化为 1，故劳动力数量即为佃农数量），$\frac{1}{x}$ 则表示单个佃农的耕地面积。

其中，x 表示每亩土地的佃农数量，而 $\frac{1}{x}$ 为单个佃农的耕地面积，$f(ex)$ 表示每亩土地的平均产出。佃农需要借入贷款作为消费资金；贷款由其未来收入偿还；假设佃农不储蓄，也没有投资机会。佃农的消费与未来收入具有以下关系：$c = \frac{\alpha Q}{1 + vr_T + (1 - v)r_A} \equiv \beta Q$，其中，$\alpha$ 表示佃农的分成比例；比例 v 代表贷款中由土地所有者提供的部分，$1 - v$ 表示由其他途径提供的部分；相应地，r_T 为土地所有者收取的利率，r_A 为其他途径的贷款利率；$1 + vr_T + (1 - v)r_A$ 表示有效利率；$\beta = \frac{\alpha}{1 + vr_T + (1 - v)r_A}$ 用以表示经过贴现后的分成比例。佃农的效用由消费和努力程度（与努力程度对应的是闲暇）决定，即 $U = U(c(e),e)$，而且关于消费和闲暇严格准凸（quasi-concave），且消费和闲暇均为正常商品（normal goods）。

佃农选择努力程度来使其效用达到最大化，而其他变量如分成比例、土地所有者的贷款利率、土地所有者提供贷款份额和从其他途径获得贷款的利率对佃农来说都是既定的，它们仅仅通过贴现的分成比例来影响佃农的效用。当然，佃农的最大化效用必须至少不低于保留效用，即 $U^* \geqslant \bar{U}$。若该条件得以满足，佃农将接受租佃合同。这意味着在保留效用水平上，佃农的供给是无限弹性的。因此，佃农效用最大化的一阶条件为 $\beta U_1 f'(ex) + U_2 = 0$，由此可得：

$$e = e(x,\beta) \tag{3.4.21}$$

根据一阶条件，布雷夫曼和斯里尼瓦桑得到以下推论：首先，每亩租佃土地上的努力程度 z（即 $z \equiv ex$）随着耕地面积减少而增加，即 $\frac{\partial z}{\partial x} > 0$；其次，效用最大值随着耕地面积增加而增加，即 $\frac{\partial U^*}{\partial x} < 0$，并随着贴现分成比例增加而增加，即 $\frac{\partial U^*}{\partial \beta} > 0$。

第二，土地所有者的行为。土地所有者从单个佃农获得的收入包括产出分成收入 $\frac{(1 - \alpha)f(ex)}{x}$ 和利息收入 $v(r_T - r_L)c$。其中，r_L 表示土地所有者资金的机会成本。那么，土地所有者的总收入可以写为：

$$G = [1 - \beta\{1 + vr_L + (1 - v)r_A\}]f(ex) \equiv (1 - \beta\theta)f(ex) \tag{3.4.22}$$

其中，$\theta = 1 + vr_L + (1 - v)r_A$。假设斯塔克尔伯格式的追求利润最大化的土地所有者在佃农的行为方程（3.4.21）为给定的前提下，借助于耕地面积 $\frac{1}{x}$ 或分成比例 α、土地所有者贷款份额 v 和土地所有者贷款利率 r_T 等控制变量来实现其利润最大化。

第三，均衡及效用等价。由佃农效用最大化和土地所有者利润最大化所达成的均衡是一个效用等价合同均衡（equilibrium of utility equivalent contracts）。其中，存在着合同的供给与需求，而合同内容是由耕地面积、分成比例、利率和土地所有者贷款份额组合而成。土地所有者只需要通过控制 x（即单个佃农耕地面积或佃农人数）便可以得到效用等价合同。一方面，鉴于函数 $f(ex)$ 关于每亩耕地上付出的努力程度 z 递增，后者将随着耕地面积减少而增加，即（$\frac{\partial z}{\partial x} > 0$），土地所有者的利润 G 将随着耕地面积的减少（即 x 增加）而增加；另一方面，佃农效用最大值随着耕地面积增加（即 x 减少）而增加（即 $\frac{\partial U^*}{\partial x} < 0$）。这意味着，在任何 x 水平上，如果佃农的效用超过了保留效用 $\bar{U}$，土地所有者都可以在通过增加 x（即减少耕地面积）来增加自己的收入，同时将佃农的效用压低至保留效用水平。因此，只要有足够的潜在佃农存在，土地所有者就会选择 x，以便使佃农的效用等于保留效用，即土地和劳动要素的联结所达到的均衡是以效用等价合同为特征的。显然，效用等价合同的出现并不需要依赖租佃制与信贷交易的联结，因为土地所有者利用耕地面积作为唯一的控制工具就足以引起效用等价合同实现均衡。此外，效用等价合同均衡的出现并不是竞争达成的结果，而是土地所有者追求其利润最大化过程的结果。

（2）“效用等价合同”条件下其他控制工具的效果

根据效用等价合同，佃农的效用等于其保留效用，即 $U\{c(x,\beta),e(x,\beta)\} = \bar{U}$，因此，耕地面积与贴现的分成比例 β 的对应关系可以表示为：

$$x = x(\beta)\text{ ，且 }\frac{\mathrm{d}x}{\mathrm{d}\beta} = \frac{fx}{\beta(f - f'x)} > 0 \tag{3.4.23}$$

这意味着为了把佃农的效用维持在保留效用水平上，如果土地所有者减少耕地面积，他必须增加佃农的贴现的分成比例。因此，式（3.4.22）可以表示为 $G = (1 - \beta\theta)f\{e(x(\beta),\beta)x(\beta)\}$，由此可以得出两点推论。

第一，使用贴现的分成比例所带来的部分效果。在实行效用等价合同的背景下，根据有效劳动 e 和土地的替代弹性大于、等于或小于 1 的推论，佃农的努力程度 e 将随着贴现的分成比例相应地增加、不变或者减少，即：

$$\frac{\mathrm{d}e\{x(\beta),\beta\}}{\mathrm{d}\beta} = \frac{\partial e}{\partial x}\frac{\mathrm{d}x}{\mathrm{d}\beta} + \frac{\partial e}{\partial \beta} = \frac{U_1 f'}{\beta f'' U_1 + \left(\frac{1}{xU_1^2}\right)\{U_{11}U_2^2 - 2U_{12}U_2U_1 + U_{22}U_1^2\}}\frac{1-\sigma}{\sigma}$$

其中，$\sigma = -f'(f - zf')/ff''z$ 表示有效劳动 e 与土地之间的替代弹性。在每亩耕地上付出的努力程度 z 随着贴现的分成比例 β 的增加而增加，即 $\frac{\mathrm{d}z}{\mathrm{d}\beta} > 0$。

第二，由贴现的分成比例所带来的整体效果。由于 $\frac{\partial G}{\partial \theta} = -\beta f < 0$ ，对于任意给定的 β ，土地所有者会先选择 θ 可行的最小值 θ^* ，然后再选择 β ，以便使 $(1-\beta\theta^*)f(ex)$ 达到最大。所以，应该分两步来讨论这个问题。

第一步，当 β 为给定时，对 θ 的选择。布雷夫曼和斯里尼瓦桑指出，当 $r_L \leqslant r_A$ 时, $v^* = 1$, $\theta^* = 1 + r_L$; 相应地, $\beta = \frac{\alpha}{1 + r_T}$; 当 $r_L > r_A$ 时, $v^* = 0$, $\theta^* = 1 + r_A$; 相应地, $\beta = \frac{\alpha}{1 + r_A}$ 。鉴于 β 的取值范围为 [0,1] ，当 $r_L \leqslant r_A$ 时，通过选择 α 和 r_T 的组合，土地所有者可以在 β 的取值范围内实现利润最大化；而当 $r_L > r_A$ 时，虽然 $\left(\frac{1}{1+r_A},1\right]$ 区间内的 β 值不可能通过选择 α 来实现，但是，这个区间内的 β 值与利润最大化无关。相反，$\left[0,\frac{1}{1+r_A}\right]$ 区间内的值则可以通过选择 α 来达到。这意味着如果 α 不受限制，利润最大化所需要的 β 只要位于区间内就可以通过选择 α 来实现。因此，在分成比例 α 不受限制时，追求利润最大化的土地所有者会确保佃农获得更为便宜的贷款：当土地所有者的资金更为便宜时（即 $r_L \leqslant r_A$ ），土地所有者会向佃农提供信贷（ $v^* = 1$ ）；当其他贷款更为便宜时（即 $r_L > r_A$ ），土地所有者就不再提供贷款（ $v^* = 0$ ）。

第二步，给定 $\theta = \theta^*$ 时，对 β 的选择。在 β 的取值范围内，可以得到利润最大化的内点解 β^* 。布雷夫曼和斯里尼瓦桑发现，根据替代弹性大于、等于或者小于 1 的推论, $\beta^*\theta^*$ 会大于、等于或小于劳动在产出中应占比例 S ($= \frac{exf'}{f}$)。当 $r_L \leqslant r_A$ 时, $\theta^* = 1 + r_L$, $\beta^* = \frac{\alpha^*}{1 + r_T}$; 当 $r_L > r_A$ 时, $\theta^* = 1 + r_A$, $\beta^* = \frac{\alpha^*}{1 + r_A}$。在第一种情况下, α 与 r_T 有多种组合来实现 β^* ，故可将 r_T 设为 r_L 。这样, $\beta^*\theta^*$ 都会等于在各自情况下最优的分成比例 α^* 。因此，如果对控制工具 α 、v 和 r_T 不加限制，土地所有者向他的佃农提供的分成比例 α^* 会依据替代弹性大于、等于或小于 1 的推论相应地大于、等于或小于劳动在产出中应占比例 S 。特别是，当选择 α 与 r_T 的组合而使得 r_T 远远小于 r_L 时，即使替代弹性大于 1，在第一种情况下的最优分成比例 α^* 甚至小于劳动在产出中的应占的比例 S 。

（3）"效用等价合同" 条件下政府政策对各种控制工具的影响及其效果

首先，考察对租佃制改革（tenancy reforms）的效果。租佃制改革要求对分成比例设置最低额 α_F 。改革的效果将是：第一，当 $r_L \leqslant r_A$ 时，最优的贴现分成比例 $\beta^* = \frac{\alpha^*}{1 + r_T^*}$ ，那么，土地所有者可以改变 α 和 r_T 的组合以使最优贴现分成比例不变，即 $\beta^* = \frac{\alpha_F}{1 + r_T^{**}}$，也就是说，土地所有者将把分成比例提高到最低额的同时提高贷款利率。由于产出仅仅决定于 β^*，故产出不变；由于效用等价性质的缘故，佃农的福利也将不变。第二，当 $r_L > r_A$ 时，$v^* = 0$，$\beta^* = \frac{\alpha^*}{1 + r_A}$。当土地所有者面对最低额 α_F 时，他可以强制要求实行信贷联结，由此导致租佃制改革失效。事实上，当 $r_L \leq r_A$ 时，通过与信贷改革相配合（即实行让佃农通过其他途径获得贷款的利率低于土地所有者资金的机会成本）的改革可以使得 $r_L \leq r_A$ 变成 $r_L > r_A$。因此，无论是否配套使用信贷改革，对佃农的分成比例设置最低额的租佃制改革对产出没有影响；当然，如果禁止实行信贷与租佃交易的联结，这样的租佃制改革可以提高产出，减少耕地面积并增加佃农数量。

其次，考察土地改革的效果。土地改革要求将佃农耕作的土地的所有权赋予佃农。此时，当 $r_L > r_A$ 时，$\beta^* = \frac{\alpha^*}{1 + r_A}$，而土地改革将使 α 等于1，而 r_A 则不变。因此，贴现的分成比例 β 将增加，但其耕地面积不变。这意味着消费增长之后，在努力程度保持不变的情况下效用将增加；此外，根据变化了的 β 重新对努力程度进行最优调整可以进一步提高效用。当 $r_L \leq r_A$ 时，既然可以通过调整 α 和 r_T 的组合以使最优贴现分成比例不变，那么，首先将 r_T 赋值为 r_A，并得到一个对应的 α 值；然后再将 α 赋值为1便可以得到 $r_L > r_A$ 的情形。结论并没有发生改变。就土地改革对产出的影响而言，鉴于耕地面积不变时产出仅仅取决于 β 即 $f[e(\beta)x]$，布雷夫曼和斯里尼瓦桑指出，对应于 $-c\left(\frac{U_{11}}{U_1 - \frac{U_{21}}{U_2}}\right)$ 大于、等于或小于1的推论，土地改革会使产出增加、不变或减少，即 $\frac{\partial e}{\partial \beta}$ 大于、等于或小于0。

2. 信息不完善与分成租制中要素联结方式的选择

布雷夫曼和斯蒂格利茨（1982）指出，在分成租制中，由于监督成本太高，佃农的某些生产决策和行为难以被观察到，而这些决策和行为对土地所有者的预期利润有重要影响，因此，土地所有者有动机引导佃农按照对其有利的方式行动。通过改变提供给佃农的贷款数量、贷款条件、佃农所购买的商品种类及价格，土地所有者能影响佃农的行为，使佃农选择有利于土地所有者的努力程度和生产技术。布雷夫曼和斯蒂格利茨不赞同把要素联结看作土地所有者掠夺佃农的形式的说法，认为土地所有者若有能力攫取佃农的盈余的话，那么，他只需要减少分成比例便可以将佃农的效用限制在其维持生存（即保留效用）的水平上。显然，通过要素联结，土地所有者可以实现其他目标。

（1）要素联结的作用机制

布雷夫曼和斯蒂格利茨认为，在要素联结中存在着某种影响土地所有者利润的作用机制。土地所有者选择一定的工具（如贷款数量、贷款利率、商品价格，分成比例等），在佃农的最大化效用至少不低于其保留效用的约束下，实现自身利润最大化。在要素联结的情况下，佃农的效用取决于产出、努力程度、生产技术、自己控制的其他变量（如某种商品的消费量）、土地所有者控制的变量（如贷款数量、贷款利率、商品价格等），即：$u = u(y,e,\Omega,z,q)$ ①，其中，$y = gf(e)$ 为产出，g 表示期望值为 $\bar{g}$，密度函数为 $h = h(g,\Omega)$ 的正随机变量。假设土地所有者具有风险中性的特征。在这种情况下，土地所有者的预期利润由租佃合同规定的产出分成及联结带来的利润所构成，即 $\bar{p} = (1-\alpha)f(e)\bar{g} + \pi(q,z) = (1-\alpha)f(e)\bar{g} + (q-q_0)z(q)$。其中，$q_0$ 表示土地所有者所提供的要素的成本价格。

综上，土地所有者的利润最大化问题可以表示为：$\max\limits_{(\alpha,q)}\bar{p}, s.t.\ V(\alpha,q) \geqslant \bar{U}$，其中，$V(\alpha,q)$ 表示佃农的最大化效用。因此，要素联结对土地所有者预期利润的作用机制可以通过满足土地所有者利润最大化的一阶条件得到，即：

$$\frac{\mathrm{d}\bar{p}}{\mathrm{d}q} = (1-\alpha) \times \left[\bar{g}f'(e)\frac{\mathrm{d}e}{\mathrm{d}q} + f(e)\frac{\mathrm{d}\bar{g}}{\mathrm{d}\Omega}\frac{\mathrm{d}\Omega}{\mathrm{d}q}\right] + \pi_q + \pi_z\frac{\mathrm{d}z}{\mathrm{d}q} - \lambda\frac{\partial V}{\partial q} \tag{3.4.24}$$

从式（3.4.24）可以看出，要素联结条件 q 的变动不仅对利润有直接的作用，而且通过影响努力程度和技术选择，对利润还有间接的作用。

（2）要素联结的具体方式及其效果

分成租佃分别与信贷、商品市场、消费品市场联结构成为要素联结的3种具体形式。这3种具体形式分别具有不同的联结条件，若改变这些联结条件，将影响到佃农的努力程度和技术选择，进而也会对土地所有者利润带来间接效应。

第一，分成租制中的信贷联结。首先，考察佃农的负债对其努力程度的影响。当其他条件（如生产技术等）不变时，佃农的效用为消费与努力程度的函数②。其中，消费为产出减去所借贷款的余额。佃农的效用最大化问题为 $\max EU(c,e) = \max\limits_{(e)} EU(\alpha gf(e) - \hat{B}, e)$，其中，效用函数为凸函数，$\hat{B} = (1+r)B$

① 这是效用函数的一般形式，其具体形式需根据联结方式确定。若是租佃制与消费品联结，则效用函数为 $U = U(c,e,\Omega,z) = U(y-zq,e,\Omega,z)$，其中，$z$ 表示佃农向土地所有者购买商品，c 表示其他商品的消费量；若是租佃制与信贷联结，则效用函数为 $U = U(c_0,c_1,e,\Omega) = U(W_0+B, y-(1+r)B, e,\Omega)$，其中，$c_0$、$c_1$ 表示两期消费量，W_0 表示初期财富，B 表示佃农的借款数量。

② 事实上，这里的效用函数根据时期进行了分离，即 $U = u(c_0) + U(c_1,e)$，这样可以不用讨论最优借贷数量的决定，而只需要关注借贷的影响。

表示佃农的负债数量。作者证明了，当增加消费导致努力的边际负效用增加或不变（即 $U_{ec} \leqslant 0$）时，增加负债会增加佃农的努力程度，从而增加归于土地所有者的收益，即当 $\frac{\mathrm{d}\left[\int (U_c \alpha g f' + U_e) h \mathrm{d}g\right]}{\mathrm{d}\hat{B}} = -E(U_{cc}\alpha g f' + U_{ec}) >$（或 $<$）0，$\frac{\mathrm{d}e}{\mathrm{d}\hat{B}} >$（或 $<$）0。考虑到可能发生贷款违约的情况，作者假定，如果违约佃农必须提供劳动作为抵押品（而这并不是佃农所愿意的），佃农会尽量避免产出低于足够偿还欠款的水平，即确保 $\alpha g_{\min} f(e) = \hat{B}$，其中，$g_{\min}$ 表示 g 的最小值，代表最不利的环境等因素。显然，引入有关违约的抵押劳动条款将增加佃农的努力程度，即 $\frac{\mathrm{d}e}{\mathrm{d}\hat{B}} = \frac{1}{\alpha g_{\min} f'} > 0$。其次，考察佃农负债对他选择生产技术的影响。作者发现，当 $U_{ccc} <$（或 $>$）0 时，$\frac{\mathrm{d}\Omega}{\mathrm{d}\hat{B}} >$（或 $<$）0。当个人是递减的绝对风险规避者（decreasing absolute risk avert）时，且如果定义绝对风险规避为 $A = -\frac{U_{cc}}{U_c}$，那么，$A' < 0$ 意味着 $U_{ccc} > 0$，即得 $\frac{\mathrm{d}\Omega}{\mathrm{d}\hat{B}} < 0$。另外，如果引入违约的抵押劳动条款，即 $\alpha g_{\min}(\Omega^*) = \hat{B}$。其中，$\Omega^*$ 是使等式成立的最大的技术值。由于 $g'_{\min}(\Omega) < 0$，$\frac{\mathrm{d}\Omega^*}{\mathrm{d}\hat{B}} = \frac{1}{\alpha g'_{\min}} < 0$，这意味着增加负债将使佃农变得更为保守。如果在贷款合同中引入抵押劳动条款或假定佃农具有递减的绝对风险规避特征，则佃农负债增加将降低其承担风险的愿望，佃农不会选择那些平均产出水平更高但风险更大的技术，因而风险中性土地所有者的利润将减少。最后，推导土地所有者提供贷款的均衡条件。同质的佃农会选择相同的负债数量 $\hat{B}$，进而选择相同的利率 r 和借款数量 B，因此，土地所有者可以通过控制 r 和 B（或等价地选择 $B(1+r)$ 和 B）在佃农的最大化效用至少不低于保留效用的约束下实现其利润最大化。因此，土地所有者的最大化问题可以表示为：$\max\limits_{(B, B(1+r))} \bar{p} = (1-\alpha) f(e) + [1 + r - (1+\rho)]B$，约束为 $EU^*(c_0, c_1, e) \geqslant \bar{U}$，其中，令 $Eg = 1$，ρ 为土地所有者资金成本，效用函数根据时期分离 $U^* = u(W_0 + B) + U(y - (1+r)B, e)$。布雷夫曼和斯蒂格利茨经过证明得到了如下结果，即 $-\frac{\frac{\mathrm{d}U^*}{\mathrm{d}\hat{B}}}{\frac{\mathrm{d}U^*}{\mathrm{d}B}} = \frac{EU_c(c_1, e)}{u'(c_0)} = \frac{(1-\alpha) f'(\frac{\mathrm{d}e}{\mathrm{d}\hat{B}}) + 1}{1+\rho}$

$= -\frac{\frac{d\bar{p}}{d\hat{B}}}{\frac{d\bar{p}}{dB}}$；当不存在要素联结时，佃农可以与土地所有者相同的成本 ρ 获得借款，

因而均衡时有 $\frac{u'(c_0)}{EU_c(c_1,e)} = 1+\rho$。因此，如果佃农增加负债将引起其努力程度增加（或减少），即 $\frac{de}{d\hat{B}} >$（或<）0，那么，土地所有者提供的最优贷款合同会让佃农比不存在要素联结时借贷借得更多（或更少）。

第二，分成租制中的商品市场联结。在这种联结中，土地所有者通过控制产出和原材料的价格，为佃农提供原材料并承担产出的销售；此外，土地所有者还享有产出分成并分担相应成本。由此可见，产出和原材料价格可以归于联结条件之列，而分成分担比例可归于租佃合同条件之列。佃农的效用取决于收入和努力程度，而收入为所获产出减去所承担成本二者之间的差额，即 $U = U(\alpha P_T f(e,x) - \beta x, e)$，其中，$x$ 为原材料单位，其价格 P_x 被标准化为1，P_T 为土地所有者向佃农购买产出的价格，α、β 为分成比例。佃农选择努力程度和原材料单位，以便使其效用达到最大化，可得到 $e = e(\hat{\alpha},\beta)$，$x = x(\hat{\alpha},\beta)$，其中，$\hat{\alpha} = \alpha P_T$。在这种情况下，处于垄断地位的土地所有者选择 α、β 和 P_T，并在佃农的最大效用等于保留效用的约束下实现其利润的最大化，即：$\max\limits_{(\alpha,\beta,P_T)} (1-\alpha)P_L f[e(\hat{\alpha},\beta), x(\hat{\alpha},\beta)] - (1-\beta)x(\hat{\alpha},\beta)$，约束条件为：$U^*[Y_T(\hat{\alpha},\beta), e(\hat{\alpha},\beta)] = \bar{U}$。在这种情况下，土地所有者追求利润最大化的问题可以重新表示为：$\max\limits_{(\hat{\alpha},\beta)} P_L f(\hat{\alpha},\beta) - x(\hat{\alpha},\beta) - \phi(\bar{U},\hat{\alpha},\beta)$。由此可见，最优解仅与 $\hat{\alpha}$ 直接有关，土地所有者并不关心 α 或 P_T。因此，在效用等价的情况下，当分成比例不受约束时，土地所有者可以向佃农的产出支付市场价格。这意味着通过控制产出和原材料市场来攫取佃农的收益的做法并不比直接改变租佃合同条件（如分成比例）更有效率。如果分成比例受到社会准则或法律的约束，则土地所有者可以通过以低于市场价格的价格向佃农购买产出来攫取佃农的收益。当然，也只有在这种情况下，通过对产出和原材料市场的控制才可以为土地所有者提供追加的工具，使之独立发挥作用。

第三，分成租制中的消费品市场联结。土地所有者对消费品市场的控制可以单独发生作用。土地所有者通过改变消费品的相对价格，可以鼓励对努力程度具有互补效应的商品（如粮食或肉类）的消费，并劝阻佃农减少或放弃对闲暇具有互补效应的商品（如烧酒）的消费。这一类对消费品市场实行控制的工具有助于增加土地所有者的收益。

（3）市场结构、要素联结与土地所有者和佃农的福利

布雷夫曼和斯蒂格利茨认为，市场结构（包括完全竞争均衡、垄断或存在劳动力剩余的均衡等①）与租佃合同条件（分成比例和耕地面积等）决定了土地所有者和佃农的福利水平，而要素联结条件（借贷、产出和原材料价格、消费品的相对价格）则对福利水平具有重要影响。无论在哪一种市场结构中，不管佃农获得何等水平的效用，合同设计都旨在实现土地所有者利润的最大化。这些合同的区别在于各自所规定的佃农的效用水平不同：在垄断的市场结构中，佃农的效用水平为生存水平（即约束方程具有约束力（binding））；在竞争性均衡中，佃农的效用水平是使得佃农的供求相等的效用水平；而在伴有剩余劳动力的均衡中，佃农的效用水平至少不低于生存水平（约束方程不具有约束力）。前文已经指出，在任意给定佃农预期效用的情况下，追求利润最大化的土地所有者可以通过要素联结来增加预期收益，这意味着当存在要素联结时的效用可能性曲线（utility possibility schedule）比要素没有联结时的效用可能性曲线更高，如图 3.4.1 所示。

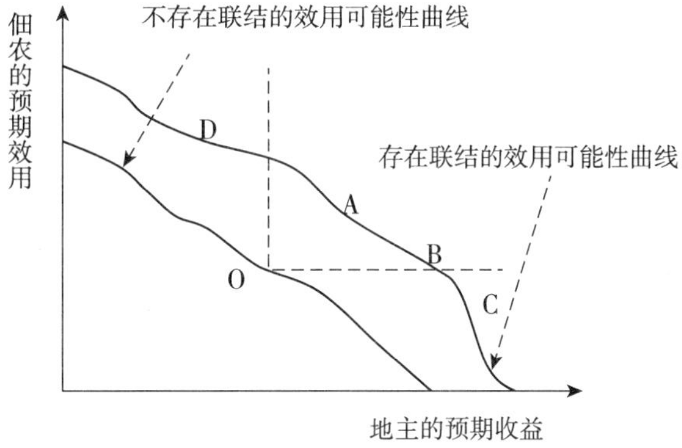

图 3.4.1　存在联结与不存在联结情况下的福利比较

在图 3.4.1 中，A、B、C、D 这 4 个点分别代表要素联结后土地所有者和佃农的福利相对于初始水平（点 O）的变动情况。虽然土地所有者和佃农的境况都可能变得更好（点 A），但是，在竞争性均衡中，佃农的境况反而可能变得更糟（点 C）。在竞争性均衡中，佃农的效用水平是使佃农的供求相等的效用水平，对佃农的需求和供给都可以看成是关于佃农预期效用的函数。佃农的供求状况及联结对供求的影响，可以由图 3.4.2 表示。②

① 类似于效率工资理论中将工资设定在非市场出清水平上。

② 事实上，对佃农的供求分析也适用于所有市场结构中对佃农效用的分析，因为无论佃农的供求是否相等，对佃农需求的变动肯定会引起其效用发生变化。

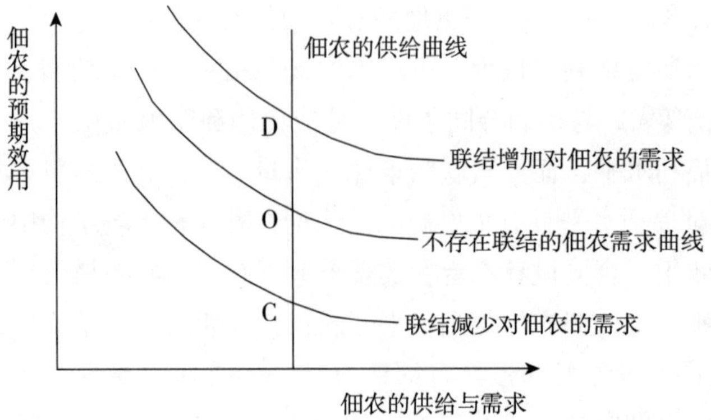

图 3.4.2　存在联结与不存在联结时的租佃市场竞争性均衡

布雷夫曼和斯蒂格利茨指出，在某一效用水平上，要素联结条件的变动将使佃农的效用发生变化，为了抵消这种变化，租佃合同中的耕地面积必须改变。特别是在一定的条件下，要素联结会增加耕地面积，因而将减少对佃农的需求（如图 3.4.2 所示，佃农需求曲线将向下移动），进而使佃农境况变糟。相反，在一定的条件下，要素联结也会减少耕地面积，因而增加对佃农的需求，这种情况甚至可能发生在垄断的市场结构中，由此导致佃农的境况可能变好。在伴有剩余劳动力的均衡中，要素联结对佃农福利的影响不明确：一方面，要素联结使佃农的努力程度增加，从而使佃农的收益提高；另一方面，佃农努力程度的增加使土地所有者所增加的耕地面积上的边际收益增加，但是，耕地面积增加会提高失业水平，因而使佃农的效用减少。

两位作者进一步得出了具有更为一般意义的几点结论：第一，要素联结的存在不一定被看做是证明欠发达国家农业市场是非竞争的一个例证。显然，这类联结同时具有配置效应和分配效应。在某些场合，通过限制土地所有者营销和贷款行为来削弱土地所有者的支配力也许反而会减少农业产出，并使佃农境况变坏；在其他场合，农业总产出将增加，佃农境况改善而土地所有者境况变糟。第二，在许多状态下，竞争性市场和非竞争性市场看起来相当近似，例如在多种要素联结被使用的情况下就是如此。第二，他们的模型表明，简单化的模型不论是竞争的还是非竞争的，只要涉及匿名市场、同质产品以及对投入品的完善监督，那么，这类模型就极有可能会是误导性的。

3. 异质劳动、信息不完善与分成租制中的信贷联结

布雷夫曼和格瓦施（Avishay Braverman & J. Luis Guasch，1984）认为，在一个存在异质性劳动而有关劳动异质性的信息并不为土地所有者所充分掌握的环境中，将租佃和信贷联结起来可以为土地所有者提供一种筛选装置（screening device）。在这种环境下，由于拥有一定资本的能力强的佃农具有更高的资本边际

产出，因而土地所有者可以要求希望签约的佃农需具备一定数量的资本，在不存在还款激励和生产不确定性的情况下，土地所有者愿为这些拥有资本的佃农提供融资。一方面，农民为了成为获得土地的佃农而借入贷款，以满足资本要求（capital requirements），另一方面，能力不同的佃农为追求效用最大化而选择不同的资本要求，以便接受不同的信贷合同。于是，布雷夫曼和格瓦施用垄断竞争市场结构框架分析了租佃和信贷联结后所形成的“自我选择筛选均衡”。在该均衡中，拥有不同能力水平的佃农根据自身能力自我选择相应的合同，每种合同适用于一种且只有一种佃农。其结果是，在这种分离均衡中，贷款利率迥异，且利率—本金（即贷款数量）曲线向下倾斜（即能力更强的佃农以更低利率借入更多的贷款从而购得更多的资本）。这意味着，经过筛选之后，只有能力更强的佃农才能获得低利率补贴，而能力弱的佃农只好支付更高的利率。

（1）异质性劳动、资本要求与自我选择

在一个土地稀缺的环境中，为了让能力更强的佃农获得土地租赁权，土地所有者要求佃农需具备若干资本，因此，能力强的佃农因其资本边际产出更高而愿意提供更多的资本。假设佃农的资本通过借贷融资而形成。作为佃农，他可以选择按照给定分成比例参加产出分成，并获得一定的信贷合同。合同规定了本金和相应的利率，并规定借款仅限于购买资本并且在生产结束时归还。由于假定单块耕地的面积固定、佃农劳动投入的数量为 1 以及最终产品的价格为 1，能力为 i 的佃农的效用最大化问题[①]可以表示为 $\max\limits_{s_i \in S} \alpha F(e_i, b_i) - (1 + r_i) a b_i$。其中，$\alpha$ 表示分成比例；e_i（$i = 1, 2, \cdots, N$）表示能力，b_i 表示资本，由贷款数量 k_i 与单位资本的市场价格 a 来决定（即 $b_i = \dfrac{k_i}{a}$）；r_i 表示根据贷款数量 k_i 由贷款合同 s_i 规定的利率；$F(e_i, b_i)$ 表示严格凸性的生产函数，且偏导数均为正。风险中性的土地所有者以非合作的方式选择合同，即该土地所有者在其他土地所有者合同给定的条件下，选择使其预期利润达到最大化的最优合同。

（2）筛选均衡及其特征

布雷夫曼和格瓦施指出，在仅仅存在筛选均衡（sorting equilibrium）而不存在集中均衡（pooling equilibrium）的情况下，如果存在适用于多种佃农的集中合同，那么，土地所有者总可以通过其他合同将能力更强的佃农筛选出来，因为他们拥有更高的资本边际产出，因此，集中均衡将被打破。筛选均衡存在的条件是：一方面合同必须满足筛选要求，即均衡中每个合同只适用于一种且只有一种佃农；另一方面这些筛选合同必须满足利润最大化要求，合同能导致有效配置，

① 由于每个佃农的劳动投入的数量固定为 1，效用最大化问题即等价于收入最大化问题。

即对土地所有者来说，不存在使其利润更高的集中合同。①

假设能力为 n 及以上的劳动者的总数大于总耕地块数，而能力为 $n+1$ 及以上的劳动者总数小于总耕地块数，并设所有耕地都投入生产，则能力为 n 及以上的劳动者将成为佃农。显然，根据效用等价的性质，能力为 n 的佃农将获得机会工资（opportunity wage，即劳动者从事其他活动如作为雇佣工人所获得的收入）。此外，由于土地所有者之间存在着竞争，所有合同或者所有耕地的收益 z 都将趋于相等。② 因此，对于能力为 n 的佃农来说，所签署的合同 (b_n, r_n) 需要满足：$\alpha F(e_n, b_n) - (1+r_n)ab_n = w$。土地所有者的收益需要满足（其中 r_0 表示市场利率）：$(1-\alpha)F(e_n, b_n) + (r_n - r_0)ab_n = z$。两式相加得 $F(e_n, b_n) - (1+r_0)ab_n = z + w$。这意味着，任何耕地上的净收益等于土地所有者的利润加上佃农的收入。若 b_n^* 是使净收益最大化的资本量，则土地所有者从所有筛选合同获得的每块耕地上的最大利润为 $z^* = F(e_n, b_n^*) - (1+r_0)ab_n^* - w$。

因此，如果满足以下条件，合同集合 $S^* = \{s_i \mid s_i = (b_i, r_i)_{i=n,\cdots,N}\}$ 便是一组筛选合同，其中，s_i 表示适用于能力为 i 的佃农的合同，即：

对于能力为 i 的佃农来说，合同集合中的其他合同给他带来的效用都不大于专门为他设计的合同，即对任意的 $i \geqslant n$，都有

$$\alpha F(e_i, b_i) - (1+r_i)ab_i \geqslant \alpha F(e_i, b_j) - (1+r_j)ab_j \text{，其中，} N \geqslant j \geqslant n \tag{3.4.25}$$

对于能力为 $i = n$ 的佃农来说，$s_n = (b_n, r_n)$ 是使其效用达到最大化的合同，即让其获得机会工资的合同，即：

$$\alpha F(e_n, b_n) - (1+r_n)ab_n = w \tag{3.4.26}$$

对追求利润最大化的土地所有者来说，任何适应于不同能力佃农的合同必须使土地所有者的利润满足

$$(1-\alpha)F(e_i, b_i) + (r_i - r_0)ab_i = z^* \tag{3.4.27}$$

如果不再存在使土地所有者利润更高的集中合同，即 S^* 中的合同是有效配置的合同③（例如前面提到的 $s_n^* = (b_n^*, r_n^*)$ 就是有效配置的合同），这一组合同就形成了筛选均衡。筛选均衡具有如下特征：

---

① 布雷夫曼和格瓦施指出，就是否满足土地所有者利润最大化目标而言，筛选合同虽然总是存在但未必是带来利润最大化的有效配置，相反，集中合同可能比筛选合同所带来的利润更高。因此，如果不存在这种可以给土地所有者带来更高利润（即超过利润 z^*）的集中合同，则筛选合同将存在，而且筛选合同均衡是有效率的。

② 这个结果是处于垄断竞争之中的土地所有者之间的非合作所导致的，否则，土地所有者完全可以利用合同攫取能力强的佃农的额外产出。

③ 布雷夫曼和格瓦施进一步指出，有效配置合同不一定满足筛选条件，它与筛选均衡中的合同的关系为：筛选均衡中的合同的资本要求至少不少于有效配置合同的资本要求，因为前者是为了适用于某一特定类型的佃农并把能力更弱的佃农剔除掉。

首先，由式（3.4.25）变形可得：

$$\alpha(F(e_i,b_i)-F(e_i,b_j))\geqslant(1+r_i)ab_i-(1+r_j)ab_j\geqslant\alpha(F(e_j,b_i)-F(e_j,b_j)) \tag{3.4.28}$$

由于能力强的佃农愿意提供更多的资本即 $F_{21}\geqslant 0$ ，偏导数为正，$i>j$ 即意味着 $e_i>e_j$ ，因此，在均衡中，能力强的佃农的所欠债务更高，即 $(1+r_i)ab_i>(1+r_j)ab_j$ 。

其次，在筛选均衡中，利率—贷款数量（本金）曲线向下倾斜。这意味着，随着贷款数量增加，相应的利率是下降的。因此，这种情况下的利率有可能会比市场利率水平更低。总之，能力强的佃农将以更低的利率借入更多的贷款。

三、对要素联结与配置效率研究的扩展与经验分析

20 世纪末和 21 世纪初以来，一些发展中国家的学者把对要素联结与配置效率关系的分析延伸到同农业相关的其他领域并展开经验研究。他们探讨了要素联结作为非正式制度替代正式市场制度在提高资源配置效率和生产率中的作用，并且在一个微观层次的统一的分析框架中进一步分析了配置效率和收入分配的关系。

1. 要素联结背景下的供给变动与配置效率的改进

劳伦斯·E. D. 史密斯、迈克尔·斯托克布里齐与哈里·R. 洛哈诺（Laurence E. D. Smith，Michael Stockbridge & Hari R. Lohano，1999）考察在巴基斯坦信德（Sindh）地区棉花和小麦种植者与贸易商形成的信贷与产出联结何以能带来一个有效率、公平和竞争的结果。一方面，由于在市场上有许多种植者、贸易商和轧棉厂，对贸易商来说在激烈的竞争中确保充足的农产品供应极为重要；另一方面，因贷款筛选、监督还款实施等所引发的交易成本上升以及农业生产的不确定性导致银行等正规部门难以满足种植者的信贷需求。种植者间接通过贸易商将棉花和小麦分别卖给轧棉厂和粮食部门，由贸易商向种植者提供种子化肥等实物为主要形式的信贷，而后者则承诺将产出卖给前者。因此，要素联结降低了农产品买卖过程中的搜寻和协商成本，提供实物信贷确保了信贷用于生产因而降低了违约风险，而贸易商采取的一系列筛选程序、贸易商与种植者保持长期业务关系以及非正式信息共享网络的存在等因素进一步降低了借贷的交易成本。结果是，在这两个地区，产出和投入品均按市场价格交易，利率主要反映贸易商资金的机会成本以及违约、延期还款、筛选和追债等成本。种植者在兑现承诺后剩下的农产品无需出售给向其贷款的贸易商，贸易商对种植者的剩余榨取基本不存在，为争夺产品供应只好在各个市场上公平竞争，并未谋求合谋或垄断。这种局

面之所以出现，贸易商竞争收购农产品和社区信息共享网络构成为两个关键条件。其中，信息网络提高了价格的透明度，使种植者对与其合作的贸易商进行选择，由此强化了贸易商之间的竞争。

德布拉吉约迪·查卡拉巴迪与阿兰尼什·乔杜里（Debajyoti Chakrabarty & Ananish Chaudhuri，2001）则在正规与非正规信贷机构之间相互作用的背景下构建了一个土地所有者向佃户提供土地和信贷并向后者收取地租和利息的要素联结模型。人们通常认为这样的要素联结会是低效率的，因为这种联结给土地所有者提供了通过收取地租和利息两种方式来榨取佃户的消费者剩余。作者假设国有银行以信贷配给形式提供贷款因而在信贷市场上引发了对资金的过度需求，并通过假设引入了一个在技术水平上存在差异的异质性佃农而土地所有者只了解先前的佃户类型因而对不同佃户收取不同利息的逆向选择模型。他们发现，按补贴利率向乡村部门增加定额信贷（fixed credit）并不会减少低效率，由补贴带来的全部收益将归于土地所有者；与之相反，如果因为放贷人有关佃户类型的信息不完全而引起的低效率，则按补贴利率但以有伸缩性的方式（in a flexible manner）提供贷款能更有效地提高效率。

乔翰·F. M. 斯温能与安内林恩·范德普拉斯（Johan F. M. Swinnen & Anneleen Vandeplas，2007）研究了在要素市场普遍不完善和合同履行能力弱的转型国家和发展中国家中，在农产品生产价值链中以农户与农产品加工、销售和投入品供应企业形成的要素联结（该术语被欧洲学者称作“垂直合作”（vertical co-operation）），其中，经纪人、零售商、农业企业以及粮食加工公司同农场及乡村家户签约，向后者提供投入品及相关服务以换取有保证的高质量的农产品供给。作者认为，这种要素联结体系具有引导农业投资和生产更接近于其最优水平的潜力，因而成为经济增长、乡村发展和减少贫困的引擎。作者认为，要素联结使佃户得到了先前无法获得的信贷和其他投入品，而农产品加工企业能及时获得高质量的农产品供给，因而带来了总福利的增加。然而，交易双方能否从交易中获利则主要取决于供给可获得性、厂商之间的竞争程度以及双方讨价还价的相对能力。一方面，厂家之间的竞争不仅使佃户以更低价格获得投入品和以低成本销售农产品，并能更加平等地分享租金（这反映在更高的生产者价格上），还提高了佃户的讨价还价能力，使之改变由垄断组织强加的合同条件，最终带来正的平等效应（positive equity effects）和正的效率效应（positive efficiency effects）；另一方面，过度竞争则可能因供给方采取机会主义行为或形成共谋而导致债务违约并使要素联结中的合同履行机制遭到破坏，使市场之间的协调发生崩溃；此外，要素联结也可能成为对新厂商的准入障碍，并为交易中的主导方提供了“额外的杠杆作用”（additional leverage），最终导致负的效率效应（negative efficiency effects）。对此，作者提出的建议是引入经常性监管（frequent monitoring）、买方协调（buyer co-ordination）和地方信息网络（local information networks）等特定的制度安排，使要素联结在竞争中延续下去。

古慧雯、黄贞颖与简锦汉（Hui-wen Koo，Chen-ying Huang & Kamhon Kan，2009）利用保存至今的台湾20世纪30年代制糖磨坊中的合同档案对要素联结理论进行了实证检验。为便于分析，他们分别建立了最优和次优两个合同模型。在最优合同模型中，利率被设定低于磨坊主资本的机会成本，这意味着不会发生所有蔗农投资不足的情况。要素联结的含义体现在磨坊主为蔗农投资提供融资，若投资亏损仍可通过其他交易（如压低甘蔗价格）获得的利润抵补后仍有余。由于最优合同模型中设定的利率太低，因而鼓励蔗农借款数量超过投资于甘蔗种植上的款项，迫使蔗农用超出的资金满足其在其他方面的需求（如套利）。为阻止这类机会主义行为，磨坊主必须监管蔗农的贷款的使用。作者表明，现实中的利率不至于低到最优合同所预测的水平。在次优合同模型中，假设道德风险不是很严重，此时的债权人尤其愿意以低利率放贷，而在以实物形式（如化肥、种子等）提供贷款的情况下，磨坊主甚至愿意按零利率或负利率放贷。作者采用回归分析方法检验了第二个模型。他们发现，当市场利率上升或者当甘蔗价值下降时，磨坊主会提高利率，其结果是蔗农将减少借贷。只有当磨坊主能够抑制甘蔗买价或实行歧视性定价时，低利率才能奏效。总之，作者觉得从经验研究中得出的有关次优的利率水平和最优的甘蔗价格的结论与现实情况相吻合。

2. 要素联结、生产激励和生产率的提高

吉家淳与黑崎卓（Jun S. Furuya & Takeshi Sakurai，2003）考察了加纳库马西（Kumasi）地区磨坊主通过向农民提供信贷以要求农民将谷物交给自己碾磨而形成的要素联结对磨坊生产效率的影响。他们发现，通过提供低利息或无息贷款的激励，农民乐意在磨坊工作，而磨坊主接收的谷物数量大大增加。不仅提高了磨坊的开工率，而且促成了成本下降。他们指出，在形成要素联结之前，一方面，由于市场信息难以获取，交通运输和谷物储藏设施落后，使磨坊的开工率和谷物市场的均衡长期处于最优水平之下；另一方面，农民的信贷需求旺盛恰恰说明信贷市场运行不畅。要素联结则能同时避免两个市场上的低效率。

T. S. 杰伊内、山野隆司与詹姆斯·恩约罗（T. S. Jayne，Takashi Yamano & James Nyoro，2004）所做的研究发现要素联结可以成为提供投入品的一种间接的激励方式。他们考察了肯尼亚农户与农产品销售公司之间形成的在经济作物生产和销售上的要素联结（即销售公司向农户以信贷形式提供投入品，而农户以销售农产品的方式归还贷款）对没有参与要素联结的粮食作物生产的溢出效应。一方面，由于策略性违约及逆向选择阻碍了信贷市场的发展，很多小农户难以获得足够的资金；另一方面，由于经济作物和粮食作物在市场结构上存在差异（如粮食

作物潜在购买者的数量更多），有可能使粮食作物生产中缺乏可以提高生产率的化肥等投入品。他们发现，农户参与经济作物的要素联结同样会增加对粮食作物的化肥使用量，这说明要素联结除了通过经济作物的生产对农户收入产生直接影响之外，还会对农户粮食作物的生产等活动产生溢出效应。这就为解决粮食作物集约化生产中农户遇到的信贷约束问题提供了一种“双赢”思路，即农户因获得信贷支持而改变了资金短缺的局面，销售公司则通过扩大经济作物的生产而在加工和销售方面获取了更大的规模经济。

瑞·M.S. 本菲卡、大卫·L. 契歇尔莱与邓肯·博夫顿（Rui M. S. Benfica, David L. Tscherley & Duncan Boughton，2006）从经验方面考察了莫桑比克赞比西峡谷（Zambezi Valley）的农户是否通过参加“烟草合同耕作计划”（tobacco contract farming scheme）而成为“合同农户”，以此作为农户生产绩效的决定因素，以便考察该计划是否对当地所有农作物生产的总收入以及家户从事所有经济活动的总收入产生了影响。他们的结论是：（1）参加该计划是受要素禀赋、土地所有权和其他获取收入的机会驱动的结果，而人口统计学方面的因素几乎不起作用；（2）在农业部门中就业，无论参加“合同计划”与否，受教育程度均与收入无关，但受教育超过三年以上的家户的收入却显著增长。这反映了受过更多教育的家户从非农业就业中能获取更高的收入，但这类家户若参与“合同计划”将几乎完全抵消它们在这方面的优势；（3）女性家长更乐意从事烟草生产，这是因为以女性为家长的家户从农作物生产中得到的收入更低，因此，以女性为家长的家户以分散化方式到非农业部门工作会降低性别上的不平等；（4）拥有更多土地和其他收入来源渠道（特别是牲畜更多和工资收入更高的）大家户不愿意加入“合同计划”。结果表明，拥有更大土地所有权对家户收入的影响几乎完全反映在家户的总收入上，这意味着这类家户不愿意放弃来自非农业部门的收入。

曼纳什·乔贝伊（Manesh Choubey，2009）对比分析了印度拉贾斯坦邦（Rajasthan）签署联结合同的家户和未签署联结合同的家户在小麦生产绩效上的差异。他发现，非联结家户使用更多的投入品（农作物高产品种、灌溉、化肥等）和机械劳动，而联结家户更少使用投入品，但更多使用人力劳动和畜力；此外，联结家户的生产成本（投入品的成本）、产出和净回报都比非联结家户低。那些缺乏可供选择的收入来源且资源匮乏（resource-deficient）的农户（特别是被边缘化的小农户）不仅受到投资能力的约束，而且受到大量的社会与制度因素（如缺乏信贷和获取信息的途径，基础设施供给不足，土地持有规模太小以及与租赁安排相关的激励不充分等）的约束。这就驱使这类农户与土地所有者签署要素联结合同，后者则通过调整合同条件来诱使联结家户采用能带来高利润的生产技术。他通过回归分析得出的比例系数表明，发达地区对采用农作物高产品种

（HYVs）所带来的生产率反应在程度上要大于欠发达地区。这意味着若有更多地区使用高产品种将导致联结家户的生产率同非联结家户相比有更大的增长。

3. 要素联结背景下的收入分配与福利变动

阿尼塔·吉尔（Anita Gill，2004）对印度旁遮普邦（Punjab）的帕蒂亚拉（Patiala）和阿姆利则（Amritsar）这两个地区农户的土地、生产和信贷等方面的情况做了实地调查，证实了要素联结具有剥削的性质。由于从正规部门获取信贷的程序繁琐加上对抵押品有严格要求，农户的贷款需求难以满足。超额的信贷需求溢出至非正规部门，绝大部分农户从私人放贷人那里获得借款。在非正规部门中，信贷市场与其他市场联结是这两个地区主要的信贷交易方式，其中耕种者与代理商之间的信贷和产出联结最为重要。代理商以贷款形式向耕种者提供现金和投入品，后者则承诺向前者销售农产品。对放贷人来说，以产出作为抵押品降低了农户的违约风险，而对农户来说，则解决了其缺少土地等传统抵押品而无法借贷的难题。他们的数据显示，所有层次的农户均以要素联结形式获得贷款，而联结交易并不局限于小农户、无地农户和边际农户，以联结要素形式获取贷款的农户比重并非随土地规模增加而减少。作者指出，包括信贷交易的要素联结本身不能视为封建残余，但提供信贷的交易商反而比传统的放贷人更具有剥削的性质。这是因为在帕蒂亚拉和阿姆利则的信贷市场上，交易商等非正规放贷人是满足超额信贷需求的唯一选择。即使不存在对抵押品价格的低估，交易商也可通过高利率对农户进行剥削。他们还指出，贷款数量越大，农户用于抵押的农产品就越多，交易商获得的交易佣金越多。因此，利率降低可以吸引农户增加借款从而增加交易商的收益。

萨巴吉特·乔杜里、阿西斯·K. 巴纳基（Sarbarjit Chaudhuri & Asis K. Banerjee，2005）建立了一个落后农业经济中买方寡头垄断与农户关系的分割模型，其中每个购买者（交易商）都拥有受控制市场（captive market），但同时都参与竞争性市场（contested market）上的竞争。交易商向农户支付预付款以期后者未来按预先确定的价格交付农产品。获得贷款的农户将按低于市场价交付农产品，正是联结合同使农户被束缚在受控制市场上。由于农产品收购商在受控制市场上拥有垄断优势，联结两个市场除了有利于买方寡头垄断者通过价格歧视来获利之外，还在于将农户的收入压低至保留收入（即受控制的农户的保留收入等于该农户在竞争性市场上的收入）水平上。此外，作者借助于该模型考察了贸易自由化对农业部门的效应。作者显示降低信贷补贴将扩大受控制市场的规模，导致农户的福利恶化并降低农业生产率。反之，提高农产品国际价格会明显改进农户的福利，但对农业生产率的效应不明显。

当然，也有经验研究的证据显示，在不同的条件下，要素联结给收入分配和福利变动带来更大的不确定性，在某些条件下，甚至会给收入分配带来正效应。卡维里·吉尔（Kaveri Gill，2007）将原先研究发展中国家农村的要素联结思路扩展到对城市中的废品回收业进行探讨。他实地调查了印度德里（Delhi）作为“非正式部门”的废品回收业中的要素联结现象，发现在该行业中有一套由两类废品回收者分别与各自的交易商所形成的产出（废品）与信贷（或土地）间的联结机制，导致两类回收者和经纪人在收入分配和福利上存在差距。其中，“拾荒者”（pickers）负责收拾散落在城市中的垃圾，主要靠步行收集湿的包括有机物和无机物的未进行分类的混合垃圾，部分垃圾不可以回收：而“流动废品回收商”（itinerant buyers）则骑自行车穿梭于私宅、公寓楼和贫民窟，通过向客户支付现金回收用塑料、玻璃、纸张及金属等无机物制作的干的可回收的废品。显然，后者从垃圾回收中获得的收入高于前者。同两类垃圾回收者相对应有两类经纪人。拾荒者通常把垃圾销售给“潘尼经纪人”（panni dealers），流动废品回收商则把垃圾销售给“卡巴迪经纪人”（kabadi deaer）；拾荒者若是收集到卡巴迪经纪人所需要的废品也可销售给后者以获得高收益。两类交易者之间存在着特有的联结关系。“潘尼经纪人”（panni dealers）不向拾荒者提供现金来购买垃圾。当天工作结束后，拾荒者将大部分钱存在潘尼经纪人那里，仅把一小部分用于即期消费。晚上，拾荒者还要在潘尼经纪人的店里花2—3小时对垃圾分类。这样分类工作是不计报酬的。潘尼经纪人所提供的实际上并非现金贷款，而是他所持有的未清偿资金。绝大部分拾荒者都无法从正规或非正规机构获取资金，所以，来自经纪人的资金几乎是他们唯一的途径。相反，卡巴迪经纪人向流动废品回收商贷放一笔现金以用作购买废品的预付款并每天同后者结账。对于缺乏贷款的流动废品回收商来说，卡巴迪经纪人不妨为一种借款的选择。尽管部分流动废品回收商也能接近其他非正规信贷来源的渠道（例如：加入“ROSCA”（Rotating Savings and Credit Association）并以会员身份获得贷款），但其获取资金的主要渠道仍来自他们的经纪人。令人感到吃惊的是，该行业中的交易关系远非传统新古典经济学家通常所描述的那样，是“原子式的”（atomised）、“匿名的”（anonymous）和短期的，相反，它是在多个层面上形成了深层次个人化的（deeply personalized）和长期的交易关系。如何解释这种关系？在他看来，新制度经济学从委托—代理理论的角度把要素联结中隐含的合同关系解释为是对消失的和不完善市场的替代。但作者认为若进行深入的探究就会发现，虽然采用新制度经济学思路能够对市场结构、激励以及各种合同的不同形式等问题做出很好的解释，但它仍然无法解释两对关系中流动废品回收商与卡巴迪经纪人为何享有更为平等的交易关系，而拾荒者与潘尼经纪人之间却保持着剥削性质的交易关系。吉尔认为在要素联结关系中存在着一方拥有支配力的情况，对于这类情况，只有采用政治经济学思路才能把问题解释清楚。他指出，印度的收入分配不平等在很大程度上与不平等的种姓阶层（caste hierarchy）制度有关。例如，拾荒者因所属种姓的缘故被禁止从事流动废品回收商的工作，而同属于卡迪克（Khatik）种姓的流动废品回收商与卡巴迪经纪人因为在塑料制品回收市场上确立了寡头垄断地位，他们通过采取集体行动来提升其在经济与社会领域中的地位。这使得流动废品回收商能够同卡巴迪经纪人一道享有更为平等的关系，而且双方因共同利益而不得不关注信贷、劳动力与废品回收市场。

戈迪奥斯·穆加瓦玛里亚、玛里吉可特·德·海斯与基斯·伯杰（Gaudiose Mujawamariya，Marijkt D'Haese & Kees Burger，2010）对塞内加尔树胶生产者与交易商之间形成要素联结的影响以及这些因素对生产者的市场参与以及对树胶产出的影响进行了研究。他们强调要素联结是解决由市场失效引起的信贷等投入品短缺和产品市场进入问题的重要的制度安排。交易商在树胶生产淡季时以信贷形式向生产者提供生活必需品、工具和现金，而后者则以约定的价格将产出卖给交易商并从中扣除还款。值得一提的是，为了确保信贷的偿还，这类要素联结一般建立在关系密切、互相信任且经常交易的经济主体之间，并要求生产者提供的产品必须是交易商所销售的品种。这说明在该联结中，生产者为了还款而必须生产，由此刺激了产出；交易商为了抵补放贷的成本必须购买该生产者的产品，因而在客观上为后者提供了保险服务。他们通过估计要素联结参与模型、市场参与模型和产出模型发现，生产者的信贷需求、交易双方的关系和交易商的财务能力对要素联结的形成具有促进作用；要素联结对产品的市场参与和产出均具有正效应。

第五节　简要的评价

自20世纪70年代中期以来，新一代发展经济学家从发展中国家现实出发，在大量实地调查的基础上，把经验分析结果提升为理论概括，在尝试刻画市场不完善背景之下发展中国家市场运行的机理的同时，力图从微观层面对市场缺失条件下何以通过设计特定的制度安排来改进经济效率进而促进经济发展的机制做出解释。对发展经济学这一领域的相关研究文献进行梳理是本章的主要任务，下面拟从发展经济学家在这一领域所做的推进工作对于发展经济学的进步具有什么理论意义的角度，对以上概述的研究文献作一个简要的评价。

需要提到的是，在本章所做的概述中，既涉及了一大批新古典主义发展经济学家的研究文献，又涉及了一些结构主义发展经济学家（例如：贝尔、阿利姆、爱德华兹、科尔曼、盖特、瑞、维京伯根、巴丹、巴苏、玛祖姆达等）的研究成果。通过对不同理论学派进行评价有助于进一步了解不同学派的理论风格。此外，在大部分研究文献中，人们可以明显地感觉到金融发展理论的新进展（体现在第一节中）、劳动力市场理论的新发展（体现在第二节中）以及包括委托—代理理论、产权理论、道德风险与逆向选择理论、交易成本理论等在内的新制度经济学各个理论分支（体现在第三和第四节中）对当今发展经济学所施加的影响。

1. 对发展中国家金融市场研究文献的评价

自20世纪80年代以来，新一代发展经济学家在金融发展理论方面取得了重要突破①的同时，对发展中国家金融市场本身的研究也取得了重要进展，并取得了一批具有重要理论创新价值的研究成果。就对发展中国家金融市场研究所取得的新的进展而言，我们认为，以上提到的结构主义发展经济学家所做的推进工作以及新制度经济学的问世所产生的广泛影响构成为促成这一领域取得进展的两个重要原因。以下我们试从3个维度上做出评价。

第一，研究视角的转换和结构主义研究思路的引进。新一代结构主义发展经济学家从结构主义思路的分析视角出发，② 摒弃传统新古典经济学有关完全市场和完全竞争的假设并代之市场不完善和结构刚性等结构主义的假设，在主要采用结构主义思路的分析工具的同时有选择地兼用部分新古典经济学分析工具，对具有二元结构特征的发展中国家金融市场（尤其是信贷市场）的特征与运行机制、正规市场与非正规市场的关系以及政府对信贷市场干预的效果展开了广泛而深入的研究。早在20世纪70年代初，麦金农和肖在他们对发展中国家金融市场探讨的过程中发现发展中国家在诸多方面不同于发达国家，因而在他们的分析中融入了某些结构分析的元素（如“分割经济”、“结构性周期”等），但由于他们秉持的是传统新古典经济学的整体分析框架，关注的是将成熟的有组织的金融市场作为分析问题的参照系，因而并没有把发展中国家广泛存在的非正规市场纳入他们的视野中，所得出的是近乎绝对反对“金融抑制”和力主推进“金融深化”的政策结论。新一代结构主义发展经济学家从发展中国家现实出发，在对发展中国家非正式市场进行深入的实地调查和经验分析的基础上，建立理论模型，检验考察数据和理论假设，提供了一批具有创新意义的研究成果。他们所做的贡献得到了当代金融发展学者的充分肯定。例如，马克斯韦尔·J. 弗莱（Maxwell J. Fry）认为，在研究发展中国家金融市场时引入非正规信贷市场，这是新结构主义者对

① 参见本书第十章“金融发展理论的新发展”。

② 第三章第一节“发展中国家金融市场”中所介绍的文献绝大部分（除斯蒂格利茨和乌伊等人之外）为结构主义发展经济学家的研究成果，所以，笔者做出评价的侧重点放在这一支文献上。

发展中国家信贷市场研究的重要特征，也是他们关于金融发展建模的最重要的见解。①

第二，从微观层面提供了有关发展中国家正规市场与非正规市场之间相互关系的解释。新一代结构主义发展经济学家不赞同麦金农和肖有关金融抑制政策导致了发展中国家出现二元信贷市场格局以及非正规市场效率低下的主张，他们提出相反了的见解。他们的看法可以归纳为：首先，之所以出现非正规信贷市场与正规信贷市场并存的局面与发展中国家市场不完全（特别是保险市场不健全）和信息不对称更为普遍这一整体背景有关。这种局面虽然与金融抑制有关联，但不能笼统地视为金融抑制政策带来的结果。前文中提到的作者均认为，在发展中国家风险和不确定性更为严重和市场更不完善的特殊环境下，非正规信贷市场往往能较好地解决信息不对称引起的道德风险、逆向选择和还款违约等问题，因而可以在提高资金融通效率、增大融通规模、分散代理人风险等方面提供某种程度的保险。其次，在发展中国家，信息不对称具有复杂的多重含义，不仅包括非正规市场上放贷人与借款人之间以及各放贷人之间的信息不对称，还包括正规市场与非正规市场之间的信息不对称。正是因为这种复杂的不对称，导致了在非正规市场上出现垄断竞争市场结构的同时，还有可能引发各放贷人之间的合谋。由此可见，非正规市场和正规市场之间并不是简单的线性叠加的关系。一方面，正规市场上金融抑制政策的实行使得一部分借款需求向非正规市场溢出，客观上构成非正规市场存在的理由；另一方面，非正规市场上的放贷人处于一定程度的垄断竞争环境中，使得他们虽然能满足从正规市场上溢出的借款需求，但又无法独享从信贷市场上获得的收益，二者之间最终形成了共生的竞争与互补的关系。在这种情况下，非正规市场实际上成为发展中国家金融体系中不可或缺的部分。从资金使用实际效果来看，发展中国家的非正规市场往往比正规市场显得更有效率。斯蒂格利茨曾经指出，在发展中国家信息不完全和合同执行代价昂贵的问题更为普遍和更为突出的环境中，由于非正规部门借贷双方之间邻近的地理位置、遵守社区章程或历史传统的交易方式、对资金使用的同伴监督以及社会联系或社会担保的存在，使得非正规市场能够更好地解决逆向选择、道德风险和还款违约问题。② 结构主义发展经济学家代表人物维京伯根也认为，不受准备金制度约束的“非正规市场”可以比银行系统更有效地提供金融中介服务。③

第三，对政府干预金融市场的理论提出了新的认识。新一代结构主义发展经

① 参见 Fry, M. J., 1989, “Financial Development: Theories and Recent Experience”, *Oxford Review of Economic Policy*, vol. 5, pp. 13-27。

② 参见 Stiglitz, Joseph E., 1989, “Financial Markets and Development”, *Oxford Review of Economic Policy*, vol. 5, no. 4, pp. 55-68。

③ 参见 Wijnbergen, Sweder van, 1983, “Interest Rate Management in LDC's”, *Journal of Monetary Economics*, vol. 12, pp. 433-452。

济学家从发展中国家具体现实出发，对麦金农和肖针对金融抑制而提出的维持高储蓄利率以便促进经济增长的政策建议给予反驳。譬如，爱德华兹证明了，在韩国非正规金融市场与正规金融市场共存，而且存在着受管制的正规部门的利率与由市场决定的非正规市场利率之间联系的机理，在这样的背景下，金融自由化过程将导致正规市场对非正规市场产生挤出效应。这意味着更高的正规市场利率使得通过正规市场融通的资金数量增多，然而，同等数量的资金在正规市场会比在非正规市场会更少地转化为投资，若正规市场因提高利率而增多的储蓄主要来自于非正规市场，则整个社会上投资规模却有可能下降。又如，维京伯根认为，在金融市场中的证券市场和商业票据市场等尚不发达因而信贷市场成为金融市场主体以及以银行为主体的正规信贷市场和非正规市场共存的背景下，如果提高正规市场的存款利率，储蓄的增长主要来自非正规市场的资产，而不是来自非生产性的资产（如黄金、存货、现金等），这时提高存款利率会成为一种紧缩政策，因而将对短期变量（如产出与通货膨胀等）和长期变量（如经济增长等）带来负作用。维京伯根建议发展中国家政府应当通过采用直接的利率政策之外的手段来增加储蓄。需要指出的是，笔者并非一味地反对麦金农和肖的金融深化主张，而是强调推进金融深化应当根据具体发展中国家的具体经济发展阶段和金融自身发展水平采取相应的策略。在本章中概述的两篇文献分别讨论了两个不同的发展中国家具有不同国情和处于不同经济发展阶段采用相似的干预政策却得到不同的政策效果的实例。一个实例是亚当斯和福格尔对低收入国家所做的研究。他们指出，低收入国家政府为了促进农业生产和帮助农村贫困人口，增加了农业信贷总量和金融中介农村分支机构的数量，同时还对农村金融市场实施了包括贷款组合要求、提供再贴现融资、贷款和收成担保、扩大农村银行网点、实行银行国有化以及低利率管制政策等一系列的干预措施。由于具体政策操作难度很大以及在降低交易成本、贷款还款储蓄动员等方面存在问题，致使这些政策并没有达到促进农业生产和帮助农村贫困人口的预期效果。另一个实例是斯蒂格利茨和乌伊对20世纪80年代处于较高经济发展水平的东亚地区所做的研究。他们认为，东亚地区政府采取的包括创建金融机构并通过监管等渠道来促进储蓄、借助于银行监管来提高其偿付能力、为弥补信贷缺口而创建发展银行和金融市场、利用金融约束和信贷配给来促进增长以及通过指令性贷款优先扶持具有对外竞争力的产业等干预政策并不是为了取代市场机制的运作，而是为了更有效地利用市场，并通过宏观调控对企业加以指导，以确保金融体系稳定性和限制其租金二者之间的平衡能够有效把握。这几点是东亚地区政府之所以能够对金融市场进行有效干预并取得成功的主要原因。

2. 对发展中国家劳动力市场研究文献的评价

由于发展中国家劳动力市场在整体不完善背景下还具有地方性、季节性和分散性等特征，因此，对这个领域的探索一直让发展经济学家们感到很棘手。20世纪70年代中期之前，发展经济学界对发展中国家劳动力市场的研究的关注点主要集中在两个方面。其一是探讨发展中国家乡—城之间的人口流动，[①] 其二是对发展中国家劳动力市场中的就业和失业状态进行分类。例如，埃德加·O. 爱德华兹（Edgar O. Edwards，1974）将发展中国家劳动力区分为公开失业、就业不足、包括伪装的就业人口不足、隐蔽失业和过早退休在内的形式上在工作而实际上不得其用、健康受损以及无生产性（unproductive）共五种状态，他认为除了第一种为公开失业之外，其余四种为非公开失业。[②] 自20世纪70年代中期以来，对这个领域的研究取得了一些新的进展。笔者打算主要从如下两个方面来评价这些新进展。

第一，尝试运用劳动力市场理论新成果探讨发展中国家的劳动力市场。这主要是指斯蒂格利茨所做的研究。首先，就他运用效率工资理论所做的分析而言。他在平均主义的家庭农场、追求产出最大化的农村与种植园农场之间进行比较发现，三种生产模式中都存在着效率与平等的替代关系，因此，选择效率工资必然带来增加产出和失业并存的局面。他的具体解释是：在特别贫穷的经济中，对工资实行完全的平均主义是不可行的，只有引入某些不平等，即只有部分工人被支付效率工资而其余工人则失业，经济才能生存；而产出最大化农场与种植园农场都支付效率工资，二者之间区别仅仅在于后者雇佣较少的工人。可见，他认为在贫穷的经济中，只有牺牲部分平等才能获得更高的产出。其次，就他引入劳动转换理论所做的分析而言。斯蒂格利茨在城市中单个企业面临的劳动转换率取决于该企业所支付的工资与其他企业支付的工资同农村工资以及失业率的对比这一假设之下，在乡—城之间的劳动力迁移与城市工资、失业率与劳动转换率之间相互作用的整体框架中探讨了发展中国家的劳动转换问题。他证明了，当影响劳动转换成本的失业效应小于城市中企业之间通过工资差别来影响劳动转换成本的竞争效应的条件下，企业会支付过高的工资，而过高的工资水平将导致城市中的失业率更高，就业水平和劳动转换率更低。显然，斯蒂格利茨旨在运用效率与平等的替代以及福利状态对比等新古典分析工具，对发展中国家不成熟的特定劳动力市场中的运行机制展开分析，以便得出有关发展中国家不完善劳动力市场的某些一般性的结论。斯蒂格利茨由效率工资理论推出的产出增长与失业并存的结论以及企业通过工资差别竞争在降低劳动转换成本的同时增加了失业的推论在一定程度上刻画了发展中国家劳动力市场的特殊运行机理，因而更贴近于发展中国家现实。同早期新古典主义发展经济学家简单地依据劳动供求模型分析发展中国家劳

① 这个领域近年来再度成为发展经济学家们关注的焦点，参见本书第十一章“人口流动理论的新发展”。

② 参见 Edwards，Edgar O.，1974，*Employment in Developing Nations*，Columbia University Press。

动力市场的做法相比，斯蒂格利茨的分析更胜一筹。

第二，紧紧围绕发展中国家劳动力市场的地方性、季节性和分散性特征展开分析。在这个领域取得推进的主要是一批以巴丹为代表的结构主义发展经济学家，他们的主要贡献体现在对劳动联结和劳动要素与其他要素的联结上。首先，就劳动联结而言，巴丹以季节波动不确定性为理由解释了在南亚和东南亚何以广泛流行劳动联结的理由；慕克吉和瑞表明在季节波动背景下劳动联结不增加反而减少，由此证明了经济增长通过加速人口迁徙致使联结劳动的转换率上升并最终降低了联结劳动的比重；与以上分析角度不同的是，卡斯利认为临时工人会利用消费信贷市场进行跨期消费选择并影响劳动联结的演化过程，进而得出劳动联结将随着信贷市场逐渐完善和农村人口减少而趋于衰落的结论。其次，就劳动要素与其他要素联结而言，巴丹通过对农民与土地所有者之间所形成的劳动—信贷联结的分析表明，这种隐性合同具有平滑消费和控制成本的作用，虽然导致了佃农之间在合同工资上存在差异，但却提高了效率并有助于增加产出。以巴丹为代表发展经济学家继承了注重实地调查和结构分析的理论传统，对当地劳动力市场上形成的被称作“劳动联结”和“劳动—信贷联结”的特殊制度安排进行了考察并从理论上加以总结，为探索在发展中国家劳动力市场不完善背景下具有当地特征的制度安排如何提升市场效率和促进经济增长的机理开辟了新的思路。正是从这个意义上，我们认为，以巴丹为代表的结构主义发展经济学家为推进对发展中国家劳动力市场的研究乃至为推进发展经济学的理论进步作出了重要贡献。

3. 对发展中国家分成租制研究文献的评价

迄今为止，研究分成租制的文献在所有研究发展中国家各种非正式制度的文献中占据了绝大部分，仅就引用率较高的涉及分成租制的文献而言，其数量就多达百余篇。之所以有如此多的学者研究分成租制是因为分成租是许多发展中国家（尤其是亚洲国家）中盛行的与土地租赁相关的一种制度安排。西方学者早年对它的探讨或者是因为对发展中国家（尤其是亚洲国家）的历史文化传统不甚了解，或者是因为分析工具不够，而难以深入展开。自 20 世纪 60 年代末以来，新一代发展经济学家从多种角度就发展中国家市场缺失条件下作为一种人为的制度设计的分成租制是否有效率以及是否能促进农业发展等问题展开了广泛而深入的探讨。我们认为，对分成租制的广泛讨论对于推进发展经济学理论进步具有重要意义。具体而言，这种在理论上的推进集中体现在如下两个方面：

第一，采用不同的分析思路，对分成租制是否能够改进效率的机理进行了探讨，为建构发展经济学的微观基础作了有意义的尝试。新一代发展经济学家着力于在发展中国家市场不完全背景之下刻画分成租制实际运行的机理，进而从微观层面上阐释他们关于分成租制作为一种特定的制度安排是否会带来配置效率的观点。张五常从交易成本和规避风险的角度分析了对各种不同合同的选择，他表明尽管分成租制的市场交易成本要高于定额租制和工资合同，但分成租制合同却使得与农业生产相关的风险可以在土地所有者和佃农之间进行分担，因而促使人们在权衡交易成本和风险规避之后最终选择分成租制。斯蒂格利茨则在承认分成租制具有分担风险功能的基础上，证明了在信息不对称的情况下，由于土地所有者无法观测佃农劳动的努力程度，因此，分成租制提供了一定的产出分成比例给佃农，因而具有激励效应。巴丹和斯瑞尼瓦桑从结构主义思路出发认为，不同地区的土地制度是由历史、政治与社会等诸多因素所决定的，其中起根本作用的是经济因素。他们着重分析了工资变化和技术进步等经济因素对分成租制的影响，并得出了佃农投入分成租赁土地上的劳动量无效率这一结论。用博弈论思路讨论分成租制中分成比例的确定及其效率问题是贝尔和朱斯曼所做的尝试。在他们看来，现实中的佃农除了劳动之外还拥有少量自己的土地、包括家畜和农具在内的资本与管理技能，在订立分成租制合同时，土地所有者往往更偏好于拥有某些财产和技能的佃农。由于这类佃农的劳动供给并不具有完全弹性，这就使得佃农在确定分成比例时有讨价还价的筹码，所以，需要从博弈和讨价还价的角度来讨论分成比例的确定及其效率问题。玛祖姆达觉得在考虑农业国中存在二元劳动力市场而且该市场导致家庭劳动的供给曲线位于工资劳动供给曲线的下方的情况下，结论会有所不同。他指出，在发展中国家，大部分土地由土地所有者雇佣劳动进行耕种，大土地所有者使用较多的工资劳动，而小土地所有者使用较多的家庭工人。他通过经验研究发现，分成租制更多地出现在小农户中，这是因为拥有更多财富的大农户能承担风险和不确定性带来的成本，而小农户更倾向于规避风险。因此，土地所有者仍然可以在不使佃农受损的条件下通过分成租制受益，其受益的程度取决于边际生产率曲线的弹性和家庭劳动供给曲线低于工资劳动供给曲线的程度。纽贝里指出，仅仅由产出不确定性并不足以解释分成租制存在的理由，这是因为若合同的执行无需耗费成本，工资合同和固定租金合同就足以产生帕累托有效率的资源配置，在这种情况下，若引入竞争性分成租制合同并不会对收入水平和收入分配产生影响。但是，当劳动市场存在风险和不确定性时，分成租制便具有额外的分担风险的优势。实际上，当产出具有带来风险的可能性时，固定租金合同和风险工资合同都不足以达到生产中的有效率，只有采用分成租制才能带来帕累托有效率的生产。

从以上简述中，可以归纳出分成租制被评价为有效率、无效率以及分成租制是否有效率取决于多种因素而且要依据具体条件来判断这样三种结论、尽管对分成租制的研究结论众说纷纭，但人们仍然可以发现，无论新一代发展经济学家们从何种分析思路出发，无论他们得出了什么结论，他们的研究目的却是一致的，即他们都试图在微观层面上探讨揭示分成租制下资源配置的机理。各位学者从不同角度为建构发展经济学的微观基础做了尝试，添了砖加了瓦，因而具有推进理论进步的重要意义。

第二，在一个适当的领域为发展经济学家对非正式制度与经济发展相互关系的探索找到了一个突破口。在古典经济学家和早期新古典经济学家眼里，工资合同与固定租制合同均被归为正式制度中的正式合同之列，由于分成租制会使佃农的边际收益低于其边际产出价值，因而导致佃农的投入不足并造成低效率。因此，在古典经济学家和早期新古典经济学家那里，分成租制合同被归于非正式制度中非正式合同之列。众所周知，早期西方主流经济学一般都不对正式制度和非正式制度进行研究，两类制度不是作为一个外生变量被束之高阁，就是作为一个作为整体“制度集”的虚变量被引入经济分析中。自20世纪60年代末以来，随着新制度经济学的兴起，新一代发展经济学家找到了对发展中国家的非正式制度展开探讨的突破口，其具体做法之一是将分成租制合同（有些学者称它为隐性合同）与工资合同与固定租制合同进行比较。张五常从合同选择的角度出发认为，只要是在自由市场私有产权条件下追求财富最大化，只要资源的使用具有排他性和可转让性，至少分成租制合同与其他租佃制合同一样能带来相同的效率，否则，任何合同当事人都可以拒绝低效率的分成租制合同。在他看来，古典和早期新古典经济学家之所以觉得分成租制的效率低于定额租制是因为他们忽视了土地所有者可以将土地分租给多个佃农的可能性，还因为他们假定分成租制的地租率是固定的。布雷夫曼和斯蒂格利茨从信息不对称角度探讨了成本分成安排的问题。在信息不对称环境中，由于土地所有者不拥有关于最优成本投入的信息，土地所有者希望通过订立合同来激励佃农根据不同环境的变化调整投入成本。在这种情况下，成本分成合同与固定投入合同相比便具有一定的优势，他们由此证明分成租制比其他形式的合同能带来更高的效率。鉴于在发展中国家现实中存在着多种土地租赁合同形式共存的状况，对此，海勒根通过建立一个拥有不同企业家才能的佃农进行自我选择的模型对这种现象做了解释。他表明，不具有企业家才能的佃农选择工资合同，具有较低企业家才能的佃农选择分成租制合同，而拥有较强企业家才能的佃农选择的是固定租金合同；其中，拥有企业家才能越强的佃农获得的收入也越高。土地所有者也将进行自我选择，企业家才能较强的土地所有者选择以工资合同雇佣企业家才能较低的佃农进行耕种；企业家才能居中的土地所有者按分成租制合同将土地租给企业家才能居中的佃农；企业家才能较低的土地所有者以固定租金合同将土地租赁给企业家才能较高的佃农。阿伦强调合同履行机制是判别分成租制能否流行的主要原因。他认为，在发展中国家农村地区广泛流行货币信贷中的违约行为使得合同难以得到履行。与合同能被执行的理想世界相比，分成租制合同不受欢迎，然而，在不存在合同履行机制的环境中，采用分成租制合同反而会带来最优。分成租赁制之所以在发达经济中衰落了是因为在发达经济中存在着把储蓄和财富用作贷款抵押的机制，如果存在这种机制，分成租制合同就不再有存在的必要。里德从竞争性均衡的角度讨论了当不存在不确定性与当存在不确定性两种情况下对分成租制合同的选择。如果佃农的风险溢价比例大于土地所有者的风险溢价比例时，分成租制不成立，所有土地将通过雇佣劳动进行耕种；当土地所有者的风险溢价比例大于佃农时，所有土地将通过固定租金合同进行耕种，这时同样不存在分成租制。他表明，当一类生产要素所有者的风险承担能力大于另一类生产要素所有者时，不确定性的引入将导致风险程度能力强的一方承担所有风险，由此导致分成租制不存在。工资合同、固定租金合同和分成租制合同三者共存的情况仅仅出现在佃农和土地所有者的风险承担能力相同时，此时，也将不存在因分成租制所造成的低效率。

以上简述了新一代发展经济学家们对作为发展中国家农业经济中最具代表性的微观非正式制度即分成租合同与工资合同、固定租合同所做的比较研究。在发展中国家不存在完善的微观正式制度体系的前提下，如果存在着某些非正式的微观制度，这类制度就显得尤为重要，这是因为它们往往成为成熟市场经济制度的替代品。可以把对这些包括分成租制在内的非正式制度的探索作为理解发展中国家整体制度结构的切入点，进而理解和把握发展中国家作为整体的制度安排和激励结构的微观基础。正是从这个意义上，我们认为，新一代发展经济学家所做的有关正式与非正式租佃制合同的比较研究有助于推进对非正式制度与经济发展相互关系的研究，因而具有重要的理论意义。

4. 对发展中国家要素联结研究文献的评价

20 世纪 70 年代末，国际发展经济学家开始探索发展中国家中的要素联结何以作为非正式市场制度对正式制度的替代物在资源配置和提高生产效率方面发挥作用的问题。80 年代以来凸显的发展经济学微观化趋势更是对这个领域的研究起了推波助澜的作用。21 世纪初以来问世的以实证研究为主的文献将对要素联结的研究向更广的领域推进。在这几十年间，新一代发展经济学家不仅阐释了要素联结与市场效率的一般关系，分析了分成租制中的要素联结，近年来又把对要素联结的研究拓展到其他领域，并从经验检验层面上对要素联结与配置效率、生产率以及收入分配的关系展开了的讨论。笔者拟从三个方面就新一代发展经济学家所做贡献的理论意义做一个简要评价。

第一，诠释了要素联结的非正式制度的内涵，并拓展了发展经济学的研究领域。“标准的”新古典理论一般认为，完善的市场制度是促进经济增长的必要条件之一，因此，市场不完善和不完全被用来解释许多发展中国家经济发展滞后的一个主要原因。市场不完善不仅同传统意义上的垄断、不完全竞争、外部性、政府干预不当有关，而且同近年来广泛讨论的信息不对称、风险及不确定性、逆向选择、过度竞争等因素有关；而市场缺失是指在发展中国家缺少一个完整的市场体系，某些市场（如要素市场、资本市场、保险市场、风险市场等）根本就不存在，致使作为整体的市场无法运行。因此，市场不完善和不完全的共同作用导致了资源配置的低效率。新一代发展经济学家在要素联结的理论与经验研究中指出，一方面，为了解决因市场失效造成的生产要素不得其用而形成的要素联结实质上是一种旨在提高农业生产效率的制度安排。土地所有者或放贷人同生产者（佃农或工人）至少在两个市场上达成有关要素交易条件的非正式合同，由此形成要素联结关系，使之替代消失的正式市场并发挥着与市场机制相似的功能，使得在不完善市场中广泛存在道德风险和逆选择等造成的负外部性内在化。另一方面，在一定条件下要素联结也会带来弊端。斯蒂格利茨写道，“当达到经济中越来越多的部分被联结进来的程度时，该经济的竞争性质就被破坏了”。[①] 研究要素联结之于发展中国家的重要意义，诚如作为当代结构主义发展经济学家领军人物之一的巴丹所言，“在贫穷的农业经济的特定制度背景中，在对要素市场联结的性质缺乏了解的情况下，许多关键问题（特别是那些与土地、劳动和信贷相关的问题）就分析不了”。[②] 巴丹道出了研究要素联结具有重要的理论和现实意义。我们认为，研究要素联结重要的理论意义还在于，研究要素联结的学者大都在引入制度分析的同时改造了传统新古典经济学的“完善市场”假设，这表明新一代发展经济学家不仅将以市场不完善和市场缺失的“不完善市场”假设作为分析发展中国家现实问题的基本前提，而且意味着他们将依据新的理论假设来重新审视以往的研究成果。对新一代发展经济学家来说，更贴近现实的理论假设为推进对经济发展的制度分析和对经济发展微观机制的研究打开了更为广阔的空间。

第二，在更为现实的分析框架中讨论要素联结的配置效率问题。在传统的新古典经济发展模型中，有效率的资源配置与发展的机制被描述为在资源总量给定、“制度为中性”和不存在交易成本、外部性以及部门差异等前提下，各经济主体在刺激与反应、替代与弹性、价格激励等机制的作用之下，为获取最大化收益而将资源从价格低的低效率部门转移到价格高的高生产率部门，从而促成国民经济各部门得到均衡发展。新一代发展经济学家则在“市场不完善”假设下，把作为非正式制度的要素联结内生于分析框架中，运用合同理论、“委托—代理”理论、博弈论等理论中的分析工具，探讨了要素联结与配置效率的关系。我们认为，“市场不完全”分析范式在三个方面显得比传统新古典范式更符合发展中国家实际：（1）与分析单个市场的部分均衡或同时分析两个或更多市场的一

① Stiglitz, Joseph E., 1985, "Information and Economic Analysis", in *Economic Journal*, vol. 95, March, p. 17.

② 参见 Bardhan, Pranab K., 1980, "Interlocking Factors Markets and Agrarian Development", *Oxford Economic Papers*, vol. 32, p. 82。

般均衡的静态模式不同的是，要素联结探讨的市场可以是竞争性的，也可以是垄断竞争、寡头或近于完全垄断的市场，加上分析中引入了道德风险、逆向选择、信息不对称等因素，因而增大了结果的不确定性，得出的可能是多重均衡的结果。(2) 由于要素联结本意是指将两个分散的孤立的市场联结在一起，这意味着各个单个市场之间存在的正（或负）外部经济将被内在化，因此，外部经济的存在成了要素联结发挥作用的重要途径，尤其当可能存在由正外部性引起的规模经济时，对配置效率的判断更加不确定。(3) 用“市场不完全”范式探讨要素联结，促使新一代发展经济学家研究代理人如何在相互连接的市场上通过操控更多变量来提升配置效率的问题。这有利于推进对经济发展微观机理的研究。从前文中可见，有的学者证明了通过要素联结来规避发展中国家信贷市场上存在的潜在风险；还有的学者表明，当出现道德风险时，建立信贷与土地交易联结反而促成了更优的结果（superior outcome）；在存在异质性劳动条件下，由租佃—信贷联结形成的“自我选择筛选均衡”被确认为有效率，而未形成这种联结的均衡为无效率，等等。

第三，突破了把配置效率和收入分配分隔开来的研究传统，对发展中国家收入分配状况做出了更符合现实的解释。一直以来，西方主流新古典经济学有关竞争性均衡带来配置效率以及可以把配置效率与收入分配分隔开来进行考察的理念集中体现在福利经济学两大基本原理之中。第一原理断言每一个竞争性均衡都会是帕累托有效率；而第二定理则主张每一个帕累托有效配置都能利用市场机制来实现，需要政府做的仅仅是以一次性支付的方式对初始禀赋进行再分配。这意味着可以把配置效率同收入分配隔离开来进行研究。新一代发展经济学家批评了将两者分隔开来的做法，指出这样做在“市场完善”假设下推导出帕累托有效率是必需的，但是，在“市场不完善”假设之下两者无法分隔开来。这是因为一个经济是否是帕累托有效率，这个问题本身取决于收入分配。[①] 20 世纪 80 年代初以来，发展经济学家运用信息不对称、“委托—代理”、风险与不确定性、博弈论等理论中的分析工具，在要素联结等非正式制度之下讨论配置效率与收入分配的关系，由此打通了两个原先被分隔开来的领域。他们主要从两个方面进行了考察：(1) 在市场不完善背景下，既然要素联结起着替代市场机制的作用就将同市场机制一样，在某些场合将导致较高程度的收入分配不平等进而将减低经济效率，而在另一些场合，一定程度的收入分配不平等反倒会带来提高效率的结果。这意味着，收入分配问题不一定会随着资源配置问题的解决而自动解决，不确定性使得配置效率的改进并不一定会改善所有当事人的福利。例如，前文中有的作者表明，要素联结使得占优方拥有攫取经济剩余的便利，造成当事人之间收

① 参见 Stiglitz, J. E. , 1994, *Whither Socialism?*, Cambridge, MA: The MIT Press, p. 26, p. 45; p. 62。

入差距扩大；还有的作者证明了在存在异质性劳动而且信息不对称背景下，租佃—信贷联结使能力强的佃农获得低利率补贴，能力弱的佃农必须支付更高的利率。(2) 传统的新古典完善市场模型完全依赖于价格激励，主张唯有通过价格激励才能实现帕累托资源有效配置。然而，在新一代发展经济学家建立的要素联结模型中，引入了远比传统的完善市场模型单一价格激励变量多得多的变量，这就增大了收入分配和福利变动格局的不确定性。譬如，有的学者研究了在隐性合同得以履行的背景下，土地所有者控制出租耕地面积、分成比例、贷款利率和联结信贷数量等变量，以便对土地所有者和佃农各自福利和农业产出产生不同影响。他们证明了在土地稀少而劳动力充足的经济中，只要土地所有者能改变出租耕地面积，就能使佃农在分成租制中获得的效用等于其保留效用，进而使土地所有者能利用其他控制变量尽可能攫取佃农产出中的剩余成果。此外，在要素联结背景下，进入联结的双方关心的是联结带来的整体利益或净收益，联结使得在某个市场蒙受的损失可以由其他市场的收益来弥补，因此，在单一市场上为不可行的交易在联结市场上却是可行的。由要素联结所引发的双方对更高收益的预期更进一步强化了有关配置效率和收入分配相互关系分析结果的不确定性。所以说，对发展中国家中的配置效率和收入分配相互关系的探讨是发展经济学家有待进一步研究的课题。

参考文献

1. 张五常：《佃农理论——应用于亚洲的农业和台湾的土地政策》，商务印书馆2000年版。

2. Adams, Dale W. & Robert C. Vogel, 1986, "Rural Financial Markets in Developing Countries: Recent Controversies and Lessons", *World Development*, vol. 14, pp. 477-487.

3. Aleem, Irafan, 1990, "Imperfect Information, Screening, and the Costs of Informal Lending: A Study of a Rural Credit Market in Pakistan", *World Bank Economic Review*, vol. 4, no. 3, pp. 329-349.

4. Allen, Franklin, 1982, "On Share Contracts and Screening", *The Bell Journal of Economics*, vol. 13, no. 2, Autumn, pp. 541-547.

5. Allen, Franklin, 1985, "On the Fixed Nature of Sharecropping Contracts", *Eco-*

nomic Journal, vol. 95, March, pp. 30-48.

6. Banerji, Sanjay, 1995, "Interlinkage, Investment and Adverse Selection", *Journal of Economic Behavior and Organization*, vol. 28, pp. 11-21.

7. Bardhan, Pranab K., & T. N. Srinivasan, 1971, "Cropsharing Tenancy in Agriculture: A Theoretical and Empirical Analysis", *American Economic Review*, vol. 61. March, pp. 48-64.

8. Bardhan, Pranab K., 1977, "Variations in Forms of Tenancy in a Peasant Economy", *Journal of Development Economics*, vol. 4, pp. 105-118.

9. Bardhan. Pranab K., 1979, "Agricultural Development and Land Tenancy in a Peasant Economy: A Theoretical and Empirical Analysis", *American Journal of Agricultural Economics*, Feb., pp. 48-57.

10. Bardhan, Pranab K., 1980, "Interlocking Factors Markets and Agrarian Development", *Oxford Economic Papers*, vol. 32, pp. 82-93.

11. Bardhan, Pranab K., 1983, "Labor Tying in a Poor Agrarian Economy", *Quarterly Journal of Economics*, vol. 98, pp. 501-514.

12. Bardhan, Pranab K., 1984, "Credit-Labor Linkage", in Pranab K. Bardhan, *Land, Labor and Rural Poverty: Essays in Development Economics*, Oxford University Press, pp. 86-91.

13. Bardhan, Pranab K., eds., 1989, *The Economic Theory of Agrarian Institutions*, Oxford: Clarendon Press.

14. Bardhan, Pranab K. & Christopher Udry, 1999, *Development Microeconomics*, Oxford University Press.

15. Basu, Kaushik, 1983, "The Emergence of Isolations and Interlinkage in Rural Markets", *Oxford Economic Papers*, vol. 35, pp. 262-280.

16. Basu, Kaushik, Clive Bell & Pinaki Bose, 2000, "Interlinkage, Limited Liability and Strategic Interaction", *Journal of Economic Behavior and Organization*, vol. 42, pp. 445-462.

17. Bell, Clive, 1990, "Interactions between Institutional and Informal Credit Agencies in Rural India", *World Bank Economic Review*, vol. 4, no. 3, pp. 297-327.

18. Bell. Clive & Pinhas Zusman, 1976, "A Bargaining Theoretic Approach to Cropsharing Contracts", *American Economic Review*, Sept., pp. 578-588.

19. Benfica, Rui M. S., David L. Tscherley & Ducan Boughton, 2006, "Interlinked Transactions in Cash Cropping Economies: The Determinants of Farmer Participation and Performance in the Zambezi River Valley of Mozambique", a paper presented at the International Association of Agricultural Economists Conference, Gold Coast, Australia, Au-

gust 12-18,2006.

20. Binswanger, Hans P. & Mark R. Rosenzweig, eds., 1984, *Contractual Arrangements. Employment, and Wages in Rual Labor Markets in Asia*, New Haven: Yale University Press.

21. Braverman, Avishay & Jose Luis Guasch, 1984, "Capital Requirements, Screening and Interlinked Sharecropping and Credit Contracts", *Journal of Development Economics*, vol. 14, pp. 359-374.

22. Braverman, Avishay & T. N. Srinivasan, 1981, "Credit and Sharecropping in Agrarian Societies", *Journal of Development Economics*, vol. 9, pp. 289-312.

23. Braverman, Avishay & Joseph E. Stiglitz, 1982, "Sharecropping and the Interlinking of Agrarian Markets", *American Economic Review*, vol. 72, Sept., pp. 695-715.

24. Braveman. Avishay & Joseph E. Stiglitz, 1986, "Cost-Shareing Arrangement under Sharecropping, Moral Hazard, Incentive Flexibility, and Risk", *American Journal of Agricultural Economics*, vol. Aug., pp. 642-652.

25. Caselli, Francesco, 1997, "Rural Labor and Credit Markets", *Journal of Development Economics*, vol. 54, pp. 235-260.

26. Chakrabarty, Debajyoti & Ananish Chaudhuri, 2001, "Formal and Informal Sector Credit Institutions and Interlinkage", *Journal of Economic Behavior & Organization*, vol. 46, pp. 313-325.

27. Chaudhuri, Sarbajit & Asis K. Banerjee, 2005, "Credit- Product Interlinkage, Captive Markets and Trade Liberalization in Agriculture: A Theoretical Analysis", *Indian Economic Review*, vol. 39, no. 2, July-December.

28. Choubey, Manesh, 2009, "Interlinked Credit Transaction and Crop Production Efficiency in Rajasthan", *The IUP Journal of Agricultural Economics*, vol. 6, no. 3 & 4, pp. 97-110.

29. Coleman, Brett E., 1999, "The Impact of Group Lending in Northeast Thailand", *Journal of Development Economics*, vol. 60, pp. 105-141.

30. Edwards, Sebastian, 1988, "Financial Deregulation and Segmented Capital Markets: the Case of Korea", *World Development*, vol. 16, Jan, pp. 185-194.

31. Floro, Maria Sagrario & Debraj Ray, 1997, "Vertical Links between Formal and Informal Financial Institutions", *Review of Development Economics*, vol. 1, no. 1, pp. 34-56.

32. Furuya, Jun & Takeshi Sakurai, 2003, "Interkinkage in the Rice Market of Ghana: Money-lending Millers Enhance Efficiency", contributed paper selected for presentation at the 25th International Conference of Agricultural Economists, August 16-22, 2003,

Durban, South Africa.

33. Ghate, Prabhu B., 1992, "Interaction between the Formal and Informal Financial Sectors: The Asian Experience", *World Development*, vol. 20, no. 6, pp. 859-872.

34. Gill, Anita, 2004, "Interlinked Agrarian Credit Markets: Case Study of Punjab", *Economic and Political Weekly*, vol. 39, pp. 3741-3751.

35. Gill, Keveri, 2007, "Interlinked Contracts and Social Power: Patronage and Exploitation in India's Waste Recovery Market", *Journal of Development Studies*, vol. 43, no. 8, pp. 1448-1474.

36. Hallagan, William, 1978, "Self-Selection by Contractual Choice and the Theory of Sharecropping", *The Bell Journal of Economics*, vol. 9, pp. 344-354.

37. Jain, Sanjay, 1999, "Symbiosis vs. Crowding Out: The Interaction of Formal and Informal Credit Markets in Developing Countries", *Journal of Development Economics*, vol. 59, pp. 419-444.

38. Jayne, T. S., Takashi Yamano & James Nyoro, 2004, "Interlinked Credit and Farm Intensification: Evidence from Kenya", *Agricultural Economics*, vol. 31, pp. 209-218.

39. Koo, Hui-wen, Chen-ying Huang & Kamhon Kan, 2009, "Interlinked Contracts: An Empirical Study", available at http://mx.nthu.edu.tw/~swchou/ContractConference/Hui-wen_Koo.pdf.

40. Mazumdar. Dipak, 1975, "The Theory of Share-Cropping with Labor Market Dualism", *Economica*, vol. 42, Aug., pp. 261-271.

41. Mitra, Pradeep K., 1983, "A Theory of Interlinked Rural Transactions", *Journal of Public Economics*, vol. 20, pp. 167-191.

42. Motiram, Sripad & James A. Robinson, 2010, "Interlinking and Collusion", *Review of Development Economics*, vol. 14, no. 2, pp. 282-301.

43. Mujawamariya, Gaudiose, Marijke D'Haese & Kees Burger, 2010, "Influence of Interlocked Transactions on Gum Arabic Production and Marketing in Senegal", paper submitted for the Joint 3rd African Association of Agricultural Economists (AAAE) and 48th Agricultural Economists Association of South Africa (AEASA) Conference, Cape Town, South Africa, Sep. 19-23, 2010.

44. Mukherjee, Anindita & Debraj Ray, 1995, "Labor Tying", *Journal of Development Economics*, vol. 47, pp. 207-239.

45. Newberry, David M. G., 1977, "Risk Sharing, Sharecropping and Uncertain Labour Markets", *Review of Economic Studies*, vol. 44, pp. 585-594.

46. Otsuka, Keijiro & Naoki Murakami, 1987, "Resource Allocation and Efficiency

of Sharecropping under Unceitainty", *Asian Economic Journal*, March, pp. 125-145.

47. Reid, Joseph D., 1976, "Sharecropping and Agricultural Uncertainty", *Economic Development & Cultural Change*, vol. 24, no. 3, April, pp. 549-576.

48. Smith, Laurence E. D., Michael Stockbridge & Hari R. Lohano, 1999, "Facilitating the Provision of Farm Credit: the Role of Interlocking Transactions between Traders and Zamindars in Crop Marketing Systems in Sindh", *World Development*, vol. 27, no. 2, pp. 403-418.

49. Stglitz, J. E., 1974, "Alternative Theories of Wage Determination and Unemployment in LDCs: The Labor Turnover Model", *Quarterly Journal of Economics*, vol. 88, no. 2, pp. 194-227.

50. Stiglitz, Joseph E., 1974, "Incentives and Risk Sharing in Sharecropping", *Review of Economic Studies*, vol. 41, no. 2, April, pp. 219-255.

51. Stglitz, J. E., 1976, "The Efficiency Wage Hypothesis, Surplus Labor, and the Distribution of Income in LDCs", *Oxford Economic Papers*, March, pp. 185-207.

52. Stiglitz, J. E., 1989, "Financial Markets and Development", *Oxford Review of Economic Policy*, vol. 5, no. 4, pp. 55-68.

53. Stglitz, Joseph E. & Marilou Uy, 1996, "Financial Markets, Public Policy, and the East Asian Miricle", *World Bank Economic Review*, vol. 11, no. 2, pp. 249-276.

54. Swinnen, Johan F. M. & Anneleen Vandeplas, 2007, "Contracting, Competition, and Rent Distribution in Commodity Value Chains", paper prepared for the Third International Conference on Linking Markets and Farmers, March 11-15, 2007, New Delhi, India.

55. Timothy, Besley, 1994, "How Do Market Failures Justify Intervention in Rural Credit Markets?", *World Bank Research Observer*, vol. 9, no. 1, Jan., pp. 27-47.

56. Timothy, Besley, 1995, "Nonmarket Institutions for Credit and Risk Sharing in Low-Income Countries", *Journal of Economic Perspectives*, vol. 9, no. 3, Summer, pp. 115-127.

57. Udry, Christopher, 1990, "Credit Markets in Northern Nigeria: Credit as Insurance in a Rural Economy", *World Bank Economic Review*, vol. 4, no. 3, pp. 231-269.

58. Udry, Christopher, 1994, "Risk and Insurance in a Rural Credit Market: An Empirical Investigation in Northern Nigeria", *Review of Economic Studies*, vol. 61, no. 3, pp. 495-526.

59. Wijnbergen, Sweder van, 1983, "Interest Rate Management in LDC's", *Journal of Monetary Economics*, vol. 12, pp. 433-452.

第四章　发展中国家家户经济学

在发展中国家，很多市场是不完善的，有的市场根本就不存在。因此，家户在发展中国家作为一个基本的经济单位发挥着重要作用。对家户经济学的研究已成为当代发展经济学的一个重要领域，并成为构建发展经济学微观理论最重要的基础之一。就家户对人力资本和物质资本形成所做的贡献而言，不仅对子女的教育投资主要由家户来承担的，而且一些企业家最初的创业资金也主要是通过亲戚而筹得的，并不是主要通过银行来获取。此外，在发展中国家，家户还发挥着储蓄、保险的功能。本章从经济发展所需要的资源供给角度对近年来发展经济学家研究发展中国家家户行为的最新研究成果进行概述。

第一节介绍四个基本的家户模型。第一个模型探讨在食品或劳动市场缺失的状态下，家户在生产过程中如何决策以及市场商品（如工业品）的价格变动对家户内部商品（如食品）的影子价格所施加的影响。该模型解释了农户何以对市场价格的变动不敏感的原因。第二个模型分析在发展中国家金融市场缺失状态下，家户如何平滑自身消费，以及在这个过程中，家户决策所带来的效应。第三个模型分析对家户中的父母如何通过迁徙出去的子女汇款实现家户内部的自我保险。第四个模型讨论经济发展过程中家户与市场之间生产分工的问题。

第二节概述有关家户内部人力资本形成的理论，其中涉及三个模型。第一个模型探讨父母和子女之间通过博弈来决定对教育投资的问题；第二个模型涉及农场主对于不同天赋的子女进行教育投资，并通过使家户效用达到最大化来选择谁来继承农场的问题；最后一个模型讨论父母年轻时对子女的教育进行投资，当他们年老时从子女那里取得转移支付，从而解决养老的问题。

第三节分别分析了两个有关家户内部营养配置状况以及营养摄入量对劳动力供给和工作效率的影响。第一个模型对发展中国家家户内部食品分配和生产率之间的关系进行了探讨，以便解释在发展中国家家户内部食品是如何分配的，以及食品消费和生产率之间存在着怎样的关系。第二个模型对卡路里（calories）摄入量与生产率之间的关系进行了讨论，证明卡路里摄入量的多少同工人是否以计件工资付酬有关，但该摄入量对劳动收入和财富不产生影响。此外，这一节还简要概述了有关发展中国家中营养状况影响生产率的经验研究结果。

在第四节中，笔者对近年来对发展中国家家户研究的研究文献作一个总体评价。

第一节　发展中国家家户经济行为的基本模型

近年来，不少发展经济学家探讨在市场缺失的条件下家户代替市场承担着配置资源的作用，出现了许多有影响的家户模型。本节选择其中几个有代表性的模型做一概述，包括杨弗利等人建立的农户决策模型，安格斯·迪顿（Angus Deaton）所建立的自我储蓄与消费平滑模型、本尼迪特·德·拉·布里尔（Benedicte de la Briere）等人提出的家户自我保险模型和路易·洛凯（Luis Locay）有关经济发展过程中家户与市场之间生产分工的模型。

一、市场缺失状态下的农户决策模型

杨弗利、法夫尚和萨多莱（1991）连手对在市场缺失条件下的农户决策行为进行了研究。在存在着大量农民的发展中国家中，人们经常可以听到来自两方面的抱怨：一方面，农民总是抱怨每年对他们来说都是灾年：在风调雨顺的年份可能会遇到劳动力瓶颈，而在年景不好的时候又将面临食品匮乏；另一方面，政府也抱怨说，农民对价格变动不敏感，并且对采用新技术缺乏热情。正是从这两个方面反映出在发展中国家某些市场是缺失的（missing markets），进而激发杨弗利等人尝试建立在发展中国家市场缺失背景下的家户行为模型。

在杨弗利等人看来，造成市场缺失的基本原因是发展中国家交易成本过高。当交易成本大于交易收益时，家户就不会在市场上购买或销售产品，此时市场是缺失的，家户便代替市场执行资源配置的功能。农产品的价格与农户销售农产品的价格和农产品的成本加价、运输成本、中间商成本加价、购买和出售过程的机会成本以及价格的不确定性风险等因素有关。一个地区的基础设施越差，农户的信息越少，交易的风险就越大，成本加价便越高。

当农民生产的产品或生产过程中使用生产要素价格的影子价格小于市场的销售价格时，农民就不会从市场上购买农产品和生产要素，即他们在生产过程中可以自给自足。如果影子价格高于市场销售价格，农户将从市场上购买农产品和生产要素。在均衡状态下农产品和生产要素的市场销售价格等于影子价格。

在发展中国家，劳动力和食品的市场往往是缺失的。成本加价过高将迫使农户把表现食品和劳动价格的外部冲击内部化。这些冲击包括经济作物价格的变动、工业消费品价格的变动、人头税和农业的技术进步等等。

1. 家户模型的基本框架

为了便于分析，杨弗利等人提出了如下假设：（1）假设家户生产两种农作物：一种是经济作物（cash crop），另一种是食品作物（food crop），分别用 q_c 和 q_f 来表示。（2）假设生产只能感使用两种生产要素：劳动和“其他投入品”（例如：化肥），并用 q_l 和 q_x 来表示。生产函数为：$G(\boldsymbol{q},\boldsymbol{z}) = 0$，其中 $\boldsymbol{q}$ 是产出和生产要素向量，$\boldsymbol{z}$ 为家户农业生产结构特征向量。（3）假设家户消费食品（c_f），工业品（c_m）和闲暇（c_l）。杨弗利等人同时还假设家户最初的时间禀赋和商品禀赋分别为 T_l 和 T_i，并假设家户还有现金禀赋（S）。（4）假设经济作物只在市场上销售，q_x 和工业产品只由市场提供，而且家户是价格接受者。由家户提供的食品和劳动最终在市场上销售。当市场存在时，假设家户内部生产的产品和市场提供的产品是完全相同的，并且他们是相互完全替代的。这时商品的价格等于外生的价格（$p_i = \bar{p}_i$）。当食品市场和劳动市场缺失的时候，家户就受到均衡供给（$q_i + T_i$）和对商品的需求（c_i）的影响，称为非交易品集合（NT）。

家户的目标函数是使自己的效用达到最大化，其约束条件包括现金收入约束、技术约束和交易品和非交易品的均衡条件约束，即

$$\max_{c,q} U(c,\boldsymbol{z}) \tag{4.1.1}$$

对于非交易品，杨弗利等人定义一个内生的价格 $p_i = \mu_i/\lambda$。假设方程有内部解，最优的产量为（q_i, c_i），并且内生的价格可以由以下的方程解出：

$$U'_i = \lambda p_i, i \in C = \{f,m,l\} \quad \text{消费方程} \tag{4.1.2a}$$

$$\phi G'_i = -\lambda p_i, i \in P = \{c,f,l,x\} \quad \text{生产方程} \tag{4.1.2b}$$

$$\sum_i p_i c_i = \sum_i p_i(q_i + T_i) + S \quad \text{收入方程} \tag{4.1.2c}$$

$$G(q,\boldsymbol{z}) = 0 \quad \text{技术约束} \tag{4.1.2d}$$

$$q_i + T_i = c_i, i \in NT \quad \text{非交易品的均衡约束} \tag{4.1.2e}$$

$$p_i = \bar{p}_i, i \in T \quad \text{可交易品的外生市场价格} \tag{4.1.2f}$$

家户决策可以被分解为生产决策和消费决策。作为一个生产者，家户根据方程（4.1.2b）和（4.1.2d）来决定投入和产出，方程（4.1.2b）和（4.1.2d）等价于通常的利润最大化方程（包括交易品和非交易品），则要素投入和产出方程为：

$$q_i = q_i(p,z), i \in P \tag{4.1.3a}$$

其中 p 为价格向量；利润函数为：

$$\Pi = \sum_i p_i q_i, i \in P \tag{4.1.3b}$$

作为一个消费者，家户在预算约束下最大化自己的效用，那么关于消费的方程组为：

$$c_i = c_i(p, Y), i \in C \tag{4.1.3c}$$

$$\sum_{i \in C} p_i c_i = Y = \Pi + \sum_i p_i T_i + S \tag{4.1.3d}$$

当所有产品市场都存在的时候，所有价格都是外生的，家户就可以根据以上的方程来决策。如果某些产品的市场不存在，这时家户的生产和消费的决策就通过方程（4.1.2e）决定的内生“价格”来决策。

由于在家户内部没有商品的直接交易，所以无法直接观察到商品内生价格，但是，内生价格发挥着与市场价格类似的作用。这些影子价格等于食品或闲暇的边际效用，也等于劳动的边际产出，还表示家户为放松自己的约束而愿意付出的成本，所以这些价格可以用来度量家户约束的“内部”① 感觉。家户决策的“外部”感受则是由市场上的需求和供给决定的。接下来，杨弗利等人分析了某一个市场缺失状态下外生市场价格对家户决策造成的影响。

2. 市场缺失背景下的家户决策

（1）家户内部调整：市场缺失背景下的影子价格

假设食品或劳动力市场不存在（用下标 a 表示），讨论当商品 p_j 的价格发生变化时的家户决策。

由方程（4.1.3a－4.1.3d）和方程（4.1.2e）可得内生价格 p_a ② 相对于外生价格 p_j 的弹性

$$E(p_a/p_j) = -\frac{E_{aj} - \theta_{aj} r_a - \eta_a r_a (s_{\Pi Y} s_{j\Pi} + s_{jY})}{E_a - \theta_a r_a - \eta_a r_a (s_{\Pi Y} s_{a\Pi} + s_{aY})} \tag{4.1.4}$$

其中，E_a 是供给价格弹性 $E(q_a/p_a)$；E_{aj} 是供给交叉价格弹性 $E(q_a/p_j)$；θ_a 为消费价格弹性 $E(c_a/p_a)$；θ_{aj} 是消费交叉价格弹性 $E(c_a/p_j)$；η_a 是收入弹性 $E(c_a/Y)$；r_a 是个比值 c_a/q_a，如果“a”是食品，则 $r_a = 1$，如果“a”是劳动，则 r_a 为负值；$s_{\Pi Y} = \Pi/Y$；$s_{i\Pi} = p_i q_i/\Pi$；$s_{iY} = p_i T_j/Y$。

从方程（4.1.4）的分子可以看出，市场商品 j 的价格 p_j 的变化会导致市场的非均衡。其中第一项 E_{aj} 表示市场商品供给变化对影子价格 p_a 的影响；θ_{aj} 为需求弹性对影子价格 p_a 的影响；η_a 表示收入效应对影子价格的影响。其分母表示内生价格 p_a 会随着市场商品价格 p_j 的变化而变化，这样整个市场才能是均衡的。

（2）对外部的反应：市场上的供给和需求

根据方程（4.1.3a），在市场缺失的条件下，可以求得家户的产出供给和要

① 为了便于理解，笔者在本章下文中写成“家户内部”。

② 即影子价格。

素需求弹性：

$$E^G(q_j/p_i) = E(q_j/p_i) + E(q_j/p_a)E(p_a/p_i) \qquad (4.1.5)$$

其中，E^G 是综合弹性；$E(q_j/p_i)$ 和 $E(q_j/p_a)$ 是市场交易产品的弹性；$E(p_a/p_i)$ 是内生价格弹性。

同理，由方程（4.1.3c）可以求得消费弹性：

$$E^G(c_j/p_i) = E^H(c_j/p_i) + E^H(c_j/p_a)E(p_a/p_i)$$

其中

$$E^H(c_j/p_i) = \theta_{ji} + \eta_j(s_{\Pi Y}s_{j\Pi} + s_{jY})$$

$E^H(c_j/p_i)$ 是消费价格弹性，它包括两项，一项是标准的消费价格弹性 θ_{ji} 和这个家户收入项。

（3）不同农作物价格的变化与价格弹性的变动

为了分析简便起见，杨弗利等人仅仅讨论了经济作物价格变化对食品影子价格的影响以及在食品市场缺失的情况下经济作物供给弹性变化。

根据前面的假设，当食品市场缺失并且经济作物的价格是外生的时候，方程（4.1.4）可以简化为：

$$E(p_a/p_j) = -\frac{E_{aj} - \eta_a p_j q_j/Y}{E_a - (\theta_a + \eta_a p_a q_a/Y)}$$

在分母中，括号内的部分表示食品的需求弹性。如果价格上升，由于替代效应 $|\theta_a|$ 大于收入效应，所以需求弹性为负，故方程中分母的值为正值。由于分子是负值，所以 $E(p_a/p_j)$ 为正，即经济作物价格的上升会导致食品的影子价格上升，与此同时，经济作物价格的上升还会使家户感觉食品变得更加稀缺了。

同样道理，工业品价格的上升也会导致食品影子价格的上升。如果外生的冲击使价格上升，则方程（4.1.4）中分子的变化就比前一种情况要复杂多了。从生产的角度上讲，劳动的市场价格的上升将导致食品产量的下降。从消费的角度上讲，这时存在两种效应：第一，食品和闲暇的替代效应；第二，收入效应。如果家户的劳动时间小于其总的可劳动时间，那么，这两种效应均为正值，所以对食品的需求很可能上升；如果家户是大的农场主，因为他们的劳动成本在其总成本中占有很大比重，则其收入将会下降。供给和需求的综合影响会导致家户内部食品供给的压力增加，进而导致食品的影子价格上升。由于化肥价格上升，食品供给会下降，并且由于收入下降将会导致需求下降。于是，化肥价格上升对方程中分子的影响是不确定的。如果化肥价格对食品供给的影响很小，收入效应就会大于替代效应，食品的影子价格就会下降。如果食品的收入弹性很小，随着生产成本的上升和家户内部食品价格的上升，需求将不会降低。

在劳动市场缺失的情况下和在食品市场缺失的情况下，两者的结果是相似的，即经济作物、食品、工业产品价格的上升通常将导致家户内部劳动价格的上升。然而，化肥价格的上升则对家户内部劳动力价格的影响是不确定的。

方程（4.1.5）中的 $E(q_j/p_a)$ 为负值。所以从方程（4.1.5）中来看，其第一项和第二项呈反方向变化，于是，市场缺失背景下的综合弹性就比存在食品市场背景下的综合弹性低，因此，农户的外部供给反应速度看起来比较缓慢。这意味着在市场缺失的条件下，家户决策的弹性降低了，而弹性的降低意味着家户的决策过程变慢了。

与之相反，在食品市场缺失的情况下，如果工业品或劳动的价格上升，家户内部价格上升的间接作用（家户内部的价格会影响市场上商品的价格）会同它的直接作用一起影响家户的决策。这将导致家户做出非对称决策：对于竞争性农作物的价格或工业品的价格上升，家户将减少经济作物的生产，而市场的缺失也将进一步促使家户减少经济作物的生产。

与此同时，在市场缺失的条件下，当经济作物价格上涨时，家户不能及时调整其投资和消费，所以，经济作物价格的变化会对其他产品的投入数量产生影响。加上化肥的两种交叉弹性都为正，所以，家户内部食品价格的上涨以及经济作物价格的上升都会导致化肥使用量的增加。对于工业品消费来说，正的收入效应的直接作用和正的食品价格的替代作用将会带来叠加效应。

由于农户对价格变化的敏感度（价格弹性）的高低对农业的发展具有重要意义，所以，杨弗利等人以前面所做的分析为依据，提出几项提高农户的价格弹性的政策建议。首当其冲的是设法缩减那些面临市场缺失的家户的数量。这意味着，这一政策建议的内容包括降低劳动力和食品的成本加价、鼓励商人之间展开竞争、促进价格信息的传播等。与此同时，还应当消除市场缺失的间接来源，例如消除农户进入金融市场的障碍，因为金融市场有助于农户减少在农业生产和寻找工作过程中的不确定性因素；而进一步提升农产品生产的多样化也可以提高农户的劳动供给弹性，这就将缩小成本加价部分，从而也有利于市场的发展和防止市场缺失的发生。

杨弗利等人还发现，农民现金收入的购买力的高低对于他们对价格反应的速度具有重要影响。因此，一个有弹性的、低价的工业品的供给市场可以促进农户生产更多的经济作物。虽然农业是工业的基础，但是，工业品也是促进农户生产的重要因素。如果一个国家工业品的生产和进口受到抑制，工业品消费的减少会降低农业产量，而农业生产的下降又会导致出口收入减少，进而导致对工业品的消费进一步减少。工业和农业之间的这种恶性循环持续下去，势必使整个国家陷入螺旋式的衰退之中。

二、发展中国家市场不完善情况下的自我储蓄和消费平滑

迪顿（1992）探讨了发展中国家农场家户如何在信贷市场不完善情况下通过

自我储蓄来平滑自身消费的问题。他认为，一方面，由于农业生产不仅受气候、虫害等自然条件的影响，还受到农产品价格波动的影响，所以，发展中国家的农场家户的收入是非常不稳定的。在发展中国家信贷市场不完善的前提下，农业家庭必须设法平滑自己的消费。所以，农户必须在好年景时储存一些食品和货币，当农业歉收时，它就可以动用储蓄的食品和货币来弥补收入的不足。另一方面，在发展中国家，市场常常无法为家户提供足够的信贷，家户就只能依靠自己的储蓄来平滑消费。因此，那些当前偏好较弱的家户会更多地减少当前消费，储蓄更多的食品及货币。当收入减少时，这些家户便可以动用储备的食品和货币。而那些对当前偏好较强的家户情况则相反，由于它们不会减少当前消费，因而也就没有多少储蓄，因此在借贷市场缺乏的条件下，这些家户的消费就会发生很大的波动。

以下我们所概述的是迪顿在他 1990 年和 1991 年已发表论文的基础上所建立的有关农户在完全没有借贷和存在有限高利贷的情况下的消费行为的理论模型。

设发展中国家农场家户的偏好函数（preference function）为：

$$u = E_t\{\sum_{\tau=t}^{\infty}(1+\delta)^{t-\tau}v(c_t)\} \tag{4.1.6}$$

其中 δ 是时间偏好，且 $\delta > 0$；$v(c_t)$ 是当前效用函数，设它是递增、严格凹的、可微的。

财富累积方程为：

$$A_{t+1} = (1+r)(A_t + y_t - c_t) \tag{4.1.7}$$

其中 y_t 为劳动收入；A_t 是当期的财富；r 是实际利率。迪顿还设 $r < \delta$，即个人在消费和储蓄中更偏好消费。迪顿假设实际利率是固定的、未知的，劳动的供给是没有弹性的，劳动收入 y_t 是一个位于 $[y_0, y_1]$ 区间内的随机变量。

设状态变量 x_t 为在 t 期家户持有的货币，即

$$x_t = A_t + y_t \tag{4.1.8}$$

x_t 是家户在 t 期可以消费的最大值，而家户在第 t 期和第 $t+1$ 期的消费必须满足如下方程。

$$\lambda(c_t) = \max[\lambda(x_t), \beta E_t\lambda(c_{t+1})] \tag{4.1.9}$$

其中 $\lambda(c)$ 是消费 c 的边际效用，即 $\lambda(c) \equiv v'(c)$；$\beta = (1+r)/(1+\delta)$，由 $r < \delta$ 得 $\beta < 1$。在借贷约束的条件下，家户的消费一定小于等于 x_t，而且边际效用也必大于等于 $\lambda(x_t)$。如果当期的 x_t 大于下一期边际效用的折现，那么家户就会受到借贷的约束，否则，两期的边际效用必然相等。

为了简化模型，迪顿设 y_t 在不同时间上是独立同分布，那么，最优消费就一定是家户在 t 期持有的货币 x_t 的函数，即

$$c_t = f(x_t) \tag{4.1.10}$$

根据方程（4.1.7）和方程（4.1.8），得，

$$x_{t+1} = (1 + r)\{x_t - f(x_t)\} + y_t \tag{4.1.11}$$

从上边的式子无法解得具体的 $f(x)$ 表达式，但是，却可以从这个模型中推出一些结论。

第一，如果家户在 t 期所持有的货币是给定的，当家户所持有的货币低于某一个临界值 x^* 的时候，它将全部用来消费；当家户所持有的货币高于这个临界值时，家户就会储蓄一些货币；

第二，家户的消费比收入更加平滑。虽然边际储蓄倾向小于 1，但是它相对于家户在 t 期持有的货币来说是递增的。如果家户依据最优方程进行决策，消费就会比收入更加平滑。例如，如果收入过程服从均值为 100 而标准差为 10 的正态分布时，效用函数是等弹性的并且相对风险回避系数为 3，利率和时间偏好系数分别为 5% 和 10%，那么，消费的标准差为 5，即达到了收入的标准差的一半；

第三，消费的波动必须是非对称的。家户可以通过减少当前的消费来积累一些财富，但是，如果收入很低，而积累的财富又已经花完，那么，家户就只能减少消费。这比消费与当前的收入相等的状况要好，而且最优的储蓄策略可以减少这种情况出现的概率。当出现这种情况时，借贷的影子价格就会很高，在同样的条件下（参数相同）每 20 年就会出现一次利率高出 30% 的情况，甚至利率可能达到 100%。

此外，从模型中还可以得到如下几点启示：

第一，分析表明，消费和收入在短期内是不相关的，但是在长期内却是相互联系的。

第二，从横截面上讲，动用储蓄超支是很平常的。如果收入是一定的，那么在长期内，总的储蓄就会等于总的超支，而且由于农业生产中存在周期性规律，很多时候家户的当前花费都会大于当前收入。若撇开短期的储蓄决策，家户的总消费将会与家户的总收入相等。

第三，储蓄模型不像生命周期模型那样对财富积累的原因加以解释。在储蓄模型中，迪顿假设家户更偏好当前消费，人们储蓄财富是为了应对未来的不确定性。事实上，人们的偏好程度是因人而异的，虽然大部分人都更偏好当前消费，但是总会有一小部分人对当前消费偏好程度较低，这部分人总会把一部分收入储蓄起来用作未来的消费。根据储蓄模型，迪顿认为，贫穷是由当前高偏好所引起，而当前低偏好却能产生财富。

此外，迪顿通过分析发现，不存在借贷的模型也许是一个很好的模型。这样的模型将表明，家户消费在没有借贷市场的情况下也可以做到非常平滑。

三、家户成员迁徙的自我保险模型

布里尔、萨多莱、杨弗利与西尔维·兰伯特（Briere，Benedicte de la，Elisabeth Sadoulet，Alain de Janvry & S. Lambert，2002）在他们合作撰写的论文探讨了家户通过移民汇款来实现自我保险（self-insurance）的问题。布里尔等人指出，一个从农村家户中迁移到其他非农行业中的子女向家户汇回款项的行为是基于两种相互兼容的动机：其一是为家户提供保险；其二是为了通过向父母汇款而获得将来继承遗产的权利。他们在论文中分别为这两种动机建立了模型。这一小节主要概述家户通过迁徙到其它地区的子女的汇款来实现自我保险的模型。

家户中的成员包括留在家中的父母和迁徙到外地的子女。设父母以 π 的概率取得收入 Y，以 $1-\pi$ 的概率取得收入 $Y-\Delta$，其中 Δ 为随机的收入冲击。父母和子女可以通过相互之间汇款来实现自我保险，设父母向子女提供的汇款为 p，子女向父母提供的汇款为 $R=\alpha\Delta$，其中 $0<\alpha<1$。布里尔等人设由父母决定对子女的汇款 p 和子女对父母的汇款比例 α，但是父母会考虑子女的偏好。

父母的目标方程为：

$$\max_{\alpha,p}\pi v(Y-p)+(1-\pi)v(Y-p-\Delta(1-\alpha))$$

约束条件为：

$$\pi u(y+p)+(1-\pi)u(y+p-\alpha\Delta)\geqslant u(y)$$

其中 u（·）为迁徙子女的效用方程。

一阶条件为：

$$\frac{u'(y+p-\alpha\Delta)}{u'(y+p)}=\frac{v'(Y-p-\Delta(1-\alpha))}{v'(Y-p)}$$

在收入 $Y-p$ 和 $y+p$ 处进行泰勒展开得到

$$\frac{\alpha}{1-\alpha}\approx\frac{\chi(Y-p)}{\xi(y+p)} \tag{4.1.12}$$

其中，$\chi(\cdot)$ 和 $\xi(\cdot)$ 分别为父母和迁徙子女的绝对风险回避系数。从中我们可以看出，子女对父母的汇款占随机冲击的比例（α）由这两个绝对风险回避系数所决定。

而迁徙子女汇款的绝对数量为：

$$r^{*}=\alpha\Delta=\frac{\xi(y+p)}{\xi(y+p)+\chi(Y-p)}\Delta \tag{4.1.13}$$

通过二阶泰勒展开式可以解出 p 值，把 p 值代入父母的效用方程，再通过最大化父母的效用可以解出 α 值。①

---

① 具体内容请参见网址：http：//are. berkeley. edu/ ~ sadoulet/。

$$\alpha = \frac{1}{\sqrt{\Delta^2(1-\pi)\xi^{\circ 2} + 2\Delta(1-\pi)\xi^{\circ}\left(1+\frac{\xi^{\circ}}{\chi^{\circ}}\right) + \left(1+\frac{\xi^{\circ}}{\chi^{\circ}}\right)^2}}$$

$$= \alpha(-\Delta, -(1-\pi), +\chi^{\circ}, -\xi^{\circ}) \tag{4.1.14}$$

其中ξ°和χ°分别为子女和父母在收入为y和Y时的绝对风险回避系数。

从方程（4.1.14）可以看出，父母的收入受到的随机冲击越大，他们要求子女汇款占父母收入受随机冲击的比例就越小；如果父母的绝对风险回避系数越大，子女汇款占父母总收入的随机冲击的比例将越大；子女的绝对风险回避系数越大，他们的汇款占父母收入所受到的随机冲击的比例将越低。

子女对父母汇款的绝对数量为：

$$r^* = \alpha\Delta = r^*(+\Delta, -(1-\pi), +\chi^{\circ}, -\xi^{\circ}) \tag{4.1.15}$$

从方程（4.1.15）可得，父母的收入受到的随机冲击越大，子女对父母的汇款就越多；父母的绝对风险回避系数越高，子女对父母的汇款将会越多；子女的绝对风险回避系数越高，子女对父母的汇款数量就越低。

布里尔等人利用多米尼加的数据对自我保险动机和继承遗产动机进行了实证检验。其结果显示，子女汇回款项的动机与迁徙目的地、性别以及家庭成员构成有关。例如，在移民到美国的女性案例中，其汇款动机单纯是为了给家庭提供保险；而在迁徙到多米尼加国内城市去的案例中，只有当迁徙者是家中惟一的迁出者并且是男性的情况下，其汇款才是出于为家户提供保险的考虑，而移民到美国的男性，其汇款的重要动机在于力求将来获得遗产。

四、经济发展中家户与市场之间生产分工的模型

在发展中国家，人们所消费的产品，有些是由企业生产的，而有些则是由家户生产的。形成这种格局的原因是什么？在经济发展过程中，这一格局会发生什么样的变化？路易·洛凯（Luis Locay）在他 1990 年发表的论文中对上述问题进行了探讨。他认为，市场和家户之间之所以存在生产分工，其原因隐含在亚当·斯密提出的“专业化程度取决于市场规模”的定理之中。洛凯把经济发展过程在一定程度上看作是由家户生产向市场生产转变的过程。他假定包括专业化的市场生产和非专业化的家户生产在内的所有生产都具有规模经济特征。尽管市场生产中的规模经济使它与家户生产相比具有成本优势，但随着加工过程的扩大和中间产品的增加，市场生产将受到市场广度的限制。为了假设家户生产中存在着规模经济，洛凯借助于加里·贝克尔的推论，即假定家户内部的利他主义行为使得在家户中从事生产不需要像厂商那样对家户成员实行监督，因而节约了监督成本，并使得家户在较低的产出水平上具有优于市场生产的比较优势。但问题是，在任何经济体中，有些市场太小，以至于使得专业化厂商的生产无法进行，而在

小经济体中却有着很多这样的市场。洛凯把经济发展过程看作是一个经济的总体规模增大的结果，由此导致某些原先足够小的市场现在可以支持市场生产并使之达到足够大的规模。他的论文旨在探讨在家户和市场之间实行生产分工的基础上，家户生产何以随着经济发展转变为市场生产的过程。

1. 生产过程

（1）自给的家户

这里讨论的是家户中的生产。假设有这样一个经济，在经济中只有一种消费品，但是分成 M 种不同的颜色，每一种产品的数量分别为 $z_1,\cdots,z_M$。每个家户都只消费一种颜色的产品，家户除了对颜色的偏好不同之外，其他方面都是完全相同的。类型 j 的家户的效用为 $U(z_1,\cdots,z_M)=z_j$。对应于每种颜色产品的家户类型有 n 种。

其中 z_j 为一系列生产过程的最终产品。第 i 个生产程序是指利用第 $i-1$ 阶段的产品并投入资本和劳动进行生产的过程。具体可以用图 4. 1. 1 来说明：

其中，$x_{1.1}$ 为第一阶段的产出，它可以用来生产 b 个第二阶段的中间产品：$x_{2.1}$，…，$x_{2.b}$。为了简单起见，洛凯在图中假设 $b=2$，并且假设只有四个生产阶段。第二阶段的中间产品可以被加工成第三阶段的产品。在图 4. 1. 1 中，最终产品是第四阶段的 z_1，…，z_8。如果要想消费任何一种最终消费品，就可以追踪到这种产品的生产路径。例如在图 4. 1. 1 中，用黑线标出了 z_3 的生产路径，这条线被称为“产品线”（product line）。

为了使生产过程对称，洛凯假设一个生产阶段有 b 个分支，并设生产的阶段为 S 个。那么，最终产品的颜色种类与生产阶段和生产的分支个数 b 之间的关系 M 被表述为 $b^s=M$。家户将只生产满足其偏好的最终产品的中间产品 $x_{i,j}$。根据模型的对称性，任何一个家户在生产线上的选择都可以代表其他所有家户的选择。鉴于只需要关注生产阶段，所以，在下文中，笔者去掉了中间产品的分支下标，而只保留其在生产阶段中的下标。

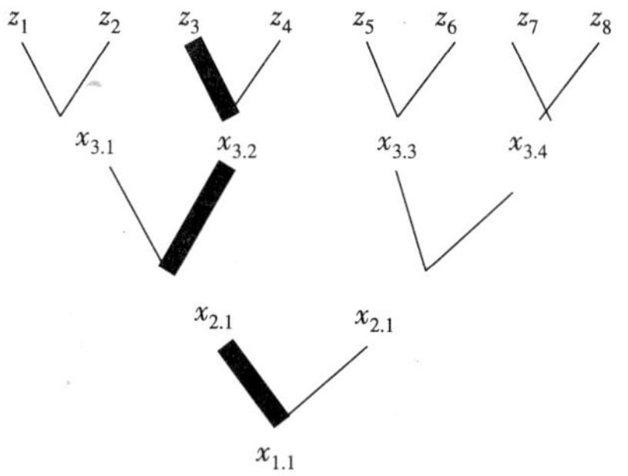

图 4. 1. 1　生产过程

设由 k_i 和 t_i 表示家户用来生产第 i 阶段产品 x_i 的资本和劳动，$i-1$ 阶段的中间产品用 x_{i-1} 表示。那么，第 i（$i = 2,\cdots,S$）阶段的生产函数为：

$$x_i = \min\{x_{i-1},[f(k_i,t_i)]^{\alpha}\} \tag{4.1.16}$$

其中 $f(k_i,t_i)$ 关于 k_i 和 t_i 递增，并且具有一阶齐次性，且 $\alpha > 1$ 。

设每一个家户都持有一个单位的劳动和 k 单位的资本，而家户要决定的仅仅是如何分配各生产阶段上的劳动和资本，以获得最大的最终产品产出。通过计算，可以得出家户会在所有的生产阶段上生产同样水平的产出 z。在每一个阶段上，资本和劳动比都不变，并且等于最初禀赋的资本劳动比 k。因此，一个自给自足的家户将会简单地把它的资源平均分配到生产不同阶段上。所以，最终消费品 z 为：$z = [f(k/S,1/S)]^{\alpha}$ 。

（2）市场生产

企业通过雇佣劳动和资本、购买中间产品来大规模生产产品。由于生产函数规模收益递增，成本将会降低。企业生产的产品可以卖给其他的企业和家户，这些企业和家户或者利用这些产品进行生产或者直接消费这些产品。由于生产函数的规模收益递增，所有的生产都将在企业内完成。但根据加里·贝克尔的利他主义理论，家户中不需要监督，由此降低了成本，亦即家户也可以生产产品。洛凯假设每一个企业只生产一种中间产品，即 $y = x_i$ 。

那么，企业的生产函数为：

$$x_i = \min\{x_{i-1},[f(k_i,t_i)]^{\alpha}h(y)\} = \min\{x_{i-1},[f(k_i,t_i)]^{\alpha}h(x_i)\} \tag{4.1.17}$$

其中，y 是所有阶段产出之和，$h(y)$ 为企业的监督成本，对于任何一个企业而言，所有的生产线 $h'(y) < 0$ ，且 $h(0) = 1$ 。

洛凯假设企业在其产品和原材料市场上是完全竞争的，所以，它们只能接受既定的市场价格。企业的出现改变了家户的生产格局，家户现在必须决定向市场提供多少劳动和资本，并决定在哪一个阶段上从事生产。因此，现在要进行生产，就必须比较企业和家户在各个生产阶段上的平均成本。显然，家户在成本较低的生产阶段上从事生产有优势。

设代表性的企业在第 i 阶段上平均成本为 ATF_i ，其表达式为：$ATF_i = p_{i-1} + ACF_i$ 。其中，p_{i-1} 是 $i-1$ 阶段上中间产品的价格；ACF_i 为加工 $i-1$ 阶段的中间产品时所使用劳动和资本的平均成本。与此相对应，家户生产的平均成本方程为：$ATH_i = p_{i-1} + ACH_i$ ，其中，ACH_i 为家户在第 i 个生产阶段上所投入的劳动和资本的平均成本。在图 4.1.2 中，罗凯给出了家户和企业的平均成本。

由于存在规模经济，家户在其生产阶段上的平均成本相对于产出是递减的。对于企业来说，由于存在监督成本，规模收益将在一定程度上有所抵消。通常，平均成本曲线的形状将取决于方程 $h(x_i)$ ，但是，这里作者假设它是 U 形的、凸

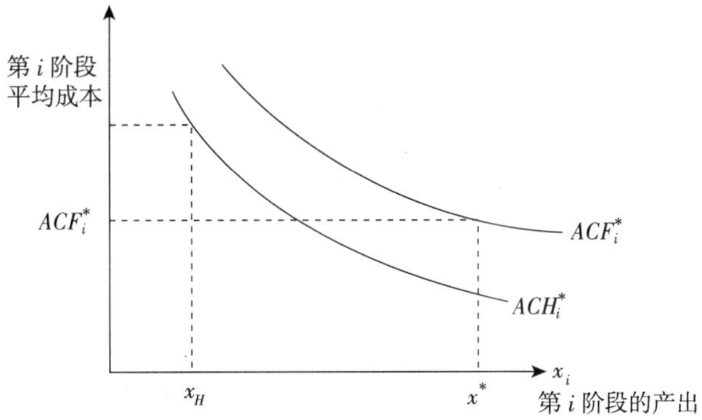

图 4.1.2　家户生产和市场生产成本比较

的，并设其中 ACF_i 最小的点是 x^* 。

如图中所示，家户在所有产量上对于企业来说都具有成本优势，但是，企业却能在比家户更高的产出水平上进行生产，从而使其平均成本低于家户的平均成本。图 4.1.2 显示，家户在 x_H 处生产，而企业却在 x^* 处生产。这时，企业中规模经济带来的收益超过了监督成本。

洛凯假设生产阶段 i 的全部产出为 X_i ，同时假设如果 $X_i > x^*$ ，则所有企业都将在最小平均成本 x^* 处生产。第 i 阶段的所有产出为 $\frac{1}{b}$ 乘以第 $i-1$ 阶段的产出。由于加工过程中中间产品不断减少，最终全部产出会小于 x^* 。在这一阶段上和余下的阶段上，最多会有一个企业在市场中生产。当全部的产出都非常低的时候，就会出现企业的平均成本等于家户的平均成本的情况。于是，在这一阶段上和在余下的阶段上，企业就停止了生产，而由家户来完成剩余的生产过程。具体地来说，洛凯设从 1 到 q 阶段由企业在最低平均生产处生产，而从 $q+1$ 到 S 阶段则由家户从事生产。

2. 经济规模和在产品生产中市场与家户之间的分工

经济的规模，换言之家户的数量，在决定市场和家户之间的生产分工中起重要作用，不同类型的均衡家户数目（n）的上升将会增加所有产品的市场规模。当经济规模扩大之后，一些以前由于市场规模较小而不能由市场生产的产品，现在也可以由市场来生产了。

假设作为家户最初禀赋的资本不变；假设在所有 q 阶段上中间产品的总和为 X_q ；并假设它刚好使企业在最低平均成本处生产。也就是说，在 q 阶段上，在每一种产品的市场上只有一家企业在生产，且 $X_q = x^*$ 。在家户生产的 $q+1$ 到 S 的阶段上，若要保持家户的最初禀赋 k 不变，家户数目上升将导致市场总产出增加，但每一个家户的产出 z 将保持不变。

由于 $q+1$ 阶段的总产出为 $X_{q+1} = nzb^{S-q-1}$ ，当 n 增加时，最后必然将达到某一点，使企业生产 X_{q+1} 的平均成本和家户生产的平均成本相等。在该点上，由企业来从事生产将会更有效率。当 n 进一步增加，最终在每一个分支 $q+1$ 阶段上，总产出将等于 x^* 。

现在考虑这样一个生产过程，即最初每个分支在 q 阶段上的总产出为 x^* ，当 n 增加时，在 $q+1$ 阶段上，每一种产品的总产出为 x^* 。如果 q 是连续的，并且对均衡条件求导，家户消费的比例变化（ $\frac{\frac{dz}{dq}}{z}$ ）为：

$$\frac{\frac{dz}{dq}}{z} = \frac{ACH - ACF^*}{AC} - \frac{[(S-q)ACH/AC][d(ACH)/dq]}{ACH} > 0 \quad (4.1.18)$$

其中，ACH 是在每一个加工阶段上家户生产的平均成本，亦即前面所讲的 ACH_i ；其中，$AC = (S-q)ACF + qACF^*$ 是所有加工阶段上平均成本之和，亦即 z 的平均成本。z 的增加系由两个原因所引起，第一个原因是指在 $q+1$ 阶段上，在由家户生产转向企业生产的过程中降低了成本，第二个原因是指因家户生产规模扩大所致。

在家户消费不变的情况下，经济总量的增长①将会导致每一个家户中消费的增长，亦即集约型增长（intensive growth）。洛凯所分析的集约型增长过程就是企业代替家户进行生产的过程，同时也是企业所生产的产品不断丰富的过程。

从模型中可以看出，家户投入到市场中的劳动将会同家户的市场收入以同等的速率增长。这个模型有助于解释发展中国家的妇女比发达国家的妇女更多地参与市场就业的原因。这个模型说明，妇女加入劳动大军不是因为市场的生产率在提高，而是因为市场生产的成本更低；此外，男性比女性更早地进入劳动力市场是因为洛凯假设妇女在家户中从事生产更有优势。

当经济达到一定的发展程度时，家户生产的产品将变得不那么重要，同时，组成一个大家户的优势（即规模经济）也显得不重要。洛凯由此所做的进一步推论是，若家户的构成是内生的，则根据他的模型，当经济发展时，家户的规模将会变小。

最后，在 m 阶段以上的所有的市场产出的比例将为 $(q-m)/q$ ，而且该比例将随着经济发展而递增。由于像服务业这类行业可能包括更高阶段的产出，因此，洛凯认为，他的这个模型也可以解释经济发展与服务业的关系。

洛凯所得出的主要结论是：在一个由家户和企业构成的经济体中，家户和企业都有自身优势，因而一个社会可以通过分割产品的生产阶段来从事生产。家户

① 参见 Reynolds, Lloyd G., 1983, "The Spread of Economic Growth to the Third World: 1850 - 1980", *Journal of Economic Literature*, vol. 21, Sept., pp. 941-980。

的优势在于家户中存在着利他主义，这就降低了家户内部的监督成本；企业的优势在于生产函数是规模收益递增的，当生产规模扩大时，产品的平均成本将会下降。所以，决定一种产品是由家户生产还是由企业生产的关键之处在于对产品的需求量。当某产品的需求很大时，企业的平均成本小于家户的平均成本，该产品应由企业生产。当某产品的需求量不是很大时，由于家户的平均成本小于企业的平均成本，因此，该产品应由家户生产。当经济有了一定的发展时，产品的需求不断扩大，企业的规模效应得以发挥，致使家户生产的产品种类不断减少，而企业生产的数量和种类却不断增加。于是，就发生了由家户生产让位给市场生产的转变过程。

第二节　家户内部的人力资本形成

对于人力资本投资，尤其是对于子女教育的投资，家户是事实上的投资决策主体。不少发展经济学家对此进行了研究。本节中概述三个有代表性的模型。罗森茨维格和肯尼思·I. 沃尔平（Mark R. Rosenzweig & Kenneth I. Wolpin，1993）通过构建一个家户内部代际交叠模型（overlapping generation model）研究了父母对子女的转移支付对子女的人力资本投资和消费的影响。他们发现，父母对子女的转移支付有助于子女平滑其终生消费，并为子女的教育投资给予帮助。阿亚尔·基姆希（Ayal Kimhi）分析了农户如何根据子女的不同禀赋来决定对他们进行特定于工业的人力资本投资或特定于农业的人力资本投资①，而从对特定于农业的人力资本投资中受惠的子女今后将继承农场。劳特和陈莲香（2005）探讨了父母与子女之间的双向转移支付问题。在他们的模型中，父母对子女进行人力资本投资，而子女为父母在财务上提供养老支持。他们的研究结果表明，父母对子女的人力资本投资与父母的利他主义水平成正相关，而子女对父母的转移支付与子女工作后的收入成正相关。

一、非合作博弈世代交叠模型

罗森茨维格和沃尔平（1993）构建了一个有关父母和成年子女之间进行非合作博弈的世代交叠模型（an Overlapping Generations Model），用以讨论在利他主

① 特定于农业的人力资本只对农业生产有帮助，对工业生产没有意义；而特定于工业的人力资本与特定于农业的人力资本的情况恰好相反。

义前提之下，父母和子女之间的博弈何以决定父母对子女进行人力资本投资的过程。他们建立的模型的假设如下：

第一，每一个人生存 τ 个时期，其中在 $\tau/2$ 个时期，年轻的成年人做出人力资本投资决策，在下一个 $\tau/2$ 时期，则由父母做出有关向其成年人后代提供转移支付水平的决策。

第二，设年轻人和父母有两种居住状态：共同居住和分开居住。父母和子女共同居住时，由于存在规模经济，转移支付的成本低，因而对父母有利，但其缺点是不利于保护父母的隐私；而当父母和子女分开居住时，转移支付的成本较高。

第三，年轻人在两个阶段上都不能转移资源，其唯一的储蓄形式体现在人力资本上，然而，父母却可以在无风险的利率水平上借贷。

第四，假设利他主义的父母根据转移支付水平的高低、与子女的居住状态、成年子女的人力资本投资等因素做出决策。在父母投资决策为已知的情况下，成年子女决定其人力资本投资的水平。于是，在这个博弈的背景中是成年子女先做出决策，之后父母再做出决策。

g 代父母根据与成年子女的居住状态 i_t 决定对子女（$g+1$）代的转移支付 $T_t^g(i_t)$ 和自己的财富 $A_t^g(i_t)$。如果成年子女和父母共同居住，则 $i_t = r$；否则 $i_t = a$。当父母和成年子女共同居住时（$i_t = r$），父母向子女转移支付 1 美元的成本是 $k_t < 1$。当父母和成年子女分开居住时（$i_t = a$），父母转移支付 1 美元的成本是 1 美元。罗森茨维格和沃尔平假设在时间 t 的利率为 β_t，δ 表示个人对当前的偏好程度。

罗森茨维格和沃尔平还假设每一代人的收入均为随机变量。他们分别用 Y_t^g 和 Y_t^{g+1} 表示 t 时间父母和子女的收入，它们分别由父母和子女各自的人力资本存量所决定。罗森茨维格和沃尔平把人力资本投资分成两种：上学的投资 $s_t^{g+1} = \{0,1\}$ 及工作期间的投资 h_t^{g+1}。因为在 $g+1$ 代时仍然在对人力资本进行投资，他们的净收入为 $Y_t^{g+1} - h_t^{g+1}$，其中 h_t^{g+1} 为因在工作期间进行人力资本投资而放弃的收入。g 代在一期的效用由自己的消费 $C_t^g(i_t)$、成年子女的消费 $C_t^{g+1}(i_i)$、子女是否在上学 s_t^{g+1}、居住状态 i_t 和状态偏好参数 $\varepsilon_t^g(\omega)$ 决定，其中 ω 为现在的“居住—转移支付”状态。因为转移支付总是正的，所以“居住—转移支付”状态可以分为三种：第一种状态，没有转移支付；第二种状态，父母直接转移支付（$T > 0$），父母和子女分居（$i = a$）；第三种状态，父母和子女共同居住（$i = r$），它们分别由 $\varepsilon_t^g(1)$、$\varepsilon_t^g(2)$、$\varepsilon_t^g(3)$ 表示。

假设 g 代在 τ^g 时期死亡，Ω_t^g 为有关的信息集（状态空间）。则 g 代的终生期望效用为：

$$V_t^g(\Omega_t^g) = \max_{T_t^g, A_t^g, i_t} E_t \sum_{l=t}^{\tau^g - 1} \delta^{l-t} U_l^g [C_l^g(i_l), C_l^{g+1}(i_l), s_l^{g+1}, i_l, \varepsilon_l^g(\omega)] \quad (4.2.1)$$

g 代在 t 期的消费为：

$$C_t^g(i_t) = Y_t^g - k_t T_t^g(i_l) + (1 + r_t) A_{t-1}^g - A_t^g(i_t) \quad (4.2.2)$$

$g+1$ 代在 t 期的消费为：

$$C_t^{g+1}(i_t) = Y_t^{g+1} + T_t^g(i_t) - h_t^{g+1} - s_t^{g+1} K_t \quad (4.2.3)$$

其中 K_t 是上学的直接成本；在 t 期，$g+1$ 代的终生期望消费为：

$$V_t^{g+1}(\Omega_t^{g+1}) = \max_{h_t^{g+1}, s_t^{g+1}} E_t \sum_{l=t}^{\tau^g - 1} \delta^{l-1} U_l^{g+1} [C_l^{g+1}(i_l), s_l^{g+1}, \varepsilon_l^{g+1}] + \delta^{\tau g} E_t V_{\tau g}^{g+1}(\Omega_{\tau g}^{g+1})$$

$$(4.2.4)$$

从方程（4.2.1）可以看出，父母的效用受到子女是否在学校学习的影响，而不是直接由子女的教育水平所决定。从方程（4.2.4）可以看出，罗森茨维格和沃尔平假设成年子女对是否与父母一起居住是无差异的。因为父母和子女共同居住的转移支付的成本较低，即 $T(h) > T(a)$，因此，父母的居住决策同子女的效用最大化并不矛盾。

由此，可以将成年子女的总收入表述为：

$$Y_t^{g+1} = \rho_t H_t^{g+1} + \mu^{g+1} + \xi_t^{g+1}, t \leqslant \tau^g - 1 \quad (4.2.5)$$

其中 ρ_t 是在 t 期一单位人力资本的租金，其中，μ^{g+1} 反映个人禀赋对收入影响的因素；ξ_t^{g+1} 为独立同分布的随机量。在 t 期，$g+1$ 代的人力资本存量为：

$$H_t^{g+1} = H_t^{g+1}(h_1^{g+1}, \cdots, h_{t-1}^{g+1}, s_1^{g+1}, \cdots, s_{t-1}^{g+1}) \quad (4.2.6)$$

为了简化模型，罗森茨维格和沃尔平设人力资本投资对父母的边际工资收益为0，所以，父母的总收入方程为：

$$Y_t^g = \rho_t H^g + \mu^g + \xi_t^g, t \geqslant \tau^g - \frac{\tau}{2} \quad (4.2.7)$$

其中，μ^g、ξ_t^g 和 $g+1$ 代的定义相同。最后，罗森茨维格和沃尔平设父母的状态偏好服从于世代传递（permanent-transitory）过程，即 $\varepsilon_t^g(\omega) = \eta^g(\omega) + \theta_t^g(\omega)$。

父母的转移支付的数量、父母对于子女居住状态的选择都会影响子女的人力资本投资，在知道父母决策的情况下，成年子女通过选择人力资本投资的数量来使自己的效用达到最大化。然后，父母根据子女的实际人力资本投资状况做出决策，而且父母在考虑对未来的期望时会考虑子女的决策。所以，每一代人决策的状态空间为：

$$\Omega_t^g = \{A_{t-1}^g, Y_t^g, \mu^g, Y_t^{g+1}, S_t^{g+1}, H_t^{g+1}, k_t, \beta_t, \mu^{g+1}, \eta^g(\omega), \theta_t^g(\omega)\}$$

$$\Omega_t^{g+1} = \{A_{t-1}^g, Y_t^g, \mu^g, Y_t^{g+1}, H_{t-1}^{g+1}, S_{t-1}^{g+1}, H^g, k_t, \beta_t, \mu^{g+1}, \eta^g(\omega), \varepsilon_t^{g+1}\}$$

罗森茨维格和沃尔平假设在做出决策之前，父母和子女都知道当期的收入。

子女不知道父母的当前的状态偏好（ θ_t ），但是，父母却了解子女的当前偏好。

通过逆向递归，可以求得这两代人的最优化问题的解，但却无法得到具体的方程。然而，人们还是可以从中得到一些启示。由方程可以看出，作为利他主义行为的结果，家户内部的转移支付反映了某种财富均等化和平滑消费的倾向。

第一，由于父母和子女共同居住的转移支付的成本较低，因此，父母与子女共同居住时实施转移支付在数量上要比分开居住的转移支付更大，即 $T(h) > T(a)$ 。但是，如果两代人的消费在父母的效用函数中是正常商品的话，那么，当子女和父母同住时，父母实施转移支付的成本低于分开居住时转移支付的成本，即 $kT(h) < T(a)$ 。

第二，父母根据当前收入未预见到的增长（ ξ_t^g 的增加）将会提高他们对子女当前和未来的转移支付。当父母的收入增长时，不同“居住—转移支付”状态的变化顺序为：从没有转移支付的状态转变到父母和子女共同居住的状态，再转变到共同居住并存在转移支付的状态。

第三，当人力资本投资给定而子女的当前收入却减少时（ ξ_t^{g+1} 的减少），父母将因为子女无法平滑其消费而将增加对子女的转移支付。由于财富均等化效应和平滑消费效应同时存在，致使父母在未来阶段上实行转移支付的效应是含糊的。只有当财富均等化效应压倒平滑消费效应时，父母对子女在未来阶段上的转移支付才会增加。因此，当子女收入减少时，不同“居住—转移支付”状态的变化顺序为：从没有转移支付的状态转变到存在转移支付的状态，再由存在转移支付的状态转变到共同居住而且存在转移支付的状态。

第四，在收入给定的前提下，如果子女对人力资本投资水平上升，则由于财富均等化效应起作用，父母将减少在各个时期对子女的转移支付。但是，若平滑消费效应压倒财富均等化效应时，父母有可能将在需要增加人力资本投资的阶段上增加对子女的转移支付。这是因为增大人力资本投资意味着子女未来的收入将会更高。

作者得出的结论是：父母将根据子女当前和预期收入（或消费）来调整他们对子女的转移支付。这意味着如果没有父母的帮助，子女将无法平滑他们的长期收入（或消费）。

二、人力资本投资差异与农场主对继承子女的选择

基姆希（1995）对农场主如何根据子女的不同禀赋进行人力资本投资并选择农场继承人的问题进行了研究。在他的模型中，基姆希设农场主有两个子女，一个子女留在农场，一个从事其他行业的工作。每个子女的人力资本投资都是专用的，并且与子女的禀赋相关。农场主会对不同的子女进行不同的投资，并选择农

场的继承人。

在他的人力资本投资差异模型中，基姆希假设农场主有两个子女，农场主及其子女都具有跨代利他主义的（inter-generationally altruistic）行为动机，即农场主两个子女的效用表现为农场主效用函数的变量。他还设农场主子女的效用函数是可分的、并且是可加的。整个模型表现为一个动态规划的分析框架。特别是，基姆希还假设分别为农场主和非农场主所特有的值函数（Value Function）为以下形式的贝尔曼方程（Bellman equations）：

$$V^n(H_t^n) = \max_{H_{t+1}^n}[u(C_t^n) + 2\delta V^n(H_{t+1}^n)] \tag{4.2.8}$$

$$V^f(H_t^f) = \max_{H_{t+1}^f, H_{t+1}^n}[u(C_t^f) + \delta V^f(H_{t+1}^f) + \delta V^n(H_{t+1}^n)] \tag{4.2.9}$$

其中，V 为值函数；u 为消费 C 的效用函数；H 是人力资本水平；δ 为下一代效用的贴现因子。下标表示代（generation），上标表示农场主（f = farmer）和非农场主（n = nonfarmer）。

农场主决定对每个子女的人力资本投资的数量，而人力资本投资积累越多，个人的产出越大。在每个部门工作的人都有一个终生收入方程。每个部门的个人收入可以划分为当前消费和对子女的人力资本投资。基姆希假设人力资本是部门特定的人力资本，即农业部门的人力资本不能提高非农业生产的产出，反之亦然。所以，农场主和非农场主的终生预算约束方程可以分别表述为：

$$C_t^n + 2\alpha^n H_{t+1}^n = Y^n(H_t^n) \tag{4.2.10}$$

$$C_t^f + \alpha^f H_{t+1}^f + \alpha^n H_{t+1}^n = Y^f(H_t^f) \tag{4.2.11}$$

其中，Y 为终生收入；α 表示下一代人力资本投资的单位成本。

上述预算约束方程的前提是农场主没有储蓄，其隐含的假设是资本市场不完善，使得以人力资本抵押品为基础的信贷无法提供①。

基姆希假设 $u(C) = \ln(C)$，且 $Y^j = \mu^j(H_t^j)^\sigma (j = f,n)$，这样就能得到具体的投资方程。设值函数为 $V^j = A^j\ln(H_t^j) + B^j(j = f,n)$。

那么，非农场主的投资方程为：

$$H_{t+1}^n = \frac{\delta\sigma\mu^n}{\alpha^n}(H_t^n)^\sigma \tag{4.2.12}$$

农场主的投资方程为：

$$H_{t+1}^j = \frac{\delta\sigma\mu^f}{\alpha^j}(H_t^f)^\sigma, j = f,n \tag{4.2.13}$$

由于效用函数可加，并且两个部门的收入弹性相同，农场主对在不同部门工作的子女的投资额都相等。从方程（4.2.12）和方程（4.2.13）可以看出，如果某个部门的人力资本成本较高，则在该部门工作的子女将积累更低水平的人力

① Becker, G. S., 1991, *A Treatise on the Family*, Harvard University Press, Cambridge, MA, pp. 238-276.

资本。如果两个部门的人力资本成本相等，那么这两个部门的子女将积累相同水平的人力资本。为了比较在不同部门工作的子女的福利状况，对农场主和非农场主的值函数求差可得：

$$V^f(H_{t+1}^f) - V^n(H_{t+1}^n) = \frac{1}{(1-\delta)(1-2\delta\sigma)}\ln[\frac{\mu^f}{\mu^n}(\frac{\alpha^n}{\alpha^f})^\sigma] \qquad (4.2.14)$$

由方程（4.2.14）可以得到以下命题：当 $Z = (\frac{\mu^n}{\mu^f})(\frac{\alpha^f}{\alpha^n})^\sigma < 1$ 时，继承农场的子女的福利水平高于转移到其他部门中的子女的福利水平；当 $Z = (\frac{\mu^n}{\mu^f})(\frac{\alpha^f}{\alpha^n})^\sigma = 1$ 时，继承农场的子女和转移到其他部门的子女的福利状况相同；当 $Z = (\frac{\mu^n}{\mu^f})(\frac{\alpha^f}{\alpha^n})^\sigma > 1$ 时，继承农场的子女的福利水平低于转移到其他部门去的子女的福利水平。这里的 Z 可以解释为非农场主人力资本投资的相对赢利能力（the relative profitability）。

基姆希考虑了农场主设法使两个子女的福利状况相同情况下对子女人力资本投资的最优化问题。由（4.2.14）式可见，该式左边等于0，由此构成为一个约束。设 φ 为此约束的影子价格，则人力资本投资方程为：

$$H_{t+1}^f = (\delta + \varphi)\sigma\mu^f(H_t^f)^\sigma/\alpha^f \qquad (4.2.15)$$

$$H_{t+1}^n = (\delta - \varphi)\sigma\mu^f(H_t^f)^\sigma/\alpha^n \qquad (4.2.16)$$

其中 φ 为：

$$\varphi = \delta^{2\delta}(\delta - \varphi)^{1-2\delta}Z^{\frac{1}{\sigma}} - \delta \qquad (4.2.17)$$

由（4.2.17）式可知，当 Z 大于、等于或小于1时，φ 分别为正、为零或为负。当农业部门的相对赢利能力低于非农业部门时，继承农场子女的人力资本水平将高于（或低于）没有这个福利相等约束（the welfare equality constraint）时的人力资本水平，而且转移到其他部门去的子女的人力资本水平将低于（或高于）没有该约束时的人力资本水平。换言之，为了使两个子女的福利水平相等，农场主减少了对在收益高部门工作的子女的投资，而增加了对在收益低部门工作的子女的投资。当 $Z=1$ 时，两个子女的福利状况得到了相同的改善。

基姆希假设两个子女的个人禀赋不同，故而对他们进行人力资本投资的成本因子女的差异而具有特定性。由于人力资本是特定于农业或非农业部门的，因此对第一个子女在这两个部门的人力资本投资成本分别为 α^f、α^n，对第二个子女在这两个部门的投资成本分别为 $\alpha^f\beta^f$、$\alpha^n\beta^n$。基姆希假设在非农业部门工作的子女在个人禀赋上同他的父母完全相同①，并假设 $\beta^f > 1$ 和 $\beta^n > 1$，这意味着，对

① 在非农业家户中，子女的能力仅仅由基因禀赋所决定；而在农业家户中，子女的能力在某种程度上是内生的。有关这方面研究更多的内容，可以参见贝克尔《家庭经济学》一书（Becker, G. S., 1991, *A Treatise on the Family*, Harvard University Press, Cambridge, MA, pp. 238-276）。

第一个子女在两种人力资本投资上的成本都更低。

于是，在农场主面临的决策中，包括选择哪一个子女来继承农场，可以从两种可能的安排中算出值函数的值，并从中选择一个最大值。其结果是，如果 $(\beta^{n})^{1-2\delta} > \beta^{f}$ ，则农场主将选择能力更低的子女继承农场，而让更有能力的子女转移到非农业部门去；否则，将选择能力更强的子女继承农场。

基姆希指出，如果能力差的子女在非农业部门中表现非常差，农场主就会选择该子女继承农场，因为让能力弱的子女继承农场对于整个家户来说是最优的，尽管这对农场经营来说并非有利。这说明农场主考虑的是整个家户的利益，而不仅仅是农场的利益。基姆希的这个模型解释了劳动力转移何以导致农场主在确定继承者时做出逆向选择的原因。

三、人力资本投资与养老双向支付模型

劳特和陈莲香（2005）在罗森茨维格和沃尔平原有模型的基础上建立了探讨代际间人力资本投资与养老双向转移支付的模型。劳特和陈莲香在模型中假设了两阶段的双边利他主义行为，即在第一期，当父母年轻时，他们是利他主义的，他们确定向子女提供教育贷款的数量以及当他们年老时子女向他们提供转移支付的水平；在第二期，当子女成年时，也成为利他主义者。子女自动地决定向老年父母实行转移支付的数量，为父母提供养老保障。这种机制使得父母对子女教育投资水平以及当父母年迈时从子女那里接受转移支付的金额同时在纳什均衡中被决定。模型中还预设存在着某种社会与文化习惯使得这一跨代合同得以履行。

劳特和陈莲香假设父母和子女的决策与决策顺序无关，也就是说，父母所做的利他主义的决策不会受到由父母还是由子女哪个作出决策在先的顺序的影响。他们还假设同一父母的子女在能力禀赋和在对待父母的利他主义程度上完全相同；父母对不同的子女没有偏好，子女们从父母那里得到相同数量的转移支付，并以相同的利他主义行为方式来回馈父母。

劳特和陈莲香由此构建了一个世代交叠模型。在该模型中，每个人的生命周期包括两个阶段：成年时期和老年时期；父母在成年时期抚养子女，老年时期从子女那里得到转移支付；在家户中，父母的意见不存在差异，这意味着可以把父母看成是一个整体。

设父母有 n 个完全相同的子女，子女们的能力都是 τ ，而且父母在每个子女身上的投资都相同。另设父母在第一期的收入为 E_{p1} ，在第二期的收入为 E_{p2} 。假设父母在第一期对每个子女的人力资本投资为 T_1 ，子女把这部分资金全部用作上学的教育投资。设在第二期，父母从子女那里得到的转移支付为 T_2 。在第二期，子女已经成年并进入劳动力市场。他的收入 E_{k2} 取决于他的教育投资总额

T_1 与他的能力水平 τ ，故他的收入方程可写成 $E_{k2}(T_1,\tau)$ 。

设 c_{it} 为个人 i 在 t 期的消费，其中 $i=p$，k①；$t=1$，2。父母关心子女的福利，子女也关心父母的福利。因此。这种双边的利他主义具体体现在如下效用函数上：

父母的效用函数： $$u(c_{p1})+\beta U(c_{p2},v_p(c_{k2})) \tag{4.2.18}$$

子女的效用函数： $$V(c_{k2},u_k(c_{p2})) \tag{4.2.19}$$

其中，$v_p(c_{k2})$ 为在第二期子女的消费对父母效用的影响。劳特和陈莲香设子女的消费对父母的实际影响为 $v_p(c_{k2})$，以便同其子女的实际效用 $v(c_{k2})$ 区分开来。同样，u_k 代表父母在第二期的消费对子女效用的影响。

设效用函数分别为：

$$\begin{aligned}
&U(c_{p2},v_p(c_{k2}))=u(c_{p2})+\gamma_p v_p(c_{k2}),\gamma_p>0 && \text{(U1)}\\
&V(c_{k2},u_k(c_{p2}))=v(c_{k2})+\gamma_k u_k(c_{p2}),\gamma_k>0 && \text{(U2)}\\
&v_p(c_{k2})=v(c_{k2}) && \text{(U3)}\\
&u_k(c_{p2})=u(c_{p2}) && \text{(U4)}\\
&v(c_{k2})=u(c_{k2}) && \text{(U5)}\\
&u(c)=\alpha\ln c,\alpha>0 && \text{(U6)}
\end{aligned} \tag{4.2.20}$$

其中，方程（U1）中的 γ_p 为子女数量 n 的函数；在方程（U2）中的 γ_k 为子女数量 n 的函数。劳特和陈莲香以常识为依据，假设 γ_p 对于 n 是递增的，而 γ_k 不是与 n 无关，就是以一个比 γ_p 更低的速率递减（这是因为 $\frac{\partial\gamma_k}{\partial n}$ 很小)，所以，$\gamma_p\gamma_k$ 对于 n 是递增的。对于方程（U6），劳特和陈莲香设 $\alpha+\alpha\beta=1$ 。

在第一期，父母不受流动性的约束，但是其子女却受到流动性的约束。设 s 为父母为了养老而储蓄的资产（包括金融资产和真实资产）。父母在两个时期的预算约束为。

$$c_{p1}+\frac{c_{p2}}{1+r}=E_{p1}+\frac{E_{p2}}{1+r}+\frac{nT_2}{1+r}-nT_1\equiv Y(T_1,T_2) \tag{4.2.21}$$

子女的预算约束为：

$$c_{k2}=E_{k2}(T_1,\tau)-T_2 \tag{4.2.22}$$

假设在纳什均衡中，父母决定 T_1 ，而子女决定 T_2 。劳特和陈莲香设 $T_2\geqslant 0$ 。给定子女的决策，父母和子女将在自己的约束条件下分别使他们的效用函数达到最大化，最后求得父母的最优决策条件为：

$$\frac{u'(c_{p1})}{\frac{\partial U}{\partial c_{p2}}}=\beta(1+r) \tag{4.2.23}$$

① 父母和子女。

$$\frac{u'(c_{p1})}{v'_p(c_{k2})}=\frac{\beta}{n}\cdot\frac{\partial U}{\partial v_p}\cdot\frac{\partial E_{k2}}{\partial T_1} \qquad (4.2.24)$$

给定父母的决策 s 和 $T_1 \geqslant 0$，子女的最优决策为：

$$E'_{k2}(T_1,\tau)=\frac{1+r}{\gamma_k\gamma_p} \qquad (4.2.25)$$

由方程（4.2.25）可见，最优的教育投资水平 T_1 取决于双边利他主义所达到的程度。根据常识，γ_k 和 γ_p 均小于1。这意味着对教育的投资低于最优水平①。此外，任何一方的利他主义水平越高，则父母对子女教育的投资水平就越高。因为 $\gamma_k\gamma_p$ 对于 n 是递增的，因此由方程（4.2.25）可以推出，子女越多的父母对其子女的人力资本投资也就越多。

根据柯布—道格拉斯效用函数方程，可以求得对 T_2 的解：

$$T_2=\frac{\gamma_k}{\alpha\beta+\gamma_k}E_{k2}+\frac{(1+r)\alpha\beta}{\gamma_k+\alpha\beta}T_1-\left(\frac{(1+r)\alpha\beta}{(\gamma_k+\alpha\beta)n}\right)\left[E_{p1}+\frac{E_{p2}}{1+r}\right] \qquad (4.2.26)$$

由方程可以看出，子女的转移支付与子女在第二期的收入正相关，与父母对子女在第一期的转移支付正相关，与父母在两个时期的总收入之和负相关。总之，作者的结论是：父母对子女的人力资本投资会产生影响，而子女也会在父母年老时对父母给予回馈。

第三节　家户内部成员营养不良与生产率

在发展中国家，很多人处于营养不良状态，他们的饮食因为未能达到足够的营养摄入量而无法保证身体处于健康状态和提供有效的劳动供给。这个问题一直以来为发展经济学家所关注，一些学者们围绕家户内部食品分配与生产率之间的关系以及雇主向工人提供工作餐是否会提高生产率的问题建立起模型并进行探讨。本节主要概述当代国际发展经济学界在这个领域有代表性的理论的和经验的成果，包括皮特（1990）等人建构的模型和福斯特（1995）的模型。此外，本节还对这一领域有代表性的经验研究成果做一个简要的介绍。

一、家户内部的食品分配和生产率、健康和不平等

在发展经济学家们看来，发展中国家大部分人的生活处于温饱或温饱以下水

① 当 $\gamma_k\gamma_p=1$ 时，投资为最优水平。

平，所以家户内部食品分配的状况将影响到家户内部不同成员的生产率，进而对经济增长施加影响。皮特、罗森茨维格和 Md. 纳兹穆尔·哈桑（Mark M. Pitt, Mark R. Rosenzweig & Md. Nazmul Hassan，1990）考察了个人健康禀赋和工作的强度①（努力程度，即“effort”）对家庭内部食品分配的影响。

皮特等人假设家户中每个人的健康禀赋（如健康状况）都是不同的。为了简单起见，他们假设只有一种食品或营养，并假设在依据年龄和性别来分类的 k 人群中，个人 i 的健康状况为 h_i^k，而且 h_i^k 为食品消费 c_i 和工作的努力程度 e_i 的函数。皮特等人还假设家户的生活处在一个仅能维持生存的收入水平上，食品消费的增加将改善健康②，而工作的努力程度 e_i 的上升将使健康状况（即耐久力）恶化，即

$$h_i^k = h^k(c_i, e_i, \mu_i) \qquad \frac{\partial h_i^k}{\partial c_i} > 0, \frac{\partial h_i^k}{\partial e_i} < 0 \tag{4.3.1}$$

其中 μ_i 是个人的健康禀赋。个人的工作努力程度越高，他的工资水平越高。设在人群 k 中个人 i 的工资方程为：

$$w_i^k = w^k(e_i, h_i)$$

$$\frac{\partial w_i^k}{\partial e_i}, \frac{\partial w_i^k}{\partial h_i} > 0, \frac{\partial^2 w_i^k}{\partial e_i \partial h_i} > 0 \tag{4.3.2}$$

皮特等人根据健康水平和工资率把人分成不同的人群，则同一个人群中所有人的健康方程 h 和工资方程 w 就都是一样的，同一人群中个人唯一不同之处就在于他们的个人健康禀赋 μ_i。

从方程（4.3.1）和方程（4.3.2）可知，食品消费的增加会改善健康状况，进而促进生产率的提高。

在家户内部个人之间对食品和工作努力的配置由对最大化问题的解来决定，即：

$$\max_{c_i^k, e_i^k} U(h_1^k, \cdots, h_{n_k}^k, c_1^k, \cdots, c_{n_k}^k, e_1^k, \cdots, e_{n_k}^k) \qquad k = 1, \cdots, m \tag{4.3.3}$$

其约束条件为：

$$\upsilon + \sum_k \sum_i w_i^k - p \sum_k \sum_i c_i^k = 0 \tag{4.3.4}$$

$$h_i^k = h^k(c_i, e_i, \mu_i) \tag{4.3.1}$$

$$w_i^k = w^k(e_i, h_i) \tag{4.3.2}$$

其中 υ 为非赢利收入（non-earned income）；p 为食品的价格。在家户的福利函数（4.3.3）中，食品的增加和健康的改善可以增加效用，而工作努力程度的增加会降低效用。

① 在这个模型中，作者把工作的努力程度看成是劳动的强度。

② 在模型中，作者把“健康”看成像“效用”一样的可度量的参数。

最大化效用函数的一阶条件为：

$$\left(\frac{\partial U}{\partial h_i^k}\right)\left(\frac{\partial h^k}{\partial c_i}\right)+\frac{\partial U}{\partial c_i^k}=\lambda\left[p-\left(\frac{\partial w^k}{\partial h_i^k}\right)\left(\frac{\partial h^k}{\partial c_i}\right)\right] \quad (4.3.5)$$

$$\left(\frac{\partial U}{\partial h_i^k}\right)\left(\frac{\partial h^k}{\partial e_i}\right)+\frac{\partial U}{\partial e_i^k}=-\lambda\left[\frac{\partial w^k}{\partial e_i}+\left(\frac{\partial w^k}{\partial h_i}\right)\left(\frac{\partial h^k}{\partial e_i}\right)\right] \quad (4.3.6)$$

其中 λ 为收入的边际效用。方程（4.3.5）表明，分配给个人 i 一个追加单位食品的边际成本越低，健康对于提升工作效率的程度就越大。因此，在 l 类人群的成员所参与的活动中，若归于健康的市场收益比 k 类人群所参与活动的市场收益更大的话，那么，一般来说，l 类人群中的每个人就应当分配到比 k 类人群中的每个人要多的食品。由于马克·皮特等人假设在家户中每个人的工作时间（不管是从事与市场有关或与非市场有关的工作）是相同的，因此食品的分配就由工作强度来决定。

在同一种类型的人群中，食品的分配和个人工作的努力程度取决于禀赋的分配。马克·皮特等人假设在方程（4.3.1）中的个人健康禀赋是可以累加的，所以个人健康禀赋的差异并不会影响食品消费对健康的效用。

首先，使收入达到最大化，即最大化方程（4.3.4）等号左侧的部分，其约束条件仍然是方程（4.3.1）和方程（4.3.2）。这时，在 k 类人群中的个人 i 的健康禀赋以及给这个人的食品分配额与工作努力程度之间的关系为：

$$\frac{\mathrm{d}c_i^k}{\mathrm{d}\mu_i^k}=\left[\left(\frac{\partial^2 w^k}{\partial e_i\partial h_i}\right)\left(\frac{\partial h^k}{\partial c_i}\right)+\left(\frac{\partial w^k}{\partial h_i}\right)\left(\frac{\partial^2 h^k}{\partial e_i\partial c_i}\right)\right]\times\Phi^{-1}\frac{\partial^2 w^k}{\partial e_i\partial h_i}>0 \quad (4.3.7)$$

$$\frac{\mathrm{d}e_i^k}{\mathrm{d}\mu_i^k}=-\left[\left(\frac{\partial w^k}{\partial h_i}\right)\left(\frac{\partial^2 h^k}{\partial c_i^2}\right)\right]\times\Phi^{-1}\frac{\partial^2 w^k}{\partial e_i\partial h_i}>0 \quad (4.3.8)$$

其中，

$$\begin{aligned}\Phi=&\left(\frac{\partial w^k}{\partial h_i}\right)\left(\frac{\partial^2 h^k}{\partial c_i\partial c_i}\right)\times\left[\frac{\partial^2 w^k}{\partial e_i\partial e_i}+\left(\frac{\partial^2 w}{\partial e_i\partial h_i}\right)\left(\frac{\partial h^k}{\partial e_i}\right)^2+\left(\frac{\partial w^k}{\partial h_i}\right)\left(\frac{\partial^2 h^k}{\partial e_i\partial c_i}\right)\right]\\&-\left[\left(\frac{\partial^2 w^k}{\partial e_i\partial h_i}\right)\left(\frac{\partial h^k}{\partial c_i}\right)+\left(\frac{\partial w^k}{\partial h_i}\right)\left(\frac{\partial^2 h^k}{\partial e_i\partial c_i}\right)\right]\\&\times\left[\frac{\partial^2 w^k}{\partial e_i\partial h_i}+\left(\frac{\partial w^k}{\partial h_i}\right)\left(\frac{\partial^2 h^k}{\partial e_i\partial c_i}\right)\right]>0\end{aligned}$$

从方程（4.3.8）可以看出，在追求收入最大化的背景下，那些拥有更多健康禀赋的人会付出更大的努力，这是因为健康不仅提高了劳动力市场上归于工作努力的回报（$\partial^2 w^k/\partial e_i\partial h_i>0$）；与此同时，也使这些人得到了更多的食品，而新增加的食品消费又补偿和提高了付出努力程度的市场回报，即工资。因此，个人越努力工作（即所付出的劳动强度越高），所得到的食品越多。由于 $\frac{\mathrm{d}c_i^k}{\mathrm{d}e_i^k}=\frac{\mathrm{d}c_i^k}{\mathrm{d}\mu_i^k}\cdot\frac{\mathrm{d}\mu_i^k}{\mathrm{d}e_i^k}>0$，若那些健康禀赋更多的人与那些健康禀赋更少的人都从事强度相同的劳动，则健康禀赋更多的人将消费更多的食品。

在表示最大化的效用方程（4.3.3）中，个人健康禀赋、食品消费与工作努力程度三者之间的关系为：

$$\frac{dc_i^k}{d\mu_i^k} = \left[p - \left(\frac{\partial w^k}{\partial h_i^k}\right)\left(\frac{\partial h^k}{\partial c_i}\right)\right]\left(\frac{\partial h^k}{\partial c_i}\right)^{-1} \times \left[-\left(\frac{\partial^2 h^k}{\partial c_i^2}\right)(S_{c_ic_i}) + \frac{dc_i^k}{dv}\right] - (S_{c_ie_i})\left(\frac{\partial^2 w^k}{\partial e_i \partial h_i}\right) + \left(\frac{dc_i^k}{dv}\right)\left(\frac{\partial w^k}{\partial h_i}\right) \quad (4.3.9)$$

$$\frac{de_i^k}{d\mu_i^k} = \left[\frac{\partial w^k}{\partial e_i} + \left(\frac{\partial w^k}{\partial h_i}\right)\left(\frac{\partial h^k}{\partial e_i}\right)\right] \times \left(\frac{\partial h^k}{\partial e_i}\right)^{-1}\left[-\left(\frac{\partial^2 h^k}{\partial e_i^2}\right)(S_{e_ie_i}) + \frac{de_i^k}{dv}\right] + (S_{e_ie_i})\left(\frac{\partial^2 w^k}{\partial e_i \partial h_i}\right) + \left(\frac{de_i^k}{dv}\right)\left(\frac{\partial w^k}{\partial h_i}\right) \quad (4.3.10)$$

其中 dc_i^k/dv 和 de_i^k/dv 分别为食品和努力程度的收入效应；$S_{c_ic_i} < 0$ 和 $S_{e_ie_i} > 0$ 分别为希克斯—斯卢斯基补偿自我替代效应（Hicks-Slutsky compensated own substitution effects）；$S_{c_ie_i}$ 为希克斯—斯卢斯基交叉补偿替代效应（Hicks-Slutsky cross-compensated substitution effects）。当食品消费和努力程度能够相互替代时，$S_{c_ie_i} < 0$。从方程（4.3.9）和方程（4.3.10）右侧的第一项可以看出，个人健康禀赋、努力程度和食品消费之间的关系取决于替代效应和收入效应的大小。如果收入效应很小，那么在不存在来自劳动力市场收益的情况下，健康禀赋更高的人尽管在劳动力市场上付出了更大努力，只得到更少的食品；而那些个人健康禀赋更低的人尽管其付出的工作努力程度更小，却得到更多的食品。在食品是正常商品的前提下，方程（4.3.9）和方程（4.3.10）的最后两项都大于0。因此，健康禀赋和努力程度对食品分配的效应是相互叠加的。例如，若女性不能参与健康对生产率具有显著效应的活动，那么更多的食品将会在男性当中进行分配。

皮特等人注意到，在收入最大化条件下，个人的健康禀赋越高，他被分配到的食品就越多。但是，在福利最大化的条件下，健康禀赋对食品分配和努力程度的影响是不确定的。然而，只有在福利最大化条件下，家户成员的食品分配才同时受到自身健康禀赋和家庭其他成员的健康禀赋的影响。因为在家户的福利函数中，对 i 的消费和对 j 的消费是相互替代的。j 的健康禀赋对 i 的食品消费的交叉效应（cross effect）越大，j 在健康和努力程度上对生产率的效应就越发强烈。所以，健康方程和工资方程的形式决定了劳动强度对食品分配的影响。这意味着，工作强度高的人分到更多的食品，因此，健康禀赋构成为影响食品分配的一个重要因素。

皮特等人利用1981—1982年的孟加拉国的农村营养调查数据对他们的模型进行了检验。结果表明，努力程度（劳动强度）的提升在长期内会损害一个人的健康，而市场会给努力程度以回报。他们还发现，对成年男性（12岁及以上）

以及6—12岁的未成年人来说，健康禀赋越多的人所得到的食物越多。这表明在孟加拉国，男性的劳动强度高，在家庭中被分配的食品更多，女性分配到的食品更少。检验结果还表明，所从事劳动方面的差异是导致孟加拉国的女性和男性之间食物消费差异的一个重要因素。因此，为女性提供更多的工作机会是给女性提供更多食物消费的重要途径，由此将改变家庭内部食品分配中的性别歧视。此外，工作种类的增加也有助于减少由性别所导致的食物消费的不平等。当然，在经济发展过程中，食物消费与生产率之间的关联会变得越来越不显著。也就是说，随着收入的增加，人们在食物消费上的差异会越来越小。

二、营养投入与工作效率

健康和营养状况的变化在经济发展过程中起什么作用，这一直是国际发展经济学界长期争论不休的焦点问题之一。人们普遍认为，在发展中国家不少人由于在饮食中得不到充足的营养，因而他们在单位时间内所提供的劳动缺乏效率。为此，有些雇主为了提高工人的劳动效率，向工人提供工作餐。福斯特（1995）的论文正是从提供工作餐的角度对营养与生产率之间的关系进行了探讨。

福斯特在模型中假设工人在服从预算约束的条件下，通过配置所摄入的营养（卡路里摄入量）和工作时间使自己的效用达到最大化。

令工人的效用函数为 $u(h,x) = \ln(h) + x$。其中 $h = c - \eta(l_p + l_m + l_m)$ 表示健康水平；c 表示卡路里的摄入量；x 表示对其他产品的消费；l_p 表示按计件工资（piece rates）计算的工作时间；l_m 和 l_w 分别表示由雇主提供工作餐或不提供工作餐时按计时工资（time wages）计算的工作时间；η 为系数。

同时，福斯特还假设消费 c 单位卡路里的工人的生产率为 $\gamma_0 + \gamma_c c$，而且工人的生产效率只有在计件工资的背景下才能被观察到并支付薪酬，所以工人的预算约束条件为：

$$p_c c + x = a + p_p(\gamma_0 + \gamma_c c)l_p + w_m l_m + w_w l_w \qquad (4.3.11)$$

其中 p_c 是消费品的价格；a 是非劳动收入；p_p 是计件工资率；w_m 和 w_w 分别为提供工作餐或不提供工作餐的计时工资。假设工人向每个雇主提供一个单位的劳动，而且工人可以同时为多个雇主工作。从雇主角度来看，存在着许多潜在的工人。当工人们不工作时，其维持生计的效用水平为 $l_p = l_m = l_w = 0$。

在上述条件之下，并且同时假定存在内点解（interior solution）的情况下，从工人角度来看，最优的卡路里摄入量为：

$$c(l_p, l_m, l_w) = \eta(l_p + l_m + l_w) + 1/(p_c - p_p \gamma_c l_p) \qquad (4.3.12)$$

从方程（4.3.12）可以看出，即使卡路里摄入量对生产率具有显著效应，但它不会对潜在的劳动收入或资产作出反应。该方程还显示，卡路里摄入量受到劳动力参与率（尤其受到采用计件工资部门的劳动力参与率）的影响。

对于提供工作餐并采用计时工资的雇主来说，应当在使工资成本和作为每一效率单位劳动成本的卡路里等于工人们维持生计的最低的效用水平上签订最优雇佣合同。如果最多每个工人由一个雇主提供工作餐，令取决于消费的效用和劳动力配置等于维持生计的效用水平，可求出 w_m ，即设 l_p 和 l_w 为给定，雇主提供 c 单位的工作餐以便吸引到一个工人，则工人的工资为 $w_m^e(c,l_p,l_w)$ 。从最小化工资和生产率之比可以求出雇主提供最优工作餐的食品数量。

不提供工作餐的均衡计时工资为对应的 w_m^e 的最小值。由此可见，相对于那些不提供工作餐的采用计件工资的雇主来说，提供工作餐的雇主必须向工人支付一个溢价（a premium）以便吸引工人，这是因为不允许工人自己确定自己的消费；但若雇主所提供的消费正好等于工人自己会选择的消费数量的话，那么超过工资部分之上的溢价就不再需要。

在以下的图 4. 3. 1 中，两条曲线分别为 $w_m^e(c,1,0)$ 和 $w_m^e(c,0,1)$ ，数条向上倾斜的虚线表示每一个有效率单位劳动的固定成本线（constant costs per efficiency unit of labor），固定成本线越低，表明劳动的成本越低，效率越高。点 C 和点 D 表示对应于处在均衡状态下的计时工资，以便分别吸引一份按计时工资另一份按计件工资付酬的合同或者两个都按计时工资付酬的合同的工人。虽然图中处于点 C 的按计时工资时间段付酬的工人同处于点 D 的获取计时工资的工人相比具有更高的维持生计的工资，但雇用处于点 C 的工人的每一个有效率单位的成本更低，因为他消费了更多的卡路里。于是，如果采用计时工资的雇主能知道工人是否还签订了其他的就业合同，他们就只会雇用那些接受计件工资的工人。假设雇主无法了解工人是否还有其他兼职，而且工人找到按计件工资付酬的机会不是很大，那么雇主只会提供在 D 点上的就业合同，于是就只能吸引到不按计件工资时间段付酬的工人来工作。

图 4. 3. 1 中的 A 点对应的是工人有一份按计件工资付酬的合同与一份提供工作餐并按计时工资付酬的两者相结合的最优合同。从图上看，C 点和 D 点每一个有效率单位的劳动成本都比 A 点高。在 A 点上，每一个有效率单位的劳动成本刚好等于计件工资的价格，所以它是充分有效率的。这个结果表明，当计件工资合同被提供作为可供选择的合同时，卡路里摄入量便得到了充分的回报。如果不能实行计件工资的话，那么提供工作餐的雇主就将被限定在 B 点提供合同。这意味着，在这一点上每一个有效率单位的劳动成本将会更高，工人的卡路里摄入量也将减少。

最后，福斯特通过引入异质劳动生产率（体现在 γ_0 上的不同）模型来分析在摄入相同的卡路里的情况下，由于工人个人健康状况不同而导致生产率的不同。这是因为生产率越高的工人越倾向于把更多的时间用在以计件工资付酬的劳

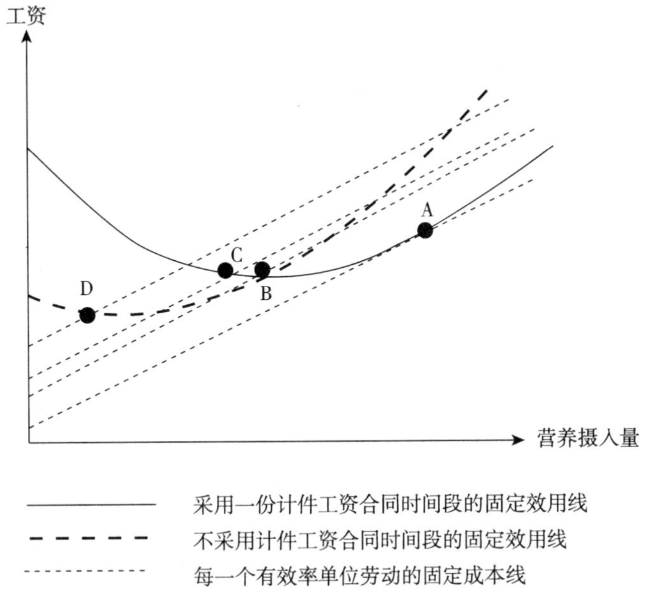

图 4.3.1　各种不同的工资函数

动上，因此，他们消费得更多。在通常情况下，具有更高生产率的工人更愿意接受以工作餐形式体现的更高的工资份额。于是，即使所提供的工作餐对于接受工作餐的工人来说并不具有约束力，但这对于那些选择其他合同的工人来说或许仍然具有约束力。此外，这种合同形式可能提高工人的生产率，即使当工作餐是在工作时间段结束时提供也是如此。

三、对营养与生产率之间相互关系的经验检验

自 20 世纪 80 年代以来，不少发展经济学家投入大量时间与精力对部分有代表性的发展中国家营养和生产率之间的相互关系进行了经验检验，并相继取得了一些有价值的成果。

约翰·斯特劳斯（John Strauss，1986）利用塞拉利昂的农村部分的 1974—1975 年的数据，应用包括价格、家户的人口统计特征以及农场资产在内的工具变量估计了一个柯布—道格拉斯农业生产函数，以便检验更高的卡路里摄入量是否会提高家庭农场中的劳动生产率。其研究结果表明，卡路里摄入量对提高劳动生产率具有高度显著的效应。在非常低的营养水平下，增加卡路里摄入量对提高劳动生产率的效应很大；当卡路里消费上升时，卡路里摄入量对提高劳动生产率的边际效应急剧下降；但是在中等营养水平上，卡路里摄入量对于提高劳动生产率仍然有一定作用。斯特劳斯还从他的研究结果提出了如下假设，即当期的年度

卡路里摄入量将直接带来更高的生产率；而当期卡路里流量可能与诸如身高和体重等在内的对生产率能够产生独立效应的累积存量具有相关性。

安尼尔·B. 德奥拉利卡（Anil B. Deolalikar，1988）对斯特劳斯的估算提出质疑。首先，斯特劳斯在估计中把平均卡路里的摄入量当作营养摄入量，并设定在家户中各个成员对食物的消费与家户成员对卡路里的需求成比例。然而，如果家户按照他的一些工具变量（例如价格）来分配食品的话，他的估计就会是有偏向的。其次，斯特劳斯仅用当前卡路里摄入量作为考量所摄入营养的相关变量，而在不同时期，劳动者对营养的需求是不同的，[①] 所以，当前营养摄入量对于估算劳动能量来说并不是个很好的变量。最后，由于所采用的数据是截面数据，这就使得斯特劳斯无法对所观察到的卡路里摄入量对生产率的持续影响进行适当控制，尽管他试图通过工具变量估计过程来控制这一影响。然而，众所周知，这一过程的隐含前提是造成这些影响的必须是随机变量，而且如果这些不可观察的变量会影响营养摄入与劳动生产率之间关系的话，则将导致对参数估计的不一致。此外，迪奥拉利卡应用印度南部乡村的数据对营养和工资、营养和生产率之间的关系进行了估计。结果表明，对于印度男性来说，营养摄入对农业生产率有重要影响，而对印度女性的影响却不是很大。

T. 保罗·舒尔茨（1997）对营养补偿项目对生产率贡献的计量方法进行了探索。他指出，要想度量营养和健康对生产率造成的影响，就应当对参加营养补偿项目和没有参加营养补偿项目这两类人群之间在生产率上的差异进行比较。他发现，由于人们用工资来度量作为被解释变量的生产率，人力资本差异就成为解释生产率差异的主要变量，但由于人力资本包括很多方面，如教育、工作经验、健康水平等，因此，为了准确评估营养对生产率的贡献就应当把人力资本作为控制变量来考虑。具体而言，在人力资本中要考虑儿童时期的健康状况、教育年限、迁徙、女性避孕的能力以及当前健康状况等。综合考虑这些因素之后，有关营养补偿项目对生产率贡献的估计才会是准确的。

文森特·大卫、马可·蒙卡达和非德尔·奥多内兹（David，Vincent，Marco Moncada & Fidel Ordonez，2004）提出了在发展中国家家庭状况对儿童健康状况起决定作用这一推论。他们利用尼加拉瓜和洪都拉斯两国的数据对家庭因素给儿童健康造成的影响进行了计量研究。结果表明，有诸多家庭因素会对儿童健康产生显著影响。这是因为家庭因素决定了儿童摄入食品的数量和质量以及父母照顾儿童的水平。他们得出的结论是：家庭人均消费的增加有利于改善儿童的健康状况；家庭人口越多，儿童的健康状况越差；在有几个孩子的情况下，孩子之间年龄差距越大，其健康状况越佳。

---

① 参见 Sukhatme，P. V. ed.，1982，*Newer Concepts in Nutrition and Their Implications for Policy*，Maharashtra Association for the Cultivation of Science，Pune：India。

奥拉齐里欧·阿坦纳希欧、路易斯·卡洛斯·戈梅兹、安娜·戈梅兹·洛加斯、马科斯·维拉—赫尔南德斯（Attanasio, Orazrio, Luis Carlos Gomez, Ana Gomez Rojas & Marcos Vera-Hernandez, 2004）利用哥伦比亚的数据研究了在发展中国家家庭因素对儿童健康的影响。他们的研究表明，除了证明家庭消费水平越高，儿童的健康状况越佳之外，还证明了家庭中母亲受教育程度越高，儿童的健康状况越好。这是因为在家庭中，母亲更关心儿童的健康，而受教育水平高的母亲，在家庭中讨价还价的能力也就更强，因而可以使家庭分配给儿童的食品更多。总之，家庭状况对儿童健康具有重大影响，儿童时期的健康状况也会影响到成年时期的健康状况，进而对个人未来劳动生产率产生重要影响。从整个国家来看，健康状况将影响到整个国家的人口素质，进而影响到一个国家的经济增长。

万行英二（Eiji Mangyo, 2007）运用中国的数据研究了营养分配对收入弹性的问题，以此考虑在家户收入增加时，家户内部哪些人群的福利状况将得到更大改善。例如，在先前的文献中，经济学家们通常认为那些受偏好影响的人群（如男孩）的弹性会比不受偏好影响的人群（如女孩）的弹性更小。[①] 于是，当家户收入增加时，女孩们的福利状况就会得到比较大的改善。然而，万行英二所得出的结论与上述结论很不相同。他构建了一个模型来对比分析受偏好影响人群的营养分配的收入弹性与不受偏好影响人群的营养分配收入弹性之间的差异。他发现受偏好影响的人群的收入弹性不一定就比不受偏好影响的人群的收入弹性更低。这表明，在上述关系中，两类人收入弹性的大小是不确定的。在此基础上，他用中国的数据对自己的模型进行了检验，发现那些受偏好影响的人群（如男孩）的收入弹性是最高的，这一结果刚好同先前文献所得出的结论相反。也就说，当某一家户的收入上升时，在这个家户内部实行的营养分配不一定有利于女孩。这就证明了在家户内部营养分配对于不同人群的收入弹性的关系是不确定的。万行英二认为，应当重新考虑建议政府实施食物配给计划。这是因为在家户中，只有当男孩的收入弹性比女孩小时，女孩的营养状况才能更多地得到改善，而事实上男孩和女孩之间的收入弹性关系是不确定的。这就有必要让外在因素介入。

① 参见 Behrman, Jere R. & Anil B. Deolalikar, 1990, "The Intrahousehold Demand for Nutrients in Rural South India: Individual Estimates, Fixed Effects, and Permanent Income", *Journal of Human Resources*, vol. 25, no. 4. Autumn, pp. 665-696。

第四节　简要的评价

20世纪90年代中期以来，当代发展经济学研究文献呈现出一个明显的特征，这就是：发展经济学家越发关注发展中国家家户如何在一定程度上替代市场，通过在家户内部完成本来应当通过市场来完成的一部分资源配置功能（如储蓄、信贷、保险、营养配置、人力资本形成等），进而提高要素供给的质量并提高发展中国家经济长期发展的潜力。具体而言，这一特征主要体现在两个方面：第一，发展经济学家同主流经济学家一样也研究家户，但发展经济学的侧重点在于，在市场经济不完善的农业社会中，家户内部和家户之间的非正式制度安排如何发挥平滑消费和抵御风险的作用。虽然这些非正式制度安排在发展中国家早已存在，但当代发展经济学家只是从20世纪80年代初才开启对这一领域的研究，自90年代中期以来，这一研究呈现出进一步高涨的势头。第二，发展经济学家们更加关注家户内部的营养配置尤其是儿童健康问题。不言而喻，儿童期的健康状况会影响到他们成年期的生产率，进而影响经济的长期发展。近年来，这一领域问世的文献大都与计量检验有关。这显然得益于近10年来计量经济学的迅速推进，加上家户层面的统计数据较以前更容易搜集，从而为经验研究提供了技术支持和数据支持。

对发展中国家家户进行研究是发展经济学呈现微观化趋势过程中的一种必然现象。发展经济学需要找到自己的微观基础，而在发展中国家，家户具有替代市场的种种功能，这正是启发当代发展经济学创新灵感的源泉所在。据此，我们认为，当代发展经济学对家户研究所取得的新进展具有如下三个方面的重要意义：

第一，从对家户经济行为的研究转向为发展经济学寻求微观基础。自上个世纪40年代初发展经济学诞生以来，在20世纪相当长的时间里，发展经济学家的目光大都投向工业化、人口流动、发展战略等“宏大问题”以及资本积累、金融政策、经济增长等宏观领域，但近年来发展经济学研究的重点逐渐转向探索经济发展的微观基础。新一代发展经济学家意识到，在农业仍然占主导地位的发展中国家，在企业家还很弱小以至于传统新古典理论意义上的厂商行为对于经济分析缺乏现实基础的情况下，在更多场合中，是家户而不是标准新古典理论中的个人（消费者或厂商）扮演着经济主体角色，因此，对发展中国家家户的研究，自然就成为发展经济学家解释发展中国家经济现象的突破口。

第二，从完善市场和完全市场的纯理论假设转向不完善和市场缺失的现实假设。在西方主流经济学教科书中，对市场的描述大都以发达国家历经数百年经济发展而形成的成熟的市场体系为背景，这种有关成熟市场的描述离广大发展中国家的现实相去甚远。在市场体系完善的发达国家，对经济行为起调节作用的是包括法律和契约在内的一整套正规制度，而在广大发展中国家，既然市场不完善甚至有些市场根本不存在，对经济行为的调节无从依赖于正规制度，而只能依赖于非正规制度。在这一背景之下，传统农业社会长期存在的有血缘关系的家户及其相关的一系列非正规制度，就成为替代成熟市场经济中的法律和契约而发挥作用。当代发展经济学在研究发展中国家经济问题时把聚焦点放在家户上，这一转变具有重要的理论含义。这意味着当代发展经济学家完成了从完善市场假设到不完善和市场缺失的现实假设的转变。我们知道，在经济分析中假设前提的改变具有根本性的意义，往往会带来重要的理论突破和创新。近年来发展经济学在家庭经济学领域所取得的重要进展证实了这一点。

第三，通过对发展中国家家户行为的研究为发展中国家政府提供制定相关政策的依据。在发展中国家，家户不仅兼有储蓄、信贷、保险功能，而且还发挥着为未来劳动力配置营养、积累人力资本的作用，并通过为家族企业筹资甚至还扮演了提供物质资本的角色，因此，家户是推动一国经济发展的重要因素。此外，我们还看到，发展中国家家户通过跨代转移支付实际上还能起缓解贫困的作用，进而有利于改善收入分配。正是通过以上我们对发展经济学家探讨家户在经济发展中作用研究的分析，促使我们得出了一个具有政策意义的推论：在像中国这样的发展中国家，如何深入研究家户内部经济行为，调动家户在促进经济发展中的潜力，这是一个有待进一步深入探索的课题。

参考文献

1. Attanasio, Orazio, Luis Carlos Gomez, Ana Gomez Rojas & Marcos Vera-Hernandez, 2004, "Child Health in Rural Colombia: Determinants and Policy Interventions", *Economics and Human Biology*, vol. 2, pp. 411-438.

2. Becker, Gary S. 1976, "Altruism, Egoism, and Genetic Fitness: Economics and Sociobiology", *Journal of Economic Literature*, vol. 14, no. 3 Sep., pp. 817-826.

3. Behrman, Jere R. 1988, "Intrahousehold Allocation of Nutrients in Rural India: Are Boys Favored? Do Parents Exhibit Inequality Aversion?", *Oxford Economic Papers*,

vol. 40, March, pp. 32-54.

3. Bliss, Christopher & Nicholas Stern, 1978a, "Productivity, Wages and Nutrition: Part I: The Theory", *Journal of Development Economics*, vol. 5, Dec., pp. 331-362.

4. Bliss, Christopher & Nicholas Stern, 1978b, "Productivity, Wages and Nutrition: Part II: The Observations", *Journal of Development Economics*, vol. 5, Dec., pp. 363-398.

5. Briere, Benedicte de la, Elisabeth Sadoulet, Allen de Janvry & Sylvie Lambert, 2002, "The Roles of Destination, Gender, and Household Composition in Explaining Remittances: An Analysis for the Dominican Sierra", *Journal of Development Economics*, vol. 68, pp. 309-328.

6. David, Vincent, Marco Moncada & Fidel Ordonez, 2004, "Private and Public Determinants of Child Nutrition in Nicaragua and Western Honduras", *Economics and Human Biology*, vol. 2, pp. 457-488.

7. Deaton, A. S., 1990, "Saving in Developing Countries: Theory and Review", *Proceedings of the World Bank Annual Conference on Development Economics 1989*; World Bank Economic Review, Washington, DC.

7. Deaton, A. S., 1991, "Saving and Liquidity Constraints", *Econometrica*, vol. 59, pp. 1221-1248.

8. Deaton, A. S., 1992, "Household Saving in LDCs: Credit Markets, Insurance and Welfare", *Scandinavian Journal of Economics*, vol. 94, no. 2, June, pp. 253-273.

9. Deolalikar, Anil B., 1988, "Nutrition and Labor Productivity in Agriculture: Estimates for Rural South India", *Review of Economics and Statistics*, vol. 70, no. 3, Aug., pp. 406-413.

10. Fafchamps, Marcel, 1985, *Labor Use, Productivity, and Technological Change in African Smallholder Agriculture*, International Labor Office, Addis Ababa.

11. Foster, Andrew D., 1995, "Nutrition and Health Investment", *American Economic Review*, vol. 85, no. 2, May, pp. 148-152.

12. Janvry, Alain de, Marcel Fafchamps & Elisabeth Sadoulet, 1991, "Peasant Household Behaviour with Missing Market: Some Paradoxes Explained", *Economic Journal*, vol. 101, no. 409, Nov., pp. 1400-1417.

13. Kimhi, Ayal, 1995, "Differantial Human Capital Investment and the Choice of Successor in Family Farms", *American Journal of Agriculture Economics*, vol. 77, no. 3, Aug., pp. 719-724.

14. Mangyo, Eiji, 2008, "Who Benefits More from Higher Household Consumption? The Intra-Household Allocation of Nutrients in China", *Journal of Development Econom-*

ics, vol. 86, no. 2, pp. 296-312.

15. Pitt, Mark M., Mark R. Rosenzweig & Hassan Md. Nazmul, 1990, "Productivity, Health, and Inequality in the Intrahousehold Distribution of Food in Low-Income Countries", *American Economic Review*, vol. 80, no. 5, Dec., pp. 1139-1156.

16. Raut, Lakshmi K. & Lien H. Tran, 2005, "Parental Human Capital Investment and Old-age Transfers from Children: Is a Loan Contract or Reciprocity for Indonesian Families?", *Journal of Development Economics*, vol. 77, pp. 389-414.

17. Rosenzweig, M. R. & Oded Stark, 1989, "Consumption Smoothing, Migration, and Marriage: Evidence from Rural India", *Journal of Political Economy*, vol. 97, no. 4, pp. 905-926.

18. Roseizweig, Mark R. & Kenneth I. Wolpin, 1993, "Intergenerational Support and the Life-Cycle Incomes of Young Men and Their Parents: Human Capital Investments, Coresidence, and Intergenerational Financial Transfers", *Journal of Labor Economics*, vol. 11, no. 1, Jan., pp. 84-122.

19. Schultz, Paul T., 1997, "Assessing the Productive Benefits of Nutrition and Health: An Integrated Human Capital Approach", *Journal of Econometrics*, vol. 77, pp. 141-158.

20. Sukhatme, P. V., ed., 1982, *Newer Concepts in Nutrition and Their Implications for Policy*, Maharashtra Association for the Cultivation of Science, Pune: India.

第五章　制度与经济发展

制度与经济发展之间的关系一直以来就是发展经济学研究的一个重要领域。从早期制度经济学派开创之始，经济学家们就已经认识到制度与经济发展之间具有重要的协同关系。然而，制度与经济发展之间具有怎样的双向关系，制度与经济发展之间具有怎样的作用机制，怎样的制度结构才能取得促进经济发展的最佳效果，如何获取这样的制度等一系列的问题，就成为制度与经济发展研究领域的重点探讨对象。20 世纪 90 年代中期以来，随着对这些议题研究的不断深入，制度与经济发展研究在两个方向上取得了突破性的进展。第一个方向的突破是格雷夫和青木昌彦（Masahiko Aoki）开创的历史比较制度分析。格雷夫采用演化博弈理论方法来研究历史上交易机制形成过程中不同行为决策人相互作用机制，进而分析制度变迁的内生机制，而青木昌彦则采用细致的历史分类研究方法，探讨市场机制的缺陷问题，进而揭示经济发展过程中制度层面的问题。第二个方向上的突破体现在对制度与经济发展进行计量统计研究。其中制度与经济发展的计量经济学研究由西蒙·约翰逊（Simon Johnson）、詹姆斯·罗宾逊（James Robinson）和阿西莫格鲁等人所推进，而数理统计方面的研究则由阿德尔曼和莫里斯率先运用于制度与经济发展相互关系的研究。在这两个研究方向上研究方法的推进使得制度与经济发展的经验研究在定性和定量两个方面相结合，不仅弥补了计量方法在描述制度变量上的不足，而且还有力地刻画了各国在经济发展过程中的制度特征，从而为制度与经济发展领域的研究开创了更为广阔的视角和提供了更为多元化的研究手段。

本章第一节阐述制度与经济发展之间的一般关系，集中陈述了探讨制度与经济发展相互关系的学者有关制度与经济发展的一般观点、有关制度的供给与需求、有关制度变迁和路径依赖对一国经济发展的影响等问题的讨论。此外，研究制度与经济发展相互关系的学者不满足于他们从理论分析所得到的结论，他们还把目光转向分析历史上的制度变迁问题，试图从历史上更为广阔的视野中推导出有关制度与经济发展相互关系的更为一般性的结论。第二节概述这些学者从历史上对制度形成和制度变迁展开探讨的三种思路，即采用新古典方法的新制度经济学思路，研究制度变迁的博弈思路以及对历史进行计量分析的思路。第三节概述对制度与经济发展相互关系的研究中所使用的计量与统计分析方法。笔者试图说明，计量方法更适合于解释制度结构中的哪些具体因素对于促进经济发展来说更为重要；而统计方法被用来探讨制度结构中的政治、经济、社会等各个层面应当维持怎样的相互关系才有助于促进经济发展这类问题时更为简单明了，而且更有说服力。在第四节中，笔者对近年来国际发展经济学界对制度与经济发展相互关系所做的理论贡献进行总体评价。

第一节　制度与经济发展的一般关系

制度包括正式制度和非正式制度，前者通常包括宪法、法律、财产权等，后者通常指习俗、禁忌、传统、处事准则等。正式和非正式制度因其对行为人的作用和约束效力不同而在不同的经济场合下对经济发展起着不同的作用。当经济行为人的活动局限在一个较小的范围内时，众多行为人通过不断发生的重复交易而享有完全信息或大部分信息，此时非正式制度能够很好地约束各行为人，因而使得一个经济体在小范围内能够有效率地运行。当活动范围拓展而且各行为人的交易日益多元化之后，无论是交易活动本身还是交易者都面临着大量的信息不对称问题，妨碍了经济体中一些潜在交易的产生，因而降低了经济的活力。在此时如果建立了一整套有效的制度，这样的制度就能够弥补众多行为人彼此信息不对称的缺陷，进而促进经济发展。

一、制度与经济发展的一般观点

早在20世纪50年代，发展经济学就已经开始对制度与经济发展的关系进行了一般探讨。查尔斯·小沃尔夫（Charles Wolf，jr.，1955）认为，技术进步和资本积累根本无法解释欠发达国家的经济落后问题，只有从制度上寻找落后的根源才能解决这一问题。他认为，也应该像促进技术进步和资本积累一样对制度进行通盘考虑和规划，而他所说的制度仅仅局限于政府部门和私人部门中的组织和政策。此外，他着重从对成本和利润的直接计算、生产和分配之间的关系、经济关系的秩序、可预测性及概率、有关经济机会的信息以及动机与价值五个方面剖析制度与经济发展之间的关系。对成本和利润的直接计算是指制度通过企业和个人对收益与成本进行核算的途径来影响经济主体的行为；生产和分配之间的关系是指采纳一项技术的成本和收益都应该具有生产和分配上的对等性，否则促进经济发展的技术就不会被采用，而制度在其中起了基本的保障作用；经济关系的秩序、可预测性及概率是指制度通过影响经济环境中行为人秩序来作用于经济行为，具体包括各种经济行动的结果的可预测性和由相应结果带来的收益和损失的概率；经济机会的信息是指市场中有关购买、生产、技术和市场信息的及时传递能够确保克服市场中的不完全性、摩擦和刚性，从而促进经济发展；价值与动机可以被定义为个体和集体行动的有理性行为能力，这是经济发展过程中最重要的行为保证。尽管查尔斯·小沃尔夫关于制度和经济发展之间关系的论述比较泛化，但仍不失为对研究制度促进经济发展的渠道提供了有价值的见解。

布赖恩·范·阿卡迪（Brian van Arkadie，1990）认为制度可以解释为博弈规则（rules of the game）和组织（organization）。前者为经济行为人提供决策的规则，后者则能够涵盖所有非市场制度的体系。在对经济系统的影响上，非正式制度比正式制度具有更大的不确定性，因而难以预测，为政府干预经济带来了不确定性。因此，他提出那些在经济增长中未能发挥作用的制度，并非它们是无效的，而是由于它们对经济的影响结果未能被准确地预测到，从而在具体实施中与经济增长目标相冲突。

杰拉尔德·W. 斯古力（Gerald W. Scully，1988）认为经济发展中的资源分配就像水往低处流一样，需要找到并能够找到资源得以最佳利用的渠道，由此才能保证经济发展顺利进行。在这一过程中，需要有一个先决条件：所有的资源都具有私人排他性，并且能自由流动，而由政治、法律、社会和经济所构成的制度框架结构决定了资源的分配状况，从而决定了这个社会制度框架中的制度参数。因此，制度框架的选择对经济的增长和效率将产生重大的影响。于是，制度和经济发展之间的关系就落在了合适制度结构的选择问题上。欠发达国家之所以落后就是因为制度结构妨碍了经济资源的配置，影响了经济绩效的提高。只要选择合适的制度就能促进经济增长。

林毅夫和纽津特（1995）认为新古典主义经济学标准分析框架隐含着交易是无成本的、信息是充分可得的、政府愿意并有能力实现社会最优的福利目标，而且还能够充分利用规模经济并且使外部性内生化等基本假设。最为典型的就是新古典经济学中的福利经济学的两大定理，该定理只是描述了市场经济的最终结果，全然忽视了经济运行的实际过程。林毅夫和纽津特把制度定义为“人类自我设计的用于控制和规范人类交互行为的规则，同时帮助人们形成对彼此行动的预期”①，在该定义之下，制度就在经济中发挥着经济化（economize）、信息传递、降低风险和明晰产权四大功能。经济化是指在不使一部分经济人福利状况恶化的同时增进另一部分经济人的福利，也就是“帕累托改进”的含义。具体地说，

① Lin, Justin Yifu & Jeffrey B. Nugent, 1995, “Institutions and Economic Development”, in Jere Behrman & T. N. Srinivasan, eds, *Handbook of Development Economics*. vol. III, Elsevier Science Publishers, pp. 2306-2307.

制度可以通过市场经济（要素市场和契约）和非市场经济（经济组织）来利用规模经济、专业化和外部经济的优势达到帕累托改进的目的。制度的信息传递功能是指帮助经济中的行为人迅速发现与经济决策相关的信息，从而防止决策者犯错误。制度的降低风险功能是指制度通过清晰界定经济行为人的偏好、相关制度安排的特征和风险的来源以减少不确定性决策结果的出现，从而达到降低风险的目的。制度明晰产权的功能是指制度能够界定不同财产的所有权，包括不同财产衍生出来的收益及相关权利，从而保证不同产品、服务和资产之间的交易能够达到最优化配置资源和平滑消费的作用。因此，他们从新制度经济学的分析视角综合了制度和经济发展之间的关系，认为尽管新制度经济学中存在诸多不同的分析思路，但是都包括了两个主要的要素——交易成本和集体行动。交易成本可以用于分析不同的制度安排（institutional arrangements）[①] 之间的比较优势以决定制度需求，而集体行动可以用于分析不同制度安排下的制度供给，从而决定最终制度的形成。

林毅夫和纽津特进而分析了制度在经济发展过程中的作用。他们认为在经济发展的早期阶段，绝大多数交易都是小范围的并且在个人基础上不断重复进行，因而制度中的降低风险的功能发挥着更为重要的作用。随着交换范围的扩大，生产和交换复杂程度愈益提高，早期的制度安排逐渐不能适应新的经济发展要求而被组织更为精密和更为专业化的制度所替代，从而展现出经济和制度同步发展、相互促进的景象。他们还认为，制度是否朝着有效率的方向发展还有赖于生产过程中的技术特征和相应的辅助制度的存在及其特性。只有一些相应的辅助性制度运行良好，才能有效地防范机会主义行为出现。而通常所说的制度刚性和惰性（institutional rigidity and inertia）就是因为辅助性制度不匹配而导致制度发展缺乏效率。

罗德里克（2000）[②] 对一系列造就高质量制度的原因进行了探讨。在他看来，在高质量的制度当中最为重要的是产权制度、市场管制制度、宏观稳定制度、社会保险制度和社会冲突协调制度，它们为高质量的制度运行提供了保障。同时，他还提出了一个观点，即在一国从非市场化经济向市场化经济转型过程中，并不存在某种唯一的支撑这种转型的制度，相反，影响经济发展效率的更为重要的因素被罗德里克称为“当地知识”（local knowledge），它包含了一国通过自主经济运行而形成的所有的制度经济结构。罗德里克强调两个因素最为重要，

---

① 制度安排（institutional arrangements）和制度结构（institutional structure）之间存在重大差别，制度结构是一个整体的概念，包括人类活动规则的方方面面，而制度安排则体现在某一个具体的细微的环节上，仅仅对人类某一层面的活动发生影响。

② Rodrik, Dani, 2000, “Institutions for High-Quality Growth: What They Are and How to Acquire Them”, *Studies in Comparative International Development*, vol. 35, no. 3, pp. 3-31.

这就是私人原创性（private initiative）和对私人的激励（private incentives）。在有关如何获取优良制度以及该制度形成的问题上，他认为民主制度和普及型政治参与制度在“当地知识”的形成中具有极其重要的作用，它们能够保证一国民众参与制度的形成，而只有具有私人原创性和支持私人激励性的制度才能有力地促进经济发展。

罗德里克、阿文德·萨布拉曼尼安和弗朗西斯科·特里比（Dani Rodrik, Arvind Subramanian & Francesco Trebbi, 2002）① 直接从以往三种探讨增长源泉的思路出发，将经济增长的地理思路、贸易思路和制度思路统一纳入到一个框架下来进行分析。他们发现，地理、贸易和制度都能通过影响资本和技术积累来影响经济增长，而贸易一体化程度和制度都受到收入水平的影响，属于内生变量，只有地理独立于收入水平而属于外生变量。于是，他们从地理变量着手进行突破，得出了地理因素通过直接效应和间接效应两种渠道影响收入，直接效应包括地理变量直接提供经济发展所需要的资源禀赋，间接效应又分别从市场化、贸易一体化程度和本国制度发展的质量等方面来作用于经济发展。

阿西莫格鲁、西蒙·约翰逊和詹姆斯·罗宾逊（2005）② 摆脱传统增长理论用技术、资本积累和人力资本积累来解释经济增长的思路，单一地以制度作为解释经济增长的最终原因。他们认为当前的政治制度决定着当前的社会力量，与社会资源配置和占有状况一道，决定了当前社会政治力量的配置格局，从而决定了社会决策中的主导力量。而这些主导力量在制定经济制度和政策时又发挥着支配作用，这就决定了经济制度的形式及其对经济行为人的约束和激励，从而决定经济结果。经济结果在不断累积的过程中，会反作用于资源配置及社会资源的最终分配格局。一旦社会资源格局发生变化就会引起社会不稳定，从而引发政治制度安排的变革和新一轮政治力量的配比。这个过程持续循环地发生作用，进而推动经济发展。当然，这一发生作用的过程是自我持续和自我强化的（self-enforcing），并不一定会导致好的经济结果出现。

爱德华·L. 格莱瑟尔、拉斐尔·拉·波塔、佛罗伦希欧·洛佩兹·德·西拉恩斯和施莱弗（Edward L. Glaeser, Rafael la Porta, Florencio Lopez-de-Silanes & Andrei Shleifer, 2004）③ 主要讨论民主政治制度和人力资本积累在经济发展初期的作用。在这样一个论题上一直存在着两种不同的论点：一种观点提倡首先建立

① Rodrik, Dani, Arvind Subramanian & Francesco Trebbi, 2002, "Institutions Rule: The Primacy of Institutions over Geography and Integration in Economic Development", *Journal of Economic Growth*, vol. 9, no. 2, pp. 131-65.

② Acemoglu, Dani, Simon Johnson & James Robinson, 2005, "Institutions as the Fundamental Cause of Long-Run Growth", in Philippe Aghion & Steven N. Durlauf, eds, *Handbook of Economic Growth*. vol. I., North Holland: Amsterdam

③ Glaeser, Edward L., Rafael la Porta & Adrei Shleifer, 2004, "Do Institutions Cause Growth?", *Journal of Economic Growth*, vol. 9, pp. 271-303.

民主并要求政府保障社会财产权，随后人力资本和物质资本积累以及经济发展就会紧随而来；另一种观点认为应该首先促进人力资本积累，之后才能促进民主政治制度的建立，从而保证实现经济发展。这个问题的实质在于究竟是保障财产权还是保障协调有序的公共选择权更能影响经济发展的绩效。健全的财产权能够促进市场经济的发展，而高素质的国民人力资源却能够充分保证政府决策的合理性，从而能确保协调好公共选择权，保证在公共选择基础上的决策有利于经济发展。他们通过分析发现，人力资本积累更能够促进经济增长，并促使民主制度的建立。

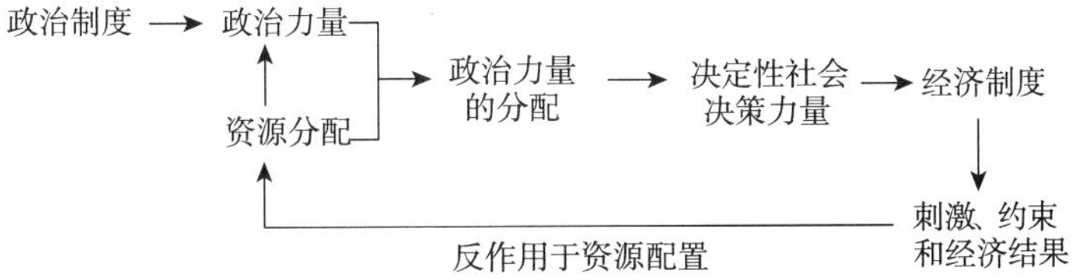

图 5.1.1　制度和经济的内生作用机制

资料来源：Acemoglu, Daron, Simon Johnson & James Robinson, 2005, "Institutions as the Fundamental Cause of Long-Run Growth", in Phlippe Aghion & Steven N. Durlauf eds., *Handbook of Economic Growth*. vol. I., Amsterdam: North Holland.

巴丹（2005）[①] 突破传统的从产权视角来研究经济发展绩效的思路，转而从民主参与权利与制度相互关系的角度来诠释协调失效（the coordination failure）的原因，从而解释各国经济发展出现差异的原因。他认为自从诺斯采用历史视角研究经济发展的制度问题以来，其视野一直局限在产权领域，忽视了其他因素对经济制度演进的作用。这主要是定量研究这些要素对经济发展的影响目前还存在困难所造成的。巴丹转而对协调失效和分配冲突（the distributive conflicts）的关系进行考察，以便对长期困扰贫困国家的负面制度作出解释，进而说明究竟是哪些制度因素在经济发展中起关键性作用。巴丹发现，一国经济发展的初始状态及其该国在工业化过程中所处的阶段对于解释经济发展过程中是否出现了协调失效具有重要意义，而金融市场中出现的政府协调失效问题往往是由于公共品和社会基础设施供给上的不足引发的更广泛的集体行动失调所导致的，因此，集体行动上的制度协调失效往往是各种社会集团之间因分配策略而引起冲突的结果（outcome of strategic distributive conflicts）。[②]

① Bardhan, Pranab, 2005, "Institutions Matter, but Which Ones?", *Economics of Transition*. vol. 13, no. 3, pp. 499-532.

② Bardhan, Pranab, 2005, "Institutions Matter, but Which Ones?", *Economics of Transition*, vol. 13, no. 3, pp. 527.

二、制度的供给与需求

随着经济发展过程的演进，市场规模会不断扩大。市场规模扩大的过程既表现为产品种类和市场参与者人数的增加，还表现为交易地域上的拓展，交易过程变得日益复杂和高度精密化。而市场规模扩大，规模经济的实现均有赖于与之相适应的和有效的制度支持。事实上，市场规模是在空间和时间的约束下逐步扩大的，并且不断地要求有新的制度与之相适应。随着制度创新的完成，市场规模在地域上进一步得到拓展。因此，经济发展过程对制度起着促进和刺激的作用，这具体表现为对制度的需求和制度的供给这一对相互关系上。

1. 从交易成本视角探讨对制度的需求

林毅夫和纽津特认为，对制度需求的分析体现在现行制度结构下对具体制度安排合理性的分析以及在制度变迁过程中对制度安排更迭原因的分析，而交易成本在其中发挥着关键性作用。一项制度安排能否被经济活动参与者接受并广为采纳，其关键在于这项制度安排相对以往的制度安排而言是否对经济参与者各方都是有利的，是否能够节省各方的参与成本①，而这样一种成本就是新制度经济学中所提到的交易成本。

交易成本包括直接成本和间接成本两个方面。前者涵盖了获取信息的成本、合约谈判成本和交易各方的沟通成本；后者包括保证交易能够顺利进行和实施的成本，具体地说，就是指履行交易的监督和强制实施成本，以及因毁约而造成的潜在成本②。因此，交易成本是保证交易能够顺利进行而在整个交易过程中发生的成本。尽管交易成本概念比较抽象，难以量化，却为分析制度安排的选择提供了很好的视角。在整个制度结构中，存在着众多细致的制度安排。每一项制度安排不仅在各自领域发挥着功效，还与其他相关的制度安排发生联动作用，共同完成某一方面的功能，犹如钟表中的每一个精致零件彼此相互吻合以完成精确计时功能。此外，在每一项制度安排中都存在一些可替代的安排，它们能够发挥相同的功能，只是成本不同。这样一来，交易成本就为理解一项制度安排的具体实施提供了分析视角。

交易成本思路在对分成租制的分析中体现了它的长处。布雷夫曼和斯蒂格利茨（1982）③ 将发展中国家的土地分成租划分为三种形式：土地所有者以固定工

① 或者至少在利益总量上相对以往制度安排而言能够增进得更多，且能惠及各方参与者。

② Lin, Justin Yifu & Jeffrey B. Nugent, 1995, "Institutions and Economic Development", in Jere Behrman & T. N. Srinivasan, eds., *Handbook of Development Economics*. vol. III, Elsevier Science Publishers, pp. 2136-2137.

③ Braverman, Avishay & Joseph E. Stiglitz, 1982, "Sharecropping and the Interlinking of Agrarian Markets", *American Economic Review*, vol. 72, no. 4, pp. 695-715.

资雇佣佃农耕种、佃农交纳固定租金租用土地所有者耕地以及土地所有者和佃农以分成租形式耕种。三种制度安排都能让土地发挥耕种功能，但却存在不同的生产效率和不同的交易成本。土地所有者以固定工资雇佣佃农有可能造成极高的监督成本；佃农租用土地所有者土地并缴纳固定租金却迫使佃农加大对固定农业生产资本的投入，从而降低了抵御农业风险的能力；土地所有者和佃农若实行分成租制却会增加双方谈判的协商成本。三种制度安排都存在着各自的不足之处，而交易成本分析方法能够将对三种不同制度安排的选择纳入到一个比较分析的框架中来。在具体分析三种制度安排对生产效率以及对土地所有者和佃农的福利影响之后，布雷夫曼和斯蒂格利茨得出了如下结论：分成租制能更好地适应农业风险难于分散情况下的农业生产状况，因而有效地提高了农业生产率和交易双方的福利。佃农向土地所有者交纳一个固定的小额租金，并与土地所有者以一定比例对农业产出进行分成，而土地所有者为佃农提供农业固定资本投资[①]。事实上，分成租制在南亚等发展中国家被广泛采用。倘若将发达国家和发展中国家的制度看成是两种不同的制度结构，而发挥相同作用的不同的制度安排之所以能够在不同的制度结构中被采纳，原因在于因不同的制度安排所引发的不同交易成本带来了对制度的不同需求。

交易成本不仅被用来解释对制度的选择，而且能够被用来解释制度变迁。诺斯和托马斯（1973）[②] 最早将交易成本概念引入经济史的分析中，开创了新经济史学分析方法。在解释制度的变化和更迭中，交易成本被认为起着传导机制的作用。随着经济发展程度的提高，市场规模的扩大和一系列国际环境发生变化，有可能使一国制度结构中原先适宜的制度安排变得与整个制度结构格格不入，甚至妨碍经济进步的进程。在这种情况下，制度安排的不适应性表现为各种相关制度安排彼此抵触从而引发经济中各种交易成本上升。当各种交易成本的总量上升到一定程度时，就会有相应的利益集团出现，摈弃旧的制度安排，引入新的制度安排。与此类似，当整个制度结构中出现了过多的制度安排不相适应，尤其是一些至关重要的制度安排不相适应时，整个制度结构就将岌岌可危，从而带来制度结构发生变更的结果。纵观漫长的人类历史，尤其是世界近近代史，这种现象概莫能外，而交易成本正好在制度需求问题中提供了一个合理的解释。

2. 从民众和国家博弈的角度讨论制度供给

关于制度供给，曼库尔·奥尔森（Mancur Olson，1965）在他有关集体行为规则的论述中提供了一种理论思路。按照奥尔森的说法，社会大众按照最小规

---

① 也可以是土地所有者以一个较低的基本工资雇佣佃农，并与佃农按比例对农业产出进行分成。

② North, Douglas C. & Robert P. Thomas, 1973, *The Rise of the Western World: A New Economic History*, Cambridge: Cambridge University Press.

模、团体目标的一致性、团体成员相处时间长短、通过物质财富所显示社会地位的接近程度、集团内各成员个体目标的互补性和各成员对团体外影响的反应程度等，结成规模大小不一的集团。这些集团广泛地存在于社会的各个阶层和各个领域，通过代表各自团体利益的政治代表参与国家政治，参与法律的颁布和政策的制定，从而间接地影响各个集团的既得利益。这样一来，制度的供给就表现为社会诸多集团为各自利益而参与具体制度安排的设定和变更的过程。

亚当·普雷泽沃尔斯基和弗尔南多·里蒙齐（Adam Przeworski & Fernando Limongi，1993）① 以政治体制和政治民主的选择为例提供了一个关于制度与经济发展相互关系的分析框架。他们假设存在着三种体制：民主体制（democracy）、独裁体制（autocracy）和官僚体制（bureaucracy）。在民主体制下，政府规模和财政盈余（fiscal residuum）都是由公众决定的；在独裁体制下，政府规模和财政盈余都是由国家机构（state apparatus）决定；而在官僚体制下，国家机构决定政府规模，公民决定财政盈余。

如下图 5.1.2 所示，Y（0）代表不存在政府情况下的国民产出，G 代表政府规模。产出随着政府规模增大而减少，财政盈余由产出曲线和 45 度线之间的区域来表示。在民主体制下，政党彼此相互竞争，获胜者将成为公众利益的完全代理者。在独裁体制下，独裁者有权决定财政盈余，并不关心产出高低的差

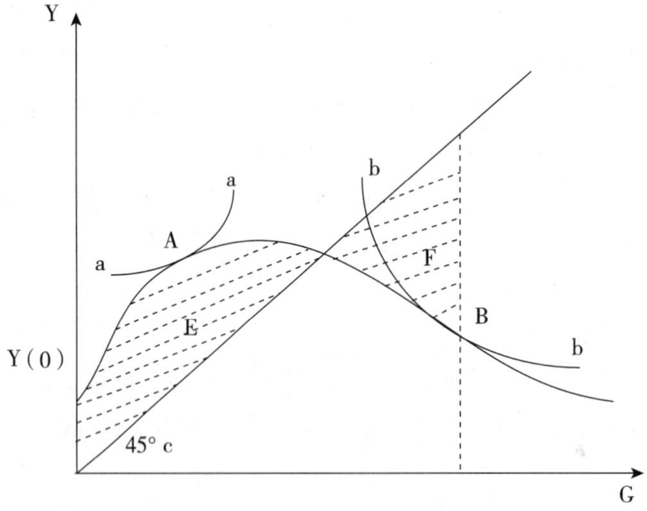

图 5 1.2　制度选择的博弈

资料来源：Adam Przeworski & Fernando Limongi, 1993, "Political Regimes and Economic Growth", *Journal of Economic Perspective*, vol. 7, no. 3, p. 59.

① Przeworski, Adam & Fernando Limongi, 1993, "Political Regimes and Economic Growth", *Journal of Economic Perspective*, vol. 7, no. 3, pp. 51-69.

别，仅仅关心边际产出与边际成本相等的点，即 A 点；而在官僚体制下，政府规模和财政盈余分别由两个不同的团体所决定，使得政府规模会无限制地扩张到民众无法承受的临界点，即 B 点①。

通过分析，普雷泽沃尔斯基和里蒙齐发现，政治因素会在很大程度上影响经济发展，而政治体制在具体表现形式上的差别并不能说明经济发展上的差异。事实上，政治因素在经济发展过程中更多地起着大前提的作用，其实际效果更多地体现在对“国家自治力量（state autonomy）”和“民主力量”的权衡上。倘若国家自治力量能在其应该发挥作用的地方有所作为，而在不应该实行干预的地方克制其力量的话，那么民主力量对自治力量的监督和约束就会成为多余的。然而，事实上，这两种力量需要达到一种默契的平衡才能有效地促进经济发展。这就是国家和民主在制度供给中所能达到的理想目标。

对于同样的问题，诺斯和贝雷·R. 魏因加斯特（Douglass North & Barry R. Weingast，1989）② 关于 17 世纪英国光荣革命前后对政治制度选择的讨论，也为上述观点提供了佐证。他们认为政治因素中的关键因素在于政治体制能否保证社会规则的有效实施，亦即国家自治力量③和民主力量之间的对抗和制衡。政治承诺的有效实施可以有两种方式：一种是通过负责任行为的前例来昭示承诺的可信性，另一种是通过一系列约束性规则来达到制衡状态。通过分析 1688 年光荣革命前后的英国可以发现，1688 年之前的英国国王可以通过制定和废除法律来保障自身的财政收入，而在 1688 年之后，英国出现了能代表公民利益的国会，这就极大地限制了国王征税和主导财政的能力，从而达到了一种制衡状态。一旦统治者和民众的力量达到一种相互平衡、相互制约的格局时，才会形成经济稳定发展的局面。

在政治制度的演进过程中，“国家自治力量”和“民主力量”仍将是整个问题的核心，只不过分析的侧重点更多地放在社会民众和所选出的代表对社会政治制度的改革（即涉及政治制度的改变和演进）的制衡机制上。菲利普·阿吉翁、阿尔贝托·阿莱西纳和特里比（Philippe Aghion，Alberto Alesina & Francesco Trebbi，2004）④ 给出了一个政治制度内生变化的模型。该模型刻画的是，一个领导者一旦被选举出来，倘若所受到的约束太小，就有可能因脱离民众的意志而导致专制体制，倘若受到的约束过大，就会妨碍立法活动的进行。于是，在政治

① E 和 F 的面积相等，即 $S_E = S_F$，表示政府规模会在两种力量在所处的均衡点上被确定下来。这意味着存在着政治制度供给上的均衡选择。

② North, Douglas C. & Barry R. Weingast, 1989, “Constitutions and Commitment: The Evolution of Institutional Governing Public Choice in Seventeenth-Century England”, *Journal of Economic History*, vol. 49, no. 4, pp. 803-832.

③ 这里国家自治力量系指统治者或国王。

④ Aghion, Phillpe, Alberto Alesina & Fernando Trebbi, 2004, “Endogenous Political Institutions”, *Quarterly Journal of Economics*, vol. 119, no. 2, pp. 565-611.

制度的选择过程中，应当在政治代表和民众之间形成互相制约的机制，从而形成一个政治制度内生化的演进态势。

由此可见，国家作为一个行为主体也在影响着制度供给。国家拥有各个利益集团所无法获取的或者难以获取的信息，能够克服信息不完全和市场不完善的缺陷，并制定出有利于长远发展的政策和提供合理有效的制度安排。于是，制度供给问题就变成了众多由民众组成的利益集团和国家主体相互博弈的问题。倘若从动态博弈的视角看待利益集团和国家之间的多方博弈，制度供给就会同制度需求一道纳入到制度变迁的分析中来。现实发生的制度演变过程便可以从制度的供求角度加以理解。将发达国家和发展中国家的制度细致比较，两者的优劣显而易见。发展中国家之所以未采纳发达国家的制度安排，并不是制度需求不够强烈，而是制度供给不足，从而为解释发展中国家普遍存在的制度路径依赖提供了一种解释。

三、强调制度创新的制度变迁思路

有关制度变迁和创新的观点最早是由兰斯·E. 戴维斯（Lance E. Davis）、诺斯和托马斯提出来的。他们受到熊彼特创新理论观点的启示，专门从创新视角来解释制度的变迁过程。

戴维斯（1965）[①] 从单纯的资本供给关系出发，考察了美国国内投资市场和国内金融制度的形成。他认为阻碍美国国内投资市场形成和发展的是各地区间的利率差异，即当时的利率自东向西逐步升高的，因此，美国国内投资市场的形成过程就是资本在地区之间转移以及利率水平均等化的过程。于是，美国国内投资市场形成过程就成了旨在减少投资风险和缩小利率在区域之间差异的自发的、有意识的行动的结果。

诺斯（1968）[②] 通过考察在过去两百多年间海洋运输生产率所发生的变化发现，在海洋运输技术并没有发生太大变化的情况下，海运生产率却有了大大提高，其根本原因在于“航运制度”和“市场制度”发生了变化。海运安全性提高、海上保险费减少、船上武装人员配备的减少等诸多航运制度的改进，大大降低了航运成本并提高了航运效率。因此，以航运制度变迁的过程为例，足以说明制度变迁过程实际上是制度创新的过程。

诺斯和托马斯（1971）[③] 认为，提供一种适当的对个人激励的有效制度是经

① Davis, Lance E., 1965, “The Investment Market, 1870-1914: The Evolution of a National Market”, *Journal of Economic History*, vol. 25, no. 3, pp. 355-399.

② North, Douglas C., 1968, “Sources of Productivity Change in Ocean Shipping, 1600 – 1850”, *Journal of Political Economy*, vol. 76, no. 5, pp. 953-970.

③ North, Douglas C. & Robert P. Thomas, 1971, “The Rise and Fall of the Manorial System: A Theoretical Model”, *Journal of Economic History*, vol. 31, no. 4, pp. 777-803.

济增长的关键，但这种制度的产生是有代价的．除非它所带来的收益大于付出的成本，否则它不会出现。这实际上是将制度创新解释为人们对经济活动的收益与成本进行比较之后做出理性选择的结果。

戴维斯和诺斯（1971）在《制度变迁与美国经济增长》一书中尝试对制度创新做出解释。在他们看来，制度创新是指能使创新者获得追加利益的对现存制度的变革。只有当制度变革的预期纯收益超过预期成本时，才会出现制度安排方面的创新。[①] 然而，制度创新的进程也有可能受到市场规模、生产技术发展和社会集团预期收入变化的影响，而且在某种程度上制度创新与技术创新具有相似性，都具有创新性、可选择性和连锁性。至于创新的具体过程，戴维斯和诺斯将制度创新分为五个步骤：第一步，当第一行动集团（a primary action group）预期制度创新将带来潜在利益时，便发起制度创新；第二步，由第一行动集团提出制度创新方案；第三步，第一行动集团对制度创新实现后的净收益进行比较；第四步，由第二行动集团（a secondary action group）在第一集团对利益分享的许诺之下帮助第一行动集团建立制度决策单位；第五步，共同努力完成制度创新过程。[②] 此外，制度创新可能会在不同的三个层次上发生，即个人进行创新、众多个人资源组合进行创新和政府机构进行创新。不同的组织、制度和政府结构的初始状态的不同会导致创新发生在不同的层面，并带来相应的不同的后果。

维农·W. 拉坦（Vernon W. Ruttan，1978）[③] 认为在传统上制度被定义为行为规则不足以解释制度创新过程，而应该更宽泛地将组织纳入到制度的定义中来。在一个包含了组织在内的更为宽泛的制度定义中，制度创新就可以被解释为当前组织（或者新组织）在实际上的或潜在的行为上的和表现上的变化。这就使得组织、组织环境和行为规则之间的关系被纳入了进来。以农业发展为例，制度创新包含了从产品市场到要素市场的所有市场上的和非市场制度的变化，具体包括有组织的产品市场制度、赞助人—客户关系（patron-client relationship）、发现和传播农业知识的私人和公共部门组织、供水供肥和信贷机构、包括价格支持在内的对市场行为的管制机构。所有的这些制度变化都是经济人决策行为累计的结果。[④] 拉坦还指出，引发制度创新需求的原因有两个：一个是要素相对禀赋和相对价格的变化，另一个是经济发展带来的收入增长。前者导致经济行为人调整

① Davis, Lance E., 1971, *Institutional Change and American Economic Growth*, Cambridge University Press, p. 10.

② Davis, Lance E., 1971, *Institutional Change and American Economic Growth*, Cambridge University Press, pp. 8-10; p. 62.

③ Ruttan, Vernon W., 1978, "Institution Innovations", in Theodore W. Schultz, ed., *Distortion of Agricultural Incentives*, Indiana University Press, pp. 290-304.

④ Ruttan, Vernon, W., 1978, "Institution Innovations, in Theodore W. Schultz, ed., *Distortion of Agricultural Incentives*, Indiana University Press, p. 291.

经济活动，降低成本和增加收益，后者引发经济地位和财富地位的不匹配，从而导致制度创新。同引发制度创新需求的原因相比，促使制度创新供给的原因并不十分明确，因此拉坦把制度创新的供给同技术变化的供给等量齐观。

接下来，拉坦提出了有关制度变迁方向的两个假设：首先，一个社区（或社会）收入流的增加导致制度的影响体现在促使制度朝着减弱社区（或社会）对收入再分配实行控制的方向变迁；其次，一个社会可以获得的收入下降或者收入增长出现停滞对经济所产生的影响表现在，这种变化反而会促使制度朝着增强这个社会对经济收入实行再分配的方向变迁。第一个假设的含义是指，当一个社会收入以较快的速度增加时，创新单位就会将注意力更多地集中在制度创新上，而不是对经济增长的成果进行分配；第二个假设的含义与第一个假设正好相反，指的是当经济处于衰退或者停滞状态时，制度就会发生变化迫使创新单位既承担技术变革和制度变迁的成本，又要求将经济成果转移给社会的其他成员。①

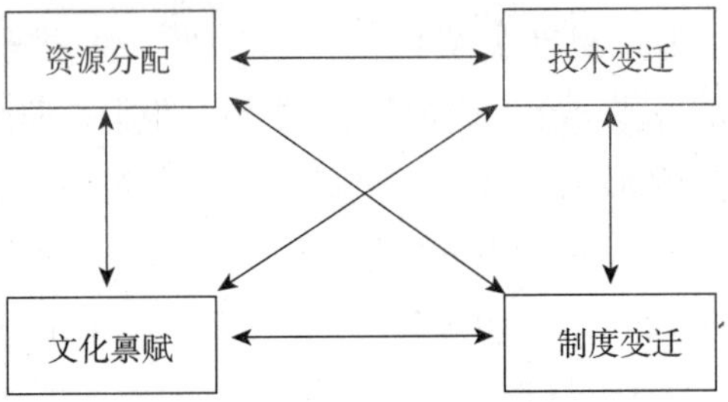

图 5.1.3　技术变迁和制度变迁的相互作用

资料来源：Ruttan, Vernon W., 1978, "Institutional Innovations", in Theodore W. Schultz, ed., *Distortion of Agricultural Incentives*, Indiana University Press, p. 299.

在上面两个基本假设之下，技术和制度变迁过程就被解释成这样一个过程。首先，技术和制度创新形成了新的经济增长动力，为传统社会带来新的收入流。根据第一个假设，社区或社会对资源使用和配置的能力将会减弱。在经过一段时间的快速增长之后，技术和制度创新带来的增长动力逐渐消耗殆尽，经济逐步进入停滞甚至衰退状态。根据第二个假设，社会资源又将重新汇聚到技术和制度创新过程中，从而引发新的增长动力。于是，整个经济变迁过程就呈现出图 5.1.3 所描述的资源分配、技术变迁、文化禀赋和制度变迁相互作用并协同发展的格局。

① Ruttan, Vernon W., 1978, "Institution Innovations", in Theodore W. Schultz, ed., *Distortion of Agricultural Incentives*, Indiana University Press, pp. 297-299.

第二节　分析制度变迁的路径依赖思路

当代发展经济学家通过对制度和经济发展之间关系的分析得出了有些制度有利于经济发展的结论。这些制度包括产权制度、市场经济制度、民主制度等。但有些发展经济学家提出这样的问题：为什么发展中国家（尤其是那些经济上贫困落后国家）不将这些被历史证明是有利于经济发展的制度借鉴过来并加以实施呢？对此，一些发展经济学家所作的回答是：制度是作为一个整体存在的，其中的任何一个组成构件只有在特定的制度背景下才能发挥其作用，一些发展经济学界找到了一种有关制度变迁过程何以遇到障碍的解释。这就是用“路径依赖”概念来解释为什么有利于经济发展的制度未能得以传播的理由。

“路径依赖”（path dependence）是指一国在经济发展过程中沿着由初始禀赋所决定的道路向前推进的类似于惯性发生作用的过程。“路径依赖”体现在制度层面上就表现为制度中的各个组件不仅在其存在期内发挥作用，而且也会对制度的后续演化产生影响。即便是某一制度已经不具备任何功能时，其潜在的影响仍将持续下去。因此，有人把制度称为“历史的载体（carries of history）”，也就是说，当前的一些制度是从先期发挥相同功能的那些制度中演化而来并且逐步形成的，它们还保留着初始制度形式的痕迹。①

保罗·A. 大卫（Paul A. David，1994）认为在对制度路径依赖的研究文献中大体上存在着三个不同的切入点：第一个切入点从制度的供给角度着手；第二个切入点把行为人共同一致的预期和相互协调作为分析的视角；第三个切入点从组织和制度作为信息传递渠道的角度来分析。这三种不同的切入点从不同侧面揭示了制度变迁过程中路径依赖现象的本质。②

从制度供给角度分析路径依赖的思路更侧重于正式制度的供给。根据奥尔森在《集体行动的逻辑》一书中的论述，社会大众按照最小规模、团体目标的一致性、团体成员相处时间长短、社会地位与物质财富的接近程度以及对外界的反应而结合成规模大小不一的集团。他们通过一个权力和利益的平行四边形法则来

---

① David, Paul A., 1994, “Why Are Institutions the ‘Carriers of History’?: Path Dependence and the Evolution of Conventions, Organization and Institutions”, *Structural Change and Economic Dynamics*, vol. 5, no. 2, p. 205.

② David, Paul A., 1994, “Why Are Institutions The ‘Carriers of History’?: Path Dependence and the Evolution of Conventions, Organization and Institutions”, *Structural Change and Economic Dynamics*, vol. 5, no. 2, pp. 208-209.

决定社会制度的走向，进而在一定程度上决定正式的和非正式的制度安排。与此同时，正式制度作为政策制定者影响其自身利益的手段而常常遭到滥用，因而政策制定者和民众在信息和权利上的不对等进一步加剧了制度的恶化程度。这种现象体现在一些非洲国家中。在那里，强权的军事政府、毫无约束的民主机制、与低下的物质资本和人力资本以及绝对贫困一道起作用，最终扭曲了这些国家的经济形态。如果说最有利于经济发展的制度是一株禾苗，那么它根本无法在这些地区找到适合的土壤。因此，采用制度供给的角度能够很好地解释部分非洲国家中落后制度的粘性问题。

从行为人共同一致的预期和相互协调的角度来解析路径依赖的思路采用了以交易为基础的博弈模型。该思路主张从长期来看整个人类制度演化过程中的路径依赖问题，而用一致性预期和相互协调来解释路径依赖是再合适不过了。人们在重复交易的过程中，不断认识和权衡利弊，彼此之间形成了关于对方行为的一致预期，从而在无须法律约束的情况下达成彼此间的相互协调。这就节约了交易成本，加速了交易进程。当这种预期随着交易而进一步不断强化，并形成为一种惯例甚至形成为一种文化的构成部分时，就会强化原有制度的发展路径，使之朝着更有利于市场交易的方向发展。这种正向的预期和协调行为显然能够解释欧洲发达国家历史上的制度演化历程。此外，一旦在初始交易中形成了负面的行为预期，这种负面预期将会持续下去，使制度深陷在不利于经济发展的泥潭中，致使贿赂、腐败、诈骗和黑金政治等制度弊病层出不穷。因此，从行为人一致预期和相互协调的角度来分析路径依赖问题具有一定的代表性，既能够解释好的制度，又能说明坏的制度何以出现和恶化的成因。①

从组织和制度的信息传递渠道分析路径依赖的思路强调的是组织的功能。阿罗（1974）在《组织的局限》一书中指出，当组织比个人更具有搜集信息的优势时，决策过程中被采用的信息就必须经过过滤、协调和压缩。② 因此，任何组织都必须建立通讯渠道和信息加工程序，这意味着包括组织在内的制度在经济中发挥着传递信息的功能。在此基础上，新的组织和制度必须至少具备同旧的组织和制度一样的功能。于是，制度就呈现出路径依赖的特征，都是在完成基本信息传递渠道基础上扩展新的功能。③

通过对路径依赖三个不同切入点的概括可以发现，“路径依赖”在本质上是

① David, Paul A., 1994, "Why Are Institutions the 'Carriers of History'?: Path Dependence and the Evolution of Conventions, Organization and Institutions", *Structural Change and Economic Dynamics*, vol. 5, no. 2, pp. 210-212.

② Arrow, Kenneth J., 1974, *The Limits of Organization*, New York: W. W. Norton, pp. 53-56.

③ David, Paul A., 1994, "Why Are Institutions the 'Carriers of History'?: Path Dependence and the Evolution of Conventions, Organization and Institutions", *Structural Change and Economic Dynamics*, vol. 5, no. 2, pp. 212-213.

由社会经济政治因素所导致的滞后性引起的，而造成这种滞后性的根源在于制度的供给者，在于交易中形成的预期，在于组织制度的信息传递渠道，也就是说，这些根源存在于社会经济中的微观层面上。另一方面，从以上路径依赖思路所得出的结论是，制度作为一个整体而存在，其中任何一个部件必须以所在社会的整个制度背景为支撑，而不能被单独加以移植。要解释欠发展中国家的经济落后问题，最根本的是从改变落后的制度结构入手，其关键在于创造有利的初始条件，并形成正向的预期以及对行为加以协调，在提高人力资本和民主化程度的同时，对政府的行为加以约束。

布赖恩·W. 阿瑟（Brian W. Arthur，1989）[①] 从对可替代性技术的选择和规模收益递增的角度讨论历史上制度变迁的路径依赖问题。他认为，在众多具有可替代性的技术中选择某一项技术时，选择过程往往受一些微小事件的影响，使得某项技术具有初始的微弱优势，从而最终入选；与此同时，复杂的技术往往具有规模收益递增的特征，[②] 一旦该技术被采纳，经济活动的各个方面就将对这种技术产生依赖性。随着在该项技术的应用过程中人们获得了更多的实际经验，该项技术将逐步改进并不断完善。但是，在规模收益递增条件下的选择通常会产生多重均衡解，然而静态分析并未指明最终的均衡解，于是那些具有随机性质的微小事件就会最终对均衡解产生影响。根据规模收益递增的性质，这样一个随机过程就会呈现出非预测性（non-predictability）和潜在无效性（potential inefficiency）。这意味着选择者的偏好和相关技术的性质无法保证最终选择结果的准确性。此外，这种随机动态过程还伴随着两个额外的特征，即刚性（inflexibility）和非遍历性（non-ergodicity）。刚性指的是不论先前的条件如何，最终结果都具有确定性；而非遍历性指的是微小的随机事件对所作选择的最终结果的影响不会逐渐消失。这一观点用有关制度分析的路径依赖的术语来表述就是：特定微小的历史事件会最终影响历史的走向，从而呈现出路径依赖的格局。

与前面几种思路不同的是，布赖恩·宾格和伊丽莎白·霍夫曼（Brian R. Binger & Elizabeth Hoffman，1989）[③] 提出，持续存在的制度同那些非持续存在的制度相比不一定是最有效的。人们一般认为，制度变迁是经济在外部环境变化影响之下从一个均衡点过渡到另一个均衡点的过程，其间，那些持续存在的制度在交易成本上具有优势，因而也是最优的。为了表述自己的观点，宾格和霍夫曼引入了重复博弈分析方法，将制度的提供看成是公共品供给。于是，通过选择最终实现的

---

① Arthur, W. Brian, 1989, "Competing Technologies Increasing Returns, and Lock-in by Historical Events", *Economic Journal*, vol. 99, no. 1, pp. 116-131.

② Arthur, W. Brian, 1989, "Competing Technologies Increasing Returns, and Lock-in by Historical Events", *Economic Journal*, vol. 99, no. 1, pp. 116-117.

③ Binger, Brian R. & Elizabeth Hoffman, 1989, "Institutional Persistence and Change: The Question of Efficiency", *Journal of Institutional and Theoretical Economics*, vol. 145, pp. 67-84.

制度均衡的结果就表现为一个在多方行为人参与下的“囚徒困境”模型，最终结果表明，在所有的结果中，不断持续获得的均衡结果不一定是最优的。此外，宾格和霍夫曼还从对公共品分配和公共决策过程的历史分析中得出相同的结论。

第三节　历史上的制度变迁

研究制度与经济发展相互关系的学者不满足于他们从理论分析所得到的结论，他们还把目光转向分析历史上的制度变迁问题，试图从历史上更为广阔的视野中推导出有关制度与经济发展相互关系的更为一般性的结论。这些学者对该领域的探讨主要体现在以下三种思路上，即采用新古典方法的新制度经济学思路、研究制度变迁的博弈思路、对历史进行计量分析的思路。

一、采用新古典成本—收益分析方法的新制度经济学思路

采用新古典方法的新制度经济学家突破了传统新古典经济学中不存在交易成本的假设，引入了交易成本概念，认为即便在最简单的交易中都需要交易双方花费成本来了解彼此并相互交换相关信息。当最简单的交易被放大到整个社会后，在一个高度专业化的和彼此独立的交易网络中，每个交易者的福利状况都与社会网络的制度结构息息相关。随着交易复杂程度的不断提高，交易者获取交易信息的成本越来越高。于是，社会制度网络趋于更复杂和更为精密化，以求尽量降低交易的不确定性，保证复杂的交易得以进行并持续下去。

诺斯把交易成本概念引入对经济史的分析，从新制度经济学的视角将制度定义为“规则、执行规则的特征以及使不断重复的人类间相互作用固定下来所形成的行为规范”①。在诺斯看来，制度在经济活动中所起的作用是减少人类活动的不确定性。作为人类行为规则的制度通常被内嵌在人类社会的分层制度结构中，从而成为人类活动的一个必不可少的组成部分。诺斯还探讨了制度变迁的原因。他认为反映在资源和禀赋相对价格上的变化是导致制度变迁最主要的原因，人口变化、技术变革和信息传递成本的变化都会导致要素相对价格的变化。此外，观念和意识形态体系的变化也会导致制度变迁。

诺斯写道，如果说制度体现了整个人类社会的博弈规则，那么组织和相应的

① North, Douglas C., 1989, “Institutions and Economic Growth: A History Introduction”, *World Development*, vol. 17, no. 9, p. 1321.

经济实体就是博弈的参与者活动于其中的载体。政治组织、经济实体、社会组织和教育组织均基于不同的目标而存在，构成为制度的实体，在整个人类社会的演进中发生作用。经济变化无所不在，它是一个从不间断和日积月累的过程。人类社会中的个人和组织在现行的规则之下进行交易，遵循着一定的惯例。当一些新的合约需要新的规则时，行为规则将会缓慢发生变化，制度结构也将逐步发生改变。制度发生变迁的原因往往是由于个人或者组织发现在外部环境发生变化时，改变行为规则是有利可图的。但是，制度变迁的动力仍然来自于个人和组织的负责人对机会的认识程度。同时，制度变迁的速度也取决于对机会认知的进展速度，而制度变迁的方向则有可能受到由不同知识所带来的预期收益的影响。① 而在制度变迁的过程中，随着要素禀赋相对价格的变化，某个经济（或政治）团体或所有的经济（或政治）团体将会发现改变合同能够获利。于是，它们将根据讨价还价能力在既有制度和等级体制下重新协商合同条款。然而，当重新协商过程涉及一些基本制度时，交易双方就会发现改变现有的制度体制将带来利益，进而愿意将资源配置在改变规则上，从而最终引发制度变迁。

至于制度变迁的方向，诺斯认为，从公元前 8 世纪的农业社会开始，欧洲各个不同地区已经从文化特征、行为方式、政治结构和社会组织等诸多方面沿着不同的方向发生演化，呈现出分化路径，从而决定了各地区在随后几千年的演进历程。以英国和西班牙这两个在 16 世纪具有类似的初始条件的国家为例②，英国发起了工业革命，成为随后维持了一个世纪的世界霸主地位的国家，而西班牙在经历了由掠夺殖民财富带来的短暂繁荣后便逐渐衰落，整个国家湮没在贵族社会和宗教礼仪的繁文缛节中。当时所有的欧洲国家都处于国王和委托人两大集团相互制衡的状态：国王根据不同委托人集团的要求制定宪法以保证所谓的“公平和正义”，并用税收收入维护国家秩序和保护财产权。由于不同的集团具有不同的机会成本和讨价还价能力，从而影响着具有半公共品性质的法律和规章的供给。随着经济的逐步增长，收入将在统治者和委托人之间进行分配，而分配的比例由两大集团相对的讨价还价能力所决定。在协调这两大集团关系时，在不同的初始条件基础上演化出了不同的制度结构。③

诺斯进一步对经济史上制度的功能作了全面的梳理。他明确地把制度定义为

① 参见 North, Douglas C., 1989, “Economic Performance through Time”, *American Economic Review*, vol. 84, no. 3, pp. 361-362。

② 诺斯认为，英国和西班牙两国之间制度演化路径的差异也直接影响到了英属殖民地（北美）和西班牙殖民地（南美）之间的发展差异。参见 North, Douglas C., 1989, “Institutions and Economic Growth: A History Introduction”, *World Development*, vol. 17, no. 9, pp. 1329-1330。

③ North, Douglas C., 1989, “Institutions and Economic Growth: A History Introduction”, *World Development*, vol. 17, no. 9, p. 1326; 另请参见 North, Douglas C., 1989, “A Transaction Cost Approach to Historical Development of Polities and Economies”, *Journal of Institutional and Theoretical Economics*, vol. 145, pp. 661-668。

"由人类设计出来的各种约束，该约束旨在把政治、经济和社会层面上的相互关系确定下来。"① 制度具有创造秩序和减少不确定性这两种功能，尤其是在信息不完全的经济环境中，制度有助于加强协作和分工，降低交易成本。由于制度变迁最早是与交易相联系的，所以交易形态成为讨论制度变迁成因的最重要的载体。为此，诺斯列举了三种不会导致制度演进的交易制度，即部落交易（tribal）、集市交易（bazaar）和游商交易（caravan）。部落交易往往局限于部落之间，具有明显的社会网络性质；集市交易规模小、交易成本高、产品和契约合同具有非同质性特征，由此引起的交易缺乏连贯性和可比较性；而游商交易流动性太大，缺乏相关法律和组织方面的约束，因而这类交易具有任意性。这三种交易制度既无法从有限的社会资源中分割出一部分来用于知识和技能的积累，也无法保证交易朝着更具有生产性的方向演化。② 相比之下，近代（从11世纪到16世纪）欧洲的远程贸易经历了极为复杂的组织演化过程，在这个过程中出现了四大创新：第一，促进资本流动以避免高利贷，并制定相应的法律；第二，建立了延迟支付制度；第三，实行海外代理制；第四，建立了分担风险的保险制度，其中以海运保险（marine insurance）最为著名。这些在组织和制度方面的创新增加了资本流动性、降低了信息成本并分担了风险。而引发这种制度变革最重要的原因是与贸易扩展相伴随的对规模经济的需求以及由规模经济带来的交易成本下降这两个因素。

二、研究制度变迁的博弈思路

研究制度变迁的博弈思路又称作历史比较制度分析（historical comparative institution analysis）思路。考虑到历史上的社会制度对各国经济发展道路造成了差异，一些经济发展后进的国家采纳发达国家的制度结构引发了不适应性，以及非正式制度对经济发展也会产生影响等一系列问题，采用历史比较制度分析方法的学者从历史数据入手，试图解决与制度起源、制度含义和制度变迁相关的一系列问题，因而他们在方法上更偏向于以史实为基础，在微观层面展开经验比较分析。因此，持这种分析思路的学者侧重于对影响人们之间相互作用和激励经济人行为的非技术方面的具有约束力的制度进行探讨，并且将制度看成是内生演化和外力强化之下共同作用的结果。③

在这种分析框架中，各种经济交易都被看成是一场博弈，所要分析的是哪些

---

① North, Douglas C., 1991, "Institutions", *Journal of Economic Perspective*, vol. 5, no. 1, p. 98.

② North, Douglas C., 1991, "Institutions", *Journal of Economic Perspective*, vol. 5, no. 1, pp. 102-104.

③ Greif, Avner, 1998, "Historical and Comparative Institutional Analysis", *American Economic Review*, vol. 88, no,. 2, pp. 80-84.

因素是决定经济博弈相关规则的因素，哪些机制是促进这些规则自我强化的机制。具体而言，历史比较制度分析思路的操作过程是：首先，构建一个经济行为人相互作用的博弈模型，经济行为人在现行制度约束下使自己的利益达到最大化，从而得到一个反映经济行为人与博弈规则（制度）相互作用的静态均衡结果。然后，通过分析经济行为人所处环境的变化而导致的均衡结果的变动，用不同的均衡结果对照不同的制度安排，以此来分析制度变迁的内在自我强化性。因而，历史比较制度分析就成为综合了历史的、比较的证据和微观博弈模型的综合体，一方面能分析现行制度的作用机理，另一方面也能解析制度在演进过程中的动态路径。

1. 历史比较制度分析思路

尽管历史比较制度分析的一般化原理比较通俗易懂，但在具体的分析方法上存在着几种不同的分析思路。不同思路在一般化分析中的不同组件上做文章，采用不同的设定和建模方法，其差异比较细微，但是对制度演进机制的分析产生了显著的影响。

在分析思路的区别上，存在两种不同的分类，一种是格雷夫在《历史比较制度分析》一文中所作的两种分类，另一种是青木昌彦在《比较制度分析》一书中所作的三种分类。格雷夫将历史比较制度分析分为“演进思路（evolutional approach）”和“策略思路（strategic approach）”。演进思路采用演化博弈理论方法来研究具有特定特征的行为决策人相互作用的过程，重点在于这些具体特征在内生演化过程中对相关规则的影响。相比之下，策略思路则注重行为决策人的策略互动以及文化规则、信仰、社会结构和认同意识对相关规则的影响。

与格雷夫相比，青木昌彦选择了更为细致的分析视角和分类方法，从市场机制缺陷的角度提出了制度问题的重要性，诸如欧洲货币和市场一体化、东亚金融危机中所暴露的监管问题、非洲长期停滞以及与全球化相联系的金融市场一体化等。因此，青木昌彦对思路的分类是以现象为导向的（phenomena-oriented）。他试图解决的核心问题是：为何发达国家的制度不能被经济上落后的发展中国家所借鉴和吸收。在这个问题的引导下，制度结构被描述成一个制度实施者与经济行为人之间相互作用的多方博弈模型，行动的各方均出于追求自身利益最大化的考虑来参与博弈。因此，制度的可实施性（enforceability）就成为关注的焦点。解析实施者引入合理制度的动力是整个建模分析的主要目的，从而自然而然地把现存制度看作是博弈的均衡结果的集合，每一种制度安排都对应着不同的经济发展水平、文化背景、地理环境等特征作为关注的焦点。①

在这样的分析思路之下，对制度比较的博弈分析围绕着以下几个关键性问题

① 青木昌彦：《比较制度分析》，上海远东出版社 2001 年中文版，第 2 页。

而展开：第一，制度的产生和变更是否是特定模型中的一种均衡结果或者由均衡结果转化而来；第二，如果这种选择和转变是由技术或市场所导致的，那么，技术上的规模经济会不会导致制度体系中的封闭性，或者说制度的演进是否由遗传所决定；第三，一些未预料到的政治事件是否会影响到制度的选择，或者说是否与制度变迁有关。[①]

在提出这一系列关键性问题之后，有关制度比较的博弈分析最终被归结为两个层面的问题。第一个层面涉及同时性问题（synchronic problem）。在这个层面上，制度的历史演进暂时不是分析的重点，更多的注意力放在了理解当今世界各国总体制度安排的复杂性和高度差异性上，并且用博弈模型的多重均衡结果来比照世界各国制度安排的多样性。第二个层面涉及历时性问题（diachronic problem），人们在这个层面上试图理解均衡制度框架下的制度安排的演进机制，同时也不排除对所出现的一些奇异的制度安排的进行分析。[②] 这种制度的分析框架适合于讨论十分复杂的制度问题。在第一个层面上，经济、政治和社会组织等诸多因素被纳入到一个统一的博弈模型中来，避免了将制度分析仅仅停留在文字描述或在纯数学化表述中所面临的尴尬。此外，仅仅依赖这样一个一般化的博弈模型，所得到的一些互不相干的均衡结果仍然不足以解释现实制度安排的高度复杂性，必须将其置于历史的、比较的制度分析模式之中，才能得出清晰有力的结论。所以，在第二个层面上，一些传统的博弈模型中的完全信息假设被放弃，转而考虑个人的、不完全认知条件下的主观博弈模型。每当模型预测结果与现实不相符时，就产生了一种一般性认知危机状态（a state of general cognitive crisis），从而激发这个主观博弈模型自动进行内在调整，直到找到新的均衡制度为止。于是，制度变迁过程就被理解为行为人以一种相互调整的方式来校正其信仰观念的动态过程。

青木昌彦在构建了历史制度比较分析的整体框架后，细致地将众多的制度分析文献划分为三种不同的思路：

第一种是传统意义上的组织确立（organization establishment）思路。该思路将制度本身看成是博弈中的具体行为人，例如：产业联合会、技术协会、大学、法院、政府机构和立法机构等。这样一来，制度的历史分析就成了分析这些组织建立过程的有效方法，以此来说明制度的产生和演化。

第二种思路由诺斯和利奥尼德·赫维茨（Leonid Hurwicz）[③] 所创导。这种思

① 青木昌彦：《比较制度分析》，上海远东出版社 2001 年中文版，第 3 页。

② 青木昌彦：《比较制度分析》，上海远东出版社 2001 年中文版，第 3 页。

③ Hurwicz, Leonid, 1993, "Towards a Framework for Analyzing Institutions and Institutional Change", in Samuel Bowles, Herbert Gintis & Bo Gustafsson, eds., *Market and Democracy: Participation, Accountability, and Efficiency*, Cambridge: Cambridge University Press.

路将制度视为博弈的规则，而不是将制度与经济行为人等同视之。诺斯将制度定义为人类自我设计的用于约束人类自身行为的规则。用经济学术语来说就是，制度定义了并且约束了个人的选择集。赫维茨将诺斯的这一思想进一步模型化和数学形式化。他通过设定个人选择集以及行为人之间相互选择而得出的结果函数（outcome function），构建了一个完整的博弈模型。这两种思路的主要差别体现在于如何看待制度在博弈中的差别：前者将制度视为博弈的规则（rules of games），而后者视其为博弈的参与者（players of the game）。

第三种思路强调重复博弈的分析方法，该方法最早由安德鲁·绍特（Andrew Schotter，1981）提出，后来由罗伯特·萨格登（Robert Sugden，1986；1989）以及保罗·米尔格罗姆、诺斯、魏因加斯特（Paul Milgrom，Douglas C. North & Berry R. Weingast，1990）等人对这种思路作了进一步发展。多年之后，格雷夫、青木昌彦及青木昌彦等人（Masahiko Aoki，1995；Masahiko Aoki et al.，2000）在一系列的文章中将这种分析思路推进到了更高的层次。这种思路依赖于较为复杂的博弈概念，并且将每一种制度都看成是博弈的均衡结果，制度变迁则被解释为从一个均衡结果到另一个均衡结果的转化。

第三种思路又可细分为两种子思路。第一种子思路基于演化博弈模型。这种子思路继承了大卫·休谟（David Hume）有关制度作为“法则是反映了绝大多数个人约束其自身行为的规则”的理解，进而将制度①看成是随着交易的不断重复进行而形成的个人对他人行为的预期。当个人接受了这种对他人行为的预期之后，制度的初始形态便形成了。随着交易频度的强化和交易范围的拓展（包括地域和产品复杂程度上的拓展），惯例渐渐不能满足交易的有序进行，突变（mutant）和错误时常出现。当非有序的破坏力量累计到一定程度时，惯例就需要通过司法程序将其上升为法律以减少交易成本。在这一演进博弈过程中，所有已经上升为法律的制度和那些还处于惯例层面的制度混杂在一起，它们相互作用并促进制度演进。

第二种子思路基于重复博弈理论。这一种子思路同前一种子思路相比有一些分析上的优势，能够明确行为人的预期（包括信仰）的作用。一个完美的子博弈均衡确定了每一个行为人一系列广泛行为的策略。通过动态博弈的方法，就能将策略中的那些不可置信的行为剔除掉，从而使得每个人都将按照子博弈精炼纳什均衡的结果来行动，这就是预期（包括信仰）的真正内涵。于是，制度作为人类行为的非技术性约束被证明由两个彼此相关的要素所构成，即文化信仰（the cultural beliefs）和组织。文化信仰是指个人对其他人行为的预期，而组织是

① 在宽泛的意义上，可以把“制度”理解为“惯例”（conventions）。

指改变博弈规则、适应范围和均衡点对人类行为的内生约束。① 因此，在某种程度上，这种思路与第一种思路相吻合：组织既是博弈的参与者，也受到已有的均衡博弈模型的约束。然而，在第二种思路和第三种思路之间存在一个极其微妙的问题：博弈规则的确立既对立法和政治体系敏感，又对经济作用机制敏感。这样一来，采用演进思路将制度归结为一种自发的秩序（spontaneous order）或自我组织的体系（self-organizing system），而重复博弈思路则认为博弈者完全有能力根据博弈中各参与者的信息反馈来合理地选择与决策，从而达成一种与众多参与者一致的联合策略，这就是制度本身。由此可见，重复博弈思路精妙之处在于能够证明博弈策略一旦建立，它就将是自我强化和自我持续的。②

2. 运用博弈论方法探讨交易的本质

长期以来，自发性交易在规模和范围上不断扩大被认为是促进经济发展的重要因素之一，而这种自发性交易得以顺利开展则依赖于市场的广度。因此，从某种意义上来说，市场对于经济发展来说非常重要，然而，如何对市场机制的形成过程加以解释却成为经济学家们面临的一道棘手的难题。以格雷夫为代表的制度经济学家们试图以市场交易的形成机制为切入点，采用博弈论思路来研究历史上制度的形成和变迁的过程。

亚当·斯密在《国富论》中指出，交换能极大地促进经济效率。在不同的分工背景之下，以不同的资源禀赋为依托而进行的生产使生产者各自具有比较优势，使之在分工基础上通过专业化生产来提高效率，进而通过交换来扩大市场规模。然而，斯密只对交换作了一般性论述，有关交换的一系列具体问题如交换的本质、起源、演化和作用机制等却长期未得到解答。这一系列涉及交换的基本问题从根本上说涉及交换的本质和历史演化这两个方面。由于早期分析工具的匮乏，经济学家们只能对法律等正式制度进行研究，但随着现代经济学在博弈论、信息经济学和契约理论等方面取得突破性进展，这就促使经济学家们把对交易本质的分析进一步地拓展到微观层面上。

格雷夫提出了一个单边囚徒困境（one-sided prisoner's dilemma，OSPD）模型，用以探讨交易的产生以及导致交易产生的根源是什么这类有关交易本质的问题。③ 在图 5.2.1 这个一般化的、未明确表明参与博弈者身份的博弈模型中，行为人 1 决定是否发起交易。倘若交易未发生，两个行为人得到的支付均为 0。一

① Greif, Avner, 1994, "Cultural Beliefs and Organization of Society: A Historical and Theoretical Reflection on Collectivist and Individualist Societies", *Journal of Political Economy*, vol. 102, no. 5, p. 943.

② 青木昌彦：《比较制度分析》，上海远东出版社 2001 年版，第 5—11 页。

③ Greif, Avner, 2000, "The Fundamental Problem of Exchange: A Research Agenda in Historical Institutional Analysis", *European Review of Economic History*, vol. 4, no. 3, pp. 251-284.

旦交易得以展开，行为人 2 将决定是否按契约规定履行义务。若行为人 2 履行合约，则行为人 1 和 2 得到的支付分别为 $Y-W$ 和 W；若行为人 2 违约，则行为人 1 和 2 得到的支付分别是 δ 和 α。Y 代表整个交易获得的总收益，其中 W 支付给行为人 2，其余的作为留存收益归于交易的发起者行为人 1。行为人 2 违约时将获得高于 W 的收益 α，同时行为人 1 将遭受损失，获得负的收益 δ。于是，就有 $Y-W>0$ 表示合作总会受益；$\alpha>W$ 意味着违约给第二个行为人带来更多的收益，$\delta<0$ 意味着违约给第一个行为人带来福利损失。$W>0$ 表示合作会给第二个行为人带来正的收益。

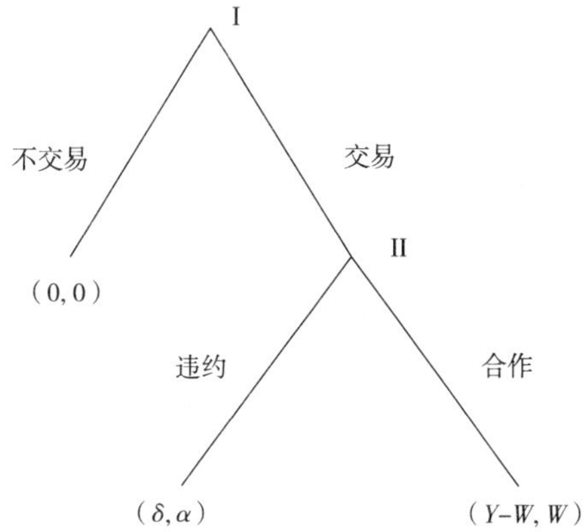

图 5.3.1　交易的单边囚徒困境模型

资料来源：根据 Greif, Avner, 2000, "The Fundamental Problem of Exchange: A Research Agenda in Historical Institutional Analysis", *European Review of Economic History*, vol. 4, no. 3, pp. 251-284 内容经整理而画出。

这是一般化的单边囚徒困境博弈。若行为人 1 预计到行为人 2 将违约，则会选择不交易，整个交易就不会发生；行为人 2 预计到行为人 1 会预计自己的行为，则会在交易产生后违约，从而形成了一个“坏的”均衡点，即交易双方不交易。从这一视角来看现实经济中的交易行为，许多交易将陷入囚徒困境而无法发生。如果将这个囚徒困境博弈放在无限重复或有限重复但以固定概率结束的假设之下来考虑时，行为人 2 将会把未来交易中获得的收益折现后进入到自身的效用函数中来。出于对行为人 2 选择行为的重新考虑，行为人 1 也会调整自己的预期，从而有可能剔除掉重复博弈中的不可置信的策略，达到“好的”均衡点（$Y-W$, W）。

3. 运用博弈论方法研究历史上的交易机制与交易制度

在考虑制度对经济发展产生作用的机制上，格雷夫从具体的史料着手采用重复博弈的研究方法，提供了全面而有说服力的解释。

（1）对交易机制的历史分析

中世纪时，南欧和地中海一带的贸易曾盛极一时，这一带的商业组织以马格里布商人（Maghribi traders）最为著名。马格里布商人是10世纪上半叶居住在巴格达中心的阿拔斯哈里发（Abbasid Caliphate）王朝的商人们的后裔。他们接受的是穆斯林的文化和宗教信仰。11世纪初，阿拔斯王朝灭亡后，他们被迫离开巴格达，在欧洲和亚洲部分地区（主要集中在地中海地区）开展贸易。通过分析马格里布商人互通信息的往来信件①，格雷夫发现，马格里布商人之间建立了一种多边惩罚机制（multiple punishment system，MPS）。在这个机制中，存在商人和代理人两个角色：商人生产产品，交给远海的代理人从事代理销售，代理人再将销售结果反馈给商人，商人为此支付给代理人一定的利润。由于马格里布商人之间拥有相同的文化信仰，形成了一个互通消息的信息传递网络。任何有关马格里布商人的代理信息都能及时地传递到网络上的每一个点。一旦代理人出现欺骗行为，他将遭到所有商人的多边惩罚而不会再被商人雇佣，从而形成了马格里布商人贸易中的声誉机制。在该机制中，不仅过去诚实的行为是继续从事贸易的基础，甚至祖辈的良好行为记录也都能成为一种财富而传递下去，而支持这一声誉机制的关键在于多边惩罚机制。

		商人	
		雇佣	不雇佣
代理人	诚实	$(w, r-w)$	$(\bar{w}, k)$
	欺骗	$(\alpha, 0)$	$(\bar{w}, k)$

图5.3.2　交易机制的静态多边惩罚机制

资料来源：Greif, Avner, 1993, "Contract Enforceability and Economic Institutions in Early Trade: The Maghribi Traders' Coalition", *American Economic Review*, vol. 83, no. 3, p. 533.

在图5.3.2中，r 为商人和代理人开展海外代理业务所获得的利润，w 为代理人从事代理服务而获得的工资，α 是代理人侵吞商人货物所得到的利润，$\bar{w}$ 是代理人失业状态下所得到的保留收入，而 k 是商人亲自销售产品所获得的利润。在这样一个静态的代理博弈模型中，显然存在着如下几对关系：第一，$r > k + \bar{w}$，商人和代理人之间合作便是有效率的；第二，$r > \alpha > \bar{w}$，欺骗导致损失，相对于失业状态下的保留收入来说，代理人更愿意行骗；第三，$k > r + \alpha$，在代理人行骗

① 这些信件被收集在称为"the geniza"的资料汇编中。有关"the geniza"更多的内容参见：Greif, Avner, 1989, "Reputation and Coalitions in Medieval Trade: Evidence on the Maghribi Traders", *Journal of Economic History*, vol. 49, no. 4, p. 859。

的情况下，商人更倾向于自己销售产品。很明显，这个静态代理模型是上面描述的一般化的静态单边囚徒困境模型的变形，商人就是行为人 1，行为人 2 便是该模型中的代理人①。

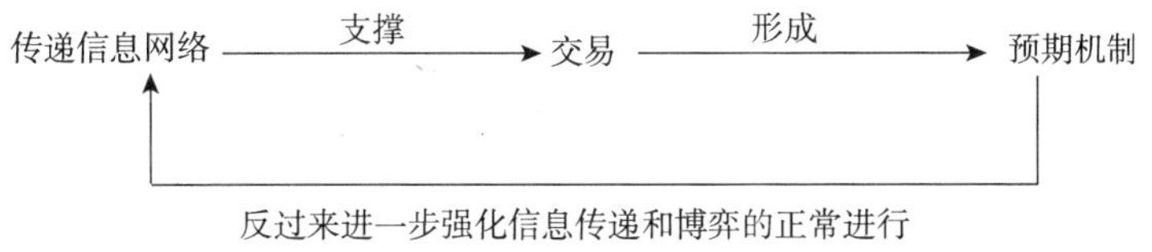

图 5.3.3　交易的信息传递机制

资料来源：对 Greif, Avner, 1993, "Contract Enforceability and Economic Institutions in Early Trade: The Maghribi Traders' Coalition", *American Economic Review*, vol. 83, no. 3, pp. 535-537 一文中相关内容经过整理而得出。

透过这个简单的静态代理博弈模型可以发现，马格里布商人多边惩罚机制本身就是一个对参与交易的各方进行广泛协调的契约。最后达成合作机制的关键在于分布在各地的马格里布商人在非协调基础上的一致反应，而导致人们采取一致行动的原因则在于因博弈不断进行而逐渐形成的惯例和信息传递网络。

格雷夫在利用马格里布商人的交易资料对交易机制进行分析之后，又将分析的视野拓展到对 11 世纪至 14 世纪地中海和欧洲远程贸易经过一段沉寂之后再度兴盛的原因进行探讨。② 对于这一现象，奥利弗 · E. 威廉姆森认为，这种非人格化的交易（impersonal exchange）和欧洲市场经济的兴起一道，都是欧洲公正法律体制（impartial legal system）激发的结果③。对此，格雷夫提出了异议，认为正是社区间的强化制度而不是由于法律的完善促使非个人社区间贸易能够得以展开。事实上，这样一种被称作社区责任体系（community responsibility system）的制度广泛存在于 12 世纪的欧洲。社区中的每一个成员不仅代表其自身，而且还代表了整个社区。一旦在交易中出现违约行为，整个社区的交易信用将会受到牵连，从而影响到社区的福利。社区责任体系的存在使得整个社会的交易范围不再局限于社区之内，还能确保社区之间的贸易得以有效开展。

社区责任体系同样也可以用单边囚徒困境博弈模型来表述。图 5.3.4 中的行为人 1 现在成了借款者，行为人 2 现在成了贷款者，两者在时间和空间上都处于分割状态。之所以这样设定是由于欧洲在商业革命期间，在时间和空间两个纬度

① Greif, Avner, 1993, "Contract Enforceability and Economic Institutions in Early Trade: The Maghribi Traders' Coalition", *American Economic Review*, vol. 83, no. 3, pp. 525-548.

② Greif, Avner, 2001, "Institutions and Impersonal Exchange: From Communal to Individual Responsibility", mimo, Stanford University.

③ Williamson, Oliver E., 1985, *The Economic Institution of Capitalism*, New York: The Free Press. pp. 20-21.

上分离的交易都可以简化为贷款者和借款者之间的借贷行为。

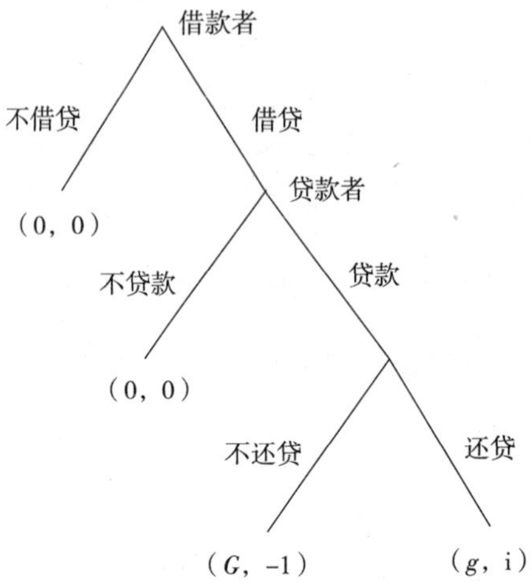

图 5.3.4　社会责任体系的单边囚徒困境模型

资料来源：根据 Greif, Avner, 2001, *Institutions and Impersonal Exchange: From Communal to Individual Responsibility*, mimeo, Stanford University, pp. 1-14 内容整理而得到。

在图 5.3.4 中，G 和 g 为借贷者不归还贷款和归还贷款两种情形下的收益。显然，当 $G>g$ 时，不归还贷款获得的收益更大；i 为贷款者归还贷款情形下获得的收益，而当无法收回贷款时，贷款者的收益将为 -1，并有 $G-1<i+g$，即由欺骗而导致的贸易收益损失。倘若博弈重复进行下去，社区责任体系就会演变成为一个重复博弈机制，就有可能得到子博弈精炼纳什均衡（Sub-Game Perfect Equilibrium，SGPE），而要保证能够得到子博弈精炼纳什均衡，还必须至少满足三个条件：第一，博弈是无限重复的，或者是有限重复的，但每期以一个固定的概率结束博弈；第二，借贷者拥有清晰的身份，足以被所有的博弈参与者识别；第三，博弈参与者拥有以往历史上的共同知识，即所有的参与者过去的行为对于所有参与者来说是众所周知的“标签”。[①] 在每一期，在参与者离开游戏的概率足够小的前提下，社会责任体系问题的核心就在于对借款者欺骗行为惩罚是否是可信的。如果某个借贷者在（$T-1$）期行骗，则贷款者就不会对该借贷者所在的社区放贷，从而使借款者所在的整个社区的状况变坏，违约的个人也会遭到其他所在社区的惩罚。由于借款者预期到这些惩罚确实将会履行，借贷者的最优行为就是还贷。在同样的预期之下，放贷者的最优行为也是放贷，从而达成非人格化交易，于是就实现了重复博弈的子博弈精炼纳什均衡。在政府法律制度保护缺

① Greif, Avner, 2001, “Institutions and Impersonal Exchange: From Communal to Individual Responsibility”, mimeo, Stanford University, p. 11.

失、人类生存期限有限、社会作为一个整体在信息传递方面存在困难而过去的不良行为难以核实的条件下，社区责任体系极大地促进了非人格化贸易的发展，进而也就促进了经济增长。

与此同时，社会责任体系既是自我强化的，也是自我削弱的（self-underming）。一方面，社会责任体系在应付交易规模、数量、对商人群体异质性加以区分方面发挥着协同作用，另一方面，却又将整个经济系统分割开来，增加了经济成本并加大了社区之间的政治协调的难度，使得社区之间的冲突更容易发生。

（2）对历史上正式制度和组织形成过程的分析

对交易机制的分析更多地集中在讨论交易双方是否有足够的动力来参与贸易，并且侧重于对非正式制度的形成进行分析。事实上，当非人格化的贸易在规模上和地理范围上取得进一步拓展之后，就需要有正式制度和组织来保证交易的有序进行，而正式制度和组织的提供则取决于制度实施者的承诺和所受到的强制力。对此，格雷夫建立起博弈模型，以便对历史上的正式制度和组织的形成过程进行分析。①

中世纪末期的欧洲，逐渐形成了以少数几个繁荣的商业城市（如意大利的威尼斯、德国的汉堡、荷兰的阿姆斯特丹等）为贸易中心的格局。大量的商人带来各地的产品涌入贸易中心从事交易。由于商人往来具有极强的流动性，在市场机制和法律不健全的背景下，居于贸易中心的政府完全有可能侵吞或没收商人的财产。为此，商人之间组成商会，旨在保障商人们的财产权，以对抗政府当局的不当行为。对于历史上发生的这种现象，研究制度与经济发展关系的学者试图用政府和商会组织之间的博弈来解释正式制度的供给和演化。他们提出的逻辑是：居于贸易中心的政府若是侵吞商人的财产，则有可能导致商业凋敝，城市也将失去商业中心地位，进而失去商业中心带来的利益；商会也可能在遭受财产损失的成本和更换贸易集散地的成本之间作出选择。于是，政府和商会之间不断地进行着重复博弈，从而强制当地政府兑现维护商会利益和保护本地商业中心的承诺，并设立完善的保护外来商人财产权的法规。正是由于商会的努力使得所形成的法规对贸易中心所在地的政府行为具有约束和强制作用，一系列保障商业利益的法律得以履行，因而促成了10世纪到14世纪欧洲贸易的再度繁荣。

在下面的图5.3.5中，x 代表商业中心的贸易流量。流量越大，当地政府获得的收益也就越大，$f(x)$ 表示商业中心的流通贸易所带来的总利润。在保证商业中心的贸易有序进行的前提下，政府为贸易提供便利的服务，其边际成本为 c，由此而向商人们所征收的边际税率为 τ，而商人从事贸易的边际成本为 k。若政府对贸易实行保护，商人们的总利润为 $f(x)(1-\tau-k)$，政府的利润为 $f(x)(\tau-$

① Greif, Avner, Paul Milgrom & Berry R. Weingast, 1994, "Coordination, Commitment, and Enforcement: The Case of the Merchant Guild", *Journal of Political Economy*, vol. 102, no. 4, pp. 745-776.

c)；若政府欺骗商人，商人支付了费用却无法获得利润，其总利润为 $-(\tau+k)f(x)$，而政府在收取税费的情况下却没有为商人们提供服务，政府的利润为 $f(x)(\tau-c(1-\varepsilon))$，$\varepsilon$ 为商人们未能享受服务的比例。政府在重复博弈下对各期利润的折现 $\sum_{t=0}^{\infty}\delta^t f(x_t)(\tau-c(1-\varepsilon_t))$ 进行权衡，从而在保护或欺骗商人们之间作出选择。

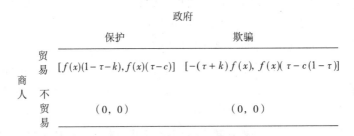

		政府	
		保护	欺骗
商人	贸易	$[f(x)(1-\tau-k), f(x)(\tau-c)]$	$[-(\tau+k)f(x), f(x)(\tau-c(1-\tau)]$
	不贸易	（0，0）	（0，0）

图 5.3.5　分析正式制度和组织建立的博弈过程模型

资料来源：依据 Greif, Avner. Paul Milgrom & Berry R. Weingast, 1994, "Coordination, Commitment, and Enforcement: The Case of the Merchant Guild", *Journal of Political Economy*, vol. 102, no. 4, pp. 762-771 相关内容经整理而得到。

为了进一步分析商会组织对正式制度供给的影响，格雷夫将上述博弈模型化分为以下四种情况进行讨论：第一，信息孤立下的商人及双边声誉机制（bilateral reputation mechanism，BRM）是否具有可行性；第二，信息孤立下的小规模集群商人群体以及非协调的多边声誉机制是否具有可行性；第三，具备协调能力的商业行会；第四，商会是否具有协调和强制能力。① 格雷夫发现，在前两种情况下都不可能达到最优化贸易流量下的诚实贸易均衡。在第三种情况下，只有商会的联合抵制策略被宣布为可行时，最优均衡解才能达到。在第四种情况下，商会具有进一步施加强制的能力，以保证商会成员作为一个整体来行动，进而达到具有强制约束力的最优均衡解。

4. 历史比较制度分析思路所描述的制度演进机制

历史比较制度模型不仅为讨论某一制度集合中的具体制度安排提供了分析工具，更重要的是引入了一种宏观的鸟瞰整个人类社会制度演进的分析模式。人类社会经历了从早期的物物交换到当前高度发达和精细化的市场经济体制的漫长演变过程，其中对这一演变起支撑作用的是社会基本制度的完善和细化。然而，在制度和经济发展之间并非存在着简单的支撑和被支撑关系，而是在更加广阔的背

① Greif, Avner. Paul Milgrom & Berry R. Weingast, 1994, "Coordination, Commitment, and Enforcement: The Case of the Merchant Guild", *Journal of Political Economy*, vol. 102, no. 4, pp. 762-771.

景中更为深入地彼此相互作用、相互制约和协调发展。

从以上描述可见，单边囚徒困境模型可以用来解释制度对经济发展的作用机制，但这种模型只停留在对制度进行静态分析上。当需要考虑制度的演进机制时，就应当采用比较静态的单边囚徒困境模型或世代交叠（overlapping generation）的囚徒困境模型。

就比较静态的单边囚徒困境模型而言，该模型在静态模型的基础上，考虑某个外生的经济冲击对制度安排所造成的影响。在以上有关马格里布商人海外代理贸易的模型中，因技术进步带来的海运成本下降和市场广度的拓展为马格里布商人拓展商贸网络提供了便利条件，尽管发生了外部冲击，但马格里布商人在现有文化信仰和制度组织的约束下并未抓住这次冲击带来的机会。采用比较静态的历史比较制度模型，有助于分析诸如因工业革命而产生的动因等外生经济条件变化而引发的经济体中的内生制度的变化。①

再就世代交叠重复博弈模型而言，若是能跳出分析具体历史事件所造成的影响的限制，纵观整个人类社会（包括某些具体的社会群体、民族、种族和国家等）的演进过程，可以看到，气候环境、地理条件、初始文化状况等初始禀赋影响着一个社会演进的初始路径。此外，随着贸易的发展和社会中交易活动频度的加大，夹杂着初始文化状况的社会文化信仰将会逐渐萌发。然而，以文化信仰为代表的非正式制度并非制度与发展相互作用的全部内容，正式的政治制度也参与了其中，由统治者权力和社会民众维护自己权益之间博弈而形成约束机制提供了某种法律制度，进而对非正式制度的形成和发展施加影响。当贸易和社会活动发展到一定程度时，政治、社会和经济就会成为三股相互作用的力量共同对经济发展施加影响。正是在这样一个宏大的制度演进思路框架下，世代交叠重复博弈模型②正好适合于分析人类社会某一具体制度的变迁过程。尽管这类模型还不够成熟，但却能为某些制度的演进提供解释。

世代交叠重复博弈模型同常见的世代交叠模型一样，在考虑代际间交叠的前提下，不仅能够现实地描述交易机制的特征，而且能够模拟交易持续的过程。格雷夫正是借助于这个模型，对中世纪后期的穆斯林社会和拉丁社会进行了历史比较制度分析，试图解释其中的制度演进机制，尤其是其中经济、社会、政治和规范要素之间的相互关系。③ 格雷夫从组织问题和多重经济制度出发，隐含地将整个经济看成是一个大型的博弈模型，而将各种制度看作是博弈中的均衡解，由此

---

① Greif, Avner, 2001, "Institutions and Impersonal Exchange: From Communal to Individual Responsibility", mimeo, Stanford University, p. 11.

② 关于代际交叠重复博弈模型，更为详尽的内容参见：Fudenberg, Drew & Jean Tirol, 1991, *Game Theory*, Cambridge, MA: The MIT Press。

③ Greif, Avner, 2001, "Institutions and Impersonal Exchange: From Communal to Individual Responsibility", mimeo, Stanford University, p. 2.

推出了多重均衡的存在。他证明了在决定哪一种制度是一个社会最终实行的制度这个问题上，文化和社会因素起了极为重要的作用。

格雷夫在对马格里布商人和热那亚商人进行对比分析之后指出，马格里布商人是集体主义文化的代表，在整个马格里布商人社区中，每一个个体既是无足轻重的，又是无可或缺的。所有个体在整个网络中发挥着相互联结、互为补充的作用。而热那亚商人则更注重个体差异，宣扬个人主义文化，强调个人价值的体现和崇尚富于进取的个人主义精神。在这两个截然相反的文化背景下，马格里布商人和热那亚商人在贸易方式、机制以及应对新的商业机会方面呈现出巨大的差异。在贸易方式上，尽管两者或多或都少展开了海外代理业务，但是由于文化信仰的不同，两者在运行机制上存在显著差异。马格里布商人在共同的穆斯林文化信仰之下形成了对交易对方行为的一致预期，同时又有较为完善的信息传递网络和多边惩罚机制作为保障，因此，整个马格里布商人形成了中世纪最为发达而高效率的商业网络。相比较而言，热那亚商人之间的海外贸易大都基于双边惩罚机制，代理人的交易行为仅仅限于交易双方之间的传递，无法遍及整个网络，因而极其容易出现违约行为，从而降低了整个商业网络的运行效率。在商业网络的拓展方面，两种贸易模式具有不同的发展路径。由于马格里布商人的商业网络是建立在文化信仰基础上的，所以当商业网络需要拓展时，也只能局限于具有相同文化认知的群体中。这就在某种程度上解释了马格里布商人为何没有能够在商业革命席卷欧洲的期间进一步拓展商贸网络以维持其优势反而逐渐走向衰落的原因。相反，热那亚商人基于个人主义进取精神，积极迎接新的商业机遇的挑战，最终在商业革命到来时成为主角。

格雷夫的推论是：不同的文化影响着不同的社会群体走上不同的发展道路。这里的文化具有更广的含义，既涵盖了不同的文化信仰，也包含不同的政治结构与社会结构，并隐含着道德约束的社会实施机制、经济制度、社会结构等要素之间的内在联系。总之，历史比较制度演进机制可以简单归纳为经济作用于文化、法律等社会与政治因素。一旦形成了被整个社会群体所接受的文化信仰和政治体制格局后，社会与政治因素就会反过来强化经济层面的初始路径，从而呈现出不同的社会沿着不同的路径发展的轨迹。这种发展既发生在经济层面上，也发生在更为宽泛的制度层面上。①

三、探讨历史上经济发展的计量分析思路

涉及用计量方法来研究制度对经济发展影响的理论与经验研究的文献并不少

① Greif, Avner, 1994, "Cultural Beliefs and Organization of Society: A Historical and Theoretical Reflection on Collectivist and Individualist Societies", *Journal of Political Economy*, vol. 102, no. 5, p. 942.

见。这类文献大都直接从可获得的历史数据出发，在将当期的人均 GDP 对一些可能影响经济增长的制度变量作截面回归后得出相关的经验研究结果。鉴于制度在通常情况下总是被用来对一个社会整体制度进行笼统的、定性的描述，它本身是一个宽泛的集合，所以，衡量制度的变量大多是近似的替代变量。与普通的计量方法相比，历史计量分析方法的不同之处在于，它是在一定的历史观指导之下具体地对部分制度变量对经济增长的影响进行考察。这种方法不求面面俱到，而是集中探讨几个国家或部分地区历史上经济发展的经历，试图在某些具体的历史时间中找出促进经济发展的制度因素。

阿西莫格鲁、西蒙·约翰逊和詹姆斯·罗宾逊（2001）[①] 以欧美相关国家过去几百年经济发展差异作为切入点，试图用计量方法探讨导致这些国家经济发展走上不同路径的原因。他们进行历史计量分析的逻辑是：美洲大陆殖民时期盛行的疾病越少，移民进入新大陆的欧洲人数也就越多，欧洲移民的死亡率也就越低，更有可能将欧洲大陆的制度结构引入新大陆当地社会，从而有可能促进经济增长。相反在非洲大陆，当欧洲殖民者来到这里之后，发现当地盛行着多种欧洲人无法适应的疾病，于是在非洲定居的欧洲殖民者大量减少，殖民者在当地建立掠夺当地资源的制度，致使非洲大陆成为欧洲一些国家的原料产地，最终导致非洲经济增长停滞。格雷夫等人的推导逻辑可用下图表示：

移民死亡率（潜在的）——→移民人数——→早期制度——→现存制度——→当前经济发展状况

图 5.3.6　制度的历史计量方法：对殖民地类型与经济增长相互关系的分析

资料来源：依据 Acemoglu, Daron, Simon Johnson & James Robinson, 2001, "The Colonial Origins of Comparative Development: An Empirical Investigation", *American Economic Review*, vol. 91, no. 5, p. 1370 相关内容经过整理而得到。

基于以上分析逻辑，格雷夫等人将历史上欧洲与美洲殖民地与宗主国 64 个国家的人均 GDP 分别对死亡率和财产的没收风险（expropriation risk）作回归，发现殖民国家的死亡率和没收财产的风险能够较好地解释殖民国家经济增长的差异。当然，作者也承认制度在很大程度上就像一个“黑匣子”，由此检验而得到的结论只能说明最后的结果，而无法说明其间的作用过程。

阿西莫格鲁、西蒙·约翰逊和詹姆斯·罗宾逊（2002）[②] 进一步将历史计量分析方法用来分析 1500—1850 年近 3 个半世纪西欧国家崛起的经历。他们认为，西欧诸国的崛起在很大程度上得益于这些国家在地理位置上临近大西洋，有利于

① Acemoglu, Daron, Simon Johnson & James Robinson, 2001, "The Colonial Origins of Comparative Development: An Empirical Investigation", *American Economic Review*, vol. 91, no. 5, pp. 1369-1401.

② Acemoglu, Daron, Simon Johnson & James Robinson, 2002, "The Rise of Europe: Atlantic Trade, Institutional Change and Economic Growth", NBER Working Paper, no. 9378.

参与殖民化进程和远洋贸易，与那些拥有地中海沿岸港口的国家相比具有明显的优势。随后的殖民化过程进一步强化了这些大西洋国家的贸易优势，使之在世界贸易中维持现有格局，从而使这些国家的制度结构朝着巩固现行产权制度的方向发展，因而促进了经济的持续发展。值得注意的是，那些制度成功转型并取得经济持续增长的国家，都是一些在早年就形成了限制君主干预经济的制度，与此同时鼓励海外贸易扩张的国家。根据这一思路，他们把城市化程度用作因变量，并且把是否属于大西洋国家等因素处理为哑变量（dummy variables），然后用城市化程度对这些虚拟变量作回归分析。① 在此基础上，阿西莫格鲁等人对制度的历史计量分析结果做了更为全面的考察，② 进一步对财产保护程度、城市化、人口密度、人均工业生产产值、潜在生育率和人均 GDP 之间的关系作回归。

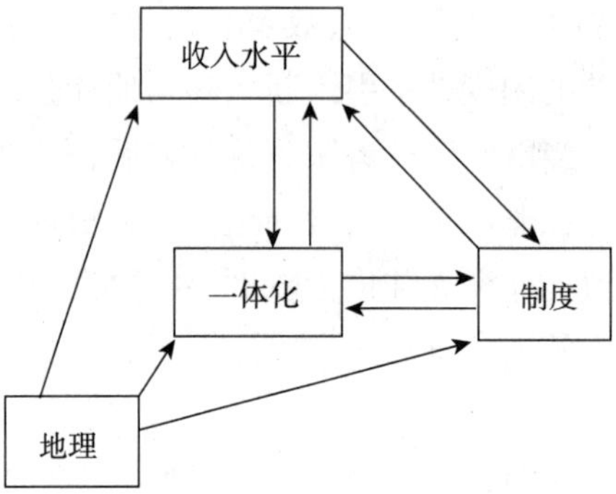

图 5.3.7　制度的历史计量方法：地理分析思路

资料来源：Rodrik, Dani, Arvind Subramanian & Francesco Trebbi, 2002, "Institutions Rule: The Primacy of Institutions over Geography and Integration in Economic Development", *Journal of Economic Growth*, vol. 9, no. 2, p. 24.

罗德里克、阿文德·萨布拉曼尼安和特里比（Dani. Rodrik, Arvind Subramanian & Francesco Trebbi, 2002）③ 采用了类似于阿西莫格鲁等人做法，也从历史计量思路出发将经济增长的地理思路、贸易思路和制度思路统一纳入到一个框架中进行分析。

罗德里克等人的具体做法是：首先将地理、贸易和制度作为自变量对 64 个国家的人均 GDP 作回归。由于人均 GDP 能够通过影响资本积累和技术进步来影

① 由于时间跨度的起点太早，无法采集 GDP 数据，因而采用城市化程度作为经济发展程度的替代变量。

② Acemoglu, Daron, Simon Johnson & James Robinson, 2005, "Institutions as the Fundamental Cause of Long-Run Growth", in Phlippe Aghion & Steven N. Durlauf, eds., *Handbook of Economic Growth*, vol. I, Ansterdam: North Holland.

③ Rodrik, Dani, Arvind Subramanian & Francesco Trebbi, F., 2002, "Institutions Rule: The Primacy of Institutions over Geography and Integration in Economic Development", *Journal of Economic Growth*, vol. 9, no. 2, pp. 1-43.

响经济增长，而且贸易一体化程度和制度都受到收入水平的影响，属于内生变量，而只有地理因素独立于收入水平，属于外生变量。然后，他们从地理变量着手寻找突破口，得出了地理因素通过直接效应和间接效应两种渠道影响收入的结果。其直接效应包括地理变量直接提供经济发展所需要的资源禀赋，间接效应被认定为分别从市场化、贸易一体化程度和本国制度发展的质量等方面作用于经济发展。在构建了这一理论框架的前提下，再对 80 个国家作扩展的 OLS 回归。最后再用 140 个国家的数据作整体回归，以便分析制度和地理因素对经济增长影响的敏感程度。

第四节　制度与经济发展关系的计量与统计分析

对制度和经济发展之间的相互关系进行计量和统计分析无法回避以下两个问题：第一，制度结构中哪些具体因素对于促进经济发展来说是至关重要的？第二，制度结构中的政治、经济、社会等各个层面应维持怎样的相互关系才有助于经济发展？对于前一个问题，计量方法被广为采用以揭示制度中的具体变量与经济发展的关系；对于后一个问题，在使用计量方法时受到被解释变量内生化等问题的限制，不及多元统计方法简单明了和更有说服力。

一、制度对经济发展作用的计量分析

研究制度与经济发展之间相互关系的计量分析思路大致可以划分成两种。第一种思路试图在某种理论模型基础上，寻找能够描述制度某些方面特征的变量来做拟合；另一种思路严格地将解释变量分成政治、经济和社会三个方面，试图找出经济增长与一般化制度结构之间的关系。第一种思路以阿西莫格鲁、西蒙·约翰逊和詹姆斯·罗宾逊（2001；2004）以及罗德里克、萨布拉曼尼安和特里比（2002）等人为代表，采用 OLS、IV 和 2SLS 以及 Probit 模型来分析其各自理论模型中所涉及的解释变量。然而，由于受理论模型本身、数据样本和时间年限等限制，样本数据一般是不确定的，因而只是将那些被认为是有用的变量加以处理作为解释变量。第二种思路中采用模拟方法较多，样本不断增大，数据也不断更新。持这一思路的代表人物有斯古力（Gerald W. Scully，1989）、罗德里克（2000）和巴丹（2005）等人。两种思路的具体操作方法可以概括在表 5.4.1 中。

表 5.4.1　分析制度与经济发展相互关系的计量方法：代表性的检验

	作者	样本	估计方法	被解释变量	主要的解释变量
历史计量思路	Acemoglu，Johnson & Robinson (2001)[a]	64 个	OLS/2SLS/IV	对数人均 GDP	移民死亡率
	Acemoglu，Johnson & Robinson (2002)	17—41 个不同样本	OLS dummy	1995 年 PPP 计算的人均 GDP	城市化水平、人口密度、亚洲 dummy、非洲 dummy 和美洲 dummy
	Acemoglu，Johnson & Robinson (2004)	涉及历史变量样本数量不同	OLS dummy	对数人均 GDP	财产没收风险、纬度、城市化、人口密度、人均工业生产产值、潜在死亡率、亚洲 dummy、非洲 dummy
	Acemoglu，Johnson & Robinson (2005)	184/192/208/240 个	OLS dummy	城市化水平 (1500—1850)	西欧 dummy 和大西洋 dummy
	Acemoglu，Bautista & Querubín (2007)	92/93 个	OLS	经济发展水平	土地基尼系数、政治集中度和代际水平（degree of overlap）
	Banerjee et al.，(2005)	166	OLS/IV	农业投资和农业产出	非地主土地所占比例和非地主 dummy
	Rodrik et al.，(2002)	80 个	OLS/2SLS/IV	对数人均 GDP	制度、一体化和地理变量
一般计量分析思路	Scully（1989）	115 个	OLS dummy	本国人均产出的混合增长率 (1960—1980)	政治权利、民主权利和经济自由程度
	Rodrik（2000）	93 个	OLS/IV/方差分析	人均实际 GDP、消费和投资	民主化水平
	Glaeser et al.，(2004)	54—71 个，共计 8 个不同的样本回归	OLS/2SLS	人均 GDP (1960—2000)	初始人均 GDP 水平、受教育年数、适宜环境居住人口比例、行政约束、财产没收风险、自治政策（IV）、民主化水平、政府效率和司法独立等
	Bardhan（2005）	57/69/98 个	OLS/2SLS	人均 GDP、识字率、预期寿命和人类发展指数（HDI）	法律规则（rules of law）、政治权利（political rights）

注：1. AJR（2001）是指 Acemoglu, Daron, Simon Johnson & James Robinson, 2001, "The Colonial Origins of Comparative Development: An Empirical Investigation", *American Economic Review*, vol. 91, no. 5, pp. 1369-1401。

2. AJR(2004)是指 Acemoglu, Daron, Simon Johnson & James Robinson, 2005, "Institutions as the Fundamental Cause of Long-Run Growth", in Philippe Aghion & Steven N. Durlauf, eds., *Handbook of Economic Growth*, vol. I., Amsterdam: North Holland。

资料来源：对表中所涉及文献中的计量方法加以概括的基础上列出此表。

以上列举的计量分析结果反映了这样一个基本事实，即与其他变量相比较，制度变量具有更好的解释力。罗德里克等人①通过分析制度、地理和贸易对经济增长的影响，发现在控制制度变量的前提下，地理和贸易对经济增长的解释力很弱。斯古力②将人均资本混合增长率对政治、文化和经济自由作回归，发现涵盖了诸多方面的制度能够很好地解释经济增长。此外，从表 5. 4. 1. 可见，对产权的保护程度、政治民主化程度（体现为政治参与率）、经济上的私人主观能动性和私人激励也成为其他对经济发展进行制度分析的倚重点。

二、分析制度与经济发展关系的统计方法

需要指出的是，制度的计量分析方法只能从影响经济发展的众多制度中寻找出一些关键变量，但缺乏对制度结构的整体性描述，而多元统计分析方法则在一定程度上弥补了计量方法在这方面的不足，进而描述促进经济发展的制度结构同政治、经济和社会各个层面之间的相互关系。这种分析制度与经济发展关系的统计方法最早由阿德尔曼和莫里斯引入对经济发展问题的分析中，在她们连手完成的《社会、政治和经济发展》和《经济发展的比较模式：1850—1914》两本著作中采用了因子分析法（Factor Analysis）和主成分分析法（the Principal Component Analysis）。

1. 因子分析法

因子分析法最早被用于心理学，旨在对智力测试得分进行统计分析。具体做法是将具有错综复杂关系的众多变量降维为数量较少的几个因子（factors），以便再现原始变量与因子之间的关系。因子分析方法同时兼有非数量比较方法和统计回归分析方法的某些特点。一方面可用于对被研究对象的各种特征进行比较，另一方面能够将反映被研究对象特征的原始数据分解成若干个彼此相互独立的因子，每个因子都能用来解释原始变量总体样本方差的一部分。在阿德尔曼和莫里斯的研究中，她们选取了从 1950 年到 1964 年间 74 个不发达国家反映社会、政治、经济结构等方面的 41 个指标作为样本（其中既包括数量指标又包括描述性指标），然后统一划分为从 A 到 C（或者 D、E、F 等）的不同等级，并分别赋予一定的数值，以得到最终的样本数据。为了清楚地说明制度变迁的因子分析方法，下面引入一个简单的因子分析模型。

① Rodrik, Dani, Arvind Subramanian & Francesco Trebbi, 2002, "Institutions Rule: The Primacy of Institutions over Geography and Integration in Economic Development", *Journal of Economic Growth*, vol. 9, no. 2, pp. 131-165.

② Scully, Gerald W., 1988, "The Institutional Framework and Economic Development", *Journal of Political Economy*, vol. 96, no. 3, pp. 652-662.

$$X_i = a_{i1}F_1 + a_{i2}F_2 + \cdots + a_{im}F_m + b_iu_i + c_iE_i \qquad (5.4.1)$$

$$X = (x_1, \cdots x_i, \cdots x_{41}), x_i = (x_{i1}, \cdots x_{ij}, \cdots x_{i,74})$$

阿德尔曼和莫里斯的研究对象为74个国家中的41个社会、政治和经济变量的总体状况，而实际得到的是这些变量的样本。以这些样本为依据，可以把样本协差矩阵（V）和样本相关系数矩阵（R）定义如下：

$$V_{41\times41} = \frac{1}{74}\sum_{i=1}^{74}(x_i - \overline{x}_i)(x_i - \overline{x}_i)' = (v_{ij})_{p\times p} \qquad (5.4.2)$$

其中$S = \sum_{i=1}^{74}(x_i - \overline{x}_i)(x_i - \overline{x}_i)'$是样本离差矩阵，则$R_{41\times41} = \frac{v_{ij}}{\sqrt{v_{ii}}\sqrt{v_{jj}}} = (r_{ij})$。

于是，因子分析可以表述为从样本的相关系数矩阵R出发，通过对其内部结构的分析，找出能够控制所有变量的少数几个随机变量来描绘原始变量之间的关系。

此外，因子分析模型中还有一些基本的假设条件：第一，因子分析方法总是将复杂的变量简化为少数几个因子，即$m<i$；第二，假设$\varepsilon_i \sim N(0,\sigma_i^2)$，且$\varepsilon_i$与$\varepsilon_j$互不相关，$\sigma_i$和$\sigma_j$（$i \neq j$）不相同；第三，共同因子与随机变量不相关，$Cov(F,\varepsilon) = 0$；第四，$D(F) = I_m$，即共同因子之间互不相关且方差皆为1。

通过这些假设条件可以发现，因子分析方法与回归方法具有很多相似之处，都是将被解释变量的方差分解为彼此相互独立的解释变量的方差，① 并且将随机变量都假设为服从方差是对角矩阵的正态分布。二者的不同之处在于，因子分析方法中的被解释变量既可以是数量的也可以是非数量的，从而在某种程度上损失了统计上的严格性。

在了解了因子分析方法中所涉及的基本概念之后，剩下的问题涉及对因子载荷（factor loading）的估计以及对共同因子（common factors）的解释。对于前者，阿德尔曼和莫里斯采用了主成分估计法，这种方法将在下文中加以说明。

当把x_i标准化之后，② 则由（5.4.1）式得到

$$\mathrm{Var}(x_i) = a_{i1}^2\mathrm{Var}(F_1) + \cdots a_{im}^2\mathrm{Var}(F_m) + c_i^2\mathrm{Var}(E_i) = a_{i1}^2 + \cdots a_{im}^2 + \sigma_i^2 = h_i^2 + \sigma_i^2 \qquad (5.4.3)$$

因为$\mathrm{Var}(x_i) = 1$，则$h_i^2 = a_{i1}^2 + a_{i2}^2 + \cdots a_{im}^2$作为共同度（community），代表共同因子对解释变量的解释程度。

在把x_i标准化之后，可以得到：$F_1 = a'_1X$，$X = (x_1, \cdots x_i, \cdots x_n)'$，$a_1 = (a_{i1}, \cdots, a_{n1})'$。

该表达式的含义是：第一个因子是n个样本的线性组合，而权重则是第一个

① 在因子分析中，解释变量方差占被解释变量方差的比例为因子载荷。

② 这就使得x_{ij}所有样本方差之和等于1。

因子在 n 个样本中的载荷。因此，主成分分析法就是将估计因子载荷问题转化为将样本方差分解为因子方差。首先，找出使第一个因子方差最大的因子载荷，然后，在保持第二个因子与前一个因子相互独立的条件下，仍然通过使第二个因子方差最大化的方法找出第二组因子载荷。以此类推，进而得到因子载荷矩阵。

由 F_1 的方差 σ_{F_1} 得到：

$$\sigma_{F_1}^2 = E(F_1F'_1) = E(a'_1X)(a'_1X') = a'_1E(XX')a_1 = a'_1Ra_1 \quad (5.4.4)$$

其中，R 为样本协差相关系数矩阵。通常主成分分析法将样本方差全部分解为因子方差，则有：$F_1 = a'_1X$，$a'_1a_1 = 1$。于是，因子载荷问题转化为一个约束条件下最大化问题，即：

$$\text{MAX}: \sigma_{F_1}^2 = a'_1Ra_1 \quad (5.4.5)$$

$$\text{St}: a'_1a_1 = 1$$

采用拉格朗日法求解，得到 $(R - \lambda_1 I)a_1 = 0$。则由线性方程组求解方法得知，a_1 是特征方程 $(R - \lambda_1 I) = 0$ 时所得到的与特征根对应的特征向量，F_1 的方差为：

$\sigma_{F_1}^2 = a'_1Ra_1 = a'_1\lambda a_1 = \lambda a'_1a_1 = \lambda$。至此，因子载荷的主成分估计法就是通过求样本矩阵的特征根，$\lambda_1 \geqslant \lambda_2 \geqslant \cdots \geqslant \lambda_n$，得出 F_1 的因子载荷向量。其中，a_i 为 λ_i 对应的特征向量，F_i 的方差就是特征根 λ_i。这样就能得到所有的因子载荷，同时保证 F_i 的方差从大到小实行降序排列，并且做到彼此不相关。

然而，建立因子分析模型的最终目的不是仅仅为了找到公共因子，而是要找出每个公共因子所代表的意义，以便作出科学合理的解释。倘若因子载荷值过于分散平均，则不便于作出实际含义的解释。幸运的是，因子载荷矩阵并不是唯一的处理方式，还可以采用因子旋转的方式，即对初始因子载荷矩阵右乘一个正交矩阵 A。[①] 这样，就可以对初始矩阵的第 k 个和第 j 个因子载荷实行变换，依此循环就可以对所有的 m 个因子执行 m（$m-1$）/2 次变换，使得每个解释变量仅在一个公共因子上有较大的载荷，而在其余公共因子上的载荷较小。

在具体操作时，可以把一次完整的因子分析分解为以下几个步骤：第一，选取研究对象，以获取 n 个样本 p 个指标变量的样本数据；第二，对样本数据进行标准化；第三，建立变量的相关系数矩阵 $R = (r_{ij})$；第四，求解相关系数矩阵 R 的 n 个特征根 $\lambda_1 \geqslant \lambda_2 \geqslant \cdots \geqslant \lambda_n$ 及对应的 n 个特征向量；第五，求得载荷因子矩阵并实行正交旋转以获得集中化的载荷；第六，对共同因子进行分析。

阿德尔曼和莫里斯在对制度与经济发展相互关系进行分析时就是遵循上述程序完成因子分析过程的。首先，她们将所有的指标分成社会变量（12 个指标）、

① 其中，正交矩阵 A 中的第 k，j 行 k，j 列中包含了一个子矩阵 $\begin{bmatrix} \cos\varphi & -\sin\varphi \\ \sin\varphi & \cos\varphi \end{bmatrix}$。

政治变量（12 个指标）和经济变量（17 个指标）。由于在分析中包含了社会变量和政治变量，数据是否可靠就成为整个分析是否有效性关键所在。对此，她们采用统一的分类赋值方法，通过收集公开统计资料、综合统计定性要素（qualitative elements）和专家咨询三条渠道对 74 个欠发达国家样本在 41 个指标上分别进行了等级划分，然后赋予相应的数值，从而解决了样本数据的可靠性问题。尽管这些数据有很多来自于定性描述，但由于她们对 74 个国家在每个指标上进行了合理排序，因此，数据的非精确性不会对最终得到的定性结果造成显著影响。

接下来，她们采用因子分析法对样本数据进行了长期分析和短期分析。在进行长期分析时，为了对经济发展过程中与工业化和城市化相伴随的社会政治制度与文化价值的转变过程进行分析，16 个经济指标被忽略，仅保留了 1961 年人均 GNP 指标以表示经济发展过程。然后，她们对 24 个社会政治变量采用因子分析法加以处理。

表面上看，这种分析方法十分机械并具有程序化特征，但实际上它却表现出两点与以往数据处理方法的不同之处：第一，长期以来，人们之所以难以把制度加以细化并且无法得出可靠的结论，是因为在对制度进行分析时，在对数据的处理过程中或多或少存在着人为干预控制的痕迹，进而影响到最终分析结果的有效性。若采用因子分析法，只要整个过程的原始样本数据可靠，中间过程无须人为处理，因而可以保证最终结论的有效性。在样本数据的处理上，阿德尔曼和莫里斯制定了一整套考虑周详的数据采集程序，进而为使用因子分析方法奠定了坚实的基础；第二，为了揭示经济发展过程中社会、政治和经济各方面发生动态变化的过程，阿德尔曼和莫里斯在长期分析中引入了截面分析方法，亦即分析人均 GNP 连续时点上的社会政治变量，由此描绘出经济长期增长过程中社会与政治层面发生变迁的图景。

阿德尔曼和莫里斯在采用因子分析法作长期分析时，将社会与政治变量分解为 4 个共同因子。第一个因子主要解释了传统部门比重、二元化程度、城市化程度等 12 个变量，旨在说明与经济发展过程相伴随的社会转变的重要性，而社会发生转变的关键在于社会结构的分化和一体化两个方面，前者表现为社会组织的专业化和自治化上，后者则表现为专业化社会组织之间的协调和凝聚；第二个因子主要解释了制度民主化程度、政治自由程度、政府集权化程度等 7 个变量，中心在于政治民主化程度；第三个因子对传统阶层的力量、领导阶层促进经济发展的决心和行政效率三个变量作出了解释，用以说明社会中传统阶层的衰落和与工业化相适应的阶层崛起的倾向；第四个因子包括社会冲突的程度（degree of social tension）和政治稳定程度，用以解释社会和政治稳定性。至此，与经济长期发展过程相伴随的社会政治转变过程借助于上述 4 个共同因子而被描述了出来。在此基础上，阿德尔曼和莫里斯将 74 个国家按照地域划分为非洲、近东和远东、拉丁美洲三个子样本进行因子分析，以揭示地区性文化差异在上述4个共同因子上的具体表现，并通过因子得分法（factor scores）将74个国家分为低水平、中等水平和高水平三组类型。

阿德尔曼和莫里斯在进行短期分析时，在把74个国家分成低、中、高三个发展水平的基础上加入了经济变量并且逐组进行分析。她们之所以这样处理，是因为她们深信，在经济发展的不同阶段上社会、政治和经济的变迁将呈现出不同的格局。她们通过对28个低水平国家的社会、政治变量作因子分析后发现，社会经济结构的转变与一国经济加速发展的第一阶段密切相关。氏族部落社会的瓦解、经济活动范围的拓展、市场经济的引入以及自然资源禀赋引导下的出口部门的扩张都曾经极大地促进了经济发展。与此同时，在传统农业部门中，市场机制的作用导致氏族关系的淡漠，工业部门的扩张在增加本地居民收入的同时进一步加速了社会结构的转变，使得一些国家逐渐变成具有二元结构特征的欠发达经济。然而，与社会急剧转变相比，政治变量基本上不会对经济增长绩效带来系统的影响。

阿德尔曼和莫里斯在对21个处于中等发展水平的国家进行短期分析时发现，由于不同国家呈现出不同的社会经济发展模式，这有可能在某种程度上削弱统计结果的可靠性。当这些处于中等水平的发展中国家度过了经济发展的第一阶段后，都按照各自的经济发展思路努力为经济发展创造各种有利于发展的先决条件，尤其是那些促进工业化的措施（如改进金融制度为工农业发展提供融资渠道等），[①] 因而在社会结构方面发生了显著的转变。然而，普遍存在的现象是，21个国家都在10个社会指标上[②]不同程度地表现出发展不足，这些方面的不足成为制约经济进一步发展的瓶颈。她们还发现，与在低水平发展阶段上出现的结果相同，即政治变量在促进经济发展方面几乎不能产生显著影响。

阿德尔曼和莫里斯发现，当一国经济发展达到高水平阶段之后，前一阶段广泛存在的社会制度瓶颈基本上被消除，在政府领导能力达到一定水平之后，政治制度不再会对社会的资源配置方式产生太大的影响。此时，唯一能够对短期经济发展产生影响的是经济制度是否有效率以及社会资源的流动程度，即市场经济的完善和健全程度。在具备了良好的经济制度的条件下，有效地实施各种充分规划的发展计划能较好地促进经济发展。

阿德尔曼和莫里斯看来，一个处于撒哈拉以南非洲地区的国家，在经济发展

---

① 这实际上是影响该阶段经济发展绩效最重要的经济变量，参见：Irma Adelman & Cynthis T. Morris, 1967, *Society, Politics and Economic Development: A Quantitative Approach*, Baltimore: The Johns Hopkins Press, p. 214。

② 包括传统农业部门所占比例、二元化程度、城市化程度、本土中产阶级的影响、社会流动程度、识字率、大众交流程度、国家与民族统一程度、文化和民族统一程度以及观念上的现代化程度。

第一阶段所面临的问题是摆脱氏族部落社会结构，建立起市场化的运行机制，利用已有的资源禀赋发展初级产品出口贸易，并进一步推进经济的市场化程度，以加速传统社会结构的瓦解。在这一阶段上，政治因素对经济发展所施加的影响是十分微小的，经济政策更是无法对经济发展起明显的促进作用。在进入经济发展的第二个阶段之后，经济变量对经济发展至关重要，尤其是金融制度效率的改进；与此同时，某些社会变量也成为阻碍经济发展的瓶颈，而政治制度仍然发挥较小的作用。随着经济不断发展，社会制度的禁锢逐渐被消除，市场经济的完善程度成为影响经济发展的决定性因素。然而，自始至终，政治变量都未能成为促进经济发展的主要因素。这并不意味着政治变量无关紧要，相反，政治变量是经济持续发展的必要条件，而政治制度的稳定性和政治领导阶层致力于经济发展的努力程度尤为重要。①

2. 主成分分析法

莫里斯和阿德尔曼在《经济发展的比较模式：1850—1914》一书中，进一步分析了经济增长过程中的制度变迁问题，试图解释19世纪中期以来各国在增长速度和发展路径上存在巨大差异的原因。与制度的因子分析法不同的是，制度的主成分分析法不是笼统地将样本国家按照发展水平分阶段进行分析，而是更加细化地将经济发展解剖为市场制度演进、工业化模式、农业发展特征、外贸依存度和贫困化五个方面，并且将所有样本针对各个分析层面的问题按既定的分类标准划分成若干等级，然后在对各个等级的分析中运用主成分分析法。此外，莫里斯和阿德尔曼所使用的主成分分析法与一般的主成分分析法不同，它可以在两个或者两个以上的纬度上对样本展开分析，因此，她们使用的方法又被称为分离主成分分析法（disjoint principal component analysis）。②

主成分分析法和因子分析法一样属于方差分析方法，其主要做法将样本方差分解为一组相互独立的因子，以推出样本内部结构的一些深层次的结论。但两者也存在较大差异。后者通过分解过程来揭示原始变量与因子之间的关系，前者试图将原来的众多彼此相关的指标降维后重新组合成一组新的相互无关的综合指标来再现原有指标。前者表述成公式就是：

$$F_i = a_{1i}x_1 + a_{2i}x_2 + \cdots + a_{pi}x_p, i = 1,2,\cdots,p \tag{5.4.6}$$

F_i 和 X_i 是 n 维向量，表示 n 个样本观测值。借助于已经介绍的方法可以得到方程组中的系数向量，它其实就是与样本相关系数矩阵 R 的特征值所对应的特征向量。对样本按预定标准分等级后进行主成分分析，便可得到各组一般化的主

① 由因子分析法所得到的关系只是描述性的关系，并不是因果关系。

② Morris, Cyhthia T. & Irma Adelman, 1988, *Comparative Patterns of Economic Development*: 1850 - 1914, Baltimore & London: The Johns Hopkins University Press, pp. 58-61.

成分模型：

$$Y_{ij} = \alpha_{ij} + \sum_{k=1}^{K} \beta_{ik} F_{kj} + \varepsilon_{ij} \tag{5.5.7}$$

Y_{ij} 是第 j 个观测值的第 i 个变量，F_{kj} 是分析中所得到的总计 K 个主成分因子中的第 k 个主成分，ε_{ij} 为余值。在通常情况下，主成分分析做到这一步时，就可以直接对所得到各主成分指标作出解释。但分离主成分分析法则不同，还需要对最初分组的合理性进行检验。将样本变量减去平均值后，对主成分系数作回归，即：

$$Y_{ij} - \alpha_{ij} = \sum_{k=1}^{K} b_k F_{ik} + u_{ij} \tag{5.4.8}$$

这实际上就是将样本观测值对所在组均值的偏离按初始主成分模型中的主成分载荷进行分配，所得到的余项 u_{ij} 就是样本观测值离差中无法由小组主成分来作出解释的部分，则有：$S_j^2 = \sum_{i=1}^{I} \left[\frac{\varepsilon_{ij}^2}{(I-K)} \right]$ 代表每个观测值与所在组的组距。在此基础上，我们就可以对初始分组的合理程度进行检验。考虑将原来属于第 r 组的观测值放入第 q 组可以得到新的观测值与 q 组的组距为 $S_{rq} = \sum_{j=1}^{Jr} \frac{S_{jq}^2}{Jr}$，然后将其与原所在组组距相比得到比率指标 $R = \frac{S_{rq}}{S_{rr}}$。$R$ 越大，意味着初始分组标准越合理，相反，如果结果不是这样，则要重新对观测值进行分组。与此同时，对组内的每个观测值计算比率 R，然后加总便可以得到总体组距。其具体步骤是：第一，确定分析对象，获取样本数据；第二，按分析目的制定样本分类标准，并进行分组；第三，对每组中的样本观测值进行主成分分析，得出分类分析结论；第四，计算总体组距以考察总体分组合理程度；第五，对每个观测值计算出所有可能的比率 R，以检验分组处置的合理性；第六，重新调整分组，然后分析并解释最终结果。

莫里斯和阿德尔曼在《经济发展的比较模式》一书中基本上就是按照以上程序进行分析的。首先，她们选取了在 1850—1914 年间经济发生显著变化的 23 个国家的包括经济、社会和政治结构在内的 35 个分类指标作为样本，并将时间跨度进一步细分为 1850 年—1870 年、1870 年—1890 年以及 1890 年—1914 年三个时间段。这样一来，总体样本就变成了 69 个观测值。为了更好地分析经济发展过程中的制度问题，整个研究分别对五个不同的领域（包括本土市场扩张的模式、市场制度的演进、工业化模式、农业发展模式、对外依存度和贫困化）展开数量分析，并且针对需要进行数量分析的每一个领域制定不同的分类指标。具体而言，她们针对每一个被分析的问题先制定描述性的等级标准，然后对 69 个观测值归类分组，分别进行主成分分析，然后计算出总体组距和观测值组距，最后对分析结果进行解释。

在有关本土市场扩张模式的问题上，她们通过主成分分析法在将所有国家分成西欧市场制度发展路径、土地富余的二元市场制度发展路径、农业严重受阻的不平衡市场制度发展路径和政府主导的二元市场制度发展路径四种类型后分别加以分析。通过分类分析，她们发现，在工业化发生之前，市场制度的发展需要达到一个临界水平，但市场制度在一定程度上的发展并不一定会必然引发工业化。同时，在中等落后国家政府指导下的市场制度拓展过程中，如19世纪中后期的日本、德国、意大利、西班牙和俄罗斯，来自西欧的政治、军事和经济的挑战发挥着重要作用，而在那些极其落后的国家当中（第2、3类），外来经济利益的侵入刺激着市场化的发展，但其最终影响随着本国资源禀赋状况改变而发生相应变化。①

在对工业化模式的分析中，样本国家也被分成了四类，即市场自治增长下的逐步早熟的工业化、政府干预下的后进工业化、土地极其富余背景下初级产品出口引发的晚期适度工业化以及出口密集型农业人口富余背景下缓慢的工业化。通过分析她们发现，新古典模型仅仅适用于市场自治增长下逐步早熟的工业化国家；而在后进的欧洲工业化国家当中，二元特征极为明显；那些在初级产品出口方面拥有比较优势的国家受到资源剩余状态、对外独立性、政治力量结构和土地制度的影响，其工业化道路并非十分平坦而且充满变数；在那些农业人口密集很高的农业化国家当中，工业化道路受到诸多层面的影响，这些因素既包括土地劳动生产率低下和资源紧缺，也包括人力资本积累严重不足等，所有的因素杂夹在一起形成了一股禁锢工业化的合力，使得这些国家的工业化道路愈发艰难。②

在农业发展模式问题上，样本国家同样被分为四类。第一类样本是农业在经济中起绝对主导作用的大国，包括历史上的英国、法国、德国、美国、加拿大和日本。这些国家都曾经出现过在一段时间内农业生产率增长率超过初始工业化生产率的现象。第二类样本为农业在经济中起绝对主导作用的小国，这些国家在经济发展的一定时期内伴随着剧烈的经济结构转型，即从大规模的人力密集型种植业转变为人力资源和资本双重密集型的出口农产品行业。第三类样本为那些因制度约束而导致本国市场缺失从而使农业发展滞后的国家。第四类样本为农业进步极其明显而工业化尚未起步的纯农业化社会。莫里斯和阿德尔曼发现，在早期农业经济发展过程中，土地的分成租制和分配模式二者共同影响着本国市场的发育。当一国进入发达国家状态后，该国农业部门逐渐缩减并不会影响整个经济的

① Morris, Cynthia T. & Irma Adelman, 1988, *Comparative Patterns of Economic Development*: 1850 – 1914, Baltimore & London: The Johns Hopkins University Press, pp. 63-94.

② Morris, Cynthia T. & Irma Adelman, 1988, *Comparative Patterns of Economic Development*: 1850 – 1914, Baltimore & London: The Johns Hopkins University Press, pp. 96-124.

增长率。在那些土地富余的国家中，消除对土地和劳动力的约束对扩展农产品出口具有重要作用，而在那些土地稀缺的国家中，低劳动生产率和本国市场不完善成为妨碍经济进一步发展的最重要因素。①

在对外依存度问题上，所有国家被划分为严重依存度国家、中等依存度国家、适度依存型国家和独立型国家四类。莫里斯和阿德尔曼所得到的分析证据既不支持新古典理论中的制度变迁和“涓流效应”（trickling-down effects）发生在独立型国家的假说，也不支持依附论中关于本国的外贸和投资被外国投资者所扭曲的论述，而是呈现出多样化的态势。②

在贫困化问题上，农业政策被认为是度量整个经济中贫困化水平的最重要的影响因素。莫里斯和阿德尔曼将样本国家划分为四类：即有利于农业发展的西欧工业化国家、“马尔萨斯贫困陷阱”变形的国家、高贫困率与低生产率的农业国以及依赖于富余土地但伴随着周期性贫困的国家。其中，西欧各国实现工业化是建立在农业高生产率基础上的，因而贫困化具有显著的“库兹涅茨曲线”特征，直到该曲线的后期阶段上贫困化水平才有所改善；而“马尔萨斯贫困陷阱”变形的国家以1890年后的丹麦和瑞典为代表，其农业劳动力严重过剩，农业工资相对不变，使农业贫困状况恶化；在高贫困率与低生产率的农业国，识字率低、农业劳动力集中、土地集中程度高等因素与各国具体经济环境交织在一起，使得这些国家难以摆脱贫困；在依赖于富余土地但伴随着周期性贫困的国家中，由于受到农产品周期性波动的影响，缺乏有效方法摆脱贫困，致使在这些国家中贫困成为周期性发生的现象。③

第五节　简要的评价

众所周知，自19世纪70年代发生边际革命以来，新古典经济学分析方法逐渐占据了主流地位。在这一背景之下，短期的和静态的分析方法广泛盛行，“制度为既定”的假定被普遍恪守，而在二战结束后不久形成的发展经济学中却一直保持着关注制度与经济发展相互关系的理论传统，从长期的和动态的角度探讨制

① Morris, Cynthia T. & Irma Adelman, 1988, *Comparative Patterns of Economic Development*: 1850 – 1914, Baltimore & London: The Johns Hopkins University Press, pp. 125-154.

② Morris, Cynthia T. & Irma Adelman, 1988, *Comparative Patterns of Economic Development*: 1850 – 1914, Baltimore & London: The Johns Hopkins University Press, pp. 155-177.

③ Morris, Cynthia T. & Irma Adelman, 1988, *Comparative Patterns of Economic Development*: 1850 – 1914, Baltimore & London: The Johns Hopkins University Press, pp. 183-208.

度因素对经济发展的影响。西方经济学理论体系中的这种“二元格局”（duality）一直得以延续，直到20世纪60—70年代才终于被打破。自20世纪60—70年代以来，新制度经济学的兴起对整个西方经济学界产生了深远的影响。由新制度经济学所带来的分析范式不仅拓展了产业组织理论、信息理论、产权理论、委托—代理理论等新的微观研究领域，而且还把分析的触角延伸到历史上的制度变迁、制度对经济发展的作用等曾经属于发展经济学的传统研究领域，由此形成了不同的研究思路在制度与经济发展相互关系的研究中既相互吸收又激烈竞争的局面。此外，这一时期博弈论与计量方法在经济分析中被广泛应用，而各国经济统计数据不断完善为博弈论和计量方法的运用提供了广泛的空间。所有这些因素的共同作用促成当代发展经济学中有关制度与经济发展相互关系的研究文献像滚雪球一样迅速增大。鉴于在上文中已经对近年来经济发展理论中探讨制度与经济发展相互关系的研究文献作了一个概述，在下文中笔者拟从制度研究的“二元格局”被打破以及数学工具的应用两个方面对这些文献作一个简要的评价。

首先，对制度与经济发展关系研究的新进展打破了西方经济学中对制度研究所形成的“二元格局”。一方面，在传统的新古典主流经济学体系中，无论是在微观经济学还是宏观经济学领域，制度不是作为一个外生变量被束之高阁，就是作为一个虚变量被引入经济分析中。因此，传统新古典经济学基本上是在既定的制度框架内把企业制度简化为一套生产函数，并围绕着如何实现市场均衡而展开分析，因而忽视了制度的重要性和制度产生与变迁过程，整个经济体制的运行也被假定是“无摩擦的”。另一方面，在战后初期形成的发展经济学体系中，第一代发展经济学家在尝试建立制度因素指标体系和刻画制度与经济发展之间关联的机制方面付出了努力。他们把重心放在分析制度因素对发展中国家构成不利影响的“制度约束”或“制度刚性”上，但由于受到分析工具的限制而只能停留在文字描述上，无法将分析引向深入。自20世纪60—70年代以来，主流新古典经济学一改旧辙，把制度纳入经济分析中，并且把制度界定为人类设计出来的用于约束人类的行为的包括制度结构和制度安排在内的各种规则，认为制度有助于人们形成彼此活动交互作用中的预期，制度的确立一方面为人类社会创造了秩序，另一方面减少了对人类活动结果的不确定性。新古典经济学家把制度因素引入经济分析的做法，不仅突破了西方主流新古典经济学与发展经济学在经济发展研究领域中的“防火墙”，而且掀起了一股探讨制度与经济发展相互关系的理论创新热潮，涌现了一大批重要的理论文献。这包括诺斯率先把交易成本概念引入对制度安排和路径依赖的分析，甚至把意识形态引入新古典体系，并依据历史经验指出有效率的制度有利于经济增长；大卫将制度供给、行为人的一致预期以及信息传递渠道联系起来，探讨制度演进中的路径依赖问题；阿瑟从可替代技术的选择和规模收益递增的角度对历史上制度变迁过程何以出现路径依赖问题做出了解释；宾格和霍夫曼探讨了持续存在的制度同那些非持续存在的制度相比为什么不是最优的制度的原因。21 世纪初以来，新近问世的一批文献显示出对制度与经济发展的研究仍然是当代发展经济学最为活跃的领域之一。在这批文献中，罗德里克探讨了制度的质量问题。在他看来，良好的产权制度、市场管理制度和宏观稳定制度能够为高质量的制度运行提供保障。他还发现，制度与地理、贸易等因素一样，只有通过影响资本和技术才能起到促进经济增长的作用。巴丹对除产权之外的其他因素（如一国所处的经济发展阶段、收入分配不公等）对经济制度演进的作用进行了考察，得出了由各社会集团的分配策略所引起的冲突将导致制度协调失效（institutional coordination failure）的结论。阿西莫格鲁等人则另辟蹊径，避开传统的通过技术、物质资本和人力资本积累来解释经济增长的思路，直接探讨制度对经济增长的影响。

其次，博弈论方法和计量与统计方法的应用为制度与经济发展相互关系的研究开辟了更广阔的空间。自 20 世纪 90 年代中期以来，一大批发展经济学家尝试运用博弈论方法和计量与统计方法对制度的形成与演进、制度与经济发展的关系等领域进行探讨，随之出现了一批具有广泛影响的研究文献。这包括青木昌彦从市场缺陷角度强调制度的重要性，把制度结构描述成制度实施者与行为人之间的多方博弈，进而得出现有制度是经过博弈的均衡结果的集合这一结论。格雷夫用博弈论方法讨论历史上市场交易的形成机制，并通过重复博弈探讨商业中声誉机制和多边惩罚机制的相互关系，进而解释非人格化交易形成的过程。阿西莫格鲁等人采用计量方法将历史上欧洲和美洲殖民地和宗主国的人均 GDP 分别对死亡率和财产没收风险作回归，断言这些宗主国人口在殖民地的死亡率和财产没收风险的差异能够较好地解释这些国家之间在经济增长上的差异。罗德里克等人将地理、贸易和制度作为自变量对 64 个国家的人均 GDP 作回归，以测度地理、贸易、制度等因素对各国经济增长敏感程度的差异，进而得出了地理因素能通过直接和间接效应对经济增长施加影响的结论。莫里斯和阿德尔曼率先把多元统计分析方法（因子分析法和主成分分析法）引入对制度与经济发展关系的研究。在使用因子分析法时，她们选取从 1950—1974 年间 74 个不发达国家涉及社会、政治、经济结构等方面的 41 个指标，在将这些指标划分为不同等级的基础上进行分类赋值，然后采用因子分析法对样本数据作长期和短期分析，进而描绘出经济长期增长过程中社会与政治层面发生变迁的图景，得出了政治变量基本上不会对经济增长绩效带来系统影响的结论。在采用主成份分析法时，莫里斯和阿德尔曼选取了 1850—1914 年间经济发生显著变化的 23 个国家涉及经济、社会和政治层面的 35 个分类指标作为样本，并将这一时期细分为 1850—1870 年、1870—1890 年以及 1890—1914 年三个阶段，在此基础上将这些国家的经济发展过程按照市场制度的演进、工业化模式、农业发展模式、对外依存度和贫困化 5 个方面展开主成份分析，最后对分析结果进行解释。

在对制度与经济发展相互关系的研究中，博弈论、计量分析与多元统计分析这三种方法各自扮演着自己的角色：博弈论方法主要从历史比较制度分析的视角对与经济发展过程相伴随的自发性交易机制、交易制度的形成以及正式制度和组织建立的内在动力展开分析。计量方法则把研究的视角投放在对欧洲中世纪以来历史演变过程的分析中，抓住历史变迁中的几个突破点构建工具变量，以探讨制度与经济发展的关系。多元统计分析方法主要是对处于不同发展阶段的多个国家从社会、政治与经济结构层面进行剖析，从而概括出最能解释经济发展的若干制度特征。

近年来，经济学界重新审视了采用上述三种方法探讨制度与经济发展相互关系的研究文献，尤其对计量工具不恰当的应用提出了批评，认为那些探讨制度对经济发展影响的计量研究文献在指出了影响经济发展的重要制度变量之后，并未更深入地解释为什么这些重要的制度变量能够发挥着如此重要的作用。此外，用计量工具探讨制度问题的方法本身也存在一些缺陷，进而有可能导致分析结果出现偏误。计量分析工具的这些缺陷被概括为如下两个方面：

第一，表现在计量方法上。对制度与经济发展相互关系进行计量研究的学者大都将各国看成是同质的，并通过控制其他因素对经济发展过程的影响来说明在众多的制度因素中哪些变量最能解释经济增长，因此，这种方法往往过于强调某种对经济发展具有较强解释力的制度变量，却排除其他具有同样解释力的变量。例如，尽管他们对地理、资源禀赋等制度之外的一些变量加以控制，以求说明制度因素对经济增长的影响，但这仍然是远远不够的。许多对制度与经济发展关系作计量研究的学者也承认，“制度”对他们来说在很大程度上仍然是一个“黑匣子”，由计量检验得到的结论只能说明最后的结果，而无法说明其间的作用机理。经济发展是一个极其复杂的动态过程，这一过程并不仅仅是单一时间维度上的线性延伸。资源禀赋、文化背景、意识形态、行为模式等诸多深层次的政治、社会与文化因素对那些可以被观察到的制度变量施加影响，从而使各国呈现出不同的制度格局。当使用计量方法研究这类深层次问题时，若使用不当，有可能将制度问题浅化，所推出的只能是说明各种制度对经济增长具有影响这类一般性的结论。第二，表现在制度结构本身的复杂性上。一国的制度结构本身是一个由各个构件组成的高度相关的、彼此交错的整体。事实上，制度对经济发展的促进作用恰恰体现在各个层面上制度因素的相互协同作用上，忽略了任何一个层面，制度作为整体都无法发挥其应有的作用。这就是制度互补性的含义。人们在进行计量分析时，大都机械地将各个归属于不同类型的制度变量混杂在一起并将它们处理为解释变量，这种做法本身是有争议的。更为重要的是，计量分析将制度作为外生变量来解释经济增长，这一点正是制度的计量分析方法的致命伤。事实证明，制度结构在大多数情况下是经济发展水平内生决定的产物。当人们对并非随机产生的样本进行观察时，采用计量这种准实验性质的比较分析方法容易产生非一致的、有偏误的估计值。① 这正如著名计量经济学家威廉·H. 格林（William H. Greene)② 所指出的那样，解释变量的选择效应会导致计量结果对模型设定极其敏感，即使是微小的设定调整，甚至也会影响参数估计值的符号，进而导致对某一变量作出误判。由此可见，当采用计量方法分析制度对经济发展的影响时，对其有效性应当持谨慎态度。从某种意义上来说，计量方法为寻找影响经济发展的制度变量提供了某种筛选方法，而当需要探讨更为具体的制度对经济发展的影响机制时，则需要借助于其他研究方法。制度分析的多元统计方法被认为恰好在一定程度上可以弥补计量方法的不足。制度的多元统计方法从各国在诸多方面存在差异这一隐含假设出发，从政治、经济和社会等层面寻找最能说明经济发展变量方差的变量，同时也不排除其他变量对经济发展过程的影响（这体现在对各个变量的协方差分析中），因而既能较全面地解释制度作为一个整体对经济发展的作用，又能描述促进经济发展的制度结构同社会、政治与经济结构各个层面之间的相互关系。

参考文献

1. 青木昌彦：《比较制度分析》，上海远东出版社 2001 年版。

2. Acemoglu, Daron & James Robinson, 2000, "Why Did the West Extend the Franchise? Democracy, Inequality, and Growth in Historical Perspective", *Quarterly Journal of Economics*, vol. 115, no. 4, pp. 1167-1199.

3. Acemoglu, Daron, Simon Johnson & James Robinson, 2001, "The Colonial Origins of Comparative Development: An Empirical Investigation", *American Economic Review*. vol. 91. no. 5, pp. 1369-1401.

4. Acemoglu, Daron, Simon Johnson & James Robinson, 2002, "The Rise of Europe: Atlantic Trade, Institutional Change and Economic Growth", NBER Working Paper, no. 9378.

① 参见 Maddala, G. S., 1983, *Limited-Dependent and Qualitative Variables in Econometrics*, New York: Cambridge University Press。

② Greene, William H., 2000, *Econometric Analysis*, New Jersey: Prentice Hall, p. 750.

5. Acemoglu, Daron, Simon Johnson & James Robinson, 2005, "Institutions as the Fundamental Cause of Long-Run Growth", in Phillippe Aghion & Steven N. Durlauf, eds., *Handbook of Economic Growth*, vol. I., Amsterdam: North Holland.

6. Adelman, Irma & Cynthia T. Morris, 1967, *Society, Politics and Economic Development: A Quantitative Approach*, Baltimore: The Johns Hopkins University Press.

7. Adelman, Irma, 1995, "Stylized and Simulated Long-Run Economic Development: The Long Term Impact of Economic Development in Developed Countries on Developing Countries Since 1820", *Journal of Evolutionary Economics*, vol. 5, pp. 189-208.

8. Adelman, Irma & Cynthia T. Morris, 1997, "Editoral: Development History and Its Implications for Development Theory", *World Development*, vol. 25, no. 6, pp. 831-840.

9. Aghion, Phillipe, Alberto Alesina & Francesco Trebbi, 2004, "Endogenous Political Institutions", *Quarterly Journal of Economics*, vol. 119, no. 2, pp. 565-611.

10. Arkadie, Brian van, 1990, "The Role of Institution in Development", *Proceedings of the World Bank Annual Conference on Development Economics 1989*, pp. 153-191.

11. Bardhan, Pranab, 2005, "Institutions Matter, but Which Ones?", *Economics of Transition*, vol. 13, no. 3, pp. 499-532.

12. Braverman, Avishay & Joseph E. Stiglitz, 1982, "Sharecropping and the Interlinking of Agrarian Markets", *American Economic Review*, vol. 72, no. 4, pp. 695-715.

13. Binger, Brian R. & Elizabeth Hoffman, 1989, "Institutional Persistence and Change: The Question of Efficiency", *Journal of Institutional and Theoretical Economics*, vol. 145, pp. 67-84.

14. Coase, Ronald H., 1992, "The Institutional Structure of Productoin", *American Economic Review*, vol. 82, no. 4, pp. 713-719.

15. David, Paul A., 1994, "Why Are Institutions the 'Carriers of History'?: Path Dependence and the Evolution of Conventions, Organization and Institutions", *Structural Change and Economic Dynamics*, vol. 5, no. 2, pp. 205-220.

16. Davis, Lance E., 1965, "The Investment Market, 1870 – 1914: The Evolution of a National Market", *Journal of Economic History*, vol. 25, no. 3, pp. 355-399.

17. Davis, Lance E. & Douglas C. North, 1971, *Institutional Change and American Economic Growth*, Cambridge University Press.

18. Glaeser, Edward L., Raphael La Porta & Andrei Shleifer, 2004, "Do Institutions Cause Growth?", *Journal of Economic Growth*. vol. 9, pp. 271-303.

19. Greif, Avner, 1989, "Reputation and Coalitions in Medieval Trade: Evidence on the Maghribi Traders", *Journal of Economic History*, vol. 49, no. 4, pp. 857-882.

20. Greif, Avner, 1993, "Contract Enforceability and Economic Institutions in Early Trade: The Maghribi Traders' Coalition", *American Economic Review*, vol. 83, no. 3, pp. 525-548.

21. Greif, Avner, 1994, "Cultural Beliefs and Organization of Society: A Historical and Theoretical Reflection on Collectivist and Individualist Societies", *Journal of Political Economy*, vol. 102, no. 5, pp. 912-950.

22. Greif, Avner, 1996, "Micro Theory and Recent Development in the Study of Economic Institutions through Economic History", in D. M. Kreps & K. F. Wallis, eds., *Advances in Economic Theory*, vol. 2, New York: Cambridge University Press, pp. 79-113.

23. Greif, Avner, 1997, "Contracting, Enforcement, and Efficiency: Economics beyond the Law", in Michael Bruno & Borris Pleskovic, eds., *Annual World Bank Conference on Development Economics*, 1997, pp. 239-264.

24. Greif, Avner, 1998, "Historical and Comparative Institutional Analysis", *American Economic Review*, vol. 88, no. 2, pp. 80-84.

25. Greif, Avner, 2000, "The Fundamental Problem of Exchange: A Research Agenda in Historical Institutional Analysis", *European Review of Economic History*, vol. 4, no. 3, pp. 1-56.

26. Greif, Avner, 2001, "Institutions and Impersonal Exchange: From Communal to Individual Responsibility", mimeo, Stanford University, pp. 251-284.

27. Greif, Avner, 2003, "On the Inter-Relation and Economic Implications of Economic, Social, Political, and Normative Factors: Reflections from Two Late Medieval Societies", mimeo, Stanford University.

28. Greif, Avner, Paul Milgrom & Barry R. Weingast, 1994, "Coordination, Commitment, and Enforcement: The Case of the Merchant Guild", *Journal of Political Economy*, vol. 102, no. 4, pp. 745-776.

29. Hurwicz, Leonid, 1993, "Towards a Framework for Analyzing Institutions and Institutional Change", in Samuel Bowles, Herbert Gintis & Bo Gustafsson eds., *Market and Democracy: Participation, Accountability, and Efficiency*, Cambidge: Cambridge University Press.

30. Lin, Justin Yifu & Jeffrey B. Nugent, 1995, "Institutions and Economic Development", in Jere Behrman & T. N. Srinivasan, eds., *Handbook of Development Economics*, Elsevier Science, B. V., pp. 2301-2370.

31. Milgrom, Paul, Douglas C. North & Barry R. Weingast, 1990, "The Role of Institutions in the Revival of Trade: the Law Merchants, Private Judges, and the Champagne Fairs", *Economics and Politics*, vol. 2, pp. 1-23.

32. Morris, Cynthia T. & Irma Adelman, 1988, *Comparative Patterns of Economic Development: 1850 – 1914*, Baltimore: The Johns Hopkins University Press.

33. Morris, Cynthia T. & Irma Adelman, 1989, "Nineteenth-Century Development Experience and Lessons for Today", *World Development*, vol. 17, no. 9, pp. 1417-1432.

34. North, Douglas C., 1968, "Sources of Productivity Change in Ocean Shipping, 1600 – 1850", *Journal of Political Economy*, vol. 76, no. 5, pp. 953-970.

35. North, Douglas C., 1989, "Institutions and Economic Growth: A History Introduction", *World Development*, vol. 17, no. 9, pp. 1319-1332.

36. North, Douglas C., 1989, "A Transaction Cost Approach to Historical Development of Polities and Economies", *Journal of Institutional and Theoretical Economics*, vol. 145, pp. 661-668.

37. North, Douglas C., 1989, "Economic Performance through Time", *American Economic Review*, vol. 84, no. 3, pp. 359-368.

38. North, Douglas C., 1991, *Structure and Change in Economic History*, New York: Norton.

39. North, Douglas C., 1991, "Institutions", *Journal of Economic Perspectives*, vol. 5, no. 1, pp. 97-112.

40. North, Douglas C. & Robert P. Thomas, 1971, "The Rise and Fall of the Manorial System: A Theoretical Model", *Journal of Economic History*, vol. 31, no. 4, pp. 777-803.

41. North, Douglas C. & Barry R. Weingast, 1989, "Constitutions and Commitment: The Evolution of Institutional Governing Public Choice in Seventeenth-Century England", *Journal of Economic History*, vol. 49, no. 4, pp. 803-832.

42. Olson, Mancur, 1965, *The Logic of Collective Actions: Public Goods and the Theory of Groups*, Cambridge: Cambridge University Press.

43. Olson, Mancur, 1982, *The Rise and Decline of Nations: The Political Economy of Economic Growth, Stagnation and Social Rigidity*, New York: Yale University Press.

44. Przeworski, Adam & Fernando Limongi, 1993, "Political Regimes and Economic Growth", *Journal of Economic Perspective*, vol. 7, no. 3, pp. 1-69.

45. Rodrik, Dani, 2000, "Institutions for High-Quality Growth: What They Are and How to Acquire Them", *Studies in Comparative International Development*, vol. 35, no. 3, pp. 3-31.

46. Rodrik, Dani, Arvind Subramanian & Francesco Trebbi, 2002, "Institutions Rule: The Primacy of Institutions over Geography and Integration in Economic Development", *Journal of Economic Growth*, vol. 9, no. 2, pp. 131-165.

47. Schotter, Andrew, 1981, *The Economic Theory of Socal Institutions*, Cambridge: Cambridge University Press.

48. Scully, Gerald W., 1988, "The Institutional Framework and Economic Development", *Journal of Political Economy*, vol. 96, no. 3, pp. 652-662.

49. Sokoloff, Kenneth L. & Stanley L. Engerman, 2000, "History Lessons: Institutions, Factor Endowments, and Path of Development in the New World", *Journal of Economic Perspectives*, vol. 14, no. 3, pp. 217-232.

50. Sugden, Robert, 1986, "New Development in the Theory of Choice under Uncertainty", *Bulletin of Economic Research*, Blackwell Publishing, vol. 38, no. 1, Jan., pp. 1-24.

51. Sugden, Robert, 1989, "Spontaneous Order", *Journal of Economic Perspectives*, vol. 3, no. 4, Fall, pp. 85-97.

52. Wolf, Charles Jr., 1955, "Institutions and Economic Development", *American Economic Review*, vol. 45, no. 5., pp. 867-883.

第六章　社会资本与经济发展

近20多年来，在社会学、经济学、政治学等各个社会学科领域都也出现了研究“社会资本”（social capital）的热潮。特别是进入21世纪以来，社会资本理论在经济学领域更是取得了突飞猛进的发展。虽然截至目前为止，人们对“社会资本”概念的表述还相当模糊（不仅不同学科领域的学者对它的理解不相同，甚至于在经济学内部，人们出于不同的研究目的对它进行分析的角度也不一样），但是在短短的20年里，“社会资本”这一术语已开始频繁地出现于各类经济学文献中，引起了众多经济学家的兴趣。这不能不说是一个值得关注的现象。产生这一现象的一个重要原因就是西方主流经济学所采用的新古典分析方法在解释一些经济发展问题时遇到了一些难以克服的困难。这就使人们不得不产生这样的疑问：在对经济发展问题展开研究时，是不是还遗漏了某个重要的变量？“社会资本”这个看似简单的术语却包含有丰富的内涵，它包括社会关系、社会网络、社团组织以及其中的规范，习俗、文化等等，而这些又都可能是影响经济发展的重要因素。因此，尽管“社会资本”概念模糊，却仍然得到了经济学家们的青睐。本章旨在概述近年来经济学家在运用社会资本来解释经济发展方面所做出的努力，并在概述理论新进展的基础上做出简要的评价。

第一节　社会资本理论概述

“社会资本”概念来源于社会学。最早独立地使用社会资本一词的是利达·J. 汉尼凡（Lyda J. Hanifan，1916）。他将社会资本定义为占据人们大部分日常生活的可感受的资产，即良好的愿望、友谊、同情以及作为社会组成单元之间的社会交往，并用这个概念来说明社会交往对于教育和社群社会的重要性。

此后，直至20世纪80年代，“社会资本”的概念仍然主要流行于社会学领域。但到了80年代中期，法国社会学家皮埃尔·布尔迪厄（Pierre Bourdieu，

1986）试图打破经济学和社会学之间人为设置的界线，研究了各种形式的资本（经济资本、文化资本和社会资本）及其相互之间的转化。他把社会资本定义为一种蕴涵在社会关系网络或组织成员身份中的资源，而这一社会网络并非自动形成，而需要对有用的社会关系进行投资才能形成。于是，社会资本被布尔迪厄分解为两个部分：一是能使个体获得资源的社会关系本身；二是所获得的这类资源的数量和质量。而第一个对社会资本提出完整、系统表述的是美国社会学家詹姆斯·S. 科尔曼（James S. Coleman，1988），他把社会资本看作是个人所拥有的一种社会资源，强调社会资本在人力资本形成过程中的重要作用，并从功能上把社会资本界定为“不是某种单独的实体，而是具有各种不同形式的不同实体，其共同特征有两个：它们由构成社会结构的各个要素组成；它们为结构内部的个人行动提供便利。和其他形式的资本一样，社会资本是生产性的，是否拥有社会资本，决定了人们是否可能实现某些既定目标”。[①] 根据这一定义，科尔曼从个体的理性行为出发详细分析了社会资本的三种特征（即职责与预期、信息渠道和社会准则、社会资本的公共品性质）以及导致社会资本出现和消亡的各种因素。

布尔迪厄和科尔曼是研究社会资本的两位开创性人物，另外一些社会科学家对社会资本的研究也颇具启发意义。例如，福山第一个将各国经济绩效的差别归因于各国信任水平和“自发的社会性”的不同。[②] 他定义社会资本为“在群体成员中共享的一组非正式的价值或规范，它们可以带来成员间的相互合作，”他强调信任的文化对于经济发展具有重要作用。他批判了新古典经济学“理性经济人”的假设，认为社会合作在经济生活中扮演着重要角色，而合作的能力并非来源于人们理性的计算，而是来源于文化。因此，“一个国家的福利以及它参与竞争的能力取决于一个普遍的文化特性，即社会本身的信任程度。”[③] 值得注意的是，福山所注重的信任并非存在于家庭等具有亲缘或地域关系的小型社会群体中的人格化信任，而是整个社会的普遍信任。亚历简德罗·波茨（Alejandro Portes，1998）从社会学视角出发，认为社会资本是个人通过他们的成员资格在网络中或者在更宽泛的社会结构中获取短缺资源的能力，是某个人与他人关系中包含着的一种资产，是嵌入的结果。互惠的预期和信任分别作为理性嵌入和结构性嵌入的结果而产生。嵌入除了作为个体理性选择的结果之外，同时它本身也受到文化和规范动因的影响。罗纳德·伯特（Ronald Burt）则是从社会结构的角度对社会资本进行分析的代表人物。他在科尔曼关于社会结构的思想和马克·格兰诺维特

① Coleman, James S., 1988, "Social Capital in the Creation of Human Capital", *American Journal of Sociology*, vol. 94, pp. 95-120.

② 这一评价来自斯蒂芬·奈克（Steven Knack），参见：《社会资本、增长和贫困：一个跨国经验调查》，载 C. 格鲁特尔特、T. 范·贝斯特纳尔主编：《社会资本在发展中的作用》，西南财经大学出版社 2004 年版，第 77 页。

③ 弗朗西斯·福山：《信任：社会美德与创造经济繁荣》，海南出版社 2001 年版，第 8 页。

(Mark Granovetter, 1973) “弱联系” (weak ties) 理论的基础上进一步提出了“结构洞” (structural holes) 理论。他指出在社会网络中，某些个体之间存在无直接联系或关系间断的现象，从网络整体来看，好像网络结构中出现了洞穴，这就是所谓的“结构洞”。处在社会网络中的结构洞位置上的个人拥有更多的非重复性获取资源的机会，而社会资本则是网络结构给网络中的各结点提供资源和控制资源的手段。

在经济学领域，虽然早在20世纪70年代末就有经济学家研究了社会资本、劳动力市场及收入不平等之间的关系，[①] 但直到20世纪90年代，社会资本概念才引起了经济学家的广泛注意。这在很大程度上应归功于政治学家罗伯特·D.普特南 (Robert D. Putnam) 的那本广为人知的著作——《让民主运转起来》。普特南在对意大利民主制度改革成效进行了近20年考察后发现，意大利南部和北部之所以在改革成效上差别迥异，原因就在于北部公民积极参与各种水平型协会，而南部的公民则正好相反。普特南将这些水平型协会（即水平型社会网络）称之为社会资本。他还用公民参与协会的平均数量作为衡量一个社会中社会资本存量多寡的指标，并以此来测量社会资本与一些经济发展指标之间的关系。他在另一篇题为《独自打保龄球》的文章中将社会资本区分为“桥接型社会资本” (bridging social capital) 和“结合型社会资本” (bonding social capital)。前者被视为一种开放的外向型社会网络，它可以将处于不同社会群体中的人们联系起来，是一种积极的社会资本；而后者则是内向型社会网络，它倾向于使同质的、排他的社会组织得以强化，是一种消极的社会资本。虽然普特南对社会资本的度量方式引起了一些争论和批评，但是，自普特南之后，把社会资本界定为社会网络以及社会资本对经济绩效的影响至关重要的思想已经深入人心。

20世纪90年代后期，越来越多的发展经济学家加入了研究社会资本的行列，特别是世界银行对社会资本研究表现出浓厚的兴趣，于1996年专门成立了社会资本研究协会。该协会在丹麦政府的资助下设立了12个研究项目，旨在从实证角度评估社会资本对经济发展的作用，以证明外部援助有助于社会资本形成，并尝试设立社会资本的相关指标。在此基础上产生了一系列工作论文。世界银行还于1997年春组织了一场跨学科的专题国际学术研讨会，邀请社会学家、政治学家和经济学家从各自学科角度认真研究社会资本的概念。会议论文于2000年结集出版。进入21世纪以来，经济学家们进一步利用现有的经济学分析工具，探讨社会资本的创造、消亡以及对经济绩效和经济发展的影响，并据此提出政策建议。经济学家们之所以如此关注社会资本，在很大程度上是为了弥补现有经济学理论在解释经济发展问题上的缺陷和不足，寻找被人们所忽略的影响经济绩效和

---

① 参见 Loury, Glenn C., 1976, “A Dynamic Theory of Racial Income Differences”, *Discussion Paper* 225, Northwestern University, Center for Mathematical Studies in Economics and Management Science。

经济发展的那些变量。

迄今为止，对社会资本的研究主要涉及两种思路，其中一种为新古典思路。众所周知，在主流新古典增长理论中，索罗模型所预测的经济增长将带来趋同的结果并没有出现，绝大多数发展中国家和地区与发达国家之间的差距反而在不断地扩大。为此，经济学家开始对传统的新古典理论框架进行局部的修正，提出了“人力资本”的概念，进而建立了内生增长模型，以避开因资本边际报酬递减所造成的困境。这就使得新增长理论可以解释发达国家经济保持持续增长的同时，仍然拉大了与发展中国家的差距。然而，修正后的新增长理论被用来解释发展中国家的增长经历时，其解释力仍然有限。例如，亚洲新兴工业国家或地区在20世纪的最后30年间出现了奇迹般的经济增长，但它们在这一时期并未在内生增长理论所强调的那些因素上比发达国家有更多的投资。于是，有些学者尝试用“社会资本”对此加以解释。“社会资本”概念的出现，使得资本概念的外延又有了新的扩展。“社会资本”也因此而被主流经济学家所重视和利用，使其成为增长模型中的一个重要解释变量，由此形成了研究社会资本的第一种思路。该思路以个体作为研究的起点，将社会资本看作是为个体所拥有的、可投资并能创造利润或收益的蕴含于社会关系中的资源。持这一思路的经济学家认为，正如人力资本积累会对经济发展产生积极作用一样，社会资本的积累同样能促进经济发展。他们从个体角度出发认为，社会资本可以经由个体基于效用最大化的投资决策进行积累，并成为生产函数中的一种投入要素，因而被纳入到增长模型之中。

然而，“社会资本”概念的内涵过于宽泛和模糊，几乎囊括了影响经济发展的一切社会因素。采用社会资本思路的学者通常只侧重于社会资本的某一方面，并简单而笼统地将其纳入增长模型，却未能对社会资本何以影响经济行为和经济绩效做出充分的解释。此外，社会资本究竟能否被看作是一种资本受到质疑。例如，阿罗极力主张放弃有关“社会资本”的隐喻说法。其理由是资本的含义中包含着“为了将来的利益目前所做的有益牺牲”的含义，而社会资本所带来的多数收益是本质的、内在的。社会资本很多时候并非是为了参与者的经济利益而形成的。罗伯特·M. 索罗（Robert M. Solow）也对社会资本概念提出了异议。其主要理由是人们无法确定社会资本的存量，而且一些经常被用于其它类型资本的分析工具对于分析社会资本所涉及的问题并不适用。[①] 萨缪尔·鲍尔斯和赫伯特·金迪斯（Samuel Bowles & Herbert Gintis，2002）也认为，社会资本也许是一个好的想法，但不是一个好的术语。资本是指某个可以被拥有的东西，而社会资本的属性所描述的是人们之间的关系。他们主张用“社群”（Community）概念来代替“社会资本”概念，因为“社群”可以很好地抓住社会资本中有效治理

① 参见帕萨·达斯古普塔、伊斯梅尔·撒拉格尔丁编：《社会资本——一个多角度的观点》，中国人民大学出版社2005年版，第3—6页、第7—12页。

的方面，还因为它关注的是群体做了什么，而不是人们拥有什么。

第二种思路与制度分析方法有关。该思路以科斯提出的“交易成本”概念为核心，从社会群体层次上分析社会资本与经济发展的关系，认为社会资本的功能类似于制度，可以降低交易成本，协调集体行动，促进合作，因而在市场失灵或制度不完善的背景下发挥至关重要的作用。具体而言，这一研究思路分为两个分支：第一支将社会资本界定为社会关系网络本身，强调社会网络中存在信任、合作规则等因素，并且采用博弈论方法分析处于社会关系网中个体的互动，探讨社会资本是如何有效地促进合作的。第二支从更为宏观的视角将社会资本界定为一个社会中的习俗和文化，从演化的角度来分析社会资本是如何自发地形成及变迁的，并探讨了社会资本与经济发展之间的长期动态关系。

第二节　社会资本与经济发展：新古典经济学框架下的理论模型

一、对社会资本的投资

若将社会资本看作是个体所拥有的一种资产，那么它对个体来说就是有价值的，能够产生“利益流”，因而个人就有了通过投入时间和精力来创造和获取社会资本的激励。与此同时，社会资本的资本特性还意味着其存量既可以通过投资而增大，也可以通过折旧而使之减小。格莱瑟尔、莱布森和萨瑟多特（2002）曾用一个标准的个人投资最优化模型分析了个人积累社会资本的决策过程。他们将社会资本视为个人所拥有的某些社会特征，包括社会技能、个人魅力，以及从社会交往中获得市场或非市场利益的社交圈规模。一个人的社会资本来源于其本能或社会资本投资。总量社会资本是不同类型个体社会资本的函数，但由于外部性存在，决定个人层面上的社会资本要素并不总是决定着社会层面上的社会资本。他们的模型具体如下：

个人社会资本用存量变量 S 来表示，总量水平上的人均社会资本则用 $\bar{S}$ 表示。每个个体在每个时期得到一个效用流量 $SR(\bar{S})$，其中 $R(\bar{S})$ 为可导函数，$R'(\bar{S})>0$。$SR(\bar{S})$ 作为对个体的流量支付，反映了市场回报和非市场回报。市场回报包括更高的工资或更好的职业前景；非市场回报是指个人在人际关系质量上的提升、健康状况的提升或直接获得的幸福感。

社会资本存量受到动态预算的约束，即 $S_{t+1} = \delta S_t + I_t$。由于存在折旧，$\delta < 1$，这里的 $1 - \delta$ 为折旧率。投资水平 I_t 具有时间成本 $C(I_t)$，$C(\cdot)$ 为增凸函数。时间的机会成本为 w，它代表工资率或闲暇时间的价值。个人拥有 T 时期的寿命，且他们对未来的贴现率为 β。假设个人离开其社会群体的概率为 θ，且当人们迁徙时，其社会资本的价值会以 $\lambda < 1$ 的比例折旧。令 $\phi = (1 - \theta) + \theta\lambda$，那么 ϕ 就代表了因流动性（mobility）而产生的折旧系数。

个人最优化问题可表示如下：

$$\max_{I_0, I_1, \cdots, I_T} \sum_{t=0}^{T} \beta^t [S_t R(\bar{S}_t) - wC(I_t)]$$
$$\text{s. t.} \quad S_{t+1} = \delta\phi S_t + I_t \quad \forall t. \tag{6.2.1}$$

个人将使这一目标函数达到最大化，并将加总的人均社会资本视为固定的。那么，这一投资问题的一阶条件为：

$$wC'(I_t) = \frac{1 - (\beta\delta\phi)^{T-t+1}}{1 - \beta\delta\phi} R(\bar{S}) \tag{6.2.2}$$

这一条件表明，社会资本投资具有如下特征：第一，它是贴现率 β 的增函数；第二，它是流动性 θ 的减函数；第三，它是时间成本 w 的减函数；第四，它是社会资本回报 $R(\cdot)$ 的增函数；第五，它是社会资本折旧率（$1 - \delta$）的减函数；第六，它是总量社会资本 $\bar{S}$ 的增函数；第七，它随因迁徙而造成的折旧率（$1 - \lambda$）的增加而降低：第八，它随年龄 t 的增长而下降。除第八点之外，这些具有比较静态特征的结论对于社会资本存量同样成立。社会资本存量与年龄之间的关系表现为：在生命周期的中间段达到峰值，然后随年龄增大而单调递减。此外，当流动性相当大时，年龄将不会影响社会资本积累。但是，只要迁徙不导致个人社会资本完全折旧，也就是说，$\delta > 0$，那么年龄对社会资本积累的影响才会存在。

格莱泽、莱布森和萨克多特还用这个模型来说明社会资本的一个重要特征，即它具有相当强的人际互补性（interpersonal complementaries）。这种互补性表明，当对个人社会资本进行加总时将产生更大的社会乘数，在加总水平上参数变化带来的影响要比个人层面上同一参数带来的影响大得多。这有助于理解社会资本何以会在不同时期出现巨大变化的原因。

为了更好地说明这一点，格莱瑟尔、莱布森和萨瑟多特对模型做了相应修改，令 $T \to \infty$。在稳定状态下，$I = (1 - \delta)S$，那么个人工资变化的影响可表述如下（假定 $\bar{S}$ 恒定）：

$$\frac{\partial S}{\partial w} = -\frac{C'[(1 - \delta)S]}{(1 - \delta)wC''[(1 - \delta)S]} \tag{6.2.3}$$

假设所有社会群体为同质，则 $S = \bar{S}$，那么在总体水平上工资变化的影响如下：

$$\frac{\partial \bar{S}}{\partial w} = -\frac{C'[(1-\delta)S]}{(1-\delta)wC''[(1-\delta)S] - R'(\bar{S})/(1-\beta\delta\varphi)} = \frac{1}{1-\dfrac{\partial S}{\partial \bar{S}}}\frac{\partial S}{\partial w} \tag{6.2.4}$$

$1/[1-(\partial S/\partial \bar{S})]$ 即为社会乘数。当总体社会资本的增加可以大幅提升个人社会资本投资时，社会资本对任何参数的加总弹性都将比个人层次上的弹性大得多。因此，不能用一个微观水平上的弹性来衡量由总量水平上参数变化所导致的社会资本的长期变化。

这意味着，社会资本投资水平隐含了多重均衡的可能性。在有些国家，社会资本投资水平高，且投资回报率也较高，而在另一些国家，几乎没有社会资本投资，且投资回报率也较低。普特南（1993）曾强调社会资本的研究文献通常强调历史初始条件对一个社会中的社会资本水平具有决定作用，而多重均衡的存在则表明，初始条件的细微不同将引起社会资本长期水平呈现出巨大差距。

由于对社会资本进行加总过程非常复杂，因此，格莱瑟尔、莱布森和萨瑟多特未能成功地建立起社会资本加总过程的理论模型，而只是对两类分别具有正的和负的外部性的社会资本投资及加总过程进行了描述。鉴于不同类型的社会资本具有不同的外部性，要想将总量社会资本定义为个人社会资本的平均值，就需要对所有相关的正的或负的外部性进行调整。

格莱瑟尔、莱布森和萨瑟多特的模型较好地概括了社会资本的“资本”特性。这主要体现在以下几个方面：第一，社会资本为个人带来的回报，既包括物质回报又包括精神回报，虽然作者并没有对两者加以具体区分，但却为后来的研究提供了一种思路，即个人社会资本存量的多寡将直接影响到个人的效用函数。这正是社会资本与其它类型资本之间的一个重要区别。第二，社会资本带来的回报既取决于个人社会资本存量，又取决于社会总体层次上的社会资本水平，因而表明社会资本具有公共品性质。第三，流动性是影响社会资本投资的关键要素。这一点与贝克尔（1964）有关厂商专有人力资本的论述是一致的，这类人力资本会因个人离开当前工作职位而折旧。格莱瑟尔、莱布森和萨瑟多特还在文中指出，在更为完整的模型中，流动性的决定本身也应当是内生的，当个人在其所处的社会群体中积累了更多的社会资本时，其流动性也就相应地下降了。第四，社会资本投资要花费时间，这会挤占工作时间，因而通过影响经济绩效而对经济发展有一定的“挤出效应”。

二、引入了社会资本的增长模型

一些学者以格莱瑟尔、莱布森和萨瑟多特的研究作为微观基础，开始尝试着将社会资本纳入增长模型。在这些模型中，社会资本仍然需要通过以下几种途径来影响增长：一是通过影响人力资本积累和使用效率来影响经济增长；二是通过影响技术创新再通过影响全要素生产率来对经济增长起作用；三是借助于金融发展渠道来影响经济增长。

1. 社会资本与人力资本

也许是受到科尔曼（1988）那篇开创性论文的影响，很多有关社会资本的增长模型都将社会资本与人力资本联系起来进行考察。一些经验研究表明，社会资本与人力资本之间存在着互补性和双向正相关关系；这些经验研究还表明，与一个国家的经济发展相伴随的是，与人力资本相比，社会资本的相对重要性在降低。①赛凯拉和费雷拉—洛佩斯（2008）以经验材料为依据，建构了一个典型的内生增长模型，对人力资本和社会资本之间的相互作用进行了探讨。

在他们的模型中，人力资本的生产取决于分配于学校中的人力资本 H_H 以及社会资本总体水平 S：

$$\dot{H} = \zeta H_H + \alpha S - \delta_H H \tag{6.2.5}$$

其中，$\zeta > 0$，$\alpha \geqslant 0$，$\delta_H \geqslant 0$。个人人力资本 H 被划分为三个组成部分，分别用于生产部门 H_Y、教育部门 H_H 和社会资本积累 H_S，因而 $H = H_Y + H_H + H_S$。社会资本积累取决于 H_S 和现有社会资本存量：

$$\dot{S} = \gamma H_S + \Omega S \tag{6.2.6}$$

Ω 包含了折旧率和现有存量对社会资本积累的正面影响，因而 Ω 既可能大于0，也可能小于0。生产函数和物质资本积累的方程表示如下：

$$Y = K^{\beta} S^{\eta} H_Y^{1-\beta-\eta}, 0 < \beta, \eta < 1 \tag{6.2.7}$$

$$\dot{K} = Y - C - \delta_K K \tag{6.2.8}$$

假定要素市场和最终商品生产部门均为完全竞争的，则要素收益就等于其边际生产率：

---

① 这类经验研究可参见：Teachman, Jay D., Kathleen Paasch & Karen Carver, 1997, "Social Capital and the Generation of Human Capital", *Social Forces*, vol. 75, no. 4, pp. 1343-1359; Piazza-Georgi, Barbara, 2002, "The Role of Human and Social Capital in Growth: Extending our Understanding", *Cambridge Journal of Economics*, vol. 26, pp. 461-479; 以及 Glaeser, Edward L., David Laibson & Bruce Sacerdote, 2002, "An Economic Approach to Social Capital", *Economic Journal*, vol. 112, no. 483, pp. F437-F458。

$$r = \frac{\beta Y}{K};\tag{6.2.9}$$

$$w_S = \frac{\eta Y}{S};\tag{6.2.10}$$

$$w_Y = \frac{(1-\beta-\eta)Y}{H_Y}\tag{6.2.11}$$

其中 r 为物质资本收益，w_S 为社会资本收益，而 w_Y 为市场工资。

假定经济体为封闭的，且人口恒定为 1，则具有无限寿命的家庭最大化问题可表述如下：

$$\max \int_0^\infty \frac{C^{1-\theta}}{1-\theta} e^{-\rho t} \mathrm{d}t, \rho > 0, \theta > 0$$

$$\text{s. t. } \dot{a} = (r-\delta_K)a + w_Y(H - H_H - H_S) + w_S S - C \tag{6.2.12}$$

其中 a 代表家庭物质资产。解这一最大化问题，得一阶条件为：

$$g_C = (r-\rho-\delta_K)/\theta \tag{6.2.13}$$

$$g_{w_Y} = r - \zeta + \delta_H - \delta_K \tag{6.2.14}$$

式（6.2.13）和式（6.2.14）分别描述了消费和市场工资的动态。

社会资本收益与市场工资的比率为固定的：

$$\frac{w_S}{w_Y} = \frac{\zeta - \delta_H - \Omega - \frac{\alpha\gamma}{\zeta}}{\gamma}\tag{6.2.15}$$

他们由此推出了该模型的一个重要结论：来自社会资本的收益与来自市场的收益两者的比率，随着用于教育部门的人力资本的效率 ζ 的增加而增加，并且随着人力资本折旧率 δ_H、H_S 的生产率 γ 以及其它所有描述人力资本和社会资本相互关系项的增加而降低。这一固定比率还表明，两类收益的增长率是相等的，即 $g_{w_Y} = g_{w_S}$。

接下来，赛凯拉和费雷拉—洛佩斯对模型的动态和稳态过程进行了分析。从模型中可以得出 C/K、r 和 S/H 的动态方程分别为：

$$g_{C/K} = \left(\frac{1}{\theta} - \frac{1}{\beta}\right) r + \frac{C}{K} - \frac{\rho + \delta_K}{\theta} + \delta_K \tag{6.2.16}$$

$$g_r = -\frac{1-\beta}{\beta}(r - \zeta + \delta_H - \delta_K) \tag{6.2.17}$$

$$g_{S/H} = \frac{\zeta - \delta_H + \delta_K}{\beta} - \delta_K - \frac{C}{K} - \zeta\left(1 - \frac{1-\beta-\eta}{\eta} \frac{\zeta - \delta_H - \Omega - \frac{\alpha\gamma}{\zeta}}{\gamma} \frac{S}{H} - \frac{g_S - \Omega}{\gamma} \frac{S}{H}\right) - \alpha \frac{S}{H} + \delta_H \tag{6.2.18}$$

当 g_r、$g_{C/K}$ 和 $g_{S/H}$ 趋近于 0 时，经济体达到稳定状态，关于稳定状态的结论如下：

当$\zeta > \delta_H + \rho$，$\zeta > \delta_H + \rho + \theta(\Omega + \frac{\alpha\gamma}{\zeta})$，且$\theta > 1$时，存在唯一的稳定状态，$r$、$C/K$和$S/H$的稳态值分别为

$$r^* = \zeta - \delta_H + \delta_K \tag{6.2.19}$$

$$\frac{C^*}{K} = \frac{\rho}{\theta} - r(\frac{1}{\theta} - \frac{1}{\beta}) - \delta_K(1 - \frac{1}{\theta}) \tag{6.2.20}$$

$$\frac{S^*}{H} = \frac{\zeta - \delta_H - g_H}{\zeta[\frac{1 - \beta - \eta}{\eta} \frac{\zeta - \delta_H - \Omega - \frac{\alpha\gamma}{\zeta}}{\gamma} + \frac{g_S - \Omega}{\gamma} - \frac{\alpha}{\zeta}]} \tag{6.2.21}$$

其中，$g_S = g_H = g_K = g_C = g_Y = \frac{r - \rho - \delta_K}{\theta}$。且这一稳态在鞍形路径上是稳定的。

最后，作者使用校准法对参数进行估计，并对模型预测的经济演化过程进行了描述。两位作者得出的结论是：在经济发展过程中，人力资本相对于社会资本而言其重要性在上升，而且从长期来看，人力资本与社会资本存在着正相关关系。这表明更发达的国家拥有更多的人力资本和社会资本。作者在一个特殊的例子中还模拟了社会资本与人力资本比率可能存在倒U型关系的情况，以解释20世纪末美国在经济增长、社会资本和人力资本之间存在正相关的同时为何社会资本却在持续下降的事实。

除了赛凯拉和费雷拉—洛佩斯之外，还有一些学者从另外的角度研究了社会资本、人力资本与经济增长的关系。如阿尔贝托·比辛和达尼洛·瓜伊托利（Alberto Bisin & Danilo Guaitoli，2006）用世代交叠模型描述了人力资本和社会资本在现代化过程中的动态积累过程。在他们的模型中，经济发展过程被划分为两个阶段：农村传统经济阶段和现代化的都市经济阶段，其中传统经济的工资水平取决于个人社会资本和社会环境（总量社会资本），而且不需要使用人力资本；而现代经济的匿名交易使得个人的社会资本投资无法被观察到，工资水平只取决于总量社会资本，但需要使用人力资本。现代化被看作是某种外生冲击。在该模型框架下，对人力资本和社会资本演化的动态分析表明，由于初始条件不同，经济增长中可能会出现“贫困陷阱”。这是因为在现代化过程中，随着人们从农村迁往城市，他们将停止对社会资本的投资，而开始进行人力资本投资。为了能够实现持续的经济增长，人力资本必须增长得足够快，以抵消社会资本下降带来的负面影响，否则将陷入“贫困陷阱”而无法自拔。由此作者得出的结论是：与人力资本增长相伴随的是社会资本的下降，因此有些国家可以在推进现代化过程中取得成功，而有些国家则会失败。

舒米安南达·丁达（Soumyananda Dinda，2008）从不同的视角描述了社会资本与人力资本之间的关系。他反对科尔曼的观点，认为不是社会资本促进了人力

资本的积累，而是人力资本存量决定了社会资本的积累。这是因为社会交往和共享的社会规范是在受教育过程中形成的，而且受过高等教育的人对于集体行动的重要性有着更深刻的理解，因而教育有利于促进信任、互惠和合作，对于整个社会具有正外部性。社会资本概念的提出正是对这种正外部性的概括。在他构建的增长模型中，*AK* 型生产函数由物质资本、人力资本和社会资本三者共同决定，所得出的结论是人力资本和社会资本的积累均会影响均衡增长率。

2. 社会资本与技术创新

近 20 年来，在发达国家中，跨组织的联系日益增多。企业与企业之间、企业与实验室、大学和政府之间纷纷建立起生产性协作关系以促进合作。产生这一现象的原因之一是，随着经济发展和技术进步，维持经济发展所需投资也逐年增加，单个企业已无力承担技术创新带来的风险。在这样的背景下，中观层次的社会资本（主要表现为组织之间的联系、关系网络以及其中的信任、互惠、合作的规范等，这类社会资本通常也被称为“连结型社会资本”（linking social capital））对于技术创新的作用就显得越来越重要。例如，简·E. 方丹（Jane E. Fountain，1998）认为，社会资本是技术创新的重要推动力量，创新能力取决于由中观层次的社会资本所提供的制度效率。而在彼得·马斯克尔（Peter Maskell，2000）看来，社会资本对于传统经济中低技术水平盛行背景下的学习和创新同样重要，因为企业可以从相互学习中受益。企业间的这种以信任为基础的互惠关系可以克服由于信息不对称而导致的在知识交换方面的市场失效。在经验证据方面，瑞吉恩·兰德里、纳比尔·阿马拉和莫克塔·拉马里（Rejean Landry，Nabil Amara & Moktar Lamari，2002）用问卷调查方式为社会资本与创新之间的关系提供了经验证据，结果表明社会资本对于企业的创新决策具有重要影响。穆拉德·达卡里和迪尔克·德·克勒尔克（Mourad Dakhli & Dirk de Clercq，2004）利用《世界价值观调查》（World Value Survey）所提供的相关数据作为社会资本的衡量指标，并使用了 59 个国家的相关横截面数据，考察了社会资本与创新之间的关系，发现涉及社会资本的部分指标与创新之间存在正相关关系。

周元光（Yuan K. Chou，2006）沿用罗默的内生技术变迁增长模型的框架，建立了一个社会资本影响技术创新的模型。其中，社会资本并未直接作为一种投入要素进入生产函数，而是通过对 R&D 活动的影响而间接影响生产。其模型具体表述如下：

$$\dot{K} = Y - C - \delta_K K \tag{6.2.22}$$

$$\dot{A} = B(u_A L)^{\eta} S^{\beta} A^{\psi} \tag{6.2.23}$$

$$\dot{S} = P(u_S L)^{\sigma} S^{\varphi} \bar{K}^{\lambda} - \delta_S S \tag{6.2.24}$$

$$Y = K^{\alpha}(u_Y AL)^{1-\alpha} \tag{6.2.25}$$

其中 $\bar{K}$ 代表物质资本总存量，该总存量对于单个企业来说是外生给定的；B 和 P 为固定生产率，$\alpha,\beta,\eta,\psi,\sigma,\phi$ 和 λ 为取值范围为 (0,1) 的弹性系数。$\bar{K}^{\lambda}$ 代表社会资本创造过程中的"边干边学"效应。在平衡增长路径上的技术和社会资本的增长率分别为

$$g_A^* = \frac{\eta(1-\phi)+\beta(\sigma+\lambda)}{(1-\psi)(1-\phi)-\beta\lambda}n \tag{6.2.26}$$

$$g_S^* = \frac{(\sigma+\lambda)n+\lambda\gamma_A^*}{1-\phi} \tag{6.2.27}$$

由此得出 γ_A^* 和 γ_S^* 均随 $\dot{A}$ 和 $\dot{S}$ 方程中弹性系数的增加而增加，而且当处在稳定状态时，人均消费、人均资本和人均产出均以技术进步增长率 γ_A^* 的增长速度而增长。

假设个人试图最大化具有不变替代弹性的效用函数 $\int_0^{\infty}\frac{C^{1-\theta}}{1-\theta}e^{-\rho t}\mathrm{d}t,\rho > 0,\theta > 0$。

定义 $\bar{k} \equiv K/AL$，$s \equiv S/L$，$\bar{c} \equiv C/AL$，以及 $\bar{y} \equiv Y/AL$，解这一模型得

$$u_S^* = \frac{1}{1+(1+\Gamma)\Phi} \tag{6.2.28}$$

$$u_A^* = \frac{\Phi}{1+(1+\Gamma)\Phi} \tag{6.2.29}$$

$$u_Y^* = \frac{\Gamma\Phi}{1+(1+\Gamma)\Phi} \tag{6.2.30}$$

其中 $\Gamma \equiv \frac{\rho+(\eta-1)n+\beta}{\eta g_A^*}$，

$$\Phi \equiv \frac{\eta[\rho+(1-\phi)\delta_S+(\sigma+\lambda-1)n+(\theta+\lambda-1)g_A^*]}{\sigma\beta(g_S^*+\delta_S)},$$

$$\bar{k}^* = \left(\frac{\alpha}{\rho+\theta g_A^*+\delta_K}\right)^{1/(1-\alpha)}u_Y^* \tag{6.2.31}$$

$$\bar{c}^* = \frac{\rho+\theta g_A^*+\delta_K-\alpha(n+g_A^*+\delta_K)}{\alpha}\bar{k}^* \tag{6.2.32}$$

$$\bar{y}^* = \bar{k}^{*\alpha}u_Y^{*1-\alpha} \tag{6.2.33}$$

由模型得出的比较静态分析结论如下：第一，风险回避系数 ρ 和贴现率 θ 的增加会导致更多的劳动力进入最终产品生产部门，这是因为生产部门中的劳动力可以瞬时提高当前消费水平，而社会资本积累和 R&D 活动只能提高未来消费水平；第二，R&D 部门中社会资本的溢出效应参数 β 与生产部门的劳动力比例 u_Y 负相关，而与用于社会资本和人力资本积累的劳动力 u_S 和 u_A 正相关；第三，当

前 R&D 活动的溢出效应参数 ψ 与 u_Y 负相关，与 u_A 正相关，而与 u_S 呈驼峰型关系；第四，在社会资本积累方程中社会资本的溢出效应参数 ϕ 和物质资本的“边干边学”效应 λ 的增加将导致 u_A 、u_S 的增加和 u_Y 的下降。

作者还指出，如果修改模型，使得社会资本溢出效应参数 ϕ 不再是固定的，而是随着总体社会资本水平的增加而增加，那么社会资本水平将呈现出可能伴随着“贫困陷阱”的多重均衡。这喻示着在脱离低水平的“社会资本贫困陷阱”过程中，政府可以发挥重要作用，政府需要制定有利于内生化社会资本溢出效应的政策，以促进社会资本的积累。

3. 社会资本与金融发展

路易吉·圭索、保拉·萨皮恩扎和路易吉·津加莱斯（Luigi Guiso，Paola Sapienza，& Luigi Zingales，2004）曾经对社会资本与金融发展之间的关系进行了经验分析，并提供了有关例证。他们指出，金融不过是拿今天的一笔钱去换取未来更多的钱，而这一交易能否实现不仅取决于正式契约，在一定程度上还取决于交易双方之间的信任。由于社会资本是决定信任水平的重要变量，因而它也会对金融发展产生重要影响。作者通过对意大利不同地区的考察发现，在社会资本水平高的地区，家庭更倾向于使用支票，更多地投资于股票，而且拥有更多的正式借贷的途径，因而更少使用非正式借贷。他们认为，尤其是在正式制度约束力较弱的地区和接受较少教育的人群中，社会资本的影响更大。

周元光据此构建了反映社会资本与金融发展关系的增长模型。该模型假设，社会资本有助于将个人或家庭的储蓄转化为生产性投资，因而可通过提高金融部门的效率来影响增长。这是因为个人以参加协会、俱乐部等社会网络的形式而进行的社会活动创造了普特南所说的“桥接型”社会资本。这类社会资本有利于提高全社会的普遍信任水平，尤其在金融系统中，金融中介可以更好地协调借贷双方的要求。他的模型可具体表述如下：

$$\dot{K} = (\frac{S}{L})^l (Y - C) - \delta_K K \tag{6.2.34}$$

$$\dot{S} = P(u_S L)^{1-\sigma} S^{\sigma} - \delta_S S \tag{6.2.35}$$

$$Y = AK^{\alpha}(u_Y L)^{1-\alpha} \tag{6.2.36}$$

$$1 = u_Y + u_S \tag{6.2.37}$$

模型的关键之处在于，S/L 决定了储蓄转化为新的生产性资本的比例。

假设个人效用函数为 $\int_0^{\infty} \frac{C^{1-\theta}}{1-\theta} e^{-\rho t} \mathrm{d}t, \rho > 0, \theta > 0$ 。定义 $k \equiv K/L$ ，$s \equiv S/L$ ，$c \equiv C/L$ ，那么金融中介的效率由 s^l 给定。其稳态解为

$$u_S^* = \frac{\Gamma}{\Gamma + \Phi} \tag{6.2.38}$$

其中，$\Gamma = \alpha l(1-\sigma)(n+\delta_S)(n+\delta_K)$，$\Phi = (1-\alpha)(\rho+\delta_K)[\rho+\delta_S-\sigma(n+\delta_S)]$，

$$u_Y^* = 1 - u_S^* \tag{6.2.39}$$

$$s^* = (\frac{P}{n+\delta_S})^{1/(1-\sigma)} u_S^* \tag{6.2.40}$$

$$k^* = (\frac{s^{*l}A\alpha}{\rho+\delta_K})^{1/(1-\alpha)} u_Y^* \tag{6.2.41}$$

$$c^* = \frac{\rho+\delta_K-\alpha(n+\delta_K)}{\alpha}\frac{k^*}{s^{*l}} \tag{6.2.42}$$

模型中隐含的结论是：第一，稳定状态下分配给社会资本积累的劳动时间 u_S^* 是贴现率 ρ 的减函数，是储蓄转化为投资的弹性系数 l 的增函数，与社会资本积累的生产率参数 P 无关；第二，稳定状态下的人均社会资本 s^* 及金融中介效率 s^l，是贴现率 ρ 的减函数，是 P 的增函数；第三，稳定状态下的人均物质资本 k^* 和人均产出 y^* 是 P 的增函数。

4. 社会资本对经济增长的挤出效应

普特南（1995）所开展的经验研究表明，从20世纪下半期开始，美国经济在增长的同时，社会资本水平却在持续下降，其他学者也试图用增长理论来解释普特南提到的这种现象。例如。在斯约尔德·比戈尔斯蒂齐克和斯贾克·斯穆尔德斯（Sjoerd Beugelsdijk & Sjak Smulders，2004）建构的增长模型中，社会资本被区分为“结合型”和“桥接型”两种，个人对社会资本的投资取决于个人偏好，而不是取决于投资回报。对两类社会资本的投资都需要花费时间成本，因而对经济增长具有“挤出效应”。况且，“结合型”社会资本不会带来任何收益，而“桥接型”社会资本则可以减少社会上的寻租和欺骗行为。据此，他们认为“结合型”社会资本不利于经济增长，而“桥接型”社会资本对增长的作用取决于“挤出效应”与“行为约束效应”的相对强度。斯特凡诺·巴托里尼和路易吉·波纳提（Stefano Bartolini & Luigi Bonatti，2008）用一个相似的内生增长模型证明了社会资本与经济增长之间呈负相关关系。这是因为市场行为的扩张弱化了社会资本的形成，而企业则会对正式的强制机制进行投资，以此替代社会资本的作用。这一模型与普特南的经验研究所得出的结论相吻合。

第三节　社会资本与经济绩效：制度分析的视角

20世纪80年代兴起的新制度经济学放宽了新古典经济学的假设前提，市场

不再是完全竞争的和无摩擦的，交易成本不可避免，而且市场失灵的现象大量存在。在这一背景下，制度对于经济发展就显得至关重要了。新制度经济学家以科斯提出的“交易成本”概念为核心，旨在说明内生的制度与经济绩效之间的关系。由于社会资本与制度在功能上具有某些相似性，所以新制度经济学的分析方法也被广泛地应用于对社会资本的研究中。

世界银行社会资本协会主持的一系列有关社会资本的案例研究报告指出，社会资本可以有效地降低交易成本，减少机会主义行为，降低由于信息不完全所带来的不确定性，并以此来协调集体行动和促进合作。然而，这些作用也正是制度所能发挥的，但社会资本还能发挥制度所不能发挥的作用：正式制度的实施需要有一个专门的独立实施惩罚和制裁的第三方，而社会资本发挥作用却通过社会关系网以及相关成员之间的互动约束，也就是说，社会资本是通过第二方来强制实施的，它可以节约正式制度的实施成本。此外，在正式制度尚未建立或失效的情况下，社会资本可以作为对制度的补充发挥作用。更为广义的社会资本包括整个社会的习俗文化，而一个社会的习俗文化往往能够决定人们对正式制度的态度。

一、社会资本与社群治理：解决市场失效和政府失效的途径

治理问题近年来在经济学界重新被人们所重视，但实际上自19世纪以来，经济学界围绕着如何进行有效治理一直存在两大阵营：一方持自由主义态度而拒绝对市场进行干预，另一方则主张政府实行全面干预。争论双方共同隐含的假设前提是市场和政府都是调节经济运行的有效手段，除两者之外再无其它的资源配置方式。直至20世纪末，市场失效和政府失效都有可能发生的观念逐渐被人们所接受，社会资本的概念正是在此时问世。正如鲍尔斯和金迪斯（2002）所言，社会资本之所以逐渐被重视，并不是因为它自身的优点，而是由于市场和政府都存在缺陷，而且这一概念的兴起标志着“计划对市场”的长期论战的结束。

2009年诺贝尔经济学奖授予了美国经济学家埃莉诺·奥斯特罗姆（Elinor Ostrom）和奥利弗·E. 威廉姆森，以表彰他们在研究经济治理方面所做出的杰出贡献。有学者认为，2009年的诺贝尔经济学奖似乎受到了全球金融危机的影响，这一次金融危机的发生意味着政府和市场都失灵了，因而经济学急需寻找经济治理的第三条道路。奥利弗·E. 威廉姆森是新制度经济学的代表人物，他的研究聚焦于对私人经济部门的治理。他认为不仅仅是政府，其它一切层次的组织，如企业、非营利组织、非政府组织和社团，都可以成为替代市场的资源配置方式。奥斯特罗姆侧重于研究公共地资源和对公共品的治理问题。“公共地悲剧”可以被视为一个由多人参与的“囚徒困境博弈”，个人理性会导致集体低效率，即公共地资源的过度使用或投入不足。对于这个问题的传统解是：要么集权

化要么私有化，而奥斯特罗姆则通过对鱼类、草地、森林、湖泊和地下水等公共资源的使用与管理的大量实证研究表明，通过公共资源共享者之间的“自组织行为”往往可以有效治理和利用这些资源。这类“自组织行为”通常存在于除市场和层级制组织之外的呈水平结构关系的社会群体之中。这就涉及到了社会资本。奥斯特罗姆也很关注对社会资本的研究，她曾就社会资本的创造问题做过博弈分析，对一群农场主是如何自发地建立起一套规则以合理利用共有的灌溉系统的过程作了考察，并用取自尼泊尔 150 个灌溉系统的研究报告的实证证据支持了该理论分析所得到的结论。①

“桑塔菲学派”（Santa Fe School）的代表人物鲍尔斯和金迪斯（2002）更是主张直接用社群（community）来代替社会资本这一术语，以强调社群在经济治理方面的重要作用，并把“社群治理”列为除市场和政府之外的治理经济的第三条道路。在鲍尔斯和金迪斯看来，社群是指人们相互之间直接地、经常地而且在多方面发生影响的群体，该群体是通过联系而不是感情来界定的。社群治理的关键在于其成员拥有一些关于其他成员的行为、能力和需要的重要信息。正是依靠这些信息，社群的成员们能够维持规范以避免道德风险和逆向选择，而且这些信息通常是多边的而不是集中地使用的。他们还对社群、市场和政府进行了比较制度分析，以阐明不同的制度组合可以解决哪一类问题。他们认为市场的吸引力在于它拥有利用私人信息方面的能力，只要能够以低成本制订和执行契约，市场就比其它类型的治理结构更有效。当剩余索取权与控制权相一致时，市场竞争就可以提供一个分散的、难以被打破的机制，以惩罚无能者和奖励绩效突出者。政府与市场一样，适合于解决特定类型的问题。例如，政府能够为交易制订博弈规则并使规则得以强制执行，但只有当政府参与具有强制性的时候，政府的作用才有效。而社群的优越性则在于，它可以利用分散的私人信息，对其成员进行奖励或惩罚，而这类信息通常是政府、雇主、银行以及其他类型的正式的大型组织无法获得的。与政府和市场不同的是，社群可以更有效地促进和利用激励措施，以规范人们的共同行为，包括信任、团结、互惠和声誉等。

鲍尔斯和金迪斯还指出，社群作为治理结构的独特能力在于：第一，社群成员重复交往的可能性大，因此当事人有强烈的激励采取对所有人都有利的行动，以避免当采取不利行动时对方日后会实行报复；第二，频繁交往降低了获取关于其他成员特征、当前行为和将来可能行为的信息的成本，并提高了收益。这类信息的广泛传播越容易，社群成员就越有激励采取对集体有利的行动；第三，社群通过同组成员之间的监督和惩罚来解决激励相容和搭便车等难题。总之，社群具

---

① 埃莉诺·奥斯特罗姆：《社会资本：一种时尚还是一个基本概念?》，参见帕萨·达斯古普特、伊斯梅尔·撒拉格尔丁编：《社会资本——一个多角度的观点》，中国人民大学出版社 2005 年版，第 217—272 页。

有发挥其优势的三个要素：重复交易、信息传播、成员间的监督和惩罚。下面以囚徒困境博弈为例，说明这三个要素是如何约束社群中的机会主义行为的。

1. 重复交易

完美信息博弈中的无名氏定理证明了，在无限次重复博弈中，只要参与人有足够的耐心（即贴现因子足够大），那么合作可以成为囚徒困境博弈的一个子博弈精炼均衡。这意味着，重复交易有助于形成合作规范。神取道宏（Michihiro Kandori，1992）的研究证明，在社群中，随时间的流逝即使个人也会不断改变交易对象，但只要群体成员能够观察到所有其他成员的行为，那么“无名氏定理”同样成立。然而，所有成员行为可以被观察是一个非常严格的条件，只有在范围相当小的社群中才能实现。布莱恩·R. 鲁特里奇和乔阿希姆·冯·阿姆斯贝格（Bryan R. Routledge & Joachim von Amsberg，2002）曾经用一个无固定对象的重复博弈模型证明了社会资本是如何促进合作的。他们假设交易在私人之间进行，不存在有关交易者行为的公共信息，这意味着没有人可获得其他成员的交易信息，交易双方采取的策略同两人之间历史上发生的交易有关。该模型是一个囚徒困境二人博弈模型，若两人合作，交易便达到帕累托最优，但在一次性的博弈中，不合作为占优策略。在每个时期，社群中的任何两个个人最多只相遇一次，交易机会是随机的，也可能出现两个人在若干期内都不发生交易的情况。因此，博弈是否重复是不确定的。模型的结论是，只要交易的频率足够高或概率足够大以及贴现因子足够大，合作可能会是一个子博弈精炼均衡。由此出发，他们将社会资本定义为促进帕累托最优均衡的社会结构，该结构决定了两个个人相遇并从事交易的频率。这个模型实际上是对“无名氏定理”的扩展和延伸。鲁特里奇和阿姆斯贝格把社会资本与经济增长之间的关系解释为劳动力迁徙导致社群中个人相遇并从事交易的概率降低，因而对社会资本将带来不利影响，但劳动力迁徙毕竟是提升劳动力效率和促进增长的重要途径，对发展中国家来说尤为重要。因此，在他们看来，是选择增加社会资本还是选择提高劳动效率，对于发展中国家来说，是一个两难抉择。由此可见，无论是用原始的还是用扩展的“无名氏定理”来解释社群中的合作都存在着缺陷。其缺陷在于合作并非唯一的子博弈精炼均衡，不合作也可以达到均衡。此外，根据劳特里奇和阿姆斯贝格的模型，要想通过合作达到均衡，必须使交易的频率足够高。这个条件显然只能在小规模的、流动性低的社群中才能实现。

2. 引入了信息传播的重复交易

劳特里奇和阿姆斯贝格的模型关注的是社群中任意两个人相遇及交易的频率，却没有考虑信息传播对促进合作的作用。道宏（1992）曾考察了当存在某种信息传递机制的情况下合作得以维持的情况。但是，要使这种机制得以运行需要满足三个相当严格的条件：第一，信息是分散化的，每个个人都携有一个包含其重要信息的标签（例如：声誉、社会地位和信用卡等级等都可以看作是标签的一种）；第二，在进行交易之前每个个人都能观察到他自己及其对手的标签；第三，参与者及其对手今天的行为和标签将决定他们未来的标签。

库尔特·安能（Kurt Annen，2003）用一个无限重复博弈模型对社群中的合作作了分析。他认为人格化的社会关系网对促进合作具有低强制成本的特征，这是因为声誉是一笔有价值的资产，它使得关系网中的个人倾向于采取合作的行为。声誉的建立需要依靠社会关系网中的信息传播机制，而信息传播效率则取决于群体的规模和传播技术。与此同时，他还引入了交易的复杂性这一变量。他认为，与经济发展相伴随的是交易复杂性日益上升，交易的效率将受到群体规模的限制。随后，他分析了在信息传播和交易复杂性双重约束下，合作的策略成为子博弈精炼均衡的充分必要条件以及影响这一条件的若干变量。他的具体模型如下：

社会关系网由 n 名成员组成，$n \in \{2,4,6,\cdots\}$，交易在网络成员间无限期进行；假设每个成员可以无成本地找到自己需要的交易对象，支付矩阵如图 6.3.1 所示。c 代表合作，而 d 代表欺骗。$k \in \{h,l\}$，$a > c_h > c_l > 0 > b$ 且 $a + b \leqslant 2c_l$。c_h 代表高效率的配对交易，c_l 代表低效率的配对交易。网络成员之间的交易无限次进行，且主观贴现率为 δ。成员之间存在着对行骗的个人实施惩罚的规范，即不与有欺骗记录的个人进行交易。关系网中将对个人在交易中的行为信息进行传播，该信息以 $q(n,\lambda)$ 的概率为具有可靠性，其中 $q(n,\lambda)$ 取决于网络的规模 n 和传播技术 λ。$q(n,\lambda)$ 为二阶可导函数，$\frac{\partial q(n,\lambda)}{\partial n} < 0$，$\frac{\partial^2 q(n,\lambda)}{\partial n \partial n} > 0$，$\frac{\partial q(n,\lambda)}{\partial \lambda} > 0$，且 $q(0,\lambda) = 1$。

		参与者 j c	参与者 j d
参与者 i	c	c_k, c_k	b,a
参与者 i	d	a,b	$0,0$

图 6.3.1　支付矩阵

$q(n,\lambda)$ 即表示在欺骗的下一阶段被发现的概率，那么欺骗后不被发现的概率为 $1 - q(n,\lambda)$。社会关系网的形成同时也将带来排他性，这会产生网络成员在网络中找不到其最优合作伙伴的可能性。假设网络中的低效率配对的概率为 $p(n,\gamma)$，$p(n,\gamma)$ 取决于网络的规模 n 和交易的复杂性 γ。$p(n,\gamma)$ 是二阶可导函数，$\frac{\partial p(n,\gamma)}{\partial n} < 0$，$\frac{\partial^2 p(n,\gamma)}{\partial n \partial n} > 0$，$\frac{\partial p(n,\gamma)}{\partial \gamma} > 0$，且 $p(0,\gamma) = 1$。

合作的策略在 t 阶段成为子博弈精炼均衡的充分与必要条件是：

$$\pi_i(c_i^t, c_{-i}^t) \geqslant \pi_i(d_i^t, c_{-i}^t) \ \forall i \in \{2,\cdots,n\}, \forall t \tag{6.3.1}$$

考虑到传播约束和交易复杂性的约束，如果：

$$\frac{(1 - p(n,\gamma))c_h + p(n,\gamma)c_l}{1 - \delta} \geqslant a + \frac{\delta(1 - q(n,\lambda))(1 - p(n,\gamma)c_h + p(n,\gamma)c_l)}{1 - \delta} \tag{6.3.2}$$

则自我强制条件满足。

如果用 $S(n,\gamma,\lambda)$ 来表示社会资本的强制力，那么

$$S(n,\gamma,\lambda)=\frac{a(\delta-1)+(c_h(1-p(n,\gamma)+c_lp(n,\gamma))(1-\delta(1-q(n,\lambda)))}{1-\delta} \tag{6.3.3}$$

当 $S(n,\gamma,\lambda)\geqslant 0$ 时，网络有正的强制力 $S(n,\gamma,\lambda)$。

可见，除了贴现率 δ 必须足够高以维持合作均衡外，社会资本正的强制力 S 是 $q(n,\lambda)$ 的增函数，是 $p(n,\gamma)$ 的减函数。在其它参数和变量不变的情况下，S 随 γ 的增加而降低，随 λ 的增加而增加。网络规模 n 的作用为不确定。

这个模型意味着在传统的简单经济中，社会资本的强制力是较大的，因为由交易带来的收益高而强制成本低；但随着经济发展，人们面临着日益复杂的交易，需要扩大关系网的规模以提高交易收益。此时，若要保证社会资本的强制力，就要求信息传播技术的相应提高以抵消因规模扩大而使得信息传播的效率下降。

安能还对正式制度和基于社群强制的人格化契约进行了对比，认为正式制度的优势在于它具有较大的包容性。在正式的制度安排下，合作可以在更多的个人和有着不同社会文化背景的个人当中实现和维持。社会资本的强制力会受到传播约束和交易复杂性的约束，但是只要社会关系网中的信息传播能力足够强，其包容性甚至可以超过正式制度，这是因为正式制度的包容性还会受到国界的限制。安能在对社会资本的分析中引入了信息传播的因素，但他的分析仍然是不够全面的。他并未考虑信息传播的成本、谁来承担这个成本，以及信息传播过程中的激励相容等问题。

3. 社群成员间的监督和惩罚

要使社群中的囚徒困境博弈转变为合作的局面，社群成员之间的监督和惩罚是必不可少的。实际上，冷酷策略、"以牙还牙"策略都意味着对投机者实行某种惩罚性威胁；此外，社群内部关于成员行为和特征信息的传递也可以看作是一种监督。但问题在于，监督和惩罚是有成本的，同时也需要解决监督和惩罚行为的激励相容问题。很多现实证据和博弈实验都表明，人们常常自发地对投机者进行惩罚，即使从自利的标准来看，实施这类惩罚并不划算。在把个人假定为自利的前提下，很难解释社群成员对其它成员进行监督和惩罚的动机。鲍尔斯和金迪斯（2002）认为，社群之所以能够创造和维持规范是因为有相当比例的成员愿意对投机者进行惩罚，即使实施惩罚要付出一定代价。这类行为被其称为"强互惠"。同时，他们提供的大量证据表明，在不同的社会条件下，包括在匿名社会中，人群中有相当比例的人是"强互惠主义者"。杰弗里·卡彭特、萨缪尔·鲍

尔斯、赫伯特·金迪斯和黄圣夏（Jeffrey Carpenter, Samuel Bowles, Herbert Gintis & Sung-Ha Hwang, 2009）认为，从理性的个人出发解释惩罚的动机是不充分的，需要满足一系列假设前提，如小群体的规模、重复博弈以及完全信息等。对此，他们并未采用重复囚徒困境博弈的分析框架，而是通过引入“强互惠”和“非自利”等偏好建立起团队生产的博弈模型，以解释在团队生产中成员之间的惩罚行为，并通过公共品博弈实验提供了团队中“强互惠”行为的证据。

由团队生产中的“搭便车”所导致的集体行动困境一直是经济学家们关注的问题。团队生产理论就是由产权学派代表人物阿尔钦和德姆塞茨（1972）所创立的，他们提出了解决团队生产中“搭便车”问题的一种典型思路，这就是：让部分成员专门从事监督工作，并将团队生产中的剩余索取权指定归于监督者所有，以确保监督行为本身具有激励相容性，而且监督者可以运用解雇威胁来遏制团队成员的偷懒动机。这是典型的古典资本主义企业所采用的制度安排，它暗含的一个假设前提是监督者与其它团队成员之间制订了完全的契约，其有效性有赖于正式制度。然而，对于具有水平结构的自发形成的社区来说，强制性的契约是不存在的。

卡彭特等人的模型假定团队规模为 $n > 2$ ，其成员 i 提供的工作努力为 $1 - \sigma_i \in [0,1]$ ，σ_i 为成员 i 的偷懒程度。$\bar{\sigma} = \sum_{j=1}^{n} \sigma_j / n$ 为团队的平均偷懒水平。因成员工作努力而增加的团队产出为 $q(1 - \sigma_i)$ ，而工作的成本为 $(1 - \sigma_i)^2/2$ 。q 为合作的生产率。各位成员平等地共享团队的产出，因此，成员 i 的支付为

$$\pi_i = q(1 - \bar{\sigma}) - \frac{(1 - \sigma_i)^2}{2} \tag{6.3.4}$$

团队中一名成员偷懒给其他每个成员带来的支付损失为 $\beta = q/n$ ，假定 $1/n < \beta < 1$ 。

假定成员 i 可以给 j 施加 s_{ij} 的货币等价成本，与此同时，实施这一惩罚给自己带来的成本为 $c_i(s_{ij})$ 。s_{ij} 可以来源于公众指责、回避、制裁、身体暴力以及其它形式的伤害。假定这类惩罚与成员的工作努力程度一样可观察到，但却不可证实，因而不受正式契约的约束，也不能被诉诸于法庭。假定 $c_i(0) = c'_i(0) = c''_i(0)$ ，$c_i(s_{ij})$ 为严格凸的增函数，且对于所有的 i, j ，当 $s_{ij} > 0$ 时，$c_i'''(s_{ij}) \geq 0$ 。

令 $b_j = \beta(1 - 2\sigma_j)$ ，以表明 j 作为愿意合作的成员的立场，它取决于该成员的偷懒程度及其给其它成员带来的伤害。这意味着 $\sigma_j = 1/2$ 为判断成员 j 的行为是合作还是投机的临界点。假设 b_j 为团队中的公共知识。

成员的效用函数被定义为 $u_i = \pi_i + \sum_{j \neq i} [(a_i + \lambda_i b_j)(\pi_j - s_{ij}) - c_i(s_{ij})] - s_i(\sigma_i)$ 。

这一效用函数包含了利他和互惠的偏好，其中 $s_i(\sigma_i) = \sum_{i \neq j} s_{ji}(\sigma_i)$ 为其他

成员给 i 施加的惩罚，$\lambda_i \geqslant 0$ 。参数 a_i 代表 i 的无条件的利他程度（ $a_i > 0$ 时）或者对他人无条件的恶意程度（ $a_i < 0$ 时）。λ_i 反映了 i 的互惠动机的强度，当 $b_j > 0$ 时，即 j 的行为表现为合作者时，i 就会更关心 j 的福利，反之，如果 $b_j < 0$，i 就会希望 j 的支付越少越好。若 λ_i 和 a_i 同为正，个体 i 就为“强互惠者”，其行为模式表现为，对他不了解的人持宽容态度，但一旦发现对方为投机者时（$b_j < 0$），他就会对其实施惩罚，以降低该投机者的支付水平，即便实施惩罚同时也会给他自己造成损失，他仍然会实施惩罚。

值得注意的是，受上述偏好约束的强互惠者更关心惩罚行为本身，而不是关心惩罚在将来可能给自己带来的收益（如果受罚者会对惩罚做出正面反应的话）。而且，成员只有通过亲自惩罚投机者才能获得效用，而不仅仅是观察到该投机者被惩罚了。这意味着惩罚的目的在于实施惩罚本身，而不是针对 j 的行为所造成的影响。

成员 i 选择 $s_{ij}^*(\sigma_j)$ 以使其效用函数达到最大化，因而得到一阶条件为

$$c'_i(s_{ij}^*) = \lambda_i\beta(2\sigma_j - 1) - a_i \qquad (6.3.5)$$

即惩罚的边际成本等于降低 j 的支付给 i 所带来的边际收益。当 $\lambda_i = 0$ 且 $a_i < 0$ 时，i 惩罚 j，但是，这与 j 偷懒的程度无关。在 $\lambda_i > 0$ 且 $\sigma_j \leqslant \sigma_i^0 = \dfrac{a_i/\lambda_i\beta + 1}{2}$ 时，该最大化问题将存在一个角点解，在这种情况下，i 不会惩罚 j，因为在 i 看来 j 表现得足够好。假设 $\dfrac{a_i/\lambda_i\beta + 1}{2} > 0$ 。当 $\lambda_i > 0$ 且 $\sigma_j > \sigma_i^0$ 时，对 (6.3.5) 求所有参数的偏导，可以得到以下结论：

对于 $\lambda_i > 0$ 和 $\sigma_j > \max\{1/2, \sigma_i^0\}$，$i$ 对 j 实施惩罚的水平为 s_{ij}^*：s_{ij}^* 是 a_i 的减函数和 λ_i 的增函数，随 j 偷懒的程度 σ_j 以及偷懒给 i 带来的伤害 β 而递增，随群体规模的扩大而递减。参数变化对于成员偷懒行为的影响如下：如果成员的最优动态反应存在着稳定的内点均衡，那么，a_i 的增加和互惠动机 λ_i 的增加都会导致 i 选择少偷懒并且更加努力地工作。

卡彭特等人的理论模型和实验证据表明，在适当的条件下，“强互惠”可以为惩罚行为提供支持，并且使得群体中维持较高的合作水平，只要互惠者的概率不是太低或者群体规模不是太大的话。

以上研究说明了社会资本是如何在社群治理方面发挥作用的，特别是在市场失效和正式契约不完善的情况下，社会资本通常可以有效地约束机会主义行为，促进群体成员间的合作。然而，鲍尔斯和金迪斯（2002）同时也指出，与市场和政府一样，社会群体同样会有失效的时候。“社群失效”主要有以下几种表现形式：第一，社群交往通常局限于相对较小的范围内而无法获得与更大范围的人交往所带来的规模效应。第二，由于成员身份是个人选择的结果，而不是群体决定

的，所以，群体内的成员将倾向于同质化，而无法获得多样化所带来的好处。第三，社群成员容易形成“局内人”和“局外人”的差别，并对“局外人”采取敌对的态度。第四，社群的优势在于它能够促进规范的执行，但是，这对于全社会来说是否有利还取决于它所执行的是什么样的规范。鲍尔斯和金迪斯还阐述了社群治理与正式的法律和政府环境之间的互补关系，主张建立起使得政府、市场和共同体三者互补的制度框架。

二、社会资本、经济演化与经济发展

上述理论用博弈论分析工具阐述了社会资本对社群合作的促进作用，但它仍然是一种静态的分析方法。在囚徒困境博弈中，小规模范围内的重复交往和信息传递机制使得合作有可能成为一个子博弈精炼均衡，但问题在于，合作并非唯一的子博弈精炼均衡。这些理论无法解释为什么一定会出现合作而不是其它的均衡结果；随着时间的流逝，合作能否保持其稳定性。卡彭特等人通过引入非自利的偏好，解释了团队生产中的惩罚行为与合作行为，但是在他们的模型中，偏好是外生给定的，他们并没有解释人们为什么会形成利他的或者互惠的偏好以及这些偏好在社群中又是如何演化的。鉴于这些问题的存在，一些学者试图从演化的角度对社会资本进行动态分析，以阐释社会资本的形成、积累和消亡的过程以及它与经济发展之间的长期关系。

1. 社会资本的创造及其演化

波尔森和斯文森（2003）曾用间接演化法分析了社会资本在社群中的创造及演变的过程。他们将社会资本定义为促进合作的社会规范，主要考虑的是在一次性囚徒困境博弈中出现的合作行为。他们认为社会资本概念的关键在于：第一，社群通过自愿的和非正式的社会规范，能够使个人相信其他人会采取合作行动，而且在正式制度不存在的情况下，个人也能采取这类行动。社会规范约束了人们的投机主义行为，即使这类行为是有利可图的。第二，社群成员的偏好因社会规范和社会压力的存在而被影响和被塑造。这意味着偏好和社会规范可以内生化。

波尔森和斯文森建立了一个简单的模型，以说明假设在该群体中既不存在重复交易也不存在明确惩罚的情况下，社会资本和合作在一个单独的大的社群（或者说整个社会）中是如何形成的。在他们的模型中，假设社群中的两个个人会随机地相遇，随后将进行一次性囚徒博弈。博弈的支付矩阵如图 6.3.2 所示。

参与者j \ 参与者i	c	d
c	1,1	b,a
d	a,b	0,0

图 6.3.2　支付矩阵

其中 $a > 1, b < 0$。如果个人只关心其个人货币支付的最大化，那么每个人

都会选择欺骗，而且得到的支付为0。相反，如果每个人都选择合作，则可以获得一个单位的货币收入。假设嵌入在个人偏好中的社会规范能够影响人们的行为方式。具体来说，考虑以下三种规范：第一，互惠的社会规范（R），即用同对手相同的策略来回报对手。第二，自私的社会规范（S）。遵从这种社会规范的人通常选择欺骗。这是大多数经济学案例中和博弈论中所描述的标准个体类型。第三，利他的社会规范（A）。遵守这种规范的个人总是选择合作，这是因为利他主义者总是追求实现了最大化的（或者仅仅是对手的）货币支付。

假设当两个人相遇时，每个人都得知对手的社会规范或偏好类型。得知对手这类信息的可能途径是：通过生理信号推断，从社区中其他人那里得到对手过去行为的信息，通过收入、肤色、居住地和对手所服从的社会规范等有关特征来分析对手的个人信息，等等。

当两个互惠的个人相遇时，(c,c) 和 (d,d) 都处于纳什均衡，但假设两个互惠的个人能够建立起 (c,c) 的结果。图6.3.3中给出了当类型为 i 的个人遇见类型为 j 的对手时所得到的货币支付，其中 $i,j = A,R,S$。

	A	R	S
A	1	1	b
R	1	1	0
S	a	0	0

图6.3.3　不同类型个体的支付

为了对人们将规范内生化于其偏好中的过程进行分析，一个关键的假定是那些能给人带来超过平均水平的货币支付的社会规范或偏好将随时间的流逝而被更多的人内生化。令 x_i 表示人口中类型为 i 的人的比例，其中 $i = A,R,S$。那么，$0 \leqslant x_i \leqslant 1$ 且 $\sum x_i = 1$。令 $x = (x_A, x_R, x_S)$ 表示人口中三种偏好类型的分布。令 $\pi(i,x)$ 表示在 x 分布条件下的类型为 i 的人的期望支付，$\pi(x,x)$ 表示所有人的平均支付。人口中类型 i 的比例的增长率为

$$\dot{x}/x_i = \pi(i,x) - \pi(x,x) \tag{6.3.6}$$

这就是所谓的“复制者动态”（Replicator Dynamics）。它意味着当偏好类型为 i 的个人赚到超过平均支付水平的货币收入时，他在人口当中的增长率就会上升。波尔森和斯文森用该模型描述了社群中偏好演化的动态及其稳定状态。通过分析，他们得出并证明了有关社会资本与合作的三个假说：

假说1：一个所有的个人都把自私的社会规范内生化了的社会，或者所有的个人都把利他的社会规范内生化了的社会，都不可能持续很长时间，即这样的社会状态不可能是稳定的。

假说 2：在一个由互惠的和利他的个人所组成的社会中，若人口中利他主义的个人不是太多时可以保持稳定。这意味着存在着一个利他主义者的临界比例，使得利他主义者的比例在没有超过这个临界点的时候，该群体是稳定的。在波尔森和斯文森的模型中，这一比例为 $1/a$，如果超过了该临界点，某些个人就会接受自私的规范，社会中的欺骗行为就会增加。

上述两个假说可以用图 6.3.4 来说明。

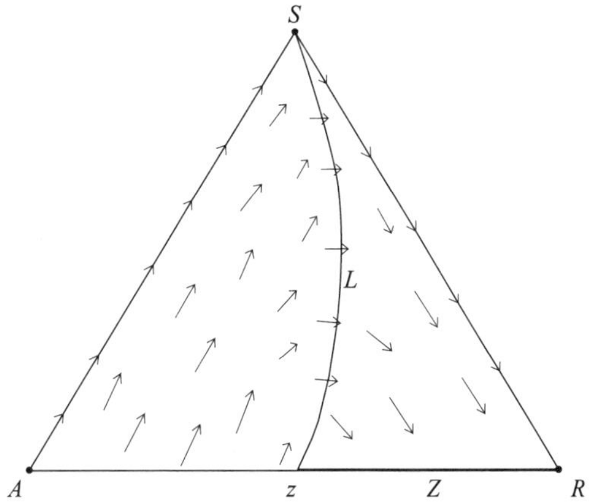

图 6.3.4　人口偏好分布及其演化

图 6.3.4 中的三角形包含了所有可能的人口分布。以 i 标识的角点表示所有人都为 i 类型的群体；三角形的 $i-j$ 边上的点代表群体仅由 i 或 j 两种类型的个人组成；三角形内部的点意味着群体中所有类型的个人均存在。图中箭头表示群体中社会规范的分布与变迁的方向。

假说 1 意味着 S 点和 A 点都是不稳定的，模型的动态将导致人口分布偏离这两个点。然而，在 $A-R$ 边上线段 Z 的范围内，由 A 类型和 R 类型的个人组成的人群是稳定的。如果人群中 A 类型的比例超过了临界值（用图中的 z 点表示），那么 S 类型的变种就会在人群中产生，从而人口分布就会向三角形内部移动。这一情形由假说 2 给出。

从 z 点开始，S 类型个人的比例将会增加，同时 A 和 R 类型个人的比例将下降，但是随着 A 类型个人的减少，迟早有一天，S 类型个人的货币支付会下降至平均水平之下，然后 R 类型个人的比例开始回升，S 类型个人开始减少，人口分布将重新回归到线段 Z（在图中，这意味着人口分布穿越曲线 L）。这一过程将周而复始地发生。

从图 6.3.4 中可以看到一个社会资本从建立到受损再到被破坏的循环模式：首先，互惠的社会规范占据主导地位，社会资本的规模达到最大；慢慢地，无条件合作的规范（利他主义的规范）开始出现，此时，社会资本与合作仍然维持在最高水平，因为每个人都是合作的。最后，利他主义者的数量超过了临界值，导致自私的社会规范出现并增多，社会资本被腐蚀过程就开始了。然而，当自私者的数量越来越多而利他主义者越来越少时，自私者的支付水平就会下降，社会资本将被重建，最终自私者将消失，社会资本重新达到最大规模，社会中又出现普遍合作。这一循环可以用假说 3 来表述。

假说 3：第一，一个所有的人或大多数人都是自私者的社会随时间推移会经历一个合作程度上升的过程。第二，一个建立了普遍合作的社会不会永远保持这个状态。该社会处于普遍合作阶段时间的长短取决于该社会可以在多大程度上限制利他主义者的蔓延。第三，一个被自私者腐蚀的社会将经历一个欺骗行为普遍上升的阶段，直到合作重新建立。

波尔森和斯文森的结论是：社会资本和合作可以在一个充满敌意的物质主义的和自利的社会中自发地产生，但条件是遵守互惠规范的个人可以正确地区分他们自身的类型和其他人的类型。然而，利他主义会侵蚀互惠规范并最终导致自私的蔓延。于是，利他主义者和互惠者会减少，社会将变得追求物质主义，而之后互惠又将重新自我建立。

2. 信任、社会资本与经济发展

最具代表性地从文化角度来考察社会资本的学者是福山（2001），特别是他关于信任的研究赢得了学术界的普遍认可，对后来问世的社会资本研究文献产生了深远影响。福山将文化定义为继承而来的伦理习惯，它不是理性选择的结果，但理性选择现象经过一段时间之后可以成为文化现实。福山将文化与经济学中理性二者的关系表述为：人类如经济学家所言，从根本上来说是自私的，他们理性地追求自身利益，但是他们的道德感使得他们感到对他人负有义务，这常常与其自私的本性相矛盾。正如文化一词所揭示的，反复演练、传统和模范使人们所遵循的高度发达的道德准则得到滋养。这些准则可以反映更深层的理性观念，可以帮助实现经济上的理性目标，对于一部分人来说，它们可能是理性认同的产物，但是它们却作为不理性的社会习惯代代相传。这些习惯反过来保证了人类永远不可能如经济学家认为的那样按纯粹自私的最大功利原则行事。在福山看来，社会资本是群体和组织中的人们为了共同目的在一起合作的能力，这一能力是由成员之间的信任水平决定的。社会资本是由社会或社会的一部分人普遍信任所产生的一种力量。毫无关系的个人之间存在着高度信任，这就为社会资本打下了坚实基础。信任是由文化决定的，它依赖于人们共同遵守的规则和道德价值观。可见，在某种程度上，福山将文化、信任和社会资本纳入了同一个范畴。他所关注的信任，既不是基于理性计算的信任，也不是传统社会中基于亲缘、地域关系的人格化信任，而是一种普遍的信任。一个国家的信任水平会影响该国的经济运行和经济结构。

不少经济学家同样重视信任对经济发展的作用，如阿罗（1972）认为，“信任是经济交换的润滑剂，世界上很多经济落后的现象都可以用缺少信任来解释。”① 弗雷德·赫尔希（Fred Hirsch，1978）也曾指出，“信任是很多经济交易所必须的公共品。”② 一些经济学家用博弈论方法从微观角度分析了信任的建立、维持和演化过程，主要涉及“无名氏定理”及其扩展、声誉机制的建立、合作机制的演进等问题。这些研究通常从理性角度入手，侧重于分析信任产生的激励机制和结构，证明信任是一种基于理性计算的信任。这样的信任实际上是理性经济人在一系列约束条件下所做出的一种机械反应，是被动的行为选择。福山对这种新古典式的观点进行了批判。他指出，根据这种说法，对于合作来说，信任实际上是可有可无的，自利的动机和正式契约就足以使得互不相识的个人结合在一起，为了共同目标而工作。按照福山的逻辑，群体是以相互间信任为基础而产生的，因而是先有信任而后有群体的形成，并非通过群体间的重复博弈或其他约束条件促成了信任的产生。他认为，信任和社会资本不像人力资本那样可以从理性的投资决策中获取，相反，它是从宗教、传统、习俗中产生的。

弗朗索瓦（2002）沿袭福山的传统，从文化角度分析信任和社会资本的关系。他摒弃了经济学家侧重于研究信任的激励结构的传统做法，着重研究作为个人固有的性格特征的“诚信”（trustworthiness），并将社会资本定义为拥有诚信的个体在社会中的普及，社会资本的重要性体现在当契约不完全时诚信所起的重要作用。为此，他特别区分了传统社会中“人格化的信任”和现代化大生产所需要的“匿名信任”。他认为传统社会的交往被限制在相对有限的人群中，生产在很大程度上是地域性的，生产单位通常局限于有血缘关系的群体中，因而在重复交往和群体内信息自由流动的背景下，高水平的信任更容易维持。这类传统社会中的人们与以大量匿名交易为特征的现代化的西方经济体中的人们相比，似乎拥有更多的社会资本。传统社会的确拥有促进诚信的激励机制，如监督、信息流动和重复交往，但是，传统社会结构能否作为成功的现代化大生产的基础很值得怀疑。现代市场经济的成功发展需要脱离传统社会中亲密的群体交易的限制，把交往扩展至陌生人，而这一点只有在人们普遍相信匿名交易不会被交易一方的机会主义行为所利用并损害另一方时才会实现。传统社会虽然以群体内部的普遍信任为特征，但很难将这种信任以及互惠的观念扩展至群体外部的匿名交易中。人们通常只信任事先熟悉的交易伙伴，市场制度的功能因而被严格地限制了。因此，有必要发展一种匿名信任，以使交易的范围得以扩大。

这种匿名信任与拥有诚信的个人在社会中的普及都同社会资本有关，而诚信作为一种性格特征是文化传承的结果，是在个人逐步社会化过程中形成的。个人

① Arrow, Kennith J., 1972, "Gifts and Exchanges", *Philosophy and Public Affairs*, vol. 1, pp. 343-362.

② Hirsch, Fred, 1976, *Social Limits to Growth*, Harvard University Press, Cambridge, MA:, pp. 78-79.

在社会化过程中会接受某种文化和价值观，并将其内生化于自身的偏好中。阿尔贝托·比辛和蒂埃里·维尔迪尔（Alberto Bisin & Thierry Verdier，2000）建立了一个偏好演化模型来说明文化在代际之间的传递过程。他们认为，个人的价值观是由其父母所受的教育和社会环境的影响共同决定的，其中家庭社会化所起的作用十分关键。为了决定孩子应该有怎样的价值观，从而形成怎样的偏好，父母们会考虑如果拥有这样的价值观在孩子一生中会产生多大的货币报酬；与此同时，虽然演化是由货币报酬所驱动的，但货币报酬并不构成唯一的影响。父母们往往根据自己的偏好来对其孩子的行动做出评价。也就是说，假设社会中存在着两种文化或两种价值观的话，其中一种是诚实守信的价值观，而另一种是投机主义的价值观。如果家长偏好于诚实守信，那么即使投机主义可能会给孩子带来更大的货币报酬，他们也有可能努力将孩子培养成为一个诚实守信的人。由于强调了家庭在孩子社会化过程中的作用，因此他们得出了与传统的演化理论不同的结论。传统的偏好演化理论认为，个人偏好或者是由基因遗传形成人的本性进而形成个人偏好，或者通过模仿过程而形成。这两种途径都将导致同一个结果，即偏好的传递是随着该偏好带来的经济收益而单调地递增的。这样就无法解释在社会中并不少见的利他主义偏好的存在。比辛和维尔迪尔指出，在家庭和社会环境对孩子施加社会化影响的共同作用下，在长期内会形成人口中不同偏好的稳定分布，而不是出现偏好趋同的极端情况。

弗朗索瓦和扎博杰尼克（2005）在比辛和维尔迪尔模型的基础上，建立了一个关于偏好演化、内生的社会资本及其在经济发展过程中作用的模型。他们的模型排除了建立激励相容的契约的可能性，使得诚信在决定生产类型方面发挥着重要作用；反过来，诚信在人口中逐渐普及并演化（即社会资本得以形成）也会受到企业生产决策的影响。如果企业选择进行更易受机会主义行为腐蚀的生产即现代化生产，则社会资本就会被创造和维持，因为在这类生产中，诚实的个人将得到额外收益。反之，演化过程将导致社会资本消失。社会资本与企业行为之间的相互关系成为经济发展过程的关键。如果二者之间保持着良性的双边动态关系，则经济发展就会成功，进而带来高水平的现代化生产和高水平的社会资本。因此，在弗朗索瓦和扎博杰尼克所描绘的经济发展路径中，社会资本与现代化生产是互补的。他们的模型主要基于四个关键假设：第一，个人可以形成诚信的价值观即偏好，在他年轻时获得的偏好受到其父母使其子女一生的期望财富达到最大化决策的影响；第二，每个企业在两种生产技术中做出选择：一是传统生产技术，不依赖于其交易伙伴是否诚信；二是现代生产技术，其中交易伙伴的诚信与否十分关键；第三，将诚信即社会资本作为一种固有的性格倾向来研究，这一倾向对环境变化的调整相对缓慢；第四，企业则可以对环境变化做出瞬间调整。

具体而言，考虑一个无限期的经济体，每个时期产生一单位的潜在企业家，该企业家只生存一期。这些企业家个人作出进行现代化生产或传统生产的决策。现代化生产易受到其交易伙伴机会主义行为的伤害，而传统生产则不存在这个问题，但其收益为零。同时，被称作“缔约者”的企业家们的交易伙伴也在同期内产生，其数量同样为一单位，仅生存一期。现代化生产需要购买商品和服务，但这类活动中不存在正式契约。完全的长期契约要么不存在，要么履行契约的成本高昂。成功的现代化生产将产生一个正的剩余；但由于缺乏契约，企业家面临其交易伙伴的机会主义行为，因而生产具有不确定性。企业家在从事生产之前，需事先进行数量为 $k > 0$ 的固定沉没投资。如果其交易伙伴提供了所承诺的服务，则生产项目将获得成功，并产生总剩余 $\pi(p_t)$ 。令 $p_t \in [0,1]$ 为在时期 t 进行生产的企业家总数，$\pi(p_t)$ 为连续可导函数。生产的净剩余为 $\pi(p_t) - k$ 。若缔约者没有提供必要的生产投入，则企业家将会损失投资 k 。另外，$\pi'(p_t) < 0$ ，且 $\pi''(p_t) \leqslant 0$ 。定义 $\pi(0) = \pi^u$ 和 $\pi(1) = \pi^l$ 分别为现代生产的上限和下限。现代生产是自由准入的，若生产获得成功，企业家得到总剩余的比例为 α ，其缔约者获得的比例为 $1 - \alpha$ ，$\alpha \in (0,1)$ 。若缔约者失信，则可获得收入 $b > 0$ 。

企业家只关心预期收益，而缔约者则有诚信的或投机的两种类型。诚信者的效用为 $u_t^T = y_t + x_t\gamma - F$ ；投机者的效用为 $u_t^O = y_t$ 。假定投机者总是选择欺骗，则 $(1 - \alpha)\pi^u < b$ ，因此，当投机者与企业家进行交易时，$u_t^O = b$ 。诚信者与企业家进行交易可获得的货币收益份额为 $(1 - \alpha)\pi(p_t)$ 。在不进行交易的情况下，$u^T = u^O = 0$ 。

假定每个企业家一生中最多只与一个缔约者进行配对交易。不论是诚信者还是投机者，由于他们与企业家进行交易的收益总是要大于不交易的收益，因此，在参与配对的双方中，缔约者的数量总是大于等于进行现代化生产的企业家的数量。由于事后剩余的分配无法事先约定，所以缔约者的供给过剩无法通过缔约者之间的竞争来解决。假设配对过程是随机的，缔约者能够与企业家进行交易的可能性为 p_t ，这是在 t 时期进行现代化生产的企业家的比例。因此，对于给定的 p_t ，两类缔约者一生的期望效用分别为：

$$\bar{u}_t^T = p_t[(1 - \alpha)\pi(p_t) + \gamma] - F \tag{6.3.7}$$

$$\bar{u}_t^O = p_t b \tag{6.3.8}$$

前文中已经假设，个人属于诚信类型还是投机类型，这是由文化选择的演化过程所决定。该思路的独特性在于，选择并非如标准的演化模型中描述的那样基于生物学意义上的适合度（fitness），而是基于个人的父母根据自身偏好使其子女一生收入达到最大化的演化过程。

假设人口为无性繁殖，1 单位的人口复制产生 1 单位包含两种类型的后代。偏好通过随机的社会化过程在代际之间进行传递。父母推进下一代实现社会化努力的增进将提高其后代形成与其相同类型的可能性。父母将其子女社会化为其相同类型的过程称为“直接社会化”，但同样存在个人从其家庭之外获得其性格特征的可能性。这一过程被称为“间接社会化”。假设诚信的个人的比例为β，则投机的个人比例为$1-\beta$。个人被直接社会化为诚信类型的概率为d^T，与此相对应，个人被直接社会化为投机类型的概率为d^O。两种概率均为β_t和p_t的函数。如果个人被间接社会化，则其社会化的结果将取决于β_t。

则β的差分方程为：

$$\beta_{t+1}-\beta_t=\beta_t(1-\beta_t)[d^T-d^O] \tag{6.3.9}$$

假设时间为连续的，则

$$d\beta_t=\beta_t(1-\beta_t)[d^T-d^O] \tag{6.3.10}$$

差分方程（6.3.10）描述了β_t是如何通过不同类型家长使其子女社会化的努力在人口中实现演化的。它还表明直接演化的关键取决于相对概率d^T-d^O。

假设按照T类型个人的偏好标准，d^T随$\bar{u}_t^T-\bar{u}_t^O$的上升而上升，而按照O类型个人的偏好标准，d^O则随$\bar{u}_t^O-\bar{u}_t^T$的上升而上升。二者的区别在于，γ项只对诚信的个人起作用。因此，d^T-d^O随$2[p_t((1-\alpha)\pi(p_t)-b)-F]+p_t\gamma$的增加而上升，由于$\gamma$为一任意正参数，则该表达式可以简化为$p_t[(1-\alpha)\pi(p_t)+\gamma-b]-F$。

定义$\Phi:R\to[-1,1]$为从$p_t[(1-\alpha)\pi(p_t)+\gamma-b]-F$到$d^T-d^O$的映射函数，则$\Phi'>0$。此外，假设$\Phi$为连续的；而且为使演化分析有意义，还需要保证两种类型的个人均存在，即需要排除d^O始终小于d^T，使得$\beta\to1$，以及d^T始终小于d^O使得$\beta\to0$的情况。因此，假设$\Phi(0)=0$。将Φ代入差分方程，得

$$d\beta_t=\beta_t(1-\beta_t)\Phi(p_t[(1-\alpha)\pi(p_t)+\gamma-b]-F) \tag{6.3.11}$$

值得注意的是，在以上描述的演化过程中，偏好的调整是缓慢的。假如相对收益的变化使得d^T增加，且$d^T>d^O$的情况下，演化过程将会产生更多的诚信的个人，然而，由于人口是逐步调整的，并不会消除单期内的d^T-d^O差距。

与个人偏好的缓慢调整过程形成鲜明对照的是，企业家可以迅速地做出调整，并根据预期收益决定进入还是退出现代化生产。这意味着企业家们总是处于均衡状态。企业家进行现代化生产的预期收益为

$$E[\alpha\pi(p_t)]=\alpha\beta_t\pi(p_t)-k \tag{6.3.12}$$

对于给定的β_t，定义$p_t^*\in\mathbf{R}$使得$\alpha\beta_t\pi(p_t^*)-k=0$。$p_t^*$为唯一的，因此，企业家的调整可以被描述如下：对于给定的p_t，

如果$\alpha\beta_t\pi(p_t)-k<0$，则$p_t>p_t^*$，企业家退出生产，使得$p_t=\max\{0,p_t^*\}$；

如果$\alpha\beta_t\pi(p_t)-k>0$，则$p_t<p_t^*$，企业家进入生产，使得$p_t=\min\{1,p_t^*\}$；

如果 $\alpha\beta_t\pi(p_t) - k = 0$，则 $p_t = p_t^*$，p_t 无变化。

弗朗索瓦和扎博杰尼克还对模型的参数进行了若干限制。

首先，诚信对于现代化生产十分关键。假设1：如果所有人为诚信的，那么生产总是有利可图的，即 $\alpha\pi(1) = \alpha\pi^l > k$；假设2：如果所有人为投机的，那么生产将不可能产生利润，即 π^u 为有限的。

其次，两种类型的个人在人口中均有可能出现：假设3：$(1-\alpha)\pi^u + \gamma - b > 0$；假设4：$(1-\alpha)\pi^l + \gamma - b < 0$。

由此可以得出关于模型均衡状态的如下三点结论：

第一，在满足假设1—4的条件下，当且仅当至少存在一个 $p \in (0,1)$，使得 $p[(1-\alpha)\pi(p) + \gamma - b] - F > 0$ 时，模型存在唯一的稳定内点均衡，(p^A, β^A)。在这一均衡中，$\beta^A(1-\beta^A)\Phi(p^A[(1-\alpha)\pi(p^A) + \gamma - b] - F) = 0$ 且 $\beta^A\alpha\pi(p^A) - k = 0$。这意味着在稳定状态时，现代企业与诚信演化是相互支持的：只有在诚信水平足够高并且能为成功的生产提供好的机会时，企业才会选择进入生产；同时，现代企业的出现为诚信提供了演化激励。值得注意的是，在这里，弗朗索瓦和扎博杰尼克使用的是非标准的演化动态。根据假设条件，$(1-\alpha)\pi^u < b$，这意味着从严格的货币意义上来说，投机者总是比诚信者获益更大。如果应用传统的基于适合度的复制者动态的话，那么，将不可能存在内点稳态均衡。诚信的个人将会在演化过程中被淘汰，那么，社会资本将始终处在为零的水平。

第二，在满足假设1—4的条件下，存在着一个没有现代生产、完全机会主义的、没有社会资本的、稳定的稳态，即 $\beta = 0, p = 0$；同时还存在一个（$\beta = 1, p = 1$）的不稳定的稳态。

当不存在现代企业时（$p = 0$），诚信者的一生收入明显地低于投机者，因此诚信者将不复存在（$\beta = 0$），而且这一结果是自我强制的。在不存在诚信者的情况下，不会有企业家进入现代化生产，因此，现代化生产注定将失败。除非诚信者能够从其它地方获得正的收益，使得 $F < 0$，那么，即使在 $p = 0$ 的情况下，诚信者的收益也会超过投机者。于是，社会资本将被创造出来，角点均衡也将转移至内点均衡（p^A, β^A）。

然而，弗朗索瓦和扎博杰尼克认为，更为现实的情况是，诚信本身通常无法通过自身产生足够的收益，因而 $F > 0$。这就使得社会可能将朝着两个非常不同的结果收敛。多重稳态的存在为以下现象提供了一个可能的解释：为什么拥有相似技术条件的国家却在全要素生产率方面显现出如此巨大的差距？根据上述理论，使用现代技术需要能够应付机会主义，而理性的企业只有当他们相信交易者足够诚实即社会资本足够高时，才会承担使用现代技术的风险。这意味着现代技术的使用者与社会资本之间存在互补性，某些经济体可能会陷入“低信任水平贫困陷阱”，在这种情况下，即使有可利用的技术，也不会被用于生产。

模型的动态分析如下：演化变迁的方向为 $d\beta$ ，当 $\beta \neq 0,1$ 时，是由诚信者相对于投机者的预期收入决定的，即 $p_t[(1-\alpha)\pi(p_t)+\gamma-b]-F$ 。这一相对收入并不直接取决于 β ，却以一种非单调的方式取决于 p 。这是因为同企业家交易的机会与 p_t 正相关，而交易带来的相对收入则与 p_t 负相关。将相对收入分别对 p 取一阶导数和二阶导数可知，它先随 p 递增，在达到一个唯一的拐点之后，其斜率变为负的，如图 6.3.5 所示。

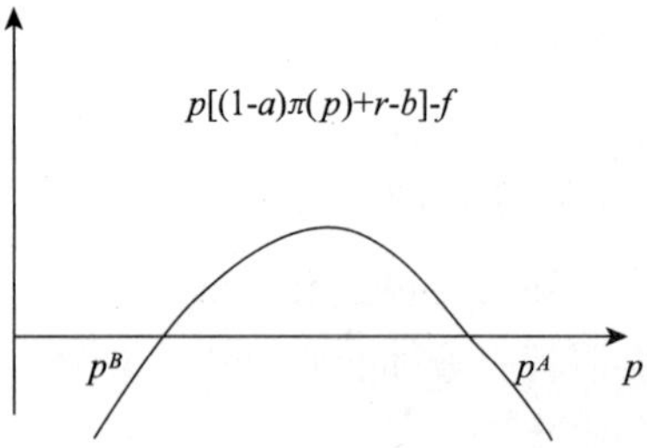

图 6.3.5　作为 p 的函数的演化激励

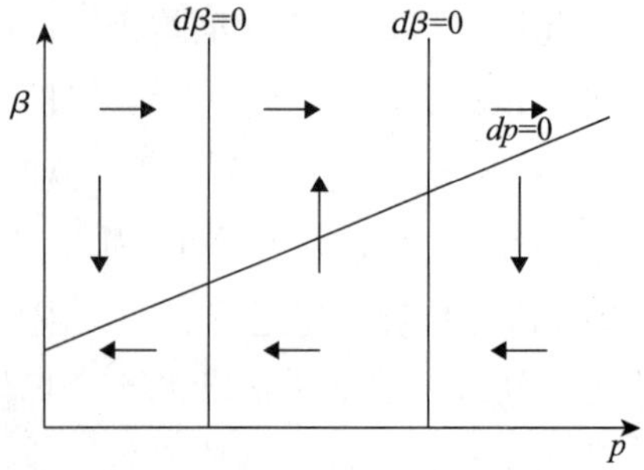

图 6.3.6　$dp=0$ 和 $d\beta=0$ 的轨迹

图 6.3.5 意味着，当 p 过低时，交易的利润虽然很高，但被雇佣的机会太小；同时，若 p 过高，被雇佣的机会高，但由于规模收益递减，利润却很低。在这两种情况下，演化激励都有利于机会主义行为。只有当 p 取中间值时，才会产生有利于诚信者的演化激励。诚信者的固定成本 F 决定了图 6.3.5 中曲线的水平位置。如果诚信者本身可以获得非货币收益，使得 $F<0$ ，那么，曲线就将上移，使得第 1 个交点 p^B 不复存在。

p,β 的动态可以用图 6.3.6 来表示。诚信者的相对收入与 β 无关，因而 $d\beta=0$ 表示为垂线，这反映为图 6.3.5 中的曲线与横轴的两个交点。

多重均衡和模型的动态特征可以用图 6.3.7 来说明。假设 $F>0$ ，则存在两个 p 值使得演化力量达到平衡。系统的动态取决于初始状态 β 是处于 β^B 的上方还是下方。p 为一个跳跃变量，这意味着沿着水平方向的调整是即时发生的，因而当 p 偏离 $dp=0$ 轨迹时，它会迅速做出调整直至回到轨道上来。在两个内点稳态 (β^A,p^A) 和 (β^B,p^B) 当中，后者是不稳定的。这是因为在 (β^B,p^B) 点上，p 的微量增加将导致对诚信者的演化激励增加，而 β 的增加又会进一步导致 p 的上升，最后导致系统向 (β^A,p^A) 收敛。相反，如果 $p<p^B$ ，那么系统将会向 $(0,0)$ 收敛。收敛路径由图 6.3.8 所示。

弗朗索瓦和扎博杰尼克还结合发展中国家的实际，在模型中引入了开放性以阐释在开放条件下可能出现的经济发展路径。现代生产部门中具有更高生产率的技术被他们视为发展的引擎。引入这类技术的一个障碍在于，与传统技术相比，

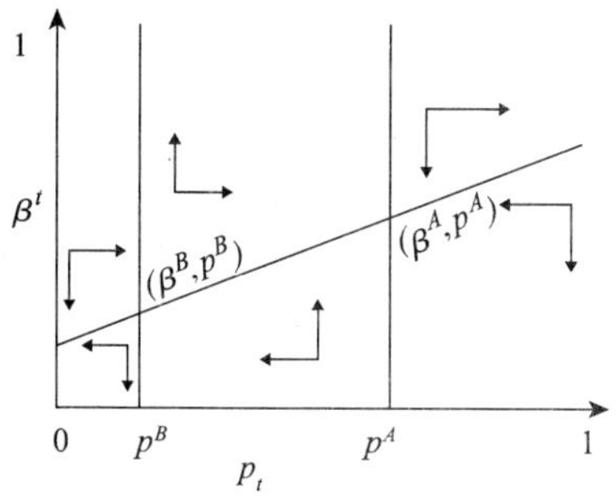

图 6.3.7　内点稳定状态

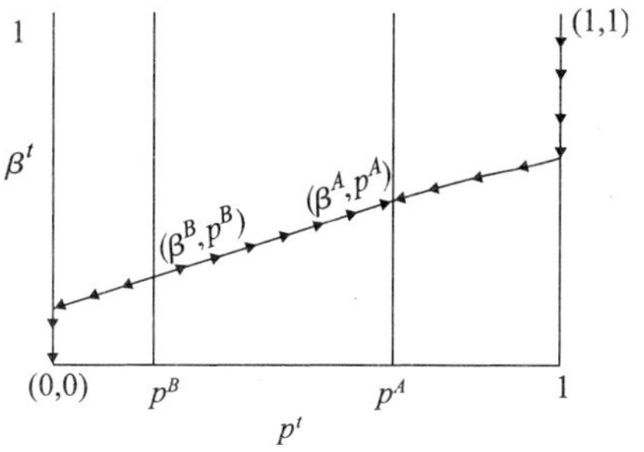

图 6.3.8　收敛路径

它们通常需要更大的生产准备成本。发展中国家与发达国家相比，国内市场规模相对较小，无法获得规模效应。但是，国际贸易使得小市场中的生产者也有可能在生产过程中获得规模效应，并出口其劳动密集型产品。这正好一定程度上可以解释20世纪80年代部分发展中国家和地区的工业化战略从进口替代转向出口导向的原因。考虑到这一政策转变，弗朗索瓦和扎博杰尼克在模型中增加了开放效应这一变量。贸易开放意味着，一方面可以从国外进口更便宜的大批量生产的产品，但同时又对面向国内市场的生产者来说是一个潜在威胁；另一方面，进入国际市场的潜在途径及其带来的巨大的市场收益和规模经济效应为提高生产率和增大利润创造了机会。

具体而言，弗朗索瓦和扎博杰尼克对模型作了修改，使之包含了如下两个外生变化：第一，更大规模的生产使得固定成本 k 增加，用 k^W 来表示；第二，更大的销售市场会带来更高的利润，因此 π 也会增加。由于 $\pi(\cdot)$ 为一个函数，定义 $\pi^W(\cdot)$，代表 $\pi(\cdot)$ 曲线整体向上移动。k^W 和 $\pi^W(\cdot)$ 仍然满足假设1—4中对参数的限制。这两个外生变化导致图6.3.5中的曲线向上移动，从而当 $d\beta = 0$ 时所产生的 $p^{BW} < p^B$，而 $p^{AW} > p^A$。这意味着不稳定的稳态向左移动，而稳定的稳态将向右移动。弗朗索瓦和扎博杰尼克由此证明了，如果能达到新的稳定的稳态，将会带来福利的改进。

开放性对于 dp 的影响则比较复杂。$dp = 0$ 的变化方向取决于下列不等式：

$$\frac{\pi^W(p)}{k^W} \geqslant (<) \frac{\pi(p)}{k} \tag{6.3.13}$$

这两种情况皆有可能，但主要考虑 $\frac{\pi^W(p)}{k^W} < \frac{\pi(p)}{k}$ 的情况。这意味着开放性增加了现代化生产对社会资本的依赖。事实上，投机风险正是阻碍发展中国家进行现代化投资的主要因素。开放性导致了更大规模的现代化生产，同时也提高了生产对社会资本的依赖。

当 $\frac{\pi^W(p)}{k^W} < \frac{\pi(p)}{k}$ 时，对于给定的 β，现代化生产的预期收益下降，$dp = 0$

将向上移动。这将形成两种发展路径。

如图 6.3.9 所示，更大的投机风险未能阻碍经济体向更高福利水平的稳态收敛。即使成功的生产需要更高的诚信水平，仍然会有更多的企业家进入现代化生产，使得在新的稳态下 p 上升。然而，转移路径并非单调的。经济开放之初，进入现代化生产的企业家数量会有一个瞬时的、急剧的下降，其原因在于企业家对于风险的反应迅速，而人口演化的调整过程相对缓慢。进入国际市场所必需的大规模生产技术将导致风险水平上升，k^W 的增加超过了 π^W 的增加。随后各种演化力量将促成诚信水平逐步提升，经济将朝着新的稳态收敛。

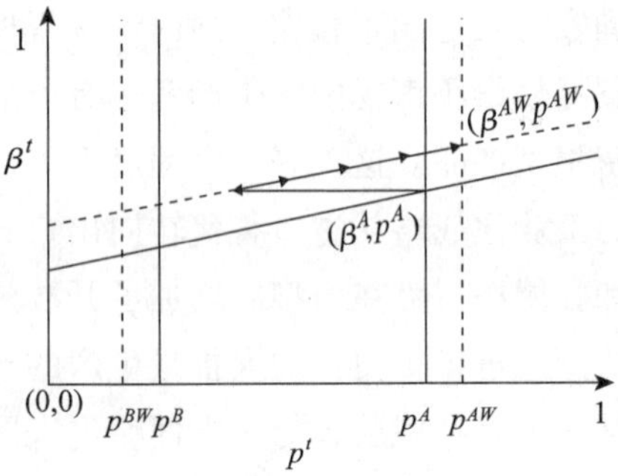

图 6.3.9　向上的收敛路径

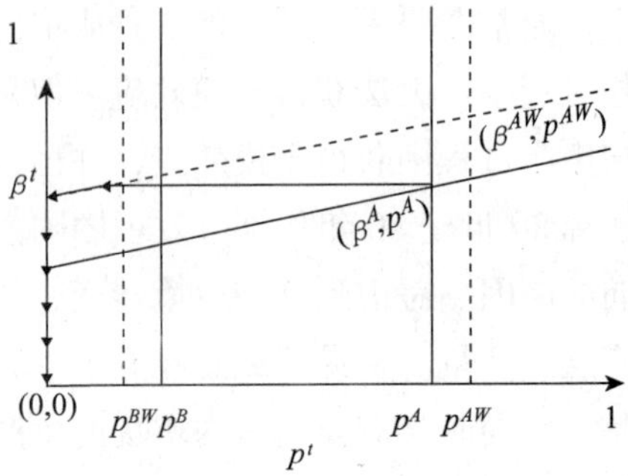

图 6.3.10　向下的收敛路径

然而，在某些条件之下也会出现发展失败的情况。在图 6.3.10 所描述的情形中，开放使得新兴的现代化生产完全被破坏，与此同时，机会主义行为在全社会泛滥，信任和社会资本将不复存在，社会福利水平普遍下降。由此，可以得出以下结论：

第三，假设 $\dfrac{\pi^W(p)}{k^W} < \dfrac{\pi(p)}{k}$，且经济体的初始状态为 (β^A, p^A)。将 p: $\alpha\beta^A\pi^W(p) = k^W$ 用 p' 表示。如果 $p' > p^{BW}$，那么经济体将朝着稳态 (p^{AW}, β^{AW}) 收敛。若 $p' < p^{BW}$，那么，经济体将会收敛至 $(0, 0)$ 稳态。

弗朗索瓦和扎博杰尼克认为，生产过程中迅速调整的企业家和缓慢调整的偏好类型这两者的不匹配是导致上述两种发展结果差异的根本原因。承担风险的企业家依赖于诚信水平，而诚信水平又取决于企业家所提供的与现代化生产相关的交易机会。如果 p 下降得太快，以至于诚信者无法得到足够的交易机会，演化激励将偏向于机会主义，即使对于诚信者来说生产带来的收益相当丰厚，但机会主义仍然盛行。随着时间的流逝，机会主义的泛滥将形成恶性循环，直至现存的社会资本完全被破坏。他们根据上述分析结论，提出了相关政策建议。他们与威廉姆森和诺斯的看法一样，认为如果正式契约足够完善，那么个人是否诚信就显得不那么重要了。在当今发展中国家，正式制度的强制力通常较弱，因此个人的类型在经济发展过程中就扮演了重要角色。他们从模型中推出的政策建议如下：第一，渐进式变革是有利的。如图 6. 3. 10 所示，p 的大幅度下降将使经济体向（0,0）稳态收敛，从而导致发展失败。如果变革被分解为若干部分并被逐步引入，那么就可以避免出现不利结果。第二，政府应实行鼓励诚信的政策，引导诚信的家长对其子女“直接社会化”，并阻止 O 类型的家长对其子女“直接社会化”。此外，政府还可以直接在社会化方面树立并弘扬诚信的道德规范。

弗朗索瓦和扎博杰尼克还阐明了社会资本与正式制度、非正式制度之间的关系。他们指出，他们自己的模型完全没有考虑到制度的作用，而在现实生活中，制度或多或少会对经济人的行为发挥作用，从而使文化的重要性有所降低。至少在制度发展水平很高时，社会资本与经济成功之间的正相关关系也许是不成立的。正式制度的良好运作会在很大程度上减少企业对于诚信水平的依赖，因此在发达国家中，完备的正式契约通常可以作为社会资本的替代而发挥作用。而且即使没有正式制度，非正式制度也可以维持激励相容的交往，这正如传统社会中存在的信任所发挥的作用那样。

第四节　对社会资本在经济发展中作用的经验研究

近年来，对社会资本与经济发展关系进行经验研究的文献大致上可以分为两类：一类涉及社会资本的具体案例分析，另一类构建对社会资本的替代指标，并对其进行计量分析。

前者最突出的文献是世界银行社会资本协会主持的一系列案例研究。通过在不同国家、不同地区实施的援助项目，学者们考察了社会资本对于发展的重要作用。例如，法弗尚和巴尔特·明腾（Marcel Fafchamps & Bart Minten，2004）对马达加斯加的案例分析表明，社会资本通过信息流动降低了交易成本，同时还担当了防御流动性风险的非正式保险的作用①。乔纳森·艾沙姆和萨托·卡科内（Jonathan Isham & Satu Kahkonen，2004）对印度尼西亚中爪哇省供水系统工程的研究发现，在村民积极参与供水设施的设计和管理的背景下，供水工程的运行状况往往更佳；相比之下，仅仅依靠村庄领导人和局外人的管理则很难做到这一点。他们认为，社会资本有助于解决“搭便车”行为并能协调集体行动，提升

① C. 格鲁特尔特、T. 范·贝斯特纳尔：《社会资本在发展中的作用》，西南财经大学出版社 2004 年版，第 172—214 页。

了村民们组织、设计和管理供水系统的能力。[①] 谢尼·帕格尔、丹尼尔·吉利根、梅鲁尔·赫克（Sheoli Pargal，Daniel Gilligan & Mainul Huq，2004）关注了孟加拉国达卡市社区成功地组织自愿处置废弃物的案例，发现社会资本对于这类集体行动具有显著影响。[②] 类似的案例还有，在印度拉贾斯坦邦流域开发和斯里兰卡灌溉系统水资源管理中社会资本发挥了重要作用，等等。[③]

世界银行的学者们也从经验研究中得出了关于社会资本如何影响经济绩效的一些基本结论：第一，它能减少经济交易中用于防范欺诈的资源花费，为经济活动提供了具有高度信用的环境；第二，企业家可以花费较少精力去监督供货商和雇员，从而释放出更多的资源用于创新活动；第三，可以用人际间的信用取代正规的产权；第四，对政府政策信任程度的增加有利于投资；第五，对于人力资本积累来说，更高的信用度似乎非常重要；第六，信用和公民参与度与包括公共教育在内的政府机构的良好表现有关；第七，社区和由区域性团体发起的联合行动可以降低所谓“共用地悲剧”（即过度使用资源以及对资源维护不善）；第八，社会成员之间更为密切的联系可以加快信息流动和加速创新经验的扩散；第九，社会资本可以起到非正式保险的作用，与多样化的投资组合具有相似的功效。由多个家庭共担风险实际上形成了一个社会安全网络，使得各个家庭可以参与高风险和高收益的活动。

然而，对社会资本进行统计分析面临着一个重大的挑战：社会资本与人力资本一样很难直接度量，需要使用各种替代指标。鉴于学术界对于社会资本的定义存有争议，因而尚未形成统一的得到人们一致认可的替代指标。正如格鲁特尔特和贝斯特纳尔所指出的那样，社会资本概念的范畴和研究对象的范畴对于选择什么样的指标来度量社会资本起着指导作用。因此，在引入度量社会资本的各种替代指标之前，有必要先对社会资本的概念进行澄清。他们还总结说；社会资本的范畴具有从微观到宏观的连续性特征。微观层次的社会资本表现为水平协会，中观层次的社会资本涉及垂直型联盟及相关的社会结构，而宏观层面的社会资本则包括对社会结构的塑造，对社会和政治环境的规范发展加以促进。这三个层次上的社会资本具有很强的互补性，这三者的共存使得社会资本对经济和社会发展的影响达到最大化。

鉴于学者们对社会资本的度量意见不一，格鲁特尔特和贝斯特纳尔建议对社会资本的三类替代指标即地方联盟和网络的成员身份、信任指标和对规范的忠

---

① C. 格鲁特尔特、T. 范·贝斯特纳尔：《社会资本在发展中的作用》，西南财经大学出版社 2004 年版，第 215—257 页。

② C. 格鲁特尔特、T. 范·贝斯特纳尔：《社会资本在发展中的作用》，西南财经大学出版社 2004 年版，第 258—284 页。

③ C. 格鲁特尔特、T. 范·贝斯特纳尔：《社会资本在发展中的作用》，西南财经大学出版社 2004 年版，第 119—171 页。

诚、集体行动的指标予以关注。他们认为，将这三类指标结合起来或许可以提供一个度量社会资本及其影响的有效基础。到目前为止，尽管学者们在有关如何对社会资本进行经验分析的问题上没有达成一致，但仍然可以把他们开展的经验研究的侧重点归纳为以下两个方面：

第一，在宏观层面上展开分析。学者们将各种社会资本替代指标应用于增长回归模型，分析社会资本与经济增长的关系。约翰·F. 赫利韦尔和普特南（John F. Helliwell & Robert D. Putnam，1995）是较早应用回归方法对这一领域进行分析的学者。他们认为，意大利南部和北部之间的人均收入差距同公民团体的发展程度、市民的参与程度、政府效率之间存在相关关系。他们将市民团体、制度绩效和公民满意度作为控制变量，构建了 6 个社会资本指标用以回归估计。结果证明了在 20 世纪 60—70 年代，意大利各地区之间人均收入存在强烈的收敛，而且在拥有更多社会资本的地区，人均收入收敛更快，均衡收入水平更高。但是，在 1983—1990 年间，人均收入的收敛趋势发生了逆转。对于这一现象，他们提出了地区政府改革对收敛的逆转负有责任的假说，但仍有待检验。随后，斯蒂芬·奈克和菲利浦·基弗（Stephen Knack & Philip Keefer，1997）以及保罗·J. 扎克和奈克（Paul J. Zak & Stephen Knack，2001）对社会普遍信任水平与经济绩效之间的关系进行了相当具有影响力的经验分析。奈克和基弗使用《世界价值观调查》的数据对普特南和福山的理论进行了系统检验。《世界价值观调查》数据涉及对 29 个市场经济体所进行的数千次民意调查。奈克和基弗把取自该数据库中关于各国信任度的指标纳入罗伯特·J. 巴罗（Robert J. Barro）类型的增长模型中作回归，检验了社会资本与投资率、增长率之间的关系。他们发现，信任度每提高 12 个百分点导致年收入增长将近 1 个百分点；信任度每提高 7 个百分点导致投资占 GDP 的比重增长 1 个百分点。如果使用更长期的数据，信任度对增长的影响会减弱，而对投资的影响则不会不变。他们还检验了个人人均收入与信任度之间的关系，发现在更为贫困的国家中，信任度对经济增长的影响更加显著。此外，奈克和基弗还采用“世界价值观调查”数据中 26 个市场经济体的群体成员身份的数据，对普特南关于水平协会的成员身份会对经济绩效产生影响的理论进行了检验，但他们未发现群体成员身份与增长之间存在着关联，相反，它与投资率之间呈现负面关系。这一结果没有支持普特南的观点。他们指出产生这种结果可能性在于两点：第一，“世界价值观调查”数据由于测量上的困难可能存在着偏差；第二，普特南没有考虑到社会群体所造成的负外部性。扎克和奈克（2001）则采纳了一个包含 41 个国家或地区的“世界价值观调查”数据样本，用一个一般均衡增长模型检验了信任与增长之间的关系。在该模型中，不同类型的投资者与不同类型的经纪人随机搭配，信任度随着这些人在类型上的差异而下降，而低信任度将减少投资和降低增长。即使在更长的周期里，信任与增长的关系仍然显著。此外，在正式制度强制力更强的国家和两极分化更小的国家中，信任度更高，正式制度和两极分化通过作用于信任进而影响增长率。在最新的研究中，弘石濑和泽田康幸（Hirokazu Ishise & Yasuyuki Sawada，2009）用一个扩展的索罗模型检验了社会资本与经济增长之间的关系。他把“世界价值观调查”的信任指标和社会发展指标 SOCDEV（这是一个由 41 个社会、政治、经济指标组成的复合指数，反映了信任和成员身份代表的公民社会强度）作为社会资本的替代指标，并且使用包括更多国家和更长时期的 NEWS 指标和 POSTAL 指标对上述两个指标作了调整。他们得出的结论是：第一，社会资本的产出弹性约为 0.1，低于物质资本和人力资本的产出弹性；第二，对于 OECD 国家来说，社会资本带来的总体收益几乎可以忽略不计，而对于发展中国家来说，其收益要高得多；第三，社会资本的年均折旧率约为 10%，比物质资本高。这也许是因为社会资本是无形的，需要对它进行持续的投入，否则很容易受到破坏或丧失其价值。

第二，从微观层面对社会资本与经济产出作经验分析。例如，迪帕·纳拉扬和兰特·普里特切特（Deepa Narayan & Lant Pritchett，1999）利用对坦桑尼亚农村居民调查中得到的数据，证明了乡村社会特性特别是个人同横向社会网络保持密切联系的程度会对个人的产出施加影响。他们还对处于 87 个群体中的 1376 户家庭进行问卷调查，并且将关于群体的数量和特性的信息结合成一个总体指标，以作为社会资本的替代指标，并据此构建了一个计算家庭产出的回归方程。他们所得出的估计结果表明，乡村中社会资本的增长会导致该乡村全部收入增加大约 20%。若是将这个数值同人力资本、物质资本对产出的影响相比是相当可观的。若每个成年人多接受 3 年教育，也只能使收入增长 3%—5%，而增加一个标准差的非农业有形资产，所引起的支出增加仅为 19%—22%。

此外，还有些学者所做的经验研究分析了不同类型的社会资本对经济发展不同方面的影响以及可能存在的外部性和负面效应。例如，法比奥·萨巴蒂尼（Fabio Sabatini，2008）采用了要素分析和结构方程模型两种方法，分别考察了“结合型”、“桥接型”和“连结型”社会资本与经济发展质量之间的关系。他利用意大利国家统计局经过一系列调查所得到的数据构建了不同类型社会资本的替代指数。他通过要素分析得出的结论是：“结合型”社会资本与人类发展和社会质量指标之间存在着强烈的负相关，而“桥接型”和“连结型”社会资本则与上述发展指标正相关；另一方面，他用结构方程模型方法所进行的研究却表明，“结合型”和“桥接型”社会资本对人类发展具有显著的负效应，只有“连结型”社会资本才有利于人类发展和经济的持续增长。此外，这些学者还发现，“结合型”社会资本与劳动效率之间存在负相关关系，这也会影响到经济的长期发展。奈克（2002）还使用产权指数和信任度作为社会资本的替代指标考察了社会资本与贫困、收入分配的关系，结果均表明社会资本降低了贫困水平，改善了收入不平等状况。①

无可否认的是，目前对社会资本的度量和统计分析中还存在着一些问题。对此，斯蒂文·N. 杜尔劳夫和法弗尚（Steven N. Durlauf & Macel Fafchamps，2004）指出，首先，在社会资本的测量上，采用通过问卷调查得来的个人层面上的社会资本替代变量来衡量加总的宏观变量是不恰当的。由于存在外部性，使用这类替代变量进行统计分析会产生合成谬误。其次，回归分析从理论上要求分析对象具有可比性，而当观测数据来自不同的地区时，由于各地区增长过程的特殊性，观测数据的可比性将会减弱。杜尔劳夫和法弗尚以赫利韦尔和普特南（1995）的统计分析为例指出，由于没有考虑到回归对象的可比性，赫利韦尔和普特南用社会资本作为控制变量来解释意大利不同地区之间经济增长的差异是不充分的。再次，在许多统计研究的分析背景下，社会资本是内生的，但有些学者却忽略了社会资本变量的内生性问题；还有些学者为了解决内生性问题而引入了工具变量，但工具变量的选择非常困难。杜尔劳夫和法弗尚认为，大多数学者在选择工具变量时所依赖的假设是站不住脚的。最后，实证研究还面临着区分和识别社会资本效应与其它群体效应这一难题。

第五节　简要的评价

社会资本是一个跨学科的概念，涉及社会学、政治学和经济学等多学科领域。社会资本理论在经济学领域内的兴起，无论是对于经济行为的研究来说，还是对于经济发展的研究来说，都提供了一条新的思路。就社会资本对研究经济行为的意义而言，正如鲍尔斯和金迪斯（2002）指出的那样：“社会资本概念的兴起，反映了政策和学术界对于真实的人的价值的重视，这一价值并不只是经济人的效用方程，而且包括了人们在日常生活中是如何与家庭成员、邻居、同事交往的，而不仅仅是作为买者、卖者和市民；”② 就社会资本对经济发展的意义而言，学者们众说纷纭，从不同角度提出了自己的见解。我们认为，至少可以把社会资本理论的兴起对于研究经济发展问题的重要意义概括为如下几个方面：

---

① 奈克：《社会资本、增长和贫困：一个跨国经验调查》，参见 C. 格鲁特尔特、T. 范·贝斯特纳尔：《社会资本在发展中的作用》，西南财经大学出版社 2002 年版，第 57—116 页。

② 参见 Bowles, Samuel & Herbert Gintis, 2002, “Social Capital and Community Governance”, *Economic Journal*, vol. 112, no. 483, pp. F419-F436。

首先，社会资本概念的引入推动着增长理论家们力图对社会资本进行度量，并且从社会网络和人文关怀的视角探讨经济发展问题。具体而言，他们的推进体现在两个方面：其一，将资本的外延从包含物质资本和人力资本进一步扩展到社会资本，认为社会资本同样具有“资本”的若干属性，由此解释社会资本如何自发地被理性的个人所创造和积累，试图度量个人和社会层次上的社会资本存量，进而为增长理论增添了新的解释变量，并有助于解释为什么拥有相似要素禀赋的经济体（例如东亚国家和地区）的发展路径却迥然相异的原因。然而，迄今为止经济学家仍然未能解决个体社会资本的加总问题，总量社会资本也被简单地作为个体社会资本的加总平均或者被视为给定的外生变量，而未能考虑社会资本的外部性问题，导致对社会资本的分析脱不开居于主流地位的新古典范式。这在一定程度上以牺牲解释力为代价，并简单地将社会资本加入生产函数或其它类型资本的积累方程，因而未能较为深入地阐明社会资本何以影响生产函数和资本积累的作用机制。尽管如此，到目前为止对社会资本的研究还是打开了一扇窗口，为今后进一步研究社会资本与经济发展关系提供了必要的理论准备。其二，从社会网络和人文领域探讨社会资本通过哪些渠道来影响经济增长的机制。制度和习俗、文化等人文社会因素对于经济发展具有重要作用，这一点早已被人们达成共识，但这类研究通常是分散的，未能形成统一的理论框架。用逻辑严密的数学语言对人际交往、信任、社会网络等因素进行定性的和定量的分析却是近年来才出现的。社会资本理论将社会学中和“社会”和经济学中的“资本”这两个核心概念结合起来，为经济学和社会学的跨学科研究和有效融合奠定了基础。这样一来，可以把影响经济发展的社会因素纳入同一个理论范畴来讨论，并能以微观层次上的个体互动为基础讨论宏观的经济发展问题。在这方面，波尔森和斯文森做了有意义的尝试。他们通过引入非自利的偏好及其演化过程，说明了社会资本在整个社会中从创造到消亡再到重建的循环过程。他们将社会资本定义为促进合作的社会规范，证明了在社会规范已内生化于个人偏好中的前提下，即使正式制度不存在，社会规范也有助于约束人们的投机主义行为。实际上，他们所研究的社会资本是一种广义的社会资本，不再局限于社会网络对机会主义行为的约束，而是已经上升到人文关怀的高度来关注社会资本对长期经济发展的影响。

其次，社会资本概念的引入有助于从社会网络层面上加深对个人行为和集体行动的理解。一直以来，主流新古典经济学在方法上存在着推崇个人主义的倾向，认为任何经济行为都是个人选择或协商的结果，并且把个人选择作为经济分析的起点，甚至将个人选择作为分析宏观经济现象的微观基础。但哈耶克则指出，新古典经济学中所坚持的个人主义实际上是一种“伪个人主义”（pseudo-individualism），它把个体看作是孤立且同质的。这些原子式的个体们都具有完全的理性，并各自追求着同一个目标——效用最大化，他们单独地、机械地对外界的各种物质刺激作出反应（哈耶克，2003）。我们认为，社会资本概念的引入有助于在两个方面避免出现类似于“伪个人主义”的问题。其一，社会资本（或社会网络）的引入有助于在“社会”或“社群”与个人之间搭建起一座桥梁，使得人们在从事经济分析时需要考虑个人与其他人之间的相互影响，而这种相互影响在经济学中就意味着一个人所选择的行为会在预期和偏好等方面影响其他人的行为。传统新古典经济学范式长期以来一直假定个人偏好是稳定的，个人所获得的效用仅受自身选择的影响，与其他人的选择无关；个人不关心其他人的福利，也不关心自己的行为是否损害了他人利益，因此个人的效用函数是彼此独立的。但事实上偏好的相互影响在非合作博弈中极为普遍。每个决策人所获得的效用依赖于其他决策人的选择，因此一个决策人的偏好序也依赖于其他决策人的偏好序。人们之间的这种相互影响在经济学中被表述为相互依赖的效用函数，其中利他主义者的效用函数可以视为依赖于除自己之外其他人的效用函数的一个例子。其二，近年来不少发展经济学家尤为关注集体行动对一国长期经济发展所施加的影响。例如，奥尔森认为，社会各集团通过集体行动参与具体制度安排的设定和变更，进而对制度的供给和长期经济发展施加影响；巴丹则指出，不少发展中国家在集体行动上的制度协调失效（institutional coordination failure）往往是各种社会集团之间因分配策略而引起冲突的结果。在我们看来，无论是研究集体行动对经济发展影响的学者，还是探讨社会资本与经济发展关系的学者，他们的共同点就在于：他们都试图撇开传统新古典范式寓于个人主义框架的分析局限，从人们相互关系或社会关联的角度探讨经济发展问题。在这方面，应当说，社会资本理论的引入为经济学家们打开一扇具有更广阔视野的窗口。可以预料，人们将继续沿着社会资本理论的思路，在不断探寻更好的分析工具的同时，把对社会资本与经济发展关系的研究推进到一个更高的层次上。

再次，社会资本理论将社会关系网络、社群、社会组织等纳入了经济分析框架，成为对制度与经济发展相互关系研究的一项重要补充。“社会资本”与“制度”这两者之间存在着相似之处和不同之处。第一，就相似之处而言，制度是人为制定的规则，对人们相互关系中可能发生的机会主义行为起抑制作用。根据实施惩罚方式的不同，制度可以分为“正式制度”和“非正式制度”，正式制度是由某些社会成员以有组织的方式所实施的惩罚，即存在着第三方强制执行机制，而非正式制度并没有正式机制的支持。新制度经济学文献中所讨论的“非正式制度”主要是指惯例（conventions）、内生化的规则（internalized rules）、习俗（customs）和礼貌（good manners）这几种形式。惯例是人们出于自利动机而自动服从的规则，这类规则对于行为受其控制的个人有明显的、直接的好处，而违反这类规则会损害这些个人的自我利益；内生化规则是人们通过习惯、教育和经验习得的规则，并达到在正常情况下无反应地、自发地服从规则的程度，这类规则已被人们转变为个人偏好，始终如一地予以遵守；习俗和礼貌则是受共同体内其他人非正式监督的规则，违规者会受到共同体内其他人非正式的惩罚，比如受排斥、遭到谴责甚至被驱逐。戴维斯和诺斯就认为非正式制度主要是指价值观、伦理道德等意识形态方面的要素。在某种意义上，可以把社会资本与制度之间的相似性理解为“规范”（norms）和“规则”（rules）之间存在着细微差异。这是因为它们都构成为对人类行为的一种约束，旨在限制机会主义行为、协调集体行动与促进合作。社会资本和制度的存在使得遵从它们的人们的行为变得可以预测，从而为人们提供一个相对稳定的预期，减少不确定性。此外，它们都是通过对违规行为进行惩罚来保证其实施效力。第二，再就社会资本与制度二者的差异而言，它们最主要的区别体现在实施惩罚的方式上。人们通常所说的社会资本是社会网络中共享的规范，不遵守规范的人将受到来自网络中其他成员的惩罚，也就是说，惩罚通过第二方强制执行。这意味着不存在一个独立地实施惩罚的第三方。此外，社会资本与制度特别是与非正式制度之间存在着某些交叉和重叠之处。最广义的社会资本定义不仅涵盖了非正式制度，甚至包括正式制度，例如一个国家的政治与法律环境也囊括在内。但是，与制度相比，社会资本更为强调社会团体及社会组织这类公民的自组织行为对于经济绩效和发展的重要作用。与精心设计的正式制度相比，社会资本通常是经济生活之外的一种副产品，因此，比正式制度的组织成本和实施成本要低得多。有趣的是，早在20世纪70年代，拉坦就认为应当将有组织的产品市场制度、赞助人—客户关系（patron-client relationship）、发现和传播农业知识的私人和公共部门组织、供水供肥和信贷机构、包括价格支持在内的对市场行为的管制机构等社会组织纳入到制度的定义中来。他尤其强调“社区”收入流的增加对收入再分配所产生的影响。拉坦的考虑恰好与社会资本理论自20世纪70年代以来所呈现的研究趋势相吻合。

最后，社会资本理论的兴起为发展中国家政府部门提供了重要的政策参考。不同类型的社会资本在经济发展过程中扮演着不同的角色。局限于小规模紧密群体内的排外的“结合型”社会资本可能会阻碍正式制度的建立，不利于社会普遍信任的形成，从而对经济发展造成不利影响；而“桥接型”、“连结型”社会资本则可以作为社会经济生活的润滑剂和黏合剂，促进社会和谐和普遍合作。鉴于社会资本既可能带来正外部性，又可能带来负外部性，因此对社会资本应当因势利导，让它充分发挥对社会的有益作用。需要提到的是，一些发展经济学家们指出，社会资本理论打破了传统的市场和政府的两分法，提出了资源配置和经济治理的第三条途径——“社群治理”。在部分发展中国家，市场失效和政府失效的现象普遍存在，社群治理的作用逐渐凸显了出来。我们认为，社会资本理论所贡献的政策含义就在于：发展中国家政府应致力于大力推进公民社会的建设，提倡现代意义上的“包容型”社会资本，树立积极的社会价值观和诚信、互惠的伦理道德观；与此同时，逐步健全和完善正式制度，并且为社会资本作用的有效发挥提供制度上的保障。

参考文献

1. 罗伯特·D. 普特南：《使民主运转起来——现代意大利的公民传统》，江西人民出版社 2001 年版。

2. 弗朗西斯·福山：《信任：社会美德与创造经济繁荣》，海南出版社 2001 年版。

3. 奥利弗·E. 威廉姆森：《治理机制》，中国社会科学出版社 2001 年中文版。

4. 罗纳德·科斯、阿尔曼·阿尔钦、道格拉斯·诺斯等：《财产权利与制度变迁》，上海三联书店、上海人民出版社 1994 年版。

5. C. 格鲁特尔特，T. 范·贝斯特纳尔编：《社会资本在发展中的作用》，西南财经大学出版社 2004 年版。

6. 帕萨·达斯古普塔、伊斯梅尔·撒拉格尔丁编：《社会资本——一个多角度的观点》，中国人民大学出版社 2005 年版。

7. 埃莉诺·奥斯特罗姆：《公共事物的治理之道》，上海三联出版社 2000 年版。

8. 弗里德里希·A. 哈耶克：《个人主义与经济秩序》，生活、读书、新知三联书店 2003 年版。

9. 柯武刚、史漫飞：《制度经济学：社会秩序与公共政策》，商务印书馆 2000 年版。

10. Alchian, Armen A & Demsetz, Harold, 1972. "Production, Information Costs, and Economic Organization", *American Economic Review*, vol. 62, no. 5, pp. 777-795.

11. Annen, Kurt, 2003, "Social Capital, Inclusive Networks, and Economic Performance", *Journal of Economic Behavior and Organization*, vol. 50, Issue 4, pp. 449-463.

12. Bartolini, Stefano & Luigi Bonatti, 2008, "Endogenous Growth, Decline in Social Capital and Expansion of Market Activities", *Journal of Economic Behavior & Organization*, vol. 67, Issues 3-4, pp. 917-926.

13. Becker, Gary S., 1964, *Human Capital*, New York: Columbia University Press.

14. Beugelsdijk, Sjoerd & Sjak Smulders, 2004, "Social Capital and Economic Growth", Working Paper, Center/Faculty of Economics, Tilburg University.

15. Bisin, Alberto & Danilo Guaitoli, 2006, "Social Capital, Modernization and Growth", ASSET Conference 2006, mimeo.

16. Bisin, Alberto & Thierry Verdier, 2000, "The Economics of Cultural Transmission and the Dynamics of Preferences", *Journal of Economic Theory*, vol. 97, pp. 298-319.

17. Bourdieu, Pierre, 1986, "The Forms of Capital", in J. Richardson ed., *Handbook of Theory and Research for the Sociology of Education*, New York, Greenwood, pp. 241-258.

18. Bowles, Samuel & Herbert Gintis, 2002, "Social Capital and Community Governance", *Economic Journal*, vol. 112, no. 483, pp. F419-F436.

19. Burt, Ronald, 1995, *Structural Holes: The Social Structure of Competition*, Cambridge, MA.: Harvard University Press.

20. Carpenter, Jeffrey, Samuel Bowles, Herbert Gintis & Sung-Ha Hwang, 2009, "Strong Reciprocity and Team Production: Theory and Evidence", *Journal of Economic Behavior & Organization*, vol. 71, pp. 221-232.

21. Chou, Yuan K., 2006, "Three Simple Models of Social Capital and Economic Growth", *Journal of Socio-Economics*, vol. 35, pp. 889-912.

22. Coleman James S., 1988, "Social Capital in the Creation of Human Capital", *American Journal of Sociology*, vol. 94, pp. 95-120.

23. Dakhli, Mourad & Dirk de Clercq, 2004, "Human Capital, Social Capital, and Innovation: A Multi-Country Study", *Entrepreneurship & Regional Development*, vol. 16, March, pp. 107-128

24. Dinda, Soumyananda, 2008, "Social Capital in the Creation of Human Capital and Economic Growth: A Productive Consumption Approach", *Journal of Socio-Economics*, vol. 37, pp. 2020-2033.

25. Durlauf, Steven & Marcel Fafchamps, 2004, "Social Capital", NBER Working Papers, no. 10485.

26. Fountain, Jan E., 1998, "Social Capital: Its Relationship to Innovation in Science and Technology", *Science and Public Policy*, vol. 25, pp. 103-115.

27. Francois, Patrick, 2002, *Social Capital and Economic Development*, London; New York: Routledge.

28. Francois, Patrick & Jan Zabojnik, 2005, "Trust, Social Capital and Economic Development", *Journal of the European Economic Association*, vol. 3, no. 1, pp. 51-94.

29. Fukuyama, Fran? ois, 2001, "Social Capital, Civil Society and Development", *Third World Quarterly*, vol. 22, Issue 1, pp. 7-20.

30. Glaeser, Edward L., David Laibson & Bruce Sacerdote, 2002, "An Economic Approach to Social Capital", *Economic Journal*, vol. 112, no. 483, pp. F437-F458.

31. Granovetter, M., 1973, "The Strength of Weak Ties", *American Journal of Sociology*, vol. 78, no. 6, pp. 1360-1380.

32. Guiso, Luigi, Paola Sapienza & Luigi Zingales, 2004, "The Role of Social Capital in Financial Development", *American Economic Review*, vol. 94, no. 3, pp. 526-556.

33. Hanifan, Lyda J., 1916, "The Rural School Community Center", *Annals of the American Academy of Political and Social Science*, vol. 67 pp. 130-138.

34. Helliwell, John F. & Robert D. Putnam, 1995, "Social Capital and Economic Growth in Italy", *Eastern Economic Journal*, vol. 21, no. 3, pp. 295-307.

35. Ishise, Hirokazu & Yasuyuki Sawada, 2009, "Aggregate Returns to Social Capital: Estimates Based on the Augmented-Solow Model", *Journal of Macroeconomics*, vol. 31, no. 3, pp. 376-393.

36. Kandori, Michihiro, 1992, "Social Norms and Community Enforcement", *Review of Economic Studies*, vol. 59, no. 1, pp. 63-80.

37. Knack, Stephen & Philip Keefer, 1997, "Does Social Capital Have an Economic Payoff? A Cross-Country Investigation", *Quarterly Journal of Economics*, vol. 112, no. 4, pp. 1251-1288.

38. Landry, Rejean, Nabil Amara & Moktar Lamari, 2002, "Does Social Capital Determine Innovation? To What Extent?", *Technological Forecasting and Social Change*, vol. 69, pp. 681-701.

39. Loury, Glenn C., 1976, *A Dynamic Theory of Racial Income Differences*, Northwestern University, Center for Mathematical Studies in Economics and Management Science. Discussion Paper 225.

40. Maskell, Peter, 2000, "Social Capital, Innovation and Competitiveness", in Stephen Baron, John Field & Tom Schuller eds., *Social Capital: Critical Perspectives*, Oxford: Oxford University Press.

41. Narayan, Deepa & Lant Pritchett, 1999, "Cents and Sociability: Household Income and Social Capital in Rural Tanzania", *Economic Development and Cultural Change*, vol. 47, no. 4, pp. 871-897.

42. Piazza-Georgi, Barbara, 2002, "The Role of Human and Social Capital in Growth: Extending our Understanding", *Cambridge Journal of Economics*, vol. 26, pp. 461-479.

43. Portes, Alejandro, 1998, "Social Capital: Its Origins and Applications in Modern Sociology", *Annual Review of Sociology*, vol. 24, pp. 1-24.

44. Poulsen, Anders & Gert T. Svendsen, 2003, *Rise and Decline of Social Capital*, Department of Economics, Aarhus School of Business, Working Paper 03-10.

45. Putnam, Robert D., 1995, "Bowling Alone: America's Declining Social Capital", *Journal of Democracy*, vol. 6, no. 1, pp. 65-78.

46. Routledge, Bryan & Joachim von Amsberg, 2002, *Social Capital and Growth*, Carnegie-Rochester Conference Series on Public Policy.

47. Sabatini, Fabio, 2008, "Social Capital and the Quality of Economic Development", *Kyklos*, vol. 61, no. 3, pp. 466-499.

48. Sequeira, Tiago N., & Alexandra Ferreira-Lopes, 2008, *An Endogenous Growth Model with Human and Social Capital Interactions*, Working Papers ercwp 0908, ISCTE, UNIDE, Economics Research Centre.

49. Staveren, Irene van & Peter Knorringa, 2007, "Unpacking Social Capital in Economic Development: How Social Relations Matter", *Review of Social Economy*, vol. 65, no. 1, pp. 107-135.

50. Teachman, Jay D., Kathleen Paasch & Karen Carver, 1997, "Social Capital and the Generation of Human Capital", *Social Forces*, vol. 75, no. 4, pp. 1343-1359.

51. Uphoff, Norman, 2000, "Understanding Social Capital: Learning from the Analysis and Experience of Participation", in Partha Dasgupta & Ismail Serageldin, eds., *Social Capital: A Multifaceted Perspective*, Washington, D. C.: World Bank.

52. Woolcock, Michael, 2001, "The Place of Social Capital in Understanding Social and Economic Outcomes", *Canadian Journal of Policy Research*, vol. 2, no. 1, pp. 1-17.

53. Zak, Paul J. & Stephen Knack, 2001, "Trust and Growth", *Economic Journal*, vol. 111, no. 470, pp. 295-321.

发展经济学前沿理论研究

（下册）

Fazhan Jingjixue Qianyan Lilun Yanjiu

马颖 主编

人民出版社

第七章　从新贸易理论到新—新贸易理论

在新贸易理论问世之前，在西方经济学国际贸易理论中占据主导地位的是建立在技术和资源禀赋差异基础上的比较优势学说。由于这一学说以完全竞争和规模收益不变为假设前提，所以它一直受到来自各方面的挑战。早在20世纪初，马歇尔曾经对内在于和外在于厂商的外部经济作了区分，并在分析行业的区域积聚现象时讨论了规模收益递增问题。他认为，规模收益递增的国家可以通过提高对进口产品的需求来改善贸易条件。20世纪20年代爆发的一场有关厂商与规模经济关系的论战再度激起了人们对规模收益递增的关注。弗兰克·D. 格雷厄姆（Frank D. Graham）认为，规模经济可能导致一国在贸易中蒙损，在这种情况下，一国实施关税反倒可以获利。弗兰克·H. 奈特（Frank H. Knight）则认为，如果规模经济是外在于企业并内在于行业的，格雷厄姆有关贸易可能带来损失的分析是合理的，但若规模经济内在于企业，格雷厄姆的分析便是错误的；如果规模经济内在于企业便不会存在竞争，那么，人们所要讨论的只是垄断问题。到了30年代，瓦伊纳公开赞同奈特的观点。他指出，格雷厄姆混淆了平均成本和边际成本之间的区别，外部经济依赖于世界产出而不是依赖于国内产出。诺贝尔经济学奖得主贝蒂尔·俄林（Bertil Ohlin）1933年在他的《地区间贸易与国际贸易》一书中也提到，在闭关自守条件下，即便两个地区生产要素的价格完全均等化，但若一个地区的生产中存在规模经济也将引起持久的和互惠的贸易。他认为，规模经济可以成为国际贸易模式的一种解释。然而，直到70年代末新贸易理论诞生之前，由于在“标准的”新古典理论框架中，一旦放松完全竞争和规模收益不变的假设而将规模经济引入国际贸易模型中，必然面临着如何处理不完全竞争的市场结构这道难题，否则，规模经济在传统的国际贸易模型的一般均衡分析框架中无法找到其落脚点。正如吉恩·M. 格罗斯曼（1992）所言，“处于厂商层次上的规模经济与完全竞争相矛盾，因为当平均成本超过边际成本时，按边际成本定价的厂商将蒙受亏损。具体解释内在于厂商并且与伴随着规模经济的市场结构不相矛盾这道难题，使得在规模收益递增基础上对贸易建立数学形式化模型的努力耽误了许多年”。①

---

① Grossman, Gene M. ed., 1992, *Imperfect Competition and International Trade*, Cambridge, MA: The MIT Press, p. 7.

20世纪70年代末，在产业组织理论取得重要进展的背景之下，迪克西特与后来获诺贝尔经济学奖的斯蒂格利茨于1977年联袂发表了《垄断竞争和最优产品多样化》一文，由此揭开了新贸易理论的序幕。虽然他们构建的模型本身并未直接讨论贸易问题，而是关注30年代张伯伦曾探讨过的垄断竞争的社会最优问题，即在某一行业中是否会生产太多种类的产品以及是否存在“过度生产能力”的问题，但该模型却证明了在“不变替代弹性（即CES）效用函数”的假设条件下，产品种类和产量正好相匹配，市场均衡与受约束的社会最优是相一致的。他们建构的模型的理论创新意义在于，他们所使用的分析工具克服了先前在一般均衡框架中无法讨论收益递增的技术难题，使得国际贸易模型可以在收益递增和不完全竞争同时存在的条件下得以建立。继迪克西特—斯蒂格利茨模型之后，涌现了一批使用规模收益递增分析工具的国际贸易模型，其中的一些发展经济学家还尝试用收益递增分析工具探讨与经济发展相关的问题。

然而，无论是基于劳动生产率差异的李嘉图模型，还是基于资源禀赋差异的赫克歇尔—俄林模型，还是以规模收益递增作为理论分析起点的“新贸易理论”模型，都将产业（industry）或部门（sector）作为研究对象，却忽略了处于微观层次上的企业在生产率和规模等方面存在着诸多差异。20世纪90年代以来，一系列基于企业层次的实证研究发现，上述几种理论模型与实际经济环境相去甚远，对不同国家出口企业的经验研究至少揭示了上述模型未作考察的两种现象：第一，在一个产业中通常只有小部分企业从事出口生产，而且这些出口企业的分布并不服从该产业中企业总体的随机抽样结果；第二，该产业中从事出口的企业通常规模更大，生产率也更高。这两类现象显然在现有的国际贸易理论框架中无法得到解释，现有国际贸易理论框架与当今世界贸易现实之间的巨大鸿沟催生了对新型贸易理论的需求。

21世纪初以来，国际经济学界有关微观层次上企业不同特征对国际贸易不同领域所产生效应的研究取得了突破性进展，这类研究无论在理论模型建构还是在利用企业层面数据做实证检验方面都显示出对现实贸易状况具有很强的解释力。国际贸易学者理查德·E. 鲍德温（Richard E. Baldwin）和弗里德里克·罗伯特—尼库德（Frédéric Robert-Nicoud）将新世纪以来兴起的这一支理论和实证研究文献称之为“新—新贸易理论”（New-New Trade Theory）①。与先前几种贸易模型不同的是，新—新贸易理论在其模型建构或实证检验中都引入了企业异质性（heterogeneities of firms），并讨论异质性与企业出口或FDI之间的相互作用，同时对企业在为国际市场而生产和贸易出口过程中对不同的企业内部组织形式的选择做了探讨。

---

① Baldwin, Richard & Frédéric Robert-Nicoud, 2004, “The Impact of Trade on Intra-Industry Reallocations and Aggregate Industry Productivity: A Comment”, NBER Working Papers, No. 10718, p. 1.

在本章中，笔者同时对“新贸易理论”和“新—新贸易理论”的研究文献作一个综述。在第一节中，我们首先回顾格雷厄姆与奈特的论战，然后介绍在新贸易理论最先取得突破的迪克西特—斯蒂格利茨模型。第二节沿着新贸易理论发展的历史轨迹，描述“新贸易理论”的几个有代表性的模型。第三节概述新一代发展经济学家用递增收益分析工具对中心—外围关系、发展中国家贸易保护的作用以及贸易条件与经济增长的关系等问题所进行的讨论。第四节概述“新—新贸易理论”的研究文献，内容涉及企业异质生产率与产业平均生产率、企业组织形式异质性与产业发展、企业异质性与产业集聚等。在第五节中，我们就新贸易理论和新—新贸易理论对发展经济学和发展中国家经济发展有何理论与政策意义作一个简要评价。

第一节　新贸易理论的问世

一、格雷厄姆与奈特的论战

规模收益递增对国际贸易的影响已经讨论了许多年。早在19世纪末，马歇尔（1879）在讨论贸易条件时指出，拥有规模收益递增行业的国家可以通过提高对进口产品的需求来改善贸易条件。而格雷厄姆（1923）认为，规模经济可能导致一个国家在贸易中遭受损失，并得出结论说，在这种情况下关税可以带来好处①。随着新古典贸易理论的发展，贸易模式逐渐成为贸易理论家们关注的主要对象。俄林（1933）通过分析指出，规模经济可以成为对外贸易模式的某种解释②，此后，其他学者则强调垄断竞争在差异产品中的作用。但是，把张伯伦模型纳入对贸易理论的分析，只是在20世纪70年代末期才取得了真正的成功。

西方经济学界达成一致的看法是：除非规模经济的本质得到明确的说明，否则在国际贸易中，规模经济的作用不能很好地加以处理。这是因为对企业行为的假设依赖于对规模经济的分析，其结果是，市场结构和均衡配置均依赖于对规模

① Graham, Frank D., 1923, “Some Aspects of Protection Further Considered”, *Quarterly Journal of Economics*, vol. 37, pp. 199-227.

② Ohlin, Bertil, 1933, *Interregional and International Trade*, Cambridge MA: Harvard University Press.

经济的基本分析。这一点在格雷厄姆（1923；1925）[①] 和奈特（1924[②]；1925[③]）有关规模收益递增背景下的国际贸易的争论中充分体现了出来。奈特认为，如果规模经济是外在于企业并内在于行业的话，那么格雷厄姆对贸易可能带来损失的分析是合理的；但是，如果规模经济是内在于企业的话，则格雷厄姆的分析就不对了。格雷厄姆（1923）力图通过列举一组数字的例子来证明，当一个国家有一个行业存在着规模收益递增同时有一个行业存在规模收益递减时，贸易可能会使该国遭受损失。这意味着格雷厄姆认为，假定生产中只存在一种生产要素（例如劳动），而且两种商品的价格均等，同时假定贸易的结果是一个国家的劳动力从规模收益递增的产业向规模收益递减的产业转移，因此，人均产出在两个国家均下降。其结果是，在商品价格不变的情况下国内生产总值下降，这导致了福利损失。奈特（1924）批评格雷厄姆没有区分内部规模经济和外部规模经济。如果规模经济是内在于企业的，则不存在竞争；而格雷厄姆（1925）回应说，无需区分内部规模经济和外部规模经济。在这场论战中，哈伯勒（1936）[④] 和瓦伊纳（1937）[⑤] 站在奈特一边。瓦伊纳也指出，格雷厄姆混淆了平均成本和边际成本，并认为外部经济依赖于世界产出而不是依赖于本国产出，在这种情况下，格雷厄姆的结论就被极大地弱化了。

二、迪克西特—斯蒂格利茨模型

很早以前，经济学家就意识到，为了解决差异产品问题，贸易理论需要进行拓展。爱德华·H. 张伯伦（Edward H. Chamberlin，1933）和琼·罗宾逊（Joan Robinson，1933）关于垄断竞争研究成果的出版使得人们期望对贸易理论的拓展有望完成。一些经济学家，如 K. L. 安德森（K. L. Anderson，1936），W. E. 比奇（W. E. Beach，1936），G. 洛瓦锡（G. Lovasy，1941）都试图评价张伯伦模型对国际贸易的影响，但却不太成功。到了 20 世纪 60—70 年代，由于巴拉萨（1967）、欧文·B. 克拉维斯（Irving B. Kravis，1971）、赫伯特·G. 格鲁贝尔（Herbert G. Grubel，1970）、赫伯特·G. 格鲁贝尔和 P. J. 劳埃德（Herbert G. Grubel & P. J. Lloyd，1975）等人重新对行业内贸易予以关注，因而再度引起

① Graham, Frank D., 1925, "Some Fallacies in the Interpretation of Social Costs: A Reply", *Quarterly Journal of Economics*, vol. 39, pp. 324-330.

② Knight, Frank H., 1924, "Some Fallacies in the Interpretation of Social Costs", *Quarterly Journal of Economics*, vol. 38, pp. 582-606.

③ Knight, Frank H., 1925, "On Decreasing Costs and Comparative Costs: A Rejoinder", *Quarterly Journal of Economics*, vol. 39, pp. 331-333.

④ Haberler, Gottfried, 1936, *The Theory of International Trade with Its Applications to Commercial Policy*, London: William Hodges, Macmillan.

⑤ Viner, Jacob, 1937, *Studies in the Theory of International Trade*, New York: Harper & Brothers.

了贸易理论家们对差别产品展开讨论。这些学者力图提出一个新的理论框架来对行业内贸易作出解释。

新贸易理论起始于克鲁格曼（1979）①和兰开斯特（1979）②。克鲁格曼和兰开斯特都为创立新贸易理论做出了贡献，但由于克鲁格曼所取得的进展是建立在迪克西特—斯蒂格利茨（1977）模型③基础上的，而且在国际贸易领域产生了广泛的影响，而兰开斯特模型由于建模方法过于复杂，因而在贸易理论中没有得到广泛传播。因此，在这里我们首先介绍迪克西特—斯蒂格利茨模型及其在贸易理论中的应用，而把克鲁格曼的模型和兰开斯特的模型放到下一节中去陈述。

迪克西特—斯蒂格利茨模型本身关注的并不是贸易和增长问题，而是关注张伯伦垄断竞争模型中的社会最优（social optimum）问题。在迪克西特和斯蒂格利茨看来，有必要把产品数量对产品种类关系的问题提出来讨论。这是因为前人所做的分析未能清晰地考虑对产品种类的需求，并且忽略了对部门内和部门间需求的相互作用进行探讨。由此，他们还提出了在相关行业中生产的产品是否具有太多的多样性以及是否存在"过度生产能力"。他们的模型推翻了先前有关"过度生产能力"的说法，并证明借助于规模经济，可以通过生产较少产品但每种产品生产更大数量的方式来节约资源。他们证明了在消费者对不同产品的偏好为 CES 偏好而且效用函数弹性不变的前提下，市场解为受约束的帕累托最优（constrained Pareto optimal）。这意味着当存在规模经济时，不受约束的最优（unconstrained optimality）要求定价在低于平均成本的条件下进行，并允许通过对企业实行一次性转移支付（lump sum transfers to firms）来抵补亏损。因此，更为适当的最优概念似乎应当是受约束的最优。在受约束的最优状态下，每个厂商必须拥有正利润。这个条件也许要通过管制、征收消费税、特许权税或给予补贴来实现。迪克西特和斯蒂格利茨指出，市场解与社会最优之间的区别是：前者考虑的是处在最适宜边际上的利润，而后者考虑的是消费者剩余。

对于新贸易理论的问世来说，具有重要意义的并不是他们的理论结论本身，而是迪克西特—斯蒂格利茨模型中所使用的分析工具。这些工具对后来的研究产生了巨大的影响。迪克西特—斯蒂格利茨模型之所以能把所要分析的问题表达清楚，主要是因为他们采用了一个特别设定的总效用函数。在迪克西特和斯蒂格利茨看来，如果商品的生产成本能够被商品生产的收益与正确定义了的消费者剩余之和所弥补，那么，这一商品就应该被生产。基本原理分析表明，商品的最优产

① Krugman, Paul R., 1979, "Increasing Returns, Monopolistic Competition and International Trade", *Journal of International Economics*, vol. 9, pp. 469-479.

② Lancaster, Kelvin, 1979, *Variety, Equity, and Efficiency*, New York: Columbia University Press.

③ Dixit, Avinash K., & Joseph E. Stiglitz, 1977, "Monopolistic Competition and Optimum Product Diversity", *American Economic Review*, , vol. 67, pp. 297-308.

出水平出现在商品价格等于其边际成本时。如果完全歧视性定价可行，那么，市场可以实现商品的最优产出水平，否则，满足边际条件的完全竞争市场均衡会因为厂商的利润为负而变得不稳定；尽管垄断厂商的利润可以为正，但是这又违背了边际条件。针对这两者之间的矛盾，迪克西特和斯蒂格利茨试图找到一种市场次优解，以分析市场偏离最优解的实质。基于此，他们将这一问题转化为在商品数量和多样化之间所作的权衡。在规模经济条件下，大批量地生产较少种类的商品，商品的平均成本将下降，但是，这又会减少商品的多样性，造成社会福利损失。迪克西特和斯蒂格利茨假定每一种潜在商品都具有固定的生产准备成本（fixed set-up cost）和不变的边际成本（这一假定意味着成本函数具有平均成本递减和边际成本不变性质，从而体现规模经济特征），并建立了一个比较符合现实的规模经济模型。

迪克西特—斯蒂格利茨模型将所有商品分为两部分：部门内商品与（部门外）其他商品，并假定部门内商品之间具有很好的替代性，但是对（部门外）其它商品之间的替代性却很差。模型在考虑部门内商品之间的差异以及部门内商品与（部门外）其它商品之间差异的基础上，分析市场解与最优解之间的关系，希望得出的研究结果取决于部门内商品之间的替代弹性以及部门间商品的替代弹性。为了简化分析，模型将（部门外）其它商品加总为一种商品，并将它视为计价物（numéraire）。模型假定如下凸性的可分的效用函数为：

$$u = U(x_0, V(x_1, x_2, x_3, \cdots)) \tag{7.1.1}$$

其中，x_0 为（部门外）其他商品，$(x_1, x_2, x_3, \cdots)$ 为部门内商品。

模型假定所有商品都具有单位收入弹性；此外，模型不考虑收入分配问题，认为效用函数 U 代表萨缪尔森社会无差异曲线，或者是代表性消费者效用的倍数。产品多样性既可以理解为不同消费者消费不同商品的种类，也可以理解为每一个消费者消费的多样性。

模型分三种情形进行讨论。在情形 1 中，模型假定效用函数 V 为不变替代弹性（CES）效用函数，效用函数 U 为任意形式；在情形 2 中，模型假定效用函数 U 为柯布—道格拉斯效用函数，而效用函数 V 为一般的相加形式函数；在情形 1 的假定下，模型主要考虑部门之间商品的替代性，而在情形 2 的假定下，模型主要考虑部门内商品之间的替代性。在情形 1 和情形 2 中，为了进一步简化讨论，模型假定效用函数 V 为对称函数。这就意味着，部门内所有商品 $(x_1, x_2, x_3, \cdots)$ 具有相同的固定成本和相同的边际成本。这个假设约束性很强，因为随着商品属性的变化，效用函数 V 的对称性很难成立，而且商品之间的替代性往往取决于商品属性之间的相近程度，并随相近程度的变化而变化。因此，在情形 3 中，模型讨论了效用函数 V 非对称这种情况。

1. 情形 1：V 为不变替代弹性效用函数

这种情形的效用函数可以采取以下形式：

$$u = U[x_0, (\sum_i x_i^{\rho})^{1/\rho}] \quad (0 < \rho < 1) \tag{7.1.2}$$

预算约束为：

$$x_0 + \sum_{i=1}^{n} p_i x_i = I \tag{7.1.3}$$

其中，p_i 为（部门内）商品价格，I 为以计价物衡量的收入；同时假定 U 为位似效用函数。根据两阶段预算过程，模型将数量指数和价格指数分别定义为如下形式：

$$y = (\sum_{i=1}^{n} x_i^{\rho})^{1/\rho}, q = (\sum_{i=1}^{n} p_i^{-1/\beta})^{-\beta} \tag{7.1.4}$$

其中，$\beta = (1-\rho)/\rho$，因为 $0 < \rho < 1$，所以，$\beta > 0$。在预算过程的第一阶段，可以得到如下式（7.1.5）：

$$y = I\frac{s(q)}{q}, x_0 = I[1 - s(q)] \tag{7.1.5}$$

函数 $s(q)$ 与效用函数 U 的具体形式有关，若 $\theta(q)$ 为函数 $s(q)$ 的弹性，计算得到：

$$\theta(q) = [1 - \sigma(q)][1 - s(q)] \tag{7.1.6}$$

其中，$\sigma(q)$ 为 x_0 与 y 之间的替代弹性。

在预算过程的第二阶段，对于（部门内）每一商品来说，下式成立：

$$x_i = y\left(\frac{q}{p_i}\right)^{1/(1-\rho)} \tag{7.1.7}$$

经过计算，可以得知（部门内）每一商品 x_i 的自价格弹性为：

$$\frac{\partial \log x_i}{\partial \log p_i} = \frac{-1}{1-\rho} = \frac{-(1+\beta)}{\beta} \tag{7.1.8}$$

在张伯伦的分析框架中，式（7.1.8）即为 dd 曲线的弹性。在（部门内）商品容量较大的情况下，可以忽略（部门内）商品之间的交叉价格弹性，但是，当（部门内）每一商品的价格同时发生变化时，单一细微变化就累加为一个大的变化。这一点对应于张伯伦分析框架中的 DD 曲线。由于效用函数 V 为对称函数，对于所有的 i（$i = 1, 2, \cdots, n$），均有 $x_i = x$，$p_i = p$，此时，

$$y = xn^{1/\rho} = xn^{1+\beta}, q = pn^{-\beta} = pn^{-(1-\rho)/\rho} \tag{7.1.9}$$

进一步可以求出：

$$x = \frac{Is(q)}{pn} \tag{7.1.10}$$

计算式（7.1.10）的弹性，得到：

$$\frac{\partial \log x}{\partial \log p} = -\left[1 - \theta(q)\right] \tag{7.1.11}$$

最后，可以考虑（部门内）商品之间的替代性。当 $i \neq j$ 时，可以有：

$$\frac{x_i}{x_j} = \left(\frac{p_i}{p_j}\right)^{\frac{1}{1-\rho}} \tag{7.1.12}$$

因此，$1/(1-\rho)$ 即为（部门内）任意两种不同商品之间的替代弹性。

另一方面，模型假定每一个追求利润最大化的厂商生产一种商品，而且不存在进入壁垒，因此，最后一个进入的厂商利润为零。这一市场均衡类似于张伯伦分析框架中的垄断竞争均衡。在这种市场结构下，厂商经常面临着产品数量与产品多样化之间的权衡问题。厂商利润最大化条件为边际收益等于边际成本，即 $p_i[1-\beta/(1+\beta)] = c$，其中 c 为边际成本。令 p_e 为每一商品的均衡价格，那么有：

$$p_e = c(1+\beta) = \frac{c}{\rho} \tag{7.1.13}$$

均衡的第二个条件是厂商自由进入，直至边际厂商的利润为零，即 $(p_n - c)x_n = a$，其中 n 为厂商数量，a 为固定成本。将 I 单位化为 1，则均衡厂商数量 n_e 为以下方程的解：

$$\frac{s(p_e n_e^{-\beta})}{p_e n_e} = \frac{a}{\beta c} \tag{7.1.14}$$

若 $s(p_e n^{-\beta})/p_e n$ 为 n 的单调函数，则均衡解是唯一的。根据式（7.1.7）、式（7.1.10）以及式（7.1.14），可以求出每个厂商的均衡产出量：

$$x_e = \frac{a}{\beta c} \tag{7.1.15}$$

进一步，可以写出部门整体的预算份额：

$$s_e = s(q_e)\text{，其中，}q_e = p_e n_e^{-\beta} \tag{7.1.16}$$

当存在规模经济时，无约束最优（即仅存在技术约束和资源约束）的实现要求商品价格低于其平均成本，因而需要给予厂商一次性总额补贴以弥补其损失，但这在理论和实际上都存在很大的困难，因此，最优应该是有约束的最优。有约束的最优要求厂商的利润非负，这可以通过政府管制、征收消费税或特许经营税以及补贴来实现，但一次性总额补贴不可行。

在满足需求函数以及厂商利润非负这一条件下，求出实现效用最大化的 n、p_i、x_i，经过计算（计算过程略），可以求出有约束的最优状态下的商品价格 p_c：

$$p_c = c(1+\beta) \tag{7.1.17}$$

比较 p_e 和 p_c，可以发现 $p_e = p_c$，这是由于二者均面临相同的零利润条件，具有相同数量的厂商，而且其它变量的解均由这两个条件求出。

在无约束最优状态下，经过计算（计算过程略），可以得到：

$$p_u = c \tag{7.1.18}$$

$$x_u = \frac{a}{\beta c} = x_c = x_e \tag{7.1.19}$$

$$n_u > n_c = n_e \tag{7.1.20}$$

在效用函数 V 为不变替代弹性效用函数这种情形中，市场均衡的解与有约束的最优解相同；在无约束最优状态下，厂商数量最多，即（部门内）商品更具多样性特征，但是，各种状态下的单一厂商的规模（即每一种商品的数量）相等。此外，资源在部门之间的配置与部门之间的替代弹性相关，而且均衡的唯一性条件和最优的二阶条件也取决于部门之间的替代弹性。

2. 情形 2：V 为可变替代弹性效用函数

这种情形的效用函数可以采取以下形式：

$$u = x_0^{1-\gamma}\left[\sum_i \nu(x_i)\right]^{\gamma} \tag{7.1.21}$$

其中，ν 为递增的凹函数，$0 < \gamma < 1$ 。若（部门内）商品容量较大，可以计算出 dd 曲线的自价格弹性：

$$\frac{\partial \log x_i}{\partial \log p_i} = \frac{\nu'(x_i)}{x_i \nu''(x_i)} \tag{7.1.22}$$

定义 $\beta(x)$ ，使得：

$$\frac{1+\beta(x)}{\beta(x)} = -\frac{\nu'(x)}{x_i \nu''(x)} \tag{7.1.23}$$

进一步地，假设 $x_i = x$ ，$p_i = p(i = 1,2,3,\cdots,n)$ ，可以得到 DD 曲线以及计价物商品的需求函数：

$$x = \frac{I}{np}\omega(x)\ ,\ x_0 = I[1-\omega(x)] \tag{7.1.24}$$

其中，
$$\omega(x) = \frac{\gamma\rho(x)}{\gamma\rho(x)+(1-\gamma)}\ ,\ \rho(x) = \frac{x\nu'(x)}{\nu(x)} \tag{7.1.25}$$

若 $0 < \rho(x) < 1$ ，有 $0 < \omega(x) < 1$ 。

在这些假设基础上，可以根据厂商的利润最大化条件，以求出由市场均衡产出 x_e 所表示的市场均衡价格 p_e ：

$$p_e = c[1+\beta(x_e)] \tag{7.1.26}$$

根据零利润条件，可以得到一个关于 x_e 的方程式：

$$\frac{cx_e}{a+cx_e} = \frac{1}{1+\beta(x_e)} \tag{7.1.27}$$

结合 DD 曲线方程式和零利润条件，可以得到均衡厂商数量的解：

$$n_e = \frac{\omega(x_e)}{a+cx_e} \tag{7.1.28}$$

考虑有约束的最优，根据式（7.1.24）以及零利润条件 $px = a + cx$ ，最大化效用函数，可以得到一个关于 x_c 的方程式，

$$\frac{cx_c}{a + cx_c} = \frac{1}{1 + \beta(x_c)} - \frac{\omega(x_c)x_c\rho'(x_c)}{\gamma\rho(x_c)} \tag{7.1.29}$$

比较式（7.1.29）与式（7.1.27），运用二阶条件，若 $\rho'(x)$ 对所有的 x 取单一符号，则：

若 $\rho'(x) < 0$ 时, $x_c > x_e$ ；若 $\rho'(x) > 0$ 时, $x_c < x_e$ （7.1.30）

在市场均衡和有约束的最优这两种情况下，厂商的利润均为零，因此点（x_e，p_e）和点（x_c, p_c）均位于向下倾斜的同一条平均成本曲线上，则：

若 $x_c > x_e$ 时, $p_c < p_e$ ；若 $x_c < x_e$ 时, $p_c > p_e$ （7.1.31）

在点（x_e, p_e）处，dd 曲线与平均成本曲线相切，由于 dd 曲线比 DD 曲线更有弹性，若 $x_c > x_e$ ，那么在 DD 曲线上，点（x_c, p_c）位于点（x_e, p_e）的右边。这意味着点（x_c, p_c）所对应的均衡厂商数量小于点（x_e, p_e）所对应的均衡厂商数量，即：

若 $x_c > x_e$ 时, $n_c < n_e$ ；若 $x_c < x_e$ 时, $n_c > n_e$ （7.1.32）

同时，根据式（7.1.30），在这两种情况下，均有 $\rho(x_c) < \rho(x_e)$ ，从而 $\omega(x_c) < \omega(x_e)$ 成立。根据式（7.1.24），有：

$$x_{0c} > x_{0e} \tag{7.1.33}$$

可以看出，即使部门之间存在一个很小的替代弹性，结论也有可能发生改变。

在 V 为可变替代弹性效用函数这种情形中，通过选取 n 、x 以最大化效用函数，求得无约束最优解，效用函数采取以下形式：

$$u = [n\nu(x)]^{\gamma}[1 - n(a + cx)]^{1-\gamma} \tag{7.1.34}$$

通过求解，可以得到

$$p_u = c \tag{7.1.35}$$

$$\frac{cx_u}{a + cx_u} = \rho(x_u) \tag{7.1.36}$$

$$n_u = \frac{\gamma}{a + cx_u} \tag{7.1.37}$$

在此基础上，运用二阶条件可以得到：

若 $\rho'(x) > 0$ 时, $x_u < x_c$ ；若 $\rho'(x) < 0$ 时, $x_u > x_c$ （7.1.38）

结合式（7.1.30），可以比较产出的市场均衡解和产出的无约束最优解。比较得知，价格的无约束最优解在三者中最低；若 $x_u < x_c$ ，则有 $n_u > n_c$ 。类似地，可以与市场均衡解进行相应的比较。当存在无约束的最优时，厂商的规模更大，厂商的数量更多。这是因为当存在无约束最优时，资源的利用效率最高。

3. 情形3：效用函数 V 非对称

到目前为止，模型的讨论一直假定效用函数 V 为对称函数，模型在这部分的讨论将放弃这个严格的假设，以分析（部门内）商品之间的相互关系是如何导致一些不同结论的。如果一种商品没有被生产，那么消费者对该商品的互补品的需求将很低，若该互补品存在生产准备成本时，那么这一互补品的生产将无利可图。对此，市场可能产生一种激励使得厂商同时生产这两种商品。然而，即使所有商品都是替代品，这一问题依然存在。

分析一个有关异质性消费者和社会无差异曲线的模型时会发现，消费者往往对那些需求缺乏弹性的商品具有较大的需求，这些商品的供给会给消费者带来大量的消费者剩余；另一方面，缺乏需求弹性的商品的生产有可能获得超过可变成本的收益。与某种最优状态相比，市场到底是接近这种最优状态还是偏离这种最优状态？迪克西特—斯蒂格利茨模型在效用函数 V 非对称这种情形下列举的例子证明：市场往往偏离了这种最优状态，相对于高成本的低需求弹性商品，市场所供给的往往是低成本的高需求弹性商品。当两个商品之间的交叉弹性为零时，市场在商品生产这个问题上也有可能偏离最优状态（无约束最优或有约束最优），即市场有可能供给更富有需求弹性的商品，而不是社会所需要的缺乏需求弹性的商品。对具有相同的需求曲线但成本结构不同的商品，也可以进行类似的分析。对于这种情况，市场有可能供给具有较低固定成本和较高边际成本的商品，而不是具有较高固定成本和较低边际成本的商品（因为这种商品的消费者剩余往往更大），而且，如果生产这种具有较高固定成本和较低边际成本的商品，其产量相对而言更大，从而产生更多的消费者剩余。

通过比较有约束的帕累托最优与垄断竞争均衡，可以看出，有约束的帕累托最优是以较高固定成本和较低边际成本的商品取代较低固定成本和较高边际成本的商品，以需求缺乏弹性的商品取代需求更富有弹性的商品。

垄断作为非凸性市场的组成部分，它通常被认为扭曲了资源配置。然而，迪克西特—斯蒂格利茨模型分析认为，垄断力量可以使厂商弥补其固定成本，而且它没有阻碍其他厂商的自由进入，因此，他们的模型显示，在垄断力量和市场扭曲之间不存在显著关系。

在不变替代弹性效用函数这种情形下，市场均衡解与有约束的帕累托最优解相一致，它与弹性值的大小无关；在可变替代弹性效用函数这种情形下，市场均衡解偏离最优解的方向不确定，其偏离方向与效用弹性的变化有关，与需求弹性的变化无关；在效用函数非对称这种情形下，市场往往排斥缺乏需求弹性和具有较高成本的商品。市场均衡与帕累托最优的不一致是因为市场以边际条件下的利润最大化为目标，而社会最优则考虑的是消费者剩余的最大化。迪克西特—斯蒂格利茨模型为具有规模经济的垄断竞争市场结构进行一般均衡分析提供了一个简洁的分析框架，成为新贸易理论的逻辑起点。

三、迪克西特—斯蒂格利茨模型在贸易理论中的应用

迪克西特—斯蒂格利茨模型问世后不久很快就被人们纷纷用于贸易理论中，促成这一模型得以迅速传播的原因在于如下几个方面。

第一，克鲁格曼（1979）在他的论文中①对该模型的应用意义作了简洁的说明。他阐释了产品差异何以成为贸易产生的原因，证明贸易可以在技术和资源禀赋完全相同的两个国家之间发生，即使所有的贸易都是行业内贸易，消费者仍然可以从贸易中获益。此外，各国之间交换差别产品的行业内贸易的重要性得到了经验证据的支持。经验证据还表明，贸易自由化并不要求部门的相对规模发生变化，这一点又与先前巴拉萨引用的证据相吻合。

第二，在贸易理论界出现了迪克西特—斯蒂格利茨模型与赫克歇尔—俄林模型相结合的势头。虽然迪克西特—斯蒂格利茨模型说明可以把垄断竞争作为解释贸易模式的一个独立的来源，而且这一研究结论与现实中的行业内贸易相一致，但是，如果迪克西特—斯蒂格利茨模型不能与标准的赫克歇尔—俄林模型结合起来，那么它就不能在西方经济学主流文献中占据主导地位。实事上，二者的结合几乎在迪克西特—斯蒂格利茨模型问世之后立即就开始了。二者合流的研究成果主要反映在迪克西特和诺曼（Avinash K. Dixit & Victor Norman，1980）②、赫尔普曼（1981）③ 以及埃塞尔（1982）④ 等人的著述中。在这些著述中表达的关键思想是：赫克歇尔—俄林类型的贸易是由各国之间的差异来推动的，而迪克西特—斯蒂格利茨类型的贸易则是由各国之间的相似性所驱动。若是把贸易的这两个源泉结合在一起，并不会使贸易结果发生根本改变。只是赫克歇尔—俄林模型适用于行业间贸易，而迪克西特—斯蒂格利茨模型适用于行业内贸易。这一结论同行业间与行业内贸易的经验证据相吻合。

---

① 最早迪把克西特—斯蒂格利茨模型应用于贸易领域的是维克多·诺曼（参见 Victor Norman,1976,"Product Differentiation and Trade",manuscript,U. K. Economic Theory Study Group,University of Warwick），然而，最先写成论文在学术刊物上公开发表的却是克鲁格曼（参见 Krugman,Paul R. ,1979,"Increasing Returns,Monopolistic Competition and International Trade",*Journal of International Economics*,vol. 9,pp. 469-479）。

② Dixit,Avinash K. & Victor Norman,1980,*Theory of International Trade: A Dual,General Equilibrium Approach*, London: Cambridge University Press.

③ Helpman,Elhanan,1981,"International Trade in the Presence of Product Differentiation,Economies of Scale,and Monopolistic Competition: A Chamberlin-Heckscher-Ohlin Model", *Journal of International Economics*, vol. 11,pp. 305-340.

④ Ethier,Wilfred J. ,1982,"National and International Returns to Scale in the Theory of International Trade", *American Economic Review*,vol. 72,pp. 389-405.

第三，中间产品贸易在世界贸易中占据很高份额为迪克西特—斯蒂格利茨模型提供了强有力的经验依据。出于对中间产品的考虑，埃塞尔（1982）把迪克西特—斯蒂格利茨模型扩展到不同中间产品贸易的案例中。他所用的函数形式和前面提到的公式（7.1.2）右边的表达式相似，他只是把 V 理解为生产函数，而不是次效用函数。因此，在他的模型中，贸易的驱动力并不在于为更加多样化的产品提高了消费者的效用，而在于引起了生产率的提高。他证明了，那些在差异产品消费模型中得以成立的某些结论（例如：有关行业内和行业间贸易的分析结论以及贸易政策对于收入分配的效应，等等）仍然站得住脚。他还证明了，更高程度的专业化将导致生产率的提高，而这一点并不取决于国家层次上的行业规模，而是取决于世界层次上的行业规模。这个推论不仅扩展了亚当·斯密有关分工取决于世界市场的广度，而不是取决于本国市场广度的论点，而且还为他本人前三年（1979）所考查的在国际层次上的规模收益递增模型提供了微观经济分析的理论基础①。

第四，迪克西特—斯蒂格利茨模型的另一个应用领域是对跨国公司和经济地理学的研究。传统的完全竞争的国际贸易理论无法对跨国公司存在的理由以及跨国公司的行为作出合理的解释。就跨国公司而言，赫尔普曼（1984）扩展了迪克西特—斯蒂格利茨模型中的方法，用它来解释为什么企业会选择垂直分解（vertically disintegrate）的经营方式②。他假定企业内部存在不同的活动，在最简单的情况下，最终产品的生产既需要制造业部门，又需要“总部服务”。对于企业来说具有重要意义的是，这两类活动对要素禀赋密集度具有不同的要求，因此，不同的活动分别在要素禀赋密集度适合它们的地方进行是有利的。再就经济地理学而言，新贸易理论的应用同地区产业聚集有关。克鲁格曼（1980）证明了，在允许垄断竞争产品存在运输成本的情况下将导致“本国市场效应”③ 的产生。这意味着本国企业数量的增加将伴随着当地制造业产品价格下降（这是因为本地制造的产品没有运输成本，但进口产品却有运输成本的缘故）。由于本国需求的增加同当地产品价格的下降相伴随，这将导致相关行业中本国企业大量涌入，进而导致与该国市场规模不相称的更多种类的工业品被生产出来并向国外出口。1991 年克鲁格曼重新讨论了他 1980 提出的模型。他做了允许国际要素流动的假设，这就使得收入内生化了④，进而促成“本国市场效应”带来了“需求联接”（de-

---

① Ethier, Wilfred J., 1979, "Internationally Decreasing Costs and World Trade", *Journal of International Economics*, vol. 9, pp. 1-24.

② Helpman, Elhanan, 1984, "A Simple Theory of International Trade with Multinational Corporations", *Journal of Political Economy*, vol. 92, pp. 451-471.

③ Krugman, Paul R., 1980, "Scale Economies, Product Differentiation and the Pattern of Trade", *American Economic Review*, vol. 70, pp. 950-959.

④ Krugman, Paul R., 1991, "Increasing Returns and Economic Geography", *Journal of Political Economy*, vol. 99, pp. 483-499.

mand linkage)，即某个本地企业扩大了对当地劳动力的需求，这就鼓励了移民流入。其结果是，当地需求的增加引起了企业利润的增加，这就进一步鼓励了更多的企业进入。这一过程让人想起早期发展经济学家缪尔达尔对“累积过程”所作的分析。更进一步说，更大规模的国家拥有更低的成本，这又将产生“成本联接”(cost linkage)。这类联接同样会鼓励移民流入。当地工资水平的下降降低了企业的平均成本并拉动边际成本曲线下降。这些联系效应的共同作用将倾向于鼓励地区产业聚集。然而，地区产业聚集的结果并非不可避免。这是因为总是有竞争效应存在，竞争倾向于降低利润，并与地区产业聚集起反向作用。地区产业聚集最终是否形成，取决于各种因素的相互作用。这一点可以用模型中重要参数的相互作用来解释：高需求（更高的 μ 值）和对产品多样化的更高的偏好（更低的 σ 值）鼓励聚集，而运输成本的上升却起着相反的作用。

第二节　新贸易理论的其他主要模型

从以上概述可见，迪克西特—斯蒂格利茨模型为新贸易理论的问世扫清了理论上的障碍，此外，由于该模型在建构上具有简单而明晰的特点，因而在当代西方经济学界被人们所广泛接受。在迪克西特—斯蒂格利茨模型问世后的一段时期内，除了克鲁格曼率先把迪克西特—斯蒂格利茨模型引入国际贸易领域并建立起垄断竞争模型之外，还有一些学者也提出了把规模经济引入国际贸易的各种不同的理论模型。这些模型主要包括兰开斯特完全垄断竞争条件下的行业内贸易模型、赫尔普曼的垄断竞争模型、埃塞尔的国际规模收益递增贸易模型、阿温德·潘纳加里亚（Arvind Panagariya）的外部规模收益递增模型以及布兰德和克鲁格曼的相互倾销行业内贸易模型。在下文中，我们拟对这些新贸易理论的主要模型分别作一概述。

一、克鲁格曼的垄断竞争贸易模型

迪克西特—斯蒂格利茨模型的问世提供了一种解释国际贸易的新思路。该思路认为，即使两国具有相同的消费者偏好、要素禀赋和技术条件，只要存在规模经济，贸易就有可能在两国之间产生，并获得贸易收益。克鲁格曼（1979）建立了一个简洁的一般均衡模型，模型分析了规模经济如何导致贸易在具有相同的消费者偏好、要素禀赋和技术条件的两国之间产生。模型假定规模经济来源于企业内部，即内部规模经济，因此，相应的市场结构为垄断竞争市场结构。克鲁格曼垄断竞争模型在垄断竞争的处理方面与迪克西特—斯蒂格利茨模型一脉相承，是迪克西特—斯蒂格利茨模型在国际贸易领域的具体应用。

1. 封闭经济中的垄断竞争模型

为了方便对问题的分析，克鲁格曼建立了一个基本的垄断竞争模型。他选取了特定形式的效用函数和成本函数，这样的选择有助于简化模型分析。他设立的假定是：第一，经济中只存在唯一的稀缺生产要素即劳动；第二，经济能够生产任意多种类产品，每一产品种类用 i（$i=1, 2, \cdots, n$）表示，n 为一个很大的数值，尽管相对于潜在的产品数量而言，n 很小。

假定所有的消费者都具有相同的、对称的效用函数为：

$$U = \sum_{i=1}^{n} v(c_i) \qquad v' > 0, v'' < 0. \tag{7.2.1}$$

其中，c_i 为第 i 种商品的消费量。定义变量 ε，其中

$$\varepsilon_i = -\frac{v'}{v'' c_i} \tag{7.2.2}$$

假设 $\frac{\partial \varepsilon_i}{\partial c_i} < 0$，随后可以证明，$\varepsilon_i$ 为单个厂商所面临的需求弹性。

假设所有的商品都具有相同的成本函数，每一种商品生产所使用的劳动力数量是其产量的线性函数

$$l_i = \alpha + \beta x_i \qquad \alpha > 0, \beta > 0 \tag{7.2.3}$$

其中，l_i 为生产商品 i 所使用的劳动，x_i 为商品 i 的产量，α 为固定成本。这表明商品 i（以及所有商品）具有递减的平均成本和不变的边际成本。当市场处于均衡状态时，商品 i 的产量等于总消费量，即

$$x_i = Lc_i \tag{7.2.4}$$

其中，L 为劳动力总量。最后，模型假定经济处于充分就业状态，即

$$L = \sum_{i=1}^{n} l_i = \sum_{i=1}^{n} (\alpha + \beta x_i) \tag{7.2.5}$$

模型需要解出 3 个变量：每个商品相对于工资的价格为 $\frac{p_i}{w}$；每一商品的产量为 x_i；商品的种类为 n。效用函数的对称性使得所有实际生产的产品的产量相等、且价格相同，即 $x_i = x, p_i = p$（$i=1, 2, \cdots, n$）。模型分析分三个阶段进行，首先，分析单个厂商所面临的需求曲线；然后，确定厂商的定价策略并分析厂商的盈利能力；最后，通过厂商盈利能力和市场进入的分析确定厂商数量。

为了分析单个厂商所面临的需求曲线，考虑一个代表性消费者的行为。在其预算约束下，代表性消费者最大化其效用函数（见式（7.2.1）），这个最大化问

题的一阶条件如下：

$$v'(c_i) = \lambda p_i \qquad i = 1,\cdots,n \tag{7.2.6}$$

其中，λ 为影子价格，它可以理解为收入的边际效用。

将式（7.2.4）代入式（7.2.6），可以得到单个厂商所面临的需求曲线的表达式：

$$p_i = \lambda^{-1} v'(x_i/L) \tag{7.2.7}$$

如果产品种类很多，则单个厂商的定价策略对消费者收入的边际效用的影响可以忽略，因此，可以将 λ 视为常数，则第 i 个厂商所面临的需求弹性为 $\varepsilon_i = -v'/v''c_i$ 。

第 i 个厂商的利润函数如下：

$$\Pi_i = p_i x_i - (\alpha + \beta x_i) w \tag{7.2.8}$$

厂商通过选择价格以最大化其利润，利润最大化价格取决于其边际成本和需求弹性：

$$p_i = \frac{\varepsilon}{\varepsilon - 1}\beta w \text{ 或 } \frac{p_i}{w} = \beta \frac{\varepsilon}{\varepsilon - 1} \tag{7.2.9}$$

由于需求弹性取决于产量，因此，要确定利润最大化价格，必须求出利润最大化产量。结合式（7.2.9）和均衡时利润为零这两个条件，就可以确定价格和产量，而新厂商的进入将使得利润逐渐趋向于零。这可以用图 7.2.1 来描述。

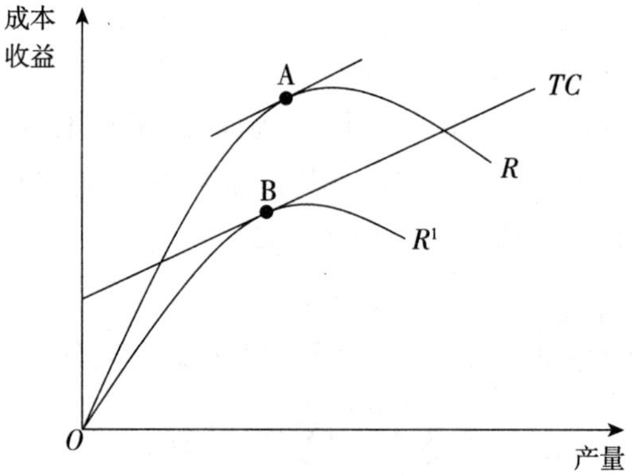

图 7.2.1　厂商利润最大化产量的选择

在图 7.2.1 中，横轴表示代表性厂商的产量，纵轴表示成本和收益（以工资单位衡量）。*TC* 曲线为总成本曲线，*OR* 曲线为给定既定初始厂商数量时每个厂商的收益曲线。此时，厂商选择在 *MR* = *MC* 处（即 A 点）生产。在 A 点上，由于价格（平均收益）超过平均成本，厂商获得利润，但是，这将导致新厂商进入。而新厂商的进入又将使得收入的边际效用上升，使得收益曲线 *OR* 收缩至 OR^1，最终导致新的均衡处于 B 点。在 B 点上，边际收益等于边际成本，与此同时，平均收益等于平均成本，厂商利润为零。

在此基础上，克鲁格曼进一步分析如何从成本函数和效用函数推导出代表性厂商的产量和价格。在下面的图 7.2.2 中，横轴表示代表性商品的人均消费量，纵轴表示代表性商品的价格（以工资单位衡量）。PP 曲线表示方程（7.2.9），p/w 与 c 之间的第二个关系式由均衡时的零利润条件得到，即

$$0 = px - (\alpha + \beta x)w \tag{7.2.10}$$

方程式（7.2.10）可以重新写为：

$$\frac{p}{w} = \beta + \frac{\alpha}{x} = \beta + \frac{\alpha}{Lc} \tag{7.2.11}$$

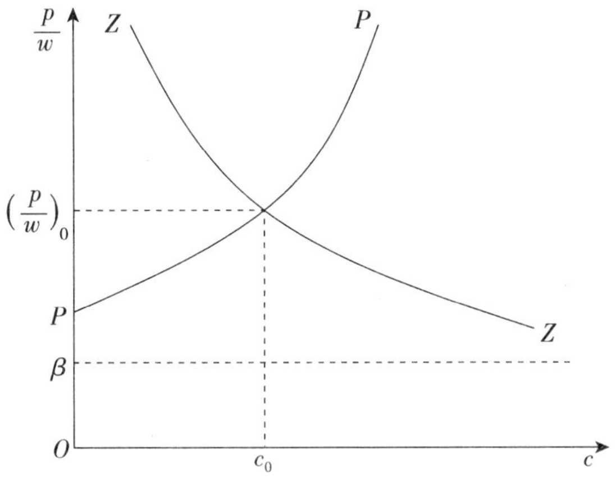

图 7.2.2　商品的均衡价格和个人消费量

在图 7.2.2 中，等轴双曲线 ZZ 表示方程式（7.2.11）。PP 曲线与 ZZ 曲线的交点确定了每一个商品的均衡价格 p/w 和均衡个人消费量 c，由于 $x = Lc$，进而得到每一商品的均衡产量 x。充分就业假设使得实际生产的产品种类得以确定：

$$n = \frac{L}{\alpha + \beta x} \tag{7.2.12}$$

至此，模型完整地描述了封闭经济的垄断竞争均衡，在此基础上，克鲁格曼使用这个模型分析了相关的劳动力增长效应、贸易效应以及要素流动效应。

2. 劳动力增长效应

假如上述模型所分析的经济出现了劳动力的增长，那么，这将给均衡带来什么变化？回顾方程式（7.2.9）及式（7.2.10）可见，劳动力的增长对图 7.2.2 中的 PP 曲线没有影响，但是，它会导致 ZZ 曲线向左平移。因此，在新的均衡点上，个人消费量 c 下降，同时 p/w 也下降。于是，可以证明，劳动力的增长会增加每一商品的产量以及商品的种类。因此，方程（7.2.11）可以重新写为：

$$x = \frac{\alpha}{p/w - \beta} \qquad (7.2.13)$$

方程（7.2.13）表明，由于 p/w 下降，每一商品的产量 x 上升；另一方面，由于 $n = \frac{L}{\alpha + \beta Lc}$，因此，$L$ 的上升和 c 的下降将导致 n 的增加。此外，劳动力的增长可以提高代表性消费者的福利，这是因为劳动力的增加提高了“实际工资” w/p；另一方面，n 的增加扩大了代表性消费者的选择范围，从而增加了代表性消费者的效用。

3. 贸易效应

假如存在两个上述模型所描述的经济，而且假设在初始状态，这两个经济之间不存在贸易。假定这两个经济具有相同的消费者偏好和相同的技术条件；另外，由于模型所描述的经济只存在一种要素，这就排除了这两个经济的要素禀赋差异。传统的国际贸易模型认为，贸易不会在这样的两个经济之间产生，不存在潜在的贸易收益；但是，在这个模型中，由于存在规模经济，这两个经济之间会产生贸易，并获取来自贸易的收益。假设两个经济之间互相开放贸易，而且贸易的运输成本为零。模型的对称性假设使得两国的工资率相等，使得两国生产的任何商品的价格都相等。贸易所带来的影响就像每一个国家中劳动力增长所带来的影响一样，贸易会使生产的规模扩大，并使得商品的种类增加。由于更高的“实际工资” w/p 以及消费品选择范围的扩大，贸易可以提高两国的福利。

在该模型中，贸易的方向（即哪一个国家出口哪一种商品）不确定，但是，可以确定的是每一种商品只在一个国家生产，这是因为厂商之间不存在竞争（这是模型的应有之义）；另外，贸易量也可以确定。每一个消费者都会最大化其效用函数，效用函数可以写为：

$$U = \sum_{i=1}^{n} v(c_i) + \sum_{i=n+1}^{n+n^*} v(c_i) \qquad (7.2.14)$$

其中，商品 i（$i = 1, 2, \cdots, n$）为本国所生产的产品，商品 i（$i = n+1, n+2, \cdots, n+n^*$）为外国所生产的产品。每一个国家所生产的产品种类与该国的劳动力数量成正比：

$$n = \frac{L}{\alpha + \beta x},\ n^* = \frac{L^*}{\alpha + \beta x} \qquad (7.2.15)$$

因为所有商品的价格都相同，所以，对每个国家产品的支付与该国的劳动力数量成正比，每个国家的进口额为

$$M = wL \times \frac{L^*}{L + L^*} = wL^* \times \frac{L}{L + L^*} = M^* \qquad (7.2.16)$$

该式表明贸易达到了平衡，这是因为每一个消费者的预算约束都得到了满

足。当这两个国家的经济规模相等时，贸易量最大。从上述分析中可以看到，只要存在规模经济，贸易就有可能在两国之间产生，并且可以获得来自贸易的收益，尽管这两个国家具有相同的消费者偏好、要素禀赋和技术条件。

4. *要素流动效应*

假如存在两个上述模型所描述的地区，这两个地区具有相同的消费者偏好和相同的生产技术条件，那么，它们都能从贸易中获取收益，这是因为市场的扩大可以获得规模经济，还可以增加消费品的种类，然而，如果人口可以从一个地区流向另一个地区，即使两个地区之间不存在贸易，它们也能获取同样的收益。在这个模型中，贸易和劳动力增长本质上相同，如果存在贸易障碍，工人们就有向另一个已经具有更大数量劳动力的地区流动的激励。考虑一种极端情况，如果两个地区之间不存在产品贸易，但劳动力却可以完全流动。那么，人口更为稠密的地区可以提供更高的实际工资 w/p 和种类更多的消费品，因而鼓励人口流入。在均衡状态，所有的劳动力都会聚集在一个地区或另一个地区，至于最终劳动力会聚集在哪一个地区则取决于其初始条件。

在具有规模经济的情况下，要素流动将导致一个要素集聚的过程。考虑一种多地区的情形，在这种情形下，人口仍然倾向于仅仅向一个地区集聚，这个地区就被称为城市。这一分析似乎很好地解释了城市的形成过程。再回到两地区的情形，劳动力聚集在哪一个地区取决于初始的人口分布状况，只要这两个地区的劳动生产率相同，劳动力向哪一个地区聚集在福利上并没有差异；但是，如果这两个地区在初始的生产条件上存在差异，那么，哪一个地区吸引人口流动就变得至关重要，人口流动有可能导致错误的结果。如果一个地区的固定劳动成本和可变劳动成本都较高，那么，显然劳动力应该流向其他地区；但是，如果这个固定和可变劳动成本都很高的劣等地区在其初始状态时就拥有足够大的人口比重，那么，人口就有可能朝着错误的方向流动。总之，在克鲁格曼的模型中，要素流动可以替代贸易，如果存在贸易障碍，劳动力就有可能向同一个地区聚集，至于人口聚集在哪一个地区则取决于初始的人口分布状况；然而，这一人口集聚的过程可能导致人口向一个错误的地区集中。

克鲁格曼运用张伯伦方法分析了存在规模收益递增情形下的贸易问题。他证明了，国际贸易不一定是要素禀赋差异或技术差异而导致的结果，它也许仅仅是开拓市场或者对规模经济加以利用的一种方法。贸易效应类似于劳动力增长效应和要素流动效应，这是理解工业化国家之间何以进行贸易的一个有用的思路。

二、兰开斯特完全垄断竞争条件下的行业内贸易模型

传统的国际贸易理论既不能解释工业化国家之间为什么会产生大量的行业内

贸易这一现象，也不能解释为什么具有相似的要素禀赋、相似的生产技术以及相似的消费者偏好的国家之间会产生大量的国际贸易。兰开斯特（1980）分析了完全垄断竞争市场结构下的行业内贸易问题。他认为，完全垄断竞争这种产生于发达国家的市场结构导致了大量的行业内贸易，这种行业内贸易甚至会发生在各方面完全相同的国家之间，而且与各方面显著不同的国家相比，各方面相同或相似的国家之间也可能产生更多的贸易。

1. 模型的基本结构

兰开斯特模型假设经济中拥有一个制造业部门，该部门生产一组具有差异化的产品。为了便于分析，他提出了“产品组”（good groups）概念。这一概念指的是一个产品类别，其中，实际生产的或者潜在的产品都具有相同的属性，产品组中的不同产品可以理解为在不同程度上具有这些属性。产品组中的任何产品具有这些属性的程度被定义为“该产品的特性”，模型假设产品的特性在某一凸集中能够潜在地发生变化。这一凸集被称为该产品组的“产品谱”（product spectrum），用以表明该产品组具有无数的潜在产品。

模型提出了三个假设。第一，假设消费者偏好的是产品的特征（characteristics of goods），而不是产品集本身（collection of goods themselves），因而假设对所考虑的产品组的消费技术被认为是“不可组合的”（non-combinable），即个人可以从任何可以获得的产品组中选择任何产品，并相应地获得由该产品特性（specification）所代表的产品特征；但是，消费者却不能从不具有代表性的可获得的产品中通过购买两个或更多的该类产品并组合起来进行消费的方式来相应地获得这些特征。第二，假定产品组中的任一实际存在的或潜在的商品都能够以其单位资源成本（at unit resource cost）的价格来获取，在这一背景下，每个人都可以发现他最偏好的那一种产品，即“理想产品”（ideal product）。第三，假设消费者偏好具有多样性（diversity），从而最偏好的商品在不同的消费者之间是不一样的，而且模型认为所有最偏好商品的集合是产品谱的一个凸子集。这些假设构成为后面展开分析的基础。

在任何一种市场环境下，一个特定的消费者总是基于商品的相对价格以及其他商品与他最偏好商品之间的关系来选择商品。兰开斯特假定存在着某种对“谱距离”（spectral distance）进行适当度量的方法，因此，在给定收入和其它价格的条件下，消费者对某一商品愿意支付的价格与该商品与他所最偏好的商品之间的“谱距离”的凸函数成反比。为了简化分析，假定该凸函数对所有消费者而言都是相同的，这个关键假设被称作一致性假设（uniformity assumption）。一致性假设是关于不同的消费者偏好之间某种类型的偏好具有相似性的一个假设，它大致上相当于假设消费者相对于产品组属性的无差异曲面形状相同，但是，不同的消费者相对于产品谱的位置不同，因此，不同的消费者所最偏好的商品不同。这个假设不能与有关产品谱中消费者均匀密度（uniform density）的假设相混淆，而消费者均匀密度假设是指在产品谱的每一点上为消费者最为偏好的产品的相对数量。

产品组之外的其它产品被称为“外部产品”（outside good）。假设所有外部产品的相对价格保持不变，因此，它们可以视为一种单个总量商品（a single aggregate good），对产品组内产品的选择没有影响，而只对相对于外部商品的产品组的商品消费量有影响。所有的消费者对最偏好产品与外部产品之间的关系持有相同的观点，这种观点可以概括为两个参数，即产品组产品与外部产品之间的替代弹性以及用在产品组产品上的总支出所占的比重。在一致性假设之下，任何个人所购买的产品数量将仅仅取决于相关的市场变量以及可获得的产品的特性与其理想商品二者之间的距离。需求函数具有如下关键性质：第一，需求是商品特性和价格的函数；第二，若相对于外部产品的替代弹性大于1，则需求的自价格弹性（own-price elasticity of demand）大于1；第三，价格弹性是邻近商品之间距离的连续递减函数，而且随着产品在特性上趋于相同，价格弹性趋于无穷。

在生产方面，假设生产中存在着一个初始的规模经济，既定产出水平上的规模经济度（degree of economies of scale）被定义为平均成本对边际成本的比率。如果某一产出水平上的规模经济度大于1，则平均成本下降。对于常规的 U 型成本曲线，在平均成本最低处，规模经济度等于1。他还假设，若商品特性发生变化，则其规模经济完全丧失，因为产品特性的变化将导致一个新产品的出现。产品谱中所有产品是按照被选择的单位来度量的，而这些单位是由所生产的最初 Q_0 单位的总成本与所有产品相等这一规则来确定的。假设产品组内所有商品的成本函数相同，因此，生产 Q 单位任何商品的总成本与其特性无关。

在上述假设基础上，产品组中的每一家厂商都面临着商品价格和商品特性这两个决策变量，而传统分析中只有价格这一个决策变量。假如产品谱可以用一条线来表示，与此同时，若产品特性可以表示为这条线上的一个点，那么，每一家厂商左右各有一家厂商，因此，每一家厂商的市场领域由左右两个相互独立的半市场（half markets）所组成，该厂商利润最大化求解将会是一个相互联结的价格—特性成对解（a joint price-specification pair），亦即：第一，左右两个市场的边际收益相等；第二，边际收益等于边际成本。类似分析可以扩展至多于两个特征的和多维的产品谱。

由于存在着一致性偏好、相同的成本函数以及产品谱上消费者呈现均匀密度的缘故，如果与其距离相等的邻居均以相同的价格出售产品，则厂商的市场地位相同，一个具有 N 个厂商的产品组的纳什均衡具有如下性质：第一，没有两个厂商会生产产品特性相同的商品；第二，产品谱中所生产的产品的特性之间的相互距离相等；第三，所有产品的市场领域（market areas）相同；第四，当选择的单位与前述规则一致时，所有产品的价格和产量相等。

当所有厂商的边际成本与边际收益相等时，价格与平均成本的关系以及厂商的利润水平取决于厂商数量 N 。已知厂商的利润水平是 N 的递减函数，市场进入自由将导致一个均衡的厂商数量 N^* ，此时，所有厂商的价格等于平均成本。至此，所导出的市场结构称之为完全垄断竞争（perfect monopolistic competition）市场结构，该结构具有如下性质，这些性质与模型随后的分析相关：第一，只有当产品组产品与外部产品之间的替代弹性大于 1 且小于某一最大值（这一最大值取决于规模经济的性质；但是如果成本曲线为 U 型，且成本最低处的产出水平相对较低，则没有上限）时，则存在一个可行的稳定均衡；第二，有限的均衡商品种类数量 n^* 取决于消费者偏好的性质、产品组产品与外部商品之间的替代弹性、规模经济性质、总支出中产品组产品的重要性以及（在消费者的总购买力这个意义上）的“市场规模”。特别是，如果（1）消费者对商品特性的差别越敏感；（2）商品与外部商品之间的替代弹性越小；（3）每一产出水平上的规模经济越小；（4）市场规模越大，除非规模经济由常数阶齐次生产函数导出，则均衡的产品种类数量越大。

尽管到目前为止，模型假定经济由一个差异化的产品组和一个模糊的“外部产品”所组成。但是，这个模糊的“外部商品”本身可以包含其它差异化的产品组，只要这两个产品组相互独立（即二者没有相同的产品属性），而且不同产品谱中的消费者最偏好商品的位置不相关，于是，分析就可以扩展到包含多个产品组的经济。

2. 相同经济之间的贸易

“相同经济”（identical economies）是指两个经济在生产技术、资源禀赋、人口和消费者偏好（及分布）等各个方面都相同，每一个经济都具有前一部分所介绍的一般经济结构，即均有一个具有产品差异化的制造业部门，该部门至少在某一较小的产出水平上具有规模经济（初始假设只包含一个产品组）；每一个经济还有一个不具有规模经济、没有产品差异化的外部产品部门（如农业部门），而且每一个经济的消费者偏好具有多样性和一致性。

在封闭状态，两个经济的运行状况相同，均匀密度假设使得在封闭状态，完全垄断竞争的制造业部门生产 n^0 种产品（在一个产品组内），每一种产品的均衡数量和均衡价格分别为 Q^0 和 $p^0 = \frac{C(Q^0)}{Q^0}$ ，$C(Q^0)$ 为成本函数，完全竞争的农业部门产量为 X^0 。如果国际贸易没有障碍，运输成本为零，两个经济将组成一个市场，每一种差异化的产品只在其中一个国家生产，但面临的却是世界市场的需求。记国家 1 生产的产品种类数量为 n_1 ，国家 2 生产的产品种类数量为 n_2 ，n_1 +

n_2 不必然等于 n^0 ，因为市场的扩大会降低平均成本，而且它在一般情况下将增加产品种类数量。由分析得知，在均衡状态，$n_1 = n_2$ 总是成立，每一个国家将其每一种产品的一半出口，与此同时，进口另一国每一种产品的一半产量。这便是行业内贸易，然而，每一个国家都满足对本国的农产品需求。均衡解预测了贸易的一般模式和水平，但却不能预测每个国家具体生产哪些产品。然而，仅当 $n_1 = n_2$ 为唯一均衡解时，预测才成立。$n_1 = n_2$ 为唯一均衡解，它要求农业在整体上呈现规模收益递减特征，或者农业在使用某种特定要素（土地）的同时，还需要使用流动要素（资本和劳动）。在这些条件下，对制成品对农产品的世界市场价格比率的调整将使得两国的制造业规模相等，即 $n_1 = n_2$ 。

然而，为了一般化“外部商品”，使它不一定局限于农产品，就需要考虑“农业”具有规模收益不变这种情形。如果农业部门的规模收益不变，那么，以资源成本衡量的农产品的竞争价格就是一个常数（将其单位化为1），因此，制造业产品的资源价格 p 也可以用农产品价格来衡量。由于只存在一种价格，因而有可能出现多重均衡。假设两个国家的收入水平和消费模式相同，记每个国家农产品的消费量为 X ，制造业产品的消费量为 Q 。若 i 国的农产品产量为 X_i ，其制造业产品种类数量为 n_i ，则该国的收入由下式给出

$$Y_i = X_i + 2n_i pQ \tag{7.2.17}$$

其资源使用服从下式约束

$$V = X_i + n_i C(2Q) \tag{7.2.18}$$

其中，V 为资源禀赋。如果价格等于平均成本，那么，对于所有的 n_i ，$Y_i = V$ 成立。贸易平衡式由如下方程给出

$$T_1 = X_1 - X + 2pn_1 Q - p(n_1 + n_2)Q \tag{7.2.19a}$$

$$T_2 = X_2 - X + 2pn_2 Q - p(n_1 + n_2)Q \tag{7.2.19b}$$

代入资源约束式，式（7.2.19a）和式（7.2.19b）可以重新写为

$$T_1 = (V - X) - (n_1 C(2Q) - p(n_1 - n_2)Q) \tag{7.2.20a}$$

$$T_2 = (V - X) - (n_2 C(2Q) + p(n_1 - n_2)Q) \tag{7.2.20b}$$

均衡贸易（ $T_1 = T_2 = 0$ ）意味着如下平衡条件

$$(n_1 - n_2)(2pQ - C(2Q)) = 0 \tag{7.2.21}$$

在规模收益不变的情形之下，无论 n_1 、n_2 之间的关系如何，只要垄断竞争均衡价格 $p = \frac{C(2Q)}{2Q}$ 得到满足，均衡就能够实现。问题是，是否所有的潜在均衡都是稳定的？

考虑一种初始情形，其中，$p = \frac{C(2Q)}{2Q}$ ，但 $n_1 \neq n_2$ 。如果均衡被扰动，使得价格 $p' > p$ 。假设 $n_1 > n_2$ ，那么，相对于国家2，国家1的收入增加 $(n_1 - n_2)(2p'Q - C(2Q))$ 。如果该收入决定下一期的支出，那么，在第2期，相对于

国家2而言，国家1的支出将增加$(n_1-n_2)(2p'Q-C(2Q))$。记本期两国的农产品消费量分别为X^1和X^2，每一种制造业产品的消费量分别为Q^1和Q^2，则有

$$T_1-T_2=(n_1-n_2)[p'(Q^1+Q^2)-C(Q^1+Q^2)] \\ -[(X^1-X^2)+p'(Q^1-Q^2)] \quad (7.2.22)$$

式（7.2.22）最后一项即为支出差额，它等于收入差额$(n_1-n_2)(2p'Q-C(2Q))$，因此，式（7.2.22）可以重新写为

$$T_1-T_2=(n_1-n_2)[(p'(Q^1+Q^2)-C(Q^1+Q^2))-(p'2Q-C(2Q))] \quad (7.2.23)$$

当且仅当$Q^1+Q^2=2Q$时，$T_1-T_2=0$。由于支出的变化取决于收入的变化和需求的收入弹性，经分析得知，如果$e=1$，$Q^1+Q^2=2Q$；如果$e>(<)1$，$Q^1+Q^2>(<)2Q$。其中，e为需求的收入弹性。

如果需求的收入弹性$e>1$，则$Q^1+Q^2>2Q$，因为在每一个垄断竞争均衡中，平均成本处于下降状态。这使得式（6.2.23）的右边大于零，从而$T_1>0$（因为$T_1+T_2=0$），因此，国家1存在贸易盈余。如果汇率浮动，则国家1的货币升值，这将导致国家2的制造业部门扩张，最终使得$n_1=n_2$。若$n_1=n_2$，则所有的不平衡力量将会消失。如果初始干扰使得$p'<p=\dfrac{C(2Q)}{2Q}$，这一调整机制也能够使$n_1=n_2$。

如果需求的收入弹性$e<1$，制造业产品价格的上升将导致制造业规模较大的国家（即国家1）产生贸易赤字，而相应的调整机制将进一步扩大国家1的制造业的规模，最终会使制造业完全集中于国家1。贸易模式将如传统分析中所显示的那样，国家1用制造业产品交换国家2的农产品。如果需求的收入弹性$e=1$，无论n_1、n_2的关系如何，贸易始终归于平衡。制造业可以在两国之间以任何方式划分，贸易模式可以是从纯粹行业内贸易到制造业产品交换农产品的贸易等任何一种形式。

农业部门规模收益递减，或农业部门保持规模收益不变但同时制造业产品的需求收入弹性$e>1$，这类情形被称为常规情形，这种常规情形能够产生唯一的长期稳态均衡。该长期稳定均衡具有如下特征：第一，存在行业内贸易，每一种产品只在一个国家生产，但出售给两个国家的消费者；第二，每个国家只生产产品组内一半的产品种类数量；第三，不存在农产品贸易，每个国家自身满足本国对农产品的需求；第四，贸易量为制造业产量的一半，而且其上升速度快于收入增长速度；然而，各国的出口产品构成不能确定，每个国家所生产的具体产品取决于历史因素或随机因素。在这种情形下，贸易收益完全取决于两个国际利用规模经济的能力，由于贸易前后两国的实际收入相同，因此，两国来自贸易的收益相等。如果制造业产品价格等于平均成本，无论制造业和农业在两国之间如何划

分，两国的贸易收益始终相等。此外，贸易还提高了产品的差异化程度（齐次生产函数的情形除外），这就降低了实际产品与消费者最偏好产品之间的特征差异。兰开斯特认为，这也算是一种贸易收益。

3. 多产品组的情形

当制造业部门存在多个产品组时，制造业部门作为一个整体与农业部门的关系类似于单产品组模型（仅考虑常规情形）中的关系，但却无法从单产品模型中推出生产和贸易如何在多个产品组之间进行划分。

在贸易发生前和发生之后，相同经济之间具有相同的收入水平，因此，两国对所有产品组内的所有产品种类具有相同的收入水平。记产品组 i 内每一产品种类的消费量为 Q^i，价格为 p^i，成本函数为 $C^i(Q^i)$。国家 1 和国家 2 在产品组 i 内所生产的产品种类数量分别为 n_1^i 和 n_2^i，一致性和均匀密度假设使得每一产品组内的所有产品种类的产量同价格都相等，但是，不同的产品组之间完全独立，具有不同的成本函数和偏好关系，而且，在不同产品组之间，产量和价格之间不存在必然联系。

多产品组的贸易平衡条件可以根据与单产品组相同的方式推导出来，即

$$\sum_i (n_1^i - n_2^i)(C^i(2Q^i) - 2p^iQ^i) \tag{7.2.24}$$

平衡条件可以通过 3 种方式得到满足。前两种方式如同单产品组中的情形，即对于所有的 i，由 $n_1^i = n_2^i$ 或 $p^i = \dfrac{C^i(Q^i)}{2Q^i}$。在这两种方式中，只有 $n_1^i = n_2^i$ 这种方式能导致稳定的均衡。此外，还存在第三种方式，即整体求和式为零（求和式中的各项不一定为零）。当所有产品组的价格大于平均成本，且相对于国家 2 而言国家 1 在一些产品组中生产更多种类的产品，而在另一些产品组中国家 1 生产的产品种类更少时，求和式整体为零。

4. 规模差别和虚假的比较优势

考虑这样一种情形，即国家 1 的人口和资源是国家 2 的 k 倍，除此之外，两国在其它方面完全相同。由于存在规模经济，在一般情况下，大国（记为国家 1）的制造业产品对农产品的均衡价格比率更低，人均收入更高，而且由于制造业产品与农产品的消费替代率大于 1，因此，大国将把更高比例的资源投入到制造业中，这将使两国的生产与消费模式发生改变。更重要的是，大国在制造业领域具有显著的比较优势。然而，这却是一个虚假的比较优势，因为在任何贸易均衡状态中，任何一种产品只在一个国家生产，而且无论该产品在哪一个国家生产，其平均资源成本都将相同。

如果国际贸易能够无成本地且无障碍地进行，当制造业中存在完全垄断竞争

均衡时，两国的人均收入相同，而且与资源如何在各国的制造业和农业之间划分的相对比例无关。由于两国的收入和偏好分布相同，两国所有产品的人均消费量相等，因此，国家1每一种商品总消费量是国家2的k倍。记国家2每一种制造业产品的消费量为Q，农产品的消费量为X，则国家1的消费量分别为kQ、kX。当只有一个产品组时，两国的资源平衡式可以写为

$$T_1 = k(\bar{V} - X) - [n_1 C((1+k)Q) - p(n_1 - kn_2)Q] \quad (7.2.25a)$$

$$T_2 = (\bar{V} - X) - [n_2 C((1+k)Q) + p(n_1 - kn_2)Q] \quad (7.2.25b)$$

贸易平衡（$T_1 = T_2 = 0$）要求

$$(n_1 - kn_2)[C((1+k)Q) - (1+k)pQ] = 0 \quad (7.2.26)$$

如果$p = \frac{C((1+k)Q)}{(1+k)Q}$或者$n_1 = kn_2$，则两国贸易实现平衡，而且当$n_1 = kn_2$时，均衡是稳定的。当制造业部门存在多个产品组时，经分析显示，国家1在每一个产品组内所生产的产品种类数量是国家2的k倍。这种情形的贸易模式具有如下特征：第一，国家之间只交换制造业产品，而且贸易只发生在同一产品组内，每一种产品只在一个国家生产；第二，在每一产品组内，每一个国家生产的产品种类数量与其国家规模成正比，小国进口的产品种类数量超过该产品组产品种类数量的一半；但是，每一产品的进口量小于其总产量的一半；另一方面，小国出口的产品种类数量小于该产品组产品种类数量的一半，但是，每一产品的出口量大于其总产量的一半；第三，每一个国家满足本国对农产品和其它的外部产品的需求；第四，贸易发生后，两国的人均收入相同。

5. 真实的比较优势

在同一产出水平上，与另一个国家相比，如果一国生产单位农产品所需要的资源更多，或生产单位制造业产品所需要的资源更少，则该国在制造业领域拥有比较优势。这一比较优势源于该国在制造业领域的绝对优势或源于农业领域的绝对劣势，这就是真实比较优势的一个简单例子。

考虑国家1在农业领域存在绝对劣势这种情形。如果两国在其它方面都相同，那么，与国家2相比，在贸易前国家1的人均收入更低，这表明其在制造业领域具有比较优势，而且国家1将在制造业领域投入更高比例的资源。贸易发生后，均衡状态具有如下特征：第一，国家1不生产农产品，除非国家2的资源已全部投入到农业领域中；第二，如果两个国家都生产制造业产品，则每一种产品只在其中一个国家生产。

均衡贸易模式取决于在世界消费结构中，与制造业产品相比较，农产品的相对重要性。如果制造业产品的消费量占总消费量的比重超过一半（这被认为是工业化国家的一个特征），那么，国家2不必使用其全部资源就能够同时满足这两

个国家对农产品的需求。在这种情形中，国家 2 不仅出口农产品，而且也出口制造业产品，但却只进口制造业产品。由分析得知，在每一个产品组内，两国所生产的产品种类数量具有如下关系：

$$\frac{n_1}{n_2} = \frac{1}{2m - 1} \tag{7.2.27}$$

其中，m 为总支出中制造业产品支出所占的比重，而且这两个国家的这一比重相同。如果 $m < 0.5$（发展中国家情形），那么，国家 2 将专门从事农业生产，而国家 1 则从事制造业生产。这种情形下的贸易模式就如同传统分析中所显示的那样，即用农产品交换制造业产品。其它情形的真实比较优势可以根据这一思路相应地推导出来。

总之，兰开斯特的模型证明，当每一个经济的消费者偏好具有多样性而且产品特性能够连续变化时，无论是否存在贸易，制造业部门内部最具竞争性的市场结构为完全垄断竞争的市场结构。这种市场结构将导致更高程度的（制造业）行业内贸易。行业内贸易不仅发生在相同的经济体之间，而且在存在比较优势的情形下，行业内贸易数量将会更大。尽管某种类型的保护将消除行业内贸易，但是，由一个在农业中拥有比较劣势（comparative disadvantage）的国家对农业部门实行保护，甚至可能会扩大制造业产品的双向贸易。

三、赫尔普曼的垄断竞争模型

赫尔普曼（1981）所做的研究以前面刚介绍的兰卡斯特的模型为基础。赫尔普曼的分析方法虽然同克鲁格曼的分析方法不同，但却得出了相同的结论。

赫尔普曼提出的假定是：第一，代表性消费者消费两种产品，即制成品 x 和食品 y；食品为具有简单特性的同质产品；且假设食品类型只有一种；而制成品具有许多潜在的特性，以至于具有许多种类。第二，假定存在着一个可以被生产出来的制成品的不同品种的连续统（a continuum of types of the manufactured product），而且在这些不同类型的制成品之间存在着一对一的对应关系，它们由一个半径为 $\frac{1}{\pi}$ 的圆周上的点表示。

令 $u(x, y)$ 为消费者效用函数，该函数代表的是该消费者在食品和他理想的制成品（ideal manufactured goods）数量之间的偏好排序（preference ordering）。假定消费者都拥有一个理想的制成品品种，在其它条件不变时，消费者从拥有 x 单位的理想制成品中所获得的效用等同于某种产品（该产品处在离其理想品种有 v 距离的地方）的 $h(v)x$ 单位，$h(v)$ 的性质是 $h(0) = 1$，且对于 $v > 0$，$h(v) > 1$；当 $v > 0$ 时 $h'(v) > 0$，$h'(0) = v$，而且二阶导数大于零。消费者的效用函数

为 $u\left(\frac{x(v)}{h(v)},y\right)$。其中，$x(v)$ 表示外在于消费者的理想产品的距离为 v 以及由该消费者所消费的制成品的数量。假定 $U(\cdot)$ 为关于两个自变量的位似且严格似凹的递增函数，因此，在 x 与 y 不变的情况下，v 的下降会增加效用。由于假定存在着一个消费者的连续统，而且消费者收入相同，效用函数相同。尽管所有消费者对理想的制成品种类的偏好不尽相同，但由于假设消费者对理想品种的偏好均匀分布在一个半径为 $\frac{1}{\pi}$ 的圆周上，这就使得偏好既定理想的制成品品种的消费者的密度不变，并且使得在需求方面，各产品品种之间具有完全的对称性。

在生产方面，两种产品均使用两种生产要素，食品受到规模收益不变技术的约束，而制成品则受到规模收益递增技术的约束。各产品品种之间完全对称。生产中的对称性特征和需求方面的对称性相结合，因而在制成品不同品种之间形成了相同的均衡价格与均衡数量，这一点与克鲁格曼模型中的情形相同。赫尔普曼假定弹性可随着可利用的品种数量而增大，但是，他有关制成品生产者均衡的推导比克鲁格曼模型中的推导更复杂。在赫尔普曼的模型中，制造业者所面临的需求曲线依赖于自身产品的价格，y 的价格以及可利用产品品种的总量。在一个自给自足的均衡中，品种数与一个产品品种的产量取决于要素禀赋。

赫尔普曼没有做出任何福利分析，他主要关注的是两国模型如何才能实现贸易均衡的正效应。对本国而言，可以得到如下方程组：

$$p_Y = c_Y(w,r) \tag{7.2.28}$$

$$p_X = \frac{C_X(w,r,X)}{X} \tag{7.2.29}$$

$$R(p_X,p_Y,N) = \theta(w,r,X) \tag{7.2.30}$$

$$a_{LY}(w,r)Y + L_X(w,r,X)n = L \tag{7.2.31}$$

$$a_{KY}(w,r)Y + K_X(w,r,X)n = K \tag{7.2.32}$$

在这里，除 N 之外，一切变量均为本国变量。Y 表示整个经济中食品的产量，X 表示制成品的代表性品种的产量，而 n 代表所生产的品种数。N 是在两国共同生产的制成品的品种总数。$c_Y(w,r)$ 为 Y 的单位成本函数，$C_X(\cdot)$ 为 X 的总成本函数。$\theta(w,r,X)$ 是 X 的平均成本与其他边际成本的比率，$R(p_X,p_Y,N)$ 为 X 的平均收益与其边际收益之比率。给定 X 的规模收益递增，$\theta(w,r,X) > 1$。式（7.2.28）与式（7.2.29）分别为 X 和 Y 的平均成本定价条件。式（7.2.30）表明，X 的边际收益等于其边际成本。剩下的两个方程为充分就业条件。

对于外国而言，完整的模型包含 5 个类似的方程，两个有关市场结清条件的方程及一个有关二者相互关系的方程，即 $N = n + n^*$。因此，把式（7.2.28）到式（7.2.32）加在一起，总共有 13 个方程式。令 $p_Y = 1$，可以求解出 13 个变量，即本国的 6 个变量和外国的 6 个变量以及变量 N。

赫尔普曼从他的论文中得出了两点结论。第一个结论可以直接由所给出的前三个方程推出。他证明了，如果各国技术相同，在这些方程中，由（w, r, X）向（p_X, p_Y, N）的映射是普遍的，而且两种产品在两国被生产出来，w, r 与 X 在国际间实现均等化。因此，要素均等化命题可推展到这个模型。第二，假设本国为劳动充裕的国家，Y 是劳动密集型产品，且该国人口正好等于劳动力总量；假设外国为资本充裕的国家，X 为资本密集型产品。因此，在贸易均衡中，本国生产的用每一资本项所表示的 Y 的数量更大，而用每一资本项表示的 X 品种更少。两国出口与进口 X 产品，但就净值而言，本国出口 Y 产品，进口 X 产品。如果以如下方式重新配置资源，使得本国在劳动资源变得更充裕，外国在资本禀赋上变得更充裕，在不扰动产品价格与要素收益的条件下，行业间贸易的份额将提高，行业内贸易份额将下降。与之相反，如果我们使要素禀赋变得更相似，在相同的条件下，则行业间贸易的份额将减少，行业内贸易的份额将增加。然而，在极端的情况下，如果相对禀赋变得相同，行业间贸易将完全消失，一切贸易都将成为行业内贸易。这些结论在实质上同克鲁格曼（1981）所得出的结论相似。

四、埃塞尔的国际规模收益递增模型

瓦伊纳（1937）在评价格雷厄姆与奈特的论战时指出，在国际规模经济与国际贸易之间存在着某种关联，然而，直到 20 世纪 70 年代末和 80 年代初，埃塞尔才对国际规模收益递增做了认真的探讨①，并认为国际规模经济比国内规模经济更重要。当然，埃塞尔的分析方法同克鲁格曼及赫尔普曼的分析方法有很大不同。这表现在：第一，埃塞尔假定规模经济来源于分工，而不是来源于企业规模的扩大；规模经济在总体上依赖于世界市场规模，而不是传统理论所强调的产业在地理上的集中，因此，埃塞尔的国际规模收益递增假设摆脱了有关国家规模收益不确定且具有多重均衡特征的假定。第二，埃塞尔关注的并不是对有差异的消费品的分析，而是把分析焦点放在有差异的生产品上。第三，他运用配置曲线方法来研究均衡，该曲线是埃塞尔（1979）② 提出来的。埃塞尔从他的模型中得出了四点结论：第一，国际收益取决于两类规模经济的相互作用，这两类规模经济同时也是内部规模经济和外部规模经济相互作用的体现；第二，与传统文献得出的结论不同的是，要素禀赋理论的基本原理在规模经济存在时仍然有说服力，不过，需要对传统模型做一些重要的修改；第三，同产业间贸易一样，产业内贸易也有一个要素禀赋基础，然而，行业内贸易基本上是对国际要素流动理论的一个

① Viner, Jacob, 1937, *Studies in the Theory of International Trade*, New York: Harper & Brothers.

② Ethier, Wilfred J., 1979, "Internationally Decreasing Costs and World Trade", *Journal of International Economics*, vol. 9, pp. 1-24.

补充；第四，虽然内部规模经济和产品多样化的存在对理论分析是必不可少的，但在分析中对此类因素的依赖程度并不是产业内贸易所达到的程度的主要决定因素。以下就概述埃塞尔模型的主要内容。

埃塞尔（1982a）假定，用资本和劳动来联合生产小麦 W 和制成品 M ，前者在规模收益不变的条件下生产，后者在规模收益递增的条件下生产。假定 M 的生产函数是可分的，$M = km$ ，其中，k 是规模经济的指数，m 为表示制造业运行规模（scale of operations）的指数。m 可以被认为是通过平滑的生产函数而产生出来的。M 的生产涉及两个阶段，并且在每个阶段上规模收益递增。M 作为产品有不同的品种。第一，初级资源用于生产差异大的中间投入品（例如零部件）的生产中，并且在内部规模经济条件下被生产出来；第二，在外部经济条件下，零部件被用于生产 M 。在他看来，外部性来源于可利用的零部件的数目，零部件的数目越大，则专业化程度越高，M 的生产成本越低。在克鲁格曼的模型（1980）[①] 中，并不存在类似于零部件这样的第三种要素，而埃塞尔却把第三种要素引入模型。之所以如此，是因为在他看来，目前产业组织的主导形式是跨国公司，跨国公司按照全球规模并将相关信息流内部化的方式来安排各生产阶段。由此就导致了：第一，产品的差异性与内部经济会在中间投入品的生产中出现，因此，行业内贸易发生在中间投入品的市场上，而非最终产品的生产上；第二，除了在中间投入品阶段存在内部经济与产品差异之外，在最终产品阶段也存在外部经济；第三，由于贸易允许每个国家可以使用其他国家的投入品，所以，在 M 的最后生产阶段上，外部经济在范围上已经变成了国际性的，此时，生产专业化所达到的程度不是由国内市场决定，而是由国际市场决定。

在埃塞尔的模型中，初级生产要素为劳动与资本，它们被结合起来生产小麦 W 。假设作为运行规模指数的 m 被用来作为生产零部件的唯一投入，并且假设 M 和 m 均为规模收益不变，且 W 为相对劳动密集型的，于是，可以获得一条严格凹的转换曲线（transformation curve）：

$$W = T(m) \qquad T'(m) < 0 \qquad T''(m) < 0 \qquad (7.2.33)$$

投入 m 只是被用来生产 x_i 表示的零部件，且与克鲁格曼的生产函数类似，于是有：

$$m_i = b + ax_i \text{，于是有 } m = n(ax + b) \qquad (7.2.34)$$

零部件的固定成本与边际成本不变且相等，则 x_i 被结合起来并通过如下生产函数去生产 M ：

$$M = n^{\alpha}\left(\sum_{i}^{n} \frac{x_i^{\beta}}{n}\right)^{1/\beta} \qquad \alpha > 1, 0 < \beta < 1 \qquad (7.2.35)$$

---

① Krugman, Paul, 1980, "Scale Economies, Product Differentiation and the Pattern of Trade", *American Economic Review*, vol. 70. no. 3, pp. 950-959.

在其它条件不变时，可利用的投入品种越多，则最终产品的生产成本越低。这里要表达的基本思想是：零部件的数目越多，亚当·斯密所说的专业化经济越大。由于对于生产 M 的企业来说，n 是参数性的，所以，规模经济对该企业来说属于外部性的。生产函数关于企业的选择变量 x_i 则是线性的。由于存在着固定成本，因此，只生产有限数目的 x_i 。

在推导零部件生产者达到均衡的过程中，可以对克鲁格曼模型与埃塞尔模型之间的相似性做一个对比。在克鲁格曼（1980）的模型中，代表性生产者所面临的需求函数可按如下方式推出，即在固定效用约束下由最小化支出 $\sum p_i c_i$ 而获得。而在埃塞尔模型中，用 q_i 表示零部件 x_i 的价格，代表性生产者所面临的 x_i 的需求曲线可由如下方式推出，即在由式（7.2.35）给出的固定产出的约束下，最小化生产者 M 的成本为 $\sum q_i x_i$ 。这些方面在两人的分析中相同。x_i 的生产者所面临的需求弹性等于 $\frac{1}{1-\beta}$，故相对应的收益为 $q_i\beta$ 。生产的边际成本为 $p_m a$ ，其中，令 W 为计价物（numéraire），p_m 为 m 的价格。于是，在完全竞争的条件下，$P_m = -T'(m)$ ，使边际收益与边际成本相等。这样一来，则有：

$$q = \frac{-T'(m)a}{\beta} \tag{7.2.36}$$

其中，利用各品种之间的对称性优势，可取消下标 i ，方程（7.2.36）把 q 决定为 m 的函数，由零利润条件可得

$$x = \frac{b\beta}{a(1-\beta)} \tag{7.2.37}$$

因此，在不取决于 m 的条件下决定 x ，这一点同克鲁格曼的模型相一致，m 的变化只影响品种的数目，但不影响 x 。对 i 个品种加总，便可以得到 $m = bn + anx$ 。由式（7.2.37）替代 x ，则有：

$$n = \frac{m(1-\beta)}{b} \tag{7.2.38}$$

由式（7.2.36）、式（7.2.37）和式（7.2.38），可以确定 $M = km$ 中的 k ，

$$k = \left(\frac{\left(\frac{1-\beta}{b}\right)^{a-1}\beta}{a}\right)m^{a-1} \tag{7.2.39}$$

由此可见，m 的变化会对 n 产生相同的影响，由此可以决定 m 与 M 。先来看看 M 的生产均衡。由于借助于 n 实现的规模经济是外生的，这将会获得零利润条件。给定 x_i 之间的对称性，式（7.2.35）可以简化为 $M = n^a x$ 。因此，用 p_i 表示供给价格，平均成本定价条件 $p_s M = qnx$ 将产生如下结果

$$p_s = -\frac{T'(m)}{k} \tag{7.2.40}$$

方程（7.2.40）决定 p_s，它实际上是生产 m 的平均成本。与此同时可以看出，m 的上升不需要 p_s 的提高。由于存在一般的要素密度效应，式（7.2.40）中的第二项随 m 的上升而上升。但是，由于规模经济效应的缘故，第一项则随 m 的上升而下降。因此，隐含在式（7.2.40）中的制成品部门有一条负斜率的供给曲线。与那些以同质产品和完全竞争为基础的模型所遇到的情形相类似，这种特征使得埃塞尔的模型比克鲁格曼与赫尔普曼的模型更复杂。特别是，多重均衡将会出现，而且完全专业化也将成为可能。因此，稳定性不能被确保。

对自给自足均衡进行描述的最后一步是寻找需求价格，并使它等于 p_s。假设消费者偏好为柯布—道格拉斯偏好，并由 ψ 表示 M 的支出份额，于是，可以有 $p_d M = \psi(p_d M + W)$；或者使用式（7.2.33）与 $M = km$，则有：

$$p_d = \frac{\left(\frac{\psi}{1-\psi}\right)T(m)}{km} \tag{7.2.41}$$

由式（7.2.37）可知，x 依据模型的参数而决定，n 只依赖于 m。所以，可以把 p_d 当作是 m 的函数。令 p_d 与 p_s 相等，由此可以求出 m 以及剩余的变量。因此，关于自给自足的均衡的描述是完整的。埃塞尔证明了，当隐含在式（7.2.40）中的供给曲线在均衡点的斜率为负时，该曲线比隐含在式（7.2.41）中的需求曲线更平坦。因此，在封闭经济中，这一点能够确保自给自足均衡是稳定的，而且是唯一的。

在分析了封闭经济之后，埃塞尔继而分析两个国家实行自由贸易的情形。m 和 m^* 分别代表本国和外国制造业的运行规模。在自由贸易均衡中，每个零部件的总产出集中在一个国家。因此，如果 m 和 m^* 都是正的，那么，两个国家生产不同的零部件集合。n_H 和 n_F 分别代表在本国和外国生产的零部件数量。$n_H = \frac{(1-\beta)m}{b}$ 且 $n_F = \frac{(1-\beta)m^*}{b}$，则有

$$n = \frac{(1-\beta)(m+m^*)}{b} \tag{7.2.42}$$

由此，可以得到制成品的世界产量为

$$M + M^* = \left(\frac{\beta}{a}\right)\left(\frac{1-\beta}{b}\right)^{a-1}(n+m^*)^a \tag{7.2.43}$$

那么，m 和 m^* 及其相对价格由什么来决定？埃塞尔用他提出的“配置曲线”回答了这个问题。对于任何 m 和 m^*，用小麦来表示的制成品的世界需求价格为

$$P_D = \frac{\gamma}{1-\gamma}\frac{T(m)+S(m^*)}{M+M^*} = \frac{\gamma}{1-\gamma}\frac{a}{\beta}\left(\frac{b}{1-\beta}\right)^{a-1}\frac{T(m)+S(m^*)}{(m+m^*)^a} \tag{7.2.44}$$

其中，$S(m^*) = W^*$ 表示外国的转换曲线。本国的供给价格 P_S^H 为：

$$P_S^H = -\left[(1-\beta)\frac{(m+m^*)}{b}\right]^{1-a} T'(m)\frac{a}{\beta} \tag{7.2.45}$$

本国达到均衡要求 $P_D = P_S^H$，则有

$$\gamma[T(m)+S(m^*)]+(1-\gamma)(m+m^*)T'(m)=0 \tag{7.2.46}$$

这一方程便是“本国配置曲线”（home allocation curve），m 和 m^* 的集合使得本国在国际经济中处于均衡。与此相似，“外国配置曲线”（foreign allocation curve）为

$$\gamma[T(m)+S(m^*)]+(1-\gamma)(m+m^*)S'(m^*)=0 \tag{7.2.47}$$

国际均衡由两条配置曲线的交点来决定，m 和 m^* 的均衡值决定了由小麦来表示的制成品的相对价格。则 n 由式（7.2.42）决定，x 由式（7.2.37）决定，零部件的价格由式（7.2.36）决定。

假设本国经济是劳动充裕的，而外国是资本充裕的。对于既定的小麦与 m 之间的比率，外国的转换曲线更平坦，即（$-T' > -S'$）。但是，可能发生的情形是，在自给自足条件下，假设偏好相似，制成品将在外国更便宜。但是，由于供给价格依赖于规模经济与要素密集度差异，因此，这个结论并不必然成立。如果本国比外国在幅员上大许多，尽管本国是劳动充裕国家，其制成品的自给自足价格也可能更低。尽管就自给自足状态下的相对价格而言，存在不确定性，但仍然可以推出以相对要素禀赋为基础的有关贸易均衡的某些结论。由此出发，埃塞尔集中分析了与不完全专业化相关的两国实现贸易均衡的过程。

由于自由贸易给予每个国家获得其他国家零部件的机会，并以离散的方式降低了 M 及 M^* 的生产成本。这便是国际规模经济的国际方面给参加贸易的各国带来的利益。如果不存在要素密集度逆转，自由贸易将导致要素价格均等化。由于 m 与 m^* 也将被均等化，$\frac{m^*}{W^*} > \frac{m}{W}$，并且确实 $\frac{M^*}{W^*} > \frac{M}{W}$。假定国家间偏好相同，本国出口 W，进口 M，对于最终产品的贸易而言，赫克歇尔—俄林贸易模式可以成立。然而，现实的贸易均衡比赫克歇尔—俄林贸易模式更复杂，两个国家还要交换零部件。每个国家进口由其它国家生产的全部零部件。像在赫尔普曼模型中一样，即使世界的要素禀赋保持不变，如果可以对初级要素实行再分配，使得相对要素禀赋变得更为相似的话，则行业内贸易将扩大；如果要素禀赋在相当大程度上存在差异，则相反的情形将出现。在极端的情形中，如果要素禀赋差异极大，一个国家将在 W 的生产中实行完全的专业化，且一切贸易将为行业间贸易；在另一个极端的情形中，如果两个国家的要素禀赋在绝对量上相同，则一切贸易将成为行业内贸易。

五、潘纳加里亚的外部规模收益递增模型

在新贸易理论中，处理规模经济的一种方法起源于马歇尔。在他的外部经济

理论中，收益递增被假定为外生于企业，从而市场得以维持充分竞争状态。在这里，规模经济与完全竞争相一致的条件是规模经济对于企业来说要么是外在的，而且行业内存在众多企业；要么规模经济对于企业来说是内在的，但市场却是可以竞争的，从而借助于潜在竞争对手进入的威胁迫使企业把产品价格确定在平均水平。在两种情况中的任何一种情况下，企业都可以实现零利润的均衡。然而，遵循马歇尔思路而设立的大部分理论模型都没有尝试把收益递增和比较优势结合起来解释国际贸易问题①，但潘纳加里亚却在这一研究领域做了有意义的尝试。

在本小节中，我们主要概述潘纳加里亚完全竞争背景下的外部规模收益递增模型，主要涉及他的两篇论文。其中，他在 1981 年的贸易模型中复兴了格雷厄姆有关贸易保护论点的同时，探讨了规模经济与专业化之间的相互关系；而在 1986 年建立的模型中，他第一次把规模收益递增与特定要素结合起来研究贸易问题。

1. 潘纳加里亚有关规模经济与专业化相互关系的模型

潘纳加里亚（1981）考察了一个简单的两个商品的模型。一个产业中存在规模收益递增，另一个产业中存在规模递减。他的模型证明了，第一，如果在一个小的开放经济的生产中实现了完全的专业化，那么，专业化将会在规模收益递减的行业中实现，而不是像人们通常认为的那样，专业化将会在规模收益递增的行业中实现。第二，当价格比率为给定时，如果存在着一个内部生产均衡，则一个追求福利最大化的小的开放经济不会实现完全的生产专业化，即使生产可能性边界的部分区间显示出机会成本递减（decreasing opportunity costs），结果也是如此。第三，当由产量所引起的规模经济和规模不经济为给定时，福利最大化要求该小国实行一项长期的税收补贴计划，以鼓励规模收益递增行业扩张，并促成规模收益递减的行业收缩。第四，假定两国有相同的嗜好和技术，自由贸易均衡可能通过规模收益递增产品的出口商导致不完全的专业化，并通过规模收益递减产品的出口商导致完全的专业化。

潘纳加里亚（1981）提出的假设是：第一，劳动是唯一的生产要素，生产具有规模收益递减的产品 1 和生产具有规模收益递增的产品 2。第二，假设规模经济和规模不经济是由产量所引起，且外生于单个企业，内生于整个产业，以至于它们与完全竞争相吻合，产量按平均成本定价。这就确保了在完全竞争条件下，生产沿着生产可能性曲线运行。第三，生产函数为齐次的。用 X_{ij} 代表企业 j 生产

① 虽然这一时期也出现了将比较优势与马歇尔外部经济理论相结合的模型，但这类模型能否用于分析贸易问题在很大程度上取决于它能否获得新的分析技术。在这方面，最具代表性的是前文中介绍的埃塞尔（1979；1982）建构的模型。该模型证明了，在马歇尔外部经济条件下，对贸易问题的分析要求模型设立者将其研究从资源配置转向对生产和贸易的研究。

的产品 i 的产量，L_{ij} 表示行业 i 中企业 j 使用的劳动力数量。商品 i 的总产量为 X_i，行业 i 中使用的劳动总量为 L_i，因此，企业和行业的生产函数分别为：

$$X_{ij} = X_i^{\alpha_i} L_{ij} \qquad i = 1,\ 2 \tag{7.2.48}$$

$$X_i = \sum_j X_{ij} = L_i^{\frac{1}{1-\alpha_i}} = L_i^{\delta_i} \tag{7.2.49}$$

由式（7.2.49）可见，δ_i 为规模收益参数，且令 $\delta_1 < 1$，行业 1 规模收益递减，$\delta_2 > 1$，行业 2 规模收益递增。而且

$$L_1 + L_2 = L \tag{7.2.50}$$

由式（7.2.49）和式（7.2.50）可以求出生产可能性边界的斜率和曲度：

$$\frac{\mathrm{d}X_2}{\mathrm{d}X_1} = -\frac{\delta_2}{\delta_1} X_1^{\frac{-(\delta_1-1)}{\delta_1}} X_2^{\frac{\delta_2-1}{\delta_2}} \tag{7.2.51}$$

$$\frac{\mathrm{d}^2 X_2}{\mathrm{d}X_1^2} = \frac{1}{\delta_2} X_1^{\frac{1-2\delta_1}{\delta_1}} X_2^{\frac{\delta_2-2}{\delta_2}} \times \left[(\delta_1 - 1) X_2^{\frac{1}{\delta_2}} + (\delta_2 - 1) X_1^{\frac{1}{\delta_1}} \right] \tag{7.2.52}$$

当 $\frac{\mathrm{d}^2 X_2}{\mathrm{d}X_1^2}$ 大于或小于 0 时，生产可能性边界是严格凸向或严格凹向原点的。方程（7.2.52）意味着，在靠近 $X_1 = 0$ 时，$\frac{\mathrm{d}^2 X_2}{\mathrm{d}X_1^2} < 0$；当靠近 $X_2 = 0$ 时，$\frac{\mathrm{d}^2 X_2}{\mathrm{d}X_1^2} > 0$。因此，生产可能性边界在靠近 $X_2(IRS)$ 轴时严格凹向原点，在靠近 $X_1(DRS)$ 轴时严格凸向原点。这一结果与霍斯特·赫伯格和默里·C. 坎普（Horst Herberg & Murray C. Kemp，1969）在讨论更为一般的生产时，在两要素和生产函数为齐次的假定之下所得出的结论相一致①。

接下来，潘纳加里亚分析了均衡条件。生产均衡要求私人的边际产品价值等同于工资率，以得出生产均衡必须满足

$$\frac{p_1}{p_2} = -\frac{\delta_1}{\delta_2} \frac{\mathrm{d}X_2}{\mathrm{d}X_1} \tag{7.2.53}$$

由此可见，对于给定的价格比率，要么可能存在两个均衡，要么没有一个均衡存在。

潘纳加里亚借助于他的模型，推出了如下几点结论：第一，在小国开放经济中，在生产函数是齐次的情况下，如果一个部门中存在规模收益递增，另一个部门中存在规模收益递减，那么，一个小的开放经济将永远不会在规模收益递增的产品上达到完全专业化的程度，但这一经济却有可能在规模收益递减产品的生产上实现完全的专业化。这是由于完全专业化对于生产规模收益递增的产品来说，机会成本太高了。第二，在任何给定的贸易条件下，如果存在着一个内部生产均衡，则追求福利最大化的小型开放经济不会在生产中实现完全专业化。第三，假

① Herberg, Horst & Murray C. Kemp, 1969, "Some Implications of Variable Returns to Scale", *Canadian Journal of Economics*, vol. 2, pp. 403-415.

定规模收益递增和规模收益递减都是由产量所引起，实现福利最大化需要一项长期的税收补贴计划，以鼓励规模收益递增的产业扩张，并使得规模收益递减的产业收缩。第四，假定嗜好可用穆勒—格雷厄姆效用函数（Mill-Graham utility function）来表示，则可以证明，在一个拥有相同嗜好和技术的两个国家和两种商品的模型中，自由贸易将导致大国出口规模收益递增的商品，小国出口规模收益递减的产品。当达到自由贸易均衡时，规模收益递增产品的出口商将不会实现完全的专业化，而规模收益递减产品的出口商既有可能实现完全的专业化，也有可能达到不完全的专业化。他还进一步证明了，在生产中超过一个生产要素的情况下，前三个结论也能成立。考虑到贸易前存在多重均衡的可能性，第四个结论可能需要做一些细微的调整。

2. 潘纳加里亚关于规模收益递增与特定要素相互关系的模型

潘纳加里亚（1986）通过把规模收益递增与特定要素模型结合起来建立起自己的模型。他假定一个行业存在着规模收益递增，另一个行业为规模收益不变，每一个行业使用一种特定要素和一个共同要素。概言之，潘纳加里亚模型的优点在于：第一，原有的特定要素模型只有一个流动要素，相对于赫克歇尔—俄林模型来说，他的模型便于以更简洁的形式来理解规模收益递增和规模收益递减之间的相互作用，使之既保留了含有规模收益递增的两要素模型的丰硕成果，又没有丧失单要素模型的简单性。第二，特定要素模型的另一个优点是允许在面对规模收益递增时以相对简单的形式综合处理稳态问题，而这些问题在当时的文献中并没有引起足够的重视，而潘纳加里亚却算出了并直观地解释了当存在规模经济时实现自给自足均衡和国际均衡稳定的条件。第三，特定要素模型的第三个优点涉及专业化模式和国际要素流动。他证明了，与当时存在的规模收益递增的其他两类模型不同，在他的模型中，两个国家没有实现完全的专业化被认为是合理的结果。他还证明了，如果考虑到特定要素在国际间流动的话，“双向流动”（cross-hauling）现象就可以被观察到。有趣的是，他证明了特定要素的“交叉流动”有助于导致国际贸易扩张。

同埃塞尔（1982）的模型相似，潘纳加里亚也假设了一个经济生产小麦和制成品两种产品，小麦生产中不存在规模经济，而工业制成品生产中存在规模经济。假设规模经济由产量引起，外在于企业，但却内在于整个行业。在制造业中，代表性厂商的生产函数为

$$X_M^j = X_M^{\varepsilon} F(K^j, L_M^j) \tag{7.2.54}$$

X_M^j，K^j，L_M^j 分别代表企业 j 的制成品产量、资本和劳动，X_M 代表制成品的总产量。假定资本为制成品生产中的特定要素，劳动为流动要素，F 是线性齐次的，因此，把行业内所有企业加总，则有

$$X_M = (F(K,L_M))^{\alpha} \quad (7.2.55)$$

其中，$\alpha \equiv \frac{1}{1-\varepsilon}$，$L_M$，$K$ 分别指制成品生产中的劳动和资本，ε 处在 0 和 1 之间。假设小麦生产的规模收益不变，因此，小麦部门的生产函数可以写为

$$X_W = H(T,L_W) \quad (7.2.56)$$

X_W 代表小麦产出，L_W 与 T 指在小麦生产中使用的劳动与土地的数量，H 被假定为线性齐次的，经济中的劳动总人口为 L，则有

$$L_M + L_W = L \quad (7.2.57)$$

假设完全竞争的追求成本最小化的企业将使每个要素的边际产品价值等于要素价格。令 w，r_K，r_T，p 为工资、资本租金、土地租金及按小麦计算的制成品的相对价格。因而

$$w = pX_M^{\varepsilon}\frac{\partial F}{\partial L_M} = \frac{\partial H}{\partial L_W} \quad (7.2.58)$$

$$r_K = \frac{pX_M^{\varepsilon}\partial F}{\partial K} \quad (7.2.59)$$

$$r_T = \frac{\partial H}{\partial T} \quad (7.2.60)$$

将式（7.2.54）、式（7.2.56）和式（7.2.57）微分，则有

$$\frac{\mathrm{d}X_W}{\mathrm{d}X_M} = -\frac{\frac{\partial H}{\partial L_W}}{\alpha X_M^{\varepsilon}\frac{\partial F}{\partial L_M}} = -\frac{p}{\alpha} \quad (7.2.61)$$

这便是生产可能性边界的斜率，很明显它为负值。接下来，潘纳加里亚考察了生产可能性边界的曲度，并得出

$$\frac{\hat{X}_M - \hat{X}_W}{\hat{p}} \equiv \sigma_s = \frac{(\alpha\theta_M\lambda_W + \theta_W\lambda_M)}{A} \quad (7.2.62)$$

$$A = \lambda_M\left(\frac{\theta_T}{\sigma_W}\right) + \lambda_W\left(\frac{\theta_K}{\sigma_M} - \theta_M(\alpha - 1)\right) \quad (7.2.63)$$

潘纳加里亚推出的命题是，如果 E_M 在每一处均为非负的，则生产可能性边界一律严格地凹向原点；如果 E_M 为负值，生产可能性边界靠近 X_M 轴时严格凸向原点，但是，在别的产量组合下，生产可能性边界可能会是局部严格地凸向原点。在特定的柯布—道格拉斯函数形式下，θ_K 和 θ_T 为常数，且 $\sigma_M = \sigma_W = 1$，式（7.2.63）可以改写为

$$\tilde{A} = \lambda_M\theta_T + \lambda_W(1 - \alpha\theta_M) \quad (7.2.64)$$

由此，可以立即得出如下推论，如果 $\alpha\theta_M \leq 1$，则生产可能性边界一律严格地凹向原点，如果 $\alpha\theta_M > 1$，则生产可能性边界在靠近 X_M 轴处严格地凹向原点，

在靠近 X_W 轴处严格地凸向原点。拐点为 $L_M = \frac{L(\alpha\theta_M - 1)}{\alpha\theta_M - \theta_W}$。这一推论在两个方面具有重要意义：第一，与当时已问世文献的结论不同（例如：赫伯格和坎普 1969 年的论文），生产可能性边界可能会是一律严格地凹向原点的，尽管在一个行业中存在着规模收益递增，结果也会是如此；第二，不论制造业中收益递增如何强大，只要小麦生产中规模收益不变，生产可能性边界就不会一律严格地凸向原点。这些结论对于分析生产中的专业化程度具有重要意义。

潘纳加里亚还对封闭经济的稳态特征做了分析。在生产为非凸性的条件下，现有文献中分析经济稳态的方法有三种。第一种为商品市场中的马歇尔调整（a Marshallian adjustment in goods markets）思路，该思路以埃塞尔（1982）① 的模型为代表；每二种为商品市场中的马歇尔调整与要素市场中的瓦尔拉调整（a Walrasian adjustment）相结合的思路，以沃夫冈·迈尔（Wolfgang Mayer，1974）② 的模型为代表；第三种为要素市场中的马歇尔调整思路，以 J. 彼得·尼律（J. Peter Neary，1978）③ 的模型为代表。潘纳加里亚采用了第三种思路来分析经济的稳态特征。其理由是第一种方法是第二种方法的特例，因此，实际上只能在第二种和第三种思路之间进行选择，而第三种方法更易于掌握，由第三种思路所推出的条件与第二种思路推出的条件却没有太大的差别。他遵循第三种思路，把经济动态调整的关键方程写成

$$\dot{L}_M = d_L\left(\frac{w_M}{w_W} - 1\right) \tag{7.2.65}$$

$$\dot{p} = d_p\left(\frac{C_M}{X_M} - 1\right) \tag{7.2.66}$$

变量上的点表示对变量的时间求导，d_L 为正的调整速度，d_p 为正的商品市场调整速度。他所推出的结论是，在封闭经济中，当且仅当产出—价格反应是正常反应时，均衡才是 D 稳定（D-stable）的均衡。假定商品市场相对于劳动市场调整的速度更快，如果产出—价格反应是反常的且需求曲线比供给曲线更为陡峭的话，仍然可以达到稳态。

潘纳加里亚进一步分析了两个国家在规模不同条件下的贸易和专业化模式。假设外国要素禀赋的规模比本国大，即 $K^* = \lambda K$，$T^* = \lambda T$，$L^* = \lambda L$，$\lambda > 1$。他所设计的两国模型由 19 个方程组成，其中，9 个为代表本国的方程，9 个为代

① 参见 Ethier, Wilfred J., 1982, "Decreasing Costs in International Trade and Frank Graham's Argument for Protection", *Econometrica*, vol. 50, pp. 243-268。

② 参见 Mayer, Wolfgang, 1974, "Variable Returns to Scale in General Equilibrium: A Comment", *International Economic Review*, vol. 15, pp. 225-235。

③ 参见 Neary, J. Peter, 1978, "Dynamic Stability and the Theory of the Factor-Market Distortions", *American Ecobonic Review*, vol. 68, pp. 671-682。

表外国的方程，1 个表示市场出清条件。通过解方程所得出的结论是，假定在所有产量上都满足

$$A(\sigma_d + \sigma_s) = (A\sigma_d + \theta_W\lambda_M + \alpha\theta_M\lambda_W) > 0 \tag{7.2.67}$$

那么，大国将出口规模收益递增的产品，并进口规模收益不变的产品，结果是大国在生产上所实现的是不完全的专业化。如果 $\alpha\theta_M < 1$，所实现的唯一的、稳定的贸易均衡将表明两个国家实现了不完全的专业化。如果 $\alpha\theta_M > 1$ 将存在多重贸易均衡，且小国的专业化状况为不确定，有可能实现完全的专业化，也有可能实现不完全的专业化。

至于特定要素的跨国流动问题，潘纳加里亚的研究结论是：特定生产要素流动将导致大国输出规模收益不变行业的特定资本，进口规模收益递增部门的特定资本。他的模型展示了理查德·E. 凯夫斯（Richard E. Caves，1971）① 所描述的资本双向流动的情形。由于每个国家所损失的是其进口竞争部门的特定要素，却得到了出口部门所使用的特定要素，这显然将扩大贸易规模。这说明国际要素流动和商品流动在他的模型中是互补的。

六、布兰德和克鲁格曼关于相互倾销导致行业内贸易的模型

前面概述了规模收益递增条件下的两类贸易模型，一类是完全竞争的马歇尔模型，另一类是垄断竞争的张伯伦模型。在马歇尔模型中，规模收益递增外生于企业，使市场维持充分竞争状态；而张伯伦模型放弃了完全竞争，并假定一个行业由许多小垄断者所组成，由自由进入引起的垄断竞争将消除垄断利润。这个模型经过迪克西特和斯蒂格利茨（1977）、兰开斯特（1979）等人的完善和推进，一批研究规模收益递增条件下的贸易模型相继问世，为探讨国际贸易中的许多问题提供了一个有价值的分析工具。但是，这两类模型都未能对寡头垄断进行探讨，这意味着在规模收益递增条件下的国际贸易模型似乎缺少了一个重要环节，因为将寡头垄断引入国际贸易模型有助于对前两类模型所没有探讨的一些问题进行分析。尽管经济学家们早已建立了古诺二元寡头垄断模型，该模型中有关寡头垄断企业相互之间把对方产量视为给定的推论被广泛接受，而且其大部分研究结论也早已被引入对贸易政策的分析之中，但是，直到 20 世纪 70 年代末，国际贸易理论的主流文献还没有将它引入国际贸易领域中。随着收益递增分析技术的问世，国际贸易理论家们开始转向对收益递增条件下寡头垄断与国际贸易之间的相互关系进行探讨。

迪克西特和诺曼（1980）率先研究了国际贸易对削弱垄断支配力与扩大竞争

① Caves, Richard E., 1971, "International Corporations: The Industrial Economics of Foreign Investments", *Economica*, vol. 38, pp. 1-27.

的作用。他们运用古诺寡头垄断模型发现了导致国际贸易产生的另一个原因，即国际贸易产生的原因可以纯粹由不完全竞争的企业试图通过向其他国家国内市场倾销以扩大销售来解释。随后，詹姆斯·A. 布兰德（James A. Brander，1981）①对寡头垄断企业之间的竞争何以引起相同产品之间的行业内贸易，进而成为国际贸易的一个独立的起因的问题进行了探讨。他证明了，在一个由两个企业组成的行业中，每个企业建在不同的国家，且可以向每个国家提供产品。假设在最初时，不存在国际贸易，每个企业都是本国市场上的垄断者，它们通过限制在本国市场上的产品销售数量来追求利润最大化。但是，每个企业还想在另一个企业所在国市场上以超过劳动力成本的价格多销售一些产品，其结果是，两个企业相互在对方国家市场上倾销。在没有运输成本且企业对称的情况下，两个企业最终在对方市场上各占有一半的市场份额。

在布兰德的这个模型中，寡头垄断企业之间的竞争成为引起相同产品的行业内贸易的另外一种解释，而在前面所阐释的模型中，大部分都假定世界市场是一体化的。这意味着一个产品在任何地方均以相同的价格出售。布兰德则假定市场是分割的，因而偏离了假定市场为一体化的传统。这一点正是他的模型的一个特点。接着，布兰德和克鲁格曼（1983）在布兰德（1981）模型的基础上，继续假定每个国家的市场是相互分割的，每个企业都能根据不同的市场需求弹性来确定其利润最大化产量。他们再一次证明了寡头垄断企业之间的竞争将迫使每个企业都会向另一个企业所在国市场销售产品。

假定两个相同的国家中都有一个企业生产产品 Z，并存在着运输成本。每个企业把每个国家看成是一个相互分割的市场，并据此选择利润最大化的产量。每家企业都假定另一家企业向各国供给的产量是固定的。本国企业针对本国消费量生产 x，针对外国消费量生产 x^*，边际成本 c 不变。假设存在“冰山型”的（the iceberg type）运输成本。当 $0 \leq g \leq 1$ 时，出口的边际成本为 $\frac{c}{g}$。同样，外国企业生产 y 数量的产品对本国市场出口，生产 y^* 数量的产量供本国消费。假设两个国家企业的成本结构相同，用 p 代表本国的价格，用 p^* 代表外国的价格，则本国利润函数和外国利润函数分别为：

$$\pi = xp(Z) + x^* p^*(Z^*) - c\left(x + \frac{x^*}{g}\right) - F \qquad (7.2.68)$$

$$\pi^* = yp(Z) + y^* p^*(Z^*) - c\left(\frac{y}{g} + y^*\right) - F^* \qquad (7.2.69)$$

“*”表示外国产品的相关变量，F 表示固定成本。可见，x 的最大利润与

① Brander, James A., 1981, "Intra-industry Trade in Identical Commodities", *Journal of International Economics* vol. 11, pp. 1-14.

x^* 无关，y 和 y^* 之间的关系相类似。每个企业都追求利润最大化，可求出隐性的“最佳反应”（best-reply）函数，对它们求出的解就是贸易均衡。用变量 σ 表示本国企业与外国企业在本国的市场份额，用 ε 表示国内需求函数。可求出解为

$$p = \frac{c\varepsilon}{\varepsilon + \sigma - 1} \tag{7.2.70}$$

$$\sigma = \frac{\varepsilon(g-1)+1}{1+g} \tag{7.2.71}$$

这些解只有在二阶条件得以满足时才会是一个均衡。式（7.2.70）和式（7.2.71）的解若为正，表示在这种条件下会出现双向贸易。在均衡条件下，当 $\varepsilon < \frac{1}{1-g}$ 时就会出现正解，因为这表示价格超过出口货物的边际成本（$p > \frac{c}{g}$），且 $\sigma > 0$。在这样的条件下，将形成一个唯一且稳定的双向贸易均衡。很容易看出，在均衡条件下，每个企业在出口市场上的份额要小于其在本国市场上的份额。所以，所预见的边际收益要高于出口市场上的边际收益。由于存在运输成本，交付一个单位的出口，其实际边际成本要高于在国内市场销售一个单位的实际边际成本，但这一点与更高的边际收入相吻合。于是，在两个市场上，所预见的边际收益将会在正值的产出水平上同边际成本相等，从而导致双向贸易的产生。不仅如此，每个企业在其出口市场上所获得的超过成本之上的加价（mark-up）幅度要小于其在国内市场上的加价。这是因为出口品的离岸价格低于国内价格，由此便出现了相互倾销。

布兰德与克鲁格曼认为，得出相互倾销的解显然不符合“帕累托效率”。某些由垄断造成的扭曲在贸易发生之后将持续存在，而且因双向运输还产生了没有任何社会意义的运输成本。在一个不完全竞争的次优的世界里，自由贸易一定要优越于自给自足吗？这个问题无法得到确定的回答，这是因为存在两种效应的缘故。一种效应是，在这个模型中，允许贸易造成因运输而带来的浪费，从而减少福利；另一种效应是，国际竞争促使价格下降，进而削弱了垄断带来的扭曲。在一种极端情况下，如果运输成本可以忽略不计，虽然交叉运输没有任何意义，但由于成本忽略不计，由相互出口带来的竞争效应可以确保从贸易中获利。在另一种极端情况下，如果运输成本大到足以使贸易无法进行，在稍许降低运输成本的条件下促成相互贸易产生，这种贸易将使福利下降。在这种情况下，降低运输成本将产生三种效应：第一，对于所有进口品来说，成本会下降，由此将带来获利；第二，消费量上升，对于每一单位的额外消费量来说，可以获得一个相当于价格减去进口品边际成本的收益；第三，由于用高成本的进口品替代本国产品，福利将蒙受损失。对于那种几乎使得贸易不可能发生的运输成本来说，前两种效

应无需考虑，唯有导致亏损的效应具有一定意义。

布兰德与克鲁格曼还把模型进一步拓展到分析自由贸易，并且表明在自由贸易背景中分析福利的变动情况更有说服力。兹假定在均衡条件下每个国家有 n 个企业，进行贸易后的价格及在外国市场所拥有的份额可以分别表示为

$$p = \frac{c\varepsilon n(1+g)}{g(2n\varepsilon - 1)} \tag{7.2.72}$$

$$\sigma = \frac{n\varepsilon(g-1)+1}{1+g} \tag{7.2.73}$$

布兰德和克鲁格曼证明了，当市场可以自由进入时，贸易将改善福利。因为在市场自由进入使得利润为零的条件下，价格变动的方向决定了消费者剩余是增大还是缩小，并由此决定福利变动的方向。如果价格下降，则福利将上升。这是因为随着贸易开放，价格肯定会下降。福利改善的原因在于企业的平均成本曲线向下倾斜。尽管 x_i 下降，但 $x_i + x_i^*$ 必然超过原来的生产水平，而且平均成本必然下降，利润维持在零水平，但消费者剩余却增加了。

布兰德和克鲁格曼从模型中得出了如下结论。第一，由于寡头垄断企业之间的相互作用可以导致贸易在不存在规模经济和产品差异的情况下发生，这就对行业内贸易和倾销这两种标准新古典贸易模型未能很好地加以解释的现象提供了合理的解释。第二，由这种类型的贸易所带来福利效应具有重要的理论意义。在运输成本很低的情况下，如果企业获得盈利，贸易的发生将改善福利；反之，如果运输成本很高，实行贸易也许将导致福利损失，其原因在于由运输成本所造成的浪费不断增加压倒了由竞争所带来的效应。然而，在允许企业自由进入的背景下，贸易肯定将提高福利。第三，如果价格从战略上来说是可以改变的话，则相互倾销在同质产品的案例中将不会出现。但是，一旦产品中存在着少量不同的花色品种，则相互倾销就会再度发生。在这种情况下，行业内贸易的动机就是基于产品异质性理论基础上的。第四，模型可以在两个方面进一步展开研究。一方面，根据生产成本相等这一假设条件，企业显然存在着一种通过在离市场最近地点从事生产以节约运输成本的动机。如果允许企业这样做，它们就会把生产地点同时都设在本国和外国，于是，一个相互倾销的模型变可以转换为一个对外国直接投资模型；另一方面，可以通过改变每个企业对其他企业对其产量的反应来对模型做一些修改，海因里希·冯·施塔克尔贝格（Heinrich von Stackelberg）的先动优势模型就是一个例子。其中，每个企业在本国是价格领导者，在外国则是价格的追随着。这些推进都有助于增强模型对现实的解释力。

第三节　新贸易理论在经济发展领域的运用

新贸易理论产生以后，在当代经济学诸多领域被广泛应用，比如在新增长理论、跨国公司理论、要素流动理论、战略贸易政策、新经济地理学等领域。鉴于在这一节中，我们阐述的是新贸易理论在经济发展领域的运用，因此，我们将首先介绍了克鲁格曼对中心—外围关系的分析。他试图通过利用规模经济方法来表述不平衡发展理论的主要内容，从而把规模经济引入中心—外围关系的模型中。然后，我们将概述克鲁格曼对贸易保护作用的讨论。他假定市场是寡头垄断而不是完全竞争的，成本递减并且不是规模收益不变的。他分别从静态与动态视角对保护进口可以促进出口这一观点给予了证明。最后，本节概述迪克西特对贸易条件与经济增长相互关系的分析。迪克西特研究了垄断竞争环境中，不完全竞争的存在对发展中国家贸易条件及福利所造成的影响。他建立了一个考察人口增长、技术进步和关税等对发展中国家贸易条件及福利施加影响的模型。

一、对中心—外围关系的分析

为什么世界分为穷国和富国？早期发展经济学对这一问题进行了广泛的研究，并认为世界经济体系中本身就存在着某些导致不平等的因素。早期发展经济学家用“不平衡发展理论”来对这个问题做出解释，他们是保罗·巴兰（Paul Baran，1957）、安德烈·G. 弗兰克（Andre G. Frank，1967）、伊曼努尔·华勒斯坦（Immanul Wallerstein，1974）等。此外，诺贝尔奖获得者缪尔达尔（1957）与刘易斯（1955；1978）也提出过相似的观点。

早期发展经济学家大都认为资本在中心—外围关系的分析中占据了举足轻重的地位。然而，要想更详细地讨论资本的作用，首先要明确资本在生产中是否存在规模经济，如果资本的存在带来了规模收益递增，那么，一个直接的推论就是，在那些资本越多的国家中，归于资本的收益越高，更高的利润会吸引更多的资本流入，而不是如新古典学派所假定的资本边际收益递减，因而资本将由发达国家流向发展中国家。

克鲁格曼（1981）试图通过规模经济来诠释不平衡发展理论的主要内容，从而把规模经济引入对中心—外围关系的分析。克鲁格曼的关键假定是工业部门中存在着外部经济。正是由于这个假定，落后地区的工业部门将会被发达国家的出口挤垮，从而一个地区就会比另一个地区领先起步。因此，这一过程证明了与发达国家进行贸易会阻碍欠发达国家工业化这一命题。而且，克鲁格曼还证明了：第一，不平衡发展理论可以同赫克歇尔—俄林的理论完全吻合；第二，贸易可能导致落后地区的幼稚工业被来自先进地区的工业品所摧毁；第三，列宁把资本主义看作自由竞争和垄断“两阶段过程”的观点也可以在这一模型中得到证明。

他的基本模型假定存在南北两个地区，且两个地区的技术方程和行为方程相同，劳动力也相同。每个地区都可生产工业制成品 M 和农产品 W 两种产品，且运输成本为零。农产品的生产要素只有一个，即劳动力。工业制成品的生产要素为资本和劳动力。由于存在外部经济，生产所需要的单位资本和单位劳动需要量均为地区总资本存量的递减函数。令北方和南方两个地区的单位资本和单位劳动需要量分别为 c_N，c_S，v_N，v_S，则有：

$$c_N = c(K_N) \qquad c_S = c(K_S) \qquad v_N = v(K_N) \qquad v_S = v(K_S) \tag{7.3.1}$$

$$r_N = r(P_M, K_N) \qquad r_S = r(P_M, K_S) \tag{7.3.2}$$

在式（7.3.2）中，r_N 和 r_S 分别表示北方与南方的利润率；P_m 为工业制成品价格；K_N 与 K_S 分别为北方与南方的资本存量。假定储蓄行为是传统式的，即假设所有利润且只有利润被储蓄起来；工资的固定比率 μ 用于工业制成品生产，$1-\mu$ 则用于农业生产。有关储蓄的假定意味着，在没有国际投资的情况下，资本存量增长率正好等于利润率。即

$$\frac{\dot{K}_N}{K_N} = \rho_N \qquad \frac{\dot{K}_S}{K_S} = \rho_S \tag{7.3.3}$$

这意味着当国际价格相等时，资本存量越高的地区，利润率也越高，因此，由式（7.3.3）推出这一地区资本存量的增长率也就越高，而这正是不平衡发展的基础。工业制成品的相对价格由世界供求所决定，由于工资的一部分 μ 用于购买工业制成品，那么，只要两个地区还生产部分农产品，就有：

$$P_M = \frac{2\mu\bar{L}}{\dfrac{K_N}{c(K_N)} + \dfrac{K_S}{c(K_S)}} \tag{7.3.4}$$

把式（7.3.2）、式（7.3.3）和式（7.3.4）结合起来便可以看到，资本存量的增长率是两个地区资本存量水平的函数。

$$\frac{\dot{K}_N}{K_N} = g(K_N, K_S) \qquad \frac{\dot{K}_S}{K_S} = g(K_S, K_N) \tag{7.3.5}$$

其中，$g_2 < 0$，这是因为另一个地区资本存量的增长必然会导致贸易条件变得不利于工业制成品，并使利润降低；或者由于南方地区资本品增加导致工业制成品价格下降，而工业制成品价格下降则由式（7.3.2）推出，必然导致 ρ_N 的下降，从而导致 $g_2 < 0$。g_1 的值是不确定的，这是因为本国资本存量的增长将带来

两种效应：第一种效应是在本国资本存量增长的情况下，由式（7.3.4）可见，将引起贸易条件恶化，并由式（7.3.2）推出，将造成对 ρ_N 不利，即利润降低。第二种效应是，K_N 上升造成单位投入需求量减少，由 $c_N = c(K_N)$ 从而由式（7.3.2）推出，K_N 上升导致 ρ_N 上升。如果假定前一种效应大于后一种效应，则 $g_1 < 0$。已知 K_N 上升造成单位投入需求减少，这实际上是外部经济所带来的。假定贸易条件恶化效应大于单位需求减少的效应，这实际上是在假定外部经济相对较弱。这一假定显然弱化了不平衡发展的可能性。但是，即使外部效应比较小，不平衡发展过程仍旧会发生。下面就根据动态模型来解释世界经济不平衡发展的过程。

决定这个动态模型的基本过程是：只要两个地区都生产农产品，通过贸易可以使两个地区的工资率相等。这一点把不平衡发展与赫克歇尔—俄林—萨缪尔森模型紧密联系在一起。由于在工业品生产中存在外部经济，所以无论任何国家，只要资本存量更大，则利润率就会更高，经济增长速度因此将更快，其结果是造成两个地区的不平衡发展。这种状态只有达到某种临界点时才会结束。

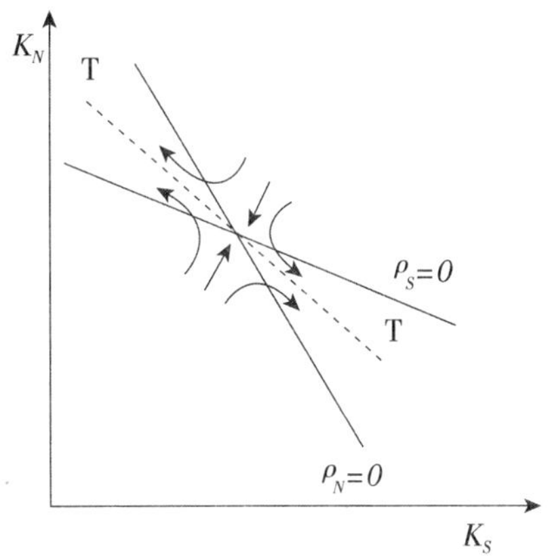

图 7.3.1　不平衡发展的产生

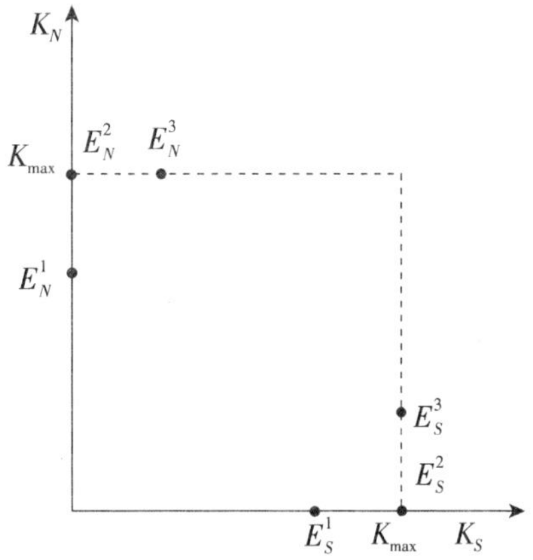

图 7.3.2　资本存量临界点与可能实现的均衡

图 7.3.1 说明，在两个同时都生产工业制成品和农产品的地区，其“地区内”均衡是不稳定的。$\rho_s=0$，$\rho_N=0$ 代表 K_N 与 K_S 的组合，即北方和南方的利润分别都为零。虚线 TT 表示这条线不存在，故工业品的相对价格不变。如果沿虚线 TT 向左上方移动，由于工业制品生产中存在外部经济，利润会在北方地区上升，而在南方地区下降，结果导致直线 $\rho_N=0$ 要比虚线 TT 的斜率更大，直线 $\rho_s=0$ 的斜率则较小。每个地区的资本存量在利润为正值的条件下会增长，在利润为负值的条件下则会萎缩。通向均衡点的路径形如刀刃，但是，倘若一个地区资本存量更大，在那个方向就必然会产生一个不断拉大的差距。在克鲁格曼的模型中，差距在达到临界值之前会继续拉大。临界值 $0 \leqslant k \leqslant K\max$，即资本存量不

能为负，且当资本存量达到 Kmax 时，利润将降为零，且经济将停止增长。图7.3.2 表示这种临界状态以及与之相关的可能均衡。

第一，E_N^1，E_S^1 表示一种均衡即不发达地区完全农业化，发达地区在实现工业化的同时也保留了农业。

第二，E_N^2，E_S^2 表示发达地区工业化，不发达地区农业化。

第三，E_N^3，E_S^3 表示发达地区专门生产工业品，不发达地区不仅继续生产和出口农产品，而且还开发某些工业生产能力。

图 7.3.1 显示，两个地区都同时生产工业制成品和农产品的均衡都是不稳定的。若一个地区比另一个地区资本积累稍多一点，于是便开始了两个地区都增长的过程，但明显的是，发达地区的增长更快一点。由于用于工业制成品的资本增多，工业品的相对价格下降（见式（7.3.4）），直至某一点（$\rho_s=0$，或 $\rho_N=0$ 上的一点），正好是落后地区的工业化不能完成并开始衰退的状态。这种状态一经出现，便会一直进行下去，直到落后地区生产工业制成品的工业部门最后消失。落后地区的幼稚工业被来自先进地区的工业品所摧毁。这恰恰是印度纺织业在 18 世纪的发展轨迹。按照巴兰的说法，这叫做“扑灭星星之火”。要是没有这些星星之火，不发达国家就没有工业增长。这一过程还有两点令人注意的地方。第一，长期均衡所处的点取决于偏好和技术，但是，哪个地区起什么作用却取决于该地区最初时的地位。第二，资本存量的不平衡取决于这样一个假定，即只要两个国家之间没有实现完全的国际分工，则两国之间的产品贸易将会使两国工资率相等。于是，不平衡发展理论与赫克歇尔—俄林—萨缪尔森模型之间便建立了某种关联。

克鲁格曼通过建立一个允许国际投资的模型来讨论世界经济的动态行为，并考察霍布森—列宁的“两阶段理论”能否从这一模型中得到说明。列宁把资本主义制度的演变看作是一个包括自由竞争和垄断的“两阶段过程”。在旧式资本主义条件下，当自由竞争占主导地位时，产品出口是最典型的特征；而在现代资本主义条件下，一旦垄断占据主导地位，资本出口就成为它的典型特征。如果长期均衡是在 E_N^3，E_S^3，即两个地区都至少部分实现了工业化的均衡，就能得出列宁所说的情况。当处于第一阶段时，工业地区尚未完全工业化，北方地区农业提供的劳动力能使两个地区工资率相等。但是，在现代资本主义阶段，由于资本流动导致利润率相等，在工业地区，工业部门有更高的收益，致使北方地区的工资肯定高于南方地区的工资，北方地区的劳动力成为“工人贵族”（labor aristocracy）。这就会出现霍布森—列宁提到的结论。工业地区除了出口工业制成品之外，在增长的第一阶段还可能会进口劳动力。但是，在存在三个地区（中心地区、周边地区和外围地区）的情形下，不平衡发展趋势在某些时候可能是不清晰的。因为其中出现了一个中等收入地区，其增长速度比高收入地区和低收入地区要快。

在资本积累的第二个阶段，从不同角度看都很有意义。第一，两个地区中哪一个地区成为贫困地区在该阶段实现工业化之前是无法预见的。在绝大多数情况下，历史偶然事件或两个落后地区之间生产条件上的微小差异将成为决定因素。第二，国际资本的流向也具有一定的意义，它从高收入地区流向中等收入地区，但不会流向最贫困的地区。第三，应当注意到，在这个阶段，从全世界范围来看，中等收入地区和高收入地区的差别不断缩小同中等收入地区和低收入地区之间差别不断扩大这两种趋势同时并存。

二、对发展中国家贸易保护作用的讨论

保护国内市场可以为企业提供一个成功的出口基础，这在传统上被认为是非正统理论的观点之一。为了推出“保护进口可以促进出口”这一观点，克鲁格曼假定市场是寡头垄断而不是完全竞争的；成本递减而不是规模收益不变。他分别从静态与动态的视角对“保护进口可以促进出口”这一观点予以证明。

受到保护的本国市场为本国企业提供了一个可靠的国内市场，这使得本国企业具有一系列优势。比如，可以放心地从事大规模生产和技术投资；并在整个“学习曲线”向下移动的时间段内大量销售，收回 R&D 成本；还可以一方面在国内市场采取高价政策，另一方面为了获取最大利润而向国外市场低价倾销。克鲁格曼（1984）用模型表述了这些思想。他采用的模型包括两方面的内容：第一，市场是寡头垄断并且是分割的。这意味着企业的行动会影响它们所面对的市场价格，而且企业可以根据不同市场的需求弹性来确定自己实现利润最大化的价格。第二，经济中存在静态和动态形式的规模经济。静态的规模经济有向下倾斜的边际成本曲线，动态的规模经济存在“学习曲线”或 R&D 竞争型两种类型。但无论规模经济是静态的还是动态的，并不影响分析的过程和结论。

假定存在本国与外国两家企业，每家企业只生产一种产品；市场为彼此分割的，每个企业的市场均包括国内市场与第三国市场。假定本国企业在市场 i 中的收入取决于本国和外国向市场 i 供应的产品数量 x_i 与 x_i^*，所以

$$R_i = R_i(x_i, x_i^*) \qquad R_i^* = R_i^*(x_i, x_i^*) \tag{7.3.6}$$

且假定每一个企业的边际收入与另一个企业的产量成反比

$$\frac{\partial^2 R_i}{\partial x_i \partial x_i^*} < 0 \qquad \frac{\partial^2 R_i^*}{\partial x_i^* \partial x_i} < 0 \tag{7.3.7}$$

则每个企业的成本是

$$TC = \sum t_i x_i + C(\sum x_i) \qquad TC^* = \sum t_i^* x_i^* + C^*(\sum x_i^*) \qquad C'', C^{*''} < 0 \tag{7.3.8}$$

假定每个企业把其他企业的供给量看作是一个给定量，其结果是一个多市场

的古诺双头垄断模型。企业的决策可以表述为

$$\underset{\{x_i\}}{\mathrm{Max}}\,\Pi = \sum R_i(x_i, x_i^*) - \sum t_i x_i - C(\sum x_i)$$

$$\underset{\{x_i^*\}}{\mathrm{Max}}\,\Pi = \sum R_i^*(x_i, x_i^*) - \sum t_i^* x_i^* - C^*(\sum x_i^*) \qquad (7.3.9)$$

一阶条件是

$$\frac{\partial R_i}{\partial x_i} - t_i - \mu = 0 \quad \frac{\partial R_i^*}{\partial x_i^*} - t_i^* - \mu^* = 0 \quad i = 1,2,\cdots,n \qquad (7.3.10)$$

μ 与 μ^* 分别表示边际成本。由此，可以用叠代法分析模型的解。

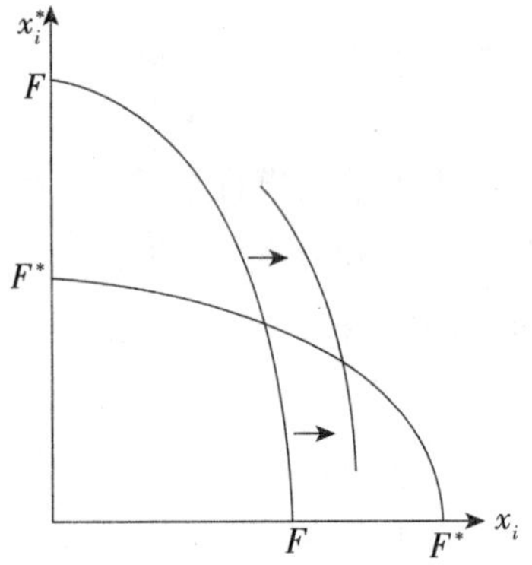

图 7.3.3　代表性市场上的竞争

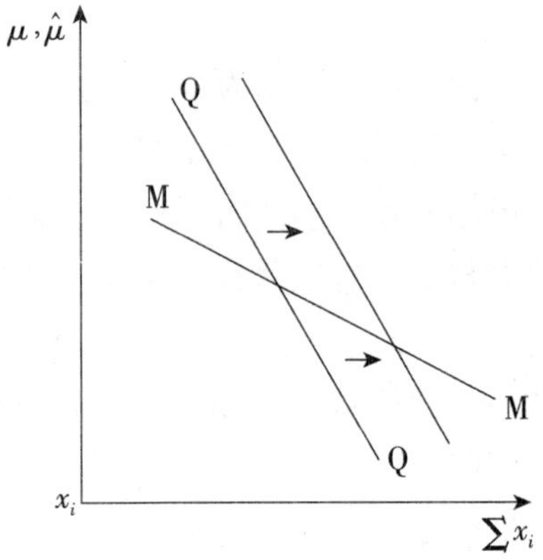

图 7.3.4　边际成本与产量的关系系

在图 7.3.3 中，FF 与 F^*F^* 分别为本国企业与外国企业的反应函数。本国企业生产成本降低时，则 FF 曲线向外移动，x_i 上升，x_i^* 下降。这种情况在企业竞争的每个市场都会发生，所以，本国企业总产量将增长，外国企业的总产量将减少。可见，一方面，企业的边际成本估定值（firm's estimate of marginal cost）越低，它的产量越高；另一方面，它的产量越高，边际成本就越低。对企业而言，均衡值存在于 MM 与 QQ 的交点上。兹假定外国企业边际成本 μ^* 上升，因此，各个市场上 F^*F^* 向左移动，对于一个给定的 μ 来说，本国企业产量上升，即 QQ 向右移动，本国 μ 下降，因此，本国的边际成本与外国的边际成本成反比，反之亦然。如果 $\mu(\mu^*)$ 的斜率大于 $\mu^*(\mu)$，也就是说，在这一更高的水平上，企业自身的作用比交叉作用更大，则均衡是稳定的，否则就不稳定。

那么，保护起何作用呢？假定本国政府不允许外国企业进入某些曾经向外国企业开放过的市场。先假定本国 μ 不变，保护使 x_i 在受保护的市场上升高，并使 x_i^* 下降。这又反过来使本国成本下降，外国成本上升，即图 7.3.4 中显示的 QQ 向右移动，μ 下降，μ^* 上升。余下的就是完成循环。边际成本必然变化（μ 下降，μ^* 上升），则 FF 向外移动，F^*F^* 向内移动。FF 与 F^*F^* 共同移动的结果是 x_j 上

升 x_j^* 下降①，因此，对本国市场实行保护会增加本国企业在所有市场上的销售量，与此同时，减少了外国企业在所有市场上的销售量。

此外，克鲁格曼还用一个 R&D 竞争模型来阐释。他认为 R&D 所起的作用与以上分析相类似，只是边际成本不取决于产量，而是取决于各个企业在 R&D 上的投资额，亦即

$\mu = \mu(N)$　　　　$\mu^* = \mu^*(N^*)$　这里的 N 代表投资额。

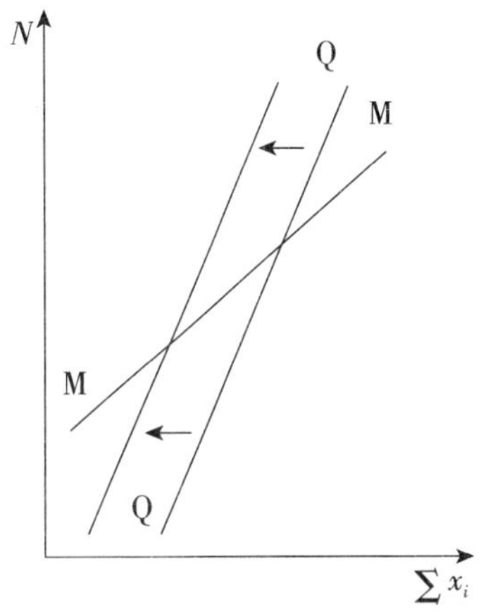

图 7.3.5　当 N^* 给定时 N 的决定

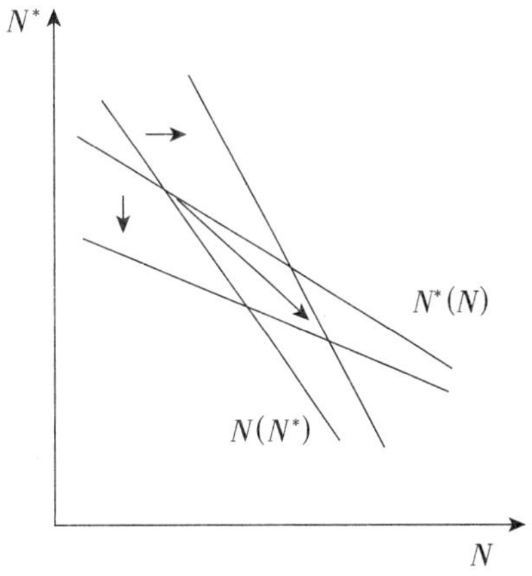

图 7.3.6　"稳定的"或"自我努力主导"的案例

同样是以利润函数进行求导，产生一阶条件，结论可以由图 7.3.5 和图 7.3.6 来分析。QQ 表示边际成本越低，产量越高，MM 曲线表示产量越大，R&D 的边际收益越大。在给定的 N 与 N^* 上，保护使本国产量上升，外国产量下降，QQ 向外移动，其外国竞争对手的直线向内移动。于是，有 $N(N^*)$ 向右移动，$N^*(N)$ 向内移动，本国 R&D 投资 N 上升，外国 R&D 投资 N^* 下降。图 7.3.6 表明，本国企业的边际成本减少，外国企业的边际成本增加。这意味着本国企业在所有市场上的销售量都扩大了。他的结论是保护导致本国产量增加，使外国产量下降，从而提高了本国企业开展 R&D 的积极性，从而导致本国企业的成本相对降低，对于本国来说，甚至在没有受到保护的市场上份额也会扩大。

此外，克鲁格曼研究了既没有静态规模经济也不需要投资于 R&D 的规模收益递增的动态形式。在这种动态形式中，现有产量的增加使先前的生产成本下降。这种"边干边学"的经济产生了与其他模型非常相似的结果。保护的作用

① 在图 7.3.4 中表现为新的均衡点为向外移动的 FF 与向内移动的 FF^* 二者的交点，但原图中并未注明。参见：Krugman, Paul R., 1990, "Import Protection as Export Promotion: International Competition in the Presence of Oligopolies and Economics of Scale", in Paul Krugman, ed., *Rethinking International Trade*, Cambridge, MA: The MIT Press, p. 189。

相当于它在静态规模经济情况下的作用，即把国外企业从某些市场上赶出来，以提高本国企业的累积产量，导致外国企业的累积产量下降。但是，对于动态规模经济而言，克鲁格曼（1987）还用另外一个基于“学习曲线”的动态模型来解释保护对培育幼稚产业竞争力的作用①。他证明了对工业的暂时保护可以使之获得永久的比较优势，从而说明封闭市场能起到加快本国相关产业相对生产率发展速度的作用。如果保护时间足够长，这种相对生产率的发展足以使本国商品具有成本优势。此时，保护已变得无关紧要，保护政策已经实现了比较优势的永久性转移，特别是对一个拥有大量劳动力但工资较低的国家来说，通过暂时保护形成比较优势的永久性转换，其成效极大。

三、对贸易条件与经济增长相互关系的分析

有一种观点认为，当发展中国家与发达国家进行贸易时，可能并不能从贸易中得到好处。原因可能在于：第一，发展中国家主要出口初级产品，其需求收入弹性一般都小于1。随着发达国家收入的增长，其对初级产品的相对需求会越来越少，同时技术进步也降低了工业生产中原料的消耗系数，也就减少了对初级产品的需求。第二，除少数情况外，由于技术进步的缘故，发达国家可用人造原料来替代发展中国家出口的原材料，这就限制了发展中国家在初级产品市场上的垄断能力，因而降低了对初级产品的世界性需求。第三，发展中国家依赖工业制成品的进口，由于广告或“示范效应”的缘故，它们对这类产品的需求很高。第四，由于以发达国家为基础的跨国公司和发达国家政府行使垄断支配力，使之不利于发展中国家进口工业制成品。第五，所有这些因素带来的结果是，发展中国家的贸易条件恶化，它们不能分享贸易和增长带来的好处，甚至可能因贸易而蒙受绝对亏损。众所周知，新古典贸易理论在完全竞争条件下清晰而有力地证明了贸易可以产生双边收益，但这种理论却未对不完全竞争条件下的贸易做出满意的解释。迪克西特（1984）研究了垄断竞争环境中，不完全竞争的存在对发展中国家贸易条件及其福利所造成的影响。他建立了一个模型，以考察人口增长、技术进步和关税等因素对发展中国家贸易条件和福利产生的影响。

迪克西特设定了两个国家，一个是有代表性的发展中国家，一个是有代表性的发达国家；每个国家的劳动力被视为初级生产要素；每个国家在规模收益不变条件下生产一种非贸易品，欠发达国家的可贸易品是中间产品，也由规模收益不变技术生产出来；中间产品出口到发达国家之后，由劳动在规模收益递增和垄断竞争条件下组合成许多不同的可贸易的最终产品。每个国家的消费者对非贸易品

① Krugman, Paul R., 1987, "The Narrow Moving Band, the Dutch Disease and the Competitive Consequence of Mrs. Thatcher", *Journal of Development Economics*, vol. 27, pp. 41-55.

有相同嗜好，并且可贸易品只在发达国家中生产。

迪克西特构造的模型有三个显著特征：第一，其结构是静态的，但却可以视为一个更复杂模型的稳态。在该模型中，每个国家的劳动力同样生产其它非贸易中间品和资本品。第二，发达国家生产可贸易品的产业结构是垄断竞争结构，也就是说，企业有一定的垄断支配力，但不存在共谋和准入障碍。第三，发展中国家劳动力可以在各部门之间自由流动，这意味着发展中国家被视为一个李嘉图经济或哈里斯-托达罗式的二元经济。这种类型的经济所起的作用是使得可贸易品部门中劳动投入系数增大，而迪克西特则力图在他的模型中明显地体现非贸易品部门所发挥的作用。

在通常情况下，人们往往通过贸易条件的变化来考察发展中国家在贸易中的得失，迪克西特却认为，无论是采用实物或商品净贸易条件（net barter or commodity terms of trade）还是采用双要素贸易条件（double-factoral terms of trade），在不完全竞争条件下，用这些度量方法来计算贸易条件对发展中国家福利的效应都是不充分的。他通过对体现效用最大化的需求建立模型，并直接对福利效应进行探寻，进而得出了自己的结论。

1. 基本模型

设发展中国家与发达国家分别有 L_1 与 L_2 的劳动禀赋；工资率为 w_1 与 w_2；非贸易品的数量为 y_1 与 y_2；相应价格为 q_1 与 q_2；生产这些非贸易品的单位劳动需求为 a_1 与 a_2。发展中国家生产某种原材料，其价格为 r，单位劳动需要量为 β，且产量用 z 来表示。发达国家制造业部门生产不同的产品且每种产品的固定成本为 $F(w,r)$，不变边际成本为 $C(w,r)$。在对称均衡条件下，n 是不同产品的品种数，p 为每一个不同产品的价格，x 为产量，消费者的效用函数为

$$u = \left(\sum_j x_j^{\delta}\right)^{\frac{\gamma}{\delta}} y^{1-\gamma} \qquad (7.3.11)$$

其中，y 为非贸易品的消费，x_j 为对各种不同商品的消费量，因而很容易表明收入中不变份额用在差别产品上。当 n 很大时，对该部门每种商品需求自身的价格弹性（own price elasticity for each product）为 $\frac{1}{1-\delta}$。均衡时，一个 i 国代表性消费者消费 $\frac{(1-\gamma_i)w_i}{q_i}$ 单位的非贸易品，并消费每一种差别产品 $\frac{w_i\gamma_i}{np}$，所达到的效用水平为

$$u_i = k_i w_i p^{-\gamma_i} n^{\frac{\gamma_i(1-\delta)}{\delta}} q_i^{-(1-\gamma_i)} \qquad (7.3.12)$$

参数 δ 表示对产品多样化的渴望。当 $\delta<1$ 时，式（7.3.11）中的产品 x_j 是不完全替代品。由式（7.3.12）可知，如果品种增加，即使每种产品以相同价格销售，效用也会增加。

2. 生产者决策

每个企业的边际成本等于边际收益且由于自由进入，利润为零。假设发展中国家的劳动力市场和发达国家的劳动力市场是联结在一起的，并运用谢泼特定理(Shepherd's Lemma)，可以得到原材料投入的需求函数

$$z = n(F_r(w_2, r) + xc_r(w_2, r)) \tag{7.3.13}$$

令发展中国家的工资为1，则令 w_2 为 w，则 w 与双要素贸易条件相对应。如果 w 上升，则发展中国家获得的收益小于发达国家得到的收益，或者说发展中国家的亏损大于发达国家。因此，w 上升就意味着发展中国家双要素贸易条件的恶化。与此相对应的商品贸易条件为 $t = \frac{p}{r}$，即进口对出口价格的比率。t 的上升意味着发展中国家商品贸易条件恶化。可见，在垄断竞争条件下，福利只是部分地受贸易条件的主导。迪克西特模型的特点在于规模经济与产品差异化。在 $F = 0$ 和 $\delta = 1$ 的有限案例中，该模型也可退化为经典的完全竞争模型。

3. 人口增长

考虑 L_1 与 L_2 的变化，则可以得到相关的5个均衡方程①，最终可以求出解为

$$\hat{w} = \frac{\hat{L}_1 - \hat{L}_2}{\Delta} \tag{7.3.14}$$

$$\hat{t} = \hat{p} = \frac{(1 - \theta)(\hat{L}_1 - \hat{L}_2)}{\Delta} \tag{7.3.15}$$

$$\hat{n} = \frac{A_2 \hat{L}_1 + A_1 \hat{L}_2}{\Delta} \tag{7.3.16}$$

上标表示无限小的变化量②。由上式得出的结论是：发达国家的增长（$\hat{L}_2 > 0$）改善了发展中国家的贸易条件（$\hat{t} < 0, \hat{w} < 0$），即商品与双要素贸易条件都得到了改善；而发展中国家自身的经济增长却有相反的效应。对发展中国家代表性消费者效用的影响，可以用微分的形式表示为：

$$\hat{u}_1 = \left(\frac{1 - \delta}{\delta}\hat{n} - \hat{p}\right)\gamma_1 \tag{7.3.17}$$

由于 A_1 与 A_2 为正，任意 L_1 与 L_2 的增长都增加了产品的多样化，即 $\hat{n}$ 将上

① Dixit, Avinash K., 1984, "Growth and Terms of Trade under Imperfect Competition", in Henryk Kierzkowski ed., *Monopolistic Competition and International Trade*, Oxford:. Clarendon Press, pp. 109-123.

② 方程中每个字母的具体含义，可参见 Dixit, Avinash K., 1984, "Growth and Terms of Trade under Imperfect Competition", in Henryk Kierzkowski ed., *Monopolistic Competition and International Trade*, Oxford:. Clarendon Press, pp. 115。

升。对于发达国家的增长来说，这一效应强化了商品贸易条件效应，并确保了发展中国家福利的增长。对于发展中国家的增长来说，这一效应抵消了商品贸易条件的负效应。其中，可变成本和固定成本之间的替代弹性越大，多样化效应越有可能流行，并带来发展中国家福利的增长。

这一结论与传统结论在两个方面不同。第一，多样化效应在新古典案例中是不存在的，而且发展中国家从其自身增长中注定要蒙受亏损。因此，引入垄断竞争增加了发展中国家获利的可能性。至少从这点来讲，断言垄断贸易是有害的，这是站不住脚的。第二，当可变成本和固定成本的替代弹性更大时，发展中国家获利可能性更大。根据传统观念，在这种情况下，发展中国家因在贸易中处于脆弱地位而更容易蒙损，这里因为发达国家很容易替代发展中国家出口的商品。然而，作者假设发展中国家在贸易中处于脆弱地位反而成了发展中国家的优势。这样的结果在迪克西特的论文中多次出现。

4. 技术进步

为了分析上的方便，迪克西特在研究技术进步时考虑了一种特殊的情况，也就是假定固定成本完全由劳动成本所构成，亦即对于固定的f, $F(w,r) = fw$，则由此可见，β（β表示原料生产中劳动的系数）减少表明发展中国家出现了技术进步；而成本函数中的参数μ减少代表发达国家取得了技术进步。则经过运算有：

$$\hat{w} \equiv ((\sigma - 1)\hat{\beta} - \xi\hat{\mu}) \frac{(1 - \lambda\theta)}{\Delta} \tag{7.3.18}$$

$$\hat{t} = (1 - \theta)(\hat{w} - \hat{\beta}) + \pi\hat{\mu} \tag{7.3.19}$$

如果$\sigma > 1$，发展中国家的技术进步（$\hat{\beta} < 0$）恶化了其商品贸易条件（$\hat{t} > 0$），但却改善了其双要素贸易条件（$\hat{w} < 0$）。相反，发达国家的技术进步（$\hat{\mu} < 0$）对双要素贸易条件的影响取决于技术进步的性质：节约原料的技术进步对发达国家相对有利，这与通常的观点一致。然而，一个有趣的结果是，当发达国家技术进步为哈罗德中性或原材料扩张型时，即当$\sigma > 1$时，这类技术进步具有“原料使用”偏向，故对发展中国家相对有利。当σ很大时，发展中国家容易受到伤害的真正原因在于技术进步扩大了其他投入。但是，值得注意的是，规模经济和垄断竞争的存在并不影响定性结果，即所有这些比较静态效应与新古典案例中的效应相一致。进一步说，为了分析技术进步对于发展中国家的福利效应，有必要研究与技术进步相伴随的产品价格与产品多样化的变化以及发展中国家代表性消费者效用函数的变化。由这一函数可以看出，对于$\sigma > 1$，发展中国家的技术进步增加了产品多样化，且导致产品价格下降，进而增加发展中国家的福利。发达国家若采用节约资源的技术进步将造成产品多样化的下降；如果这种技术进步的速率足够快，仍然可以通过降低价格来增加福利。由此可见，简单地用贸易条件来衡量福利的变化，可能是不正确的。

5. 关税

迪克西特还研究了发展中国家试图通过对原材料出口征税来改进贸易条件的做法对不发达国家与发达国家双方在工资、贸易条件以及产品多样化方面所产生的效应。其结论是：若$\Delta > 1 - \gamma_1$，关税增加会造成工资上升，并将恶化发展中国家双要素贸易条件，同时却会改善发展中国家的商品贸易条件。当$\sigma > 1$时，关税将减少产品多样化，制造业生产的规模将下降，而且关税只要引起工资w上升就会引起价格上升。在实行关税情况下，对效用的福利分析表明，如果$\sigma < 1$，发展中国家的效用会增加；如果σ只在很小幅度上超过1，对产品多样化的负效应很弱，仍然会带来正的净福利。这个例子又一次说明，流行的福利测量方法可能导致发展中国家错过采取某些可以增加福利的政策的机会。对发达国家的福利考察则表明，如果$\sigma > 1$，关税肯定对发达国家不利。然而，垄断竞争均衡并不具有帕累托效率，存在着给双方都能带来利益的政策的空间。例如，如果σ远远大于1，那么，由发展中国家对原材料出口实行补贴能给双方带来利益；而当σ远远小于1时，对出口征收关税同样可以给双方带来利益。

第四节　微观企业异质性与外贸产业发展

一、企业间异质生产率与产业平均生产率

1. 梅利兹的模型及其扩展

梅利兹（2003）发表的一篇论文①开启了“新—新贸易理论”的先河。他通过将雨果·A. 霍本哈因（Hugo A. Hopenhayn，1992）② 建立的动态产业模型与克鲁格曼（1980）③ 提出的垄断竞争模型相结合，在一般均衡的框架下分析了企

① Melitz, Marc, 2003, "The Impact of Trade on Intra-industry Reallocations and Aggregate Industry Productivity", *Econometrica*, vol. 71, no. 6, pp. 1695-1725.

② Hopenhayn, Hugo A., 1992, "Entry, Exit and Firm Dynamics in Long Run Equilibrium", *Econometrica*, vol. 60, no. 5, Sept., pp. 1127-1150.

③ Krugman, Paul, 1980, "Scale Economies, Product Differentiation, and the Pattern of Trade", *American Economic Review*, vol. 70, no. 5, Dec., pp. 950-959.

业间存在生产率差异的情况下，贸易对于资源再配置所发挥的功能及其对产业生产率所带来的变化。在他看来，一个企业在做出是否进入一个有特色产业的决策时，对于自身生产率的高低并不了解，而且进入新产业的投资具有不可逆性（irreversible）。于是，在生产率上存在差异的企业有可能共存于同一个产业之中，企业通常会在获得其生产率的信息之后才做出是否出口的决定。与此同时，当企业进入出口市场时，也面临着如何在固定的出口成本约束下做出决策的难题。这是因为出口企业出口的产品在外国市场上需要支付流通和服务的成本，出口的数量与目的地越多，这种固定成本就越高。

梅利兹的模型假设代表性消费者的效用函数为

$$U = \left[\int_{\omega \in \Omega} q(\omega)^{\rho} \mathrm{d}\omega\right]^{\frac{1}{\rho}} \tag{7.4.1}$$

而且模型假定商品之间具有替代性，这意味着 $0 < \rho < 1$ 、两种商品之间的替代弹性 $\sigma = \dfrac{1}{1-\rho} > 1$ ，此外，模型假定总价格水平为

$$P = \left[\int_{\omega \in \Omega} p(\omega)^{1-\sigma} \mathrm{d}\omega\right]^{\frac{1}{1-\sigma}} \tag{7.4.2}$$

在生产方面，模型假定存在一个连续的生产者集合，每一个生产者选择生产一种不同的产品 ω 。产品生产只需要劳动这一种要素；生产者的生产率水平由其成本函数反映出来，这一成本函数显示出不变的边际成本以及固定的制造费用。因此，劳动的使用数量是产量 q 的线性函数：$l = f + \dfrac{q}{\varphi}$ 。所有的厂商都具有相同的固定成本 $f > 0$ ，但却具有不同的生产率水平（生产率水平由 $\varphi > 0$ 来衡量）。虽然各个厂商的生产率水平不同，但是，每个厂商均面临一个具有不变的替代弹性 σ 的剩余需求曲线（a residual demand curve），从而选择一个相同的利润最大化加成（其等于 $\dfrac{\sigma}{\sigma-1} = \dfrac{1}{\rho}$ ），由此导出厂商的定价规则

$$p(\varphi) = \frac{\omega}{\rho\varphi} \tag{7.4.3}$$

厂商的利润函数可以表示为

$$\pi(\varphi) = r(\varphi) - l(\varphi) = \frac{r(\varphi)}{\sigma} - f \tag{7.4.4}$$

均衡可以由厂商数量 M（从而具有 M 种商品）和处于均衡状态的生产率水平 φ 的分布 $\mu(\varphi)$ 来表示，在均衡状态，由式（7.4.2）所定义的总价格水平为

$$P = \left[\int_{0}^{\infty} p(\varphi)^{1-\sigma} M\mu(\varphi) \mathrm{d}\varphi\right]^{\frac{1}{1-\sigma}} \tag{7.4.5}$$

运用式（7.4.3）所表示的定价规则，它可以写为 $P = M^{\frac{1}{1-\sigma}} p(\tilde{\varphi})$ ，其中

$$\tilde{\varphi} = \left[\int_0^{\infty} \varphi^{\sigma-1}\mu(\varphi)\mathrm{d}\varphi\right]^{\frac{1}{\sigma-1}} \tag{7.4.6}$$

$\tilde{\varphi}$ 为各厂商之间不同的生产率水平 φ 的加权平均，它独立于厂商数量 M 。这些权重反映了处在不同生产率水平的厂商的相对产出份额，同时，$\tilde{\varphi}$ 也反映了该产业的总生产率水平。

在某厂商进入之前，大量潜在的进入者都是相同的，为了进入这一产业，进入者必须进行一个初始投资，即固定的进入成本 f_e ，然后，进入厂商从生产率水平的一个常见分布 $g(\varphi)$ 中获取其初始生产率参数 φ ，$g(\varphi)$ 在区间 $(0,\infty)$ 大于零，其连续分布函数为 $G(\varphi)$ 。

由于梅利兹的模型只考虑了稳态均衡，当处于稳定状态均衡时，总的变量保持不变。由于每一个厂商的生产率水平长期保持不变，单个厂商每一时期的最优利润水平（不考虑固定的进入成本 f_e ）也保持不变。一个生产率水平为 φ 的厂商在进入之后可能迅速退出（因为其利润水平为负），也有可能在每一时期获取一个正的利润水平 $\pi(\varphi)$ ，直到其遭遇坏的冲击后被迫离开。假设不考虑贴现，单个厂商的值函数可以写为

$$v(\varphi) = \max\left\{0, \sum_{t=0}^{\infty}(1-\delta)^t\pi(\varphi)\right\} = \max\left\{0, \frac{1}{\delta}\pi(\varphi)\right\} \tag{7.4.7}$$

其中，δ 为每一时期遭遇坏的冲击的一个常数概率，因此，$\varphi^* = inf\{\varphi : v(\varphi) > 0\}$ 为厂商最低的生产率水平，因为 $\pi(0) = -f$ 为负，$\pi(\varphi^*)$ 必须等于零，这就是零利润条件。

如果进入厂商所获取的生产率水平 $\varphi < \varphi^*$ ，那么，它将立即退出。均衡状态的生产率水平 φ 的分布 $\mu(\varphi)$ 可以表示为

$$\mu(\varphi) = \begin{cases} \dfrac{g(\varphi)}{1 - G(\varphi^*)} & \text{如果 } \varphi \geqslant \varphi^* \\ 0 & \text{其他} \end{cases} \tag{7.4.8}$$

由式（7.4.8）可以得知，产业总的生产率水平 $\tilde{\varphi}$ 可以表示为临界生产率水平 φ^* 的函数

$$\tilde{\varphi}(\varphi^*) = \left[\frac{1}{1 - G(\varphi^*)}\int_{\varphi^*}^{\infty} \varphi^{\sigma-1}g(\varphi)\mathrm{d}\varphi\right]^{\frac{1}{\sigma-1}} \tag{7.4.9}$$

运用式（7.4.8）定义的加权平均函数，将 $\tilde{\varphi} = \tilde{\varphi}(\varphi^*)$ 与 $\tilde{\varphi}_x = \tilde{\varphi}(\varphi_x^*)$ 分别表示为产业内所有厂商之间平均的生产率水平和产业内所有出口厂商之间平均的生产率水平。产业内所有厂商之间平均的生产率水平 $\tilde{\varphi}$ 仅仅基于厂商之间国内市场份额的差异（由厂商之间的生产率水平的差异反映出来）。如果有的厂商的产品没有出口，这个平均值就没有反映出生产率水平更高的厂商额外的出口份额，而且 $\tilde{\varphi}$ 和 $\tilde{\varphi}_x$ 都没有反映出产出在出口运输中损耗的比例 τ 。

定义 $\tilde{\varphi}_t$ 为反映了所有厂商集成的市场份额的生产率水平的加权平均（weighted productivity average that reflects the combined market share of all firms)，$\tilde{\varphi}_t$ 也反映了与出口相联系的产出缩水（output shrinkage linked to exporting），根据式(7.4.8)，这一集成的平均生产率水平可以写为

$$\tilde{\varphi}_t = \left\{\frac{1}{M_t}\left[M\tilde{\varphi}^{\sigma-1} + nM_x(\tau^{-1}\tilde{\varphi}_x)^{\sigma-1}\right]\right\}^{\frac{1}{\sigma-1}} \quad (7.4.10)$$

贸易开放就像是“催化剂”，当关税降低、运输成本下降或出口市场规模扩大之后，势必诱使更有效率的企业进入出口市场，而低效率的企业只能为国内市场而生产，更次之的企业被迫退出。这样一来，不断提高的产业内贸易开放度将促使企业之间的资源再配置越来越有利于具有更高生产率的企业。在这种情况下，贸易措施将提高在本土或在出口市场上销售产品的企业的平均生产率，而资源的再配置将提升整个产业的生产率，进而带来福利的增长。梅利兹证明了在一个产业中，贸易开放将提高工资和其它要素的价格，迫使生产率最低的企业退出市场，只有生产率最高的企业能承担海外营销的高固定成本并开始出口，生产率居中的企业将继续为本土市场而生产，其结果是，利益分配将有利于那些生产率高的企业。随着生产率最低的企业退出市场及更多的出口份额乃至市场总份额为高效率企业所获得，于是，整个产业的生产率因国际贸易而得到了提升。这种由贸易引诱的资源向更有效率的企业再配置的过程有助于解释贸易何以能产生总量生产率收益（aggregate productivity gains）的同时不一定会改进单个企业生产效率的原因。在整个过程中，产生了一种以往的贸易理论模型中从未提到的通过贸易带来的收益，进而为贸易影响产业结构的路径提供了一种新的解释。

尽管在梅利兹的模型中，贸易自由化导致了产业内部资源的重新配置，并提升了整个产业的总体生产率水平。然而，对于一国的不同产业来说，贸易产生的这种效应仍然具有大小之分。在具有比较优势的产业中，生产率增长得更为迅猛，更多的出口机会使得高生产率的企业对要素的需求比在那些位于比较劣势产业中的企业有更大的增长，这就抬高了在比较优势产业中被密集地使用的要素的相对价格，从而导致了该产业中的低生产率企业大量退出。这种产业之间所显示的生产率增长差异也促成了不同产业之间平均生产率的差异，并由此进一步强化了那些以充裕要素为基础的产业的比较优势，进而对来自贸易的利益提供了新的解释。在梅利兹的模型中，企业生产率既是异质的也是外生的，但产业的平均生产率却被内生化了；此外，李嘉图式的比较优势将影响一国贸易流量在各种产业中的分布状况。

安德鲁·伯纳德、乔纳森·伊顿、布拉德福德·詹森和萨缪尔·柯图姆(Andrew Bernard，Jonathan Eaton，Bradford Jensen & Samuel Kortum，2003)① 则

① Bernard, Andrew, Jonathan Eaton, Bradford Jensen & Samuel Kortum, 2003, “Plants and Productivity in International Trade”, *American Economic Review*, vol. 93, no. 4, pp 1268-1290.

采用伯特兰式竞争（Bertrand competition）而非垄断竞争的市场结构，也建立了一个异质企业贸易模型。该模型认为，由于出口企业占企业总数的比重较低，但出口企业规模更大且生产率更高，在同一产业内，更低的贸易成本以及存在产品差异将对企业产生不同影响：生产率最低的企业有可能倒闭，生产率相对较高的企业将选择出口，总量生产率将由于低生产率企业倒闭和高生产率企业扩张出口而提升。这一分析思路与梅利兹有关企业异质性对产业平均生产率影响路径的分析是一致的。

次年，赫尔普曼、梅利兹和耶普尔（2004）[①] 联手在多国和多产业的模型中就企业如何做出建立海外分公司决策（亦即企业是以直接出口产品还是以 FDI 形式进入国际市场）的问题进行了探讨。他们的研究表明，企业究竟选择哪一种方式实际上是由企业的生产率水平预先决定的。生产率最低的企业无论如何组织生产，其经营利润都为负数，所以，它们将离开现有产业；而那些生产率较高的企业只为国内市场服务，剩下的生产率最高的企业才同时为国内和国外市场服务。此外，为国外市场服务的方式也取决于生产率的高低。在那些为国外市场服务的企业中，生产率较高的企业选择在国外进行直接投资时面对的是较低的可变成本，而生产率较低的企业选择出口时面对的是较低的固定成本。在贸易摩擦更小而规模经济程度又更高的情况下，出口所面临的可变成本较低且较为稳定，直接出口同与 FDI 相伴随的销售相比，其比例更高；而产业内部生产率的异质性将导致企业规模的不均匀分布，这将促使在具有更大的企业异质性的产业中，与 FDI 相伴随的销售相对于出口的比重更大。总之，这种产业内异质性被认为对于国际贸易结构的形成具有重要影响。

理查德·E. 鲍德温（2005）[②] 研究了贸易开放度扩大对于企业层次和产业层次的影响，所涉及的内容包括企业数量和类型的变化、贸易流量和价格的变动以及生产率效应。他把企业划分为三种类型，即 X 类型（从事出口的企业）、D 类型（为国内市场服务）和 N 类型（停止营业）。其中，在 X 类型企业所生产的多样化产品中会有标准的产业内贸易，而对于 D 类型企业来说，即使生产发生在“可贸易品”的产业，也不会有产业内贸易发生。贸易开放正是通过“选择”和“市场份额变化”这两种效应提高了整个产业的生产率。在同一个产业中，如果企业之间在边际成本和市场进入成本上存在着差异的话，则不同规模的企业会对贸易自由化做出不同的反应。这意味着，产业中规模最大的企业将支持实施双边贸易开放政策，小企业则将持反对意见，但它们会一致反对旨在开放最终产品市

① Helpman, Elhanan, Marc Melitz & Stephen Yeaple, 2004, “Export versus FDI with Heterogeneous Firms”, *American Economic Review*, vol. 94, no. 1, pp. 300-316.

② Baldwin, Richard, 2005, “Heterogeneous Firms and Trade: Testable and Untestable Properties of the Melitz Model”, NBER Working Paper, no. 11471.

场的单边自由化政策。

理查德·E. 鲍德温和罗伯特—尼库德（2004）① 撰文指出，在梅利兹的模型中，静态和动态的生产率变化不能兼得，因此，贸易开放和生产率之间的正相关关系也许能在一个产业之内暂时存在，但是，从跨产业的意义上来说，贸易开放和生产率之间相互影响的结果则是不确定的。这样一来，如果使用横截面数据的变化来识别两者之间的关系，检验结果的符号可能为负。他们（2008）② 在后续的论文中进一步指出，当存在企业异质性时，要对贸易、产业和经济增长三者之间的关系（尤其关于贸易和知识传播机制对创新部门效率的作用）做更深入的实证研究，所得到的静态和动态的生产率效应并不总是协调一致的。这意味着，尽管自由贸易从水平意义上来说提升了产业的生产率，但却有可能不利于提升经济增长。

2. 企业异质性、产业禀赋和国家比较优势的结合

伯纳德、雷丁和肖特（2007）③ 用一个囊括了企业生产率异质性特征、差异化的产业要素密集度和跨国禀赋相对差异的一般均衡模型来描述贸易开放（表现为贸易成本的下降）所带来的效应。

模型首先考虑了国际贸易是无成本的这种情形，在这种情形下，模型假设世界只有两个国家、两个产业、两种生产要素以及一个连续的异质性企业集合；模型假设两国在消费者偏好和技术水平方面相同，而在要素禀赋方面存在差异；要素可以在一国之内的产业之间流动，但是不能在国家之间流动。模型用 H 表示熟练劳动力相对充裕的本国，用 F 表示熟练劳动力相对稀缺的外国，即 $\frac{\bar{S}^H}{\bar{L}^H} > \frac{\bar{S}^F}{\bar{L}^F}$（这里的 S 表示熟练劳动力，F 表示非熟练劳动力）。代表性消费者的效用取决于两个产业（用 i 表示）产品的消费量，每个产业包含大量的由异质性企业生产的差异化产品（用 ω 表示）。模型假设代表性消费者的效用函数为

$$U = C_1^{\alpha_1} C_2^{\alpha_2} \qquad \alpha_1 + \alpha_2 = 1, \qquad \alpha_1 = \alpha \tag{7.4.11}$$

C_i 为定义在单个消费品的消费量 $q_i(\omega)$ 之上的消费指数，P_i 为定义在单个消费品的价格 $p_i(\omega)$ 之上的价格指数

$$C_i = \left[\int_{\omega\in\Omega_i} q_i(\omega)^{\rho} \mathrm{d}\omega\right]^{\frac{1}{\rho}}, \qquad P_i = \left[\int_{\omega\in\Omega_i} p_i(\omega)^{1-\sigma} \mathrm{d}\omega\right]^{\frac{1}{1-\sigma}} \tag{7.4.12}$$

① Baldwin, Richard, & Frédéric Robert-Nicoud, 2004, "The Impact of Trade on Intra-industry Reallocations and Aggregate Industry Productivity: A Comment", NBER Working Paper, no. 10718.

② Baldwin, Richard, & Frédéric Robert-Nicoud, 2008, "Trade and Growth with Heterogeneous Firms, *Journal of International Economics*, vol. 74, no. 1, p. 33.

③ Bernard, Andrew, Stephen Redding & Peter Schott, 2007, " Comparative Advantage and Heterogeneous Firms", *Review of Economic Studies*, vol. 74, pp. 31-66.

其中，$\sigma = \dfrac{1}{1-\rho} > 1$ 为产业内不同商品之间的常数替代弹性。为了简便起见，模型假设两个产业中不同商品之间的替代弹性也为 σ 。

在每一期，商品的生产都包括固定成本和可变成本，所有企业的固定成本相同；但是，由于企业之间的生产率 $\varphi \in (0,\infty)$ 存在差异，因此，不同企业的可变成本不同。模型假设成本函数采取柯布—道格拉斯形式

$$\Gamma_i = \left[f_i + \frac{q_i}{\varphi}\right](w_S)^{\beta_i}(w_L)^{1-\beta_i}, \qquad 1 > \beta_1 > \beta_2 > 0 \tag{7.4.13}$$

其中，w_S 为熟练劳动力的工资率，w_L 为非熟练劳动力的工资率。模型假设与产业2相比，产业1为熟练劳动力密集型产业。此外，模型将本国熟练劳动力的工资率标准化为1，即 $w_S^H = 1$ 。由于企业在国内市场 d 和出口市场 x 面临着相同的需求弹性，与此同时，由于国际贸易是无成本的，利润最大化意味着两个市场的均衡价格相等。该均衡价格为边际成本的一个常数加成

$$p_i(\varphi) = p_{id}(\varphi) = p_{ix}(\varphi) = \frac{(w_S)^{\beta_i}(w_L)^{1-\beta_i}}{\rho\varphi} \tag{7.4.14}$$

根据这一定价规则，企业国内市场的均衡收益 $r_{id}(\varphi)$ 为

$$r_{id}(\varphi) = \alpha_i R\left(\frac{\rho P_i \varphi}{(w_S)^{\beta_i}(w_L)^{1-\beta_i}}\right)^{\sigma-1} \tag{7.4.15}$$

其中，α_i 为产业 i 中商品所占的支出份额，R 为国内总收益（等于国内总支出），ρ 为高于边际成本的价格加成规模的倒数。同时，该定价规则意味着同一产业内不同生产率水平的企业在同一市场的相对收益唯一地取决于它们的相对生产率，即 $r_{id}(\varphi'') = \left(\dfrac{\varphi''}{\varphi'}\right)^{\sigma-1} r_{id}(\varphi')$ 。

出口市场上的收益决定类似于国内市场。因两个市场的均衡价格相等，生产率为 φ 的企业在两个市场的相对收益取决于两个国家的相对规模 $\dfrac{R^F}{R^H}$ 以及相对价格指数 $\dfrac{P_i^F}{P_i^H}$ ，由于单个商品的价格相等，且出口无成本，因此，两国价格指数相等，即 $P_i^F = P_i^H$ ，从而两个市场的相对收益仅仅取决于两个国家的相对规模。生产率为 φ 的企业的总收益和利润为

$$r_i(\varphi) = r_{id}(\varphi) + r_{ix}(\varphi) = \left(1 + \frac{R^F}{R^H}\right) r_{id}(\varphi) \tag{7.4.16}$$

$$\pi_i(\varphi) = \frac{r_i(\varphi)}{\sigma} - f_i(w_S)^{\beta_i}(w_L)^{1-\beta_i} \tag{7.4.17}$$

企业进入一个产业之后，从生产率 φ 的分布 $g(\varphi)$ 获取一个生产率水平 φ 。此外，企业在每一期均面临着一个外生的破产率 δ 。企业的零利润生产率临界水平（a zero-profit productivity cut-off）φ_i^* 由下式决定

$$r_i(\varphi_i^*) = \sigma f_i (w_S)^{\beta_i} (w_L)^{1-\beta_i} \tag{7.4.18}$$

如果企业获取的生产率水平低于 φ_i^*，它将立即退出；如果企业获取的生产率水平等于或者大于 φ_i^*，则该企业能够获取一个正的利润，因此企业的值函数为

$$v_i(\varphi) = \max\left\{0, \sum_{t=0}^{\infty} (1-\delta)^t \pi_i(\varphi)\right\} = \max\left\{0, \frac{\pi_i(\varphi)}{\delta}\right\} \tag{7.4.19}$$

企业生产率水平 φ 的事后分布 $\mu_i(\varphi)$ 为

$$\mu_i(\varphi) = \begin{cases} \dfrac{g(\varphi)}{1-G(\varphi_i^*)} & \text{如果 } \varphi \geqslant \varphi_i^* \\ 0 & \text{其他} \end{cases} \tag{7.4.20}$$

其中，$G(\varphi)$ 为 $g(\varphi)$ 的累积分布函数。当处在均衡状态时，若每一种商品都有一个正的产量，就要求进入的期望值 V_i 等于该产业沉没的进入成本，因此，自由进入的条件为

$$V_i = \frac{[1-G(\varphi_i^*)]\bar{\pi}_i}{\delta} = f_{ei}(w_S)^{\beta_i}(w_L)^{1-\beta_i} \quad f_{ei} > 0 \tag{7.4.21}$$

其中，$f_{ei}(w_S)^{\beta_i}(w_L)^{1-\beta_i}$（$f_{ei} > 0$）为固定的进入成本。这一固定的进入成本随后沉没，$\bar{\pi}_i$ 为所期望的成功进入后的盈利或平均盈利，平均利润 $\bar{\pi}_i = \pi_i(\tilde{\varphi}_i)$，$\tilde{\varphi}_i$ 为加权平均的生产率水平，即

$$\tilde{\varphi}_i(\varphi_i^*) = \left[\frac{1}{1-G(\varphi_i^*)}\int_{\varphi_i^*}^{\infty} \varphi^{\sigma-1} g(\varphi)\,\mathrm{d}\varphi\right]^{\frac{1}{\sigma-1}} \tag{7.4.22}$$

当处在稳定状态均衡时，进入一个产业并获取一个足够高的生产率水平从而生存下来的企业数量 M_{ei} 必须等于破产的企业数量，而产业内从事生产的企业数量 M_i 保持不变，即

$$[1-G(\varphi_i^*)]M_{ei} = \delta M_i \tag{7.4.23}$$

伯纳德等人在模型中证明了，在这种情形中，存在唯一的一体化均衡。在自由贸易条件下，存在一组世界要素禀赋的配置方式，使得这个唯一的自由贸易均衡具有要素价格均等化特征，并同时复制这个一体化世界经济的资源配置。当经济从封闭走向自由贸易时，稳态零利润生产率临界水平以及产业平均生产率保持不变。

此外，伯纳德等人建立的模型还考虑了贸易存在固定成本和可变成本的情形。在这种情况下，模型的基本框架与自由贸易时的情形相同。将产品出口到一个特定的市场，企业必须支付一个固定的出口成本，而且企业还面临着一个可变的贸易成本，即为了使 1 单位产品到达目的地，必须运送 $\tau > 1$ 单位的产品。由于贸易存在固定成本和可变成本，当处于均衡状态时，一些企业可能会基于自身的生产率水平选择不出口其产品。利润最大化意味着均衡价格仍然是边际成本的

一个常数加成，即

$$p_{ix}^{H}(\varphi) = \tau_i p_{id}^{H}(\varphi) = \frac{\tau_i (w_S^H)^{\beta_i} (w_L^H)^{1-\beta_i}}{\rho\varphi} \tag{7.4.24}$$

两个市场的价格差异意味着出口市场的相对收益取决于可变的贸易成本，而且产业中从事生产的企业数量的变化导致了两国价格指数发生变化。这样一来，相对价格指数就作为一个决定因素进入出口市场的相对收益函数

$$r_{ix}^{H}(\varphi) = \tau_i^{1-\sigma}\left(\frac{P_i^F}{P_i^H}\right)^{\sigma-1}\left(\frac{R^F}{R^H}\right) r_{id}^{H}(\varphi) \tag{7.4.25}$$

国内市场收益与出口市场收益之间的楔子在国家和产业之间会发生变化，它在决定贸易自由化如何增加厂商进入一个产业的期望值中具有关键作用。可以将企业的利润分别写为来自国内市场的利润和来自出口市场的利润，即

$$\pi_{id}^{H}(\varphi) = \frac{r_{id}^{H}(\varphi)}{\sigma} - f_i (w_S^H)^{\beta_i} (w_L^H)^{1-\beta_i} \tag{7.4.26}$$

$$\pi_{ix}^{H}(\varphi) = \frac{r_{ix}^{H}(\varphi)}{\sigma} - f_{ix} (w_S^H)^{\beta_i} (w_L^H)^{1-\beta_i} \tag{7.4.27}$$

若 $\pi_{ix}^{H}(\varphi) > 0$，则该企业既向国内市场提供产品，也向出口市场提供产品，其总利润函数为

$$\pi_{i}^{H}(\varphi) = \pi_{id}^{H}(\varphi) + \max\{0, \pi_{ix}^{H}(\varphi)\} \tag{7.4.28}$$

当企业支付沉没成本并进入一个产业之后，从生产率 φ 的分布 $g(\varphi)$ 获取一个生产率水平 φ。这时，存在着两个临界生产率水平，即有贸易成本的零利润临界生产率水平 φ_i^{*H}（在这个水平之上，企业为国内市场生产）和有贸易成本的出口临界生产率水平 φ_{ix}^{*H}（在这个水平之上，企业同时为国内市场和出口市场生产）。

$$r_{id}^{H}(\varphi_i^{*H}) = \sigma f_i (w_S^H)^{\beta_i} (w_L^H)^{1-\beta_i} \tag{7.4.29}$$

$$r_{ix}^{H}(\varphi_{ix}^{*H}) = \sigma f_{ix} (w_S^H)^{\beta_i} (w_L^H)^{1-\beta_i} \tag{7.4.30}$$

结合式（7.4.25）、式（7.4.29）和式（7.4.30），可以推导出这两个生产率水平具有如下关系

$$\varphi_{ix}^{*H} = \Lambda_i^H \varphi_i^{*H}, \Lambda_i^H \equiv \tau_i \left(\frac{P_i^H}{P_i^F}\right)\left(\frac{R^H}{R^F}\frac{f_{ix}}{f_i}\right)^{\frac{1}{\sigma-1}} \tag{7.4.31}$$

当 $\Lambda_i^H > 1$ 时，只有最具生产率的企业才有能力出口。伯纳德等人的模型表明，当贸易存在成本时，贸易开放提高了每一个产业的稳态零利润临界生产率水平和产业的平均生产率。当其他条件不变时，一国具有比较优势的产业的稳态零利润临界生产率水平和产业的平均生产率的提升更大，即 $\Delta\varphi_1^{*H} > \Delta\varphi_2^{*H}$，$\Delta\varphi_2^{*F} > \Delta\varphi_1^{*F}$。贸易自由化将影响资源在产业内部和国家内部以及产业之间和国家之间的再配置。其结果是，在具有比较优势的产业中，同具有比较劣势产业相比，拥有更多的熊彼特所说的“创造性破坏”（creative destruction）的特征，随之而

来的是，该产业所拥有的事前比较优势（ex ante comparative advantage）将被放大，并由此产生来自贸易的福利。在这种情况下，当贸易开放后，虽然不同产业的生产率都将上升，但尤以比较优势大的部门升幅为最甚。异质性企业的个体行为将使国家整体的比较优势被放大，从而形成了新的来自贸易的福利。模型通过扩展梅利兹模型中有关单一产业和单一要素的假设，对多种产业和要素多样化之间的相互作用展开分析，证明了企业对贸易自由化所做出的反应导致了在产业层次上内生出了李嘉图式的比较优势。

当贸易成本下降时，企业所做出的反应是：在一国具有显著比较优势的产业中的企业更倾向于扩大出口，于是，该产业同具有比较劣势的产业相比，在规模、数量和就业转换率（labor turnover）方面都将相对上升。伯纳德等人所得出的结论是：第一，贸易自由化促使要素在企业之间重新配置，进而促使要素分布在不同产业和国家之间发生变化。第二，贸易开放将提高各国的平均生产率，但在每个特定的国家中，具有比较优势产业的提升幅度将更大，因此，赫克歇尔—俄林式的比较优势将带来李嘉图式的比较优势，因为这两种比较优势呈正相关关系。

3. 对异质性的进一步考察：产品和产品生产工序的差异化

伯纳德、雷丁和肖特（2009）[①] 进一步推进了前人的研究成果。他们指出，梅利兹等人深入到企业层次上探讨生产率异质性，这对于生产率研究来说迈出了关键性的一步，但还远远不够。如果忽略了企业对不同产品的内生筛选机制对于生产率造成的影响，那么，对生产率的度量依然是有偏差的。实际上，企业是在比单个工厂甚至比单个车间更为微观的层次上对所要生产的产品进行筛选，对企业生产率的度量如果对不能被观察到的产品的特征缺乏考虑，那么，即使企业只生产一种产品，这种偏误也是存在的。其原因就在于，企业从带有异质性的几种可能的产品中选择其生产的品种的行为并不是随机的。在他们的模型中，企业在几种产品中选择哪一种进行生产的行为被内生化了，技术和需求参数的变化带来了企业进入和退出行为的变化以及企业对不同产品的再筛选，由此产生了企业或产业层次上的总量生产率的内生变化。这样一来，该模型可以用来检验对企业和总量生产率的测度可能存在的偏误的方向和程度。

伯纳德、雷丁和肖特（2010）[②] 对上述模型进行了扩展，为新的产业动态理论提供了理论证明和实证上的证据。他们从企业内部内生的产品选择出发，建立

---

① Bernard, Andrew, Stephen Redding & Peter Schott, 2009, "Products and Productivity", *Scandinavian Journal of Economics*, vol. 111, no. 4, pp. 681-709.

② Bernard, Andrew, Stephen Redding & Peter Schott, 2010, "Multiple-Product Firms and Product Switching", *American Economic Review*, vol. 100, no. 1, pp. 70-97.

起基于内生的产品选择机制的产业动态模型。在以前的异质性企业模型中，生产率不同的企业只生产单一产品，但在他们的模型中，企业根据不断变化的企业和企业—产品特征做出反应，选择生产一个内生的产品序列，产品的增加和减少带来了企业层面上的巨大变化和企业之间资源的再配置，进而促使产业动态变化的机制逐渐形成。

格罗斯曼和罗西—汉斯贝格（2008）① 指出，现代社会所发生的交通和通讯技术的革命性的进步弱化了劳动专业化和地理集中之间的联系，使得生产每种产品的不同工序可以在不同的时间和空间上相分离。于是，人们就尝试发展生产工序以及其它商业行为的离岸外包（offshoring）业务。离岸外包成本的下降会对不同外贸产业产生不同的生产率效应，而且这种效应类似于一种要素增大的技术进步（factor-augmenting technological change），并且与离岸外包数量上的增长同步上升。在对劳动密集型产业实行离岸外包情况下，虽然这种外包带来的成本下降对不同产业都有益处，但是，就其与产业的要素禀赋相关程度而言，劳动密集型产业获利能力的上升将大于技术密集型产业部门，这主要是因为企业成本的节约与其总成本中不同的要素禀赋比例成正相关，反之亦成立。

二、企业组织形式的异质性与产业发展

1. 安特拉斯的研究

"新—新贸易理论"的另一分支主要研究异质性的企业是通过外包还是通过一体化方式组织生产，是在国内还是国外进行外包和一体化，安特拉斯（2003）② 的文章是此支文献的起点。他在文章中将赫尔普曼和克鲁格曼的新贸易理论模型和吉恩·格罗斯曼、奥利佛·哈特（Oliver Hart）以及约翰·摩尔（John Moore）所创立的企业合约理论结合起来，建立了不完全合约背景下的企业边界产权模型，并将不完全竞争和产品差异化结合进标准的贸易模型，从而解释了跨国公司选择不同的企业边界和生产的国际区位的原因，并且对企业选择贸易的模式做了预测。在这样的模型结构之下，跨国公司对于资本密集型产品会选择在企业内交易，而对于劳动密集型产品则在企业间交易；资本充裕的国家在其进口中资本密集度高的商品比重会较高，从而其比较优势禀赋和成本最小化的决策会对贸易结构产生影响。厂商的一体化最容易在资本密集型产业中产生，而且在这些产业中，企业内贸易的比重也相对较高。

① Grossman, Gene & Esteban Rossi-Hansberg, 2008, "Trading Tasks: A Simple Theory of Offshoring", *American Economic Review*, vol. 98, no. 5, pp. 1978-1997.

② Antras, Pol, 2003, "Firms, Contracts, and Trade Structure", *Quarterly Journal of Economics*, vol. 118, no. 4, pp. 1375-1418.

安特拉斯的模型假设一个封闭经济中存在两个产业（产业 Y 和产业 Z），每一个产业均使用两个生产要素（资本和劳动）来生产一个连续的差异化产品集合。资本和劳动的供给无弹性，但可以在产业之间自由流动。经济中居住着在度量方法上保持一致的相同的消费者，他们把每个产业中的产品种类视为差别产品。代表性消费者的效用函数具有如下形式

$$U = \left(\int_0^{n_Y} y(i)^{\alpha}\mathrm{d}i\right)^{\frac{\mu}{\alpha}}\left(\int_0^{n_Z} z(i)^{\alpha}\mathrm{d}i\right)^{\frac{1-\mu}{\alpha}} \tag{7.4.32}$$

其中，$y(i)$ 和 $z(i)$ 分别为产业 Y 和产业 Z 中商品 i 的消费量。由 n_Y（n_Z）这一内生变量来衡量产业 Y（Z）中产品的多样化程度，μ 表示消费者用于产业 Y 中商品的一个（占总支出的）常数支出份额，$1-\mu$ 表示消费者用于产业 Z 中商品的支出份额。模型假定产业内任意两种商品之间的替代弹性 $\frac{1}{1-\alpha}$ 大于 1。

在产业 Y 中，每一种产品 $y(i)$ 的生产都需要一个特定的中间投入品 $x_Y(i)$；同样，在产业 Z 中，每一种产品 $z(i)$ 的生产都需要一个特定的中间投入品 $x_Z(i)$。这一特定的中间投入品必须是高质量的，否则，最终产品的产量为零。如果这一特定的中间投入品是高质量的，则最终产品的生产不再需要额外成本，并且 $y(i) = x_Y(i)$，$z(i) = x_Z(i)$。高质量中间投入品的生产需要投入资本和劳动，其生产函数具有如下形式

$$x_k(i) = \left(\frac{K_{x,k}(i)}{\beta_k}\right)^{\beta_k}\left(\frac{L_{x,k}(i)}{1-\beta_k}\right)^{1-\beta_k}, \qquad k \in \{Y,Z\} \tag{7.4.33}$$

其中，$K_{x,k}(i)$ 和 $L_{x,k}(i)$ 分别表示投入到产业 $k \in \{Y,Z\}$ 中产品 i 的生产中的资本和劳动数量。模型假定与产业 Z 相比，产业 Y 具有更高的资本密集性，即 $1 \geqslant \beta_Y > \beta_Z \geqslant 0$。在两个产业中，低质量中间投入品的生产成本可以忽略不计。中间投入品的生产也存在固定成本 $fr^{\beta_K}w^{1-\beta_K}$（$k \in \{Y,Z\}$），其中，$r$ 为资本的租金率，w 为工资率。

最终产品生产商与中间投入品供应商之间的合约为不完全合约。这是因为模型假定事前最终产品生产商不能辨别中间投入品的质量，因此最终产品生产商与中间投入品供应商之间无法以某一价格就某种类型的中间投入品的购买签订强制性合约。如果二者签订这一强制性合约，中间投入品供应商就有激励以较低成本生产低质量的中间投入品，并获得同样的收益。安特拉斯同其他学者一样，假定最终产品生产商与中间投入品供应商之间的事后谈判为一个广义的纳什讨价还价过程（generalized Nash bargaining）。这使得最终产品生产商能够获取 $\phi \in (0,1)$ 部分的事后贸易收益。安特拉斯的模型假设 $\phi > \frac{1}{2}$，这意味着，即使最终产品生产商与中间投入品供应商组成一体化厂商也无法排除机会主义行为，二者之间的谈判仍然存在。然而，事后剩余的分布对产权结构非常敏感。模型假设通过一

体化中间投入品供应商，最终产品生产商获得的剩余权为中间投入品 $x_k(i)$ 产量的 $\delta \in (0,1)$ 部分。

由于产业 Y 中商品与产业 Z 中商品之间的替代弹性为 1，因此，可以独立地分析每一个产业中企业的行为，并不失一般性。这里可以只分析 Y 产业为例。根据方程（7.4.32），产业 Y 中商品 i 的需求如下

$$y(i) = A_Y p_Y(i)^{\frac{-1}{1-\alpha}} \tag{7.4.34}$$

其中，$A_Y = \dfrac{\mu E}{\int_0^{n_{Y,V}} p_{Y,V}(j)^{\frac{-\alpha}{1-\alpha}} dj + \int_0^{n_{Y,O}} p_{Y,O}(j)^{\frac{-\alpha}{1-\alpha}} dj}$

$n_{Y,V}$ 为实现了一体化时的成对厂商数量；$n_{Y,O}$ 为没有实现一体化时的成对厂商数量；$p_{Y,V}(i)$ 为实现一体化之后最终产品生产商对商品 i 的定价；$p_{Y,O}(i)$ 为非一体化条件下最终产品生产商对商品 i 的定价；E 表示经济中的总支出。

假设二者实现了一体化。在这种情形下，如果中间投入品供应商生产的是高质量的中间投入品，并且二者之间的谈判达成一致，最终产品的潜在销售收益为 $R_Y(i) = p_Y(i)y(i)$；如果二者之间的谈判没能达成一致，最终产品生产商仅能出售 $\delta y(i)$ 的产出。运用方程（7.4.33），可以将这一销售收益转化为 δ^α 部分的谈判一致时的销售收益。于是，最终产品生产商通过选择资本投入 $K_{x,Y}(i)$ 以最大化 $\bar{\phi}R_Y(i) - rK_{x,Y}(i)$，其中 $\bar{\phi} = \delta^\alpha + \phi(1-\delta^\alpha) > \phi$，这个最优化问题的解是资本投入 $K_{x,Y}(i)$ 关于要素价格、需求水平（由 A_Y 反映出来）以及劳动投入的一个最优反应函数；与此同时，在实现一体化条件下，中间投入品供应商选择 $L_{x,Y}(i)$ 以最大化 $(1-\bar{\phi})R_Y(i) - wL_{x,Y}(i)$；同样，这个最优化问题的解是 $L_{x,Y}(i)$ 的一个最优反应函数。将这两个最优反应函数联合求解，并将这个事前均衡最优投入代入方程（7.4.32）和方程（7.4.33），可以得到产业 Y 中所有商品的最优，即

$$p_{Y,V} = \frac{r^{\beta_Y} w^{1-\beta_Y}}{\alpha \bar{\phi}^{\beta_Y}(1-\bar{\phi})^{1-\beta_Y}} \tag{7.4.35}$$

由于最终产品生产商面临着常数需求弹性，他们的定价为边际成本的一个常数加成。与完全合约相比，不完全合约所造成的扭曲效应使这个加成更大。在实现一体化条件下，最终产品生产商的事前利润可以表示为

$$\pi_{F,Y,V} = [1-\alpha(1-\beta_Y) + \alpha\bar{\phi}(1-2\beta_Y)] A_Y p_{Y,V}^{\frac{-\alpha}{1-\alpha}} - fr^{\beta_Y} w^{1-\beta_Y} \tag{7.4.36}$$

当最终产品生产商与中间投入品供应商没有实现一体化时，最终产品生产商获得 ϕ 部分的事后收益。他们通过选择资本投入 $K_{x,Y}(i)$，以最大化 $\phi R_Y(i) - rK_{x,Y}(i)$；另一方面，中间投入品供应商选择 $L_{x,Y}(i)$，以最大化 $(1-\phi)R_Y(i) - wL_{x,Y}(i)$。这两个最优化问题的解类似于二者实现一体化时的解。选择外包中间

投入品生产的最终产品生产商的利润为

$$\pi_{F,Y,O} = [1 - \alpha(1 - \beta_Y) + \alpha\phi(1 - 2\beta_Y)]A_Y p_{Y,O}{}^{\frac{-\alpha}{1-\alpha}} - fr^{\beta_Y}w^{1-\beta_Y} \quad (7.4.37)$$

其中，$p_{Y,O} = \dfrac{r^{\beta_Y}w^{1-\beta_Y}}{\alpha\phi^{\beta_Y}(1-\phi)^{1-\beta_Y}}$

当处在均衡状态时，自由进入使得期望利润为零，企业生产的组织形式存在着三种可能性：或者一体化厂商与非一体化厂商并存，或者只存在一体化厂商，或者只存在非一体化厂商。产业中所有厂商的资本密集度相同这一假设大大简化了对这一问题的分析，而混合均衡（即一体化厂商与非一体化厂商并存）是一个“刀锋均衡”。只有当$\beta_Y = \hat{\beta}$时，这一混合均衡才会出现。当$\beta_Y > \hat{\beta}$且达到均衡状态时，只存在一体化厂商。一体化厂商对最终产品 $y(i)$ 的定价遵循方程(7.4.34)，通过设定 $\pi_{F,Y,V} = 0$，可以求出纵向一体化成对厂商的均衡数量

$$n_{Y,V} = \frac{1 - \alpha(1 - \beta_Y) + \alpha\,\bar{\phi}(1 - 2\beta_Y)}{fr^{\beta_Y}w^{1-\beta_Y}}\mu E \quad (7.4.38)$$

当$\beta_Y < \hat{\beta}$时，只存在非一体化厂商；同理，可以通过设定 $\pi_{F,Y,O} = 0$，求出非一体化成对厂商的均衡数量，即

$$n_{Y,O} = \frac{1 - \alpha(1 - \beta_Y) + \alpha\phi(1 - 2\beta_Y)}{fr^{\beta_Y}w^{1-\beta_Y}}\mu E \quad (7.4.39)$$

在上述分析基础之上，安特拉斯用一个多国模型证明了资本充裕程度和企业内贸易之间的关系，这就是说，跨国要素禀赋的不同自然会产生跨国产业结构的不同。资本充裕的国家在资本密集型的中间投入品的世界产出中比例会提高，而相应的劳动充裕的国家在劳动密集型产业的投入品的世界产出中的比重也会增加。

安特拉斯（2005）① 在他的后续文章中建立了一个将内生产品周期同内生的组织周期（endogenous organizational cycles）相结合的动态模型。他认为，在国际贸易中起支配作用的合约具有不完全性特征（incomplete nature of contracts)，因而对生产过程被分解并且转移到他国在程度上施加了限制。正由于存在合约所引起的摩擦，产品首先在被开发的国家制造，只有当产品达到足够的标准化程度时，其生产过程中的制造阶段才会转向低工资的外国，但仍然在其跨国公司的边界之内。在产品开发初期，北方企业中的产品开发管理者通过把制造过程控制在合约能更好地被履行的北方才能缓解合约摩擦。产品开发管理者总是面临在南方制造产品的低成本和与之相伴随的合约不完全导致高成本二者之间做出选择。安特拉斯认为，企业确定其边界并非基于对规模经济和运输成本等技术上的考虑，

① Antras, Pol, 2005, “Incomplete Contracts and the Product Cycle”, *American Economic Review*, vol. 95, no. 4, pp. 1054-1073.

交易成本最小化原则决定了某些产品的交易在跨国公司边界之内甚至比就近交易更有效率。只有当南方的工资低成本同不完全合约造成的高扭曲成本相比发生了有利于在南方组织生产的变化时，管理者才会考虑将制造过程转移到南方，于是，产品周期才会启动。起初，这一转移只是局限在跨国企业的边界之内，即通过内部渠道把生产过程转移到位于南方的本公司国外分支机构中。在产品周期的后续阶段上，产品开发管理者发现放弃对剩余的控制权并把组装工序分派给南方分包商（subcontractor）是最优选择，就像是北方企业为进行授权生产（licensing）而签署协议的做法那样。作者还以韩国电子产业20世纪60—80年代的演进过程为例，认为韩国电子产业的发展过程与他的理论分析及预测相吻合。

2. 梅利兹模型和安特拉斯模型的结合

安特拉斯和赫尔普曼（2004）① 将梅利兹的异质性企业生产率贸易模型和安特拉斯的企业内生边界模型相结合，建立了一个研究全球采购战略（global sourcing strategies）的南北贸易模型。该模型讨论了异质性最终产品生产者所选择的组织形式，如对所有权结构和对中间投入品生产区位的选择等。总部服务（headquarter services）由北方提供，中间投入品既可以在北方生产也可以在低工资的南方生产，而中间产品生产既可以由最终产品生产国拥有，也可以由独立的供应商所拥有。最终产品生产者和零部件供应商从事受不完全合约支配的旨在建立特定关系的投资（make relationship-specific investments）。一方面，最终产品生产商在选择零部件供应商时总是面临着在来自南方低可变成本带来的收益和来自北方低固定成本带来的收益之间做出权衡；另一方面，在选择垂直一体化和外包（outsourcing）时又面临着在由垂直一体化所有权优势带来的收益和向独立的零部件供应商提供更好的激励带来的收益之间进行权衡。这两种选择诱使处于不同生产率水平的企业对不同的组织形式进行挑选。其结果是，高生产率企业在南方获得中间投入品，而低生产率企业在北方获得中间投入品。在那些在同一个国家采购投入品的企业当中，低生产率企业实行外包，而高生产率企业实行内包（in-source）。在那些具有非常低的总部服务密集度的部门中，没有任何企业能够实现一体化，低生产率企业在本国实行外包，高生产率企业则在国外实行外包。

安特拉斯和赫尔普曼假设世界由两个国家（北方国家和南方国家）所组成，只存在劳动这一种生产要素，代表性消费者的效用函数具有如下形式

$$U = x_0 + \frac{1}{\mu}\sum_{j=1}^{J} X_j^{\mu}, \qquad 0 < \mu < 1 \tag{7.4.40}$$

其中，x_0 为一种同质商品的消费量，X_j 为 j 产业中商品的一个总消费指数，j 产

① Antras, Pol & Elhanan Helpman, 2004, "Global Sourcing", *Journal of Political Economy*, vol. 112, no. 3, pp. 552-580.

业的总消费函数为不同商品消费量 $x_j(i)$ 的一个常数替代弹性函数

$$X_j = \left[\int x_j(i)^{\alpha}\mathrm{d}i\right]^{\frac{1}{\alpha}}, \qquad 0 < \alpha < 1 \tag{7.4.41}$$

i 的取值范围（即产业内商品的数目）由模型内生决定，既定产业内的任意两种商品之间的替代弹性为 $\frac{1}{1-\alpha}$。模型还假设 $\alpha > \mu$ ，从而与 x_0 或其他不同产业中的产品相比，产业内两种商品之间更具有替代性。在 j 产业中，每一种商品 i 的反需求函数为

$$p_j(i) = X_j^{\mu-\alpha}x_j(i)^{\alpha-1} \tag{7.4.42}$$

每一个国家差异化商品的生产商面临的劳动供给都具有完全弹性。北方国家的工资率为 w^N ，南方国家的工资率为 w^S 。模型假定这些工资率固定且 $w^N > w^S$ 。若假设 w^l（$l = N,S$）为 l 国生产产品 x_0 的劳动生产率，而且每一个国家的劳动供给足够大，以至于每一个国家都生产产品 x_0 ，那么，在一般均衡状态下，工资率固定且 $w^N > w^S$ 这一假定可以得到证明。假设每一个产业的参数 μ 和 α 都相同，这使得模型可以集中分析产业之间的技术和组织成本差异。模型的目的是考察在产业结构的形成、贸易流向以及外商直接投资方面、技术差异如何与企业组织形式选择的交互作用等问题。

假设只有北方国家才能生产最终产品，要生产 j 产业中的一种商品，厂商需要承担一个固定的进入成本，即 f_E 单位的北方国家劳动。在支付这一固定成本之后，j 产业中商品 i 的唯一生产商从一个已知分布 $G(\theta)$ 中获取一个生产率水平 θ 。在观察到其生产率水平后，这个最终产品的生产商决定是退出这个市场还是开始从事生产。若选择开始生产，该生产商还需要承担一个固定的组织成本。随后的分析可以发现，这一固定的组织成本是企业产权结构和生产地点的函数。最终产品的生产中使用两种特定的投入，即总部服务 $h_j(i)$ 和中间投入品 $m_j(i)$ 。生产函数具有以下形式

$$x_j(i) = \theta\left[\frac{h_j(i)}{\eta_j}\right]^{\eta_j}\left[\frac{m_j(i)}{1-\eta_j}\right]^{1-\eta_j}, \qquad 0 < \eta_j < 1 \tag{7.4.43}$$

生产率水平 θ 为企业所特定的，参数 η_j 为产业所特定的，后者反映了该产业总部服务的密集程度。总部服务 $h_j(i)$ 只能由北方国家提供，而北方国家和南方国家都能生产中间投入品 $m_j(i)$ 。因此，生产活动中存在两类参与者：提供总部服务的最终产品生产商 H 和提供中间投入品的中间投入品生产商 M 。最终产品生产商 H 的产权结构有两种形式：纵向一体化 V 和外包 O ，因此，产权结构指数为 $k \in \{V,O\}$ ；而中间投入品生产商 M 可以位于北方国家或位于南方国家。

由于最终产品生产商与中间投入品供应商之间事前无法以某一价格就某种类型的中间投入品的购买签订强制性契约，因此，当中间投入品生产出来之后，二者将就剩余的分配进行谈判。他们的模型把这个事后谈判假定为一个广义纳什讨

价还价过程（generalized Nash bargaining），而且最终产品生产商能够获取 $\beta \in (0,1)$ 部分的事后收益。模型还假定无论是选择一体化或外包方式从事生产，事后谈判总是存在，但事后剩余的分布对产权结构非常敏感。在一体化情形下，若双方的谈判没能达成一致，最终产品生产商可以通过解雇中间投入品供应商而占有中间投入品。但是，模型假设这会导致最终产品生产商将损失 $1-\delta^l$ 部分的最终产品产量，这是因为解雇中间投入品供应商使其不能在生产过程中充分利用中间投入品所致。而在外包情形下，若双方的谈判没能达成一致，双方的收益均为零。模型随后部分只讨论了某个特定的产业。为了简单起见，可以省略变量的 j 下标。若双方的谈判达成一致，那么，最终产品的潜在收益函数为

$$R(i) = p(i)x(i) = X^{\mu-\alpha}\theta^{\alpha}\left[\frac{h(i)}{\eta}\right]^{\alpha\eta}\left[\frac{m(i)}{1-\eta}\right]^{\alpha(1-\eta)} \tag{7.4.44}$$

若双方的谈判没能达成一致，中间投入品生产商的收益为零，最终产品生产商的收益取决于产权结构和中间投入品的生产地点。双方的选择是非协调的，各方均希望使自己的收入达到最大化。最终产品生产商通过选择总部服务的供给数量来最大化 $\beta_k^l R(i) - w^N h(i)$ ，而中间投入品生产商通过选择中间投入品的供给数量来最大化 $(1-\beta_k^l)R(i) - w^l m(i)$ ，联立这两个最大化问题的解，同时，利用方程（6.4.43），可以得到总利润函数

$$\pi_k^l(\theta,X,\eta) = X^{\frac{\mu-\alpha}{1-\alpha}}\theta^{\frac{\alpha}{1-\alpha}}\psi_k^l(\eta) - w^N f_k^l \tag{7.4.45}$$

其中，$\psi_k^l(\eta) = \dfrac{1-\alpha[\beta_k^l\eta + (1-\beta_k^l)(1-\eta)]}{\left[\left(\dfrac{1}{\alpha}\right)\left(\dfrac{w^N}{\beta_k^l}\right)^{\eta}\left(\dfrac{w^l}{1-\beta_k^l}\right)^{1-\eta}\right]^{\frac{\alpha}{1-\alpha}}}$

在观察到其生产率水平 θ 后，最终产品生产商通过选择产权结构和中间投入品的生产地点以便使其总利润函数（7.4.44）达到最大化，或者选择退出该产业。当 θ 低于某一临界值（记为 $\underline{\theta} \in (0,\infty)$）时，最终产品生产商选择退出该产业。$\underline{\theta}$ 为以下方程的解

$$\pi(\theta,X,\eta) = \max_{k\in\{V,O\},l\in\{N,S\}} \pi_k^l(\theta,X,\eta) = 0 \tag{7.4.46}$$

即 $\underline{\theta}$ 由以下方程隐含确定

$$\pi(\underline{\theta},X,\eta) = 0 \tag{7.4.47}$$

可以看出，临界生产率水平 $\underline{\theta}$ 是该产业总消费指数 X 的函数，即 $\underline{\theta}(X)$ 。自由进入使得在均衡状态时，潜在进入者的期望利润等于固定的进入成本。若厂商获取的生产率水平低于临界值 $\underline{\theta}$ ，则该厂商会选择退出；若厂商获取的生产率水平 $\theta > \underline{\theta}(X)$ ，则该厂商会留在该产业中，并选择其生产的组织形式以使其利润达到最大化。自由进入条件可以表示为

$$\int_{\underline{\theta}(X)}^{\infty} \pi(\theta, X, \eta) \mathrm{d}G(\theta) = w^N f_E \tag{7.4.48}$$

这个条件方程给出了该产业总消费指数 X 的隐含解。总消费指数 X 确定以后，模型中的一些重要变量也随之确定，例如临界生产率水平 $\underline{\theta}$ 、具有不同生产率水平的最终产品生产商的组织形式以及进入者数量。

安特拉斯和赫尔普曼认为，一方面，零部件密集型（component-intensive）产业（即 η 较低的产业）不会选择一体化，生产率水平较高的最终产品生产商将选择把零部件生产外包给南方国家的零部件生产商，而生产率水平较低的厂商将选择把零部件生产外包给北方国家的零部件生产商，生产率水平最低的厂商将选择退出该产业。另一方面，总部服务密集型（headquarter services-intensive）产业（即 η 较高的产业）会选择一体化，生产率水平最高的最终产品生产商在南方国家实现一体化，生产率水平略低一些的厂商选择将零部件外包给南方国家的零部件生产商，生产率水平更低一些的厂商在北方国家获取零部件。在这些厂商中，生产率水平相对高一些的厂商选择在北方国家实现一体化，而生产率水平相对低一些的厂商选择将零部件生产外包给北方国家的零部件生产商，生产率水平最低的厂商退出该产业。在所有产业中，生产率水平处于临界值 $\underline{\theta}$ 的最终产品生产商都将零部件外包给北方国家的零部件生产商。一般而言，生产率水平较高的最终产品生产商在南方国家获取零部件，生产率水平较低的厂商在北方国家获取零部件。

安特拉斯和赫尔普曼（2007）① 进一步将合约摩擦（contractual frictions）纳入他们于2004年建立的模型中，并探讨了不同生产率的企业如何在国内外包、国内一体化、国外外包和国外一体化这四种可行的组织模式中进行选择，进而证明了国家和产业特征的差异对每种模式的适用性都会产生影响。他们得出了两点结论：第一，拥有更大的生产率扩散能力的部门更多地依赖于进口投入品，而在那些具有总部密集特征的部门聚集的区位，一体化在拥有更高的生产率扩散能力的部门中更为流行；第二，一个部门的总部密集度越高，它对进口品的依赖越小；而在那些具有总部密集特征的部门聚集的区位，一体化在拥有更高的总部密集度的部门中更为流行。

三、企业差异性与产业集聚

近年来，学者们在克鲁格曼等人创立的新经济地理模型中融入微观企业异质

① Antras, Pol & Elhanan Helpman, 2007, "Contractual Frictions and Global Sourcing", NBER Working Papers, no. 12747.

性的新元素，进一步丰富了“新—新贸易理论”的内涵。在这方面进行尝试的是大久保敏弘（2009）①，他在异质性企业模型中探讨了当存在中间投入品链接、企业异质性和固定出口成本时，贸易成本下降对制造业区位集聚的影响。他通过对比分析证明当存在固定出口成本时，企业异质性会阻碍集聚过程。他的分析表明，渐进的贸易自由化将导致与可能存在的不完全集聚结果相伴随的渐进的集聚过程，而不是如经济地理学模型所暗示的那种突变式的一蹴而就的集聚过程。此外，贸易和贸易技术壁垒自由化会拉大“中心”与“外围”之间的福利差距；即使各国间存在自由贸易，这两类经济体也从来没有在福利上趋同，这是因为“外围”因贸易自由化而蒙受损失。这不仅意味着发展中国家政府应当通过产业政策与发展政策来吸引企业和形成集聚，而且意味着仍然存在政府实行干预的空间，以便对那些同贸易与技术贸易壁垒自由化相关的跨国企业的区位进行重新配置。

大久保敏弘在模型中假设有两个国家（北方国家和南方国家）、两个产业（即具有差异化产品的制造业 M 和产品同质化的农业 A）以及两种生产要素（资本 K 和劳动 L）。在初始状态时，两个国家在每一个方面都是对称的，代表性消费者的效用函数具有如下形式

$$U = C_M^{\mu} C_A^{1-\mu} \tag{7.4.49}$$

其中，$C_M \equiv \left(\int_{i \in \theta} c_i^{1-\frac{1}{\sigma}} \mathrm{d}i \right)^{\frac{1}{(1-\frac{1}{\sigma})}}$，　$0 < \mu < 1 < \sigma$

C_M 为制造业 M 中所有差异化商品的消费组合；C_A 为对同质化农产品的消费；参数 μ 为对制造业产品的消费支出在总支出中所占的份额；σ 为制造业中任意两种产品之间的常数替代弹性；θ 为所有可获得的商品集。

在供给方面，农业 A 具有完全竞争、不变的规模收益以及零贸易成本的特征。农产品生产只需要劳动这一种生产要素，模型中将农产品设为计价物；而制造业 M 具有规模收益递增特征，并设定其成本为迪克西特—斯蒂格利茨垄断竞争与冰山式的贸易成本（iceberg trade costs）性质，即为了在出口市场出售 1 单位的商品，必须运送 $t \geqslant 1$ 单位的商品。另外，制造业产品的生产需要投入中间产品。制造业产品既可以作为中间投入品，也可以作为最终消费品。1 单位典型制造业产品的生产需要 1 单位资本 K（固定成本），还需要 1 单位柯布—道格拉斯式的投入组合（可变成本），该柯布—道格拉斯投入组合由劳动和一个中间投入品的 CES 组合构成，而且柯布—道格拉斯组合与 CES 组合的参数与式（7.4.48）中的参数相一致。于是，一个有代表性的北方国家厂商生产商品 i 的成本函数为

$$\pi_i + P_P a_i x_i \tag{7.4.50}$$

① Okubo, Toshihiro, 2009, "Trade Liberalisation and Agglomeration with Firm Heterogeneity: Forward and Backward Linkages", *Regional Science and Urban Economics*, vol. 39, no. 5, pp. 530-541.

其中，$P_P \equiv w^{1-\mu}m^{\mu}$；$m \equiv \left(\int_{j\in\theta} p_j^{1-\sigma}\mathrm{d}j + \int_{k\in\theta^*}\phi p_k^{1-\sigma}\mathrm{d}k\right)^{\frac{1}{1-\sigma}}$，$1 \geqslant \phi \equiv t^{1-\sigma} \geqslant 0$

π_i 表示资本收益，P_P 为柯布—道格拉斯投入组合的成本，x_i 为产量，w 为工资，m 为中间投入品 CES 组合的一个价格指数。价格指数 m 中的第一个积分同所有本国商品（即集合 θ）有关，第二个积分与进口商品（即集合 θ^*）有关；其中，进口商品的价格中包含了贸易成本（如同常规标注，南方国家的相应变量均加"*"号上标）。参数 $\phi \in [0,1]$ 为模型的一个关键参数，它衡量了贸易的自由程度，当 $\phi = 1$ 时，贸易完全自由（即 $t = 1$）。

模型引入了企业的异质性，但却不允许自由进入和退出产业，这就使得分析重点放在企业对生产地点的重新选择决策上。由于每一个厂商均与一个特殊单位的资本相联系，因此，模型认为企业的异质性来源于资本，即每一个国家的每一单位资本均与一个特殊的边际成本相联系，该边际成本由企业特定单位投入系数（firm-specific unit-input coefficient）a 来衡量。模型中假定 a 服从于帕累托概率分布（Pareto probability distribution），其累积密度函数为

$$G[a] = \left(\frac{a^{\rho}}{a_0^{\rho}}\right), \qquad 1 \equiv a_0 \geqslant a \geqslant 0, \qquad \rho \geqslant 1 \tag{7.4.51}$$

大久保敏弘在模型中还假设资本可以跨国流动，而资本所有者和劳动力则不流动。效用最大化可以给出制造业产品 i 的需求函数

$$c_i = \frac{p_i^{-\sigma}}{\int_{j\in\theta} p_j^{1-\sigma}\mathrm{d}j + \int_{k\in\theta^*}\phi p_k^{1-\sigma}\mathrm{d}k}\mu E \tag{7.4.52}$$

其中，c_i 为商品 i 的消费量，p_i 为商品 i 的价格，E 为北方国家的总支出。与此相类似，可以推导出南方国家的需求函数。

厂商的运营利润（operating profits）是模型分析中的一个关键变量。根据模型结构，厂商生产所需要的 1 单位资本 K 的收益即为厂商的运营利润，一个生产地点位于北方国家的有代表性的厂商的运营利润可以写为

$$\pi[a_i] = \beta B a_i^{1-\sigma} \tag{7.4.53}$$

其中，$B \equiv \Delta^{\mu}\left(\frac{s_E}{\Delta} + \phi\frac{1-s_E}{\Delta^*}\right)$，$\beta \equiv \frac{\mu\left(1-\frac{1}{\sigma}\right)^{\sigma-1}}{\sigma}$，$\Delta \equiv P_P^{\frac{1-\sigma}{\mu}}$，$s_E = \frac{E}{E^W}$

E^W 为世界的总支出，s_E 即为北方国家的支出份额，B 衡量的是出口企业的市场潜力。相应地，可以写出生产地点位于南方国家的有代表性的厂商的运营利润

$$\pi^*[a_i] = \beta B^* a_i^{1-\sigma} \tag{7.4.54}$$

其中，$B^* \equiv \Delta^{*\mu}\left(\phi\frac{s_E}{\Delta} + \frac{1-s_E}{\Delta^*}\right)$，　　$\Delta^* \equiv P_P^{*\frac{1-\sigma}{\mu}}$

在初始状态时，世界处于对称均衡，厂商在两国之间均匀划分。考虑到存在促使企业重新选择生产地点的激励的情形，由于厂商之间存在异质性，可以对哪

一个厂商最先发生迁移的情形进行分析。生产地点位于北方国家的厂商与生产地点位于南方国家的厂商之间的利润差额为

$$v[a_i] = \pi[a_i] - \pi^*[a_i] = \beta(B - B^*)a_i^{1-\sigma} \tag{7.4.55}$$

这一利润差额可以分为两部分，第一部分为市场潜力差距 $B - B^*$，第二部分涉及企业特定的生产率项 $a^{1-\sigma}$。当经济处于初始对称均衡状态时，$B = B^*$，因此，不存在促使厂商迁移的激励。若厂商位置对称均衡被打破，那么，所有厂商都有激励迁移其生产地点，而且生产率水平最高的厂商具有迁移的最大激励，因为生产率水平更高的厂商面临的利润差额更大。例如，当 $B - B^* > 0$ 时，生产率水平越高，则边际成本越小（a 越小），利润差额 $\beta a^{1-\sigma}(B - B^*)$ 便越大。随着迁移的进行，$B - B^*$ 也随之变化。记 a_R（由 $v[a_R] = 0$ 确定）为迁移的临界值，当 $a_i \in [0, a_R]$，厂商有迁移其生产地点的激励。

考虑冲击开始于某一个对称状态的情形，即此时 $a_R = 0$，不存在厂商迁移。运用标准程序计算 $\left.\frac{\mathrm{d}(B - B^*)}{\mathrm{d}a_R}\right|_{a_R=0}$，求解得到自由贸易程度的水平 ϕ（通过使得这一导数为零），即可得到转折点（break point）ϕ^B 为

$$\phi^B = \frac{(1-\mu)(1-\mu+b)}{(1+\mu)(1+\mu-b)}, \qquad b \equiv \frac{\mu}{\sigma} \tag{7.4.56}$$

为了研究完全集聚均衡的稳定性，应当计算 $a_R = 1$ 时的利润差异。$a_R = 1$ 意味着所有南方国家的企业均迁移至北方国家。为了找到支撑点（sustain point），在 $B - B^*$ 恰好大于零时解出 ϕ，支撑点 ϕ^S 隐含着决定于以下方程

$$1 = (\phi^S)^{\mu-1}\left[\frac{1+\mu-b}{2}(\phi^S)^2 + \frac{1-\mu+b}{2}\right] \tag{7.4.57}$$

如果自由贸易程度 ϕ 超过或等于支撑点 ϕ^S 水平，就会出现完全集聚。既然转折点与支撑点与标准的 FCVL 模型（the footloose capital vertical linkage model）一致，因此，$\phi^B > \phi^S$ 总是成立。异质性程度（由参数 ρ 来衡量）没有在转折点和支撑点上表达出来，这说明异质性本身并不影响转折点和支撑点。这种情况被称之为纯异质性的无关性（irrelevance of pure heterogeneity）。但是，厂商异质性却影响非稳定的不对称均衡。随着 ρ 的增大（即异质性程度增加），集聚化进程（agglomeration process）逐渐缓慢。这是因为生产率水平较高的厂商向北方国家的迁移提高了北方国家的市场竞争程度，这就缓和了集聚化进程。

现在考虑引入一个固定的出口市场进入成本的情形。记为 F（$F = F^* > 0$），由于模型假设厂商的存量作为一种禀赋，因此，可以不用考虑国内市场进入成本。在有固定的出口市场进入成本的情形下，可以预见，只有生产率水平足够高的厂商才能承担固定的出口市场进入成本，而生产率水平较低的厂商即成为本地（非出口）企业。二者之间的临界值 a_X 以及 a_X^* 为以下方程的解

$$\beta\phi a_X^{1-\sigma}\Delta^{\mu}\frac{1-s_E}{\Delta^*}=F \tag{7.4.58}$$

$$\beta\phi a_X^{*\,1-\sigma}\Delta^{*\mu}\frac{s_E}{\Delta}=F \tag{7.4.59}$$

$a_i>a_X$ 的厂商为本地厂商，记为 D 厂商，D 厂商只在本地市场出售产品；$a_i<a_X$ 的厂商为出口厂商，记为 X 厂商，X 厂商同时在本地市场和出口市场出售产品。这种情形下的转折点为

$$\phi^B=\frac{(1-\mu)(1-\mu+b)}{(1+\mu)(1+(\mu-b)\bar{a}_X^{\alpha})},\qquad \alpha\equiv 1-\sigma+\rho \tag{7.4.60}$$

如果自由贸易程度 ϕ 超过转折点 ϕ^B，迁移就会发生，而且随着迁移的进行，这两个市场就会变得非对称，从而在一般情况下，a_X 与 a_X^* 不相等。这意味着一些厂商会预期到如果它们迁移，它们的出口地位将发生转变。考虑到生产率水平最低的南方国家 D 厂商是最后一个迁移到北方国家的厂商，可以推导出这种情形下的支撑点为

$$\phi^S=\left(\frac{1-s}{s}\right)^{\frac{1}{1-\mu}}\frac{1}{\bar{a}_X^{\alpha}},\quad \bar{a}_X=\left[\frac{(1-s)b}{\lambda F}\right]^{\frac{1}{\rho}},\quad s=\frac{1+\mu-b}{2},\quad \lambda\equiv\frac{\rho}{\alpha} \tag{7.4.61}$$

这种情形下的支撑点表达式显然不同于没有固定出口成本情形的表达式，而且 $\phi^S>\phi^B$。

存在“后向（需求）链接”（backward（demand）linkage）是因为厂商之间互相购买对方的产品作为自身的中间投入品，而存在前向（成本）链接（forward（cost）linkage）是因为中间投入品供给者之间所处邻近而带来的收益。市场拥挤效应（market-crowding effect）是因为厂商的迁移减少了一个较大市场中每一个厂商的市场份额。前向链接和后向链接都是集聚的促进力量，而市场挤出效应则是一个分散力量。D 厂商迁移后就无法在其原市场销售产品，由此带来的原市场商品数目的减少导致了中间投入品供给商的减少，从而弱化了促进集聚的前向链接效应和后向链接效应。市场挤出效应对 D 厂商的影响更大，这是因为 X 厂商可以通过出口或扩大出口来弥补市场挤出效应对它造成的损失，市场挤出效应通过对 D 厂商产生影响而成为一种强有力的分散力量。更进一步说，由于 D 厂商不能出口其产品，这就减少了两国的进口商品数目，从而弱化了前向链接效应和后向链接效应。因此，在企业异质性垂直链接模型中，固定出口成本的引入（从而 D 厂商的出现）弱化了集聚力量而强化了分散力量，从而导致了渐进的产业集聚。

第五节　简要的评价

在以上四节中，笔者概述了20世纪70年代后期以来从“新贸易理论”到“新—新贸易理论”的演进的历程，下面就对这两种先后问世的国际贸易理论作一个评价。鉴于这二者在假设前提、基本概念和分析工具等方面存在着诸多差异，笔者拟分开加以评价。

1. 对“新贸易理论”的评价

20世纪70年代末以来问世的新贸易理论，如同这一时期兴起的新制度经济学理论、新增长理论、新经济地理学一道，对当代西方经济学产生了广泛而深刻的影响，鉴于本章的侧重点在于概述和评价新贸易理论诞生以来对作为当代西方经济学分支的发展经济学所产生的影响，笔者认为，新贸易理论对于进一步推进发展经济学研究有着理论上的创新意义，也有助于发展中国家的政策制定。

第一，就理论创新意义而言，新贸易理论修正了完全竞争和规模收益不变的传统假设，引入了收益递增分析方法，极大地拓宽了发展经济学的研究视野。在“标准的”新古典贸易理论框架中，完全竞争和规模收益不变是两个主要的假设前提，一旦放松完全竞争假设并且将收益递增假设引入经济学分析，导致包括国际贸易理论在内的整个西方经济学分析框架发生了重大变化，使得一些原先难以讨论或难以深入讨论的难题现在也能进行探讨，尤其对于发展经济学来说更是如此。众所周知，发展经济学探讨的是市场经济体制和市场运行机制不完善的发展中国家的经济发展问题。按照“标准的”西方新古典经济学分析框架，发展中国家因市场体制和市场机制不完善而引发的问题，要么被用来比照“帕累托最优”状态，将大多数问题解释为对完全竞争过程的偏离，要么被解释在经济中存在着种种“扭曲”现象。总之，在传统的完全竞争和规模收益不变的假设之下，在发展中国家许多普遍存在的经济现象难以得到合理的解释。然而，自从收益递增分析工具被引入经济分析以来，不仅使国际贸易模型可以在收益递增和不完全竞争同时存在的前提下得以成立，而且给当代经济学界尤其给国际发展经济学界带来了广阔的理论创新机会。新一代发展经济学家通过使用收益递增分析工具，不仅摆脱了传统均衡分析框架总是力图证明均衡存在“唯一性”的束缚，使之能够分析“多重均衡”现象以及众多发展中国家同时出现增长但收入差距却在拉大等诸如此类涉及收益递增的技术难题，而且还可以探讨诸如“中心—外围”、“外溢效应”、“联系效应”等在广大发展中国家确实存在的经济发展现象，使得发展经济学朝着更加贴近发展中国家现实的方向推进。

第二，就政策含义而言，新贸易理论通过引入收益递增分析方法，不仅从理论上改变了传统的“原子式”的市场完善和完全竞争假说，而且从经验上证明了不完全竞争和规模经济早已成为许多现代制造业部门的行业特征。新一代发展经济学家由此出发，证明了早期发展经济学中盛行的保护“幼稚工业论”具有合理性，因而给发展中国家政府提供了重要的政策启示。具体而言，这些启示可以归结为如下两个方面：其一，新一代发展经济学家用收益递增分析工具探讨早期发展经济学中的“中心—外围”关系，推出了国际贸易可能导致落后地区的幼稚工业被来自先进地区的工业品摧毁的结论，因而赞成发展中国家政府保护本国幼稚工业。新的保护“幼稚工业论”强调企业内部的规模收益递增。实施保护的关键在于通过政府提供的保护措施降低幼稚工业创立时的初始成本，使得平摊在单位产出上的平均总成本随时间推移而下降，进而提高市场份额和对外竞争力。换言之，当发展中国家幼稚工业的国内市场规模还不够大，借助于政府保护，使得无法在国内需求层次上实现的规模经济转换到国际层次上来实现。其二，新一代发展经济学家从动态分析角度证明了保护进口可以促进出口的论点。在他们看来，以形成规模经济为目标而对某些产业暂时予以保护，可以提升本国的相对生产率，进而形成使本国产品对外竞争的成本优势。一旦保护措施完成其使命，发展中国家将实现永久性的产业转移。对于一个存在大量剩余劳动力的低工资水平的发展中国家来说，通过保护政策来形成比较优势和产业转移的成效尤为明显。借助于保护贸易促使进口替代成为出口导向的跳板，这个过程在经验上已经由部分东亚国家和地区的经济发展过程所证实。新贸易理论同早期进口替代理论之间的主要差异在于，新贸易理论强调由进口替代转向促进出口的过程中逐步使受保护行业能够利用规模经济并提升出口竞争力，而不是仅仅通过高关税在闭关自守的环境中推进本国工业化。

2. 对“新—新贸易理论”的评价

直到20世纪80年代中期，传统的国际贸易理论或是出于分析上的方便和简化的考虑，或是由于在理论演进过程中还没有找到合适的分析工具而有意识地回避了对企业在生产率、组织形式和行为等方面的种种差异进行探讨，还可能是由于受制于数据的可获得性或认识上的相对滞后而无意识地忽略对这类问题进行考察。随着20世纪80年代中期“新贸易理论”的兴起，在引入规模收益递增假设的同时，贸易理论家们开始在承认产业之间存在规模经济差异的前提下讨论产业内贸易和产业间贸易及相关问题，但是，仍然没有取代传统微观经济学和国际经济学中有关企业同质性的假设（an assumption of homogeneous firms）。进入新世纪以来，随着“新—新贸易理论”问世，这种忽略了处于微观层次上的企业在生产率、规模及组织形式等方面存在诸多差异的状态开始发生改变，一批研究企业异质性与贸易产业发展相互关系的文献相继涌现，它们从微观层次上对企业与产业之间关联所展开的研究为一国制定和实施产业政策提出了更有针对性的理论和经验依据，这里，笔者就这些研究文献所具有的重要的理论意义与政策含义做一简要评价。

就“新—新贸易理论”的理论意义而言，笔者认为“新—新贸易理论”在两个方面做了颇有创新意义的理论突破：第一，突破了传统的“企业同质性”假设的藩篱，在“企业异质性”假设之下探讨具有不同生产率差异的企业行为及其生产的组织形式等一些原先从未探讨或探讨得不够深入的问题。众所周知，在传统微观经济学完全竞争理论框架中，众多企业被假定生产同质产品，每一家企业在规模上都不大，它们可以自由进入或退出市场，但都不能影响价格。这些假设不仅确保完全竞争市场上的价格相同，而且实际上也确保了企业在行为方式和组织形式上也具有同质性。虽然20世纪30年代张伯伦和琼·罗宾逊创立的垄断竞争理论为探寻企业异质性打开了一个小小的突破口，但由于30年代大危机的爆发以及后来经济学家们纷纷投身于研究大危机问题并由此催生了以凯恩斯理论为中心的宏观经济学，西方主流经济学的学术兴趣随之发生了转移，致使在相当长一段时期内中断了对企业异质性问题的研究。新世纪涌现的探讨企业异质性的研究文献实际上构成为西方主流经济学对微观领域进行重新审视的整体潮流的一部分，所不同的是，企业异质性研究文献采用的是收益递增分析工具。第二，突破了以往抽象地研究产业的分析模式，推进了探讨包括外贸产业在内的具体产业组织形式的分析思路。西方主流经济学一直延续着某种研究传统，即把现实中的产业要么区分为完全竞争、完全垄断、垄断竞争等几种标准的微观经济学市场模式，要么在国际经济学中对产业抽象地进行“贸易品部门”与“非贸易品部门”或“出口部门”与“进口部门”等分类。这种分类虽然有助于建立达到一定抽象层次的理论模型，但与现实中的产业组织形式及运行机制相去甚远。研究异质企业的学者或者把着重点放在解释为什么有的企业会从事出口贸易而有的企业则不从事出口贸易上，或者通过建立企业内生边界模型，用以解释是哪些因素决定了企业将选择公司内贸易、国内市场贸易、FDI、还是外包形式来从事生产等问题，进而探究企业微观差异及行为对产业结构的形成、变迁和外贸产业区位集聚所施加的影响。这批研究文献得出了一些以往贸易理论从未论及的新的结论，例如贸易开放引起产业内部资源再配置将带来总量生产率效应，产业异质性将对国际贸易结构的形成施加影响，李嘉图式的比较优势将影响贸易流量在产业间的分布，异质性企业对产品的筛选会造成企业或产业层次上总量生产率的内生变化，等等。总之，异质性企业贸易模型在面向实际提出新的假设，运用既有的分析工具处理更为复杂的变量，进而得出了新的结论等方面做了具有创新意义的尝试，这无疑为进一步推进产业组织和国际贸易理论提供了重要的理论启示。

就“新—新贸易理论”的政策含义而言，我们认为，这一支研究文献在如下两个方面尤其对发展中国家提供了重要的政策启示：第一，证明“贸易是增长引擎”的一般说法缺乏依据。自古典学派以来，西方主流经济学一味强调贸易具有促进经济增长的正向效应，虽然这一说法也曾遭遇非主流经济学家的质疑，但一直以来这一命题在主流经济学内部并未遇到挑战。创立“新—新贸易理论模型”的学者们使用的仍然是新古典主流分析工具，但由于他们从现实出发，选择以“异质性企业”作为切入点，通过对更为自由的贸易将从水平意义上改进产业生产率但却使经济增长减速的分析，有关企业异质性会抑制本国市场效应发挥的论证，以及允许企业迁徙在有助于提升大国生产率收益的同时将导致小国生产率收益发生逆转的推论等，进而证明了“贸易是增长引擎”的一般说法站不住脚。第二，在说明贸易开放可能给一国落后地区带来负面冲击的同时也讨论了如何消弭这类负面效应的手段。贸易开放过程中，一国落后地区某些技术含量不高的产业将因外部高效率企业的进入而衰退，因此，在引进外部企业的同时，还应考虑对本地区相关产业的带动效应。此外，如同“新—新贸易理论”文献所指出的那样，由于总量生产率效应的作用，进入落后地区的产业有可能是生产率较低而环境成本较高的产业。因此，一国经济发展中所实施的贸易政策应与产业政策相配合，既要考虑国家层面上资源禀赋和产业结构方面的特征，也要考虑相关产业中的企业异质性，并进一步综合考虑不同企业的不同产品、不同产品的生产工序和在不同区域不同的生产组织形式等因素。若非如此，政策的实施效果可能会背离其初衷而大打折扣，甚至南辕北辙。

参考文献

1. Anderson, K. L., 1936, "Tariff Protection and Increasing Returns", in *Explorations in Economics: Notes and Essays Contributed in Honor of F. W. Taussig*, New York: McGraw-Hill.

2. Antras, Pol, 2003, "Firms, Contracts, and Trade Structure", *Quarterly Journal of Economics*, vol. 118, no. 4, pp. 1375-1418.

3. Antras, Pol, 2005, "Incomplete Contracts and the Product Cycle", *American Eco-*

nomic Review, vol. 95, no. 4, pp. 1054-1073.

4. Antras, Pol & Elhanan Helpman, 2004, "Global Sourcing", *Journal of Political Economy*, vol. 112, no. 3, pp. 552-580.

5. Antras, Pol & Elhanan Helpman, 2007, "Contractual Frictions and Global Sourcing", NBER Working Papers, no. 12747.

6. Balassa, Bela, 1967, *Trade Liberalization and Industrial Countries*, New York: McGraw-Hill.

7. Baldwin, Richard, 2005, "Heterogeneous Firms and Trade: Testable and Untestable Properties of the Melitz Model", NBER Working Papers, no. 11471.

8. Baldwin, Richard, & Frédéric Robert-Nicoud, 2004, "The Impact of Trade on Intra-industry Reallocations and Aggregate Industry Productivity: A Comment", NBER Working Papers, no. 10718.

9. Baldwin, Richard, & Frédéric Robert-Nicoud, 2008, "Trade and Growth with Heterogeneous Firms", *Journal of International Economics*, vol. 74, no. 1, pp. 21-34.

10. Beach, W. E., 1936, "Some Aspects of International Trade under Monopolistic Competition", in *Explorations in Economics: Notes and Essays Contributed in Honor of F. W. Taussing*, New York: McGraw-Hill.

11. Bernard, Andrew, Jonathan Eaton, Bradford Jensen & Samuel Kortum, 2003, "Plants and Productivity in International Trade", *American Economic Review*, vol. 93, no. 4, pp. 1268-1290.

12. Bernard, Andrew, Stephen Redding & Peter Schott, 2007, "Comparative Advantage and Heterogeneous Firms", *Review of Economic Studies*, vol. 74, pp. 31-66.

13. Bernard, Andrew, Stephen Redding & Peter Schott, 2009, "Products and Productivity", *Scandinavian Journal of Economics*, vol. 111, no. 4, pp. 681-709.

14. Bernard, Andrew, Stephen Redding & Peter Schott, 2010, "Multiple-Product Firms and Product Switching", *American Economic Review*, vol. 100, no. 1, pp. 70-97.

15. Brander, James A., 1981, "Intra-industry Trade in Identical Commodities", *Journal of International Economics* vol. 11, pp. 1-14.

16. Brander, James A. & Paul R. Krugman, 1983, "A 'Reciprocal Dumping' Model of International Trade", *Journal of International Economics*, vol. 15, pp. 313-321.

17. Brander, James A. & Barbara J. Spencer, 1985, "Export Subsidies and International Market Share Rivalry", *Journal of International Economics*, vol. 18, pp. 83-100.

18. Bhagwati, Jagdish N., 1993, "Regionalism and Multilateralism: An Overview", in Jaime de Melo & Arvind Panagariya, eds. *New Dimensions in Regional Integration*. Cambridge, UK: Cambridge University Press.

19. Chamberlin, Edward H., 1933, *The Theory of Monopolistic Competition*, Cambridge, MA. Harvard University Press.

20. Dixit, Avinash K., & Joseph E. Stiglitz, 1977, "Monopolistic Competition and Optimum Product Diversity", *American Economic Review*, vol. 67, pp. 297-308.

21. Dixit, Avinash K. & Victor Norman, 1980, *Theory of International Trade: A Dual, General Equilibrium Approach*, London: Cambridge University Press.

22. Dixit, Avinash K., 1984, "Growth and Terms of Trade under Imperfect Competition", in Henryk Kierzkowski, ed., *Monopolistic Competition and International Trade*, Oxford: Clarendon Press, pp. 109-123.

23. Ethier, Wilfred J., 1979, "Internationally Decreasing Costs and World Trade", *Journal of International Economics*, vol. 9, pp. 1-24.

24. Ethier, Wilfred J., 1982a, "National and International Returns to Scale in the Theory of International Trade", *American Economic Review*, vol. 72, pp. 389-405.

25. Ethier, Wilfred J., 1982b, "Decreasing Costs in International Trade and Frank Graham's Argument for Protection", *Econometrica*, vol. 50, pp. 243-268.

26. Graham, Frank D., 1925, "Some Fallacies in the Interpretation of Social Costs: A Reply", *Quarterly Journal of Economics*, vol. 39, pp. 324-330.

27. Graham, F. D., 1923, "Some Aspects of Protection Further Considered", *Quarterly Journal of Economics*, vol. 37, pp. 199-227.

28. Grossman, Gene & Esteban Rossi-Hansberg, 2008, "Trading Tasks: A Simple Theory of Offshoring", *American Economic Review*, vol. 98, no. 5, pp. 1978-1997.

29. Grubel, Herbert G., 1970, "The Theory of Intra-Industry Trade", in L. A. McDougall ed., *Studies in International Economics*, Amsterdam: North-Holland.

30. Grubel, Herbert G. & P. J. Lloyd, 1975, *Intra-Industry Trade: The Theory and Measurement of International Trade in Differential Products*, London: Macmillan.

31. Haberler, Gottfried, 1936, *The Theory of International Trade with Its Applications to Commercial Policy*, London: William Hodges.

32. Helpman, Elhanan, 1981, "International Trade in the Presence of Product Differentiation, Economies of Scale, and Monopolistic Competition: A Chamberlin-Heckscher-Ohlin Model", *Journal of International Economics*, vol. 11, pp. 305-340.

33. Helpman, Elhanan & Asaaf Razin, 1984, "Increasing Returns, Monopolistic Competition, and Factor Movements: a Welfare Analysis", in Henryk Kierzkowski, ed., *Monopolistic Competition and International Trade*, Oxford: Clarendon Press, pp. 124-136.

34. Helpman, Elhanan, 1984, "Increasing Returns, Imperfect Markets, and Trade

Theory", in Ronald W. Jones & Peter B. Kenen, eds. , *Handbook of International Economics*, Elsevier Science Publishers B. V. , pp. 325-365.

35. Helpman, Elhanan, Marc Melitz & Stephen Yeaple, 2004, "Export versus FDI with Heterogeneous Firms", *American Economic Review*, vol. 94, no. 1, pp. 300-316.

36. Herberg, Horst & Murray C. Kemp, 1969, "Some Implications of Variable Returns to Scale", *Canadian Journal of Economics*, vol. 2, pp. 403-415.

37. Knight, Frank H. , 1924, "Some Fallacies in the Interpretation of Social Costs", *Quarterly Journal of Economics*, vol. 38, pp. 582-606.

38. Knight, Frank H. , 1925, "On Decreasing Costs and Comparative Costs: A Rejoinder", *Quarterly Journal of Economics*, vol. 39, pp. 331-333.

39. Kravis, Irving B. , 1971, "The Current Case for Import Limitations", in *United States Economic Policy in an Interdependent World*, Commission on International Trade and Investment Policy, Washington, D. C. .

40. Krugman, Paul R. , 1979, "Increasing Returns, Monopolistic Competition and International Trade", *Journal of International Economics*, vol. 9, pp. 469-479.

41. Krugman, Paul R. , 1980, "Scale Economies, Product Differentiation and the Pattern of Trade", *American Economic Review*, vol. 70, pp. 950-959.

42. Krugman Paul R. , 1981, "Trade, Accumulation and Uneven Development", *Journal of Development Economics*, vol. 8, pp. 149-161.

43. Krugman, Paul R. , 1984, "Import Protection as Export Promotion: International Competition in the Presence of Oligopolies and Economics of Scale", in Henryk Kierzkowski, ed. , *Monopolistic Competition and International Trade*, Oxford: Clarendon Press.

44. Krugman, Paul R. , 1987, "The Narrow Moving Band, the Dutch Disease and the Competitive Consequence of Mrs. Thatcher", *Journal of Development Economics*, vol. 27, pp. 41-55.

45. Krugman, Paul R. , 1991, "Increasing Returns and Economic Geography", *Journal of Political Economy*, vol. 99, pp. 483-499.

46. Lancaster, Kelvin, 1979, *Variety, Equity, and Efficiency*, New York: Columbia University Press.

47. Lancaster, Kelvin, 1980, "Intra-Industry Trade under Perfect Monopolistic Competition", *Journal of International Economics*, vol. 10, pp, 151-175.

48. Lovasy, G. , 1941, "International Trade under Imperfect Competition", *Quarterly Journal of Economics*, vol. LV. , pp. 567-583.

49. Marshall, Alfred, 1879, *The Pure Theory of Foreign Trade*, reprinted by the Lon-

don School of Economics in 1930.

50. Melitz, Marc, 2003, "The Impact of Trade on Intra-industry Reallocations and Aggregate Industry Productivity", *Econometrica*, vol. 71, no. 6, pp. 1695-1725.

51. Neary, J. Peter, 1991, "Export Subsidies and Price Competition", in Elhanan Helpman & Asaaf Razin, eds., *International Trade and Trade Policy*, Cambridge, MA: The MIT Press.

52. Neary, J. Peter & Dermot Leahy, 2000, "Strategic Trade and Industrial Policy towards Dynamic Oligopolies", *Economic Journal*, vol. 110, pp. 484-508.

53. Ohlin, Bertil, 1933, *Interregional and International Trade*, Cambridge, MA: Harvard University Press.

54. Okubo, Toshihiro, 2009, "Trade Liberalisation and Agglomeration with Firm Heterogeneity: Forward and Backward Linkages", *Regional Science and Urban Economics*, vol. 39, no. 5, pp. 530-541.

55. Robinson, Joan, 1933, *The Economics of Imperfect Competition*, London: Macmillan.

56. Spence, Michael, 1976, "Product Selection, Fixed Costs and Monopolistic Competition", *Review of Economic Studies*, vol. 43, pp. 217-235.

57. Spencer, Barbara J. & James A. Brander, 1983, "International R&D Rivalry and Industrial Strategy", *Review of Economic Studies*, vol. 50, pp. 707-722.

58. Viner, Jacob, 1937, *Studies in the Theory of International Trade*, New York: Harper & Brothers.

第八章　新增长理论

在古典经济学时代，经济增长问题一直是经济学家们所关注的核心问题之一。经济学在经历了“静态的插曲”之后，经济增长问题重新进入经济学家的视野。二战后，发展经济学开始兴起，同时新古典增长理论也逐步完善成型。索罗所发展的新古典增长理论一方面揭示了资本积累在经济增长中的作用，另一方面该理论将增长的源泉归功于外生的技术进步。但是，外生的技术进步是如何产生的？技术进步本身又取决于哪些因素？对于这些问题，新古典增长理论根本无法回答。对经济增长源泉回答的乏力也是新古典增长理论后来归于沉寂的一个重要原因。

20 世纪 80 年代，新增长理论开始兴起。和新古典增长理论相比，新增长理论将技术进步本身纳入分析，考察技术进步的源泉、决定因素和技术进步的方向。由于它集中考察技术内生问题，所以新增长理论又被人们称为内生增长理论。新增长理论的技术内生化工作实际上遵循两大思路：考察技术知识本身的创新发明，将技术创新行为纳入分析框架；考察经济增长的另一发动机，人力资本的积累。经过 10 多年的蓬勃发展，到 20 世纪 90 年代中期，新增长理论分析框架已经基本成熟，文献积累也蔚为大观。将技术和人力资本纳入分析框架之后，新增长理论的研究开始深入到经济史领域，考察大时间跨度的经济增长问题，考察历史上的增长或不增长。当然，文献的这一发展已经是增长理论在 21 世纪初的进展了。

第一节　新增长理论的兴起

一、传统新古典增长模型的缺陷与局限

经济增长的源泉是什么？对于这一问题的回答，在经济增长理论的不同发展

阶段人们有着不同的回答。1956 年，索罗（1956）与特雷沃 · W. 斯旺（Trevor W. Swan，1956）几乎同时提出相同的增长理论框架，后来人们将之合称为索罗—斯旺模型。这是一个关注资本积累的增长模型，并且具有自我调整、自我收敛到稳态的性质，所以人们又将之称为新古典增长模型。

这一模型关注资本积累，其核心方程为

$$\dot{k} = sf(k) - (n + \delta)k \tag{8.1.1}$$

其中 k 为人均资本存量，s 为储蓄率，$f(k)$ 为和人均资本存量相关的人均产出，n 为人口增长率，δ 为资本折旧率。系统会收敛到 $\dot{k}=0$ 的稳态点，此时，$sf(k^*) = (n+\delta)k^*$。如图 8.1.1 所示，经济总能够收敛到 $\dot{k}=0$ 的稳态。

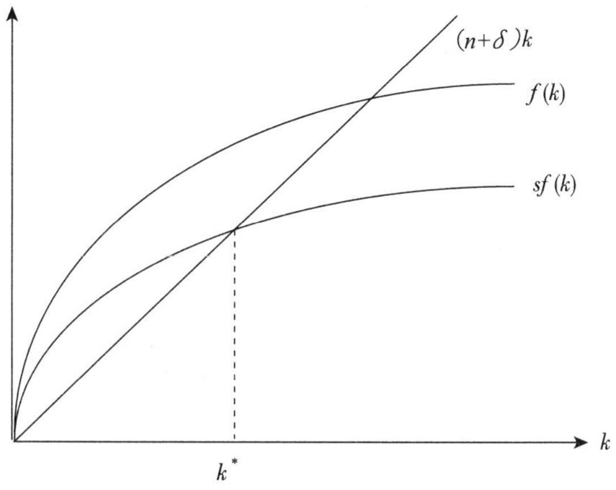

图 8.1.1　新古典增长模型

根据新古典增长模型，k^* 的位置决定于生产函数 $f(k)$ 的性质、储蓄率 s、人口增长率 n 以及资本折旧率 δ 的大小，而这些参数在很长的时间都难以发生大的改变，经济中的人均资本存量会收敛到这些参数所规定的稳态水平 k^*，这意味着经济中的人均产出在长期也会收敛到一个稳定的水平 $f(k^*)$。由此，新古典增长模型告诉我们的是这样一个结论：在长期，经济都会收敛到一个稳定的水平，经济不可能出现长期持续增长。

这一结论有两个让人诟病的地方：

第一，新古典增长理论得出经济长期持续增长是不可能的结论，这与增长理论本身的宗旨是相悖的。增长理论就是要找出经济实现长期增长的因素以及回答经济能够通过什么样的方法实现长期增长，从这个意义上来说，新古典增长理论是失败的。更何况，进入工业革命时代以来，人类社会加速增长，这种增长的势头到现在还看不到停滞的迹象。新古典增长理论的结论也与人类社会增长的历史与现实不符。

第二，新古典增长理论认为经济会收敛到稳态水平，这也意味着世界各国经济应该都收敛到相同的水平。但是我们在现实中所看到的却是，富国经济持续增长，穷国经济停滞不前，富国越来越富，穷国越来越穷，贫富差距越来越大，富国与穷国的经济根本没有收敛的迹象。新古典增长理论也解释不了这一现象。

为了摆脱人们的批评，新古典增长模型尝试在原有的分析框架内加入技术进步的因素，使经济能够出现长期增长。加入技术进步（劳动扩大型技术进步）因素后的新古典增长模型的核心方程为

$$\dot{k'} = sf(k') - (n + \delta + \lambda)k' \qquad (8.1.2)$$

其中 $k' = K/AL$，是考虑了技术进步因素之后的人均资本存量；λ 为技术进步率。稳态时，$\dot{k'} = 0$，k'收敛到稳态水平。此时虽然 k'停滞不增长，但是技术还是在以 λ 的速度增长。这意味着实际物质资本也在以 λ 的速度增长。与此同时，人均产出、人均消费都在按照相同的比率增长。

这样新古典增长模型又带来了新的问题。既然包含了技术进步的新古典增长模型认为增长的源泉来自于技术进步，那么人们不禁要问：如果增长的源泉是技术进步，那么技术进步又是由什么因素决定的？这里就牵涉到一个技术外生或内生的问题。新古典增长模型中的技术进步是外生的，是人们无法预知和控制的，经济增长就完全取决于外生不可知的经济变量；这样这一理论就面临一个非常尴尬的局面：“（这一模型）解释了一切却独独不能解释长期增长”（巴罗和萨拉—伊—马丁（1995，p. 11））。这样一来，所谓的新古典增长理论根本解释不了由技术进步所推动的经济增长，而这种增长却是近半个世纪以来经济增长的实质。正是由于新古典增长理论这种致命的缺陷，自索罗（1956）以后将近 30 年的时间内，新古典增长理论的发展主要集中在经济增长的核算方面（growth accounting）（索罗，1957；爱德华 · F. 丹尼森（Edward F. Denison），1962，1967），而在经济增长的基本理论方面的进展则是乏善可陈。在基本经济增长理论框架缺乏突破的情况下，经济增长理论家们忙于在旧有的经济增长理论框架中做数学和技巧上的完善。① 在这长达 30 年的时间内，仅仅只有阿罗（1962）和艾坦 · 谢辛斯基（Eytan Sheshinski，1967）的“边干边学”（learning by doing）模型以及宇泽弘文（Hirofumi Uzawa，1965）引入教育部门的两部门模型能够引起后人的兴趣；除此之外，经济增长理论的发展是暗淡而又沉默的。

① 当时从事经济增长基本理论研究的经济学家很少，仅有的经济增长理论家主要在具体的数学技巧方面完善已有的理论框架，以至于很多人把像宇泽弘文这样的经济学家看成是数学家。

二、新增长理论问世之前经济学家的探索

1. “边干边学”模型

在增长理论暗淡的年代，仍然有经济学家尝试突破新古典增长理论的分析框架，对人类社会的长期增长做出自己的解释。1962 年，阿罗发表了《边干边学的经济学含义》一文，在探索经济增长的源泉方面做出了自己的努力。阿罗意识到新古典增长模型依赖外生知识与技术进步的缺陷，尝试解释知识与技术的增进。阿罗认为，“边干边学”是知识增进一种非常重要的方式，他将“边干边学”因素引入增长模型以解释增长的源泉。阿罗这篇原创性论文是将外生技术因素内生化的初步尝试，也成为后来很多增长文献的思想源泉。

阿罗模型中有两个最核心的假定：第一，“边干边学”是知识增进的渠道。来自生产经验的“边干边学”是投资的副产品，资本存量增加的同时，生产经验也相应的增加；第二，知识是公共产品，具有外溢效应。某家企业的生产经验能够为整个经济所利用。这样一来，随着资本存量的增加，生产经验也相应增加，而某家企业的生产经验能够为整个经济所利用，来自生产经验的“边干边学”便成为了整个经济增长的源泉。

令 G 为累积性总投资。当总投资达到 G 的规模时，会产生相应的资本品，阿罗将这一资本品记为序列 G。$\lambda(G)$ 为生产资本品 G 的劳动耗费，$\gamma(G)$ 为资本品 G 的生产能力，x 为总产出，L 为总劳动投入。这样，我们能够得到如下关系：

$$x = \int_{G'}^{G} \gamma(G)\mathrm{d}G \tag{8.1.3}$$

$$L = \int_{G'}^{G} \lambda(G)\mathrm{d}G \tag{8.1.4}$$

定义不定积分：

$$\Lambda(G) = \int \lambda(G)\mathrm{d}G$$

$$\Gamma(G) = \int \gamma(G)\mathrm{d}G \tag{8.1.5}$$

这样，x、L 可以重新写成

$$x = \Gamma(G) - \Gamma(G') \tag{8.1.6}$$

$$L = \Lambda(G) - \Lambda(G') \tag{8.1.7}$$

简单起见，经济中资本的生产能力为常数，$\gamma(G) = a$，但是资本生产的劳动力投入却是 G 的递减函数，特别地，函数采取学习曲线的形式：

$$\lambda(G) = bG^{-n} \tag{8.1.8}$$

其中 n 为正的参数。这是一个非常关键的方程，这意味着随着资本存量的提

升，生产经验的丰富，生产效率越来越高，资本的生产成本越来越低。经济能够产生持续增长，均衡的增长率为

$$g = \sigma/(1 - n) \tag{8.1.9}$$

其中 σ 为人口增长率。在阿罗的模型中，经济的长期增长率依赖于人口增长率和经济中的学习系数 n，而来自生产经验的“边干边学”则是经济产生长期增长的核心。

阿罗的模型后来被谢辛斯基（1967）所简化，谢辛斯基在继承阿罗“边干边学”思想的同时，摆脱了阿罗模型的繁琐，这便利于“边干边学”思想的传播和扩散。

在谢辛斯基模型中，代表性厂商的生产函数为

$$y = F(k, Al) \tag{8.1.10}$$

其中 k 为厂商的资本，A 为知识水平，l 为厂商投入的劳动力。知识水平 A 是经济中资本总量 K 的函数，其表达式为

$$A = K^b \tag{8.1.11}$$

这是一个很关键的设定。这种设定一方面表明知识水平和资本存量、投资相关，随着企业经验的丰富，投资的扩张，其知识水平也相应提高；另一方面也表明资本扩张、投资活动具有外部性，资本扩张所带来的知识的增进能够扩散到整个经济，整个经济因而受益。谢辛斯基模型中 n 为劳动力增长率。通过计算，谢辛斯基模型经济增长率为

$$g = n/(1 - b) \tag{8.1.12}$$

这样，谢辛斯基模型得到了和阿罗模型同样的结果。经济增长率依赖于人口增长与经济的学习效率，但是他们的模型并不能解释 $b = 1$ 的情况。其次，由于增长取决于人口增长与学习效率，那么什么因素影响人口增长，什么因素影响学习效率呢？如果不能解释这一问题，那么他们的模型仍然无法解释经济的长期增长。

2. 引入教育部门的两部门模型

1965 年，宇泽弘文发表了《经济增长总量模型中的最优技术变化》一文，构建了相应的两部门模型。经济存在两个部门：生产部门以及生产知识技术的教育部门，教育部门所生产的知识能够提高生产部门的生产效率。在宇泽弘文的模型中，经济存在两种生产要素：资本和劳动力，而技术进步则体现于劳动力中，其总量生产函数为：

$$Y = F(K, AL_p) \tag{8.1.13}$$

其中 K 为资本存量，A 为技术水平，L_p 为投入到生产中的劳动力。宇泽的模型中还存在教育部门，而他假定教育部门仅仅使用劳动，教育部门的活动能够使技术水平 A 提高。技术水平 L_p 的动态方程为

$$\dot{A}/A = \Phi(L_E/L) \tag{8.1.14}$$

其中 L_E 为投入到教育部门的劳动力，L 为劳动力总量，Φ 为技术进步函数，$\Phi' \geqslant 0$，$\Phi'' \leqslant 0$。同时，劳动力增长率为 n。令 $u = \frac{L_p}{L}$。那么，宇泽模型的优化问题可以表述为

$$\begin{aligned} &\text{Max} \quad \int_0^t (1 - s) y e^{-rt} \mathrm{d}t \\ &\text{s.t.} \quad \dot{k} = sy - \delta k \\ &\qquad\quad \dot{A}/A = \Phi(L_E/L) \end{aligned} \tag{8.1.15}$$

其中 $y = f(k, Au)$，s 为储蓄率，δ 为折旧率。在平衡增长的路径下，宇泽模型的最优增长条件为资本增长率和技术进步率相同，

$$\dot{k}/k = \dot{A}/A \tag{8.1.16}$$

即

$$sy/k = \delta + \Phi(1 - u) \tag{8.1.17}$$

换言之，经济不存在人均资本的收敛点，人均资本会一直增长，其增长率由技术进步率决定；具体地说，由经济投入到教育部门的资源比例决定。

宇泽模型是一个典型的收益递增的增长模型，其增长的源泉来自于教育部门。教育部门的资源用于提高经济中的技术水平，而技术水平的不断提高是人均产出增长的源泉。由宇泽的设定我们知道，技术进步能够以一个固定的比率保持增长。人们不禁要问，什么是技术进步的源泉？宇泽的回答是：教育部门；但问题是，教育部门是如何使技术进步率保持稳定的呢？其中的机制如何？对此，宇泽模型仍然没有作出令人满意的回答。但是不可否认，宇泽模型将整个经济分为两个部门，认为教育部门是经济增长的源泉，这些观点对后来增长理论的发展有着重要的影响。

三、收益递增概念及其颠覆性意义

工业革命之后的人类社会持续增长，强调“边干边学”递减和趋同的古典增长理论以及新古典增长理论都无法解释人类社会经济增长的历史和现实。如果将经济观察的视野放宽，我们就能够发现经济增长是最近 500 年人类社会的常态。如果要研究经济的长期增长问题，就必须在理论框架中引入某种收益递增的因素，没有收益递增，长期增长就是不可能的；但是在新古典传统里，收益递增被认为是离经叛道的，很难被人所接受。边际收益递减是新古典的传统，是主流经济学家心中不可动摇的新古典信念，而边际收益递减是无法产生长期增长的。索罗并没有能够突破新古典收益递减的概念，因此他的理论不可避免地会出现收敛停滞的尴尬结果；为了和增长的现实相一致，索罗只好在他的理论中引入外生

的技术进步。早年的经济增长理论家们显然看到了这一矛盾，如果想要解释长期增长，就必须在理论框架上有所突破，就必须摒弃收益递减的概念，引入收益递增的概念。所以说，新增长理论的第一步需要在主流经济学中引入收益递增的概念，让人们接受收益递增的概念。

1986 年，保罗・M. 罗默（Paul M. Romer）在《政治经济学杂志》上发表了题为《收益递增与长期增长》的文章，标志着增长理论的复兴。这篇文章的贡献在于在主流的经济学文献中正式提出了收益递增的概念，并把收益递增的概念引入到增长模型中来。引入收益递增的概念必须找到一种现实存在的因素，这一因素具有收益递增的性质，是现实经济长期增长的基础。在他的模型中，具有收益递增性质的是知识的积累，而这种具有递增收益的知识正是长期无限增长的基础。罗默突破了新古典收益递减的传统，他认为知识具有某种收益递增的性质，而这种收益递增的性质实际上来源于知识产品的外部性，来源于知识产品的“非竞争性”。这意味着同一种知识可以被许多人同时使用而互不影响。① 这意味着知识产品被生产出来之后，一方面可以用来生产许许多多其它有形的物质产品；另一方面也对无形知识的积累产生贡献，有利于新知识的产生。②

在罗默那里，企业的生产函数 $F(k_i, Kx_i)$ 是企业的知识存量 k_i 和要素投入 x_i 的一次齐次函数，其中，$K = \sum_{i=1}^{N} k_i$ 为经济中的知识存量，它是各个企业知识存量 k_i 的总和。这一设定意味着生产函数具有规模收益递增的性质，即 $F(\psi k_i, \psi K, \psi x_i) > F(\psi k_i, K, \psi x_i) = \psi F(k_i, K, x_i)$，其中 $\psi > 1$。生产函数的这一性质基于知识的外部性。由于知识并不能享有完全的专利和保密，厂商创造的新知识一方面能够提高自身的生产力，另一方面能够增加经济中总的知识存量，能够为其他企业所用，提高其他企业的生产力。

罗默定义两个最大化问题，社会最优问题：

$$PS_{\infty}: \quad \max \int_0^{\infty} U(C(t) e^{-\delta t} \mathrm{d}t)$$

$$\text{s. t.} \quad \frac{\dot{k}(t)}{k(t)} = g\left(\frac{F(k(t)) - c(t)}{k(t)}\right) \tag{8.1.18}$$

与竞争均衡相关的最优问题：

$$P_{\infty}(K): \max \int_0^{\infty} U(C(t)) e^{-\delta t} \mathrm{d}t$$

$$\text{s. t.} \quad \frac{k(t)}{k(t)} = g\left(\frac{f(k(t), K(t)) - c(t))}{k(t)}\right) \tag{8.1.19}$$

---

① 罗默（1993）更清晰地阐述了“非竞争性”、“非排他性”这些概念。非排他性是指产品具有的无法阻止他人使用的性质。知识产品虽然不是竞争性的，但是却可以通过专利保护这样的制度安排阻止他人任意的使用。

② 罗默后来对技术创新的关注始肇于此。

其中，要素投入被看成是给定的 $x = \bar{x}$ ，而 $f(k,K) = F(k,K,\bar{x})$ ，同时定义社会计划者所面临的生产函数 $F(k) = f(k,Sk) = F(k,Sk,\bar{x})$ 。对于社会最优问题来说，社会将遵循如图 8.1.2 所示的 SO 所代表的最优轨迹。

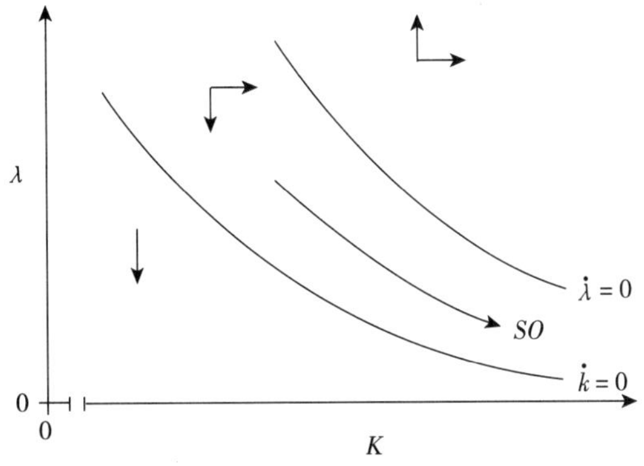

图 8.1.2　社会最优轨迹

对于竞争性均衡，罗默明确指出竞争均衡所决定的知识存量要小于社会最优的知识存量，这也是由知识的外部性决定的。这个时候，政府可以通过税收和补贴政策，使得竞争均衡达到社会最优的水平。

罗默的这篇文献是新增长理论的开篇之作，具有非常重要的地位。罗默模型本身并不完美，模型无法得到显性解，转而用相位图来刻画解的特征。这篇文献之所以重要，是因为罗默提出了收益递增的概念，找到了收益递增的载体：知识。但是，在罗默那里，经济中个体创造新知识的动机如何？知识到底是如何产生的？对于这些问题，罗默的这篇文章并没有作出回答。围绕着知识，新增长理论有着大量的扩展和深入研究，这种扩展到现在都没有停止。技术研发是为了创造新知识，而积累人力资本也是为了知识的扩展。

第二节　人力资本与经济增长

一、卢卡斯模型及其推进

1. 1988 年建立的初始模型

同样是探讨经济长期增长的机制，罗伯特·E. 卢卡斯（1988）发表了《论经济发展的机制》一文。在这篇经典文献中，卢卡斯认为人力资本积累是经济长期增长的核心。卢卡斯显然接受了罗默收益递增的思想，并认为具有递增收益的要素是人力资本。人力资本具有的特殊的效应使其具有收益递增的性质，从而成为增长的核心。

卢卡斯认为人力资本具有两种效应：内部效应和外部效应。个人积累人力资本的行为一方面能够提高自身的生产力，另一方面能够提高经济中平均人力资本水平，从而提高其它所有要素的生产率。正是人力资本的这一性质，使之成为经济增长的发动机。

卢卡斯考虑一个封闭的竞争性经济一共存在 $N(t)$ 个工人，人均消费为 $c(t)$，消费者偏好为 $CRRA$ 的形式：

$$\int_0^{\infty} e^{-\rho t} \frac{c(t)^{1-\sigma}-1}{1-\sigma} N(t)\,\mathrm{d}t \qquad (8.2.1)$$

其中，ρ 为消费者的时间偏好，σ 为消费者相对风险厌恶系数。而经济中的生产函数以及技术约束采取如下形式：

$$N(t)c(t)+\dot{K}(t)=AK(t)^{\beta}[u(t)h(t)N(t)]^{1-\beta}h_a(t)^{\gamma} \qquad (8.2.2)$$

其中 $K(t)$ 代表物质资本，$h(t)$ 代表人力资本，$u(t)$ 代表劳动力用于实际生产的时间比例；而 $h_a(t)$ 为平均人力资本水平，即

$$h_a=\frac{\int_0^{\infty} hN(h)\,\mathrm{d}h}{\int_0^{\infty} N(h)\,\mathrm{d}h} \qquad (8.2.3)$$

方程（8.2.2）是很重要的设定，除了物质资本和劳动力之外，人力资本也是非常重要的生产要素。个人人力资本的提高通过两种途径增加产出：一方面，个人人力资本的增加提高了自己的边际产出，另一方面通过人力资本的外溢性，提高了整个经济中的平均人力资本水平，从而使得经济中所有要素的生产率提高。

值得指出的是，人力资本既然有如此重要的作用，那么，人们不禁要问：人力资本本身是如何积累的？在这个问题上，卢卡斯认为，人力资本的积累要靠人力资本本身的投入，人力资本的积累方程采取如下的形式：

$$\dot{h}(t)=h(t)^{\zeta}G(1-u(t)) \qquad (8.2.4)$$

其中 $G(\cdot)$ 为增函数，$G(0)=0$；$1-u(t)$ 为投入到人力资本积累中的时间比例；$\zeta<1$ 代表人力资本积累中收益递减的因素。如果采取这一设定，卢卡斯的模型也会和索罗模型一样会产生增长停滞的结果。为了避免这一尴尬的结果，同时也是为了计算的简便，卢卡斯设定人力资本的增长采取线性的形式：

$$\dot{h}(t)=h(t)\delta[1-u(t)] \qquad (8.2.5)$$

这实际上是在认为 $\zeta=1$。这样，卢卡斯实际上完全放弃了新古典收益递减的

传统，接受了罗默收益递增的思想；只不过和罗默不同的是，卢卡斯认为收益递增的因素是人力资本，而不是罗默提出的笼统知识。

由于人力资本具有外部性，所以经济增长仍然会出现社会最优增长与竞争均衡增长的差别。具体来说，社会计划者面临如下问题：

$$\text{Max}\int_0^{\infty} e^{-\rho t}\frac{1}{1-\sigma}[c(t)^{1-\sigma}-1]N(t)\,dt$$

$$\text{s.t.}\quad N(t)c(t)+\dot{K}(t)=AK(t)^{\beta}[u(t)h(t)N(t)]^{1-\beta}h_a(t)^{\gamma}$$

$$h_a(t)=\frac{\int_0^{\infty}hN(h)\,dh}{\int_0^{\infty}N(h)\,dh}$$

$$\dot{h}(t)=h(t)\delta[1-u(t)] \tag{8.2.6}$$

由于这是一个对称模型，社会平均人力资本水平 h_a应该等于每个人所拥有的人力资本水平，即 $h_a=h$。社会计划者当然应该考虑个人人力资本的外部效应，在这种情况下，社会最优的经济增长率为

$$v^{*}=\sigma^{-1}[\delta-\frac{1-\beta}{1-\beta+\gamma}(\rho-\lambda)] \tag{8.2.7}$$

但是，竞争均衡实现的增长率与社会最优的增长率有所不同。个人在积累人力资本的时候并不会考虑个人人力资本积累带来的外部效应，即个人在积累人力资本的时候将 $h_a=h$ 看作是给定的。这样一来，实现均衡的经济增长率为

$$v=[\sigma(1-\beta+\gamma)-\gamma]^{-1}[(1-\beta)(\delta-(\rho-\lambda))] \tag{8.2.8}$$

和罗默（1986）的文章一样，由于外部性的存在，竞争均衡的增长率和社会最优的增长率是有差异的，竞争均衡的增长率要低于社会最优的增长率，因为在竞争均衡条件下，私人人力资本的积累行为不用考虑人力资本积累的外部性，其人力资本的积累要低于社会最优的人力资本积累，这就为政府的干预提供了相应的理论依据。

卢卡斯基于自己的模型做了相应的扩展，他将自己的模型扩展到开放经济，探讨产生于边干边学的人力资本积累与比较优势以及各国专业化分工的关系。假定经济中存在两种消费品，c_1 和 c_2 ，每种消费品采用李嘉图技术生产出来

$$c_i(t)=h_i(t)u_i(t)N(t),i=1,2 \tag{8.2.9}$$

其中 $h_i(t)$ 仍然为专业化生产第 i 种产品的人力资本，$u_i(t)$ 为投入生产中的人力资本比重，$N(t)$ 为劳动力的数量。而人力资本的积累满足以下方程

$$\dot{h}_i(t)=h_i(t)\delta_i u_i(t) \tag{8.2.10}$$

其中 δ_i 为任意的参数，卢卡斯假定 $\delta_1>\delta_2$ ，即假定商品 1 是高科技产品。

消费者的偏好采取不变替代弹性的形式，

$$U(c_1,c_2)=[\alpha_1 c_1^{-\rho}+\alpha_2 c_2^{-\rho}]^{-1/\rho} \tag{8.2.11}$$

其中，$a_i \geqslant 0, a_1 + a_2 = 1, \rho > 1, \sigma = 1/(1+\rho)$ 为两种商品之间的替代弹性。将商品 1 看成是计价物商品（numéraire），那么，$(1,q)$ 为封闭经济中的两种商品的均衡价格，则 q 应该为消费的边际替代率，即

$$q = \frac{U_2(c_1,c_2)}{U_1(c_1,c_2)} = \frac{\alpha_2}{\alpha_1}\left(\frac{c_2}{c_1}\right)^{-(1+\rho)} \tag{8.2.12}$$

由此得到两种商品的消费比例为

$$\frac{c_2}{c_1} = \left(\frac{\alpha_2}{\alpha_1}\right)^{\sigma} q^{-\sigma} \tag{8.2.13}$$

同时，由生产函数和厂商的利润最大化条件，也能够得到 $q = h_1/h_2$。由此，卢卡斯得到

$$\frac{1-u_1}{u_1} = \left(\frac{\alpha_2}{\alpha_2}\right)^{\sigma}\left(\frac{h_2}{h_1}\right)^{\sigma-1} \tag{8.2.14}$$

在封闭经济条件下，相对价格 q 的动态运动轨迹为

$$\frac{1}{q}\frac{\mathrm{d}q}{\mathrm{d}t} = \frac{1}{h_1}\frac{\mathrm{d}h_1}{\mathrm{d}t} - \frac{1}{h_2}\frac{\mathrm{d}h_2}{\mathrm{d}t} = \delta_1 u_1 - \delta_2(1-u_1)$$

由此，卢卡斯得到

$$\frac{1}{q}\frac{\mathrm{d}q}{\mathrm{d}t} = (\delta_1+\delta_2)\left[1+\left(\frac{\alpha_2}{\alpha_1}\right)^{\sigma} q^{1-\sigma}\right]^{-1} - \delta_2 \tag{8.2.15}$$

下面的图 8.2.1 描绘了 q 的动态。

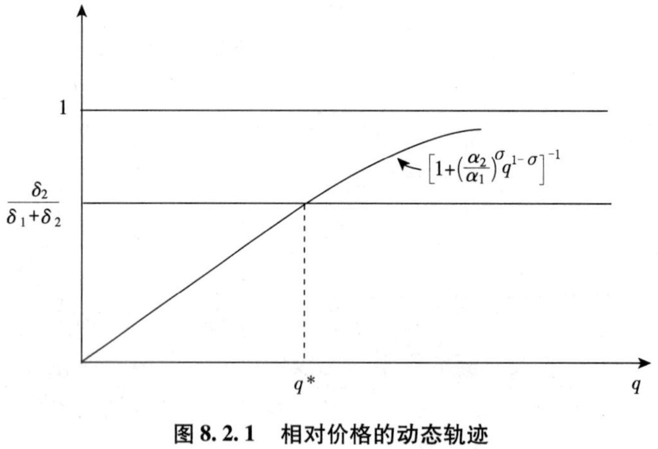

图 8.2.1　相对价格的动态轨迹

当 $\sigma > 1$ 时，即两种商品具备良好的替代弹性时，在 q^* 左边，q 会收敛到 0 点；而在 q^* 右边，q 会无限增长。这意味着，经济将专业化于某一产品的生产，用专业化生产的产品替代消失的那一种产品。至于说经济专业化于哪种产品的生产，则依赖于具体的参数以及初始条件。

当 $\sigma < 1$ 时，两种商品并没有良好的替代弹性，图 8.2.1 中的曲线下斜，并且 q^* 为鞍点均衡点。

当$\sigma=1$时，曲线水平，经济在两种产品生产中的资源配置保持稳定。

当把分析的视野转向开放经济时，卢卡斯得出了在人力资本积累情况下的各国的分工模式。考虑由无数小国组成的世界，各国人力资本的初始禀赋有所不同。如图 8.2.2，给定世界价格ρ，所有要素禀赋在世界价格线之上的国家专业化于产品 2 的生产，而所有要素禀赋在世界价格线之下的国家专业化于产品 1 的生产。并且这种分工模式随着专业化人力资本的积累得到了不断的强化。

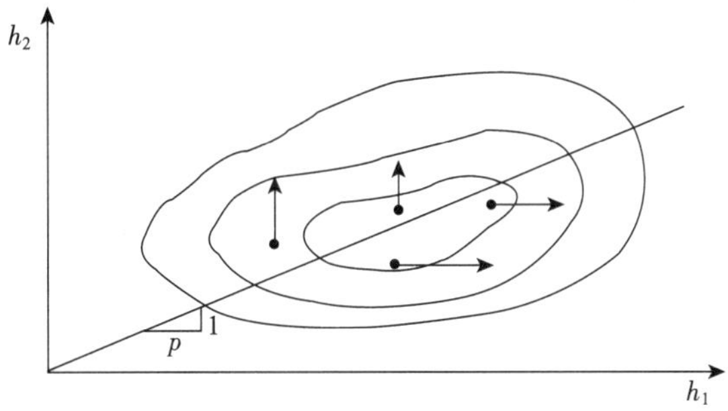

图 8.2.2　开放经济下的各国分工模式

仍然是遵循其关注人力资本的思路，卢卡斯在其《资本为什么不从富国流向穷国》一文当中，考察了国际资本流动问题。按照新古典增长理论：穷国资本稀缺，资本的回报率高，富国资本丰裕，资本的回报低；追逐利润最大化的资本应该从资本丰裕的富国流向资本稀缺的穷国。但是，人们在现实中并没有发现资本从富国向穷国的流动，那么资本为什么不从富国流向穷国？在这篇文章中，卢卡斯提供了几个解释：第一，各国劳动力素质的差异。各国劳动力素质的差异使得穷国和富国之间资本回报的差距远远不如新古典增长理论预计的那样大，资本从富国流向穷国的吸引力也大大降低；第二，人力资本外部性差异。人力资本外部性作用的差异也使得穷国和富国的资本回报缩小；第三，发展中国家资本市场的不完全性。由于发展中国家资本市场不完善，法律、制度、文化等方面的条件不健全，来自发达国家的资本所遇到的政治风险比较高，这类风险也遏制资本由富国流向穷国。

2. 对“东亚奇迹”的解释

遵循自己关注人力资本的思路，卢卡斯从“边干边学”的人力资本积累的角度探讨了东亚国家的经济增长问题。卢卡斯认为人力资本积累是经济增长的发动机，东亚国家的人力资本积累是其经济迅速增长的源泉。人力资本的积累可以来自于学校，来自于研发活动，也可以来自于生产中的“边干边学”。卢卡斯认为，对于东亚国家经济增长的奇迹来说，来自于生产中的“边干边学”积累了大量的人力资本，这是东亚奇迹的源泉。

经济的生产函数为

$$y(t) = Ak(t)^{\alpha}[uh(t)]^{1-\alpha} \tag{8.2.16}$$

其中，u 为投入到生产中的人力资本的比例。

物质资本的积累采用以下模式：

$$\frac{dk(t)}{dt} = sy(t) \tag{8.2.17}$$

其中 s 为储蓄率。而人力资本的积累则依赖于投入到人力资本积累中的比例 $1-u$，

$$\frac{dh(t)}{dt} = \delta(1-u)h(t) \tag{8.2.18}$$

在这种情况下，经济中技术进步率为 $\mu = \delta(1-\alpha)(1-u)$，而经济中人均资本以及人均产出的增长率为 $\delta(1-u)$，即等于人力资本的积累率。这样，经济增长率等同于人力资本积累率，在长期，经济水平与初始的人力资本水平成比例。

接下来，卢卡斯将分析的重点放在开放经济。卢卡斯假定：在开放经济条件下，劳动力无法流动，但是物质资本能够在国家间自由流动。世界上有 n 个国家，世界上总的物质资本存量为 $K = \sum_{i=1}^{n} k_i$，生产函数仍然采取（8.2.16）所规定的形式，这样世界的资本回报为 $r = \alpha A(K/H)^{\alpha-1}$，其中 $H = \sum_i u_i h_i$，而世界各国的产出与其人力资本存量成比例，即

$$y_i = A\left(\frac{K}{H}\right)^{\alpha} u_i h_i \tag{8.2.19}$$

采用这一框架的增长模型所表明各国的增长会由各国人力资本积累水平决定，而经济发展水平永远达不到收敛的状况。卢卡斯认为，这一预计并不符合实际情况。在经济增长的现实中，OECD 国家以及东亚国家的经济增长实现了收敛。卢卡斯认为，这一框架并没有考虑到各国人力资本积累的外溢性，一国人力资本积累也要受到整个世界人力资本水平的影响。考虑到这一点，各国人力资本积累函数为：

$$\frac{dh(t)}{dt} = \delta(1-u)h(t)^{1-\theta}Z(t)^{\theta} \tag{8.2.20}$$

其中，$Z(t) = H(t)/\sum_i u_i$ 为世界的平均人力资本水平。有了这一设定，人力资本低于世界平均水平的国家将会比人力资本高于世界平均水平的国家增长得快，各国经济发展会实现收敛。此时各国人力资本的相对水平为

$$\frac{dz_i(t)}{dt} = \delta(1-u)z(t)[z(t)^{-\theta} - 1] \tag{8.2.21}$$

式中，$z_i(t) = h_i/Z$ 代表国家 i 的相对人力资本水平。这一指标趋近于1，各国的人力资本水平会收敛，人力资本相对高的国家增长得慢，人力资本相对低的国家增长得快。

但是人力资本到底是通过什么方式积累的？正式的学校教育是积累人力资本一个非常重要的方式，这种积累人力资本的方式能够通过以上的模型来描述；但是除了正式的学校教育之外，在职经验积累、来自“边干边学”的人力资本积累也是人力资本积累非常重要的源泉。这种方式的人力资本积累有一个特点：“边干边学”与具体的产业联系在一起，不同的产业有不同的人力资本积累速度。卢卡斯想利用“边干边学”的人力资本积累来解释东亚经济高速增长的奇迹。

卢卡斯设定的生产函数为

$$x(t) = kn(t)z(t)^{\alpha} \tag{8.2.22}$$

其中 k 为生产率参数，n 为劳动力，z 为累积的生产经验，生产经验的动态方程为 $\mathrm{d}z(t)/\mathrm{d}t = n(t)z(t)^{\alpha}$。这一方程意味着生产经验的积累一方面依赖于原有的生产经验，另一方面依赖于生产中投入的劳动力数量。由此，卢卡斯得到生产经验的表示函数

$$z(t) = \left[(z(t_0))^{1-\sigma} + (1-\alpha)\int_{t_0}^{t} n(u)\mathrm{d}u\right]^{1/(1-\alpha)} \tag{8.2.23}$$

以及生产函数为

$$x(t) = k\bar{n}[z(t_0)^{1-\alpha} + (1-\alpha)\bar{n}(t-t_0)]^{\alpha/(1-\alpha)} \tag{8.2.24}$$

这里，为了分析的简便，卢卡斯做了一些简化，他假定生产中的劳动力投入为固定的 $\bar{n}$。

最后，卢卡斯引入新产品。新产品的不断引入以及基于引入新产品的边干边学是经济能够奇迹般增长的源泉。卢卡斯沿用南希·L. 斯托基（Nancy L. Stokey，1988）的技术，考虑一个多样化产品的经济，其中产品指数设定为 s，s 越大，意味着产品越好。而产品 s 的价格为 $p(s,t) = e^{\mu s}$。显然，越好的产品，价格也越高。$x(s,t)$ 代表第 s 种产品的数量，而经济中生产的产品总价值为

$$y(t) = \int_0^{s(t)} e^{\mu s}x(s,t)\mathrm{d}s \tag{8.2.25}$$

用 $n(s,t)$ 代表生产产品 s 所雇用的劳动力，$z(s,t)$ 代表累积的生产经验，那么，根据方程（8.2.22）以及（8.2.23），我们能够得到

$$x(s,t) = kn(s,t)\left[(Z(S,\tau(s)))^{1-\alpha} + (1-\alpha)\int_{\tau(s)}^{t} n(s,u)\mathrm{d}u\right]^{\alpha/(1-\alpha)} \tag{8.2.26}$$

方程（8.2.25）与方程（8.2.26）一起决定了在给定劳动力配置情况下的经济总产出。

卢卡斯设定新产品以固定的比率 λ 出现，则 $S(t) = \lambda t$，$S(t)$ 为在 t 时刻引入经济的新产品 S；而 $\tau(s)$ 为 S 的反函数，$\tau(s) = s/\lambda$ 设分布函数 Φ，其密度函数为 φ，$s \in (0,\lambda t]$，而在 t 时刻有 $\varphi(t - s/\lambda)$ 的工人从事产品 s 的生产，该产品已经产生的时间为 $t - s/\lambda$；剩下的 $1 - \Phi(t)$ 的工人则用于生产没有学习效应的产品 0。假定在期初，每种产品的生产率都是一样的，为 $z(s/\lambda,s) = \xi \geqslant 1$，有了这一假定，结合方程（8.2.25）、（8.2.26），可以得到总产出为

$$y(t) = 1 - \Phi(t) + k\lambda e^{\mu\lambda t}\int_0^t e^{-\mu\lambda u}\varphi(u)\left[\xi^{1-\alpha} + (1-\alpha)\Phi(u)\right]^{\alpha/(1-\alpha)}\mathrm{d}u \tag{8.2.27}$$

这一经济的渐进增长率为 $\mu\lambda$，这一增长率既不依赖于学习效率 α，也不依赖于工人在不同产业间的分布函数 φ，改变这些变量仅仅只有水平效应；真正决定一国长期增长的是 新产品的出现 λ 以及新产品的质量参数 μ。

3. 对人力资本与经济增长相互关系的历史考察

现代西方发达国家的经济实际上是以知识和技术为基础的经济，经济似乎进入了一个持续增长的阶段，人均收入稳定增长，人们的生活水平不断提高。新增长理论关注人力资本积累和技术进步，可以说是把握了现代经济增长的实质，这也是新增长理论家们观察和思考现代经济增长源泉的结果。但是在古典经济学家时代，马尔萨斯（1798）和李嘉图（1817）所观察到的经济实际上是一个处于停滞状态（stagnation）的经济：人均收入和人们的生活水平在相当长的时间内增长缓慢或根本就没有什么增长，任何技术进步所带来的生产力的增加只会带来人口相应的增长而对人均收入并没有什么影响；整个社会是一个以农业为主的社会，经济的产出以农业产出为主，绝大多数人口也集中在农业部门和农村等等。17 世纪和 18 世纪的西方社会和现代西方社会完全不一样，倒是和现代发展中国家有很多相同之处。现代新增长理论成功地揭示了现代经济增长的源泉，马尔萨斯和李嘉图时代的经济学家也把握了他们那个社会停滞静态的特征，对经济发展的前景持悲观态度。问题是西方社会是如何从一个停滞静态的社会演变为今天的现代社会的？这个问题在发展经济学中实际上就是：发展中国家如何实现从传统社会向现代社会的蜕变，赶上发达国家的经济增长的步伐，逐步缩小而不是扩大和发达国家之间的差距？

1800 年对西方世界来说实际上是一个转折点。发轫于英国的工业革命一方面在英国继续深入发展，另一方面迅速席卷整个西方世界，法国、德国、意大利、美国、俄国、日本等主要的资本主义国家迅速地加入到工业革命中来，并且在 20 世纪初期，工业革命的中心开始向美国转移，这种转移实际上开始奠定美国在今天的优势地位。发达国家之所以发达，是因为他们在历史上都普遍经历了一个工业革命的过程。正是通过工业革命，西方国家完成了从传统社会到现代社

会的飞跃，牢固地奠定了西方世界在国际社会中的主宰地位。因此如果说新增长理论要真正地理解增长的实质，它就必须追溯历史，理解发达国家是如何从传统社会转变为现代社会的，即理解工业革命本身。

其实有许多人很早就注意到了工业革命问题，[①] 默菲、施莱弗和维什尼（1989）讨论了后进国家如何通过大推进式的投资迅速地实现人均产出的提高和工业化；[②] 贝克尔、默菲和田村（1990）将家庭的内生生育行为引入到增长模型中来，讨论了长期增长的问题；科司塔斯·阿扎里亚迪斯和阿伦·德雷泽恩（Costas Azariadis & Allen Drazen，1990）考虑了在人力资本积累收益递增情况下的经济发展问题；松山公纪（Kiminori Matsuyama，1992）讨论了工业化过程中，农业生产率与经济增长的关系。这些经济学家的讨论虽然从不同的侧面涉及到了工业革命问题；但是，这些讨论一般来说都是零零散散的，缺乏统一的逻辑和框架，也并没有引起主流经济学的重视。

卢卡斯（1998；2002）重新提出了工业革命的问题。他认识到以马尔萨斯和李嘉图为代表的古典增长理论和后来以索罗、罗默和卢卡斯为代表的现代增长理论对于经济增长的理解有着很大的差异，然而他们却是对各自所处时代经济增长现实客观的描述和把握。他在一篇题为《工业革命：过去与未来》的长文中提出增长理论家们应该构建一个更一般的理论框架将古典的增长理论和现代增长理论统一起来，使得古典增长理论和现代增长理论都是这个统一框架下的特例。这个一般的统一框架应该能够解释人类社会从静止状态向持续增长状态过渡的过程，应该能够把握和解释过去两百年间经济成长的特征和实质。而这样一个向持续增长过渡的过程充斥着过去200年的历史，这一个过程也就是工业革命发生、发展、扩散和不断深化的过程。

遗憾的是，卢卡斯的这篇文章与其说是为了解决问题，还不如说是提出了问题。他没有能如他所说的提出一个一般化的理论框架，但是他指出了增长理论未来的发展方向：理解和解释工业革命或许是下一代甚至是未来几代增长理论家的任务。而工业革命是一个大变革的时代，要理解工业革命，要在这样一个纷繁芜杂的变革时代中理出头绪，我们就必须知道：在工业革命中，哪些因素是最关键的。

卢卡斯注意到1800对人类社会的发展是一个转折点。在1800年之前，人类社会产出的增长为人口的增长所抵消，人均收入长期稳定在低水平；但是，在1800年之后，人口的增长开始赶不上产出的增长，人均收入开始持续提高。换

---

① 在这里我们并没有罗列早年关于工业革命的讨论。

② 很明显，默菲等人（1989）的大推进思想与早期发展经济学中主张大规模投资以改变发展中国家落后状况的思想（如 Rosenstein-Rodan，1943；Nurkse，1953；Nelson，1956；Leibensten，1957；等等）有着惊人的一致。

句话说，1800 年产出的增长并没有像 1800 年之前那样仅仅只是带来人口的相应增长，带来的是人均收入的增长。如图 8. 2. 3 所示。

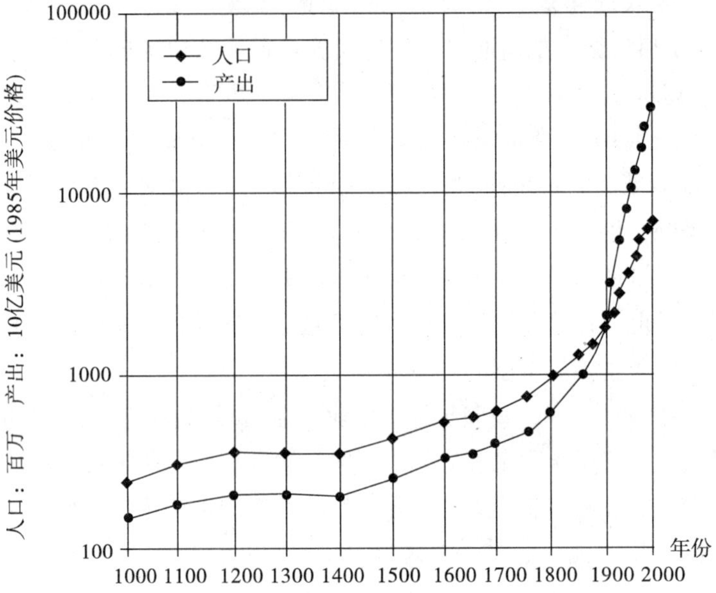

图 8. 2. 3 产出和人口①

卢卡斯认为，理解这一问题的关键是理解人口转型。他认为，以蒸汽机为代表的技术变革实际上是工业革命的一种表象，技术变革仅仅只是人均收入持续增长一个必要而非充分条件。蒸汽机的发明并不比风能、水力的利用来得深刻，也不比轮子的发明来得伟大，人类历史上实际上有很多发明和发现都可以和蒸汽机的发明相媲美，但是在工业革命之前任何的技术发明并没有带来人均收入和人们生活水平的提高，仅仅只是带来了人口相应的增长。增长的人口完全抵消了技术进步所带来的好处，使得社会生活水平始终得不到提高，社会经济也始终处于静止和停滞的状态。单独一项技术发明根本无法催生后面一系列的技术变革，因为不断增长的人口切断了这样一个创新爆炸的链条。而蒸汽机的发明却没有带来人口相应的增长，人口转型使得技术变迁的好处是带来人均收入的提高，而并不是人口的增长，这使得蒸汽机的发明得以触发工业革命中一系列的技术变革，从而实现经济的持续增长。然而，我们如何理解人口转型过程？

理解人口转型的关键是理解家庭的生育行为，这就需要把家庭的生育行为内生化。在贝克尔和巴罗（1988）与贝克尔、默菲和田村（1990）经典工作的基

① 小罗伯特 · E. 卢卡斯，《经济发展讲座》，江苏人民出版社 2003 年版，第 117 页。

础上，卢卡斯（1998；2002）把内生生育行为引入到模型中来。他发现：即使引入了内生生育率，单纯的物质资本积累根本不足以产生持续的增长；只有将内生人力资本积累与内生生育率相结合，才有可能持续增长，在这种环境下，任何技术的进步都会导致生育率的下降，正如工业革命所表现的那样。

在回顾了以前关于经济长期增长的经典模型之后，卢卡斯想提出一个统一的模型，统一李嘉图和马尔萨斯关于增长的古典模型、索罗的新古典增长模型以及其后兴起的新增长理论。这些增长理论都是经济学家们对他们所处时代的描述。不同的时代有着不同的经济表现，而卢卡斯（1998；2002）实际上是在用人力资本积累来解释工业革命这一转型过程。他这篇长达 90 页的文章实际上为我们讲述了这样一个故事：一个利他主义的家庭一方面会从养育子女的数量中得到满足，另一方面也比较关心子女未来的生活。父母实际上面临这样一个生育子女质量和数量的权衡（quality-quantity trade-off）：父母一方面要决定生育子女的数量，一方面也要决定养育子女的质量。如果子女并不能依靠自己较高的人力资本水平获得比较好的生活，那么父母倾向于用子女的数量来代替子女的质量，这样技术进步会带来生育率的提高；如果子女以后会从自己比较高的人力资本水平中获益，过上比较好的生活，那么父母会用子女的质量来代替子女的数量，少生育，而关注子女的人力资本投资，提高子女的人力资本水平。这样生产力越发达，人力资本越重要，而家庭的生育率就越低，而这正是工业革命和现代社会的实际情况。工业革命的实质在于它为人力资本投资提供了一种激励，使得家庭用子女的质量代替子女的数量，降低生育率而提高子女的人力资本水平，由此触发一系列的技术变革，使持续的增长成为可能。

在这篇长文中，卢卡斯一步步引出加入家庭生育行为的内生增长模型，用这一模型解释工业革命中发生的人口转型所带来的增长的根本性变化。

在分析了经济停滞的传统社会与阶级社会之后，卢卡斯开始引入生育问题。但是卢卡斯的分析表明：即使是引入生育行为，在积累物质资本的索罗模型中，仍然无法产生持续增长。只有考虑内生人力资本积累的内生生育模型才能够解释工业革命所带来的长期增长。

在具体的论证中，卢卡斯先构建了一个外生人力资本积累的内生生育模型。

卢卡斯规定家庭的效用函数采取如下形式：

$$u_t = W(c_t, n_t, u_{t+1}) \tag{8.2.28}$$

其中 c 为家庭的消费，n 为生育子女的数量，u 为子女的终生效用水平。这种效用函数中，子女的数量 n 和质量 u 都对父母的效用水平有影响，父母将面临子女数量—质量的权衡。

具体地，这一效用函数采用如下形式：

$$W(c, n, u) = c^{1-\beta} n^{\eta} u^{\beta} \tag{8.2.29}$$

生产函数采取最简单的线性生产函数，产量为 $h_i u_t$，其中 h_t 为人力资本存量，而 u_t 为投入生产中的人力资本比例。而人力资本的增长由以下方程决定：

$$h_{t+1} = \gamma h_t \tag{8.2.30}$$

显然这是一个外生人力资本增长模型。家庭在每个孩子身上所花费的时间为 k，家庭养育 n 个小孩，这样家庭总的资源约束为

$$c \leqslant h(1 - kn) \tag{8.2.31}$$

这样，家庭的贝尔曼方程为在约束条件式（8.2.31）下

$$v(h) \max_{c,n} W(c,n,v(\gamma h)) \tag{8.2.32}$$

将这一问题转化为如下问题

$$B = \max_{n} W(1 - kn,n,B\gamma) \tag{8.2.33}$$

这一问题的一阶条件为

$$W_n(1 - kn,n,B\gamma) = kW_c(1 - kn,n,B\gamma) \tag{8.2.34}$$

这一方程和原始的方程

$$B = W(1 - kn,n,B\gamma) \tag{8.2.35}$$

共同决定了 n 和 B 两个变量。但是，即便是这样的模型，也不会产生人口转型的结果。如果效用函数采取方程（8.2.29）的形式，我们能够得到 n 的表达式

$$kn = \frac{\eta}{1 - \beta + \eta} \tag{8.2.36}$$

在这一经济中，技术进步 γ 和 B 的值都对 n 没有影响，这样的话，人口转型仍然无法发生。

在这一模型基础上，卢卡斯考虑内生人力资本积累的生育模型。在这一背景下，卢卡斯设定的人力资本积累方程为

$$h_{t+1} = h_t \varphi(r_t) \tag{8.2.37}$$

其中 r_t 为家庭投入于子女人力资本积累的时间。在这一情况下，家庭的资源约束为

$$c \leqslant h(1 - (r + k)n) \tag{8.2.38}$$

其中，k 为除去人力资本积累之外的其它方面的时间开销。这样，家庭的贝尔曼方程为

$$v(h) = \max_{c,n,r} W(c,n,v(h\varphi(r))) \tag{8.2.39}$$

这一问题的约束条件为式（8.2.38）。这一问题的解满足 $v(h) = Bh$ 的形式，其中 B 为

$$B = \max_{n,r} W(1 - (r + k)n,n,B\varphi(r)) \tag{8.2.40}$$

一阶条件为

$$W_n(1 - (r + k)n,n,B\varphi(r)) = (r + k)W_c(1 - (r + k)n,n,B\varphi(r)) \tag{8.2.41}$$

$$W_u(1-(r+k)n,n,B\varphi(r))B\varphi'(r) = nW_c(1-(r+k)n,n,B\varphi(r)) \tag{8.2.42}$$

当家庭的效用函数采取式（8.2.29）的形式时，由方程（8.2.41）我们得到

$$\frac{\eta}{n} = (r+k)\frac{1-\beta}{1-(r+k)n}$$

整理得到

$$(r+k)n = \frac{\eta}{1-\beta+\eta} \tag{8.2.43}$$

比较式（8.2.43）与式（8.2.36），就会发现在式（8.2.43）中多了人力资本积累参数 r 这一项。由一阶条件式（8.2.42），我们得到

$$\beta\frac{\varphi'(r)}{\varphi(r)} = n\frac{1-\beta}{1-(r+k)n} \tag{8.2.44}$$

假定人力资本积累方程为

$$\varphi(r) = (Cr)^{\varepsilon} \tag{8.2.45}$$

这样我们能够得到

$$\beta\varepsilon = rn\frac{1-\beta}{1-(r+k)n} \tag{8.2.46}$$

这样卢卡斯解出家庭投入子女人力资本积累的时间 r 为

$$r = \frac{\beta\varepsilon}{\eta-\beta\varepsilon}k \tag{8.2.47}$$

而最优的生育率为

$$n = \frac{1}{k}\frac{\eta-\beta\varepsilon}{1+\eta-\beta} \tag{8.2.48}$$

很明显，在方程（8.2.47）与式（8.2.48）所描述的家庭最优行为中，人力资本积累参数 C 没有影响；但是 ε 的提高一方面使得家庭投入于下一代人力资本积累的时间 r 提高，另一方面使得生育率 n 降低。实际上，从经济学直觉上来说，ε 的提高意味着人力资本积累技术本身的进步，这种进步使得人力资本积累的回报变大，在子女数量—质量的权衡中，家庭将更加注重子女的质量而降低子女的数量，这也是贝克尔、默菲和田村（1990）的核心思想。

卢卡斯在自己内生生育模型的基础上做了一些扩展，他在此模型的基础上囊括进物质资本因素。

卢卡斯用 z 代表物质资本，而用 h 代表人力资本，物质资本的折旧率为 δ，这样经济中总的生产为 $f(z,h)$，除去折旧之后的总产出为 $f(z,h)+(1-\delta)z$。家庭需要在几个用途之间分配自己的产出：家庭消费 c、留给子女的物质资本 yn 以及用于子女人力资本投资的财富 $(r+k)hn$，其中 k 为家庭在每个孩子身上所花费的时间。这样家庭的约束为

$$c + [y + (r + k)h]n \leqslant f(z,h) + (1 - \delta)z \tag{8.2.49}$$

人力资本积累方程仍然采取（8.2.37）的形式，其中 r_t 仍然为家庭用于子女人力资本积累的时间比例，家庭的贝尔曼方程为

$$v(z,h) = \max_{c,n,r,y} W(c,n,v(y,h\varphi(r))) \tag{8.2.50}$$

约束条件为式（8.2.49）。

对于这一问题，均衡增长路径上，物质资本 z 、人力资本 h 以相同的比例 $\gamma = \varphi(r)$ 增长，生育率 n 和家庭积累子女人力资本的水平 r 都为常数。加入物质资本之后的内生生育模型和没有物质资本的内生生育模型得出基本相同的结论。

二、人口增长、人力资本投资与经济增长

1. 贝克尔等人的论证

贝克尔、默菲和田村（1990）提出了一个内生生育率的模型，他们用这一内生生育模型来解释家庭的人力资本积累，从而对经济增长问题做出自己的回答。他们分析的逻辑结构如下：一国的长期增长取决于其人力资本水平，而一国的人力资本水平取决于家庭的人力资本投资行为，而家庭的人力资本投资取决于家庭的生育行为。当经济中的人力资本回报较高时，家庭倾向于少生育，对每个子女进行较多的人力资本投资；当人力资本回报较低时，家庭倾向于多生育，而对每个子女进行较少的人力资本投资。但是，人力资本的回报和人力资本本身的多寡是联系在一起的。这样，经济会出现两个水平的均衡：低水平的均衡是较多的子女，较少的人力资本，较低的人均收入；高水平的均衡是较少的子女，较多的人力资本，较高的人均收入。从这个意义上来说，这个世界也会出现高收入国家和低收入国家两类。这样，他们从内生生育行为和人力资本积累行为的角度揭示了各国间的收入差距。

他们假定：第一，生产和养育子女是彼此互相替代的，这意味着高工资实际上提高了养育子女的成本；第二，父母不仅关心自己当前的效用水平，同时也关心子女的效用水平，他们把这类效用函数称为王朝效用函数（dynastic utility function）。具体地，效用函数采取如下形式：

$$V_t = u(c_t) + a(n_t)n_t V_{t+1} \tag{8.2.51}$$

其中 $u' > 0, u'' < 0, a' < 0$ ，V_t 和 V_{t+1} 是父母和每个子女的效用水平，n_t 是子女的数量，$a_{(n)}$ 是效用函数中的利他参数，a 越大，意味着父母越看重子女的效用水平，它随子女的数量递减。

人力资本的积累会出现多重均衡：低人力资本均衡和高人力资本均衡。与这两个均衡相对应的是发展中国家的经济发展水平和发达国家的经济发展水平。两种均衡如图 8.2.4 所示。

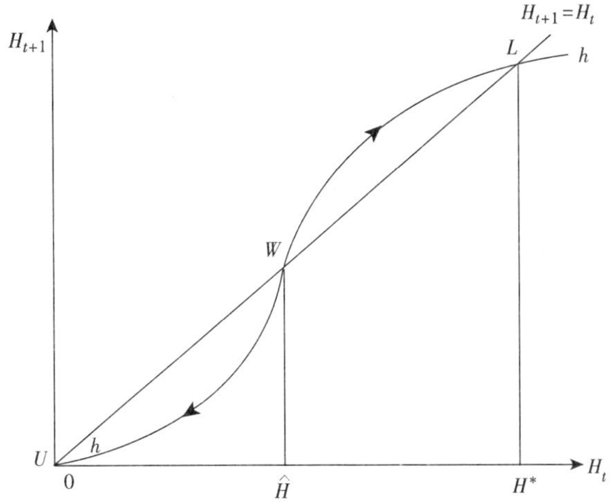

图 8.2.4　人力资本积累的多重均衡

图 8.2.4 中，横轴为 t 期的人力资本水平，纵轴为 $t+1$ 期的人力资本水平。在 45°线上，$H_t = H_{t+1}$，表明人力资本的稳态情况；从零点出发的曲线代表人力资本投资的回报率曲线 $R_h(H)$，这一回报率当人力资本存量趋于 0 的时候，非常低，随着人力资本水平的上升而上升，但是当人力资本水平达到一定高度时，其投资回报开始下降；而与人力资本投资回报相对的另一面则是消费贴现率 $[a(n)]^{-1}$，当 $H = 0$ 或 H 趋于 0 时，相对应的 n 较大，因而贴现率较高。当贴现率超过了人力资本投资回报率时，即 $[a(n_u)]^{-1} > R_h$。因此，当 $H = 0$ 时，这样经济中不会有人力资本投资，人力资本水平将停留在 $H = 0$ 这一水平。随着人力资本水平的提高，n 在下降，与之相对应的贴现率下降，同时人力资本投资回报率随着人力资本水平的提高而提高，当 $[a(n^*)]^{-1} = R_h(H^*)$ 时，经济达到稳态。从图 8.2.4 中，我们可以看到，W 和 L 分别为两个均衡点，但是 W 为不稳定的均衡，它有可能退到原点，也有可能上移到高水平均衡点 L 点，而 L 点是稳定的均衡点。发达国家人力资本存量大，人力资本投资回报高，更倾向于维持在高水平均衡上，此时发达国家人力资本水平为 H^*；而发展中国家人力资本存量小，人力资本投资回报低，则经济会退化到 $H = 0$ 的原点。

具体来说，人力资本积累方程采取如下形式：

$$H_{t+1} = AH_t(bH^0 + H_t)^{\beta} \tag{8.2.52}$$

其中 A 为人力资本投资效率参数，h_t 为父辈教育子女的时间，H^0 为子女的人力资本禀赋，H_t 为父辈的人力资本水平。而消费采取以下形式：

$$c_t + fn_t = Dl_t(dH^0 + H_t) \tag{8.2.53}$$

其中 c 为成人的人均消费，f 为养育一个子女的成本，n 为子女数量，D 为生产效率系数，l 为投入生产中的时间，而 d 代表了初始人力资本禀赋 H^0 与后天培

养的人力资本 H^t 之间的效率关系。而父母面临的时间约束为

$$T = l_t + n_t(v + h_t) \tag{8.2.54}$$

其中 v 为养育每个小孩所耗费的时间，T 为总时间。为简单起见，模型中设定 $b = d = 1$，同时设定利他参数为 $a(n) = \alpha n^{-\varepsilon}$，具体的效用函数为 $u(c) = c^{\sigma}/\sigma$。这样，父母的目标函数为式（8.2.51），约束条件为式（8.2.52）、式（8.2.53）和式（8.2.54）。t 与 $t+1$ 时刻人均消费的无套利条件为

$$\frac{u'(c_t)}{au'(c_{t+1})} = \alpha^{-1} n_t^{\varepsilon}\left(\frac{c_t + 1}{c_t}\right)^{1-\sigma} \geqslant R_{ht} = 1 + r_{ht} \tag{8.2.55}$$

式（8.2.55）在人力投资为正时取等号；其中 r_{ht} 为人力资本投资的回报率，此回报率根据 R_{ht} 表达式计算得出

$$R_{ht} = A(T - vn_{t+1}) = A(l_{t+1} + h_{t+1}n_{t+1}) \tag{8.2.56}$$

由一阶条件我们能够得到

$$(1 - \varepsilon)\alpha n_t^{-\varepsilon} V_{t+1} = u'(c_t)[(v + h_t)(H^0 + H_t) + f] \tag{8.2.57}$$

方程（8.2.57）的左边代表额外增加一个子女带来的边际效用，右边代表生产和养育子女的时间成本与消费品成本。

对于 $H = 0$ 以及相对应的 $h = 0$ 稳态点来说，贴现率会严格大于人力资本投资回报率，即 $n_u^{\varepsilon} > \alpha A(T - vn_u)$；同时根据一阶条件，就能够得到

$$\frac{(T - vn_u)H^0 - fn_u}{vH^0 + f} = \frac{\sigma(1 - \alpha n_u^{1-\varepsilon})}{(1 - \varepsilon)\alpha n_u^{-\varepsilon}} \tag{8.2.58}$$

方程的左边是父母的消费与父母养育子女所放弃的消费之间的比率。如果初始禀赋 H^0 较高，或养育子女的成本 v 与 f 较小，那么这一比率将会比较大。而根据这一方程，生育率 n 将会比较大。在这里，贝克尔等人无非是说当父母发现养育子女的成本较低或子女本身具有较高的禀赋时，父母会选择多生育。与之相对应的是父母将少对子女进行人力资本投资，这样 $H = 0$ 将成为稳态点。

但是，随着 H 的增加，情况会发生逆转。当 H 增加到一定的程度时，子女的初始禀赋 H^0 以及养育成本 f 相对来说较小，这样由一阶条件式（8.2.57）就能得到

$$(1 - \varepsilon)\alpha n^{*-\varepsilon} V_{t+1} = u'(c_t)(v + h^*)H_t$$

$$A\alpha n^{*-\varepsilon}\frac{\mathrm{d}V_{t+1}}{\mathrm{d}H_{t+1}} = u'(c_t) \tag{8.2.59}$$

其中 $\mathrm{d}V_{t+1}/\mathrm{d}H_{t+1}$ 由稳态路径

$$1 + g^* = \frac{c_{t+1}}{c_t} = \frac{H_{t+1}}{H_t} = Ah^* \tag{8.2.60}$$

得到。方程（8.2.59）上下相除，同时代入 $\sigma = \mathrm{d}\log V_{t+1}/\mathrm{d}H_{t+1}$ 以及 $h^* = (1 + g^*)/A$，我们得到

$$1 + g^{*} = \frac{\sigma v A}{1 - \sigma - \varepsilon} \tag{8.2.61}$$

$$h^{*} = \frac{\sigma v}{1 - \sigma - \varepsilon} \tag{8.2.62}$$

而稳态时的生育率由下面方程求得

$$\alpha n^{* - \varepsilon}(t - v n^{*}) = A^{-1}(1 + g^{*})^{1 - \sigma} \tag{8.2.63}$$

在这个高水平均衡中，生育率较低，而父母注重子女的人力资本投资，经济也产生了稳态增长，这和 $H = 0$ 的低水平均衡形成了鲜明的对照。

2. 罗森茨维格的分析

罗森茨维格（1990）重新考察了增长、人力资本投资与家庭生育行为的关系。他将研究的侧重点放在技术进步、家庭生育行为以及人力资本投资的相互关系上。

父母所面对的家庭效用函数为

$$U = U(i, h, n, y) \tag{8.2.64}$$

其中 i 为子女成年之后的平均收入，h 为每个子女的人力资本水平，n 为子女的数量，y 为消费。而子女的人力资本由以下方程决定：

$$h = h(t, x; v) \tag{8.2.65}$$

$$h_j > 0, h_{jj} < 0, j = t, x$$

其中 t 为每个小孩上学的时间，x 为学校教育所需要的投入，v 是小孩的“外生禀赋”，例如小孩的天赋等等，显然这些因素对小孩的人力资本积累会有明显的影响。

子女成年之后的收入由以下方程决定：

$$i = ah + b \tag{8.2.66}$$

其中 ah 为子女从自己的人力资本水平获得的收入，显然 a 为人力资本的边际收益。而 b 则是来自于父母的转移支付，它可正可负，正的代表父母给予子女遗产馈赠，而负的 b 代表父母从子女身上获得收益。子女年少时有 t 的时间在上学和工作之间分配，而单位工作时间的工资率为 w。这样一来，就能够写出家庭面临的预算约束

$$I + nw(T - t) = n(p_n + b + xp_x) + y \tag{8.2.67}$$

其中 I 为父母的收入，p_n 为生育子女的直接成本，p_x 为单位 x 的价格。

至此，完成了对这个简单模型的构造。这是一个一期模型，和前面所接触到的贝克尔等人（1990）的模型有很大的不同，父母的利他主义不是用王朝效用函数来表达，而用 i 和参数 b 来刻画，子女在童年所能够获得的收入进入家庭的收入（观察方程（8.2.67）的左边），而父母直接做出生育与子女教育的决策。

人们很容易得到人力资本 h 与生育 n 之间的边际替代率

$$MRS_{h,n}=\frac{n(w-\alpha h_1)}{h_1[p_n+b+p_x x-w(T-t)]} \tag{8.2.68}$$

在此基础上，罗森茨威格推导出工资变动对人力资本投资与家庭规模的影响为

$$\frac{\mathrm{d}t}{\mathrm{d}w}=nS_{tt}+(t-T)S_{nt} \tag{8.2.69}$$

$$\frac{\mathrm{d}n}{\mathrm{d}w}=(t-T)S_{nn}+nS_{nt} \tag{8.2.70}$$

其中S_{kj}为希克斯补偿替代效应，由于模型中希克斯补偿替代效应的性质（$S_{jj}<0$，$S_{nt}>0$），上学t和家庭生育n之间也是希克斯替代的（$S_{nt}>0$）。这样根据式（8.2.69）和式（8.2.70），我们知道，学校教育的机会成本提高（w提高）将会提高生育率n，同时降低学校教育t。

这样一来，罗森茨维格实际上向我们描述了这样一种机制：由于经济发展和外生的技术进步提高了子女受教育的机会成本，这一工资率的上升会对人力资本的积累产生负向效应，使得发展中国家人力资本积累减少而生育率上升。前人的研究多关注经济发展、技术进步对人力资本积累的激励效应，而罗森茨维格则在一个简单的模型中向人们展示出经济发展、技术进步对人力资本积累可能产生的负面影响。这种负面影响在发展中国家确实存在，发展中国家在20世纪60—70年代出现的“绿色革命”在提高农业生产率的同时，也提高了童工的工资水平，而童工工资水平的提高客观上提高了子女受教育的机会成本，对发展中国家的人力资本积累和生育率的降低产生了负面效应。

接下来，罗森茨维格考察了生育成本的变动对人力资本积累以及生育率的影响。罗森茨维格设定家庭规模或家庭生育行为由以下方程决定：

$$n=\mu+n(z) \tag{8.2.71}$$

$$n'<0,n''>0$$

其中z为用于生育控制的资源投入（如避孕所需要投入的资源）；而μ为不控制生育时（$z=0$）的生育数量，这样其实父母通过选择z来选择生育行为。这样一来，罗森茨维格重新规定人力资本方程为

$$h=h(t,x,n;v) \tag{8.2.72}$$

其中$h_n<0$。

同样，从文章中能够得到学校教育与生育率之间的边际替代率为

$$MRS_h,n=\frac{n(w-\alpha h)}{h_1[p_n+b+p_x x-w(T-t)-n(h_3/h_1)w+p_z n']} \tag{8.2.73}$$

其中p_z为z的价格。

比较式（8.2.73）与式（8.2.68），方程（8.2.68）对应$p_z=0$的情况，很明显生育控制的成本越高或生育控制的效率越低，经济中的生育率就越高。

罗森茨维格模型的理论意义很明显：一方面，他认为技术进步、经济发展会提高童工的工资水平，从而提高子女受教育的机会成本，这会对人力资本投资产生不利影响，与此同时，童工工资水平的增加也会刺激父母的生育行为，会导致更高的生育率；其次，父母生育控制的成本也对生育率有重要的影响。其实，罗森茨维格这里说了一个“马尔萨斯陷阱”的故事：在工业革命时代之前，技术进步与经济发展刺激了人口的相应增长，而人力资本水平没有变化，经济始终处于低水平均衡；而工业革命之前避孕手段等控制生育的技术手段的缺乏也使得生育率居高不下。

3. 杰哈德·格罗姆和 B. 拉维库马尔的论证

杰哈德·格罗姆和 B. 拉维库马尔（Gerhard Glomm & B. Ravikumar，1992）关注的是经济中公共教育投资与私人教育投资对增长和收入分配的影响。他们发现，公共教育能够减小经济中的收入不平等状况，而私人教育更能够促进经济增长，除非经济中的收入不平等状况非常严重。

格罗姆和拉维库马尔通过一个世代交叠模型（an overlapping generation model，OLG）来研究这一问题。在一个世代交叠的经济中，每个人生存两期，在第二期期末死亡。第二期时生育一个小孩，这样经济中的人口总数保持不变。当 $t=0$ 时，经济第 j 个成年人所拥有的人力资本存量为 h_{j0}，人力资本分布函数为 $G_0(\cdot)$。简单起见，作者假定人力资本分布满足对数正态分布，均值和方差分别为 μ_0,σ_0^2，当然，在不引起混淆的情况下，作者省略下标 j。经济中每代人都具有相同的偏好，在生命的第一期工作，享受闲暇；在生命的第二期消费，给子女留下遗产。一般而论，在第 t 期出生的个人的效用函数为

$$\ln n_t + \ln c_{t+1} + \ln e_{t+1}$$

其中 n_t 为第 t 期消费的闲暇，c_{t+1} 为第 $t+1$ 期的消费，而 e_{t+1} 为第 $t+1$ 期学校教育的质量，这一指标相当于父母对子女的馈赠。而子女的人力资本水平由以下方程决定

$$h_{t+1} = \theta(1-n_t)^{\beta}e_t^{\gamma}h_t^{\delta},\theta>0 \tag{8.2.74}$$

其中，$(1-n_t)$ 为年轻人在第 t 期的工作时间，e_t 为第 t 期的学校教育质量，h_t 为父母的人力资本水平。而在第 $t+1$ 期，个人的收入和他的人力资本水平 h_{t+1} 相等。由于要支撑公共教育，政府必须要对人们的收入进行征税，假设税率为 τ_{t+1}，那么总税收为

$$E_{t+1} = \tau_{t+1}H_{t+1} \tag{8.2.75}$$

其中 $H_{t+1} \equiv \int h_{t+1}\mathrm{d}G_{t+1}(h_{t+1})$。可以用 E 表明公共教育中的学校教育质量，用 e_{t+1} 代表私人教育，个人在 $t+1$ 期将自己的收入 h_{t+1} 分配于消费 c_{t+1} 与私人教育 e_{t+1}。

在公共教育中，经济中的个人面临的优化问题可以分为两步。首先个人选择最优的 n_t 和 c_{t+1}，即个人面临以下优化问题

$$\max \ln n_t + \ln c_{t+1} + \ln E_{t+1} \tag{8.2.76}$$

约束条件为：

$$c_{t+1} = (1 - \tau_{t+1}) h_{t+1}$$

$$h_{t+1} = \theta(1 - n_t)^{\beta} E_t^{\gamma} h_t^{\delta} \tag{8.2.77}$$

然后，经济需要选择最优的税率，即求解以下优化问题

$$\ln[(1 - \tau_{t+1}) h_{t+1}] + \ln \tau_{t+1} H_{t+1} \tag{8.2.78}$$

其中 H_{t+1} 代表第 $t+1$ 期人们的平均收入。

这一优化问题的均衡解为序列集合：

$$\{n_t\}_{t=0}^{\infty}, \{h_{t+1}\}_{t=0}^{\infty}, \{c_t\}_{t=0}^{\infty}, \{G_{t+1}(\cdot)\}_{t=0}^{\infty}, \{E_t\}_{t=0}^{\infty}, \{\tau_t\}_{t=0}^{\infty},$$

均衡时，在第 t 时刻出生的人闲暇与工作之间的时间配置为

$$1 - n_t = \frac{\beta}{1 + \beta} \tag{8.2.79}$$

这样，第 $t+1$ 时刻个人的人力资本为

$$h_{t+1} = \theta E_t^{\gamma} \left(\frac{\beta}{1 + \beta}\right)^{\beta} h_t^{\delta} \tag{8.2.80}$$

而第 $t+1$ 时刻的人力资本分布为

$$\mu_{t+1} = \ln\left[\theta E_t^{\gamma} \left(\frac{\beta}{1 + \beta}\right)^{\beta}\right] + \delta \mu_t$$

$$\sigma_{t+1}^2 = \delta^2 \sigma_t^2$$

由此，可以得到最优的税率为

$$\tau_{t+1} = 1/2 \tag{8.2.81}$$

在最优税率下，第 $t+1$ 期的人力资本为

$$h_{t+1} = \theta(1/2)^{\gamma} \left(\frac{\beta}{1 + \beta}\right)^{\beta} (H_t)^{\gamma} h_t^{\delta} \equiv A(H_t)^{\gamma} h_t^{\delta} \tag{8.2.82}$$

其中 $A \equiv \theta(1/2)^{\gamma}[\beta/(1+\beta)]^{\beta}$。由于模型中人力资本满足对数正态分布，所以人力资本水平为

$$H_t = exp[\mu_t + (\sigma_t^2/2)] \tag{8.2.83}$$

而

$$\mu_{t+1} = \ln(A) + \gamma \ln(H_t) + \delta \mu_t = \ln(A) + (r + \delta)\mu_t + \gamma \sigma_1^2/2 \tag{8.2.84}$$

对于私人教育而言，个人选择 n_t、c_{t+1} 以及 e_{t+1} 最大化自己的效用

$$\ln n_t + \ln c_{t+1} + \ln e_{t+1} \tag{8.2.85}$$

约束条件为

$$h_{t+1} = \theta(1 - n_t)^{\beta} e_t^{\gamma} h_t^{\delta}$$

$$c_{t+1} = h_{t+1} - e_{t+1} \tag{8.2.86}$$

经济的均衡由数列：

$\left\{n_t\right\}_{t=0}^{\infty}$，$\left\{h_{t+1}\right\}_{t=0}^{\infty}$，$\left\{c_t\right\}_{t=0}^{\infty}$，$\left\{G_{t+1}(\cdot)\right\}_{t=0}^{\infty}$，$\left\{e_t\right\}_{t=0}^{\infty}$，表示，在第 t 期出生的个人选择最优的消费与教育质量为 $c_{t+1}=e_{t+1}=1/2h_{t+1}$，人力资本为 $h_{t+1}=\theta(1-n_t)^{\beta}e_t^{\gamma}h_t^{\delta}$。均衡条件也意味着：

$$1-n_t=\frac{\beta}{1/2+\beta} \tag{8.2.87}$$

这意味着经济中每代人投入 $(1-n_t)$ 的时间进行人力资本积累。而在私人教育体制下，经济中的人力资本方程为

$$h_{t+1}=Bh_t^{\gamma+\delta} \tag{8.2.88}$$

其中 $B\equiv\theta(1/2)^{\gamma}[\beta/(1/2+\beta)]^{\beta}$。两个经济是不一样的，在私人教育经济中，个人进行最优决策时会考虑到提高 e_{t+1} 对子女的影响；但是在公共教育经济中，个人进行最优决策的时候，不会考虑对子女的教育馈赠 E。

接下来，作者比较了两种教育体制对经济增长和收入分配的影响。作者考虑两种情况，首先考虑的是经济中的个人都是同质的，这意味着经济中每个人的人力资本水平都是相同的，因而收入水平都是相同的。在这种经济中，私人教育体制会比公共教育体制带来更快的经济增长，其原因在于公共教育体制下存在着外部性，这样会使得经济中的教育投资不足；而私人教育体制没有这样的问题，因而能够获得更快的增长。这一情况由于假定经济中的个体是同质的，因而不会牵涉到收入分配问题。

其次，作者考虑了经济中个人的异质性，即人力资本的分布不是均匀的，这意味着个人之间存在着收入分配的差距。如文中所述，经济中初始的人力资本水平满足参数为 μ_0 和 δ_0^2 对数正态分布，在这种情况下，公共教育能够使得收入分配状况改善；但是私人教育对收入分配状况的影响取决于参数。具体来说，当 $\gamma+\delta<1$ 时，收入分配状况会改善；当 $\gamma+\delta>1$，收入分配状况会恶化；当 $\gamma+\delta=1$ 时，收入分配状况不变。而 δ 和 γ 是反映上一代教育馈赠 e 与上一代人力资本水平 h 对下一代人力资本水平贡献率的指标，当这些指标较大时，私人教育体制必然会带来收入分配状况的恶化。

那么，在民主国家，经济到底会采用什么教育体制呢？作者认为只有当经济中的老年人占多数时，经济会选择公共教育制度；而当年轻人占多数时，私人教育制度则是经济必然的选择。

4. 默菲等人有关才能配置的讨论

默菲、施莱弗和维什尼（1991）从另一个侧面讨论人力资本对经济增长的影响。以往讨论人力资本与经济增长关系的文章多半从人力资本投资的角度探讨人力资本投资与经济增长的关系。这是一个从人力资本投入的角度来探讨人力资本

与经济增长的关系。这一思路有一个逻辑上的问题：如果经济花费很大的代价提高经济中的人力资本水平，但是如果提高的人力资本并不是用在生产性活动中，或具有很高人力资本水平的人们倾向于从事“寻租”活动，那么提高的人力资本不一定会带来经济增长。这就涉及人力资本的配置或人才的配置问题了。默菲等人（1991）正是从人力资本配置的角度探讨才能配置与经济增长的关系。

到底什么因素决定人们从事什么样的活动？默菲等人认为仍然是从事该活动的收益率，如果某职业回报较高，那么高才能的人就会倾向于从事这一职业。经济中的企业家对经济增长至关重要，企业家组织生产要素进行生产，推动企业的技术进步。默菲等人在文章中首先构建了一个单部门模型表明企业家与经济增长的关系。经济中个人能力 A 分布在 $[1, a]$ 区间，其分布密度函数为 $f(A)$。如果个人选择成为企业中的工人，获得相应的工资收入 w，如果选择成为企业家，那么其利润为

$$y = sAF(H) - wH \tag{8.2.89}$$

其中，s 为经济中的技术水平，A 为该企业家的个人能力，H 为该企业所雇佣工人的人力资本总和，w 为单位人力资本的工资水平，$F(H)$ 为企业的生产函数。企业家雇佣工人进行生产，支付给工人相应的工资，剩下的就作为企业家的利润。从式（8.2.89）可以看出，企业家的利润与企业家的个人能力和技术水平是正相关的，这一函数设定意味着，只有能力较高的人才有可能成为企业家，而能力低的人不大可能成为企业家，只有成为工人。而工人的工资为工人的边际产出，为

$$sAF'(H) = w \tag{8.2.90}$$

经济中的个人将面临两种选择：当企业家或选择做工人进入企业工作。只有当企业家的利润大于当工人的收入时，个人才会选择当企业家，即要求

$$sAF(H(A)) - wH(A) > wA \tag{8.2.91}$$

其中，$H(A)$ 是个人能力为 A 的企业家的人力资本需求量。在劳动力市场上企业家对劳动力的需求等于劳动力的供给，这样劳动力市场均衡条件为

$$\int_1^{A^*} Af(A)\,\mathrm{d}A = \int_{A^*}^{a} H(A)f(A)\,\mathrm{d}A \tag{8.2.92}$$

默菲等人认为企业家是整个经济的中坚力量，特别是在工业革命时代，企业家不仅应用新技术组织生产，而且本身对技术进步起着根本性的推动作用。基于这样的认识，默菲等人在文章中设定技术进步方程为

$$s(t) = s(t-1) \cdot (\text{企业家在 } t-1 \text{ 期的最大能力}) \tag{8.2.93}$$

即第 t 期的技术水平一方面取决于前一期的技术基础，另一方面也取决于上一期企业家才能的最高水平。换言之，经济中技术进步取决于企业家能力的上界值。当最有才能的人投入到企业家工作中去时，经济中的技术进步也达到了最大。

当劳动力市场处于均衡时，方程（8.2.92）成立，这一方程一方面规定了均衡的工资率 w，另一方面也决定了阈值的人力资本水平 A^*，即人力资本水平高于 A^* 的人为企业家，而人力资本水平低于 A^* 的人当工人。

这一经济的平衡增长路径由经济中企业家的最高水平 a 决定，增长率为 $a-1$，即平衡增长路径上技术、工资、人均收入、利润都按照这一速率增长。

接着，作者将这一模型扩展为一个两部门模型。在两部门中，最有才能的人，首先配置在生产函数更有弹性的那一产业（产业 1），设这一产业中才能的临界值为 A_1，才能高于 A_1 的为企业家，而才能低于 A_1 的为第一产业中的工人；然后剩下的人配置在另一个产业（产业 2）中，才能高于临界值 A_2 的为企业家，而才能低于 A_2 的为工人。显然产业 1 中的人力资本水平要高于产业 2，即便是产业 1 的工人，其人力资本水平也高于产业 2 中企业家的人力资本水平。显然这一配置已经偏离了社会的最优。

在两部门的基础上，默菲等人引入寻租行为。文章所定义的寻租行为为非生产性的寻利活动，寻租行为仅仅只是一种财富再分配的活动，寻租者仅仅只是将财富从其他阶层手中转移到自己手中，但是对整个社会福利的改善和财富的增加并无好处。企业家从生产活动中所获得利润为 y，而寻租行为将企业家利润中的一部分转变为寻租者的收入，设定这一比例为 T，那么 Ty 实际上为寻租者从生产性企业中所进行的财富转移。寻租行为的技术由以下函数刻画

$$R = \frac{AG(H)TY}{\int AG(H)f(A)\,\mathrm{d}A} - wH \qquad (8.2.94)$$

其中 H 为寻租者所雇用的人力资本总量，Y 为企业家的利润总额，G（H）为寻租行业的生产函数，A 为寻租者的人力资本水平，F（A）为寻租者的人力资本水平分布。对于寻租行为来说，能力越高的人从事寻租行为利润越大，这和经营企业是一样的。这意味着，寻租行为与企业家行为对人才存在着竞争关系。此时经济中的个人面临三种选择：经营企业成为企业家，成为工人或成为寻租者。劳动力市场的均衡条件为（这个均衡条件实际上说是企业家和寻租者对人力资本的需求应该等于工人的供给）

$$\int_{\text{寻租者}} H(A)f(A)\,\mathrm{d}A + \int_{\text{企业家}} H(A)f(A)\,\mathrm{d}A = \int_{\text{工人}} Af(A)\,\mathrm{d}A \qquad (8.2.95)$$

对于加入了寻租行为的经济，我们仍然要考虑两种情况：（1）如果生产性活动对 H 的产出弹性要大于寻租活动对 H 的弹性，那么这一情况和前面的两部门的情况一致，经济的稳态增长率和前面的两部门模型一致，都由经济中能力最高的企业家所决定。由于生产性企业吸引了最有才能的人，所以这种情况下经济增长率与前面的两部门模型一样，也是 $a-1$，不过经济的绝对水平不如前面的两部门模型，因为寻租行为耗用了相应的资源。（2）如果生产性活动对 H 的产

出弹性小于寻租活动对 H 的产出弹性，那么寻租活动将吸引经济中最有才能的人，而经济增长率由企业家的才能决定，这样的话，寻租行为将降低经济的增长率。

默非等人实际上给我们讲述了这样的故事：如果人们在生产性活动中能够更好地发挥自己的才能，那么社会就能够吸引最有才干的人经营企业；如果人们发现寻租行为更能够发挥自己的才能，那么整个社会最有才干的人将会从事寻租活动，配置到企业中的人将不是那些最有才干的人，经济增长由此受到损害。

他们认为市场规模、企业规模以及补偿性契约制度对决定不同性质的活动的收益率有着至关重要的影响。当然这一论断很难通过实证数据来验证，作者还是尽量利用现有的数据对这一假说进行验证。他们利用大学注册学生中律师专业学生人数作为经济中寻租活动的代理变量，用工程学专业学生人数作为经济中企业家活动的代理变量。固然这一处理方式存在相当大的问题，但是这是作者在当时能够找得到的最好的处理方式。

他们利用 91 个国家 1970—1985 年的数据验证自己的假说，发现有更多律师专业学生的国家的确增长得要慢，而如果经济中更多的人选择工程专业，那么经济增长会更快一些。下表表明了他们的回归结果。

表 8.2.1　人均 GDP（1970—1985 年）关于工程和法律专业学生比例（1970 年）的回归结果

模型	所有国家	大于 10000 名学生
Constant	0.013 (0.005)	0.015 (0.004)
工程	0.054 (0.027)	0.125 (0.037)
法律	-0.031 (0.025)	-0.065 (0.049)
GDP1960	0.000 (0.001)	-0.002 (0.001)
N	91	55
R^2	0.09	0.23

资料来源：Kevin Murphy, Andrei Shleifer & Robert Vishny, 1991, "The Allocation of Talent: Implication for Growth", *Quarterly Journal of Economics*, vol. 105, no. 2, May, pp. 503-530.

5. 阿西莫格鲁的观点

人力资本的外部性使得人力资本成为经济长期增长的基石。但是长期以来，经济学家们对人力资本积累的微观机制不甚了了，仅仅只是简单套用卢卡斯（1988）当年人力资本积累的方程。对于这种套用的解释经济学家们仍然根据卢卡斯（1988）的解释，认定人力资本积累存在外部性，每个人在提高自己人力资本水平的同时，也对他人的人力资本积累产生了正向的外部性。但是这种对于人力资本积累行为的研究缺乏一个严格的微观机制。换言之，关于人力资本的积累，经济学家的研究是不充分的。阿西莫格鲁（1996）提出了一个人力资本积累的微观机制，试图对这一问题做出回答。

阿西莫格鲁（1996）认为，人力资本积累中产生的收益递增实际上来源于市场互动。他为我们讲述了这样一个故事：工人总是在工作之前进行人力资本投资决策，在知道自己为谁工作、具体的工作需要什么样人力资本水平的时候，工人根据自己的预期进行人力资本投资；相对应地，企业在知道自己能够雇佣什么样工人的时候，也是倾向于提高自己的物质资本水平。更进一步说，如果企业预期自己能够雇佣高人力资本水平的工人，那么企业也会提高增加自己的物质资本投资。这样一来，由于劳动力市场的这种不确定性，人力资本积累本身表现为收益递增的性质。

经济总共分为第 0 期和第 1 期两期，由两类风险厌恶者所组成：企业家和工人。在第 0 期，工人选择自己的人力资本投资水平（即教育水平）而企业决定自己的投资水平。在第 1 期，工人进入企业进行生产；简单起见，假定一个企业只需要一个工人进行生产，换言之，经济中存在着工人和企业之间的配对，第 i 个工人和第 j 家企业 (i,j) 匹配的生产函数为

$$y_{ij} = Ah_i^{\alpha}k_j^{1-\alpha} \tag{8.2.96}$$

其中 h_i 为第 i 个人的人力资本水平，而 k_j 为第 j 家企业的物质资本水平，$0 < \alpha < 1$。企业最大化自己的利润水平，而物质资本的成本为常数 μ。第 i 个工人最大化自己的效用水平

$$V_i(c_i,h_i) = c_i - \frac{1}{\delta_i}\frac{h_i^{1+\Gamma}}{1+\Gamma} \tag{8.2.97}$$

其中，$\Gamma>0$，c_i 为第 i 个工人的消费。为了使用记号上的方便，我们记号 $\gamma = 1/\Gamma$。而参数 $1/\delta$ 表明工人进行人力资本积累所带来的负效用参数，这一参数是外生给定的，工人不同，这一参数也不同。分析简便起见，参数 $1/\delta$ 的分布对整个经济来说是公共知识。

首先，考虑一个无摩擦的瓦尔拉式的经济。企业追求自己的利润最大化，而工人追求自己的效用水平最大化，均衡条件为排序水平一致的工人与企业相匹配。我们知道，工人与企业结合生产的工资与利率等于它们各自的边际产出，分别为

$$w(h_i,k_j) = \alpha Ah_i^{\alpha-1}k_j^{1-\alpha}$$

$$r(h_i,k_j) = (1-\alpha)Ah_i^{\alpha}K_j^{-\alpha} \tag{8.2.98}$$

均衡要求各厂商的资本收益率一致，这样可以认定利率 r 为一个常数，设这个常数为 μ。这样就可以得到企业（i，j）的人力资本与物质资本比率

$$\frac{h_i}{k_j} = \left(\frac{\mu}{(1-\alpha)A}\right)^{1/\alpha} \tag{8.2.99}$$

工人 i 将自己的效用水平式（8.2.97）最大化，得到

$$\alpha Ah_i^{\alpha-1}K_j^{1-\alpha} = h_i^{\Gamma}/\delta_i \tag{8.2.100}$$

结合方程（8.2.98）与式（8.2.99），于是得到第 i 个工人人力资本为

$$h_i = \left(\alpha(1-\alpha)^{(1-\alpha)/\alpha}A^{1/\alpha}\mu^{-(1-\alpha)\alpha}\delta_i\right)^{\gamma} \tag{8.2.101}$$

可以证明，这一经济存在唯一的瓦尔拉均衡，并且这一均衡是帕累托最优。但是，如果经济中存在着工人、企业间的匹配需要靠彼此的搜索行为来实现，匹配存在随机性时，情况就会变得复杂起来。

文章考察一个存在搜索匹配问题的经济。工人和企业之间的匹配遵循随机匹配原则：即在第 1 期，每个工人都有相同的概率进入某一企业工作，工人的负效用参数 $\delta_i = \delta_1$。简单起见，经济中也不存在失业。当工人 i 进入企业 j 中工作时，他所获得的工资总额为

$$w_i = \beta y_{ij} \tag{8.2.102}$$

其中，y_{ij}为企业 ij 的产出，β 为工人的产出弹性。假定工人和企业一旦配对，那么退出合作寻找新的伙伴是非常困难的。这一设定有两个有用的推论：（1）工人的工资不再等于工人的边际产出；（2）匿名性。工人在选择自己的教育水平时无法知道自己将为谁工作，也不知道未来的工作需要的人力资本水平。

在这种情况下，工人的预期工资与企业的预期资本回报分别为

$$W(h_i,\{k_j\}) = \beta Ah_i^{\alpha}\left(\int k_j^{1-\alpha}\mathrm{d}j\right)$$

$$R(k_j,\{h_i\}) = (1-\beta)A\left(\int h_i^{\alpha}\mathrm{d}i\right)k_j^{1-a} \tag{8.2.103}$$

式（8.2.101）由于匿名性的存在，工人的期望工资依赖于企业的资本 $\{k_j\}$，同样企业资本的预期回报也取决于工人的人力资本水平分布 $\{h_i\}$。因为企业不知道自己会雇佣什么样的工人，企业的预期产出为 $Ah_i^{\alpha}\left(\int k_j^{1-\alpha}\mathrm{d}j\right)$，即企业的产出依赖于工人的人力资本分布。

由于企业面对的人力资本水平分布一样，所以企业事前选择的投资水平一样；同样地，由于每个工人面对的企业物质资本分布一样，每个工人遇到特定的企业概率一样，同时我们已经假定负效用参数 $\delta_i = \delta_1$，所以每个工人事前选择的教育水平是一样的。这意味着，

$$(1-\beta)(1-\alpha)AK^{-\alpha}h^{\alpha} = \mu$$

$$\beta\alpha Ak^{1-\alpha}h^{\alpha-1} = h^{\Gamma}/\delta_1 \tag{8.2.104}$$

$$\forall_i, h_i = h_R \equiv (\alpha\beta[(1-\alpha)(1-\beta)]^{(1-\alpha)/\alpha}A^{1/\alpha}\mu^{-(1-\alpha)/\alpha}\delta_1)^{\gamma} \tag{8.2.105}$$

可以证明这一经济中存在着唯一的均衡；与此同时，在均衡状态下，工人的人力资本水平由方程（8.2.105）刻画；而人力资本投资或物质资本投资一个微小的增加能够提高工人和企业的福利。

比较方程（8.2.105）与方程（8.2.101）可以发现，在随机匹配情况下，经济中的人力资本水平低于瓦尔拉式均衡的人力资本水平，并且不管 β 如何取值，前者总是低于后者。这一结论非常直观，经济中如果存在没有效率的匹配情况，会出现人力资本积累不足的无效情况。通过计算，能够得到使得产出最大化的 β 值为 $\gamma\alpha/(1-\alpha+\gamma)$。

这里需要考察 δ 值的变动对经济的影响。δ 值为工人进行人力资本投资时给自己带来的负效用，在前面的分析中我们假定工人的 δ 值都是给定的 δ_1 值，这里假定有比例 p 的工人其 δ 值从 δ_1 值提高到 δ_2 的水平。在这一变动情况下，能够得到企业的资本回报为

$$R(k_j, \{h_i\}) = (1-\beta)Ak_j^{1-\alpha}[(1-\rho)h_1^{\alpha} + \rho h_2^{\alpha}] \tag{8.2.106}$$

其中 h_1 为 δ 为 δ_1 值的工人的人力资本水平，而 h_2 为 δ 值为 δ_2 的工人的人力资本水平。同样各个企业仍然选择相同的物质资本水平 $k_j = k$，而最优人力资本水平由以下的方程决定：

$$\beta\alpha Ak^{1-\alpha}h_1^{\alpha-1} = h_1^{\Gamma}/\delta_1$$

$$\beta\alpha Ak^{1-\alpha}h_2^{\alpha-1} = h_2^{\Gamma}/\delta_2 \tag{8.2.107}$$

由此，也能够推出物质资本对人力资本的比率

$$\frac{k}{h_1} = \left((1-\alpha)(1-\beta)A\left[(1-\rho) + \rho\left(\frac{\delta_2}{\delta_1}\right)^{\alpha\theta}\right]\mu^{-1}\right)^{1/\alpha} \tag{8.2.108}$$

其中，可以定义 $\theta = \gamma/(\gamma(1-\alpha)+1) \equiv 1/(\Gamma + (1-\alpha))$ 通过观察方程（8.2.108），我们知道，对于那些 δ 值不上升的工人来说（这意味着他的教育成本不变），物质资本与人力资本的比率仍然随着 p 的上升而上升。

由此文章得到以下命题：在随机匹配技术下，当比例 p 的工人的教育成本提高（δ 值提高到 δ_2），那么经济中的人力资本回报会提高。直观上来说，企业总想提高自己的物质资本水平以吸引提高了人力资本水平的工人，但是并不是每个企业都能够如愿以偿。经济中总有那些提高了物质资本投资水平的企业雇佣不到提高了人力资本水平的工人，这样一来，那些没有能够提高自己人力资本的工人能够和更多的物质资本相匹配，获得更高的工资收入。

接下来，文章考虑了工人与企业的匹配有效率的情形。在匹配有效率的机制中，匹配的规则与前文所述的瓦尔拉式经济中的匹配规则一样：工人和企业都按照自己的人力资本和物质资本水平相匹配，最高人力资本水平的工人与最高物质

资本水平的企业相匹配，剩余的工人和企业顺次匹配。当匹配技术采取这样的方式时，经济的均衡与前面的瓦尔拉式均衡完全一致；此时，如果 p 比例的工人的 δ 值提高，那么经济中同样也有 p 比例的企业提高自己的资本 k。

阿西莫格鲁的这篇文章为人力资本的积累行为提供了一个微观机制，在这一微观机制中，工人与企业的匹配是核心问题。由于工人在进行人力资本投资的时候并不知道未来自己为什么企业工作，而企业进行物质资本投资的时候也不知道未来自己能够雇佣什么样的工人，这样工人与企业分别进行投资的时候存在着极大的外部性。人力资本投资的收益递增也由此产生。值得注意的是，这种收益递增不仅出现在人力资本投资上，物质资本也相应地存在收益递增。在这一机制中，生产、人力资本投资、物质资本投资本身都没有收益递增的因素，但是整个社会却表现为收益递增的性质。阿西莫格鲁的这篇文章是卢卡斯（1988）的文章之后解释人力资本积累行为的一篇相当重要的文章。

第三节　分工与经济增长

一、舍温·罗森的模型

舍温·罗森（Sherwin Rosen，1978）考虑了生产中的劳动分工问题。罗森的分析牢牢地把握住了两点：第一，生产中的劳动分工依赖于生产本身不同的环节，由技术决定；第二，到底什么样的工人参与什么样的劳动分工，则是工人的自身优化选择。

罗森所考虑的生产函数采取以下形式

$$x = \min\left(\frac{T_1}{\alpha_1}, \frac{T_2}{\alpha_2}, \cdots, \frac{T_n}{\alpha_n}\right) \tag{8.3.1}$$

其中 x 为产出水平，T_i 为第 i 种生产活动，α_i 为单位产品所需要的第 i 种投入系数。这是一个里昂惕夫生产函数，总量生产行为需要 I 个工序或 I 种生产活动共同完成；生产函数的形式不允许生产活动 T_i 之间彼此互相替代。换言之，T_i 是一个独立的生产过程，生产中不可或缺，不同的生产过程之间是不能够替代的。生产过程 T_i 构成了第 i 种工作。

经济中存在 m 种工人，第 j 种工人的能力由向量（t_{1j}，t_{2j}，…，t_{nj}），$j=1$，…，m，t_{ij} 代表如果工人 j 全力从事工作 i 所能够得到的最大产出，这样的话，当工人面临不同的工作可以选择时，他会考虑自己的比较优势。例如，有两个工人 i 与 j，面临工作 h 与工作 k 两种选择，如果 $t_{hi}/t_{ki} > t_{hj}/t_{kj}$，意味着工人 i 在工作 h 上有比较优势，工人 j 在工作 k 上有比较优势。文章假定，这种比较优势存在于所有的工作和所有的工人之中，即

$$t_{hi}/t_{ki} \neq t_{hj}/t_{kj} \tag{8.3.2}$$

对于所有的（h，k）和（i，j）成立。

接下来的问题是工人如何在不同的工作之间配置使得总产出最大化。分析可以分为两步：第一步，构建一个“工作可能性集合”，表明在现有的工人集合下，经济对单一任务所能达到的最大水平；第二步，根据生产函数和“工作可能性集合”寻找最优的产出与工人配置。这一问题可以用我们熟悉的国际贸易模型来说明。

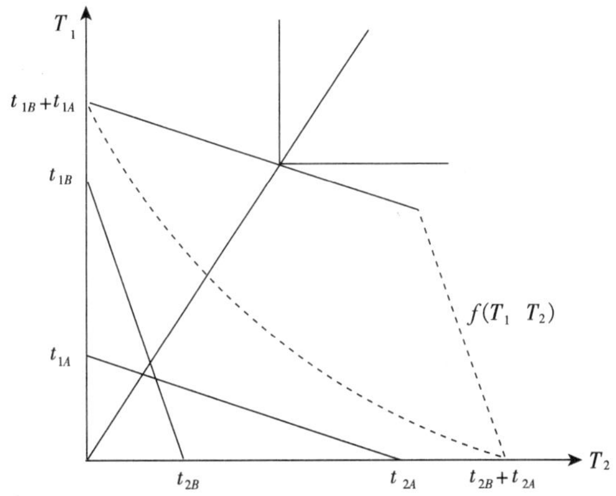

图 8.3.1　国际贸易模型

图 8.3.1 对这一分析做了描述。这一图形横轴为任务 T_1，纵轴为任务 T_2，经济中存在两个工人 A 和 B，直线（t_{1A}，t_{2A}）与（t_{2A}，t_{2B}）代表工人 A、B 的能力。显然，工人 A 在工作 2 上有比较优势，而工人 B 在工作 1 上有比较优势。折线（$t_{1A}+t_{1B}$，$t_{2B}+t_{2A}$）代表工人的“任务可能性边界”，我们记为 f（T_1，T_2）。最优的均衡点为“任务可能性边界”和最高的等产量线相切。

一般而论，我们可以求解以下优化问题

$$x = \min\left(\sum_j \frac{T_{1j}}{\alpha_1}, \sum_j \frac{T_{2j}}{\alpha_2}, \cdots, \frac{T_{nj}}{\alpha_n} \right) \tag{8.3.3}$$

$$\text{s. t. } \frac{T_{1j}}{T_{1j}} + \frac{T_{2j}}{T_{2j}} + \cdots + \frac{T_{nj}}{T_{nj}} \leqslant N_j, j = 1,2,\cdots,m \tag{8.3.4}$$

其中 N_j 为类型 j 的工人数量。通过包络定理，可以得到

$$x = F(N_1, \cdots, N_m) \equiv \max_{T_{ij}}\left\{\min\left(\sum_j \frac{T1j}{\alpha_1}, \cdots, \sum_j \frac{Tnj}{\alpha_n}\right), + \sum_j q_j\left(N_j \frac{T_{ij}}{t_{ij}}\right)\right\} \tag{8.3.5}$$

其中 q_j为相应的约束条件乘子，它满足条件 $\partial x/\partial N_i = q_i$。接下来需要讨论两种情况：一种情况是工作任务的种类数要大于工人的种类数，即 $n > m$；另一种情况是工人的种类数大于任务种类数，即 $n < m$。对这两种情况的讨论类似于国际贸易理论中国际分工模式的讨论，在此我们节约篇幅并不展开论述。

二、杨小凯与杰弗·博兰的模型

在前面提到的罗森（1978）的分析中，劳动分工是依赖于生产过程本身，是生产技术的性质；杨小凯和博兰（1991）则认为分工决策是经济中内生决策的结果，经济中的个人可以选择自给自足，也可以选择进行劳动分工。换言之，分工以及与之对应的交换、贸易是内生的。杨小凯与博兰的文章与其说是一篇内生增长的文章，毋宁说是一篇解释内生分工理论的文章。他们实际上给我们讲述了这样一个故事：在最开始的时候，每个人自给自足，既是生产者，也是消费者；自己生产满足自己的消费。这个时候经济中的个人是完全的自给自足，没有劳动分工，也没有专业化。经济中的个人可以选择专业化，这意味着个人如果专业化某一种或某几种产品的生产，放弃某种或某几种商品的生产，那么他必须在市场上出卖自己的专业化产品换取自己没有生产的产品。这种市场交易会涉及交易成本。但是如果经济中的个人选择专业化生产会有“边干边学”的效应，专业化生产成本将随之降低。这样一来，劳动分工和专业化行为都是个人选择的结果，并且它们和市场规模、交易费用演变紧紧地联系起来了。

经济中有 m 个人，他们既是生产者，也是消费者；经济中也存在 m 种消费品。我们记号 t 时刻第 i 种商品自给自足的数量为 x_{it}，而对商品 i 的售卖量与需求量分别为 $x_{it}{}^s$ 与 $x_{it}{}^d$。如果进行市场交易，就会有交易成本。最直接的交易成本为运费。我们假定，在市场交易中有 $1 - K_t$的比例作为运费损失掉了，这意味着经济中的个人购买 $x_{it}{}^d$的量，但是只有 $K_t x_{it}{}^d$的量用于消费。商品 i 消费的总数量为 $x_{it} + K_t x_{it}{}^d$，而个人的效用函数为

$$u_t = \prod_{i=1}^{m} (x_{it} + K_t x_{it}{}^d) \tag{8.3.6}$$

其中参数 K 依赖于个人交易伙伴的数量 $n_t - 1$，而 n_t 为经济中交易的商品数量，而每个人卖出自己生产的一种商品，购买 $n_t - 1$ 种产品。交易成本 $1 - K$ 并不是一个固定的常数，它是交易伙伴彼此距离的增函数，K 是交易参与者 n 的减函数。更确切地说，K 采取了如下的方程形式：

$$K_t = \frac{k}{n_t}, 0 < k < 1 \tag{8.3.7}$$

其中 k 为交易效率的参数。这一方程明确表明 K_t 是交易效率系数 k 的增函数，是交易人数 n_t 的减函数。而个人的目标函数是追求终生效用最大化，

$$U = \int_0^{\infty} u_t e^{-rt} \mathrm{d}t \tag{8.3.8}$$

其中 r 为个人的主观贴现率。

个人的生产技术表现出“边干边学”的收益递增的性质

$$x_{it} + x_{it}^s = (L_{it})^a, L_{it} = \int_0^t l_{i\tau} \mathrm{d}\tau, a > 1$$

$$\sum_{i=1}^{m} l_{it} = 1, 0 \leqslant 1_{it} \leqslant 1, i = 1, \cdots, m \tag{8.3.9}$$

其中 $x_{it} + x_{it}{}^s$ 为商品 i 的产出量，l_{it} 为第 i 种商品 t 时刻耗用的劳动力，L_{it} 为产品 i 到 t 时刻所积累的劳动力，L_{it} 因而成为生产经验水平。从方程（8.3.9）中可以看出，对于产品的生产并不仅仅依赖于当时所投入的劳动力，而且依赖于以往所投入的劳动力总和。在这里，我们看到了从事专业化生产所带来的收益递增因素。

可以证明，对个人的优化选择来说，个人不会买卖同一种商品，因为市场交易涉及交易成本；同时个人所售卖的商品种类数不会超过一个，因为专业化生产会有边干边学的收益递增好处，同时生产出售两种以上的商品是不合算的。

经济中的个人面临如下优化问题：

$$\max U_i = \int_0^{\infty} u_{it} e^{-rt} \mathrm{d}t \tag{8.3.10}$$

约束条件为

$$u_{it} = x_{it} [\prod_{r \in R} (K_t x_{rt}^d)] (\prod_{j \in J} x_{jt}) (t\text{ 期效用函数}),$$

$$x_{it} + x_{it}^s = (L_{it})^a, x_{jt} = (L_{jt})^a, j \in J(\text{生产函数}),$$

$$l_{it} + \sum_{j \in J} l_{jt} = 1(\text{禀赋约束}),$$

$$K_t = \frac{k}{n_t}(\text{交易技术}),$$

$$p_{it} x_{it}^s = \sum_{r \in R} p_{rt} x_{rt}^d(\text{预算约束}),$$

$$n_t |_{t=0} = 1, L_{yt} |_{t=o} = 0, y = i, j, j \in J(\text{边界条件}),$$

$$l_{yt} = \frac{\mathrm{d}L_{yt}}{\mathrm{d}t}, 0 \leqslant l_{yt} \leqslant 1(\text{状态方程})$$

其中 p_{yt} 为商品 y 在时刻 t 的价格。

可以用 M_i 代表第 i 种商品售卖者的数量，则 $m = \sum_i M_i$。这样一来，市场出清条件为

$$M_r x_{rt}^s = \sum_{i \neq r} M_i x_{irt}^d, r = 1, \cdots, m \tag{8.3.11}$$

其中，$M_r x_{rt}^s$ 表示商品 r 的总供给量，x_{irt}^d 表示个人出售商品 i 用于交换商品 r 的数量。这是一个对称模型，当均衡实现时

$$U_1 = U_2 = \cdots = U_m \tag{8.3.12}$$

接下来，文章向我们展示了劳动分工的动态演进。我们以下面的图形来说明。图形中有四个人，同时有四种产品。圆圈代表专业化生产产品 i 的个人，细线代表产品自给自足的流向，粗线代表产品的贸易方向。第一个子图代表自给自足的经济，每个人同时生产 4 种产品，自给自足用于自己消费，经济中不存在贸易以及劳动分工。由于生产中存在边干边学效应，随着生产的发展，生产效率渐渐克服经济中的交易成本，开始涉足贸易。在初始阶段，经济中的个人仅仅选择交换一种产品：个人 1 同时生产 1、2、3 三种产品，向第 2 个人出售第 1 种产品；第 2 个人同时生产 2、3、4 种产品，向第 1 个人购买产品 1，向第 3 个人出售产品 2；第 3 个人同时生产产品 3、4、1，向第 2 个人购买产品 2，向第 4 个人出售产品 3；而第 4 个人生产产品 4、1、2，向第 3 个人购买产品 3，向第 1 个人出售产品 4。这正是第 2 个子图所描述的分工情况。每个人都同时生产 3 种产品，购买另一种产品，出售自己的一种产品。由于生产中存在着边干边学的效应，生产的发展使得人们在市场上购买两种商品，这就是第三个子图所表明的分工情况。

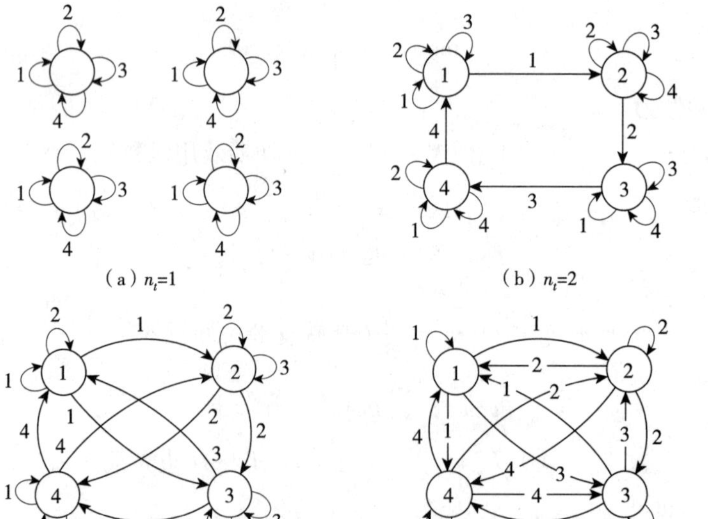

图 8.3.2　分工的动态演进

例如对个人 1 来说，生产产品 1、2，向第 3 个人购买产品 3，向第 4 个人购买产品 4，向第 2 个人出售产品 1。经济中的每个人都同时购买两种产品，出售一种产品。在第 4 个子图中，我们看到了一种完全专业化的情况。每个人都专业化一种产品的生产，出售这种产品，同时向其他人购买其它 3 种产品。

杨小凯和博兰的文章实际上向我们讲述了一个劳动分工演进的故事。在这个分工演进的经济中，人均收入能够实现持续增长。在这个机制中，生产中来自"边干边学"的收益递增是文章的核心。正是由于"边干边学"，使得人们能够突破交易费用的限制，开始专业化生产，劳动分工也同时产生。随着劳动分工的演进，个人的专业化程度开始加深，市场规模也不断扩大。而随着专业化程度的加深，来自"边干边学"的收益越来越大，经济增长和专业化分工彼此促进，良性发展。实际上在这篇文章中，收益递增仍然是经济长期增长的原始动力，不过通过专业化分工的途径来实现。

三、罗默的模型

罗默（1987）试图从专业化分工的角度解释经济长期增长。罗默的这一篇文章实际上和他 1990 年关于技术进步的文章使用了相同的理论框架，即使用了存在多样化中间产品的模型框架。只不过在这篇文章中，罗默利用一个经济中的专业化分工来解释长期增长；而在其 1990 年的文章中则是用多样化中间产品的扩张所代表的技术进步来解释经济的长期增长。罗默利用迪克西特与斯蒂格利茨（1977）的函数形式设定最终产品的生产函数为

$$Y(L,x) = L\int_{R+} g\left(\frac{x(i)}{L}\right)\mathrm{d}i \tag{8.3.13}$$

其中，$x(i)$ 为第 i 种中间投入品，H 为劳动力数量，$g(\cdot)$ 为严格增的凹函数。罗默特别地设定生产函数具体形式为

$$Y(x) = L^{1-a}\int_{R+} x(i)^{a}\mathrm{d}i \tag{8.3.14}$$

$\{M,N\}$ 表示所有的 $x(i)$ 列表，其中 M 代表中间投入品数量，也可以说是专业化程度；N 为中间投入品总量，$x(i) = N/M$。这样，就可以把最终产品生产函数化为

$$Y(L,\{N,M\}) = LMg(N/LM) \tag{8.3.15}$$

如果我们像方程（8.3.14）那样规定 g（·）的具体形式，我们得到

$$Y(L\{M,N\}) = M^{1-a}(L^{1-a}N^{a}) \tag{8.3.16}$$

这是一个非常重要的生产函数，这一生产函数在 L 与中间投入品总量 N 不变的情况下，如果中间投入品种类数 M 增加了，生产也增加。罗默用这一生产函数刻画专业化分工与经济增长的关系。

下一步，罗默考虑了中间产品 $x(i)$ 的生产问题。罗默假定中间产品 $x(i)$ 的生产需要耗费初级投入 Z，而成本函数为 $h(x(i))$，即该经济生产中间产品的资源约束为

$$\int_{R+} h(x(i))\mathrm{d}i \leqslant Z \tag{8.3.17}$$

将最终产品视作计价物，劳动力供给也被单位化为 1，初级资源 Z 的价格为 R，中间产品 $x(i)$ 的价格为 $p(i)$。这样，中间产品 $x(i)$ 的价格为

$$p(i) = g'(x(i)) \tag{8.3.18}$$

罗默特别地设定中间产品的生产函数为 $h(x) = (1+x^2)/2$。这样，在均衡时每种中间产品的数量彼此相等，可以表述为

$$x(i) = \bar{x} = (\alpha/(2-\alpha))^{1/2} \tag{8.3.19}$$

而专业化产品种类数量为

$$M = Z(2-\alpha) \tag{8.3.20}$$

而消费者的跨期效用函数为

$$\int_0^{\infty} U(c(t))e^{-pt}\mathrm{d}t \tag{8.3.21}$$

其中 $U(c) = (c^{1-\sigma}-1)/1-\sigma, \sigma \in (0,\infty)$。而初级投入 Z 不再是外生固定的，而是需要通过经济中的投资行为来积累，积累方程为

$$\dot{Z} = Y(1,x) - c \tag{8.3.22}$$

这样一来，罗默完成了对整个经济结构的刻画，在这一经济中，初级投入品 Z 生产中间产品 $x(i)$，多样化的中间产品 $x(i)$ 一起生产出最终产品供给消费者消费。而初级投入品 Z 需要经济的投资行为来实现增长。在均衡增长路径上，经济中的初始投入 Z、最终产出 Y、多样化中间投入品种类数量 M、消费者消费 c 都以相同的比率增长。值得注意的是，罗默的这篇文章实际上用中间投入品数量的扩张来表现劳动分工，经济中产出的增长率与专业化分工程度增长率相同，在经济增长过程中，经济的分工程度也不断加深。

四、贝克尔和默菲的模型

贝克尔和默菲（1992）在杨小凯和博兰（1991）年的文章基础上又进了一步，不仅考虑劳动分工与专业化过程中的交易成本，而且还考虑人力资本（或知识）水平对专业化分工的影响。他们实际上考虑了这样一个故事：经济中的当事人可以选择专业化分工从事生产，但是不同领域的专家需要彼此合作才能够共同生产出产出，这意味着经济中的合作成本会上升。除此之外，知识或人力资本对专家的生产效率至关重要，当事人也有激励从事人力资本投资变成专家。这样的考虑使得他们对分工的讨论和促进经济长期增长的人力资本投资联系了起来。

贝克尔和默菲（1992）认为一个经济中的产出是由一系列的生产环节或生产任务所组成的，最终产出 Y 的生产函数为

$$Y = \min_{0 \leq s \leq 1} Y(s) \tag{8.3.23}$$

其中 $Y(s)$ 为第 s 种生产任务。最终产出 Y 是由［0，1］种生产环节所组成，这些不同的生产环节之间不能够替代，里昂惕夫的生产函数反映了这一事实。

$Y(s)$ 生产函数采取如下形式

$$Y(s) = E(s)T_w(s) \tag{8.3.24}$$

其中 $T_w(s)$ 为投入到生产环节 s 的劳动时间，而 $E(s)$ 为每单位劳动时间的生产效率。工人可以自己选择不专业化，所有的生产环节都自己动手；也可以选择专业化某些生产环节，然后和其他专业化工人的生产联合起来，共同生产产出。当然，工人从事专业化生产效率会更高，但是由于涉及与不同工人的合作，合作成本就至关重要了。

贝克尔和默菲将工人的团体（group）叫做团队（team）。这些团队的工人专业化于不同的生产环节，这些生产环节结合起来完成 Y 的生产。当然，团队中的工人有可能从事好几个生产环节的生产。

和罗森（1978）所考虑的工人在不同生产环节上有不同的比较优势不同，在这里贝克尔和默菲考虑的工人都是同质的，工人开始的时候彼此之间并没有什么差别。团队中有 n 个工人共同生产产出 Y，那么每个工人所承担的工作环节为 $w = 1/n$。单一生产环节的产出不仅取决于工人的专业化程度，也依赖于经济中的人力资本水平。这样，作者将生产函数重新写为

$$Y = Y(H,w), Y_h > 0, Y_w > 0 \tag{8.3.25}$$

从方程（8.3.25）可以看出，人力资本水平越高，产出越高；而工人的专业化程度越高，即 w 越小，而产出越高。特别地，作者设定具体的函数形式：

$$E(s) = dH^{\gamma}T_h^{\theta}(s) \tag{8.3.26}$$

其中 d, γ, θ, 为正参数。生产 s 的效率依赖于人力资本水平，也依赖于工人投入人力资本积累的时间。当然，工人在人力资本投资 $T_h(s)$ 与工作 $T_w(s)$ 之间分配时间，总的时间约束写为

$$T_h(s) + T_w(s) = T(s) \tag{8.3.27}$$

这样我们将生产函数重新写为

$$Y(s) = A(\theta)H^{\gamma}T(s)^{1+\theta} \tag{8.3.28}$$

其中，$A = d\theta^{\theta}(1+\theta)^{-(1+\theta)}$。如果能够将工人投入工作中的时间单位化为1，那么，就会有 $T(s)w = T(s)(1/n) = 1$，将此关系代入生产函数，可以得到

$$Y = AH^{\gamma}n^{1+\theta} \tag{8.3.29}$$

这一生产函数中出现了团队规模的参数 n。这样，每个团队平均产出为

$$y = Y/n = B(H,n) = AH^{\gamma}n^{\theta} \tag{8.3.30}$$

观察（8.3.30）式可以知道，n 越大，团队的产出越大，换言之，如果经济中有 N 个人，每个人从事最高程度的专业化，N 个人一起构成一个大团队，这个时候人均产出达到最大。经济中的人口 N 实际上代表市场规模，经济中的专业化实际上取决于市场规模 N。

分工固然能够带来产出的增加，但是分工不可避免地会带来合作成本。分工越细致，分工所带来的合作成本就大。因此，我们假定合作成本是团队人数 n 的函数，团队人数越多，则分工越为细致，那么合作成本越高。以下设定

$$C = C(n), C_n > 0 \tag{8.3.31}$$

这样，团队的净产出为

$$y = B - C = B(H,n) - C(n), B_n > 0, C_n > 0 \tag{8.3.32}$$

而净产出最大化的一阶条件为

$$B_n \geqslant C_n \tag{8.3.33}$$

对于团队产出，人力资本水平的提高能够增加团队平均产出。文章假定如下关系成立

$$\frac{\partial}{\partial H}\left(\frac{\partial B}{\partial n}\right) = B_{nh} > 0 \tag{8.3.34}$$

方程（8.3.34）表明人力资本水平的增加，不仅提高了团队产出，而且还提高了劳动分工的边际产出。将一阶条件式（8.3.33）对 H 求导，得到

$$\frac{\mathrm{d}n^*}{\mathrm{d}H} = \frac{B_{nh}}{C_{nn} - B_{nn}} \tag{8.3.35}$$

这一关系表明随着人力资本水平的提高，经济中团队的规模将扩大，工人的专业化程度将加深。经济对工人配置遵循的原则是：将人力资本最少的工人配置到合作成本最高的行业中。

现在，经济中的优化问题变为使得团队净产出最大

$$y_t = A_t H_t^{\gamma} n_t^{\theta} - \lambda_t n_t^{\beta} \tag{8.3.36}$$

由这一问题可以得到最优的团队规模

$$n_t^* = \left(\frac{\theta}{\beta\lambda_t}\right)^{t(\beta-\theta)} A_t^{1/(\beta-\theta)} H_t^{\gamma/(\beta-\theta)} \tag{8.3.37}$$

同时也得到最优的团队产出

$$y_t^* = k_t A_t^{\beta/(\beta-\theta)} H_t^{\gamma\beta/(\beta-\theta)} \tag{8.3.38}$$

其中 $k_t = \lambda_t^{-\theta/(\beta-\theta)}[(\theta/\beta)^{\theta/(\beta-\theta)} - (\theta/\beta)^{\beta/(\beta-\theta)}] > 0$。根据方程（8.3.38），可以将团队生产的增长率分解为技术进步 A、人力资本 H 积累以及合作成本 λ，即

$$\frac{\mathrm{dlog}y}{\mathrm{d}t} = \frac{\gamma\beta}{\beta-\theta}\frac{\mathrm{dlog}H}{\mathrm{d}t} + \frac{\beta}{\beta-\theta}\frac{\mathrm{dlog}A}{\mathrm{d}t} - \frac{\theta}{\beta-\theta}\frac{\mathrm{dlog}\lambda}{\mathrm{d}t} \tag{8.3.39}$$

现在的问题是，这些变量取决于什么因素。

技术水平 A 取决于外生参数，合作成本在前面已经得到了说明，现在剩下的变量是人力资本是如何决定的？

贝克尔和默菲设定人力资本的动态方程

$$\begin{aligned} H_{t+1} &= y_t - c_t \\ &= A_t H_t^{\gamma} n_t^{\theta} - \lambda_t n_t^{\beta} - c_t \end{aligned} \tag{8.3.40}$$

其中 c_t 为 t 时刻的消费。

最后，贝克尔和默菲刻画消费者效用函数，完成了整个模型的刻画。消费者的效用函数采取如下形式：

$$U = \frac{1}{\sigma}\sum_{t=0}^{\infty} \alpha^t c_t^{\sigma}, \sigma < 1 \tag{8.3.41}$$

定义当前消费通过人力资本投资的形式转化为未来消费的回报率为 r_t，那么，就会有

$$\alpha(c_{t+1}/c_t)^{1-\sigma} = R_t = 1 + r_t, t = 0,1,\cdots \tag{8.3.42}$$

这样一来，在均衡增长下，经济得到的均衡增长率为

$$1 + g = \frac{c_{t+1}}{c_t} = \frac{y_{t+1}}{y_t} = \frac{H_{t+1}}{H_t} = (R\alpha^{-1})^{1/(1-\sigma)} \tag{8.3.43}$$

这一增长率实际上依赖于合作成本以及人力资本本身的增长率。

五、安德烈·罗德里格斯—克莱尔的模型

安德烈·罗德里格斯—克莱尔（Andrés Rodríguez-Clare，1996）构建了一个经济发展与劳动分工关系的模型。这篇文章的贡献在于将人们广为接受的劳动分工促进经济发展的三个机制融合起来。众所周知，劳动分工促进经济发展通过以下三个机制起作用：（1）劳动分工可以提高生产率；（2）多样化产品的厂商聚集在一起，能够产生相应的外部性与聚集效应；（3）劳动分工依赖于市场规模的大小，市场规模大，劳动分工可以比较深入，市场规模小，经济就不可能出现分工的加深。作者通过一个统一的模型框架将劳动分工促进经济发展的这三种机制统一在一起。

作者假定经济中存在两种最终产品 z 和 y，同时存在一系列中间产品 x_j，而 $j \in [0,n]$。显然 n 代表多样化产品的数量。经济中的初始要素为劳动力 L 与资本 K。最终产品 z 和 y 都在国际市场上自由交易，价格分别为 P_z 与 P_y，同时该经济体是小国经济，它无法影响国际市场价格；而中间产品 x_j 的价格为 $p(j)$。

中间产品 x_j 的生产需要 1 个单位的资本作为固定成本，此外还需要投入和 x_j 等量的劳动力 $L_{x(j)}$ 作为可变成本。最终产品的生产函数都采用柯布—道格拉斯形式，它们需要资本、劳动力以及一种复合中间产品（a composite intermediate good）作为投入。具体地，最终产品生产函数采取以下形式：

$$Q_s = K_s^{\delta(s)} L_s^{\beta(s)-\delta(s)} H_s^{1-\beta(s)}$$

$$H_s = \left(\int_0^n x(j)_s^a \mathrm{d}j\right)^{1/\alpha} \tag{8.3.44}$$

其中，$\beta(s)$ 和 $\delta(s)$ 为 [0, 1] [0, 1] 之间的参数，$\beta(s) > \delta(s), s = z, y$。假定 $\beta(z) > \beta(y), \delta(z) < \delta(y)$，这意味着产品 y 相对于产品 z 的生产更加密集地使用中间产品和资本品。很明显，中间产品 HS 的生产具有收益递增的性质。这是一个对称模型，我们记 $X = \int_0^n x(j)\mathrm{d}j = nx$，这样就可以把最终产品生产函数重写为

$$Q_s = n^{\phi(s)} K_s^{\delta(s)} L_s^{\beta(s)-\delta(s)} X_s^{1-\beta(s)} \tag{8.3.45}$$

其中，$\phi(s) = (1-\beta(s))(1-\alpha)/\alpha$。这一生产函数明确地反映随着多样化产品种类数 n 的增加，在 K、L、X 不变的情况下，生产效率也随之增加。

现在刻画市场均衡的条件。首先，给出各个变量的定义。资本的利率为 r，工资率为 w，n 为中间产品种类数，L_z、L_y、L_x 分别为投入到最终产品 z、y 上的劳动力数量以及投入到中间产品生产上的劳动力数量。其次，把经济中的市场出清条件表述为：$L_z + L_y + L_x = L, K_z + K_y = K - n, x(j) = x_z(j) + x_y(j)$。。再次，把市场均衡满足的优化条件表达为：第 j 种中间产品的价格 $p(j)$ 最大化中间产品生产厂商的利润；给定 $(n, r, w, \{p(j); j \leqslant n\})$、投入 K_s、L_s 以及 $\{x_s(j); j \leqslant n\}$ 最小化最终产品的单位成本。最后，如果 z 与 y 都生产，那么 $c_s = P_s$；如果经济实行完全的专业化，那么经济中的 $c_s = P_s$，而 $c_{1-s} > P_{1-s}$。最后，中间产品的生产获得零利润。

在前面生产函数的设定下，中间产品的定价为成本加成定价

$$p(j) = p^* \equiv \frac{w}{\alpha}, j \in [0, n] \tag{8.3.46}$$

当然，这是一个对称模型，每种中间产品的数量为 $x(j) = x$。于是，能够得到最终产品 s 生产的单位成本为

$$c^s(n, r, w, p^*) = a(s) n^{-\phi(s)} r^{\delta(s)} w^{\beta(s)-\delta(s)} (p^*)^{1-\beta(s)} \tag{8.3.47}$$

其中，$a(s) \equiv \delta(s)^{-\delta(s)} (\beta(s) - \delta(s))^{-(\beta(s)-\delta(s))} (1-\beta(s))^{-(1-\beta(s))}$。由成本函数，可以推知各种要素需求函数，与此同时，还能够推知各产业投入的劳动资本比例

$$\frac{L_s + X_s}{K_s} = \frac{c_w^s + c_p^s}{c_r^s} = \gamma(s)\left(\frac{r}{w}\right) \tag{8.3.48}$$

其中，$r(s) \equiv [\beta(s) - \delta(s) + \alpha(1-\beta(s))]/\delta(s)$。这样一来，劳动力市场的出清条件意味着

$$\gamma(z)\left(\frac{r}{w}\right)\left(\frac{K_z}{K-n}\right) + \gamma(y)\left(\frac{r}{w}\right)\left(\frac{K_y}{K-n}\right) = \left(\frac{L}{K-n}\right) \tag{8.3.49}$$

令人感兴趣的是均衡状态下的多样化产品的数量 n。为了考察 n 的动态，可以定义一个新的函数 $p_s(K,n)$ 为经济在 K 和 n 给定的情况下专业化生产产品 s 的时候，产品 z 相对于产品 y 的相对成本。根据方程（8.3.47），可以得到

$$\frac{c^z(n,r,w,w/\alpha)}{c^y(n,r,w,w/\alpha)} = \left(\frac{a(z)}{a(y)}\right)\alpha^{\Delta\beta}n^{\Delta\phi}\left(\frac{r}{w}\right)^{\Delta\delta} \tag{8.3.50}$$

其中，$\Delta\delta \equiv \delta(y) - \delta(z) > 0, \Delta\phi \equiv (y) - \phi(z) > 0$。这样，可以根据定义和方程（8.3.49）表现出来的关系能够得到

$$\rho_s(K,n) = \mu\gamma(s)^{\Delta\delta}n^{\Delta\phi}\left(\frac{K-n}{L}\right)^{\Delta\delta} \tag{8.3.51}$$

其中 $\mu \equiv [a(z)/a(y)]\alpha^{\Delta\delta}, \gamma(z) > \gamma(y)$。参数的设定意味着 $\rho_z(K,n) > \rho_y(K,n)$。

这样一来，就能够在 K 给定的时候，画出 $\rho_s(K,n)$ 与 n 的关系。

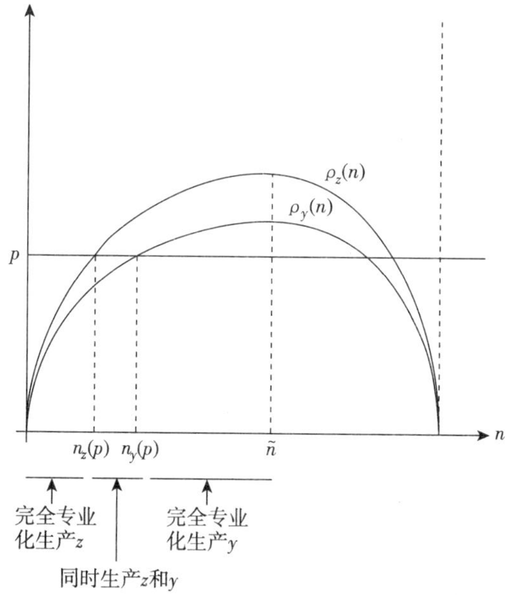

图 8.3.3　$\rho_s(K,n)$ 与 n 的关系

如图 8.3.3，曲线代表 $\rho_s(K,n)$，而位于 p 的横线代表两种产品的相对价格水平。当 $\rho_s(K,n) = p$ 时，经济处于均衡状态。从图 8.3.3 中可以看出来，经济专业化 s 产品的生产，存在着多重均衡：高水平的 $n_y(p)$ 和低水平的 $n_z(p)$，这两种均衡分别对应不同的分工程度。这样，经济到底会采用什么样的专业化生产取决于 n 的大小。（1）当 $n \leqslant n_z(p)$ 时，即 $p_z(n) \leqslant p$，经济专业化于 z 的生产；（2）当 $n_y(p) \leqslant n \leqslant \tilde{n}$ 时，即 $p \leqslant p_y(n)$，经济将专业化于 y 的生产；（3）当 $n_z(p) < n < n_y(p)$ 时，$p_z(n) > p > p_y(n)$，经济会两种产品都生产。

经济的一般均衡还要求中间产品的生产厂商获得零利润。由此知道中间产品厂商的利润函数为

$$\pi = r\left(\frac{1-\alpha}{n}\right)(\xi(z)K_z + \xi(y)K_y) - r \tag{8.3.52}$$

在零利润条件下，结合资本市场出清条件 $K = n + K_z + K_y$ ，可以得到关系

$$n(s) = \tau(s)K \tag{8.3.53}$$

其中，$\tau(s) = (1-\alpha)\xi(s)/(1+(1-\alpha)\xi(s))$ 。于是，能够计算出两个极限 $\rho_s(K,n)$ 值：$\rho_z(n(z))$ 与 $\rho_y(n(y))$ 。它们分别代表经济专业化于 z 或 y 的时候，z 的生产相对于 y 的生产的相对成本。根据参数的取值，可以判断它们彼此的大小，并将之画在图 8.3.4 上。

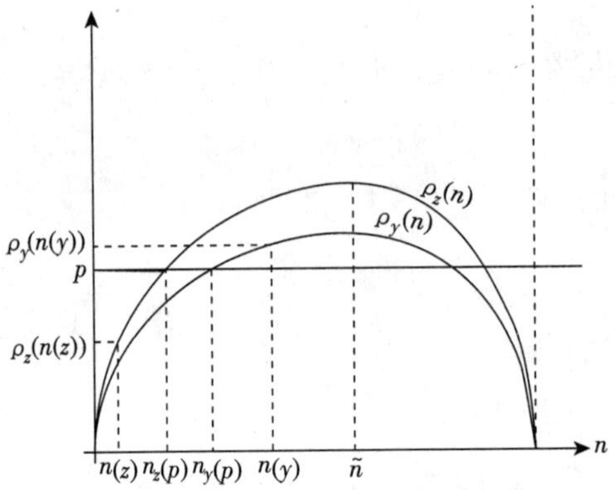

图 8.3.4　$\rho_z(n(z))$ 与 $\rho_y(n(y))$ 的关系

如图 8.3.4，当 $p \in [\rho_z(n(z)), \rho_y(n(y))]$ 时，经济存在多重均衡。当 $p > \rho_z(n(z))$ 时，经济中的一个均衡是专业化于最终产品 z 的生产，均衡的多样化产品的种类数为 $n_z(p)$ 。但是，同时 $p < \rho_y(n(y))$ ，经济专业化于 y 的生产也是均衡状态，此时的多样化产品的种类数为 $n_y(p)$ 。而当 $n = n^* \in [n_z(p), n_y(p)]$ ，经济也能够有第三种均衡，此时经济两种产品都生产。

当然，多重均衡的存在依赖于 $\rho_z(n(z))$ 与 $\rho_y(n(y))$ 彼此之间的关系，依赖于各种参数的设定。使得 $\rho_z(n(z)) < \rho_y(n(y))$ 的充分条件为

$$1 + \frac{\Delta\phi}{\Delta\delta} > \frac{D[1+(1-\alpha)\xi(y)]}{\gamma(y)\Delta\xi} \tag{8.3.54}$$

其中 $\Delta\xi \equiv \xi(y) - \xi(z) > 0$ ，$D \equiv \xi(y)\gamma(z) - \xi(z)\gamma(y) > 0$ 。

罗德里格斯—克莱尔（1996）认为，由于发达国家市场规模大，因而能够实现深度分工，专业化生产那些密集使用资本与中间投入品的产品（如产品 y 的生产），而中间投入品中间种类数 n 也居多；但是对于发展中国家来说，市场规模小，专业化生产那些并不密集使用资本与中间投入品的产品（如产品 z 的生产），与此相对应的是劳动分工无法深化，n 也小。这样一来，劳动分工与经济发展中

的多重均衡就联系起来了。

第四节　资本积累、投资与经济增长

讨论资本的积累与经济增长的关系是一个非常古老的话题。在新增长诞生之前，增长理论家们始终在关注资本积累与经济增长之间的关系。在这里，我们仅对近些年关于资本与经济增长关系的文献做一回顾。

阿西莫格鲁和齐里波蒂（1997）考察了资本积累与经济增长的关系。不过他们文章的特点在于考察经济中投资风险的分散对资本形成所造成的影响与经济增长的关系。他们发现收入越低的国家，经济增长的波动越大；收入越高的国家，经济增长的波动越小。这种经济波动的差异实际上和经济中的资本形成有关。收入高的国家，资本市场完善，个人可以投资于那些高收益但是风险也高的项目。而这些高风险的项目生产效率也高，经济投资于这样的项目其资本积累也快。在高收入国家，由于资本市场发达，个人能够进行组合资产投资，降低自己所面临的风险。由于在发展中国家，资本市场不完善，个人倾向于投资那些低回报、但是风险小的项目，这样一来，经济中的资本形成当然会受影响；如果投资那些高风险高收益的项目，由于没有分散风险的渠道，那么投资回报的波动更加剧烈。相应地，整个经济也会受到强烈的扰动。

阿西莫格鲁和齐里波蒂（1997）构建了一个带有不确定性的世代交叠模型来表达他们的思想。他们假定经济中的家户仅仅只是生存两期：青年和老年。每一代人口规模为 $a > 1$ 。经济中存在单一的最终产品和连续的中间产品部门，这些中间产品部门我们又称之为项目（Project）。最终产品部门将资本和劳动力结合生产出最终产品；而中间产品部门则将 t 时刻的储蓄转化为 $t+1$ 时刻的资本供该部门使用。简单起见，中间产品部门不需要使用劳动力。

整个经济的运行过程如下：每个家户在年轻时进入最终产品部门，获得相应的工资收入 w。他们利用自己的工资收入进行消费 c，剩下的用于储蓄。年轻人进行储蓄决策的时候，会考虑将自己的储蓄一部分投资于无风险资产 Φ，获得收益 r；也可以考虑将自己储蓄的一部分投资于风险资产 F，获得收益 R（$R>r$）。个人在年老的时候将这些资本全部出售给最终产品生产部门，最终产品生产部门使用这些资本之后全部折旧完，而老年人将消费完自己这些资本收入。图 8. 4. 1 表明了这一基本结构。

中间产品部门 $j \in [0,1]$ 实际上是一系列的投资项目所组成。投资项目面临

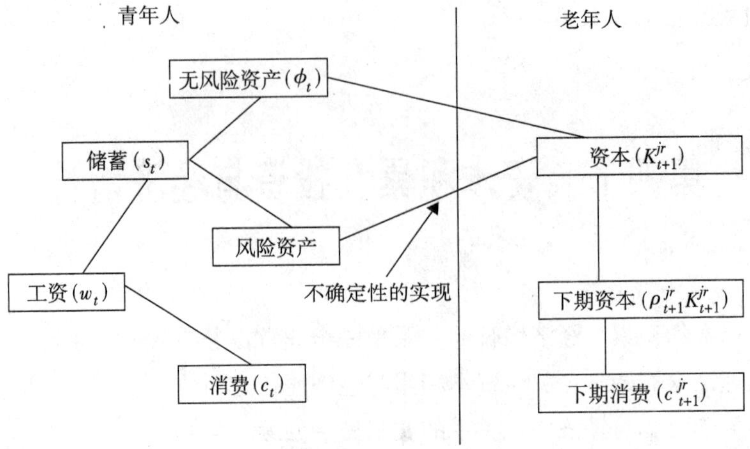

图 8.4.1　带有不确定性的世代交叠模型

不确定性，中间产品部门 j 在状态 j 下获得正收益，而在其他状态下收益为零，即在部门 j 中投资 F^j，如果 $F^j \geqslant M_j$ 同时状态 j 发生时，获得 RF^j 的回报；而在其它状态下，回报为零。模型设定 $R>r$，意味着风险资产如果有回报，将比安全投资有着更高的生产效率。而 M_j 的设定，实际上反映了中间产品部门 j 存在着最低投资要求，如果投资低于最低要求 M_j，那么投资也不会有任何产出。而最低投资要求 M_j 的分布为

$$M_j = \max\left\{0, \frac{D}{1-\gamma}(j-\gamma)\right\} \tag{8.4.1}$$

这意味着部门 $j \leqslant \gamma$ 没有最低投资要求，而其它的部门则存在最低投资要求；同时方程（8.4.2）意味着产业 j 越高，那么该部门的最低投资要求就越高。在这里，有一个简便的假设：由于中间产品部门生产技术是线性的，那么当个人对所有项目 $j \in \bar{J} \in [0, 1]$ 投资 F，这一投资组合以 p 的概率得到回报 RF，而以 $1-p$ 的概率获得零回报。

家户的跨期消费偏好为

$$E_t U(c_t, c_{t+1}) = \log(c_t) + \beta \int_0^1 \log(c_{t+1}^j)\mathrm{d}j \tag{8.4.2}$$

其中 j 代表状态 j，β 为贴现因子。而最终产品部门的生产函数为

$$Y_r = AK_t^{\alpha} L_t^{1-\alpha} \tag{8.4.3}$$

作者将劳动力供给单位 L_i 化为 1，这样经济中可以从事劳动的家户能够提供的劳动力为 $1/a$。在状态 j 发生的情况下，经济中总的资本存量为 $K_{t+1}^j = \int_{\Omega_t}(r\phi_{h,t} + RF_{h,t}^j)\mathrm{d}h$。其中 $F_{h,t}^j$ 为第 $h \in \Omega_t$ 个家户在风险资产上的投资额；而 $\phi_{h,t}$ 则是投资于无风险资产的投资数量。当然 Ω_t 为能够提供劳动的年轻家户的数量。劳动力市场和资本市场都是竞争性的，这意味着要素的均衡价格为

$$W_{t+1}^{j} = (1-\alpha)A(K_{t+1}^{j})^{\alpha} \equiv (1-\alpha)A\Big[\int_{\Omega_t}(r\phi_{h,t} + RF_{h,t}^{j})\mathrm{d}h\Big]^{\alpha} \quad (8.4.4)$$

$$\rho_{t+1}^{j} = \alpha A(K_{t+1}^{j})^{\alpha-1} \equiv \alpha A\Big[\int_{\Omega_t}(r\phi_{h,t} + RF_{h,t}^{j})\mathrm{d}h\Big]^{\alpha-1} \quad (8.4.5)$$

而在状态 j 下，单个家户的工资为 $w_t^j = W_t^j/a$。

作者假定构成中间产品部门的那些项目由不同的投资项目组成，这些项目仍然由不同的家户经营，这些家户就自己所经营的项目在资本市场上发行投资债券，将这些投资债券出售给其他的家户。简单起见，一个家户最多只能经营一个项目。

此时，投资决策可分为两步：第一步，每个家户争取中间产品项目，每个最多竞争 1 个项目。每个人报出自己对项目资产的报价 $P_{j,h,t}$，在个人向其他人所募集的每单位储蓄中，投资 $1/P_{j,h,t}$，将剩下的 $(P_{j,h,t}-1)/P_{j,h,t}$ 作为自己的佣金。这样，每个人的策略为 $Z_{h,t} = (j,P_{j,h,t}) \in [0,1] \times R^{+}$。定义 $Z_t: \Omega_t \to [0,1] \times R^{+}$ 代表个人对项目的出价函数，所有人经营的中间产品项目的集合为：$J_t(Z_t) = \{j \in [0,1] \mid \exists h \text{s.t.} Z_{h,t} = (j,P_{j,h,t})\}$。经济中项目和个人的配置规则为项目应该配置给宣布售价最低的个人，这样一来，可以定义 $P_t(Z_t): J_t(Z_t) \to R^{+}$ 代表经济中对项目的最低售价函数，更具体地说，可以定义 $P^{j}(Z_t) = \min_{\{h,s,t,Z_{h,t}=(j,P_{j,h,t})\}}(P_{j,h,t})$。

在决策的第二步，针对中间产品项目经营者所提供的证券投资债券，每个人决定自己的储蓄 s，以及该储蓄在安全资产 $\phi_{h,t}$ 以及个人在风险资产 j 上的投资 $F_{h,t}^{j}$。具体来说，个人面临如下优化问题：

$$\max_{s_t,\phi_t,\{F_t^j\}_{0\leqslant j\leqslant 1}} \log(c_t) + \beta\int_0^1 \log(c_{t+1}^{j})\mathrm{d}j \quad (8.4.6)$$

约束条件为

$$\begin{aligned}
&\phi_t + \int_0^1 P_t^j(Z_t)F_t^j \mathrm{d}j = s_t \\
&c_{t+1}^{j} = \rho_{t+1}^{j}(r\phi_t + RF_t^j) \\
&c_t + s_t \leqslant w_t + v_t \\
&F_t^j = 0 \quad \forall j \notin J_t(Z_t)
\end{aligned} \quad (8.4.7)$$

其中，$P_t^j(Z_t)$ 为提供证券 j 最低的价格，ρ_{t+1}^{j} 为状态 j 下资本的价格，v_t 为经营投资项目的佣金。具体地，这一佣金为

$$v_{h,t} = \frac{P_{j,h,t}-1}{P_{j,h,t}}\hat{F}^{j,h,t}$$

其中，$\hat{F}^{j,h,t}$ 为项目经营者所募集到的所有投资。在这一阶段，个人将 $w_t, P_t^j, \rho_{t+1}^{j}$ 视作是给定的。

现在需要求解在这一经济中的均衡。

首先，需要确定个人的储蓄行为。个人的储蓄率满足以下规则

$$s_t^* \equiv s^*(w_t) = \frac{\beta}{1+\beta}w_t \tag{8.4.8}$$

其次，由于中间产品市场是完全竞争的，那么经营中间产品项目的佣金收入为0，即 $v_{h,t} = 0$。

这样一来，个人面临如下的优化问题

$$\max_{\phi_t, F_t} n_t \log[\rho_{t+1}^{qG}(RF_t + r\phi_t)] + (1 - n_t)\log[\rho_{t+1}^{qB}(r\phi_t)] \tag{8.4.9}$$

约束条件为

$$\phi_t + n_t F_t = s_t^* \tag{8.4.10}$$

其中 $\rho_{t+1}^{qB} = \alpha(r\phi_t)^{\alpha-1}$ 为资本在“坏”状态下的边际产出，此时 $j > n_t$；而当 $j \leqslant n_t$ 时，资本的边际产出为 $\rho_{t+1}^{qG} = \alpha(RF_t + r\phi_t)^{\alpha-1}$。通过计算，得到该经济对于风险资产和风险资产的投资分别为

$$\phi_t^* = \frac{(1-n_t)R}{R - rn_t}s_t^* \tag{8.4.11}$$

$$F_t^{j,*} = \begin{cases} F_t^* \equiv \dfrac{R - r}{R - rn_t}s_t^* & \forall j \leqslant n_t \\ 0 & \forall j > n_t \end{cases} \tag{8.4.12}$$

图8.4.2表明了经济对于风险资产的需求 $aF^*(n_t)$ 情况。曲线 $aF^*(n_t)$ 由方程（8.4.12）决定，而曲线 M_n 为方程（8.4.1）所决定，交点为 n^*。对于小于 n^* 的项目，经济中能够实现的需求大于最低资本要求；而对于大于 n^* 的项目，经济中能够实现的需求小于最低资本需求，经济将不会在这些项目中进行投资。图8.4.2实际上给出了经济中中间产品部门在经济均衡时的产品项目数 n^*。

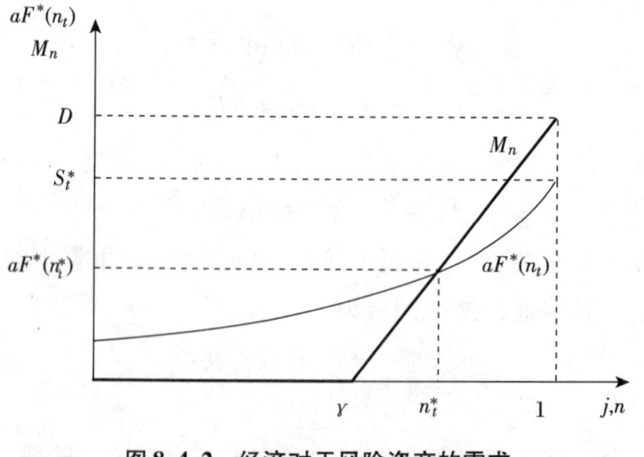

图8.4.2　经济对于风险资产的需求

在给定了一些参数限制后，可以得到 n^* 的表达式

$$n_t^*(K_t)=\begin{cases}\dfrac{(R+r\gamma)-\left\{(R+r\gamma)^2-4r\left[(R-r)(1-\gamma)\dfrac{\Gamma}{D}K_t^\alpha+\gamma R\right]\right\}^{1/2}}{2r},K_t\leqslant\left(\dfrac{D}{\Gamma}\right)^{1/\alpha}\\1,K_t>\left(\dfrac{D}{\Gamma}\right)^{1/\alpha}\end{cases}$$

(8.4.13)

其中 $\Gamma\equiv A(1-\alpha)[\beta/(1+\beta)]$。而均衡状态下的储蓄率为

$$s_t^*=\frac{\beta}{1+\beta}\frac{(1-\alpha)AK_t}{a} \tag{8.4.14}$$

而均衡状态下资本的动态为

$$K_{t+1}=\begin{cases}\dfrac{r(1-n_t^*)}{R-rn_t^*}R\Gamma K_t^\alpha & prob.\ 1-n_t^*\\R\Gamma K_t^\alpha & prob.\ n_t^*\end{cases} \tag{8.4.15}$$

其中 n^* 为方程（8.4.13）刻画。在这种情况下，文章定义两种情况下的资本积累：一种是 $QSSB$，代表经济总是遇到坏运气；而第二种情况 $QSSG$ 代表经济总是遇到好运气。具体表达式为

$$K^{QSSB}=\left\{\frac{r[1-n^*(K^{QSSB})]}{R-rn^*(K^{QSSB})}R\Gamma\right\}^{1/(1-\alpha)}$$

$$K^{QSSG}=R\Gamma^{1/(1-\alpha)} \tag{8.4.16}$$

作者利用图 8.4.3 表示这两种极端情况。

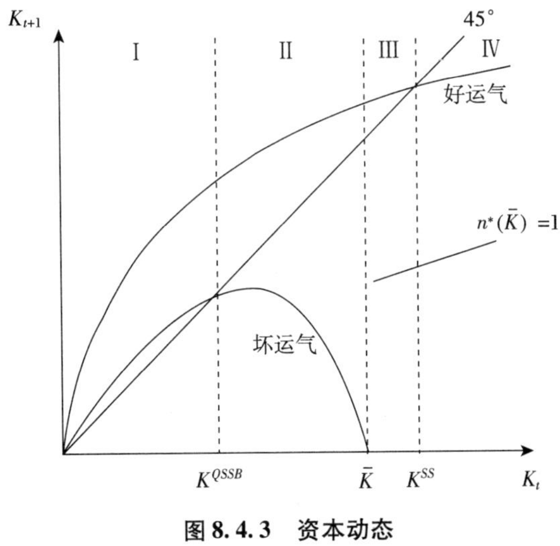

图 8.4.3　资本动态

可以证明，当 $D<\Gamma^{1/(1-\alpha)}R^{\alpha/(1-\alpha)}$ 满足时，$p\lim_{t\to\infty}K_t=K^{ss}$。

那么，经济中的期望全要素生产率为

$$\sigma(n^*(K_t)) = (1-n^*)\frac{r(1-n^*)}{R-rn^*}R + n^*R \tag{8.4.17}$$

这一经济的增长存在着不确定性。定义 $V_n = \mathrm{var}[\sigma(n^*,\cdot) \mid n^*] = n^*(1-n^*)[R(R-r)/(R-rn^*)]^2$ 为期望全要素生产率的方差，如果 $\gamma \geqslant R/(2R-r)$，则 $\partial V_n/\partial K_t \leqslant 0$；如果 $\gamma < R/(2R-r)$，这个时候存在 K'，使得 $n^*(K') = R/(2R-r) < 1$，

$$\frac{\partial V_n}{\partial K_t}\begin{cases} \leqslant 0 & \forall K_t \geqslant K' \\ > 0 & \forall K_t < K' \end{cases}$$

第五节　国际贸易、技术进步与经济增长

一、罗默关于内生技术进步的一般分析

罗默（1986；1987；1990）在他的一系列论文中分析了技术进步对经济增长的作用，在他看来，技术具有三个方面的特征：首先，技术进步是经济增长的核心；其次，大部分技术进步是人们在市场激励下追求利润最大化的行为，因此技术进步是内生决定的；最后，技术最重要的特征在于其具有正外部性，并且技术的使用是非竞争的，这就保证了长期增长的存在。技术的这种特性使得经济展现了规模收益递增的特征，令 $F(A,X)$ 为生产函数，那么有 $F(A,\lambda X) = \lambda F(A,X)$，于是 $F(\lambda A,\lambda X) > \lambda F(A,X)$，这就保证了规模收益递增的存在。并且可以得到：

$$F(A,X) < A\frac{\partial F(A,X)}{\partial A} + X\frac{\partial F(A,X)}{\partial X}$$

也就是说，如果所有要素按照边际价值获取收益，那么生产将产生亏损。因此，在该框架下无法用完全竞争去分析企业的行为。

罗默（1990）在一个不完全竞争的框架下分析了内生技术进步的过程，在其模型中，人们依据利润最大化的原则选择是否进行技术创新。经济体中有三个部门：研发部门、中间投入品生产部门以及最终产品生产部门。其中，最终产品生产部门使用劳动、人力资本以及一系列中间投入品进行生产，因此，生产函数可以写成：

$$Y(H_Y,L,x) = H_Y^{\alpha}L^{\beta}\int_0^{\infty} x(i)^{1-\alpha-\beta}\mathrm{d}i \tag{8.5.1}$$

这里 H_Y 为投入到最终产品生产部门的人力资本，L 为劳动力投入，$x(i)$ 为中间产品投入。总资本的增加可以表示为：$\dot{K}(t) = Y(t) - C(t)$，并且假设制造一单位中间产品需要消耗 η 单位最终产品，那么有 $K = \eta \sum_{i=1}^{\infty} x_i = \eta \sum_{i=1}^{A} x_i$。最终产品生产部门以利润最大化的原则选择中间投入品的数量，即：

$$\max_x \int_0^{\infty} [H_Y^{\alpha} L^{\beta} x(i)^{1-\alpha-\beta} - p(i)x(i)] \mathrm{d}i$$

这里标准化最终产品的价格为 1，$p(i)$ 为中间投入品的价格。由上式可得中间投入品的需求函数：

$$p(i) = (1 - \alpha - \beta) H_Y^{\alpha} L^{\beta} x(i)^{-\alpha-\beta} \tag{8.5.2}$$

对于研发部门，其产出依赖于投入的人力资本以及过去积累的技术知识水平，因此可以将生产函数写为：

$$\dot{A} = \delta H_A A \tag{8.5.3}$$

这里的 H_A 表示投入到研发部门的人力资本。一旦研发部门开发出了新技术，它将获得专利以取得垄断权，假设该技术专利的价格为 P_A，并且利率为 r。由于任何人都能免费利用已存的技术知识存量进行研发生产，根据（8.5.3）式，研发部门人力资本的工资可写为：$w_H = P_A \delta A$。并且假定人力资本总量不变，则有：$H_A + H_y = H$。

对于已经购买生产技术的中间投入品生产部门而言，其依据需求函数和技术费用选择产出，并且由于中间投入品部门具有垄断的特征，那么它们将采取成本加成法的定价方式，即 $\bar{p} = r\eta/(1 - \alpha - \beta)$，并且获取 $\pi = (\alpha + \beta)\bar{p}\bar{x}$ 的利润，这里 $\bar{x}$ 为对应于 $\bar{p}$ 的产量。而是否生产新的中间投入品则依赖于利润贴现值和技术价格的比较，在竞争市场的条件下，这两者应该相等，即：$\int_t^{\infty} e^{-\int_t^{\tau} r(s)ds} \pi(\tau) \mathrm{d}\tau = P_A(t)$，如果技术价格不变，那么该条件可以写为 $\pi(t) = r(t) P_A$。

罗默利用该框架分析了均衡条件下的经济增长率。在均衡条件下有：

$$g = \frac{\dot{C}}{C} = \frac{\dot{Y}}{Y} = \frac{\dot{K}}{K} = \frac{\dot{A}}{A} = \delta H_A$$

由于在均衡状态，研发部门和最终产品生产部门投入的人力资本应该获得相同的收益，并且假设最终产品生产部门使用各种中间产品的投入量相等，则有：

$$w_H = \alpha H_Y^{\alpha-1} L^{\beta} A \bar{x}^{1-\alpha-\beta} = P_A \delta A$$

并且 $P_A = \frac{1}{r}\pi = \frac{\alpha + \beta}{r}(1 - \alpha - \beta) H_Y^{\alpha} L^{\beta} \bar{x}^{1-\alpha-\beta}$，于是可得：

$H_Y = \frac{1}{\delta} \frac{\alpha}{(1 - \alpha - \beta)(\alpha + \beta)} r = v \frac{1}{\delta} r$，这里 $v = \frac{\alpha}{(1 - \alpha - \beta)(\alpha + \beta)}$。

于是，经济增长率可以表述为：

$$g = \delta H_A = \delta(H - H_Y) = \delta H - vr \tag{8.5.4}$$

假设消费者效用函数为$\int_0^{\infty} \frac{C^{1-\sigma}-1}{1-\sigma} e^{-\rho t} \mathrm{d}t$，那么有

$$g = \frac{\dot{C}}{C} = \frac{r-\rho}{\sigma} \tag{8.5.5}$$

由（8.5.4）式和（8.5.5）式可得最终的经济增长率为：

$$g = \frac{\delta H - v\rho}{\sigma v + 1} \tag{8.5.6}$$

从（8.5.6）式中可得，一国的经济增长率取决于研发部门的生产效率δ、消费者偏好ρ和δ、以及一国的人力资本总规模H。由于技术知识的正外部性以及中间产品垄断定价的存在，这种分散均衡经济增长率必然小于中央计划下的经济增长率，因此在P. 罗默模型中，政府可以通过以下政策促进经济增长：向中间产品的购买者提供补贴；向最终产品的生产者提供补贴；向研发提供补贴。另外P. 罗默模型也意味着和高人力资本国家进行贸易能提高经济增长率。

二、杰恩·M. 格罗斯曼和赫尔普曼论贸易、技术进步与经济增长

杰恩·M. 格罗斯曼和赫尔普曼（1989；1990；1991a；1991b；1991c；1991d；1994）在全球贸易的环境下全面分析了技术进步和经济增长之间的关系，他们结合了新增长理论、新贸易理论以及产业组织理论，在不完全竞争的框架下分析了技术进步和经济增长的关系。格罗斯曼和赫尔普曼的研究既涉及小国的国际贸易和技术进步，也涉及大国的国际贸易和经济增长，同时也分析了南北贸易以及其带来的技术扩散和产品周期。从总体上看，他们认为国际贸易从四个途径影响技术进步：第一，国际贸易促进了知识技术的跨国传递，从而增加了各国的可用知识存量，降低了技术开发成本；第二，国际贸易所带来的竞争减少了各国厂商之间在研发上的重复投入；第三，国际贸易使各国企业面临更大的市场，这对于潜在创新而言有两方面的影响：一方面市场的扩大使得创新厂商能获得更大的销售量和利润，另外一方面，市场的扩大使得创新厂商面临更大的竞争；第四，国际贸易将改变各国的要素配置，从而影响技术开发投入。

1. 格罗斯曼和赫尔普曼有关贸易、创新与经济增长关系的讨论

格罗斯曼和赫尔普曼（1989；1991c，第六章）分析了在小国背景下的贸易、创新以及经济增长之间的关系，这里小国具有三个特征：第一，小国面对的是具有完全弹性的世界市场上的需求和给定的外生价格；第二，小国面临一个给定的外生利率；第三，小国的R&D活动不影响世界的知识存量。假定创新只发生在小国生产中间投入品的非贸易部门，并且生产两种可贸易消费品Y和Z。生产最终产品Y需要投入人力资本和中间产品；而生产最终产品Z需要投入非熟练劳动

和中间投入品，因此使用柯布—道格拉斯形式，生产函数可写为：

$$Y = A_Y D_Y^{\beta} H_Y^{1-\beta} \qquad Z = A_Z D_Z^{\beta} L_Z^{1-\beta}$$

其中 H_Y 和 L_Z 分别代表生产中的人力资本和非熟练劳动投入，$D_i, i = Y, Z$ 为两个部门使用的中间产品量，在产品多样性的情况下，D 可以写成：

$$D_i = [\int_0^n x_i(j)^{\alpha} dj]^{\frac{1}{\alpha}} = A_D X_i, (0 < \alpha < 1)$$

这里 $A_D(t) = n(t)^{\frac{1-\alpha}{\alpha}}$，$n(t)$ 为中间产品种类数，X_i 为最终产品 i 生产中使用的中间产品总量。两类最终产品的价格分别为：

$$p_Y = w_H^{1-\beta} p_D^{\beta} \qquad p_z = w_L^{1-\beta} p_D^{\beta}$$

这里的 w_H, w_L, p_D 分别为人力资本、非熟练劳动力以及中间投入品的价格。由于中间产品具有不完全竞争的性质，因此其价格可写为 $p_x = \frac{1}{\alpha} c_x(w_H, w_L)$，其中 $c_x(w_H, w_L)$ 为中间投入品的生产成本，由此可得 $p_D = \frac{p_x}{A_D}$。

对于研发部门，假定 R&D 活动只需人力资本的投入，并且研制出一种新产品需要的人力资本量为 $\frac{a}{n}$，自由进入意味着厂商的价值等于市场进入成本，即 $v = \frac{w_H a}{n}$，令 $V \equiv \frac{1}{nv}$ 为厂商总价值的倒数，于是有 $V = \frac{1}{w_H a}$。

假定代表性家庭的效用函数为 $U = \int_t^{\infty} e^{-\rho(\tau - t)} \log u[C_Y(\tau), C_Z(\tau)] d\tau$，这意味着家庭的最优支出路径为 $\frac{\dot{E}}{E} = r - \rho$。

经济的非套利条件意味着，中间产生的利润率加上股票价值收益等于无风险债券的收益，即：

$$\frac{\dot{V}}{V} + \gamma = (1 - \alpha)\beta(p_Y Y + p_z Z)V - r$$

这里 γ 为产品创新率。

与此同时，市场出清条件意味着人力资本和非熟练劳动力的需求正好等于供给，即：

$$a\gamma + (a_{HY} + a_{Hx}a_{XY})Y + (a_{Hx}a_{XZ})Z = H \quad a_{Lx}a_{XY}Y + (a_{LZ} + a_{Lx}a_{XZ})Z = L$$

非套利条件加上市场出清条件意味着在均衡状态经济增长率为：

$$\gamma = (1 - \vartheta)\frac{h}{a} - \vartheta\rho, 0 < \vartheta = 1 - (1 - \alpha)\beta < 1$$

其中 $h \equiv H + \frac{\bar{w}_L L}{\bar{w}_H}$，$\bar{w}_i \equiv w_i A_D^{-\beta}, i = H, L$ 为调整后的人力资本及非熟练劳动的价格。从该式中发现经济增长率和 h 之间存在正相关关系，也就是 w_L 越高

(低)，经济增长率越高（低）；w_H 越高（低），则经济增长率越低（高）。这是因为研发部门需要投入人力资本，如果人力资本工资越低（高），则研发部门雇佣的人力资本越多（少），经济增长率就越高。

在该框架内，国际贸易是通过改变要素的相对收益而影响研发创新及经济增长率的。如果在贸易均衡时一国出口劳动密集型商品而进口人力资本密集型商品，国际贸易将使该国人力资本密集型商品的国内价格下降，这将导致人力资本的相对价格降低，从而降低研发部门的成本，使得创新率和经济增长率提高；反之，如果在贸易均衡时一国出口人力资本密集型商品而进口劳动密集型商品，那么由于人力资本相对收益的上升将降低一国的创新率和经济增长率。因此，在格罗斯曼和赫尔普曼看来，国际贸易导致的专业化通过影响一国研发部门的要素投入而影响经济增长。

2. 格罗斯曼和赫尔普曼的“知识外溢”模型

格罗斯曼和赫尔普曼（1991a；1991c，第六章）将上面介绍的模型扩展到了国际知识扩散的情形，此时一国的知识存量不仅来自于本地研究活动的溢出，而且还来自于国际接触带来的新知识。一国和国外之间的商业交往越是频繁，外国对本国知识存量增长的贡献也越大，这是因为和外国的交流促进了信息的交换，并且进口国外优质的中间产品也能得到技术信息。因此，可以认为随着国际贸易量的扩大，知识溢出的规模也越大。因此一国的知识存量可以写为：

$$K_n(t) = G[n(t), T(t)]$$

其中 $T(t)$ 为国际贸易量。假设 $K_n(t)$ 是一次齐次的，那么 $K_n(t) = n\psi(\frac{T}{n})$，其中 $\psi(\cdot) \equiv G(1, \frac{T}{n})$。此时企业家需要投入 $\frac{a}{n\psi(\frac{T}{n})}$ 单位的人力资本进行研发活动，这个时候的人力资本市场出清条件和自由进入条件改为：

$$\frac{a}{n\psi(\frac{T}{n})}g + (a_{HY} + a_{HX}a_{XZ})Y + (a_{HX}a_{XZ})Z = H$$

$$V = \frac{\psi(\frac{T}{n})}{w_H a}$$

格罗斯曼和赫尔普曼证明了最终产品和贸易量的增长率均为 $g\frac{\beta(1-\alpha)}{\alpha}$，因此在长期内如果 $\alpha > \beta(1-\alpha)$，那么 $\frac{T}{n}$ 将缩小为0；如果 $\alpha < \beta(1-\alpha)$，$\frac{T}{n}$ 的增长将没有边界；如果 $\alpha = \beta(1-\alpha)$，$\frac{T}{n}$ 将趋向有限的常数。

(1) $\alpha > \beta(1-\alpha)$，此时，国际知识溢出在本国知识积累过程中的重要性逐步下降。当 $K_n = n\bar{\psi}$，一国经济趋于稳定状态，其中 $\bar{\psi} \equiv \psi(0)$ 为大于零的常数。在这种情况下，经济增长率和没有国际知识溢出时相同，即：

$$\gamma = (1-\vartheta)\bar{\psi}\frac{h}{a} - \vartheta\rho, 0 < \vartheta = 1-(1-\alpha)\beta < 1$$

此时，国际贸易扩张没有提高长期的经济增长率，但是却提高了向稳定状态过渡的速度。

(2) $\alpha < \beta(1-\alpha)$，此时 $\frac{T}{n}$ 将趋于无穷大，这将带来两种结果。一种是如果 $\psi(\cdot)$ 存在上界，此时 $\psi(\cdot)$ 的值将趋于一个常数，这将和没有国际知识溢出时相似。另外一种结果是 $\psi(\cdot)$ 没有上界，此时研究活动中的生产率将无限提高，因此导致创新率和经济增长率的提高都没有边界。

(3) $\alpha = \beta(1-\alpha)$，此时贸易额和产品种类数均在长期内按照共同的速度 g 增长，两者的比例将趋于一个常数。定义 $\tau \equiv \lim\limits_{t\to\infty}\frac{T(t)}{n(t)}$，此时长期创新率和经济增长率可以写为：

$$\gamma = (1-\vartheta)\psi(\tau)\frac{h}{a} - \vartheta\rho, \vartheta = 1-(1-\alpha)\beta = 1-\alpha$$

此时国际贸易的扩张一方面能提高 $\psi(\tau)$，另一方面将影响 h，所以贸易扩张对长期经济增长的影响是不确定的。如果进口替代部门密集地使用人力资本，那么贸易保护一定会阻止经济增长；但如果进口品是非熟练劳动力密集型产品，那么贸易保护的结果是不确定的。

3. 格罗斯曼和赫尔普曼的“质量阶梯”模型

格罗斯曼和赫尔普曼（1991c，第四章；1991d，1991e）在菲利普·阿吉翁和彼得·霍伊特（Philippe Aghion & Peter Howitt，1990）以及保罗·西格斯特罗姆（Paul Segerstorm，1990）的基础上发展了一个产品质量升级增长模型，称之为“质量阶梯”（quality ladder）模型，在他们的模型中，每一种产品的质量都可以无限次被提高，每次质量提高都会使该产品提供的服务水平得到一次离散的跳跃。在该模型中，企业家将研究目标瞄准在市场上已有的某些产品，并试图通过开发新一代的产品占领该市场，与此同时，上一代产品将失去其市场。如果这种创新活动能够一直维持下去，那么工业产品的平均质量就能够得到提高，从而实现经济的持续增长。因此，在该模型内，由于产品质量阶梯的提高会使上一代产品的开发者丧失市场，企业家在计算其预期收益时，必须考虑到各种利润流只能维持一段有限的时间。

假设 j 表示产品品种指数，令 j 在单位区间内连续变化，即 $j \in [0,1]$。每一代产品 j 均有无数具有垂直差异的品种或质量类型，令 $q_m(j)$ 表示第 j 个行业内第

m 代产品的质量，假设每一代新产品提供的服务均为上一代产品的 λ 倍，即对于所有的 j,m ，有 $q_m(j) = \lambda q_{m-1}(j)$ ，其中 λ 为外生的产品质量升级指数。令 $q_0(j) = 1$ ，则有 $q_m(j) = \lambda^m$ 。

代表性家庭的跨时效用函数可以写为：

$$U_t = \int_t^{+\infty} e^{-\rho(\tau-t)} \log D(\tau)\, d\tau \text{，其中} \log D(\tau) = \int_0^1 \log[\sum_m q_m(j) x_m(j)]\, dj$$

其中 $x_{mt}(j)$ 为时点 t 对产品系列 j 中质量为 m 的产品消费量。该效用函数意味着如果对不同产品质量水平差距经过适当的调整，那么这些产品之间可以完全进行替代，即产品之间的替代弹性为1。因此消费者在各个产业之间平均分配其支出，并且在每一行业购买单位质量价格最低的品牌 $\widetilde{m}(j)$ ，即消费者静态效用最大化的需求方程为：

$$x_{mt}(j) = \begin{cases} \dfrac{E(t)}{P_{mt}(j)}, m = \widetilde{m}_t(j) \\ 0, \text{其他} \end{cases}$$

消费者最优支出路径为 $\dfrac{\dot{E}}{E} = r - \rho$ ，将支出标准化为 $E(t) = 1$ ，这意味着 $r(t) = \rho$ 。

假设劳动是生产的唯一投入要素，并且所有产品和所有质量的生产技术完全一样，不妨令每一单位可生产出来的产品需要一单位的劳动投入，因此每种商品的边际成本均等于工资率 w。为了分析垄断厂商的产品定价行为，假设一个行业有两个厂商：领先者和追随者，领先者生产质量最高的产品，追随者生产落后一个质量阶梯的产品。假定追随者生产定价为使其获得非负利润的最低价格 w，由于领先者生产的产品质量为追随者的 λ 倍，因此只要领先者将产品定价稍低于 λw ，那么他们便能获得所有市场。因此领先者定价为 λw ，追随者定价为 w，由此构成为一个纳什均衡，此时领先者获得所有市场。此时领先厂商在每个单位时间均有销售量 $\dfrac{1}{\lambda w}$ ，其利润流为 $\pi = 1 - \dfrac{1}{\lambda}$ 。

格罗斯曼和赫尔普曼证明了目前行业的质量领先者不会从事任何研究活动，因此创新是追随者进行研究的产物，厂商动用一定的资源进行研究和开发活动时，其最终的结果具有不确定性。如果在时间段 dt 内企业研究与开发活动的投资强度为 ι ，则该厂商开发下一代产品的成功概率为 ιdt 。如果企业研发活动强度为 ι ，其必须在每单位时间内投资 $a\iota$ 单位的劳动力。如果追随者的研发获得成果，那么他将取代原先的领先者，并获得 $\pi = 1 - \dfrac{1}{\lambda}$ 的利润流。

假设 v 为领先厂商的市场价值，那么自由进入条件意味着：

$wa \geqslant v$，当 $\iota > 0$ 时等号成立

无套利条件意味着股票的预期收益率等于无风险债券的利息率。股票持有者在 dt 时期内获得的红利为 πdt ；并且当该行业的所有研究努力都失败时，所有者获得资本收益 $\dot{v}dt$ ；另一方面，如果行业中其他厂商研发成功，那么领先者将丧失潜在收入，即企业所有者将损失资本价值 v 。因此非套利条件可以表示为：$\pi + \dot{v} - \iota v = rv$ ，用 $V = \frac{1}{v}$ 表示股票市场总价值的倒数，那么非套利条件可该写为：$\frac{\dot{V}}{V} = \left(1 - \frac{1}{\lambda}\right)V - \iota - \rho$ 。

再考虑劳动力市场出清条件。由于每一行业的研发强度为 ι ，并且行业区间为［0，1］，因此投入到研发活动的劳动量为 $a\iota$ 。每个行业的产出量为 $\frac{1}{P} = \frac{1}{\lambda w}$ ，由于每一单位的产出需要投入一单位的劳动，因此劳动需求量也为 $\frac{1}{\lambda w}$ 。因此劳动力市场出清意味着：

$$a\iota + \frac{1}{\lambda w} = L$$

该条件结合自由进入条件意味着企业的研发强度为：

$$\iota = \begin{cases} \frac{L}{a} - \frac{V}{\lambda}, V < \frac{\lambda L}{a} \\ 0, V \geqslant \frac{\lambda L}{a} \end{cases}$$

该条件结合非套利条件意味着创新率和经济增长率为 $\iota = \left(1 - \frac{1}{\lambda}\right)\frac{L}{a} - \frac{\rho}{\lambda}$ ，同时消费者指数将以不变比率 $g_D = \iota\log\lambda$ 增长。这意味着劳动力数量 L 越大，研发部门生产率越高（即 a 越小），家庭越有耐心（即 ρ 越小），则经济增长率越高。同时质量阶梯的阶段越多（即 λ 越大），经济增长率也越高。这是因为一方面 λ 的增加将激励研发，因此将导致 ι 的增加；另一方面这种增加提高了每一个成果的研究努力对于总产出增长的贡献。

4. 格罗斯曼和赫尔普曼的产品周期与国际贸易关系的模型

格罗斯曼和赫尔普曼（1991c，第 12 章）扩展了其质量阶梯模型以研究南北贸易和产品生命周期问题。雷蒙德·弗农（Raymond Vernon，1966）率先描述了创新产品的生命周期，在他看来南方国家的技术进步主要靠北方国家的对外投资以及许可证转让，而在格罗斯曼和赫尔普曼看来，南方国家的技术进步更多地表现为新兴国家的竞争者引进并模仿创新企业的新产品。因此，在他们的模型中，不仅北方国家的企业家要看到其市场份额最终会被南方国家的模仿者所占有，而且南方国家的企业家也必须看到，随着北方国家进一步提高质量阶梯，其通过模仿活动所占领的市场份额最终也将丧失。

遵循上一部分的模型，假定北方国家和南方国家的家庭偏好一致，并且同样将世界支出标准化为1，因此在稳定状态下 $r(t)=\rho$ 。同样令劳动为生产的唯一投入要素，并且南方国家的工资水平低于北方国家，即 $w^S<w^N$ 。在均衡状态下存在三类企业，这三类企业分别得到不同的利润率并面临不同的失去市场地位的风险。分别为：（1）生产质量阶梯最高产品并与生产次级产品的其他北方厂商竞争的北方企业，其数量记为 n^{NN} ；（2）生产质量阶梯最高产品并与能生产次级产品的南方厂商竞争的北方企业，记为 n^{NS} ；（3）通过模仿掌握了最高质量阶梯生产技术的南方企业，记为 n^S 。实际上这三类企业已经穷尽了市场上能够获利的企业，因此有 $n^{NN}+n^{NS}+n^S=1$ 。

在南方厂商模仿得到生产最高产品质量阶梯技术的情况下，其与北方国家的创新者竞争，此时只要南方厂商将价格定在北方厂商的生产成本 w^N 上将获得所有市场，因此此时该企业的利润为 $\pi^S=\dfrac{w^N-w^S}{w^S}$ 。在北方国家生产最高质量阶梯产品并与南方国家竞争的情况下，假设南方国家的成本优势不足以阻止北方国家的创新，那么此类北方企业的利润为 $\pi^{NS}=\dfrac{\lambda w^S-w^n}{\lambda w^s}$ 。与此同理，在领先者和追随者都是北方国家企业时，此时北方领先者的利润为 $\pi^{nn}=\dfrac{\lambda w^N-w^N}{\lambda w^n}$ 。

对于创新过程而言，假设北方国家的领先者在时间 dt 内投入 $a_L\iota$ 单位劳动从事研发活动，其获得成功的概率为 $\iota\mathrm{d}t$ 。对于北方国家的追随者而言，在时间 dt 内投入 $a_F\iota$ 单位劳动从事研发活动获得成功的概率为 $\iota\mathrm{d}t$ ，此时 $a_F>a_L$ 。对于南方国家的企业而言，其研发活动仅限于模仿北方企业的技术，也就是说南方国家无法开发下一代产品。假设南方国家在时间 dt 内投入 $a_m m$ 单位劳动从事模仿活动，那么其模仿成功的概率为 $m\mathrm{d}t$ 。因此三类企业的自由进入条件分别为（这里 v 代表各类企业的市场价值）：

$v^{NS}\leqslant a_Lw^N$ ，（ $\iota^S>0$ 时等号成立，ι^S 为该类企业的研发强度）

$v^{NN}\leqslant a_Fw^N$ ，（ $\iota^N>0>0$ 时等号成立，ι^N 为该类企业的研发强度）

$v^S\leqslant a_mw^S$ ，（ $\iota^S>0$ 时等号成立，ι^S 为南方企业的模仿强度）

考虑非套利条件，无论北方厂商面临的竞争对手是南方企业还是北方企业，其利润都会通过一种或者两种方式丧失：产品会得到另一个北方国家企业的改进或者被南方国家成功模仿。无论哪种情况发生，北方国家都将丧失其股票价值。对于南方国家企业而言，如果北方国家成功地提高了产品质量，那么其将丧失利润。因此非套利条件可以写为：

$$\frac{\pi^{NS}}{v^{NS}}+\frac{\dot{v}^{NS}}{v^{NS}}-(\iota^N+m)=r^N$$

$$\frac{\pi^{NN}}{v^{NN}}+\frac{\dot{v}^{NN}}{v^{NN}}-(\iota^{N}+m)=r^{N}$$

$$\frac{\pi^{S}}{v^{S}}+\frac{\dot{v}^{S}}{v^{S}}-\iota^{S}=r^{S}$$

劳动力市场出清意味着北方国家和南方国家的劳动需求均等于劳动供给，即：

$$a_{L}\iota^{S}n^{S}+a_{F}\iota^{N}n^{N}+\frac{n^{NN}}{\lambda w^{N}}+\frac{n^{NS}}{\lambda w^{S}}=L^{N}$$

$$a_{m}mn^{N}+\frac{n^{s}}{w^{N}}=L^{S}$$

以上阐述了模型的基本框架，在动态均衡中，产品先由北方国家开发出来，然后南方国家成功模仿使该产品的生产从北方转移到南方，随着北方国家开发出下一代更高质量的产品，原产品便遭到淘汰，这就是整个产品的生命周期过程。在稳定的均衡状态下，意味着资源配置是固定的，即满足下列条件：不同产品种类中的产品数量不变；创新与模仿速度不变；相对价格不变。也就是说对于南方国家而言，产品品种数不变意味着 $m(n^{NN}+n^{NS})=t^{S}n^{S}$ ，而对于北方企业产品种类数不变意味着 $\iota^{N}n^{NS}=mn^{NN}$ 。在存在创新和模仿的动态均衡中，存在两种情况：有效追随者，在这种情况下，领先者和追随者都进行研发活动；无效追随者，在这种情况下，由于追随者的研究效率远低于领先者，这个时候只有领先者进行研发活动。我们分别讨论这两种均衡的情形：

（1）有效追随者

令产品进步的总速度为 $\iota\equiv\iota^{N}n^{N}+\iota^{S}n^{S}$ ，技术向南方国家转移的总速度为 $\mu\equiv mn^{N}$ ，南方国家的相对工资为 $\varpi=\frac{w^{S}}{w^{N}}$ 。将这些定义的变量结合稳定条件代入劳动力市场出清条件可得：

$$a_{F}(\iota-\mu)+a_{l}\mu+\frac{n^{N}\left(1-\frac{\mu}{\iota}\right)}{\lambda w^{N}}+\frac{\mu n^{N}}{\iota\lambda\varpi n^{N}}=L^{N}$$

$$a_{m}\mu+\frac{1-n^{N}}{w^{N}}=L^{S}$$

从这两个式子中可以分析南方国家规模扩大以及南北贸易对北方国家经济增长的影响。南方国家经济规模的扩大意味着南方国家模仿速度和技术进步速度的加快（ m 和 μ 加快），它会对北方国家的创新动力产生两种相反的影响：一方面，模仿速度的加快使得北方国家创新者可以获利的时期变短；另一方面，如果模仿速度更快，领导厂商在其占有市场期间可以获得更多的利润。这两种相反动力的大小程度是不确定的，意味着南方国家经济规模的扩大可能加快也可能降低北方国家的创新速度。同样，这种情况也意味着无法预测南北贸易对北方国家创新活动的影响，南北贸易使北方国家必须面临其他国家的模仿，一方面这将降低北方国家企业的创新积极性；另一方面由于市场的扩大，那些存活下来的企业能够获得更大的利润。

（2）无效追随者

此时 $\iota^N = 0$ ，因此 $\iota = \iota^s n^s$ ，将这两个变量代入非套利条件和劳动力市场出清条件，可得：

$$\left(\frac{L^S - a_m\iota}{m - \iota} - \frac{L^N}{\iota}\right)\frac{m}{a_L} = \rho$$

$$\left[\frac{\lambda(L^N - a_L\iota)}{\iota} - \frac{L^S}{m - \iota}\right]\frac{m}{a_m} = \rho$$

这两个方程描述了无效追随者情形下的动态均衡。在这种情况下，格罗斯曼和赫尔普曼证明了南方国家规模的扩大使模仿和创新的长期速度都将提高，南方国家厂商吸收新技术的速度赶上了北方国家厂商的创新速度，因此南北双方的技术进步都得到了提高。由于南方国家加强了对北方国家产品的模仿，经济规模的扩张意味着产品生命周期的缩短。

三、克鲁格曼的内生创新模型

克鲁格曼（1990）模型化了熊彼特的思想，在他看来，熊彼特的思想包括两个观点：第一个观点是认为技术创新的积极性取决于创新者在一种短期垄断条件下对回报的期望；第二个观点强调经济全球化可以强化对技术创新和通过技术创新获利的刺激，一方面，进入世界市场可以使创新者的短期垄断更有价值，提高技术创新的收益；另一方面，一旦短期垄断结束，技术被普遍传播，每个国家还可以从其他国家的技术创新中获利。在克鲁格曼（1990）的模型中，世界被分为三个阶段：第一阶段，企业投资于技术创新的阶段；第二阶段，企业从投资中得到回报的阶段；第三阶段，企业的技术创新成为一般知识的阶段。

假设一国有 L 个人，每个人具有一单位劳动，每个人都有相同的偏好，效用函数被写成：

$$U = \theta^{-1}[C_1^\theta + \delta C_2^\theta + \delta^2 C_3^\theta], \delta, \theta < 1$$

这里 C_t 是每个阶段消费总量的指数，$C_t = \prod_{i=1}^{N} c_{it}^{1/N}$ ，N 为产品种类数，c_{it} 为阶段 t 消费产品 i 的数量。技术创新是成本降低型的，也就是说如果没有技术创新，那么生产单位产品的劳动需求量为 1；如果存在技术创新，那么单位产品的劳动需求量为 $\gamma < 1$ 。一国按照三个阶段的顺序发展，在第一阶段，劳动力既可以用来生产眼前消费的产品，也可投资于技术创新，假定创新的成本为 F 单位的劳

动；在第二阶段，技术创新者垄断了技术，但掌握原先技术的企业仍参与生产；在第三阶段，在第一个阶段创新的技术广为普及。

假设在第一个阶段国家投资了 nF 个单位的劳动来推动 $n < N$ 个产品的技术创新，于是在第三阶段技术得到普及后，有 n 个产业的成本为 γ 单位的劳动，而 $N-n$ 个产业的成本为1单位劳动。第三阶段的消费量可被写成 $C_3 = \frac{w}{P_3}$，其中 w 表示工资收益，$P_3 = \prod_{i=1}^{N} P_{i3}^{1/N}$ 为第三阶段的价格指数，在完全竞争的条件下，如果没有创新 $P_{i3} = w$；如果存在创新 $P_{i3} = \gamma w$。因此 $C_3 = \left(\frac{1}{\gamma}\right)^{n/N} = \gamma^{-(n/N)}$。考虑第二个阶段，此时 n 个改进的技术使创新者能够获得垄断地位，由于竞争的存在垄断者将价格定在 $P = w$ 的水平上。在该阶段，每个产品的人均消费量都是相同的，即 $c_{i2} = (1/N)(Y_2/L)$，其中 Y_2 是第二阶段的收入，它由两部分组成，一部分为劳动者收入，另一部分为垄断者获得的超额利润，于是：

$$Y_2 = L + \left(\frac{n}{N}\right)(1-\gamma)Y_2 = \frac{L}{1-(n/N)(1-\gamma)}$$

于是，第二阶段的人均消费量可以写成：$C_2 = \frac{Y_2}{L} = \left[1 - \frac{n}{N}(1-\gamma)\right]^{-1}$。再看第一阶段的问题，该阶段涉及创新的积极性问题，创新者可以获得第二阶段的垄断地位，垄断利润为：

$R = (1-\gamma)\frac{Y_2}{N}$，于是第一阶段每单位消费量在第二阶段的回报率为：

$$r = \frac{(1-\gamma)Y_2}{NF} = \frac{(1/NF)[L(1-\gamma)]}{1-(n/N)(1-\gamma)} \tag{8.5.7}$$

该式反映了 r 和 n 之间的正向关系，因此可以用图8.5.1的 II 曲线表示。此时第一阶段的人均消费量为 $C_1 = \frac{(L-nF)}{L}$。

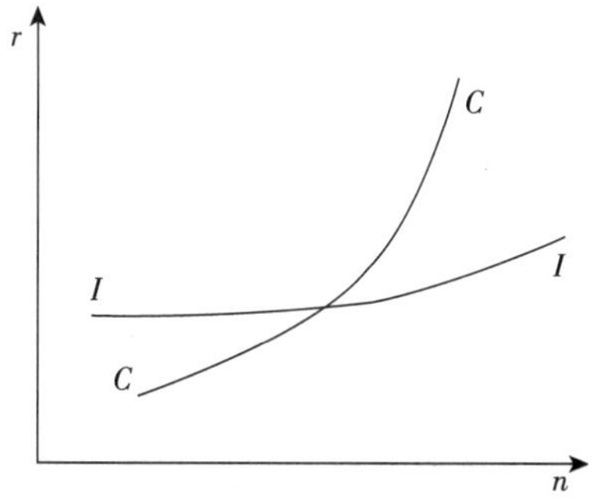

图8.5.1　r 和 n 之间的正向关系

第一阶段和第二阶段消费量的边际效用可以写为：$\frac{\partial U}{\partial C_1}=C_1^{\theta-1}$，$\frac{\partial U}{\partial C_2}=\delta C_2^{\theta-1}$，根据效用最大化原则，两个阶段的转换率应该和利润率相等，于是 $r=\frac{\partial U/\partial C_1}{\partial U/\partial C_2}=\delta^{-1}\left(\frac{C_1}{C_2}\right)^{\theta-1}$，将 C_1 和 C_2 代入，可得：

$$r=\delta^{-1}\left\{\left(\frac{L}{L-nF}\right)\left[1-(n/N)(1-\gamma)\right]^{-1}\right\}^{1-\theta} \quad (8.5.8)$$

该公式可以用图 8.5.1 的 CC 线表示。II 线和 CC 线的交点决定了均衡时的技术创新 n。

现在考虑国际贸易的情形，假设所有国家都具有相同的偏好、相同的技术水平和相同的技术创新成本，而且技术创新者获得的短期技术垄断可以扩大到国际市场。在这种情况下，一个国家的居民实际上是一个更大国家中的一员，国际贸易所带来的经济全球化的作用和一个更大的劳动力的作用是相同的。劳动 L 的扩大对 II 线的影响是使其向上移动，这一点可以从式（8.5.7）中反映出来，用图 8.5.2 表示经济全球化对 II 线的影响。同样，（8.5.8）式可以反映出 L 的扩大使 CC 线向下移动。移动后的 $I'I'$ 线和 $C'C'$ 线的交点决定了新均衡，此时具有更多的技术创新。从经济学的角度看，II 线的向上移动是因为经济全球化带来的更大市场意味着更多的技术创新超额利润；CC 线的向下移动是由越大的劳动市场带来的低回报率造成的，其原因在于每项技术创新都存在一个固定成本，当原有数量的技术创新在更大的国家进行时，它们对第一阶段资源的需求就更少。

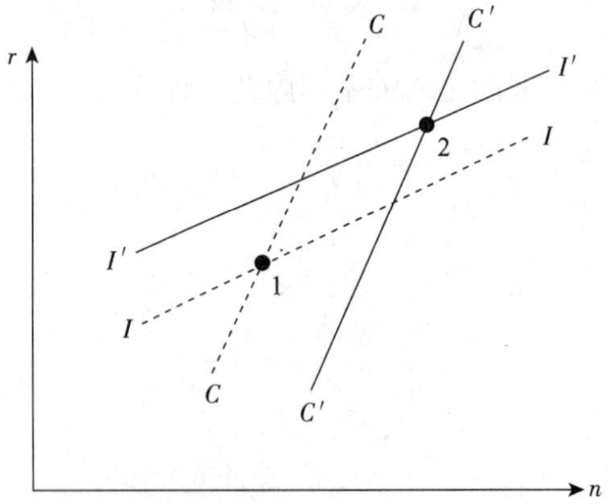

图 8.5.2　经济全球化对 II 线的影响

克鲁格曼还论述了国际贸易和国际投资是否是必要的，或者说仅仅存在国际知识流动是否能达到同样的效果。在他看来仅有国际知识流动而没有国际贸易会导致创新水平过低，这是因为没有国际贸易而造成的市场分割可能会产生重复创新。在没有国际贸易的情况下，一国的企业只考虑本国竞争对手的创新情况；而在经济全球化的情况下，企业不得不考虑全球范围内的竞争对手。

四、阿尔温·杨的"边干边学"模型

阿尔温·杨（Alwyn Young，1991）在"边干边学"的框架内研究了国际贸易、技术进步以及经济增长之间的关系。在杨的模型中，"边干边学"有两个特征：第一，存在行业间的知识溢出，这就保证了每个行业的生产率不仅仅是该行业生产活动的函数，还是其它行业"边干边学"的结果；第二个特征是在"边干边学"过程中存在强烈的收益递减，因此，如果不存在持续的新发明，那么"边干边学"的过程将不可持续。"边干边学"的这种特征决定了当存在南北贸易时，国际贸易将使发达国家的技术进步和经济增长受益，而发展中国家的技术进步和经济增长将受损。

在杨的模型中，劳动是唯一的生产要素，产品用 s 表示，$s \in [B, +\infty)$，并且以技术水平排序，s 越大则技术水平越低，所需的劳动投入越多。用 $a(s)$ 表示生产单位产品 s 所需的劳动，即技术水平。为了展现"边干边学"存在的界限，"边干边学"过程可表述为：如果 $a(s,t) = \bar{a}(s)$，则 $\partial a(s,t)/\partial t$；如果 $a(s,t) > \bar{a}(s)$，则：

$$\frac{\partial a(s,t)/\partial t}{a(s,t)} = -\int_B^{\infty} B(s,v,a(v,t)/\bar{a}(v))L(v,t)\mathrm{d}v$$

这里 $L(v,t)$ 为 t 期投入到生产 v 产品中的总劳动，$B(s,v,a(v,t)/\bar{a}(v)) \geqslant 0$ 为"边干边学"系数，该过程展现出了"边干边学"过程中存在的收益递减。

t 时期的效用函数可以写为 $V(t) = \int_B^{\infty} U(C(s,t))\mathrm{d}s$，$C(s,t)$ 为 t 时对产品 s 的消费量。约束方程为 $W \geqslant \int_B^{\infty} P(s,t)C(s,t)\mathrm{d}s$，这里 W 为工资水平，$P(s,t)$ 为产品 s 的价格，在完全竞争的条件下，$P(s,t) = Wa(s,t)$，因此约束方程可以改写为 $1 \geqslant \int_B^{\infty} a(s,t)C(s,t)\mathrm{d}s$。由于效用函数的对称性，消费者的最优条件可以写成：$\frac{U'(C(s,t))}{a(s,t)} = \frac{U'(C(v,t))}{a(v,t)}$。

考虑不存在国际贸易的自给自足状况，跨时效用函数可以写为 $\zeta = \int_t^{\infty} V(x)e^{-p(x-t)}\mathrm{d}x$，并且 $V(x) = \int_B^{\infty} \log(C(s,x)+1)\mathrm{d}s$。为简化起见，令 $\bar{a}(s) = \bar{a}e^{-s}$，$B(s,v,a(v,t)/\bar{a}(v)) = 2$。此时技术的演进可以写为：

$$a(s,t)=\begin{cases}\bar{a}e^{-s} & \forall S\leqslant T(t)\\ \bar{a}e^{-T(t)}e^{s-T(t)} & \forall S\geqslant T(t)\end{cases}$$

这里的 $T(t)$ 表示"边干边学"过程，$\mathrm{d}T(t)/\mathrm{d}t=\int_{T(t)}^{\infty}L(s,t)\mathrm{d}s$。当处在均衡状态时，根据分析可得有 $\mathrm{d}T(t)/\mathrm{d}t=\int_{T(t)}^{\infty}L(s,t)\mathrm{d}s=\int_{T(t)}^{N(t)}a(s,t)X(s,t)\mathrm{d}s=L(t)/2$。因此，自给自足状态下的人均 GDP 增长率可以表示如下：

$$g(t)=\frac{\int_{B}^{\infty}a(s,t)\partial X(s,t)/\partial t\mathrm{d}s}{\int_{B}^{\infty}a(s,t)X(s,t)\mathrm{d}s}-\frac{\mathrm{d}L(t)/\mathrm{d}t}{L(t)}$$

$L(t)$ 为 t 时期的总人口，$X(s,t)$ 为产品 s 在 t 时期的总产出，于是有 $\int_{B}^{\infty}a(s,t)X(s,t)\mathrm{d}s=L(t)$。故可得：

$$g(t)=\frac{-\int_{B}^{\infty}a(s,t)/\partial tX(s,t)\mathrm{d}s}{L(t)}=\frac{-\int_{T(t)}^{N(t)}a(s,t)/\partial tX(s,t)\mathrm{d}s}{L(t)}$$

$$=\frac{2(\mathrm{d}T(t)/\mathrm{d}t)^2}{L(t)}=\frac{L(t)}{2}$$

考虑存在国际贸易的情况，假设存在两个国家，发展中国家和发达国家，用 $*$ 表示发达国家。两国的人口分别为 L 和 L^*，并且两国居民偏好相同。所不同的是，发达国家的初始技术水平高于发展中国家，即 $T^*>T$，这意味着 $a^*(s)\leqslant a(s)$。令 $\omega=W^*/W,p(s)=P(s)/W$，因此 ω 为相对工资，$p(s)$ 为以发展中国家工资计价的价格水平。在自由贸易的情况下，发达国家和发展中国家的消费者问题和上一部分类似，只是消费者将选择低价的产品消费，因此自由贸易和自给自足状况下的区别仅在于用 $p(s)$ 代替 $a(s)$。在这种情况下，发展中国家和发达国家的人均 GDP 增长率可以分别被写为：

$$g(t)=\frac{\int_{B}^{\infty}p(s,t)\partial X(s,t)/\partial t\mathrm{d}s}{\int_{B}^{\infty}p(s,t)X(s,t)\mathrm{d}s}\qquad g^*(t)=\frac{\int_{B}^{\infty}p(s,t)\partial X^*(s,t)/\partial t\mathrm{d}s}{\int_{B}^{\infty}p(s,t)X^*(s,t)\mathrm{d}s}$$

由于在任何时间 t，有 $\int_{B}^{\infty}p(s,t)X(s,t)\mathrm{d}s=L$ 以及 $\int_{B}^{\infty}p(s,t)X^*(s,t)\mathrm{d}s=\omega(t)L^*$，可得

$$g(t)=\frac{2(\mathrm{d}T/\mathrm{d}t)^2}{L}\qquad g^*(t)=\frac{2(\mathrm{d}T^*/\mathrm{d}t)}{L^*}$$

杨证明了在这种情况下，$g(t)\leqslant\frac{L}{2}$ 以及 $g^*(t)\geqslant\frac{L^*}{2}$，也就说说自由贸易降低了发展中国家的经济增长率，而提高了发达国家的经济增长率。如果发达国家

的人口规模大于发展中国家，自由贸易将使两国的技术缺口日益扩大；即使发展中国家的人口规模比发达国家大得多，如果两国的初始技术缺口相当大，国际贸易也将使发展中国家的技术水平低于发达国家。

与此同时，杨认为尽管自由贸易使发展中国家的技术进步率和经济增长率都降低了，但是由于国际贸易能够提高消费者的效用水平，因此发展中国家参与国际贸易仍可能有利可图，此时国际贸易将使发展中国家的动态福利水平提高。

五、阿尔温·杨的规模经济模型

阿尔温·杨（1998）还建立了一个不存在规模经济的增长模型，他的模型修改了质量阶梯内生创新模型（参见：Philippe Aghion & Peter Howitt，1992；Gene M. Grossman & Elhanan Helpman，1991c），允许创新活动提高产品种类增加的可能性，这为市场规模扩大带来的租金增多提供了额外的消散途径。技术种类的增加会提高消费者的效用，但是技术种类的持续增长将增加研发投入，这导致市场规模的扩大增加均衡研发投入却不增加经济增长率。实际上在扬的模型中只允许纵向技术进步（提高产品质量）存在知识溢出，而不允许横向技术进步（增加产品种类）存在知识溢出，正是由于这种特性使得横向技术进步需要更多的投入，最终耗尽规模增大所带来的租金。

假设经济中有 L 个消费者，每位消费者均具有一单位劳动，并且劳动是唯一的生产要素，代表性个人的效用函数为：

$$\mathrm{Max}U = \sum_{t=0}^{\infty} B^t \ln[C(t)]$$

因此消费者支出路径为 $\frac{E(t+1)}{E(t)} = [1 + r(t)]^B$，$r(t)$ 为利率。最终品市场是完全竞争的，并且企业采取 $D-S$ 生产函数将中间投入品组合成最终消费品，生产函数可以写为：

$$Q(t) = \left[\int_0^{\infty} [\lambda_i(t) x_i(t)]^{\alpha} \mathrm{d}i\right]^{\frac{1}{\alpha}}$$

这里 $x_i(t)$ 和 $\lambda_i(t)$ 分别为 t 时期使用的 i 产品的数量和质量。CES 效用函数和生产函数决定了中间产品 i 的需求函数为：

$$x_i^D = \frac{E(t) p_i(t)^{-\varepsilon} \lambda_i(t)^{\varepsilon-1}}{\int_0^{N(t)} p_i(t)^{1-\varepsilon} \lambda_i(t)^{\varepsilon-1} \mathrm{d}i}$$

这里 $\varepsilon = \frac{1}{1-\alpha}$，$p_i(t)$ 为产品 i 的价格，$N(t)$ 为可用中间产品的种类。

中间产品由垄断竞争厂商生产，为了能在 t 时期生产给定的中间投入品，厂商必须 $t-1$ 时期进行固定投资，并且投资额随着中间产品质量的提高而增加，即：

$$F[\lambda_i(t),\bar{\lambda}(t-1)]=\begin{cases}fe^{\mu\lambda_i(t)/\bar{\lambda}(t-1)}, \text{如果 } \lambda_i(t)\geqslant\bar{\lambda}(t-1)\\ fe^{\mu}, \text{其他}\end{cases}$$

这里f和μ均为固定的系数，$\bar{\lambda}(t-1)$为技术指数，代表来自以往产品的知识溢出，如果产品i在以往生产过，那么$\bar{\lambda}(t-1)$为之前最高质量产品的质量$\lambda_i(\max)$；如果产品i之前没有生产过，那么$\bar{\lambda}(t-1)$为$\lambda_i(\max)$的平均值，记为$\bar{\lambda}(\max)$。该公式可以理解为投资由两部分组成：一部分为独立于产品质量的固定成本fe^{μ}；另一部分为研发成本$fe^{\mu\lambda_i(t)/\bar{\lambda}(t-1)}-fe^{\mu}$。除$t-1$外，厂商以固定的边际成本c进行生产。

厂商在$t-1$时期选择是否进行投资，其最大化问题可以写为：

$$\max_{p_i(t),\lambda_i(t)}\frac{[p_i(t)-c]x_i^D(t)}{1+r(t-1)}-F[\lambda_i(t),\bar{\lambda}(t-1)]$$

自由进入意味着中间产品生厂商将获得零利润，即：

$$F[\lambda_i(t),\bar{\lambda}(t-1)]=\frac{[p_i(t)-c]x_i^D(t)}{1+r(t-1)}$$

最大化问题的一阶条件和自由进入条件以及对称性条件（每种产品的使用量相等）可以推导出：

$$\frac{p-c}{p}=1-\alpha \qquad \mu\frac{\lambda(t)}{\lambda(t-1)}=\frac{\alpha}{1-\alpha}$$

均衡条件还要求劳动力市场出清，即劳动需求和劳动供给相等，劳动需求分为两部分，一部分为生产需求，一部分为研发需求，即：

$$L_M(t)=\frac{E(t)}{p}c=\alpha E(t) \qquad L_R(t)=N(t+1)fe^{\mu\lambda(t+1)/\lambda(t)}$$

劳动力市场出清意味着：

$$L=\alpha E(t)+N(t+1)fe^{\mu\lambda(t+1)/\lambda(t)}$$

在对称均衡条件下，自由进入条件可以改为：

$$fe^{\mu\lambda(t)/\lambda(t-1)}=\frac{(1-\alpha)E(t)}{N(t)[1+r(t-1)]}$$

劳动力出清加上自由进入条件可以得到厂商数量N，并且在均衡状态要求消费者支出处于稳定状态，即$1+r=B^{-1}$，可得：

$$N=\frac{(1-\alpha)E(t)}{[1+r(t-1)]fe^{\mu\lambda(t)/\lambda(t-1)}}=\frac{(1-\alpha)BL}{[\alpha+(1-\alpha)B]fe^{\varepsilon-1}}$$

在对称均衡中，由于每种中间产品的使用量相等，所以有：

$$Q(t)=\lambda(t)\bar{x}(t)N(t)^{\frac{1}{\alpha}}$$

这里$\bar{x}(t)=\dfrac{E(t)}{p(t)N(t)}=\dfrac{\alpha L(t)}{c[\alpha+(1-\alpha)B]N(t)}$，由此可得人均产出的表达

式，即：

$$q(t) = \frac{\alpha\lambda(t)N(t)^{\frac{1-\alpha}{\alpha}}}{c[\alpha + (1-\alpha)B]}$$

由于在均衡中厂商数量 $N(t)$ 是固定的，因此，长期人均产出增长率是由产品质量的提高推动的。并且由于 $N(t)$ 和劳动力规模 L 正相关，因此，人均收入和 L 正相关，也就是说，收入水平展现出了规模经济，但是，在该模型中经济增长率却不存在规模经济，对 $q(t)$ 求对数可得：

$$\ln\left[\frac{q(t)}{q(t-1)}\right] = \ln\left[\frac{\lambda(t)}{\lambda(t-1)}\right] + \left(\frac{1-\alpha}{\alpha}\right)\ln\left[\frac{N(t)}{N(t-1)}\right]$$

$$= \ln\left[\frac{\varepsilon-1}{\mu}\right] + \left(\frac{1-\alpha}{\alpha}\right)\ln\left[\frac{L(t)}{L(t-1)}\right]$$

因此，两期人均产出之间的增长率可以被分为两个部分：一个是长期因素，另一个是由规模变化带来的因素。由于经济增长率不再具有规模经济的效率，那些提高经济规模的政策只能影响收入水平却无法提高经济增长率。

六、查尔斯·琼斯建立在 R&D 基础上的经济增长模型

查尔斯·琼斯（Charles I. Jones，1995）修改了罗默（1990）的模型，建立了一个“半内生”（semi-endogenous）经济增长模型。罗默（1990）、格罗斯曼和赫尔普曼（1991）以及阿吉翁和霍伊特（1992）等的经济模型都预测了规模经济的存在，而琼斯发现规模经济的预测和现实经济增长的数据不一致，因此他建立了一个基于 R&D 的经济增长模型，以使理论结果和现实数据相吻合。琼斯的模型在消除了规模经济的同时也改变了基于 R&D 增长模型的其它含义，导致了和索罗模型相同的结果，即长期经济增长由外生的参数决定，并且政府政策不能影响长期经济增长。与索罗模型不同的是，琼斯模型中 R&D 活动是内生决定的，因此该模型称之为“半内生”经济增长模型。

在罗默等的模型中，经济增长可以用两个方程来概括，即：

$$Y = K^{1-\alpha}(AL_y)^{\alpha}$$

$$\frac{\dot{A}}{A} = \delta L_A \text{ 或者} \frac{\dot{A}}{A} = \delta\frac{L_A}{L}$$

其中 A 为技术，L_y 和 L_A 分别为投入到生产及研发中的劳动，在他们的模型中，技术进步率和投入到研发中的劳动或者劳动比例正相关。显然，这些模型都将展现出规模经济的特征，即劳动规模的增加促进了技术进步率。然而，琼斯发现这些结论和事实不符，他发现工业化国家人口规模增加得非常快，而经济增长率却非常缓慢。为了使模型的结论和事实符合，琼斯修改了技术生产方程：

$$\dot{A} = \delta L_A^{\lambda}A^{\phi}$$

与罗默等人的模型对应的是 $\lambda = 1, \phi = 1$ 。而在琼斯看来，技术的生产应该展现规模递减的特征，因为人们往往是先从事简单的研究，随着技术数量增加得越多，研发速度也将越慢。因而在琼斯的模型中 $\phi < 1$ ，因此有：

$$\frac{\dot{A}}{A} = \delta \frac{L_A^\lambda}{A^{1-\phi}}$$

遵循罗默的分析方式，琼斯得出了均衡的经济增长率：

$$g = \frac{\lambda n}{1 - \phi}$$

可见，经济增长率此时依赖于外生的经济变量：人口增长率 n 以及技术参数 λ 和 φ。并且模型没有展现规模经济的特征。因此，和杨（1995）的模型一样，增加经济规模的政策只有水平效应而不具有增长效应，比如国际贸易政策。

第六节　增长与趋同

一、巴罗和萨拉—伊—马丁的模型：传统新古典增长理论框架

巴罗（1991）、巴罗和萨拉—伊—马丁（1991；1992）在他们的一系列论文中，在传统新古典增长理论的框架内分析了经济增长与趋同的关系。在传统新古典增长模型中，当经济体越是接近稳态时，经济增长将趋慢，并因此经济增长率和初始经济水平负相关。在此框架内，巴罗和萨拉—伊—马丁提出了两种收敛概念：β 收敛和 σ 收敛，并且用各个地区的数据进行实证检验。他们的研究发现经济体存在条件收敛，但不存在绝对收敛，和传统新古典增长模型的理论结果一致。

生产函数为 $\hat{y} = f(\hat{k})$ ，这里 $\hat{y}$ 和 $\hat{k}$ 分别为单位有效劳动产出和资本，有效劳动数为 Le^{xt} ，其中 x 为外生的劳动扩大型技术进步率。因此在一个封闭的经济体内，单位有效劳动产出和资本 $\hat{k}$ 的路径为：

$$\dot{\hat{k}} = f(\hat{k}) - \hat{c} - (\delta + x + n)\hat{k}$$

这里 $\hat{c} \equiv \frac{C}{Le^{xt}}$, δ 为折旧率, n 为劳动增长率。代表性家庭最大化无限期效用的问题可以写成：

$$U = \int_0^{\infty} u(c) e^{nt} e^{-pt} \mathrm{d}t$$

这里 $c = C/L$ 为人均消费，ρ 为时间偏好率，并且 $u(c) = \frac{c^{1-\theta} - 1}{1 - \theta}$ ，因此消费路径为：

$$\frac{\dot{c}}{c} = \frac{1}{\theta}[f'(\hat{k} - \delta - \rho)]$$

当处在稳态时，平均有效劳动变量 $\hat{y}$ ，$\hat{k}$ 和 $\hat{c}$ 均不变，而人均量 y,k,c 均以外生的比率 x 增长，因此在稳态中可得：

$$f'(\hat{k}^*) = \delta + \rho + \theta x$$

在生产函数是柯布—道格拉斯形式的情况下，即 $\hat{y} = f(\hat{k}) = A\hat{k}^{\alpha}$ ，巴罗和萨拉—伊—马丁给出了离散的经济增长率表达式：

$$\log(\frac{y_{it}}{y_{i,t-1}}) = a - (1 - e^{-\beta})\log(y_{i,t-1}) + U_{it}$$

这里截距 $a = x + (1 - e^{-\beta})[\log(\hat{y}_i^*) + x(t-1)]$ ，$\hat{y}_i^*$ 为 $\hat{y}$ 的稳态值。随机变量 u_{it} 具有零期望，方差为 σ_{ut}^2 。从上式中可以发现，经济增长率和初始经济水平 $y_{i,t-1}$ 负相关，表明了经济存在趋同的现象，并且趋同速度为 β ，这就是巴罗和萨拉—伊—马丁所说的 β 收敛。

设 σ_t^2 是 t 时刻 $\log(y_{it})$ 跨经济系统的方差，经济趋同和 u_{it} 的性质共同决定了 σ_t^2 的时间演变服从一阶差分方程：

$$\sigma_t^2 = e^{-2\beta}\sigma_{t-1}^2 + \sigma_{ut}^2$$

如果 σ_{ut}^2 为常数（即对于所有的 t ，$\sigma_{ut}^2 = \sigma_u^2$ ），那么可以得到差分方程的解为：

$$\sigma_t^2 = \frac{\sigma_u^2}{1 - e^{-2\beta}} + (\sigma_0^2 - \frac{\sigma_u^2}{1 - e^{-2\beta}})e^{-2\beta t}$$

这里 σ_0^2 是 $\log(y_{i0})$ 的方差。该式意味着 σ_t^2 单调地趋近于其稳态值 $\sigma^2 = \frac{\sigma_u^2}{1 - e^{-2\beta}}$ ，其随着 σ_u^2 上升，随着 β 下降，这就是巴罗和萨拉—伊—马丁所说的 σ 收敛。倘若 σ_0^2 大于（或小于）稳态值 σ^2 ，σ_t^2 就下降（或上升），因此正的系数 β（β 收敛）并不意味着下降的 σ_t^2（σ 收敛）。

巴罗和萨拉—伊—马丁利用此框架使用各种数据对 β 收敛和 σ 收敛进行实证检验。其使用的基本回归方程为：

$$\begin{cases} \log(\frac{y_{it}}{y_{i,t-1}}) = a - (1 - e^{-\beta})\log(y_{i,t-1}) + \varphi_i S_i + u_{it} \\ \sigma_t^2 = e^{-2\beta}\sigma_{t-1}^2 + \sigma_{ut}^2 + S_t^2\sigma_{\varphi}^2 + 2S_t e^{-\beta}\mathrm{cov}[\log(y_{i,t-1}, \varphi_i)] \end{cases}$$

其中 S_t 为总体经济冲击，φ_i 衡量了总体扰动对区域 i 的影响，而在 σ 收敛的检验式中，方差和协方差是以当前和以后总体冲击 S_t、S_{t-1}、……的实现值为条件的。

巴罗和萨拉—伊—马丁（1991）使用98个国家1960—1985年的数据分析经济增长的决定因素，他们的研究发现在控制了人力资本等其它解释变量后，经济增长率和1960年的GDP负相关，这就证明了趋同的存在。巴罗和萨拉—伊—马丁（1992）使用美国各州的数据检验趋同的存在性，使用各州数据的优点在于能够控制其它变量。作者使用的回归方程为：

$$(1/T)(y_{iT}/y_{i0}) = a - [(1 - e^{-\beta T})/T]\log(y_{i0}) + u_{i0,T}$$

作者使用不同时间段的数据，用非线性最小二乘法分别进行了估计，研究发现大部分的时间段中（9个时间段中的7个）β 显著为正，并且 β 大约为0.02，也就是经济以每年2%的速度收敛。收入的方差也展现了一定的趋同。巴罗和萨拉—伊—马丁也使用日本47个县1930—1990年数据以及欧洲8个国家90个地区1950—1990年的数据对经济趋同进行检验，也得出了类似的结论，β 显著为正，并且数值在2%左右。

二、巴罗和萨拉—伊—马丁的模型：新增长理论框架

巴罗和萨拉—伊—马丁（1997）同时还在新增长理论的框架内讨论了经济趋同，他们构建了一个存在技术扩散的模型，在该模型内各个经济体将展现出趋同的特征。在长期内，世界经济增长是由领先国家的技术发现推动的，由于模仿的成本低于创新成本，落后国家可以通过技术模仿赶超领先国家，但随着模仿成本的增加，落后国家的增长率将降低，因此从这个意义上看，该模型预测的趋同是有条件的趋同。

假设世界上有两个国家，记为 $i = 1,2$，国家1表示领先国家，国家2代表落后国家。国家1存在技术开发，由于模仿成本低于研发成本，所以，国家2选择模仿而不是技术开发。生产函数为D－S生产函数：

$$Y_i = A_i L_i^{1-\alpha} \sum_{j=1}^{N_i} X_{ij}^{a}$$

这里 Y_i 为 i 国的产出水平，L_i 为 i 国的劳动投入，X_{ij} 为 i 国第 j 类中间产品的投入量，N_i 为 i 国中间产品种类数，A_i 为 i 国的技术水平。并且假设落后国家初始中间产品数量少于领先国家，即 $N_1(0) > N_2(0)$。

考虑国家1的创新行为，中间产品的生产需要投入一单位的最终产品，并且将最终产品的价格标准化为1。企业开发出新产品后便获得了垄断，因此其按照垄断行为定价为 p_{1j}，并获得利润 $\pi_{1j} = (p_{1j} - 1)X_{1j}$。由生产函数和中间产品价格可得对中间产品 j 的需求为：

$$X_{1j} = L_1(A_1\alpha/p_{1j})^{1/(1-\alpha)}$$

将该式代入利润表达式并取最大值可得中间产品定价为 $p_{1j} = p_1 = 1/\alpha > 1$ 。由此可得国家 1 的产出水平和中间产品利润分别为：

$$Y_1 = A_1^{1/(1-\alpha)}\alpha^{2\alpha/(1-\alpha)}L_1N_1$$

$$\pi_{1j} = \pi_1 = (1-\alpha)L_1A_1^{1/(1-\alpha)}\alpha^{(1+\alpha)/(1-\alpha)}$$

假设国家 1 的利率为 r_1 ，那么中间产品生产厂商的利润现值为 $\frac{\pi_1}{r_1}$ ，自由进入条件意味着厂商的利润现值应该等于研发成本 η_1 ，因此，可得国家 1 的利率水平为 $r_1 = \pi_1/\eta_1$ 。假设消费者偏好是无限期拉姆赛偏好，那么，可以得到国家 1 的消费路径为：

$$\frac{\dot{C}_1}{C_1} = \frac{1}{\theta}(r_1 - \rho)$$

在均衡状态下，产出增长率、消费增长率以及中间产品种类增长率相等，将利率方程代入，可得国家 1 的经济增长率为：

$$\gamma_1 = \frac{1}{\theta}(r_1 - \rho) = \frac{1}{\theta}(\frac{\pi_1}{\eta_1} - \rho) = \frac{1}{\theta}((1-\alpha)L_1A_1^{1/(1-\alpha)}\alpha^{(1+\alpha)/(1-\alpha)}/\eta_1 - \rho)$$

考虑国家 2 厂商的模仿行为，对于落后国家而言，由于模仿成本一般小于研发成本，即 $v < \eta_1$ ，所以国家 2 的厂商采取模仿行为。跟上述分析一样，可得国家 2 的经济增长率，唯一的区别在于用模仿成本 v 替代研发成本 η ：

$$\gamma_2 = \frac{1}{\theta}((1-\alpha)L_1A_1^{1/(1-\alpha)}\alpha^{(1+\alpha)/(1-\alpha)}/v - \rho)$$

可以分两种情况对此进行讨论：

（1）v 固定不变

由于模仿成本小于研发成本，即 $v < \eta_1$ ，那么此时如果 $v/\eta_1 < (L_2/L_1)(A_2/A_1)^{1/(1-\alpha)}$ ，则可以得到 $\gamma_2 > \gamma_1$ 。也就是说在这种情况下，落后国家的经济增长率快于领先国家，并且 N_2 增长的比 N_1 快，因此最终 $N_2 = N_1$ 。此后落后国家无法模仿领先国家的技术，因此，两国最后将以相同的速度增长。因此在这种情况下落后国家和领先国家最终达到趋同。

（2）v 可变

一般来说，模仿成本将会随着可选技术集的变小而增加，也就是说随着落后国家和领先国家的差距越小，模仿成本将越大。因此，模仿成本可以写为：

$$v = \varphi(N_2/N_1), \varphi' > 0, \varphi'' > 0$$

在均衡状态下，国家 1 和国家 2 的中间产品数量应该按照相同的数量增长，即 $\gamma_2 = \gamma_1$ ，此时要求 $v^* = \eta_1(L_2/L_1)(A_2/A_1)^{1/(1-\alpha)}$ ，对应的两国中间产品数量比率为：

$$(N_2/N_1)^* = \phi[\eta_1(L_2/L_1)(A_2/A_1)^{1/(1-\alpha)}]$$

这里 ϕ 是 φ 的反函数。因此当 $(N_2/N_1) < (N_2/N_1)^*$ 时，此时 $v < v^*$，在这种情况下更低的模仿成本使得国家 2 的经济增长率高于国家 1，同时也使 N_2 的增长率高于 N_1。因此，如果国家 2 以 $N_2/N_1 < (N_2/N_1)^*$ 开始，则 N_2/N_1 会随时间而上升，v 也随之提高，γ_2 将向其稳态值 γ_1 衰减，最终达到经济趋同。

三、田村的模型

田村（1991）构造了一个能够产生人均收入和产出增长率趋同的内生经济增长模型，模型中引入了人力资本的外溢性，这种外溢性产生于人力资本的生产过程，而不是物质产品的生产过程。在他的模型中，个人的偏好、生产技术以及投资都是相同的，但是个人具有的初始人力资本水平却是不同的。趋同的力量来自于人力资本形成过程中的溢出性，个人人力资本的形成依赖于社会平均人力资本，因此人力资本水平处于平均水平以下的个人将有更高的人力资本增长率，这就产生了人力资本的趋同。

假设个人能完全预期未来的社会平均资本，即个人在给定未来社会平均人力资本 $\{\bar{H}_v\}_0^\infty$ 的情况下选择，令 $\bar{H}_t \equiv \{\bar{H}_v\}_0^\infty$，那么个人的最大化问题可以写为：

$$v(H_{ti,t}\bar{H}) = \max_{\{c_{ti},H_{t+1i}\}}\left\{\frac{c_{ti}{}^{\sigma}}{\sigma} + \beta v(H_{ti,t+1}\bar{H})\right\}$$

$$\text{s. t.} \qquad c_{ti} = H_{ti}(1-\tau_{ti})$$

这里 c_{ti} 为个人 i 在 t 时期的消费水平，H_{ti} 为个人 i 在 t 时期的人力资本水平，τ_{ti} 为个人 i 在 t 时期的投资率。人力资本的形成过程展现出外溢性，即个人的人力资本形成既依赖于自身的投入，也依赖于社会人力资本平均水平：

$$H_{t+1i} = A\,\bar{H}_t^{\delta}(H_{ti}\tau_{ti})^{1-\delta}$$

其中 $\bar{H}_t$ 为 t 时期社会平均人力资本，δ 为人力资本外溢系数。将该式进行重新排列，可得出：

$$H_{t+1i} = A\left(\frac{\bar{H}_t}{H_{ti}}\right)^{\delta}H_{ti}\tau_{ti}{}^{1-\delta}$$

该式解释了人力资本外溢性的效果，个人的学习参数为 $A\left(\frac{\bar{H}_t}{H_{ti}}\right)^{\delta}$，因此低于社会平均人力资本水平的个人将有更大的学习参数以及更快的人力资本形成率。

假设个人人力资本可以分为两类，低初始人力资本和高初始人力资本，分别以 i 和 j 表示，并且 $H_{0i} < H_{0j}$，假设两类人占人口的比重分别为 s 和 $1-s$。为分

析的简便起见，假设人口增长率为零，并且标准化为 1。此时，个人的最大化问题可以改写为：

$$\max_{\{H_{tk}\}_1^{\infty}}\left\{\sum_{t=0}^{\infty}\beta^{t}\frac{\dfrac{[H_{tk}-(\dfrac{H_{t+1k}}{\delta})^{1/(1-\delta)}]^{\sigma}}{A\bar{H}_{t}}}{\sigma}\right\},k\in\{i,j\}$$

令 $h_{tk}\equiv\dfrac{H_{tk}}{\bar{H}_{t}}$，并且 $\dfrac{\bar{H}_{t+1}}{\bar{H}_{t}}=\bar{\lambda}_{t},k\in\{i,j\}$，此时个人在初始相对人力资本水平 h_{0k} 的情况下，选择序列 $\{h_{vk}\}_1^{\infty}$ 以最大化效用水平，因此最大化问题可以重写为：

$$v(h_{tk}\mid\bar{\lambda}_{t})=\max_{h_{t+1k}}\left\{\frac{[h_{tk}-(\bar{\lambda}_{t}h_{t+1k}A^{-1})^{1/(1-\delta)}]^{\sigma}}{\sigma}+\beta\bar{\lambda}_{t}{}^{\sigma}v(h_{t+1k}\mid\bar{\lambda}_{t+1})\right\}$$

作者证明了该方程在一定的系数约束下，其解能够产生人力资本趋同。在该系统中，只有一个状态变量 h_{tk}，稳态要求 h_{tk} 趋向一个稳定值，即随着 $t\to\infty$，$h_{it}\to h_{i}$ 以及 $h_{jt}\to h_{j}$。并且在稳态中，经济增长率 $\bar{\lambda}_{t}=\bar{\lambda}$，由人力资本生产函数的欧拉等式可以得出以下关系式：

$$\bar{\lambda}^{[1/(1-\delta)]-\delta}=\beta(1-\delta)A^{1/(1-\delta)}h_{k}{}^{-\delta/(1-\delta)},k\in\{i,j\}$$

从该等式可以发现，稳定状态要求 $h_{i}=h_{j}=1$，因此，该模型在稳态展现出了人力资本趋同的特征，由于在该模型中人力资本是经济增长率的决定因素，因此该模型也证明了经济增长率的趋同。

作者利用该模型对趋同进行了数据模拟，在模拟过程中，参数设定为 $(A,\beta,\sigma,\delta,s)=(1.50,0.80,0.45,0.05,0.25)$。在这些参数下，作者的模拟得出 $h_{Ti}=0.98$，即相对人力资本的最终值为 0.98，展现出了非常强的趋同。

作者将其模型扩张到存在消费信贷的情况，此时个人的消费水平将是其终生收入的函数，而不是其当期收入的函数。假设消费信贷市场是非常充分的，并且不存在道德风险，因此个人的选择问题可以表示为在预测人均人力资本水平 $\{\bar{H}_{t}\}_0^{\infty}$ 的情况下，选择消费序列 $\{c_{tk}\}_0^{\infty}$ 和人力资本序列 $\{H_{t+1k}\}_0^{\infty}$，因此此时的最大化问题可以写为：

$$\max_{\{c_{tk},H_{t+1k}\}_0^{\infty}}\left\{\sum_{t=0}^{\infty}\beta^{t}\frac{c_{tk}{}^{\sigma}}{\sigma}+\omega_{k}\left\{\sum_{t=0}^{\infty}\prod_{q=1}^{t}(\frac{1}{1+r_{q-1}})\times[H_{tk}-(H_{t+1k}A^{-1}\bar{H}^{-\delta})^{1/(1-\delta)}-c_{tk}]\right\}\right\}$$

其中 r 为利率水平。为了考察该系统是否具有趋同的性质，该系统对人力资本水平 H_{t+1k} 求一阶导数可得最优人力资本满足：

$$H_{t+1k}^{*}{}^{\delta/(1-\delta)}=(1-\delta)R_{t}(A\bar{H}_{t}^{\delta})^{1/(1-\delta)}$$

其中 $R_t = \frac{1}{1+r_t}$。从该等式可以发现，由于等式右边和 k 无关，因此在均衡状态，个人 i 和 j 的人力资本都满足相同的等式，因此两类人在均衡状态拥有相同的人力资本水平。因此，在有消费信贷的情况下，经济体也展现出了趋同的特征。不同的是，在存在消费信贷的情况下，i 类人的消费水平将一直低于 j 类人。同样，对消费求一阶导数，得出消费的均衡值为：

$$\beta^t c_{tk}^{*\sigma-1} = \omega_k \prod_{q=1}^{t} R_{q-1}$$

这里 ω_k 为拉格朗日乘数，并满足：

$$\frac{1}{\omega_k} = [1-(\beta\bar{R}^{-\sigma})^{1/(1-\sigma)}]^{(1-\sigma)}\left(H_{0k} + \bar{H}_0\left\{\frac{[\bar{R}(1-\delta)A]^{1/\delta}\frac{\delta}{1-\delta}}{1-[R(1-\delta)^{1-\delta}A]^{1/\sigma}}\right\}\right)^{1-\sigma}$$

由于 $H_{0i} < H_{0j}$，所以从等式中可以发现 $c_i^* < c_j^*$，即拥有低人力资本的人，其消费水平一直低于拥有高人力资本的人。可见，在存在消费信贷的情况下，尽管存在人力资本水平以及经济增长率的趋同，但是消费水平却没有展现出趋同的特征。

四、格里高里·曼昆等人的分析

格里高里·N. 曼昆、大卫·罗默、大卫·威尔（Geogory N. Mankiw，David Romer & David N. Weil，1992）和曼昆（Geogory N. Mankiw，1995）检查了索罗增长模型是否和国际生活水平差异的现实数据相一致，并扩张了索罗模型使其更符合现实数据。索罗模型的结论得出稳态经济水平依赖于外生的储蓄率和人口增长率，由于各国的储蓄率和人口增长率是不同的，这就决定了各国的经济水平不同。并且索罗模型预测经济增长率负相关于当前经济水平和稳态经济水平的距离，因此，索罗模型预测了经济趋同。曼昆等人的研究发现，尽管索罗模型正确地预测了储蓄率和人口增长率对经济水平的影响方向，并且也准确地预测了趋同，但是，并没有正确预测这些变量的定量影响。因此，曼昆等人将人力资本扩展到索罗模型，经过扩展后的模型得到的预测结果和经济现实相一致。

索罗模型将储蓄率、人口增长率以及技术进步率设定为外生的，资本和劳动为生产中的两种投入，并且均按照其边际产品获得其收益。t 时期的生产函数被写为：

$$Y(t) = K(t)^{\alpha}(A(t)L(t))^{1-\alpha} \qquad 0 < \alpha < 1$$

这里 Y 为产出，K 为资本，A 为技术水平，L 为劳动投入。并且 L 和 A 被假定分别以外生的速度 n 和 g 增长，因此，有效劳动的数量 $A(t)L(t)$ 以 $n+g$ 的速度增长。定义 k 为单位有效劳动资本存量 $k = \frac{K}{AL}$，y 为单位有效劳动产出水平，

$y = \frac{Y}{AL}$，可得 k 的演进路径为：

$$\dot{k}(t) = sk(t)^{\alpha} - (n + g + \delta)k(t)$$

这里 s 为储蓄率，δ 为折旧率，因此，在稳态中由于 $\dot{k}(t) = 0$，可得稳态的单位有效劳动资本存量：

$$k^{*} = [s/(n + g + \delta)]^{1/(1-\alpha)}$$

因此，稳态资本量和储蓄率正相关，和人口增长率负相关，由于在索罗模型中产出取决于资本水平，因此在稳态水平，人均产出和储蓄率正相关，和人口增长率负相关。

索罗模型尽管从理论层面上很好地解释了各国的经济差异，但是，模型预测的定量结果却和现实经济相差甚远。曼昆（1995）认为索罗模型大体上存在三个问题：

第一，关于国际收入水平差异的预测。由于各国的储蓄率和人口增长率等参数不同，因此，各国的均衡收入也不同，按照索罗模型，各国的收入差异可以写成：

$$dy^{*}/y^{*} = [\alpha/(1 - \alpha)][ds/s - d(n + g + \delta)]/(n + g + \delta)$$

这里 α 为资本的收入份额。标准估计是 $\alpha = 1/3$，因此 $\alpha/(1 - \alpha) = 1/2$，这意味着储蓄率的差异将导致一般的收入差异。该等式也给出了人口对经济的影响，设定 $(g + \delta) = 0.5$，并且 $\alpha/(1 - \alpha) = 12$，那么，人口增长率2%的差异将导致经济水平1.15倍的差异。利用这些参数，该模型能够预测富国和穷国之间两倍的收入差异，但是，与现实中富国和穷国之间的差距达10多倍之多这一事实相距甚远。

第二，趋同速度。索罗模型预测了经济趋同，如果各国参数一样，即各国就会有相同的稳态，区别仅在于初始经济水平上，那么，根据索罗模型，各国最终将达到相同的经济水平，这就是条件趋同。索罗模型同样给出了趋同速度：

$$\dot{y} = -\lambda(y - y^{*})$$

这里 $\lambda = (1 - \alpha)(n + g + \delta)$ 为趋同速度，根据给定的参数，索罗模型预测 $\lambda = 0.4$，意味着经济体花17年半的时间能达到稳态水平的一半。但是大量实证研究发现趋同速度为0.2，即经济体需要花35年时间才能到达其稳态的一半。因此曼昆认为索罗模型夸大了收敛速度。

第三，投资回报率。在索罗模型中，穷国之所以落后是因为其资本量少于富国，那么，穷国的资本应该具有更高的收益。在索罗模型中，资本回报率和收入增长率的关系可以写成：

$$dR/R = -[(1 - \alpha)/(\alpha\sigma)]dy/y$$

如果 σ，那么 $(1 - \alpha)/(\alpha\sigma) = 2$，由于穷国的收入水平为富国的1/10，那

么，根据该模型其资本回报率应该为富国的100倍，但这与现实不符。

曼昆等人发现，产生这三个问题的主要原因是资本占产出的份额 α ，如果 α 提高，那么上述三个问题便都能解决，因此，曼昆等（1992）通过人力资本扩展了索罗模型。新的生产函数可以写为：

$$Y(t) = K(t)^{\alpha}H(t)^{\beta}(A(t)L(t))^{1-\alpha-\beta}$$

这里 H 为人力资本存量，其他的变量和上述的一致。令 s_k 为投资于物质资本的份额，s_h 为投资于人力资本的份额，则有：

$$\dot{k}(t) = s_k y(t) - (n + g + \delta)k(t) \text{ 和 } \dot{h}(t) = s_h y(t) - (n + g + \delta)h(t)$$

这里 $h(t) = H/AL$ 单位有效劳动人力资本。这两个等式可以得出 $k(t)$ 和 $h(t)$ 的均衡值：

$$k^* = \left(\frac{s_k^{1-\beta}s_h^{\beta}}{n + g + \delta}\right)^{1/(1-\alpha-\beta)} \text{ 和 } h^* = \left(\frac{s_k^{\alpha}s_h^{1-\alpha}}{n + g + \delta}\right)^{1/(1-\alpha-\beta)}$$

将该稳态代入生产函数可以得到人均产出为：

$$\ln\left[\frac{Y(t)}{L(t)}\right] = \ln A(0) + gt - \frac{\alpha + \beta}{1 - \alpha - \beta}\ln(n + g + \delta)$$

$$+ \frac{\alpha}{1 - \alpha - \beta}\ln(s_k) + \frac{\beta}{1 - \alpha - \beta}\ln(s_h)$$

根据美国的数据，$\alpha = 1/3$ ，β 处于1/3到1/2之间。曼昆等人利用该方程进行了实证检验，他们所使用的数据是1960—1985年的三个样本集：（1）不包含石油输出国的98个国家；（2）去掉了小国的75个国家；（3）22个OECD国家。作者使用工龄人口的中学入学率衡量人力资本积累 s_h 。实证研究的结果发现对于样本（1）和样本（2），$\ln(s_k)$ 的系数为0.7左右，符合以上模型的预测，而样本（3）的 $\ln(S_k)$ 系数为0.28。而 $\ln(s_k)$ 的系数，样本（1）、样本（2）以及样本（3）的估计系数分别为0.66、0.73以及0.76，也符合模型的预测。因此，在曼昆等人看来，扩展后的模型更加符合现实数据。

曼昆等人的模型也给出了对趋同的分析，在他们的模型中，趋同可以表示为：

$$\frac{\mathrm{d}\ln(y(t))}{\mathrm{d}t} = \lambda[\ln(y^* - \ln(y(t))]$$

这里 $\lambda = (n+g+\delta)(1-\alpha-\beta)$ 为趋同速度。此时，如果 $\alpha = 1/3$ ，$\beta = 1/3$，并且 $n+g+\delta = 0.6$，那么，趋同速度 $\lambda = 0.2$ 。趋同速度结合生产函数可以得出当前经济水平和初始经济水平的关系：

$$\ln(y(t)) - \ln(y(0)) = (1 - e^{-\lambda t})\frac{\alpha}{1 - \alpha - \beta}\ln(s_k) + (1 - e^{-\lambda t})\frac{\beta}{1 - \alpha - \beta}\ln(s_h)$$

$$- (1 - e^{-\lambda t})\frac{\alpha + \beta}{1 - \alpha - \beta}\ln(n + g + \delta) - (1 - e^{-\lambda t})\ln(y(0))$$

曼昆等人利用该方程检验了趋同及其速度，数据集依然是上述三个数据集，并且这里 $y(0)$ 为 1960 年的经济水平。当解释变量只达到初始经济水平时，曼昆等人发现的是条件趋同，即在样本（1）内并没有发现趋同，而在样本（2）和样本（3）中初始经济水平的系数为负，证明了趋同的存在，尤其是 OECD 国家的系数为 -0.34，表现出了非常强的趋同。将投资率加入计量方程后，3 个样本集均展现出了经济趋同，此时三个样本集对应的 λ 分别为 0.006、0.01 和 0.017，并不符合模型的预测。当将人力资本投资加入计量方程后，实证结果得出三个样本集的 λ 值分别为 0.013、0.018 和 0.02，符合模型预测得到的 0.02。因此，在曼昆等人看来，经过加入人力资本后扩展的索罗模型能够很好地解释经济趋同。

五、霍伊特的分析

巴罗和萨拉—伊—马丁（1991；1992）以及曼昆等人（Geogory N. Mankiw, David Romer & David N. Weil，1992；Geogory N. Mankiw，1995）的研究均认为现实经济存在的趋同与传统新古典增长模型一致，但是，新增长理论却无法得出经济趋同的结果。霍伊特（Peter Howitt，2000）构造了一个多国熊彼特增长模型，以论证新增长理论也能解释经济趋同的存在。该模型结合了索罗模型的基本框架以及阿吉翁和霍伊特（1992）的创造性破坏模型。霍伊特认为，该模型比传统新古典模型能够更好地符合现实证据，这是因为在模型中各国的经济差异不仅来自于人均资本存量，还来自于生产率的差异。在该模型中，趋同的力量有两种：资本收益递减和技术转移，并且该模型得出的“俱乐部趋同”的结果；那些存在研发的国家最终将收敛到相同的经济增长率水平，而没有展开研发的国家经济将处于停滞。与传统新古典模型不同，该模型认为尽管存在研发的各国趋同到相同的经济增长率，但是，它们的生产率水平却依然不同。

假设世界有 m 个不同的国家组成，最终产品的生产需要中间产品和劳动的投入，因此生产函数可以写为：

$$Y_t = \int_0^{N_t} A_t(i) F(x_t(i), L_t/N_t) \mathrm{d}i$$

这里 Y_t 为代表性国家 t 时的产出，L_t 为投入到生产中的劳动量，N_t 为该国可使用的中间产品数量，$x_t(i)$ 为第 i 种中间产品的数量，$A_t(i)$ 为生产率参数，并且 $F(x,l) = x^{\alpha} l^{l-\alpha}$ 。假定劳动以外生的速度 g_L 增长，并且中间产品数量增长依赖于投入的劳动，即 $\dot{N} = \xi L_t$ 。中间产品的生产需要资本投入，并且生产函数为：

$$x_t(i) = K_t(i)/A_t(i)$$

这里 $K_t(i)$ 为投入到 i 类中间产品生产中的资本。中间产品生产者采取垄断定价，并且假定各类中间产品的生产量相等，即 $x_t(i) = x_t = k_t l$ ，这里 $k_t =$

K_t/A_tL_t 为单位有效劳动资本存量，A_t 为各部门的平均生产率。在这种情况下，可推出中间产品生产者可获得垄断利润：

$$\pi_t(i) = A_t(i)\alpha(1-\alpha)k_t^{\alpha}l = A_t(i)\tilde{\pi}_t(k_t)l$$

考虑创新活动，假定创新来自于国内的研究，并且国内研发可以利用来自全世界的技术，并且每时每刻世界上都存在领先技术：

$$A_t^{\max} \equiv \max\{A_{jt}(i) \mid i \in [0, N_{jt}], j = 1, \cdots, m\}$$

这里下标 j 表示不同的国家，下标 i 表示不同的行业。i 部门创新成功的话将使其新一代产品的生产率达到 $A_t^{\max}$。假设研究成功的概率为：

$$\phi_t = \lambda n_t; \lambda > 0$$

这里 λ 为代表研发活动的生产率，n_t 为经过生产率调整的投入到研发部门的最终产品量。并且研发部门得到 $\psi < 1$ 的补贴，非套利条件意味着研发的成本等于研发的预期利润，即：

$$1 - \psi = \lambda \frac{\tilde{\pi}_t(k_t)l}{r_t + \lambda n_t}$$

这里 $r_t = \alpha f'(k_t) - \delta$ 为利率水平，从该式中可以得出研发投入 n_t 取决于人均有效资本 K_t 及一些参数，即：

$$n_t = \tilde{n}(k_t; \theta), \theta \equiv (\lambda, g_L, \psi)$$

一国生产率的增长一方面是本国研发活动的结果，另一方面也取决于国际技术转移，即如果本国生产率和国际领先水平相距越远，则该国的生产率增长便越快。因此，一国的平均生产率增长可以写成：

$$\dot{A}_t = \lambda n_t(A_t^{max} - A_t)$$

如果 $A_t^{\max}$ 保持不变，那么，各国的生产率将最终收敛到 $A_t^{\max}$，但是如果 $A_t^{\max}$ 以固定的速度增长，即 $g_t = \frac{\dot{A}_t^{\max}}{A_t^{\max}}$，那么研发水平高于 g_t 的国家，其生产率最终将趋于 $A_t^{\max}$；而研发水平低于 g_t 的国家其生产率将不会趋向 $A_t^{\max}$。令 $a_t \equiv \frac{A_t}{A_t^{\max}}$，则 a_t 的演进路径可以写为：

$$\dot{a}_t = \lambda \tilde{n}(k_t; \theta)(1 - a_t) - a_t g_t$$

该式展示了技术转型如何使经济体的生产率趋向全球增长率 g_t。同样可以得到人均有效资本 $k_t = K_t/A_tL_t$ 的演进路径：

$$\dot{k}_t = sk_t^{\alpha} - [\delta + g_L + \lambda \tilde{n}(k_t; \theta)(a_t^{-1} - 1)]k_t$$

该两个方程共同决定了多国经济系统的转型动态，各国经济将最终趋同于稳态：

$$\begin{cases} a = \dfrac{\lambda \tilde{n}(k_t;\theta)}{g + \lambda \tilde{n}(k_t;\theta)} \\ s{k_t}^{\alpha-1} = \delta + g_L + g \end{cases}$$

无论经济体始于哪一点，最终各国都将收敛于该稳态，因此，模型展现出了经济趋同的特征。但是，该模型所预测的趋同是“俱乐部趋同”。这是因为没有从事研发活动的国家，即 $n_t = 0$ 的国家由于无法获得国际技术转移，其生产率最终无法趋向世界水平。该模型表明，趋同只在存在研发活动的国家出现，而没有研发活动的国家则不会出现经济趋同现象。

霍伊特的模型也讨论了趋同的速度问题。如果在该模型中增加人力资本，那么人均收入可以表示成：

$$\begin{aligned} \ln \frac{Y_t}{L_t} = & \frac{\alpha}{1-\alpha-\beta}[\ln s_k - \ln(\delta + g_L + g)] \\ & + \frac{\beta}{1-\alpha-\beta}[\ln s_h - \ln(\delta + g_L + g)] \\ & + \ln {A_t}^{\max} + \ln \tilde{a}(s_k, s_h, \theta, g) \end{aligned}$$

该表达式和曼昆等人（1992）得出的结果仅相差一项生产率水平 $\ln {A_t}^{\max}$，因此，该模型和曼昆等人的模型有一样的趋同速度表达式 $(1-\alpha)(\delta + g_L + g)$。但是，对于给定的 α，该模型给出的趋同速度均小于曼昆模型。作者证明了在其模型中，趋同速度满足：

$$\mu_1 < -(1-\alpha)(\delta + g_L + g) < \mu_2 < 0$$

这里 μ_1 和 μ_2 为经济系统的两个根。该模型中的趋同速度之所以小于曼昆模型，这是因为在该模型中，导致经济趋同的资本收益递减在一定程度上被各国相对生产率的提高抵消了。作者校准了一些参数以计算趋同速度，$(g, \delta, g_L, \lambda_n) = (0.02, 0.03, 0.015, 0.036)$，利用这些数据，作者发现如果想拟合现实 0.02 的趋同速度，资本收益份额应该为 $\alpha \approx 0.6$，这符合现实预测，因此作者认为其模型所预测的趋同速度符合经济现实。

第七节　简要的评价

新增长理论的兴起和发展是 20 世纪 80 年代以来主流经济学发展的重要动向之一，其意义如何评价都不过分。在作者看来，新增长理论的突破表现在以下方面。

首先，新增长理论扩展了新古典经济学核心概念。

经济学自李嘉图以来，一直遵循收益递减的传统。对这一理念的坚持具有两方面的涵义：第一，经济学家对人类历史的普遍认识。人类社会的持续快速增长是20世纪50年代之后的事情，在古典经济学家的年代，增长的停滞是人类社会的普遍现象；即使是在第二次世界大战前的经济学家看来，工业革命之后人类社会的增长也是缓慢而微不足道的。经济中增长停滞的现实背后有着自己的逻辑和原因。经济学家们大多认为普遍存在的收益递减是一种规律，是增长停滞的根源。收益递减的理念很好地刻画了人类增长的历史，与增长的现实相符合，经济学家们不会去想到挑战这一传统理念。第二，数学上处理的要求。自经济学发生边际革命以来，收益递减在数学上得到了很好的刻画。经济学从边际效用、边际产出到生产可能性边界的形状、埃奇沃思盒状图等，普遍建立在收益递减的核心概念之上。自保罗·A. 萨缪尔森（Paul A. Samuelson）之后，经济学将收益递减的概念发扬光大，在凸集上定义收益递减以及整个经济学体系。换言之，如果要研究收益递增，需要将收益递增融合进建立在凸集基础之上的经济学体系，但是当时的经济学家还不知道该怎么去做。

但是，如果坚持收益递减的理念，那么增长理论就会和索罗的新古典增长理论一样，会产生稳态。在没有收益递增因素的模型中，经济处于稳态就意味着经济的停滞。在索罗模型中，为了解释增长，索罗加上了外生的技术进步。这样一来，模型虽然能够产生平衡增长路径，能够和人们普遍接受的“卡尔多事实”（Kaldor's facts）相一致。但是索罗却无法解释技术进步是怎么来的？怎么才能产生技术进步，怎么才能够促进技术进步？在索罗那里，技术进步是外生的，技术进步就像天上的一片云彩，漂浮不定，飘到哪里哪里就会降雨。增长在索罗那里再次变成了不可捉摸、不可分析的因素。由于索罗没有办法对外生技术进步作出解释和分析，那么解释经济增长的增长理论反倒解释不了经济增长的因素——技术进步，所以新古典增长模型这一点总是受人诟病。如果要想直接研究长期增长问题，那么收益递增的引入则是必须的。

罗默（1986）显然看到了这一矛盾，首先挑战了经济学收益递减这一信条，提出了收益递增的概念。但是这一概念长期不被人们所认同。[①]的确，收益递增的引入是对古典以及后来的新古典经济学极大的挑战。当经济学家们逐渐接受了经济增长的“程式化事实”（stylized facts）——“卡尔多事实”[②]时，那么对这

① 在国际贸易领域，继迪克西特、斯蒂格利茨以及斯宾塞等人之后，克鲁格曼也在艰难地推广自己收益递增的概念。

② 经济学家们发现，二战后西方发达国家的发展呈现出稳步增长的特点，具体来说，经济增长率保持稳定、利率保持稳定、人均资本水平不断提高等等。经济学家们将这些典型化事实称为“卡尔多事实”。

一“程式化事实”的解释就提上了议事日程。在“卡尔多事实”中，非常重要的一点就是经济的持续增长，这种增长还是稳态的增长。这样一来，以往的增长理论显然无法解释西方社会的这一“程式化事实”，增长理论本身亟须更新发展。罗默的工作，仅仅是经济学家的一种尝试。但是由于罗默的尝试是挑战收益递减这一核心理念，所以他的工作艰难性可想而知。

卢卡斯的加入，使得情况发生了转变。卢卡斯（1988）题为《论经济发展的机制》的著名论文不仅认同了收益递增的概念，而且还从人力资本的角度提出了经济持续增长的机制。当卢卡斯的文章为人们广泛接受的时候，人们反过来重新审视罗默文章中收益递增的思想，逐渐接受收益递增的核心概念。罗默为收益递增找到的载体是无形的知识，这一工作意义是巨大的。如果没有具体的收益递增的载体，收益递增的理念也是空中楼阁。人们接受收益递增的思想，实际上同时接受了罗默对知识、技术本身性质的分析，认同了无形知识的收益递增性质。结合新制度经济学和公共经济学的研究进展，人们开始普遍接受知识所具有的非竞争性和非排他性。在增长领域，人们对技术、知识的分析讨论从来没有像现在这样细致深入；在增长领域，平衡增长路径（Balanced Growth Path，BGP）现在也经常被人们挂在嘴边，津津乐道。而这一切是从收益递增思想的推广开始的。

对收益递减观念的突破是新增长理论重要的贡献。突破了这一藩篱，增长理论才能真正研究增长的本源。新增长理论遵循新古典增长理论的传统，仍然认为技术进步是增长的源泉。而它的突破在于它详细分析技术进步本身的性质，使人们在一个更加深入的视野来考虑增长问题。既然新增长理论将技术进步、知识的增进视作经济增长的源泉，那么它要回答几个问题：第一，知识的增进和技术的进步有哪些和传统的要素不一样的性质，使之包含收益递增的因素；第二，如果技术和知识是增长的原动力，那么，新增长理论就应该告诉人们技术知识是通过什么样的渠道和机制推动经济的长期增长的。

对于第一个问题，新增长理论在提出收益递增概念之初已经进行了详细地解释。这是新增长理论的重大贡献之一。人们从来没有像现在对经济中的收益递增、收益递减认识深刻。人们开始意识到，经济中不仅存在收益递减的因素，收益递增的因素也大量存在。对于第二个问题，新增长理论的文献经过近十年的发展，已经形成了较为完整的理论体系。

其次，新增长理论对增长机制进行了刻画。

如前所述，在罗默提出收益递增的核心概念之后，新增长理论需要刻画能够产生经济持续增长的具体机制，这一经济增长机制是人们在现实中能够看见并且在经济增长的现实中的确发挥了关键性作用。虽然新增长理论将增长的源泉归于技术的进步和知识的积累，并且认为技术知识的积累发展具有收益递增的性质；进一步地，新增长理论详细区别了知识技术的非竞争性和非排他性等性质。但是，这样的工作离解释经济增长的机制还有很长的距离。

根据新增长理论文献的分析，知识的增进积累可以有两种方式：一是人力资本的积累，知识技术的增进反映为人力资本的提高；二是创新发明的不断增多。在现代社会，由于有一系列的保证知识传承的制度，例如学校教育制度、文献制度、图书馆制度、专利制度等等，后人能够比较容易地在前人的基础上积累人力资本，迅速掌握前人所掌握的知识。例如，现在一个大学本科生所掌握的科学知识是 18 世纪和 19 世纪普通劳动者所掌握知识的总和。这意味着，现代社会后人能够在前人的基础上去积累自己的人力资本而不用重头再来。对整个社会来说，人力资本的积累就体现出收益递增的特点。[①] 如果知识的增进、技术的进步都体现在劳动者人力资本水平的提高，那么人力资本的积累对技术进步的意义就非常重大了。这样一来，劳动力作为生产中最重要的要素，就体现出和以往的物质资本等要素完全不同的特点。其自身的无限积累成为了经济持续增长的原动力。人力资本积累的收益递增性质经过卢卡斯（1988）文章之后得到了标准化处理，后人对人力资本的处理基本上遵循卢卡斯的处理，而很少人去思考卢卡斯这种处理背后的制度含义。

除人力资本之外，新增长理论为经济长期增长所描述的第二个机制是创新发明。在新增长理论里面，技术的进步体现为创新发明的增多，这种创新发明体现为两种方式：第一，多样化产品的增多，即“横向的创新”（horizontal innovation），这一处理在罗默（1990）的文章中得到了非常好地体现。每一次创新的都是不同的多样化产品，每一次创新都建立在以往的发明创新之上，同时每一次创新成功都增加了经济中的技术知识存量，为以后的研发提供了便利。第二，产品质量的不断提高，即“纵向的创新”（vertical innovation）。产品的种类数并不变化，而原有产品的产品质量不断提高。基本的框架由格罗斯曼和赫尔普曼以及阿吉翁和霍伊特的工作之后已经基本形成。格罗斯曼和赫尔普曼提出的是“产品的质量阶梯”（quality ladder），而阿吉翁和霍伊特则从熊彼特那里挖掘出“创造性破坏”（creative destruction）的思想。不管哪一种质量创新模式，成功提高了产品质量的产品通过市场竞争将低质量的产品赶出市场，破坏了低质量产品以往的垄断利润。

不管是水平创新还是垂直创新，创新发明都不是某个部门出于公共目的而进行的研发，而是经济个体为了获得垄断利润的逐利行为。新产品的研发能够通过垄断新产品的技术获得相应的垄断收益，弥补了研发所造成的研发成本。由于每一次发明都能够利用以前的技术知识，同时每一次发明都能够增加现有的知识技术，使得后来的发明能够建立在现在的发明之上。这样一来，创新发明本身也具

① 不过，由于学习和掌握前人的知识需要时间，现代社会个人成为合格劳动者的时间将越来越长，现代人专门用于人力资本积累的时间越来越长。

有了收益递增的性质。这一机制，是新增长理论为经济长期增长所寻找的另一个机制。

技术创新发明和人力资本积累，是新增长理论目前提出的解释增长现实的两大机制。对于技术创新这一机制，新增长理论认为创新者进行技术创新的动力是为了追逐垄断利润。显然，对于经济增长技术创新机制的论述，新增长理论是不完整的。首先，对于技术创新这一机制的阐述，对于经济利润的追求是各种商业创新的主要动力，但是在经济中大量存在着非商业机构和个人承担的创新，他们也并不是为了商业利润进行创新的。近代以来，科学技术特别是科学的发展在很大的程度上并不是个人逐利的结果。新增长理论提出的理论假说显然无法囊括这一类创新。要解释这一类创新活动，那么对近代科学制度的分析、对近代科技史的研究等等都需要进入新增长理论的研究视野。

至于对人力资本积累这一机制，新增长力理论的分析是相当粗糙的。新增长理论在卢卡斯之后，对人力资本的研究乏善可陈，没有办法在卢卡斯的研究基础上去深化人力资本促进增长的机制，一般会沿用卢卡斯（1988）关于人力资本的处理方式。人力资本积累本身的机制、逻辑都没有得到仔细的研究，一切都掩盖在卢卡斯人力资本积累方程之中。这也说明：至少在利用人力资本来解释长期增长方面，新增长理论的工作并不充分。

最后，新增长理论加深了对人类社会经济增长史的理解。

新增长理论始肇于经济学家们对二战后增长现实的解释，但是如果我们将观察的视野拉长，我们不仅要解释半个世纪的增长，我们还需要解释上百年、200年、500年，甚至是上千年的增长；我们不仅需要解释现实的增长，我们还需要解释历史上的增长或不增长，我们需要解释人类社会是如何从增长停滞的传统社会演变为目前持续增长的经济的。卢卡斯雄心勃勃地展开了这一问题的研究。

卢卡斯注意到在工业革命之前，每一次技术进步、效率提高总带来生育率的提高和人口的相应增加，人均收入却停滞不前，经济陷于马尔萨斯陷阱之中；工业革命之后，技术进步与效率的提高都带来了人均收入的增长。最直接地，对这一历史事实的考察让经济学家思索：在工业革命之后的年代，技术进步刺激人口增长的机制为什么不复存在？人类社会又是如何跳出马尔萨斯陷阱而实现经济的持续增长？

对于这个问题，卢卡斯认为是人口转型（demographic transition）造成了这一点：人口由于人口转型的因素并没有随技术进步和产出而增加，这样一来，技术进步的好处不会被随之带来的人口增长抵消掉，人均收入的持续增长成为可能。当人力资本的作用越来越重要，人力资本积累和技术进步开始互相影响，互相促进，技术知识的爆炸性增长与人均收入的持续增长开始成为人类社会的常态。但是不要忘了，在这一现象的背后则是人口转型在起作用。

在增长理论家们看来，人口转型是解释人类社会跳出“马尔萨斯陷阱”，实现人均收入持续增长的关键。人口转型机制到底是如何起作用的？增长理论家们仍然将分析的焦点放在对人本身行为的分析之上。在这里，经济学家们分析的是人类家庭的行为。家庭始终面临子女数量—质量的权衡，当技术不断进步时，人力资本变得越来越重要，对子女进行人力资本投资，提高子女的质量相对于子女的数量显得越来越重要，这样一来，家庭会选择少生育，而人口转型也会自然而然发生。

这一机制明显凸出了人力资本在经济长期增长中的核心作用。增长理论家们在解释历史中的经济增长时仍然遵循卢卡斯的分析框架，考察人力资本、生育行为在实现经济持续增长中的作用。历史是复杂的，很难用人力资本和人口转型这样单一的机制来解释经济史问题，同时即使是用人口转型和人力资本来解释历史，也还有很多问题没有解决。为什么人口转型只是发生在工业革命前后，而没有发生在工业革命之前或之后？工业革命本身是人口转型的原因还是结果，抑或是由其它的因素决定的？

新增长理论实际上带有明显的“欧洲中心史观”（Eurocentism）的痕迹。新增长理论对增长现实的解释实际上集中在对发达国家经济增长现实的考察，但是这个世界存在着大量的发展中国家，它们为什么不发展，为什么不能够像发达国家那样实现经济增长？新增长理论对此缺乏关注。对于历史，新增长理论关注的是发达国家是如何从增长停滞的传统社会演变为持续增长的现代经济的，但是对其他文明的发展历史根本不关注。我们不能够简单地把今天的发展中国家等同于发达国家经济发展早期的情况。换言之，新增长理论如果需要对人类社会的长期增长作出回答，就不仅要回答西方社会是如何从停滞到增长的，还需要解释除了西方之外的文明为什么仍然陷于贫穷落后的泥潭？

历史的发展是复杂的、多面的，简单的人口转型与人力资本的机制很难解释历史上的发展或不发展，更何况该机制本身还需要完善。从这个意义上来说，新增长理论本身还有非常大的发展和研究空间。

参考文献

1. Acemoglu, Daron, 1996, “A Microfoundation for Social Increasing Returns in Human Capital Accumulation”, *Quarterly Journal of Economics*, vol. 111, no. 3, Aug., pp.

779-804.

2. Acemoglu, Daron & Fabrizio Zilibotti, 1997, "Was Prometheus Unbound by Chance? Risk, Diversification, and Growth", *Journal of Political Economy*, vol. 105, no. 4, pp. 709-751.

3. Aghion, Philippe & Peter Howitt, 1990, "A Model of Growth through Creative Destruction", NBER Working Papers, no. 3223.

4. Aghion, Philippe & Peter Howitt, 1992, "A Model of Growth through Creative Destruction", *Econometrica*, vol. 60, no. 2, March, pp. 323-351.

5. Arrow, Kenneth J., 1962, "The Economic Implications of Learning by Doing", *Review of Economic Studies*, vol. 29, pp. 155-173.

6. Arrow, Kenneth J., 1969, "Classification Notes on the Production of Technological Knowledge", *American Economic Review*, vol. 59, pp. 29-35.

7. Azariadis, Costas & Allan Drazen, 1990, "Threshold Externalities in Economic Development", *Quarterly Journal of Economics*, vol. 105, no. 2, May, pp. 501-526.

8. Barro, Robert, 1991a, "Economic Growth in a Cross Section of Countries", *Quarterly Journal of Economics*, vol. 106, no. 2, May, pp. 407-433.

9. Barro, Robert & Xavier Sala-i-Martin, 1991b, "Convergence across States and Regions", *Brookings Papers on Economic Activity*, pp. 107-182.

10. Barro, Robert & Xavier Sala-i-Martin, 1992, "Convergence", *Journal of Political Economy*, vol. 100, no. 2, pp. 223-251.

11. Barro, Robert J. & Xavier Sala-i-Martin, 1995, "Technological Diffusion, Convergence and Growth", *Economics Papers* 116, *Department of Economics and Business, Universitat Pompeu Fabra.*

12. Becker, Gary S. & Robert J. Barro, 1988, "A Reformulation of the Economic Theory of Fertility", *Quarterly Journal of Economics*, vol. CIII, no. 1, Feb., pp. 1-25.

13. Becker, Gary S., Kevin M. Murphy & Robert Tamura, 1990, "Human Capital, Fertility, and Economic Growth", *Journal of Political Economy*, vol. 98, no. 5, S13-S38.

14. Becker, Gary S. & Kevin M. Murphy, 1992, "The Division of Labor, Coordination Costs, and Knowledge", *Quarterly Journal of Economics*, vol. CVII, Nov., pp. 1137-1160.

15. Denison, Edward F., 1962, *The Sources of Economic Growth in the United States and the Alternatives before Us*, Committee of Economic Development, New York.

16. Denison, Edward F., 1967, *Why Growth Rates Differ: Postwar Experience in Nine Western Countries*, Brookings Institution

17. Dixit, Avinash K. & Joseph E. Stiglitz, 1977, "Monopolistic Competition and

Optimun Product Diversity", *American Economic Review*, vol. 67, no. 3, June, pp. 297-308.

18. Dosi, Giovanni, 1988, "Sources, Procedures, and Microeconomic Effects of Innovation", *Journal of Economic Literature*, vol. XXVI, pp. 1120-1171.

19. Glomm, Gerhard & B. Ravikumar, 1992, "Public versus Private Investment in Human Capital: Endogenous Growth and Income Inequality", *Journal of Political Economy*, vol. 100, no. 4, pp. 818-834.

20. Grossman, Gene M. & Elhanan Helpman, 1989, "Product Development and International Trade", *Journal of Political Economy*, vol. 97, no. 6, pp. 1261-1283.

21. Grossman, Gene M. & Elhanan Helpman, 1990, "Trade, Innovation, and Growth", *American Economic Review*, vol. 80, no. 2, May, pp. 86-91.

22. Grossman, Gene M. & Elhanan Helpman, 1991a, "Trade, Knowledge Spillovers, and Growth", *European Economic Review*, vol. 35, pp. 517-526.

23. Grossman, Gene M. & Elhanan Helpman, 1991b, "Endogenous Product Cycles", *Economic Journal*, vol. 101, Sept., pp. 1214-1229.

24. Grossman, Gene M. & Elhanan Helpman, 1991c, *Innovation and Growth in the Global Economy*, The MIT Press.

25. Grossman, Gene M., & Elhanan Helpman, 1991d, "Quality Ladders in the Theory of Growth", *Review of Economic Studies*, vol. 58, pp. 43-61.

26. Grossman, Gene M., & Elhanan Helpman, 1991e, "Quality Ladders and Product Cycles", *Quarterly Journal of Economics*, May, pp. 557-586.

27. Grossman, Gene M. & Elhanan Helpman, 1994, "Endogenous Innovation in the Theory of Growth", *Journal of Economic Perspectives*, vol. 8, no. 1, Winter, pp. 23-44.

28. Howitt, Peter, 2000, "Endogenous Growth and Cross-country Income Differences", *American Economic Review*, vol. 90, no. 4, Sept., pp. 829-846.

29. Inada, Ken-Ichi, 1969, "Endogenous Technical Progress and Steady Growth", *Review of Economic Studies*, vol. 36, pp. 99-108.

30. Jones, Charles I., 1995, "R&D-based Models of Economic Growth", *Journal of Political Economy*, vol. 103, no. 4, pp. 759-784.

31. King, Mervyn A. & Mark H. Robson, 1993, "A Dynamic Model of Investment and Endogenous Growth", *Scandinavian Journal of Economics*, vol. 95, no. 4, pp. 445-466.

32. Krugman, Paul, 1990, "Endogenous Innovation, International Trade, and Growth", in Paul Krugman, *Rethinking International Trade*, Cambridge MA.: The MIT Press, pp. 165-182.

33. Lucas, Robert E., 1988, "On the Mechanics of Economic Development", *Journal of Monetary Economics*, vol. 22, pp. 3-42.

34. Lucas, Robert E., 1990, "Why Doesn't Capital Flow from Rich to Poor Countries?", *American Economic Review*, vol. 80, no. 2, May, pp. 92-96.

35. Lucas, Robert E., 1993, "Making a Miracle", *Econometrica*, vol. 16, no. 2, March, pp. 251-272.

36. Lucas, Robert E., 2002, *The Industrial Revolution: Past and Future: Lectures on Economic Growth*, Cambridge MA: Harvard University Press.

37. Mankiw, N. Gregory, 1995, "The Growth of Nations", *Brookings Papers on Economic Activity*, pp. 275-326.

38. Mankiw, N. Geogory, David Romer & David N. Weil, 1992, "A Contribution to the Empirics of Economic Growth", *Quarterly Journal of Economics*, vol. 107, no. 2, May, pp. 407-438.

39. Matsuyama, Kiminori 1992, "Agricultural Productivity, Comparative Advantage, and Economic Growth", *Journal of Economic Theory*, vol. 58, no. 2, Dec., pp. 317-334.

40. Mundlak, Yair, 1993, "On the Empirical Aspects of Economic Growth Theory", *American Economic Review*, vol. 83, no. 2, pp. 415-425.

41. Murphy, Kevin M., Andrew Shleifer & Robert W. Vishny, 1991, "The Allocation of Talent: Implication for Growth", *Quarterly Journal of Economics*, May, pp. 503-530.

42. Rodríguez-Clare, Andrés, 1996, "The Division of Labor and Economic Development", *Journal of Development Economics*, vol. 49, pp. 3-32.

43. Romer, Paul M., 1986, "Increasing Returns and the Long-Run Growth", *Journal of Political Economy*, vol. 94, no. 5, Oct., pp. 1002-1038.

44. Romer, Paul M., 1987, "Growth Based on Increasing Returns Due to Specialization", *American Economic Review*, vol. 77, no. 2, May, pp. 56-62.

45. Romer, Paul M., 1989, "Capital Accumulation in the Theory of Long-Run Growth", in Robert Barro, ed., *Modern Business Cycle Theory*, Harvard University Press, pp. 51-128.

46. Romer, Paul M., 1990, "Endogenous Technological Change", *Journal of Political Economy*, vol. 98, no. 5, S71-S102.

47. Romer, Paul M., 1994, "The Origins of Endogenous Growth", *Journal of Economic Perspectives*, vol. 8, no. 1, Winter, pp. 3-22.

48. Rosen, Sherwin, 1978, "Substitution and Division of Labor", *Economica*, vol. 45, pp. 235-250.

49. Rosenzweig, Mark R. , 1990, "Population Growth and Human Capital Investment: Theory and Evidence", *Journal of Political Economy*, vol. 98, no. 5, S39-S69.

50. Scott, Maurice F. G. , 1991, "A New View of Economic Growth: Four Lectures", World Bank Discussion Papers, no. 131, The World Bank, Washington, D. C.

51. Sheshinski, Eytan, 1967, "Optimal Accumulation with Organization and Economic Growth", in James A. Mirrlees & Nicholas H. Stern, eds. , *Models of Economic Growth*, London: Macmillan

52. Smith, M. A. M. , 1977, "Capital Accumulation in the Open Two-Sector Economy", *Economic Journal*, vol. 87, June, pp. 273-282.

53. Solow, Robert M. , 1956, "A Contribution to the Theory of Economoc Growth", *Quarterly Journal of Economics*, vol. 70, pp. 65-94.

54. Solow, Robert M. , 1957, "Technical Change and the Aggregate Production Function", *Review of Economics and Statistics*, vol. 39, no. 3. Aug. , pp. 312-320

55. Stern, Nicholas H. , 1991, "The Determinants of Growth", *Economic Journal*, vol. 101, pp. 112-133.

56. Stiglitz, Joseph E. , 1993, "Comment on 'Toward a Counter-Counterrevolution in Development Theory', by Krugman", *Proceedings of the World Bank Annual Coference on Development Economics*, 1992, The International Bank for Reconstruction and Development/The World Bank, 1993, pp. 39-49.

57. Swan, Trevo W. , 1956, "Economic Growth and Capital Accumulation", *Economic Record*, vol. XXXII, no. 63, Nov. , pp. 334-361.

58. Tamura, Robert, 1991 "Income Convergence in an Economic Growth Model", *Journal of Political Economy*, vol. 99, no. 3, pp. 522-540.

59. Tamura, Robert, 1992, "Efficient Equilibrium Convergence: Heterogeneity and Growth", *Journal of Economic Theory*, vol. 58, no. 2, pp. 355-376.

60. Temple, Jonathan, 1999, "The New Growth Evidence", *Journal of Economic Literature*, vol. XXXVII, pp. 112-156.

61. Uzawa, Hirofumi, 1965, "Optimum Technical Change in an Aggregative Model of Economic Growth", *International Economic Review*, vol. 6, pp. 18-31.

62. Yang, Xiaokai & Jeff Borland, 1991, "A Microeconomic Mechanism for Economic Growth", *Journal of Political Economy*, vol. 99, no. 3, pp. 460-482.

63. Young, Alwyn, 1991, "Learning by Doing and the Dynamic Effects of International Trade", *Quarterly Journal of Economics*, May, pp. 369-405.

64. Young, Alwyn, 1993, "Innovation and Bounded Learning by Doing", *Journal of Political Economy*, vol. 101, no. 3, pp. 443-472.

65. Young, Alwyn, 1995, "The Tyranny of Numbers: Confronting the Statistical Realities of the East Asian Growth Experience", *Quarterly Journal of Economics*, vol. 110, no. 3, August, pp. 641-680.

66. Young, Alwyn, 1998, "Growth without Scale Effects", *Journal of Political Economy*, vol. 106, no. 1, pp. 41-63.

第九章　发展经济学视野中的新经济地理学

近来，经济地理作为一种世界性经济和政治发展问题得到了强调。斯坦利·费雪（Stanley Fischer）指出，仅仅在20世纪90年代，亚洲内部的经济中心还在日本、韩国，然而，以俄罗斯、印度、中国为代表的亚洲崛起将对国际经济、金融和政治产生巨大影响。① 为什么短短十几年会发生这样的经济重心的变动？同样是在20世纪90年代，中国还需要靠经济特区来促进经济增长。今天，深圳、上海、北京已经发展成为国际性（特）大都市。中国内部为什么会出现这样的变化？新经济地理学主要关心经济的内在力量所引起的经济活动的区位决定和区位迁移。这种理论也许能够为未来世界经济社会甚至政治发展提供一种理论框架或基础。然而，国内学界对新经济地理学的认识还存在不完善之处。例如，是否经济集聚一定是由于规模收益递增所引起？经济集聚在经济地理现象中重要程度究竟如何？没有一个全面的介绍、分析，这些问题就可能无法得到回答，而研究思路也会陷入封闭系统（closed system）的陷阱。

本章第一节回顾杜能、佩鲁、缪尔达尔的经济地理理论。第二节介绍新经济地理学的四种中心—外围模型。第三节概述由新经济地理学发展起来的城市结构理论。第四节分析经济集聚的转移作为经济增长扩散的方式。第五节陈述新—新贸易理论有关企业差异性与产业区位集聚之间相互关系的讨论。第六节总结有关集聚机制和效应的计量分析文献。第七节是本章对上述理论的简要评论。

第一节　从杜能、佩鲁和缪尔达尔到新经济地理学

资本主义经济开始发展后出现的经济地理现象突出地表现在生活于德国向资本主义转型时代的约翰·海因里希·冯·杜能（Johann Heinrich von Thünen，

① Fischer, Stanley, 2006, *The New Global Economic Geography*, 参见 http://www.cbrc.gov.cn/chinese/files/2007/2007053142A307E4C74B2FD0FFB06344E5935D00.0826.pdf。

1826）的著作中。① 在那个时代，德国农业开始了资本主义经营模式的实践，工业和农业、城市和农村的关系引起了杜能的注意。通过长达几十年的农业经营实践，他总结验证英国经济学家理论在德国的适用性，独辟蹊径地提出“孤立国”理论。随着资本主义发展到20世纪40年代（杜能去世后的100年），工农业关系问题降至较为次要的地位，杜能理论的区域本质逐渐显示出来，而这时，发达国家与发展中国家的关系，以及发展中国家的内部关系就成为经济学界关注的两个主要问题。法国经济学家弗朗索瓦·佩鲁（François Perroux）和瑞典经济学家缪尔达尔等人从经济地理的角度研究这两个问题，与杜能共同成为新经济地理学的先驱。

一、杜能、佩鲁、缪尔达尔的区域经济理论

杜能根据李嘉图关于距离产生级差地租的观点考虑经济活动地理分布。他认为，由于运输成本的存在，工业产品生产地的选择应该以生产成本低廉、销售价格便宜为原则，工业不应集中在首都，而应在大城市和较小的城市作合理的分布；农、林、牧活动也要做同样的考虑，每个城市都应有布局符合生产费用和运输费用最小、销售价格最低的原则的蔬菜、水果、牛奶、燃料、粮食和畜产品的供应基地。根据这些原则，杜能得出这样的结论：农业活动会以城市为中心作圆环状分布，每一个土地环形带都会产生地租，但地租数量距离城市越远就越小，因而形成级差地租。

在杜能和佩鲁、缪尔达尔之间有约100年的间隙。这100年和1950年之后的30年，一些被认为非经济学主流的学者②甚至是非经济学领域的学者，例如阿尔弗雷德·韦伯（Alfred Weber，1909）③、沃尔特·克里斯塔勒（Walter Christaller，1933）④、奥古斯特·勒施（August Lösch，1940）⑤、沃尔特·伊萨德（Walter Isard，1956）⑥、J. V. 亨德森（J. V. Henderson，1974）⑦，在人口的初始地区分布状况、人口的初始生产和消费状况、生产函数性质、消费和生产的相互关系、市场和企业数量之间的关系、企业集聚（agglomeration of firms）和人口集聚（clustering of population）、城市兴起、贸易开展、贸易原因、贸易模式、贸易的福利后果、贸易政策等方面做了大量收集、整理资料和分析工作。

---

① 参见 Thünen, Johann Heinrich von, 1826, *von Thünen's Isolated State*, London: Pergamon。

② 在本章中，主流是指在西方经济学中占主导地位的新古典主义经济学理论和方法。

③ Weber, Alfred, 1909, *The Theory of the Location of Industries*, Chicago: The University of Chicago Press.

④ Christaller, Walter, 1933, *Die zentaralen Orte in Süddeutschland*, Jena: Gustav Fischer.

⑤ Lösch, August, 1940, *The Economics of Location*, Yale University Press.

⑥ Isard, Walter, 1956, *Location and Space Economy*, New York: Technological Press.

⑦ Henderson, J. V., 1974, "The Sizes and Types of Cities", *American Economic Review*, vol. 64, no. 4, pp. 640-656.

佩鲁的“增长极”理论是经济地理研究的经典之作。[①] 佩鲁把“增长极”定义为由一个经济计划、一种力量或影响（a field of force or influence）和一个同质的加总量（a homogeneous aggregate）所构成的抽象经济空间（abstract economic space）。[②] 佩鲁认为，由于抽象经济空间的存在，一个经济的各区域间的平衡发展只是一种理想，不能作为政策制定的指南；具有现实性的经济图景是，主导部门或有创新能力的企业或行业在一些地区或大城市的集聚，资本与技术高度集中，具有规模经济效应，内部企业间外部性显著，自身增长迅速并能对邻近地区产生辐射作用（扩散效应和回波效应）。经济增长只有从一个或数个这样的“增长中心”逐渐向其他部门或地区传导。[③]

缪尔达尔（1957a）的累积因果关系理论可以看作是对佩鲁的“增长极”运行机制的补充。在这种理论中，社会系统中某个变量的变化不会带来抵消性变化，而是带来支持性变化，这种累积的变化使得社会系统沿着初始变化所导致的方向进一步发展。[④] 在缪尔达尔看来，这个变量是产出与收入、生产和生活水平、制度和政策等六大因素中的某一个，社会发展就是它与其它变量相互作用、互为因果、循环积累的非均衡发展过程。将这种原理用于分析区域问题，形成了他的三本书。缪尔达尔（1957b[⑤]；1968[⑥]；1970[⑦]）讨论了累积因果关系怎样被用来解释国际和区际的收入差异。发达地区（增长极）对周围落后地区的累积性的“回波效应”（即劳动力、资金、技术、资源以及“非经济因素”等要素产生有利于发达地区而不利于落后地区的连续的累积的扩张效应）产生扩大地区经济发展差距的趋势；经济发展达到一定阶段后，发达地区累积性“扩散效应”（例如发达地区购买不发达地区的投入品、技能和企业家精神的转移）则促成生产要素从“增长极”向周围不发达地区扩散，从而产生缩小地区经济发展差距的趋势。[⑧] 由于在初始阶段“回波效应”总是大于“扩散效应”，经济在空间上

---

① Perroux, François, 1950, Economic Space: Theory and Applications, *Quarterly Journal of Economics*, vol. 64, pp. 89-104.

② 具体来看，“增长极”可以是一个产业或者一个产业中的几个企业，甚至是一个企业或者是几个行业中的不同企业的组合，佩鲁特别指出，抽象经济空间不会是城市或地区这样的地理区域。参见：David Darwent, 1969, “Growth Poles and Growth Centers in Regional Planning—A Review”, *Environment and Planning*, vol. 1, pp. 5-32。

③ 参见谭崇台主编：《发展经济学》，山西经济出版社 2000 年版，第 271 页。

④ Myrdal, Gannar, 1957a, *Rich Lands and Poor*, New York: Harper & Brothers Publishers.

⑤ Myrdal, Gannar, 1957b, *Economic Theory and Under-Developed Regions*, London, Methuen & Co. LTD..

⑥ Myrdal, Gannar, 1968, *Asian Drama: An Inquiry into the Poverty of Nations*, New York: Pantheon.

⑦ Myrdal, Gannar, 1970, *The Challenge of World Poverty: A World Anti-Poverty Program in Outline*, New York: Vintage Books.

⑧ Meardon, S. J., 2001, “Modeling Agglomeration and Dispersion in City and Country: Gunnar Myrdal, François Perroux, and the New Geography”, *American Journal of Economics and Sociology*, vol. 60, no. 1, Special Issue: City and Country: An Interdisciplinary Collection, 2001, pp. 25-57.

出现了“地理二元经济结构”，即经济发达地区和经济不发达地区同时存在。缪尔达尔寄希望于政府采取积极干预政策（不应消极等待发达地区或增长极的“扩散效应”）通过产生“诱导的增长极”来刺激“增长极”周围落后地区的发展，填补累积性因果循环所造成的经济差距。在经济发展的高级阶段，工业化最终会扩展到落后地区，地区上的收入不平等也随之降低。但是，经济活动仍然不会服从地理上的均匀分布，而是主要集中在相距或远或近的大大小小的城市。后面我们将会看到，缪尔达尔提出的一些原理在新经济地理学中得到了再现。然而，缪尔达尔一个核心的观点，即没有纯粹的“经济”问题，社会问题是复杂的，不能简单归于经济、社会、政治或心理问题（James Agresano，1997），[①] 却没有被新经济地理学家们接受。在新经济地理学中，政治、社会、心理、制度等因素统统消失。

杜能、佩鲁和缪尔达尔在西方经济学界影响甚广。然而，许多现代西方经济学家却认为，他们的工作同样没有进入经济学主流。比如，克鲁格曼认为在20世纪50年代，经济学家们还没有掌握对外部经济和递增收益条件下的偏好、技术和行为施以数学形式化处理的方法，以佩鲁、赫尔希曼和缪尔达尔为代表的“增长极”理论缺少数学形式化的模型，[②] 而这时，西方经济学以寻求数学形式化的理论模型为主流，所以，发展经济学对于经济地理与经济发展问题的重要贡献没有能够引起主流经济学的注意。[③]

二、新经济地理学版本的迪克西特—斯蒂格利茨垄断竞争模型

从杜能、佩鲁和缪尔达尔走向新经济地理学的关键步骤是迪克西特—斯蒂格利茨（1977）的垄断竞争模型。克鲁格曼（1995）认为，现代经济的许多特征都与垄断竞争性行业中的企业内规模收益递增相联系。长期以来，经济学只能把它处理为“外部性”，强调其它企业对目标企业的外部影响，而迪克西特—斯蒂格利茨模型才使得垄断竞争企业中的规模收益递增的数学形式化研究成为可能。[④]

藤田长久、克鲁格曼和维纳布尔斯（1999）提出了一个新经济地理学版本的迪克西特和斯蒂格利茨垄断竞争模型。他们做出了两个假设：第一，生产的产品

---

① Agresano, James, 1997, *The Political Economy of Gunnar Myrdal: An Institutional Basis for the Transformation Problem*, Lyme, NH: Edward Elgar.

② 克鲁格曼认为，在专业的经济学中有两个理由支持数学形式化表述方法（formalism）。参见 Paul Krugman, 1998, "Two Cheers for Formalism", *Economic Journal*, vol. 108, no. 451, pp. 1829-1836。

③ Krugman, Paul, 1995, *Development, Geography, and Economic Theory*, Cambridge, MA: The MIT Press.

④ Dixit, Avinash K. & Joseph E. Stiglitz, 1977, "Monopolistic Competition and Optimum Product Diversity", *American Economic Review*, vol. 67, no. 3, pp. 297-308.

有两大类，一类为农产品（A），一类为制造业产品（M）。$M \equiv \left[\int_0^n m(i)^\rho \mathrm{d}i\right]^{1/\rho}$，$0<\rho<1$①，$n$ 表示消费者能够得到的所有制造业消费品的种类，$m(i)$ 表示对第 i 种制造业产品的消费需求。农产品行业为完全竞争行业，使用规模收益不变技术进行生产；② 制造业为垄断竞争行业，存在企业层次上的规模收益递增。第二，假设每一个消费者对于 A 和 M 具有柯布—道格拉斯偏好。

于是，消费者的问题是：

$$\max_{M,A} u = M^\mu A^{1-\mu}$$

$$\text{s.t.} \quad A + \int_0^n p(i)m(i)\mathrm{d}i = Y \tag{9.1.1}$$

$p(i)$ 表示第 i 种制造品价格。③④

根据一种两步法求解程序，在均衡时，对制造业产品的消费要求第 i 和第 j 种商品满足如下关系：

$$\frac{m(i)^{\rho-1}}{m(j)^{\rho-1}} = \frac{p(i)}{p(j)} \tag{9.1.2}$$

因而

$$m(j) = \frac{p(j)^{1/(\rho-1)}}{\left[\int_0^n p(i)^{\rho/(\rho-1)}\mathrm{d}i\right]^{1/\rho}} M \equiv \left(\frac{p(j)}{G}\right)^{1/(\rho-1)} M \tag{9.1.3}$$

于是，消费 M 的最小成本为

$$\int_0^n p(j)m(j)\mathrm{d}j = \left[\int_0^n p(i)^{\rho/(\rho-1)}\mathrm{d}i\right]^{(\rho-1)/\rho} M \equiv GM \tag{9.1.4}$$

消费者效用最大化问题成为

$$\max u = M^\mu A^{1-\mu}$$

$$\text{s.t.} \quad GM + A = Y \tag{9.1.5}$$

藤田昌九等人进而假设：第一，经济由有限的区位所构成，区位个数为 R。第二，制造业的规模收益递增性质通过平均成本递减来反映。假设生产制造品需要支付固定成本 F 和边际成本 c（以劳动单位来衡量）。于是，每种制造品生产 q 单位需要付出的劳动为：$l = F + cq$。第三，每种制造品都只在一个区位进行生产，但一个区位可以生产多种制造品。任何一个区位生产的所有产品使用同一技术并以同一价格销售。第四，不存在范围经济（economy of scope）。

于是，在区位 r 生产的垄断竞争厂商选择产品 j 的数量使其利润 $\pi_r = p_r q_r -$

① 产品 A 的本质在于生产技术和市场结构，并不一定就是农产品。

② $1/(1-\rho)$ 表示任意两种制造品之间的替代弹性。M 也被称为不变弹性亚效用函数。

③ 这里假设没有中间产品生产部门。

④ 假设农产品价格等于1，也就是把农产品作为计价物。

$w_r(F + cq_r)$ 最大化。其一阶条件为：①

$$p_r(1 - 1/\sigma) = cw_r \tag{9.1.6}$$

零利润条件使我们得到均衡条件下的产出数量为

$$q_r^* = F(\sigma - 1)/c \tag{9.1.7}$$

相应的劳动投入为

$$l_r^* \equiv F + cq^* = F\sigma \tag{9.1.8}$$

如果 L_r^M 是 r 区位拥有的制造业工人数量，那么在 r 区位中厂商的数量为

$$n_r = L_r^m/l_r^* = L_r^m/F\sigma \tag{9.1.9}$$

由于在任何区位中厂商都具有规模收益，没有范围经济，所以不可能出现两个企业生产同一种制造品的情况。这意味着每种产品在一个区位，有一家厂商专业化进行生产。于是区位 r 所生产的商品种类的数量等于厂商的数量 n_r 。

藤田昌九等人接下来这样推理：效用函数的凸性表明消费者对消费品具有（对其他区位产品的）多样化偏好，因而派生出对运输的需求。另一方面，从供给的可能性看，所有农产品和制造品都可以在不同区位间运输。为了处理运输成本，藤田昌九等人采取了萨缪尔森的办法，② 假设单位农产品和单位制造品从 r 地运输到 s 地，只有 $1/T_{rs}^A[1/T_{rs}^M]$ 运到。由于运输成本的存在，当产品运输到另一地后，价格相应上升到出厂价的 $T_{rs}^A[T_{rs}^M]$ 倍。考虑到运输成本，则区位 r 的制造品价格指数应该是

$$G_r = \left[\sum_{i=1}^{R} n_i(p_i T_{ir}^M)^{1-\sigma}\right]^{1/(1-\sigma)} \tag{9.1.10}$$

得到了产品价格之后，藤田昌九等人进一步求出了对某一产品的需求，从而求解出了劳动者的工资。区位 s 消费者对区位 r 生产的制造品的需求是

$$\mu Y_s\,(p_r T_{rs}^M)^{-\sigma} G_s^{\sigma-1}$$

于是，在长期均衡条件下，所有 R 个区位消费者对区位 r 的某个产品的垄断竞争厂商的产品需求数量是：

---

① $\sigma = 1/(1-\rho)$ 为 r 地方中制造业产品的价格弹性。藤田昌九、克鲁格曼和维纳布尔斯（1999）认为，更大的市场通常意味着更多竞争，即价格将会随着市场的扩大而降低，但（9.1.6）式表明价格与市场规模（Y）无关，市场大小不影响边际成本上的加成比例，（9.1.7）式说明，市场大小不影响商品生产范围。更大规模的生产是利用市场规模的一种方式，但在该模型里，任何厂商的产出都与市场大小无关。实际上，市场规模仅仅通过产品变化起作用（work through changes in variety）。由于垄断竞争下存在自由进出，因而厂商产量可以对利润做出反应。他们还认为，这样的结果是常数弹性需求函数与厂商的非策略性行为所共同蕴含的。企业如果能够改变价格指数，就会倾向于减少产出而增加价格—成本的边际（price-cost margin）。但我们认为，他们的分析没有考虑 σ 本身受市场规模影响，因而是不正确的。

② 运输成本降低的效应有二：企业将愿意将他们的生产集中起来以降低固定成本；集中起来的企业将面临更加激烈的价格竞争，因而他们将使产品差别化，以减轻价格竞争的压力。这反过来使他们成为对消费者最有利的产品提供者。

$$q_r^M = \mu \sum_{s=1}^{R} Y_s (p_r T_{rs}^M)^{-\sigma} G_r^{\sigma-1} T_{rs}^M \text{①} \tag{9.1.11}$$

上式也是垄断竞争厂商的定价方程，于是，r 区位中制造业工人工资，

$$w_r = \left(\frac{\sigma - 1}{\sigma c}\right)\left[\frac{\mu}{q_r^M}\sum_{s=1}^{R} Y_s (T_{rs}^M)^{1-\sigma} G_s^{\sigma-1}\right]^{1/\sigma} \tag{9.1.12}$$

可以看到，收入 Y 越高或企业越容易进入该市场（ T_{rs}^M 越小）或竞争越小（产品种类越少），则工资越高。

为了使理论陈述简化，克鲁格曼选择边际成本的单位使 $c = \dfrac{\sigma - 1}{\sigma}$（这意味着 $p_r = w_r$, $q_r^* = l^*$ ）；选择固定成本的单位使 $F = \mu/\sigma$ ，这意味着 $n_r = L_r^M/\mu$ ，$q^* = l^* = \mu$ ，并且，

$$G_r = \left[\frac{1}{\mu}\sum_{s=1}^{R} L_s (w_s^M T_{sr}^M)^{(1-\sigma)}\right]^{1/(1-\sigma)} \tag{9.1.13}$$

$$w_r = \left[\sum_{s=1}^{R} Y_s (T_{rs}^M)^{1-\sigma} G_s^{\sigma-1}\right]^{1/\sigma} \tag{9.1.14}$$

藤田昌九等人无疑也看到迪克斯特—斯蒂格利茨模型假设许多商品完全对称地进入需求中，而且个人效用函数采取了一种特别而不太可能的形式，用连续统来表示大量存在的企业都有其不现实之处。然而，他们认为，这个模型适合进行一般均衡分析，尊重个人在收益递增条件下的整数选择性质（每个商品都在一个地方生产），同时用连续变量代表这些选择的加总。在目前研究水平上，这是采用模型化表述而不得不付出的代价。

三、克鲁格曼的新经济地理学模型

西方经济学界普遍认为，克鲁格曼（1991）的论文是新经济地理学问世的标志。在这个模型中，$R = 2$ 。$L_1 + L_2 = \mu$, L_1, L_2 是两个地区的制造业劳动人数。假设农产品运输没有成本，从而农产品价格在两个地区都一样，农民的收入也一样。

于是，根据迪克西特—斯蒂格利茨模型，地区 1 对本地区某种商品的需求 c_{11} 相对于它对地区 2 的某种产品 c_{12} 的需求为

$$\frac{c_{11}}{c_{12}} = \left(\frac{p_1}{p_2 T}\right)^{\sigma} = \left(\frac{w_1}{w_2 T}\right)^{\sigma} \tag{9.1.15}$$

$$z_{11} = \frac{n_1}{n_2}\left(\frac{p_1}{p_2 T}\right)\frac{c_{11}}{c_{12}} = \left(\frac{L_1}{L_2}\right)\left(\frac{w_1}{w_2 T}\right)^{1-\sigma} \tag{9.1.16}$$

---

① 此式也是垄断竞争厂商的定价方程。

$$z_{12} = \left(\frac{L_1}{L_2}\right)\left(\frac{w_1 T}{w_2}\right)^{1-\sigma} \tag{9.1.17}$$

$$w_1 L_1 = \mu\left[\left(\frac{z_{11}}{1+z_{11}}\right)Y_1 + \left(\frac{z_{12}}{1+z_{12}}\right)Y_2\right] \tag{9.1.18}$$

$$w_2 L_2 = \mu\left[\left(\frac{1}{1+z_{11}}\right)Y_1 + \left(\frac{1}{1+z_{12}}\right)Y_2\right] \tag{9.1.19}$$

$$Y_1 = \frac{1-\mu}{2} + w_1 L_1 \tag{9.1.20}$$

$$Y_2 = \frac{1-\mu}{2} + w_2 L_2 \tag{9.1.21}$$

令 $f = L_1/\mu$

$$p_1 = \left[f w_1^{1-\sigma} + (1-f)(w_2 T)^{1-\sigma}\right]^{1/(1-\sigma)} \tag{9.1.22}$$

$$p_2 = \left[f (w_1 T)^{1-\sigma} + (1-f)(w_2)^{1-\sigma}\right]^{1/(1-\sigma)} \tag{9.1.23}$$

其中，

$$\omega_1 = w_1 p_1^{-\mu} \tag{9.1.24}$$

$$\omega_2 = w_2 p_2^{-\mu} \tag{9.1.25}$$

从式（9.1.22）和式（9.1.23）不难看出，如果两个地区的工资一样，工人从地区 2 移向地区 1 将降低地区 1 的价格指数，提高地区 2 的价格指数，因而提高地区 1 而降低地区 2 的实际工资。还可以证明，如果 $d(\omega 1/\omega 2)/df < 0$ ，那么对称均衡是一个稳定均衡，也就是说会有地区趋同。然而，如果 $d(\omega 1/\omega 2)/df > 0$ ，将会产生地区分化。

那么，所有工人集中在一个地区是否是一个均衡呢？因为 μ 比例的总收入花在制造品上，而这些收入全部被地区 1 获得，所以，

$$\frac{Y_2}{Y_1} = \frac{1-\mu}{1+\mu} \tag{9.1.26}$$

设 n 为制造业企业的数量，于是每个企业的销售值等于

$$V_1 = \left(\frac{\mu}{n}\right)(Y_1 + Y_2) \tag{9.1.27}$$

这时，一个企业在地区 2 从事生产是否有利可图呢？如果企业在地区 2 生产，那么工资满足如下关系：

$$\frac{w_2}{w_1} = (T)^{\mu} \tag{9.1.28}$$

因为在地区 2 支付更高的工资，所以必须有更高的价格。该企业在地区 1 的销售值将为地区 1 的企业的销售值的 $(w_2 T/w_1)^{1-\sigma}$ 倍。在地区 2，它的销售值将是代表性企业的 $(w_2/w_1 T)^{1-\sigma}$ 倍。因而，其销售收入为

$$V_2 = \left(\frac{\mu}{n}\right)\left[(w_2 T/w_1)^{1-\sigma} Y_1 + (w_2/w_1 T)^{1-\sigma} Y_2\right] \tag{9.1.29}$$

它与地区1企业的相对销售收入为

$$\frac{V_2}{V_1}=\frac{1}{2}\tau^{\mu(\sigma-1)}[(1+\mu)\tau^{\sigma-1}+(1-\mu)\tau^{1-\sigma}] \quad (9.1.30)$$

由于在地区2建立企业需要更高的固定成本，所以，只有在 $\frac{V_2}{V_1}>\frac{w_2}{w_1}$ 的情况下，地区1的企业才会移向地区2生产。所以，定义如下变量

$$v=\frac{1}{2}\tau^{\mu\sigma}[(1+\mu)\tau^{\sigma-1}+(1-\mu)\tau^{1-\sigma}] \quad (9.1.31)$$

不难看出，

$$\frac{\partial v}{\partial \mu}<0 \quad (9.1.32)$$

这意味着花在制造品的收入比例越大，想要搬迁的企业的相对销售就越少。

$$\frac{\partial v}{\partial \tau}>0\text{，当}\tau\to 1\text{。} \quad (9.1.33)$$

这意味着高运输成本起到了缓和地区差异的作用。

$$\frac{\partial v}{\partial \sigma}=\ln(\tau)(\frac{\tau}{\sigma})(\frac{\partial v}{\partial \tau}) \quad (9.1.34)$$

四、集聚机制

克鲁格曼（1991）的文章激起了众多学者对企业集聚现象的理论兴趣，此后，新经济地理学的文献采取模型构建和数字模拟方法，特别是利用迪克斯特—斯蒂格利茨模型提供的处理规模收益递增条件下的垄断竞争模型，描述出经济体的地理结构如何被“向心力”（centripetal force）和“离心力”（centrifugal force）所塑造，并从微观决策角度解释这些力量。①根据这些力量的不同，集聚机制大致分为三类：

1. 企业内部规模经济

“向心力”来自于企业和产业的规模收益递增。用克鲁格曼的话来说，真实经济的巨大不平衡只能由一些累积过程来解释，而这必然涉及某些形式的递增收益，通过规模收益递增，地理集中可以自我强化。考虑到运输成本，工业经济活动的实际分布状况无法用规模收益不变来解释。对于规模收益不变的技术而言，一个工厂可以分成两个分厂，三个分厂，乃至任意数量的分厂，其总产出都相当于原工厂的总产出。如果存在运输成本，那么对于最终产品生产企业而言，其他

---

① 保罗·克鲁格曼：《“新经济地理学”新在哪里》，载《牛津经济地理学手册》，商务印书馆2005年版。

情况不变的话，最优的选址决策则是在最靠近消费者的地方进行生产。因而，工厂的分布将与人口的分布相一致，不会出现企业集聚现象。如果该企业是中间产品生产商，其他情况不变，它就应该选择尽可能靠近其后向联系的厂商的地方进行生产。但是，其后向联系的厂商总有一个是直接生产消费品的，因而，中间产品生产商的地理分布也应该大致与消费者的分布相一致。总之，在规模收益不变的技术情况下，无法产生现实中巨大的经济发展不平衡。如果规模收益不变都无法产生出现代的经济活动集中的现象，规模收益递减就更没有解释的潜力。

2. 企业外部规模经济

对于集聚而言，更重要的也许是外部规模经济，即多个企业由于聚集在一起因节省运输成本、替代性要素的可获得性、多样化要素投入所引起的单个企业平均生产成本的下降。

第一，由产业链内企业间因节省运输成本而形成的规模经济。比如，两种私人物品分别由两个企业生产，其中一个企业的产品是另一个企业的投入品，集聚就会由于运输成本的节省而出现。运输成本越高，这种外部规模经济就越强。[①] 根据这两个企业是否出于同一行业，外部规模经济又可具体化为本地化经济（economies of localization）[②] 和城市化经济（economies of urbanization）。[③]

第二，由产业链内企业间因替代性要素的可得性而形成的规模经济。如果一个地区拥有大量的劳动力储备，因而对专业化工作有需求的企业很容易地能够找到未就业的劳动力，或者一种专用资本能够在一个有更多企业使用相似资本进行生产的地方被重新使用，就会形成所谓的规模储备经济（economies of massed reserves）。这种储备经济可以发生同一行业的企业之间，也可以发生在不同企业之间，既可以是本地化经济，也可以是城市化经济。从原理上看，除劳动力外，任何其它能够共享的经济资源都可以产生这种储备经济，比如，行业内或行业间的信息交换以及更高的教育水平等。

第三，由多样化要素投入导致的产品差异化而形成的规模经济（货币外部性）。它指以价格为中介并通过市场交易产生的利益。例如：专用资本或中间产品或者劳动力的大型市场提供了多样化要素投入的可能性，有可能满足消费者多样化偏好的效用函数，因而提高了企业的收益。[④] 与之相对的技术外部性是给定要素投入组合条件下产出的增加，也就是生产函数的变化，它可以由马歇尔所谓

① 运输成本对于内部规模经济和外部规模经济的效应是不同的。运输成本能够弱化内部规模经济，因为为了供给遥远的市场，一个垄断性企业也许并不是最有效的产业组织。

② 本地化经济基础上的城市是一种专业化城市。

③ 之所以用这个概念，反映了城市一般都有多个行业的事实。

④ 哈罗德·霍特林（Harold Hotelling，1929）的线性区位模型是货币外部性（peculiarity externalities）的例子。参见 Hotelling, Harold, 1929, "Stability in Competition", *Economic Journal*, vol. 39, pp. 41-57。

的“思想交流”产生。市场结构可以是完全竞争的。外部性概念将是集聚产生的重要原因。①

集聚还可能因为产品多样性而产生。杰弗里·H. 费雪和小哈灵顿 1996）指出，更大的产品异质性增加了消费者的搜寻努力，提高了在集聚地购物的数量，增加了集聚的激励。然而，更大的产品异质性也给了没有集聚的企业以地方垄断支配力，增加了他们在边际成本基础上的价格加成比例。但是，前者通常比后者更强，因而，产品的异质性将有助于企业集聚。②

3. 其他因素

集聚还可能由市场结构、合时（timeliness）、公共物品、匹配等因素所引起。首先，集聚塑造产业结构，也可能因产业组织结构而产生。西蒙·P. 安德森和达米安·J. 内文（Simon P. Anderson & Damien J. Neven，1990）证明，当需求和成本使得每一个古诺式的企业都希望向整个空间分割的市场提供服务的时候，所有企业将集聚在市场区域的中心。③ 其次，詹姆斯·哈里根和维纳布尔斯（James Harrigan & Anthony J. Venables，2006）展示了合时所产生的集聚机制。④ 其基本思想是用金钱来换取时间。对于城市工人而言，交通成本的最主要成分是时间，而不是路费。对于制造品国际贸易而言，运输时间的成本每天高达商品价值的 0.5%，并且会产生不确定性，集聚可以降低这种成本和不确定性。再次，现代企业生产往往需要诸如交通、通讯、水电、法律制度等不可分的基础设施。⑤ 从使用看，这些设施需要巨额固定成本投资，而且具有公共物品的属性。无论从使用效率还是从融资难易程度来看，都构成对企业集聚的激励。⑥ 这些地方化的基础设施和企业形成了城市“俱乐部”，从社会学意义上来看，它将拥有自己的利益，因而也就形成了一个利益集团。最后，惠勒（2001）证明，城市集聚通过降低搜寻成本帮助企业—工人的匹配而增强了生产力。⑦ 如果资本和劳动对于生产

---

① Fujita, Masahisa & Tomoya Mori, 1996, "Structural Stability and Evolution of Urban System", *Regional Science and Urban Economics*, vol. 27, no. 4-5, pp. 399-422.

② Fischer, Jeffrey H. & Joseph E. Harrington, Jr., 1996, "Product Variety and Firm Agglomeration", *The RAND Journal of Economics*, vol. 27, no. 2, pp. 281-309.

③ Anderson, Simon P. & Damien J. Neven, 1990, "Cournot Competition Yields Spatial Agglomeration", *International Ecnomic Review*, vol. 32, pp. 793-808.

④ Harrigan, James & Anthony J. Venables, 2006, "Timeliness and Agglomeration", *Journal of Urban Economics*, vol. 59, pp. 300-316.

⑤ 除了基础设施的不可分性之外，还有另外两种不可分性：生产的不可分性和市场的不可分性。前者是指一个企业本身只有在投资超过一定规模后才会产生收益。

⑥ 政府为了提供公共物品，或者为了其他目的，往往敲企业的竹杠，所以，集聚还可以减少政府的敲竹杠（hold-up）行为。另外，集聚也可以减少企业对企业的敲竹杠行为。

⑦ Wheeler, Christopher H., 2001, "Search, Sorting, and Urban Agglomeration", *Journal of Labor Economics*, vol. 19, no. 4, pp. 879-899.

是互补的（这个假设得到了一些经验研究的支持），那么城市集聚将产生出更有效率的然而是分隔的匹配，因而，地方市场规模不仅与平均生产率正相关，它还产生出不同技能群体之间（between-skill-group）的工资的不均等和对高技能高收益的预期。格莱瑟尔（1994）观察到：在只有一个企业的小镇上，那些在能力上与该公司并不匹配的工人没有其它地方可去，因而生产效率低下。而在城市中，工人可以方便地转向其它公司就业，从而改善了他们的匹配。① 这意味着在城市观察到的工人工作转换率将更高，而工人失业持续的时间将更短。

第二节　中心—外围模型

藤田昌九、克鲁格曼和维纳布尔斯（1999，第五章）提出了一个数学形式化的中心—外围模型。在这个模型中，即使在均匀分布的经济活动中也会由于劳动力自由流动形成中心—外围关系。②从结果上看，确实如此，但20世纪50年代的中心—外围关系并非是这种市场自发机制作用的结果。这个观点对于其他中心—外围的模型也适用。

一、劳动力自由流动

1. 假设

假设有两个地区，每个地区有两个部门 A 和 M，且都以劳动力为唯一的生产要素。两地区农业劳动力总供给固定，且不能在地区间流动。选择劳动力单位使我们能够假设

$$L^M = \mu, L^A = 1 - \mu \tag{9.2.1}$$

假设第一个地区工人和农民数量占总数量的比例分别是 λ, ϕ。假设农产品不需要运输成本。该假设使得两个地区工人名义工资相等，设为1。工人的工资则可能不相等。工人流动受工资差异的驱动。工人的流动反映了经济活动的集聚。

① Glaeser, Edward L., 1994, "Economic Growth and Urban Density: A Review Essay", Working Paper no. E-94-7. Stanford, CA: Hoover Institution.

② 资本内生、技术和生产率差异等因素也可能帮助产生中心—外围关系。参见阿尔伯特·赫尔希曼：《经济发展战略》，经济科学出版社1991年版，第三章、第四章。

2. 工人流动与产品价格

设 T_{ij} 为 i 地运输商品到 j 地的成本。于是，两地区的收入和价格指数分别是

$$Y_1 = \mu\lambda w_1 + (1-\mu)\phi$$

$$Y_2 = \mu(1-\lambda)w_2 + (1-\mu)(1-\phi) \tag{9.2.2}$$

$$G_1 = [\lambda w_1^{1-\sigma} + (1-\lambda)(w_2 T_{21})^{1-\sigma}]^{1/(1-\sigma)}$$

$$G_2 = [\lambda(w_1 T_{12})^{1-\sigma} + (1-\lambda)w_2^{1-\sigma}]^{1/(1-\sigma)} \tag{9.2.3}$$

设想一个两个地区完全对称的经济，于是，$w_1 = w_2, T_{12} = T_{21}$，不难看出，①

$$G'_1(\lambda) < 0$$

这意味着，如果第一个地区工人数量增加（由于第二个地区工人流动到第一个地区）第一个地区的产品价格趋于下降。产品价格下降吸引工人进入，这被称为“前向联系”（forward linkages）。

3. 工人工资

$$w_r = [\sum_s Y_s T_{rs}^{1-\sigma} G_s^{\sigma-1}]^{1/\sigma} \tag{9.2.4}$$

不难看出，T_{rs}越小，Y_s越大，即如果 r 地区到 s 地区的运输成本越低，而 s 地区的收入越高，则 r 地区工人名义工资越高，即 r 地区的企业由于有更好的市场，因而能够支付更高的工资，这被称为“后向联系”（backward linkages）。

$$w_1 = [Y_1 G_1^{\sigma-1} + Y_2 T_{12}^{1-\sigma} G_2^{\sigma-1}]^{1/\sigma}$$

$$w_2 = [Y_1 G_1^{\sigma-1} T_{21}^{1-\sigma} + Y_2 G_2^{\sigma-1}]^{1/\sigma} \tag{9.2.5}$$

$$\omega_1 = w_1 G_1^{-\mu}$$

$$\omega_2 = w_2 G_2^{-\mu} \tag{9.2.6}$$

$$\omega_1 - \omega_2 \equiv f(\lambda; T, \sigma, \mu) \tag{9.2.7}$$

注意到 $\lambda = 1/2$ 时，$w_1 = w_2$，$Y_1 = Y_2$，$G_1 = G_2$，即两个地区对称是一个解。没有集聚发生。而且，这与消费者（σ，μ）偏好无关。但是，给定消费者偏好，在不同的运输成本条件下，经济地理将发生变化，当 T 很小时，集聚一定会发生，也就是说一定会形成中心—外围关系。

在上面的模型中，企业分布的冲击引起了两种不同的循环因果周期。第一，当企业移动时，工人随之移动，这种迁移导致了支出移动。既然企业喜欢在更大的市场里，支出移动引起更多的生产移动，需求循环重复着这样的模式。第二，生产移动降低了接受国的价格指数（通过拥有多样化偏好的效应），并且提高了发送国的价格指数。假设移民导致实际工资均等化，初始的冲击将降低接受国相

① 对 G 的两边取自然对数，然后对 λ 求导，马上可以得到所要结果。

对于发送国的名义工资。这种成本移动或产业竞争力的变化鼓励了接受国企业更多地迁移出去，于是与成本相联系的循环将重复发生。

二、资本内生

克鲁格曼和维纳布尔斯（1995）、维纳布尔斯（1996）同时考虑了与需求相关的和与成本相关的循环因果关系。在垂直联系的产业模型中，企业使用其他企业的产出作为中间投入。因而，生产移动改变了国际需求模式（把其他企业视为消费者）并且改变了国际成本模式（把企业视为供给者）。与克鲁格曼模型中一样，两个不同但紧密联系的循环因果过程鼓励了集聚。集聚力量倾向于通过循环因果关系促使产业活动趋于集中，也就是说，空间集聚本身创造了一种促进空间集聚的环境。既然劳动力移动在欧洲或同一国家的两个地区是可以忽略的，那么维纳尔布斯模型通常被认为适用于欧洲。

自由劳动力模型和垂直联系产业模型所得出的主要结果很少能用于实证分析，研究者必须使用特别的参数值并依赖数字模拟。鲍德温（1999）提出了一个更为简单的内生资本模型，其中集聚仅受与需求联系的循环因果关系的推动。企业与一种特别的资本单位相联系。资本和资本的所有者都不能在国际间流动。基本的集聚逻辑可以用下面的实验经济学方法来展示。从长期均衡开始，保护率的略微提升，提高了本国企业的运营利润，降低了外国企业的运营利润。资本存量不能跳跃，于是运营利润的变动提高了本国的租金率并降低了外国的租金率。收益率的变动鼓励了国内资本形成（通过新企业进入）而降低了国外资本形成（通过企业退出）。收入等于要素支出，于是本国上升的资本存量和外国萎缩的资本存量导致支出转移。就如在自由劳动力和垂直联系的产业模型中所发生的情形一样，支出移动本身创造出新的运营利润的变动，与需求相联系的循环重复发生。这个模型不会要求劳动力具有流动性，所以看起来适合分析欧洲经济。

佩鲁的“增长极”概念在该模型中清晰地出现了。比如，考虑一个初始稳定的长期均衡在贸易成本下降时变得不稳定的情况。假设集聚发生在本国。给定最优的储蓄行为，本国储蓄率上升到超过维持初始资本存量水平的比率之上。其结果是，本国的资本存量开始上升，收入和产出也开始上升。这可以被看作是集聚引起的投资引致的增长（agglomeration-induced investment-led growth）。而且，在这一过程中，正是由于本地区的支出在增长，增长中的投资受到鼓励，而支出增长则是由更高的投资率所引起。

相反的过程发生在外国。低收益率引致外国消费者和储蓄者停止投资，于是折旧侵蚀了外国资本存量，外国收入和产出开始下降。假设折旧过程为给定，外国企业一个接一个地关门。在该文模型中，工人被不断被关闭的外国产业部门解雇之后，迅速在非工业部门中找到了新的工作。然而，如果寻找新的工作或者扩展非工业部门需要时间，边缘国家的经济衰退将伴随着超出正常水平的失业。相同劳动力市场特征的假设暗含着在增长地区劳动力紧缺。

在鲍德温的论文（1999）中，不断加深的贸易自由化在对称的国家间产生出中心—外围关系。因而，与增长文献的标准断言不同，在他们的这个新古典增长模型中，经济一体化产生出实际人均收入水平的趋异。该文还表明资本流动是稳定的，即当资本可以流动而资本所有者不能流动时，生产的移动不会引起支出的移动，于是循环因果关系不会出现。

由于模型较为简单，可以得出许多分析结果。比如，就像在自由劳动力模型和资本内生模型中一样，降低贸易成本最终产生出灾难性的产业活动的集聚。然而，与这两个模型不同，最低贸易障碍的阈值可以通过分析得到。而且，其他自由化措施的区位效应和福利效应可以由分析揭示出来。①

如果集聚经济存在，那么流动要素可以获得租金，因而，在中心—外围的经济地理结构中，只要税后资本收益大于外围地区的资本收益，对中心地区的资本征税不会导致资本外流。也可以对租金征税，因而不同区位之间有可能出现税收竞争。② 所以，与一体化的情况类似，集聚引起了税收协调的必要。③

三、技术与地区之间的不对称

艾玛纽埃尔·乔瓦尼蒂（Emanuele Giovannetti，2000）考察了技术采用与地区之间产生不对称性二者之间的关系。④ 技术采用在任何时间都将被限制在一个行业中的部分企业内，新技术采用的地理模式（即在时间、速度和程度上）是多样化的。在他的模型中，企业生产的产品有两个维度：地理和产品质量。每一个企业都在两个市场上与他的邻居竞争。在博弈的第一阶段，他们同时决定是否采用某种提高质量的技术革新，在第二个阶段，每一个企业就每个市场选择一个价格。其结果取决于三个主要的参数：第一，采用技术的成本，反映了采用新技术的困难程度；第二，运输成本，反映了地区一体化程度以及在每一个市场上的水平差异；第三，革新的规模，反映了技术机会。

---

① 参见 Rikard Forslid & Gianmarco Ottaviano, 2003, "An Analytically Solvable Core-Periphery Model", *Journal of Economic Geography*, vol. 3, pp. 229-240。

② Borck, Rainald & Michael Pflüger, 2006, "Agglomeration and Tax Competition", *European Economic Review*, vol. 50, pp. 647-668.

③ Baldwin, Robert E. & Paul Krugman, 2004, "Agglomeration, Integration and Tax Harmonisation", *European Economic Review*, vol. 48, pp. 1-23.

④ Giovannetti, Emanuele, 2000, "Technology Adoption and the Emergence of Regional Asymmetries", *Journal of Industrial Economics*, vol. 48, no. 1, pp. 71-102.

当技术革新的规模很小时，地区之间不存在不对称，因为没有企业会采用这种革新，而如果技术革新既不太小也不太大，就会出现不对称，因为有一些企业会采用这种革新。大的革新对于不对称的影响取决于采用成本和运输成本之间的相互作用。如果运输成本高于采用成本，在采用大革新的情况下，不对称将消失，因为每个厂商都采用新技术。如果相反，大革新将导致不对称。在不对称的市场上，存在一个高质量的地区，其企业的利润也高，而消费者享受到高质量的产品，同时也会有低质量的地区。

第三节　城市结构[①]

城市结构是新经济地理学的一系列文献的研究对象。藤田昌九和克鲁格曼（1995）试图发展一种城市体系的一般均衡模型来阐释单中心城市在什么情况下将成为可能。在该模型中，单中心城市的形成可由赫尔希曼关于“前向联系”和“后向联系”的思想来说明。

一、人口、外部性与城市结构

藤田昌九和知也森（1997）考虑了一个坐落在无边的同质的平原上的经济。假设有一个给定数量的工人（消费者），每个工人消费同质的农产品和许多不同种类的制造品。农产品生产以劳动和土地为要素，并采用里昂惕夫技术（Leontief technique）进行生产，而制造品生产中具有规模经济，并以劳动力为唯一要素。由于产品专业化产生了规模经济，每一种制造品都是由一家企业生产，并由该企业选择它的出厂价格。每一个工人都可以选择工作的区位和工作。每一个制造品生产商都可以选择生产区位。开始的时候，假设人口规模尚小，因而经济中只有一个城市。城市的位置是由历史因素决定的。由于内生的制造品的生产和消费必然形成集聚的缘故，制造品生产将集中在城市。

假设人口逐渐增加，于是，农业腹地将逐渐扩展以支持城市日益增加的人口，而新增加的企业的数量则在城市中引发了更激烈的竞争。逐渐扩大的农业腹地将对制造业厂商产生越来越大的吸引力。因而，存在一个人口阈值，当人口数量超过这个值后，农业腹地对企业的吸引力就与原来的城市相同了。这意味着，

① Fujita, Masahisa & Tomoya Mori, 2005, “Frontiers of the New Economic Geography”, *Papers in Regional Science*, vol. 84, pp. 377-405.

原有的单中心经济变得不再稳定了。这时，随着任意数量的制造业厂商搬迁到农业腹地，都会产生空间集聚的正向反馈机制，于是，一个新城市就产生了。当两个城市规模相等后，新城市就不再增长。如果人口继续增长，新兴城市就会周期性地被创造出来。

藤田昌九和知也森（1997）、藤田昌九、克鲁格曼和知也森（1999）试图用演化的方法，即一般均衡和调整动态（adjustment dynamics）来证明，在一个因制造消费品而引起产品多样化并由此产生了集聚效应，而同时农业腹地的扩张导致了制造业生产分散化的经济中，当人口规模逐渐增长时，城市系统将通过自组织而成为一个高度规则的克里斯托勒式的分层体系（hierarchical system）。①② 城市的结构可以是单中心的，也可以是一系列对称的城市群，还可以是多中心的。对于多中心城市而言，最高级的城市生产所有的城市所需要的产品，而低等级的城市则生产较少产品。

二、交通技术与城市区位③

伯仁斯（2007）试图同时解决城市的锁定（呆在原来的地方）和城市选址问题。他的研究结果与藤田昌九和克鲁格曼（1995）的研究结果相同，即规模经济、运输成本和对消费品多样化消费的偏好的相互作用最终使得生产集中到一个单一城市，并成为一个均衡。但藤田昌九和克鲁格曼（1995）没有回答城市选址的问题，而仅仅假设城市处于所考虑的经济地理的中心。

伯仁斯假设包括交通枢纽在内的地理特征和交通技术的特征将决定城市的选址问题。伯仁斯把技术区分为凸可微的技术（convex and differentiable technologies）与凹非可微技术（concave and non-differentiable technologies）。技术性质的转变对可以维持的区位均衡具有重要影响。他发现，非对称的城市区位在凸可微技术下不可能维持，而在凹非可微技术下却相当强壮。交通枢纽非常容易成为新城市出现的地方，即使它们并不是在中心地理位置上。交通枢纽是吸引企业的一个基本地理因素，城市倾向于在交通枢纽形成，而与交通技术无关。凸可微技术是传统技术，而凹非可微技术为现代技术。由于这种区分比较关键，可以将以上分析陈述如下：

考虑一个定义在区间 $[0,1]$ 上的经济，令 $\mu \in [0,1]$ 代表工人人口比重。假

① Fujita, Masahisa, Paul Krugman, & Tomoya Mori, 1999, "On the Evolution of Hierarchical Urban System", *European Economic Review*, vol. 43, pp. 209-251.

② Fujita, Masahisa & Tomoya Mori, 1997, "Structural Stability and Evolution of Urban Systems", *Regional Science and Urban Economics*, vol. 27, pp. 399-422.

③ Behrens, Kristian, 2007, "On the Location and Lock-in of Cities: Geography vs Transportation Technology", *Regional Science and Urban Economics*, vol. 37, pp. 22-45.

设工人全部集中在 $r \in [0,1]$，其余人口均匀分布在区间 $[0,1]$ 上。进一步假设每个工人无弹性地消费其消费品。假设消费品的运输成本 γ 为距离 x 的连续函数，除了在 $x=0$ 处之外，处处可微。但在 $x=0$ 处满足利普西茨函数（Lipschitz function）性质。于是，对于一个在 s 处生产厂商的成本函数为

$$c(s) \equiv \mu\gamma(r-s) + (1-\mu)\int_0^1 \gamma(t-s)\mathrm{d}t \tag{9.3.1}$$

那么，问题是，在何种情况下，上述问题的最小化解是否正好是 r 呢?

如果 γ 不是可微函数，那么，可以建立起如下概念：如果 f 在 x 附近是利普西茨函数的话，假设 s 是 n 维空间 R^n 中利普西茨测度为 0 的集合。假设 K_f 表示 f 不可微的点的集合，于是，f 在 x 处的广义导数为

$\partial f(x) = co\{\lim \nabla f(x_i): x_i \to x, x_i \notin S, x_i \notin K_f\}$，其中 co 表示凸壳。

根据上述定义，则有

$$\partial c(r) = co\begin{Bmatrix}(1-\mu)[\gamma(r)-\gamma(1-r)] - \mu\lim\limits_{\substack{s\to r\\ s<r}}\gamma'(r-s), \\ (1-\mu)[\gamma(r)-\gamma(1-r)] - \mu\lim\limits_{\substack{s\to r\\ s>r}}\gamma'(r-s)\end{Bmatrix} \tag{9.3.2}$$

于是，r 成为 c 的最小化解的一阶条件是 $0 \in \partial c(r)$ 。由于 c 是单变量函数，故 r 为局部最小值解的充要条件变为：

$$\lim_{\substack{s\to r\\ s>r}}\gamma'(r-s) \leqslant \frac{1-\mu}{\mu}[\gamma(r)-\gamma(1-r)] \leqslant \lim_{\substack{s\to r\\ s<r}}\gamma'(r-s) \tag{9.3.3}$$

定理：如果 γ 是连续可微的成本函数，那么，r 是 $c(s)$ 最优解的充要条件是 $\mu=1$ 或者 1/2。如果 γ 不是连续可微的成本函数，那么，r 可以是 $c(s)$ 最优解，也可以不是。

由于 μ 通常不等于 1 或 1/2，根据上述定理，在成本函数可微的条件下，工人集聚的地方通常不是企业成本最小的地方。

因而，可以看到，函数 $\gamma: R \to R^+$ 的性质至关重要。伯仁斯假设了这样三个性质：(1) $\gamma(x) = \gamma(-x)$；(2) $\gamma(x) = 0$ 当且仅当 $x = 0$；(3) 对于所有 $x > y \geqslant 0$，$\gamma(x) > \gamma(y)$ 。

如果 $\gamma(x)$ 在 $x=0$ 处不连续，根据上述第二个假设，那就意味着任何一个微小的距离都意味着运输成本的迅速上升或者不可预测（这一点由不可微保证），虽然成本不是无穷大（这一点由利普西茨连续函数的性质所保证），但现在的假设是 $\gamma(x)$ 连续但不可微。那么，不可微的经济学含义是什么呢？伯仁斯证明，自然交通枢纽（见图 9. 3. 1 的交点）是 $\gamma(x)$ 不可微的一个原因。

总体来看，许多研究表明，一些特定的成本在决定着城市的结构。例如，卡维埃尔、盖涅、隆俊田渕、蒂瑟（2007）在他们合写的论文中指出，贸易成本、交通成本和交流成本塑造着地区间和城市内部水平上的经济结构，但是，不同的

空间模式可以在同一技术和经济条件下共存。①

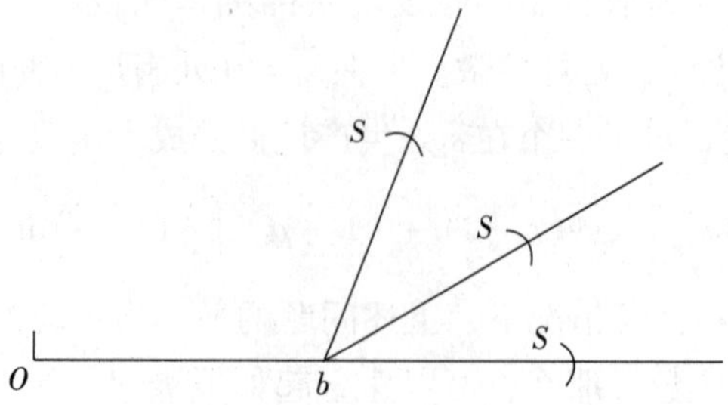

图 9.3.1 交通网络中的区位

三、信息传递与城市结构

小川英昭和藤田昌九（Hideaki Ogawa & Masahisa Fujita，1980）、今井治男（Haruo Imai，1982）考查了信息与城市结构的关系。假设 x 地的企业可以从 y 地的企业获得的利益用 $a(x,y)$ 来表示，y 服从于一个概率密度为 $f(y)$ 的概率分布。则 x 地企业获得的总好处为：

$$A(x) \equiv \int_Y a(x,y)f(y)\,\mathrm{d}y \tag{9.3.4}$$

信息具有公共物品的性质，它在企业之间的传播产生一种类似于外部性的收益。假设企业拥有的信息不同，那么交流的所处的位置就会随着企业的数量的增加而越加显得重要。而信息传播的质量会随着距离的增大而下降。这是有助于形成集聚的因素。当集聚发展到一定程度后，交通成本上升、住房成本上升，成为阻碍进一步集聚的因素。

由于所考虑的问题是区位决策，而资本与区位没有直接关系，所以，x 地企业的利润可以表示为地租和劳动者工资的函数。而家庭从消费商品和土地中得到效用，家庭成员的工资要花费在土地消费（房租）、交通和其他消费品上。由此，企业和家庭之间的相互作用就可以决定均衡的租金并能确定家庭和企业的区位。

在假设企业不可分的情况下，小川英昭和藤田昌九（1980）、今井治男（1982）曾证明，如果 $a(x,y)$ 是线性的，那么，就会出现单中心经济。② 如果

① Jean Cavailhès, Carl Gaigne, Takatoshi Tabuchi & Jacques-François Thisse, 2007, "Trade and the Structure of Cities", *Journal of Urban Economics*, vol. 62, pp. 383-404.

② Ogawa, Hideaki & Masahisa Fujita, 1980, "Equilibrium Land Use Patterns in a Non-Monocentric City", *Journal of Regional Science*, vol. 20, pp. 455-475; Imai, Haruo, 1982, "CBD Hypothesis and Economies of Agglomeration", *Journal of Economic Theory*, vol. 28, pp. 275-299.

$a(x,y)$ 采取其他形式，那么，就可能出现多中心经济，而且，随着 $a(x,y)$ 中参数的变化，经济的地理特征可能发生变化。太田充和藤田昌九（Mitsuru Ota & Masahisa Fujita，1993）发现，如果企业的功能可以由不同部门来执行，企业可以将它们的一些部门放在郊区，一些部门放在中心城区。这种区位上的差别仍然来自于信息交换（在对象）上的差别所引起的利润差别。①例如，一个企业的总部需要与国际市场交换信息，而它的生产车间则只需要与公司总部交流信息就可以了。这样，生产车间就可以放在郊区，而企业总部一定要放在经济发达的城市中心。

第四节　集聚与经济增长

一、集聚的形成与经济增长

克鲁格曼和维纳布尔斯（1995）合作的论文是对赫尔希曼提出的“前向联系”和“后向联系”概念的数学形式化表述。②这些联系在完全竞争的环境中没有任何的经济重要性，但如果存在运输成本或其他的贸易障碍、规模收益递增、企业之间的投入产出联系这三种力量的话，这些联系便在做出区位决策的企业之间创造出货币外部性，从而激励了产业的集聚。比如说，假设存在下游产业的扩张，这就创造出一种“后向联系”，扩展了对中间产品的需求，提高了上游产业的收益，并吸引上游企业进入。而这反过来又降低了中间品的价格。新企业的进入可以使得该产业变得更加具有竞争性，通过挤出价格成本边际的方式来降低价格，或者通过引入更加多样化的产品来降低产出的总体价格指数。这一系列反映结合在一起构成为一种通过“前向产业”扩张来降低下游产业成本的“前向联系”，进而促成了正向的反馈。其结果是，下游企业的扩张对该产业更加有利，因而鼓励该产业进一步扩张。

通过产业联系所创造出来的制造业部门的集聚有可能造成国家之间在实际收入上形成巨大差别。但是，这并不会马上诱发企业向低工资国家迁移，因为那样做将使它们放弃由接近中间产品供给商和产品消费者所带来的利益。然而，产业

① Ota, Mitsuru & Masahisa Fujita, 1993, "Communication Technologies and Spatial Organization of Multi-Unit Firms in Metropolitan Areas", *Regional Science and Urban Economics*, vol. 23, pp. 695-729.

② Krugman, Paul & Anthony J. Venables, 1995, "Globalization and the Inequality of Nations", *Quarterly Journal of Economics*, vol. 110, pp. 857-880.

重心可能会变得太大，以至于不能够在原有区位上继续发展。对制造品相对需求的上升将扩大拥有这些产业的国家与不拥有这些产业的国家之间的工资差别。于是，在某一点上，这些产业将会向其他国家扩展。比如，假设世界是由一个制造业为主的国家和一些以其他产业为主的国家所构成。在制造业为主的国家中，对劳动需求的增长提供了一个越来越高的工资，结果导致这个国家和其他国家之间工资差别不断扩大。在某些点上，这种工资差别变得不可持续，产业开始向低工资经济外溢。这个过程并不会带来所有低工资国家的稳定发展，而是引起了部分国家的快速的工业化。空间集聚的逻辑所隐含的是，经济发展不会在所有国家同时展开，而是在一群富国和一部分穷国中展开。诸多的穷国只能依次被拖出贫困，然后再逐渐发展成为富裕国家。当然，经济的这种增长模式还会受到贸易政策的影响。比如，单边的贸易自由化或进口替代政策可以用来让低工资经济吸引产业迁入。虽然这两种政策都能成功地吸引产业迁入，但却具有不同的经济福利后果。贸易自由化比进口替代能带来更高的福利，而且能产生不同的部门效应。

二、城市规模与经济增长

企业集聚的物理空间通常发生在城市。对于发达国家而言，大部分非农业生产都发生在大城市地区，因而城市实际上是经济增长的引擎。大城市不但影响增长效率，而且影响收入分配。邓肯·布莱克和弗农·亨德森（Duncan Black & Vernon Henderson，1999）研究了在一个经历了内生经济增长和外生人口增长的经济中，城市化如何影响增长的效率，增长又如何影响城市化模式。①

布莱克和亨德森所建立的模型由两个部分构成，一个是城市部分，描述生产和人口的空间结构。假设该经济由两种类型的城市所构成，每类城市均有不同的功能，拥有不同的均衡规模、人力资本水平和人均收入水平。第一类城市生产中的计价物为某种中间产品，该产品卖给专业化生产消费品的第二类城市。

另一个部分涉及家庭迁移和人力资本投资决策。假设每个家庭都拥有相同的初始人均人力资本，家庭规模以速率 g 增长；每个家庭的时间贴现率为 ρ，$\rho > g$。家庭在成员消费和人力资本投资之间进行决策；此外，家庭还要选择在哪个城市生活。

---

① Black, Duncan & Vernon Henderson, 1999, "A Theory of Urban Growth", *Journal of Political Economy*, vol. 107, no. 2, pp. 252-284.

$$\max_{c,h_1,h_2,z}\int_0^{\infty}\left(\frac{c^{1-\sigma}-1}{1-\sigma}\right)e^{-(\rho-g)t}\mathrm{d}t,\sigma>0,\rho>g$$

$$\begin{aligned}&\text{s. t. (a)}P\dot{H}=ze^{gt}I_1+(1-z)e^{gt}I_2-Pce^{gt}\\&\text{(b)}H=ze^{gt}h_1+(1-z)e^{gt}h_2\\&\text{(c)}\dot{H}\geqslant 0;\frac{\dot{h}_1}{h_1}+g\geqslant 0,\frac{\dot{h}_2}{h_2}+g\geqslant 0\end{aligned}\qquad(9.4.1)$$

其中假设家庭初始规模为 1，H 为家庭人力资本存量。家庭中 z 比例的成员选择在城市 1 生活，而其它选择在城市 2 生活。I_1，I_2 分别表示在城市 1、2 中工人的人均净收入。h_1，h_2 分别表示在城市 1、2 中的个人人力资本水平。下面分析城市 1 中的生产。

城市 1 中企业 i 的产出（城市 2 的投入）$X_{1i}=D_1(n_1^{\delta_1}h_1^{\psi_1})h_{1i}^{\theta_1}$。其中，$D_1$ 表示某个常数。n_1、h_1、h_{1i}、δ_1 分别表示城市 1 中产业 1 吸收的就业、工人的平均人力资本水平、企业 i 中工人的人力资本水平以及规模经济。ψ_1 表示企业 i 的产出对于城市中人力资本平均水平的弹性，代表着本地人力资本的外溢收益。我们假设 $W_{1i}=X_{1i}$，即工人的工资就是他们的产出。

假设所有工人都是相同的。于是，整个城市产出为

$$X_1=D_1n_1^{1+\delta_1}h_1^{\psi_1+\theta_1}\qquad(9.4.2)$$

用 TCC 表示总的通勤成本，用 TLR 表示地租总额，可以证明，

$$\begin{aligned}TCC&=bn_1^{3/2}\\TLR&=\frac{1}{2}bn_1^{3/2}\end{aligned}\qquad(9.4.3)$$

其中，$b\equiv\frac{2}{3}\pi^{-1/2}\tau$

假设每个城市都有一个开发商收租、招商、确定人口。假设开发商寻求即时利润最大化。

$$\begin{aligned}&\max_{n_1,T_1}\Pi_1=\frac{1}{2}bn_1^{3/2}-T_1n_1\\&\text{s. t.}\quad W_1+T_1-\frac{3}{2}bn_1^{1/2}=I_1\end{aligned}\qquad(9.4.4)$$

其中，T_1 是开发商对每个工人—企业的转移支付。于是可以求得，

$$T_1=\frac{1}{2}bn_1^{1/2}\qquad(9.4.5)$$

$$n_1=(\delta_12b^{-1}D_1)^{2/(1-2\delta_1)}h_1^{2\varepsilon_1}\qquad(9.4.6)$$

$$\varepsilon_1\equiv\phi_1+\frac{\psi_1}{1-2\delta_1};\ \phi_1\equiv\frac{\theta_1}{1-2\delta_1}<1$$

式（9.4.5）反映了亨利·乔治定理（Henry George Theorem），① 即向企业的总转移支付等于总的城市土地地租。而每个企业得到的转移支付正好补足了私人边际产品与由于任何一个工人—企业进入该城市所产生的社会边际产出之间的差额。式（9.4.6）告诉我们，城市规模是企业规模和其他变量的函数。地区 1 的实际净收入为：

$$I_1 = (1-2\delta_1)W_1 = Q_1 h_1^{\varepsilon_1} \tag{9.4.7}$$

接下来分析城市 2 中的生产。假设城市 2 专门从事于消费品生产，产品价格为 P。一个工人—企业的产出为

$$X_{2j} = D_2 n_2^{\delta_2} h_2^{\psi_2} h_{2j}^{\theta_2} x_{1j}^{1-\alpha} \tag{9.4.8}$$

于是，该工人—企业的剩余收入为

$$W_2 = \alpha(1-\alpha)^{(1-\alpha)/\alpha} D_2^{1/\alpha} P^{1/\alpha} (n_2^{\delta_2} h_2^{\delta_2})^{1/\alpha} h_{2j}^{\theta_2/\alpha} \tag{9.4.9}$$

可以求得：

$$n_2 = C_2 P^{1/[(\alpha/2)-\delta_2]} h_2^{2\varepsilon_2}, \delta_2 < \frac{\alpha}{2} \tag{9.4.10}$$

$$\varepsilon_2 \equiv \phi_2 + \frac{\psi_2}{\alpha - 2\delta_2}; \phi_2 \equiv \frac{\theta_2}{\alpha - 2\delta_2} < 1 \tag{9.4.11}$$

$$I_2 = (\alpha - 2\delta_2)\alpha^{-1} W_2 = Q_2 P^{1/(\alpha-2\delta_2)} h_2^{\varepsilon_2} \tag{9.4.12}$$

至此，可以对上述人力资本进行动态优化分析，求得结果如下：

$$\begin{aligned} h_1 &= [\frac{\phi_1(1-\phi_2)}{\phi_2(1-\phi_1)}]h_2 \\ I_1 &= [\frac{1-\phi_2}{1-\phi_1}]I_2 \end{aligned} \tag{9.4.13}$$

上述两式意味着存在持续的（不随时间变化的）实际收入差别（$I_1 \neq I_2$，$h_1 \neq h_2$ 如果 $\phi_1 \neq \phi_2$），城市人口的相对配置也不随时间变化。

$$z = \frac{(1-\phi_1)(1-\alpha+2\delta_2)}{(1-\phi_1)(1-\alpha+2\delta_2)+(1-\phi_2)(\alpha-2\delta_2)} \tag{9.4.14}$$

于是，1 类和 2 类城市的数量分别为

$$m_1 = zNn_1^{-1}, \qquad m_2 = (1-z)Nn_2^{-1} \tag{9.4.15}$$

其中，N 表示全国人口规模。

给定 $h = He^{-gt}$，$h = zh_1 + (1-z)h_2$

可以求得：$h_1 = \frac{\phi_1}{1-\phi_1}Kh$，　$h_2 = \frac{\phi_2}{1-\phi_2}Kh$，其中 K 为某一常数。

① 亨利·乔治（1839—1897）是美国政治经济学家，是单一土地税（或土地价值税）最重要的支持者。亨利·乔治定理指的是，在某些理想的条件下，政府总支出应该等于总的土地地租（under certain ideal conditions, aggregate spending by government will be equal to aggregate land rent）。将这个定理用于分析城市，可以得出定理的其他一些表述形式。参见 Richard J. Arnott，2004，"Does the Henry George Theorem Provide a Practical Guide to Optimal City Size?"，*American Journal of Economics and Sociology*，vol. 63，no. 5，pp. 1057-1090。

$P = Qh^{(\varepsilon_1-\varepsilon_2)(\alpha-2\delta_2)}$，其中 Q 为某一常数。

当城市出现增长时，可以求得

$$\frac{\dot{n}_2}{n_2} = \frac{\dot{n}_1}{n_1} = 2\varepsilon_1 \frac{\dot{h}}{h} \tag{9.4.16}$$

式（9.4.16）意味着城市规模的增长速度是人力资本积累速度的 $2\varepsilon_1$ 倍。ε_1 是1类城市收入对于人力资本水平的弹性，当经济经历了稳态增长时，趋于1。因而，城市规模增速是人力资本增速的2倍。

从式（9.4.15）和式（9.4.16），可得

$$\frac{\dot{m}_2}{m_2} = \frac{\dot{m}_1}{m_1} = g - 2\varepsilon_1 \frac{\dot{h}}{h} \tag{9.4.17}$$

式（9.4.17）说明，如果人力资本增长得不太快以至于等号右边大于0，城市数量就会与人力资本积累同时增长。

当经济出现增长时，消费增长为

$$\gamma^c \equiv \frac{\dot{c}}{c} = \frac{1}{\sigma}(Ah^{\varepsilon-1} - \rho) \tag{9.4.18}$$

人力资本增长速度为

$$\gamma^h \equiv \frac{\dot{h}}{h} = Bh^{\varepsilon-1} - ch^{-1} - g \tag{9.4.19}$$

其中 ε, B 为常数。

定理：如果 $\varepsilon = 1$，经济达到稳态的增长，消费和人力资本以 $(A-\rho)\sigma^{-1}$ 速度增长。如果 $\varepsilon < 1$，经济（消费和人力资本）趋于一个稳定的状态。但是，它们不是帕累托有效的经济增长路径。

三、城市集中、产业集中与国际贸易①

克鲁格曼和劳尔·利瓦斯·埃利桑多（Paul Krugman & Raul Livas Elizondo, 1995）试图通过建立一个有关贸易自由化与城市规模的模型来说明在贸易政策和大城市形成二者之间存在着联系，② 具体而言，这是由于发展中国家实施进口替代政策所致。因而，出口导向的政策有可能限制这些国家大城市的发展，例如墨西哥城就是如此。

他们的假设是：第一，存在两个国家，其中一个国家内部各地区是同质性的，另一个国家是异质性的；第二，异质性国家有两个不同的地区：地区1，2；

① Krugman, Paul, 1999, "Was it All in Ohlin?", http://web.mit.edu/krugman/www/ohlin.html.

② Krugman, Paul & Raul Livas Elizondo, 1995, "Trade Policy and the Third World Metropolis", *Journal of Development Economics*, vol. 49, pp. 137-150.

第三，异质性国家只有一种生产要素即劳动，且劳动力供给固定；劳动可以在两个地区之间流动，但不具有国际流动性；① 第四，假设每个工人需要一个固定的空间来生存；第五，假设城市是一个"既狭又长"的地带，这意味着工人沿着一条直线分布。于是，在区位 j 的工人的交通成本可以表示为 $d_j = L_j/2$ 。第六，假设实际劳动力供给为

$$S_j = 1 - 2\gamma d_j \tag{9.4.20}$$

令 w_j 表示城市中心对每单位劳动支付的工资。于是最边远的工人得到的净工资是

$$(1 - \gamma L_j) w_j \tag{9.4.21}$$

居住在距离城市中心更近的工人得到更多的货币，但是，必须支付一个抵消性的地租。因而，所有工人除去交通费和土地租金后的净工资等于 $(1 - \gamma L_j) w_j$ 。

一个区位除去交通成本之后的劳动投入为

$$Z_j = L_j(1 - 0.5\gamma L_j) \tag{9.4.22}$$

该区位的总收入（包括地区的收入）为

$$Y_j = w_j Z_j \tag{9.4.23}$$

假设每个人的效用函数为

$$U = \left[\sum_i C_i^{\frac{(\sigma-1)}{\sigma}} \right]^{\frac{\sigma}{\sigma-1}} \tag{9.4.24}$$

区位 j 生产商品 i 的成本函数为

$$Z_{ij} = \alpha + \beta Q_{ij} \tag{9.4.25}$$

企业的定价是一种加成定价，即：

$$p_j = \frac{\sigma}{\sigma - 1}\beta w_j \tag{9.4.26}$$

于是，在垄断竞争的市场结构下，产品数量由下式决定：

$$Q = \frac{\alpha}{\beta}(\sigma - 1) \tag{9.4.27}$$

式（9.4.27）说明每种产品的产量为一个常数，于是每个区位生产的产品的种类为

$$n_j = \frac{Z_j}{\alpha\sigma} \tag{9.4.28}$$

选择单位使 $P_j = W_j$, $n_j = Z_j$

一个地区对产出的贡献份额为

$$\lambda_j = \frac{n_j}{\sum_k n_k} = \frac{Z_j}{\sum_k Z_k} \tag{9.4.29}$$

① 新经济地理学把劳动力流动壁垒看作是国家的特征，参见藤田昌久、保罗·J. 克鲁格曼、安东尼·J. 维纳布尔斯：《空间经济学——城市、区域与国际贸易》，中国人民大学出版社 2005 年版，第 284 页。

于是，国家 1 的价格指数为：

$$T_0 = K[\lambda_0 + \lambda_1 w_1^{1-\sigma} + \lambda_2 w_2^{1-\sigma}]^{\frac{1}{1-\sigma}} \tag{9.4.30}$$

国家 2 中的地区 1、2 的价格指数分别为：

$$T_1 = K[\lambda_0 \rho^{1-\sigma} + \lambda_1 w_1^{1-\sigma} + \lambda_2 (w_2 \tau)^{1-\sigma}]^{\frac{1}{1-\sigma}} \tag{9.4.31}$$

$$T_2 = K[\lambda_0 \rho^{1-\sigma} + \lambda_1 (w_1 \tau)^{1-\sigma} + \lambda_2 w_2{}^{1-\sigma}]^{\frac{1}{1-\sigma}} \tag{9.4.32}$$

其中 $K = (n_o + n_1 + n_2)^{\frac{1}{1-\sigma}}$，$\tau$ 表示运输成本，ρ 表示开放程度。

区位 j 中的实际工资可以定义为

$$\omega_j = \frac{w_j(1 - \gamma L_j)}{T_j} \tag{9.4.33}$$

设在国家 2 中，人口流动服从如下机制：

$$\frac{\mathrm{d}L_1}{\mathrm{d}t} = \frac{-\mathrm{d}L_2}{\mathrm{d}t} - \delta(\omega_1 - \omega_2) \tag{9.4.34}$$

于是，可以证明，

$$\frac{\omega_1}{\omega_2} = \tau^{\frac{(2\sigma-1)}{\sigma}}(1 - \gamma L) \tag{9.4.35}$$

用 $p_{i,0}$ 表示在区位 0（国家 1）销售的区位 i 的商品的价格，Y_0 表示区位 0 的总收入，

于是

$$Y_0 = n_0 p_{0,0} c_{0,0} + n_1 p_{1,0} c_{1,0} + n_2 p_{2,0} c_{2,0} \tag{9.4.36}$$

可以解得区位 0 对区位 1 商品的消费者总支出：

$$p_{1,0} c_{1,0} = Y_0 \left[\frac{p_{1,0}}{T_0}\right]^{1-\sigma} \tag{9.4.37}$$

于是，根据一个地区的总收入等于各地对其产品的总支出，可以求得

$$w_1 = [Y_0 T_0^{\sigma-1} + Y_1 T_1^{\sigma-1} + Y_2 (T_2/\tau)^{\sigma-1}]^{1/\sigma} \tag{9.4.38}$$

$$w_2 = [Y_0 T_0^{\sigma-1} + Y_1 (T_1/\tau)^{\sigma-1} + Y_2 T_2^{\sigma-1}]^{1/\sigma} \tag{9.4.39}$$

在 $L = 1, \sigma = 4, \tau = 1.4, \gamma = 0.2, z_0 = 10$，$\rho \in \{1.83, 1.81, 1.79\}$ 的情况下，ρ 越小，经济越开放，通过数字模拟可以发现，劳动力趋向于在两个地区之间平均分布。[①] 由此，克鲁格曼和埃利桑多证明，在贸易政策和城市集中之间存在密切的联系。

然而，有人对印度尼西亚所做的经验研究表明，在贸易自由化与城市规模之间，不存在克鲁格曼等人所发现的那种反向关系。[②] 墨西哥城之所以在贸易自由

---

① 人口分布的均衡由工资差异为 0 所决定。

② Sjöberg, Örjan & F. Sjöholm, 2002, "Trade Liberalization and the Geography of Production: Agglomeration, Concentration and Dispersal in Indonesia's Manufacturing Industry", Stockholm School of Economics, Working Paper Series vol. 2002-21.

化之后表现出经济集聚呈减弱势头，可能是因为沿墨美边界设立企业要比在墨西哥城进入美国市场的成本更低，而印度尼西亚的贸易自由化并不会使印度尼西亚企业产生类似的经济动机。这意味着，贸易政策与城市集中之间并没有简单的正相关或负相关关系。它们之间的关系取决于其他因素。

四、企业集聚引起的增长在各国间扩散

迪埃哥·普加和维纳布尔斯（Diego Puga & Anthony J. Venables，1996）把增长在国际间的扩散看作是企业集聚的结果。① 假设所有产业部门开始的时候集聚在一个国家，这些产业的增长导致了其产品价格的上升。在一些时间点上，企业开始移出这个国家，达到一定程度后，产业就开始在另一个国家扩张，提高了那里的工资。

假设有 N 个国家，第 i 个国家有 K_i，L_i 数量的耕地和劳动，$i = 1,\cdots,N$。假设所有国家都相同，拥有同样的耕地和劳动禀赋，每个国家既可以生产农产品，又可以生产制造品。

就生产农产品而言。假设生产为完全竞争的，技术为常数规模收益，农产品可以无成本地交易。农业生产函数为柯布—道格拉斯生产函数，劳动份额为 θ。假设第 i 个国家制造业就业为 m_i，劳动力市场出清，于是农业产出为 $(L_i - m_i)^{\theta}K_i^{1-\theta}$，该经济的工资为

$$w_i = \theta(L_i - m_i)^{\theta-1}K_i^{1-\theta}, \qquad i = 1,\cdots,N \tag{9.4.40}$$

就生产制造品而言。制造业由 S 个不同产业部门构成，每一个都是垄断竞争的。在第 i 个国家第 s 个产业中企业的数量用 n_i^s 来表示，该数量被内生地决定。企业自由进出。技术是规模收益递增的技术。产品价格为 p_i^s。假设由 i 地到 j 地运输成本都相同，为 $\tau_{i,j}$。在每一个国家，每一个产业的价格指数被定义为

$$q_i^s = \left[\sum_{j=1}^{N} n_j^s (p_j^s\tau_{j,i})^{1-\sigma}\right]^{1/(1-\sigma)} \tag{9.4.41}$$

企业的生产成本可以表示为：

$$C_i^s = (\alpha + \beta x_i^s)1^{\eta^s} w_i^{(1-\eta^s-\sum_{r=1}^{s}\mu^{r,s})} \prod_{r=1}^{S} (q_i^r)^{\mu^{r,s}} \tag{9.4.42}$$

其中，α 表示固定成本，β 表示边际成本，η^s 表示农业部门在 s 产业中的份额，$\mu^{r,s}$ 表示产业 r 在产业 s 中的份额，q_i^r 是国家 i 中产业 r 的价格指数。

在这种情况下，偏好和一般均衡可表述如下：

---

① Puga, Diego & Anthony J. Venables, 1996, "The Spread of Industry: Spatial Agglomeration in Economic Development", *Journal of the Japanese and International Economics*, vol. 10, pp. 440-464.

偏好：$V_i = 1^{-(1-\sum_{s=1}^{s} r^s)} \prod_{s=1}^{S} (q_i^s)^{-\gamma^s}(y_i - e^0)$，其中 y_i 是收入，e^0 是农业消费的维持生计的水平。

一般均衡：每一个国家在每一个制造业的支出都可以写成如下形式：

$$e_i^s = \gamma^s[w_i m_i + (L_i - m_i)^{\theta} K_i^{1-\theta} - e^0] + \sum_{r=1}^{S} \mu^{s,r} n_i^r p_i^r x_i^r \qquad (9.4.43)$$

j 地对 i 地生产的 s 产品的需求可以写为：

$$x_{i,j}^s = (p_i^s)^{-\sigma} \left(\frac{\tau_{i,j}}{q_j^s}\right)^{1-\sigma} e_j^s \qquad (9.4.44)$$

而 i 地 s 产品的价格为

$$p_i^s = w_i^{(1-\eta^s - \sum_{r=1}^{s}\mu^{r,s})} \prod_{r=1}^{S} (q_i^r)^{\mu^{r,s}} \qquad (9.4.45)$$

国家 i 所支付的工资为

$$m_i w_i = \sum_{s=1}^{S} (1 - \eta^s - \sum_{r=1}^{S} \mu^{r,s}) n_i^s p_i^s x_i^s \qquad (9.4.46)$$

考虑如果在一个国家新增加了一个企业，那么影响该国企业利润的机制是什么呢？前两个机制通过要素市场和商品市场的竞争降低了既有企业的利润。新增加的企业扩大了劳动需求，提高了工资。这同样降低了价格指数，减少了销售，因而也降低了利润。

联系效应产生了两种相反的力量：一方面，低价格降低了把这种产品用作投入品的企业的成本，因而产生了一种新的供给或“前向联系”；另一方面，新的企业的出现又提高了该国的支出，增加了销售，因而增加了可获利性，进而产生了一种需求或“后向联系”。

外生变动（即提高工业比重的经济增长）改变了产业分散和集聚的力量，因而引起了产业在国家间的扩散。如果联系效应足够强，那么即使两个地区完全一样，产业在两个国家间平均分布也不是稳定的均衡，因而可以假设产业全部集中在一个国家。在这种情况下，如果两个国家的有效劳动供给都增加，那么对相对工资会产生怎样的影响呢？

产业初始集聚的国家将满足两个国家对制造品的需求，因而，

$$n_1 p_1 x_1 = e_1 + e_2 \qquad (9.4.47)$$

其中，

$$e_1 = \gamma[w_1 m_1 + (L - m_1)^{\theta} - e^0] + \mu n_1 p_1 x_1, \quad e_2 = \gamma(L^{\theta} - e^0)$$
$$w_1 = \theta(L - m_1)^{\theta-1}, w_2 = \theta L^{\theta-1} \qquad (9.4.48)$$

制造业工资收入总和为

$$w_1 m_1 = (1 - \mu)(e_1 + e_2) \qquad (9.4.49)$$

因而，

$$m_1\theta(L - m_1)^{\theta-1} = \frac{\gamma}{1-\gamma}[(L - m_1)^{\theta} + L^{\theta} - 2e^0] \tag{9.4.50}$$

如果 $e^0 > 0$，那么，

$$\frac{\mathrm{d}(w_1/w_2)}{\mathrm{d}L} = \frac{2\gamma e^0(1-\theta)}{L^{\theta}[(1-\gamma)(L-\theta m_1)+\gamma(L-m_1)]} > 0 \tag{9.4.51}$$

在这个形成了产业集聚的国家中和另一个国家中，两国的价格指数分别为

$$q_1 = n_1^{1/(1-\sigma)}p_1\ ,\ q_2 = n_1^{1/(1-\sigma)}p_1\tau \tag{9.4.52}$$

相对价格因而为

$$\frac{p_2}{p_1} = \tau^{\mu}\left(\frac{w_2}{w_1}\right)^{1-\mu} \tag{9.4.53}$$

对于集聚国的产品的需求分别为，

$$x_1 = \frac{e_1 e_2}{n_1 p_1} = 1,\ x_2 = \left(\frac{p_2}{p_1}\right)^{-\sigma}\left[\frac{e_1\tau^{(1-\sigma)} + e_2\tau^{(\sigma-1)}}{n_1 p_1}\right] \tag{9.4.54}$$

可以证明：

$$\frac{e_2}{e_1 + e_2} = \frac{\gamma(1-\mu)(L^{\theta} - e^0)}{w_1 m_1} \tag{9.4.55}$$

如果 $L \rightarrow (e^0)^{1/\theta}$，那么对制造品的总需求将趋于0。两个国家的工资将非常接近，这时就会在一个国家中形成集聚均衡，即上述情况。随着劳动力供给 L 的增加，相对工资被提高，这就降低了国家2对该产品的支出份额，因为工资差异意味着国家1的制造业产品支出相对国家2上升。这意味着需求效应加强，因而降低了 x_2，但总的效应是增加 x_2。

接下来，普加和维纳布尔斯在3个国家9个产业的背景下，针对三种情况，使用数字模拟分析了产业移动对产业结构的影响。

第一，假设所有产业中联系效应都相同，但产业的劳动密集度不同。在这种情况下，假设在初始状态时，所有产业都聚集在国家1。第一种产业的劳动成本占总成本的2/3，然后劳动供给密度等距递减，直至减少到第九种产业，劳动成本占总成本的1/3。L 的增长引起了工资的差异，使国家2和国家3变得可以赢利了，结果就会发生生产从第一个国家向其他国家重新配置。但是国家2和国家3也会逐渐呈现出差别来。比如说国家2产生了集聚经济，逐渐与国家1趋同。在该阶段之后，L的继续增加才会产生出与国家1和国家2趋同的结果。最先移动的产业是劳动最为密集的产业，然后是劳动较为密集的产业。依次类推。

第二，所有产业可以依次排序为上游和下游企业。产业1处在最上游，使用自己的产品作为投入，而这种产品被所有下游企业使用。产业2使用产业1的产品作为投入，其产出被所有下游产业使用，依次类推。产业9使用所有其他产业的产出作为投入，其产出只被自己使用。在这种情况下，劳动力供给L的增长引起了产业从一国向另一国扩散。第一个产业将最先移动。因为上游部门向下游部

门提供中间品，因而存在着可观的成本联系，上游产业的重新定位迅速使经济发展到更多的下游企业迅速从国家1搬迁到国家2（而不是国家3）。这个过程可以重复下去。产业1之所以最先搬迁，原因在于无论从成本联系还是需求联系的角度看，它都是最小的。

第三，一些部门之间有弱的联系，而其他部门则有强的前后联系。假设一些有强成本联系效应的产业也有强的需求联系。产业1是具有最弱联系效应的产业，产业9是具有最强联系效应的产业。在这种情况下，随着劳动力的增长，产业1开始向国家2迁移。如此等等。

第五节　异质性企业与空间集聚

新经济地理学的学者为了分析的方便和模型的简化，在建模时大都采用了垄断竞争的分析框架，而且假设所有的企业都是同质的（homogeneous）。自20世纪90年代以来，尤其是进入新世纪以来，一批被称之为来自“新—新贸易理论”的学者尝试在克鲁格曼等人的新经济地理模型中融入微观企业异质性（heterogeneity）的新元素，他们对企业组织形式的异质性何以影响空间集聚以及产业发展等问题进行了探讨，因而大大丰富了新经济地理模型的内容。本节主要概述新经济地理学这一分支领域的代表性文献。

1. 异质性企业、集聚和区域经济政策

理查德·E. 鲍德温和大久保敏弘（2006）指出，如果在新经济地理模型中引入异质性企业的假设，也会得到与标准的同质性企业假定类似的结论，即对于最有生产率的企业而言，迁移到较大的区域是有吸引力的，但是，从实证政策研究的角度来看，还可以推出一些新的结论。譬如，“选择效应”（selection effect）的存在意味着原有的实证研究中所使用的对集聚经济的标准测度存在高估的偏向，而“筛选效应”（sorting effect）则意味着区域经济政策可能诱致生产率最高的企业迁移到核心地区，而生产率最低的企业转移到外围；此外，还有研究显示，企业之间的异质性降低了母国市场效应（home market effect，HME）的发挥。

（1）模型设定

首先，提出一些有关新经济地理模型的标准假设。第一，假设存在北方和南方两个不同的区域，有制造业和农业两个部门以及资本（K）和劳动（L）两

种生产要素。第二，假设在每一个区域中，要素供给是无弹性的；资本可以在区域之间自由流动，而劳动只能在区域内部流动。第三，假设不同的区域在偏好、技术和贸易开放的程度等方面都是对称的，而且不同区域之间相对要素供给的禀赋相同；但在北方区域中，资本和劳动的绝对数量都较南方为大。第四，假设农业部门的生产过程只使用劳动力，且在自由竞争和规模收益不变的基础上生产同质商品，其产品的贸易是无成本的。制造业部门的生产具有收益递增性质，同时也满足迪克西特—斯蒂格利茨的垄断竞争模型所要求的条件，其产品的贸易中存在“冰山成本”。成本函数中的资本为固定成本，而劳动为可变成本。第五，假设制造业企业为了生产一单位的产出要使用一单位的资本和 a 单位的劳动，这意味着在规模收益递增部门是密集性地使用可流动的生产要素。

资本所有者不能在地域之间流动，因而当面临着将制造业集中到某一个区域的压力的时候，移动的是物质资本，但是，其收益会被返还到母国。由于物质资本与其所有者能够分离，因此，资本收益被消费的区域和资本被使用的区域可能会分离。这样必须对北方居民拥有的世界资本的份额（用 $s_K \equiv K/K^W$ 表示）和在北方区域中使用的世界资本的份额有所区别。模型假定每一种制造业产品的生产需要一单位资本，于是，区域中雇佣的资本存量就会与该区域在世界生产的比重相等。可以用北方的制造业生产份额 $s_n \equiv n/(n+n^*)$ 来表示北方所使用的资本比重。

每一区域有代表性的消费者的偏好是拟线形（quasi-linear）的，具有如下形式：

$$U=\mu\ln C_M+C_A, C_M=\left(\int_{\in\Theta}c_i^{1-1/\sigma}\mathrm{d}i\right)^{1/(1-1/\sigma)}, 0<\mu<1<\sigma \quad (9.5.1)$$

C_M 和 C_A 分别代表对于制造业（M 部门）和农业（A 部门）部门产品的消费组合，σ 是任意两种商品种类之间的替代弹性，Θ 是所生产出来的产品集合。

企业异质性的引入还需要一些附加的假设。第一，允许企业有不同的单位投入系数，也就是说，用不同的 a 来表示不同的生产率水平。模型将企业层次上的效率的分布函数作为每一区域所拥有的禀赋的一部分，而每一企业与一特定单位的资本相关，这样，资本自然就可以被认为是企业异质性的来源之一。第二，假设每一个区域中的一单位资本内含了由单位劳动 a 衡量的特定的生产率水平，而 a 服从帕累托分布（Pareto distribution）：

$$G[a]=\left(\frac{a^\rho}{a_0^\rho}\right), 1\equiv a_0\geqslant a\geqslant 0, \rho\geqslant 1 \quad (9.5.2)$$

在式（9.5.2）中，a_0 为规模参数，代表可能的最高边际成本；ρ 为形状参数。为了分析简化，还提出如下假设：第一，假设可以自由地选择 M 部门商品的单位，这样就可以不失一般性地将 a_0 单位化为 1。第二，假定企业迁移的成本服从一个二次函数，转换区域的成本为每个厂商 χ 单位的劳动力，χ 依赖于企业迁移的流量：

$$\chi = \gamma m \tag{9.5.3}$$

其中，m 为迁移企业的流量，这意味着在稳态中，当所有的迁移都停止时，迁移的边际成本为零。

（2）短期均衡结果

有关规模收益不变、自由竞争和零贸易成本的假设使得各区域之间的名义工资率相等。由于 $w = w^* = 1$，这样一来，制造业中企业边际成本的不同的原因全在于企业生产中的 a 不同。在代表性的市场上由代表性企业所赚取的运营利润为 $1/\sigma$ 与企业层次上的收益二者的乘积。南方与北方企业的经营利润分别为：

$$\begin{aligned}
&\pi[a] = a^{1-\sigma}\left(\frac{s_E}{\Delta} + \frac{\phi(1 - s_E)}{\Delta^*}\right)\frac{E^W}{K^W\sigma}, \pi^*[a] = a^{1-\sigma}\left(\frac{s_E}{\Delta} + \frac{\phi(1 - s_E)}{\Delta^*}\right)\frac{E^W}{K^W\sigma}\\
&\Delta \equiv s_K\int_0^1 a^{1-\sigma}\mathrm{d}G[a] + (1 - s_K)\phi\int_0^1 a^{1-\sigma}\mathrm{d}G[a];\\
&\Delta^* \equiv s_K\phi\int_0^1 a^{1-\sigma}\mathrm{d}G[a] + (1 - s_K)\int_0^1 a^{1-\sigma}\mathrm{d}G[a];\\
&s_K = K/K^W, 1 - s_K = K^*/K^W
\end{aligned} \tag{9.5.4}$$

在上面的模型中，K^W 为 K 的世界禀赋，同时也是对生产中产品种类的度量。E^W 为全世界在制造业产品（M 商品）上的消费，s_E 为其中北方支出的份额。ϕ 表示自由贸易所达到的程度，它被定义为：$\phi \equiv \tau^{1-\sigma}$（$\tau \geq 1$ 代表“冰山成本”，假如 $\phi = 0$，贸易成本无限大；反之 $\phi = 1$ 时，则没有贸易成本），s_K 为北方生产的产品品种的比重，K 和 K^* 分别是北方和南方的资本禀赋。此时，没有企业会从南方迁移到北方。

利用式（9.5.2），并且假定 $1 - \sigma + \rho > 0$，求解上述积分，可以得到

$$\Delta = \lambda[s_n + \phi(1 - s_n)]; \Delta^* = (\phi s_n + 1 - s_n); \lambda \equiv \rho/(1 - \sigma + \rho) > 0 \tag{9.5.5}$$

这样，Δ 可以作为对各个市场中竞争程度的测度，而 $a^{1-\sigma}$ 可被视为具有边际成本 a 的企业的竞争力。由此，北方企业的市场份额为 $a^{1-\sigma}/\Delta K^W$，它依赖于其相对竞争力。

（3）迁移倾向和长期均衡中的选址条件

基于上面的分析，接下来可以考虑企业的迁移倾向的问题。当存在异质性企业时，哪一个企业会最先迁移呢？当北方企业的产业比重与其拥有的在世界资本所占的比重相等的时候，即 $s_n = s_K$ 时，不会发生企业的迁移。如果单个企业从南方迁移到北方（亦即从小的区域迁到更大的区域），其利润的变化是企业边际成本的函数：

$$\pi[a]-\pi^*[a]=a^{1-\sigma}\left[\left(\frac{S_E}{\Delta}-\frac{1-S_E}{\Delta^*}\right)(1-\phi)\right]\frac{E^W}{K^W\sigma} \tag{9.5.6}$$

考虑在初始环境中企业都不迁移，此时 $s_n = s_K$ ，而且区域间相对要素禀赋具有对称性，也就是说，$s_E = s_K > 1/2$ ，式（9.5.6）可以简化为：

$$a^{1-\sigma}\left[\frac{(1-\phi)E^W}{K^W\lambda\sigma}\right]\frac{2\phi(s-1/2)}{[(1-\sigma)s+\phi(1-s+\phi s)]} \tag{9.5.7}$$

其中，s 为北方在世界支出和资本中的比例（ $s\equiv s_E\equiv s_K>1/2$ ）。

从式（9.5.7）可以推出如下结果：第一，方括号中的项为正，这样一来，最先从南方迁移到北方的企业将会获益；第二，北方企业不会迁移到南方；第三，最有效率的企业从南方向北方迁移获益的规模最大。

同样，最有效率的南方企业会最先发现支付二次函数形式的迁移成本转移到北方最有利可图，这种迁移将会改变两个市场中的竞争程度，也就是说，Δ 会受到迁移决策的影响。为了研究这两者之间的关系，定义迁移的门槛水平边际成本（threshold level of marginal cost）为 a_R ，最有效率的南方企业向北方迁移将会改变 Δ 和 Δ^* 的均衡水平：

$$\Delta\equiv s\int_0^1 a^{1-\sigma}\mathrm{d}G[a]+(1-s)\left\{\int_0^{a_R}\mathrm{d}G[a]+\phi\int_{a_R}^1 a^{1-\sigma}\mathrm{d}G[a]\right\},$$

$$\Delta^*\equiv\phi s\int_0^1 a^{1-\sigma}\mathrm{d}G[a]+(1-s)\left\{\phi\int_0^{a_R}\mathrm{d}G[a]+\int_{a_R}^1 a^{1-\sigma}\mathrm{d}G[a]\right\};K^W\equiv 1 \tag{9.5.8}$$

上面第一个等式表达了北方的本地竞争水平。第一项反映了北方生产的产品在北方的销售价格；第二项是南方企业在北方生产的产品的价格；第三项是南方企业在南方生产并出口到北方的产品的价格。第二个等式中各项的含义与第一个等式类似，但都是各种企业在南方市场销售的价格。用式（9.5.1）求解积分，可得：

$$\begin{aligned}\Delta&=\lambda[s+(1-s)a_R^{1-\sigma+\rho}+\phi(1-s)(1-a_R^{1-\sigma+\rho})],\\ \Delta^*&=\lambda[\phi s+\phi(1-s)a_R^{1-\sigma+\rho}+(1-s)(1-a_R^{1-\sigma+\rho})]\end{aligned} \tag{9.5.9}$$

a_R 代表了已迁移企业的数量。这样，任何南方企业的迁移价值就是自身边际成本和已经迁移的企业的范围的函数：

$$v[a,a_R]\equiv\pi[a,a_R]-\pi^*[a,a_R] \tag{9.5.10}$$

其中

$$\pi[a,a_R]=a^{1-\sigma}\left(\frac{s_E}{\Delta[a,a_R]}+\phi\frac{1-s_E}{\Delta^*[a_R]}\right)\frac{E^W}{\sigma} \tag{9.5.11}$$

$$\pi^*[a,a_R]=a^{1-\sigma}\left(\phi\frac{s_E}{\Delta[a,a_R]}+\frac{1-s_E}{\Delta^*[a_R]}\right)\frac{E^W}{\sigma} \tag{9.5.12}$$

接下来考虑迁移成本的情形。在北方的南方企业的数量为 $K^*a_R^\rho$ ，迁移企业

的流量为 $m = K^* \rho a_R^{\rho-1} \dot{a}_R$，再从式（9.5.2）可得到迁移成本如下：

$$\chi = \gamma K^* \rho a_R^{\rho-1} \dot{a}_R \tag{9.5.13}$$

追求利润最大化的企业在向长期稳态转变的时候，迁移的次序是由递增的各企业边际成本所决定的，最先从南方迁移到北方的企业将是南方企业中效率最高的企业。

决定长期均衡的主要变量是临界边际成本 a'_R，这也就是说，当存在贸易成本时企业停止迁移的水平。当企业停止迁移时，边际调整成本（marginal adjustment cost）为0。这样一来，长期均衡满足选址条件 $v[a_R] = \gamma K^* \rho a_R^{\rho-1} \dot{a}_R = 0$。用式（9.5.10）可以得到长期 a_R 的显示解：

$$a_R^{1-\sigma+\rho} = \left(\frac{2\phi(s-1/2)}{(1-\phi)(1-s)}\right), s_R = s + (1-s)a_R^{\rho} \tag{9.5.14}$$

在式（9.5.14）中，a_R 随着 ϕ 递增，也即是说，贸易越自由，更多的效率低的企业发现迁移有利可图。当 ϕ 等于或者超过支撑点时，会出现完全的集聚，即

$$\phi^{CP} = \frac{1-s}{s} \tag{9.5.15}$$

当贸易足够自由或受到限制时，异质性自身不能影响模型中的集聚力量和扩散力量之间的平衡。当采用企业数量来衡量集聚的时候，如果贸易自由程度适中，一部分企业将从小的区域迁移到较大的区域，异质性便成为一种扩散力量。当贸易成本适度时，异质性会降低以企业份额度量的国内市场效应，但是，如果用生产份额来定义母国市场效应，则无效。

（4）筛选和补贴

当存在异质性企业的条件下，区域产业政策实施可能产生特殊的效应。假如给予从北方迁移到南方的企业一个数目为 S 的补贴，如果这个补贴的数量足够大，则这种迁移是可以实现的。

如果在初始状态时所有企业都在北方，企业从北方迁移到南方的运营利润的变化为：

$$a^{1-\sigma}\left[\frac{(1-\phi)E^W}{\lambda\sigma}\right]\left(\frac{1-s}{\phi} - s\right) < 0; \phi > \phi^{CP} \tag{9.5.16}$$

此时，这种变化为负值。在不考虑补贴的情况下，迁移成本与其边际成本相比是递减的，这是因为最有效的企业会发现在较大的区域中选址是最有利的。这样一来，如果他们迁移到较小的区域，损失也将最大。假如从一个小的补贴出发，然后逐步提高其水平，最先迁移到小的区域的企业将会是最无效率的企业。

为了找到补贴量和临界边际成本之间的关系，假如所有边际成本大于 a_S 的企业迁移到南方，Δ 将会是：

$$\Delta = \lambda[a_S^{1-\sigma-\rho} + \phi(1 - a_S^{1-\sigma+\rho})], \Delta^* = \lambda[(\phi a_S^{1-\sigma-\rho} + 1 - a_S^{1-\sigma+\rho})] \tag{9.5.17}$$

这样，北方企业迁移到南方后，其利润的变化为：

$$a^{1-\sigma}\left[\frac{(1-\phi)E^W}{\sigma}\right]\left(\frac{1-s}{\Delta^*} - \frac{s}{\Delta}\right) + S \tag{9.5.18}$$

从式（9.5.18）中，无法得到 a_S 的显示解，但它却可以满足下面的条件：

$$a_S^{1-\sigma}\frac{S\sigma}{E^W} = (1-\phi)\left(\frac{s}{\Delta} - \frac{1-s}{\Delta^*}\right) \tag{9.5.19}$$

从式（9.5.19）可以得到临界值随着补贴水平的变化而变化。s 的上升提高了左式而不会对右式产生影响，则临界的无效率水平将会降低，这意味着高补贴将会吸引更多企业。贸易自由的程度更高，降低了右式的同时而没有改变左式，贸易越自由，补贴越有效。大久保敏弘认为，在中心—外围（core-periphery）模式中，鼓励企业在外围生产的补贴将会吸引最无效率的企业，原因在于这些企业从中心地区迁移到外围区域的机会成本最小。同时，在同等条件下，补贴越大，贸易越自由，补贴在促进迁移时越有效。这时，存在一个筛选过后的均衡状态，所有效率最低的企业将会呆在外围而效率最高的企业将会留在中心地区。

2. 异质性企业的空间选择

大久保敏弘、皮埃尔·M. 皮卡德和雅克—弗朗索瓦·蒂斯（2010）认为，在市场一体化的情形下，异质性企业会在不同区域选址。他们在模型中证明了，贸易成本下降将会导致有效率的企业逐步集聚到更大的国家，因为在那里他们可以得到更多消费者的光顾，而高成本的企业选址在更小的国家以规避来自效率更高企业的竞争压力。但是，如果市场的空间分离不能作为逃避外国竞争的保护手段的时候，高成本企业也会在更大的市场选址。经济一体化和国际生产率差异之间的关系首先随着市场一体化上升，然后再下降，两者之间的关系是非线性的。

（1）模型设定

考虑两国或者两区域的模型（$i = 1,2$），有资本和劳动两种生产要素。将世界人口单位化为1。假设每一个个体拥有单位资本和单位劳动的禀赋，且其供给无弹性；假设国家1人口较多，$\lambda \in (1/2,1)$ 表示国家1中的消费者比例、劳动比例和资本比例；假设消费者不可流动，只在其居住地提供劳动，而向何地提供资本则是可以选择的。这样，资本的空间分布就是内生均衡给定的。

经济中有一种同质的可贸易品和一种可贸易的差异化产品，后者由一个水平差异化的产品种类的连续统 v 提供。消费者之间的偏好相同，由拟线性（quasi-linear）的效用函数和二次型的效用函数给定。这意味着国家 i 中的消费者效用最大化的解就是求解下述优化问题：

$$\max_{q_i(v),Z_i} \alpha \int_0^1 q_i(v)\mathrm{d}v - \frac{\beta}{2}\int_0^1 [q_i(v)]^2 \mathrm{d}v - \frac{\gamma}{2}\left[\int_0^1 q_i(v)\mathrm{d}v\right]^2 + Z_i$$

预算约束为：
$$\int_0^1 p_i(v)q_i(v)\mathrm{d}v + p_i^Z Z_i = y_i + p_i^Z \bar{Z}_0 \qquad (9.5.20)$$

其中，$q_i(v)$ 和 $p_i(v)$ 分别为消费水平和对于 v 种类商品的消费价格。Z_i 和 p_i^Z 分别为同质商品的消费量和消费价格，y_i 为消费者的收入，$\bar{Z}_0$ 为同质商品的初始禀赋。在参数设定中，$\alpha > 0$ 是对差异化产品的偏好程度，$\gamma > 0$ 测度的是不同种类产品之间的可替代性，$\beta > 0$ 刻画的是对商品多样性的偏好程度。

个人的消费需求为：

$$q_i(v) = a - (b + c)p_i(v) + cP_i$$
$$a = \frac{\alpha}{\beta + \gamma}, b = \frac{1}{\beta + \gamma}, c = \frac{\gamma}{\beta(\beta + \gamma)} \qquad (9.5.21)$$

$P_i = \int_0^1 p_i(v)\mathrm{d}v$ 为国家 i 的消费价格指数。

同质产品的生产是规模收益不变和完全竞争的，其价格在所有国家都相等，其贸易也无成本，可以作为等价物，也就是 $p_1^Z = p_2^Z = 1$ 。每一种异质产品都是在收益递增和垄断竞争的市场环境中生产出来的，企业需要雇佣一单位的资本和一定比例于产出的劳动来进行生产。虽然资本是同质的，但企业却是异质的。有两种类型的企业，一种是高成本的，需要 $m > 0$ 的劳动来生产一单位的差异化产品，低成本企业生产所需的劳动份额较少，在线性需求的情况下可以标准化为零。如果用 q 表示生产的规模，那么，高成本和低成本两种企业的成本函数分别为：

$$C_i^h(q) = mq, C_i^l(q) = 0 \qquad (9.5.22)$$

在短期内，资本在国际之间的分布以及每一个国家中的高成本和低成本的企业的比重是确定的，所以，用 $0 \leqslant N \leqslant 1$ 作为投资在国家 1 中的资本比重，而其经济中高成本和低成本企业的比例分别为 μ 和 $1 - \mu$ ，$0 \leqslant \mu \leqslant 1$ ，θ 类型的企业在国家 1 中的比例为 $0 \leqslant s_\theta \leqslant 1$ ，这样，在国家 1 中的资本投资比重可以表述为：

$$N = \mu s_l + (1 - \mu)s_h \qquad (9.5.23)$$

在上述设定中，异质性是由参数 m 和 μ 来反映的，两者对企业的国际分布的效应是不同的，贸易成本为 $t > 0$ 。

（2）短期均衡和长期均衡

每个企业能够在其销售产品的国家设定一个特定的消费者价格，这样在国家 $j = 1,2$ 中的 θ 企业在国家 i 销售的 v 产品的消费者价格为 $p_{ji}^\theta(v)$ ，$q_{ji}^\theta(v)$ 则为相对应的个人需求，更为准确的说，在国家 1、2 中的个人消费者对在国家 1 中生产的商品的需求为：

$$q_{11}^{\theta}(v) = a - (b + c)p_{11}^{\theta}(v) + cP_1$$
$$q_{12}^{\theta}(v) = a - (b + c)p_{12}^{\theta}(v) + cP_2 \tag{9.5.24}$$

其中国家 1 中的差异化产品的消费者价格指数为：

$$P_1 \equiv \mu s_l p_{11}^{l} + \mu(1 - s_l)p_{21}^{l} + (1 - \mu)s_h p_{11}^{h} + (1 - \mu)(1 - s_h)p_{21}^{h} \tag{9.5.25}$$

国家 2 中的指数与之相似。式（9.5.25）反映了垄断竞争模型的一个常见特征：价格指数 P_i 是该国市场竞争程度的测度的倒数。

在短期均衡中，消费者最大化其效用，企业最大化厂商利润，产品和要素市场得到出清。在国家 1 中的 θ 类型的企业都是对称的，所以其市场定价和所获利润相同：

$$\pi_1^{l} = \lambda p_{11}^{l}q_{11}^{i} + (1 - \lambda)(p_{12}^{l} - t)q_{12}^{l}$$
$$\pi_1^{h} = \lambda(p_{11}^{h} - m)q_{11}^{h} + (1 - \lambda)(p_{12}^{h} - m - t)q_{12}^{h} \tag{9.5.26}$$

国家 1 中本土和外国制造业企业收取的均衡价格分别为：

$$p_{11}^{l} = \frac{a + cP_1}{2(b + c)}, p_{21}^{l} = p_{11}^{l} + \frac{t}{2};$$
$$p_{11}^{h} = p_{11}^{l} + \frac{m}{2}, p_{21}^{h} = p_{11}^{l} + \frac{m + t}{2} \tag{9.5.27}$$

在式（9.5.27）中，P_1 为均衡价格指数。

由此可以得到一系列的推论：由于本地市场竞争更激烈，所有价格都将随本地企业的比重下降。低成本企业越多，会导致两国价格越低，这是因为当地市场竞争更激烈。贸易成本上升会使得两个市场中的价格变得更高，这是因为贸易成本上升使得国外商品的渗透更加困难。国内低成本企业收取的价格是国家 1 中的最低价格，而外国高成本厂商的要价是最高的。

就利润而言，国家 1 中每一种类型企业的利润可以通过式（9.5.27）改写为：

$$\pi_1^{l} = (b + c)\left[\lambda(p_{11}^{l})^2 + (1 - \lambda)\left(p_{22}^{h} - \frac{t}{2}\right)^2\right] \tag{9.5.28}$$

$$\pi_1^{h} = (b + c)\left[\lambda\left(p_{11}^{l} - \frac{m}{2}\right)^2 + (1 - \lambda)\left(p_{22}^{h} - \frac{m + t}{2}\right)^2\right] \tag{9.5.29}$$

这样一来，在同一个国家中，低成本厂商的利润总是高于高成本厂商，即 $\pi_i^{l} > \pi_i^{h}$。上面的分析建立在 $t + m < t_{trade} \equiv \dfrac{2a}{2b + c}$ 的基础上，此时，高成本企业向更大的市场出口才是有正利润的。

在长期中，资本是可以流动的，企业也就可以迁移。企业拥有资本的形式是由外生规则决定的，这也设定了企业的所有权结构。一旦企业知道了自己所属的类型，就会寻找选址在能够取得更高利润的空间位置，而个人收益与企业利润相等，那么，个人就会在更有利可图的国家建立他们的企业。这样，国家 1 中的低成本企业的份额就分别等于：

$$s_l\begin{cases} =0 & if \quad \pi_1^l < \pi_2^l \\ =[0,1] & if \quad \pi_1^l = \pi_2^l \\ =1 & if \quad \pi_1^l > \pi_2^l \end{cases} 和 s_h\begin{cases} =0 & if \quad \pi_1^h < \pi_2^h \\ =[0,1] & if \quad \pi_1^h = \pi_2^h \\ =1 & if \quad \pi_1^h > \pi_2^h \end{cases} \quad (9.5.30)$$

长期均衡依赖于每一种企业的利润差异和企业所有者的选址决策。个人收益随着其在所建立企业的国家的不同而发生变化。由于个人的偏好为拟线性的，他们的实际收入不影响其对于差异化产品的需求。也就是说，选定资本配置的规则对于该商品的需求没有影响，但是，却会对同质商品的需求产生作用。国家 1 和 2 中高成本企业的利润差额为：

$$\Delta\pi^h(s_h,s_l,\lambda) = \frac{t}{2}\left\{(2\lambda-1)\left[a-(b+c)(m+\frac{t}{2})\right]+c[\lambda P_1-(1-\lambda)P_2]\right\} \quad (9.5.31)$$

对于两国中的低成本的企业为：

$$\Delta\pi^l(s_h,s_l,\lambda) = \frac{t}{2}\left\{(2\lambda-1)\left[a-(b+c)\frac{t}{2}\right]+c[\lambda P_1-(1-\lambda)P_2]\right\} \quad (9.5.32)$$

从式（9.5.31）和式（9.5.32）来看，$\Delta\pi^h$ 的第一项严格小于 $\Delta\pi^l$ 的第一项，两个式子的第二项都相等，由此可以推知：$\Delta\pi^h(s_h,s_l,\lambda) < \Delta\pi^l(s_h,s_l,\lambda)$；$\forall\lambda,s_h,s_l$。这样，通过研究方程 $\Delta\pi^h$ 和 $\Delta\pi^l$ 相对于 s_h 和 s_l 的行为特征，就能够得到长期均衡的结果。假设 $\mu > 1/2$，然后设定：

$$v_l \equiv \frac{c(2\mu-1)t}{4[2a-bt+cm(1-\mu)]} < v_h \equiv \frac{c(2\mu-1)t}{4[2a-b(2m+t)-cm\mu)]} < v_A \equiv \frac{ct}{4[2a-b(2m+t)-cm\mu)]} < \frac{1}{2} \quad (9.5.33)$$

而当 $\mu \leqslant 1/2$ 的时候，有 $v_l = v_h = 0$。这样，很容易得到方程 $\Delta\pi^h(s_h,1,\lambda) = 0$ 和 $\Delta\pi^l(0,s_l,\lambda) = 0$ 的根，它们分别是：

$$\bar{s_h} = \frac{1-2\mu}{2(1-\mu)} + \frac{2a-bt-m(2b+c\mu)}{ct(1-\mu)}(2\lambda-1) \quad (9.5.34)$$

$$\bar{s_l} = \frac{1}{2\mu)} + \frac{2a-bt+cm(1-\mu)}{ct\mu}(2\lambda-1) > 0 \quad (9.5.35)$$

企业面对接近程度（proximity）和竞争程度之间的权衡，接近更大的市场会得益，但是，当更多企业集聚在该处时，竞争会更加激烈。当两个国家的大小存在差异时，所有的企业都会集聚在更大的国家，这是因为来自接近程度的收益大于竞争的负面效应。当国家 1 足够大的时候，不管贸易成本多大，进入该市场总是占优的决策，而在更小的市场中，集聚永远不会带来一个均衡。随着市场差异的缩小，一些高成本的企业将会选址在较小的国家，在这里，得到更好的保护以规避较低成本企业的竞争。如果市场规模差异进一步缩小，高成本企业将最终离开更大的市场。这样一来，长期均衡就是一种完全与选址相关的分离状态：所有高成本的企业位于更小的国家，而低成本企业都集聚在更大的国家。当市场差异足够小的时候，一些低成本企业会发现，迁移到更小国家能够在更小的竞争压力下获益。

（3）贸易成本的影响

如果贸易成本上升，将会降低大国中的企业的数目。所有的临界值（v_A, v_h, v_l）将会随着贸易成本 t 而上升，但 $\tilde{s}_h$ 和 $\tilde{s}_l$ 则相反。贸易成本的上升会减少大国中成本较高的企业的数目，对成本较低的企业也有相同的效应。于是，长期均衡就是贸易成本的一个函数。在贸易可行性条件成立的时候，高、低成本厂商的选址均衡为：第一，如果 $t \in (0, t_A)$，两种类型的企业都会共同集聚在大国；第二，假如 $\mu > 1/2$ 和 $t \in [t_A, t_h)$ 或是 $\mu \leq 1/2$ 和 $t \in [t_A, t_{trade})$ 成立时，部分高成本企业会选址在大国；第三，如果 $\mu > 1/2$ 和 $t \in [t_h, t_l)$ 时，两种企业的选择是完全的；第四，而当 $\mu > 1/2$ 和 $t \in [t_l, t_{trade})$ 时，部分低成本企业会在小国建厂。

下降的贸易成本能够像递增的市场规模的不对称性一样影响企业选址和选择。当市场一体化程度提高时，贸易成本的下降能够使低成本企业完全离开小国，也就是说，较低的贸易成本首先会引导低成本企业迁移到大国，等到这些企业完全迁移完成之后，接下来高成本企业也会离开更小的市场。最终，大国市场中的低成本厂商完全会超过高成本企业的比重，而小国的情形则刚好相反。这个结果对于不同地域的相对竞争力来说具有重要含义。更大的市场总是比较小的市场的生产率高，这与实证研究的结果是一致的。但是，贸易自由化并不总是会导致国际上的差异性趋于恶化。实际上，贸易自由化和国际生产率差异之间的关系呈现出一个钟形（bell-shaped）状态。当贸易成本从非常高的水平开始下降的时候，由于低成本的企业迁移到大国，各国之间生产率的差异扩大；而当此成本下降到一定程度时，高成本的企业也开始迁移到更大的国家，这会降低该国的生产率水平，并降低此时的生产率差距，也就是说，当存在成本异质性的时候，贸易成本对于平均生产率的作用并非是单调的。

（4）企业异质性和空间选择

企业的异质性会通过 m, μ 这两个参数影响企业的选址决策。考虑一下由两种企业的边际成本差异来测度的成本差别的上升所带来的效应。当小国中的低成本企业占优时，m 的上升会导致更多企业在大国设厂，而实际上更大的成本差异使高成本企业很难向更大的市场出口。这会使得该市场中的竞争程度降低，反过来吸引了低成本企业迁移到那里。当大国市场中的高成本企业的选择占优时，m 的上升导致更少的高成本企业在大国选址。原因在于这些国家中的竞争程度对于这些企业而言太苛刻了，这些企业转而选择在小国设立工厂以寻求保护来规避来自低成本企业的竞争压力，这意味着更多高成本的企业会在小国设厂。

如果提高在全球经济中低成本企业的比重，在大国中的企业数量为 $N^{*}=\mu+(1-\mu)\tilde{s}_{h}$，所以有

$$\frac{dN^{*}}{d\mu}=-\frac{m}{t}(2\lambda-1)<0 \tag{9.5.36}$$

这就是说，如果全球经济中的低成本企业数目出现增长，在大国中的企业数量将会下降。因而，国家1中的低成本企业的比重以单位速率上升，但是，该国高成本企业的比重以更高的速率下降：

$$\frac{d[(1-\mu)\tilde{s}_{h}]}{d\mu}=-1-\frac{m}{t}(2\lambda-1)<-1 \tag{9.5.37}$$

国家1中低成本企业的密度更高，使得该市场中的竞争更为激烈，高成本企业就更难在此市场中立足。当 μ 上升时，这种选择效应更强，从而小国市场中高成本企业的集中程度会变得更高。当存在异质性企业时，更大市场中企业的集聚程度是低成本企业数量（μ）的非单调函数；当低成本企业的数量很大或者很小时，其数量的上升都会降低大国的集聚程度；而当其值相对适中时，集聚程度会上升。可以考虑一下两种极端的情形：当所有企业都是低成本企业时，大国中的企业数目比在所有企业都是高成本的时候要多得多，这是因为对于低成本企业而言，贸易成本在边际成本中的比重要比在高成本企业中的比重为大。这样一来，低成本企业迁移到小国的机会成本更高；如果经济中只存在低成本的企业，更多的企业将会集聚到大国。换言之，如果所有企业为同质的，“母国市场效应”在所有企业是低成本时要强于所有企业是高成本时的情形。当只有高成本企业的时候，企业在异质环境中要比在同质环境下更为分散，而只有当存在低成本企业的时候，情况才是相反的。“母国市场效应”所达到的程度与低成本企业数目之间的关系也是非单调的，即首先是下降，再上升，最后再次下降。

总体而言，大久保敏弘等人认为，他们的论文中所提出的以下几点是非常关键的。第一，由于有效率的企业倾向于选址在大国，而低效率的企业常常选址在小国，这就产生了空间选择效应；第二，当所有企业的生产率分布函数左偏的时候，大而有效率的企业的分布或多或少是分散的，而小的且效率低的企业则会集聚在外围地区；但如果这种分布是右偏的，也就是说，效率低的企业数量相对多，两种类型的企业将都会在繁荣的区域集聚，但落后的区域只有低效率的企业集聚；第三，贸易成本的下降将会使更多有效率的企业迁移到更大的市场，但生产率差异并非是一体化程度的单调函数；第四，不同经济体之间的生产率差异同样会从国家、区域和城市之间的异质性企业的选址之中产生；第五，“母国市场效应”总是会存在，但其程度不再是有效率企业数量或无（低）效率企业数量的单调函数。

第六节 对集聚机制和效应的计量分析

一、企业集聚的行业差异

大卫·L. 巴克莱和马克·S. 亨利（David L. Barkley & Mark S. Henry，1997）指出，企业集聚的程度因为行业的不同而变化巨大。① 制造业的地区集聚非常显著，最高的是烟草产品、纺织品、汽油和皮革制品。就大部分制造业而言，基尼系数都高于0.3，只有印刷和出版业的基尼系数低于0.2。相比而言，批发和零售贸易部门是高度分散的，它们的基尼系数都在0.1以下。服务业、金融业、保险业和房地产业、运输业和公用事业的集聚程度高于贸易部门，而低于制造业部门。按照是否建有地下铁路这一点来作比较，无地下铁路地区的基尼系数要高于有地下铁路的地区的基尼系数。这说明农村地区的集聚效应将高于城市地区企业的集聚效应。

邓肯·布莱克和弗农·亨德森（Duncan Black & Vernon Henderson，1999）对美国计算机、电子配件、电子设备所构成的高技术行业与金属工程、特殊设备和通用产业设备所构成的资本设备行业的人口和产业的集聚进行了实证研究。② 他们发现，在少数几个城市吸收了全美国很大比例的就业人数，而许多城市则从行业就业的意义上来说，绝对没有发生所有产业都发生了集聚的情况。以城市的最大就业比例来衡量，高技术行业的最大就业比例高于资本品行业的最大就业比例。并且，从1963年到1992年的时间里，这个比例一直增加，最后增加到11%。也就是说，到1992年，美国计算机行业就业的最大城市吸收了计算机就业人数的11%。从城市规模的变化来说，大城市仍然会是大城市，不会变为小城市，但有一些小城市会变为大城市。相应地，从1963年到1992年，高技术行业和资本品行业就业不断在原来尚无这些行业的城市中扩展。结果使得就业集中度最高的城市继续保持了高就业集中，而在其他城市中，这些行业的就业则分散

① Barkley, David L. & Mark S. Henry, 1997, "Rural Industrial Development: To Cluster or Not to Cluster?", *Review of Agricultural Economics*, vol. 19, no. 2, pp. 308-325.

② Black, Duncan & Vernon Henderson, 1999, "Spatial Evolution of Population and Industry in the United States", *American Economic Review*, vol. 89, no. 2, Papers and Proceeding of the 111th Annual Meeting of the American Economic Association, Annual Meeting of the AEA, pp. 321-327.

了。答案是下降的运输成本和上下游联系成本降低了集聚的非规模收益（non-scale benefits of agglomeration）。布莱克和亨德森还发现，对于同属高技术行业的计算机和电子设备而言，整体上看，高技术产业不存在与整个制造规模或者产品多样化相联系的城市化经济，存在的却是与工厂数量有关的本地化经济。然而，新旧企业的外溢性是不一样的，这意味着计算机的新企业和旧企业一样会产生外溢性，而在电子设备企业中，只有新企业会产生外溢性。

以上研究都假设集聚是一个静态的概念。居伊·迪麦、格伦·埃利森和爱德华·L. 格莱瑟尔（Guy Dumais，Glenn Ellison & Edward L. Glaeser，1997）考察了由于新企业的诞生，工厂的扩张、收缩和关闭等动态因素所引起的地理集聚过程。[①] 他们发现，即使产业集聚水平保持相当的稳定，[②] 集聚发生的区位也可能有很大的变化。具体而言，新企业的区位选择和既有企业的扩张显著地降低了地理上的集聚水平，企业的关闭则倾向于加强集聚。而且，他们发现，产业的区位更主要地是受劳动力组合而不是其它变量组合的驱动。

企业之间不仅由于产品、市场之间存在联系，而且在就业、工资、购买力上都会存在联系。戈登·H. 汉森（Gorden H. Hanson，1999）指出，美国 1990 年领取工资和薪水的工人主要分布在芝加哥、纽约等大城市，就业中心集中在东北部和中西部城市。沿经线从得克萨斯中部到东加利福尼亚，则几乎没有就业。在美国所有的县中，城市化程度最高的 5. 4% 的县，其就业密度是美国平均水平的 6 倍到 2237 倍。城市周围是那些就业密度较小的地区，其就业密度是全美平均水平的 1. 5—6 倍。而 67. 3% 的县，大部分是农业经济区和山区，其就业密度是全美平均水平的 0. 02—0. 6 倍。城市化与就业之间的关联显示了市场进入对产业区位施加影响的可能性。从工资上看，例如在波士顿—华盛顿特区走廊和五大湖区的主要城市[③]，是全美国经济活动密集的地区。

二、企业集聚理论的计量检验

上述行业差异的研究是直接基于集聚的概念，并非基于新经济地理学的理论。汉森（2001）指出，检验新经济地理理论的计量研究存在一些重要的困难，

---

① Dumais, Guy, Glenn Ellison & Edward L. Glaeser, 1997, "Geographic Concentration as a Dynamic Process", NBER Working Papers, no. 6270.

② 有文献认为，从 1929 年到 1954 年美国经济的集聚水平下降。也有文献认为，从 1860 年到 1947 年美国经济的集聚水平上升，而从 1972 年到 1992 年美国经济的集聚水平保持稳定。参见 Guy Dumais, Glenn Ellison, & Edward L. Glaeser, 1997, "Geographic Concentration as a Dynamic Process", NBER Working Papers, no. 6270。

③ Hanson, Gorden H., 1999, "Market Potential, Increasing Returns, and Geographic Concentration", RSIE Discussion Paper, no. 439.

例如未观察到的地区特征（unobserved regional characteristics），地区数据的同步性（simultaneity in regional data）和外部性的多源性（multiple sources of externalities）。[①] 集聚经济很难在经验上被观察到，外溢性也很难衡量，因而只能通过间接方法推断它们的存在。间接推断（indirect inference）增加了误认（misidentification）的风险。产业集聚的原因可能是不确定的（indeterminate），也就是说，可能无法确定集聚经济对地区行为的因果效应。而且，即使规模经济对集聚产生了贡献，确认这种贡献要求控制挤出效应的影响，例如非贸易品（住房）或者带来舒适感的因素（amenities）的有限供给。如果不能确认引起集聚的外部性源泉或挤出成本的弱化效应，就不能评估集聚的福利后果，也无法进行政策分析。比如，大卫·B. 奥德莱奇和玛丽安·P. 费尔德曼（David B. Audretsch & Maryann P. Feldman，1996）推论说，由于获得知识外溢的能力受与知识源的距离的影响，集聚有可能会发生。但是，由于地理上的集聚本身就可以产生集聚的力量，如果不首先区别出知识外溢对集聚的影响，就无法对此效应加以衡量。而知识外部性本身没有办法直接度量更加大了衡量它所产生的集聚效应的难度[②]。

还有人直接怀疑集聚的效应是否显著。埃利森和格莱瑟尔（1999）推测，美国近一半的经济集聚现象是由于自然优势所致。[③]如果他们的分析正确，那么，只剩下一半的经济集聚现象是由于社会原因而产生，而社会原因如上所述又可以划分成很多类型。如果这些原因的重要性服从平均分布的话，那么，每一类原因对于集聚的贡献就非常微小了。这样一来，用计量经济学的方法检验出其效果来就变得更加不可能了。如此看来，或许，新经济地理学的价值将主要集中在理论方面。

三、与经济集聚有关的其他研究方向

新经济地理学理论对其他经济学分支产生了影响。集聚与价格竞争之间可能存在的关系很早就被人们所研究。[④] 例如，一个双头垄断博弈，其中某个企业首

① Hanson, Gorden H., 2000, "Scale Economies and the Geographic Concentration of Industry", NBER Working Papers, no. 8013.

② Audretsch, David B. & Maryann P. Feldman, 1996, "R&D Spillovers and the Geography of Innovation and Production", *American Economic Review*, vol. 86, no. 3, pp. 630-640.

③ Ellison, Glenn & Edward L. Glaeser, 1999, "The Geographic Concentration of Industry: Does Natural Advantage Explain Agglomeration?", *American Economic Review*, vol. 89, no. 2, Papers and Proceeding of the 111th Annual Meeting of the American Economic Association, pp. 311-316。关于自然地理与经济集聚之间关联性的更多的文献讨论，参见 S. 布雷克曼、H. 盖瑞森、C. 范·马勒惠克：《地理经济学》，西南财经大学出版社 2004 年版，第 69—70 页。

④ Dorward, Neil, 1982, "Recent Developments in the Analysis of Spatial Competition and Their Implications for Industrial Economics", *Journal of Industrial Economics*, vol. 31, no. 1/2, pp. 131-151.

先选择区位，然后选择生产数量，结果将会怎样？乔纳森·H. 汉密尔顿、詹姆斯·F. 克莱因、艾坦·谢辛斯基、斯蒂文·M. 斯卢茨基（Jonathan H. Hamilton, James F. Klein, Eytan Sheshinski & Steven M. Slutsky, 1994）在一个消费者均匀分布在线段和支付线性运输成本的环境中研究了上述问题。[①] 他们发现，利润并不是全局拟凹的，反应函数是非连续的。纯策略数量均衡对所有区位对（location pairs）来说均不存在。然而，对所有低运输成本来说，企业将会近距离的集聚，即距离市场中心很近。当运输成本很高时，企业就会选择远离中心。集聚企业是否有动机进行横向合并？乔治·诺曼和林恩·佩珀尔（Gorge Norman & Lynne Pepall, 2000）指出，虽然在线性需求和常数的、相同的边际成本条件下，除非能够成为垄断厂商，否则两个厂商的合并不会带来利润，但是，如果考虑到区位因素，合并可以产生出一个更大的更好的企业，即该企业将有两个工厂并在两个地方从事生产[②]。

企业集聚并不是唯一可能的结果。赫尔穆特·贝思特（Helmut Bester, 1989）提出了一个空间竞争的讨价还价方法。[③] 在他的论文中，销售者在一个市场区域中选择区位进行竞争。消费者面临从一个地方向另一个地方移动的时间成本。商品的价格由买卖双方的讨价还价决定。在此博弈中，消费者可以选择不同的卖者。他利用讨价还价方法建立了一个区位—价格均衡。在双头垄断的情况下，厂商将不会选择完全的集聚，但二者的距离之和在直线区位竞争的情况下等于线段之长，而定价却相同。在多个厂商进行直线区位竞争的情况下，厂商将等距离地选址，也就是说，不会出现集聚。如果消费者的旅行成本或者卖者的数量趋向于无穷大，该均衡就趋向于完全竞争均衡。但是，值得注意的是，贝思特的研究对象是商业企业，并不能将这个结果直接用于生产型企业。商业企业和生产企业在经营性质上的差异在这里决定了模型的可应用性。一些作者还发现了产品质量的集聚现象，亦即市场总是能够向消费者提供高质量的产品[④]。

与集聚有关的其他研究成果还有很多。例如，欧振中和弗农·亨德森（Au, Chun-chung & Vernon Henderson, 2002）研究了人口迁移限制政策对中国集聚和

① Hamilton, Jonathan H., James F. Klein, Eytan Sheshinski, & Steven M. Slutsky, 1994, "Quantity Competition in a Spatial Model", *Canadian Journal of Economics*, vol. 27, no. 4, pp. 903-917.

② Nornan, George & Lynne Pepall, 2000. "Product Differentiation and Upstream-Downstream Relations", Discussion Papers Series 0010, Department of Economics, Tufts University.

③ Bester, Helmut, 1989, "Noncooperative Bargaining and Spatial Competition", *Econometrica*, vol. 57, no. 1, pp. 97-113.

④ 参见 Grunewald, Orlen, David J. Faulds & Mark S. McNulty, 1993, "Evidence on Agglomeration in Quality Space-Revisited", *Journal of Industrial Economics*, vol. XLI, pp. 205-214；以及 Hjorth-Andersen, C., 1988, "Evidence on Agglomeration in Quality", *Journal of Industrial Economics*, vol. 37, no. 2, pp. 209-223。

生产率的影响。[1] 他们发现，在当前的资源配置下，城市部门的劳动生产率超过了农村部门的劳动生产率，而城市部门的资本收益远低于农村部门的资本收益。中国的资本在政府的数量控制和歧视性税收的作用下流向了城市工业，而对乡—城之间的移民和农村资本流动的限制强烈地阻碍了农村产业的空间集聚。农村产业从空间集聚中还有许多来自规模经济的收益没有得到利用。相应地，对城市间人口迁移的限制使得许多城市显著偏小，也存在着许多规模经济收益没有得到利用的问题。巴克莱和亨利（1997）考察了集聚在农村工业化战略中的作用。[2] 20世纪90年代后期，农村工业化战略演化到这样一个阶段，即重视招商引资、小企业发展以及特别行业内的保持力和扩张力以提升产业集聚水平。从政策的角度看，集聚就是使得一组能够为成员企业和东道主经济创造出竞争优势的相似或相关企业在地理上相互靠近的过程。集聚固然具有一些优点，但是，对许多农村地区来说，它是否是一个现实的战略呢？对于大多数地区而言，产业集聚要求的一些条件只能以很高的成本获得，因而通过零售商业、旅游、吸引退休者、改善劳动者素质、基础设施投资，同样可以获得更好的发展绩效。

第七节　简要的评价

经济发展通常被认为是在要素供给、技术和政策组合的作用下，人均 GDP 和经济结构的变化以及体制安排的变革[3]。虽然这些因素的重要性不可否认，但基于经济活动可以在空间上集聚的思想来研究发展和不发展也是一个可行的思路。特别是，许多国家可以拥有类似或者相同的宏观特征（发展水平），却因有不同的经济地理面貌，在未来有着使其发展潜力不能得以发挥的可能性。因此，企业的区位集聚实际上成为刻画经济发展及其潜力的一个新的研究角度

新经济地理学模型（包括探讨异质性企业与空间集聚相互关系模型）甚至还刻画了按照上述意义理解的经济发展的机制，特别是，集聚如何产生于企业微观层次上的收益递增、运输费用、要素流动的相互作用：收益递增促使单个生产者将其生产活动集中起来；运费因素使其愿意在更大的市场周围从事生产；要素

① Chun-Chung Au & Vernon Henderson, 2002, "How Migration Restrictions Limit Agglomeration and Productivity in China", NBER Working Papers, no. 8707.

② Barkley, David L. & Mark S. Henry, 1997, "Rural Industrial Development: To Cluster or Not to Cluster?", *Review of Agricultural Economics*, vol. 19, no. 2, pp. 308-325.

③ 谭崇台：《发展经济学》，山西经济出版社2000年版，第5页。

移动意味着生产者迁往一地后会使相关的市场规模增大，从而使得该地更具吸引力，为何因“筛选效应”的作用最优效率的厂商首选向更大的区域迁徙而生产率最低的厂商却在外围选址，企业之间的异质性为何会削弱“母国市场效应”，为什么在全球化背景下贸易成本下降将诱使异质性企业逐渐向大国集聚，等等。

按照新经济地理学的“发展观”，产业经济学与发展经济学的相关性也可以建立起来。例如，新经济地理学得出了这样的结论：当考虑到生产的垂直结构，即一个或多个上游部门为下游部门生产投入品，而且上下游的生产者都受收益递增和运费的影响的情形时，这种前向和后向的联系，倾向于把上下游的生产者集中在一个区位①。也就是说，中间产品的生产者愿意设厂于能获得最大市场的地方，而那正是下游工业的所在地；最终产品的生产者则愿意位于他们的供应商所在地，而那是上游工业的所在地。即使从传统的经济发展的意义上，它也属于经济结构的变化，但却没有嵌入到一个合适的分析框架中来加以强调。

在国际比较方面来看，新经济地理学对经济发展的含义是，经济发展不是一个所有国家趋同的过程，而是一些国家逐渐从穷国的地位向富国的地位依次转变的过程。这与趋同假说和有条件趋同假说有显著的差别，而后者已经开始遭到批判。② 从新经济地理学还可以对发展战略的比较给出新的视角。例如，进口替代和单边贸易自由化都可以成功地吸引到新的产业流入，但它们吸引的是不同的部门，而在贸易自由化的政策下，福利水平会更高一些。③

新经济地理学的上述贡献，由于其使用主流经济学方法，而得到了放大。在克鲁格曼本人看来，传统发展经济学之所以未进入主流经济学的领域，不是因为它对经济发展没有产生出具有洞察力的成果，而是因为它没有能够使用主流经济学方法，这种方法在1977年之前根本就不存在，在1991年之前就未得到应用。而由于这种新方法（即建立新型的迪克西特—斯蒂格利茨垄断竞争模型）在20世纪90年代以来得以普遍应用，新经济地理学已经可以把传统发展经济学的一些主要命题用数学形式化表述方法加以阐释。克鲁格曼甚至称新经济地理学是“最后的前沿”（the final frontier）。④ 基于集聚思想，中心—外围模式在主流经济学方法中得到了重现，城市结构得到了分析，并创立了新的经济增长观。而所有这一切，都归功于迪克西特—斯蒂格利茨模型允许人们方便地驾驭规模收益递

① Venables, Anthony J., 1996, "Equilibrium Locations of Vertically Linked Industries", *International Economic Review*, vol. 37, pp. 341-359.

② 参阅 Ray, Debraj, 2000, "What's New in Development Economics", http://www.nyu.edu/econ/user/debraj/Papers/AmerEcon.pdf。

③ Puga, Diego & Aathony J. Venables, 1999, "Agglomeration and Economic Development: Import Substitution vs. Trade Liberalisation", *Economic Journal*, vol. 109, pp. 292-311.

④ 克鲁格曼关于“新经济地理学是经济学研究最后前沿”的看法，参见 Krugman, Paul, 1998, "Space: The Final Frontier", *Journal of Economic Perspectives*, vol. 12, no. 2, pp. 161-174。

增、外部性、区位这些在过去新古典经济学家们难以驾驭的概念。虽然它们产生于新古典主义经济学的理论传统，但是，当它们被用于新经济地理学领域时，确实推进了研究经济发展的分析工具的进步。

然而，新经济地理学达到上述的成就并不是没有付出代价的，它的一些观点仍然不是非常令人信服。首先，新经济地理学采用的模型方法太过抽象，其结论的有效性依赖于一些特殊的假设。例如，中心—外围模型考虑了一些阻碍集聚的成本因素，而没有考虑其它因素，并且没有解释之所以这样做的原因。这样一来，理论在实践上的适用性还有待进一步检验。当涉及3个或以上的区位的时候，可能达到的空间均衡就不再是唯一的，而且存在一些关键的参数值，当超过这些参数值时，一种空间均衡就会向另一个空间均衡转化。这就使理论分析高度复杂，并且使得其理论难以被检验。

新经济地理学假设人口充分就业，这一点与发展中国家现实不相符合。在存在剩余劳动力的条件下，特别是无限的劳动供给条件下，工资不再是一个变量，而是一个常数。这使得现实的产业集聚与新经济地理学所做的预测不同。此外，经济地理恐怕也不是引起发展中国家最主要社会矛盾的最主要因素。

新经济地理学由于强调自己的“主流性”，只考虑经济因素的决定作用，不仅与缪尔达尔的理论旨趣相悖，而且必然导致其在实践应用上的无效性。往往是经济和非经济因素相互作用塑造了集聚的形式和轨迹,[①] 然而，以企业为中心的集聚分析倾向于忽视政府行为。在发展中国家，政府行为往往不像企业那样，在对成本—收益加以计算后，受利润可获得性的驱动。在发展中国家，集聚的实现与政府有关，但这种关系不容易能够得到理论上的阐述。其原因是：第一，地方政府或社区难以确定最适合本地经济的集聚形式与集聚规模，也难以确定最适当的可以集聚的企业；第二，落后地区难以发展出与集聚先行地区可以竞争的优势；第三，地方政府和社区可能难以发展支持产业集聚所需要建立的包括法制在内的制度环境。

需要指出的是，早期发展经济学家提出的“中心—外围”概念不仅仅用于分析趋同问题。“中心—外围”概念最早被普雷维什用于描述发达国家与发展中国家之间的国际经济关系。[②] 今天，当新古典主流经济学家因建立新经济地理模型而再度使用“中心—外围”这一概念时，却仅仅只关注工作机会的丧失或某个产业的丧失，却完全脱离了普雷维什当年讨论这个概念时的历史背景，进而对普雷维什的洞见视而不见。例如，许多人担心自由贸易将使产业脱离自己所在的

---

① Henry, N., 1992, “The New Industrial Spaces: Locational Logic of a New Production Era?”, *International Journal of Urban and Regional Research*, 1992, vol. 16, no. 3, pp. 375-396.

② Prebisch, Raúl, 1962, “The Economic Development of Latin America and its Principal Problems”, *Economic Bulletin for Latin Amertca*, vol. 7, no. 1, February.

地区（delocation）。在欧洲，富国担心产业流向低工资国家，穷国担心流向高度工业化国家，小国担心流向大国，非成员国担心流向欧盟成员国，等等。在美国，这种担心更多地是放在对支付高薪酬的工作所在的地理区位上。克鲁格曼（1991）把本来用于分析国际经济关系的“中心—外围”概念用于区域经济分析，对产业和就业的转移似乎能够提供一些解释。但读者不难看出，克鲁格曼所做的解释实际上回避了一部分发展中国家创造的价值向发达国家发生转移这一事实。这就导致将其理论用于分析微小的边际的变化的时候有效，而一旦涉及国际政治经济关系时，则恐怕就无能为力了。

即使从实践上看，在近现代史上，中国的部分重要城市，诸如北京、上海、武汉、广州等早就形成，它们在建国后的发展不过是适应特殊的政策。新城市，例如深圳的兴起不是由于人口增长，而是由于经济政策造成了深圳与中国其他地区的工资差异所引起的劳动力的内生性流动。仅以集聚而言，中国企业的集聚恐怕也不是由于个人对利益的考虑，而是特殊的经济政策作用的结果。在美国，随人口增长和人口流动而形成的城市和大（特大）都市区域的过程主要发生在19世纪的30年代到70年代，因而在美国从不发达国家向发达国家推进的过程中具有重要历史意义（Masahisa Fujita，Paul Krugman & Tomoya Mori，1999）。虽然这些城市的形成并没有受到一个机构的控制，而是由经济主体无计划地相互作用的自组织过程的结果，人口流动尤其受到地区工资差异的诱导。但是，从形成集聚的城市的位序—规模分布来看，未来在世界主要发达国家中出现新的大城市的可能性并不大，因为在当今发达国家，已经难以出现能够支持这样大规模的城市的人口增长潜力了。

参考文献

1. 保罗·P. 克鲁格曼：《“新经济地理学”新在哪里》，《牛津经济地理学手册》，商务印书馆2005年版。

2. S. 布雷克曼、H. 盖瑞森、C. 范·马勒惠克：《地理经济学》，西南财经大学出版社2004年版。

3. 谭崇台：《发展经济学》，山西人民出版社2000年版。

4. 藤田昌久、雅克—弗朗克斯·蒂斯：《集聚经济学：城市、产业区位与区域增长》，西南财经大学出版社2004年版。

5. 藤田昌久、保罗·克鲁格曼、安东尼·J. 维纳布尔斯：《空间经济学——城市、区域与国际贸易》，中国人民大学出版社2005年版。

6. 约翰·冯·杜能：《孤立国同农业和国民经济的关系》，商务印书馆1997年版。

7. Ades, Alberto F. & Edward L. Glaeser, 1995, "Trade and Circuses: Explaining Urban Giants", *Quarterly Journal of Economics*, vol. 110, no. 1, pp. 195-227.

8. Anderson, Simon P. & Damien J. Neven, 1990, "Cournot Competition Yields Spatial Agglomeration", *International Ecnomic Review*, vol. 32, pp. 793-808.

9. Anderson, James E. & Eric van Wincoop, 2003, "Gravity with Gravitas: a Solution to the Border Puzzle", *American Economic Review*, vol. 93, pp. 170-192.

10. Au, Chun-Chung & Vernon Henderson, 2002, "How Migration Restrictions Limit Agglomeration and Productivity in China", NBER Working Papers, no. 8707.

11. Audertsch, David B. & Maryann P. Feldman, 1996, "R & D Spillovers and the Geography of Innovation and Production", *American Economic Review*, vol. 86, no. 3, pp. 630-640.

12. Baldwin, Robert E., 1999, "Agglomeration and Endogenous Capital", *European Economic Review*, vol. 43, pp. 253-280.

13. Baldwin, Robert E., & Paul R. Krugman, 2004, "Agglomeration, Integration and Tax Harmonization", *European Economic Review*, vol. 48, pp. 1-23.

14. Baldwin, Robert E. & Toshihiro Okubo, 2006, "Heterogeneous Firms, Agglomeration and Economic Geography: Spatial Selection and Sorting", *Journal of Economic Geography*, vol. 6, pp. 323-346.

15. Baptista, Rui & Peter Swann, 1998, "Do Firms in Clusters Innovate More?", *Research Policy*, vol. 27, pp. 525-540.

16. Barkley, David L., Mark S. Henry, 1997, "Rural Industrial Development: To Cluster or Not to Cluster?", *Review of Agricultural Economics*, vol. 19, no. 2, pp. 308-325.

17. Behrens, Kristian, 2007, "On the Location and Lock-in of Cities: Geography vs Transportation Technology", *Regional Science and Urban Economics*, vol. 37, no. 1, pp. 22-45.

18. Bester, Helmut, 1989, "Noncooperative Bargaining and Spatial Competition", *Econometrica*, vol. 57, no. 1, pp. 97-113.

19. Black, David & Vernon Henderson, 1999, "Spatial Evolution of Population and Industry in the United States", *American Economic Review*, vol. 89, no. 2, Papers and Proceedings of the 111th Annual Meeting of the AEA, pp. 321-327.

20. Black, Duncan & Vernon Henderson, 1999, "A Theory of Urban Growth", *Journal of Political Economy*, vol. 107, no. 2, pp. 252-284.

21. Bechmann, Martin J. & Jacques-François Thisse, 1986, "The Location of Production Activities", in Peter Nijkamp, ed., *Handbook of Regional Economics*, Amsterdam: North-Holland, pp. 21-95.

22. Borck, Rainald & Michael Pflüger, 2006, "Agglomeration and Tax Competition", *European Economic Review*, vol. 50, pp. 647-668.

23. Cavailhès, Jean, Carl Gaigne, Takatoshi Tabuchi & Jacques-François Thisse, 2007, "Trade and the Structure of Cities", *Journal of Urban Economics*, vol. 62, pp. 383-404.

24. Deigo Puga & Anthony J. Venables, 1996, "The Spread of Industry: Spatial Agglomeration in Economic Development", *Journal of the Japanese and International Economics*, vol. 10, pp. 440-464.

25. Dumais, Guy, Glenn Ellison & Edward L. Glaeser, 1997, "Geographic Concentration as a Dynamic Process", NBER Working Papers, no. 6270.

26. Ellison, G. lenn & Edward L. Glaeser, 1999, "The Geographic Concentration of Industry: Does Natural Advantage Explain Agglomeration", *American Economic Review*, vol. 89, no. 2, pp. 311-316.

27. Fischer, Jeffrey H. & Joseph E. Harrington, Jr., 1996, "Product Variety and Firm Agglomeration", *The RAND Journal of Economics*, vol. 27, no. 2, pp. 281-309.

28. Fischer, Stanley, 2006, "The New Global Economic Geography", http://www.cbrc.gov.cn/ chinese/files/ 2007/2007053142A307E4C74B2FD0FFB06344E5935D00.0826.pdf.

29. Forslid, Rikard & Gianmarco I. P. Ottaviano, 2003, "An Analytically Solvable Core-Periphery Model", *Journal of Economic Geography*, vol. 3, no. 3, pp. 229-240.

30. Fujita, Masahisa & Paul Krugman, 1995, "When is the Economy Monocentric?: Von Thunen and Chamberlin Unified", *Economic Geography*, vol. 72, no. 3, pp. 259-92.

31. Fujita, Masahisa & Tomoya Mori, 1996, "Structural Stability and Evolution of Urban System", *Regional Science and Urban Economics*, vol. 27, no. 4-5, pp. 399-422.

32. Fujita, Masahisa & Jacques-François Thisse, 1996, "Economics of Agglomeration", *Journal of the Japanese and International Economics*, vol. 10, pp. 339-378.

33. Fujita, Masahisa & Tomoya Mori, 1997, "Structural Stability and Evolution of Urban Systems", *Regional Science and Urban Economics*, vol. 27, pp. 399-422.

34. Fujita, Masahisa, Paul Krugman & Anthony J. Venables, 1999, *The Spatial Economy: Cities, Regions, and International Trade*, Cambridge, MA: The MIT Press.

35. Fujita, Masahisa, Paul Krugman & Tomoya Mori, 1999, "On the Evolution of Hierarchical Urban System", *European Economic Review*, vol. 43, pp. 209-251.

36. Fujita, Masahisa & Paul Krugman, 2004, "The New Economic Geography: Past, Present and the Future", *Papers in Regional Science*, vol. 83, pp. 139-164.

37. Fujita, Masahisa & Tomoya Mori, 2005, "Frontiers of the New Economic Geography", *Papers in Regional Science*, vol. 84, pp. 377-405.

38. Giovannetti, Emanuele, 2000, "Technology Adoption and the Emergence of Regional Asymmetries", *Journal of Industrial Economics*, vol. 48, no. 1, pp. 71-102.

39. Glaeser, Edward L., 1994, "Economic Growth and Urban Density: A Review Essay", Working Paper, no. E-94-7, Stanford, CA: Hoover Institution.

40. Hamilton, Johathan H., James F. Klein, Eytan Sheshinski & Steven M. Slutsky, 1994, "Quantity Competition in a Spatial Model", *Canadian Journal of Economics*, vol. 27, no. 4, pp. 903-917.

41. Hanson, Gorden H., 1999, "Market Potential, Increasing Returns, and Geographic Concentration", RSIE Discussion Paper, no. 439.

42. Harrigan, James & Anthony J. Venables, 2006, "Timeliness and Agglomeration", *Journal of Urban Ecnomics*, vol. 59, pp. 300-316.

43. Henderson, Vernon, 2000, "How Urban Concentration Affects Economic Growth", World Bank Policy Research Working Paper, no. 2326.

44. Henry, N., 1992, "The New Industrial Spaces: Locational Logic of a New Production Era?" *International Journal of Urban and Regional Research*, vol. 16, no. 3, pp. 375-396.

45. Hjorth-Andersen, C., 1988, "Evidence on Agglomeration in Quality", *Journal of Industrial Economics*, vol. 37, no. 2, pp. 209-223.

46. Hirschman, Albert O., 1958, *The Strategy of Economic Development*, Cambridge, MA: Harvard University Press.

47. Imai, Haruo, 1982, "CBD Hypothesis and Economies of Agglomeration", *Journal of Economic Theory*, vol. 28, pp. 275-299.

48. Krugman, Paul, 1991, "Increasing Returns and Economic Geography", *Journal of Political Economy*, vol. 99, no. 3, pp. 483-99.

49. Krugman, Paul, 1992, "A Dynamic Spatial Model", NBER Working Papers, no. 4219.

50. Krugman, Paul, 1995, *Development, Geography, and Economic Theory*, Cambridge, MA: The MIT Press.

51. Krugman, Paul, 1995, "Urban Concentration: The Role of Increasing Returns

and Transport Costs",*Proceedings of the World Bank Annual Conference on Development Economics*,1994 – 1995,pp. 241-277.

52. Krugman, Paul & Raul Livas Elizondo, 1995, "Trade Policy and the Third World Metropolis", *Journal of Development Economics*, vol. 49, pp. 137-150.

53. Krugman, Paul R. & Anthony J. Venables, 1995, "Globalization and the Inequality of Nations", *Quarterly Journal of Economics*, vol. 110, pp. 857-80.

54. Krugman, Paul, 1996, "Confronting the Mystery of Urban Hierarchy", *Journal of the Japanese and International Economies*, vol. 10, pp. 399-418.

55. Krugman, Paul, 1998, "What's New about the New Economic Geography", *European Review of Economic Policy*, vol. 14, no. 2, pp. 7-15.

56. Krugman, Paul, 1998, "Two Cheers for Formalism", *Economic Journal*, vol. 108, no. 451, pp. 1829-1836.

57. Krugman, Paul, 1999, "The Role of Geography in Development", *International Regional Science Review*, vol. 22, no. 2, pp. 142-161.

58. Krugman, Paul, 1999, "Was It All in Ohlin?", http://web. mit. edu/krugman/www/ohlin. html.

59. Ogawa, Hideaki & Masahisa Fujita, 1980, "Equilibrium Land Use Patterns in a Non-Monocentric City", *Journal of Regional Science*, vol. 20, pp. 455-475.

60. Okudo, Toshihiro, Pierre M. Picard & Jacques-François Thisse, 2010, "The Spatial Selection of Heterogeneous Firms", *Journal of International Economics*, journal homepage www. elsevier. com/locate/jie.

61. Ota, Mitsuru, & Masahisa Fujita, 1993, "Communication Technologies and Spatial Organization of Multi-Unit Firms in Metropolitan Areas", *Regional Science and Urban Economics*, vol. 23, pp. 695-729.

62. Ottaviano, Gianmarco, Takatoshi Tabuchi & Jacques-François Thisse, 2002, "Agglomeration and Trade Revisited", *International Economic Review*, vol. 43, no. 2, pp. 409-435.

63. Pflüger, Michael, 2004, "A Simple, Analytically Solvable Chamberliian Agglomeration Model", *Regional Science & Urban Economics*, vol. 34, pp. 565-573.

64. Puga, Diego & Anthony J. Venables, 1996, "The Spread of Industry: Spatial Agglomeration in Economic Development", *Journal of the Japanese and International Economics*, vol. 10, pp. 440-464.

65. Rivera-Batiz, Francisco L., 1988, "Increasing Returns, Monopolistic Competition, and Agglomeration Economics in Consumption and Production", *Regional Science and Urban Economics*, vol. 18, pp. 125-153.

66. Venables, Anthony J. , 1996, "Equilibrium Locations of Vertically Linked Industries", *International Economic Review*, vol. 37.

67. Venables, Anthony J. , 1999, "The International Division of Industries: Clustering and Comparative Advantage in a Multi-industry Model", *Scandinavia Journal of Economics*, vol. 101, no. 4, pp. 495-513.

68. Wheeler, Christopher H. , 2001, "Search, Sorting, and Urban Agglomeration", *Journal of Labor Economics*, vol. 19, no. 4, pp. 879-899.

69. Williamson, Jeffrey G. , 1965, "Regional Inequality and the Process of National Development", *Economic Development and Cultural Change*, vol. 13, pp. 3-45.

第十章　金融发展理论的新发展

现代金融发展理论形成于罗纳德·I. 麦金农（Ronald I. Mckinnon，1973）和爱德华·S. 肖（Edward S. Shaw，1973）就发展中国家金融发展和经济增长相互关系所做出的开拓性系统研究。20 世纪 70 年代以前，约瑟夫·A. 熊彼特（Joseph A. Schumpeter，1912）、约翰·G. 格利和肖（John G. Gurley & Edward S. Shaw，1955）、格利和肖（1956）、格利和肖（1960）、休·T. 帕特里克（Hugh T. Patrick，1966）、雷蒙德·W. 戈德史密斯（Raymond W. Goldsmith 1969）等分别从不同的角度阐述了金融发展对经济增长的影响及其二者相互关系。20 世纪 70 年代，针对发展中国家战后经济发展中存在的通货膨胀严重、实际利率为负、政府对金融的管制和干预严厉等特点，麦金农和肖在继承和批判传统货币理论及金融中介理论的基础上，创造性地提出了“金融抑制”和“金融深化”理论。该理论提出后，受到了金融理论学术界和各国政府尤其是发展中国家政府的广泛关注。其提出的金融深化的政策主张成为 20 世纪 70 年代以后大多数发展中国家实施金融自由化政策的重要理论依据。20 世纪 70 年代以来，结合发展中国家金融发展与经济增长的现实，众多学者从不同的角度对麦金农和肖的金融深化理论进行了拓展，极大地推动了金融发展理论的发展。

20 世纪 70 年代以来的金融发展理论的发展主要体现在两个方面：第一，金融深化理论的深化和拓展。这包括 20 世纪 70 年代中后期至 80 年代在“麦金农—肖框架下的第一代拓展”模型和 20 世纪 80 年代以后基于内生经济增长模型的“麦金农—肖框架下的第二代拓展”模型。这类模型通过构建精致的动态宏观经济模型对麦金农和肖未加细化的命题进行了扩展，并借鉴增长理论中的内生增长模型，考察了金融发展与经济增长之间的内生性关系，其思想和观点都沿袭了金融深化理论中的金融自由化思想和政策主张。第二，20 世纪 80 年代后半期以来，一批反对发展中国家不切实际地推行金融自由化的金融发展理论问世，这包括 20 世纪 80 年代兴起的新结构主义金融发展理论、信贷配给理论和金融约束理论等。这些理论针对金融市场中的信息不对称、外部性、规模经济和垄断竞争等市场失效现象和发展中国家信贷市场中的结构性问题，反对在发展中国家条件不具备的情况下推行金融自由化，并提出了实施政府对金融市场和金融机构进行干预的观点和政策主张。另一方面，20 世纪 80 年代金融发展理论发展的另一个显著特点是，既通过构建精致规范的理论模型来继承或批判传统的金融深化理论，又通过大量的国别比较实证研究来检验理论模型对发展中国家现实的解释力和指导意义，从而产生了一大批具有较大影响的实证研究文献。

第一节 金融深化理论的形成与两代人的拓展

1973 年，美国经济学家麦金农和肖在同一年各自出版的《经济发展中的金融深化》和《经济发展中的货币》两本著作中，从不同角度分别对发展中国家金融发展与经济增长的相互关系进行了开拓性的研究。在继承和批判传统货币理论的基础上，根据发展中国家的实际情况提出了金融抑制和金融深化理论，受到了国际金融界的广泛认同。鉴于他们两人的理论有许多相似之处，而且都充分强调金融在经济发展中的中介作用，笔者一并将两种理论称为金融深化理论①。此后，从 20 世纪 70 年代后半期到 80 年代初期，许多经济学家在麦金农和肖的研究成果基础之上，对“麦金农—肖金融深化框架”做了诸多拓展，学术界称之为“麦金农—肖框架的第一代拓展”（first generation extensions of McKinnon-Shaw framework）。第一代拓展在理论倾向和政策建议方面并没有超越金融深化理论经典作家的思想，而是对前者未加详细发展的命题进行了严格的模型化，建立了数学形式化的宏观经济模型。20 世纪 80 年代中期到 90 年代，金融发展和经济增长领域出现了许多崭新的研究成果，这些理论进展被称为“第二代拓展模型”或“内生金融增长模型”（endogenous financial growth models）②。这些模型侧重于分析内生的经济增长和内生的金融机构，金融中介被明显地模型化，而不是作为简单的决定条件或外生变量来对待。新的研究文献侧重于实证分析，即在前期理论模型的基础上根据发展中国家的经验数据来检验现实中金融体系的发展同经济发展的相关关系，以说明金融自由化政策的实施、金融中介和金融市场的发展是否

① 关于金融深化（financial deepening）有不同的界定，肖（1973）认为金融深化就是促进整个经济中金融部门的发展和社会货币化程度的提高；就政策层面而言，相对于发展中国家普遍实行的金融抑制（the financial repression）政策，金融自由化（financial liberalization）过程就是金融深化。本文中的金融深化理论是指基于麦金农—肖提出的金融深化的理论框架及此后经济学家在此框架之下所进行的诸多理论拓展。

② 这一时期以内生增长理论为基础的模型在分析范式和理论结构上与传统的金融深化理论均有诸多不同，但就其结论而言，都认为金融自由化会提高经济增长率，因此，它们都被归入“麦金农—肖学派”（McKinnon-Shaw School），参见 Fry, Maxwell J., 1997, “In Favor of Financial Liberalization”, *Economic Journal*, vol. 107, pp. 754-770。

能提高经济增长率。

本节按照金融深化理论的发展脉络，在介绍麦金农—肖理论框架及第一代理论拓展的基础上，将阐述金融深化领域的新发展即内生金融增长理论，以突出金融深化理论中最新的理论和实证研究成果。

一、金融深化理论的形成

麦金农—肖的金融深化理论是在对发展中国家经济发展和金融结构的现状进行具体考察的基础上，通过对当时主流的货币主义（或新古典学派）和凯恩斯学派的货币理论及其货币财富观进行批判和修正后提出的。包括货币主义和凯恩斯学派在内的主流货币金融理论以市场机制健全、银行体系和金融市场完善的发达国家为研究对象，假定在这些国家：第一，生产要素（尤其是资本）可自由分割和自由流动，并能得到有效利用；第二，货币与实物资本都是资本或财富的组成部分，两者是相互竞争的替代品；第三，金融市场极为发达。因此，当利率发生变化时，货币与实物资本（投资）之间存在着显著的替代效应。但是，麦金农和肖认为，在大多数发展中国家，货币化程度低，货币金融体系具有现代部门与传统部门并存的二元结构特征，金融体系不发达且效率低下，金融市场特别是资本市场尤其落后，政府广泛地干预金融部门等金融抑制现象比比皆是。因此，在大多数发展中国家，经济主体很难通过外部金融市场融资，而只能通过内部积累来筹集投资资金。同时，由于外部经济条件较差，特别是缺乏金融市场和金融工具，加上生产要素不可分割，投资必须超过一定的限度才能获益，亦即必须将资本积累到一定的规模之后投资才能实际进行。

在上述分析的基础上，麦金农通过构建发展中国家的货币需求模型提出了互补性假说，肖则通过构建内在货币模型提出了债务中介观。麦金农的互补性假说认为，在发展中国家，货币与实物投资之间非但不是相互竞争的替代品，反而是相互补充的互补品。货币积累愈多，投资愈大，货币成了投资的先决条件或渠道。如果货币的实际收益率（实际存款利率）提高，货币需求将增加，而货币需求的增加将导致货币积累量增加，从而扩大了内部融资的资本形成机会，即投资机会增加。因此，在发展中国家，提高利率有利于刺激投资，降低利率却压制投资。利率与投资成反比关系。肖的债务中介观（debt-intermediation view）则认为，货币不是财富，而是货币体系中的债务，货币是债务中介。所有形式的财富（包括货币）的实际收益率都对储蓄具有正效应。

麦金农和肖以互补性假说和债务中介观为基础，建立了有关发展中国家金融发展与经济增长的“金融抑制”和“金融深化”模型，并在补充和修正哈罗德—多马模型基础上提出了发展中国家金融深化的政策主张。他们认为，鉴于发展中国家普遍存在的金融抑制现象，为了促进资本形成，发展中国家应从本国实际出发，进行金融改革，解除金融抑制，消除阻碍资本形成的各种限制，并采取适合本国国情的金融政策。这包括改革金融体制，使银行体系和金融市场真正发挥吸收和组织社会储蓄资金并将之引导到生产性投资上去的功能；放弃对金融市场和金融体系的过度干预，放松对利率和汇率的严格管制，使汇率和利率成为反映资金和外汇供求关系变化的信号；实行贸易自由化、税制合理化和财政支出政策改革等。

1. 麦金农的互补性假说和肖的债务中介观

麦金农（1973）的互补性假说建立在他提出的一种外在货币①模型基础之上，以发展中国家金融市场的实际情况为依据，指出外在货币模型依赖于三个基本假设：第一，所有经济单位都是自我融资的（self-finance），彼此之间不发生借贷关系；第二，经济单位（家庭、厂商）的规模很小，投资支出具有不可分性（indivisibilities）；第三，政府既不通过税收支出也不通过使用从货币发行中得到的铸币税来直接参与资本积累，政府收入只用于政府现在的消费。麦金农认为，在半工业化的发展中国家（semi-industrial LDCs），货币和实物资本之间存在的互补关系②反映在货币需求函数中：

$$\left(\frac{M}{P}\right)^d = L\left(Y, \frac{I}{Y}, d - \pi^e\right) \qquad (10.1.1)$$

在这里，M 是货币存量，P 是价格水平，Y 是实际 GNP，I 为总投资，I/Y 为总投资与实际 GNP 的比率，$(d - \pi^e)$ 是实际存款利率。对函数求偏微分，可以得到下面的关系，即为麦金农互补性假说的基本表达：

$$\frac{\partial\left(\frac{M}{P}\right)^d}{\partial\left(\frac{I}{Y}\right)} > 0 \ ; \ \frac{\partial\left(\frac{I}{Y}\right)}{\partial(d - \pi^e)} > 0$$

也就是说，实际货币存量与投资呈正相关关系，投资与实际利率水平也呈正相关关系。当然，麦金农也承认，如果实际存款利率超过某一限度，则人们会继续持有货币，而不愿将货币转化为实物资本。此时，替代效应才开始发挥作用，货币与实物资本才成为相互竞争的替代品，利率与投资呈负相关关系。

---

① 格利和肖（1960）将货币区分为“外在货币”和“内在货币”。

② 传统理论认为实际货币余额与投资之间存在着替代效应，随着实际货币余额的增加，投资将呈下降的趋势。麦金农通过对发展中国家的考察，否认了这种替代关系的存在。他提出互补性假说（Complementary Hypothesis）。在他看来，发展中国家面临的最大问题是资金的短缺，因此，在市场经济不发达的条件下，尽可能多地积累资金，是发展中国家的首要目标，提高实际利率（$d - \pi^e$）（其中 d 表示名义利率，π^e 表示预期通货膨胀率）会刺激经济中的储蓄水平，增加经济中的资金积累，而储蓄的增加会引起投资的上升。这样一来，货币和投资之间就存在着一种互补关系。

与麦金农将货币视为财富不同的是，肖（1973）的债务中介观把货币看作一种债务关系，认为货币的职能在于减少生产成本和交易成本，提高生产率从而增加收入，促进储蓄和投资。在债务中介观中，生产者并不受自我资金来源不足的限制，同时，货币不是财富，与实际资本之间没有竞争关系，也就不存在替代效应。肖的基于债务中介观的货币需求函数是：

$$\left(\frac{M}{P}\right)^d = L(Y, v, d - p^*, t) \qquad (10.1.2)$$

式（10.1.2）中，Y 为 GNP，v 为持有货币的机会成本，$d - p^*$ 为实际利率，t 为一些事件对货币需求的刺激效应。该式同麦金农的货币需求函数在形式上非常接近。

2. 麦金农和肖的金融深化理论模型

（1）麦金农—肖的金融发展模型

尽管麦金农与肖在理论上有分歧，但在许多方面推出了共同的结论。若是将他们两人的理论称作“麦金农—肖”金融深化理论的话，则“麦金农—肖内在货币模型”（McKinnon-Shaw Inside Money Model）的共同核心观点便可以用图10.1.1 加以阐述：

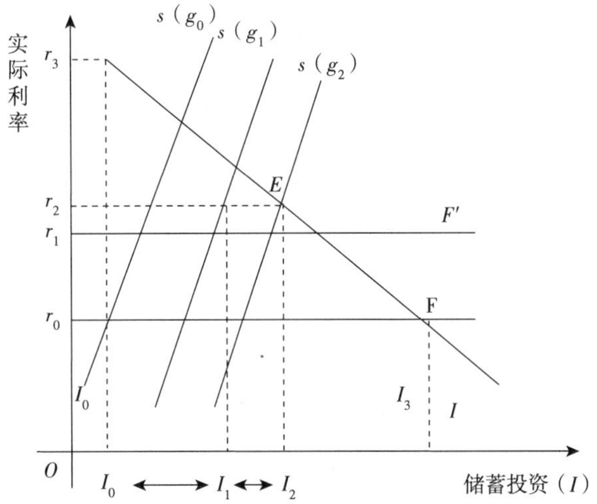

图 10.1.1　麦金农—肖的内在货币与储蓄投资相互关系的模型

在图 10.1.1 中，r_i 为实际利率；$s(g_i)$ 为当经济增长率为 g_i 时的储蓄；F 代表金融抑制，即政府将实际利率人为地限制在其均衡水平以下的干预行为；I 表示投资函数。从图 10.1.1 中不难看出，当实际利率被限制在 r_0 时，所能形成的储

蓄额仅为 s_0，投资总额为 I_0，存在资金缺口（$I_3 - I_0$）。如果只对存款利率限制，对贷款利率不限制，则贷款利率上升使得金融体系获得不合理的高额利润，却无法刺激储蓄的提高；当贷款利率存在上限时①，必然导致非价格信贷配给，这一上限的存在不鼓励金融机构从事风险投资，因而排除了对潜在高收益项目提供贷款的可能。在这种情况下，借款人会把资金投入收益刚刚超过利率上限的项目。因此，为了促进经济发展，必须适当提高利率，即把利率从 r_0 提高到 r_1，从而使储蓄增加，并且排除了低收益投资项目，投资的平均效率得以提高，经济增长率由 g_0 上升到 g_1，储蓄由 $s(g_0)$ 增加到 $s(g_1)$，投资也由 I_0 上升至 I_1。因此，政府提高实际利率将对资本形成的数量和质量产生双重的正向影响，从而对经济发展产生影响。

（2）修正的哈罗德—多马模型

根据麦金农—肖的分析，如果发展中国家放弃对金融系统的过度干预，取消利率和汇率管制，使实际利率为正值，就能发挥金融机构对经济增长的促进作用，从而促进经济增长；而经济的增长又能动员更多的储蓄，从而促进金融体系的发展，进而推动经济的进一步增长。为了论证金融中介与经济增长二者之间的良性循环，麦金农对哈罗德—多马模型进行了修正。

根据哈罗德—多马模型：

$$g = \frac{\frac{dY}{dt}}{Y} = \sigma \cdot s \tag{10.1.3}$$

式（10.1.3）中，g 为增长率，σ 为产出/资本比率，s 为储蓄倾向，σ、s 均为常数。

麦金农对此假设进行了修正，认为在经济增长中，资产组合效应将对储蓄产生影响，因而储蓄倾向是可变的，是经济增长率的函数；与此同时，储蓄还受持有货币的实际收益率等其他变量的影响。若以 ρ 代表其他所有因素，则储蓄倾向可表示为：

$$s = s(g,\rho) \tag{10.1.4}$$

其中，$0 < s < 1$，$\frac{\partial s}{\partial g} > 0$，$\frac{\partial s}{\partial \rho} > 0$

代入式（10.1.3），得到经济增长率函数：

$$g = \sigma \cdot s(g,\rho) \tag{10.1.5}$$

ρ 作为一个外生变量，可视作金融体制改革后金融深化的指标。经济增长率将取决于影响储蓄的经济增长率本身的资产组合效应。由此可见，经济增长和储蓄之间存在着双向互动关系。一方面，金融深化可以直接通过改变储蓄倾向提高

① 事实上，存款上限和贷款上限在大多数发展中国家同时存在。

储蓄和投资，促进经济增长；另一方面，经济增长还可以导致储蓄的进一步增加。

（3）麦金农—肖理论的政策主张

麦金农和肖根据发展中国家金融抑制的现状，在其建立的金融发展模型基础上，提出了一整套促进金融深化的政策建议：第一，放开利率。这包括：取消对存款利率的限制，提高名义存款利率；减少财政赤字，严格控制货币发行，降低通货膨胀率，以便使持有货币的实际收益率 $d-p^*$ 上升；第二，在鼓励银行竞争的同时，扩大对高效率小型企业的贷款，以利于推动技术进步和创新；第三，金融改革与财政改革应同步进行，即金融机构与财政部门的职能彻底分离，禁止金融机构依靠发行货币（通货膨胀）来帮助政府增加收入，财政部门也不能代替金融机构的职能进行人为的资金配置；第四，实现货币的自由兑换，让汇率自由浮动。

二、金融深化理论的第一代拓展①

20 世纪 70 年代后半期到 80 年代初，针对麦金农—肖理论体系的诸多不足，许多经济学家在其框架下进行了拓展，相继提出了一些逻辑严密、论证规范的金融发展模型。这一时期的金融发展理论在观点上仍沿袭了麦金农—肖的分析框架，研究重点仍是发展中国家的金融抑制和金融深化问题，我们把这一时期金融发展理论称为“金融深化理论的第一代拓展”。

在第一代金融深化理论的拓展模型中，最具代表性的是由巴桑特·K. 卡普（Basant K. Kapur，1976；1983）、唐纳德·J. 马西森（Donald J. Mathieson，1980）、文森特·加尔比斯（Vicente Galbis，1977）、马克斯韦尔·J. 弗莱（Maxwell J. Fry，1978；1980；1982；1988）等人创立的理论模型。这些模型扩大了金融深化理论的研究框架，在吸收经济学发展最新研究成果的基础上，建立了宏观经济模型，扩展了金融发展理论的研究视野和政策适用范围，使金融发展理论不断适应日益发展的发展中国家的实际情况。

1. 卡普的金融深化理论

卡普（1976；1983）研究了劳动力过剩而且固定资产闲置下的欠发达国家，探讨这类国家在封闭经济和开放经济条件下金融深化过程中的经济增长与经济稳定的动态过程。卡普认为，固定资本与流动资本之间保持着固定比例关系。在固定资本闲置的条件下，企业能获得多少流动资金便成为决定产出的关键因素。在

① 该一节中有关卡普和马西森的金融深化理论的介绍，我们主要参考和借鉴了谈儒勇所著《金融发展理论与中国金融发展》（中国经济出版社 2000 年版）第二章第二节中的内容。

静态分析的基础上，卡普引入了两个动态调整因素，即通货膨胀率的适应性预期和增加了预期的菲利普斯曲线。在模型中，卡普继承了麦金农的观点，认为实际通货膨胀率除受其他因素影响外，还受通货膨胀预期的影响。但他否定了麦金农的经济主体完全自我融资的观点，认为企业流动资本的净投资部分完全可以通过银行筹集，商业银行对实体经济的影响则主要通过提供流动资本来实现。

在卡普（1976）的模型中，假定经济中存在着闲置的固定资本，从而流动资本的数量决定产出水平。为了维持生产，企业需要在每期补充消耗掉的流动资本即进行重置投资。同样地，为了扩大生产，企业需要在每期追加流动资本以使流动资本的实际量增加，即进行净投资；模型进一步假定，在重置投资中，银行信贷只占 θ，θ 为定值，而在净投资中，银行信贷占全部，但在下一期获得新贷款进行重置投资之前，企业家只须偿还一部分 θ 的银行贷款①。假定流动资本在每期消耗完，为了维持流动资本的实际量不变，银行信贷的名义增量必须是 $\Delta P\theta(1-\alpha)K$，其中 ΔP 表示物价水平的变化，则所用总资本的实际增量为：

$$K = \frac{1}{1-\alpha}\left[\frac{L - P\theta(1-\alpha)K}{P}\right] \tag{10.1.6}$$

其中，α 是所用固定资本与所用总资本之比、$1-\alpha$ 为所用流动资本与所用总资本之比。

卡普的模型同时假定，货币存量决定于银行贷款 L 和银行与公众持有的高能货币 H。高能货币由政府以转移支付的方式发行。公众只持有存款货币，银行资产包括法定准备金和贷款，银行负债仅由存款构成。假定固定的法定准备金率 $\frac{H}{M}$ 等于 $1-q$，且不存在超额准备金，则银行信贷和货币之比 $\frac{L}{M}$ 为 q。央行控制名义高能货币从而控制银行贷款和存款货币的增长率：

$$\frac{\dot{H}}{H} = \frac{\dot{L}}{L} = \frac{\dot{M}}{M} = \mu$$

把 $\pi = \frac{\Delta P}{P}$，$\mu = \frac{\Delta M}{M}$，及 $qM = L$ 代入式（10.1.6）中，有：

$$\Delta\dot{K} = \frac{1}{1-\alpha}\left[\mu q\frac{M}{P} - \pi\theta(1-\alpha)K\right] \tag{10.1.7}$$

由于 $\frac{Y}{K}$ 等于 σ，$\frac{\Delta K}{K}$ 等于经济增长率 $\frac{\Delta Y}{Y}$ 或 γ，将式（10.1.7）两边同除 K，则可转化为：

$$\gamma = \mu\frac{M}{PY}\frac{\sigma q}{1-\alpha} - \pi\theta \tag{10.1.8}$$

① 即假设在用于扩大再生产的贷款中，有一部分 $(1-\theta)$ 从不偿还，一直留在企业中。

式（10.1.8）表明，经济增长率是货币增长率 μ、产出—资本比 σ、贷款—货币比 q 以及所用固定资本和所用总资本之比 α 的增函数，是收入流通速度、重置投资中银行信贷占比 θ 的减函数；同时，如果提高法定准备金率 $1-q$，则贷款和货币存量之比 q 下降，从而使经济增长率下降。

影响经济增长率的关键变量是可用于净投资的实际信贷供给，而实际信贷供给由货币增长率、贷款—货币比 q、银行信贷比例 θ 以及实际货币需求 $\left(\frac{M}{P}\right)^d$ 决定。卡普选择了菲利普·卡甘（Phillip Cagan，1956）的货币需求函数①：

$$\left(\frac{M}{P}\right)^d = Ye^{\alpha(d-\pi^e)} \tag{10.1.9}$$

其中，$\left(\frac{M}{P}\right)^d$ 表示实际货币余额的意愿持有量，式（10.1.9）两边同时除以 Y 得：

$$\frac{M^d}{PY} = e^{\alpha(d-\pi^e)} \tag{10.1.10}$$

式（10.1.10）表明，预期通货膨胀率的上升使 $\frac{M^d}{PY}$ 下降，从而使均衡时货币流通速度 $\frac{PY}{M}$ 提高。此外，式（10.1.8）和式（10.1.10）表明，货币增长速度的提高对经济增长率有正反两方面的效应。在式（10.1.8）中，μ 的直接效应是正的；但在式（10.1.10）中，通货膨胀率上升使 $\frac{M^d}{PY}$ 下降，而 $\frac{M^d}{PY}$ 的下降对经济增长率却有负效应，即 μ 的间接效应是负的，因此，存在 μ 使 γ 达到最大②。

卡普进一步考察了金融抑制和金融自由化的动态特征，给出了一个规范的动态模型。其动态调整有两个来源：通货膨胀率的适应性预期和货币市场非均衡。

适应性预期可由下式表示：

$$\frac{\mathrm{d}\pi^e}{\mathrm{d}t} = \beta(\pi - \pi^e) \tag{10.1.11}$$

基于附加预期变量的菲利普斯曲线，引入货币市场非均衡：

$$\pi = h\left(\frac{M^s}{PY} - \frac{M^d}{PY}\right) + \pi^e \tag{10.1.12}$$

① 参见 Cagan, Phillip, 1956, *The Monetary Dynamics of Hyperinflation*, Chicago: University of Chicago Press。

② 在卡普模型中，货币量的变化对经济增长率有影响（货币是非中性的），原因有以下三点：第一，当名义存款利率 d 固定时，当通货膨胀率发生变化，实际货币需求发生变化，从而使实际信贷供给发生变化；第二，在准备金制度下，金融中介被课税，税收量随通货膨胀率的提高而增加；第三，在重置投资中，银行信贷占 θ，而在净投资中，银行信贷占全部。

记 $W = \ln V$，其中 V 表示货币流通速度，即 $V = \dfrac{M}{PY}$，则卡普模型可化为两个运动方程：

$$\dot{W} = -\mu\left(1 - \frac{\sigma q}{1-\alpha}e^{-w}\right) + (1-\theta)\pi^{e} + (1-\theta)h\left[e^{-w} - e^{\alpha(d-\pi^{e})}\right] \quad (10.1.13)$$

$$\frac{\mathrm{d}\pi^{e}}{\mathrm{d}t} = \beta h\left[e^{-w} - e^{-\alpha(\pi^{e}-d)}\right] \quad (10.1.14)$$

根据上式，卡普建议，当政府面临严重通货膨胀时可以采取两种稳定政策，即降低货币增长率或提高存款利率。他对此进行了模拟，所得出的结论是：用降低货币扩张率 μ 与提高名义存款利率 d 来治理通货膨胀的政策效应是相似的，但从效果来看，d 的上升比 μ 的下降更能迅速取得抑制通货膨胀的效果；但是，从对经济增长的影响角度来看，提高名义存款利率的负面效应比降低货币扩张率小得多。当然，存款利率的提高也有一定的可以观察到的上限，否则会阻碍经济增长。他认为，应将两种政策工具结合起来使用，在开始时提高名义存款利率，当通货膨胀下降以及经济增长率上升时，再审慎地运用其他政策工具①。

以上是封闭条件下的经济发展模型，该模型没有考虑汇率变动和资本流动对经济发展的影响。为了弥补这一不足，卡普（1983）又建立了一个开放经济模型，并引入含有一个流动资本的生产函数：

$$K_{w} = K_{wd}^{\alpha}K_{wf}^{1-\alpha} \quad (10.1.15)$$

其中 K_{wd} 为国内流动资产投入，K_{wf} 为进口的流动资产投入。

设 e_{N} 为名义汇率，e_{R} 为实际汇率，K_{w} 的价格为 P_{w}，则

$$P_{w} = \alpha^{-\alpha}(1-\alpha)^{\alpha-1}P^{\alpha}e_{n}^{1-\alpha} \quad (10.1.16)$$

在理性预期 $\pi^{e} = \pi$ 和 $\left(\dfrac{\Delta e_{n}}{e_{n}}\right)^{e} = \left(\dfrac{\Delta e_{n}}{e_{n}}\right)$ 的条件下，该开放经济的增长率为：

$$\gamma = \mu\frac{\sigma q}{1-\alpha}\alpha^{\alpha}(1-\alpha)^{1-\alpha}e^{-w}e_{r}^{\alpha-1} - \theta\left[\pi + (1-\alpha)\frac{\Delta e_{n}}{e_{n}}\right] \quad (10.1.17)$$

在国际收支方面，出口 E 是实际汇率和产出水平的函数，即 $E = E(e_{r})Y$，则短期资本流入 FI 为：

$$FI = f\left[d - d_{w} - \left(\frac{\Delta e_{n}}{e_{n}}\right)^{e}\right]\cdot PY \quad (10.1.18)$$

式（10.1.18）中 d_{w} 表示国外名义利率。完整的国际收支可表示为：

$$\Delta R = PE - e_{n}K_{wf} + FI \quad (10.1.19)$$

① 有关卡普详细的模拟过程及分析，参见 Kapur, Basant K., 1976, "Alternative Stabilization Policies for Less-Developed Economies", *Journal of Political Economy*, vol. 84, no. 4, pp. 787-792。

国内现金 C 、国外净资产 R 和贷款 L 的关系可表示为：$\frac{L}{M}=q$ ，$\frac{C+R}{M}=1-q$ ，$\frac{\Delta C+\Delta R}{C+R}=\frac{\Delta M}{M}=\mu$ 。

在卡普开放经济模型中，目标变量有三个，即 e_r 、W 和 π 。政府为了实现这些目标，可供选择的政策工具有三种：d,μ 和 v ，其中 $v=\Delta\ln(e_r)$ 。政府的目标是以贸易顺差来降低通货膨胀，提高经济增长率。如果一国处于贸易赤字、通货膨胀、低经济增长率状态，在过渡时期（即由抑制状态到自由化状态的过程中），实际汇率应该贬值。但在初始时期，实行全面贬值则是不适宜的，这是因为那样做会导致过度的短期资本流入。

2. 马西森的模型

和卡普不同，马西森（1980）在模型①中假定：第一，固定资本被充分利用，即不存在闲置的固定资本；第二，企业不仅需要向银行借入部分流动资本，而且还需要向银行借入部分固定资本。因此，在企业全部投资（包括固定资本投资、流动资本净投资和流动资本重置投资）中，银行贷款的比例是固定的（为 θ ），在此假定下，实际贷款总需求是：

$$\frac{L}{P}=\theta K \tag{10.1.20}$$

与此相对应，银行贷款的供给则取决于存款的需求及准备金率的高低，若以 $1-q$ 表示准备金率，则实际贷款的供给为：

$$\frac{L}{P}=q\frac{D}{P} \tag{10.1.21}$$

其中，$\frac{D}{P}$ 为实际存款余额，其函数为：

$$\frac{D}{P}=f(d-\pi^e)Y \tag{10.1.22}$$

由此可以认为，在物价水平不变的条件下，银行贷款的供给量决定于 4 个因素，即准备金率、名义存款利率、预期通货膨胀率及国民收入总额。另一方面，马西森认为，实际资本收益率 r' 和实际贷款利率 $l-\pi^e$ 决定着资本积累的速度：

$$\Delta K=s(r'-l+\pi^e)Y \tag{10.1.23}$$

上式两边同时除以 K ，并把 $\sigma=\frac{Y}{K}$ 代入其中，可以导出马西森的增长率函数为：

① 由于和卡普使用相同的生产函数和假定，即假定固定的流动资本与所用总资本之比为（$1-\alpha$），马西森模型与卡普模型两者有很多相似之处，故本小节详细阐述卡普模型，而对马西森模型仅作简单介绍。

$$\gamma = s(r' - l + \pi^e)\sigma \qquad (10.1.24)$$

该函数表明，经济增长率$\gamma\left(=\frac{\Delta Y}{Y}=\frac{\Delta K}{K}\right)$是实际投资收益率$r'$、预期通货膨胀率$\pi^e$和产出—资本比$\sigma$的增函数，是名义贷款利率$l$的减函数。其中，$l$与$\pi^e$均受货币政策影响。因此，经济增长归根到底受银行贷款供给的制约，而银行贷款的供给又在很大程度上受到存款实际利率的影响。为了实现经济稳定增长，必须使实际利率达到其均衡水平。若忽略银行经营成本，则$I=\frac{d}{q}$或$\frac{D}{P}=\frac{\theta}{q}K$。根据卡甘的货币需求函数式（10.1.9），可得：

$$Ye^{\alpha(d-\pi^e)} = \frac{\theta}{q}K \qquad (10.1.25)$$

由$\frac{Y}{K}=\sigma$，且在稳定状态下，$\pi^e=\pi=\mu-\gamma$，对式（10.1.25）两边取对数得：

$$d = \mu - \gamma + \frac{1}{\alpha}\ln\left(\frac{\theta}{q\sigma}\right) \qquad (10.1.26)$$

式（10.1.26）表明，影响均衡利率的因素有四个，即通货膨胀率、投资中通过银行筹资的比率、准备金率、产出—资本比。因此，要使实际利率等于均衡利率，就必须取消金融管制，实行金融自由化。

在马西森模型中，动态调整有两个来源，即通货膨胀率的适应性预期和逐渐减少的固定利率贷款。为了研究发展中国家在金融深化过程中如何将金融改革政策与稳定政策相结合，即金融改革与稳定政策的最优组合问题，马西森引入了一个二次效用函数：

$$u = \delta_1(\pi - \pi^1)^2 + \delta_2(\gamma - \gamma^1)^2 \qquad (10.1.27)$$

在式（10.1.27）中，π^1、γ^1分别代表货币当局所确定的通货膨胀率与经济增长率目标参数；δ_1、δ_2分别代表货币当局对这两个目标的重视度。当该函数值最小时，说明金融改革与稳定政策实现了最优组合。马西森指出，货币当局可选择的工具有三个，即货币扩张率μ、名义存款利率d和名义贷款利率l。但是，当选择了这些政策工具并达到最优组合时，货币当局将面临两个约束条件，即货币市场与信贷市场必须持续保持均衡以及避免金融体系中原有的金融机构破产。对于第一个约束条件，只要保持实际存款利率不变即可保持货币和信贷市场的均衡；而对于第二个条件，要保证金融机构不因名义利率的调整而受到损失，就要求在改革开始时，先将实际贷款利率固定在高于其稳定值的水平上，以弥补现有低收益贷款存量的损失，此后，随着这些贷款的偿还再逐渐调低利率，从而将平均实际贷款利率保持在原有金融机构处于零利润的水平上。

马西森所得出的结论是，金融改革与稳定政策的最优组合包括两个步骤。在初始阶段，需要利用各种政策工具实行有区别的政策变动，即存款利率必须提高到能够使金融体系吸收足够存款的水平上，以满足对超额贷款的要求；与此同时，贷款利率要比存款利率上升得更快，以确保金融体系至少维持在零利润水平。最后，货币扩张率必须降到与长期的意愿通货膨胀率相适应的水平之下。在第二个阶段上，三种政策工具均应逐步改变，即存款利率的变动与预期通货膨胀的变动相一致；贷款利率的变动必须比预期通货膨胀率变动得更快些，以反映金融机构组合中固定利率贷款比例的下降；货币扩张率要逐渐上升，以与长期的意愿通货膨胀率相适应①。

通过构建包括国际收支平衡在内的开放经济模型，马西森对其封闭经济模型进行了扩展。除了国际收支平衡之外，还包括菲利普斯曲线：

$$\pi = \varphi \ln\left(\frac{Q}{Y}\right) \tag{10.1.28}$$

在式（10.1.28）中，Q 表示实际总需求，Y 表示实际总供给。由于马西森在模型中引入了理性预期（$\pi^e = \pi$ 和 $x^e = x$），所以，上式是动态调整的唯一来源②。对国内产出的总需求由国内收入 Y、国外收入 Y_f、预期通货膨胀率 π_e 以及国内商品 P 和国外商品 P_f（用名义汇率 e_n 将之换算成国内货币单位）的相对价格函数所构成：

$$\ln Q = \tau_0 - \tau_1 \ln \frac{p}{e_n p_f} + \tau_2 \ln Y + \tau_3 \pi^e + \tau_4 \ln Y_f \tag{10.1.29}$$

上式中 τ_1、τ_2、τ_3 和 τ_4 全为正。

一般价格水平 P_g 为：

$$P_g = P^{\varepsilon}(e_n P_f)^{1-\varepsilon} \tag{10.1.30}$$

在式（10.1.30）中，ε 表示国内商品价格的权重。对贷款的需求由式（10.1.20）给出，即 $\frac{L}{P_g} = \theta K$。资本积累的速度由式（10.1.24）给出，即 $\Delta K = s(r' - l + \pi_g^e)Y$，其中，$\pi_g^e$ 表示预期一般通货膨胀率。由于开放经济模型中引入了一种替代金融资产即外国存款（其收益率为 d_w），则对贷款的需求为：

$$\frac{D}{P_g} = f(d - \pi_g^e, d_w + x^e - \pi_g^e)Y \tag{10.1.31}$$

这意味着所有货币以存款形式被公众持有。存款和高能货币 H 之比是固定的：$D = (1-q)H$。和卡普开放经济模型一样，高能货币为 $H = C + R$③。

为了说明模型的动态解，马西森假定经济起初处于“高通货膨胀率、低或零

① 马西森（1980）认为只有设计一种逐步放松利率管制的方案才能使货币当局同时达到既消除金融市场扭曲又免受金融体系崩溃威胁这两个目标。

② 需要注意的是，此处 π 是指国内商品价格的变化率，x 为名义汇率的变化率。

③ 与卡普的开放经济模型不同，在马西森的开放经济模型中，政府只能单独控制 μ 或 x，而不能同时控制两者。

增长和国际收支赤字”并存的状态。通过式（10.1.28），马西森表明在初始阶段，通过间断地提高 d 和 l，e_n 的过度下跌以及 C 的增长率下降可以实现物价稳定。由此带来的瞬时效应是 γ 有一个跃升（作为金融自由化的后果）。在这些间断变化之后，通过汇率的逐渐上升、d 和 l 将逐渐降低，C 将以低于 μ 的增长率的速率增长，经济可以达到稳定状态。其结果是，γ 在过渡期逐渐降至稳定状态值。在对 C 进行适当的控制，加上在过渡期发生资本流入之后，通货膨胀率将下降，国际收支将恢复平衡。

马西森的贬值策略和卡普不同。马西森表明，实际汇率在过渡期初始阶段下跌（之后逐渐上升），可以使过渡期内的经济增长率维持在高于稳定状态值的水平上。其原因在于：第一，本币的预期实际升值使替代货币的动机下降，从而通过较低的实际存款利率就可以产生既定的对实际货币余额的需求量；第二，当实际存款利率较低时，实际贷款利率也较低，而这将鼓励更快的资本积累和更高的经济增长率。由于初始的过度贬值基本上阻碍了资本外逃，因此，这时对国外金融资产的吸引力下降了①。

3. 加尔比斯的模型

加尔比斯（1977）用两部门模型取代麦金农的一部门模型，他认为发展中国家经济从总体上说是一种“被分割的经济”。这种类型的经济导致低效率部门占用的资源无法向高效率部门转移，从而使不同部门的投资收益率长期不一致，造成资源的低效率配置。

加尔比斯（1977）假设整个经济由两部分所组成，部门 1 是落后或低效率的部门，部门 2 是现代或技术先进的部门；两个部门生产相同的产品，并以统一价格出售，生产函数分别为：$Y_1 = F_1(K_1, L_1)$，$Y_2 = F_2(K_2, L_2)$；资本收益率分别为：$\frac{dY_1}{dK_1} = r_1$，$\frac{dY_2}{dK_2} = r_2$。设 W_1、W_2 分别表示两部门的工资率，根据上述生产函数，并假定生产要素被充分利用，则整个经济的收入决定方程为：

$$Y = Y_1 + Y_2 = r_1K_1 + W_1L_1 + r_2K_2 + W_2L_2 \tag{10.1.32}$$

加尔比斯进一步假设，部门 1 完全得不到银行贷款支持，而部门 2 可以得到银行的部分贷款支持；商业银行的存款为金融资产的唯一来源，部门 2 把其全部储蓄用于实际投资，故不以存款形式持有其储蓄。因此，部门 1 的投资函数为：

$$I_1 = H_1(r_1, d - \pi^e)Y_1 \tag{10.1.33}$$

① 卡普提出的汇率政策和马西森的汇率政策不同，原因有两点：在卡普开放经济模型中，流动资本的实际收益率和实际汇率负相关，与此同时，货币需求不受国外金融资产汇率调整后的收益率的影响；所以在过渡期内，较快的贬值并不会使实际货币需求下降。

$$\frac{\partial H_1}{\partial r_1} > 0 , \frac{\partial H_1}{\partial (d - \pi^e)} < 0$$

式中的 d 为商业银行存款利率，π^e 为预期通货膨胀率。由式（10.1.33）可以看出，当 r_1 上升或 $d - \pi^e$ 下降时，I_1 将扩大；而当 r_1 为既定时，若 $d - \pi^e$ 过低，则会减少部门 1 的存款余额，相应地增加其低效率的实际投资。因此，金融中介部门应制定适当的存款利率以吸引部门 1 的存款来限制其本身的投资，并将贷款分配至投资效率较高的部门 2。

与部门 1 不同，部门 2 的投资是本部门的储蓄和银行借款，银行的可贷资金等于部门 1 的存款余额，因此，部门 2 的投资供给函数为：$I_2^S = S_1 + \frac{\mathrm{d}\left(\frac{M_2}{D}\right)}{\mathrm{d}t}$，部门 2 的投资需求函数为：

$$I_2^D = H_2(r_2, b - \pi^e) Y_2 \qquad (10.1.34)$$

$$\frac{\partial H_2}{\partial r_2} > 0 , \frac{\partial H_2}{\partial (b - \pi^e)} < 0$$

其中，b 为银行借款的名义利率。该投资需求函数说明，若 r_2 上升或 $b - \pi^e$ 下降，投资需求将增长；反之相反。加尔比斯认为，由于部门 2 的投资需求足够大，因此，r_2 远大于 $b - \pi^e$。问题的关键在于银行能否满足贷款需求。部门 2 的贷款需求取决于部门 1 的储蓄，而部门 1 的储蓄又取决于存款的实际利率。因此，提高存款的实际利率有利于减少部门 1 的低效率投资，并相应增加部门 2 的高效率投资，从而在社会资源既定的条件下，加速整个经济的增长。

加尔比斯还指出，金融资产实际利率过低是金融抑制的主要表现，是阻碍经济发展的重要因素。为了克服金融抑制，充分发挥金融中介在促进经济增长中的积极作用，必须把金融资产的实际利率提高到投资资源的实际供给与需求相平衡的水平。

4. 弗莱的模型

弗莱在他的论文（1982）中也建立了自己的模型①。他从 20 世纪 60 年代末开始关注发展中国家的货币金融问题，对货币金融与经济发展的关系进行了大量的理论分析和计量验证，特别是对发展中国家的储蓄、投资和经济增长之间的关系作了比较深入的研究。

弗莱认为，投资规模与投资效率是经济增长的决定因素，而在发展中国家，这两者在很大程度上受货币金融因素的影响。由于发展中国家投资机会较多，投资规模就取决于资本的供给，而货币金融因素，特别是实际利率水平，则是决定

① 弗莱的金融发展模型是在实证检验基础上推出的，因而具有广泛的适应性。

投资效率的决定性因素。发展中国家的资本供给来源于国内储蓄和流入本国的国外储蓄，这两部分储蓄所能提供的资本总量决定了投资的规模。据此，弗莱提出了如下储蓄函数：

$$\frac{S_n}{Y} = f\left(\gamma_n, \frac{S_f}{Y}, d - \pi^e, r^e, \frac{S_n}{Y_{t-1}}\right) \tag{10.1.35}$$

$$\frac{\partial(\frac{S_n}{Y})}{\partial\gamma_n} > 0, \frac{\partial(\frac{S_n}{Y})}{\partial(\frac{S_f}{Y})} < 0, \frac{\partial(\frac{S_n}{Y})}{\partial(d - \pi^e)} > 0, \frac{\partial(\frac{S_n}{Y})}{\partial r^e} > 0, \frac{\partial(\frac{S_n}{Y})}{\partial(\frac{S_n}{Y_{t-1}})} > 0$$

式（10.1.35）中，$\frac{S_n}{Y}$为国内储蓄率，γ_n为长期经济增长率，$\frac{S_f}{Y}$为国外储蓄率，r^e为预期投资实际收益率，$d - \pi^e$为实际存款利率。由该式可知，国内储蓄率取决于如下五个因素：长期经济增长率、国外储蓄率、存款的实际利率、预期的投资实际收益率和上年国内储蓄率①。

若以产出—资本比率σ表示投资效率，则有：

$$\sigma = f[(d - \pi^e)_{t-1}] \tag{10.1.36}$$

$$\frac{\partial\sigma}{\partial(d - \pi^e)_{t-1}} > 0$$

综上，可得到如下稳态经济增长模型：

$$\gamma_n = \sigma\left[\left(\frac{S_n}{Y}\right)_{t-1} + \left(\frac{S_f}{Y}\right)_{t-1}\right] = \frac{f\left(\gamma_n, \frac{S_f}{Y}, d - \pi^e, r^e, \frac{S_n}{Y_{t-1}}\right) + \frac{S_f}{Y_{t-1}}}{\frac{1}{f[(d - \pi^e)_{t-1}]}} \tag{10.1.37}$$

在此基础上，弗莱引入动态发展模型。该模型表明，在动态经济中，实际增长率②由正常增长率γ_n和周期性增长率γ_c所构成，即$\gamma = \gamma_n + \gamma_c$。他同时引入两个动态调整参数，即适应性预期（用于说明短期内周期性经济增长率的变动）和增大了预期的菲利普斯曲线（用以说明短期菲利普斯曲线与长期菲利普斯曲线的区别），以分析发展中国家通货膨胀与经济增长的关系。在弗莱看来，周期性经济增长率由实际价格水平与预期价格水平的比率$\frac{P}{P^e}$这两个因素所决定；而存

① 由于从投资到产出之间存在着时滞，经济增长率γ_n取决于上年的投资率及其效率。而投资率$\frac{I}{Y}$由预期的投资实际收益率与贷款的实际利率所决定，但在存在利率管制和银行业中存在非价格竞争的条件下，投资规模与储蓄数量不能通过利率机制的调节而自动达到均衡，因此，投资规模只能取决于储蓄所能提供的资本量，这意味着时滞的存在使得本年的储蓄率受上年储蓄率的影响且正相关。

② 弗莱认为，在稳定均衡的条件下，实际增长率必等于正常增长率，但在动态经济中二者未必相等。

款的实际利率为 $d - \pi^e$，即：

$$\gamma_c = f\left(\frac{P}{P^e}, d - \pi^e\right) \qquad (10.1.38)$$

由此，得到动态经济增长模型：

$$\gamma = f\left(\gamma_n, \frac{P}{P^e}, d - \pi^e\right) \qquad (10.1.39)$$

$$0 < \frac{d\gamma}{d\gamma_n} < 1, \frac{d\gamma}{d\left(\frac{P}{P^e}\right)} > 0, \frac{d\gamma}{d(d - \pi^e)} > 0$$

由此可见，实际增长率由 γ_n、$\frac{P}{P^e}$、$d - \pi^e$ 这三个因素决定，它们均与实际增长率保持正相关关系，即正常增长率提高，则实际增长率也提高，但实际增长率提高的幅度小于正常增长率提高的幅度；实际通货膨胀率高于预期通货膨胀率，则实际经济增长率也将提高；存款的实际利率提高，则经济增长率也将提高。在上述三个因素中，除 γ_n 之外，其余两个因素均与通货膨胀率有关，弗莱用以下图 10.1.2 来说明通货膨胀对经济增长的作用：

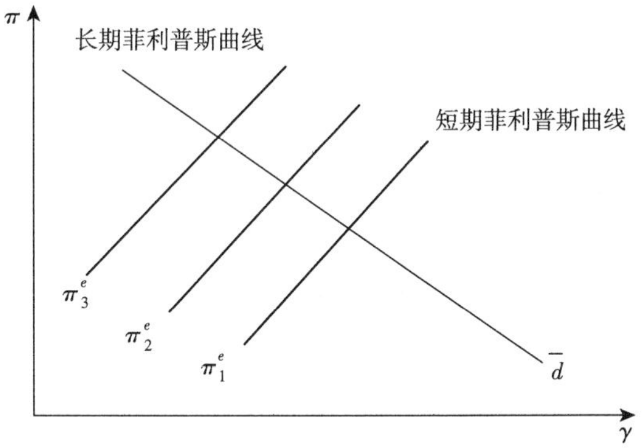

图 10.1.2　弗莱模型中的短期与长期菲利普斯曲线

在图 10.1.2 中，$\pi_1^e, \pi_2^e, \pi_3^e$ 分别为对应于不同通货膨胀预期的短期菲利普斯曲线，$\bar{d}$ 为名义存款利率不变时的长期菲利普斯曲线。图 10.1.2 说明，在一个金融抑制的经济中，通货膨胀与经济增长之间存在着如下关系：在短期内，两者同方向变动；而在长期内，两者反方向变动。具体说来，在短期内，由于人们无法调整通货膨胀预期，高通货膨胀率将促使企业提高资本利用率并追加投资，从而促进经济增长。根据适应性预期假说，通货膨胀的这种效果只是暂时的。从长期看，人们将提高自己的通货膨胀预期，在名义存款利率受管制的发展中国家，这将促使实际存款利率下降，实际货币需求量将减少，实际信贷资金供给也将减少。企业将因为难以得到信贷支持而无法扩大投资，最终造成经济增长率下降。

二、金融深化理论的第二代拓展

20世纪80年代，罗默（1986）和卢卡斯（1988）等人创立的内生增长理论①为金融发展理论的进一步拓展提供了新的理论源泉和动力。20世纪90年代，针对早期金融抑制理论模型中存在的种种缺陷，如模型中不存在效用函数、对建构总量生产函数时在形式上施加过于苛刻的限定和假设条件以及基于这些模型所提出的政策主张过于激进等，一批金融发展经济学家在汲取内生增长理论研究成果的基础上，对金融发展理论作了进一步的拓展。与第一代金融发展理论的拓展不同的是，在金融深化理论的第二次拓展模型中，经济增长和金融中介②（或金融市场）不再是外生变量，而是作为内生变量出现在金融发展模型中，以突破传统的"麦金农—肖分析框架"。其目的在于从内生的视角解释金融中介和金融市场的形成机制以及金融发展和经济增长之间的内生关系，并在此基础上提出新的政策建议。由于此次拓展的理论来源③是内生增长理论和第一代拓展理论，因此被称为"金融深化论的第二代拓展"。

第二代金融发展理论研究的重点是金融中介或金融市场的形成机制。尽管由于研究视角的不同，学者们得到的结论有所差异，但大多数学者都遵循了相同的研究思路，即通过分析金融中介或金融市场的存在是否提高了经济主体的效用，或者通过分析经济主体利用金融中介或金融市场的收益和成本，以判断金融中介或金融市场在经济增长中的功能。

1. 金融中介与金融市场的形成机制

在第二代金融深化理论的拓展模型中，有关金融体系形成机制的理论主要分为两个方面：第一，金融中介形成机制理论。在这方面，建立起代表性内生金融中介模型的金融学家有：瓦拉里·R. 本西温加与布鲁斯·D. 史密斯（Valerie

① 内生增长理论兴起于20世纪80年代中期，罗默（1986）和卢卡斯（1988）两篇经典论文的相继发表标志着内生增长理论的形成。内生增长理论所强调的是，人力资本和内生的技术变化是经济增长的决定因素。

② 金融中介（financial intermediaries）是指为那些市场参与者之间和整个经济中与资金流动相关的机构或个人提供资金融通的机构，包括两种主要形式，即存款金融机构（银行）和非存款（非银行）金融机构。有的金融发展学者把金融中介称作由"当事人组成的旨在提供金融服务的联合体"。

③ 金融深化理论的第二代拓展是建立在内生增长理论以及海纳·E. 利兰和大卫·H. 派尔（Hayne E. Leland & David H. Pyle，1977）、约翰·H. 博伊德和爱德华·C. 普雷斯科特（John H. Boyd & Edward C. Prescott，1986）、道格拉斯·W. 戴蒙德（Douglas W. Diamond，1984）、道格拉斯·W. 戴蒙德和菲利普·H. 迪布维格（Douglas W. Diamond & Phillip H. Dybvig，1983）、罗伯特·M. 汤森德（Robert M. Townsend，1977）和斯蒂芬·D. 威廉姆森（Stephen D.，Williamson，1986）等人在20世纪70—80年代所做的开创性工作基础之上的。

R. Bencivenga & Bruce D. Smith，1991）、约翰·H. 博伊德和布鲁斯·D. 史密斯（John H. Boyd & Bruce D. Smith，1992）、施塔西·L. 施雷夫特和布鲁斯·D. 史密斯（Stacey L. Schreft & Bruce D. Smith，1998）以及贾亚斯里·达塔和桑迪普·卡普（Jayasri Dutta & Sandeep Kapur，1998）等。第二，金融市场形成机制理论。阿努德·W. A. 布特和安詹·V. 萨科尔（Arnoud W. A. Boot & Anjan V. Thakor，1997）以及杰里米·格林伍德和布鲁斯·D. 史密斯（Jeremy Greenwood & Bruce D. Smith，1997）在这一领域做出了开创性的研究。

（1）金融中介的形成机制

本西温加与史密斯（1991）的模型是一个具有多种资产的内生增长模型。在该模型中，金融中介的作用在于提供流动性。在他们的模型中，作为金融中介的银行的功能体现为：第一，利用大数法则向大量的经济主体吸收存款和发放贷款，并使存款人的提现需求变得可以预期；第二，通过持有流动性准备以预防提现需求；第三，发行的负债较其资产更具流动性；第四，减轻经济主体投资中的自融资需求。更为重要的是，银行通过让对风险厌恶的存款人持有存款（而不是持有流动性差但生产性强的资产）来为经济主体提供流动性。而且，银行吸收的存款更适合用于生产性资本的投资。因此，金融中介的存在能够减少经济主体为抵御难以预期的流动性需求而去持有非生产性资本，从而避免投资性资本的低效率配置。由于金融中介的存在能够改变经济主体的储蓄构成，从而有利于资本积累，所以，金融中介的存在有利于促进经济增长。

在一个两期的模型中，博伊德和史密斯（1992）分析了金融中介的功能及其在投资资本配置中作用。模型假定经济主体为风险中性，且存在逆向选择以及事后对可观察的债务契约和信贷配给状态的验证需要支付一定的成本。结果表明，金融中介的存在源于其信息获取上的比较优势。相对于缺乏金融中介的经济而言，金融中介的功能主要体现在其有利于减少信贷配给和低效率的利差。同时，他们的模型还讨论了金融市场的不完全对利差的影响以及环境变化对金融中介数量的影响。

施雷夫特和史密斯（1998）在一个探讨中央银行公开市场业务对经济竞争性均衡的存在和特征施加影响的货币增长模型中分析了金融中介的功能。他们认为，在空间分离和有限沟通的环境下，经济主体随机性的迁移将面临着将资产转换为现金的流动性需求，而金融中介的存在则能够满足经济主体的这种流动性需求。

达塔和桑迪普·卡普（1998）在一个探讨不完备市场条件下最优货币政策的一般均衡模型中，分析了金融中介的功能。模型中，经济主体同时持有货币和生产性资产。即使持有货币的收益较低，但为预防未来消费不确定可能导致的流动性需求，经济主体仍愿意持有货币资产，但生产性资产由于其价值的不可观测性，所以，其交易性较低。在货币和实物资产能够完全替代的情况下，货币收益率的任何改变将对实体经济产生影响。例如，货币收益率的下降将导致对资本的投资更有吸引力，从而促进投资和产出的增加。因此，要使经济主体持有货币以满足其流动性需求，则应尽可能降低其持有成本或增加其收益，而将货币用于生产性投资则能提高其收益。金融中介正是这种通过吸收存款和发放贷款来将货币用于生产性投资以提高其收益的机构。在金融中介存在的情况下，经济主体持有银行存款以满足流动性需要，银行以贷款的形式将货币资金用于生产性投资，以提高货币资产的收益率。

（2）金融市场的形成机制

金融市场的发展及其在金融体系中地位的上升促使一些金融发展学者开始重视金融市场形成的机制，转而致力于建立内生的金融市场模型。由于金融市场发挥作用总是相对于金融中介而言的，因此，必须以金融中介为参照系来阐释金融市场的形成机制。也就是说，必须在金融中介存在的前提下，对金融市场的形成能否使当事人利用金融市场的期望效用超过利用金融中介的期望效用这个问题进行探讨。

布特和萨科尔（1997）从一个从事生产的经济的角度考察了金融市场的形成机制。在存在信息不对称和事后监督的情况下，金融中介和金融市场各具优势，从而吸引不同类型的经济主体。作为经济主体的个人将资金存入金融中介，金融中介将吸收的存款以贷款的形式发放出去，为生产者提供资金，并通过金融中介对生产者进行事后监督，以减少生产者项目投资中道德风险的发生频率；由于金融市场具有获取信息和汇总信息上的优势，生产者在金融市场发行债券，作为经济主体的个人可在金融市场上竞争性地购入债券，以市场出清条件下形成的债券价格反馈给生产者，有利于其提高项目投资决策的质量。

杰里米·格林伍德和史密斯（1997）认为，因金融市场运行和经济主体参与而产生的成本引发了金融市场的内生形成过程。这意味着，在金融市场的形成过程中存在着“门槛效应”，只有当经济发展到一定阶段之后，金融市场才得以形成。

2. 金融发展与经济增长的关系

在对金融中介和金融市场的内生形成机制进行分析的基础上，第二代金融深化理论从经济增长对金融发展的影响和金融发展对经济增长的作用机制两个方面分析了金融发展与经济增长之间的关系。

（1）经济增长对金融中介和金融体系的影响

在有关经济发展水平对金融中介和金融市场发展所施加的影响方面，杰里米·格林伍德和史密斯（1997）、罗伯特·G. 金和罗斯·莱文（Robert G. King &

Ross Levine，1993a；1993b）在各自的模型中通过引入固定的进入费用和交易成本，分析了金融中介和金融市场随人均收入和人均财富增加而发展的动态过程。

杰里米·格林伍德和史密斯（1997）认为，由于进入金融市场涉及参与成本，而在经济发展的早期阶段，人均收入和人均财富水平较低，经济主体无力支付进入金融市场的参与成本，或者说有能力支付的人为数较少。此时，经济主体参与金融市场的成本较高，利用金融市场的激励较低，金融市场也就难以形成和发展。随着经济的发展，人均收入达到某一临界值之后，经济主体利用金融市场的收益将超过参与成本，此时金融市场和金融中介就会建立起来。随着经济的进一步发展，收入和财富达到临界值以上的经济主体越来越多，对金融市场和中介的需求也会增大，从而推动金融市场进一步发展。

金和莱文（1993a；1993b）认为，随着金融市场和金融服务复杂程度的提高，金融市场的参与成本也会随之上升。因此，在人均收入水平和人均财富水平增加的情况下，经济主体参与金融市场和金融交易的机会成本也会上升，此时，经济主体对金融中介和金融服务的需求会进一步增加，进而促进简单的金融体系向复杂的金融体系演变。只有在人均收入水平达到一定的阶段之后，部分复杂金融机构的职能才能得以有效发挥。

（2）金融中介、金融体系对经济增长的作用机制

第二代拓展理论最重要的贡献在于对金融中介和金融市场作用于经济增长的机制的解释。在这方面，马可·帕加诺（Marco Pagano，1993）、杰里米·格林伍德和博伊恩·乔万诺维奇（Jeremy Greenwood & Boyan Jovanovic，1990）、莱文（1991）、金和莱文（1993a；1993b）、罗伯特·C. 默顿和齐维·博迪（Robert C. Merton & Zvi Bodie，2005）、莱文（2002）以及富兰克林·艾伦和道格拉斯·盖尔（Franklin Allen & Douglas Gale，2002）等相继作出了重要贡献。

帕加诺（1993）通过构建一个简单的内生增长模型分析了金融中介和金融体系对经济增长的作用机制。帕加诺认为，金融体系对经济增长的影响主要表现在三个方面：提高储蓄转化为投资的比率、提高资本的社会边际生产率并影响储蓄率。在将储蓄转化为投资的过程中，金融体系通过吸收资源来提高单位资金的投资回报。与此同时，也有一部分资源以利差、佣金或服务费的形式被金融部门吸收，这部分资源既反映了金融部门因提供服务而获得的收益，也体现了金融中介的效率和市场力量的作用。如果金融发展使金融部门所吸收的资源减少却又使得储蓄转化为投资的比率提高，那么，金融发展就会促进经济增长率的提高；金融体系通过将资金配置到资本边际产品最高的项目上来提高资本的社会边际生产率。其途径包括：第一，收集信息以便对各种可供选择的投资项目进行评估；第二，通过提供风险分担来促使个人投资于风险更高但更具生产性的技术以及促进创新活动等。金融体系对经济增长影响的第三个渠道是改变储蓄

率。随着资本市场的发展，家庭获得了更好的保险以应对未预期的财富冲击，同时，也能进行更好的风险分散投资，消费信贷的获得将更加容易而借贷成本将更低廉。这些都会对家庭的储蓄行为产生影响，但对储蓄率的影响方向却并不明确。

杰里米·格林伍德和乔万诺维奇（1990）把金融中介提供信息的作用和生产率提高联系起来。在他们的模型中，资本可被投资于安全但收益低的技术或风险和收益都很高的技术。与风险和技术相关的收益包括两个随机扰动项，即总体冲击以及项目特定的冲击。与单个投资者不同的是，拥有大量资产组合的金融中介可以完全化解总体冲击，从而使资本配置效率提高，而更高的资本生产率将导致更高的增长率。

莱文（1991）从风险分担的角度探讨了证券市场的资本配置功能。莱文认为，除了金融中介，证券市场能够用于分担消费者的流动性风险。个人可以通过在股票市场上出售股份（而不是从银行提现）来缓解特质的流动性冲击；与此同时，股票市场允许当事人通过证券组合的分散化来降低风险收益率。股票市场的这种双重保险功能促使人们更加愿意投资流动性更小但更具生产性的项目，因此，股票市场的建立和发展有助于资本生产率和增长率的提高。

金和莱文（1993a；1993b）在其建立的内生增长模型中，以企业家精神（或创新活动）为纽带把金融发展和经济增长联系起来。在其理论模型中，金融体系可以提供4种服务，即项目甄别、资本聚集、风险分散和准确地披露“创新租金”。这些功能有助于在推动创新的同时提高生产率，继而有助于经济增长率的提高。

默顿和博迪（2005）以及莱文（2002）从功能观的角度探讨了金融中介与金融体系对经济增长的作用。他们认为，由金融合约、金融市场和金融中介构成的金融体系通过提供各种不同的服务，降低了市场不完善所造成的不利影响。这就是说，金融体系的形成和演进有利于评估潜在的投资机会、实施公司控制、便利风险管理、增强市场流动性和动员储蓄资金。通过提供效率或高或低的金融服务，不同的金融体系对经济增长所产生的促进作用有大有小。因此，在金融发展与经济增长的相互关系中，最重要的问题是金融体系是否能够提供完善的金融服务，而不在于它是市场导向型的还是银行导向型的。

艾伦和盖勒（2002）从风险分担的角度分析了不同的金融体系对经济增长的影响。他们将金融体系的风险分散功能区分为“横向风险分担”（cross-section risk sharing）和“跨期风险分担”（intertemporal risk sharing）两种类型。与此相对应，两种风险管理策略分别与金融市场和银行中介相联系。在金融体系中，金融中介提供跨期风险分担功能，而金融市场允许投资者利用投资组合来对冲异质风险。这种横向风险分担功能为投资者表达不同意愿提供了一种良好的机制。

3. 第二代理论拓展的代表性模型

（1）本西温加与史密斯的流动性需求模型

本西温加与史密斯（1991）①在戴蒙德和迪布维格（1983）的金融中介模型基础上建立了一个3期寿命的跨期交叠模型。模型中的经济主体分为初期的老年经济主体和年轻的经济主体两类。年老的经济主体拥有的初期禀赋为每一企业的资本存量 K_0，年轻的经济主体的初期禀赋为每一企业的资本存量 K_1（当 $t+1$ 时）。假设经济中存在着两种商品：单一的消费品和单一的资本品。消费品由所投入的资本和劳动进行生产，所有的资本品则由年老的经济主体持有，因此，该类主体成为企业家。在生产过程中，企业家以其拥有的资本投入生产过程。单个企业家在 t 期所拥有的资本量为 K_t，单个企业家拥有的平均资本量为 $\bar{K}_t$。在 t 期，企业家通过雇佣 L_t 单位的劳动进行消费品生产。其生产函数为：

$$V_t = \bar{K}_t^{\delta} K_t^{\theta} L_t^{1-\theta} \tag{10.1.40}$$

其中，δ 代表生产中的外部性，$\delta = 1 - \theta$。

年轻的经济主体是同质的，单个的年轻经济主体在第1期提供一单位的劳动，在第2期和第3期消费（第1期的工资收入供后两期消费）。所有年轻主体拥有相同的效用函数：

$$u(c_1, c_2, c_3, \phi) = -\frac{(c_2 + \phi c_3)^{-\gamma}}{\gamma} \tag{10.1.41}$$

其中 c_i 表示年轻的经济主体在第 i 期的消费，$\gamma > -1$，ϕ 是个人特定的随机变量；$\phi = 1$ 的概率是 π，$\phi = 0$ 的概率是 $1-\pi$，$0 < \pi < 1$。经济主体在年轻时的收入全部用于储蓄。储蓄率为常数，不随金融中介的存在而改变。

经济中存在两种类型的资产。第一种为流动性投资，这种投资可以看作是消费品存货。t 期的1单位消费品投资，在 $t+1$ 和 $t+2$ 期的收益都是 $n(n>0)$ 单位的消费品。因此，流动性投资的收益与变现时间无关。另一种资产是非流动性资本投资，这种投资可看作是厂商的资本品。t 期的1单位消费品投资，在 $t+2$ 期的收益是 R 单位的资本品，但如果在1期后（即 $t+1$ 期）变现，其残值为 $x(0 \leqslant x < n)$ 单位的消费品。

在竞争条件下，实际工资率 $W_t = \frac{\mathrm{d}y_t}{\mathrm{d}L_t}$，每个厂商的劳动需求函数为：

① 在本西温加与史密斯（1991）的模型中，经济主体随机的流动性需求导致了金融中介的形成，故信息摩擦在其中不起作用。

$$L_t = K_t\left[\frac{(1-\theta)\bar{K}_t^{\delta}}{W_t}\right]^{\frac{1}{\theta}} \tag{10.1.42}$$

劳动市场的均衡条件为：$\bar{L}_t = \dfrac{1}{\pi}$。根据式（10.1.42），可以求得所有厂商的平均劳动需求：$\bar{L}_t = \bar{K}_t\left[\dfrac{(1-\theta)\bar{K}_t^{\delta}}{W_t}\right]^{\frac{1}{\theta}} = \bar{K}_t^{\frac{1}{\theta}}(1-\theta)^{\frac{1}{\theta}}W_t^{-\frac{1}{\theta}}$，代入 $\bar{L}_t = \dfrac{1}{\pi}$ 中，可以求得均衡实际工资率为：

$$W_t = \bar{K}_t(1-\theta)\pi^{\theta} \tag{10.1.43}$$

每个企业家的利润为：

$$K_t\frac{\mathrm{d}y_t}{\mathrm{d}K_t} = \theta\bar{K}_t^{\delta}K_t^{\theta}L_t^{1-\theta} = \theta\bar{K}_t^{\delta}K_t\left[\frac{(1-\theta)\bar{K}_t^{\delta}}{W_t}\right]^{\frac{1-\theta}{\theta}} = \theta\pi^{\theta-1}K_t \tag{10.1.44}$$

兹引入金融中介（银行）。金融中介接受年轻储蓄者的贷款，共有两类资产：流动性资产，占总资产的比重为 $Z_t \in [0,1]$；非流动性的资本投资，占总资产的比重为 $q_t \in [0,1]$，其中

$$Z_t + q_t = 1$$

如果在1期后取出存款，则得到 r_{1t} 单位消费品的收益；如果在2期后取出存款，则每单位存款的收益是 r_{2t} 单位投资品和 $\tilde{r}_{2t}$ 单位消费品。设在1期后金融中介流动资产和资本投资的变现比例分别为 α_{1t} 和 β_{1t}。由于有 $1-\pi$ 比例的存款人在1期后取款，所以，资源约束为：

$$(1-\pi)r_{1t} = \alpha_{1t}Z_t n + \beta_{1t}q_t x \tag{10.1.45}$$

$$\pi r_{2t} = (1-\beta_{1t})Rq_t \tag{10.1.46}$$

$$\pi\tilde{r}_{2t} = (1-\alpha_{1t})Z_t n \tag{10.1.47}$$

在 t 期，所有年轻的经济主体把他们的全部劳动收入 W_t 存入金融中介。在 $t+1$ 期，$1-\pi$ 比例的 t 期存款人从银行中取出存款以便消费。在 $t+2$ 期，π 比例的 t 期存款人取款，并获得每单位存款带来 r_{2t} 单位资本品和 $\tilde{r}_{2t}$ 单位消费品的收益。在 $t+2$ 期取款的每个当事人成为企业家，并赚取利润 $\theta\pi^{\theta-1}K_{t+2} = \theta\pi^{\theta-1}r_{2t}W_t$，同时得到 $\tilde{r}_{2t}W_t$ 单位消费品。可以计算出年轻的经济主体在 t 期的期望效用：

$$-\frac{1-\pi}{\gamma}(r_{1t}W_t)^{-\gamma} - \frac{\pi}{\gamma}(\theta\pi^{\theta-1}r_{2t}W_t + \tilde{r}_{2t}W_t)^{-\gamma} \tag{10.1.48}$$

所以，金融中介的最大化问题就在于选取 q_t、Z_t、α_{1t}、β_{1t}、r_{1t}、r_{2t} 和 $\tilde{r}_{2t}$，以使当事人期望效用在资源约束条件下达到最大。

为了求解上述问题，需要作一个限定：$\theta\pi^{\theta-1}R > n$。在此限定下，可以证明 $\alpha_{1t} = 1$ 和 $\beta_{1t} = 0$，即金融中介的流动资产在1期后全部被变现，而资本投资中没有任何部分被提前变现。将 $\alpha_{1t} = 1$ 和 $\beta_{1t} = 0$ 代入式（10.1.45）—式

（10.1.47）中，有：

$$(1-\pi)r_{1t}=Z_t n \tag{10.1.49}$$

$$\pi r_{2t}=Rq_t \tag{10.1.50}$$

$$\tilde{r}_{2t}=0 \tag{10.1.51}$$

将式（10.1.49）—式（10.1.51）代入式（10.1.48）中，金融中介最优化的问题为：

$$\max_{0\leqslant q_t\leqslant 1}\ -\frac{1-\pi}{\gamma}\left[\frac{(1-q_t)nW_t}{1-\pi}\right]^{-\gamma}-\frac{\pi}{\gamma}\left(\frac{\theta\pi^{\theta-1}Rq_tW_t}{\pi}\right)^{-\gamma} \tag{10.1.52}$$

式（10.1.52）的解为：

$$q_t=\frac{\phi}{1+\phi} \tag{10.1.53}$$

其中

$$\phi\equiv\left(\frac{\pi}{1-\pi}\right)^{\frac{1}{1+\gamma}}\left[\frac{\pi n}{(1-\pi)\theta\pi^{\theta-1}R}\right]^{\frac{\gamma}{1+\gamma}} \tag{10.1.54}$$

要证明金融中介存在的合理性，需要对金融中介存在或不存在情况下的经济主体的期望效用进行比较。式（10.1.52）—式（10.1.54）给出了金融中介存在时的经济主体的期望效用。

若不存在金融中介，资本积累必须通过自我融资的方式进行，且年轻经济主体无法将流动性风险汇集起来。在 t 期，年轻经济主体只能在流动资产和资本投资之间配置其储蓄 W_t。设 q_t^*、$1-q_t^*$ 分别为年轻经济主体储蓄中用于资本和流动资产的投资比例。在此情况下，t 期的年轻经济主体就会以求解下列优化问题来选择 q_t^*：

$$\max_{0\leqslant q_t^*\leqslant 1}\ -\frac{1-\pi}{\gamma}[xq_t^*+n(1-q_t^*)]^{-\gamma}W_t^{-\gamma}-\frac{\pi}{\gamma}[\theta\pi^{\theta-1}Rq_t^*+n(1-q_t^*)]^{-\gamma}W_t^{-\gamma} \tag{10.1.55}$$

$$q_t^*=\frac{(\lambda-1)n}{\theta\pi^{\theta-1}R-n+\lambda(n-x)} \tag{10.1.56}$$

其中

$$\lambda=\left[\frac{\pi(\theta\pi^{\theta-1}R-n)}{(1-\pi)(n-x)}\right]^{\frac{1}{1+\gamma}} \tag{10.1.57}$$

比较两种情况下年轻经济主体的期望效用，可以得到，当金融中介存在时，经济主体的最大期望效用 $U_{\max}$ 大于或等于金融中介不存在时的最大期望效用 $U_{\max}^*$①。因此，金融中介的存在使 t 期的年轻经济主体的境况得以改善。

---

① 在本西温加与史密斯（1991）的模型中，并没有给出两种情况下最大期望效用的比较结果，谈儒勇（2000）在该模型的基础上对两种情况下的期望效用进行了比较并给出了数学说明。

在比较了两种情况下的期望效用后，为了考察金融中介对经济增长率的影响，本西温加与史密斯对两种情况下均衡增长率进行了比较。

当金融中介存在且达到均衡状态时：

$$\bar{K}_{t+2} = r_{2t}W_t = \frac{Rq_tW_t}{\pi} = K_{t+2} \tag{10.1.58}$$

由式（10.1.48）和式（10.1.53）可得出均衡增长率：

$$\frac{\bar{K}_{t+2}}{\bar{K}_t} = R(1-\theta)\pi^{\theta-1}q_t = R(1-\theta)\pi^{\theta-1}\frac{\phi}{1+\phi} \equiv \mu \tag{10.1.59}$$

同理，可求得金融中介不存在时均衡状态的增长率为：

$$\frac{\bar{K}_{t+2}}{\bar{K}_t} = R(1-\theta)\pi^{\theta}q_t^{*} \equiv \mu^{*} \tag{10.1.60}$$

当$\dfrac{\phi}{1+\phi} > \dfrac{n\pi(\lambda-1)}{\theta\pi^{\theta-1}R - n + \lambda(n-x)}$①时

$$\mu > \mu^{*}$$

进而可以得出如下结论：金融中介存在时的经济增长率大于金融中介不存在时的增长率，这说明金融中介能够促进经济增长率的提高。

（2）格林伍德和乔万诺维奇的模型

杰里米·格林伍德和乔万诺维奇（1990）强调金融中介在聚集资本以及在获取和分析信息方面的优势，说明金融中介有助于提高资产的平均收益率。他们的模型假设经济主体的目标是在生命周期内实现期望效用最大化，其期望效用函数为：

$$\underset{0}{E}\left[\sum_{t=0}^{\infty}\beta^{t}\ln c_t\right],\ 0 < \beta < 1$$

其中，c_t 为经济主体在第 t 期的消费，β 为折旧因子。

假设每个经济主体都面临两种线性生产技术，第一种有稳定但相对较低的投资收益，$y_t = \delta \cdot i_{t-1}$（其中 δ 为技术常数）表示在 $t-1$ 期末 i_{t-1} 单位投资在第 t 期的产出；第二种投资机会能产生相对较高的投资收益但伴随着较高的风险，$y_t = (\theta_t + \varepsilon_t)i_{t-1}$（在两个因子中，$\theta_t$ 代表总量干扰因子，ε_t 代表某一项目的特异冲击）。在第 t 期经济主体的初始财富为 K_t 。

在分析了金融中介的均衡状况后，格林伍德和乔万诺维奇分别求出了拥有财富的经济主体在参与市场时的最大化期望效用和不参与市场时的期望效用，并进行了对比分析。结果表明，金融中介的存在使得经济主体期望效用得以提高。而

① 本西温加与史密斯（1991）在模型中给出了该不等式成立的条件，由于篇幅限制，本节不作具体说明。

且，金融发展与经济增长之间相互促进，共同发展。在经济发展的初级阶段，由于金融中介缺失或不完善，经济增长率较低；随着收入水平的提高，金融结构进一步深化，经济增长率也随之提高，收入分配差距进一步扩大。然而，在经济发展的成熟阶段上，金融结构得到全面发展，收入分配趋于稳定，与前面两个阶段相比，经济增长率维持在更高的水平上。

（3）格林伍德和史密斯的模型

在本西温加与史密斯（1991）模型以及格林伍德与乔万加维诺维奇（1990）模型的基础之上，杰里米·格林伍德和史密斯（1997）进一步分析了金融市场的形成机制。为了便于分析，他们假设金融活动的成本为效用损失而不是直接的资源消耗，即经济主体与金融中介接触需要付出努力，对应的效用损失为 e；与之相对应，经济主体参与金融市场的效用损失为 e'。当且仅当经济主体进行金融活动的收益超过成本时，才会激励金融中介和金融市场的形成。

杰里米·格林伍德和史密斯比较分析了三种不同的金融结构下经济主体进行最优行为选择时的期望效用。这三种金融结构分别为：经济主体自融资的金融结构、仅存在金融中介的金融结构和仅存在金融市场的金融结构。结果表明，只有在经济主体参与第二种金融结构的期望效用不低于其参与其他两种金融结构下期望效用时，金融中介才有可能形成；相应地，只有经济主体参与金融中介的效用损失大于其参与金融市场的效用损失时，金融市场才有可能内生地形成。

第二节　新结构主义金融发展理论

在麦金农—肖框架下所建立的金融深化理论，其最主要的政策主张是实行以提高利率为核心的金融自由化。然而，在发展中国家金融改革过程中暴露出了许多问题，使得金融自由化理论及政策建议受到了众多金融发展学者的质疑。其中，兴起于20世纪80年代的强调发展中国家金融体系具有二元结构特征的新结构主义金融发展理论及90年代兴起的后凯恩斯学派金融约束理论等从不同的角度对金融自由化理论进行了反思和批判。在本节中，笔者将按理论发展的时间顺序，对新结构主义金融发展理论的主要观点和模型进行概述和评价[①]。

① 新结构主义金融发展理论的模型构造种类繁多，本节只选取其中有代表性的理论模型加以概述。

一、新结构主义金融发展理论的主要内容

20 世纪 80 年代，以兰斯·泰勒（Lance Taylor，1983）、斯威德·范·维京伯根（Sweder van Wijinbergen，1982；1983）以及爱德华·F. 布菲（Edward F. Buffie，1984）等为代表的新结构主义学派针对发展中国家金融体系中存在的二元结构特征，运用家庭资产分配组合框架，对麦金农—肖的金融自由化理论进行了反驳。新结构主义金融发展学者认为，发展中国家金融体系具有鲜明的二元经济特征，这就是具有现代意义的正式的有组织的信贷市场与非正式的信贷市场并存。两者的区别在于，正式的信贷市场受政府管制，作为正式金融机构的商业银行需要存款准备金，但却会发生资金漏损的情况；而非正式金融市场既富于竞争性又很灵敏，是一个充分自由化和有效率的市场。在金融抑制背景下，正式信贷市场的利率因政府管制而处于较低水平，而非正式市场的利率不受政府管制，利率水平较高。这样一来，资金就会流入自由化程度高且有效率的非正式信贷市场。随着金融深化的推进，正式信贷市场的利率提高会导致资金从非正式信贷市场流回正式信贷市场。由于正式信贷市场的资金会因法定存款准备金发生漏损，加上资金的使用效率低下，因此，实行金融自由化之后，利率上升反而可能导致整个社会的资金可用量及资金运用效率下降。

新结构主义金融学者还指出，在发展中国家，提高利率还有可能导致滞胀。这是因为较高的存款利率增加了企业流动资金的成本，导致供给下降。反之，如果利率上升的供给效应超过储蓄欲望上升产生的总需求效应，则在国内产品市场上将产生过度需求。因此，提高利率有可能导致通货膨胀和经济增长的停滞。

在上述理论分析的基础上，新结构主义者进而提出了针对发展中国家的金融改革建议，即适度的金融抑制对发展中国家金融发展是有益的，这是因为在发展中国家，已经存在着一个自由化的且又有效率的金融中介，即非正式信贷市场，应当对其加以保护，而不是让正式的信贷市场取代非正式的信贷市场。

在新结构主义金融发展理论的形成及发展过程中，泰勒（1983）、维京伯根（1982；1983）、布菲（1984）、贝蒂·C. 丹尼尔和金弘范（Betty C. Daniel & Hong-Bum Kim，1996）等人提出的模型和观点对金融发展理论界产生了重要影响。

泰勒（1983）和维京伯根（1983）较早从结构主义角度分析了发展中国家的金融深化问题。泰勒认为，金融深化理论有关金融自由化效应的观点存在两方面的缺陷。第一，储蓄欲望的增加将减少总需求，这很可能会导致经济紧缩而不是经济增长；第二，金融深化理论认为利率的上升将增加银行存款，但事实上，存款增加对信贷供给的影响取决于所增加银行存款的来源。若新增存款来源于非

生产性资金，则将增加信贷总量，但若是来源于从非正式市场转到正式市场的生产性资金，则资金总量并不增加，相反，由于准备金率的限制，信贷总额还将减少。泰勒还认为，当利率提高从而减少信贷资金供给时，由于总供给的减少快于总需求，通货膨胀将不可避免。通货膨胀将会使产品的国际竞争力下降，厂商利润减少，投资水平降低，最终导致经济增长速度下降。尽管储蓄率提高了，但由于经济增长速度放慢，整个社会财富积累的速度仍会降低，从而使经济增长速度维持在较低水平上。

维京伯根（1983）构造了一个发展中国家金融增长模型。在模型中，居民可以根据托宾投资组合模型选择持有何种资产，这些资产包括现金、银行存款和非正式市场的贷款。居民对每种资产的需求取决于通货膨胀率、利率、收入和财富。若提高存款利率，一方面会使投资组合中现金减少而存款增加，因而增加信贷供给；另一方面，存款利率上升也会引起非正式市场的存款转向银行体系，进而减少信贷供给，其减少的程度取决于正式市场准备金率的高低。维京伯根认为，后者的作用是主要的，因此，利率上升会引起信贷供给下降，从而导致社会总产出下降，经济增长率降低。与此同时，利率上升使企业的生产成本增加，物价水平升高，整个社会的通货膨胀水平升高。因此，利率上升会使整个社会陷入经济增长缓慢、通货膨胀加剧的滞胀状态。这便是新结构主义理论的主要结论。

布菲（1984）在泰勒（1983）和维京伯根（1983）理论模型的基础之上，提出了一个有代表性的新结构主义金融发展模型。该模型假设，发展中国家存在广泛的信贷控制，因此，非正式市场利率是影响融资成本的主要价格变量，同时，该利率也影响对劳动力的需求和总产量。这意味着非正式市场利率的波动反映了市场真实的出清价格，即劳动力需求主要受非正式市场利率的影响。当政府采取金融自由化政策之后，正式市场的存款利率将升高，正式市场的信贷供应量随之提高，但整个社会总的信贷规模却不一定增加。这是因为正式信贷市场的利率提高后会吸引资金由非正式信贷市场向正式信贷市场转移，这种转移的发生会使整个社会的货币乘数降低，从而使整个社会的信贷总量降低。布菲还进一步分析了正式信贷市场利率与非正式信贷市场利率的动态调整过程。模型表明，正式信贷市场利率提高会使非正式信贷市场的利率随之提高，导致企业生产成本随之增加，进而降低社会总产出；同时，由于高利率造成高储蓄率，社会总需求也降低，这就进一步影响了社会总产出和经济发展。因此，布菲认为，金融自由化可能使经济增长变慢，但最终要取决于非正式信贷市场金融资产与其他金融资产的替代弹性和利率提高之后对整个社会产出的效应以及对储蓄的效应。

20 世纪 90 年代，丹尼尔和金弘范（1996）在新结构主义的理论假设下，充分应用内生经济增长理论，通过构建反映经济内部各部门的商品、劳动和资产供求关系的一般均衡模型，分析了影响金融中介资金供求变化的各种因素及其对经济发展的影响。该模型既非传统的新结构主义金融发展理论，也不同于金融深化理论，是在两种学派的理论相互结合基础上的最新发展。他们假定经济中只存在家庭、银行和企业三个部门，三个部门相互之间的资产、劳动力和商品市场中的交易行为决定了对货币和金融资产的需求。与此同时，商品市场、劳动力市场和资本市场都是完全竞争的，因此，在各市场上，实现了帕累托最优状况的标志是市场完全出清。企业从事生产的唯一成本是支付给劳动力的工资成本，而且企业资金完全依赖于企业在资本市场通过外部融资来解决。

在上述假定下，丹尼尔和金弘范认为，在发展中国家对正式信贷市场（即银行）进行管制且不存在完全竞争的非正式市场时，金融管制会变相给企业提供补贴，进而给企业带来正的利润①，使之缺乏继续扩大生产的动力。当存在着完全竞争的非正式市场时，非正式市场的存在可以抵补金融管制的补贴效应，促使企业从非正式市场融资，扩大生产，从而促进经济发展。这一结论与新结构主义者的观点一致。

当发展中国家进行金融自由化改革时，正式市场利率提高，信贷供给增加。但由于完全竞争的非正式市场存在，信贷供给的增加将会非常有限。因此，在发展中国家，非正式信贷市场的作用非常巨大，金融发展的重点应当是引进竞争机制，消除金融市场准入障碍，废除正式信贷市场与非正式信贷市场之间的管制约束，以逐渐实现两个市场的融合，提高资金的整体配置效率。

二、新结构主义的代表性理论模型

布菲（1984）在泰勒（1983）和维京伯根（1983）模型的基础之上提出了一个有代表性的新结构主义金融发展模型，而丹尼尔和金弘范（1996）模型则在新结构主义假设前提下把内生增长理论融入了进去。这两个模型分别代表了新结构主义金融发展理论的形成与发展。

1. 布菲的模型

布菲（1984）构造了一个简单的开放经济模型，以探究金融部门与实际部门的相互关系以及非正式信贷市场的重要作用②，其主旨在于描述非正式信贷市场在一个金融抑制的经济中所起的作用。模型假设在开放经济中只生产一种产品 Y，则生产函数为

$$Y = Y(L, \bar{K}) \tag{10.2.1}$$

① 此处运用微观经济学中当存在价格管制时的供求分析模型。

② 维京伯根（1983）也强调了非正式信贷市场在欠发达国家（LDCs）和半工业化国家（SIEs）金融与经济发展中的重要作用，但其模型并没有准确描述信贷市场的功能及其同实际部门之间的相互关系。

$$P = eP^*\qquad(10.2.2)$$

其中，L、$\bar{K}$ 分别为劳动和资本投入，P 为产品的国内价格，e 为汇率，P^* 为外生的国际价格。由于该经济是小国经济，则就业水平由供给决定，故假设了一个 CES 生产函数①

$$L = \bar{a}Y\left[W\frac{(1+i_c)}{P}\right]^{-\sigma}\qquad(10.2.3)$$

式中，W 为名义工资，i_c 是非正式信贷市场利率，σ 为替代弹性，$\bar{a}$ 为不相关常数。政府设定的话期存款利率和贷款利率分别为 i_d 和 i_L，远低于市场出清的存贷款利率，而非正式信贷市场提供给储蓄者足够高的利率，并能满足那些无法在正式市场上融资的企业的贷款需求②。

整个金融部门的模型如下：

$$\frac{D}{P} = f^1(i_d, i_c, Y)A\qquad(10.2.4)$$

$$\frac{C}{P} = f^2(i_d, i_c, Y)A\qquad(10.2.5)$$

$$\frac{eF}{P} = f^3(i_d, i_c, Y)A\qquad(10.2.6)$$

$$A = \frac{M + eF}{P}\qquad(10.2.7)$$

$$LO = (1 - k)D\qquad(10.2.8)$$

$$LO + C = WL\qquad(10.2.9)$$

其中，A 表示总财富，M 为高能货币，LO 表示银行的可贷资金，WL 表示总可贷资金。该模型中主要有四种金融资产：现金 CU，存款 D，国外债券 F 以及非正式市场贷款 C。其中，式（10.2.5）表示非正式信贷的供给，根据格利和肖的定义，非正式市场的贷款是一种“直接融资”，这类贷款可以被视为由企业发行并由居民购买的一期债券，在每一期期末，企业将在偿付商业银行贷款的同时收回期初发行的债券。而在下一期起初，企业将发行新一轮的债券，并由那些拥有剩余所得的居民户购买。每一种金融资产占总财富比例由其回报率和实际收入所决定，与此同时，假定各种金融资产是相互替代的。通过汇总企业、居民户和商业银行的资产负债表（见表 10.2.1），可以得出私人部门的总财富（由式（10.2.7）所给出）为高能货币和国外债券二者之和。

当非正式市场利率使得可贷资金的供给等于需求时（见式（10.2.9）），金融市场实现均衡。由于政府实施利率管制，商业银行没有多余的准备金，而且

① CES 生产函数，即固定替代弹性生产函数（constant elasticity of substitution production function）。

② 此处暗含假设企业不能获得国外贷款，原因在于对国外信贷机构的准入限制。

也不能持有国外债券，因此，商业银行的贷款供给便由存款 D 和法定准备金比率 k 决定（见式（10.2.8））。银行贷款利率被钉定在低利率水平上（通常比非正式市场利率低15—30个点），因此，企业更愿意获得这种含有补贴的融资。最后

$$\hat{W} = g\hat{P}, 0 \leqslant g \leqslant 1 \tag{10.2.10}$$

表示价格水平的提升对工资水平的反馈作用。

表10.2.1　布非模型中不同部门的资产负债表

资产	负债
居民户	0
CU_h^a	
C	
eF	
D	
企业	
CU_f^b	
	LO
	C
商业银行	
LO	D
kD	

注：CU_h^a = 居民户持有的现金；CU_f^b = 企业持有的现金。

在上述模型的基础上，布非分别对政府的货币政策、金融自由化、货币贬值的影响做了比较静态分析①。

（1）货币政策

在实行固定汇率制和世界市场价格为既定的前提下，货币政策和金融自由化的作用在很大程度上取决于各种金融工具对非正式信贷市场利率 i_c 的影响。法定准备金率的提高和高能货币的减少会产生紧缩效应，法定准备金率的上调会直接减少银行贷款的供给，迫使企业转向从非正式市场融资，从而导致非正式市场利率 i_c 上升；后者通过减少实际部门财富和由居民户提供的存款及非正式市场贷款，进而导致 i_c 的上调。通过式（10.2.1），式（10.2.3）—式（10.2.5），

① 政府可以采取三种金融工具，即高能货币的供给，银行信贷的扩充和利率，而在布非（1984）的模型中，前两种政策工具的应用被称作“政府的货币政策”，而利率的提高则被视为“金融自由化”。

式（10.2.7）—式（10.2.9），得到：

$$\frac{\hat{L}}{\mathrm{d}k} = \frac{-\sigma S_b}{(1-k)\Delta} < 0 \qquad (10.2.11)$$

$$\frac{\hat{L}}{\hat{M}} = \frac{\sigma A_m}{\Delta} > 0 \qquad (10.2.12)$$

其中，$S_b = \frac{LO}{LO + C}$，为银行贷款在贷款供给总额中的比重；$S_c = \frac{C}{LO + C}$，为非正式市场贷款在贷款供给总额中的比重；$\theta_1 = \frac{W(1 + i_c)}{PY}$，为包含利息的劳动成本的比重；$h_c = S_b\left(\frac{\hat{f}^1}{\partial i_c}\right) + S_c\left(\frac{\hat{f}^2}{\partial i_c}\right)$，为相对于 i_c 的对活期存款和非正式市场贷款半需求弹性（semi-elasticities of demand）的贷款比重加权平均值；$h_y = S_b\left(\frac{\hat{f}^1}{\hat{Y}}\right) + S_c\left(\frac{\hat{f}^2}{Y}\right)$，表示对活期存款和非正式市场贷款的需求收入弹性的贷款比重的加权平均值；$A_m = \frac{M}{PA}$，为高能货币在金融财富总额中的比重，$\Delta = h_c(1 + i_c)(1 - \theta_1) + \sigma(1 - h_y\theta_1) > 0$ 。

由替代假设可知，$h_c > 0$ 。以上结果同金融深化理论和其它新结构主义理论的观点一致，即紧缩性货币政策会对供给产生不利影响。

（2）金融自由化

金融深化理论认为，利率的提高是解决银行信贷供给不足和企业流动资本瓶颈的有效途径。然而，布菲（1984）却认为，仅仅依靠利率并不能解决上述问题。

$$\frac{\hat{L}}{\mathrm{d}i_d} = \frac{\sigma h_d}{\Delta} \qquad (10.2.13)$$

其中，$h_d = S_b\left(\frac{\hat{f}^1}{\partial i_d}\right) + S_c\left(\frac{\hat{f}^2}{\partial i_d}\right)$，为相对于活期存款利率 i_d 的活期存款和非正式市场贷款半需求弹性的贷款比重加权平均值。

在布菲看来，实行金融自由化之后，活期存款利率 i_d 的提高能增加银行的可贷资金供给，但并不能相应地增加可贷资金的总供给。当 i_d 上升，资金将从非正式市场、国外债券和现金持有转向银行活期存款，来源于国外债券和现金的资金转移可以增加可贷资金总额。然而，由于法定准备金要求的存在，由非正式市场转向银行的资金要上缴 k 比例的准备金。如果非正式市场贷款在总可贷资金中占相当大的比重而且能够较好地替代存款，则 i_d 的提高将导致总可贷资金减少，即产生紧缩效应。也就是说，由于非正式信贷市场的存在，金融自由化带来的存款利率提高不一定能增加贷款总供给；金融自由化政策成功与否要依据金融资产之间的替代效应来判断：如果存款能够更好地由国外债券和现金来替代而不是由非正式市场贷款来替代的话，那么，金融自由化能够实现其预期效果①。

(3) 货币贬值

新结构主义者认为，货币贬值在通过减少实际贷款供给的同时将提高利息成本，从而形成滞胀的压力。由

$$\frac{\hat{L}}{\hat{e}} = \frac{\sigma[(A_f - g) + (1-g)h_c(1+i_c)]}{\Delta} \tag{10.2.14}$$

$$\frac{\mathrm{d}i_c}{\hat{e}} = \frac{(1-\theta_1)(g-A_f) + \sigma(1-g)(1-h_y\theta_1)}{\Delta(1+i_c)^{-1}} \tag{10.2.15}$$

其中，$A_f = \frac{eF}{PA}$，为国外债券在总财富中的比重。从式（10.2.14）可见，货币贬值通过两种途径作用于实际总劳动成本：一方面货币贬值降低了实际工资 $\frac{W}{P}$，另一方面对贷款的供求也产生影响。在给定就业水平的前提下，贬值使贷款需求提高了 $g\hat{e}$，与此同时，由国内货币表示的国外债券价值的增加使名义贷款供给增加了 $A_f\hat{e}$ 且同贷款需求的增加保持平衡。式（10.2.14）表明，贬值对就业的影响同替代弹性 σ 无关，而同工资的指数化程度 g 有关。布菲认为，如果存在着相当大的实际工资刚性，则新结构主义者有关贬值能产生滞胀压力的观点是正确的；反之，则金融深化理论关于贬值能促进经济发展的观点是正确的。

布菲在比较静态分析的基础上，又引入了长期动态分析来考察上述政策的长期影响，即分析如何通过影响国际收支来改变总财富，进而通过金融市场对实际部门产生反馈作用。

$$Y = CN + \dot{\tilde{D}} + \dot{\tilde{C}} + C\dot{\tilde{U}}_h + \dot{\tilde{e}}F \tag{10.2.16}$$

$$M = kD + CU_f + CU_h = C + D + CU_h \tag{10.2.17}$$

式（10.2.16）为居民户的预算约束，CN 为实际消费，将式（10.2.17）代入式（10.2.16），可得

$$B = \dot{A} = \lambda[V(i_d, i_c)Y - A], \lambda, V_1, V_2 > 0 \tag{10.2.18}$$

其中，B 为用国内价格表示的经常账户赤字，V 为财富收入比。式（10.2.18）的动态机制可由图 10.2.1 表示，其中 CC 表示信贷市场均衡过程，它是向下倾斜的：

① 然而，众多实证分析表明，由于银行存款与非正式市场贷款之间存在更好的替代作用，金融自由化政策并不能达到其预期政策目标。维京伯根对韩国做了实证分析，参见 Wijnbergen, Sweder van, 1983, "Interest Rate Management in LDC's", *Journal of Monetary Economics*, vol. 12, pp. 433-452。

$$\left.\frac{\mathrm{d}i_c}{\mathrm{d}A}\right|_{CC}=\frac{-(1-\theta_1)(1+i_c)}{A\Delta} \qquad (10.2.19)$$

令式（10.2.18）为0，从而得出经常账户均衡时的过程 BB：

$$\left.\frac{\mathrm{d}i_c}{\mathrm{d}A}\right|_{BB}=\frac{-(1-\theta_1)(1+i_c)}{A[\hat{V}_2(1-\theta_1)(1+i_c)-\sigma\theta_1]} \qquad (10.2.20)$$

BB 的倾斜方向是不确定的。i_c 的提高会带来产出效应和储蓄效应，即 i_c 的提高在减少产出同时，假如人们储蓄得更多的话，却会增加非正式信贷市场的贷款供给。假如储蓄边际倾向为正值，产出效应使国际收支恶化，而储蓄效应则产生相反的作用。当储蓄率对 i_c 的变化不敏感而且 σ 可以忽略不计时，产出效应将占主导地位，则 BB 的斜率为负。

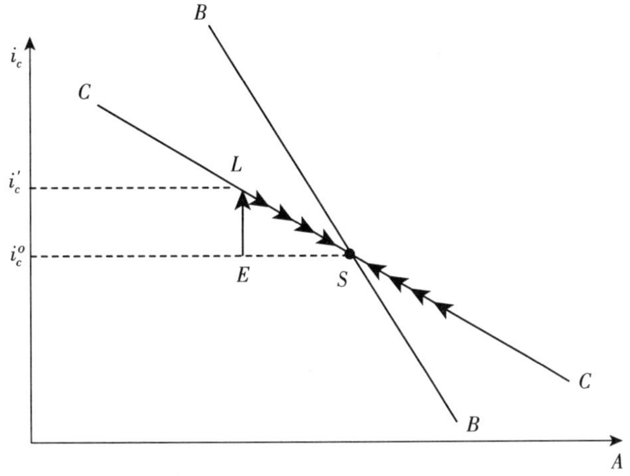

图 10.2.1　货币贬值对国际收支及信贷市场影响的动态过程

布菲继而指出，从长期看会得出许多与短期不同的结论。以贬值的政策效果为例，在短期内，新结构主义理论认为贬值会导致滞胀；但如果存在工资刚性，则贬值在长期的作用是中性的。如图 10.2.1 所示，贬值使实际财富由 S 减少到 E，从而导致非正式市场利率由 i^o_c 上升到 i'_c，而经常账户下的盈余又导致经济体回到均衡点 S。

2. 丹尼尔和金弘范的模型

丹尼尔和金弘范（1996）采用卢卡斯（1982）基于现金支付约束的跨期资产定价模型分析了金融深化下的利率变化对产出水平和产出成本的影响。其模型的假设与结构如下：

丹尼尔和金弘范接受了新结构主义的假设，认为企业在雇用工人之前要先支付工人工资。在此基础上，他们采用彼得・恩格伦德和拉尔斯・E. O. 斯文森

（Peter Englund & Lars E. O. Svensson，1988）的非随机货币模型①刻画了二元金融结构。模型的基本假定如下：第一，经济中存在着与资产、劳动和商品市场相关联的三种代表性的主体：家庭、银行和企业。家庭在预算约束和现金支付约束下，通过消费、资产组合和劳动供给的选择来最大化其效用水平。为有效区分市场上对现金和存款的需求，假定存在着两种非完全替代的消费商品：现金商品和支票商品。现金商品必须用现金购买，而支票商品既可以用现金购买，也可以用银行存款通过支票支付。企业雇佣劳动并进行生产，但企业的生产受到融资约束，即对雇佣劳动的支付必须在销售收入实现之前进行。银行作为金融中介接受家庭存款，并向企业发放贷款以满足其营运资本的融资需求。由于存在着企业的融资约束和家庭现金支付约束，经济主体之间的交易行为必须是序贯进行的。

在每一期间，商品市场的开始和结束都处于第一阶段，资产市场和劳动市场的出清处于中间阶段，生产则在最后阶段完成。家庭利用 $t-1$ 时期的资产市场获得在 t 时期购买商品的收入，企业则在 $t-1$ 期间利用资产市场融资雇佣劳动并组织生产，并在 t 时间段内销售商品。假设所有市场都是充分竞争的。

在上述假定下，包括政府、银行、家庭和企业在内的各部门的资产负债平衡方程和各类市场的均衡可表示如下：

（1）政府。政府负责制定银行管制制度，供应高能货币。政府的管制包括禁止非正式信贷、官定存款准备金比率和制定利率高限等。假定高能货币固定不变，且高能货币由银行持有的准备金和家庭持有的现金构成，即

$$H_t = H_{bt} + H_{ht}$$

其中，H_t 为高能货币，H_{bt} 为银行持有的准备金，H_{ht} 为家庭持有的现金。

（2）银行。银行将存款的 α 部分用于准备金，其余部分则用于放贷

$$H_{bt} = \alpha D_{bt}$$

$$L_{bt} = (1-\alpha)D_{ht}$$

这里，L_{bt} 为银行信贷。

假定各银行之间是充分竞争的，则银行利润为零，因此，其存贷款之间的利率关系可表示为：

$$(1-\alpha)D_{bt}i_t^l = D_{bt}i_t^d \rightarrow i_t^d = (1-\alpha)i_t^l$$

（3）企业。企业雇佣劳动为生产中唯一的投入要素，生产函数为固定规模产出生产函数。假定存在一线性技术使得最终产品能够在两种商品之间无成本转换。则企业的产出方程为：

$$Y_{1t} + Y_{2t} = Y_t = L_{t-1} \tag{10.2.21}$$

① 参见 Englund, Peter, & Svensson, Lars E. O., 1988, "Money and Banking in a Cash-In-Advance Economy", *International Economic Review*, vol. 29, Nov., pp. 681-705。

Y_t 为企业在 t 期的总产出。其中，Y_{1t} 为现金商品的产出，Y_{2t} 为支票商品的产出，L_{t-1} 为用于生产的劳动投入。企业利润最大化与劳动力市场的充分竞争意味着包括利息在内的实际工资成本应等于劳动的边际产出，则均衡实际工资可表示为：

$$(\pi_t W_{t-1})^* = \frac{1}{1+i_t^l} = \frac{1-\alpha}{1-\alpha+i_t^d} \quad (10.2.22)$$

$(\pi_t W_{t-1})^*$ 表示均衡实际工资，π_t 为 t 时期按商品折算的货币的价格。由于企业受金融约束的影响，不能获得足够的贷款支付均衡水平的劳动力工资，因此，实际工资取决于实际贷款总量，即：

$$\pi_t W_{t-1} L_{t-1} = (1-\alpha)\pi_t D_{ht} \leqslant (\pi_t W_{t-1})^* L_{t-1}^* \quad (10.2.23)$$

$\pi_t W_{t-1}$ 为企业能够支付的实际工资，L_{t-1} 、L_{t-1}^* 分别为劳动力市场出清时与实际工资和均衡工资相对应的劳动力实际雇用量与均衡雇佣量。在 t 期的资本市场上，企业用销售收入偿付银行贷款本息，并向股东分配红利，红利总量为：

$$\pi_t F_t Z_t = C_{1t} + C_{2t} - L_{t-1}\pi_t W_{t-1}(1+i_t^l) \quad (10.2.24)$$

$\pi_t F_t$ 为每股的利润，Z_t 为企业股票数。

（4）家庭。家庭提供劳动力，购买金融资产，消费商品，并在预算约束和现金预付金的约束下追求效用最大化。其效用函数为：

$$\sum_{\tau=t}^{\infty} \beta^{\tau-1} u(c_{1t}, c_{2t}, 1-L_t)$$

$\beta = \dfrac{1}{(1+\delta)}$，$\delta$ 为消费者的时间偏好，c_{1t} 、c_{2t} 为现金商品和支票商品的消费额，$1-L_t$ 为闲暇消费。现金商品和支票商品的现金预付金约束（即流动性约束）分别为：

$$c_{1t} \leqslant \pi_t H_{ht} \quad (10.2.25)$$

$$c_{2t} \leqslant \pi_t D_{ht} \quad (10.2.26)$$

受预算约束的 t 期内的家庭财产可以表示为：

$$\begin{aligned} W_t &= \pi_t H_{ht} + \pi_t D_{ht} + Q_t Z_t + \pi_t D_{ht} i_t^d + \pi_t F_t Z_t + \pi_t W_t \\ &= c_{1t} + c_{2t} + \pi_t H_{ht+1} + \pi_t D_{ht+1} + Q_t Z_{t+1} + \pi_t W_t (1-L_t) \end{aligned} \quad (10.2.27)$$

Q_t 表示 t 时间段内按商品折算的证券的价格，设 λ，μ_1，μ_2 分别为实际财富和两个流动性约束的拉格朗日乘数，则通过一系列数学推导可得出消费者的预算约束为：

$$c_1 + c_2(1-i^d) + \pi W(1-L) = \pi F + \pi W + \pi A_h i^d \quad (10.2.28)$$

这里的 πA_h 表示用于购买支票商品的实际存款余额，这些存款由家庭作为资产持有，而不是用于满足流动性需求。当 $i^d < \delta$ 时，$\pi A_h = 0$，当 $i^d = \delta$ 时，$\pi A_h \geqslant 0$ 。式（10.2.28）说明对现金商品、支票商品、利息成本净额以及休闲

的消费必须与实际利润、时间禀赋（time endowment）和银行作为资产持有的存款利息相等，且当 $i^d=\delta$ 时，πA_h 应处于银行借贷市场出清状态。为进一步分析消费者效用，用效用的对数公式可推出：

$$c_1=\frac{\eta_1}{\lambda(1+\delta)} \tag{10.2.29}$$

$$c_2=\frac{\eta_2}{\lambda(1+\delta-i^d)} \tag{10.2.30}$$

$$L=1-\frac{(1-\eta_1-\eta_2)}{\lambda\pi W} \tag{10.2.31}$$

（5）商品市场。假设商品是不能贮藏的，其均衡要求全部产出必须用于消费，即

$$c_1+c_2=y=L \tag{10.2.32}$$

（6）劳动市场。劳动需求依存于贷款市场是否出清。若贷款市场出清，则劳动需求在实际工资水平下具有无限弹性。图 10.2.2 的 L^d（free）是银行贷款市场完全自由竞争均衡时的劳动需求曲线，L^d（reg）为银行贷款利率管制时的劳动需求曲线。劳动供给曲线是实际工资和存款利率的函数，在存款利率不变的情况下，劳动力供给 L_s 是一条向上倾斜的曲线（实际工资水平的函数），i^d 的下降使 L_s 曲线向左移动。

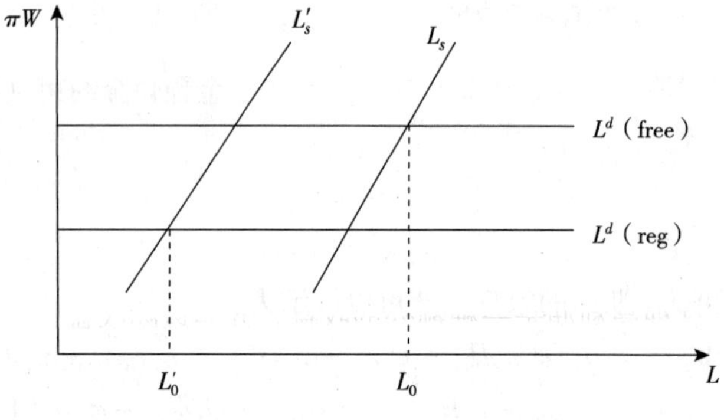

图 10.2.2　金融抑制下的劳动力市场

（7）资产市场。资产包括银行存款、贷款和企业股票。金融抑制背景下的银行贷款市场供求变化如图 10.2.3，企业贷款需求由式（10.2.29）—式（10.2.31）所确定。因存款利率上升将减少贷款需求，所以，贷款需求是一条向下倾斜的曲线。而在给定实际工资情况下，消费者对支票商品的需求随利率上升而增加，是一条向上倾斜的曲线。当 i^d 达到 δ 时，贷款供给弹性无限大，成为一条水平线。因此，贷款供给由折线 XYZ 表示。随着实际工资的下降，XY 线向左

移动。

（8）高能货币市场。该市场由家庭所持有的现金和银行所持有的准备金构成。

丹尼尔和金弘范在所构建的上述模型基础上，分析了金融抑制的效应。在禁止非正式市场存在的情况下，如图 10. 2. 3 所示，如果金融抑制使得贷款利率从 δ 降至 q，这将对贷款供给产生两方面的影响：第一，银行贷款将沿着 XYZ 减少；第二，将导致 XYZ 左移至 $X'Y'Z$，从而减少存款，贷款供给由 OC 降至 OA'，从而降低了社会营运资本存量。贷款供给下降导致的信贷紧缩使企业在现有的边际生产率水平上得不到充足的贷款来雇佣足够的劳动，劳动需求也下降。此外，由于存款利率下降，劳动力供给曲线左移，劳动力雇佣人数从 L_0 降至 L'_0（见图 10. 2. 4）。但此时由于利率下降而导致企业生产成本下降，企业利润增加。

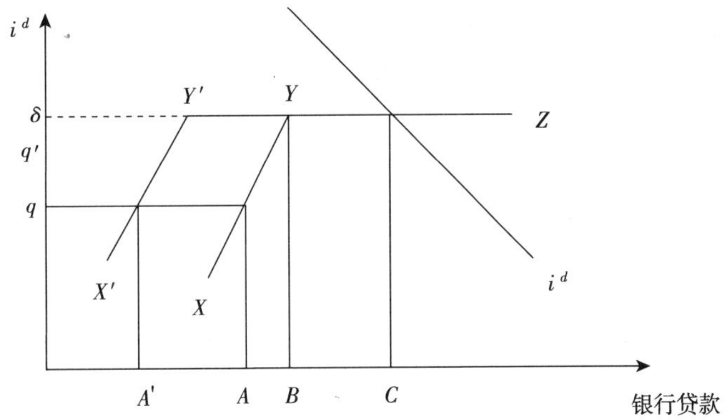

图 10. 2. 3 金融抑制下的银行贷款市场

总之，金融抑制的效应是提高了企业的利润，但降低了雇佣者人数并减少了产出。但是。这种高利润是一种额外的收益，并非边际收益，并不能给予企业扩张的动力。因此，新结构主义强调的生产成本下降仅仅只是一种超边际成本（intramarginal costs）的下降，而并非边际成本的降低。利率下降导致均衡营运资本下降，因而限制了企业在现有工资水平下雇佣更多的工人。

丹尼尔和金弘范接着分析了受到金融抑制的银行信贷市场和自由的非正式市场并存的情形。假定在初始阶段，非正式信贷市场被禁止，但随着银行利率受抑制程度的加深，非正式市场得以出现。初始阶段的存款利率为 δ（低于均衡利率），而初始阶段的劳动力和信贷市场均衡如图 10. 2. 4 和图 10. 2. 5 所示。

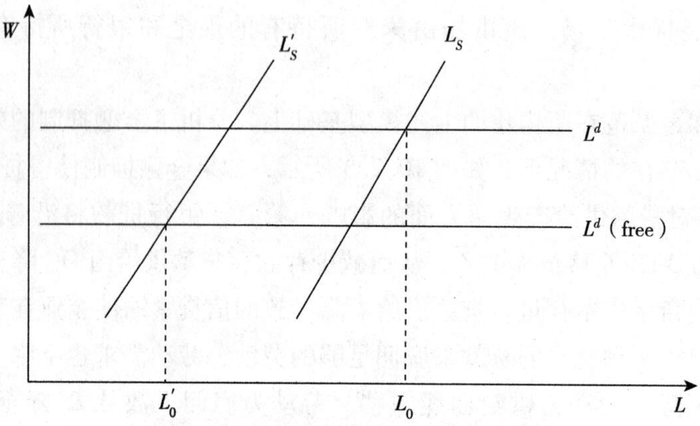

图 10.2.4 金融二元结构下的劳动力市场

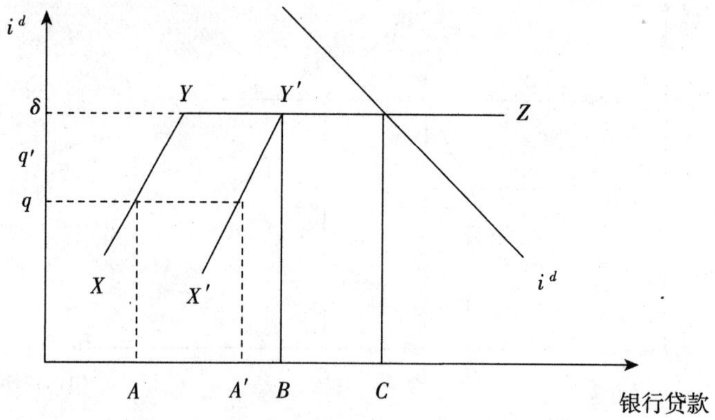

图 10.2.5 金融二元结构下的银行信贷市场

在图 10.2.4 中，劳动力需求对实际工资的弹性为无穷大，呈现为一条水平线；而劳动力供给却随实际工资的上升而增加，为一条向上倾斜的曲线。在图 10.2.5 中，贷款需求在政府对贷款市场干预之前是向下倾斜的；贷款供给 *XYZ* 为一条折线。

假设银行存款利率因金融抑制从 δ 降至 q 时导入非正式信贷市场。非正式信贷市场的导入将产生两方面的效应。第一，由于银行需要缴纳存款准备金，而非正式信贷市场不受法定准备金限制，从而导致均衡工资上升；第二，即使银行部门受到金融抑制，但非正式市场可以允许企业支付均衡的工资。因此，在图 10.2.4 中，在金融抑制和非正式市场互为补充的情况下，劳动力需求因均衡工资的上升而向上移动，劳动力供给却因存款利率下降而左移。但这种变化对雇佣数量的影响是不明确的。

同初期完全竞争的均衡市场相比，金融二元结构下的银行信贷供给变化存在着上升或下降两种可能性。随着存款利率下降，πA_h 降至0，且支票商品的消费沿着 XY 线下降，但高工资使贷款供给由 XY 右移至 $X'Y'$ 。均衡实际工资的增加使贷款总需求增加，与此同时，由于非正式市场的抵补作用，企业并不受银行信贷总量的约束。因此，实际工资和营运资本存量并不会因信贷限制而下降。

总之，在不存在非正式信贷市场时，尽管金融抑制提高了企业利润，但并不能给企业提供扩大生产的激励。当允许非正式市场存在时，因金融抑制而下降的产出可能会减缓其下降趋势甚至发生逆转。与此同时，工资和雇佣数量都会有明显的提高。

进一步考虑金融自由化的情形。在金融自由化背景下，银行利率从 q 上升至 q' ，但仍低于 δ 。银行利率的提高会增加银行信贷供给。但如果非正式市场继续运营，则因非正式市场上的贷款被用于为支付工资而融资，若此时非正式市场的利率不变的话，则均衡工资仍维持不变。存款利率的提高使劳动力供给曲线右移，从而增加劳动力雇佣量、工资总额和信贷供求总额。相反，如果非正式市场不存在，存款利率的提高以及相应的贷款总量的增加将提高实际工资，而 $X'Y'$ 的右移将进一步增加银行可贷资金总量，利率的提高使劳动供给曲线右移（见图10.2.4），而银行贷款的增长提高了实际工资，使得劳动需求曲线向上移动。就业则因为工资提高和利率上升而增加。因此，丹尼尔和金弘范认为当不存在非正式市场时，金融自由化对劳动力雇佣量和工资的效应远比存在非正式市场时显著，也就是说，在非正式市场存在的情况下，金融自由化的效应是有限的。

第三节　非对称信息条件下的信贷配给理论

金融深化理论认为，政府对利率的人为干预，将实际利率限制在其均衡水平之下，特别是当贷款利率存在上限时，必然导致金融中介机构（商业银行）从事非价格性信贷配给。这种上限的存在不鼓励金融机构从事风险投资，因而排除了对潜在高收益项目提供贷款的可能性。在这种情况下，借款人会把资金投入到收益刚刚超过利率上限的项目。因此，为了促进经济发展，必须放松利率限制。然而，现实中观察到的事实表明，即使是在金融体系完善、市场完善的发达国家，在经过了20世纪60—70年代的金融自由化改革之后，金融市场上普遍存在的信贷配给现象并没有因为政府放弃利率管制而消除。针对这一现象，部分学者开始从市场不完全的角度来对金融市场存在的信贷配给现象作出解释，以探讨信贷配给为什么会作为信贷市场均衡结果而出现的微观形成机制。早在20世纪60年代初期，唐纳德·R. 霍格曼（Donald R. Hodgman，1960）就从违约风险的角度对信贷配给作出了解释。20世纪70年代中期以后，随着信息经济学的基本理论及分析方法在微观金融理论领域得以应用，以德怀特·M. 贾费和托马斯·拉塞尔（Dwight M. Jaffee & Thomas Russell，1976）以及约瑟夫·E. 斯蒂格利茨和安德鲁·魏斯（Joseph E. Stiglitz & Andrew Weiss，1981）为代表的金融学者从信息不对称的角度对信贷市场上信贷配给均衡的形成机制做了阐释，奠定了信贷配给理论的微观基础。

在斯蒂格利茨和魏斯（1981）的著述发表之后，信贷配给理论的发展基本上分为两个方向：一方面从微观角度进一步探讨信贷配给均衡的形成机制。这包括：第一，继续在信息不对称假设下探讨监督成本、抵押品、绝对优先权原则、小额信贷与信贷配给的关系等具体问题；第二，通过引入不对称预期或信贷市场与股权市场并存的假设，探讨信贷配给的形成机制。另一方面，从宏观的角度分析信贷配给对宏观经济的影响，特别是分析信贷配给的存在对货币政策传导机制的影响。

一、早期的信贷配给理论

1. 均衡信贷配给与非均衡信贷配给

在对竞争性市场机制做一般性理论分析时，供求法则总是成立。然而，一旦放松严格的理论假定并考虑市场机制本身所固有的缺陷时①，尤其是在市场存在非对称信息的条件下，供求法则便可能失去效力，导致市场失效。

信贷市场上存在的信贷配给便属于上述情形。所谓信贷配给，是指这样一种经济现象：由于信贷市场上通行的价格（利率）低于使市场出清的水平，市场上存在着对于贷款的超额需求，但市场利率并不因此而上升，而是维持在一个稳定水平，而且银行以非价格的方式对信贷资金进行配置。威廉·基顿（William Keeton，1979）② 按市场出清结果将信贷配给划分为两种类型：第一类，所有借款人都获得贷款，但每人所获得之数量均小于各人需求之数量；第二类，部分借款人都能获得贷款，而另一部分人对银行而言也属于并无差别的借款人，却无法

① 市场机制本身的缺陷包括外部性、垄断、公共物品供给不足以及信息不对称等。西方微观经济学在分析市场机制的基本运行原理时通过严格的理论假定回避了这些缺陷。

② Keeton, William, 1979, *Equilibrium Credit Rationing*, New York: Garland Press.

获得贷款①。由于同时存在未被满足的超额需求，但同时市场利率水平维持不变，信贷配给的存在明显有悖于供求法则，因此，无法由有关市场机制运行的一般原理来解释。

就理论研究文献而言，依据所采取的分析范式不同，从而对信贷市场特点的假定不同，信贷配给理论有非均衡与均衡之分。在新古典范式的信贷市场完全竞争假设下，信贷配给被解释为一种由外生冲击引起的暂时的非均衡现象，或者是因外生的制度约束导致的长期非均衡现象。这种通过外生因素解释信贷配给为何产生的理论即为非均衡的信贷配给理论。而在不完全竞争市场范式之下，信贷市场由于具有与一般商品市场不同的特点，信贷配给的产生并不依赖于管制等外生约束，它是贷款人理性应对市场失效问题的结果，因此，信贷市场的均衡表现为以信贷配给为特征的长期均衡。这种由于市场内外因素而导致的信贷配给被称为均衡信贷配给。与信贷配给有关的文献最早可以追溯到亚当·斯密（1776）。斯密在论及法定利率与市场利率之间的关系时曾经指出："法定利息率若低于最低市场利息率，其结果将无异于全然禁止放债取利的结果。如果取得的报酬少于货币使用之所值，则债权人便不肯借钱出去，所以债务人得为债权人冒险接受货币使用之全值而支付一笔费用。"② 虽然斯密没有使用信贷配给这一术语，但他看到了利率受到限制时信贷的非价格配置现象。凯恩斯在《货币论》一书中讨论"未被满足的借方需求"时也指出，在英国银行贷款的供给并不遵循完全竞争市场的原则；信贷市场上存在着未得到满足的处于边际上的借款人，其规模可以被扩大或缩小。这样一来，银行在不改变贷款利率的情况下就可通过扩大或紧缩信贷数量来影响投资③。凯恩斯的这一观点后来成为20世纪50年代产生的"信贷可得性学说（Credit Availability Doctrine）"的重要组成部分。罗伯特·罗萨（Robert Rossa，1951）④ 等人提出的"信贷可得性学说"最早从宏观经济角度研究了信贷配给，并讨论了信贷配给在货币传导机制中的重要性。该理论认为，由于信贷配给的存在，即使投资和储蓄对利率不敏感，货币政策仍然可以通过影响信贷的可获得性发挥作用。作为货币政策的一种"新观点"，该理论有效地回应了当时较为流行的"央行政策无效论"。

虽然"信贷可得性学说"创造性地指出，信贷可获得性的变化可能是货币政策传导的一种机制，但该理论并没有建立有关信贷可获得性变化令人信服的理

① 除此之外，"红线注销（red lining）"也被认为是一种信贷配给现象。"红线注销"是指，由于一部分借款人的未来收入状况达不到银行所要求的标准，银行无法从提供给他们的贷款中获得足够收益，因此，即使他们愿意支付现行或更高的利率，银行也无法满足其贷款需求。

② 亚当·斯密：《国民财富的性质和原因的研究》（上卷），商务印书馆1972年版，第328页。

③ 参见凯恩斯：《货币论》（下卷），商务印书馆1986年版，第316—317页。

④ Rossa，Robert，1951，"Interest Rates and the Central Bank"，in *Money Trade and Economic Growth*，New York：Macmillan Company.

论基础，也没有指出因信贷可获得性变化而产生的其他效应。随后，经济学家开始从微观上寻找信贷配给作为经济现象存在的微观基础。早期信贷配给理论主要从两个方面对信贷配给的微观基础做了探索。第一，从外生制度约束（如利率管制）的角度解释信贷配给的形成原因；第二，放松制度约束的限制，从信贷合约双方追求自身利益最大化的角度分析了信贷配给的内在形成机制。

2. 制度约束下的非均衡信贷配给理论

制度约束下的信贷配给理论通过利率管制等外生制度因素①导致价格粘性来解释信贷配给。由于利率管制会导致利率粘性，信贷市场的价格无法灵活调整到平衡供求的水平，这将产生信贷配给。这种观点可以用图 10. 3. 1 予以说明。

如图 10. 3. 1 所示，令信贷市场最初均衡点位于资金供给曲线 S 与信贷需求曲线 D_1 的交点 A，此时，市场利率与管制利率上限均为 r_o，市场均衡的信贷需求量为 q_1。当信贷需求增加使得市场需求曲线由 D_1 移至 D_2 时，市场均衡点应由 A 点移至 B 点，但由于利率管制的存在，市场利率无法自发调整至 r_m。这使得市场上的实际均衡点仍然位于 A 点，并产生了超额的信贷需求 $q_2 - q_1$。银行将以非价格手段对信贷资金进行配置。因此，当存在利率管制时，信贷配给表现为由制度约束所造成的信贷市场上存在着一种长期非均衡现象。

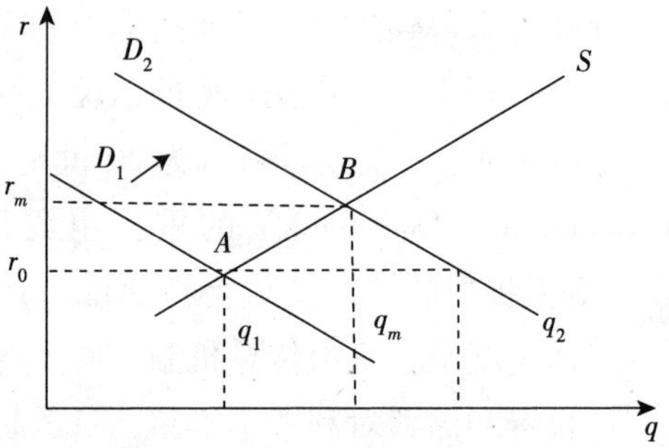

图 10. 3. 1　利率管制下的信贷配给

由于西方国家在 20 世纪 50—60 年代尚未实现利率的市场化，不同程度的利率管制在当时还是一个普遍现象。受此影响，早期的金融学者主要从利率管制导致价格粘性，以此对信贷配给作出解释。然而，随着西方国家利率市场化进程的深入，金融学家发现信贷配给并未随着利率管制的解除而消失。这说明利率管制并不是导致信贷配给的主要原因。

① 除了利率管制之外，对银行流动性水平的要求也被视为一种制度约束，这种约束可能导致信贷配给。

3. 违约风险、市场结构与信贷配给

20 世纪 60 年代，以霍格曼、贾费等为代表的经济学家开始尝试在放松制度约束条件的前提下解释银行实行信贷配给的原因。对信贷配给的讨论开始转入对信贷合约双方行为的角度进行研究，该问题逐渐演变为对商业银行为追求自身利益最大化的某种微观行为进行探讨，因此，银行对贷款违约风险的判断和态度以及价格歧视等因素开始进入经济学家们分析的视野。这一阶段的研究以霍格曼（1960）以及德怀特·M. 贾费和弗朗科·莫迪格利安尼（Dwight M. Jaffee & Franco Modigliani，1969）等人的著述最具代表性。

（1）霍格曼的违约风险模型

霍格曼（1960）① 建立了一个基于违约风险的模型，对第一类信贷配给做了探讨，创造性地提出了"向后弯曲"的贷款供给曲线，从而对信贷配给提供了更一般的解释。模型假设商业银行面对一群收入概率分布相同的借款者，每个借款人（企业）期初向银行借入数量为 B 的资金，并允诺期末偿付款项 $S=(1+r)B$，此处，r 为贷款利率。借款人可能获得的收入为 R，R 是一个在 $[0, R^*]$ 之间分布的随机变量，且独立于借款金额 B，分布函数为 $F(R)$。双方签署的债务合同为标准形式，即当 $R>S$ 时，借款人归还贷款，银行获得收益 S；而当 $R<S$ 时，借款人则因无力还款而宣告破产，银行接管企业并获得全部收益 R。

因此，对每笔贷款而言，银行的期望收益为：

$$\rho = \int_0^S Rf(R)\,\mathrm{d}R + \int_S^{R^*} Sf(R)\,\mathrm{d}R$$

由于 $\frac{\mathrm{d}\rho}{\mathrm{d}S} > 0$，$\rho$ 随 S 的增加而增加，并在 $S_{\max} = R^*$ 时达到最大值。

同时，霍格曼（1960）用借款人违约造成本金损失的期望值 EZ 来衡量贷款的风险程度；

$$EZ = \int_0^B (B-R)f(R)\,\mathrm{d}R$$

很显然，贷款的违约风险程度随贷款规模 B 的增大而增加。

在综合考虑银行贷款的收益和风险基础上，霍格曼指出，银行总是设定 $\frac{\rho}{EZ}$ 的比例，低于该比例，银行将不会放款。该比例的含义是银行预期可获得的本息收入与可能承担的风险损失二者的比例关系，它取决于银行对收益与风险的主观偏好、承担风险以获取收益的市场条件、可贷资金量及其负债情况等因素。它代

① 关于霍格曼、贾费和莫迪格利安尼的早期信贷配给理论，我们参考和借鉴了孔刘柳的著作《商业银行信贷合约行为理论》（上海财经大学出版社 2001 年版）中的部分内容。

表的是银行预期收益率，且能够反应银行的风险偏好程度。在借款人未来收入不确定的条件下，若银行以其所设定的 $\frac{\rho}{EZ}$ 水平为放贷依据，银行的信贷供给曲线将呈背弯特征并导致信贷配给。下面以完全竞争市场为例进行解释。

在完全竞争的信贷市场上，各银行所设定的每笔贷款的期望收益率 $\frac{\rho}{EZ}$ 相等，可设为 $(\frac{\rho}{EZ})^*$。对于各银行而言，当 $S_{max} = R^*$ 时，ρ 达到最大，由此可求得银行对每笔贷款所能容忍的最大风险度。由于贷款风险与贷款金额 B 成正相关关系，此时，也可得到银行对单个借款人所能够提供的贷款上限 B_{max}。当贷款金额小于 B_{max} 时，随着利率 r 的提高，S 会增加，从而 ρ 增加。为维持一定的 $(\frac{\rho}{EZ})^*$，银行必然要增加 B，以增加 EZ。这意味着贷款的数量将随利率的提高而增加。而当 r 的上升导致 S 达到上限时，B 也达到上限，利率的上升不会使银行继续增加贷款的供给，因为此时贷款的偿付金额 S 等于企业投资可能产生的最大收益 $R*$，借款人无论如何都将无利可图，其违约几乎是确定的。为了维持一定的 $(\frac{\rho}{EZ})^*$，银行可能还会在 r 增加时减少贷款数量 B，从而同时减少 S、ρ 及 EZ。这便导致贷款供给数量反而随利率的进一步增加而减少。因此，银行对单个借款人的资金供给曲线将是一条背弯曲线，而且由于所有借款人与贷款人被假定为同质的①，对信贷市场的分析可以通过银行对单个借款人的信贷供给曲线与单个借款人的需求曲线来判断，由此可以得到银行对所有借款人所提供的相同信贷合约（B，r），如图 10.3.2 所示。

图 10.3.2 中，S 代表向后弯曲的银行信贷供给曲线，D 代表单个借款人的需求曲线，B_{max} 为银行供给贷款的上限。令市场最初均衡于需求曲线 D_1 与供给曲线交于点 A，此时可以得到银行为所有借款人提供的均衡信贷合约为（B_1，r_1）。当借款人需求增加导致需求曲线由 D_1 移至 D_2 时，供给与需求曲线交于点 C，对应的均衡利率水平为 r_2，资金供给为 B_2。然而，由于 B_2 小于 B_1，而 r_2 大于 r_1，理性的借款人不会接受在支付了更高利率之后反而获得更少贷款资金的均衡状态，实际的均衡点将由 C 移至 B。此时，借款人获得信贷资金供给上限 B_{max} 且信贷市场上所有借款人在对应利率水平 r_0 存在超额的资金需求 $B_0 - B_{max}$。信贷配给在这里表现为在超过一定的额度 B_{max} 之后，借款人即使愿意支付更高的利率也无

① 信息经济学中关于信贷市场特征的主要文献（如 Stiglitz & Weiss（1981），David de Meza & Webb（1987），Helmut Bester（1985），Douglas Diamond（1984；1991），Robert M. Townsend（1989）等）一般都假定金融市场上的借款人是异质的、而贷款人是同质的。然而，在早期分析信贷配给的文献中，贷款人和借款人都被视为同质。

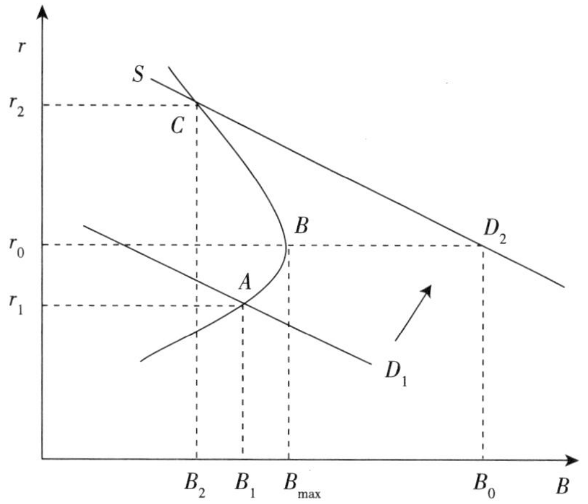

图 10.3.2　存在违约风险时的向后弯曲的信贷供给曲线

法获得更多的信贷资金。同时，由于模型没有对借款人进行区分，信贷配给的结果在这里表现为所有借款人均获得贷款，但各人所获得之数量小于其意愿获得之水平，即前面提到的第一类信贷配给所达到的水平。

霍格曼虽然首次导入了向后弯曲的信贷供给曲线，并以此为基础对信贷配给提供了解释，但该模型也存在明显的缺陷。第一，模型假定借款人的未来收益（代表借款人还款能力）独立于借款数量，但实际上，如果贷款被用于增强企业的生产能力，其还款能力将随贷款数量的增加而加强。第二，模型对于信贷配给的解释只是基于一条向后弯曲的信贷供给曲线，并没有涉及对信贷市场其他方面的分析，这样得出的结论不够全面。第三，银行供给曲线的推导并非基于商业银行利润最大化前提，而是依赖于一个由模型外生给定的期望收益水平，这表明市场的均衡状态仍然是由外生因素所决定。

（2）贾费和莫迪格利安尼的模型

虽然霍格曼（1960）推导出了向后弯曲的信贷供给曲线，并对此提供了解释，但要证明信贷配给的存在，仅仅推导出信贷供给曲线的特性是不够的。贾费和莫迪格利安尼（1969）认为，在任何情况下，贷款均涉及三个基本要素，即贷款需求、贷款供给及贷款利率的确定。霍格曼（1960）及其他人的相关文献的局限性就在于，他们将注意力集中在对贷款人贷款供给数量的决定因素上，而忽略了其它两个基本要素，即贷款需求和贷款利率的决定。

贾费和莫迪格利安尼首先研究了银行对单个客户的最优贷款供给曲线。对单个客户的最优贷款是指银行在贷款利率为给定条件下，从该客户那里能获得最大期望利润的贷款数量。这一数量取决于贷款金额、利率以及借款人未来收益的密度函数。因此，该供给曲线反映了对应于各种可能的贷款利率的一系列最优贷款数量的集合，可直接通过银行期望利润最大化的一阶条件得到。当银行作为市场价格的接受者时，这条曲线仍然是背弯的。

在此基础上，贾费和莫迪格利安尼在他们的模型中引入了对信贷市场结构及银行价格歧视行为的分析。他们认为，现实中的银行业都带有一定的垄断特征，但是，居于一定垄断地位的银行无法对借款人实行完全的价格歧视，这反而有可能导致银行实行信贷配给。银行之所以无法对借款人实行完全的价格歧视，则又是由于政府禁止、道德约束等原因所致。

当银行处于垄断地位并能够实行完全的价格歧视时，它将针对每个不同的借款人提供不同的信贷合约，此时不存在信贷配给。如图 10. 3. 3 所示：

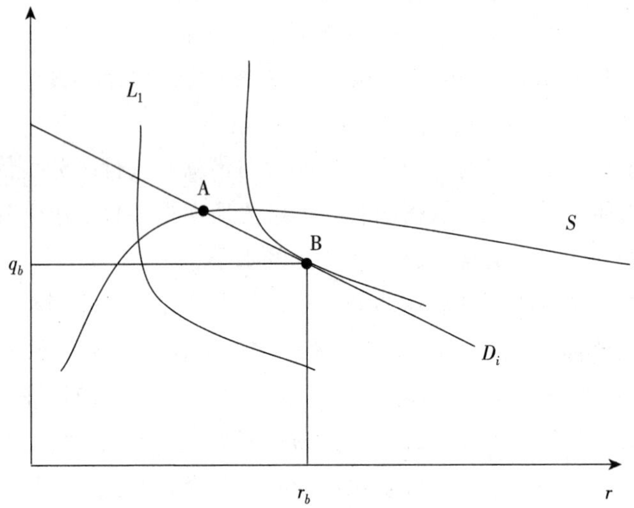

图 10. 3. 3　价格歧视下的银行最优贷款合约

在图 10. 3. 3 中，L 代表贷款利率 r 与贷款数量 q 二元坐标空间内银行向单个客户提供贷款的利润无差异曲线。S 为完全竞争条件下银行对单个客户的信贷供给曲线，D_i 代表第 i 个借款人的需求曲线。对任意借款人 i 而言，银行都将在借款人需求曲线与其最大收益无差异曲线相切的 B 点上提供合约（r_b，q_b）。因此，该合约对银行而言是最优合约。对于借款人而言，其需求曲线的位置不同，所获得合约亦不同。由于此时 B 点位于需求曲线上，这表明每一客户 i 均在相应的利率水平上获得了想要获得的贷款数量，故不存在信贷配给。

然而，当居于一定垄断地位的银行无法实行完全的价格歧视时，信贷配给就可能产生。如图 10. 3. 4 所示，D_A、D_B 代表两个不同借款人 A、B 的借款需求曲线。对银行而言，当能够实行完全的价格歧视时，所提供的信贷合约分别为 A_0、B_0。二者对于银行来说是最优的。此时，银行分别向二人索取不同的利率 r_a、r_b。然而，由于政府限制、道德约束等原因，银行无法实行完全的价格歧视，故只能对不同的借款人收取相同的利率 r_0。且令 r_0 位于 r_a、r_b 之间。此时，虽然银行拥有一定的垄断地位，但由于受到限制，它只能接受利率 r_0，银行实际上退化为价格接受者。再根据银行对单个客户的供给曲线得到银行此时能提供的最优信贷合约（r_0，q_0）。对借款人 B 而言，在利率水平 r_0上，他意愿得到的贷款数量 q_b 小于银行的供给数量 q_0，其资金需求完全能够满足；但对于借款人 A 而言，此时其资金需求 q_a 大于银行供给数量 q_0，其资金需求无法得到充分满足，这意味着他遭遇了信贷配给。事实上，当银行实行完全的价格歧视时，凡是当借款利率高于银行利率而银行被迫作为价格接受者实行统一利率时，借款人都将遭遇到信贷配给。由于该模型中遭遇到信贷配给的借款人都不同程度地获得了一定数量的贷款，这种信贷配给仍应被视为前文中提到的第一类信贷配给。

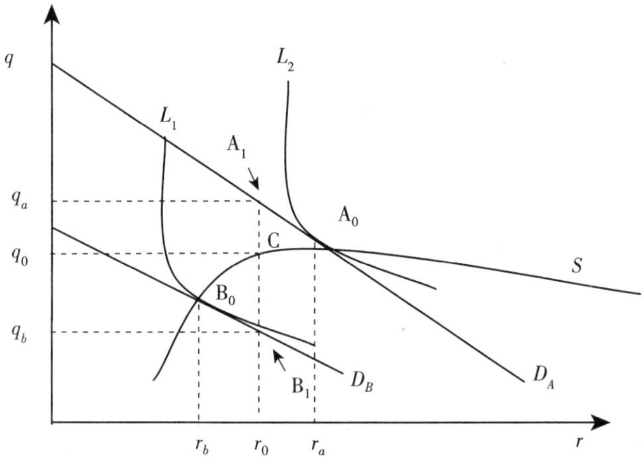

图 10.3.4 不存在价格歧视下的银行信贷配给

贾费和莫迪格利安尼的理论创新之处在于：第一，不再单纯依靠向后弯曲信贷供给曲线来对信贷配给进行解释，而是将信贷市场结构与商业银行价格歧视行为引入信贷配给分析之中。第二，全面地分析了信贷市场的供给与需求特征以及均衡利率的确定。但是，该模型也存在着一定的局限性。这表现在：第一，模型中信贷配给的产生是由于政府禁止、道德约束等外生因素导致垄断者（银行）无法对借款人实行完全的价格歧视，这种信贷配给在本质上仍然是非均衡的。第二，信贷配给只发生在垄断的市场结构中。第三，虽然采用了不同的需求曲线对借款人进行了一定的区分，但各借款人并无本质区别，而且该曲线并不是从借款人追求利润最大化或效用最大化行为推导出来的。

进入 20 世纪 80 年代之后，合约理论开始被用来分析信贷配给的微观基础。乔尔・弗雷德和彼得・霍伊特（Joel Fried & Peter Howitt，1980）试图从隐含合约理论的角度解释信贷配给现象。他们借鉴了有关劳动市场的隐性劳动契约理论，把它应用到了银行与企业客户信贷关系行为上来，认为信贷配给的存在是银行与其借款者之间因达成风险分担合约而实现均衡的结果。在贷款者与借款者达成信贷合约之后，双方不仅可以从信贷合约中获得现实的利益，而且可以从确定的未来交易量、交易价格中的“隐含性合约”等关系中获得好处。这种合约安排可以使银行与其客户共同分担由不确定的未来事件所引起的风险。

由此，弗雷德和霍伊特认为，信贷合约一经达成，就被视为是借贷双方关于未来风险分摊的最佳安排，相应的利率水平也是最优的，故不必再作修改。所以，当银行面对超额的市场需求时，便不再能要求提高利率。这就导致了价格粘性及信贷配给。该理论的优点在于从一个新的角度解释了信贷配给现象，并且没有事先设定一个对利率的限制。但是，这一理论并没有真正涉及信贷合约当事人双方信息结构上的问题，其对信贷配给产生原因的解释最终不得不回到外生因素上来。

二、非对称信息下的信贷配给理论

早期的信贷配给理论大都从外生制度因素的角度来分析信贷配给形成的原因。20 世纪 60—70 年代的信贷配给理论虽然尝试从非制度因素（如违约风险、市场结构、价格歧视、信贷合约的特征等）的视角来探讨这一问题，但这一阶段的理论遵循的仍然是新古典分析范式。在新古典世界中，利率作为价格可以传递信贷交易中的一切信息，而且其弹性变动将消除市场上的超额供给与需求，使供求达到均衡。市场机制本身被认为是完美的，信贷配给的产生并不是因市场机制存在缺陷所致，而是因为外生因素（如利率管制等）限制了市场机制这只“看不见的手”的正常运作，因而产生了信贷配给。总之，这个时期的研究都将信贷配给的产生归因于各种外生因素，故这一时期信贷配给理论严格来讲仍然是非均衡的。

20 世纪 70 年代中后期，随着信息经济学的分析方法在金融经济学领域得以应用，部分经济学家针对信贷市场中存在的信息不对称有可能导致由逆向选择和道德风险所引起的市场失效，他们采用信息经济学的分析范式对作为市场均衡现象的信贷配给形成机制进行了分析，由此丰富和发展了均衡信贷配给理论的微观基础。

基于信息不对称的信贷配给理论主要分为两类模型：逆向选择与隐藏行动的道德风险模型和隐藏信息的道德风险模型。贾费和拉塞尔（1976）、斯蒂格利茨和魏斯（1981）等在逆向选择和隐藏行动的道德风险模型方面从事了开创性的研究，而斯蒂芬·D. 威廉姆森（Stephen D. Williamson，1987）基于事后的信息不对称假设分析了在存在监督成本的情况下信贷配给的形成机制。

1. 逆向选择、隐藏行动的道德风险与信贷配给

信贷市场上存在的信息不对称是指，就借款人自身拥有而且能影响其还款行为的特定信息而言，贷款人（银行）所知道的要少于借款人。这些特定信息既可以是借款人的个性特征，也可以是借款人未来收入分布函数的某些参数以及借款人借款后的行为选择。在非对称信息条件下，银行既无法于事前区分不同特征类型的借款人，也无法在事后直接掌控借款人的行为，因此，在信贷市场上存在逆向选择与道德风险问题。在存在逆向选择和道德风险可能性的情况下，面对超额的贷款需求，银行不是提高利率水平，而是对借款人实施信贷配给。

贾费和拉塞尔通过构建一个简单的借款人与贷款人行为模型分析了第一类信贷配给，并认为信贷配给是市场对于逆向选择问题的理性回应。在他们的模型中，借款人被划分为诚实和不诚实两类。诚实的借款人一定会还款，而不诚实的借款人可能还款，也可能不还款。当违约能提高其效用水平时，不诚实的借款人便会选择不还款。通过对市场均衡条件下不同类型借款人行为和银行贷款行为的分析，贾费和拉塞尔指出，由于事前无法区分借款人的类型，在市场均衡的情况下，诚实的借款人所偏好的是更低的并能使其效用达到最大化的利率水平，而不诚实的借款人的信贷需求虽然会随着利率水平的提高而增加，但他们进行逆向选择的可能性更大，这将使银行的预期收益下降。因此，当面对超额的贷款需求时，不提高利率而对信贷实行配给，将会是银行对于逆向选择作出的理性回应。

斯蒂格利茨和魏斯（1981）在一个非对称信息的信贷市场模型中，分别探讨了事前的逆向选择和事后道德风险与信贷配给的关系。在他们的模型中，借款人和贷款人均为风险中性，每一借款人都拥有一个投资项目，项目不可分且融资额相等。事前的信息不对称表现为贷款人对单个借款人所拥有的投资项目收益率的分布不拥有确切的信息，代表单个借款人投资项目风险水平的参数为借款人所拥有的私人信息。在这种情况下，利率的提高将产生逆向选择效应，即低风险的借款者退出信贷市场，市场上只剩下高风险的借款者。这种逆向选择效应使借款人的平均风险程度增加，从而可能降低贷款人的预期收益水平。贷款人预期收益与利率变化之间的非单调关系决定了贷款人不会通过利率调整使市场随时出清，进而信贷市场可能表现出以信贷配给为特征的长期均衡。另一方面，事后的信息不对称表现为合同签订后，贷款人无法掌控借款人事后的项目选择行为而产生道德风险问题。当贷款人无法监督借款人对事后项目的选择行为时，利率的提高将产生使借款人在获得贷款后倾向于从事高风险投资活动的激励效应。这将导致借款人还款概率降低，从而使银行贷款的预期收益率与贷款利率之间也表现为非单调

的关系，由此，信贷配给也就有可能产生。

在斯蒂格利茨和魏斯之后，许多学者在放松或修改该模型假设的基础上进一步探讨了信贷配给存在的可能性。

大卫·德·默扎和大卫·韦布（David de Meza & David Webb，1987）认为，如果假设每个项目的期望收益不同，信息不对称可能导致正向选择。也就是说，好的项目会将差的项目驱逐出市场，信贷配给将不会发生。赫尔穆特·米尔德和约翰·G. 赖利（Hellmuth Milde & John G. Riley，1988）[①] 认为，当信贷市场上存在众多的可以观察到的异质借款者群体时，银行可以对不同的群体设定不同的利率水平。只要不同群体的个数很大，信贷配给在经验上就不会是一个重要现象。

抵押作为信贷市场一个极其重要的合同约束条件，在实践中被广泛运用，以解决信息不对称问题[②]。为了把信息不对称条件下的信贷配给研究进一步引向深入，有些学者对抵押在信贷配给中的作用做了探讨。他们关注的是贷款抵押的运用是否能消除信贷配给。这个问题也已成为信贷配给研究的一个重要发展方向。

斯蒂格利茨和魏斯（1981）在利率水平给定的条件下分析了抵押品对信贷配给的影响。

他们认为，与利率变化对银行收益的影响相同，抵押品对银行收益同样存在着正方两面的影响。银行提高借款人抵押品的要求，虽然可以提高借款人的还款概率，但抵押品的提高相应地也增加了借款人的成本，使其追求更高风险的投资项目，从而产生逆向选择效应。如果逆向选择效应对银行收益的影响超过提高抵押品对银行收益带来的正向影响，则银行整体的风险将加大。因此，当面对超额的贷款需求时，理性的银行可能并不会通过提高抵押品要求这种非利率价格条款[③]来消除超额的贷款需求，于是，信贷配给仍会出现。

针对斯蒂格利茨和魏斯（1981）对抵押品与信贷配给的分析，赫尔穆特·贝斯特（Helmut Bester，1985）指出，斯蒂格利茨和魏斯是在一定的利率水平之下分析抵押品的作用，如果银行同时决定贷款利率和所需抵押品的价值，并提出一组由不同的利率和抵押品要求组成的贷款合约（要么利率较高但抵押品价值较低，要么利率较低但抵押品价值较高）的话，结果将会有很大差异。由于高风险借款人违约概率高，他们更愿意接受利率较高但抵押品价值较低的贷款合同；相

① 参见 Milde, Hellmuth & John G. Riley, 1988. "Signaling in Credit Markets", *Quarterly Journal of Economics*, vol. 103, no. 1, Feb., pp. 101-129。

② 在完全信息条件下，贷款合约不包括抵押品要求，因为银行处置抵押品是需要支付成本的。因此，抵押品要求可看作是市场对于非对称信息所作出的回应。

③ 恩斯特·巴尔腾斯伯格（Ernst Baltensperger，1978）认为，广义的的贷款价格不仅包括利率，还包括信贷合约中的抵押品要求等非利率条款。参见 Baltensperger, Ernst, 1978, "Credit Rattioning: Issues and Questions", *Journal of Money, Credit and Banking*, vol. 10, no. 2, May, pp. 170-183。

反，低风险借款人还款概率高，因此，更愿意接受利率较低但抵押品价值较高的贷款合同①。此时，依赖借款人的自我选择机制所实现的信贷市场均衡将会是分离均衡，并且信贷配给将不会发生。其原因在于，不同利率与抵押品要求相搭配的贷款合约能使银行对不同风险的借款人进行甄别，从而导致信贷配给不会产生②。

大卫·贝斯安科和安詹·V. 萨科尔（David Besanko & Anjan V. Thakor, 1987）认为，在非对称信息条件下，银行将会提供不同利率和抵押品要求相搭配的贷款合约对借款人进行甄别。但是，为满足激励相容条件，只有当信贷市场是完全竞争时，银行提供的信贷合约中才会包含抵押品条款。此外，当借款人财富受到限制无法提供足够的抵押品时，信贷配给仍有可能产生。

斯蒂格利茨和魏斯（1986；1987a；1987b；1992）继 1981 年之后又建立了一些模型，就抵押品能否消除信贷配给的可能性作了进一步的论述。他们提出如下假定：第一，假定企业家是风险厌恶递减类型的，且拥有不同水平的初始财富，这意味着在抵押与借款者风险水平之间可能会产生正向联系。第二，最厌恶风险的借款者选择风险更低的投资项目，但他们更不愿意提供更多的抵押品，这意味着当借款者的风险偏好不同时，抵押不能显示项目的风险类型。在这种情况下，当银行将利率与抵押品相搭配的一系列信贷合约提供给潜在的借款者时，仍将面临着逆向选择和道德风险。增加抵押品要求会产生逆向选择效应，同样地，逆向选择效应对银行收益的影响将以如同提高利率时所发生的情况一样发生。在此条件下，尽管这种利率和抵押品相搭配的合同与标准形式的债务合同相比更为复杂，但信贷配给仍有可能发生。

皮埃尔·G. 阿德尼和马塞洛·墨索里（Pier G. Ardeni & Marcello Messori, 1994）分析了贷款规模可变条件下信贷配给出现的可能性，而默扎和韦布（2000）则对企业家的隐藏质量类型及隐藏行为进行了考察。他们的结论表明，信贷配给可能会在一定的条件下出现，但信贷配给的存在意味着出现了过度投资。

2. 斯蒂格利茨和魏斯的模型

在有关逆向选择、隐藏行动的道德风险模型中，斯蒂格利茨和魏斯（1981）的模型最具代表性，其影响也最为广泛。鉴于此，我们对该模型作简要介绍。

① 贝斯特（1985）在（C, r）坐标空间内分析了借款人预期收益的无差异曲线，他发现低风险借款人的边际替代率更高。这说明低风险借款人偏爱更低水平的利率，而高风险借款人偏爱更低水平的抵押品要求。因此，银行通过提供不同抵押品与利率相搭配的信贷合约供借款人选择是满足激励相容条件的，即高风险借款人只会选择高利率低抵押品的信贷合约。这种合约对其自身而言是最优的，而且也符合银行的利益。

② 这里只能避免由逆向选择所导致的信贷配给。

(1) 模型的基本假设

设银行面对由一组特定借款人提出的贷款申请，每个潜在借款人计划从事一个投资项目。与项目 i 相对应，借款人 i 的投资收益 R 服从分布 $F(R,\theta_i)$，θ 为收入的分布函数中的特殊参数，代表借款人的风险水平。各借款人收益分布之间的关系表现为同均值分布（mean preserving spread）①。

此外，设项目不可分，且借款人融资额均为 B。借款合约为标准形式债务合同②，表示为 $(C,\hat{r})$，C 为抵押品价值，$\hat{r}$ 为贷款利率。当借款人能够还款时，他偿还固定金额 $B(1+\hat{r})$。当借款人无力还款时，破产程序自动启动，银行将成为投资项目的所有者，取得收益 $C+R$。借款人违约的充要条件是 $C+R \leqslant B(1+\hat{r})$。银行与借款企业均为风险中性。银行间的同业竞争使得银行的利润为 0。因为 θ 表示借款人的私人信息，此时，有关借款人风险水平的信息是不对称的，银行无法在提供贷款之前对不同风险水平的借款人进行区分并收取不同的利率。利率的提高将因此产生甄别效应并导致逆向选择。

(2) 逆向选择与信贷配给

定理 1：对于任一借款人而言，在每一给定利率水平 $\hat{r}$ 下，均存在风险的临界值 $\hat{\theta}$，仅当 $\theta > \hat{\theta}$ 时，借款人才提出贷款申请。

当信贷合约为标准形式的债务合同时，就每份贷款合同而言，银行与借款人的收益如图 10.3.5 所示。

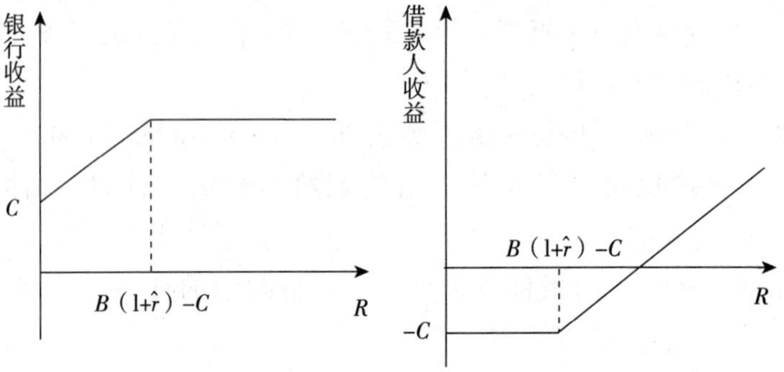

图 10.3.5　当签署标准债务合约时银行与借款人的收益

---

① 同均值分布性质的两个特征是：第一，对于任意 $i \neq j$，$\int_0^{\infty} Rf(R,\theta_i)\,\mathrm{d}R = \int_0^{\infty} Rf(R,\theta_j)\,\mathrm{d}R$。各个借款人收益的均值相等；第二，对于任意 $\theta_i > \theta_j$，$\int_0^{y} Rf(R,\theta_i)\,\mathrm{d}R \geqslant \int_0^{y} Rf(R,\theta_j)\,\mathrm{d}R, y \geqslant 0$。$\theta$ 值越大，则与借款人获取收益相伴随的风险水平越高。

② 在斯蒂格利茨和魏斯（1981）的模型中，贷款合约形式是外生给定的。道格拉斯·盖尔和马丁·赫尔维希（1985）的研究则证明，当非对称信息是有关借款人未来将实现的收入时，标准形式的债务合约是借贷双方最优的且满足激励相容条件的合约。参见 Gale, Douglas & Martin Hellwig, 1985, "Incentive-Compatible Debt Contracts: the One-Period Problem", *Review of Economic Studies*, vol. 52, pp. 647-663。

对于每一借款人而言，其预期利润 $E\pi(\hat{r},\theta)$ 表现为关于随机变量 R 的函数，则有：

$$E\pi(\hat{r},\theta) = E\max[R-(1+\hat{r})B;\ -C]$$
$$= \int_{0}^{(1+\hat{r})B-C} -Cf(R,\theta)\,\mathrm{d}R + \int_{(1+\hat{r})B-C}^{\infty}[R-(1+\hat{r})B]\,f(R,\theta)\,\mathrm{d}R$$

令 $R_0 = (1+\hat{r})B - C$

$$E\pi(\hat{r},\theta_i) = -CF(R_0,\theta) + \int_{R_0}^{\infty} Rf(R,\theta)\,\mathrm{d}R - (1+\hat{r})B + (1+\hat{r})BF(R_0,\theta)$$
$$= ER - (1+\hat{r})B + \int_{0}^{R_0} F(R,\theta)\,\mathrm{d}R \qquad (10.3.1)$$

由同均值分布性质可得：借款人利润 $E\pi(\hat{r},\theta)$ 随其风险水平 θ 的提高而增加；而有关借款人风险中性的假设使其只有在 $E\pi(\hat{r},\theta)>0$ 时才会借款投资。

因此，令 $E\pi(\hat{r},\theta)=0$，在每一给定利率水平 $\hat{r}$ 下均可得到风险的临界值 $\hat{\theta}$，满足 $E\pi(\hat{r},\hat{\theta})=0$。仅当 $\theta>\hat{\theta}$ 时，$E\pi(\hat{r},\theta)>E\pi(\hat{r},\hat{\theta})$，借款人才申请借款。

定理 2：临界值 $\hat{\theta}$ 随利率 $\hat{r}$ 的增加而提高，$\frac{\mathrm{d}\hat{\theta}}{\mathrm{d}\hat{r}}>0$。

由式（10.3.1），令 $E\pi(\hat{r},\hat{\theta}) = A(\hat{r},\hat{\theta})$

$A(\hat{r},\hat{\theta})=0$，则 $\dfrac{\mathrm{d}\hat{\theta}}{\mathrm{d}\hat{r}} = -\dfrac{\frac{\partial A}{\partial \hat{r}}}{\frac{\partial A}{\partial \hat{\theta}}}$

其中，$\dfrac{\partial A}{\partial \hat{r}} = -B + \dfrac{\mathrm{d}R_0}{\mathrm{d}\hat{r}}F(R_0,\hat{\theta}) = -B[1-F(R_0,\hat{\theta})] < 0$

同均值分布性质可得：$\dfrac{\partial A}{\partial \hat{\theta}} = \dfrac{\mathrm{d}\int_{0}^{R_0}F(R,\hat{\theta})}{\mathrm{d}\hat{\theta}} > 0$

因此，$\dfrac{\mathrm{d}\hat{\theta}}{\mathrm{d}\hat{r}}>0$ 成立。

定理 1 和定理 2 分别说明，在信贷市场上存在着利率的逆向选择效应与高风险借款人的逆向选择行为。

对于借款人自身而言，对应于每一利率水平，只有在其风险水平高于一定临界值时，他才会选择贷款。随着利率的增加，这一临界值在提高，从而低风险借款人将退出信贷市场，市场上只剩下高风险借款人。这便是利率的逆向选择效应。这意味着，当逆向选择效应存在时，利率的增加将提高银行贷款的总体风险水平。

定理 3：对于银行而言，给定每一利率水平，每笔贷款的期望收益 $\rho(\hat{r},\theta)$ 是

借款人风险水平 θ 的减函数，$\frac{d\rho}{d\theta} < 0$。

银行每笔贷款的期望收益为：$\rho(\hat{r},\theta) = E\min[R + C;B(1 + \hat{r})]$

$$\rho(\hat{r},\theta) = \int_0^{(1+\hat{r})B-C} (R + C)f(R,\theta_i)\,dR + \int_{(1+\hat{r})B-C}^{\infty} (1 + \hat{r})Bf(R,\theta)\,dR$$

$$= \int_0^{R_0} Rf(R,\theta)\,dR + CF(R_0,\theta) + (1 + \hat{r})B[1 - F(R_0,\theta)]$$

$$= (1 + \hat{r})B - \int_0^{R_0} F(R,\theta)\,dR \tag{10.3.2}$$

给定利率水平 $\hat{r}$，$\frac{d\rho}{d\theta} = -\frac{d\int_0^{R_0} F(R,\theta)}{d\theta} < 0$。

定理4：当以风险水平 θ 表征的借款人分布函数为连续类型[①]时，银行贷款的总预期收益率为 $\bar{\rho}(\hat{r})$，即单位金额贷款的预期收益会表现为关于利率水平 $\hat{r}$ 的非单调函数。

定义分布函数 $G(\theta) = P(\theta \leqslant \theta)$，表示风险水平不高于 θ 的借款人占该组借款人总人数的比例。在非对称信息条件下，每个借款人知道自己的风险水平 θ，而银行仅知道风险水平在借款人中分布的情况 $G(\theta)$。

当 $G(\theta)$ 为连续型时，对应于每一利率水平，银行的贷款预期收益率为：

$$\bar{\rho}(\hat{r}) = \frac{\int_{\hat{\theta}}^{\infty} \rho(\hat{r},\theta)\,dG(\theta)}{1 - G(\hat{\theta})} \text{（其中 } \hat{\theta} \text{ 在 } E\pi(\hat{r},\hat{\theta}) = 0 \text{ 中由 } \hat{r} \text{ 决定）}$$

可得：

$$\frac{d\,\bar{\rho}(\hat{r})}{d\hat{r}} = \frac{\partial\bar{\rho}}{\partial\hat{r}} + \frac{\partial\bar{\rho}}{\partial\hat{\theta}}\frac{d\hat{\theta}}{d\hat{r}}$$

---

① 当这种分布为离散型时，$\bar{\rho}(\hat{r})$ 将随 $\hat{r}$ 的提高出现非连续性下降，二者之间同样表现为非单调关系。举一个当 $G(\theta)$ 为离散型时出现了 $\bar{\rho}(\hat{r})$ 发生变化的例子来说明。假设只有两类借款人，第一类借款人的风险水平为 θ_1，占人群比例为1/4，第二类借款人的风险水平为 θ_2，占人群比例为3/4，$\theta_1 > \theta_2$。

令 B = 1，则对于银行而言，每笔贷款的收益 $\rho(\hat{r},\theta)$ 等于该类贷款的预期收益率。贷款的总预期收益率 $\bar{\rho}(\hat{r})$ 为两类贷款的预期收益率的加权平均，权数为两类借款者占最终获得贷款的借款人总数的比例。$\theta_1 > \theta_2$，则存在第一类利率水平 r_0，满足 $E\pi(r_0,\theta_2) = 0$，当 $\hat{r} \geqslant r_0$ 时，第二类借款人退出信贷市场，市场上只剩下高风险的第一类借款人。

$\hat{r} < r_0$ 时，市场存在两类借款人，银行按随机原则配置贷款，两类借款人占获得贷款的人群中的比例等于其在总人群中的比例，即1∶3。此时 $\bar{\rho}(\hat{r}) = \frac{1}{4}\rho(\hat{r},\theta_1) + \frac{3}{4}\rho(\hat{r},\theta_2)$。$\hat{r} \geqslant r_0$ 时，只有第一类借款人获得贷款，此时 $\bar{\rho}(\hat{r}) = \rho(\hat{r},\theta_1)$。

由于 $\theta_1 > \theta_2$，$\rho(r_0,\theta_1) < \rho(r_0,\theta_2)$，所以 $\lim_{\hat{r}\to r_0^-} \bar{\rho}(\hat{r}) > \lim_{\hat{r}\to r_0^+} \bar{\rho}(\hat{r})$。$\bar{\rho}(\hat{r})$ 在 r_0 处出现非连续性下降。

其中

$$\frac{\partial\bar{\rho}(\hat{r})}{\partial\hat{r}}=\frac{\int_{\hat{\theta}}^{\infty}\frac{\partial\rho(\hat{r},\theta)}{\partial\hat{r}}\mathrm{d}G(\theta)}{1-G(\hat{\theta})}=\frac{B\int_{\hat{\theta}}^{\infty}[1-F(R_0,\theta)\mathrm{d}G(\theta)}{1-G(\hat{\theta})}>0$$

且

$$\frac{\partial\bar{\rho}}{\partial\hat{\theta}}\frac{\mathrm{d}\hat{\theta}}{\mathrm{d}\hat{r}}=\frac{-\rho(\hat{r},\hat{\theta})g(\hat{\theta})\frac{\mathrm{d}\hat{\theta}}{\mathrm{d}\hat{r}}[1-G(\hat{\theta})]+g(\hat{\theta})\frac{\mathrm{d}\hat{\theta}}{\mathrm{d}\hat{r}}\int_{\hat{\theta}}^{\infty}\rho(\hat{r},\theta)\mathrm{d}G(\theta)}{[1-G(\hat{\theta})]^2}$$

令

$$\hat{\rho}=\rho(\hat{r},\hat{\theta}),\frac{\partial\bar{\rho}}{\partial\hat{\theta}}\frac{\mathrm{d}\hat{\theta}}{\mathrm{d}\hat{r}}=-\frac{g(\hat{\theta})}{1-G(\hat{\theta})}(\hat{\rho}-\bar{\rho})\frac{\mathrm{d}\hat{\theta}}{\mathrm{d}\hat{r}}<0$$

因此，当 $\hat{r}$ 增加导致 $(\hat{\rho}-\bar{\rho})$ 、$\frac{g(\hat{\theta})}{[1-G(\hat{\theta})}$ 增大时，$\frac{\mathrm{d}\,\bar{\rho}(\hat{r})}{\mathrm{d}\hat{r}}<0$ 。$\bar{\rho}(\hat{r})$ 并不总是随 $\hat{r}$ 的增加而增大，二者表现为非单调的关系。这是实现信贷配给的充分条件。

定理 3 和定理 4 说明了逆向选择对于银行预期收益的影响。单笔贷款的预期收益会随借款人风险水平的提高而下降，从而贷款整体的平均预期收益随借款人总体的风险水平上升而下降。逆向选择使得利率提高后高风险借款人在借款人中的比例增加，银行贷款整体风险水平上升，其预期收益水平必然下降。这将可能抵消利率上升对银行收益的正面影响，导致 $\bar{\rho}(\hat{r})$ 随利率的上升而下降。

定理 5：当 $\bar{\rho}(\hat{r})$ 与 $\hat{r}$ 之间的非单调关系表现为一个极值点形式时，存在着特殊的资金供给曲线使信贷市场上竞争的均衡结果同样表现为信贷配给。如图 10. 3. 6：

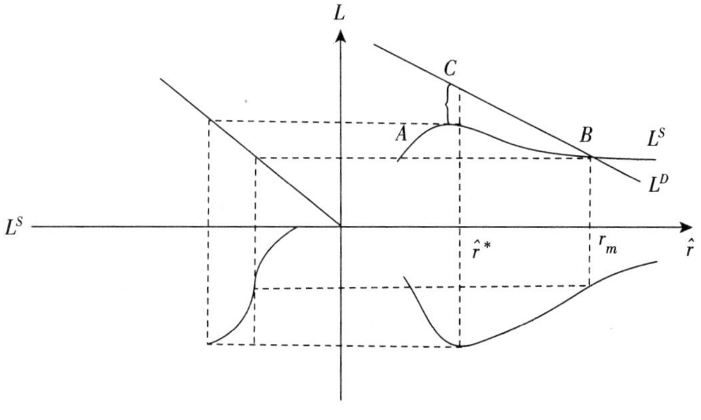

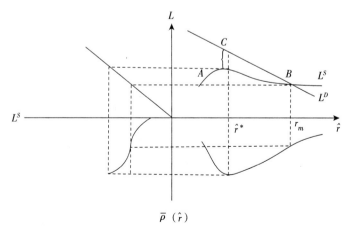

图 10. 3. 6　存在逆向选择背景下的银行预期曲线

四象限图10.3.6表示银行贷款的预期收益率 $\bar{\rho}(\hat{r})$ 与贷款利率之间非单调的函数关系。三象限为存款市场的供给函数，银行在此时支付利率为 $\bar{\rho}(\hat{r})-1$，其利润为零。二象限表示银行在信贷市场上投放的贷款等于其在存款市场上取得的存款。经过转换，在一象限内得到贷款的供给曲线。这是一条向下弯折的曲线 L_S。当需求曲线 BC 交于其弯折部分时，均衡利率为 r_m，但银行为了实现其最大化收益水平 $\bar{\rho}(\hat{r})$，它所实际要求的利率为 $\hat{r}_m$，市场实际均衡点位于 A 点，存在着未被满足的信贷需求 AC。这就导致了信贷配给。

（3）隐藏行动的道德风险与信贷配给

斯蒂格利茨和魏斯在对其逆向选择模型基本假定作出修改的基础上，继续探讨了道德风险对于信贷市场均衡的影响。这些经过修改的假定包括：假定企业不再只计划从事一个项目的投资，而是在获得贷款后拥有数个项目可供选择；企业的选择行为不受银行监督等。

定理6：如果给定某一利率水平 $\hat{r}$，对于风险中性的企业来说，两个不同的项目 j,k 之间不存在区别（即能带来同样的利润，$E\pi_j = E\pi_k$），利率的提高将使企业在获得贷款后从事违约风险更高的项目。

对于任一项目 i 而言，其利润的期望值为：

$E\pi_i = ER^i - (1+\hat{r})B + \int_0^{(1+\hat{r})B-C} F_i(R)\mathrm{d}R$，由式（10.3.1）直接得出。

该项目的违约概率或者破产概率为 $P_i = \int_0^{(1+\hat{r})B-C} f_i(R)\mathrm{d}R = F_i[(1+\hat{r})B - C]$，且有 $\frac{\mathrm{d}E\pi_i}{\mathrm{d}\hat{r}} = -B(1-P_i)$。

风险中性的企业进行项目选择的依据是 $b(\hat{r}) = E\pi_j - E\pi_k$。若 $b(\hat{r}) > 0$，则项目 j 更为理想。反之则反是。若项目 j 的违约风险更大，$P_j > P_k$，则可推出：

$$\frac{\mathrm{d}b(\hat{r})}{\mathrm{d}\hat{r}} = \frac{\mathrm{d}E\pi_j}{\mathrm{d}\hat{r}} - \frac{\mathrm{d}E\pi_k}{\mathrm{d}\hat{r}} = F_j[(1+\hat{r})B-C] - F_k[(1+\hat{r})B-C] = P_i - P_j > 0$$

利率为 r 时，$b(r)=0$。当利率提高时，因为 $\frac{\mathrm{d}b(\hat{r})}{\mathrm{d}\hat{r}}>0$，所以，$b(\hat{r}) > b(r) > 0$。企业在获得贷款后将因利率的提高而选择从事违约概率更高的项目 j。

由于在利率提高之后，获得贷款的借款人在事后将会选择高风险的投资项目，其还款概率降低，从而风险水平增加，银行贷款的整体风险水平亦随之上升。根据前文所作的分析，这也将导致 $\bar{\rho}(\hat{r})$ 并不总是随 $\hat{r}$ 的增加而增大，二者表现为非单调的关系。而这一点正是信贷配给产生的充分条件。

3. 隐藏信息的道德风险与信贷配给

当信贷市场上的非对称信息涉及借款人在投资项目上所获取的收益时，银行在通过直接手段和无需耗费成本的情况下，无法观测到借款人投资项目未来收益的具体情况，而该收益属于借款人的私有信息。因此，银行必须在支付一定的监督成本后才能获知借款人投资项目收益的实现情况。此时，就面临着“有成本的状态验证”（Costly State Verification，简称 CSV）的问题。

于是，这种类型的信息不对称将产生一种新的道德风险，即借款人可能隐藏项目的真实收益，借故不归还银行贷款。在这种情况下，贷款利率越高，借款人隐瞒收入的动机就越强烈，这会给银行招致更高的监督成本。如果监督成本的上升抵消了高利率带给银行的直接收益，银行就不会提高利率来消除超额需求。

斯蒂芬·D. 威廉姆森（1987）通过一个有成本的状态检验模型，在信贷合约为标准的债务合约的条件下得出了如下结论：即使不存在事前的逆向选择与项目实施中的道德风险问题，但仅仅因为存在投资收益的监督成本就有可能使信贷市场上的实际均衡状态表现为信贷配给。由于此时借贷双方最优的信贷合约为标准的债务合约，银行只有在借款人宣布破产时才能对借款人进行监督并掌握借款人的实际收入状况。于是，监督成本就表现为破产成本，即借款人投资项目的账面价值与银行实际取得清算收入之间的差值。

斯蒂芬·D. 威廉姆森接下来分析了信贷市场上两类主体即贷款者与企业家的行为模式。这里没有考虑银行作为信用中介的作用，故信用关系直接发生在借贷双方之间。贷款者在 0 期获得 1 单位投资品禀赋。由于投资品无法分割，他要么将这一单位投资品全部投资于无风险项目，从而在 1 期获得固定数量的消费品 t_i；要么全部以约定的利率借给企业家，从而在 1 期取得收益 r。企业家在 0 期没有投资品禀赋，但他们各自拥有不同的且能在 1 期取得收益的项目。每个项目所需投入为 1 单位投资品。当投入 1 单位投资品时，该项目能产生 w 单位的消费品。定义 w 为 $[0,\bar{w}]$ 内随机变量，$f(w)$ 为其概率密度函数。

贷款人在人群中所占比例为 ∂，企业家在人群中所占比例为 $1-\partial$ [①]，$H(r)$ 表示 $t_i<r$ 的贷款人占贷款人总数的比重。

各企业家必须在 0 期通过提供借款合约向贷款人取得投资品来进行投资，并因此在 1 期内获得消费品。而贷款者则在固定收益投资与投资企业家借款合约之间进行权衡。双方的目标都是实现 1 期收益或实现消费最大化。

由于各企业家投资项目的收益 w [②] 之间呈现出独立同质分布的关系，因而不存在高风险借款人与低风险借款人之间的区别。所有借款人在事前都是同质的，不存在逆向选择问题。企业家在获得贷款之后的行为不影响其投资项目收益的分布函数，因此，也不存在由借款人事后行为所引致的道德风险。

---

① $\partial>\frac{1}{2}$，则信贷市场上潜在的资金供给能力大于借款人的借款需求。

② 这里的收益是指单位投资品的收益，相当于收益率。

企业家所提供的借款合约为标准形式债务合约，并附带状态验证条款，即明确贷款者在何种状态下将对企业家收入进行监督与审计。这种状态一般是指企业家发出破产信号时才会出现。因此，满足激励相容条件的借款合约意味着只有当企业家收益 w 小于固定支付 x ①时，企业家才会发出破产信号，贷款人将接管企业，并获得项目收入 w 以支付监督成本 λ ②；当企业家收益 w 大于固定支付 x 时，企业家按约定向贷款人支付 x。

根据上述约定，企业家预期收益为 $\pi_e = \int_0^x (w - R(w))f(w)\mathrm{d}w + \int_x^{\overline{w}} (w - x)f(w)\mathrm{d}w$，贷款人预期收益为：$\pi_l = \int_0^x (R(w) - y)f(w)\mathrm{d}w + \int_x^{\overline{w}} xf(w)\mathrm{d}w$。其中，$R(w)$ 为企业家支付给贷款者的额度令 r 为市场平均收益水平，信贷市场的均衡问题可以表述为：$\max[\pi_e]$，s. t. $[\pi_l \geqslant r]$，即在企业家实现预期收益最大化的同时，使贷款者预期收益不低于市场平均收益水平。由此，可得到均衡的市场利率水平 x^*，此时，信贷市场均衡的贷款量为 $\partial H(r)$。由于可能存在 $\partial H(r) < 1 - \partial$，实际选择借款给企业家的贷款者数量要小于企业家数量。这意味着市场均衡时仍然存在着未被满足的借款需求，信贷市场的均衡表现为信贷配给。产生这种现象的原因在于预期的监督成本 $\lambda F(x)$ 随利率的增加而加大，因此，贷款人可能不会提高利率要求以满足超额的借款需求。

除斯蒂芬·D. 威廉姆森之外，盖尔和赫尔维希（1985）、奥利弗·哈特和约翰·莫尔（Oliver Hart & John Moore，1989）、埃里克·胡本和彼得·尼佩尔（Eike Houben & Peter Nippel，2000）等从不同角度分析了隐藏信息的道德风险与存在信贷配给的可能性二者之间的关系。

盖尔和赫尔维希通过一个简单的借贷模型，分析了竞争的资本市场上最优金融契约的形式和特征。他们的分析表明，当存在着有可能发生借款人对投资项目收益隐藏信息的道德风险且在贷款人需要付出成本进行状态验证的情况下，最优金融契约将会是一个标准的含有破产机制的负债契约。在投资项目可分和贷款规模可变的假设之下，作为信贷市场均衡的结果，第一类信贷配给就有可能发生。

哈特和莫尔假设借款人存在着向贷款人报告虚假投资项目收益并将投资项目收益转移到自己手中的隐藏信息的道德风险。为了防止道德风险行为发生，最优的借贷合同中要求借款人提供抵押品，一旦借款人违约，贷款人拥有对抵押品的清算权。由于借款人总是倾向于将还款金额降低到与其抵押品的清算价值相等的水平，因此，一个理性的贷款人最多将贷出与抵押品清算价值相等的款项。这样一来，当作为抵押品的资产清算价值低于其最初的购入成本时，第一种类型的信

① x 相当于企业为了借 1 单位投资品而按合约规定的利率支付的本利之和。

② 这里的监督成本表现为破产成本。

贷配给就有可能出现。

胡本和尼佩尔在一个扩展的隐藏信息的道德风险模型中，证明了信贷配给不仅在某些特定的均衡状态下出现，而且证明了信贷配给也是贷款人拥有信息劣势的必然结果。他们修正了哈特和莫尔有关借款人拥有无限资金转移能力的假设，而只是假设借款人的机会是无界的。在他们的模型中，抵押品在债务合同中发挥着至关重要的作用。

三、信贷配给对宏观经济的影响

基于非对称信息的均衡信贷配给理论的形成较为清晰地阐述了信贷配给产生的微观基础，这就进一步促使经济学家们对信贷配给对于宏观经济产生何种影响的问题展开研究。

实际上，早期的信贷配给理论（即20世纪50年代发展起来的“信贷可能性”学说）所探讨的主要就是宏观经济方面的问题，而20世纪70—80年代兴起的信贷配给微观理论推动了有关信贷配给对宏观经济影响的研究。在20世纪80—90年代，经济学家们将不完全信息的信贷配给的分析工具运用于宏观经济领域并取得了许多重要成果。信贷配给运用于宏观经济领域的意义在于，它可以作为货币政策影响实体经济的一条重要渠道来探索。这一点早在信贷可获得性学说中就已经提出，后来被发展成为货币政策传导机制理论中的信贷观点。

货币政策传导机制的“信贷观点”认为，信贷市场不完善导致的借款人的外部融资贴水的变化会使利率的货币政策弹性增大。货币政策除通过利率渠道对实体经济产生影响之外，还通过广义和狭义的信贷渠道使借款人的外部融资贴水发生同方向的变动。

狭义信贷渠道也称作“银行贷款渠道”。根据这种观点，货币政策通过直接影响商业银行的贷款供给而发挥作用。广义信贷渠道也称作“资产负债表渠道”。该观点认为，在存在信息不对称的情况下，货币政策的变化将改变借款人的资产负债表，从而对借款人抵押品的价值产生影响，进而影响贷款人的贷款意愿和贷款数量。

本·伯南克和阿兰·布林德（Ben Bernanke & Alan Blinder，1988）将贷款供求函数引入经典的 *IS－LM* 模型，对银行信贷渠道如何传导货币政策的机理进行了研究。他们认为，在货币政策中性、银行贷款与债券互不替代、央行能够通过准备金操作影响贷款供给的前提下，货币当局采取紧缩货币政策时，银行体系的准备金将减少，银行活期存款也将相应减少。在银行资产总体结构不变的情况下，银行可贷资金减少，贷款下降。于是，那些依赖银行贷款的借款人不得不减少投资支出，最终使产出下降。

关于银行信贷在货币传导中作用的研究除了上述基于银行贷款的渠道之外，还有一支研究文献沿着斯蒂格利茨等人关于信贷配给的思路而展开。

布林德和斯蒂格利茨（1983）在名义刚性的假设条件下，讨论了信贷配给对货币政策传导的影响。他们的研究表明，紧缩性货币政策会导致银行信贷配给的发生，而银行信贷配给的发生则会进一步强化紧缩货币政策的作用，抑制企业的投资活动并导致经济下滑。在此基础上，布林德（1987）通过构建一个包含信贷配给的宏观经济模型，分析了信贷配给对宏观经济总量、财政政策及货币政策有效性的影响。其结论显示，信贷配给会对资本形成和投资支出产生负面影响，同时会导致总供给和总需求减少，并有可能降低货币政策和财政政策的有效性。

布鲁斯·C. 格林瓦尔德和约瑟夫·E. 斯蒂格利茨（Bruce C. Greenwald & Joseph E. Stiglitz，1990）在传统的 *IS* - *LM* 模型中引入信贷配给因素，考察了金融市场不完全情况下货币政策对利率和国民收入均衡水平的影响。他们认为，在考虑金融中介对资源配置影响的情况下，货币供应量的增加不仅使 *LM* 曲线右移，而且还会使修正的 *IS* 曲线右移。因此，其效果比经典 *IS* - *LM* 模型所描述的效果大得多。

根据斯蒂格利茨等人的观点，信贷配给的存在为货币政策的传导提供了一个新的渠道。因此，即使经济中出现“流动性陷阱”或因信贷市场摩擦而使利率呈现粘性，从而使传统的货币政策利率渠道失效，也可以通过缓解信贷配给的程度来提高货币政策的有效性。

此外，除了研究信贷配给理论对货币政策传导机制的影响之外，信贷配给理论还从信贷配给与投资、信贷配给与储蓄之间的关系、信贷配给、经济增长与社会福利分配、信贷配给与经济周期等角度拓展了对信贷配给对宏观经济影响的研究。如安德莱斯·莱纳特（Andreas Lehnert，1998）分析了如何通过改善金融中介以减少信贷配给，促进投资扩大，从而推动经济增长的机制。尼罗伊·博斯（Niloy Bose，2002）[①] 讨论了通货膨胀、信贷配给与经济增长之间的关系。他认为，在不对称信息条件下的信贷市场上主要存在信贷配给和甄别两种机制。通货膨胀会改变贷款人的行为，使之强化信贷配给程度或增加甄别成本，或使贷款机制从甄别机制转为配给机制。因此，在存在信贷配给的情况下，通货膨胀对经济增长的不利影响就会被放大。

---

① Bose, Niloy, 2002, “Inflation, the Credit Market and Economic Growth”, *Oxford Economic Papers*, vol. 54, Issue 3, pp. 412-434.

第四节　金融约束理论

一、金融约束理论的提出

麦金农和肖的金融深化理论的实质是主张发展中国家政府放弃对金融市场的干预，推行以利率、汇率自由化为主体的金融自由化政策。20 世纪 70 年代，部分发展中国家以金融深化理论为依据掀起了以自由化为导向的金融改革浪潮，过快地放弃了政府的干预和管制，希望依靠市场机制来解决金融发展落后的问题。然而，多数发展中国家尤其是非洲和拉美国家，推行金融自由化的结果是离预期相去甚远，一些拉美国家多次爆发金融危机，东亚在 1997 年也爆发了范围较广的金融危机，发展中国家的宏观经济受到很大影响。发展中国家实行金融自由化的结果令人失望，许多经济学家开始对以往金融发展理论的缺失进行反思和检讨。

新凯恩斯主义学派认为，由于市场失效的存在，政府在金融市场中的作用显得十分重要。市场上存在的信息不完全、外部性、规模经济和垄断竞争等都将增加经济的不稳定程度。斯蒂格利茨及其合作者（Stigliytz，1994；Stiglitz，1994；Karla Hoff & Joseph E. Stiglitz，1997）在一系列有关不完全信息和不完全竞争条件下金融市场失效的分析中，批评了金融自由化理论及其政策主张。斯蒂格利茨认为，市场的竞争性均衡是以完全信息为前提的，不具备完全信息和完全竞争的市场无法达到帕累托最优状态。在此情况下，有限的政府干预能够提高经济个体的效率。金融市场与其他市场相比差异巨大，信息不对称、外部性等市场失效现象更为普遍。因此，政府干预不仅会使金融市场运行得更好，还会改善经济绩效。政府应通过对市场的干预使利率水平降至均衡利率以下，因为低利率有利于从整体上改进贷款人的平均质量，降低企业融资的资本成本，以增加公司股本。与此同时，政府干预下的指导性信贷计划有利于促进资金流向高技术部门。赵润济和托马斯·赫尔曼（Yoon Je Cho & Thomas Hellmann，1994）以及赫尔曼、凯文·穆尔多克和斯蒂格利茨（Thomas Hellmann，Kevin Murdock & Joseph E. Stiglitz.，1996）也提出了政府如何使私人金融市场更有效运作的观点，即政府如何创造租金机会，让私人部门自己去采取行动，以获得这些机会所带来的收益。

在上述背景下，新凯恩斯主义者提出了有关“金融约束”（financial restraint）的政策主张，其具体措施仍然是利率控制，并提出应由政府来实施发展中国家的利率控制政策，以此发挥政府在金融发展中的积极作用。赫尔曼、穆尔多克和斯蒂格利茨（1997）在《金融约束：一个新的分析框架》一文中通过对东亚经济的分析，提出了金融约束理论的分析框架。他们明确指出，麦金农和肖的金融深化理论在信息完备和瓦尔拉一般均衡市场条件下无疑是正确的，它要求市场上存在完全竞争和完全信息，各个经济主体都能达到帕累托最优的状态。但是，在发展中国家背景下，不仅瓦尔拉的市场均衡条件无法实现，而且普遍存在着严重的信息不对称、逆向选择和道德风险使资源得不到优化配置。只有借助于不同于金融抑制的金融约束政策，通过对存款利率加以控制，对市场准入、竞争以及资产替代加以限制等措施，为金融部门和生产部门创造“租金机会”（rent opportunities），进而提高金融体系的运行效率。

二、金融约束理论的核心内容

赫尔曼等人认为，与完全竞争和完全信息的金融市场相比，信息不对称和金融深化政策导致的银行业过度竞争在发展中国家普遍存在，并导致了金融机构在资金资源配置中的激励不足问题。例如，在金融市场存在严重信息不对称的情况下，直接融资会导致资金融通和投资过程中出现逆向选择和道德风险等问题。此时，具有信息优势的商业银行可以作为资金提供者（存款人）的委托人监督资金使用者（企业）对资金的使用。但在发展中国家，商业银行的资本金一般较小，而监督企业的资金使用需要一定的成本，因此，银行经营者往往缺乏积极监督的动力，而只热衷于投机或瓜分银行资产，从而损害公众利益；另一方面，金融业的过度竞争也会导致具有优质储蓄来源的银行难以获得超额利润，从而失去降低成本和吸收存款的动力。因此，为了给银行部门提供吸收存款和积极监督贷款的激励，政府应对金融市场进行干预，通过在银行部门设立租金，调动其积极性，利用银行部门的信息优势来克服因金融市场信息不完全导致的市场失效问题，即政府应实施金融约束的策略。

赫尔曼等人指出，金融约束是指政府通过一系列金融政策在民间部门中创造获取租金的机会，以达到既防止金融抑制又能促使银行主动规避风险的目的。这里的租金不属于无供给弹性的生产要素的收入，而是指超过竞争性市场所能产生的收益。这种租金机会能够提供适当的激励，规避潜在的逆向选择和道德风险，并鼓励创新，维护金融稳定，从而对经济发展起到促进作用。相关的金融约束政策包括对存贷款利率的控制、市场准入的限制，直接管制等。其目的在于影响租金在生产部门和金融部门之间的分配，并通过创造租金机会，调动金融、生产和居民等各个部门的生产、投资和储蓄的积极性。

赫尔曼、穆尔多克和斯蒂格利茨（1994a；1997）通过引入一个三部门的贷款供求模型，分析了通过利率控制来创造租金机会的运行过程（参见图10.4.1）。模型假设金融体系中包括作为资金供给主体的居民部门、作为资金使用主体的企业部门和作为金融中介的银行部门；并假定客观经济环境稳定，物价水平较低且可以预测，实际利率为正值。租金创造的利率机制可用如下包括4个象限的图10.4.1来加以说明。

在图10.4.1（a）中，r_0为不存在政府干预下的市场均衡利率，是金融市场中居民部门的资金供给和企业部门资金需求均衡的结果。如果提高利率水平，国民储蓄会增加，但弹性很低，所以，图中供给曲线比较陡峭。此外，还需要指出，金融储蓄比国民储蓄的弹性更大①。

图10.4.1（b）反映的是当政府对金融部门进行干预，控制存款利率而不对贷款利率加以限制时的市场均衡状态。此时，市场上的均衡存款利率由r_0降至r_d，贷款利率却由r_0升至r_L，二者之间的差额$r_L - r_d$构成为租金。如果政府仅仅作为市场监督者出现，则租金全部为银行部门所占有。其中居民部门的租金贡献为$r_0 - r_d$，企业部门的租金贡献为$r_L - r_0$。在图10.4.1（b）中的“哈伯格三角形”（Harberger triangle）为社会福利净损失。在金融储蓄弹性较小的情况下，“哈伯格三角形”的面积较小，社会净福利损失也较少。

政府通过对利率干预使银行部门获得租金之后，银行部门也就具备了改善服务环境、提高服务质量以获得存款资源的激励和动力，从而促使正式的金融部门与非正式的民间金融部门趋向于一体化。假定在发展中国家，居民部门的资金供给（储蓄）对银行部门的服务质量和服务范围比较敏感，则银行部门经营环境的改善和服务质量的提高将促进社会总储蓄水平的提高，从而产生储蓄的“租金效应”。如果租金效应相对于储蓄的利率弹性更大，则通过正式的金融部门融通的资金总量可能比自由市场上通过民间金融部门所获得的资金总量还要大。如图10.4.1（c）所示，由于储蓄“租金效应”的存在，居民部门的资金供给曲线从S右移至S'。在资金供给增加后，均衡贷款利率r_L下降至完全竞争均衡条件下的利率水平r_0以下。由于存款利率上限r_d为政府所限，银行部门仍可获得租金$r_L - r_d$。但与此同时，由于贷款利率的下降，均衡贷款水平提升，企业通过较低的贷款利率r_L得到贷款额Q_d，该贷款额大于完全竞争市场均衡条件下所能得到的贷款额Q_0。因此，政府实行利率管制虽然导致了居民和企业部门向银行部门的租金转移，但金融约束下的储蓄租金效应的存在使得企业和居民的金融约束得以放松，由此可见，金融约束政策促进了金融深化。

进一步看，如果政府在干预存款利率的同时，还对贷款利率加以控制，则政

① 参见Fry, Maxwell J., 1995, *Money, Interest and Banking in Economic Development*, Baltimore: Johns Hopkins University Press。

府确定市场存款利率为 r_d，贷款利率为 r_L，此时，银行仍可获得租金 $r_L - r_d$。如果官定贷款利率小于完全竞争均衡下的市场利率 r_0（$r_L < r_0$），企业也能获得租金。图 10.4.1（d）显示政府同时干预存贷款利率时的租金创造机制。图中 $r_L - r_d$为银行所获得的租金，$r_0 - r_L$ 为企业所获得的租金。

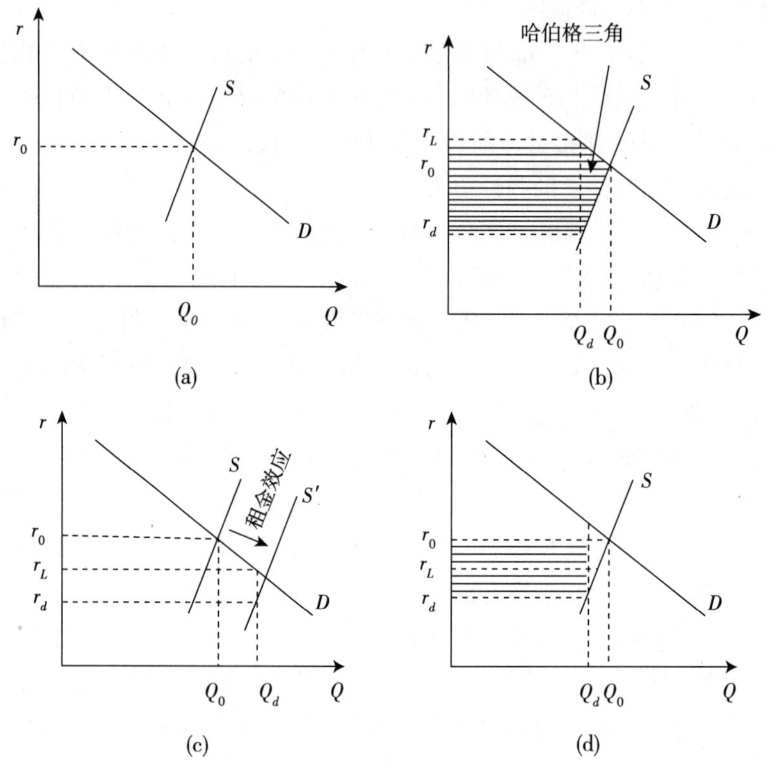

图 10.4.1　利率限制创造租金机会的机制

图 10.4.1 只是反映了政府通过对利率的管制而使银行部门获得租金的机制。实际上，只要政府不参与租金的分配，政府也可以通过市场准入限制、信贷配给等管制性措施来使银行部门和企业部门获得超过竞争性市场均衡收益之上的收益，以激励银行和企业努力经营，从而增加社会福利。

赫尔曼等人认为，金融约束具有双重收益。第一，储蓄的“租金效应”提升了社会储蓄水平，增加了信贷总量，从而促进了经济增长；第二，由于租金效应降低了贷款利率，金融约束下的社会福利损失得以降低。当然，租金效应产生收益的前提条件是较低的通货膨胀率。如果因通胀率较高而导致实际利率为负就会出现资产替代效应，从而抵消租金效应。

赫尔曼等人进一步指出，政府在利用利率管制为银行和企业创造租金的过程中，应避免激励银行和企业单纯追求租金，而应激励银行和企业通过自身的努力，例如银行通过增加股本来扩大资产负债规模、企业通过扩大投资等来促使更多的租金产生，以获得金融约束带来的租金“激励效应”。通过构造一个模型，赫尔曼等人（1994b）阐述了租金的激励效应。

该模型假设金融机构的利润由以下方程给出：

$$\pi_i = (L - r_i)d(r_i, r_{-i}, c_i, c_{-i}) - z(c_i) \tag{10.4.1}$$

模型中，L 表示贷款的预期收益率，r 表示存款利率，c 表示金融机构的营运成本，i 表示第 i 家金融机构，$-i$ 表示其竞争对手。如果金融机构面临的信贷市场是同质的，则预期收益率均为 L。在此假设下，利率 r 和成本 c 的变动也就成为决定单一金融机构盈利水平的主要因素。在政府对存款利率进行管制，并设定为 $\bar{r}$ 的情况下，那么，营运成本 c 也就成为影响单一金融机构盈利能力的唯一因素。对方程（10.4.1）一阶求导，可得

$$\frac{\partial \pi}{\partial c_i} = (L - \bar{r})\frac{\partial d}{\partial c_i} - \frac{\partial z}{\partial c_i} \tag{10.4.2}$$

其中，$\frac{\partial d}{\partial c_i} > 0$，$\frac{\partial z}{\partial c_i} < 0$，只要边际租金（$L - \bar{r}$）足够大，金融企业就可以通过增加营业网点等非价格投资来增加盈利。这也就是“租金激励”的含义。

三、金融约束中的租金效应

创造租金机会是金融约束理论的一个核心观点，金融约束所带来的收益都是围绕租金和租金机会而展开的。在金融约束理论中，强调政府只是为民间部门创造租金机会，而真正要获得租金，还需要民间部门付出努力，以争取获得更多的利润，才能享受金融约束带来的租金。如果租金机会在竞争性均衡条件下使得供给不足的活动得到递增收益的话，那么，这些租金机会可以增加社会福利。租金机会使政府依赖于一种自我选择机制，以减少信息成本。政府只要不参与瓜分利益，使民间部门获得部分超过市场收益之上的超额收益的机会，那么，这种金融干预政策都可以归之为金融约束。

1. 金融约束中租金的含义

在金融约束理论中，政府干预下的租金创造是一种激励机制，即通过给民间的金融部门和企业部门提供创造租金的机会，诱导其提供超过竞争性市场上可能供给不足的商品和服务，以增进全社会的福利水平。因此，应将“租金转移”和“租金创造”加以区别。租金转移会改变经济主体的收入分配格局，但不会对参与租金转移的主体产生激励效应；而租金创造则是以改变对经济主体努力的激励为前提的。前述表明，金融机构和企业部门只有付出努力，才能获得更多的租金。

在金融约束创造的租金和直接补贴之间存在着一个重要的区别：在金融约束政策中，银行和企业等经济部门只有付出努力才能获得租金。例如，银行必须通过改善服务环境，提高服务质量，扩大新的存款来源，向那些可以创造租金的部门提供贷款，并对贷款的资产组合进行严密的监督，以确保得到最大的投资收益等。如果采取对金融中介机构直接补贴的方式，反而会使其滋生不良倾向。

2. 金融约束政策中的租金效应

（1）特许权价值创造效应

金融约束创造的租金为银行的持续经营创造了一个利润流，通过为银行创造特许权价值，银行便有动力成为一个长期的经营者，使银行积极有效地监督企业，对贷款组合的风险进行管理。平均租金为银行创造了特许权价值。而竞争性金融体系的一个主要问题是缺乏稳定，规避风险的居民只有在确信其资金安全能得到保证和可以随时提取时，才会将其资金存入金融中介。另外，企业需要从银行不断地得到资金，满足其对日常流动资本的需求。由于银行和企业之间的往来是持续的，于是积累了“关系专用性资本”（relation-specific capital），这就减少了借助于中介的代理成本。因此，发展中国家政府有两个重要目标，这就是提高金融部门的稳定性和建立激励机制，以使高质量的金融机构得以发展。银行的道德风险是诱发经济危机的一个主要原因。如果银行资本匮乏，银行为了重整旗鼓，可能会冒很高的风险“赌一把”。对金融不稳定的一个补救措施便是增加金融中介的资本量。

格哈德·J. 卡普里奥和劳伦斯·H. 萨默斯（Gerard J. Caprio & Lawrence H. Summers，1993）认为，银行的特许权价值应受到保护。只有当提供给金融中介的权利价值很高时，银行经理人员才不会拿经营特许证去冒“赌一把”的风险或“瓜分”银行资产。金融约束为金融部门创造了租金机会，租金产生特许权价值，导致银行不采取道德风险行为，这是因为银行对维持经营有着持续的兴趣。特许权价值的一个重要方面，在于它创造了“长期”股本，这种股本在短期内不可能得到，也不会由于负面的宏观经济冲击而消失。特许权价值建立了一种承诺，让银行作为一个长期机构来开展业务。

赫尔曼等人（1994b）将存款利率控制同资本金要求加以比较，认为前者比后者更有效，尤其在发展中国家更是如此。这两种政策固然都能减少银行冒较大风险的动机，但它们的区别在于控制存款利率会造成一种环境，使银行得到更多盈利的机会，并增加特许权价值；而资本金要求则强迫银行选择一定的资产组合，在这一点上，冒险不再有吸引力。存款利率控制的经济成本是因存款利率较低而导致储蓄流失，而资本金要求的成本表现在银行被迫持有政府债券组合，其利率一般都低于民间市场贷款组合的收益率。特许权价值应当在金融机构的所有权结构和治理结构中得到合理的支持。银行的所有者必须有长远眼光。若投资者目光短浅，则银行在股票市场上发行股票可能是不适当的。

（2）储蓄动员效应

赫尔曼、穆尔多克和斯蒂格利茨（1996）认为，许多发展中国家的银行都属于国有化银行，在这些国家，存款动员缺乏动力同金融中介缺乏激励机制有很大关系。因此，动员国内资金为经济发展提供便宜而可靠的资金来源，对发展中国家有着巨大的价值。赫尔曼、穆尔多克和斯蒂格利茨通过构建一个储蓄动员模型，证明了在银行业竞争受到限制时整个社会的福利将增大，此时限制竞争将优于在竞争条件下实行补贴政策。通过在一段时期内授予银行经营独断权，可以促进金融中介的有效进入。

（3）学习效应

穆斯塔克·H. 卡恩和夸姆·S. 乔摩（Mushtaq H. Khan & Kwame S. Jomo, 2000）认为，政府实施的金融约束政策除了创造有利于金融部门发展的金融租金之外，更重要的是能产生技术上的“学习效应”。在经济发展过程中，技术创新和技术学习是一国提高生产率、扩大生产能力的主要途径。对发展中国家而言，引进发达国家的先进技术是培育核心产业、提高本国生产率的有效途径。但新技术的引进和应用有一个学习和适应的过程，并且伴随着一定的风险。如果发展中国家缺乏为技术的引进和应用而提供筹集资金的风险投资服务和相应的保险市场的话，则企业家利用先进技术进行风险投资的激励和动力就会受到限制和约束。在此情况下，政府通过金融约束，以较低的信贷利率为企业家提供政策性租金，有利于激励企业家投资于能够采用新技术的风险产业，从而促进新兴产业的发展。

图 10.4.2 显示了租金创造的学习效应。图中的 *DCE* 曲线为发展中国家某一部门的边际成本曲线，*ABQ* 为国外发达国家相同部门的边际成本曲线。由于发展中国家技术落后，发展中国家在该部门中产品的价格高于发达国家相同产品的价格，导致其产出水平 Q_1 小于发达国家的产出水平 Q_2。此时，如果政府通过实施金融约束政策，使该部门获得相当于 *ABCD* 的租金，鼓励该部门的企业引进和应用国外新技术，降低其边际成本，就能使其边际成本曲线移至 *ABQ*，从而促使产量达到 Q_2 的水平。在短期内，金融约束会导致 *PFCD* 的社会成本增加，原因在于该部门获得补贴后的实际生产成本高于市场价格，但从长期来看，这种租金补贴促进了新技术的采用，有利于提高该产业的整体技术水平。

当然，金融租金学习效应的有效发挥取决于一定的前提条件。首先，政府必须有意愿通过金融干预为相关产业的技术进步提供学习租金。其次，对企业租金的支持必须有明确的期限，租金补贴的期限太长，容易造成过度保护，降低其技术创新的激励和动力。再次，获得学习租金的部门或企业必须是具备学习和创新

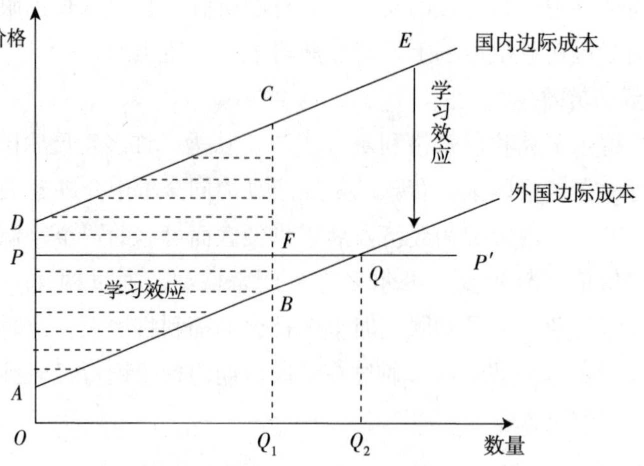

图 10. 4. 2　金融约束理论中租金创造的学习效应

能力的部门或企业，否则，难以达到降低成本和通过引进技术来促进经济发展的目的。

四、金融约束论的政策建议

在对金融约束理论进行分析的基础上，赫尔曼、穆尔多克和斯蒂格利茨（1997）针对发展中国家的实际提出了相应的政策主张。

第一，控制存贷款利率。这是金融约束理论最常用和最简单的政策工具。目的是为银行部门创造特许权价值——即租金，给予银行动员储蓄的激励。政府通过控制存款利率水平，降低银行的经营成本，创造获取租金的机会；同时也提高了银行内部采取冒险行为的成本，因而减少了银行的道德风险，激励银行节制其短期行为。

第二，对市场准入进行严格限制。一方面，政府要使用特许权控制以限制银行业规模的过度膨胀；另一方面，还要控制银行业内部的恶性竞争。金融业的安全对于整个经济的稳定意义重大，限制银行业竞争的政策成本可能会很高，可能会保护一些低效率的银行，但仍有必要为银行提供“专利保护”（patent protection）。通过限制银行业的竞争来鼓励银行发现新的盈利机会，这给整个经济带来的收益将大大高于成本。

第三，对到期偿还的贷款实行掉期政策。目的是鼓励民间部门从事长期信贷业务。该政策要求将不同风险区分开来，让不同的经济主体承担其最有能力承担的风险，例如：让民间部门承担信用风险，政府部门则承担通货膨胀风险等。

第四，对资产替代实行限制的政策。这是指限制居民将正式金融部门中的存款转为证券、国外存款、非正式金融部门的存款和实物资产。这是因为证券市场在金融发展水平低的发展中国家作用有限，而且容易同银行部门争夺民间资金，有可能影响银行的特许权价值，进而威胁金融体系的稳定。

五、金融约束理论及政策有效性的前提条件

赫尔曼、穆尔多克和斯蒂格利茨（1997）认为，虽然金融约束理论从不同方面论证了金融约束对发展中国家来说是合理的金融政策，但金融约束和金融抑制在某些方面还是有相同之处。金融约束的政策在执行过程中可能会因为种种原因效果很差或者会被扭曲，其中最大的危险是由金融约束转变为金融抑制。

首先，宏观经济环境稳定和通货膨胀率较低并且可以预测，保证实际利率为正且稳定，这些方面是政府因直接管制利率而产生储蓄“租金效应”的宏观经济条件。其次，从微观层面来看，要保证金融约束达到最佳效果，银行必须是真正的商业银行，政府对企业和银行的经营不加干预或很少进行干预，可以保证银行和企业的行为符合市场要求。与此同时，还必须辅以其他条件，这包括：政府完全理性，其只作为监督者出现，其目标只追求社会福利最大化；金融市场充分竞争，银行的目标是追求利润最大化；居民对银行提供的服务范围和服务质量敏感；企业资金需求的利率弹性极低；金融市场结构单一，金融体系以间接金融为主，等等。赫尔曼等人指出，金融约束是一个动态的过程。当金融深化加深到一定程度时，即此时金融深化所带来的益处已经不能超过因利率控制而导致的成本时，就必须放弃对金融业的管制，即放弃金融约束政策。

六、金融约束论的进一步发展

赫尔曼等人（1997）在提出了对于东亚金融系统颇具解释力的金融约束理论的概念之后，许多学者都对此理论进一步加以推进，并在赫尔曼等人研究的基础上作了更深入的拓展。

罗伯特·韦德和弗兰克·维纳洛索（Robert Wade，& Frank Veneroso，1998）通过对韩国和台湾地区的工业化过程的实证研究表明：政府对金融体系控制实现了金融资源有效配置，促进了工业化战略的成功；同时，政府在限制、协调企业从银行贷款方面发挥了引导作用。

青木昌彦、金滢基和奥野正宽（Masahiko Aoki，Hyung-ki Kim & Masahiro Okuno-Fujiwara，1997）从日本和其他东亚国家经济发展历史进程的角度，用比较制度分析方法论证了政府的作用，对东亚经济迅速发展的原因做出了新的解释。他们认为，政府的介入（即制定一系列政策）不是为了取代市场，而是在

于修补市场失效。事实上，政府作为经济运行体系中的重要一极，如同企业和个人等经济主体一样，政府也有自己的效用函数，必然要加入博弈，因而从来都不是局外人。现在的问题不是要不要政府，而是如何确定政府的有效“规模”（size）和政府活动“范围”（scope）的问题。

英纳萨·洛弗（Inessa Love，2003）分析了金融约束与金融深化的动态变化过程。他使用评估投资水平的欧拉方程式来估计金融约束的程度。金融约束通过改变随机折现因子来影响投资资本在全球范围内的配置。这意味着受到金融约束的公司将推迟自己的投资计划，用明天的投资来替代今天的投资。尽管受约束的折现因子不能直接被观察到，但是却可以通过欧拉方程式推算出来，从而论证了金融因素对于那些金融市场不发达的国家对国际投资资本配置所产生的重大影响。洛弗还提出，同大公司相比，处于金融约束中的不发达国家的小公司比大公司处于更加不利的位置，它们在很大程度上承担了由金融约束随机折现因子所带来的影响。

尽管在有关因金融自由化而导致金融危机的各种解释当中，金融约束论具有很强的说服力，但是，仍然有很多学者对促使政府积极参与金融管理的做法提出了质疑。

弗莱（1997）指出，斯蒂格利茨所提到的唯一实现适度金融抑制（即金融约束）的国家只有韩国，很难发现在其他任何国家，金融抑制能引起投资和储蓄增加，并终于实现经济增长。为了纠正金融抑制而采用财政政策进而引发财政赤字可能促使实际利率猛涨，这可能会引起严重的经济衰退。所以，为了成功地实现经济自由化，发展中国家需要改善财政体制并且控制财政赤字。

花崎正晴和堀内昭义（Masaharu Hanazaki & Akiyosi Horiuchi，2001）在对20世纪60年代日本经济进行实证研究之后，也对金融约束论提出质疑。他们认为日本的案例不支持政府能够支撑银行在企业管理中起到重大作用的观点。原因在于存款保险制度中缺乏对银行经理的激励机制以及金融自由化引发的银行特许权价值下降并不是日本金融危机爆发的原因。

第五节　金融发展与经济增长：实证检验及其发展

金融发展理论的新发展实际上既包括理论模型的拓展，也包括实证检验的发展。自从戈德史密斯（1969）开创性地开展金融结构与经济发展关系的实证研究以来，对金融发展与经济增长关系的实证检验就成为现代金融发展理论中的一个重要组成部分。20世纪70—80年代，有关金融发展与经济增长关系的实证检验主要是针对麦金农和肖提出的金融抑制和金融深化理论而展开的，经济学家几乎对麦金农和肖所提出的每一个观点都进行了实证检验。进入20世纪90年代以来，随着麦金农—肖第二代拓展理论中有关金融中介和金融市场内生理论模型的提出和拓展，实证研究的重点转向检验金融中介和金融市场对于促进经济增长的功能、机理以及影响金融发展和金融结构的制度因素等方面；同时，这一时期的实证研究已不再局限于宏观层面的计量分析，而是充分利用日益丰富的产业和企业层面的经验数据来检验金融中介和金融市场对经济增长的作用。一方面，这些文献对现有的金融发展理论对现实的解释力及其政策主张的实践效果进行了系统的实证检验；另一方面，部分实证检验结果也对现有的理论结论提出了挑战，从而进一步推动了理论研究的发展。

一、金融抑制、金融深化与经济增长

20世纪70—80年代的实证研究主要是针对金融抑制和金融深化理论而展开的。在所有的相关文献中，弗莱（1978；1980）的研究最具代表性。弗莱从20世纪60年代末开始关注发展中国家的货币金融问题，对货币金融与经济发展的关系做了大量的理论分析和计量验证，特别是对发展中国家的储蓄、投资和经济增长之间的关系作了较为深入的研究。

弗莱（1978）利用10个亚洲发展中国家和地区20世纪60年代初至70年代初金融与经济发展的相关数据，对麦金农（1973）和肖（1973）得出的研究结论以及他们有关货币政策传导机制的理论分歧进行了实证检验。结果表明，他们关于金融结构如何影响经济增长的结论是合理的；肖的债务中介观也符合发展中国家实际，但麦金农的互补性假说不成立。

20世纪80年代初，弗莱（1980a；1980b）又以61个发展中国家60年代中期至70年代中期的数据为样本，实证分析了发展中国家储蓄、投资、经济增长与金融抑制成本之间的关系。他发现，在这些国家，实际存款利率对储蓄具有正效应，而这种效应体现在实际存款利率对广义货币需求的影响上。在非均衡利率条件下，提高实际存款利率可增加实际货币需求，而货币需求的增加将等量地增加实际信贷的供给。实际信贷供给不仅决定新投资，而且是决定整体资本存量利用程度的重要因素。因此，实际存款利率对经济增长的影响主要表现为储蓄和投资的规模以及资本总存量的利用程度这两个方面。该文的实证研究还表明，实际存款利率每低于其市场均衡利率1%，经济增长率将下降约0.5%。这就是金融抑制所付出的代价。

安东尼·兰伊和鲁斯杜·萨拉科格鲁（Anthony Lanyi & Rusdu Saracoglu,

1983）对21个发展中国家1971—1980年间实际利率、金融资产增长率与GDP增长率之间的关系进行了实证检验。在实证分析中，他们将样本国家分为实际利率为正、轻微负值和严重负值三类，分别对3类国家实际利率、金融资产增长率与GDP增长率之间的相关关系进行了检验。结果表明，实际利率、金融资产增长率与GDP增长率之间存在显著的正相关关系。即实际利率为正值的国家，其金融资产增长率与GDP增长率都较高；相反，实际利率为负值的国家，其金融资产增长率和GDP增长率也较低。当然，兰伊和萨拉科格鲁也考虑到，实际利率、金融资产增长率与GDP增长率三者之间存在相关关系并不能说明三者之间存在因果关系。但他们却认为，在发展中国家，利率管制严格，实际利率可视为外生变量，因此，实际利率、金融资产增长率与GDP增长率之间存在正相关关系恰好反映了实际利率对后两者具有正向影响。其理由在于两点：第一，正的实际利率提高了投资的质量，从而提高了产出的增长率，并导致了储蓄增长；第二，实际利率通过对储蓄的影响进而影响产出增长率。

二、金融中介、金融体系与经济增长

前述表明，20世纪90年代以来，第二代金融深化理论已转向对金融中介和金融市场的内生形成机制以及金融中介、金融体系与经济增长之间的相互作用机制进行理论分析和实证检验。在这一时期的文献中，实证研究取得了显著进展，成为这一时期金融发展理论新发展的主要特征之一。这一时期实证研究已不再局限于宏观经济增长层面，而是将研究的视角扩展到产业成长和企业融资约束等微观领域。此外，在宏观经济增长方面，将资本市场以及包括银行和资本市场在内的整个金融体系都纳入实证检验范围，使之成为这一时期实证研究的另一个主要特征。总之，这一时期的实证研究结果对金融发展理论的发展产生了重要影响。

1. 金融中介与经济增长

20世纪90年代初期，金和莱文（1993a；1993b）通过设计了一套反映金融中介服务功能（即服务质量）和反映全要素生产率增长的指标体系，实证检验了金融中介与经济增长之间的相关关系以及金融中介作用于经济增长的途径，从而奠定了这一领域实证研究的基础。

他们所建立的金融服务质量指标包括：第一，金融深度（financial depth）指标DEPTH，用以衡量金融中介的总体规模。该指标等于全部金融中介的流动负债（现金、银行与非银行机构的活期及有息负债）对GDP的比率。第二，BANK指标，用以衡量由商业银行与中央银行所分配的信贷。它反映在配置国内信贷过程中，商业银行相对于中央银行的重要性。其隐含的前提是商业银行在发挥融资功能方面较中央银行更为积极和更具有能力。该指标等于商业银行国内资产对商业银行国内资产加上中央银行国内资产的比率。第三，PRIVATE 指标，它等于提供给非金融私人企业（或非金融私人部门）的信贷对扣除提供给商业银行的信贷后的总信贷的比率。第四，PRIVY 指标，即提供给非金融私人企业（或非金融私人部门）的信贷对 GDP 的比率。后两个指标用来反映金融中介对国内资产的配置状况，其隐含的前提是分配给私人部门的信贷比分配给政府和国营企业的信贷更能发挥金融体系所发挥的功能。

金和莱文还提出了四个反映全要素生产率变化的经济增长指标：第一，平均实际人均 GDP 增长率；第二，平均的人均资本存量增长率；第三，投资率，即国内总投资对 GDP 的比率；第四，经济效率的增进。

在设定实证研究指标体系的基础上，金和莱文又以 1960—1989 年间 80 个国家的数据为样本，对上述两组指标之间的相关关系以及金融中介通过何种渠道影响经济增长等问题进行了实证检验，其结果表明：第一，金融中介的平均值与经济增长的平均值之间存在着显著的相关关系。这表明金融中介不仅直接同经济增长相关，而且通过促进投资率和经济效率增进等途径提高了经济增长率；第二，金融发展初始水平的差异很好地预测了以后经济增长水平之间的差异，即便在控制了收入、教育、政治稳定、贸易和财政金融政策等变量之后，结果仍然相同；第三，在金融发展与经济增长相互关系中，金融发展是因，经济增长是果。

彼得·L. 卢梭和保罗·瓦切特尔（Peter L. Rousseau & Paul Wachtel，1998）采用向量误差修正模型对美国、英国、加拿大、挪威和瑞典 5 国 1870—1929 年间的数据进行了时间序列分析。他们的分析结果表明，在金融强度指标和资本产出水平之间长期存在着重要的数量关系，金融中介对实际经济增长发挥着重要作用。

罗斯·莱文、诺曼·罗伊扎和托尔斯坦·贝克（Ross Levine，Norman Loayza & Thorsten Beck，2000）以 71 个国家 1960—1995 年间的横截面数据为样本，回归分析了金融中介发展与经济增长之间的因果关系。同时，他们又以 74 个国家 1961—1995 年间以 5 年为单位进行分段的面板数据为样本，采用广义矩方法进一步检验了金融中介发展与经济增长之间的因果关系。结果表明，金融中介发展对经济增长具有较大促进作用，是经济长期稳定增长的原因之一。此外，托尔斯坦·贝克、阿斯利·德米尔居斯—昆特、罗斯·莱文（Thorsten Beck，Asli Demirgüç-Kunt & Ross Levine，2000）连手进行的实证研究进一步揭示出金融中介的发展主要是通过提高生产率和技术变迁速度来促进经济增长的。

2. 资本市场与经济增长

20 世纪 90 年代以前，有关资本市场与经济增长之间相关关系的实证研究文献非常少见。继金和莱文（1993a；1993b）对金融中介发展对经济增长影响做了实证研究之后，罗斯·莱文和萨拉·泽尔沃斯（Ross Levine & Sara Zervos，1996）对股票市场对于经济增长的影响进行了实证分析。他们借鉴阿斯利·德米尔居斯—昆特和罗斯·莱文（Asli Demirgüç-Kunt & Ross Levine，1996）设计的反映股票市场发展总体状况指标（以股票市场规模、流动性和资本市场国际一体化程度为代表）为解释变量，以人均实际GDP增长率为被解释变量，同时考虑一组与经济增长相关的控制变量，并运用41个国家1976—1993年间的数据，实证考察了股票市场发展与长期经济增长之间的关系。其研究结果表明，在股票市场发展与长期经济增长之间有着显著的相关关系。即使在对初始收入（初始人均实际GDP的对数值）、初等教育（中学初始入学率的对数值）、政治不稳定性、政府消费支出占GDP之比、通货膨胀率和黑市汇率升水等变量进行控制之后，股票市场发展与长期经济增长之间仍存在显著的正相关关系。

雷蒙德·阿特杰和博伊恩·乔万诺维奇（Raymond Atje & Boyan Jovanovic，1993）运用40个国家的相关数据，对股票市场发展对于经济增长的效应（对经济活动增长率的影响）和水平效应（对经济活动水平的影响）进行了实证研究。他们认为，股票市场发展对人均实际GDP增长率的影响显著，而银行贷款对人均GDP实际增长率影响并不显著。同时，水平效应的实证结果也表明，金融资本对实际人均GDP也有一定程度的影响。

3. 金融中介、资本市场与经济增长

莱文和泽尔沃斯（1996）在金和莱文（1993a）经验研究的基础上，通过引入一些反映股票市场发展状况的指标，并采用1976—1993年间47个国家的相关数据，对金融中介、资本市场发展与经济增长之间的关系进行了回归分析，以检验反映中介和股票市场发展的相关指标是否与当前和未来的经济增长率、资本积累率、生产率增长率以及私人储蓄率之间有着稳定的相关关系。结果表明，银行发展和股票市场的流动性不仅与同期的经济增长率、资本积累率和技术创新率（以生产率增长率表示）之间存在着显著的正相关关系，而且是反映经济增长率、资本积累率和技术创新率很好的预测指标。但是，股票市场规模、股票市场的国际一体化程度与经济的长期增长之间不存在稳定的相关关系；此外，所有的金融指标与人均私人储蓄率之间不存在稳定的相关关系。

所罗门·塔达瑟（Solomon Tadasse，2000）采用36个国家1980—1995年期间的样本数据，对比分析了银行导向型金融体系和市场导向型金融体系对经济增长的作用差异。他们的研究表明，两者对经济增长作用的大小与金融体系的发达程度有关。在金融体系尚处于不发达阶段，银行导向型经济对经济增长的作用明显大于市场导向型金融体系的作用；相反，在金融体系发达阶段，后者对经济增长的作用显著高于前者的作用。

卢梭和瓦切特尔（2000）利用47个国家1980—1995年间的数据，采用面板分析技术，实证检验了银行和股票市场对经济增长的解释能力。他们认为，银行和股票市场的发展能在一定程度上解释经济增长。

4. 金融发展与产业增长

在利用宏观总量指标对金融发展与经济增长的相互关系进行实证分析时，部分学者也明确地指出了这种以总量数据进行计量分析时所存在的局限性①。为了克服这种局限性，同时也为了更深入地考察金融发展对经济增长的具体影响途径，部分学者将研究的视角转向金融发展与产业成长的相互关系方面。

拉格胡拉姆·G. 拉詹和路易吉·津加莱斯（Raghuram G. Rajan & Luigi Zingales，1998）通过考察金融发展对产业中企业外部融资成本的影响，分析了金融发展对行业成长的促进作用。他们以美国企业对外部融资的依赖程度作为其他国家该行业企业对外融资依赖程度的标准，然后运用最小二乘法对41个国家1980—1990年间的数据进行了计量分析。他们的研究结果表明，金融发展降低了企业实施外源融资的成本，由于行业内新建企业对外部融资的依赖程度较现有的行业内企业要高，金融发展对行业内企业数量增加的经济效应几乎是对现有企业平均规模扩大效应的两倍。

克劳斯·纽瑟尔和莫里斯·库格勒（Klaus Neusser & Maurice Kugler，1998）对经合组织13个国家制造业与金融发展之间的关系进行了实证分析。他们通过设计一组包含所有金融中介活动的金融深化指标，对这些国家近30年的经过平稳性检验的时间序列数据进行了计量分析。他们的实证结果显示，金融发展与制造业的产出和全要素生产率均相关，而且，在部分国家，这种相关关系表现为一种因果关系：金融发展是因，制造业发展为果。

费弗里·乌尔格勒（Feffrey Wurgler，2000）对1963—1995年间65个国家制造业的总投资和产业增加值进行了回归分析。他的研究表明，与金融市场不发达的国家相比，金融市场发达的国家投资于成长性产业的资金较多，而投资于衰退产业的资金较少。由于假定最优投资会使成长性产业的投资迅速增长而对衰退产业的投资将会下降，因此，他认为，金融市场的发展提高了资金配置效率。

5. 金融发展与企业融资决策

阿斯利·德米尔居斯—昆特和沃基斯拉夫·马卡西莫维奇（Asli Demirgüç-

① 曼昆认为，基于总量数据的实证研究难以对回归分析所确认的相关关系给出因果解释，同时，解释变量之间可能存在的多重共线性和统计误差会影响到分析结果的稳健性。

Kunt & Vojislav Maksimovic，1996；1998）通过一系列国别实证比较研究，分析了金融发展对企业融资决策的影响。德米尔居斯—昆特和马卡西莫维奇（1996）利用30个不同发展水平的国家1980—1991年间的数据实证分析了股票市场发展对企业融资决策的影响。结果表明，在一般情况下，金融中介的发展和企业杠杆率之间有着显著的正相关关系，而在资本市场发展和杠杆率之间则存在不显著的负相关关系。但在对影响企业融资决策的其他因素加以控制之后，他们发现，在股票市场发达的国家，股票市场的发展会导致股权融资对债务融资的替代；而在股票市场不甚发达的国家，随着股票市场的发展，大企业的杠杆率上升，小企业则变化不显著。德米尔居斯—昆特和马卡西莫维奇在1998年的论文中，以企业财务预算模型为基础，对30个国家1984—1991年间企业融资决策的数据做了回归分析。结论表明，在法律体系越完善的国家，企业实施长期股权和债权融资的比例就越高。一个活跃的股票市场和大的银行部门都与外源融资依赖性较强的产业的成长相关。德米尔居斯—昆特和马卡西莫维奇（1999）第三次联手，对金融发展与企业融资决策的关系作了进一步的国别比较研究。他们认为，在工业化国家，企业长期负债比率与发展中国家的企业长期负债比率相比更高，与此同时，大公司较小公司有更高的杠杆率。

三、金融发展与经济增长实证研究的新发展

前述表明，在20世纪90年代第二代金融深化理论的发展过程中，有关金融发展与经济增长的实证研究获得了快速的发展。在对金融中介、金融市场与经济增长之间相互关系的实证检验中，金融发展学者已不再局限于宏观层面的总量指标，而是将研究的视角进一步拓展到产业和企业融资约束等微观领域，极大地丰富和发展了这一时期的理论和实证研究成果。尽管如此，部分学者仍然意识到90年代的实证研究尚存在着诸多局限性，有关金融发展与经济增长的一些根本性问题在实证研究中并未取得一致性结论。如截至90年代的实证研究大多假定金融发展与经济增长之间存在线性的相关关系，而一系列基于新古典增长模型的理论研究则表明，二者之间可能存在非线性关系。同时，在有关金融发展与经济增长之间的因果关系以及金融发展对经济增长的影响是长期还是短期等问题上，不同的研究结果存在着较大的差异。正因为如此，随着计量经济学新的研究方法的推进，20世纪90年代后期以来，金融发展与经济增长实证研究领域的较多成果主要是围绕以下三个方面展开①。

① 以下部分的内容参考了连玉君（2006）有关金融发展与经济增长实证研究的综述，参见连玉君：《金融发展与经济增长实证研究综述》，载《经济学动态》2006年第12期，第101—105页。

1. 金融发展与经济增长之间的线性与非线性关系

21 世纪以来，针对新古典经济增长模型中有关金融发展与经济增长可能存在非线性关系的理论观点，部分学者进行了实证研究，并得到了支持该观点的实证检验结果。徐振辉（Zhenhui Xu，2000）、卢卡·戴达和巴萨姆·法托赫（Luca Deidda & Bassam Fattouh，2002）、菲利普·阿吉翁、彼得·霍伊特、大卫·迈耶—福克斯（Philippe Aghion，Peter Howitt & David Mayer-Foulkes，2005）发现，随着人均收入水平或金融发展水平的变化，金融发展与经济增长二者之间关系也会发生改变，金融发展对经济增长的作用似乎存在阶段性。这主要表现为只有经济总量达到一定水平或金融体系比较成熟时，前者才会对后者产生促进作用，否则，金融发展非但不会促进经济增长，还有可能产生消极作用。这就是说，金融发展对于经济增长来说具有“门槛效应”（threshold effect）。徐振辉（2000）的研究表明，对于低收入或中低收入国家而言，金融发展对经济增长有负面作用，但对于高收入国家则有正面影响。戴达和法托赫（2002）发现，在低收入国家中二者关系不显著，但在高收入国家中金融发展对经济增长有明显的促进作用。阿吉翁等人（2005）发现，金融发展水平的差异本身也可能导致这种门槛效应的产生。他们表明，对于金融发展水平高于某一门槛值的国家，金融发展对经济增长起明显的促进作用，但当金融发展水平低于这一门槛值时，它对经济增长的作用甚微。另一方面，卢梭和瓦切特尔（2002）采用滚动回归方法研究发现，只有当通货膨胀率低于某一门槛值时，金融发展才会对经济增长起促进作用。他们认为，金融发展与经济增长之间可能因为其它因素的影响（如利率、通货膨胀等）而呈现出非线性关系。

2. 金融发展与经济增长的因果关系

金融发展与经济增长之间的因果关系一直是金融发展理论和经济增长理论研究的核心问题，虽然一系列内生增长模型都表明，金融发展与经济增长之间可能存在互动关系，但实证研究的结果并没有取得一致性的结论。关于这一问题，大多数实证研究主要是围绕帕特里克（1966）提出的三个实证假说为基础而展开的。这三个假说是经济增长导致金融发展“需求跟随假说”（demand-following hypothesis）、金融发展促进经济增长的“供给引导假说”（supply-leading hypothesis）和“阶段发展假说”（period-development hypothesis）[①]。金和莱文（1993a；1993b）、卢梭和瓦切特尔（2002）、彼得·卢梭和达达尼·乌西帕达多恩（Peter Rousseau & Dadanee Vuthipadadorn，2005）等人的实证研究结果均支持“供给引

① “阶段发展假说”认为，在经济发展的初级阶段，“供给引导”居主导地位，但其作用会不断减弱。随着金融发展和经济增长进程的推进，“需求跟随”的作用将不断增强。

导假说”，而菲利克斯·里奥嘉和内文·纳莱夫（Felix Rioja & Neven Nalev，2004）的实证结果则支持“阶段发展假说”。他们认为，金融发展与经济增长之间关系会因地区间金融发展程度不同而有所变化。对于收入较低的地区而言，金融发展对经济增长的作用具有不确定性；在中等收入地区，前者对后者的促进作用显著；而在高收入地区，这种作用虽然是正面的，但并不显著。

3. 金融发展对经济增长影响的时滞

诺曼·罗伊扎和罗曼·朗西埃（Norman Loayza & Romain Rancier，2002）认为，金融发展对经济增长的效应很可能存在时滞问题。当金融发展达到较高层次时，其对经济增长的促进效果往往可以在短期内发挥出来。但就长期来看，随着经济的不断增长并逐渐趋于成熟，这些效果会逐渐减退。如果仅仅从长期角度检验二者的因果关系往往会掩盖金融发展对经济增长的这种短期效应。因此，他们认为，在实证研究中，必须同时考虑金融发展对经济增长的短期和长期影响。他们的研究表明，就长期而言，金融发展对经济增长具有显著的促进作用，但就短期而言往往会产生负面影响。塞扎尔·卡尔德龙和刘林（César Calderón & Lin Liu，2003）以1960—1994年间109个发展中国家和发达国家为样本所进行的实证分析表明，考察的样本区间越长，观察到金融发展对经济增长的促进作用就越显著。但是，迪米特里斯·K. 克里斯特普罗斯和厄弗西米奥斯·G. 契奥纳斯（Dimitris K. Christopoulos & Efthymios G. Tsionas，2004）的实证研究却表明，金融发展与经济增长之间并不存在明显的短期因果关系。在他们看来，金融发展对经济增长的作用只能从长期角度来考察。

第六节　简要的评价

本章用五节的篇幅对金融发展理论的新发展做了一个概述，下面拟对金融发展理论的这几种不同流派的发展及其所做的理论贡献和不足做一个简要的评价。需要说明的是，本章第五节涉及金融发展理论在计量方法上的新发展，若要对这方面做出评价必然涉及有关计量分析技术的讨论。鉴于本章的侧重点在于概述金融发展理论本身的新发展，笔者就不对计量方面的研究进展做出评价，而着重评价理论本身的新发展。

1. 对麦金农—肖金融深化理论及其两代拓展理论的评析

金融深化理论是在全面分析发展中国家金融环境的基础上，在批评传统货币理论不足后提出的一种新的货币金融理论，对于理论研究和经济改革实践都有重要意义。该理论主张通过金融自由化提高利率来促进经济良性发展，这是金融深化理论的显著特点。在深刻剖析发展中国家金融环境特殊性的同时，该理论对发展中国家的金融改革提出了比较完善的政策建议。其提出的一些观点，如提高利率以准确反映资金供求状况，有效抑制通货膨胀以保证经济增长等建议在实践中都得到广泛应用。由于在理论与实践两个方面都提供了一种解决发展中国家资金短缺问题的新途径，该理论也就成为指导发展中国家金融体制改革的主流理论。

然而，金融深化论在理论分析和政策选择上也有许多不足之处：就理论体系本身而言，其假设条件仍过于严格。这表现在整个金融深化理论框架遵循的是完全竞争的一般均衡分析框架；同时，较多的分析基本上是基于比较静态分析，且模型包含的因素较少。另一方面，金融深化理论的许多假设带有先验性的特点，不一定完全符合发展中国家的实际。如麦金农针对半工业化国家提出的自我融资理论，金融深化理论中要求的储蓄对利率具有极高的弹性，且正式金融机构的效率高于非正式金融机构等假设与事实并不相符①，所以，提高利率的效果并不如预期的效果那样显著。就其政策主张而言，过分强调高利率和取消政府对金融体系一切干预的政策导向最终反而导致了一些发展中国家金融自由化的失败②。

第一代拓展理论继承了金融深化理论的核心观点。但是，与麦金农和肖相比，第一代拓展理论无论在理论分析还是政策选择上都有所发展。

就理论模型而言，首先对麦金农—肖模型的假设进行了修正和补充。一方面，针对麦金农所有经济单位存在“自我融资”的假设，加尔比斯提出了两部门经济模型，认为只有技术落后的部门才完全依靠自我融资，技术先进部门可以获得银行的信贷支持。这一假设更符合发展中国家的实际情况。同时，第一代理论拓展模型大都摒弃了麦金农的互补性假说：卡普模型通过论证银行体系向企业提供信贷融资的过程来构造货币金融对实际经济增长的影响；而弗莱直接通过储蓄函数来建立经济增长模型。其次，模型构造更复杂、精细，更便于分析金融改革对经济增长的影响，从模型的自变量参数中可以直观地得出金融改革的政策选择。弗莱还将时滞因素引入其模型，从而能更准确地反映储蓄与投资的变化对经济增长的实际影响。再次，拓展了金融发展理论的分析视野，不仅给出了封闭经济条件下的稳态和动态调整模型，而且将分析范围拓宽至开放经济。

就政策选择而言，第一代理论拓展模型更强调金融改革政策的实践性与可操作性，更致力于解决金融改革的路径问题。在如何治理通货膨胀的同时又保持经

① 对发展中国家的实证研究表明，发展中国家储蓄的利率弹性很低，而且非正式金融市场的融资效率并不低于正式金融机构。

② 拉美最先推行金融自由化的国家都是在国内通货膨胀、国际债务危机、国内金融困境三者并发背景下被迫重新恢复对金融业的直接控制，导致金融自由化失败。

济增长的问题上，卡普在经济增长模型的基础上具体分析了平抑通货膨胀的两种政策工具，就两种政策的组合运用提出了具体意见；马西森对如何解决因金融改革造成的经济动荡问题进行了分析，在剖析政府决策约束条件基础上，给出了金融改革与稳定政策的最优组合。

但第一代拓展理论还有待完善，诸多假设并不符合发展中国家的实际情况。如卡普和马西森在应用哈罗德—多马经济增长模型构造自己的模型时，继承了产出—资本比为常数的假设，这种假设有利于简化分析且适应改革初期的经济情况，但随着金融深化改革的不断进行，产出—资本比将不断提高，在经济由一种稳态向另一种稳态过渡期间，以此估计经济增长就会发生很大偏差。又如弗莱认为在大多数发展中国家，农业部门能取得国内信贷支持因而增长率高于平均水平，但事实上发展中国家常常忽视农业而一味追求工业化，农业因得不到信贷资金的支持而成为影响经济发展的重要障碍。

第二代金融深化拓展理论在充分意识到第一代金融深化理论局限性的同时，试图利用内生经济增长理论的研究方法探讨金融中介和金融市场的内生形成机制及其与经济增长之间的关系，建立了一系列具有坚实微观基础且与现实中不完全竞争市场更为接近的金融发展模型，极大地丰富和发展了金融发展与经济增长理论。

在分析范式上，第二代金融深化理论不再囿于麦金农—肖的完全竞争市场条件下将金融中介和金融市场作为经济体系中的外生变量的分析范式，而是从不完全竞争条件下市场经济主体生产和消费活动中对金融服务的内生需求的角度，探讨了金融中介和金融市场的形成机制及其与经济增长的相互作用机制。同时，第二代金融深化理论采用了比较研究的方法，通过对金融中介和金融市场对经济增长作用机制的比较研究，对金融中介和金融市场的形成及动态变化过程作了规范性的阐释。

在理论假设方面，第二代金融深化理论从经济主体的效用函数入手，引入了诸如不确定性（流动性冲击、偏好冲击）、不对称信息（逆向选择、道德风险）、监督成本、外部性等不完全竞争因素。因此，其模型中考虑的因素与现实更为接近，其结论也更能解释不同国家金融发展与经济增长之间关系的现实。相应地，其政策主张也就更有针对性。

在分析视野方面，第二代金融深化理论不再将分析的对象仅仅局限于发展中国家，而是从金融与经济发展的历史和全球金融体系的现实的角度，通过构建动态经济增长模型，阐述了金融发展与经济增长的关系，并阐明了金融中介、金融市场在经济发展不同阶段上所发挥的作用。

在研究方法上，第二代金融深化理论不限于构建单纯的理论模型，相反，这一时期金融发展理论的特点是强调实证研究。许多学者采用不同的实证研究方法对这一时期的相关理论进行了大量的实证研究，从而也极大地推动了这一领域的实证研究方法及理论的发展。

在政策建议方面，第二代金融深化理论提出了一系列有关金融中介、金融市场体系改革和金融市场构建以及发展中国家金融自由化的建议。例如：应区别金融中介与金融市场在经济发展不同阶段的作用，应发挥政府在提供流动性方面的作用，金融自由化需要具备一定的前提条件，发展中经济与转型经济适宜于选择“金融约束”的金融发展道路，等等。由于假设条件较为宽松，其政策建议更为有效。

当然，我们也应该看到，第二代拓展理论重点在于研究金融体系的内生形成以及同经济增长的相关关系，很少关注有关由金融抑制转向金融自由化的路径选择问题，这是金融深化论的第二代理论拓展的不足之处①。

2. 对新结构主义金融发展理论的评价

新结构主义的金融发展理论针对发展中国家金融体系中存在的二元经济结构特征，采用家庭资产组合选择分析框架，分析了金融自由化背景下提高利率对全社会可贷资金总量、就业和物价水平等总量指标的影响，强调了非正式信贷市场的作用。其理论分析及政策建议有其合理性，但也存在着较大的局限性。

金融市场体系中有组织的、正式的信贷市场与分散的非正式的信贷市场并存是发展中国家金融市场发展中的典型特征。新结构主义金融发展学者抓住发展中国家金融市场结构的这一特点，从理论上分析非正式信贷市场的作用，探讨金融发展的途径。从这一角度来看，其理论分析比较接近发展中国家的实际。但是，新结构主义金融发展理论得以成立的前提条件可归纳为在发展中国家正式的信贷市场存在着资金漏损且效率低下，而非正式的信贷市场竞争充分且效率较高这一基本假设。显然，这一假设并不完全符合发展中国家的实际。

从资金漏损的角度来看，任何国家的任何金融中介机构都需要留存一定的存款准备金以作为流动性管理之需。正式信贷市场上的中介机构由于受中央银行再贴现及存款保险机构的支持，且其信贷合同的效率受到法律保护，除法定准备金之外，其为满足流动性需要而保留的资金一般较少；而非正式信贷市场上的金融中介机构为防范流动性风险和能够及时提供信贷资金和应对竞争的需要，其保留的流动性资金并不一定比正式的金融机构少。再者，大多数发展中国家的商业银行在经济发展过程中基本上处于“超贷”的状态，在货币市场不发达的情况下，其资金缺口往往来自于中央银行的借款，因此，商业银行向中央银行的借款额可能还大于其上缴的法定存款准备金。而且，相当高的法定存款准备金比率是发展

---

① 参见 Fry, Maxwell J., 1995, *Money, Interest, and Banking in Economic Development*, Baltimore: Johns Hopkins University Press, p. 769。

中国家金融抑制的手段，而不是市场结构本身的内在特征。实行金融自由化之后，法定存款准备金比率往往会下降。所以，发展中国家正式信贷市场资金漏损严重的这一假定并非完全合理。

从市场竞争效率的角度来看，虽然正式的信贷市场由于受到保护竞争程度较低，其效率可能会受到影响，但正因为受到严格的管制，正式信贷市场上的金融中介机构也就缺乏追求高风险项目的动机，而且由于受到存款保险以及中央银行最后贷款人等危机救助机制的保护，正式信贷市场发生单一的或系统性信贷风险的可能性要低得多。而非正式信贷市场的交易往往局限于固有的交易对象，受到监管和管制的程度也低，在竞争中，金融中介机构容易追求高风险高收益的项目，其发生单一或系统性风险的可能性也较大。因此，从风险管理的角度来看，非正式信贷市场是否比正式信贷市场的资金配置效率高是值得商榷的。

从理论逻辑上看，新结构主义金融发展理论存在着自相矛盾之处。新结构主义者反对金融自由化的立论基础是非正式信贷市场更有效率，原因在于非正式市场不受金融管制，处于自由竞争之中。而麦金农—肖金融深化理论的主要观点和政策主张在于建议发展中国家放弃对金融的干预，通过金融自由化，促进金融市场展开竞争。因此，在逻辑上，新结构主义者是利用非信贷市场金融自由化的有效性来反对金融自由化，存在着明显的矛盾之处。

3. 对信贷配给理论的评价

信贷配给理论从制度和金融市场的不完全性（违约风险、市场结构、价格歧视、信贷合约的特征和信息不对称）的角度对信贷市场上普遍存在的信贷配给现象给予了解释。特别是以斯蒂格利茨和魏斯（1981）为代表的基于信息不对称基础之上的信贷配给理论，从内生角度对信贷配给作为一种市场均衡现象的形成机制给予了合理的解释，并在此基础上，进一步分析了信贷合约中的抵押、担保等非价格条款在信贷配给操作中的功能和作用。与此同时，在基于商业银行和借款人信贷行为决策分析的基础上，部分学者分析了信贷配给对宏观经济，特别是货币政策传导机制及其有效性的影响。

从理论上讲，一方面，信贷配给理论对于金融深化理论所主张的发展中国家在金融市场上实行利率自由化之后信贷配给仍然广泛存在的现象给予了理论上的解释，因此，其理论体系的形成既是对金融深化理论的纠正，也是对金融深化理论的深化和发展。另一方面，由于其建立在对商业银行和借款人的微观行为决策基础之上，因而也就成为现代金融中介理论的重要组成部分，并成为当今金融学界分析中小企业融资难问题的最为核心的理论基础。再者，建立在信贷配给理论基础之上的货币政策信贷传导机制的提出，既丰富了现代货币政策理论体系的内涵，也为对货币政策传导机制有效性的分析提供了新的视野。从政策含义的角度来看，信贷配给理论中有关担保和抵押在克服信息不对称背景之下信贷契约中借款人逆向选择和道德风险行为方面的功能和作用所进行的分析，对于商业银行构建完善的信用风险防范体系和各国政府为中小企业融资提供担保等提供了重要的理论依据。然而，信贷配给理论也存在着一定的局限性。

首先，基于非对称信息的信贷配给理论虽然为对信贷市场上信贷配给的形成机制的阐释提供了坚实的微观基础，但其分析的对象是发达国家金融市场上的商业银行和借款者。以发达国家信贷市场上经济主体的行为决策机制来说明发展中国家金融自由化后普遍存在的信贷配给现象，其适用性值得怀疑。实际上，早期受金融深化理论影响而急于实施了金融自由化改革的大多数发展中国家在金融市场体系、经济环境等许多方面面临着一系列的约束条件，商业银行和借款人也并未成为纯粹的市场经济主体，其行为决策受政治、经济和文化等诸多因素的影响。因此，其信贷市场上存在的信贷配给行为绝非仅仅只受信息不对称这个单一因素影响，对它产生影响的因素和形成机制要比现有的信贷配给理论复杂得多。

其次，相比较于信贷配给理论体系的完美和发展，针对这一理论的实证研究却显得较为薄弱。由于其研究的对象是商业银行的信贷行为，而银行的信贷数据属于商业银行的专有信息，所以，开展实证研究也就显得较为困难。理论的生命力在于通过实证来检验其对现实的解释力。当理论研究的结论无法获得实证研究结果的支撑或接受来自实证检验的挑战时，也就失去了进一步发展的动力。信贷配给理论在 20 世纪 80 年代获得快速发展之后，自 20 世纪 90 年代以来，这一领域的研究基本上处于徘徊不前的状态也就充分印证了这一点。

最后，建立在信贷配给理论基础之上的货币政策信贷传导机制理论（尤其是银行信贷渠道理论）虽然在一定程度上可以解释银行信贷行为对货币政策有效性的影响。但这一渠道的有效性取决于一国金融体系的结构。在金融体系以间接金融为主的国家中，信贷渠道可能会发挥重要的作用，但若一国的金融体系以直接金融为主，货币政策的信贷渠道是否存在或能够发挥多大的作用都是值得深入探讨的问题。

4. 对金融约束理论的评价

金融约束理论是新凯恩斯学派在对 20 世纪 70—80 年代发展中国家从金融抑制向金融自由化转换过程中的失败教训以及 90 年代亚洲金融危机进行反思的基础上提出来的。其理论基础是信息不完全背景下的市场失效理论，在政策方面，强调政府对金融实行干预和保护。因此，其理论及政策建议有其合理性，但也存在着较大的局限性。

就理论创新而言，金融约束理论放松了金融深化理论中完全竞争市场的假设，以不完全信息条件下的市场失效为基础，分析了利率控制和市场准入限制等政府干预政策在发展中国家由金融抑制向金融自由化转轨过程中的作用。因此，其理论假设更符合发展中国家经济转轨时期金融状况的实际。而且，赫尔曼、默尔多克和斯蒂格利茨（1997）明确指出，金融约束是一个动态过程，当金融深化加深到一定程度，即此时带来的益处已不能超过因利率控制而导致的成本时，就必须放弃对金融业的管制，即放弃金融约束政策。这表明，金融约束理论并非与金融深化理论相对立，而是针对现实中客观存在的市场失效现象，提出了金融深化的不同路径选择和政策选择的先后次序安排，在理论上丰富和发展了金融深化理论。另外，在部分发达国家和发展中国家如日本、欧洲部分国家、东南亚部分国家金融发展过程中政府干预获得成功的事实也在一定程度上印证了金融约束理论对现实具有较强的解释能力。然而，金融约束理论也存在着明显的局限性。

首先，金融约束理论所需要的宏观经济环境和微观经济条件在大多数发展中国家都不具备。大多数发展中国家在其经济发展过程中，都伴随着宏观经济环境的不稳定和较高的通货膨胀率，实际利率水平往往为负（这正是需要推进金融深化的重要理由之一）。而且，发展中国家的商业银行往往都是国家控股或家族控股的商业银行，并不能完全按真正意义上的商业银行运营。在此背景下，发展中国家如果实施利率控制和金融市场严格的准入限制，则势必难以达到预期的效果。

其次，金融约束理论的政策效果取决于政府的能力和公正性。它要求政府的目标是追求社会福利最大化并且完全理性，显然，这在现实中是不可能的。作为市场失效纠正者的政府在对金融市场进行干预时，同样面临着政府失效的难题。政府官员利用职权谋取私利，政府管制造成扭曲的现象不仅在发展中国家普遍存在，在发达国家也同样存在。因此，金融约束论中的政府仅仅只是理想状态下的政府。在此情况下，现实中，若政府对干预政策的精度把握不准，金融约束政策就往往容易蜕变为金融抑制政策。

再次，由于这种金融发展政策是一种相机决择的政策，即政府必须根据经济运行情况及时调整自己控制的对象（机构或业务）的范围，所以，金融约束论虽然认识到了随着经济的发展，金融约束应进行调整，并使金融约束转变为一种动态的政策制度，但对这一动态过程没有进一步深入研究，因而它有关发展中国家实行金融约束的政策建议依然是模糊的。

最后，金融约束理论有关发展中国家金融体系的发展建议也显得有些偏颇。它过分强调银行金融机构在经济中的作用，对发展中国家资本市场、非银行金融机构的作用估计过低。它也没有提出一个解决非银行渠道融资效率低下的有效办法。金融约束论所提倡的扶植银行金融机构而压抑其他金融机构的政策主张，很可能会使发展中国家业已存在的二元经济结构更加对立，造成银行金融机构的垄断，降低它们的创新动力。

参考文献

1. A. 德密尔古克—肯特、R. 莱文主编:《金融结构和经济增长:银行、市场和发展的跨国比较》,中国人民大学出版社2006年版。

2. 白当伟、王练文:《金融约束自动信贷配给与国际贸易》,载《世界经济研究》2004年第6期。

3. 陈超:《渐进改革中的金融约束分析》,载《经济科学》2002年第3期。

4. 陈国进:《日本金融制度变迁的路径依赖和适应效率》,载《金融研究》2001年第12期。

5. 程建伟:《金融约束:反思与启示》,载《北京工业大学学报》2002年第6期。

6. 陈雨露、汪昌云:《金融学文献通论》,中国人民大学出版社2006年版。

7. E. S. 肖:《经济发展中的金融深化》,上海三联书店1988年中文版。

8. 方洁:《金融抑制、金融深化、金融约束——发展中国家金融政策制定中政府职能的演变与启示》,载《福建论坛》2000年第8期。

9. 高秀屏、周卫:《日本经济高增长时期的"人为低利率政策"及其影响》,载《国际金融研究》2000年第4期。

10. 顾晓云:《金融约束:实现金融深化的一种替代性政策框架》,载《经济学动态》1999年第1期。

11. 胡和立:《1988年我国租金价值的估算》,载《经济社会体制比较》1989年第5期。

12. 黄金老:《金融自由化与金融脆弱性》,中国城市出版社2001年版。

13. 黄静茹:《金融约束与金融有序发展》,首都经济贸易大学出版社2005年版。

14. J. 斯蒂格利茨、B. 格林沃尔德:《通往货币经济学的新范式》,中信出版社2005年版。

15. 李木祥等:《中国金融结构与经济增长》,中国金融出版社2004年版。

16. 兰莹:《再论"金融约束论"》,载《经济科学》2002年第1期。

17. J. M. 布坎南:《自由、市场与国家——80年代的政治经济学》,上海三联书店1989年版。

18. N. 赫米斯、R. 伦辛克:《金融发展与经济增长——发展中国家(地区)

的理论与经验》，经济科学出版社2001年版。

19. R. I. 麦金农：《经济发展中的货币与资本》，上海三联书店1988年版。

20. R. I. 麦金农：《经济市场化的秩序：向市场经济过渡时期的金融控制》（第二版），上海三联书店、上海人民出版社1997年版。

21. 彭兴韵：《金融发展的路径依赖与金融自由化》，上海三联书店、上海人民出版社2002年版。

22. 乔宗铭：《开放经济中金融深化理论和金融发展》，上海财经大学出版社2006年版。

23. 青木昌彦、金滢基、奥野—藤原正宽：《政府在东亚经济发展中的作用——比较制度分析》，中国经济出版社1998年版。

24. 青木昌彦等：《政府在东亚经济发展中的作用》，中国经济出版社1998年版。

25. 谈儒勇：《金融发展理论与中国金融发展》，中国经济出版社2000年版。

26. 万安培：《租金规模的动态考察》，载《经济研究》1995年第2期。

27. 王晓芳：《中国金融发展问题研究》，中国金融出版社2000年版。

28. 王曙光：《金融自由化与经济发展》，北京大学出版社2003年版。

29. 王信：《政府、银行的信息与激励——金融约束政策评价》，载《经济社会体制比较》1997年第5期。

30. 于晖：《论金融约束下的租金》，载《上海经济研究》2001年第8期。

31. 赵洪：《政府在金融发展中的作用——以马来西亚为例的研究》，厦门大学博士学位论文，2004年。

32. Adams, Dale W. & Robert C. Vogel, 1986, "Rural Financial Markets in Developing Countries: Recent Controversies and Lessons", *World Development*, vol. 14, no. 4, pp. 477-487.

33. Aghion, Phillipe, Peter Howitt & David Mayer-Foulkes, 2005, "The Effect of Financial Development on Convergence: Theory and Evidence", *Quarterly Journal of Economics*, vol. 120, pp. 173-222.

34. Akerlof, George, A., 1970, "The Market for Lemons: Qualitative Uncertainty and the Market Mechanism", *Quarterly Journal of Economics*, vol. 84, pp. 488-500.

35. Allen, Franklin & Douglas Gale, 2000, *Comparing Financial Systems*, Cambridge, MA: The MIT Press.

36. Aoki, Masahiko, Hyung-ki Kim & Masahiro Okuno-Fujiwara, eds., 1997, *The Role of Government in East Asian Economic Development: Comparative Institutional Analysis*, Oxford University Press.

37. Ardeni, Pier G. & Marcello Messori, 1999, "Loan Size and Credit Market Equi-

libria under Asymmetric Information", Working Paper, Dipartmento di Scienze Economiche, Università di Bologna.

38. Arestis, Philip & Panicos Demertrides, 1997, "Financial Development and Economic Growth: Assessing the Evidence", *Economic Journal*, vol. 107, pp. 783-799.

39. Atje, Raymond & Boyan Jovanovic, 1993, "Stock Market and Development", *European Economic Review*, vol. 37, pp. 623-640.

40. Baltensperger, Ernst, 1978, "Credit Rationing: Issues and Questions", *Journal of Money, Credit, and Banking*, vol. 10, pp. 170-183.

41. Beck, Thorsten, Ross Levine & Norman Loayza, 2000, "Finance and the Sources of Growth", *Journal of Financial Economics*, vol. 58, pp. 261-300.

42. Beck, Thorsten, Asli Demirgüç-Kunt & Ross Levine, 2000, "A New Database On Financial Development and Structure", *World Bank Economic Review*, vol. 14, pp. 597-605.

43. Beck, Thorsten, Asli Demirgüç-Kunt and Ross Levine, 2004, "Finance, Inequality, and Poverty: Cross-Country Evidence", NBER Working Papers, no. 10979.

44. Bell, Clive, 1990, "Interactions between Institutional and Informal Credit Agencies in Rural India", *World Bank Economic Review*, vol. 4, no. 3, pp. 297-327.

45. Beneivenga, Valerie R. & Bruce D. Smith, 1991, "Financial Intermediation and Endogenous Growth", *Review of Economic Studies*, vol. 58, pp. 195-220.

46. Bencivenga, Valerie R. & Bruce D. Smith, 1993, "Some Consequences of Credit Rationing in an Endogenous Growth Model", *Journal of Economic Dynamics and Control*, vol. 17, pp. 97-122.

47. Bernanke, Ben & Alan S. Blinder, 1988, "Credit, Money, and Aggregate Demand", *American Economic Review*, vol. 78, no. 2, May, pp. 435-439.

48. Bernanke, Ben & Alan S. Blinder, 1992, "The Federal Funds Rate and the Channels of Monetary Transmission", *American Economic Review*, vol. 82, Sept., pp. 901-921.

49. Bernanke, Ben & Mark Gertler, 1990, "Financial Fragility and Economic Performance", *Quarterly Journal of Economics*, vol. 105, Feb., pp. 87-114.

50. Besanko, David & Anjan V. Thakor, 1987, "Collateral and Rationing: Sorting Equilibria in Monopolistic and Competitive Credit Markets", *International Economic Review*, vol. 28, pp. 671-689.

51. Bester, Helmut, 1985, "Screening versus Rationing in Credit Markets with Imperfect Information", *American Economic Review*, vol. 75, no. 4, pp. 850-855.

52. Blinder, Alan, 1987, "Credit Rationing and Effective Supply Failures", *Econom-*

ic Joumal, vol. 97, no. 386, pp. 327-352.

53. Blinder, Alan S. & Joseph E. Stiglitz, 1983, "Money, Credit Constraints, and Economic Activity", *American Economic Review*, vol. 73, pp. 297-302.

54. Boot, Arnoud W. A. & Anjan V. Thakor, 1997, "Financial System Architecture", *Review of Financial Studies*, vol. 10, no. 3, Fall, pp. 695-733.

55. Bose, Niloy, 2002, "Inflation, the Credit Market and Economic Growth", *Oxford Economic Papers*, vol. 54, Issue 3, pp. 412-434.

56. Boyd, John & Bruce D. Smith, 1992, "Intermediation and the Equilibrium Allocation of Investment Capital: Implications for Economic Development", *Journal of Monetary Economics*, vol. 30, no. 3, Dec., pp. 409-432.

57. Boyd, John & Bruce D. Smith, 1996, "The Coevolution of the Real and Financial Sectors in the Growth Process", *World Bank Economic Review*, vol. 10, no. 2, May, pp. 371-396.

58. Boyd, John H. & Edward C. Prescott, 1986, "Financial Intermidiate Coalitions", *Journal of Economic Theory*, vol. 38, no. 3, pp. 211-232.

59. Buffie, Edward F., 1984, "Financial Repression, the New Structuralists, and Stabilization Policy in Semi-Industrialized Economies", *Journal of Development Economics*, vol. 14, pp. 305-322.

60. Calderón, César & Lin Liu, 2003, "The Direction of Causality between Financial Development and Economic Growth", *Journal of Development Economics*, vol. 72, pp. 321-334.

61. Caprio, Gerard & Lawrence Summers, 1993, "Financial Reform: beyond Laissez Faire", in D. Papadimitriou, ed., *Financing Prosperity into the 21st Century*, New York: Macmillan.

62. Caprio, Gerard, Patrick Honahan & Joseph E. Stiglitz, eds., 2001, *Financial Liberization: How Far, How Fast?*, Cambridge University Press.

63. Cho, Yoon Je & Thomas Hellmann, 1994, "The Government's Role in Japanese and Korean Credit Markets: A New Institutional Economic Review", *Seoul Journal of Economics*, vol. 7, no. 4, pp. 383-415.

64. Christopoulos, Demitris K. & Efthymios G. Tsionas, 2004, "Financial Development and Economic Growth: Evidence from Panel Unit Root and Cointegration Tests", *Journal of Development Economics*, vol. 73, pp. 55-74.

65. Danial, Betty C. & Hong-Bum, Kim, 1992, "An Alternative Rationale for Financial Dualism", *Journal of Money, Credit and Banking*, vol. 24, no. 4, Nov., pp. 570-577.

66. Danial, Betty C. & Hong-Bum, Kim, 1996, "Financial Dualism in a Cash-in-Ad-

vance Economy", *Journal of Macroeconomics*, vol. 18, no. 2, pp. 213-234.

67. Deidda, Luca & Bassam Fattouh, 2002, "Non-Linearity between Finance and Growth", *Economics Letters*, vol. 74, pp. 339-345.

68. Demetriades, Panicos O. & Khaled A. Hussein, 1996, "Does Financial Development Cause Economic Growth? Time-Series Evidence from 16 Countries", *Journal of Development Economics*, vol. 51, pp. 387-411.

69. Demirgüç-Kunt, Asli & Ross Levine, 1996, "Stock Market Development and Financial Intermediaries: Stylised Facts", *World Bank Economic Review Studies*, vol. 51, pp. 393-414.

70. Demirgüç-Kunt, Asli & Enrica Detragiache, 2001, "Financial Liberalization and Financial Fragility", in Gerard Caprio, Patrick Honahan & Joseph E. Stiglitz, eds., *Financial Liberalization: How Far, How Fast?*, Cambridge University Press, pp. 96-122.

71. Demirgüç-Kunt, Asli & Vojislav Maksimovic, 1996, "Financial Constraints, Uses of Funds, and Firm Growth: An International Comparison", *Policy Research Working Paper Series*, no. 1671, The World Bank.

72. Demirgüç-Kunt, Asli & Vojislav Maksimovic, 1998, "Law, Finance, and Firm Growth", *Journal of Finance*, vol. 53, pp. 2107-2137.

73. Demirgüç-Kunt, Asli & Vojislav Maksimovic, 1999, "Institutions, Financial Markets and Firms Debt Maturity", *Journal of Financial Economics*, vol. 54, pp. 295-336.

74. Diamond, Douglas, 1984, "Financial Intermediation and Delegated Monitoring", *Review of Economic Studies*, vol. 51, pp. 393-414.

75. Diamond, Douglas & Phillip Dybvig, 1983, "Bank Runs, Deposit Insurance and Liquidity", *Journal of Political Economy*, vol. 91, pp. 401-419.

76. Dutta, Jayasri & Sandeep Kapur, 1998, "Liquidity Preference and Financial Intermediation", *Review of Economic Studies*, vol. 65, no. 3, July, pp. 551-572.

77. Fried, Joel & Peter Howitt, 1980, "Credit Rationing and Implicit Contract Theory", *Journal of Money, Credit and Banking*, vol. 12, pp. 471-487.

78. Friedman, Benjamin M., 1981, "The Roles of Money and Credit in Marcoeconomic Analysis", NBER Working Papers, no. 0831.

79. Fry, Maxwell J., 1978, "Money and Capital or Financial Deepening in Economic Development", *Journal of Money, Credit, and Banking*, vol. 11, Nov., pp. 464-475.

80. Fry, Maxwell J., 1980a, "Saving, Investment, Growth and the Cost of Financial Repression", *World Development*, vol. 8, no. 4, April, pp. 317-327.

81. Fry, Maxwell J., 1980b, "Money, Interest, Inflation and Growth in Turkey",

Journal of Monetary Economics, vol. 6, no. 4, Oct., pp. 535-545.

82. Fry, Maxwell J., 1982, "Models of Financially Repressed Developing Economies", *World Development*, vol. 10, pp731-750.

83. Fry, Maxwell J., 1989, "Financial Development: Theories and Recent Experience", *Oxford Review of Economic Policy*, vol. 5, pp 13-27.

84. Fry, Maxwell J., 1997, "In Favor of Financial Liberalization", *Economic Journal*, vol. 107, Issue 442, pp 754-770.

85. Gale, Douglas & Martin Hellwig, 1985, "Incentive-Compatible Debt Contracts: The One-Period Problem", *Review of Economic Studies*, vol. 52, pp. 647-663.

86. Galbis, Vincente, 1977, "Financial Intermediation and Economic Growth in Less-Developed Countries: A Theoretical Approach", *Journal of Development Studies*, vol. 13, no. 2, Jan., pp. 58-72.

87. Goldsmith, Raymond W., 1969, *Financial Structure and Development*, New Haven: Yale University Press.

88. Greenwald, Bruce C., Joseph E. Stiglitz & Andrew Weiss, 1984, "Informational Imperfections in the Capital Market and Macroeeonomic Fluctuations", *American Economic Review*, vol. 74, no. 2, pp. 194-199.

89. Greenwald, Bruce C., Meir Kohn & Joseph E. Stiglitz, 1990, "Financial Market Imperfection and Productivity Growth", *Journal of Economic Behavior and Organization*, vol. 13, pp. 321-345.

90. Greenwald, Bruce C. & Joseph E. Stiglitz, 1990, "Asymmetric Information and the New Theory of the Firm: Financial Constraints and Risk Behavior", *American Economic Review*, vol. 71, no. 2, May, pp. 160-165.

91. Greenwood, Jeremy & Boyan Javanovic, 1990, "Financial Development, Growth and the Distribution of Income", *Journal of Political Economy*, vol. 98, pp. 1076-1107.

92. Greenwood, Jeremy & Boyan D. Smith, 1997, "Financial Markets in Development, and the Development of Financial Markets", *Journal of Economic Dynamics and Control*, vol. 21, pp. 145-181.

93. Guiso, Luigi, Paola Sapienza, & Luigi Zingales, 2000, "The Role of Social Capital in Financial Development", NBER Working Papers, no. 7563.

94. Gurley, John G. & Edward S. Shaw, 1955, "Financial Aspects of Economic Development", *American Economic Review*, vol. 45, no. 4, pp. 515-538.

95. Gurley, John G. & Edward S. Shaw, 1956, "Financial Intermidiaries and the Savings- Investment Process", *Journal of Finance*, vol. 11, pp. 257-276.

96. Gurley, John G. & Edward S. Shaw, 1960, *Money in a Theory of Finance*, Wash-

ington, D. C. : The Brookings Institution.

97. Hanazaki, Masaharu & Akiyoshi Horiuchi, 2001, "Can the Financial Constraint Hypothesis Explain Japan's Postwar Experience ? ", NBER Working Papers, no. 3435.

98. Hart, Oliver & John Moore, 1989, *Defaut and Renegotiation: A Dynamic Model of Debt*, Manuscript, Cambridge: Massachusetts Institute of Technology (published in *Quarterly Journl of Economics*, vol. 113, no. 1, Feb., 1998, pp. 1-41).

99. Hellmann, Thomas, 1994, "A Comparison of Incentives and Screening Properties of Short and Long-term Finance", mimeo, Stanford University.

100. Hellmann, Thomas, Kevin Murdock & Joseph E. Stiglitz., 1994a, "Deposit Mobilization through Financial Restraint", mimeo, Stanford University.

101. Hellmann, Thomas, Kevin Murdock & Joseph E. Stiglitz, 1994b, "Addressing Moral Hazard in Banking: Deposit Rate Control vs. Capital Requirements", mimeo, Stanford University.

102. Hellmann, Thomas, Kevin Murdock & Joseph E. Stiglitz., 1996, "Deposit Mobilisation through Financial Restraint", in Niels Hermes & Robert Lensink, eds., *Financial Development and Economic Growth: Theory and Experiences from Developing Countries*, London: Routledge.

103. Hellmann, Thomas, Kevin Murdock & Joseph E. Stiglitz, 1997, "Financial Restraint: Toward a New Paradigm", in Masahiko Aoki & Hyung-Ki Kim eds., *The Role of Government in East Asian Economic Development: Comparative Institutional Analysis*, Oxford: Clarendon House, pp. 163-207.

104. Hellmann, Thomas, Kevin Murdock & Joseph E. Stiglitz, 2000, "Liberalization, moral Hazard in Banking and Prudential Regulation: Are Capital Requirements Enough?", *American Economic Review*, vol. 90, no. 1, pp. 147-165.

105. Hellmann, Thomas & Joseph E. Stiglitz, 2000, "Credit and Equity Rationing in the Markets with Adverse Selection", *European Economic Review*, vol. 44, no. 2, pp. 281-304.

106. Hodgman, Donald R., 1960, "Credit Risk and Credit Rationing", *Quarterly Journal of Economics*, vol. 74, Issue2, May, pp. 256-278.

107. Honohan, Patrick & Joseph E. Stiglitz, 2001, "Robust Financial Restraint", in Gerard Caprio, Patrick Honohan, & Joseph E. Stiglitz, eds., *Financial Liberalization: How Far, How Fast?*, Cambridge University Press, pp. 31-59.

108. Houben, Erike & Peter Nippel, 2001, "The Role of Credit Rationing and Collateral in Debt Financing", University of Kiel Working Paper.

109. Jaffee. Dwight M. & Franco Modigliani, 1969, "A Theory of Credit Ration-

ing", *American Economic Review*, vol. 59, no. 5, Dec., pp. 850-872.

110. Jaffee, Dwight & Thomas Russell, 1976, "Imperfect Information, Uncertainty, and Credit Rationing", *Quarterly Journal of Economics*, vol. 90, pp. 651-666.

111. Jain, Sanjay, 1999, "Symbroisis vs. Crowding-Out", *Journal of Development Economics*, vol. 59, pp. 419-444.

112. Kapur, Basant K., 1976, "Alternative Stabilization Policies for Less-Developed Economies", *Journal of Political Economy*, vol. 84, no. 4, pp. 777-795.

113. Kapur, Basant K., 1983, "Optimal Financial and Foreign-Exchange Liberalization of Less-Developed Economies", *Quarterly Journal of Economics*, vol. 97, no. 1, Feb., pp. 41-62.

114. Kapur, Basant K., 1992, "Formal and Informal Financial Markets, and the Neo-Structuralist Critique of the Financial Liberalization Strategy in Less Developed Countries", *Journal of Development Economics*, vol. 38, pp. 63-77.

115. Keeton, William. 1979. *Equilibrium Credit Rationing*, New York: Garland Press.

116. Khan, Mushtaq H. & Kwame S. Jomo, eds., 2000, *Rents, Rent-Seeking and Economic Development: Theory and Evidence form Asia*, Cambridge University Press.

117. King, Robert G. & Ross Levine, 1993a, "Finance and Growth: Schumpeter Might Be Right", *Quarterly Journal of Economics*, vol. 108, pp. 717-738.

118. King, Robert G. & Ross Levine, 1993b, "Finance, Entrepreneurship, and Growth: Theory and Evidence", *Journal of Monetary Economics*, vol. 32, pp. 513-542.

119. Kugler, Maurice & Klaus Neusser, 1998, "Manufacturing Growth and Financial Development: Evidence from OECD Countries", *Review of Economics and Statisties*, vol. 80, pp. 636-646.

120. Lanyi, Anthony & Rusdu Saracoglu, 1983, "Interest Rate Policies in Developing Countries", *Occasional Paper* 22, Washington, D. C.: International Monetary Fund.

121. Lehnert, Andreas, 1998, "Asset Pooling, Credit Rationing and Growth", Federal Reserve System Working Paper.

122. Leland, Hayne & David Pyle, 1977, "Informational Asymmetries, Financial Structure and Financial Intermediation", *Journal of Finance*, vol. 32, pp. 371-388.

123. Levine, Ross, 1991, "Stock Markets, Growth, and Tax Policy", *Journal of Finance*, vol. 46, no. 4, Sept., pp. 1445-1465.

124. Levine, Ross, 1997, "Financial Development and Economic Growth: Views and Agenda", *Journal of Economic Literature*, vol. 35, no. 2, pp. 688-726.

125. Levine, Ross & Sara Zervos, 1996, "Stock Market Development and Long-Run

Growth", *World Bank Economic Review*, vol. 10, pp. 323-339.

126. Levine, Ross & Sara Zervos, 1998, "Stock Markets, Banks, and Economic Growth", *American Economic Review*, vol. 88, pp. 537-559.

127. Levine, Ross, Norman Loayza & Thorstein Beck, 2000a, "Financial Intermediation and Growth: Causality and Causes", *Journal of Monetary Economics*, vol. 46, pp. 31-77.

128. Levine, Ross, Norman Loayza & Thorstein Beck, 2000b, "Finance and the Sources of Growth", *Journal of Financial Economics*, vol. 58, pp. 261-300.

129. Levine, Ross, 2002, "Bank-based or Market-based Financial System: Which Is Better?", *Journal of Financial Intermediation*, vol. 11, no. 4, Oct., pp. 398-428.

130. Loayza, Norman & Romain Ranciere, 2002, "Financial Fragility, Financial Development, and Growth", World Bank Working Paper Series, no. 3431.

131. Love. Inessa, 2003, "Financial Development and Financing Constraints: International Evidence from the Structural Investment Model", *Review of Financial Studies*, vol. 16, no. 3, pp. 765-791.

132. Lucas, Robert E., 1982, "Interest Eates and Currency Prices in a Two Country World", *Journal of Monetary Economics*, vol. 10, no. 4, pp. 335-359.

133. Lucas, Robert E., 1988, "On the Mechanics of Economic Development", *Journal of Monetary Economics*, vol. 22, pp. 3-42.

134. Mathieson, Donald, J., 1980, "Financial Reform and Stabilization Policy in a Developing Economy", *Journal of Development Economies*, vol. 7, no. 3, Sept., pp. 359-395.

135. McKinnon, Ronald I., 1973, *Money and Capital in Economic Development*, The Brookings Institution, Washington, D. C.

136. Merton, Robert C. & Zvi Bodie, 2005. "Design of Financial System: Towards a Symthesis of Function and Structure", *Journal of Investment Management*, vol. 3, no. 1, pp. 1-23.

137. Meza, David de & David Webb, 1999, "Wealth, Enterprise and Credit Policy", *Economic Journal*, vol. 109, pp. 153-154.

138. Meza, David de & David Webb, 2000, "Does Credit Rationing Imply Insufficient Lending?", *Journal of Public Economies*, vol. 78, pp. 215-234.

139. Milde, Hellmuth & John G. Riley, 1988. "Signaling in Credit Markets", *Quarterly Journal of Economics*, vol. 103, no. 1, Feb., 101-129.

140. Neusser, Klaus & Maurice Kugler, 1998, "Manufacturing Growth and Financial Development: Evidence from OECD Countries", *Review of economics and Statistics*, vol.

80, no. 4, Nov., pp. 638-646.

141. Pagano, Marco, 1993, "Financial Markets and Growth: An Overview", *European Economic Review*, vol. 37, pp. 613-622.

142. Patrick, Huph, 1966, "Financial Development and Economic Growth in Underdeveloped Countries", *Economic Development and Cultural Change*, vol. 14, pp. 174-189.

143. Rajan, Raghuram G. & Luigi Zingales, 2003, "The Great Reversals: The Politics of Financial Development in the 20th Century", *Journal of Financial Economics*, vol. 69, no. 1, pp. 5-50.

144. Rajan, R. G. & Luigi Zingales, 1998, "Financial Dependence and Growth", *American Economic Review*, vol. 88, pp559-586.

145. Romer, Paul M., 1986, "Increasing Returns and the Long-Run Growth", *Journal of Political Economy*, vol. 94, no. 5, Oct., pp. 1002-1037.

146. Rossa, Robert, 1951, "Interest Rates and the Central Bank", in *Money Trade and Economic Growth: in Honor of John Henry william*, New York: Macmillan Company.

147. Rousseau, Peter L. & Paul Wachtel, 1998, "Financial Intermediation and Economic Performance: Historical Evidence from Five Industrial Countries", *Journal of Money, Credit and Banking*, vol. 30, pp. 657-678.

148. Rousseau, Peter L. & Paul Wachtel, 2000, "Equity Markets and Growth: Cross-Country Evidence on Timing and Outcomes, 1980 – 1995", *Journal of Business and Finance*, vol. 24, pp. 1933-1957.

149. Rousseau, Peter & Paul Wachtel, 2002, "Inflation Thresholds and the Finance-Growth Nexus", *Journal of International Money and Finance*, vol. 21, pp. 777-793.

150. Rousseau, Peter & Dadanee Vuthipadadorn, 2005, "Finance, Investment, and Growth: Time Series Evidence from 10 Asian Economies", *Journal of Macroeconomics*, vol. 27, pp. 87-106.

151. Rioja, Felix & Neven Valev, 2004, "Does One Size Fit All? A Reexamination of the Finance and Growth Relationship", *Journal of Development Economics*, vol. 74, pp. 429-447.

152. Schreft, Stacey L., & Bruce D. Smith, 1998, "The Effects of Open Market Operations in a Model of Intermediation and Growth", *Review of Economic Studies*, vol. 65, no. 3, pp. 519-550.

153. Schumpeter, Joseph A., 1912, *The Theory of Economic Development*, Masschusetts, MA.: Harvard University Press.

154. Shaw, Edward S., 1973, *Financial Deepening in Economic Development*, New

York:Oxford University Press.

155. Stiglitz,Joseph E. ,1985,"Credit markets and the Control of Capital",*Journal of Money,Credit and Banking*,vol. 17,pp. 133-152.

156. Stiglitz,Joseph E. ,1986,"Towards a More General Theory of Monopolistic Competition ",in Maurice H. Peston & Richard E. Quandt,eds. ,*Prices,Competition and Equilibrium*,Oxford:Philip Allan,Branes and Nobel Books,pp. 22-69.

157. Stiglitz, Joseph E. , 1993a, "The Role of the State in Financial Markets", *World Bank Proceedings of the Annual Conference on Development Economics*, Washingtion,D. C. ,The World Bank.

158. Stiglitz,Joseph E. ,1993b,"Some Lessons from the Asian Miracle",Mimeo, Stanford University.

159. Stiglitz,Joseph E. ,1994a,*Wither Socialism?*,Cambridge,MA:The MIT Press.

160. Stiglitz,Joseph E. ,1994b,"The Role of the State in Financial Markets",*Proceedings of the World Bank Annual Conference on Development Economics*,Washingtion, D. C. ,The World Bank,pp. 19-52.

161. Stiglitz,Joseph E. ,1997,"Moneylenders and Bankers:Price-Increasing Subsidies in a Monopolistically Competitive Market",*Journal of Development Economics*,vol. 52,pp. 429-462.

162. Stiglitz,Joseph E. ,2001,"Principles of Financial Regulation:A Dynamic Porfolio Approach",*World Bank Research Observer*,vol. 16,no. 1,Spring,pp. 1-18.

163. Stiglitz,Joseph E. ,2002,"Financial Market Stability and Monetary Policy", *Pacific Economic Review*,vol. 7,no. 1,pp. 13-30.

164. Stiglitz,Joseph E. & Andrew Weiss,1981,"Credit Rationing in Markets with Imperfect Information",*American Economic Review*,vol. 71,pp. 393-410.

165. Stiglitz,Joseph E. & Andrew Weiss,1986,"Credit Rationing and Collateral", in J. Edwards,J. Fanks,C. Mayer & S. Schaefer,eds. ,*Recent Development in Coporate Finance*,Cambridge University Press,pp. 101-135.

166. Stiglitz,Joseph E. & Andrew Weiss,1987a,"Credit Rationing:Reply",*American Economic Review*,vol. 77,pp. 228-231.

167. Stiglitz,Joseph E. & Andrew Weiss,1987b,"Credit Rationing with Many Borrowers",*American Economic Review*,vol. 77,pp. 228-231.

168. Stiglitz,Joseph E. & Andrew Weiss,1992,"Asymmetric Information in Credit Markets and Its Implications for Maeroeconomies",*Oxford Economic Papers*,vol. 44,pp. 694-724.

169. Stulz,René & Rohan Williamson,2003,"Culture,Openness,and Finance",

Journal of Financial Economics, vol. 70, pp. 319-359.

170. Tadasse, Solomon, 2000, "Financial Architecture and Economic Performance: International Evidence", *mime*, *University of South Carolina*, *Helena.*

171. Taylor, Lance, 1983, *Structuralist Macroeconomics: Applied Models for the Third World*, Basic Books, Inc.

172. Townsend, Robert M., 1977, "The Eventual Failure of Price Fixing Schemes", *Journal of Economic Theory*, vol. 14, no. 1, Feb., pp. 190-199.

173. Townsend, Robert M., 1989, "Currency and Credit in a Private Information Economy", *Journal of Political Economy*, vol. 97, no. 6, Dec., pp, 1323-1344.

174. Wade, Robert & Frank Veneroso, 1998, "The Asian Crisis: the High Debt Model versus the Wall Street-Treasury-IMF Complex", *New Left Review*, vol. 228, pp. 3-23.

175. Wijnbergen, Sweder van, 1982, "Stagflationary Effects on Monetary Stabilization Policies: A Quantitative Analysis of South Korea", *Journal of Development Economics*, vol. 10, no. 2, April, pp. 133-169.

176. Wijnbergen, Sweder van, 1983, "Interest Rate Management in LDC's", *Journal of Monetary Economics*, vol. 12, pp. 433-452.

177. Williamson, Stephen D., 1986, "Costly Monitoring, Loan Contracts, and Equilibrium Credit Rationing", *Journal of Monetary Economics*, vol. 18, no. 2, Sept., pp. 159-179.

178. Wurgler, Feffrey, 2000, "Financial Market and Allocation of Capital", *Journal Financial Economics*, vol. 58, pp. 187-214.

179. Xu, Zhenhui, 2000, "Financial Development, Investment, and Economic Growth", *Economic Enquiry*, vol. 38, pp. 331-344.

第十一章　人口流动理论的新发展

人口流动理论在20世纪50年代初至70年代中期盛行一时，从70年代中期到80年代中期10年间，有关人口流动的研究文献寥寥无几，但80年代末以来人口流动理论再度趋热。重新成为热点的人口流动理论不仅改进了哈里斯—托达罗模型，而且探讨了早期人口流动理论尚未涉足的一些新的领域，如人口流动与经济增长，人口流动、不平等与社会福利，人口流动与人力资本积累，人口流动的迁徙动机和汇款动机，人口流动与劳动力市场政策，区域经济发展差距与人口流动，等等。本章旨在概述这一理论的新进展并做出简要的评价。

第一节　20世纪50年代初至70年代中期的人口流动理论

人口流动理论被公认为发展经济学最重要的理论贡献之一。诺贝尔经济学奖得主W. 阿瑟·刘易斯1954年在《劳动力无限供给条件下的经济发展》一文中，提出了以剩余劳动无限供给的二元结构为特征的第一个古典主义的人口流动模型，由此掀起了探讨发展中国家人口流动的第一次热潮。W. 阿瑟·刘易斯假设农村部门存在着大量的边际生产率为零的剩余劳动，只要城市部门的工资略高于农村固定的维持生计的工资水平，就可以吸引农村剩余劳动力源源不断地流入城市，直到农村剩余劳动全部转移到城市为止。在这个过程中，整个经济得到了发展。古斯塔夫·拉尼斯和费景汉于1961年推进了刘易斯模型，不仅更清晰地把工业部门和农业部门之间的发展关系表述了出来，而且还研究了刘易斯模型未考虑到的一些方面，如强调农业本身的发展，把技术进步与资本积累同等地视为提高生产率的两个途径，强调发展中国家技术进步应当是劳动偏向的，等等。由于拉尼斯和费景汉对刘易斯模型的发展也是在古典主义的框架内进行的，因此，国际发展经济学界将这两个模型统称为刘易斯—拉尼斯—费景汉模型。

戴尔·W. 乔根森（Dale W. Jorgensen，1961）在他建立的新古典主义二元经济模型中，对刘易斯二元经济发展模型中的农村剩余劳动力的边际生产率为零的假设提出了质疑。他设定城市工业部门和农业传统部门的工资均由技术进步率和资本积累率决定，并假定人口增长由经济增长所决定。他推出的结论是：经济增长不会超过人口增长所允许的限度，因此，工资水平是上升的，剩余劳动始终不会出现，加上人口增长有其生理上限，一旦为人口增长所允许的经济增长达到顶峰时，就会出现农业剩余，而经济增长之所以能持续下去，关键在于技术进步。乔根森模型的长处在于注重农业发展和技术进步，但它仍然忽略了城市失业问题。

约翰·R. 哈里斯与迈克尔·P. 托达罗（John R. Harris & Michel P. Todaro，1970）所建立的模型（下文中称哈里斯—托达罗模型或简称托达罗模型）尝试在新古典框架内为发展中国家的人口流动提供一种新的解释。该模型把潜在的迁徙者对预期收益的估计作为迁徙决策的主要因素，乡城间收入差距（或预期收入差距）构成为迁移动机的主要方面，这一差距越大，迁移倾向就越强烈。托达罗模型以城市存在失业为假设前提，因此，该模型侧重于分析如何通过放慢乡—城人口流动的步伐来缓解城市的失业压力，但它忽视了人口流动对经济发展的积极作用。1975 年，加里·S. 菲尔茨（Gary S. Fields）改进了托达罗模型，增加了除预期收益之外决定城市失业率的其他因素，这包括：第一，农村的潜在迁徙者通过亲戚朋友介绍到城市找到工作的概率；第二，农村劳动力先在城市非正规部门临时就业或从事兼职工作，然后再找到正规部门工作的机会；第三，受过更高教育的劳动力被雇用的概率更大；第四，劳动力转换（labor turnover）也会对失业率产生影响。菲尔茨证明了，在考虑了上述因素之后算出的失业率比托达罗模型得出的失业率要低。

20 世纪 70 年代中期至 80 年代中期的 10 年间，对发展中国家人口流动的研究远没有 50—60 年代那么热烈。但自 80 年代中期以来，发展中国家的人口流动问题再次引起人们的关注，在国际发展经济学界又一次掀起了研究人口流动问题的热潮。

第二节　人口流动与经济增长

1. 包含了人口流动的新古典增长模型

瓦拉里·R. 本西温加与布鲁斯·D. 史密斯（Valerie R. Bencivenga & Bruce

D. Smith，1997）在合作的论文中构建了一个描述乡—城人口流动与城市失业或就业不足（underemployment）二者并行不悖的新古典增长模型，其中人口流动与城市就业不足均由劳动力市场上的逆选择难题引起。在他们看来，经济发展过程中两个显著的方面在传统的新古典增长模型中被忽视：其一是现代经济发展常常与乡—城间人口大规模流动相伴随；其二是所有的经济中都存在着失业，而发展中国家有相当高的失业率；大量的劳动力在相对低收入的非正规的城市生产部门就业，这类就业往往被看成是某种形式的就业不足。

虽然城市制造业的快速增长使城市工资增长快于农村，吸引农村人口向城市流动，使更多的工人与资本相结合，从而促进了产出的增长。此外，城市化不仅改变了就业和产出的构成，而且通常还伴随着城市失业或就业不足。就业不足被看作是阻碍增长的因素，不仅阻碍了人口向城市流动，而且使平均收入和储蓄下降。他们发现，乡—城人口流动与就业不足之间的关联引起了人们的极大关注，但这两者同经济增长之间的关联却没有被人们所关注。他们提出的问题是：什么原因导致失业持续存在呢？在传统的托达罗模型中，失业被认为由“制度所决定的”城市实际工资所致，但是，本西温加和史密斯却认为，需要找到其他的不同于传统托达罗模型的解释。

他们设定经济由一个两阶段代际交叠并加上在初始就存在老年一代的无限贯序所构成（an infinite sequence of two-period-lived，overlapping generations plus an initial old generation），并在此基础上提出了六个假定：第一，假定在正规的城市部门的生产中使用资本和劳动，而在乡村部门和城市非正规部门的生产中只使用劳动；第二，代理人被划分为老年代理人和年轻代理人，而年轻代理人又被分为两种类型，即（$i=1$，2），其中，类型1的代理人拥有较低的生产率，类型2的代理人生产率较高。这意味着劳动力是异质的。第三，假定代理人所拥有的信息属于不公开的私人信息，由此引发了城市劳动力市场上的逆向选择难题。正是逆向选择难题而不是外生的刚性（exogenous rigidities）造成了城市失业或就业不足。随着城市部门中资本积累加速，城市正规的制造业部门中的实际工资率增长比农业部门相对更高，引诱人口向城市流动，城市中的逆向选择难题更趋严重，雇主被迫雇佣比实际移民更少的劳动力，于是城市失业或就业不足的比率上升。正如在托达罗模型中显示的那样，正是由于失业或就业不足的增加才使得人口流动过程达到均衡。第四，正规的城市制造业部门中现期资本—劳动比率的上升与城市工资率、高平均收入、乡城间净人口流动以及高储蓄率的增长相联系，进而将导致未来更高的总资本存量。然而，当存在乡—城间人口流动时，上述情况并不意味着未来城市正规部门中的资本—劳动比率将会更高，如果引诱了过量的人口流动实际上会造成城市正规部门中的资本-劳动比率下降。第五，假定所有的代理人只关注两阶段的消费，他们年轻时的所有收入被储蓄以备老年之用。第六，城市部门存在着正规制造业部门和非正规制造业部门，在正规制造业部门中的 $i=1$ 类型的代理人是无效率的，城市失业的存在正是为了阻止类型 1 的代理人进入城市劳动力市场。

此外，经济中存在着三种行为：第一，老年代理人使用储蓄购买农产品和制造业产品。第二，年轻的代理人决定在哪个部门寻找工作，并且城市生产者决定使用多少资本，雇佣多少工人。第三，年轻代理人将其收入储蓄起来。实现均衡必须满足三个条件：第一，两种类型的年轻代理人必须在劳动力市场上进行自我选择以决定在哪个劳动力市场就业；第二，必须描述正规城市制造业部门中的总量资本存量和资本—劳动比率；第三，农产品和制造业产品必须出清。在均衡状态下能够决定经济中的农产品价格 p_t，城市正规制造业部门的资本—劳动比率 k_t，城市失业率 u_t 以及在 t 时期在城市部门寻找工作的类型 2 的代理人所占的比例 ϕ_t（$\phi_t \in (0,1)$）。模型的总体均衡由如下三个部分均衡所组成。

第一，两种类型的年轻代理人在劳动力市场进行自我选择，使其在城市和农村部门的预期收益相等。设 π_i 为 i 类型代理人在农业部门就业单位时间的产出，u_t 为城市正规制造业部门的失业率，w_t 为城市制造业部门的实际工资率，β_i 为 i 类型的年轻代理人在城市非正规部门单位时间的产出。

只有当类型 1 的代理人在农村的预期收益大于等于他们在城市的预期收益时，才能阻止他们在城市寻找工作。若类型 1 的代理人在城市非正规部门的产出为 0，则均衡失业率必须满足：

$$p_t\pi_1 = (1-u_t)w_t, t \geqslant 0 \tag{11.2.1}$$

方程左边为类型 1 的代理人在农村的预期收益，方程右边为类型 1 的代理人在城市的预期收益。从式（11.2.1）可以看出，城市失业率的存在有助于平衡类型 1 的年轻代理人在城乡间的预期收入，因此，此模型与哈里斯—托达罗模型的条件相类似，而这里的城市工资率是内生的。均衡状态下可得城市部门的失业率。

$$u_t = \frac{[(\pi_2-\pi_1)/\beta_2\pi_1]w(k_t)}{[(\pi_2-\pi_1)/\beta_2\pi_1]w(k_t)+1}, t \geqslant 0 \tag{11.2.2}$$

式（11.2.2）给出了城市正规制造业部门的失业率，它是城市工资率和资本—劳动比率的函数。

第二，均衡状态下产品市场出清。若 θ_i 为年轻代理人中 i 类型工人的比例，类型 2 的年轻代理人在城市正规制造业部门的人均产出为 $f(k) = (\alpha k^p + b)^{1/p}$（$p<0$），$\gamma$ 为老年代理人只购买农产品的概率。则可以得到均衡的 ϕ_t 值。

$$\phi_t = \frac{(\theta_1/\theta_2)(\pi_1/\pi_2)+1}{1+\gamma(\pi_1/\pi_2)(\alpha/b)k_t^{\rho}}, t \geqslant 0 \tag{11.2.3}$$

第三，均衡状态下储蓄等于投资。可得到正规部门的资本—劳动比率，并可描述出均衡状态下资本－劳动比率的变化。若 n 为总的人口增长率，k_t 的均衡变化可以用式（11.2.4）来表示。

$$H(k_{t+1}) = \frac{w(k_t)}{n}\left[\left(\frac{\pi_2 - \pi_1}{\beta_2 \pi_1}\right) w(k_t) + 1\right]^{-1}, t \geqslant 0 \tag{11.2.4}$$

对于给定的一个初始值 k_0，从式（11.2.4）可以得到可能的均衡系列 $\{k_t\}$。把解出的均衡系列 $\{k_t\}$ 代入式（11.2.3）可以得到 $\{\phi_t\}$，代入式（11.2.2）可得到 $\{u_t\}$，代入式（11.2.1）可以得到 $\{p_t\}$。式（11.2.4）可以转化为

$$w(k_t) = \frac{nH(k_{t+1})}{1 - \frac{n[(\pi_2 - \pi_1)]}{\beta_2 \pi_1} H(k_{t+1})}, t \geqslant 0 \tag{11.2.5}$$

式（11.2.5）中，k_t 是 k_{t+1} 的函数，这有助于分析经济的动态变化。假定当 $k > w^{-1}(\beta_2)$ 时，$H(k) > H[w^{-1}(\beta_2)]$；并且 $H[w^{-1}(\beta_2)] > \frac{\beta_2}{n\left(\frac{\pi_2}{\pi_1}\right)}$。则式（11.2.5）定义一个可微分的函数 $G:(w^{-1}(\beta_2), H^{-1}(\eta)) \rightarrow (w^{-1}(\beta_2), \infty)$，因此，$k_t = G(k_{t+1})$。可以将波动的多重均衡状态下资本—劳动比率的变化用下图来表示。

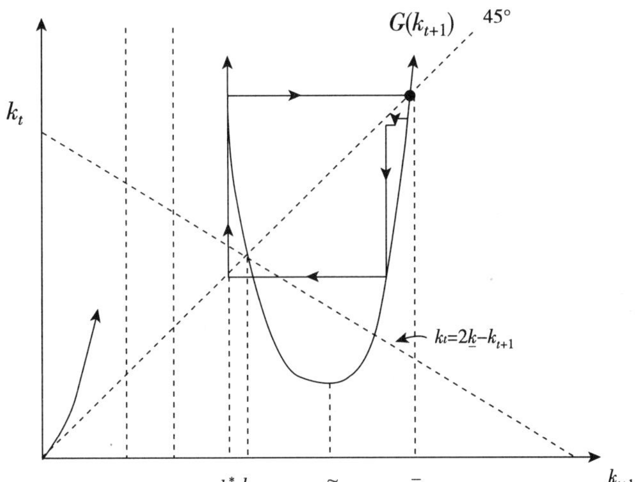

图 11－1　波动的多重均衡

图 11.1 描述了式（11.2.5）的动态运动规律，它同时描述了通过（$\underline{k}$，$\underline{k}$）的“负 45 度线”。从图 11.1 中可以看出，当 $G'(\underline{k}) < -1$，低资本存量持续状态是不稳定的。于是，可以从某个初始值 k_0 来达到这一持续状态。显然，接近于该低资本存量持续状态的路径将显示存在着衰减的波动。此外，当 $G'(\underline{k})$

<-1，两个持续状态的均衡点均处在落后动态中的渐进稳定状态，由此可以观察到“发展陷阱”（development trap）现象。特别是，具有不同的初始值 k_0 但在其他方面完全相同的两个经济可以达到不同的长期资本—劳动比率，但是仅仅因为内生的原因而无法趋同。那些陷于低水平多重均衡中的经济还将付出额外的代价：它们在抵达持续状态的过程中，所有的内生变量都将发生波动。

经济波动和“发展陷阱”现象能够被观察到的原因在于乡－城间人口流动的存在。如果 k_t 相对较高，意味着 t 时期年轻代理人有较高的收入，因而产生较多的储蓄。相应地，K_{t+1} 较高。如果有足够多的劳动力从农村迁往城市，则 $k_{t+1}\equiv\frac{K_{t+1}}{L_{t+1}}$ 实际上会下降，使 $t+1$ 期的收入较低。结果导致较低的 K_{t+2} 值，造成劳动力从农村迁出和潜在的 k_{t+2} 值的增加。因此，当从乡村迁往城市的迁移者在数量上足够多时，城市制造业部门的资本－劳动比率会随着均衡路径而波动。

本西温加与史密斯从所建构的模型中得出了如下几点结论。第一，在模型中，不仅可以轻易地观察到“发展陷阱”现象，而且能够观察到均衡不确定性以及内生的、不会衰减的经济波动的存在，而“发展陷阱”容易产生多重均衡。在这种多重均衡状态下，持续增长的长期阶段和持续的乡—城间人口流动往往被短暂的甚至是严重的经济衰退所打断，与之相伴随的是城—乡间逆向净人口流动。第二，城市就业不足不是由外生刚性所引起，而是迁徙者内生地对劳动力市场上的逆向选择难题做出反应的结果。就业不足的存在使得城—乡工资差距能够随时间推移并随经济发展水平而发生变动。于是，乡—城人口流动过程通过城市就业不足的比率来实现均衡。第三，虽然城市正规制造业部门中的现期资本—劳动高比率同高平均收入水平、高储蓄水平以及未来的高资本总存量密切相关，但是如果有足够多的劳动力被吸引到城市，则下一期城市中的资本—劳动比率实际上会下降。这就意味着，在正规制造业部门中，当前和未来资本—劳动比率之间不一定存在着单调关系，而这种非单调关系又成为多重渐进式持续稳定状态、不确定性以及内生波动的根源。

2. 具有经济增长含义的劳动力迁徙动态模型

威廉·J. 卡灵顿、恩里卡·德特拉吉亚奇和塔拉·维什瓦纳斯（William J. Carrington，Enrica Detragiache & Tara Vishwanath，1996）在他们连手发表的论文中指出，他们发现劳动力迁徙过程中的某些共同特征同新古典模型中有关迁徙成本为零或固定不变的说法不一致。他们列举的实例是 1915 年至 1960 年间美国南部黑人迁往北方的“大迁徙”浪潮。他们写道，在南北战争之后数十年间，尽管南北之间存在着巨大的收入差距（该差距或许甚至比种族容忍程度上的差距还要大），但黑人人口由南向北的迁徙并未开始。然而，一旦这种迁徙在 20 世纪头 10 年起步便很快转为加速，虽然此时收入差距已经缩小了。这一事实虽然在很大程度上同新古典模型中有关劳动最终流向更富裕地区的说法相吻合，但在新古典模型中却找不到有关人口流动的时间选择和加速度问题的解释。

他们构造了一个劳动力迁徙的动态模型。该模型提出的假设是：第一，一开始就存在着一个富裕的北方地区和一个贫穷的南方地区；南方工人为了迁往北方必须支付一次性的迁徙成本；南方工人为了迁徙而支付的成本有高有低，但对于所有的工人来说，迁徙成本随着已经在目的地定居的迁徙者数量的增加而递减。第二，假定 $t = 0$ 时期每一个地区的劳动力都为 1，M_t 为 t 时期迁往北方的南方工人总量，t 时期南方的劳动力总量为 $1 - M_t$，北方的劳动力总量为 $1 + M_t$。第三，假定劳动力是同质的，劳动力市场是完全竞争的，每一个地区的劳动力都充分就业。若 W_t^i 为 t 时期 i 地区的工资率，那么，可以把北方和南方两个地区劳动需求的反函数写作

$$W_t^S = \gamma^S(M_t) \tag{11.2.6}$$

$$W_t^N = \gamma^N(M^t) \tag{11.2.7}$$

南方的收入随着迁出劳动力的增加而增加，北方的收入随着迁入劳动力的增加而下降。工人在 t 时期由南方迁往北方需支付一次性的迁移成本

$$c_t = c(M_{t-1}, h) \tag{11.2.8}$$

其中 $h \in H$ 所概括的是影响迁移成本的个人特征，如年龄、家庭地位、社会地位、资产、偏好等。迁移成本随着已经迁移到北方并定居的工人数量的增加而下降。假定北方工人迁往南方不存在迁移成本，每一个工人旨在使其迁移成本的净贴现收入（discounted income net of migration costs）达到最大化。他们把南方的劳动力看作是工人的连续集（continuum of workers），每一个工人的特征用 h 来表示。$F(h)$ 是对类型小于或等于 h 的工人的度量，它是严格递增并且可微分的。

定义 $V^N(M_t,h)$ 为 h 类型的工人 t 时期在北方收入贴现的最大值，$V^S(M_t,h)$ 为 h 类型的工人 t 时期在南方收入贴现的最大值，每一个工人都力图使其预期收入的贴现值最大化。

$$V^N(M_t,h) = \gamma^N(M_t) + \delta\max[V^N(M_{t+1},h), V^S(M_{t+1},h)] \tag{11.2.9}$$

$$V^S(M_t,h) = \gamma^S(M_t) + \delta\max[V^N(M_{t+1},h) - c(M_t,h), V^S(M_{t+1},h)] \tag{11.2.10}$$

当而且只有当满足以下条件时，在 t 时期南方的迁移者迁往北方

$$V^N(M_t,h) - V^S(M_t,h) - c(M_{t-1},h) \geqslant 0 \tag{11.2.11}$$

当而且只有当满足以下条件时，t 时期北方劳动力迁往南方

$$V^N(M_t,h) \leqslant V^S(M_t,h) \tag{11.2.12}$$

他们的模型具有如下含义：第一，迁徙一旦起步便会形成某种势头，即现期的迁徙使未来迁移的成本下降。第二，迁徙会持续下去甚至会加速，尽管此时地

区间的收入差距已经缩小了。第三，劳动力向外迁徙可能会导致极为贫困地区的收入最终超过从未发生过劳动力外迁的富裕地区（尽管该地区起初也很贫穷）的收入。第四，劳动力的重新配置不仅将导致南部地区，而且将导致整个经济中的人均收入增长。第五，迁徙由低迁徙成本的迁移者（典型的是年轻人）开始，但后来的迁移者（妇女、儿童甚至老人）有很高的迁徙成本。第六，迁徙显露出以小集团方式成群结队地从南方迁往北方的迁徙路线。

他们的模型被认为具有经济增长的含义。过去人们一直认为，至少在某些条件下，贫困地区通过向富裕地区输送工人可以改进其经济状况。卡灵顿等三人指出，这种情况之所以发生，是因为贫困地区劳动供给的减少导致工资增加，还因为移出者将其新赚得的高收入中相当大的一部分汇回家中，因而使贫困地区的总收入增加。在他们的模型中，早期外迁者对那些尚未外迁者提供了某种正外部性，但这种外部利益可能并没有体现在他们自己的私人预算中。其结果是，政府对最初的外迁者提供帮助可能会促成帕累托改进，尤其是政府向那些从贫困地区迁往富裕地区的移民提供补贴会导致总收入的增加；但如果政府采用补贴贫困地区的政策，则会造成迁徙踌躇不前，这在长期内实际上可能会扩大地区收入差距。

第三节　人口流动、社会福利与不平等

1. 人口流动、影子工资率与社会福利

玛纳什·拉詹·古普塔（Manash Rajan Gupta，1988）在讨论有关影子工资率的定义的同时，对人口流动、福利、不平等这三者之间的关联进行了探讨。他指出，一些发展经济学家关注城市部门中影子工资率的决定，影子工资率被定义为当社会福利达到最大化时城市部门中劳动边际生产率相等时的量值。

古普塔认为，影子工资率中的两个构成部分需要考虑：一个是所放弃的产出的价值；另一个是所放弃的投资的价值。人们在分析影子工资率的传统做法是把社会福利定义为该社会人均消费的正函数，这就使得影子工资率低于市场工资率。他还指出，在分析乡—城工资差距的托达罗模型或同类模型中存在着赚取高收入率的城市工人，赚取相对低但却是正工资率的农村工人，以及城市部门中没有任何收入的失业工人这三个不同的收入组。由此可见，在劳动者当中存在着一定程度的收入不平等。当工人具有相同的边际消费倾向时，这种不平等就表现为

消费上的不平等。他认为，社会福利不仅应当被定义为人均消费的正函数，而且应当被定义为消费中不平等程度的负函数。在劳动者收入存在着一定程度不平等的情况下，城市部门中所创造的就业不一定会增加社会福利，这是因为新增加的城市就业虽然提高了人均消费，但同时却有可能使城市失业问题恶化，并扩大消费中的不平等程度。

古普塔建立了一个用以分析消费不平等和福利在决定影子工资中的作用的分析模型，并由此提出了三个假定：第一，假定存在着一个不从事国际贸易的经济，而且该经济由城市和农村两个部门所构成（即 $i = 1,2$ ，1 和 2 分别代表城市部门和农村部门），两个部门生产的是相同的产品。第二，假定城市部门的剩余是投资的唯一源泉，城市部门的产出是支付劳动成本的唯一手段。第三，假定农村部门不存在失业，因此，乡—城间迁移将降低农村的就业水平并增加农村工资。

由此，可以将 i 部门的生产函数表示为

$$Y_i = F_i(K_i, L_i) \tag{11.3.1}$$

其中 Y_i ，K_i ，L_i 分别代表净产出水平、资本存量和 i 部门的就业水平。城市计划制定者按由制度决定的城市工资率 $\bar{W}_1$ 雇佣工人。

乡—城间人口流动机制具有哈里斯—托达罗模型的特征，人口流动的均衡条件是农村与城市的预期收益相等。

$$\bar{W}_1 L_1 = W_2(L_1 + L_u) \tag{11.3.2}$$

$\bar{W}_1$ 为由制度决定的城市部门中的工资率，L_u 为城市部门中的失业水平。若对随时间推移而发生的人口增长忽略不计，并且假定整个经济中的劳动力规模等于 1，于是

$$L_1 + L_2 + L_u = 1 \tag{11.3.3}$$

假定经济中的全部收入完全被消费掉，用 W_2 表示农村工人的工资率，土地所有者则将其利润消费掉，工人的人均消费（收入）用 C 来表示，则

$$C = \bar{W}_1 L_1 + W_2 L_2 \tag{11.3.4}$$

把式（11.3.2）和式（11.3.3）代入式（11.3.4）可得

$$C = W_2 \tag{11.3.5}$$

如果把 G 表述为工人消费（收入）分配的基尼系数，于是有

$$CG = L_1 L_2(\bar{W}_1 - W_2) + W_2(1 - L_1 - L_2) \tag{11.3.6}$$

古普塔进一步把 u 定义为社会福利水平，q 为投资的边际社会价值。对影子工资率（SWR）的估算是通过对城市部门就业劳动力 L_1 的选择并且使（$u + qI$）

最大化而得到。由于投资 $I \geqslant 0$，于是，可以得到影子工资率的表达式为

$$SWR = (\frac{\partial F}{\partial L_1}) = W_1 - (\frac{1}{q})(\frac{du}{dL_1}) \quad (11.3.7)$$

因为 $q > 0$，因此，可以得到如下结果：当并且只有当 $\frac{du}{dL_1} \leqslant 0$ 时，$SWR \geqslant \bar{w}_1$；而且，当并且只有当 $\frac{du}{dL_1} \geqslant 0$ 时，$SWR \leqslant \bar{w}_1$。这表明，当并且只有当城市部门中所创造的增加的就业降低（提高或不改变）社会福利水平时，那么城市部门中的影子工资率超过（等于或小于）由制度决定的实际工资率。

如果设 u_1 为工人的福利，u_2 为土地所有者的福利，λ 为工人福利的权重，则社会总福利函数可以表示为

$$u = \lambda u_1 + (1 - \lambda) u_2 \quad (11.3.8)$$

为了表明工人之间在收入（消费）中的不平等，古普塔采用阿玛蒂亚·森(1974)① 度量福利的方法，将工人的福利函数定义为

$$u_1 = C(1 - G) \quad (11.3.9)$$

当 $G \leqslant 1$ 时，$(\frac{\partial u_1}{\partial C}) = 1 - G \geqslant 0$；并且 $(\frac{\partial u_1}{\partial G}) = - C < 0$，因此，这一结果证明了工人的社会福利是其平均消费水平的正函数，同时也是其消费中不平等程度的负函数。

把式（11.3.5）和式（11.3.6）代入式（11.3.9）可得

$$u_1 = W_2(L_1 + L_2) - L_1 L_2(\bar{W}_1 - W_2) \quad (11.3.10)$$

由于 $\bar{W}_1$ 由制度所决定，不取决于城市部门中就业劳动力 L_1。但是，L_2 和 W_2 的均衡值取决于计划制定者所选择的 L_1，因此，u_1 是 L_1 的函数。

如果

$$u_2 = Y_2 - W_2 L_2 \quad (11.3.11)$$

这意味着土地所有者的福利用他们的消费量来度量。

把式（11.3.10）和式（11.3.11）代入式（11.3.8），可得出社会总福利为

$$u = \lambda(W_2(L_1 + L_2) - L_1 L_2(\bar{W}_1 - W_2)) + (1 - \lambda)(Y_2 - W_2 L_2)$$

古普塔发现，城市部门中增加就业的那些条件将使不平等程度大于工人的人均消费（收入）水平，因而使社会福利下降，即使当农村工资率下降到低于由制度决定的城市工资率时也是如此。然而，当出现乡—城工资差距时，标准的分析方法无法指出存在着影子工资率高于实际工资率的可能性。这是因为标准的分析方法采纳了传统的福利函数，该函数把福利仅仅定义为人均消费的正函数。他

① Sen, Amartya K., 1974, "Informal Bases of Alternative Welfare Approaches: Aggregation and Income Distribution", *Journal of Public Economics*, vol. 3, no. 4, pp. 387-403.

所得出的结论是：如果放弃乡村部门充分就业假定，则影子工资率总是低于城市实际工资率。如果在农村部门中存在着失业，则城市中增加的就业将导致失业从农村转移到城市部门，但农村部门中的就业水平和工资率保持不变。因此，城市部门中就业的任何增加所带来的是失业总水平的下降。

2. 人口流动、库兹涅茨“倒U曲线”与收入不平等

詹姆斯·E. 劳奇（James E. Rauch，1993）写道，经济发展涉及劳动力从农业部门向非农业部门转移，这个过程被等同地视为城市化。西蒙·库兹涅茨在20世纪50年代中期提到劳动力转移随时间推移对于规模收入分配具有重要后果，由此他提出了著名的“倒U曲线”。20世纪70年代，谢尔曼·罗宾逊（Sherman Robinson，1976）对“倒U曲线”作了数学表述，他的一个重要创新就在于，他表明在乡村和城市部门之间平均收入不变的假定之下，要想得到“倒U曲线”的结果，既要求城市在收入分配不平等程度上不能超过农村，又要求城市中的收入不平等在城市人口比重增加时下降。菲尔茨在20世纪70—80年代所做的研究证实了与罗宾逊相同的结果，于是，他们两人对有关收入不平等的“倒U曲线”的重要性提出了质疑。劳奇则从“非正规部门”到“正规部门”之间存在一定的流动性这一假设出发，把工资收入者划分“农村（农业）工人”、城市正规部门工人和城市非正规部门工人三类。通过对经济发展过程中这三类人的相对规模和收入的变动情况进行考察，他阐述了收入不平等的演进过程。

劳奇以彼得·A. 戴蒙德（Peter A. Diamond）的世代交叠模型（overlapping generations model）作为分析问题的起点来建构模型，同时还提出了如下假定：第一，假设代理人的一生分为两个阶段，在年轻时赚取工资，消费其中的一部分并进行储蓄；在老年阶段退休时消费他们的储蓄。第二，假定所有代理人都有机会进入相同的竞争性的资产市场，因此，任何两个在年轻阶段赚取相同收入的代理人被认为拥有相同的永久性收入，该收入中存在的代内不平等（intragenerational inequality）可以用工资收入中的代内不平等来估量。第三，假定每一个代理人在他们年轻时所供给的每一个单位的劳动都是缺乏弹性的。第四，假定每一个在t时期出生的年轻人都能够对是成为农村工人还是成为城市工人做出选择，如果他们选择了后者，那么他们获得现代制造业部门工作的机会为$\frac{N_{mt}}{(1-N_{at})}$（$N_{mt}$为$t$时期现代制造业部门的工人数量，$N_{at}$为$t$时期农业部门的工人数量），即这一类职位在城市劳动力总人数中所占的比率，其中，N_{mt}决定于前一阶段中所做出的储蓄决策。

由于城市中存在着失业，年轻代理人对于成为城市工人还是成为农村工人是无差异的。因此可得：

$$v(w_{at},r_{t+1}) = [\frac{N_{mt}}{1-N_{at}}]v(\bar{w}_m,r_{t+1}) + [\frac{1-N_{at}-N_{mt}}{1-N_{at}}]v(\underline{w},r_{t+1}) \quad (11.3.12)$$

v 是效用函数，w_{at} 为 t 时期农村的工资率，r_{t+1} 为利息率，$\bar{w}_m$ 为城市部门中的最低工资，$\underline{w}$ 为竞争性的非正规部门的工资。该方程式表明，正规部门的就业随着经济增长而扩张，而农业部门中的劳动力的份额却单调下降。如果不讨论所有的时间因素的话，则方程（11.3.12）可以改写为

$$(1-N_a)(v_a-\underline{v}) = N_m(\bar{v}-\underline{v}) \quad (11.3.13)$$

v_a 为代理人在农业部门就业的效用，$\bar{v}$ 为代理人在城市正规部门就业的效用，$\underline{v}$ 为代理人在城市非正规部门就业的效用。当 N_m 增加时，N_a 必然下降，因为当 v_a 是农业工资 w_a 的增函数时，方程（11.3.13）的左边对于 N_a 是单调递减的。这就意味着，当农村部门平均产出的一阶导数 f'_a 满足“稻田条件”时（$f'_a>0$），对于 $N_m<1$，N_a 将下降，从而使 $w_a=\bar{w}_m$。把这一临界的正规部门的劳动力份额定义为 $\bar{N}_m$，从方程（11.3.13）中可以得到，当 $N_m=\bar{N}_m$ 时，$N_a=1-\bar{N}_m$。

在劳奇的模型中，当正规部门就业职位数目增加引起农业劳动力 $\left(\frac{dN_a}{dN_m}<-1\right)$ 相对应地呈现出更大的下降时，就业不足的比率将上升，而在相反的情况下，就业不足的比率将下降或保持不变。这样一来，就业不足的增加证明了“托达罗悖论”，即城市正规部门就业的增长会增加城市的就业不足。他同时还证明了以下几个命题：

第一，假如农业生产率相对于非正规部门足够大，而且当正规部门的劳动力份额足够大时，则经济中不存在“托达罗悖论”；而当正规部门劳动力比率足够小时，经济中便存在着“托达罗悖论”；

第二，当农业生产函数为科布—道格拉斯生产函数，并且跨期效用函数呈对数—线性形式时，则在经济实现城市化过程中，则就业不足率（underemployment rate）沿着一条“倒 U 曲线”推进；

第三，如果农业生产函数为科布—道格拉斯生产函数形式，则方程

$$\sigma^2 = (1-N_a)(\log\bar{w}_m-\log w_a)(\log w_a-\log\underline{w}) \quad (11.3.14)$$

所给出的永久收入的对数方差随经济实现城市化的过程而沿着一条“倒 U 曲线”推进，其峰值将达到某个 $1-N_a$ 的城市化水平，该水平高于农村工资等于城市平均工资的水平。

他的模型证明了，用对数方差对不平等进行度量同“倒 U 曲线”相吻合。也就是说，当城市化率很低时，“倒 U 曲线”曲线上升，随之而来的是对土地的

压力导致农村收入维持在低水平上，并促使迁徙者情愿冒在城市非正规部门就业不足的高风险而迁往城市。当城市化率提高并使得乡村收入提高到足以使迁徙者境况改善时，“倒U曲线”最终会下降。这条反映不平等程度的“倒U曲线”同反映总劳动力中非正规部门劳动力所占比重的另一条“倒U曲线”紧密相关，后一条曲线的向上摆动是由“托达罗悖论”所引起，即城市制造业部门中就业人数的增加可能会增加而不是减少就业不足。用对数方差度量的结果还表明，收入不平等程度的扩大和缩小同陷入最贫困阶层的作为就业不足者的劳动力的比重上升和下降密切相关，因此，“倒U曲线”所反映的是城市贫民窟和持悲观预期的人口的比重的上升和下降。在他的模型中，“市场幸运”（market luck）成了“倒U曲线”背后的驱动力：“幸运者”在正规部门就业，“不幸运者”进入非正规部门。随着时间推移，当农业社会向工业社会的转变既为成功也为失败提供了更多的机会时，“市场幸运”变得更加重要，但到后来却变得不那么重要，这是因为这时农业部门中的收入上升为工业部门中的迁移者提供了一个“安全网”。与解释收入不平等的芝加哥学派的人力资本模型相比，劳奇模型的优势在于把“市场幸运”内生化了，而劣势却在于，他的模型无法将父母通过对子女投资而使“市场幸运”能够被子女所“继承”的过程体现出来。

第四节　人口流动与人力资本积累

1. 人口流动与作为“增长引擎”的城市

格哈德·格罗姆（Gerhard Glomm，1992）创立了一个同托达罗模型及传统的新古典增长模型既有关联又有区别的模型。一方面，托达罗模型把人口流动表述为一种非均衡现象，但在许多发展中国家人口流动持续了数十年之久，这一事实似乎与人口向城市流动是一个朝着某一没有发生人口流动的均衡状态所进行的短期调节过程的说法相左。格罗姆的模型旨在说明迁徙者何以持续地被吸引到城市的原因。另一方面，传统的新古典增长模型则是一个部门的模型，没有为作为人均收入增长解释变量的人口流动留出空间来。

在格罗姆看来，人口流动在解释人均收入增长方面扮演着重要的角色，对技术和偏好的共同约束构成为人口流动的驱动力量。他所提出的假设是：第一，存在农村与制造业两个部门或农村与城市两个地区；每一个部门或地区以特定的生产技术为特征。第二，生产要求工人们相互之间能够交流，而这种交流在人口密集的城市比在农村所需要的时间更少；这个假设连同工人们拥有简单的“边干边学”技术的假设一道使用，意味着城市中人均产出的增长要快于农村。第三，由于偏好为特定，致使对食物需求的收入弹性小于1；对食物需求的低收入弹性造成农村收入相对于城市收入下降，收入差距的不断拉大反过来又促使人口由农村向城市流动。在以上假设的基础上，他建构了一个两部门、无限界并伴随着代理人连续集的离散时间模型（a two-sector，infinite horizon，discrete time model with a continuum of agents)，其中，在所有的农业生产在农村完成和所有的制造业生产在城市进行的意义上来说，各部门与各地区之间具有完全的相关性。由于各部门或地区中的生产可以用特定技术来描述，因此，模型中的任何一个部门或地区都可用技术来定义。代理人选择消费和生产计划以最大化其效用：

$$\max \sum_{t=0}^{\infty} \beta^{t} \left[\frac{1}{\sigma} x_{i1t}^{\sigma} + x_{i2t} \right] \tag{11.4.1}$$

最大化问题的约束条件为

$$\sum_{t=0}^{\infty} p_{t} x_{it} \leqslant \sum_{t=0}^{\infty} p_{jt} y_{ijt} \tag{11.4.2}$$

$$y_{ijt} = f(u_{ijt} z_{ijt}, (1 - u_{ijt}) \theta_{j} z_{jt}) \tag{11.4.3}$$

$$z_{ijt+1} = z_{ijt} + \gamma y_{ift} \tag{11.4.4}$$

$j = 1,2$ 分别代表农业部门和制造业部门，$\beta \in (0,1)$ 为贴现系数，σ 为严格小于1的常数，x_{1t} 为 t 时期对农业产品的消费，x_{2t} 为 t 时期对工业产品的消费。ijt 是指当 $j = 1$ 时，工人 i 在 t 时期在部门1就业；当 $j = 2$ 时，工人 i 在 t 时期在部门2就业。u_j 指代理人在 j 地区为了使用自己的技术所配置的时间，z_j 指该地区所特有的专门技术的水平（level of own region-specific expertise）。θ_j 为 j 地区的人口密度，y_j 指 j 地区的产出，γ 是严格为正的参数。方程（11.4.1）表明，每一个代理人根据预算约束和两个地区的技术限制使其效用达到最大化。式（11.4.2）表明预算约束条件为代理人一生的消费不能超过他一生的收入，为此，需要假设不存在借贷约束。式（11.4.3）描述了工人 i 在 t 时期在 j 部门的产出。式（11.4.4）描述了工人 i 在（$t+1$）时期在 j 部门的技术水平。

格罗姆在模型中选择了代理人连续集，其目的是为了说明代理人的决策对均衡的效应可以忽略不计。模型中的半线性效用函数不仅对竞争性均衡的特征起支撑作用，而且使任何一个产品的消费不会随着代理人收入的增长而增加，以便使产品的需求收入弹性稳定在低于1的水平上。在这样的环境中，代理人被允许在每个阶段一开始从一个地区迁往另一个地区。模型旨在说明代理人能否或如何将其资本存量转移到新的部门或地区；资本被假定为部门特定并且体现在代理人身上，资本不能在市场上出售；又由于资本是部门特定的，在迁徙之后资本不再有用。由于迁徙者在迁往城市后的若干阶段内是学徒，代理人的资本存量为零，其产出也为零，因为在作为学徒的若干阶段内，迁徙者需要掌握在新的部门中从事生产所必需的技能。当学徒阶段结束后，迁徙者拥有同早些时候迁移来的代理人相同的资本存量，也就是说，迁徙者拥有同早期迁徙者相同的生产能力。

格罗姆证明了存在着静态竞争性均衡和非静态竞争性均衡，并且讨论了在一定条件下非竞争性均衡路径收敛于竞争性均衡路径的过程。由于非静态的迁移率迅速向静态迁移率收敛，因此，静态均衡是经济运行的一个很好的近似。他通过拉格朗日方程对代理人的最大化难题求解，由此得出静态竞争性均衡下的迁移率，亦即

如果 $$\beta^m z_{20} F_2(1+\gamma F_2)^m = (z_{10}F_1)^\sigma n_{10}^{\sigma-1} \tag{11.4.5}$$

那么，不变的迁移率为

$$\phi = 1 - \left[\frac{(1+\gamma F_2)}{(1+\gamma F_1)^\sigma}\right]^{\frac{1}{\sigma-1}} \tag{11.4.6}$$

其中，$F_1 = f(u_1,(1-u_1)\theta_1)$，$F_2 = f(u_2,(1-u_2)\theta_2)$，$n_{10} \in (0,1)$ 指居住在农村的代理人的比例。均衡迁移率 ϕ 是 σ 的减函数。而 ϕ 是城市人口密度 θ_2 的增函数，农村人口密度 θ_1 的减函数。因为城市的机会比农村更有利，因此代理人由农村迁往城市。

此外，格罗姆着力于论证他的模型与其他模型不同之处在于：通常在存在外部性的情况下，竞争性均衡被证明是无效率的，而他的模型证明竞争性均衡是有效率的。他的模型表明，外部性的存在并没有造成社会成本和私人成本之间发生偏离，这是因为外部性是作为每个地区中人力资本平均存量的一部分而被加以考虑的。迁徙者在学徒阶段结束之后获得了同城里出生的代理人相同的资本存量，他们的到来并没有造成平均技术水平的下降，也没有导致城市中社会成本和私人成本之间的偏离。其原因在于，代理人正在学的技术是这样一种技术，即代理人在迁徙之前不可能用消费来取代人力资本中的投资。这是因为学习过程本身是一种与产出相伴随的连带产品（joint product）。如果在城市中平均资本存量被全部人口而不是仅仅被具有生产能力的人口所承担，或者说如果工人们在技术上缓慢地赶上当地人，那么迁徙者的到来就会使城市中平均技术水平下降。如果投资所带来的技术是新古典增长模型中所描述的技术，那么，在迁徙前的最后阶段上，代理人不会投资，因为他们新获得的资本在迁到城市后毫无用处。这样一来，人口流动会使农村中的平均技术存量下降，进而导致私人成本与社会成本之间出现偏离。在这样一个模型中，竞争性均衡就不会是有效率的了。

总之，格罗姆试图为“作为增长引擎的城市”提供一个一般均衡分析框架。在他看来，使城市有别于农村的不同之处在于城市有更高的密集度。度量密集度的一种方法可以是简单地度量城市中制造业企业在地理上的密集程度；另外，密集度也可以从某一地区能生产各式各样不同产品因而具有很高的密集度这个意义上被定义为它体现了多样性。这样一种解释有助于支撑如下说法，即从事进口替

代并且由此而生产了各种产品的城市也就是作为“增长引擎”的城市。

2. 作为积累“人力资本”的乡—城间人口流动

诺贝尔经济学奖得主卢卡斯在他2004年发表的论文中提出了这样一个问题：由传统的农业经济向工业化的持续增长的经济转型进程中必然伴随着城市化过程，而在一些发展中国家，城市化进程中出现的现象却让人感到疑惑不解。进入城市的许多新迁徙者，没有正式工作，在城市贫民窟中擅自占地而居，其境况似乎比他们原先在农村时的境况还要糟糕。为什么这些城市的迁入者不去竞争城市中高工资的职位呢？为何他们要来城市呢？以往的托达罗模型把向城市迁徙模型化为抽彩票的过程，获胜者得到的是城市中高工资职位，失败者则失业。

卢卡斯建构了自己的理论模型，为此，他设定了一个使移民的预期工资同农村工资相等的均衡点。在他看来，托达罗模型没有解决的问题在于，为什么这类环境造成城市中的高工资过高？是什么原因阻止赌彩票中的失败者不返回农村？卢卡斯的模型强调城市是新的迁移者积累技术的理想场所。

他首先假定存在着两个独立的经济：农村经济和城市经济。每一个家庭的偏好可以表示为

$$\int_0^{\infty} e^{-\rho t} U(c(t))\,\mathrm{d}t \tag{11.4.7}$$

$c(t)$ 为消费路径，$t \geqslant 0$。经济中不存在储蓄，假定消费的效用函数可以表示为

$$U(c) = \frac{1}{1-\sigma} c^{1-\sigma} \tag{11.4.8}$$

每个家户拥有一单位的非闲暇时间，用于工作以赚取工资和积累人力资本。

在独立的农村经济中，$x(t)$ 的劳动力在农村就业，$F(x(t))$ 为农业产出。假定人力资本对农村生产率不产生影响，因此，没有人会把时间用在人力资本积累上。农业部门的利润率为不变的常数 ρ，农业生产函数 F 为柯布—道格拉斯生产函数。

$$F = Ax^{\alpha} \tag{11.4.9}$$

在独立的城市经济中，假定存在着某种线性的而且在生产中只使用劳动的技术。在这样的技术条件下，一个拥有 $h(t)$ 技术水平的工人把 $u(t)$ 单位的时间用来生产 $u(t)h(t)$ 单位的消费品。假定人力资本积累仅仅取决于家庭自身的行为，亦即

$$\frac{\mathrm{d}h(t)}{\mathrm{d}t} = \delta h(t)[1-u(t)] \tag{11.4.10}$$

这里的 $u(t)$ 为用在消费品生产上的时间，而 $1-u(t)$ 单位的时间被看作用在包括改进知识的活动、在职或不在职期间所获得的有用的经验、在校教育等在

内的人力资本投资上了。假设资本市场完善，并且假设在效用函数中不存在休闲，在这两个假定之下，每一个家庭都将配置时间，以便使其工资收入的现值达到最大化。接下来，卢卡斯对乡—城间人口流动与人力资本积累之间的关系进行描述。

假定存在一个这样的经济，在该经济中，农村部门中的每个人当他在任何时候迁往城市时，都拥有相同的人力资本水平 h_0 ，这种资本假设在农业生产中毫无用处。在城市生产中，每个工人生产 h_0 单位的消费品；每一天他都必须做出是生活在农村还是迁往城市的决策；如果他呆在城市，他还需要对他用在生产中的时间和用在人力资本积累上的时间进行划分。若城市部门的利润率等于 δ ，工人时间配置的一阶条件为：

$$\frac{1}{c(t)}\frac{\mathrm{d}c(t)}{\mathrm{d}t}=\frac{\delta-\rho}{\sigma} \tag{11.4.11}$$

工人决定是在农村工作还是在城市工作的一阶条件取决于在城市和农村工作所获得的收入的贴现值相等。若农村收入为 $F'(x(t))$ ，对于城市的新迁入者来说，城市收入为 h_0 乘以用在工作上的时间 $u(t)$ 。工人在任何后一时期 τ 在城市的收入可以表示为：

$$h(\tau)u(\tau)=h_0\exp\left\{\delta\int_t^\tau[1-u(s)\mathrm{d}s]\right\}u(\tau) \tag{11.4.12}$$

如果城市的新迁入者在 t 时期和 τ 时期这两个迁徙时期之间选择时间配置计划 $u(s)$ ；利率在 δ 水平上不变，则农村和城市收入的现值相等可用下式表达：

$$\int_t^\infty \exp[-\delta(\tau-t)]F(x(\tau))\mathrm{d}\tau=h_0\int_t^\infty \exp[-\delta(\tau-t)]\exp\left\{\delta\int_t^\tau[1-u(s)\mathrm{d}s]\right\}u(\tau)\mathrm{d}\tau \tag{11.4.13}$$

方程的左边为工人在农村的效用的现值，右边为工人在城市的效用的现值。尽管假定不存在迁移成本，个人能够在城市与农村之间无成本地往返；但是，如果工人从城市返回农村，他将使在城市中积累起来的人力资本付诸东流，因此，返回乡村的迁移显然不是理性的，因此，这种情况不会发生。

以上分析仅仅考虑在农村与城市的生产中仅使用线性生产技术。这意味着，使用这种技术，城市生产者可以独立生产，只需通过资本市场来相互联系。在从农村到城市的迁移过程中，产出增长率从 0 增加到持续的正值水平。在 GDP 的构成中，农业的份额从 1 趋于 0。由于乡—城间迁移只发生一次，因此，农村劳动力的比例永远不变。

事实上，人力资本具有外部性。如果某个人周围的其他人拥有更高的生产率，那么，这个人的生产率也会得到提高。由此出发，在假定城市使用能够使人力资本得到外溢的技术，并且假定不同的城市工人有不同的人力资本水平的前提下，用 $h(s,t)$ 表示在 $s\leqslant t$ 时期迁往城市的某个人在 t 时期的人力资本。假设在 s

时期移民的群体中的每一个人的行为方式相同，并且假设准入的人力资本水平为 $h(t,t)=h_0$。用 $H(t)$ 表示该经济中任何一个工人在 t 时期已经达到的最高的技术水平，则对技术的学习过程可以由下式所推出

$$\frac{\partial h(s,t)}{\partial t}=\delta\left[\frac{H(t)}{h(s,t)}\right]^{\theta}h(s,t)[1-u(s,t)] \tag{11.4.14}$$

与式（11.4.10）相比，式（11.4.14）通过个人递增的人力资本 $h(s,t)$ 与具有最高人力资本水平的技术领先者的技术差异来放大 δ 对人力资本积累的影响。具有不同的人力资本水平的工人可以获得不同的归于技术的收益，拥有较高人力资本的工人获得更高的收益。从式（11.4.14）对学习技术的描述可以看出，当早期的迁移者积累了越来越多的技术时，向城市迁徙会随着时间的推移而变得越来越有吸引力。这时，农村劳动力减少，但农村收入却上升。

总之，卢卡斯是将上述两个方面的问题放在一起来讨论，以便说明在托达罗模型中曾经阐述过的同一个问题：一方面，城市高工资所反映的是高技术水平，而这些高收入职位不能向来自农村的低技术移民提供；另一方面，迁徙者之所以来到城市，是因为城市是积累人力资本的最好场所，正是归于这类活动的收益同处于均衡中的农村工资相等。他认为通过将上述两个方面的问题放在一起讨论，有助于解释发展中国家大量过剩人口由农村向城市迁徙与城市中存在着大批失业者二者并存的现象。在他看来，有价值的人口流动理论或经济发展理论应当同城市化的渐进特征相一致。由于每一个人都会选择早一些而不是晚一些向城市迁徙，于是，“随着时间的推移，某一件促使城市成为越来越好的目的地的事情注定会发生”①。城市生产者技术水平的提高将持续地增加对作为补充的非熟练工人的需求，但城市绝不是来自农村的非熟练人口的聚集地，而是迁徙者面临新的机会和积累新的技术的场所。迁徙者所在城市的技术水平越高，技术积累的速度会越快，归于人力资本投资的收益也将会更高。

3. 培训、人口流动与地区收入差距

约翰·利奇（John Leach，1996）对培训、人口流动与地区收入差距之间的关系展开了研究。他指出，有关地区收入差距的一种观点认为，在不存在人口流动的情况下，地区间的生产率差距将导致地区之间的工资率差距。一部分人口流动是人们对地区收入差异做出反应的结果，但是，某些迁徙成本（如运输成本以及在不熟悉的环境中找工作所放弃的工资等）会造成人口流动早在工资差距完全消失之前就已经中断。在这种情况下，均衡的特征表现为工资差距的贴现值等于处在边际上的迁徙者的迁徙成本。

---

① Lucas, Robert E. Jr., 2004, “Life Earnings and Rural-Urban Migration”, *Journal of Political Economy*, vol. 112, no. 1, p. s54.

利奇试图在职业群体为给定的前提下对区域收入差距进行探讨。在他看来，对地区收入差距的解释不能把就业结构看作是外生的。他建立了一个需要同时做出职业决策和区位决策的模型。在模型中，所有的工人起初分布在其中的一个地区，他们必须做出是否需要从一个地区迁往另一个地区的决策以及是否需要从非熟练工人转变为熟练工人的决策。此外，两个地区的厂商在某个单个产品的生产中，既使用非熟练劳动，又使用熟练劳动。由于某一规模要素导致两个地区的生产函数出现了差异，致使其中一个地区的生产率天生地高于另一个地区。因此，在拥有更高生产率的地区，无论熟练工人还是非熟练工人，其平均收入水平均高于低生产率的地区。那些在迁移成本和培训成本上表现出差异的工人各自将做出理性决策。其结果是，一方面，由于高生产率的地区总是比低生产率的地区更为密集性地使用支付高工资的熟练劳动，由此造成在高生产率地区具有更高的熟练工人对非熟练工人的比率；另一方面，因地区间工资率差距所引起的地区间平均收入的差距进一步被地区间就业结构的差异所强化；换言之，就业结构中的地区差距导致了地区之间在平均收入方面表现出更大的差距。他觉得，通过把就业结构内生化有助于解释由生产率改进带来的收入分配的问题。

为了构造模型，利奇做了如下假设：第一，假设存在着两个地区，每个地区都拥有一个单位的人口。每个公民同时也是必须做出两种决策的工人。第二，工人必须选择某个技术水平。所有的工人一开始都是非熟练工人，但任何一个工人通过支付某种培训成本 θ（这类成本也可能是非货币形式的）就成为熟练工人。第三，工人必须选择区位。虽然起初人口分布在两个区域，但工人在支付一定的迁移成本 γ（该成本也可能是非货币形式的）之后，就可以从一个地区迁往另外一个地区。

选择居住在地区 i（$i=1,2$）的非熟练工人的数量用 L_{iu} 来表示，熟练工人的数量用 L_{is} 来表示，每一个地区的劳动力决定该地区的产出水平。地区 1 的总量生产函数为

$$q_1 = L_{1u}^{\alpha} L_{1s}^{1-\alpha}, 0 < \alpha < 1 \tag{11.4.15}$$

假设地区 2 在生产率方面至少与地区 1 相同，地区 2 的总量生产函数可定义为

$$q_2 = A L_{2u}^{\alpha} L_{2s}^{1-\alpha}, A \geqslant 1 \tag{11.4.16}$$

每一个地区中的厂商都是竞争性的，它们对每一种类型的劳动所支付的工资等于其边际产品。因为生产函数为奇次线性的，因此，这些工资支付全部用在产出上。

每一个工人旨在使他的工资和他的迁移成本和培训成本之间的差额最大化。设 W_{iu} 和 W_{is} 分别为支付给非熟练工人和熟练工人的工资；并且设 r_i 为地区 i 中非熟练工人对熟练工人的比率。式（11.4.17）和式（11.4.18）中的工资的差额

决定工人所处的区位。

$$Z_u = W_{2u} - W_{1u} = \alpha(Ar_2^{\alpha-1} - r_1^{\alpha-1}) \qquad (11.4.17)$$

$$Z_s = W_{2s} - W_{1s} = (1-\alpha)(Ar_2^{\alpha} - r_1^{\alpha}) \qquad (11.4.18)$$

Z_u 为支付给地区 2 的非熟练工人的工资和支付给地区 1 的非熟练工人的工资之间的差额；Z_s 为支付给两个地区的熟练工人的工资的差额。如果 $\gamma \leqslant Z_u$，一个最初居住在地区 1 的非熟练工人将选择迁往地区 2；如果 $\gamma \leqslant Z_s$，一个最初居住在地区 1 的熟练工人将选择迁往地区 2。如果 $\gamma \leqslant -Z_u$，非熟练工人将由地区 2 迁往地区 1；如果 $\gamma \leqslant -Z_s$，熟练工人将由地区 2 迁往地区 1。与此相似的是，式（11.4.19）和式（11.4.20）中所得出的两类工人之间的工资差额决定任何一个给定的工人是否会成为熟练工人。

$$Y_1 = W_{1s} - W_{1u} = (1-\alpha)r_1^{\alpha} - \alpha r_1^{\alpha-1} \qquad (11.4.19)$$

$$Y_2 = W_{2s} - W_{2u} = A\{(1-\alpha)r_2^{\alpha} - \alpha r_2^{\alpha-1}\} \qquad (11.4.20)$$

如果成本并不是大于收益的话，即如果 $\theta \leqslant Y_i$，在地区 i 中的工人将会变成熟练工人。在该经济中所实现的均衡由以下一组工资和劳动力配置所构成。

$$W_{12} = (W_{1u}, W_{1s}, W_{2u}, W_{2s}) \qquad (11.4.21)$$

$$L_{12} = (L_{1u}, L_{1s}, L_{2u}, L_{2s}) \qquad (11.4.22)$$

当劳动力配置为 L_{i2}（$i = 1,2$），工资为 W_{i2}时，竞争性劳动力市场出清；那些观察到工资 W_{i2} 的工人会理性地做出选择居住地区和培训的决策，由此产生了 L_{i2} 的配置结果。

只要当 $A > 1$ 时，地区之间的平均收入存在差距。i 地区的平均收入为

$$\eta_i = \frac{W_{is} + r_i W_{iu}}{1 + r_i} = W_{iu} + \frac{Y_i}{1 + Y_i} \qquad (11.4.23)$$

所有的居民得到的是基本工资 W_{iu}，而他们当中的一部分 $\frac{1}{1 + r_i}$ 还将获得技术溢价（skill premium）Y_i。

利奇进而对地区生产率增长所带来的分配效应做了分析。首先，他讨论了在代理人有相同的迁移成本但培训成本不同的三种情况下的分配效应。第一，如果人口流动没有发生，低生产率地区显然无法分享生产率增长所带来的收益。第二，如果只是发生了熟练工人的迁移，则生产率的增长将会使一开始就处在更高生产率地区的所有代理人受益；而在低生产率的地区，在非熟练工人受损的同时熟练工人受益。第三，如果熟练工人和非熟练工人同时迁移，那么，在两个地区中的任何一个地区，非熟练工人受损，熟练工人均受益。也就是说，在上述三种情况下，即使发生了积极的人口流动，生产率的提高并没有带来帕累托改进。其次，他讨论了在代理人有相同的培训成本但迁移成本不同的情况。在这种情况下，在更高生产率的地区的所有代理人因规模要素的增长而获益。在低生产率地区的代理人并没有蒙受损失，但他们只有在选择向更高生产率的地区迁徙的情况

下才能获益。因此，在这种情况下，生产率的增长带来的是帕累托改进。其理由在于，培训成本相同意味着，当达到均衡时，每一个代理人不论是熟练工人还是非熟练工人，都是无差异的。生产率增长所带来的任何收益都必须在两种类型的工人之间进行均等的划分，以便使这种无差异状态维持下去。但是，如果相信每一个工人无论熟练与否都是无差异的，这显然与现实不符。因此，不能期望生产率的增长所带来的是帕累托改进。

利奇的研究结果表明，地区间生产率的不平衡增长势必造成地区间收入差距。政府有时会选择旨在缩小这一差距的政策，即使从经济效率角度来考虑，这类政策显然具有负效应，但政府仍然会采用。由于在他的模型中不存在市场不完善，因此，以下两种政策中的任何一种政策都不会带来帕累托改进。第一种政策是对那些迁往就业前景更好的地区的工人的部分成本提供补贴。这一政策使那些发生迁移的工人受益，并且还使得那些留在当地的工人因为对稀缺就业岗位而展开的竞争被削弱而受益。第二种政策是对工人的培训成本予以补贴。这种政策不是增大了工人的流动性，就是使工人的技术与在当地获得工作这两者之间的匹配状况得以改进，甚至还通过提供训练有素的劳动力的方式鼓励企业把厂址选在经济萧条的地区。这类政策的特征在于对那些选择迁徙的工人提供一次性补贴，并且向那些接受培训的工人提供一次性补贴。利奇假设，补贴政策所需要的资金通过征收不会产生分配效应的人头税来筹集。

第五节　对人口流动的迁徙动机和汇款动机的分析

发展经济学传统的人口流动理论一直关注的是人口流动对于迁徙者个人或家庭绝对收入所做的潜在贡献。自 20 世纪 80 年代中期以来，以奥德·斯塔克（Oded Stark，1984）为代表的部分发展经济学家把关注点转移到对发展中国家人口迁徙的动机以及与此相关的迁徙者向其家庭汇款的动机进行研究。

1. 相对贫困与迁徙动机

在分析迁徙动机方面，斯塔克首开先河。他于 1984 年提出了一个乡—城人口流动的假说，把人口流动解释为主要是为了改善个人或家庭相对于其相关参照系（如所在村庄）中的其他人或家庭的相对收入状况。斯塔克和 J. 爱德华·泰勒（J. Edward Taylor，1989）在他们有关人口由墨西哥向美国流动的经验分析中发现，当某一家庭把同一村庄中的其他家庭作为参照系对比时，该家庭的初始相对贫困状况对迁徙起显著作用。在初始绝对收入和来自迁徙的预期收入这两个变量被控制的前提下，家庭参与国际迁徙的倾向同家庭的初始相对贫困状况直接相关。家庭成员由农村向城市迁徙，目的并不在于增加家庭的绝对收入，而在于改进其相对状况。

1991 年斯塔克和泰勒再度连手，在考虑发展中国家部分劳动力市场之间具有连续性（continuities）而另一部分劳动力市场之间则具有非连续性（discontinuities）的前提下，阐述了绝对收入与相对贫困对家庭选择国内迁徙或国际迁徙中所起的激励作用。他们在分析中表述了三个观点：第一，相对贫困在国际人口流动和国内人口流动中所起的作用不同。迁入一个完全不同的社会与文化背景中的国际人口流动能够确保原来作为参照系的人群继续成为同迁徙者及其家庭相关的人群。国际人口流动能够使家庭对跨国界带来的文化方面和社会方面的非连续性加以利用，通过获取这种非连续性，使得国家间的非相似性转变为优势的源泉。而国内人口流动却更容易产生疏远，并且使相对贫困进一步扩大，特别是当该国在社会与文化方面具有同质性时，情况就更是如此。第二，在本国劳动力市场和外国劳动力市场之间，归于人力资本的收益呈现出明显的非连续性，这一点可能会使家庭通过国际人口流动来实现收入改进的人力资本禀赋的能力（各个家庭在这种能力上存在着差异）受到影响。在所有这些非连续性当中，最重要的非连续性体现在归于人力资本的收益的差距上。在国内所受的教育、技术及工作经历可以通过国内人口流动提高收益。但是，在多大程度上这些人力资本在国际上能够转移，却是一个不容易说清楚的问题。第三，分析人口流动的相对贫困思路具有重要的发展政策含义。他们的研究结果表明，与所有类型的人口流动都可以归结为相同的解释变量的假设不同的是，某种特殊类型的人口流动将引起对某个特殊的变量组合做出反应。于是，某种“分配中性”（distribution-neutral）的发展政策会降低除最富裕家庭之外所有其他家庭对参与国内人口流动的激励。反之，某种导致更为均等收入分配的具有“有偏向的分配”（distribution-biased）的政策（例如向最贫困的家庭提供最强有力的资助）能提醒人们实现国际和国内人口流动的平衡。此外，提高贫困村庄中相对而言高度贫困家庭的收入有可能降低这些家庭参与国际迁徙的激励；但是在信贷市场不完善的条件下，也有可能纵容这类家庭参与国际迁徙的倾向。假如由相对贫困引起的负效用以及人口流动对这种负效用做出的反应是绝对收入的递增函数的话，那么，“人口流动的相对贫困悖论”也许会起这种作用，即如果经济发展没有改变村庄内部的收入不平等的话，则可能引起更多的国际迁徙。

斯塔克和泰勒的研究结果表明，对国内人口流动进行分析得出的是为相对贫困理论所特有的“收入中性”（income neutrality）的结果。在这种情况下，对农村家庭来说，乡—城人口流动不再是实现相对收入或绝对收入改进的有效工具。

这种可能性在传统的有关绝对收入的人口流动模型中不予考虑。他们从经验研究中发现，相对贫困和绝对收入二者对于解释国际人口流动具有重要意义，但在与“收入中性”假说相一致的样本家庭中，这两者对国内流动没有显著的（或直接的）效应。此外，迁徙者对目的地的选择还要受国内和国外劳动力市场上人力资本所获得的不同收益的影响。那些与相对贫困考虑无关的家庭会理性地将其成员在劳动力市场进行匹配，以便使归于这些成员的人力资本收益达到最大化。

2. 人口流动与汇款动机

迁入城市的移民出于何种动机要向仍在农村的家中汇款？罗伯特·E. B. 卢卡斯和斯塔克在 1985 年和 1988 年两篇论文中探讨了这个问题。他们指出，尽管已迁入城市的家庭成员向家中汇款是发展中国家普遍存在的一个值得重视的现象，但截至 20 世纪 80 年代中期，既没有出现城—乡汇款的一般理论，几乎也没有见到有关汇款动机的统计例证。他们力图创立一个“温和的利他主义或被教化过的自利”（tempered altruism or enlightened self-interest）的模型，以便把汇款作为迁徙者和家庭之间自动履行的合同安排中的一个要素来看待。为此，他们将“纯利他主义”（pure altruism）、“纯自利”（pure self interest）、“温和的利他主义或被教化过的自利”三者做了比较。

他们指出，利他主义或许是一个重要的甚至是关键的要素，但仅仅靠利他主义似乎不足以解释汇款的动机；人们就汇款的“纯自利”动机提出了三点理由，即迁徙者希望继承遗产，对家庭所在区域的资产（如土地、牲畜等）进行投资，通过汇款方式对诸如家庭和朋友等“社会资产”进行投资，旨在提高迁徙者的威望或政治影响以便荣归故里，但“纯自利”动机无法解决如何使与汇款相关的跨时安排机制得以完善的问题。他们创立的“温和的利他主义或被教化过的自利”的模型，并不是简单地讨论“纯利他主义”和“纯自利”之间的相互作用，而是把二者放在迁徙者与家庭互利的合同安排的理论框架中进行讨论。

罗伯特·E. B. 卢卡斯和斯塔克把迁往城市的家庭成员与家庭之间的关系理解为一种心照不宣的彼此互利的关系；作为整体的家庭把某些成员作为移民来进行配置，这样做也许是一种帕累托更优策略（a Pareto-superior strategy），汇款则成了对收益进行再分配的机制。这种合作式的合同安排在两个方面构成为给双方带来潜在收益的源泉：第一，分散风险。在一个保险市场和资本市场高度不完善的经济中，人口流动行为可以看作是家庭在面对风险时所做的多样化反应。在农村，农业经营面临的风险包括农作物歉收，价格波动，土地租赁无保证，牲畜疾病以及农业工人不能获取足额工资等；在城市，城市劳动力市场的高波动性也会给迁徙者带来风险，尤其是迁徙者一开始到城里找工作时也面临很高的风险。家庭通过把某些家庭成员向城市迁徙的方式来分散风险无疑是一种理性的选择。只要城市和农村环境的变动没有很高的相关性，迁徙者和家庭双方订立一个相互保险合同（a coinsurance contract）就能使双方获利。汇款作为一种索偿权在农作物歉收时汇往家中，但在迁徙者失业期间又汇回迁徙者手中。这种相互保险的安排会不会发生道德风险呢？他们认为，这取决于谁是保险的净提供者、相对风险偏好、相对讨价还价能力等因素。那些试图采用新的农业生产技术的家庭，为防止道德风险发生，往往会另外买保险，并且把更多的成员送到城里去。第二，迁徙者受教育的需要。在通常情况下，迁往城市的家庭成员比留在农村的成员接受了更好的教育。这类因教育而引发的初始成本以及迁徙者在城里用于维持生计的费用一般都是由家庭直接承担。迁徙者在刚进城时是被保险者，但到后来迁徙者成为保险提供者，家庭成为被保人。由城市向农村汇款可解释为迁徙者将保险金延期偿还，而且这种偿还往往是在家庭急需时兑现的。

在罗伯特·E. B. 卢卡斯和斯塔克的理论框架中，汇款被看作是迁徙者和家庭之间未见诸文字的自动履行的合同安排中的组成部分，或者说是其中的一个条款。只要这种合同安排符合迁徙者的利益，迁徙者就会遵守，而这种利益可以是利他主义的，也可以是自利的。家庭内部存在的互相关心不仅促成这种安排限于家庭内部，并且有助于使这种互利性安排得以强化。于是，“利他主义”和“自利”二者都成了模型中的构成部分：“利他主义”动机被减弱了，“自利”动机则被教化了。利他主义在这里成了家庭中的一种高度专有化的资产（a highly specific asset）。这种资产的价值只有在家庭中的相互交易中才能实现，一旦有第三者卷入交易，其价值就会丧失。这种自动履行的合同安排带来的是帕累托效率，双方中没有任何一方境况变坏，而且将实行合同安排的情况同不实行合同安排的情况相比，至少有一方境况变好。此外，由于这种合同安排履行的是风险转换（exchange of risks）的功能，使得双方在短期内都能从事高风险的活动。这对于家庭来说尤为重要，在家庭成为被保人之后，可以在农场中引入具有高风险的新技术，进而有可能带来高收益。此时，家庭不仅能克服市场低效率，而且有助于克服家庭农业所固有的缺乏规模（scale deficiency）的缺陷，并通过分散风险来扩展空间，进而实现生产中的规模经济。

在罗伯特·E. B. 卢卡斯和斯塔克看来，他们的这两篇论文在多处对传统的人口流动理论进行了创新。首先，把对家庭的跨代研究扩展到空间方面。以往习惯于把人口流动看成是年轻人从家庭中分离出去，并切断了同家庭和传统的联系，但他们的模型强调效率、伸缩性和家庭的动态比较优势。其次，把人口流动理论的关注点从个人独立自主转移到大家庭中的相互依赖的关系上。最后，他们的分析还为修正传统的以人口流动理论为中心的二元发展理论指明了方向：不应当把经济划分为城市部门和农村部门，也不应当认为这两个部门中的就业者各自从部门特定的发展扩张中得到好处，而应当把家庭作为横跨这两个部门的机构来研究；不应当把人口仅仅划分为农民和工人两个阶级，而是出现了一个工人与农民相混合的群体（a hybrid peasant-worker group）。这种研究思路对于人类学家来说并不是新东西，但它至今还没有溶入到家庭经济学中去。

第六节　人口流动与劳动力市场政策

1. 城市生产率与劳动力市场政策

20 世纪 90 年代后半期以来，与发展中国家人口流动相关的政策问题愈益受到关注。托马斯 · J. 卡特（Thomas J. Carter，1988）指出，在托达罗模型中基本上都没有考虑政府政策对城市劳动生产率的效应问题。他所建立的模型，通过引入效率工资而使得劳动生产率内生化，并通过效率工资而不是最低工资法来对政府的效应进行考察。在他看来，以往的人口流动模型假设某种制度约束使得城市工资高于市场结清水平，而在托达罗传统的模型中又假定城市中实行最低工资法，并且把注意力放在城市失业和城—乡工资差距这两种扭曲上。尽管这两类扭曲是重要的，但城市劳动生产率同样重要。劳动生产率在托达罗模型中没有发挥任何作用，而在卡特的模型中，劳动生产率取决于工人效率，后者则取决于工资和其他变量。

卡特提出了如下建构模型的两个假设：第一，经济中存在着许多相同的完全竞争的城市厂商。每一家厂商都支付旨在鼓励工人努力工作的效率工资。城市厂商选择了某个工资率和某一要求工人付出努力的水平。第二，假设该厂商中的每一个工人都做出决策：要么不付出努力即怠工，要么付出努力以达到厂商的要求。在监督不完善的前提下，厂商所做出的反应是将工资定在高于劳动的机会成本之上。这一做法的结果是导致了失业。

他首先分析城市工人的状况。他设定城市已就业工人的瞬时效用（instantaneous utility）U 取决于城市工资 w_M ，和工人的努力程度 e ，$\phi(e)$ 是对工人努力程度的度量。因此，城市已就业工人的效用函数为

$$U = w_M(1 - \phi(e)) ; \phi(0) = 0 ; (\frac{\partial \phi}{\partial e} \geqslant 0) ; \phi(e) \leqslant 1 \qquad (11.6.1)$$

对于怠工者来说，其瞬时效用等于工资；而对于非怠工者来说，其瞬时效用构成为其工资的一部分。由此，可以分别得出已就业的怠工者一生的预期效用水平 V_{ES} ，以及已就业的非怠工者一生的预期效用水平 V_{EN} 。

$$rV_{EN} = w_M(1 - \phi) - b(V_{EN} - V_U) \tag{11.6.2}$$

$$rV_{ES} = w_M - (b + q)(V_{ES} - V_U) \tag{11.6.3}$$

上式中的 r 为贴现率；b 为已就业工人离开就业岗位的比率，即退职率；q 为怠工者被发现并且被解雇的比率；V_U 为失业工人一生的预期效用（ V_U 为内生的变量，主要取决于工资、失业率及其他因素）。式（11.6.2）和式（11.6.3）表明，同贴现值相乘的存量的价值等于流量收益加上存量价值的预期变化值。

假定如果努力为零，则产出为零。为了引诱工人付出努力并且不怠工，厂商会设定工资和最低限度可以接受的付出努力的标准，以满足不怠工的条件 $V_{EN} \geqslant V_{ES}$ ，但厂商无法通过提高城市工资 w_M 或者降低工人努力程度 e ，使之超过需要消除怠工的水平来获利。所以，工人不怠工的条件就成了：$V_{EN} = V_{ES}$ 。

如果单个厂商能够自由选择自己的工资水平，那就不存在固定最小工资。因为单个公司的工资政策不能改变失业工人一生的预期效用 V_U ，因此 V_U 是固定的。若 ε 是 ϕ 相对于工人努力程度 e 的弹性（ ε 为正的，并假定为常数），可得城市工资和工人努力水平的表达式

$$w_M = rV_U \frac{(1 + \varepsilon)}{\varepsilon} \tag{11.6.4}$$

$$\phi(e) = \frac{q}{[(r + b + q)(1 + \varepsilon)]} \tag{11.6.5}$$

在不存在固定最小工资的情况下，w_M 等于常数乘以 rV_U 。式（11.6.4）是对工人机会成本的度量，$\frac{w_M}{rV_U}$ 值是不变的常数。式（11.6.5）表明工人的努力水平也是常数。

卡特把效率工资成本描述为随城市工资的变化而变动。他把 $\frac{w_M}{e}$ 定义为每一效率单位的劳动成本，它是城市工资 w_M 和失业工人一生的预期效用 V_U 的隐函数。图 11.6.1 中的 CC 曲线描述的是劳动力的有效成本（the effective labor cost）随着工资变化的变动轨迹。对于既定的 rV_U 值，当工资接近于 rV_U 时，解雇所带来的惩罚相当小。因此，厂商只需要工人付出很小的努力，否则工人真的会怠工；因此，$\frac{w_M}{e}$ 值会非常高。当工资上升，$\frac{w_M}{e}$ 值将下降，直至达到某一个点。此时，厂商通过最小化工资 $rV_U \frac{(1 + \varepsilon)}{\varepsilon}$ 来最小化每一效率单位的成本 $\frac{w_M}{e}$ 。工资的进一步上升将会使工人的努力程度以更小的比例上升，$\frac{w_M}{e}$ 将上升。如果厂商们能够对工资水平做出自由选择的话，它们当然会选择使成本最小化的工资水平。

相对于完善监督条件下将会发生的情况相比，城市部门中的不完善监督不仅造成了城市失业，而且降低了城市的生产率。生产率和就业均处于次优水平。更

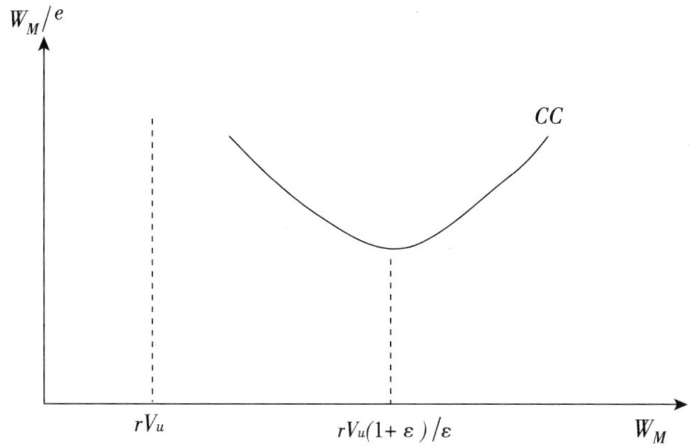

图 11.6.1　劳动力的有效成本

高的工资将导致更高的生产率并提高福利。由于 $\frac{\partial\pi}{\partial w_M}=0$（$\pi$ 为公司利润），工资的小幅度上涨不会使利润发生改变，甚至也不会使劳动力的效率成本发生改变（当 CC 曲线位于最小值时是平坦的）。从式（11.6.2）可以看出，更高的工资确实会提高 V_{ES}，从而也将提高 V_{EN}。由于工资上涨对工人有利，并且不会使利润下降。如果仅考虑厂商和工人的利益，工资上涨带来了一笔净收益。但是工资的上涨对失业的影响是不容忽视的。

卡特的效率工资模型算出的当城市部门存在固定最小工资时的就业率为：

$$\frac{L_E}{L_M}=\frac{q-\phi(r+b+q)}{q-\phi(r+q)} \tag{11.6.6}$$

L_M 为城市部门中的劳动力总量，L_U 为失业的工人人数，L_E 为城市已就业工人的人数，$L_E=L_M+L_U$。式（11.6.6）中，城市就业率与工人的努力程度是负相关的，存在着就业率与生产率的平衡。高就业率使厂商解雇工人的惩罚很小，那么厂商只能对工人要求较少的努力。如果怠工者被发现并且被解雇的比率 q 增加，失业率会下降；如果退职率 b 降到零，那么就业率将上升到 1。没有辞退就没有新的雇佣，那么失业工人一生的预期效用 V_U 将为零。失业工人将返回农村。

如果不存在城市部门固定最小工资，把式（11.6.5）代入式（11.6.6）中可得到式（11.6.6）的简化式：

$$\frac{L_E}{L_M}=\frac{\varepsilon(r+b+q)}{\varepsilon(r+b+q)+b} \tag{11.6.7}$$

与传统的哈里斯—托达罗模型所假定的固定工资失业不同的是：式（11.6.7）表明，模型中所计算出来的失业率为常数，这个失业率为自然失业率，这隐含着效率工资模型中的乡—城迁移行为与传统的哈里斯—托达罗模型中的迁徙行为之间存在着很大的差异。

卡特接下来对农村部门和乡—城间人口流动进行分析。假定在农村部门中不存在道德风险问题。其理由可能在于，要么在农村中实行监督较为容易，要么每一个人都是自我就业。在农村部门，劳动边际产品是农村劳动力总量的减函数，即 $R_1 = R_1(L_R)$，$\frac{\partial R_1}{\partial L_R} \leqslant 0$，$R_1$ 为劳动力在农业部门的边际产出，L_R 为农村劳动力数量。城市部门与农村部门相类似，$M_1 = M_1(eL_E)$，$\frac{\partial M_1}{\partial(eL_E)} \leqslant 0$，其中 M_1 为劳动力在城市部门的边际产出。每一有效单位劳动力的边际产出是城市有效劳动力的减函数。

如果工人从农村部门迁往城市，并且成为失业工人。在地区之间存在着人口自由迁徙的前提下，农村工人一生的效用 V_R 的贴现值等于城市失业工人效用的贴现值，$\gamma V_U = \gamma V_R$。其中农村工人一生的效用的贴现值 γV_R 等于农村的工资 w_R。因此迁移条件为

$$\gamma V_U = \gamma V_R = w_R \tag{11.6.8}$$

把式（11.6.8）代入式（11.6.4）可得

$$w_M = w_R \frac{1 + \varepsilon}{\varepsilon} \tag{11.6.9}$$

式（11.6.5）和式（11.6.7）中的 e 值和城市就业率 $\frac{L_E}{L_M}$ 都是常数。结合式（11.6.9），可以解出劳动力在两部门间的配置。

城市效率工资产生了一些与哈里斯和托达罗于 1970 年建立的模型相类似的结果：城市工资超过农村工资（并且城市工人的效用超过农村工人的效用），这导致了城市失业。但是，与文中的效率工资模型相比，在哈里斯—托达罗模型中，城市生产率和工资都太低，都没有达到最优。

卡特由此得出了三个不同于传统的哈里斯—托达罗模型的重要结论。第一，假设工资不变的托达罗模型仅仅考虑城市中的高失业问题，而卡特的模型除了考虑城市高失业率之外，还包括提高生产率所带来的收益。第二，对城市中的次优劳动生产率（suboptimal urban productivity）进行了讨论。卡特还表明，城市工资上升不仅提高了工人的收入，而且根据效率工资的观点，也提高了生产率，使之更接近于最优工资水平。即使城市部门中的就业下降了，生产率的提高也有可能使城市和农村地区的福利和产出都增加。第三，对人口流动产生的影响也有很大不同。在传统的托达罗模型中，劳动力从农村迁往城市部门会降低产出，而在卡特的模型中，这一转移不仅提高产出，也增加了福利。

卡特认为，他的模型具有与哈里斯—托达罗模型大不相同的政策含义。在他的模型中，产出上升是因为劳动生产率随着工资的上升而提高，即使城市工资高到使劳动力市场无法结清的程度，工资的进一步上升也是有利的。城市企业之所

以选择支付高水平的效率工资，是为了部分地解决因委托—代理难题引发的低生产率问题。这就意味着，当人们由农村迁往高失业率的城市时，总收入将上升。这是因为当存在效率工资时，失业是激励工人努力工作和提高生产率的纪律设置（discipline device）。在伴随着城市高工资水平的条件下，原先在标准的托达罗模型中存在的难题，在生产率被内生化的卡特模型中被部分地解决了。

2. 对与人口流动相伴随的劳动力市场政策的福利经济学分析

菲尔茨也参与了近年来有关发展中国家人口流动政策问题的讨论。他在2005年发表的论文中，用福利经济学方法对哈里斯—托达罗模型中的各种劳动力市场政策所带来的利益进行了分析。他所考虑的政策包括“现代部门创造就业的政策”、“乡村发展政策”、“限制城市经济中工资上涨”的政策。他首先分析了这些政策的不平等效应，然后在度量了劳动力市场条件（包括劳动总收入、失业、劳动者收入不平等、贫困人口所占比率）并且对劳动力市场进行占优分析的基础上，从福利经济学意义上做了讨论。他指出，自哈里斯—托达罗模型问世以来，人们对该模型的诸多方面（如失业、发展政策、税收和转移支付政策等）进行了研究，但还有一个方面未被触及，这就是对劳动力市场政策进行福利经济学的分析。他得出的结论是：若政府想在现代部门创造就业、乡村发展、限制城市工资上涨这三种政策之间做出选择的话，不仅需要考虑将这些政策付诸实施的效果，还要考虑推行政策的成本。“在现代部门中创造就业”与“乡村发展”分别需要动用资源来创造现代部门就业或实现乡村发展，而“限制城市工资上涨”（从经济意义上而不是从政治意义上来说）则不需要耗费成本。若政府本身是现代部门的雇主的话，限制城市工资上涨的政策能节约政府资金。所有这三种政策在推荐给决策部门之前，需要对操作这些政策的社会成本和社会收益加总起来进行考虑。

他首先对哈里斯—托达罗模型中的政策进行分析。他们认为，哈里斯—托达罗模型对城乡二元经济所作的表述是：由于城市工资的制度刚性，使城市部门工资 W_M 高于农村部门工资 W_A 。劳动力在城市较高预期收益的驱使下，由农村迁往城市，而城市失业的存在使工人在城乡间的预期收益相等，于是，迁移停止。

工人在城市的预期收益 $E(W_U)$ 等于城市部门的工资率 W_M 乘以城市的就业概率 p

$$E(W_U) = W_M p \tag{11.6.10}$$

其中，城市的就业概率等于城市部门的就业 E_M 与城市劳动力的数量 L_M 之比。

$$p = \frac{E_M}{L_M} \tag{11.6.11}$$

假定农村工人都可以获得农村工作，农村的就业概率为1。那么，工人在农村的预期收益为

$$E(W_R) = W_A \qquad (11.6.12)$$

当城市与农村的预期收益相等时（$E(W_U) = E(W_A)$），可以得到

$$W_M \frac{E_M}{L_M} = W_A \qquad (11.6.13)$$

由于城市失业 *UNEM* 等于城市劳动力数量与城市部门就业的差值，于是城市失业可以表示为

$$UNEM = L_M - E_M = \frac{W_M}{W_A}E_M - E_M = (\frac{W_M}{W_A} - 1)E_M \qquad (11.6.14)$$

从式（11.6.14）中可以清楚的看到，只要 W_M 和 W_A 保持不变，在哈里斯—托达罗模型中以消除城市失业为目的，在城市部门创造就业（增加 E_M）的政策反而会增加失业；解决城市失业的方法是农村部门的发展（增加 W_A）；城市部门工资限制会降低失业。

菲尔茨认为，他的这篇论文同以往有关哈里斯—托达罗模型的文章相比，在三个方面做出了新的贡献：第一，对哈里斯—托达罗模型中三个主要政策选择所造成的不平等变动进行了分析。对不平等的度量，既按部门间工资差距来计算，又以洛伦兹曲线（因出于篇幅考虑，略去了作者对洛伦兹曲线的分析）为依据。第二，通过使用简化的社会福利函数（在该函数中，劳动力市场条件的完美性在当期内与劳动总收入正相关，与失业、不平等和贫穷负相关；而以往的研究只分析了失业和不平等，并且从来就没有将两者放到同一个社会福利函数中进行分析）提供了有关劳动力市场的完整分析。第三，使用了更新的以福利为主导的方法来分析劳动力市场，而这种方法在此前还没有用到哈里斯—托达罗模型中去。他用两种福利经济学分析方法对哈里斯—托达罗模型中的劳动力市场政策进行分析。第一个是基于劳动力市场条件（总的劳动收入、失业、劳动力收入不平等和贫困率）的总的措施，把缩略的社会福利函数形式定义为：

$$SW = f(\text{总的劳动收入}, \text{失业率}, \text{不平等程度}, \text{贫困率})$$

$$f_1 > 0, f_2 < 0, f_3 < 0, f_4 < 0$$

总的劳动的收入的增加会增加社会福利，而失业率、不平等程度和贫困率的增加会减少社会福利。第二个是基于劳动力市场的主导分析，把对最初的哈里斯—托达罗模型中的均衡和政策变化导致的新的均衡进行福利对比，并比较每一个收入水平上的人数，比较两组人数的差异，看这两组差异是否在相同的方向上。

菲尔茨强调指出，哈里斯—托达罗模型中所提出著名的“不是创造现代部门中的就业，而是寻求农村发展”的政策建议只是得到了一部分人的支持。他写道，“乡村发展的确会在被考虑的所有方面给劳动力市场带来更好的结果”，但

是，“现代部门创造就业并不一定是一件坏事”；“失业的上升和劳动收入不平等的扩大（假定为“坏事”）会因为高工资就业的增加和随之而来的贫困人口所占比率的下降（假定为“好事”）而被抵消”；“对现代部门的工资实行限制的政策，“不一定能带来改进劳动力市场的结果。这不仅因为工资下降本身得到的是负的福利权重，还因为如果对劳动力的需求有充足弹性的话，不平等会上升”①。他相信，对不同的政策选择进行福利评价的关键在于采用哪一种福利经济学的评估方法。福利经济学的这些不同的方法带来的是质量上不同的结果。这样一来，在哈里斯—托达罗模型中，仅仅关注于分配是不够的。把对分配的关注引入到政策分析中来，这将对政策选择产生重要影响。

第七节　简要的评价

自20世纪80年代以来，国际发展经济学界再度掀起了研究人口流动理论的热潮。由于这一研究热潮的到来与这一时期发展经济学自身的大发展同步推进，同时还由于卷入这一热潮的发展经济学家们从同一时期西方主流经济学取得的重大理论推进中汲取了大量的学术营养，因此，正是在这两股理论潮流的推动之下，人口流动理论无论从广度上来说还是从深度上来说都取得了重大进展。概括地说，这一时期发展经济学人口流动理论的新进展主要体现在如下三个方面：

第一，拓宽了人口流动理论的研究领域。同传统的人口流动理论相比，新一代人口流动模型所做的拓展工作主要归结为两个方面。其一，极大地扩展了研究视野。在新一代人口流动模型中，人口流动被置于经济增长的框架连同就业不足一道进行考察，收入差距同人力资本因素一道被纳入人口流动理论分析的视野，此外，人口流动的势头、迁徙成本的下降、城市积累人力资本的功能、人口流动与反映不平等程度的“倒U曲线”的关系、对人口流动总体福利的考量等方面也被纳入了新的分析框架中。其二，注重从微观角度探讨发展中国家的人口流动问题，这在很大程度上反映了西方主流经济学近年来呈现的宏观研究微观化趋势对发展经济学所产生的深刻影响。在这方面的典型实例，是对人口流动中的逆向选择行为以及对移民汇款动机的分析。尤其是后者将利他主义和利己动机放在一个统一的互利安排的理论框架中进行讨论，把传统上对个体的理性行为的分析扩展到对整个家庭追求最大化行为进行分析，使之不仅包括收入最大化、投资等传

① Fields, Gary S., 2005, “A Welfare Economic Analysis of Labor Market Policies in the Harris- Todaro Model”, *Journal of Development Economics*, vol. 76, p. 144.

统的微观及宏观变量，而且把分散与转换风险、人力资本投资、资产专有化、迁徙网络等新的变量也纳入了进来。这种做法集中地体现了近年来在西方主流经济学中所盛行的研究风格。

第二，修正了传统人口流动理论的部分假设，并引入了新的研究方法。就假设前提而言，传统的人口流动模型都隐含地假定劳动力为同质和迁移成本不变，此外，刘易斯和托达罗还假设城市工资呈刚性。新一代模型对传统假设做了重要的修正。本西温加和史密斯直接提出了劳动力异质假设，卡灵顿等人则直接假设成本异质，古普塔从三个收入群体之间工资差异的角度提出劳动力异质假设，劳奇从“非正规部门”到“正规部门”之间存在一定的流动性的角度提出了相同的假设。新的假设不仅有助于突破工资刚性假设所造成的分析局限，并且改变了迁移成本不变的假设，由此推出了劳动力市场中的逆向选择行为引致失业，迁移成本随着迁移人数增多而递减，劳动者之间本身就存在着收入不平等，收入不平等程度同“倒 U 曲线”相吻合等重要结论。再就研究方法而言，新一代发展经济学家尝试从传统的短期静态分析转向长期动态分析，其中最有代表性的是本西温加和史密斯建立的两部门、两阶段的代际交叠模型。该模型试图解释城市正规制造业部门中当前和未来资本—劳动比率之间的非单调关系何以成为多重渐进式持续稳定状态、不确定性以及内生波动的根源。理论假设和研究方法上的创新，有助于新一代发展经济学家解决发展中国家大量农村过剩人口向城市迁徙与城市中存在着大批失业人口二者并存这一长期未能解决的难题。

第三，更加注重从福利经济学的角度分析人口流动政策的效应。与老一代发展经济学家不同的是，新一代发展经济学家在讨论与人口流动相关的政策时，其侧重点不是放在讨论失业问题本身，而是更多地从全社会角度考察政策所带来的福利效应。例如，卡灵顿等人在讨论政府对移民实行补贴的福利效应时指出，向那些从贫困地区迁往富裕地区的移民提供补贴可能会带来总收入的增长，但如果采用补贴贫困地区的措施，却会导致潜在的迁徙者踌躇不前，在长期内反而会扩大地区收入差距。又如，古普塔把城市工人区分为三个不同的收入组的基础上指出，应当从人均消费的正函数和消费中不平等程度的负函数两方面来定义社会福利。在工人的收入已经存在一定程度不平等的前提下，城市中新创造的就业不一定会增加社会福利。这是因为新增加的城市就业虽然提高了人均消费，但也有可能使城市失业问题恶化，并扩大消费中的不平等。再如，菲尔茨对托达罗在 20 世纪 70 年代提出并被广泛接受的政策建议提出了质疑。菲尔茨认为，如果推进农村发展的成本可以忽略，农村发展的确会给劳动力市场带来正效应，但在城市中创造就业不一定是坏事，失业和收入不平等程度的扩大对福利产生的负效应将会被更多高收入就业岗位的增加和贫困人数的减少带来的正效应所抵消。若在现代部门中采用限制工资的政策，如果政府不是该部门雇主的话，劳动力市场不会有明显的改进。此外，还需要考虑现代部门对劳动力需求弹性的大小：如果缺乏弹性，失业将下降；如果需求弹性无限大，限制工资的政策将导致失业增加。

参考文献

1. M. P. 托达罗：《第三世界的经济发展》，中国人民大学出版社 1988 年版。

2. Bencivenga, Valerie R. & Bruce D. Smith, 1997, "Unemployment, Migration, and Growth", *Journal of Political Economy*, vol. 105, no. 3., June, pp. 582-608.

3. Carrington, William J., Enrica Detragiache & Tara Vishwanath, 1996, "Migration with Endogenous Moving Costs", *American Economic Review*, vol. 86, no. 4., Sept. pp. 909-930.

4. Carter, Thomas J., 1998, "Urban Productivity, Urban Unemployment, and Labor Market Policies", *Regional Science and Urban Economics*, vol. 28, pp. 329-344.

5. Diamond, Peter A., 1965, "National Debt in a Neoclassical Growth Model", *American Economic Review*, vol. 55, pp. 1126-1150.

6. Fields, Gary S., 1975, "Rural-Urban Migration, Urban Unemployment and Underemployment, and Job-Search Activity in LDCs", *Journal of Development Economics*, vol. 2, June, pp. 165-187.

7. Fields, Gary S., 1980, *Poverty, Inequality, and Development*, New York: Cambridge University Press.

8. Fields, Gary S., 2005, "A Welfare Economic Analysis of Labor Market Policies in the Harris-Todaro Model", *Journal of Development Economics*, vol. 76, pp. 127-146.

9. Glomm, Gerhard, 1992, "A Model of Growth and Migration", *Canadian Journal of Economics*, vol. 25, no. 4., Nov., pp. 901-922.

10. Gupta, Manash Ranjan, 1988, "Migration, Welfare, Inequality and Shadow Wage", *Oxford Economic Papers*, New Series, vol. 40, no. 3, Sept., pp. 477-486.

11. Harris, John, & Michael P. Todaro, 1970, "Migration, Unemployment and Development: A Two-sector Analysis", *American Economic Review*, vol. 60, no. 2., pp. 126-142.

12. Kuznets, Simon, 1955, "Economic Growth and Imcome Inequality", *American Economic Review*, vol. 45, no. 1, March, pp. 1-28.

13. Leach, James, 1996, "Training, Migration, and Regional Income Disparities", *Journal of Public Economics*, vol. 61, pp. 429-443.

14. Lucas, Robert E. Jr., 2004, "Life Earnings and Rural-Urban Migration", *Journal of Political Economy*, vol. 112, no. 1, pt. 2., pp. S29-S59.

15. Lucas, Robert E. B., & Oded Stark, 1985, "Motivation to Remit: Evidence from Botswana", *Journal of Political Economy*, vol. 93, no. 5., Oct., pp. 901-918.

16. Rauch, James E., 1993, "Economic Development, Urban Underemployment, and Income Inequality", *Canadian Journal of Economics*, vol. 26, no. 4, Nov., pp. 901-918.

17. Robinson, Sherman, 1976, "A Note on the U Hypothesis Relating Income Inequality and Economic Development", *American Economic Review*, vol. 66, no. 3, pp. 437-440.

18. Stark, Oded, 1984, "Rural-to-Urban Migration in LDCs: A Relative Deprivation Approach", *Economic Development and Cultural Change*, vol. 32, no. 3, pp. 475-486.

19. Stark, Oded, & J. Edward Taylor, 1989, "Relative Deprivation and International Migration", *Demography*, vol. 26, no. 1., pp. 1-14.

20. Stark, Oded & J. Edward Taylor, 1991, "Migration Incentives, Migration Types: The Role of Relative Deprivation", *Economic Journal*, vol. 101, Sept., pp. 1163-1178.

第十二章　环境、资源与可持续发展

人类社会经济的发展离不开自然环境保障和自然资源供给，环境和资源对于发展的重要性从人类历史上许多重大的战争和迁徙行为中可见一斑。第二次世界大战后，人类经济社会整体进入高速发展时期。在我们这个星球上快速增长的生产力对资源索取急剧膨胀的情况下，在封闭环境和有限资源中的人类经济发展模式的选择不仅使一部分人或经济体（如发达国家）对另一部分人或经济体（如发展中国家）产生影响，还会使当代人对后代人产生影响。在资源约束环境下探讨人类发展模式的选择成为可持续发展理论的起源。这正是本章第一节所陈述的内容。

第二节涉及对可持续发展的界定和有关代际公平的讨论。对于前者，格雷西拉·齐齐尔尼斯基（Graciela Chichilnisky）对可持续发展给出了极具代表性的严格定义；对于后者，塔尔博特·佩吉（Talbot Page）关于代际效率与代际公平的讨论以及杰弗里·A. 克雷奥克莱默（Jeffrey A. Krautkraemer）和雷蒙德·G. 巴蒂纳（Raymond G. Batina）对代际转移与可持续发展的分析也非常具有启发性。

第三节概述资源约束和技术进步相互关系的研究文献。在资源约束方面，马丁·L. 威茨曼（Martin L. Weitzman）估计了不可再生资源的有限性对全球福利的影响，约翰·M. 哈特维克（John M. Hartwick）从资产总量的角度探讨了对可再生资源的保护，并提出了维持可持续发展的法则——哈特维克法则（Hartwick's rule）；在技术进步方面，威茨曼从外生技术进步角度提出人类社会保持可持续发展的最大消费量的边界，雷蒙德·格芮德斯和斯嘉克·斯穆德斯（Raymond Gradus & Sjak Smulders）则从内生技术进步的角度比较了随着对自然环境质量要求的提高人类社会经济的长期最优增长率的变化。

第四节陈述著名的“环境的库兹涅茨倒 U 型曲线”及其相关问题。吉恩·M. 格罗斯曼（Gene M. Grossman）、艾伦·B. 克鲁格（Alan B. Krueger）利用全球环境监测体系（Global Environmental Monitoring System，简称 GEMS）的全面性的数据进行了计量检验，得出较为乐观的结果。至于“环境的库兹涅茨倒 U 型曲线”的理论解释，詹姆士·安德列奥尼（James Andreoni）和阿瑞克·莱文森

(Arik Levinson) 仅仅建立了一个有微观基础的线性静态模型，就污染和收入的关系做出了很好的解释。尽管自然环境和经济发展之间似乎存在某种最终和谐的趋势，但帕萨·达斯古普塔和卡尔—戈兰·马勒 (Partha Dasgupta & Karl-Göran Mäler) 提醒我们这一切并不是自动产生的，需要保持一种审慎乐观的态度并付诸积极主动的行动才有可能达到最终的和谐。

第五节围绕自由贸易对可持续发展的影响的研究进展展开概述。吉恩·M. 格罗斯曼和艾伦·B. 克鲁格把自由贸易对环境的影响分为三种效应，即规模效应 (scale effects)、结构效应 (composition effects) 和技术效应 (technological effects)。自由贸易对环境质量总的影响取决于这三种效应的总和。至于环境政策和贸易政策相互替代的效果，研究显示效果并不理想。

第六节综述制度与可持续发展相互关系的代表性文献。在不少发展经济学家们的眼中，自然资源和环境公共品的特性使得市场经济制度显得并不完美。马修·J. 柯奇恩 (Matthew J. Kotchen) 对同时提供私用品和环境公共品的"绿色市场"进行了分析；达斯古普塔则针对撒哈拉以南的非洲地区和印度次大陆的贫穷国家研究了其制度失效、环境退化、贫困和高生育率之间的恶性循环关系。

第七节陈述关于可持续发展的公共政策的讨论，包括可持续性标准 (Sustainability Criterion)、全球气候政策等。可持续性标准应当体现于各种经济政策中，阿罗和达斯古普塔等学者对可持续性政策标准进行了阐述，并使用该政策标准对实际经济体的可持续性进行了判断。对于全球性气候政策，沃里克·J. 麦奇宾 (Warwick J. McKibbin) 和彼得·J. 威尔科克森 (Peter J. Wilcoxen) 认为，目前《京都议定书》之类的国际环境协议有着严重的缺陷，而经济学的方法能够给气候政策的制定提供很好的指导。约翰·C. V. 佩齐 (John C. V. Pezzey) 分析了可持续性政策的具体应用及其产生的效果，并对可持续性政策和环境政策进行了区分和比较。

第八节是本章的结束语部分，笔者就近年来可持续发展理论的新进展作一个总体评价。

第一节　可持续发展理论的起源

经济学从其产生以来就十分关注自然资源与环境对经济发展的影响。古典经济学家们认识到有限的自然资源最终会限制经济的增长，但对经济发展的前景又持不同的观点。亚当·斯密认为，分工和资本积累对经济的促进作用足以抵消资源约束的消极影响；相反，李嘉图指出，资源的约束最终会使经济陷入停滞状态；马尔萨斯的看法则更为悲观，他甚至认为人口的几何级数增长可能使社会退化到只能维持生存的最低水平。作为古典经济学集大成者，约翰·S. 穆勒（John S. Mill）对这种停滞的状态持乐观态度，他将其看作一种伦理道德继续发展的静止状态。理查德·T. 伊利和爱德华·W. 莫尔豪斯（Richard T. Ely & Edward W. Morehouse，1924）合作出版的《土地经济学原理》以及哈罗德·霍特林（Harold Hotelling，1931）发表的《耗竭性资源经济学》[①] 标志着关注资源与环境约束的资源经济学的产生。但随着技术的进步和经济的发展，环境资源的约束似乎并不能束缚人类经济发展的脚步。马歇尔当时曾乐观地估计，农业技术进步可以使人口对生活资料的压力被遏制为时大约200年[②]。

第二次世界大战后，世界经济迅速增长，人口激增，能源消耗加剧，生态环境资源破坏严重，恶性污染公害事件频繁发生。这种情况下，环境资源对维持社会经济发展的重要性再次成为关注的焦点。女生物学家雷切尔·卡森（Rachel Carson，1924）通过《寂静的春天》一书向大众揭示了滥用农药带来的严重危害，对人们的环境保护观念产生了深刻的影响。肯尼斯·E. 鲍尔丁（Kenneth E. Boulding，1966）提醒人类应当放弃"牛仔式"经济观，地球资源无限丰富、废物无限制排放的时代已经成为历史。人们应该以一种"宇宙飞船"的经济观来看待地球环境资源的利用，采用储备型的经济发展模式，建立既不会使资源枯竭，又不会造成环境污染和生态破坏、可循环利用各种物质的"循环式"经济体系来代替过去的"单程式"经济。"罗马俱乐部"的丹尼斯·L. 麦多斯（Dennis L. Meadows，1972）等人发表研究报告《增长的极限》。报告中，麦多斯用"世界模型"向人们做出惊人的预测：如果世界人口、工业化、污染、粮食生产以及资源消耗按现在的增长趋势持续下去，人类经济增长就会在今后一百年内某个时候达到极限。也即是说，目前世界体系的基本行为方式是人口和资本的指数增长以及随后的崩溃。尼古拉斯·乔治斯库—罗金（Nicholas Georgescu-Roegen，1975）将熵的概念引入资源稀缺性的研究。从热力学的角度来看，所有物理过程（无论是自然过程还是工艺过程）都是一个使能量可获得性变小的过程。同时，在人类所处的环境中，高度集中的潜在的能源（低熵）又十分有限。所以，从熵的角度来看，产生新替代品的技术进步并不能真正突破资源稀缺的约束。

20世纪70年代的两次能源危机也促使主流经济学界再次关注资源对经济

① Hotelling, Harald, 1931, "The Economics of Exhaustible Resources", *Journal of Political Economy*, vol. 39, no. 2, pp. 137-175.

② 阿尔弗莱德·马歇尔：《经济学原理》上卷，商务印书馆1983年版，第199—200页。

发展的约束。早在20世纪70年代中期，一批持新古典主流经济学思路的学者就集中讨论了在不可再生资源约束条件下如何保证经济的可持续发展。其中，帕萨·达斯古普塔和杰弗里·M. 希尔（Partha Dasgupta & Geoffrey M. Heal, 1974）① 连手所从事的研究以及后来的诺贝尔经济学奖获得者斯蒂格利茨(1974)② 的研究显示，在新古典经济学框架下，只有通过假设一个足以抵消资源耗竭影响的外生技术进步率才能保证消费和效用不会趋向于零。索罗(1974)③ 指出，在缺乏技术进步和人口恒定的条件下，以柯布—道格拉斯函数而言，如果资源对生产的贡献小于资本对生产的贡献，那么尽管资源是逐渐耗竭的，但通过适当途径的资本积累，恒定的消费是可以持续的。受到索罗的影响，哈特维克（1977）提出了著名的"哈特维克规则"④。该规则表明，在可耗竭资源的经济中，维持长期恒定消费的必要投资量恰恰等于从可耗竭资源利用中得到的租值。

工业革命以来，人类经济从分散的、不连续的发展状态过渡到整体的、连续的近乎指数式的发展状态，人类的经济活动对自然生态环境的影响也达到了空前的程度。不可再生资源的枯竭、生态多样性的破坏、温室效应的凸现、土地的退化、沙漠化程度的加深、环境污染的加剧都使得人们开始思考目前的发展模式在未来是否可以持续。经过三年深入调查并广泛综合各方意见，世界环境与发展委员会（WCED）在1987年提交了《我们共同的未来》的报告。报告系统地论述了人类在发展与保护方面存在的问题，提出了一个为各方广泛接受的可持续发展的定义："既满足当代人的需要，又不对后代人满足其需要的能力构成危害的发展"。在这个定义中，包含了三个重要的概念：其一是"需求"，尤其是指世界上贫困人口的基本需求，应将这类需求放在特别优先的地位来考虑；其二是"限制"，这是指技术状况和社会组织对环境满足眼前和将来需要的能力所施加的限制；其三是"平等"，即各代之间的平等以及当代不同地区、不同人群之间的平等。

---

① Dasgupta, Partha & Geoffrey M. Heal, 1974, "The Optimal Depletion of Exhaustible Resources", *Review of Economic Studies*, Special Issue, vol. 41, Issue 128, pp. 3-29.

② Stiglitz, Joseph E., 1974, "Growth with Exhaustible Natural Resources: Efficient and Optimal Growth Paths", *Review of Economic Studies*, Special Issue, vol. 41 Issue 128, pp. 123-138.

③ Solow, Robert M., 1974, "Intergenerational Equity and Exhaustible Resources", *Review of Economic Studies*, Special Issue, vol. 41 Issue 128, pp. 29-46.

④ Hartwick, John M., 1977, "Intergenerational Equity and the Investing of Rents from Exhaustible Resources", *American Economic Review*, vol. 67, no. 5, pp. 972-974.

第二节　可持续发展的定义

一、可持续发展的严格定义

可持续发展的定义一直颇具争议。随着人们对环境和发展问题的重视，学者们纷纷从各自的研究领域出发提出了对可持续性的理解。佩齐（1992）经过统计得到60多种不同的定义①。其中，1987年世界环境与发展委员会（WCED）在《我们共同的未来》中提出的可持续发展的定义受到了较广泛地认同。

齐齐尔尼斯基（1997）看来，尽管可持续发展定义的数目繁多，但此类定义大多属于感情或态度的表达，几乎没有对可持续性或者可持续发展路径进行过正规分析，齐齐尔尼斯基本人对可持续发展的含义重新进行了严格地界定。她认为，本质上，可持续发展意味着不论是当代（present）还是后代（future）都不具有对资源使用的独断权（dictatorship），这是任何一种可称作可持续性的福利标准都应当具有的含义。

为了严格地表述这种非独断性，齐齐尔尼斯基提出了两个可持续性发展公理：

公理1：当代的非独断性；

公理2：后代的非独断性。

首先，正规地区分当代与后代的形式是必需的。商品（包括自然环境）为各个代际所使用，从而产生无限有界的实数序列，即由各代际效用组成的效用流 $\alpha = \{\alpha_g\}_{g=1,2,\cdots,\infty}, \alpha_g \in R^+$。直觉上，当代和后代的福利共同组成了效用流 α，换言之，当代福利 α^K 与后代福利 γ_K 一头一尾地瓜分了整个效用流 $\alpha = (\alpha^K, \gamma_K)$，这里K取任意正整数。严格地表述为：

$$\alpha^K = (\sigma_g)_{g=1,2,\cdots\infty} \text{如果 } g \leqslant K, \text{则 } \sigma_g = \alpha_g; \text{如果 } g > K, \quad \text{则 } \sigma_g = 0 \tag{12.2.1}$$

$$\gamma_K = (\sigma_g)_{g=1,2,\cdots\infty} \text{如果 } g \leqslant K, \text{则 } \sigma_g = 0 \quad ; \text{如果 } g > K, \quad \text{则 } \sigma_g = \alpha_g \tag{12.2.2}$$

---

① Pezzey, John, 1992, "Sustainable Development Concepts: A Economic Analysis", World Bank Environment Paper No. 2, pp. 55-62.

其次，一种完善的福利标准 W 应当是完备的（complete）和敏感的（sensitive）。所谓完备性是指福利标准 W 可以被一个定义在所有有界效用流上的递增实值函数所表示；即 $W:\ell_\infty \to R^+$，ℓ_∞ 指无限有界实数序列空间。敏感性，或者递增性，是指当效用流 α 是由效用流 β 增加某一代际福利而形成的，则福利标准 W 应当判断效用流 α 严格优于效用流 β。这样，独断性就可以表达为福利标准 W 仅对当代 α^K 或者后代 γ_K 敏感，而对于效用流 α 的其余部分的变化无动于衷。

两个公理的正规表述为：

公理 1：不存在下述当代独断性。

对于任何效用流 α，β 而言

$$W(\alpha) > W(\beta) \Leftrightarrow \exists N = N(\alpha,\beta) \tag{12.2.3}$$

$$\text{s. t. } \forall \gamma,\sigma \in \ell_\infty\text{，只要 } K > N\text{，则 } W(\alpha^K,\gamma_K) > W(\beta^K,\sigma_K)$$

公理 2：不存在下述后代独断性。

对于任何效用流 α，β 而言

$$W(\alpha) > W(\beta) \Leftrightarrow \exists N = N(\alpha,\beta) \tag{12.2.4}$$

$$\text{s. t. } \forall \gamma,\sigma \in \ell_\infty\text{，只要 } K > N\text{，则 } W(\gamma^K,\alpha_K) > W(\sigma^K,\beta_K)$$

作为可持续性的偏好，必然是满足以上两个公理且具有完备性和敏感性的偏好。齐齐尔尼斯基证明了这类可持续偏好的存在性，并指出这种福利标准必然表达为当代福利和后代福利的某种和的形式。因为允许两类福利进行替代，当代独断性和后代独断性的综合也就同时消除了两种独断性。这种福利标准的数学形式如下：

$$W(\alpha) = \sum_{g=1}^{\infty} \lambda_g \alpha_g + \phi(\alpha) \tag{12.2.5}$$

$$\forall g, \lambda_g > 0, \sum_{g=1}^{\infty} \lambda_g < \infty$$

其中，$\phi(\alpha)$ 是通过利用哈恩—巴拿赫定理（Hahn-Banach theorem）向 ℓ_∞ 所有序列扩展的函数 $\lim\limits_{g\to\infty}(\alpha_g)$。

任何连续的可持续性偏好都必然满足上述形式。研究表明，所有已知的福利标准都不能同时满足完备性和敏感性以及两个可持续性公理，也就是说，所有现有福利标准都不是完善的可持续性福利标准。折现效用标准过度地强调了当代福利，是当代独断的，违反可持续性公理 1，即式（12.2.3）。拉姆齐标准（Ramsey's Criterion）和追及标准（Overtaking Criterion）并不能比较所有的效用流，是不完备的。最大下界极限标准（Lim inf）和长期平均标准（long-run averages）将重心放在后代福利上，属于后代独断，违反可持续性公理 2 即式（12.2.4），而且长期平均标准也是不完备的。最后，罗尔斯和基本需求标准（Rawlsian and basic need criteria）只关注最差代际的福利，无视其他代际的福利变化，所以是不敏感的，也不是完善的福利标准。

从上述论证可以看出，齐齐尔尼斯基所提出的可持续福利标准确实与众不同，其福利标准形式要求我们特别关注无限遥远的后代福利，这似乎与我们日常生活中只在有限的时间范围来考虑问题的习惯有所矛盾。实际上，当个体按照直觉去平等地对待有限时间范围内各代的时候，可持续发展偏好可以看作这种日常平等标准向无限时间范围延伸的一种适当的概括。这是由“大道”性质（“turnpike”property）所决定的。随着时间范围的不断扩大，平等对待有限时间范围内各代的最优解会逐渐趋向可持续性偏好最优路径的极限。换言之，可持续性偏好的最优解是目光不够长远的人坚持公平原则并逐渐放眼未来所能做出的最优选择的终极方向。为了正规地表述这种关系，设定可再生资源的存量 s_t 随时间 t 以 $r(s_t)$ 的速度增长，c_t 为用于消费的资源消耗量。考虑到可再生资源对应于为人类提供服务的自然环境资产，所以效用水平由消费水平和资本存量水平共同决定，即 $u_t = u(c_t, s_t)$。这样，可持续性偏好下的最优化问题可以表述如下：

$$\max \alpha \int_0^\infty u(c_t, s_t) e^{-\delta(t)t} \mathrm{d}t + (1 - \alpha) \lim_{t \to \infty} u(c_t, s_t) \tag{12.2.6}$$

$$\text{s. t.} \quad \dot{s}_t = r(s_t) - c_t \text{ , } s_0 \text{ 给定}$$

在相同条件约束下，有限时间范围内平等对待偏好的最优化问题为：

$$\max \int_0^T u(c_t, s_t) \mathrm{d}t \tag{12.2.7}$$

$$\text{s. t.} \quad \dot{s}_t = r(s_t) - c_t \text{ , } s_0 \text{ 给定}$$

利用希尔（1998）① 的结论，当且仅当折现率 $\delta(t)$ 极限趋于零，上述式（12.2.6）可持续性偏好的最优化问题有解，消费量和资源存量将渐进收敛到绿色黄金法则 g^* 的稳定路径上；这里的路径是有限时间范围内平等对待各代最优化问题的终极大道（turnpike）。这就是说，随着代际数量 T 的增加，平等对待 T 代的最优化解会逐渐趋向于可持续性的最优化解。

可持续性偏好最优化问题有解的关键就在于其等价条件（即折现率 $\delta(t)$ 随着时间的增长而下降）是否成立。一方面，有越来越多的经验证据表明越是远期项目，人们对其所采取的折现率就越低。另一方面，自然科学中著名的“韦伯—费希纳定律”（Weber-Fechner Law）支持这一观点。韦伯—费希纳定律指出，人对于刺激变化的反应是非线性的，且与刺激现存的水平成反比。比如，背景声音越是嘈杂，人就对同样程度的音量增加感觉越微弱。用 r 作为感受程度，s 代表刺激水平，K 恒定增量，则有

$$\frac{\mathrm{d}r}{\mathrm{d}s} = \frac{K}{s} \text{ 或者 } r = K\log s \tag{12.2.8}$$

① Heal, Gefffrey M., 1998, *Valuing the Future: Economic Theory and Sustainability*, Columbia University Press.

将此定理运用于人们对未来时间的感受，意味着越是遥远的事情，人们越是不敏感[①]。这种观念用于最优化问题，则有：

$$\max\int_0^{\infty}u(c_t,s_t)\Delta(t)\mathrm{d}t+\lim_{t\to\infty}u(c_t,s_t) \tag{12.2.9}$$

折现率为

$$q(t)=\frac{\dot{\Delta}(t)}{\Delta(t)} \tag{12.2.10}$$

其中，$\Delta(t)$ 是折现因子。

可以将韦伯—费希纳定律表述为：

$$q(t)=\frac{1}{\Delta}\frac{\mathrm{d}\Delta}{\mathrm{d}t}=\frac{K}{t}\text{或者}\Delta(t)=e^{K\log t}=t^K \tag{12.2.11}$$

这样一来，折现因子就满足可持续性最优解存在的所有条件：折现率 q 趋于零，折现因子 $\Delta(t)$ 趋于零，积分

$$\int_1^{\infty}\Delta(t)\mathrm{d}t=\int_1^{\infty}e^{K\log t}\mathrm{d}t=\int_1^{\infty}t^K\mathrm{d}t \tag{12.2.12}$$

收敛于负数 K。可持续性偏好在现实最优过程中的合理性得到了证明。

最后，齐齐尔尼斯基比较了可持续性最优和折现最优。她指出，可持续性福利偏好本质上不同于折现福利偏好。在相同的约束条件下，可持续性偏好产生的“可持续性路径”和折现偏好产生的“折现最优路径”两者泾渭分明，也就是说，既不存在折现最优路径趋向于可持续性路径的情况，也不存在两者的折中路径。这种显著的不同也延伸到由可持续性偏好导出的价值观念。因为可持续性偏好下的最优路径不能使任何价格体系下的折现价值最大化，所以长期而言环境资源的巨大价值在利润现值最大化的理念下未必能够得到应有的重视。

总之，齐齐尔尼斯基将可持续发展思想归纳为当代和后代都不能对资源的使用进行独断，并用严格的数学语言将这一思想表述为两个可持续性发展公理。经过检验，在以往所有的福利标准之中，没有任何一个标准可以充当完备且敏感的可持续性福利标准。但这种可持续性福利标准并非空中楼阁，该标准不仅使得可持续性福利偏好可以用具体的数学形式表达出来，而且这种偏好可以通过扩展日常短期公平性原则而得到。对于这种扩展的关键条件（即折现率极限趋于零），韦伯—费希纳定律给予了有力的支持。可持续性偏好产生的可持续性路径与折现福利标准产生的最优路径区别明显，并产生了不同于折现最优概念下的价值观。齐齐尔尼斯基强调这种可持续性价值观用于最优问题的描述和项目的评估会有助于解决人类在发展过程中遇到的各类环境资源问题。

---

① 比如，相对于目前的延期一年，20 年后的延期一年似乎不很重要。

二、可持续发展的代际问题

出于对未来的不确定性和消费的急迫性的考虑，个体对未来的收益进行折现处理。然而，在资源有限的情况下，人们也会考虑后代是否有机会获得舒适的生活水平，即可持续性问题。所以，可持续发展就是在资源有限的情况下妥善处理时间轴上各个代际的福利关系。

1. 代际效率与代际公平

佩吉（1997）比较了两种在可持续发展中处理代际效率和公平关系的方法。第一种是经济学中传统的处理方式，佩吉称之为“分离法”。分离法首先使用标准的成本—收益的方法进行分析，然后加上代际公平的考虑。第二种是“整体法”。如同传统的制度设计，整体法从一开始就将效率和公平结合起来考虑，可以回避分离法中很多明显的不足。

效率目标和公平目标之间常常存在潜在的冲突。假设有 100 磅面粉在 A 和 B 两个人之间进行分配。A、B 都是利己的，都希望面粉多多益善。考虑以下 4 种情况：

第一，A 得 95 磅，B 得 5 磅；

第二，A、B 各得 50 磅；

第三，管理者，非 A 亦非 B，不慎将 20 磅损失。余下的部分，A、B 各得 40 磅；

第四，管理者浪费 20 磅。其余，A 得 5 磅，B 得 75 磅。

在第一种情况下，没有办法在不使 A 变得更糟的条件下使得 B 变得更好，我们可以称这种分配是有效率的。公平（equity）和平等（equality）不是同一个概念。公平的分配可以采用除了平等分配以外的标准，比如功绩或者权利。实际上，在这个情况下，A 没有被赋予可以得到更多分配的功绩或者权利，这样，第一种情况是有效率但不公平的分配。同理，第二种情况为有效率且公平的分配。第三种情况中存在原本可以用以改进浪费，所以公平但无效率。第四种情况既无效率，也不公平。从以上四种情况来看，公平和效率并非总是能同时达到，而且两者可能存在冲突。

分离法所涉及的是代际效率与代际公平。当不存在可以使一代人的福利变得更好而不会损害其代际福利的可能的时候，社会便达到了代际帕累托最优的境地。通常使用成本—收益分析来使代际的资源配置达到帕累托有效，其中折现率设定为资本边际生产率。这种成本—收益的分析存在着许多显而易见的缺点，具体体现在：

第一，这种方法对折现率的选择十分敏感。折现率的大小决定了最后折现值的大小和正负，对于代际间的资源和福利的分配起着决定性的作用。比如，将100年后100万美元的环境成本用10%的折现率折现，今天的价值仅为72美元；但如果折现率取3%的水平，折现值则为52033美元。两者之间有着700余倍的差距。

第二，成本—收益法将假设的市场作为价值标准。成本—收益分析是一种在假设无外部性和完全信息情况下的市场决策。某一市场决策被接受的程度取决于财富和收入分配被接受程度，进而取决于社会对于公平性的考虑。所以，当某种成本—收益的分析被社会所接受，则意味着其对应的财富和收入的分配也被大众所接受。但是，在许多社会决策中，财富和收入的分配并不唯一取决于个人的决定，而是取决于投票和司法过程。对于基本的社会决策问题，应该有多少取决于市场的货币选票，多少取决于投票和司法的过程，两者应当如何结合使用，这些都是有待研究的问题。

第三，决策权力的代际不对称性。在资源的使用上，当代人大权独揽。这样一来，一代或者几代人就很可能对自然环境做出累积性的、不可逆转的破坏。

第四，折现率选择的困难。为了达到代际帕累托最优，折现率的选择应当与个体（或者代际）的时间偏好一致。但目前经常使用的资本边际生产率受到公司所得税和其他市场扭曲的影响，与时间偏好并不一致。此外，各个代际都有各自不同的时间偏好和边际生产率，如何从中选择“正确的”折现率呢？实际上，不采用某种形式的“不公平”，这种选择是不可能的。最后，实证研究表明，人们对不同时间跨度所采用的折现率是不同的，即时间跨度越大，折现率越低。

分离法更加注重代际的效率而非代际的公平，以上四点仅是令人困惑的问题中的一部分。但如果能够从另外一个角度来考虑代际公平和代际效率的问题，就可以回避很多分离法所遭遇的难题。佩吉首先将可持续性视为代际公平。可持续性原则可以借由托马斯·杰斐逊（Thomas Jefferson）的名言来表述，这就是，“地球在使用权上属于当代人”（The earth belongs in usufruct to the living）。按照拉丁文词根的解释，这里的“使用权（usufruct）”可理解为“享用成果（use the fruit）”，但在法律上有更精确的含义。从韦氏词典（*Webster's dictionary*）的解释来看，使用权是指在没有改变和破坏他人财物的情况下，享用其利润和利益的权利。这就是说，如果将地球视为土地、阳光、水源、鱼类、森林、矿产等各类资源的综合，从使用权的角度来看，可持续性要求当代人仅仅充当地球的租用者，而非绝对占有者。作为当代的租用者，我们有权利使用地球的生产能力，但无权破坏其生产能力遗害后来的租用者——未来代际。用经济学术语来说，地球这个资源基数是一个各代共同拥有的公共品，各代依次获取权利对其进行管理。杰斐逊原则就是各代公平分享地球资源的代际公平原则，资源基数作为一个整体应当在各代际间保持完整，使得各代不会因为时间顺序先后而遭受不公平对待。

大卫·休谟（David Hume）的两个观点有助于对代际公平进行进一步分析。第一、应当意味着可能（Ought implies can）。一种道德原则被接受意味着它是可行的。作为代际公平的基础，资源基数的完整性是否可以得到保持取决于替代性、技术、人力资源和制度。在人类经济发展过程中，很难对于每一种特定资源都予以保护。但如果制度能够有效率地运作，人力资源得到充分开发，技术进步促进新的替代品的产生，不同类型的资源之间确实能够相互替代，那么，资源基数就能够得到完整保持，代际公平就有可能实现。第二、正义的环境。正义是“应付人类的环境和需要所采取的人为措施或设计”，是特定社会和自然环境的产物，只有在物产既非极度匮乏又非极度丰富的情况下，正义①的出现才是可能的和必要的。如果人力资源的开发、技术的进步和资源之间的替代使人类面临产出足够丰富的未来，人们就会认为没有必要考虑公平的问题。相反，如果资源之间的替代根本不可能，随着有限的不可再生资源消耗殆尽，当代人都面临朝不保夕的绝境，他们也不会去研究代际公平。只有在某种中间层次，人们会认识到可持续性的重要，虽然有所付出，但值得追求。

整体法的操作过程分为三步：第一步，应当确定资源基数中的关键性部分。是否是关键性资源取决于对效用层次和生产层次替代性的判断。显然，不能或不易被替代的资源是关键的。因为不同的代际可能有不同的偏好和生产率，这种关键性的判断存在很大的争议空间。第二步，设计出最有效率的方式和决策过程来保持资源基数的完整性。这一过程应当充分考虑资源替代的可能性、技术进步和针对突发性环境灾难的应急措施。提出并实施旨在保持自然基数永久的完整性而非最大化现值的各类政策和措施。第三步，在资源基数完整性得到保存的框架下，普通的市场决策可以遵从标准的成本—收益分析。

总之，佩吉认为整体法较分离法能更好地将代际公平和代际效率相结合。整体法的运作过程很像一个国家的法律体系：在最高的层面上，国家以宪法作为高于一切的根本性法律，表述一些根本性的原则；在较低的层面上，许多普通法处理各类具体的法律事务，但都不能与宪法相抵触。整体法就是从这样两个层面对公平和效率进行结合：在保证基本的代际公平的情况下，具体决策使用成本—收益的方法来达到有效率的状态。不过，整体法也有其不足之处。比如，对于一些特殊的环境问题，应当以维持资源基数完整性的标准还是以成本—收益法来处理，还存在较大争议。此外，如同宪法与普通法的框架体系经过200多年的法律实践才形成今天的效果，具有两个层面的整体法也需要更多的研究、使用和提高才能充分发挥其效果。

① 对应于这里提到的代际公平。

2. 代际转移与可持续发展

克雷奥克莱默和巴蒂纳（Jeffrey A. Krautkraemer & Raymond G. Batina，1999）利用叠代模型对可持续发展中代际转移对代际公平和代际效率的影响进行了分析。他们认为，可持续性最终所考虑的是后一代人是否比前一代人过得更幸福，或者说各个代际的效用水平是否不递减。代际转移和社会时间偏好率都对代际公平产生影响。比如，从 t 代人向 $t+1$ 代人的转移支付会减少 t 代人的效用而增加 $t+1$ 代的效用，这就增加了 t 代人对于 $t+1$ 代人的相对福利权重。可见，代际转移是一种度量改变竞争均衡中代际相对福利权重的方法。在动态环境中，两代间福利权重比率被解释为社会折现率。所以，向下一代的代际转移就是赋予未来代际更多资产的回报份额，并直接影响竞争均衡中社会时间偏好率的方法。

在一个具有可再生资源的叠代模型中，假定每个代际内人口恒定且标准化为1。

消费品在各个时期（$t=0,1,2\cdots$）使用劳动 $L(t)$ 和资源 $X(t)$ 进行生产，生产函数为

$$Y = X^{\alpha}L^{1-\alpha} \tag{12.2.13}$$

$R(t)$ 代表 t 时期资本存量，资源以开采后剩余部分为增长的基础，资源的增长为

$$G(R(t) - X(t)) \tag{12.2.14}$$

其中 G 为资源存量，它是一个凹函数，存在最大值，也就是说，可再生自然资源在一定存量上有最大可持续产出。

相邻两期资源存量的变化关系为：

$$R(t+1) = [R(t) - X(t)] + G(R(t) - X(t)) \tag{12.2.15}$$

在初始时刻，第一代将初始资源 $R(0)$ 卖出以支付当期消费。在年青的时候，个人提供一个单位的劳动服务获取当期工资 $w(t)$。工资的一部分用以当期消费，另一部分用以购买上一代人手中的资源，为下期消费进行储蓄：

$$C_t(t) = w(t) - q(t)A(t) \tag{12.2.16}$$

其中 $C_t(t)$ 代表 t 代人在 t 时期的消费，$q(t)$ 为资源价格，

$$A(t) = R(t) - X(t) \tag{12.2.17}$$

$A(t)$ 为 t 时期购买而 $t+1$ 时期出售的资源存量。

t 代人在 $t+1$ 时期卖出资源用以消费，消费量为：

$$C_t(t+1) = q(t+1)R(t+1) = q(t+1)[A(t) + G(A(t))] \tag{12.2.18}$$

资源一部分用以生产，另外一部分为下一代购买以备养老。t 代内个人通过选择 $A(t)$ 来最大化自身效用

$$U(C_t(t), C_t(t+1)) = \ln C_t(t) + \beta \ln C_t(t+1) \qquad (12.2.19)$$

其中 β 是私人折现率。

在完全竞争情况下，消费品生产厂商最大化利润使得每一投入的边际产品等于其价格，即

$$w(t) = f(x(t)) - x(t)f'(x(t)) = (1-\alpha)[x(t)]^{\alpha} \text{ 和}$$
$$q(t) = f'(x(t)) = \alpha[x(t)]^{\alpha-1} \qquad (12.2.20)$$

其中 $x(t)$ 是资源—劳动投入比例，$f(x)$ 是生产函数的集约形式。

此外，当期产出供给交叠的两代人消费

$$Y(t) = C_t(t) + C_{t-1}(t) \qquad (12.2.21)$$

这些假设下，竞争性均衡应当满足

$$\frac{(1-\alpha)}{\alpha}X(t) - A(t) = \frac{A(t) + G(t)}{\beta[1 + G'(A(t))]} \qquad (12.2.22)$$

式（12.2.22）和式（12.2.15）共同决定了如何选择在各期的资源存量 $A(t)$ 。

在稳态均衡情况下，要求资源存量、开采量、工资和资源价格等各类变量都保持恒定。自然资源的增长量和使用量达到平衡使得资源存量恒定，即

$$X = G(R - X) \qquad (12.2.23)$$

假设资源增长函数为：

$$G(A) = rA(K - A) = rKA - rA^2 \qquad (12.2.24)$$

增长率 G/A 同承载能力 K 与资源存量 A 的差距成正比。rK 为资源实际的增长率。

将式（12.2.23）和式（12.2.24）代入式（12.2.22），得到

$$\frac{1 + rK - 2rA}{\alpha} = -2rA + (B + rK + 2) + \frac{B - rK}{rK - rA} \qquad (12.2.25)$$

其中 $B = (1+\beta)/\beta$ 。

对式（12.2.25）的简单分析可以了解 A 的稳态均衡的情况。方程的左边是纵轴截距 $(1 + rK)/\alpha$ ，横轴截距为 $(1/2r) + (K/2)$ ，斜率为 $1/\alpha$ 的直线。方程的右边是以 $A = K$ 和 $H(A) = -2rA + (B + rK + 2)$ 为渐近线的双曲线，具体形式根据 B 和 rK 的大小比较分为三种情况，如图 12.2.1、图 12.2.2 和图 12.2.3 所示。

稳定均衡状态未必总是有效率的。当稳态资源存量 A 大于最大可持续产出所对应的存量的时候，过度积累就会产生。因为资源增长函数 G 的凹性意味着存在一个较小的稳态资源存量，可以提供同样的资源增长并且保证同样的消费机会，所以，高于最大可持续收入的稳态存量不可能是帕累托有效率的。在从过度积累的稳态存量向较低的稳态存量移动的过程中，每一个时期都会有更大的资源收入。在模型中，作者没有假设资源存量带来舒适的感受，所以这个移动过程将会

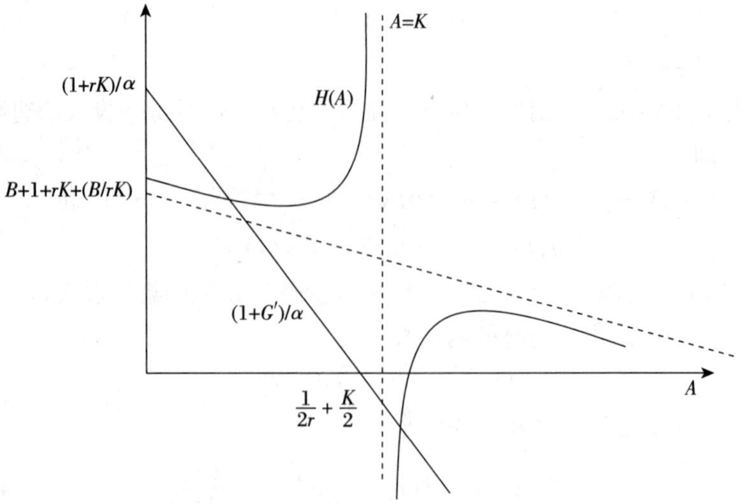

当$rK<B$时，直线与双曲线相交，A存在两个稳态均衡点。

图 12.2.1　资源存量稳定均衡状态之一

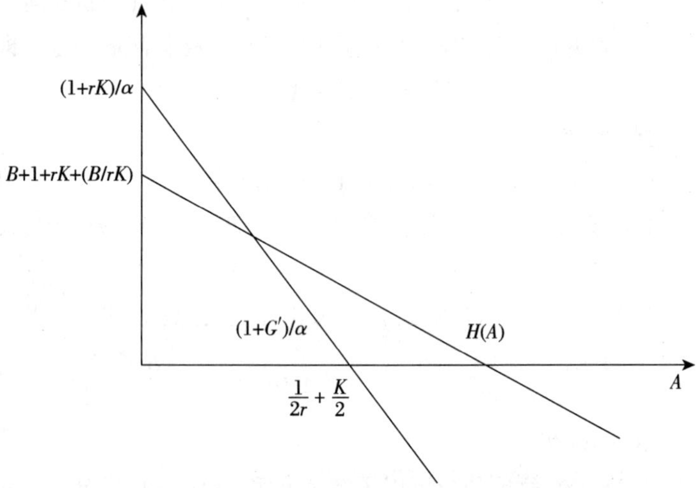

当$rK=B$时，双曲线变为直线，A仅有一个稳定点。

图 12.2.1　资源存量稳定均衡状态之二

使处于这一移动过程中的各代的效用增加而其他各代的效用并不减少。这样一个过程是一部分自然资源的存量被“提前”使用而没有留给后代，所以，这种情况可以看作代际帕累托最优要求后代向前代的代际转移。

相反，前一代向后一代的转移会增加储蓄从而增加稳态自然资源的存量。假设在时期t，年青人接受到长辈的遗赠，即代际转移$T(t)$，那么在t时期和$t+1$时期的预算约束就为

$$C_t(t)=w(t)+T(t)-q(t)A(t) \tag{12.2.26}$$

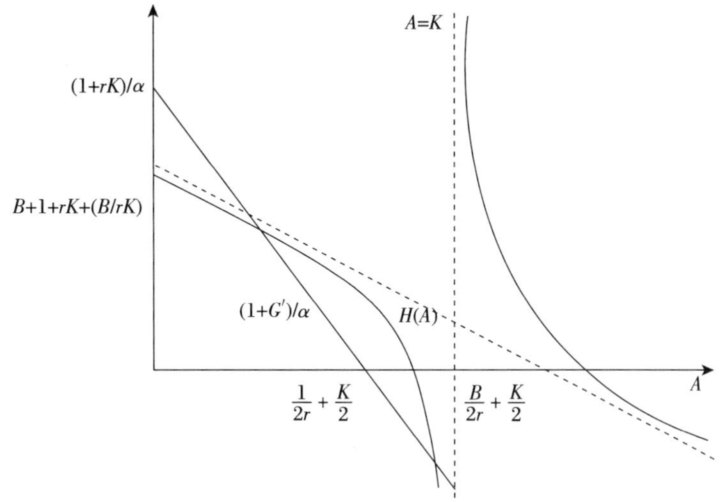

图 12.2.2　资源存量稳定均衡状态之三

$$C_t(t+1) = q(t+1)[A(t) + G(A(t))] - T(t+1) \qquad (12.2.27)$$

在稳定状态时，各期的转移数量应当相同，即

$$T(t) = T(t+1) = T \qquad (12.2.28)$$

由于劳动的供给是无弹性的，一次性的代际转移就可以表示为稳态工资的函数，$T = \theta w$ 。这种假设情况下，稳态均衡的条件为：

$$\frac{1 + G'(A)}{\alpha} = \left(\frac{A}{G(A)} + 1 - \Psi\right)(B + G'(A)) \qquad (12.2.29)$$

其中，$\Psi = \theta(1-\alpha)/\alpha > 0$ ，$B = (1+\beta)/\beta$ 。

对式（12.2.29）进行分析可知，稳态资源存量 A 是代际转移率 θ 的增函数，这也意味着代际转移率越高，社会的时间偏好率就越低；这一点可以从竞争均衡中得到验证。在最优状态下，资源的边际增长率 $G'(A)$ 等于社会时间偏好率 ρ 。当更多的代际转移使稳态资源存量增加时，会减少资源的边际增长率，也就使得社会的时间偏好率下降。所以，代际转移可以看作是改变代际社会福利相对权重的工具。

以代际效用水平不递减（nondecreasing）的可持续性标准作为社会福利标准，实际上是社会偏好标准中承认后代对前代的“嫉妒”。假设有较早的 s 代和较晚的 t 代。以效用水平不递减的社会偏好来看，t 代的社会福利不仅取决于自身的消费，还取决于 s 代与以前的各代比较的结果。如果 s 代和 t 代原本福利相同，经过某种改进后两代的福利都有所提高，但 s 代的福利增加要高于 t 代的福利增加，那么，出于嫉妒心，认为效用水平不应当比前代低的 t 代并不会感到自己更幸福。不过，这种标准下的嫉妒心是不对称的，假如 t 代的福利改进高于 s

代，前代人却不会因为羡慕后代的幸福生活而感到不快乐。

如同前文所述，这种福利标准很可能使得公平和效率产生矛盾。假定 $\hat{A}$ 代表令资源增长量 $G(A)$ 最大化的留存资源存量，所以有

$$G'(\hat{A}) = 0 \tag{12.2.30}$$

令最大使用量等于资源最大增长量

$$\hat{X} = G(\hat{A}) \tag{12.2.31}$$

这时，产量也可以在可持续水平上维持最大值 $\hat{Y} = \hat{X}^{\alpha}$ ，各期最大可持续性消费为 $\hat{C}$ 。消费在同期共存的两代之间配置的结果是

$$C_t(t) = [1+\beta]^{-1}\hat{C} \text{ 和 } C_{t-1}(t) = \beta[1+\beta]^{-1}\hat{C} \tag{12.2.32}$$

但如果初期的资源储量大于 $\hat{A}$ ，问题就产生了。原则上，更多的资源存量可以带来更大的开采量，进而提高消费水平。但即使从初期开始，各期尽可能小地增加 $\varepsilon(t)$ 的资源使用量以保证各期都能受惠，但 $\varepsilon(t)$ 最终还必然趋向于零，效用水平难逃递减的趋势。这就是说，效用不递减的要求造成一种可以令所有代际福利都得以增加的改进为社会所不取。

克雷奥克莱默和巴蒂纳最后指出，这种尴尬的局面可以通过代际转移和引入积累性人造资本来解决。在拥有自然资本和人造资本的情况下，出于对后代福利的关注，前一代可以通过积累人造资本并进行代际转移的方式，增加后代各期的生产能力，以保证福利增加的可能性。

第三节　资源约束、技术进步与可持续发展

资源与环境的限制是可持续发展问题产生的主要原因，而科学技术的进步推动着社会经济长期高速增长，也被寄予了突破环境资源约束的希望。

一、资源的约束

1. 不可再生资源的约束

早期的研究考虑的是在有限的不可再生资源的约束下维持可持续发展的条件，而计算不可再生资源的有限性给经济带来的损失则是描述资源约束的另外一个角度。威茨曼（1999）估算了不可再生资源的枯竭对全球福利的影响。在历史

上，资源枯竭带来增长危机的预言总是周期性地出现，不可再生资源的耗尽究竟对未来的消费意味着什么呢？对于这个问题的回答，似乎需要收集大量的信息并进行复杂的处理，而最终得到的答案未必比这些本身就不可靠的虚假信息更可信。为了更容易地估算不可再生资源的枯竭给世界经济带来的影响，威茨曼选择了一个较为简单的角度，这就是对资源的相关价格进行观察。在市场经济中，价格蕴含了大量的信息。假如在未来的几代内我们将耗尽世界上的石油储量，而且届时人们的生活水平会有灾难性的变化，那么，显然今天的石油价格会处于高位。反之，如果今天的石油价格还相对便宜，这意味着石油带来的约束不是那么严重。具体而言，就是使用绿色国民收入账户的概念来给不可再生资源带来的增长极限定出价格。

威茨曼从一个拉姆齐模型（Ramsey model）和霍特林模型（Hotelling model）的混合模型开始分析。在其模型中，生产过程使用可再生资本（reproductive capital）和不可再生的自然资源（nonrenewable resources）。

$$X(t) = F(K(t), E(t)) \tag{12.3.1}$$

$X(t)$ 代表 t 时刻的生产能力，$F(K(t), E(t))$ 为总的净生产函数，$K(t)$ 为 t 时刻总的可再生资本存量，$E(t)$ 为 t 时刻自然资源的开采使用量。当期的产出用于消费 $C(t)$ 和投资 $I(t)$，且两者可以线性替代。

$$C(t) + I(t) = X(t) \tag{12.3.2}$$

可再生资本的积累源于投资。

$$\dot{K}(t) = I(t) \tag{12.3.3}$$

不可再生自然资源存量 $S(t)$ 的减少源于开采使用。

$$\dot{S}(t) = -E(t) \tag{12.3.4}$$

令消费 C 和投资 I 的单位价格为 1，每单位自然资源的价格为 P。一般而论，净收入应当为净产出：

$$X(t) = C(t) + I(t) \tag{12.3.5}$$

生产过程通过消耗不可再生资源的储量来产生当期的产出。如果从收入是最大恒定消费水平这一定义来看，PE 是一种从地下有限资源库中取出的暂时性收入，并不是 $C + I$ 中可以恒久存在的部分。所以，当期净收入或者未来消费的年金应当为：

$$C + I - PE \tag{12.3.6}$$

其中，PE 可视为资源消耗的福利成本。最后，假设动态竞争性均衡中的实际回报率为 r，这样一来，C、K、S 和 P 的时间路径应当同时满足：

$$\left.\frac{\partial F}{\partial K}\right|^{*} = r \tag{12.3.7}$$

$$\left.\frac{\partial F}{\partial E}\right|^{*} = P^{*}(t) \tag{12.3.8}$$

$$\frac{\dot{P}^{*}(t)}{P^{*}(t)} = r \tag{12.3.9}$$

式（12.3.7）表示消费和投资之间的均衡。$P^{*}(t)$ 是霍特林租值（Hotelling rent），是 t 时刻价格减去资源开采的边际成本的净价。式（12.3.8）表示霍特林租值应当与资源的生产价值相同。式（12.3.9）为著名的霍特林规则（Hotelling rule），表明在竞争性均衡中不可再生资源的价格必须遵从的路径。

如果要分析耗尽不可再生资源的福利损失，不妨将实际情况与不可再生资源取之不尽的情形进行比较。首先，需要度量一下资源有限情况下的福利：

$$W^{*} = \int_{0}^{\infty} C^{*}(t)e^{-rt}\mathrm{d}t \tag{12.3.10}$$

这里使用消费现值来度量福利，折现率采用产生于竞争性均衡中的消费回报率。这个最优过程是通过调节消费 C、开采量 E、投资 I 的选择来最大化福利 W^{*}。接下来，假设不可再生资源变成一种可以源源不断获得的可再生资源。也就是说，如果在上述资源有限情况下，在初始时刻以 $E^{*}(0)$ 的规模开采资源，那么，在新的情况下，人们可以在此后每一个时期以初始时刻的开采成本获得 $E^{*}(0)$ 数量的资源，资源永远不会变得更为稀缺。此时有

$$C(t) + I(t) = F(K(t), E^{*}(0)) \tag{12.3.11}$$

以及式（12.3.3），福利最大化的结果为：

$$W^{**} \equiv \int_{0}^{\infty} C^{**}(t)e^{-rt}\mathrm{d}t \tag{12.3.12}$$

至此，就可以看出资源从无限供给状态变为储量有限状态给福利带来的损失，即

$$\frac{\Delta W}{W} \equiv \frac{W^{**} - W^{*}}{W^{**}} \tag{12.3.13}$$

式（12.3.13）的确定似乎需要大量的信息，其实不然。如前文所述，净国内生产总值（NDP）在均衡条件下可视为未来消费的年金等价物（annuity equivalent of future consumption）。W^{*} 和 W^{**} 是未来消费的折现值，所以有

$$C^{*}(0) + I^{*}(0) - P^{*}(0)E^{*}(0) = rW^{*} \tag{12.3.14}$$

$$C^{**}(0) + I^{**}(0) = rW^{**} \tag{12.3.15}$$

对于两个最优问题，还应当有

$$C^{*}(0) + I^{*}(0) = F(K(0), E^{*}(0)) \tag{12.3.16}$$

$$C^{**}(0) + I^{**}(0) = F(K(0), E^{*}(0)) \tag{12.3.17}$$

将式（12.3.14）到式（12.3.17）代入式（12.3.13）就可以得到：

$$\frac{\Delta W}{W}=\frac{P^*(0)E^*(0)}{C^*(0)+I^*(0)} \tag{12.3.18}$$

这是一个非常简洁的表达式，而且只需要掌握实际资源存量的初期相关信息，就可以对福利损失问题做出判断。

在实际统计过程中，通常只用模型中设定的消费和净投资来计算“传统的NDP”

$$NDP_c=C^*(0)+I^*(0) \tag{12.3.19}$$

威茨曼指出，式（12.3.19）是一个对生产和消费有误导作用的指标，因为它没有涵盖对生产极其重要的不可再生资源的消耗。使用“绿色NDP”来描述未来的生产可能性则更为精确：

$$NDP_g=C^*(0)+I^*(0)-P^*(0)E^*(0) \tag{12.3.20}$$

因此，资源消耗的平均损失就可以看作“传统NDP”和“绿色NDP”之差：

$$\Delta W=NDP_c-NDP_g=P^*(0)E^*(0) \tag{12.3.21}$$

这种对福利损失估计的方法并不局限于有关当前模型的简单假设之中，可以有多方面的扩展。可以证明，在以下四种扩展的情况下，其结论依然有效：第一，存在多种类型的人造资本；第二，存在多种类型的不可再生自然资源；第三，在资源价格随着资源消耗而逐渐上涨的情况下，可使用更为一般的净生产函数；第四，存在技术进步的情况。在存在技术进步的情况下，技术进步使得生产能力随着时间的推移而增强，这种因生产能力增强所带来的产出增长不能用式（12.3.14）中的各类要素做出充分解释。式（12.3.14）应当更新为

$$rW^*=C^*(0)+I^*(0)-P^*(0)E^*(0)+T^*(0) \tag{12.3.22}$$

$T^*(0)$代表技术剩余，用以解释生产能力随时间增长的部分。

式（12.3.15）和式（12.3.18）相应改变为

$$rW^{**}=C^{**}(0)+I^{**}(0)+T^*(0) \tag{12.3.23}$$

$$\frac{\Delta W}{W}=\frac{P^*(0)E^*(0)}{C^*(0)+I^*(0)+T^*(0)} \tag{12.3.24}$$

最后，威茨曼利用这种简洁的方法就可以对全球福利损失进行实际估算。根据世界银行的数据，1994年全球GDP总量为25.223万亿美元，按照当年美国传统NDP和GDP比值为0.88来估算，1994年全球传统NDP总量约为22.2万亿美元。利用世界银行研究中列示的1994年世界上14种最主要的不可再生资源的数据，估算出当年的霍特林租值（Hotelling rents）约为0.34万亿美元。采用式（12.3.18），可以计算出福利损失比例约为：

$$\frac{\Delta W}{W}=\frac{P^*(0)E^*(0)}{C^*(0)+I^*(0)}=\frac{0.34}{22.2}\approx 1.5\%$$

如果考虑技术进步，从1950年至1999年，技术进步的比例被大致估计为：

$$T^*(0)/(C^*(0)+I^*(0))\approx 40\%$$

这样，福利损失的比例变为：

$$\frac{\Delta W}{W} \approx 1.1\%$$

这就是说，不可再生资源储量的有限性使得世界福利每年大致损失1—2个百分点。从相对数的角度来看，1—2个百分点的福利损失并不算太大，对于世界经济的发展不会产生严重的影响。但是，从绝对数的角度看，即使是1%的消费福利的损失，全世界也达到2500亿美元。在这联合国的成员国中，有95%的国家的GDP没有达到这个数字。

总而言之，为了估算不可再生资源的有限性给全球经济带来的限制，威茨曼使用了一种新的假设对比的思路，仅用有限的经济数据就可以对这样一个宏观问题做出较好的判断。而且这种“经济的”推断方法可以在多个领域加以扩展和推广，利用这种扩展的方法可以对全球经济约束进行初步的估计，使人们对不可再生资源的作用有了更清晰的认识。

2. 可再生资源的约束

哈特维克（1997）将各类可再生自然资源归结为环境存量，用以考虑其对可持续发展的影响。在哈特维克看来，在经济运行过程中，除了不可再生资源对生产有所约束外，代表可再生资源的环境也对生活质量有着直接的影响。环境质量越差，污染的程度越高，人们得到的舒适度就越低。人们在污染程度上必须面临某种选择：一方面，污染是生产的一种必然的副产品，产出是当前消费和人造资本投资的来源，其目的是为了提高当期和未来的效用水平；另一方面，污染确实降低了人们的舒适程度，降低了效用水平。除了自然净化之外，还可以通过主动地使用一部分产出来对环境进行治理，以使污染程度得以减轻。为了得到最好的社会福利，人们必须在不可再生资源、可再生资源、“机器”资本（“machine” capital）和人力资本这四类资本的使用过程中找出最优的路径。

在一个简单的动态一般均衡体系中，人们在生产过程中使用人造资本、不可再生资源和劳务，故生产函数可以写作

$$Y = F(K,R,L) \tag{12.3.25}$$

其中，K代表“机器”资本存量，R代表不可再生资源使用量，L代表劳务；假定生产函数为规模收益不变。

产出在“机器”资本积累、消费和治理环境支出之间分配。“机器”资本存量变化为

$$\dot{K} = F(K,R,L) - C - A \tag{12.3.26}$$

其中，C为消费，A为用于治理污染的支出。

不可再生资源储量有限，不可再生资源随着人类的使用而被消耗，因而逐渐

减少，不可再生资源的使用量就是不可再生资源储量 $S(t)$ 的变化，即

$$\dot{S}(t) = -R(t) \tag{12.3.27}$$

劳务被视为人力资本存量 $N(t)$ 的消耗，但人力资本本身在劳动过程中得以自我增长，故有

$$\dot{N}(t) = \psi(N(t)) - L(t) \tag{12.3.28}$$

其中，ψ 是 N 的递增凹函数。

生产带来污染，治理行动 A 减少污染，环境本身有一定的自我净化能力，

$$\dot{E}(t) = -\delta E(t) - \phi(A) + \xi F(K,R,L) \tag{12.3.29}$$

$$\phi(A) > 0$$

其中，ξ 为当前生产增加污染的参数，$\phi(A)$ 为消除污染的预防性支出对污染的治理效果，δ 为污染存量的自我净化率。

效用水平来源于消费和环境舒适程度，效用函数为

$$U(C,B(E)) \tag{12.3.30}$$

$$\mathrm{d}B/\mathrm{d}E > 0, \partial U/\partial B < 0$$

其中，$B(E)$ 为因环境污染带来的不适。污染越严重，不适感越强，效用越低。

在上述假设条件下，最优路径的选择就是通过固定社会折现率 ρ 最大化社会福利现值：

$$\int_0^{\infty} U(C,B(E))e^{-\rho t}\mathrm{d}t \tag{12.3.31}$$

使用汉密尔顿函数来解决这个最优化问题，根据最大化一阶条件，可以得到：

$$\frac{\partial U}{\partial C} = \lambda \tag{12.3.32}$$

$$\frac{\eta}{\lambda} = [1 - \frac{\xi}{\phi_A}]F_R \tag{12.3.33}$$

$$\frac{\omega}{\lambda} = [1 - \frac{\xi}{\phi_A}]F_L \tag{12.3.34}$$

$$\frac{\alpha}{\lambda} = -\frac{1}{\phi_A} \tag{12.3.35}$$

由式（12.3.32）至式（12.3.35），λ, η, ω 和 α 为协同状态变量，分别代表 K，S，N 和 E 的影子价格，$\frac{\eta}{\lambda}$，$\frac{\omega}{\lambda}$ 和 $\frac{\alpha}{\lambda}$ 是不可再生资源，人力资本和污染以货币表示的单位数量的资产价格。

哈特维克指出，由于生产带来了污染，所以，生产要素（不可再生资源、劳务和“机器”资本）的使用具有外部性。在最优路径上，庇古税的使用使外部

性内部化，社会效用达到最优。此时，对不可再生资源、劳务和“机器”资本征收的庇古税①分别为 $[\xi/\phi_A]F_R$ ，$[\xi/\phi_A]F_L$ ，$[\xi/\phi_A]F_K$ 。以不可再生资源为例，由于使用不可再生资源生产带来的污染产生社会成本，所以，不可再生资源真正价格 $\frac{\eta}{\lambda}$ 应当是其边际产出 F_R 扣除其同时产生的社会成本 $[\xi/\phi_A]F_R$ ，因而有

$$\frac{\eta}{\lambda} = [1 - \frac{\xi}{\phi_A}]F_R \tag{12.3.36}$$

最优化的均衡条件为：

$$\frac{\dot{\overline{\{[1 - \frac{\xi}{\phi_A}]F_R\}}}}{[1 - \frac{\xi}{\phi_A}]F_R} = [1 - \frac{\xi}{\phi_A}]F_K \tag{12.3.37}$$

$$\psi_N + \frac{\dot{\overline{\{[1 - \frac{\xi}{\phi_A}]F_L\}}}}{[1 - \frac{\xi}{\phi_A}]F_L} = [1 - \frac{\xi}{\phi_A}]F_K \tag{12.3.38}$$

$$-\delta + \frac{U_B B_E}{\alpha} - \frac{\dot{\phi}_A}{\phi_A} = [1 - \frac{\xi}{\phi_A}]F_K \tag{12.3.39}$$

由式（12.3.37）至式（12.3.39），三个均衡条件的右边部分相同，为“机器”资本 K 的投资回报率，即以 K 的边际产出扣除与庇古税对应的社会成本 $[\xi/\phi_A]F_K$ 。等式的左边依次为不可再生资源、人力资本和环境的边际投资回报率。也即是说，在均衡条件下，要求各种资产的社会投资回报率相同。

哈特维克将可持续发展理解为消费或效用水平恒定不变。从广义的资本和投资来理解，资本是将来收入的折现。结合一定的利息率，资本可以不断地产生收入，亦即不断产生利息；收入是不减少资本的最高消费。资本不变，利息率不变，收入就不变，消费和效用水平则恒定不变。投资是消费在时间上权衡的体现。在上述动态一般均衡模型中，以下三点得以严格证明：

第一，恒定效用的条件是净投资为零。设定的经济环境下有“机器”资本、人力资本、不可再生资源和可再生资源四种不同的资产形式，均可通过各自的价格转化为可以合计的资本。在恒定的利率下，总的资本存量只要可以维持，即净投资为零，则恒定消费和效用水平就可以维持，亦即

$$\dot{K} + \frac{\eta}{\lambda}\dot{S} + \frac{\omega}{\lambda}\dot{N} + \frac{\alpha}{\lambda}\dot{E} = 0 \Rightarrow \dot{U} = U_C\dot{C} + U_B B_E\dot{E} = 0 \tag{12.3.40}$$

① 哈特维克认为应当对“机器”资本 K 的使用征收庇古税，这是因为更多的“机器”资本造成更多的污染。

第二，在效用函数为线性的时候，上述恒定的效用水平可以视为资本的利息。这是因为在净投资为零的前提下保证了消费“源泉”的完整性，人们借此可以源源不断地得到稳定的消费。但是，对这种消费源泉的保护，并不意味着每种类型的资产都维持在原来的存量水平上。实际上，各类资产都在系统地发生变化。不可再生资源储量的逐渐减少促使其他类型资产的积累发生相应的变化，以维持资本总量的恒定。在这一过程中，资产的存量在变，存量的价值在变，各自的产出率也在变，由此共同产生了稳定的利息流。

第三，初始的污染程度（该程度可作为可再生资源的代理变量来看待）不仅影响各内生变量的时间路径，而且还影响上述恒定效用水平的高低。较清洁的环境，不但使人们直接获得较舒适的感受，而且允许社会投入较低的支出以用于治理污染，甚至允许污染有一定程度的上升。这样一来，就会有更多的当期产出用于消费和人力资本投资，进而提高效用水平。相反，初始的污染程度较为严重，相当于社会在一开始就背负了过多的“环境债务”，使得在污染的治理上必须有更多的投入，因而使得效用水平下降。

在哈特维克看来，人类为了维持消费水平稳定，需要维持总的资产价值的恒定，而不是关注某种特定类型资产价值的变化。当不可再生资源不可避免地不断被消耗，其他形式的资产存量就必须做出相应的调整，以保持净投资为零。这一调整过程既影响生产，也影响消费，可再生资源也要做出相应的变化。在资源较为充裕的社会里，可再生资源“账户”会被提取以转化成其他类型的资产；但如果可再生资源被过度支取，可持续发展就要求支付“环境债务”，以弥补可再生资源“账户”的亏空。

二、技术进步

在可持续发展的研究文献中，关于不可再生资源和可再生资源的讨论，都清晰地强调了自然环境对经济发展的约束。除了遵循哈特维克规则进行适当的资本积累以外，技术进步是唯一可以有助于拓宽自然资源约束并促进经济持续增长的因素。

威茨曼（1997）假设技术是随时间的变动而变化，并尝试使用“索罗余值”对技术进步进行度量①。他认为，在线性效用函数和固定利率的假设前提下，一个社会所能提供的各期消费可以通过折现方式得到一个消费的现值，再用由这一现值折算的年金计算出等价消费量，这一消费量经过外生技术冲击的调整，就可以得出维持可持续性的最大化的消费量。只要人类社会的消费不超过这样一个最

① Weitzman, Martin L., 1997, “Sustainability and Technical Progress”, *Scandinavian Journal of Economics*, vol. 99, pp. 1-13.

大化消费量，外生的技术就可以保证人类社会经济的可持续发展。尽管到目前为止，经济学家们对“索罗余值”的来源还不甚清楚，但如果假定发生在未来的技术进步仍然能够保持以往的趋势，那么，经济学家们很可能低估了人类社会在未来提供消费的能力。

威茨曼对技术进步的阐释仍然属于传统的研究思路，他把技术进步看作是外生的因素。这种阐释依然没有指明为了克服自然界对经济增长所施加的种种约束人们应当努力的方向。自20世纪80年代中期发展起来的内生增长理论在这一方面作了很好的尝试，并取得了突破性的进展。主要的内生增长理论可以划分为两大类别。第一类以罗默（1986）① 和卢卡斯（1988）② 为主要代表。罗默使用了“知识外溢”（knowledge spillover）概念，而卢卡斯则引入了“人力资本”（human capital）概念，他们两人从各自不同的角度出发来解释经济长期增长的原因。两人的共同点在于，他们都认为“知识”或“技能”这一类关键性的生产要素具有非竞争性的特性。也就是说，从生产的角度来看，某一家厂商对某种生产工艺的使用，不会对另一家厂商对同一种工艺的使用产生影响；当“知识”或“技能”这一类具有非竞争性特性的关键生产要素业已存在的前提下，厂商所要做的，只是增加部分具有竞争性特性的生产要素，就足以达到增加产出的目的。在罗默和卢卡斯的内生增长理论模型中，生产函数表现出规模收益递增的特征，这意味着资本边际产值始终大于边际成本，因此，人均收入和人均消费量均可以持续增长。从内生增长理论的阐释中我们可以看出，知识存量或劳动者技能对于经济的可持续增长起着至关重要的作用，因此，应当努力提高劳动者的教育水平和职业技能，并且尽量发挥这类生产要素的正的外部效应。

另一类内生增长理论使用了将人力资本包含于广义资本中的“*AK* 模型”③的形式。

$$Y = AK \tag{12.3.41}$$

其中的 A 为正值，表示没有递减趋势的技术水平；而 K 为包含人力资本在内的广义的资本。主张这种类型增长理论的发展经济学家们认为，包括人力资本在内的广义的资本是唯一的生产要素，其边际生产率能够摆脱收益递减的趋势，其边际生产率始终为恒定的正值。塞尔吉奥·里贝罗④（Sergio Rebelo，1991）结

---

① Romer, Paul M., 1986, "Increasing Returns and Long-Run Growth", *Journal of Political Economy*, vol. 94, pp. 1002-1037.

② Lucas, Robert E., 1988, "On the Mechanics of Economic Development", *Journal of Monetary Economics*, vol. 22, pp. 3-42.

③ “*AK* 模型”因其形式而得名，在其形式上表现为最简单的边际收益不减的生产函数。

④ Rebelo, Sergio, 1991, "Long -Run Policy Analysis and Long Run Growth", *Journal of Political Economy*, vol. 99, pp. 500-521.

合“不变替代弹性效用函数”① 对“AK 模型”进行了研究。他的研究发现，一国的忍耐力越强②，该国的储蓄率便越高，其长期的增长率也就越高。里贝罗由此认为，能够影响储蓄率的政策是促进经济长期增长的关键。

格芮德斯和斯穆德斯（1993）在上述几种不同的技术进步的条件下比较了随着人们对自然环境质量要求的提高人类社会经济长期最优增长率的变化。

格芮德斯和斯穆德斯假定，社会的目标是最大化各期效用的折现值，

$$\max \int_0^{\infty} e^{-\vartheta t} U(c,P)\,\mathrm{d}t \tag{12.3.42}$$

$$U_c > 0, U_{cc} < 0, U_P < 0, U_{PP} \leqslant 0, U_{cp} \leqslant 0, U_{CC}U_{PP} - U_{CP}^2 \geqslant 0$$

其中 c 为人均消费，P 为环境污染，ϑ 为折现率。

效用由人均消费量 c 和环境污染 P 两个因素决定，

$$U(c,P) = \ln c - \frac{\phi}{1+\psi}P^{1+\psi} \tag{12.3.43}$$

其中 ϕ 表示人们对环境质量的关注程度，ϕ 越大，同样程度的污染 P 给人们带来不舒适感越强，效用就越低。

人均消费 c 由总消费量 C 除以人口数量 L 得到，

$$c = \frac{C}{L} \tag{12.3.44}$$

环境污染 P 作为一个流量的概念，随着物质资本存量 K 增加而增加，但它又可以通过环境保护的行为 B 而得到遏制，即

$$P = P(K,B) = \left(\frac{K}{B}\right)^{\gamma}, \tag{12.3.45}$$

$$P_K > 0, P_B < 0$$

环境保护行为是有代价的。产出 Y 要在消费 C、资本积累 $\dot{K}$ 和环境保护行为 B 之间分配，增加环境保护的支出就意味着要减少当期的消费或资本积累。假设不存在物质资本的折旧，于是有

$$\dot{K} = Y - C - B \tag{12.3.46}$$

物质资本的初始存量外生给定，

$$K(0) = K_0 \tag{12.3.47}$$

根据上述假设，比较在以下四种技术假设条件下的长期增长效果。

在标准的新古典模型中，产出取决于资本 K 和有效劳动 hL，

$$Y = Y(K, hL) \tag{12.3.48}$$

生产函数具有规模收益不变的特性，资本和劳动在一定程度上可以相互替

① 即“the Constant Elasticity of Substitution Utility Function”，简称 CES 效用函数。

② 这就意味着未来消费的折现率更低。

代，两者的边际收益递减。劳动增进型的技术进步率和人口增长率外生给定，即

$$\frac{\dot{h}}{h}=\nu \tag{12.3.49}$$

$$\frac{\dot{L}}{L}=\lambda \tag{12.3.50}$$

当人们对自然环境质量要求提高时，即在 ϕ 变大的情况下，由于假定只有资本带来污染，生产会向低污染的劳动密集型方式转变，而增长率依然与环境偏好改变之前一样，它等于外生技术进步率加上人口增长率，即 $\nu+\lambda$ 。

当内生的技术进步以式（12.3.41）中的 *AK* 模型形式出现时，广义的资本意味着任何形式的资本都会同等地污染环境，进而降低人们的效用。在这种假设下，生产无法以低污染的方式转移，人们对环境偏好的加强会使人类社会将更多的资源投入到遏制污染的环境保护行动中，这种行动会相应地"挤出"一部分消费和投资，使得增长率有所下降。所以，格芮德斯和斯穆德斯认为，在 *AK* 模型的内生技术进步的情况下，社会的长期最优增长率与人们对自然环境的偏好程度呈现出负相关关系。

然而，在卢卡斯的人力资本积累的内生增长模型中得出的结论与上述结论有所不同。在卢卡斯的模型中，生产部门被分成两类：

第一类是生产部门，进行生产消费品和投资品的生产，

$$Y=K^{\beta}(uhL)^{1-\beta} \tag{12.3.51}$$

第二类是教育部门，进行知识、技术和人力资本的积累，

$$\dot{h}=\varepsilon(1-u)h \tag{12.3.52}$$

人们必须在两类部门间分配时间，u 为投入生产部门的时间比例。虽然将更多的时间用在人力资本的积累活动中会降低现期的产出，但人力资本的积累会提高资本和劳动的生产率，消除边际收益递减的趋势，使后期的产出得以增长。因此，教育部门中的人力资本的积累又被称为"增长的发动机"。当人们对环境偏好加强时，产生污染的生产部门的物质资本投资会放缓，直到物质资本投资的回报与人力资本的回报相同。在污染减轻的同时，"增长的发动机"在这个过程中并未受到影响，所以长期的最优增长率不会受到影响。

为了更切合实际，在上述人力资本积累模型的基础上，格芮德斯和斯穆德斯进一步假定自然环境的污染会影响工人健康，从而降低他们的学习能力，不利于人力资本投资，即

$$\dot{h}=[\varepsilon(1-u)-\xi(P)]h, \tag{12.3.53}$$

$$\xi'(P)>0$$

其中，$\xi(P)$ 代表污染对人力资本积累的不利影响。在这种情况下，人们对环

境质量更高的要求会通过放缓物质资本投资和加强环境保护两个方面的行动来达到。更加清洁的环境虽然不利于物质资本的积累，但它使得人力资本的积累更有效率，使“增长的发动机”加速运转，最终长期最优增长率会提高。这种环境改善导致增长加速的结果显然是几种情况中最乐观的一种。

第四节 环境与可持续发展

早期关于环境与经济发展的讨论侧重于规范性的理论研究。自20世纪90年代初期开始，随着计量数据的丰富以及计量方法的不断改进和完善，学者们开始关注环境质量和经济发展水平之间的经验关系，为此，他们进行了大量的实证研究，并力图为这些实证结果做出理论上的解释。

一、环境库兹涅茨曲线的实证研究

出于对可持续发展的关心，经济学家对于环境质量与经济发展之间是否存在经验性的关系一直很感兴趣。在20世纪90年代初，一些实证性的检验研究显示，环境的退化程度和收入水平之间存在一种“倒U型”曲线的关系，即污染水平在收入较低的经济发展阶段呈上升的趋势，在收入较高的时候开始下降。这种先升后降的过程通常被称作“环境库兹涅茨曲线”。吉恩·M. 格罗斯曼和艾伦·B. 克鲁格（Gene M. Grossman & Alan B. Krueger，1995）通过实证性研究揭示了环境质量与经济发展之间的关系。

格罗斯曼和克鲁格指出，早期的实证工作所采用的反映环境质量的数据涉及的范围比较狭窄，而环境质量的表现是多层面的。比如，生活的质量受到空气、饮用水、自然风景和生物多样性的影响；生产过程受到气候、降雨和土壤养分的限制；人们的舒适程度受到噪音、拥挤和核灾难风险的干扰。所以，有关环境质量和经济发展之间的研究应当尽可能地涵盖各个重要方面。

世界卫生组织和联合国环境规划署联合发起的题为“全球环境监测体系”（Global Environmental Monitoring System，以下简称GEMS）的项目使得对数据全面性的要求得到了满足。为了使其环境监测数据具有可靠性和可比较性，GEMS在不同的国家同时跟踪监测了近20年的空气和水质量的情况。

GEMS的空气质量监测在选定的城市地区进行，集中对二氧化硫和悬浮颗粒（即两种与肺损伤和其他呼吸疾病有关系的污染物）进行了观测。在具体观测中，悬浮颗粒又分为烟尘和重颗粒。二氧化硫的人为排放源包括发电过程中的石化燃料的燃烧、家庭供暖和有色金属的冶炼等。在部分国家，汽车尾气的排放和某些化工厂的生产也是产生二氧化硫的原因。悬浮颗粒的产生主要是由于特定的生产流程和家庭燃料的消耗所致。

GEMS 的水质监测涉及对河流流域、湖泊和地下水含水层各个层面水质量的观测。由于湖泊和地下水的观测数量有限，不足以进行统计分析。而对于河流流域的观测，到 1990 年 1 月为止，GEMS 在全球 58 个国家建立了 287 个河流观测点，对 13 种基本的化学、物理、微生物变量和数种全球公认的污染物（包括重金属和杀虫剂在内）进行了观测。

吉恩 · M. 格罗斯曼和艾伦 · B. 克鲁格将重点集中于收集河流流域水质量的观测数据，采用了其中样本范围反映 10 个国家以上的水质量的变量数据。具体而言，数据分为三类。第一类是河流中的含氧量。水生生物需要溶解氧来对有机碳进行新陈代谢。一方面，人类的生活污水和工业污水的排放，使得河流中消耗溶解氧的有机碳浓度大量增加。另一方面，农业中化学肥料的大量使用令水中的氮和磷的含量增加，促使藻类大量繁殖，藻类死亡后的分解也大量消耗水中溶解氧。两个方面的作用都使水中鱼类和其他高等形式的水生物所能获得的氧气减少，这类污染可能导致流域中高等水生物数量锐减甚至灭绝。在实际观测中，除了含氧量外，生物需氧量（BOD）、化学需氧量（COD）和硝酸盐也作为含氧量的反向指标亦被监测。第二类是致病污染物。致病污染物引起人体衰弱甚至某些致命疾病，如肠胃炎、疟疾、霍乱、伤寒、血吸虫病等。致病污染物的产生并不是经济活动本身的结果，而是因为生活污水没有得到应有的处理。这类观测指标为粪大肠菌群和总大肠菌群。由于后者包括自然界所产生的菌群，所以较前者而言是一种次一级的指标。第三类是重金属。重金属污染产生于矿业、工业和农业，并缓慢地释放到环境中。通过污染饮用水源和对涉及重金属生物沉积的鱼类和贝类的食用，重金属进入人体并产生严重的危害。比如，铅可导致抽搐、贫血、肾损伤、脑损失、癌症和出生缺陷等；镉可引起肿瘤、肾功能不全，高血压和动脉硬化等。研究中选择了铅、镉、砷、汞和镍的观测数据进行分析。

为了在有限的数据的基础上得到更为准确的估计，吉恩 · M. 格罗斯曼和艾伦 · B. 克鲁格采用简约型方程来表达污染水平和各国当前及滞后人均收入的关系。

$$Y_{it} = G_{it}\beta_1 + G_{it}^2\beta_2 + G_{it}^3\beta_3 + \bar{G}_{it-}\beta_4 + \bar{G}_{it-}^2\beta_5 + \bar{G}_{it-}^3\beta_6 + X'_{it}\beta_7 + \varepsilon_{it} \tag{12.4.1}$$

在式（12.4.1）中，Y_{it} 是 t 年监测站 i 对水或者空气的监测结果，G_{it} 是 t 年监测站 i 所在国家的 GDP，$\bar{G}_{it-}$ 是前三年人均 GDP 的平均值，X_{it} 是其他协方差向量，ε_{it} 是误差项，$\beta_1, \cdots, \beta_7$ 是估计参数。

吉恩·M. 格罗斯曼和艾伦·B. 克鲁格使用广义最小二乘法对式（12.4.1）进行估计。其中，假设 ε_{it} 由两个部分组成。

$$\varepsilon_{it} = \alpha_i + \varepsilon'_{it} \tag{12.4.2}$$

在式（12.4.2）中，α_i 是观测点随机部分，ε'_{it} 是特异性误差部分。对于 $i \neq j$ 和 $t \neq s$，假定 $\mathrm{cov}(\alpha_i, \alpha_j) = 0$ 和 $\mathrm{cov}(\varepsilon'_{it}, \varepsilon'_{jt}) = 0$。

结果显示国民收入是当地空气和水污染的重要决定因素。计量结果如表12.4.1所示：

表 12.4.1　格罗斯曼和克鲁格的计量结果

估计污染达到峰值时的人均 GDP，人均 GDP 在 10000 美元和 12000 美元时污染对于人均 GDP 的导数（括号内为标准差）

污染物	污染峰值时人均 GDP（美元）	人均 GDP 为 10000 美元时污染对人均 GDP 的导数	人均 GDP 为 12000 美元时污染对人均 GDP 的导数
二氧化硫	4053 (3550)	-5.295 (0.780)	-3.065 (0.910)
烟尘	6151 (539)	-8.053 (3.570)	-7.780 (8.651)
重颗粒	NA	-5.161 (2.271)	-4.811 (2.080)
溶解氧	2703 * (5328)	0.202 (0.070)	0.277 (0.080)
BOD	7623 (3307)	-0.358 (0.503)	-0.612 (0.777)
COD	7853 (2235)	-3.494 (3.470)	-7.106 (5.445)
硝酸盐	10524 (500)	0.110 (0.118)	-0.384 (0.132)
粪大肠菌群	7955 (1296)	-0.164 (0.075)	-0.391 (0.085)
总大肠菌群	3043 (309)	1.083 (0.323)	2.950 (0.895)
铅	1887 (2838)	-0.007 (0.002)	-0.005 (0.002)
镉	11632 (1096)	0.005 (0.006)	-0.002 (0.004)
砷	4900 (250)	-0.0014 (0.0003)	0.0011 (0.0002)
汞	5047 (1315)	-0.057 (0.039)	-0.013 (0.037)
镍	4113 (3825)	-0.001 (0.001)	-0.0009 (0.0006)

注：* 这里是最低值，因为溶解氧含量越高越好。

NA 无数据，因为单调递减，所以无峰值。

表 12.4.1 显示环境污染最严重时的收入水平以及达到这个峰值时的标准差。从表中可以看出，在空气污染物方面，二氧化碳和烟尘的浓度在经济发展较早期的阶段，即人均 GDP 分别为 4053 美元和 6151 美元时，就达到最大值。当人均 GDP 达到 1 万美元和 1.2 万美元时，三种空气污染物浓度和人均收入已经呈现出负相关关系。吉恩·M. 格罗斯曼和艾伦·B. 克鲁格得出的数据表明，当一国达到中等收入水平时，空气污染程度将开始降低。

在河流水质方面，在反映水中含氧量的 4 项指标中有 3 项指标（即 BOD、COD 和硝酸盐）的浓度在人均收入达到较高（至少人均 GDP7623 美元）水平时才出现峰值，并最终逐步降低。致病污染物的大肠菌群总体指标的变化则比较特别，虽然在人均 GDP3043 美元时达到一个峰值并随后降低，但当人均 GDP 超过 8000 美元后，其数量反而又开始上升。因此，表中显示在人均 GDP 达到 1 万美元和 1.2 万美元时，大肠菌群的总量随收入增加而上升。作为比总大肠菌群更好的指标，粪大肠菌群则符合人均 GDP 逾 7955 美元后一直降低的趋势。各类重金属污染达到峰值水平的人均 GDP 各不相同，在较高的层次上，收入增长对污染水平的影响较小。

总之，虽然研究结果没有提供足够的证据来证明，环境质量会随着经济的发展而不断恶化，恰好相反，多数指标表明，各国随着人均收入的提高都经历一个先恶化后改善的过程。尽管各类污染物的转折点各不相同，但多数发生在人均 GDP 达到 8000 美元之前。在人均 GDP 为 1 万美元的中等国民收入水平之上，环境质量与收入在统计上呈显著正相关关系的指标占到所研究的 14 种指标中的一半，仅有一种指标，即总大肠菌群，显著地表现为负相关关系。

吉恩·M. 格罗斯曼和艾伦·B. 克鲁格最后指出，尽管实证研究再次表明，环境质量随着经济的发展可能得以改善，但不能认为这个过程是自动完成的。首先，在经济发展过程中，只有将污染型技术替换为清洁型技术，采取更有效地阻止污染的制度措施，才能使得环境质量有所改善。其次，“倒 U 型”曲线的产生还可能源于污染的转移。也就是说，一些发达国家在经济得以发展之后，将污染较重的产业转移到环保标准较低的发展中国家。如果这一假设成立，那么，类似的发展模式不可能被进一步模仿，因为发展中国家并不总能找到比它更穷的国家来转移重污染产业。最后，环境质量和经济发展之间“倒 U 型”曲线的关系并不是各国经济发展的必经之路。今天的低收入国家有机会借鉴发达国家早期发展的经验，通过引进新型的环保技术来尽量减少各种环境污染，力求在较低的收入水平上就使得环境质量得到改善。

二、对“环境库兹涅茨曲线”的研究

“环境库兹涅茨曲线”最初来源于可持续发展研究者们对经验数据的归纳。为了方便数据处理，可持续发展研究者们在开展实证研究时多采用简约型方程来反映污染和收入之间的关系。如果要解释“倒 U 型”关系产生的原因，构建结构性方程进行解释必不可少。一些学者对决定“倒 U 型”关系的结构因素做出如下的解释：第一，这种趋势是从清洁的农业经济到污染的工业经济再到清洁的服务经济的自然过程①，随着经济的发展，发达国家将污染较重的工业转移到欠发达国家②。第二，与制度比较不完善的欠发达国家相比，污染的外部性在制度完善的发达国家可以更多地得到纠正，所以污染程度随收入先上升后下降③。第三，随着经济发展，在不同的经济发展时期，将选择污染程度不同的生产技术，于是产生了“倒 U 型”曲线④。

与以往研究文献不同的是，安德列奥尼和莱文森（2001）并未使用动态过程、多重均衡、政治制度和外部性等概念，而是仅仅建立了一个有微观基础的线型静态模型，就对污染和收入的关系做出了很好的解释，并指出减少污染排放技术的规模收益递增是形成“倒 U 型”环境库兹涅茨曲线的关键。

首先，考虑一个简单的一人模型。在一个人的世界里，是没有外部性可言的，所以，帕累托最优的状态是必然的。个体效用 U 受私人物品的消费 C 和污染 P 的影响：

$$U = U(C,P) , \qquad (12.4.3)$$
$$U_C > 0 , U_P < 0$$

U 对于 C 和 $-P$ 是拟凹的。污染是消费的副产品，因此，个体消除污染的方法无非有两种：要么消耗自然资源清洁污染，要么减少消费从而减少污染的发生。自然资源用 E 代表，可视为环境净化功能。因此，污染就有正的消费功能和负的环境功能：

$$P = P(C,E), \qquad (12.4.4)$$
$$P_C > 0 , P_E < 0$$

---

① Arrow, Kenneth J., Bert Bolin, Robert Costanza, Partha Dasgupta, Carl Folke, C. S. Holling, Bengt-Owe Jansson, Simon Levin, Karl-Göran Mäler, Charle Perrings & David Pimentel, 1995, “Economic Growth, Carrying Capacity, and the Environment”, *Science*, vol. 268, pp. 520-521.

② Suri, V., Chapman, D., 1998, “Economic Growth, Trade and Energy: Implications for the Environmental Kuznets Curve”, *Ecological Economics*, vol. 25, no. 2, pp. 195-208.

③ Jones, Larry E. & Rodolfo E. Manuelli, 1995, “A Positive Model of Growth and Pollution Controls”, NBER Working Papers, no. 5205.

④ Stokey, Nancy L., 1998, “Are There Limits to Growth?”, *International Economic Review*, vol. 39, no. 1, pp. 1-31.

假设有一个有限的禀赋 M 作为消费 C 和自然资源 E 的基数。令 C 和 E 的相对价格为 1，有

$$C + E = M \tag{12.4.5}$$

令式（12.4.3）和式（12.4.4）取一种简单的形式：

$$U = C - zP \tag{12.4.6}$$

$$P = C - C^{\alpha}E^{\beta} \tag{12.4.7}$$

在式（12.4.6）中，z 代表固定的污染边际负效应。在式（12.4.7）中，C 表示消费带来成比例的污染，$C^{\alpha}E^{\beta}$ 表示清洁环境的作用。

当 $z = 1$ 的时候，可知最优解为：

$$C^{*} = \frac{\alpha}{\alpha + \beta}M \text{ 和 } E^{*} = \frac{\beta}{\alpha + \beta}M \tag{12.4.8}$$

代回式（12.4.7）中，可确定最优污染的数量为

$$P^{*}(M) = \frac{\alpha}{\alpha + \beta}M - \left(\frac{\alpha}{\alpha + \beta}\right)^{\alpha}\left(\frac{\alpha}{\alpha + \beta}\right)^{\beta}M^{\alpha+\beta} \tag{12.4.9}$$

对式（12.4.9）求导，就得出环境库兹涅茨曲线的斜率：

$$\frac{\partial P^{*}}{\partial M} = \frac{\alpha}{\alpha + \beta} - (\alpha + \beta)\left(\frac{\alpha}{\alpha + \beta}\right)^{\alpha}\left(\frac{\alpha}{\alpha + \beta}\right)^{\beta}M^{\alpha+\beta-1} \tag{12.4.10}$$

分析式（12.4.10）可知，仅当减少污染排放技术规模收益递增的时候，即

$$\alpha + \beta > 1 \tag{12.4.11}$$

$P^{*}(M)$ 为凹函数，出现倒“U”的轨迹。

当 $z \neq 1$ 的时候，可解出最优消费为：

$$C^{*} = \frac{\alpha}{\alpha + \beta}M + \frac{1 - z}{z(\alpha + \beta)C^{\alpha-1}(M - C)^{\beta-1}} = \frac{\alpha}{\alpha + \beta}M + B\frac{(1 - z)}{z}$$

$$B > 0 \tag{12.4.12}$$

如果 $z < 1$，消费者对污染有较低的边际负效应，那么，最优消费水平和最优污染水平都将高于式（12.4.8）。如果 $z > 1$，消费者对污染更加敏感，那么，消费和污染的最优水平都将降低。但这些变化并不改变“倒 U 型”曲线产生的条件。

总之，在上述简单的模型中，“倒 U 型”环境库兹涅茨曲线的形成，仅仅依赖于“好的”消费和“坏的”污染之间的技术联系。高收入使得个体需要更多的消费和更少的污染。在减少污染排放的技术呈现规模收益递增的情况下，个体很容易达成这样的目标。

安德列奥尼和莱文森还将上述结论一般化。当消费和污染出现如下情况时，

$$P = C - A(C,E) = C - A(C,M - C) \tag{12.4.13}$$

其中，A 是减少污染排放的技术函数，$A_C > 0, A_E > 0$

环境库兹涅茨曲线成立的一般性充分条件为：

在效用函数 $U(C,P)$ 关于 C 和 $-P$ 是拟凹的，C 和 $-P$ 是正常品的条件下，如果存在某值 θ 满足：

（1）
$$\lim_{C\to M}R(C)\equiv\frac{\partial U(C,0)/\partial C}{\partial U(C,0)/\partial P}\geqslant\theta>-\infty \tag{12.4.14}$$

（2）减少污染排放的技术函数 $A(C,M-C)$ 为凹的，且一阶齐次，对于所有 x，有 $A(0,x)=A(x,0)=0$

那么，对于任何同正的污染水平和收入水平相对应的效用同减少污染排放的技术的组合，则在达到充分高的收入水平时，最优的污染将最终下降，回到零的水平。

以上就是对环境库兹涅茨曲线的表述：当资源为零时，即 $M=0$，消费和污染均为零；当资源 M 比较大时，最优污染水平也将为零。无论正污染对应于收入水平的效用或减少污染的排放采取何种技术形式，最优污染路径必定先从零开始增加，然后再次下降为零。

至于减少污染排放的技术是否有规模收益递增的效果，安德列奥尼和莱文森运用实证数据证明，从工厂层次看，规模较大的工厂每单位减少污染排放成本较低；从国家层次考察，大经济体拥有大规模的产业，由于每单位产品价值的平均成本减少，污染排放成本也随着产业规模的增大而降低。

最后，模型可扩展到多个消费者，用以证明外部性不是污染和收入水平之间形成“倒 U 型”曲线关系的必要条件。设在多人（$N>1$）模型中，污染存在外部性。

个人效用受个人消费和污染的影响，

$$U_i=C_i-P\qquad i=1,\cdots,N \tag{12.4.15}$$

污染依然服从式（12.4.7）的形式，

$$P=C-C^{\alpha}E^{\beta},\qquad\alpha,\beta\in(0,1) \tag{12.4.7}$$

但其中 C 和 E 为个体的加总，即

$$C=\sum_i C_i,\ E=\sum_i E_i \tag{12.4.16}$$

个人的禀赋 M_i 在个人消费 C_i 和个人对应的自然资源 E_i 之间分配，

$$M_i=C_i+E_i \tag{12.4.17}$$

作为纳什均衡的参与者，个体并不考虑其他人的消费情况，其唯一的目标是最大化自身效用。

由一阶条件得出个体最优反应函数为：

$$C_i^*=\frac{\alpha}{\alpha+\beta}M_i+\left[\frac{\alpha}{\alpha+\beta}\sum_{j\neq i}M_j-\sum_{j\neq i}C_j\right] \tag{12.4.18}$$

纳什均衡为：

$$C_i^*=\frac{\alpha}{\alpha+\beta}M_i,\text{对于所有的个体 }i \tag{12.4.19}$$

这是一个分散决策的模型，与前述模型一样，污染和收入的路径成为“倒 U 型”的等价条件为 $\alpha+\beta>1$，即消除污染的减少污染排放的技术具有规模收益递增的特征。需要强调的是，这个分散决策的结果并不是帕累托最优的。假如存在一个中央计划者来使个体的效用总和达到最大化，即

$$\max\sum_i U_i = \sum_i C_i - NP \qquad (12.4.20)$$

与式（12.4.6）比较，$\sum_i C_i$ 代替了 C，N 代替了 z。社会最优解的形式与式（12.4.12）类似，仅用 N（>1）代替 z。与社会最优相比较，纳什均衡条件下个体的消费过多而污染排放的减少不足。这说明尽管存在“倒 U 型”趋势，但外部性使污染程度在每个时期都更高了。

总之，安德列奥尼和莱文森在论文中使用了一个非常简单的模型，对所观察到的环境与收入的关系做出了合理的解释。他们指出，污染水平和收入水平之间的“倒 U 型”关系并不依赖于外部性才得以成立，减少污染排放技术的规模效应才是这种趋势成立的关键。环境库兹涅茨曲线的存在，并不意味着经济发展是改善环境的万灵药，我们可以对污染采取自由放任的态度。但实际上，从模型的比较中我们可以看出，在缺乏环境规划管理的情况下，污染程度在每一个层次的收入水平上都无效率地偏高了。

尽管“环境库兹涅茨曲线”反映了经济发展与环境之间存在着一种最终走向和谐的趋势，但在早期研究中，达斯古普塔和马勒①就提醒人们在应对此类经验假说持谨慎态度。以下几点应当被注意：第一，该曲线反映的是污染物对资源与环境产生的短期和局部的危害，而不是所有废弃物的长期积累情况，也不是具有长期效应的扩散性污染物的长期积累情况。第二，“倒 U 型”曲线并没有反映同减少排放量相伴随的其他经济活动对整个资源与环境系统的影响。例如，在某一范围内，某种污染物的减少可能与另一种污染物的增加有关；也可能发生一国将污染物转移到其他国家而引起其他国家环境恶化的悲剧。第三，假说中并没有考虑当自然资源和环境的恶化达到一定程度时，阀值效应和环境恶化的不可逆性。第四，即使在人均收入和环境质量之间确实存在着某种数量关系，但这种关系也很有可能同时依赖于其他某些重要因素。例如，某些经济发展政策能够促成国民经济中产业结构升级，改变污染结构。所以，“环境库兹涅茨曲线”作为一条“倒 U 型”曲线，描述了人均收入增长同自然资源与环境之间的某种关系，但实际上，这两者之间的关系要比这条曲线所提供的信息远为丰富，这些领域都有待进一步的研究和检验。

---

① Dasgupta, Partha & Karl-Göran Mäler, 1995, "Poverty, Institutions, and the Environmental Resource-Base", in Jere Behrman & T. N. Srinivasan, eds., *Handbook of Development Economics*, Elsevier Science B. V., vol. 3, pp. 2371-2463.

第五节　贸易与可持续发展

早在古典经济学时代，约翰·S. 穆勒就明确提出了自由贸易能促进经济发展的观点①，20 世纪 30 年代，丹尼斯·H. 罗伯逊（Dennis H. Robertson）也认为对外贸易是“经济增长的发动机”②；发达国家过去的发展历程和部分发展中国家战后以来的发展状况都支持了这种观点。但是，在可持续发展问题上，自由贸易对环境的影响却存在较大的争议。环境保护主义者认为，自由贸易从多个方面造成环境恶化，不利于可持续发展。由于贸易增长扩大了全球经济规模，导致了污染的上升和自然资源的大量消耗，对于环境政策宽松的发展中国家来说，贸易自由化将直接导致环境恶化。例如，齐齐尔尼斯基③认为，在私有产权没有明确界定的情况下，贸易自由化会加速对发展中国家环境资源的破坏，进而对全球环境构成进一步威胁。赫尔曼·E. 戴利（Herman E. Daly）④ 研究了贸易自由化对污染排放量的影响，强调自由贸易将加剧环境污染和生态破坏。此外，一些新古典主义制度经济学家认为，生态环境恶化的根本原因不在于区域性和全球性的贸易自由化，而在于制度问题，即市场失效和制度失效；采用贸易限制手段解决环境问题只会造成进一步的制度扭曲。实际上，基于比较优势的国际专业化分工能够促进全球资源的有效配置和合理利用，有助于经济与环境协调发展。

一、贸易与环境的关系

在 20 世纪 70 年代，对贸易与环境关系的研究曾经是经济学界的一个研究热点。一些这一时期的文献大多集中在进行规范研究上，提出了许多关键性命题。例如，如果环境成本不被内部化，自由贸易就不一定带来福利的改进；贸易政策可以被用作环境政策的替代；自由贸易的承诺可能产生对扭曲环境政策的激励，等等。实际上，早期的文献更多地提出了问题而非提供了答案。20 世纪 90 年代中期以来，国际贸易对环境的影响以及环境贸易政策的效果又一次成为学术界研

---

① 约翰·穆勒：《政治经济学原理》，商务印书馆 1991 年版，第 122—123 页。

② Robertson, Dennis H., 1938, “The Future of International Trade”, *Economic Journal*, vol. 48, no. 189, pp. 1-14.

③ Chichilnisky, Graciela, 1994, “North-South Trade and the Global Environment”, *American Economic Review*, vol. 84, pp. 851-874.

④ Daly, Herman E., 1993, “The Perils of Free Trade”, *Scientific American*, vol. 269, pp. 24-29.

究的热点，但这一次更加侧重于对许多重要命题进行实证研究。

自由贸易促进经济增长，使得整个贸易范围内的经济总体规模增加，资源消耗和污染排放随之增加；与此同时，贸易使生产在更大的范围内展开更深入的分工合作，各国的比较优势决定其专注于清洁工业还是污染性工业；此外，分工带来的技术变化对污染排放的强度也有重要影响。因此，贸易自由化可以通过多种方式直接或者间接地影响环境质量。在20世纪90年代初，在分析北美自由贸易协议（NAFTA）的过程中，吉恩·M. 格罗斯曼和艾伦·B. 克鲁格（1991）就把自由贸易对环境的影响分为三种效应：第一，规模效应（scale effects），即在经济结构和生产技术不变的情况下，自由贸易带来经济规模增长而导致环境质量的变化。第二，结构效应（composition effects），即在开放贸易条件下，随着价格的相对变化，要素在产业之间重新配置，具有比较优势的部门生产规模扩张而其他部门的生产规模相对收缩，由此产生的结构性变化带来了污染行业的变化。第三，技术效应（technological effects），即贸易自由化能够引进更清洁的生产技术，贸易引致的技术溢出效应带来了环境影响。自由贸易对环境质量总的影响取决于这三种效应的总和。毫无疑问，随着经济的增长，规模效应必然对环境产生负面影响，但如果结构效应和技术效应的积极作用最终能够超过规模效应，那么，就长期而言，贸易自由化对环境质量的改善是有利的。

在这三种效应中，结构效应直接涉及污染工业在国家之间的转移问题，因此最值得关注。如果发达国家或地区的环境质量改善主要是源于结构效应，即将污染工业转移至发展中国家以减少本国的污染排放的话，那么，当发展中国家经济得以发展之后，污染工业又该向何处转移呢？这无疑是研究可持续发展必须涉及与必须考虑的问题。

由结构效应所导致的生产结构的变化和污染工业的转移最终还是源于各国的比较优势。有两种对立的理论来解释污染工业转移中的比较优势问题，一种是“污染庇护所假说”（hypothesis of pollution havens）；另一种是“要素禀赋假说”。

布莱恩·B. 科普兰和M. 斯科特·泰勒（2004）① 评述并对比了这两种理论，他们提出如下假设：第一，世界分为南北两个部分，两者初始状态相同；第二，南方与北方使用资本 K 和劳动 L 生产两种产品；带来污染的资本密集型产品 X，其价格为 p；无污染的劳动密集型产品 Y，其价格取为1；第三，各方政府为保护环境对每单位的生产污染 z 征税为 τ；第四，生产 X 产品的厂商将污染 z 看作价格为 τ 的生产投入，在无外部性的完全竞争市场环境下，成本最小化的行为使得污染的价格 τ 必然等于每单位污染 z 带来的国民收入的增加；第五，在需求

① 参见 Copeland, Brian B. & M. Scott Taylor, 2004, “Trade, Growth, and the Environment”, *Journal of Economic Literature*, vol. XLII, March, pp. 7-71。

方面，假定无收入效应的影响，即 X 相对于 Y 的需求为 $RD(p)$ ，且 $RD'(p)<0$ 。如图 12. 5. 1 所示，南北双方相对需求曲线相同。在供给方面，X 相对于 Y 的供给取决于价格、税收和资本—劳动比率，即 $RS(p,\tau,K/L)$ 。当 X 的价格 p 上升的时候，更多的资源用于 X 的生产，X/Y 增加。

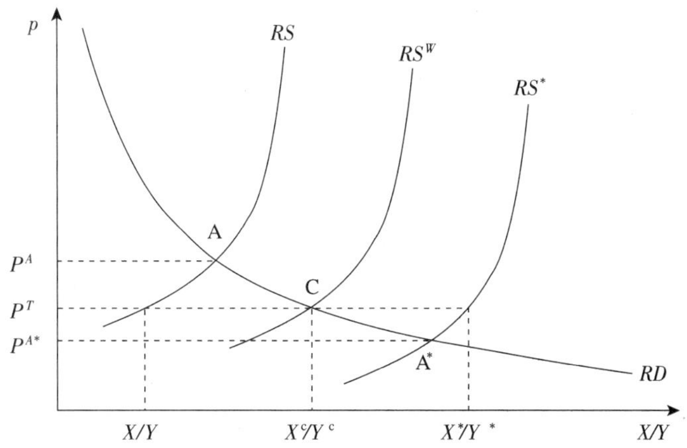

图 12. 5. 1　污染庇护所假说

“污染庇护所假说”认为，各国在环境政策严厉程度上的差异是污染工业从一国转向另一国寻求“庇护”的主要原因，这一点如图 12. 5. 1 所示。在模型中，假设南北双方其他条件相同，但南方（相关参数用“ * ”加以区别）降低污染税率 τ^* ，即 $\tau^*<\tau$ 。这使得南方生产产品 X 的“污染投入”成本降低，南方的相对供给曲线从 RS 右移至 RS^* 。在没有国际贸易的情况下，北方国内供求曲线相交于 A 点，产品 X 的国内价格为 P^A ；南方国家供求曲线相交于 A^* ，价格为 P^{A*} ；南方价格较低，$P^{A*}<P^A$ 。在南北双方自由贸易达到总供求量相等的情况下，根据比较优势，南方比北方更集中于生产污染产品 X，即 $X/Y<X^*/Y^*$ ；南方向北方出口产品 X 并进口产品 Y。由于 X 的生产带来污染，南方环境污染加剧，而北方环境质量得以改善。这样一来，在环境政策严厉程度有差异的情况下，自由贸易导致污染工业向环境政策较为宽松的国家转移。自由贸易对环境质量的影响是负面的，因为在宽松的环境政策下，转移的污染工业会产生更多的污染，全球总体污染增加。在污染庇护所假说中，南方宽松的环境政策可以从外生的假定变为内生的产物。假设南北双方拥有相同的人口数量，但北方较南方拥有更多资本和有效劳动，即 $K=\lambda K^*$ ，$L=\lambda L^*$ ，其中 $\lambda>0$ 。这意味着北方比较富裕，工人有更高的生产率和更多的人均资本；但资本和有效劳动的比例是相同的，均为 K/L，所以资本—劳动比率本身不会带来比较优势进而产生贸易。政策的不同源于收入的差异。作为正常品，环境质量的要求在富裕的北方高于欠发达的南方，因此，北方的污染价格 τ 高于南方的污染价格 τ^*，即环境政策标准出现了差异。由此可见，低收入国家采用的宽松的环境政策使之成了吸引污染工业的“污染庇护所”。

“要素禀赋假说”则认为，各国的资源禀赋特点决定了其在国际贸易中的比较优势，进而决定了污染工业的转移方向，这种情形如图 12.5.2 所示。假设南北双方的差异仅限于资源禀赋的不同。北方比南方拥有更加丰裕的资本，即 $K/L > K^*/L^*$。丰裕的资本使北方的相对供给曲线处于南方的相对供给曲线的右侧，北方资本密集型产品 X 的国内价格更低，即 $P^A < P^{A*}$。当南北双方进行自由贸易时，产品 X 的生产向北方转移，即 $X^*/Y^* < X/Y$；北方出口产品 X，并从南方进口产品 Y。自由贸易使污染工业向北方集中，北方的环境污染加剧，而南方的环境污染减轻。

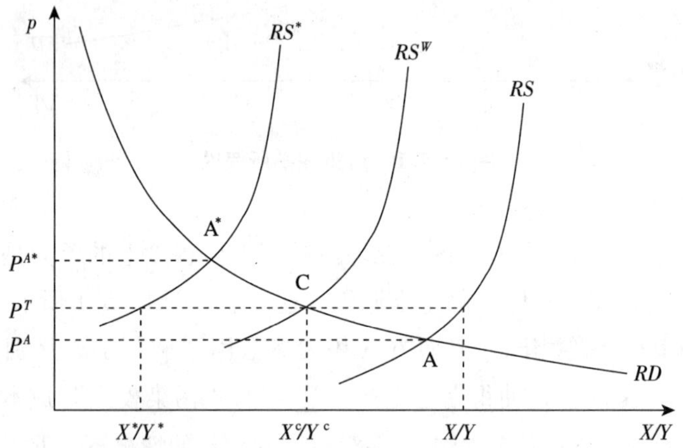

图 12.5.2 要素禀赋假说

可以看出，在南北贸易模型的假设之下，两种理论的预测结果正好相反。事实上，一国的环境政策和其要素禀赋特点共同构成了决定污染工业转移方向的比较优势。当环境政策的差异占主导地位的时候，就出现“污染庇护所假说”里所描述的污染寻求庇护的现象；但在资源禀赋差异决定比较优势的情况下，污染工业却会向环境政策较为严格的北方转移。在后一种情况下，南方会有更清洁的环境，而污染工业在北方受到更严格的管理，所以，全球范围内污染也会减少，更有利于达到可持续发展的目标。

有关污染转移的实证研究，首先要将各类工业分成“清洁工业”和“污染工业”，在分类的基础上，对相应类型工业的产量和贸易量进行统计分析。目前各种研究工作的分类多是根据美国的产业结构来区分“清洁工业”和“污染工业”。例如，在穆苏库马拉·玛尼和大卫·惠勒（Muthukumara Mani & David

Wheeler. 1998)① 的研究中，钢铁工业、非钢铁金属工业、化学工业、纸浆造纸工业和非金属矿产品工业属于污染最严重的5类工业，纺织业、非电动器械工业、电动器械工业、运输设备工业和仪器工业属于最清洁的5类工业。

许多研究者利用已有的数据对“污染庇护假说”做了经验检验。罗伯特·E. B. 卢卡斯、大卫·惠勒与赫玛马拉·赫特杰（Robert E. B. Lucas, David Wheeler & Hemamala Hettige, 1992)② 分析了1960—1988年间80多个国家制造业产出的污染强度和GDP增长的关系。结果发现，当一国变得更富裕而且产出结构趋向于以“清洁工业”为主的时候，每单位GDP的污染排放量随收入增加而降低；与此同时，最高程度的污染增长发生在最贫穷的国家里。由此，作者认为经合组织（OECD）国家严格的环境政策使污染工业向外转移，工业污染更多地汇聚于发展中国家。南希·伯德萨尔和大卫·惠勒（Nancy Birdsall &David Wheeler, 1993)③ 对拉丁美洲污染庇护的研究也表明，在OECD国家加强环境管制之后，拉丁美洲整体的污染强度迅速增长。徐新鹏（1999)④ 对1965—1995年间OECD国家数据分析后得出，在这30年间，这些国家对严重污染环境商品的出口比例从24%下降到18%，而其他类别商品的出口比例从18%上升到22%。

尽管许多研究支持“污染庇护所假说”，但此类研究存在某些共同的问题。第一，这些研究度量的是污染工业产出的趋势而非污染水平。这就是说，仅仅用结构效应来解释贸易给环境带来的变化。事实上，随着一国对外贸易的发展，由收入增长和技术进步带来的生产技术改进可能使得产量增加而污染排放减少。第二，一国生产结构的变化受多种因素的影响，但多数关于“污染庇护所”的研究仅仅将产出的结构变化归结于各国环境政策差异引起的污染庇护趋势，而没有考虑其他重要的国内因素。第三，一些实证结果无法从“污染庇护所假说”得出圆满的解释。与之相反，引入“要素禀赋假说”却可以把现象解释清楚。比如，伯德萨尔和惠勒⑤指出，从计量结果来看，在过去20年间，越是开放的经济体越是趋向于清洁的工业体系。罗伯特·E. B. 卢卡斯等人也认为，相对封闭的

① Mani, Muthukumara & David Wheeler, 1998, "In Search of Pollution Havens? Dirty Industry in the World Economy, 1960 – 1995", *Journal of Environment and Development*, vol. 7, no. 3, Sept., pp. 215-247.

② Lucas, Robert E. B., David Wheeler & Hemamala Hettige, 1992, "Economic Development, Environmental Regulation and the International Migration of Toxic Industrial Pollution: 1960 – 1988", World Bank Policy Research Department Working Paper, no. 1062.

③ Birdsall, Nancy & David Wheeler, 1993, "Trade Policy and Industrial Pollution in Latin America: Where Are the Pollution Havens?", *Journal of Environment & Development*, vol. 2, pp. 137-149.

④ Xu, Xinpeng, 1999, "Stringent Environmental Regulations Reduce the International Competitiveness of Environmentally Sensitive Goods? A Global Perspective", *World Development*, vol. 27, pp. 1215-1226.

⑤ Birdsall, Nancy & David Wheeler, 1993, "Trade Policy and Industrial Pollution in Latin America: Where Are the Pollution Havens?", *Journal of Environment and Development*, vol. 2, pp. 137-149.

发展中国家污染强度增长最快，比较开放的发展中国家情况正好相反。这种现象是“污染庇护所假说”所不能解释的，因为越开放的发展中国家，在发展污染工业方面越具有比较优势，会吸引更多的污染工业，其环境污染程度相对于封闭的发展中国家更严重。这一现象可以借助“要素禀赋假说”来说明。奉行“进口替代战略”的相对封闭的发展中国家具有资本积累方面的优势，因为作为资本密集型的污染工业，除了为污染庇护政策所吸引外，对资本密集的优势也有所要求。两相权衡，污染工业也可能向政策不够开放但资本密集的发展中国家汇聚。总之，除了“污染庇护所假说”之外，“要素禀赋假说”也为实证数据的解释提供了另外一种选择。

二、贸易政策与环境政策

贸易政策与环境政策的选择与实施都对经济发展和环境质量有着重要影响。若接受这一观点的话，则两个相关的问题就会随之产生：环境政策是否可以作为贸易政策的替代品？贸易政策可否用来达到特定的环境目标？

在自由贸易的环境下，各国必须拆除贸易壁垒，放弃贸易保护政策。但随着国际竞争的加剧，各国政府希望提高本国产品竞争力，由此可见，环境政策可能诱发“竞次”（race to the bottom）现象，即各国纷纷降低本国的环保标准来协助本国企业提升国际竞争力。实际上，这是在贸易政策受到约束的情况下将环境政策作为对贸易政策的一种替代政策。在此类文献中，环境政策对贸易政策的替代被划分为三类：

第一类，用环境政策来改变贸易条件。当经济体足够庞大以至于能够影响世界价格的时候，通过使用环境政策来改善本国贸易条件，以从中获利。例如，当传统的关税保护政策受到限制的情况下，以环境政策作为次优政策来达到保护的目的。

科普兰和泰勒做了进一步的分析。他们假设存在南北两个国家，都生产污染工业的产品 X 和清洁工业的产品 Y，南方从北方（北方相关参数加“ * ”表示）进口 X 并向其出口 Y；南方进口为 M，出口为 E。在初始情况下，两国分别使用进口关税（t 和 t^*）和污染税（τ 和 τ^*）来使国内福利达到最大化。在南方国内，消费者约束为：

$$I = G(p(1+t), K, L, z) + tMp \tag{12.5.1}$$

其中，南方国内生产收入 G 取决于进口产品 X 税后价格 $p(1+t)$，资本 K，劳动 L，污染排放量 z；出口的产品的价格标准化为 1；tMp 为进口税收入，被一次性转移给消费者。在上述约束下，关于进口税 t 和污染税 τ 的一阶条件有：

$$-M\frac{\mathrm{d}p}{\mathrm{d}t} + tp\frac{\mathrm{d}M}{\mathrm{d}t} + (\tau - MD)\frac{\mathrm{d}z}{\mathrm{d}t} = 0 \tag{12.5.2}$$

$$-M\frac{\mathrm{d}p}{\mathrm{d}\tau}+tp\frac{\mathrm{d}M}{\mathrm{d}\tau}+(\tau-MD)\frac{\mathrm{d}z}{\mathrm{d}\tau}=0 \tag{12.5.3}$$

其中，MD 为污染的边际成本。

由于南方的进口 M 等于北方的出口 E^* ，所以有：

$$\frac{\mathrm{d}M}{\mathrm{d}t}=E_p^*\frac{\mathrm{d}p}{\mathrm{d}t} \tag{12.5.4}$$

将式（12.5.4）代入式（12.5.2）和式（12.5.3）可知，在政策将外部性完全内部化的情况下，最优进口关税 t 和最优污染税 τ 分别为：

$$t=\frac{1}{\varepsilon^*} \tag{12.5.5}$$

$\varepsilon^*=\frac{pE_p^*}{E^*}>0$ ，ε^* 为北方出口供给弹性；

$$\tau=MD \tag{12.5.6}$$

进入自由贸易阶段，各国放弃贸易政策，关税为零，$t=0$ 。南方不能通过关税措施保护本国污染工业，就转而使用降低环境标准的方法变相补助本国企业。从式（12.5.3）可知，当取消关税后，有：

$$\tau=MD+M\frac{\mathrm{d}p/\mathrm{d}\tau}{\mathrm{d}z/\mathrm{d}\tau}<MD \tag{12.5.7}$$

于是，他们得出的结论是，降低本国的环境政策标准是必然的选择。

第二类，以环境政策来改变本国战略条件。为了使本国企业在未来的国际竞争中处于战略优势地位，本国政府会在早期阶段制定一些有约束力的政策来达到目的。例如，在一个由南、北、东三国组成的部分均衡模型中，南、北两方都生产污染工业产品 X，并将生产出来的产品 X 全部出口到东方。假定在第一阶段，只有南方可以自由选定其环境政策 τ ；在第二阶段，南北双方各自选定产量 x 和 x^* ，并通过竞争而获利。从南方的角度来看，其福利为出口利润与污染危害二者之差，即

$$W=\pi(x,x^*,z)-D(z) \tag{12.5.8}$$

其中，π 为出口利润，D 为污染危害，z 为污染排放量，$\pi_Z>0$ 。

在没有北方参与竞争的情况下，南方在边际收益等于边际成本的时候达到福利最大化，即

$$\pi_Z=\frac{\mathrm{d}D}{\mathrm{d}z} \tag{12.5.9}$$

污染税用于纠正污染外部性，于是有

$$\tau=\pi_z \tag{12.5.10}$$

当北方参与竞争时，南方的最优条件变为

$$\pi_z+\pi_{x^*}\frac{\mathrm{d}x^*/\mathrm{d}\tau}{\mathrm{d}z/\mathrm{d}\tau}=\frac{\mathrm{d}D}{\mathrm{d}z} \tag{12.5.11}$$

南方降低污染税 τ 具有两个方面的作用：第一，直接作用，即降低本国企业的生产成本；第二，间接作用，即本国降低的成本通过南北双方出口量的反应函数迫使北方压缩其生产。后一种作用就是战略作用，亦即为了争取更大的出口利益，南方厂商自身扩大产量的宣告是不可置信的；但当南方政府出面降低了其环境政策的标准时，南方厂商产量的扩大就是可以置信的和必然的。

第三类，环境政策源于利益集团的压力。当缺乏贸易政策手段时，某些利益集团可能转而采用环境政策来设法增大集团的利益。假设一国的效用函数为

$$U = \frac{I}{\beta(p)} - D(z) \tag{12.5.12}$$

其中，I 是收入，β 为价格指数，D 为污染危害。

国内有劳方 L 和资方 K 两个利益集团；社会福利为两者福利的加权，即

$$W = U^L + (1 + \lambda) U^K \tag{12.5.13}$$

其中，λ 用以调节两方权重。

福利最大化要求最优污染税为

$$\tau = MD - \lambda\beta \frac{\partial U^K}{\partial z} \tag{12.5.14}$$

其中，MD 为污染的边际成本；

更多的污染排放不利于劳方的利益，但能给资方带来更多的利润，所以

$$\frac{\partial U^K}{\partial z} > 0 \tag{12.5.15}$$

在这种情况下，利益集团之间的力量对比状况决定了环境政策的取向。当双方平等时，$\lambda = 0$，污染税等于污染的边际成本；当资方力量强大时，$\lambda > 0$，污染税降低，$\tau < MD$；当劳方具有更大的福利权重时，$\lambda < 0$，环境标准提高，$\tau > MD$。

虽然环境政策代替贸易政策的行为得到上述三类理论的支持，但这些理论也存在不少缺陷。第一，这三种理论都将环境政策作为除贸易政策以外唯一可选的政策工具。事实上，一国的政策选择是多样的①，仅作为选择之一的环境政策，其效率并不是最优的。例如，鉴于消费税和生产补贴共同产生的效果等同于关税，通过改变环境政策来达到改变贸易条件的行为是无效率的。在利益集团的例子中，即便集团之间的直接转移也要比环境政策的改变更节省成本。第二，环境政策替代贸易政策的效果非常不稳定。这种替代的具体效果对于市场行为和市场结构非常敏感。在上述争取战略优势的例子中，如果仅仅将南北双方的竞争方式从数量竞争改变为价格竞争，所得到的是恰好相反的结果。不仅于此，贸易政策

① Ederington, Josh & Jenny Minier, 2003, "Is Environmental Policy a Secondary Trade Barrier? An Empirical Analysis", *Canadian Journal of Economics*, vol. 36, pp. 137-154.

几乎完全取决于中央（或联邦）政府，而环境政策却取决于当地政府、区域和国家等多个层次。不同地区和不同层次之间的利益经常会发生冲突，要想通过环境政策来达到贸易政策所要达到的效果，就需要协调多个层次的利益关系。协调难度越大，最终的政策效果就偏离初衷越远，而且其效果越不稳定。第三，许多实证研究还显示，环境政策的改变对竞争不具有实质性的影响①。总之，环境政策可以作为贸易政策的某种替代，但政策效果并不理想。

在相反的方向上，使用贸易政策来达到环境目标常常出于两个方面的考虑。一方面，一些环保主义者认为，贸易的发展会造成污染的加剧和环境的破坏，威胁发展的可持续性，所以，限制贸易就可以起到减少污染和保护环境的作用；另一方面，一些国家通过贸易政策促使其他国家达到一定的环境目标。比如，禁止热带木材的进口以保护热带雨林；禁止金枪鱼的进口以防止在捕鱼过程中伤害海豚。

对于第一个方面，贸易政策显然不是处理环境问题的首选。假设存在一个小型的开放经济出口污染工业产品，出口税为 t。其国内代表性消费者的效用为

$$U = V(p - t, I, z) \tag{12.5.16}$$

其中，p 为产品的国际价格，z 为污染排放量，I 为收入；

收入由生产收入和出口税所组成

$$I = G(p - t, K, L, z) + tE \tag{12.5.17}$$

其中，E 为产品的出口量。

在最优选择的情况下，国内污染税应为

$$\tau = G_z(p - t, K, L, z) \tag{12.5.18}$$

对于既定的污染税水平，出口税变化的福利效果为

$$\frac{1}{V_t}\frac{\mathrm{d}U}{\mathrm{d}t} = t\frac{\mathrm{d}E}{\mathrm{d}t} + (\tau - MD)\frac{\mathrm{d}z}{\mathrm{d}t} \tag{12.5.19}$$

出口税的增加，一方面减少出口，另一方面减少污染。最优的出口税率水平应当为：

$$t = -(\tau - MD)\frac{\mathrm{d}z/\mathrm{d}t}{\mathrm{d}E/\mathrm{d}t} \tag{12.5.20}$$

从式（12.5.20）可以看出，如果环境政策能够充分使污染的外部性内部化，即 $\tau = MD$，则根本不需要贸易政策来处理环境问题②，此时贸易政策的最优水平为零。仅当环境政策不能充分发挥作用，并且只有贸易政策可供选择的情况

① Jaffe, Adam B., Steven Peterson, Paul Fortney, & Robert Stavins, 1995, "Environmental Regulation and the Competitiveness of U.S. Manufacturing: What Does the Evidence Tell us?", *Journal of Economic Literature*, vol. 33, no. 1, pp. 132-163.

② Dixit, Avinash K., 1985, "Tax Policy in Open Economies", in Alan J. Auerbach & Martin Feldstein, eds., *Handbook of Public Economics*, vol. 1, Elsevier Science Publisher, B. V., pp. 313-374.

下，贸易政策才能作为次优政策工具用以控制生产和减少污染。然而，即使在贸易政策可以使用的情况下，贸易政策的效果依然值得怀疑。第一，自由贸易的一般均衡效果十分复杂，确定最佳环境保护效果的贸易政策并非易事①。进而言之，即使环境政策没有完全使环境的外部性内部化，在多数情况下，比较优势带来的福利改善仍然大于因污染增加所带来的危害，自由贸易依然是可以接受的。第二，“污染庇护所假说”并没有得到经验数据充分证实，所以，从实证研究的角度来看，通过限制贸易来改善环境的效果仍然有待进一步研究。

至于第二个方面，由于对多数环境资源的保护是全球性问题，涉及整个人类社会发展的可持续性，一国通过贸易政策对他国施加环境影响以保护环境资源的初衷是可以接受的，但从效率的角度看，这种方法是无效率的。最优的政策是主导国利用环境政策与相应的国家签订环保协定，对其进行转移补偿，以激励对方参与和遵守②。贸易政策可以作为相应的环保协定强化机制中的一种措施，对于背离协定的国家给予严厉的处罚，但不适宜将贸易政策作为环境政策完全的替代品。

总而言之，在可持续发展问题上，尽管贸易政策和环境政策对环境质量的影响存在一定程度的替代，但从效率的角度看来，两者之间相互替代的效果均不理想。

第六节　制度与可持续发展

一、环境公共品问题

自然资源和环境公共品的特性使市场这种制度显得并不完美。明确界定的产权制度是市场交易的前提，但产权制度本身的建立也是需要成本的。当建立制度的成本高于市场交易带来的收益的时候，相应的制度就缺乏吸引力。因此，对于某些地理位置特殊或规模过大的自然环境资源③来说，放弃其产权的精确界定更

① Copeland, Brain R., 1994, “International Trade and the Environment: Policy Reform in a Polluted Small Open Economy”, *Journal of Environmental Economics and Management*, vol. 26, pp. 44-65.

② Copeland, Brian R., & M. Scott Taylor, 1995, “Trade and Transboundary Pollution”, *American Economic Review*, vol. 85, pp. 716-737.

③ Dasgupta, Partha, 2000, “Economic Value of Biodiversity: Overview”, in Simon Levin, ed., *Encyclopaedia of Biodiversity*, New York: Academic Press.

符合经济原则。在这种情况下，环境资源公共品的性质对经济个体保护环境积极性的影响就十分令人关注。

柯奇恩（2006）分析了“绿色市场”对环境资源这种公共品的私人供给的影响。所谓“绿色市场”是指既提供商品服务，又有助于环境保护的生产交易活动。比如，利用可再生资源产生的“绿色电能”一方面提供了电力能源，满足日常生产和生活需要，另一方面，又减少了石化燃料的消耗，进而减少了温室气体的排放。又如，在热带雨林遮蔽下种植的“耐荫咖啡”，在产生经济价值的同时还为热带生物和候鸟提供了栖息的场所，保护了生物的多样性。也就是说，“绿色市场”能够同时提供私人用品和环境公共品。从直觉上讲，更多地引入绿色市场将有助于环境的改善，并将提高福利水平，但来自理论的分析并不完全和直觉相符。

在由 n 个个体组成的经济体中，每个人通过选择其外生给定的财富 $w_i > 0$ 的使用来最大化其个人效用：

$$\underset{c_i,d_i,g_i}{\mathrm{MAX}} U_i(X_i, Y_i + Y_{-i})$$
$$\text{s.t.} \quad X_i = c_i + \alpha g_i, Y_i = d_i + \beta g_i, c_i + d_i + g_i \leqslant w_i \tag{12.6.1}$$

其中 X_i 是私用品，Y_i 是 i 个体提供的环境公共品，Y_{-i} 是其他个体共同提供的环境公共品。财富 w_i 的使用分为 c_i 、d_i 和 g_i 三部分，分别用于购买个人的私用品 X_i ，直接捐赠环境公共品 Y_i ，或者投入绿色市场同时获得 X_i 和 Y_i 。一单位的 c_i 或 d_i 获得一单位的 X_i 或 Y_i ，而一单位的 g_i 通过绿色技术获得 α 单位 X_i 和 β 单位的 Y_i 。

α 和 β 反映了“绿色技术”，有 $0 < \alpha < 1, 0 < \beta < 1, \alpha + \beta \geqslant 0$ 。

通过直接捐赠或绿色市场，总的环境产品由每个私人所提供的产品汇总而成

$$Y = \sum_{i=1}^{n} Y_i \tag{12.6.2}$$

个人效用来源于私人用品和汇总的环境公共品，

$$U_i = U_i(X_i, Y) \tag{12.6.3}$$

其中汇总的环境产品为

$$Y = Y_i + Y_{-i} \tag{12.6.4}$$

$$Y_{-i} \equiv \sum\nolimits_{j \neq i} Y_j \tag{12.6.5}$$

Y_{-i} 对于 i 个体是外生给定的。

如果设定 $\varphi \equiv (1-\alpha)/\beta$ 和 $\gamma \equiv (1-\beta)/\alpha$ ，个体的效用优化问题可以转化为

$$\underset{X_i,Y}{\mathrm{MAX}} U_i(X_i, Y)$$
$$\text{s.t.} \quad X_i + \varphi Y \leqslant w_i + \varphi Y_{-i}, \gamma X_i + Y \leqslant w_i + Y_{-i}, Y \geqslant Y_{-i} \tag{12.6.6}$$

假设私用品 X_i 和公共品 Y 都是正常商品。也就是说，对于个体 i，有两个不

同配置的边际替代率是相同的，即

$$MRS_i(X'_i, Y') = MRS_i(X''_i, Y'') \tag{12.6.7}$$

如果 $Y'' - Y' > 0$，则存在一个恒定的常数 ε，使得对于所有 i，$X''_i - X'_i \geqslant \varepsilon > 0$ 成立。

在上述条件下，可以证明，n 个体的纳什均衡（X_i^*, Y_i^*）是存在的；如果 $\alpha + \beta > 1$，则纳什均衡的选择（c_i^*, g_i^*, d_i^*）还是唯一的。

在不同的技术条件下，引入绿色市场对均衡结果的影响各不相同。

当 $\alpha + \beta = 1$ 的时候，绿色市场的引入对环境公共品的均衡供给没有影响。因为从技术上看，绿色市场的作用只是在于将两类商品进行了简单的组合，并没有给约束条件带来实质性变化。当 $\alpha + \beta > 1$ 时，绿色市场的出现会有两种作用：第一，在 Y_{-i} 水平不变条件下，由私用品 X_i 相对于公共品 Y 的隐含价格的改变而产生价格效应。第二，由 Y_{-i} 水平改变带来的溢出效应。两种效应都会改变个体对环境公共品的需求，进而影响最终的均衡水平。如果环境公共品 Y 和私用品 X_i 是互补品，就意味着对 Y 的需求是私用品 X_i 价格的减函数。绿色市场的引入或者绿色技术的提高会降低私用品的价格，进而提高对 Y 的需求，最终提高均衡水平，环境质量也得到改善。但如果环境公共品 Y 和私用品 X_i 没有互补关系，则绿色市场肯定对部分个体具有正的价格效应，对另外一部分个体具有负的价格效应。最终均衡供给水平可能上升或者下降，这将取决于偏好、收入分配和绿色技术的具体状况。

市场规模越大，公共品性质就表现得越明显。以 q 代表市场规模，现有的个体数量为

$$N = qn \tag{12.6.8}$$

如果 $\alpha + \beta > 1$，则存在 $\bar{q} \geqslant 1$，当 $q \geqslant \bar{q}$ 的时候，经济中所有个体对环境公共品的直接捐赠都将为零，即对于所有 i，$d_i^*(q) = 0$。这是因为随着个体的增多，虽然愿意提供直接捐赠的个体也会增加，但每个个体会有越来越强的"搭便车"动机，最终所有个体都选择通过绿色市场的方式来间接提供环境公共品。

足够大的市场规模是绿色市场发挥积极作用的充分保证。存在这样一个市场规模 $\bar{q} \geqslant 1$，对于所有 $q \geqslant \bar{q}$，在 $\alpha \leqslant \alpha', \beta \leqslant \beta'$ 的情况下，环境公共品的均衡供应量满足

$$Y^*(\alpha, \beta, q) \leqslant Y^*(\alpha', \beta', q) \tag{12.6.9}$$

这就是说，在足够大的经济体之内，引入绿色市场和提高绿色技术至少不会降低环境公共品的供应水平。

尽管绿色市场在扩大个体选择范围和生产可能性边界方面有着积极的作用，但它并不一定会带来帕累托改进。个体偏好和捐赠的不同会产生绿色市场价格效

应在质和量上的差异，并使个体在环境公共品的数量上有所区别。这样一来，尽管环境公共品因数量增加而使价格降低，但因价格大幅度降低而导致溢出效应，部分个体的境况会变得更坏。换言之，绿色市场可能转移提供环境公共品的成本，使得部分个体福利下降。

二、制度失效与贫困人口

达斯古普塔（1998）对撒哈拉以南非洲地区和印度次大陆的欠发达国家的贫困、人口和环境资源退化之间的相互关系进行了分析。在传统上，经济学家们一般认为，由于贫困，欠发达国家人口对未来收入所采用的非常高的折现率加速了对自然资源的开采，自然资源基数难以得到维护。在达斯古普塔看来，这样的观点难以得到经验的支持，他认为，源于制度失效的自然资源私人投资回报率偏低才是问题的根源所在。

制度失效有多种表现。第一，在许多欠发达国家，尤其是在撒哈拉沙漠以南非洲地区，政府长期歧视农业，打击农民投资土地的积极性。对出口实行配额，汇率过高，为了转移农业收入而人为地制定较低的农产品价格等政策使得农业的投资回报率低下。第二，农民的农业资源基数（土地、林地等资源）的产权得不到充分保证。农业生产需要对当地的自然环境资源进行长期投资，但是，不稳定的产权制度使得农民无法预期从土地上获得长期收益，农民不愿意进行维护和改善自然资源的投资。第三，对传统社会规范的破坏也是一种制度失效。在已经熟悉了的或自身参与制定社会规范的背景之下，农民生产和生活的相当大一部分成本支出可以节省下来。但是，当社会规范突然发生剧烈变化时，依赖当地自然资源的贫困人口通常处于弱势地位，不但不能享受经济增长带来的收益，其经济利益还极易受到损害。第四，伴随着经济发展的人口转移也可能使得当地自然资源退化。随着外界经济的快速发展，当地部分人口开始向外转移，不再遵守本地传统规范，这些人口具有更多的投机倾向。当地人对此类人群信任程度的降低导致各种交易的预期收入下降。与此同时，协议中所要求的回报率随之提高，这会加速对当地自然资源的开采使用。

尽管对贫困地区实行私有化改革的措施在理论上得到了支持，但在贫困地区实行私有化改革的实际结果究竟如何？一些学者通过对乡村公共自然资源私有化进程做了大量实证研究后发现，私有化作为一种制度变迁过程在注重提高经济效率的同时，也可能在分配上带来灾难性后果，这就是剥夺了整个贫困阶层的利益。事实很清楚，除非在私有化过程中将自然资源的租值按适当比例分配给最初的资源所有者，否则穷人们的福利状况将恶化。不幸的是，政策的制定者通常既不熟悉当地的社会状况，也不了解其生态环境，而是更多地迎合无视当地居民福利的某些利益集团的需要。从制度失效的角度对私有化改革进程进行探讨，并不是不关注乡村经济发展，而旨在强调在对乡村公共自然资源实行私有化过程中应当充分利用分散的信息，应当考虑当地经济的和生态的互动关系，应当充分顾及农业人口中最贫困人群（妇女、儿童和老人）的诉求，应当进行长期规划以避免政策不当带来的环境恶果。在经济发展的过程中，环境的保护和贫困人群的福利紧密相关。

达斯古普塔还分析了贫困、人口和当地自然环境资源之间相互影响的过程。在最贫穷的国家里，人们多半依赖于其自然生态资源来自给自足。低下的生产效率使得简单的工作也需要付出大量的劳力。与发达国家相比，这些国家中的贫困家庭得不到日常能源和自来水的供应。事实上，在干旱和半干旱地区，由于森林退化和水源枯竭，为了种植农作物、饲养牲畜和维持日常生活，一个家庭的成员不得不花费5—6个小时用于取水、收集饲料和燃料。可以看出，这些贫困地区的家庭所面对的能源和水源的相对价格高于其他地区，其生产率的低下不仅是因为资本匮乏，而且也源于环境资源的匮乏。

在这类贫困地区，父母通过更多地生育子女来满足低效率生活及其生产方式对大量人手的需求。儿童可以在许多方面增加家庭收入。在成年之前，子女所提供的劳务已经可以抵消父母的抚养成本。所以，即使父母处于盛年，儿童也可以作为父母的工人不断地产生。有调查表明，一些贫困地区的儿童从6岁起就开始照料更幼小的家庭成员，并担任取水、收集燃木、处理粪便和饲料等工作。在孟加拉某些地区，男性儿童12岁就成为净生产者，工作时间与成年人相同。在15岁之前，他们就已经补偿了他们的累积性消费。所以，在生育子女的动机方面，贫穷国家家庭和富裕国家家庭之间存在着巨大差异：前者是为了得到更多的人手用以应对自然资源的减少以及维持日常生产和生活而生育子女，而后者则更多地考虑到子女未来的发展前途。

然而，在贫困地区，更多的人口却会导致自然资源进一步被破坏。随着社会经济的发展，传统的规范在各种利益集团对资源的争夺中遭到破坏。在这一过程中，父母会设法更多地使用自然资源而将子女的抚养成本转嫁给社会。一方面，家庭对自然资源的逐渐破坏会产生积累性效果；另一方面，更低的抚养成本会激励父母生育更多的子女。这样一个人口上的“搭便车”难题会产生互动和累积性强化的效果：即当地自然资源的匮乏使父母倾向于生育更多的子女，但更多的人口给自然环境带来更大的压力，用于生产和生活的自然资源基数进一步萎缩，这又激励着家庭规模进一步扩大。如此下去，在一个递进的螺旋中，贫困程度、生育状况和环境退化水平三者同时促成了一个恶性循环。当收益递减作用或公共政策最终阻止这个循环的时候，在极度匮乏的自然环境中，大量的人口正遭受着更严重的贫困。尽管从人力资本角度看，人口规模可能给一国带来累积性收益，但在个体没有受到教育和得以正常发展的情况下，通过上述途径如此产生的大量人口，很难被认为能够对经济发展有促进作用。

作为制度失效的另一种表现是，具有误导性的经济指数也导致环境和人口问题被忽略。平均而言，二战后世界食物产量的增长快于世界人口的增长。其他许多人类福利指数，如婴儿存活率、预期寿命和文化程度等也相应提高。但这些传统的生活标准指数注重的是产品的生产，而非人类最终依赖的环境资源基数。这些指标并不是在保证自然资源基数不变的情况下来统计人均 GDP 的增长。例如，在农业增长的数字中，土壤的过度使用和地下水位下降等不利因素就没有被考虑。国民生产净值（NNP）比 GDP 更应当受到关注。作为社会福利的有效指标，NNP 的估算不仅应当从 GNP 中减去物质资本和人力资本的折旧，还应当考虑自然资本的折旧和污染给社会带来的损失。实际上，对国民收入度量的实际操作远远滞后于理论的发展。这种滞后不是因为无法确定对 NNP 的计量中应当含有的项目，而是因为没有充分估计环境资源的价格。有偏向性的价格体系导致当前对 NNP 的估计也是有偏向性的。比如，各地区当地自然环境资源的价格通常被统计为零，环境资本的折旧数量也因此为零。这使得破坏环境的投资项目的利润高于其社会收益，大量危害环境的项目被错误地获得通过。此外，这种偏向性还会扩展到前期的 R&D 中，被低估的环境资源价格不能带来足够的经济利益去激励开发节约自然资源的技术。在发展中国家技术引进过程中，技术激励的缺乏使得贫穷国家无法根据自身的价格核算体系对技术进行适当地改进，这不利于对自然资源加以有效利用。

总之，在达斯古普塔看来，在撒哈拉以南的非洲地区和印度次大陆的贫穷国家中，制度失效导致了自然环境的退化，而与私有化过程相伴随的对公共自然资源的分配带来了进一步的贫困。环境退化、贫困和高生育率之间的正反馈机制形成了一种恶性循环，严重地困扰着这些贫穷国家的社会经济发展。现有的福利指标体系的缺陷和偏向性也使得各类决策过程无法充分考虑到对自然环境资源的保护，因而加剧了上述循环过程。为了阻止这种恶性循环，应当从多方面入手采取适当的政策，例如实行计划生育措施，提高妇女儿童的社会权益，建立完善的基础设施，保证日常物资的供应，增加对弱势群体的经济担保，等等。这些措施最终将改变贫困地区人群所面临的选择环境，促使人们通过理智的选择将生育率降低至人口替换水平，并可持续地利用自然资源，力求取得社会、经济和生态的可持续发展。

第七节 可持续发展的政策

一、可持续性政策的标准

一直以来，提高经济的运行效率是政府干预经济的主要动因，而最大化现值标准（maximization criterion of present value）则是判断经济运行效率的最常用工具。在可持续发展问题提出来之后，可持续性标准（sustainability criterion）也成为经济政策制定的依据。然而，在经济发展问题上，两种政策标准的观点常常出现分歧。一部分学者认为，在过去一个世纪里，由于人口和人均消费的惊人增长，人类对自然资源的消耗大幅度增加。从某些自然资源的消耗程度看，目前人类对自然资源的过度使用已危及后代的经济选择范围，人均效用水平不可能持续地增长。另一部分学者认为，尽管存在环境资源上的压力，但前代人在资本、教育和科研上的投入是以生产资本、人力资本和技术进步为形式的资本积累，如果这种积累能够补偿自然资源的减少，那么，前代人的投资则有助于后代人生活质量的提高。从自然资源的价格趋势和富裕国家常规经济指数的增长轨迹来看，资源稀缺并未显现。

2004 年，阿罗和达斯古普塔等学者对可持续性政策标准进行了阐述，并使用该政策标准对实际经济体的可持续性进行了判断。

可以把政策标准关注的代际社会福利（Intertemporal Social Welfare）表述为：

$$V_t = \int_{s=t}^{\infty} U[C(s)]e^{-\delta(s-t)}\mathrm{d}s \text{ , } s \geqslant t \tag{12.7.1}$$

在 t 时刻，代际社会福利 V_t 是以恒定的折现率 $\delta(>0)$ 将 t 时刻至未来所有广义的消费 $C(s)$ 带来的效用流 $U[C(s)]$ 做折现的结果。因为效用 $U[C(s)]$ 代表某种广义的社会价值，所以，V_t 实际上是从 t 时间开始的某种伦理排序的数字代表。除了价值判断之外，生产基数（productive base）也影响着 V_t 的取值。生产基数作为 t 时刻的初始条件是指广义的资本，包括“被制造出来的”资本（manurfactured capital）、人力资本、自然资本（natural capital）以及技术水平。

最大现值标准就是根据 t 时刻的初始条件，对从 t 开始的各期产出在投资和消费之间进行分配，使得 V_t 最大化。在这一过程中，δ 决定了各代福利的权重；δ 越大，未来代际的效用就越不受重视。

可持续性标准不同于最大化现值标准，其含义源于世界环境与发展委员会（WCED）1987 年所给出的定义，即“既满足当代人的需要，又不对后代人满足其需要的能力构成危害的发展”。从上述设定环境来看，就是要保证代际社会福利 V_t 不随时间而递减，即

$$dV_t/dt \geqslant 0 \tag{12.7.2}$$

对于可持续性标准，有以下几点值得注意。第一，可持续性标准关注的是代际社会福利的变动方向而非其水平的高低；第二，即使从 t 时刻开始，可持续性标准一直得到满足，但是，这并不意味着未来各期效用水平一直能够保持在 t 时刻的效用水平上①。也就是说，在时间轴上，代际社会福利的不减少不等于效用水平的恒定；第三，满足标准的消费路径并不是唯一的，可以呈现出多种形式；第四，如果可耗竭资源对生产和消费来说过于重要，可持续发展路径就可能不存在；第五，对标准暂时的满足并不能保证对标准永久满足；例如，使 V_t 在时间轴上先升后降的消费路径就不是真正符合可持续性标准的消费模式；第六，可持续消费路径并不一定是最大化的代际社会福利的最优消费路径；第七，可持续标准并不一定满足代际效率原则，即帕累托改进可以存在的原则。

在技术不变的情况下，对生产基数的保护对于可持续性标准的满足至关重要。福利的最终来源是给人类带来收入的各类资产，所以，福利也是各类资产存量向量 K_t 的函数，即

$$V_t = V(K_t) \tag{12.7.3}$$

如果用真实投资（genuine investment）来表示一个社会中各类资产增减变化的价值总和，则代际社会福利 V_t 不减等价于真实投资不为负数，即

$$dV/dt = \sum_i (\partial V/\partial K_{it})(dK_{it}/dt) = \sum_i p_{it}I_{it} \geqslant 0 \tag{12.7.4}$$

其中，K_{it} 表示 t 时刻第 i 种资产的存量，p_{it} 为资产 K_{it} 的影子价格，I_{it} 是资产 K_{it} 存量的变化，即净投资，$\sum_i p_{it}I_{it}$ 就是实际投资。

式（12.7.4）说明，对生产基数的维护并不意味着对任何一种具体形式的资源都需要保护。例如，即使某些资源被消耗，只要其他形式的资产得以积累并能抵消这类被消耗资源价值的减少，可持续性标准依然可以得到满足。

虽然真实投资的概念将可持续性的判断更直观地归结到对各类资产存量的变化和价值的具体度量上，但是，在可持续性标准的实际应用上依然存在困难。一方面，各类资本存量的变化，尤其是对人类生活有着各种直接和间接影响的自然资源的存量变化，很难精确地测量；另一方面，尽管生态经济学一直在努力促进人们加深对自然资源和“被制造出来的”资本相互替代性的理解，但是，生态

---

① 参见 Asheim, Geir, 1994, “Net National Product as an Indicator of Sustainability”, *Scandinavian Journal of Economics*, vol. 96, pp. 257-265。

学家和经济学家在这种替代性的范围和程度上依然缺乏共识，这使得各类资产的相对价格依然难以确定。

对于实际政策而言，人口的变化是可持续标准应用过程中不能回避的问题。一种处理方法是直接将人口看作是生产基数中所包含的一种资产形式，并赋予其相应的影子价格。这意味着，在拓展了的真实投资含义上使用可持续性标准。另外一种方法是采用“动态平均效用”的形式，于是，代际社会福利可以改写为：

$$V_t = \frac{\int_{s=t}^{\infty} N(s)U[C(s)]e^{-\delta(s-t)}\mathrm{d}s}{\int_{s=t}^{\infty} N(s)e^{-\delta(s-t)}\mathrm{d}s} \tag{12.7.5}$$

式（12.7.5）中，分子为总效用的折现值，分母为人口规模的折现值。达斯古普塔指出，在确定性条件下，这种形式的可持续性标准等价于人均实际财富不减少，亦即生产基数的价值不减少。

最后，还要按照可持续性标准来考虑技术进步。技术进步的效果被认为可以通过全要素生产率对代际社会福利的影响来体现。令 γ 为全要素生产率的增长率。由于 γ 是剔除了其他生产要素对产出增长影响后的“余值效应”，所以，这种“余值”对应于技术进步的作用。令 K（无下标）为经技术进步调整之前的实际财富总值，也就是自然资本、“被制造出来的”资本和人力资本的价值总和。令 α 代表产出对于实际财富 K 的弹性。可以证明，在储蓄率为零的情况下，增长率为 γ 的全要素生产率使代际社会福利增长率提升了 γ/α 。所以，技术进步的效果就是在实际财富初始增长率的基础上乘以 γ/α 。

使用上述可持续性标准，阿罗等人对部分国家和地区的发展情况①进行了分析和判断。在假定技术和人口不变的情况下，用国家净储蓄来估算生产资本的积累，用教育支出来估算人力资本的积累，选择商业林地、石油和矿产存量的净变动值和大气中二氧化碳成分的变化来判断自然资源和环境资本的消耗。计算结果显示，由于自然资源过度消耗，撒哈拉以南地区、中东和北非地区的实际投资为负数；而英美两国则依赖于对人力资本的大力投入以及自然资源的低消耗，使得这两国的实际投资比其国内净投资更高。

经过对人口增长和技术进步作出调整后，结果发生一些变化：巴基斯坦、孟加拉、印度和尼泊尔的社会福利的增长率成为正值。在撒哈拉以南非洲、中东和北非地区，不但没能满足可持续发展条件，而且经过调整后的年均实际财富反而以更快的速度减少。中国的情况与众不同。在经过对全要素生产率做出调整之

---

① 根据世界银行网站公布的下列国家和地区从1970年到2001年近30年的发展指标，包括贫穷国家（中国、印度次大陆国家和撒哈拉以南地区）、石油输出地区（中东和北非地区）和工业化国家（美国和英国）。

前，中国的人均实际财富增长率高达2.06%；在经过全要素生产率（3.64%）调整后，较之其他国家就更为突出，其人均真实财富（genuine wealth）增长率进一步上升为8.33%[①]。最后，英美两个富裕国家根据估算均符合可持续性标准。

上述结果并不能证明某些贫穷的地区消费过度，而一些富裕的国家正在有效地避免这一问题。贫穷地区的关键问题是其生产率和实际收入过低，使得消费和投资都不充分。当前的消费不能带来适宜的生活标准，而当前投资也不能保证未来更高的或者相同的生活标准。富裕国家可持续性的保持反而很可能部分地源于贫穷国家和地区自然资源的破坏。由于在穷国产权制度不完善，其自然资源的价格通常被低估，侧重于出口资源消耗型产品的穷国实际上是在某种程度上补贴进口此类产品的富裕国家。富裕国家的高消费反过来加剧了穷国对环境资源的破坏，恶化其国民的福利水平。这个过程所产生的效果并未在以上估算中体现出来。

针对上述问题，阿罗等人认为，第一，当一国不确定是否满足可持续标准时，尽管提倡所谓有效率的公共政策，但其含义通常不够明确，但是，在管理、税收和产权制度等方面的政策确实可以促使自然资源与环境的价格更加接近其社会成本，以阻止资源过度消耗，进而带来更高的真实投资。第二，为了量化潜在的实际损失，需要发展出更好的数据来分析自然资本和其他形式的资本之间的替代关系。第三，为了使过于简单的计算趋于完善，需要更多地使用非总量数值增长模型（disaggregated numerical growth models）。这类模型可以包含由自然资源而产生的各种形式的服务和资本之间相互作用的细节，由此形成对关键性影子价格作出更好的估计。在这些方面所做的改善减少了由知识财富改变所带来的不确定性，有助于明确当前消费水平在多大程度上会威胁未来代际的生活质量。

二、全球性气候政策

对全球性气候政策的最早表述是在1992年联合国环境发展大会上通过的《联合国气候变化框架公约》（the United Nations Framework Convention on Climate Change），这是世界上第一份为全面控制二氧化碳等温室气体排放，以应对全球气候变暖给人类社会经济带来不利影响的国际公约。这份由大多数国家签署的国际公约的目标是稳定温室气体排放，通过各国自愿行动，到2000年各国温室气体排放量降低至1990年水平。然而，在随后的10年内，相应的政策很少得到执行，温室气体的排放有增无减。为此，各缔约方决定设计出量化的限制和执行时间表，通过约束各方行动，以达到减少污染排放的目的。1997年，《京都议定

① 不过这个结果很可能被高估了，因为在对实际投资的估算中，水土流失和城市环境污染并未包括在内，这两项是中国目前存在的突出问题。

书》在第三次缔约方大会上被通过，但其执行生效过程却一波三折，直到2005年才正式生效。

麦奇宾和威尔科克森（2002）认为，从经济学角度来看，目前《京都议定书》之类的国际环境协议有着严重的缺陷，而经济学方法能够给气候政策的制定提供很好的指导。在两位学者看来，尽管历史上有许多政策长期无效且难以改变，但是，在气候变化方面，因为迄今为止还很少有真正被有效执行的行动，所以，有效率的政策反而有可能一开始就得到运用。经济理论可以协助设计一个经济上有效率而且政治上具有可行性的政策，但气候改变涉及巨大的不确定性和潜在的分配效果，这两点必须首先进行分析。

首先，麦奇宾和威尔科克森认为，气候变化唯一能够被确定的就是其不确定性。因为在关于气候变化讨论的核心问题中，只有两点是无可争议的事实。第一，紫外光（短波辐射）可穿过温室气体（如二氧化碳），而红外辐射却被吸收。太阳短波辐射可以透过大气中的温室气体射至地面，而地面增暖后放出的长短辐射却被大气中的二氧化碳等温室气体物质所吸收，从而产生大气变暖的效应。大气中的温室气体就像一层厚厚的玻璃，使地球变成了一个大暖房，这就是所谓的“温室效应”。第二、由于人类活动在范围和速率上都在加大，大气中温室气体的浓度正在快速地增加。比如，对南极洲冰核的研究表明，相对于工业时代开始之前稳定的二氧化碳浓度，到1998年为止，近代大气中二氧化碳的浓度上升了30%。除了上述两点共识之外，关于气候改变的争议广泛地存在，大量的不确定因素使得对温室气体浓度增加带来气候变化的效果很难做出判断。从气象学角度看，大气中因水蒸汽和温度改变的缘故、海洋温度对全球变暖的反应速度以及在此过程中云和大气尘埃的作用都增加了对温室气体影响气候效果的预测难度。即便对已经排放的温室气体给当前全球气温带来的影响进行估算也同样面临困难。全球气温正常的波动幅度很大，不易判断出实际气温的上升幅度；此外，由于测量地点、测量工具和测量维度的不同，气温测量本身的精确性就值得怀疑。进而言之，即便能够精确地预测温度的改变，复杂而多样的物理和生态变化也令人们无法确切地知道温度变化导致的后果。第三，减少温室气体排放的成本也是不确定的。许多关键性经济参数和变量的变化较大，这使得对减少温室气体排放成本的估计范围变得过于宽泛，因而毫无实际意义。比如，在欧洲OECD国家中，为减少排放而征收碳税的估计范围竟然达到每吨碳征收25美元到825美元之间。总之，气候变化中的不确定性普遍存在且难以解决。

其次，一个可行的有效的气候政策需要各方长期而广泛的参与，由此产生的分配效果必须被考虑。在国际范围内，一方面存在着许多已经排放了大量温室气体的发达国家，另一方面又存在着许多正在排放大量温室气体的发展中国家，谁更应当承担防止全球变暖的主要责任？这是一个争论不休的问题。过多地将精力集中于这样一类问题显然不利于设计出可行的气候政策。气候政策的执行必然意味着国家之间某种程度的财富转移，所以，此类国际协议不可能令一个主权国家长期显著地违背其国家利益。在一国之内，可行的政策还应当便于政府在其管辖范围内，以一种灵活和公开的方式在各部门和企业之间分配排放权利。

好的政策应当是有效率且可行的。为了达到减少排放的目的，基于市场的政策工具有：第一，排放税；第二，实行排放权的可交易许可证制度。在排除了不确定性的情况下，两者的分配效果不同，但效率却是一样。针对不确定的情况，威茨曼（1974）[①] 指出，在边际收益和边际成本不确定的情况下，税收和许可证制度在效率上并不等价，两类曲线相对的斜率决定了哪种政策工具更有效。从直觉上说，许可证制度可能带来以不惜成本的方式来限制排放的结果，而排放税则可能导致从企业到政府的过高的收入转移，在政治上不会得到企业界的支持。考虑到这两种政策工具各自在经济上和政策上的缺点，将两者进行某种比例的混合可以解决这些问题。从效率上讲，在边际上，混合政策可以达到排放税的效果：即当减少污染排放的成本较低时，提供适当激励；当减少污染排放的成本较高时，又具有整体上的灵活性。在政治可行性上，混合政策既避免了不必要的收入转移，又具有许可证制度在分配效果上的灵活性。混合政策中有两类排放许可：第一，固定数量的可交易长期排放许可；第二，弹性供给的短期（一年期较适宜）排放许可。每一个参与政策执行的国家得到某一特定数量的长期排放许可，并可以自由交易或出借。政府将其得到的长期排放许可通过某种形式（如赠与、拍卖）分配到部门或企业，并允许转让流通。政府还可以固定的价格出售额外的短期排放许可。

沃里克·J. 麦奇宾和彼得·J. 威尔科克森（Warwick J. Mckibbin & Peter J. Wilcoxen，2002）具体地刻画了这一操作过程。如图 12.7.1[②] 所示，Q_T 为长期排放许可，对应于排放量供给的 S_P 阶段；短期排放许可以 P_T 价格出售，对应于排放量供给的 S_A 阶段。当减少污染排放的成本较低时，排放需求较低，为 D_1，此时价格为 P_l，低于短期排放许可价格 P_T，排放量控制在 Q_T；当减少污染排放的成本较高时，排放需求较高，为 D_2，政府以 P_T 价格出售长期排放许可和短期排放许可，共计 Q_2。

从上述操作过程可以看出，混合政策的优点表现在如下方面：第一，提供了减少污染排放成本的价格上限，为 P_T，不会出现不计成本限制排放的问题。虽然排放并没有规定一个明确的上限，但各国减少污染排放的边际成本都必然向 P_T 看齐，这有助于有效率地利用资源。第二，长期排放许可避免了从企业到政

① Weitzman, Martin L. 1974, "Prices vs. Quantities", *Review of Economic Studies*, vol. 41, pp. 477-491.

② 参见 Mckibbin, Warwick J. & Peter J. Wilcoxen, 2002, "The Role of Economics in Climate Change Policy", *Journal of Economic Persptctives*, vol. 16, no. 2, Spring, p. 121。

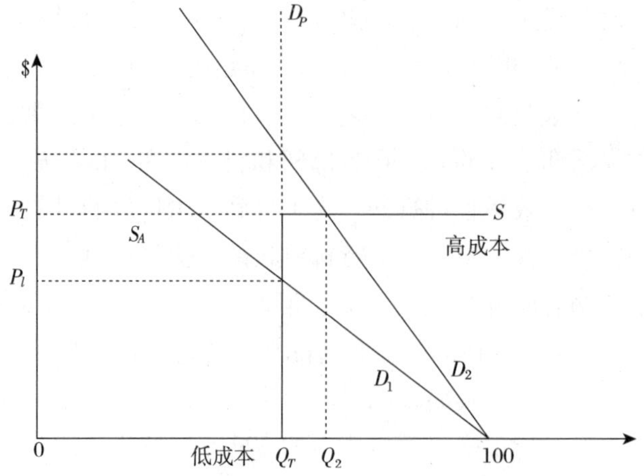

图 12.7.1　混合策略的操作过程

府的大量的收入转移，有利于得到企业界的支持。第三，监督和执行可得到有力保障。在政府方面，由出售短期排放许可而产生的收入是对有效地监督和执行的激励；在企业界方面，任何企业的作弊行为都会使得其他企业所掌握的排放许可额度的价值下降，因此，企业之间具有相互监督的动力。第四，此政策具有充分的灵活性和分散性。在操作方面，P_T 的数值可以根据新的信息作灵活调整。在参与方面，新成员加入的条件仅仅是要求其在国内执行相应的政策，无需达成任何国际协议；某个成员的退出也不会影响其他成员国所拥有的污染排放许可证的价值。后面这一点非常重要。在国际间纯粹的可交易许可证体系之下，任何成员国的增减都会改变许可证的供求关系，从而导致许可证价格的大幅变动。第五，政策非常透明。对于企业来说，这是一种既往不咎的政策。总之，混合政策的上述优点排除了在建立健全的国际气候政策过程中的各类最主要的障碍。

从上述分析反观《京都议定书》的内容可以看出，问题主要集中在四个方面：第一，《京都议定书》以不计成本的方式把排放水平控制在 1990 年的水平以下。没有研究文献表明，将温室气体排放量控制在 1990 年水平以内一定是一个理想的目标。相反，其效果充其量仅仅是数十年以后全球变暖幅度的少量减轻，而巨大的减少污染排放的成本是以现值计算的。有计算表明①，如果在世界范围内《京都议定书》的条款得到有效执行，那么，其成本将达到 8000 亿美元到 15000 亿美元之间，而其收益现值仅为 1200 亿美元。第二，《京都议定书》是一个国际可交易排放许可证体系，结合前文的论述可见，这一体系会产生两方面的问题。一方面，在减少污染排放的边际成本充满不确定性的情况下，这一体系可

① Nordhaus, Mllliam D. & Joseph G. Boyer, 1999, "Requiem for Kyoto: An Economic Analysis of the Kyoto Protocol", *Energy Journal*, vol. 20, pp. 93-130.

能非常缺乏效率。另一方面，这一体系意味着国家之间大量的财富转移。通过简单地估算可知，若《京都议定书》得以执行，美国在2010年将向国外购买270亿美元到540亿美元的污染许可额度。这种大规模的财富转移使得此类协议能够被执行的机率几乎为零。第三，《京都议定书》会加剧国际贸易体系的紧张程度。在相应的约束机制下，出口排放许可额度有可能使得发展中国家的外汇收入增加。然而，一方面，外汇收入的增加引起汇率上升，导致其出口工业衰退；另一方面，由此得到的收入的使用受到限制，不能用于进口发展中国家急需的商品和劳务，而只能用于购买和引进减少污染排放的清洁性技术。因此，即便是受惠的发展中国家对此也并不热衷。第四，此框架体系没有足够的激励效果。监督成本过高，而惩罚本国的违规者无异于损己利人。参与的每一方在其他各方严格执行协议的情况下有背离协议的动机，最终导致整个协议体系难以稳定地维系。

2009年12月丹麦哥本哈根的世界气候大会虽兴师动众，全球瞩目，然所获十分有限。世界气候大会延续了以往的思路，产生了可预见的矛盾，得到的是聊胜于无的结果。会议第二天外泄的由英国、美国和丹麦草拟的偏袒富国的“丹麦草案”首先引发了发达国家和发展中国家之间的矛盾；七十七国集团对此表示抗议，并要求美国加入《京都议定书》。作为历史上以及人均温室气体排放量最大的国家，美国则指出中国的碳排放量将在未来10—20年超过美国。在接受国际减排审核问题上，中国出于维护主权考虑，一度拒绝核查，但最终通过磋商，同意提高减排行动的透明度。太平洋岛国图瓦卢则向大会提出动议，要求达成一项较之《京都议定书》更为严厉并具有法律效力的减排协议，但该提议并未列入谈判内容。

显然，世界气候大会并未认真吸取前期国际环境协议羸弱无力的教训，没有借鉴麦奇宾和威尔科克森等经济学家的分析以设计出合理可行的合作机制，使会议陷入围绕不计成本地武断减排、减排是否会伴随着巨大的财富转移、如何建立有效监督和有力执行的机制、如何改变政策僵硬缺乏激励的局面、溯及既往清算历史问题等争论之中，最终导致虽然聚全球之众，却促成“一纸空文”的结局。

就在会议召开前夕，为“气候异常变暖”提供重要科研数据支持的东英吉利大学气候中心的数千封邮件被盗并被公之于众，引发“邮件门”事件。从被公布的邮件内容可以看出，支持“气候异常变暖”的东英吉利大学气候中心存在严重的“操纵数据”的嫌疑，进而影响到采用其数据的联合国政府间气候变化委员会（简称IPCC）认定的“人为活动产生温室气体导致全球显著变暖”论断的科学性。另一个值得注意的倾向是，世界气候大会没有正式邀请过任何一位对气候威胁论持怀疑态度的科学家。事实上，多位世界顶级的气候学家对于气候变暖理论一直持怀疑态度，但他们的观点一直被忽略。

“邮件门”事件暴露出气候学这一“硬科学”的研究结论被政府及政治组织

有选择地加以采用，这种倾向尤为值得注意。从《联合国气候变化框架公约》到《京都议定书》，再到哥本哈根世界气候大会通过的《哥本哈根协议》，这一系列的重要文件对全球社会、经济与政治领域产生了极为深刻的影响，而这些文件均基于有关“温室气体增加导致全球气候异常变暖”的判断。然而，这一判断的真伪性仍然需要检验。这个问题有待气候学家们做进一步的深入研究。

二、可持续性政策与环境政策的比较

自 1987 年世界环境与发展委员会（WECD）提出被广泛接受的可持续发展定义以来，可持续发展的文献在政府文件中大量涌现，但这类文献和文件很少对可持续性政策（Sustainability Policy）和环境政策（Environmental Policy）加以区分。这种区分最早出现在斯蒂格利茨 1979 年发表的《自然资源经济学的新古典分析》① 中。此后，关于“可持续性”文献多集中在对可持续性的定义②、辩护③和度量④的研究上，其中，约翰·C. V. 佩齐（John C. V. Perzzey，2004）分析了政策的具体应用及其产生的效果，并对可持续性政策和环境政策进行了区分和比较。

在佩齐看来，环境政策是针对经济活动中各类外部性而采取的政策措施，其目的是使各类外部性内部化，从而使经济运行达到最优水平。为此，常常使用税收或补贴等政策措施直接作用于产生外部性的资源，使得税收或补贴的额度等于达到均衡时环境价值的最优激励（first-best incentives）的额度。可持续性政策不同于环境政策，它是从代际公平的意义上作出某些社会改进，例如，保持效用水平永久恒定、不减或可持续，等等。可持续性政策的单独使用可能无法消除经济运行过程中的各类外部性，因而出现无效率现象。但是，如果将可持续性政策同环境政策结合起来使用，那么，就可以产生所谓的最优可持续性政策（optimal sustainability policy）。在这种情况下，可持续政策的作用可以视为在消除外部性的同时，将个人效用折现率减低到某一可持续性的折现率水平上。

为了表述这两种政策的作用过程，佩奇首先建立一个标准的社会福利最优化模型作为参照。在一个存在污染量 E 的经济中，使用生产性资本（productive

---

① Stiglitz, Joseph E., 1979, “A Neoclassical Analysis of the Economics of Natural Resources”, in V. K. Smith ed., 1980, *Scarcity and Growth Reconsidered*, Baltimore: Johns Hopkins University Press, pp. 36-66.

② Howarth, Richard B. & Richard B. Norgaard, 1992, “Environmental Valuation under Sustainable Development”, *American Economic Review* vol. 82, pp. 473-477.

③ Asheim, Geir B., Wolfgang Buchholz & Bertil Tungodden, 2001, “Justifying Sustainability”, *Journal of Environmental Economics and Management* vol. 41, pp. 252-268.

④ Pearce, David W. & Giles D. Atkinson, 1993, “Capital Theory and the Measurement of Sustainable Development: An Indicator of ‘Weak’ Sustainability”, *Ecological Economics* vol. 8, pp. 103-108.

capital）K 和自然资源 S 进行生产，自然资源存量的变化为

$$\dot{S} = G(S) - R \tag{12.7.6}$$

其中，$G(S)$ 为自然资源的增长率，R 为自然资源的开采使用率；资源存量越大，增长率越大，即

$$G(S) > 0 \tag{12.7.7}$$

生产性资本由投资而形成，

$$\dot{K} = I \tag{12.7.8}$$

污染量 E 随着生产过程中自然资源使用量 R 的增加而增加，但随着治理污染支出 a 的增加而减少，即

$$E = E(R,a)\ ,\ E_R > 0\ ,\ E_a < 0 \tag{12.7.9}$$

社会的产出用于消费 C、投资 I 和污染治理 a，

$$F[K,R,E(R,a)] = C + I + a \tag{12.7.10}$$

且 $F_K, F_R > 0, F_{KK}, F_{RR} < 0, F_{KR} > 0, F_E < 0, F_{EE} < 0$。

瞬时效用水平 U 随消费水平 C 和自然资源存量水平 S 递增，随污染排放水平 E 递减，

$$U = U(C,S,E) \tag{12.7.11}$$

且 $U_c, U_s > 0, U_{cc}, U_{ss} < 0, U_{cs} \geqslant 0, U_E < 0, U_{EE} < 0, \lim\limits_{t\to\infty} U_c = 0$。

通过选择消费路径 $C(t)$，污染治理支出水平 $a(t)$ 和自然资源开采使用水平 $R(t)$，社会以 $\rho(t)$ 贴现率最大化其效用现值：

$$W^p(0) \equiv \int_0^\infty \exp[-\int_0^t \rho(z)\mathrm{d}z\ ]U[C(t),S(t),E(t)]\mathrm{d}t;\quad \rho(t) > 0 \tag{12.7.12}$$

当以 ψ^K 和 ψ^S 为共态变量（co-state variable）时，最优化过程中的汉密尔顿现值方程为：

$$\begin{aligned} H &= U + \psi^K\dot{K} + \psi^S\dot{S} \\ &= U[C,S,E(R,a)] + \psi^K[F(K,R,E(R,a)) - C - a] + \psi^S[G(S) - R] \end{aligned} \tag{12.7.13}$$

不同于社会整体最优化，在私人分散决策的环境下，个人从私人成本收益的角度决定个人行为，个人效用函数为

$$U = U(C,\bar{S},\bar{E}(R,a)) \tag{12.7.14}$$

其中，$\bar{S}$ 和 $\bar{E}$ 表示个人在环境变量给定的条件下做出个人决策。

环境政策用于提供价格激励，通过税收和补贴的手段，内部化个人决策带来的外部性，使经济回到最优路径上。这里存在着四种外部性影响：自然资源对效用水平的影响 U_S，污染排放对效用水平的影响 U_E，污染排放对生产的影响 F_E，

自然资源存量对资源增长的影响 G_S。此时，环境政策的具体表现形式有以下五种：消费税 τ^C、污染治理支出税 τ^a、资源开采税 τ^R、自然资源存量税 τ^S 和污染排放税 τ^E。相应的生产性资本和自然资源的积累变为：

$$\dot{K} = F(K,R,\bar{E}(R,a)) - C - \dot{K} - a - (\tau^C C + \tau^a a + \tau^R R + \tau^S S + \tau^E E - \Omega) \quad (12.7.15)$$

$$\dot{S} = G(\bar{S}) - R \quad (12.7.16)$$

其中，Ω 为平衡政府预算的各类税收收入总和的一次性退还。

可持续性政策的目标是实现代际公平，通过降低折现率的方式达到，即以可持续性的折现率 $\sigma(t)$ 使社会效用现值达到最大化：

$$W^{\sigma}(0) = \int_0^{\infty} \exp[-\int_0^t \sigma(z)\mathrm{d}z]U[C(t),S(t),E(t)]\mathrm{d}t; \quad \sigma(t) > 0 \quad (12.7.17)$$

在一般情况下，$\sigma(t) < \rho(t)$；当需要单独考虑环境政策效果的时候，可以令 $\sigma(t) = \rho(t)$ 以消除可持续政策的影响。

最优过程的汉密尔顿现值函数为：

$$\tilde{H} = U[C,\bar{S},\bar{E}(R,a)] + \tilde{\psi}^K[F(K,R,\bar{E}(R,a) - C - a]$$
$$- \tilde{\psi}^K[\tau^C C + \tau^a a + \tau^R R + \tau^S S + \tau^E E(R,a) - \Omega] + \tilde{\psi}^S[G(\bar{S}) - R] \quad (12.7.18)$$

其中，$\tilde{\psi}^K$ 和 $\tilde{\psi}^K$ 是新的共态变量。

从最优化的结果可以看出，环境政策为：

$$\tau^E = -1/E_a = -(U_E/U_C + F_E) > 0 \quad (12.7.19)$$

$$\tau^a = 0 \quad (12.7.20)$$

$$-\tau^S = U_S/U_C + (F_R - \tau^E E_R)G_S$$
$$= U_S/U_C + [F_R + (U_E/U_C + F_E)E_R]G_S > 0 \quad (12.7.21)$$

$$\tau^R = 0 \quad (12.7.22)$$

可以看出，污染排放税 τ^E 可以使污染排放的外部成本内部化：以消费单位作为度量单位，$-U_E/U_C$ 为舒适成本，$-F_E$ 为生产成本。资源开采补贴 $-\tau^S$ 使自然资源存量的外部收益内部化：U_S/U_C 为舒适收益，$(F_R - \tau^E E_R)G_S$ 为资源增长收益减去资源使用成本。而污染治理支出税 τ^a 和资源税 τ^R 在此是不必要的。总之，环境政策直接针对外部性产生的源头，即自然资源 S 和污染排放 E，而不是针对中间变量，如污染治理支出 a 和资源开采量 R。采用以税收或补贴为手段的价格刺激，可以使社会成本和私人成本达到相等。

可持续性政策要求满足的条件为：

$$-\dot{\tau}^C/(1+\tau^C)=\rho-\sigma \qquad (12.7.23)$$

式（12.7.23）表明，可持续性政策力图将个人的效用折现率从ρ调整为σ。实际上，这是一种对未来代际的强烈的关切：无论τ^C表现为下降的消费税还是上升的消费补贴，可持续政策都是在为后代着想而鼓励推迟消费并进行资本积累。

当$\rho>\sigma$的时候，表现为污染排放税和资源开采补贴的环境政策同表现为消费税的可持续性政策一道优化经济路径；但当$\rho\equiv\sigma$的时候，说明经济个体普遍具有可持续发展观念，可持续性政策成为多余的了。这时最优化的环境政策也会相应调整。这一点同理查德·B. 豪沃斯和理查德·B. 诺加特（Richard B. Howarth & Richard B. Norgaard，1992）① 的结论相一致，他们认为环境价值观取决于社会对于代际公平的看法。

要进一步探讨两类政策渐进的相互影响，需要建立新的假设。佩齐以斯蒂格利茨（1974）② 的模型为基础，假设经济体使用生产性资本K和不可再生资源S进行生产；但资源的使用量R不会带来污染，唯一的外部性是资源存量$\bar{S}$对生产的影响；外生的技术进步率为ν；产出被用于消费和生产性资本的积累。令生产函数为柯布—道格拉斯生产函数，即

$$F(K,R,\bar{S},t)=K^{\alpha}R^{\gamma}\bar{S}^{\chi}e^{\nu t}=C+\dot{K} \qquad (12.7.24)$$

$$0<\alpha,\gamma,\chi<1;\alpha+\gamma+\chi\leqslant 1;\nu>0$$

效用函数为：

$$U(C)=C^{1-\eta},0<\eta<1 \qquad (12.7.25)$$

折现率ρ为正。为了保证现值积分收敛和社会最优效用渐进下降，也就是说，可持续性不会必然成为环境政策的副产品，还要假设：

$$(1-\alpha)\rho>(1-\eta)\nu,\rho\gamma>\nu \qquad (12.7.26)$$

可持续性目标被定义为恒定效用，即消费渐进增长率③为零：

$$g_C=0 \qquad (12.7.27)$$

在上述假设下，比较三种平衡路径下的消费渐进增长率。

第一种消费渐进增长率在社会最优路径上：

$$g_C=(\nu-\rho\gamma)/[1-\alpha-(1-\eta)\gamma] \qquad (12.7.28)$$

由式（12.7.26）可知，此时

① Howarth, Richard B. & Richard B. Norgaard, 1992, "Environmental Valuation under Sustainable Development", *American Economic Review* vol. 82, pp. 473-477.

② Stiglitz, Joseph E., 1974, "Growth with Exhaustible Natural Resources: Efficient and Optimal Growth Paths", *Review of Economic Studies* vol. 41, Symposium on the Economics of Exhaustible Resources, pp. 123-137.

③ 变量Y的渐进增长率为$g_Y\equiv\lim_{t\to\infty}\dot{Y}/Y$。

$$g_C < 0$$

第二种消费渐进增长率在具有可持续性政策 τ^C 的私人最优路径上：

$$g_C = [\nu - (\rho + \dot{\tau}^C/(1+\tau^C))(\gamma+\chi)]/[1-\alpha-(1-\eta)(\gamma+\chi)] \quad (12.7.29)$$

第三种消费渐进增长率在同时具有可持续性政策 τ^C 和环境政策 $-\tau^S$ 的最优路径上：

$$g_C = [\nu - (\rho + \dot{\tau}^C/(1+\tau^C))\gamma]/[1-\alpha-(1-\eta)\gamma] \quad (12.7.30)$$

通过比较可知，要达到可持续性目的 $g_C = 0$，由于环境政策的作用，式（12.7.30）所要求的条件

$$-\dot{\tau}^C/(1+\tau^C) = \rho - \nu/\gamma \quad (12.7.31)$$

要弱于式（12.7.31）所要求的条件

$$-\dot{\tau}^C/(1+\tau^C) = \rho - \nu/(\gamma+\chi) \quad (12.7.32)$$

式（12.7.31）和式（12.7.32）两者的差异集中在自然资源存量 S 对生产的外部性影响强度 χ 上。可以看出，环境政策消除了资源使用过程中的外部性，使可持续性的政策目标更容易达到。

综上所述，尽管可持续性政策和环境政策在其目的和实施方式上各不相同，但两者是相互补充的，两者的结合所产生的最优可持续性政策在保证经济有效率运行的条件下可以更好地达到可持续发展的目的。

第八节　简要的评价

人类经济发展一直面临着自然界的约束。自经济学诞生以来，经济学家就从来没有中断过对自然界约束的关注。尽管还只是处于人类经济整体进入高速发展的初期阶段，古典经济学家就已经从不同的角度分析了人类经济发展过程中的自然资源问题。科技的进步和生产力的发展使新古典经济学家一度对经济的持续发展充满了信心，然而，第二次世界大战后，日益严重的环境资源问题使学者们开始重新考虑目前的经济发展模式是否可以长期持续。由此，环境资源对经济的约束问题拓展为经济的可持续发展问题。

从新古典经济学的角度来看，如同希尔所指出的①，可持续发展主要涉及经

① Heal, Geoffrey, 1998, *Valuing the Future, Economic Theory and Sustainability*, New York: Columbia University Press.

济学中两个常见的问题：第一，在时间轴上各个不同代际之间的利益分配，即代际公平问题；第二，如何描述生态环境和自然资源对人类社会经济发展所施加的约束。

实际上，第一个问题就是要搞清楚可持续发展的明确含义。尽管可持续发展定义的备选项有数十种之多，但精确严格的表述应当是齐齐尔尼斯基给出的代际非独断性的定义。有趣的是，在这种完善严格的可持续性福利标准的考验之下，其他各类经济研究中常用的福利标准纷纷落马。针对这种情况，齐齐尔尼斯基着力论述了可持续性福利标准的合理性和现实性。但由于这种可持续性福利标准的形式不够简洁，在相关的研究中，真正采用这种可持续性福利标准的文献并不多见。尽管如此，作为在经济保持可持续发展过程中不可回避的一个问题，代际公平必然产生不同于效率标准的公平含义，提醒人们在持续发展过程中兼顾公平和效率。

对于资源环境约束，早期资源经济学就进行过描述。一方面，由于可耗竭性突出了资源的稀缺，不可再生资源最先赢得学者们的关注。在 20 世纪 70 年代，经济学家们就集中讨论过不可再生资源约束对经济的影响。借助于从资源无限到资源有限的转换，威茨曼（1999）研究了不可再生资源的有限性给全球福利带来的损失，强调了不可再生资源的重要性。另一方面，可再生资源通常是通过既作用于生产又贡献于环境舒适程度的方式进入可持续发展的研究中。哈特维克将可再生资源引入模型之后，实际上得到了扩展的哈特维克规则。该规则包括不可再生资源、可再生资源、“被制造出来的”资本和人力资本在内的资本总额不变，即只要总的净投资为零就可以保证恒定的消费或效用水平。而最初环境质量的高低（即可再生资源的多少），不仅影响经济优化路径，而且影响可持续的效用水平。

应当注意，哈特维克规则的前提（即自然资源和“被制造出来的”资本可以相互替代）受到很多环保主义者的批评。这些学者①认为，许多自然资源对人类发展的作用是不可取代的，所以，应当对环境资源采取更严格的保护措施。这种对立实际上就是可持续发展研究中两种范式（即强可持续发展和弱可持续发展范式）的对立。目前，折中的处理方式是首先选定一些关键性自然资源予以特别关注，以保证资源基数的完整性；然后，对于其他形式的资源使用市场交易的方式以提高效率。佩吉所提倡的兼顾代际效率和代际公平的整体法就是这种思路。

在 20 世纪 70 年代，新古典经济学对可持续发展提出的解决策略集中在两点上。第一，资本的积累，也就是上述的哈特维克规则；第二，技术进步。严格来说，后者不能算是解决策略，因为当时主流经济学家只是通过引入外生技术进步

① Pearce, David W. & Giles D. Atkinson, 1993, “Capital Theory and the Measurement of Sustainable Development: An Indicator of ‘Weak’ Sustainability”, *Ecological Economics*, vol. 8, no. 2, pp103-108.

因素来突破可持续发展中的资源约束，在理论上，这种方法无法回答何种行动可以有助于提高技术进步率。内生增长理论的出现回答了这个问题。内生增长理论认为，在资源有限的情况下，知识、技术和人力资本的积累可以消除生产中边际收益递减的趋势，提升技术进步速度，获得产出的持续增长。

尽管技术的进步和资本的积累有助于克服经济发展的资源约束，但毫无疑问，人类经济的物理规模不可能无限制地扩展下去。基于这种认识，戴利提出了类似于约翰·S. 穆勒的“静止状态”① 的发展观，他认为鉴于地球的封闭性和恒定性，物理规模意义上的“经济增长”最终将会趋于停止，人类社会将转向依赖于可再生资源的“经济发展”，也就是说，人类社会的经济活动将进入一种适度规模的“宇宙”。

实证性检验是可持续发展研究的新趋势，这一点典型地体现在环境库兹涅茨“倒 U 型”曲线的研究中。环境库兹涅茨曲线本身就是在利用实证数据研究环境质量和收入水平之间相互关系的过程中发现的一条经验性曲线。曲线形状意味着环境质量随着经济的发展最终将得以改善，这一美好的趋势吸引着大量学者对其进行实证检验和理论解释。作为环境库兹涅茨曲线的提出者，吉恩·H. 格罗斯曼和艾伦·B. 克鲁格采用了由全球环境监测体系所提供的较为全面的数据进行了验证，所得到的结果比较乐观。曲线成因的解释多种多样，而安德列奥尼和莱文森的分析显得十分简洁。无需考虑污染的外部性，在一个有微观基础的静态线性模型中，仅利用减少污染排放技术的规模效应就可以得出对曲线形状满意的解释。但是，这种经济发展水平和环境质量之间的相关关系不能简单地理解为因果关系，环境政策的执行、清洁型技术的应用、污染工业的转移等都有可能造成曲线形状的改变。这个领域的研究还需要进一步深入，而发展过程中的环境保护意识也不能因此而放松。

自由贸易有利于经济的发展，但对环境却有着多种的效应，其中，结构效应关系到污染工业的转移，并且某种程度上可以作为环境库兹涅茨“倒 U 型”曲线的一种解释，所以，结构效应是此类研究的重点之一。“污染庇护所假说”和“要素禀赋假说”两种理论均可以用来解释导致结构变换的比较优势的形成。布莱恩·R. 柯普兰和斯科特·泰勒（Brian R. Copeland & Scott Taylor，2004）② 指出，仅用环境政策的差异来解释污染转移的“污染庇护所假说”在实证研究中显得并不完美，需要“要素禀赋假说”加以补充。此外，在国际贸易中，为了达到一定的经济发展和环境保护的目标，尽管贸易政策和环境政策两者可能互为

① 人类可以通过自觉地限制人口的方式来解决人类自身与自然之间的矛盾，人口和资本存量不再增加，而人类的精神文明、道德和社会依然具有极其广阔的发展空间。

② Copeland, Brian R. & M. Scott Taylor, 2004, “Trade, Growth, and the Environment”, *Journal of Economic Literature*, vol. 42, pp. 7-71.

替代，但从政策执行效率的角度来看，两种政策相互替代并不可取。

可持续发展的代际公平意图必须通过政策标准予以贯彻。但在现实生活中，人们更容易接受的是执行现值标准而非可持续性标准。阿罗等人对比分析了两种标准，并使用可持续性标准对现实世界的情况进行了判断。从可持续标准看，由于实际投资过低，一些贫穷国家和地区的经济发展不能满足可持续性标准，但究其原因，并不在于消费过度而在于该国或地区的生产率过低。鉴于可持续发展形势的严峻性，各类环境保护政策和国际协定应当尽快地得到有效执行。但麦奇宾和威尔科克森认为，《京都议定书》之类的国际环境协议有着严重的缺陷，经济学的方法能够给气候政策的制定提供很好的指导。考虑到全球气候的不确定性和对参与各方的激励，有效可行的全球性环境协定应当采取排放税和许可证制度的混合形式。在政策的种类上，佩齐指出，从最终目的到实施手段上，环境政策和可持续性政策有着明显的区别，但是两者的结合使用会取得更好的效果。

对资源有效利用就是最好的保护方式。然而，在自然资源利用方面大量存在的制度难题使利用过程缺乏效率。对于资源与环境来说，市场这种制度本身就有失效的问题。因为许多资源与环境本身具有公共品的非排他性和非竞争性，在市场环境下会导致社会成本与私人成本相分离，引起无效率的情况。柯奇恩指出，这种公共品的性质对引入同时提供私人品和公共品的“绿色市场”来说也有特殊的效果。当市场规模足够大时，“搭便车”动机使得环境公共品性质表现得越加强烈，促使个体全部选择通过“绿色市场”形式顺便提供环境公共品。但在这种情况下，环境公共品的总量不会降低。达斯古普塔指出，相对于发达国家而言，发展中国家制度失效的问题更为严重。制度失效、环境恶化和贫困人口增加这三者之间可能形成恶性循环，现有的福利指标体系偏向于导致自然资源被过度消耗，在这种情况下，可持续性发展很难得到保证。必须从多方面入手，解决制度失效问题，为自然资源的利用提供一个有效率的制度框架。

综上所述，笔者认为，有关近年来可持续发展的理论研究具有以下几个特点：

第一，可持续发展观念逐渐深入人心，已成为经济发展中不可回避的问题。作为地球生态系统中的强势物种，人类的发展一直体现为对自然环境的扩张与征服。尽管人类从未间断过对自然环境的影响，但在工业革命之后，人类拥有了对自然环境空前的影响力，以至于这种力量的不当使用可能严重地危及人类自身的发展。这种危害的严重性已经在许多方面有所体现，成为每个经济体成长过程中必须面对的问题。经过学者们不懈地努力，如何适度地使用自然资源以保证经济的可持续发展已经成为经济长远发展规划中必不可少的议题。

第二，可持续发展含义清晰化。在可持续发展研究的早期，问题的严重性促使大量的可持续性观点的产生：从地球的“使用权”到“非负的实际投资”，从

“宇宙飞船经济观”到“生产基数的保值”，从“低熵理论”到“稳态经济”，从“代际非独断性”到“代际公平”，等等。可以看出，各种有代表性的观点都不仅仅局限于当代人的利益，而是以发展的眼光看待未来代际的权益。从发展经济学角度来看，可持续发展观念不仅是一种必须坚持的规范标准，而且是一种发展的代际道德标准。

第三，可持续发展的实证性研究日益增加。在从事可持续发展研究中，对理论的验证、对趋势的总结、对关系的分析、对标准的比照等都需要具体数据。随着可供计量分析的数据日益丰富、统计范围的扩大以及数据处理能力的增强，可持续发展研究也越来越多地使用统计数据来进行计量检验，并获得了许多有意义的结果。

第四，各种具体的经济活动和政策行为从可持续性的角度得到了分析。可持续发展目标的达成需要具体的行动来保证。市场失效、制度失效以及各国政策的取向都对经济活动的环境影响起着重要的作用，必须用可持续性标准加以分析，从而得出具体的改进措施。这类研究工作的大量出现就是可持续性标准被具体应用的表现。

第五，可持续发展的进一步研究需要各类学科的相互借鉴。例如，可持续发展中的一个关键性问题，即对“被制造出来的”资本和自然资源替代性的判断，在经济学家和生态学家之间就一直存在着较大的争议。此类争议激励各方进行了更加深入的研究，并借鉴对方的观点以解决问题。事实证明，各方观点的比对、分析和综合是目前可持续发展研究中的一种有用的思路。

参考文献

1. R. T. 伊利、E. T. 莫尔豪斯：《土地经济学原理》，商务印书馆 1982 年版。

2. 丹尼斯·米都斯：《增长的极限》，吉林人民出版社 1974 年版。

3. 世界环境与发展委员会：《我们共同的未来》，吉林人民出版社 1986 年版。

4. 赫尔曼·E. 戴利：《超越增长——可持续发展的经济学》，上海译文出版社 2001 年版。

5. 谭崇台主编：《发展经济学》，山西经济出版社 2000 年版。

6. Andreonia, James & Arik Levinson, 2001, “The Simple Analytics of the Environmental Kuznets Curve”, *Journal of Public Economics*, vol. 80, pp. 269-286.

7. Arrow, Kenneth, Partha Dasgupta, Lawrence Goulder, Gretchen Daily, Paul Ehrlich, Geffrey Heal, Simon Levine, Karl-Göran Mäler, Stephen Schneider, David Starrett & Brian Walker, 2004, "Are We Consuming Too Much?", *Journal of Economic Perspectives*, vol. 18, no. 3., pp. 147-172.

8. Arrow, Kenneth, Partha Dasgupta & Karl-Göran Mäler, 2003, "The Genuine Savings Criterion and the Value of Population", *Economic Theory*, vol. 21, pp. 217-225.

9. Arrow, Kenneth J., Bert Bolin, Robert Costanza, Partha Dasgupta, Carl Folke, C. S. Holling, Bengt-Owe Jansson, Simon Levin, Karl-Göran Mäler, Charle Perrings & David Pimentel, 1995, "Economic Growth, Carrying Capacity, and the Environment", *Science*, vol. 268, pp. 520-521.

10. Boulding, Kenneth, 1966, "The Economics of the Coming Spaceship Earth", in H. Jarret, ed., *Environmental Quality in a Growing Economy*, New York: Freeman.

11. Chichilnisky, Graciela, 1997, "What Is Sustainable Development?", *Land Economics*, vol. 73, no. 4, pp. 467-491.

12. Collins, Susan & Bany Bosworth, 1996, "Economic Growth in East Asia: Accumulation versus Assimilation", *Brookings Papers on Economic Activity*, pp. 135-203.

13. Copeland, Brian R. & M. Scott Taylor, 2004, "Trade, Growth, and the Environment", *Journal of Economic Literature*, vol. 42, pp. 7-71.

14. Dasgupta, Partha, 2001, *Human Well-Being and the Natural Environment*, New York: Oxford University Press.

15. Dasgupta, Partha, 1998, "The Economics of Poverty in Poor Countries", *Scandinavian Journal of Economics*, vol. 100, no. 1, pp. 41-68.

16. Dixit, Avinash K., 1985, "Tax Policy in Open Economies", in Alan J. Auerbach & Martin Feldstein, eds., *Handbook of Public Economics*, vol. 1, Amsterdam: Noth Holland.

17. Frankel, Jeffrey A. & Andrew K. Rose, 2005, "Is Trade Good or Bad for the Environment? Sorting out the Causality", *Review of Economics & Statistics*, vol. 87, pp. 85-91.

18. Georgescu-Roegen, N., 1975, "Energy and Economic Myths", *Southern Economic Journal*, vol. 41, pp. 347-381.

19. Gradus, Raymond & Sjak Smulders, 1993, "The Trade-off between Environmental Care and Long-term Growth Models", *Journal of Economics*, vol. 58, pp. 25-51.

20. Grossman, Gene M. & Alan B. Krueger, 1991, "Environmental Impacts of a North American Free Trade Agreement", NBER Working Papers, no. 3914.

21. Grossman, Gene M. & Alan B. Krueger, 1993, "Environmental Impacts of a

North American Free Trade Agreement", in Peter M. Garber ed., *The U. S. -Mexico Free Trade Agreement*, Cambridge, MA: The MIT Press.

22. Grossman, Gene M. & Alan B. Krueger, 1995, "Economic Growth and the Environment", *Quarterly Journal of Economics*, vol. 110, no. 2, pp. 353-377.

23. Hartwick, John M., 1997, "Paying down the Environmental Debt", *Land Economics*, vol. 73, no. 4, pp. 508-515.

24. Klenow, Peter J. & Andres Rodriguez-Clare, 1997, "The Neoclassical Revival in Growth Economics: Has it Gone Too Far?" in Ben S. Bernanke & Julie J. Rotemburg eds., *NBER Macroeconomics Annual* 1997, , pp. 73-104.

25. Kotchen, Matthew J., 2006, "Green Markets and Private Provision of Public Goods", *Journal of Political Economy*, vol. 114, pp. 816-834.

26. Krautkraemer, Jeffrey A. & Raymond G. Batina, 1999, "On Sustainability and Intergenerational Transfers with a Renewable Resource", *Land Economics*, vol. 75, no. 2., pp. 167-184.

27. Lucas, Robert E. B., Hemamala Hettige & David Wheeler, 1992, "The Toxic Intensity of Industrial Production: Global Patterns, Trends, and Trade Policy", *American Economic Review*, vol. 82, no. 2, pp. 478-481.

28. Markusen, James R., 1975, "Cooperative Control of International Pollution and Common Property Resources", *Quarterly Journal of Economics*, vol. 89, Issue 4, pp. 618-632.

29. McKibbin, Warwick J. & Peter J. Wilcoxen, 2002, "The Role of Economics in Climate Change Policy", *Journal of Economic Perspectives*, vol. 16, pp. 107-129.

30. Page, Talbot, 1997, "On the Problem of Achieving Efficiency and Equity, Intergenerationally", *Land Economics*, vol. 73, no. 4, pp. 580-596.

31. Pezzey, John C. V., 2004, "Sustainability Policy and Environmental Policy", *Scandinavian Journal of Economics*, vol. 106, pp. 339-359.

32. Stiglitz, Joseph E., 1979, "A Neoclassical Analysis of the Economics of Natural Resources", in V. K. Smith eds., 1980, *Scarcity and Growth Reconsidered*, Baltimore: Johns Hopkins University Press.

33. Stokey, Nancy L., 1998, "Are There Limits to Growth?", *International Economic Review*, vol. 39, pp. 1-31.

34. Suri, V. & Chapman, D., 1998, "Economic Growth, Trade and Energy: Implications for the Environmental Kuznets Curve", *Ecological Economics*, vol. 25, pp. 195-208.

35. Weitzman, Martin L., 1999, "Pricing the Limits to Growth from Minerals Depletion", *Quarterly Journal of Economics*, vol. 114, no. 2, pp. 691-706.

人名译名索引

Acemoglu, Daron	达龙·阿西莫格鲁
Adams, Dale W.	戴尔·W. 亚当斯
Adelman, Irma	爱尔玛·阿德尔曼
Aghion, Philippe	菲利普·阿吉翁
Agarwala, Ramgopal	拉姆格派尔·阿加瓦拉
Akerlof, George A.	乔治·A. 阿克洛夫
Alchian, Armen	阿尔曼·阿尔钦
Aleem, Irfan	伊尔凡·阿利姆
Allen, Franklin	富兰克林·阿伦
Alsina, Alberto	阿尔贝托·阿莱西纳
Amara, Nabil	纳比尔·阿马拉
Amsberg, Joachim von	乔阿希姆·冯·阿姆斯贝格
Anderson, James	詹姆斯·安德森
Anderson, K. L.	K. L. 安德森
Anderson, Simon P.	西蒙·P. 安德森
Andreoni, James	詹姆斯·安德列奥尼
Annen, Kurt	库尔特·安能
Antras, Pol	博尔·安特拉斯
Aoki, Masahiko	青木昌彦
Ardeni, Pier G.	皮埃尔·G. 阿德尼
Arkadie, Brian van	布赖恩·范·阿卡迪
Arthur, Brian W.	布赖恩·W. 阿瑟
Arrow, Kenneth K.	肯尼斯·K. 阿罗
Atje, Raymond	雷蒙德·阿特杰
Attanasio, Orazrio	奥拉齐里欧·阿坦纳希欧
Au Chun-chung	欧振中
Audretsch, David B.	大卫·B. 奥德莱奇

Azariadis, Costas	科司塔斯·阿扎里亚迪斯
Bacha, Edmar L.	埃德玛·L. 巴卡
Balassa, Bela	贝拉·巴拉萨
Baldwin, Richard E.	理查德·E. 鲍德温
Baldwin, Robert E.	罗伯特·E. 鲍德温
Baltensperger, Ernst	恩斯特·巴尔腾斯伯格
Banerjee, Asis K.	阿西斯·K. 巴纳基
Banerji, Sanjay	桑贾伊·巴纳吉
Baran, Paul	保罗·巴兰
Barber, Clarence	克拉伦斯·巴伯
Bardhan, Pranab K.	普拉纳布·K. 巴丹
Barelli, Paulo	保罗·巴瑞利
Barkley, David L.	大卫·L. 巴克莱
Bartolini, Stefano	斯特凡诺·巴托里尼
Barro, Robert	罗伯特·巴罗
Basevi, Giorgio	吉奥吉·巴瑟维
Basu, Kaushik	考希克·巴苏
Batina, Raymond G.	雷蒙德·G. 巴蒂纳
Bator, Francis	弗朗西斯·巴托
Baumol, William	威廉·鲍莫尔
Beach, W. E.	W. E. 比齐
Beck, Thorsten	托尔斯坦·贝克
Becker, Gary S.	加里·S. 贝克尔
Behrens, Kristian	克里斯蒂安·伯仁斯
Behrman, Jere	杰里·贝尔曼
Bell, Clive	克莱夫·贝尔
Bencivenga, Valerie R.	瓦拉里·R. 本西温加
Benfica, Rui M. S.	瑞·M. S. 本菲卡
Burger, Kees	基斯·伯杰
Bernard, Andrew	安德鲁·伯纳德
Bernanke, Ben	本·伯南克
Besanko, David	大卫·贝斯安科
Bester, Helmut	赫尔穆特·贝斯特
Beugelsdijk, Sjoerd	斯约尔德·比戈尔斯蒂齐克

Bhagwati, Jagdish N.	贾格蒂什·N. 巴格瓦蒂
Bisin, Alberto	阿尔贝托·比辛
Birdsall, Nancy	南希·伯德萨尔
Black, Duncan	邓肯·布莱克
Blinder, Alan	阿兰·布林德
Bliss, Christopher	克里斯托弗·布利斯
Bodie, Zvi	齐维·博迪
Bonatti, Luigi	路易吉·波纳提
Boot, Arnoud W. A.	阿努德·W. A. 布特
Borland, Jeff	杰弗·博兰
Bose, Niloy	尼罗伊·博斯
Bose, Pinaki	皮纳基·博斯
Boughton, Duncan	邓肯·博夫顿
Boulding, Kenneth E.	肯尼斯·E. 鲍尔丁
Bourdieu, Pierre	皮埃尔·布尔迪厄
Bowles, Samuel	萨缪尔·鲍尔斯
Boyd, John H.	约翰·H. 博伊德
Brander, James A.	詹姆斯·A. 布兰德
Braverman, Avishay	阿维什·布雷夫曼
Brecher, Richard	理查德·布雷切
Briere, Benedicte de la	本尼迪特·德·拉·布里尔
Brock, William	威廉·布洛克
Buchanan, James	詹姆斯·布坎南
Buffie, Edward F.	爱德华·F. 布菲
Burt, Ronald	罗纳德·伯特
Cagan, Phillip	菲利普·卡甘
Calderón, César	塞扎尔·卡尔德龙
Campos. Roberto de Olivera	罗伯托·德·奥利维拉·堪波斯
Caprio, Gerhard J.	格哈德·J. 卡普里奥
Carpenter, Jeffrey	杰弗里·卡彭特
Carrington, William J.	威廉·J. 卡灵顿
Carson, Rachel	雷切尔·卡森
Caselli, Francesco	弗朗西斯科·卡斯利
Cavailhès, Jean	让·卡维埃尔

Cavallo, Domingo F.	多明戈·F. 卡瓦洛
Caves, Richard E.	理查德·E. 凯夫斯
Chacholides, Miltiades	米尔提亚德斯·查可里亚德斯
Chakrabarty, Debajyoti	德布拉吉约迪·查卡拉巴迪
Chamberlin, Edward H.	爱德华·H. 张伯伦
Chang, Pei-kang	张培刚
Chaudhuri, Ananish	阿兰尼什·乔杜里
Chaudhuri, Sarbarjit	萨巴吉特·乔杜里
Chenery, Hollis B.	霍利斯·B. 钱纳里
Chichilnisky, Graciela	格雷西拉·齐齐尔尼斯基
Cho, Yoon Je	赵润济
Chou, Yuan K.	周元光
Choubey, Manesh	曼纳什·乔贝伊
Christaller, Walter	沃尔特·克里斯塔勒
Christopoulos, Dimitris K.	迪米特里斯·K. 克里斯特普罗斯
Chung, Steven N. S.	张五常
Clark, John Bates	约翰·贝茨·克拉克
Clercq, Dirk de	迪尔克·德·克勒尔克
Coase, Ronald	罗纳德·科斯
Colander, David	大卫·柯兰德
Coleman, Brett E.	布雷特·E. 科尔曼
Coleman, James S.	詹姆斯·S. 科尔曼
Copeland, Brian R.	布莱恩·B. 科普兰
Corden, W. Max	W. 马克斯·科登
Cowen, Tyler	泰勒·柯文
Daniel, Betty C.	贝蒂·C. 丹尼尔
Dakhli, Mourad	穆拉德·达米里
Daly, Herman E.	赫尔曼·E. 戴利
Dasgupta, Partha	帕萨·达斯古普塔
Dutt, Amitava K.	阿米塔瓦·K. 杜特
Datta-Chaudhuri, Mrinal	穆里纳尔·达塔—乔杜里
Datta, Jayasri	贾亚斯里·达塔
David, Paul A.	保罗·A. 大卫
David, Vincent	文森特·大卫

Davis, Lance E.	兰斯·E. 戴维斯
Deaton, Angus	安格斯·迪顿
Deidda, Luca	卢卡·戴达
Demirgüç-Kuntt, Asli	阿斯利·德米尔居斯—昆特
Demsetz, Harold	哈罗德·德姆塞茨
Denison, Edward F.	爱德华·F. 丹尼森
Deolalikar, Anil B.	安尼尔·B. 德奥拉利卡
Detragiache, Enrica	恩里卡·德特拉吉亚齐
Diamond, Douglas W.	道格拉斯·W. 戴蒙德
Diamond, Peter A.	彼特·A. 戴蒙德
Dinda, Soumyananda	舒米安南达·丁达
Dixit, Avinash K.	阿维纳什·K. 迪克西特
Drazen, Allen	阿伦·德雷泽恩
Dumais, Guy	居伊·迪麦
Durlauf, Steven N.	史蒂文·N. 杜尔劳夫
Dybvig, Phillip H.	菲利普·H. 迪布维格
Easterly, William	威廉·伊斯特里
Eaton, Jonathan	乔纳森·伊顿
Edgeworth, Francis Y.	弗朗西斯·Y. 埃奇沃斯
Edwards, Edger O.	埃德加·O. 爱德华兹
Edwards, Sebastian	塞巴斯蒂安·爱德华兹
Englund, Peter	彼得·恩格伦德
Ekelund, Robert B.	罗伯特·B. 埃克伦德
Ellison, Glenn	格伦·埃利森
Elizondo, Raul Livas	劳尔·利瓦斯·埃利桑多
Ely, Richard T.	理查德·T. 伊利
Eisner, Robert	罗伯特·艾斯纳
Ethier, Wilfred J.	威尔弗雷德·J. 埃塞尔
Fafchamps, Marcel	马塞尔·法夫尚
Fattouh, Bassam	巴萨姆·法托赫
Feenstra, Robert C.	罗伯特·C. 费斯特拉
Feldman, Maryann P.	玛丽安·P. 费尔德曼
Ferreira-Lopes, Alexander	亚历桑德拉·费雷拉—洛佩斯

Fields, Gary S.	加里·S. 菲尔茨
Findlay, Ronald	罗纳德·芬德莱
Fischer, Jeffrey H.	杰弗里·H. 费雪
Fischer, Stanley	斯坦利·费雪
Floro, Maria S.	玛利亚·S. 弗洛罗
Foster, Andrew D.	安德鲁·D. 福斯特
Fountain, Jan E.	简·E. 方丹
François, Patrick	帕特里克·弗朗索瓦
Frank, Andre G.	安德烈·G. 弗兰克
Fried, Joel	乔尔·弗雷德
Fry, Maxwell J.	马克斯韦尔·J. 弗莱
Fujita, Masahisa	藤田昌九
Fukuyama, Francis	弗朗西斯·福山
Furtado, Celso	塞尔索·福尔塔多
Furuya, Jun S.	吉家淳
Gaigne, Carl	卡尔·盖涅
Galbis, Vincente	文森特·加尔比斯
Gale, Douglas	道格拉斯·盖尔
Garrett, Thomas	托马斯·加雷特
George, Henry	亨利·乔治
Georgescu-Roegen, Nicholas	尼古拉斯·乔治斯库—罗金
Ghate, Prabhu B.	普拉布·B. 盖特
Gill, Anita	阿尼塔·吉尔
Gill, Kaveri	卡维里·吉尔
Gilligan, Daniel	丹尼尔·吉利根
Gintis, Herbert	赫伯特·金迪斯
Giovannetti, Emanuele	艾玛纽埃尔·乔瓦尼蒂
Glaeser, Edward L.	爱德华·L. 格莱瑟尔
Glomm, Gerhard	杰哈德·格罗姆
Goldsmith, Raymond W.	雷蒙德·W. 戈德史密斯
Gomez, Luis Carlos	路易斯·卡洛斯·戈梅兹
Gradus, Raymond	雷蒙德·格芮德斯
Graham, Frank D.	弗兰克·D. 格雷厄姆
Granovetter, Mark	马克·格兰诺维特

Greene, William H.	威廉·H. 格林
Greenwood, Bruce C.	布鲁斯·C. 格林伍德
Greenwood, Jeremy	杰里米·格林伍德
Greif, Avner	阿夫纳·格雷夫
Grinols, Earl	厄尔·格里诺尔斯
Grossman, Gene M.	吉恩·M. 格罗斯曼
Grossman, Sanford J.	桑福德·J. 格罗斯曼
Grubel, Herbert G.	赫伯特·G. 格鲁贝尔
Guaitoli, Danilo	达尼洛·瓜伊托利
Gusch, J. Luis	J. 路易斯·格瓦施
Guiso, Luigi	路易吉·圭索
Gupta, Manash Rajan	玛纳什·拉詹·古普塔
Gurley, John G.	约翰·G. 格利
Haberler, Gottfried	戈特弗里德·哈伯勒
Haese, Marijkt de	玛里吉可特·德·海斯
Hagen, Everett	艾佛瑞特·哈根
Hallagan, William	威廉·海拉根
Hamilton, Jonathan H.	乔纳森·H. 汉密尔顿
Hanazaki, Masaharu	花崎正晴
Hanifan, Lyda J.	利达·J. 汉尼凡
Hansen, Bent	本特·汉森
Hansen, Gordon H.	戈登·H. 汉森
Harberger, Arnold C.	阿诺德·C. 哈伯格
Harrigan, James	詹姆斯·哈里根
Harrington Jr. , Joseph E.	约瑟夫·E. 小哈灵顿
Harris, John R.	约翰·R. 哈里斯
Hart, Oliver	奥利弗·哈特
Hartwick, John M.	约翰·M. 哈特维克
Hassan, Nazmul Md.	纳兹穆尔·Md. 哈桑
Hayek, Friedrich	弗里德里希·哈耶克
Heal, Geoffrey M.	杰弗里·M. 希尔
Helliwell, John F.	约翰·F. 赫利韦尔
Hellman, Thomas	托马斯·赫尔曼
Helpman, Elhanan	埃尔哈南·赫尔普曼

Hellwig, Martin	马丁·赫尔维希
Henderson, J. V.	J. V. 亨德森
Henderson, Vernon	弗农·亨德森
Henry, Mark S.	马克·S. 亨利
Herberg, Horst	霍斯特·赫伯格
Hettige, Hemamala	赫玛马拉·赫特杰
Hicks, John R.	约翰·R. 希克斯
Hillman, Arye	埃尔·希尔曼
Hirsch, Fred	弗雷德·赫尔希
Hirschman, Albert	阿尔伯特·赫尔希曼
Hoff, Karla	卡尔拉·霍夫
Hoffman, Elizabeth	伊丽萨白·霍夫曼
Hodgman, Donald R.	唐纳德·R. 霍格曼
Hopenhayn, Hugo A.	雨果·A. 霍特哈因
Horiuchi, Akiyosi	堀内昭义
Horney, Mary J.	玛丽·J. 霍尼
Hotelling, Harold	哈罗德·霍特林
Houben, Erike	埃里克·胡本
Howarth, Richard B.	理查德·B. 豪沃斯
Howitt, Peter	彼特·霍伊特
Huang, Chen-ying	黄贞颖
Huq, Mainul	梅鲁尔·赫克
Hurwicz, Leonid	利奥尼德·赫维茨
Hwang, Sung-ha	黄圣夏
Isham, Jonathan	乔纳森·艾沙姆
Ishise, Hirokazu	弘石濑
Isard, Walter	沃尔特·伊萨德
Imai, Haruo	今井治男
Jaffee, Dwight M.	德怀特·M. 贾费
Jain, Sanjay	桑贾伊·贾因
Janvry, Alain de	阿兰·德·杨弗利
Jayne, T. S.	杰伊内
Jefferson, Thomas	托马斯·杰斐逊

Jensen, Bradford 布拉德福德·詹森
Johnson, D. Gale D. 加尔·约翰逊
Johnson, Harry G. 哈里·G. 约翰逊
Johnson, Simon 西蒙·约翰逊
Jomo, Kwame S. 夸姆·S. 乔摩
Jones, Charles 查尔斯·琼斯
Jorgensen, Dale W. 戴尔·W. 乔根森
Jovanovic, Boyan 博伊恩·乔万诺维奇

Kahkonen, Satu 萨托·卡科内
Kan, Kamhon 简锦汉
Kandori, Michihiro 神取道宏
Kapur, Basant K. 巴桑特·K. 卡普
Kapur, Sandeep 桑迪普·卡普
Keefer, Philip 菲利浦·基弗
Keeton, William 威廉·基顿
Kemp, Murray C. 默里·C. 坎普
Khan, Mushtaq H. 穆斯塔克·H. 卡恩
Kim, Hong-bum 金弘范
Kim, Hyung-ki 金滢基
Kimhi, Ayal 阿亚尔·基姆希
King, Robert G. 罗伯特·G. 金
Klein, James F. 詹姆斯·F. 克莱因
Knack, Stephen 斯蒂芬·奈克
Knight, Frank H. 弗兰克·H. 奈特
Koford, Kenneth J. 肯尼斯·J. 柯福特
Koo, Hui-wen 古慧雯
Kortum, Samuel 塞缪尔·柯图姆
Kotchen, Matthew J. 马修·J. 科奇恩
Krautkraermer, Jeffrey A. 杰弗里·A. 克雷奥克莱默
Kravis, Irving B. 欧文·B. 克拉维斯
Krueger, Alan B. 艾伦·B. 克鲁格
Krueger, Anne O. 安妮·O. 克鲁格
Krugman, Paul R. 保罗·R. 克鲁格曼
Kugler, Maurice 莫里斯·库格勒

Kuznets, Simon	西蒙·库兹涅茨
Laband, David N.	大卫·N. 拉班德
Laibson, David	大卫·莱布森
Lal, Deepak	迪帕克·拉尔
Lamari, Moktar	莫克塔·拉马里
Lancaster, Kelvin	凯尔文·兰开斯特
Landry, Rejean	瑞吉恩·兰德里
Lanyi, Anthony	安东尼·兰伊
Leach, Dermot	德尔莫·利奇
Leach, John	约翰·利奇
Leamer, Edward	爱德华·利默
Lee, Jong-wha	李钟和
Lehnert, Andreas	安德莱斯·莱纳特
Leibenstein, Harvey	哈维·莱本斯坦
Leijonhufvud, Axel	阿克塞尔·莱琼赫夫德
Leland, Hayne E.	海纳·E. 利兰
Levine, Ross	罗斯·莱文
Levinson, Arik	阿瑞克·莱文森
Limongi, Fernando	费尔南多·里蒙齐
Lin, Justin Yifu	林毅夫
Lipsey, Richard G.	理查德·G. 利普西
Little, Ian M. D.	伊安·M. D. 利特尔
Liu, Lin	刘林
Loayza, Norman	诺曼·罗伊扎
Locay, Luis	刘易斯·洛凯
Lohano, Hari R.	哈里·R. 洛哈诺
Long, Ngo Van	龙吴文
Lopez-de-Silanes, Florencio	弗罗伦希欧·洛佩兹·德·西拉恩斯
Lösch, August	奥古斯特·勒施
Loury, Glenn C.	格伦·C. 路里
Lovasy, G.	G. 洛瓦锡
Love, Inessa	英纳萨·洛弗
Lucas, Robert E.	罗伯特·E. 卢卡斯

Magee, Stephen E.	斯蒂芬·E. 玛吉
Mäler, Karl-Göran	卡尔—戈兰·马勒
Mandelbaum, Kurt	库尔特·曼德尔鲍姆
Mani, Muthukumara	穆苏库马拉·玛尼
Mankiw, Geogory N.	格里高里·N. 曼昆
Mangyo, Eiji	万行英二
Markusen, James R.	詹姆斯·R. 马库森
Masahiro, Okuno-Fujiwara	奥野正宽
Maskell, Peter	彼得·马斯克尔
Mathiason, Donald J.	唐纳德·J. 马西森
Matsuyama, Kiminori	松山公纪
Mayer-Foulkes, David	大卫·迈耶—福克斯
Mayer, Wolfgang	沃夫冈·迈尔
Mazumdar, Dipak	迪帕克·玛祖姆达
McElroy, Marjorie B.	玛乔里·B. 麦克埃尔罗伊
Mckibbin, Warwick J.	沃里克·J. 麦奇宾
Mckinnon, Ronald I.	罗纳德·I. 麦金农
Meade, James	詹姆斯·米德
Meadows, Dennis L.	丹尼斯·L. 麦多斯
Mercuro, Nicholas	尼古拉·莫卡洛
Melitz, Marc	马克·梅利兹
Melo, Jaime de	杰姆·德·梅罗
Melvin, James R.	詹姆斯·R. 梅尔文
Merton, Robert C.	罗伯特·C. 默顿
Messori, Marcello	马塞洛·墨索里
Meza, David de	大卫·德·默扎
Milde, Hellmuth	赫尔穆特·密尔德
Mill, John S.	约翰·S. 穆勒
Minton, Bart	巴特·明腾
Mirrlees, James A.	詹姆斯·A. 米尔利斯
Mitra, Pradeep	普拉迪普·米特拉
Mixon, Franklin G.	富兰克林·G. 米克松
Modigliani, Franco	弗朗科·莫迪格利安尼
Moncada, Marco	马可·蒙卡达
Moore, John	约翰·摩尔

Morehouse, Edward W.	爱德华·W. 莫尔豪斯
Mori, Tomoya	知也森
Morris, Cynthia T.	辛西娅·T. 莫里斯
Motiram, Sripad	斯瑞帕德·莫蒂拉姆
Mujawamariya, Gaudiose	戈迪奥斯·穆加瓦玛里亚
Mukherjee, Anindita	阿宁迪塔·慕克吉
Murdock, Kevin	凯文·穆尔多克
Murphy, Kevin M.	凯文·M. 墨菲
Myint, Hla	哈拉·明特
Myrdal, Gunnar	冈纳·缪尔达尔
Nalebuff, Barry J.	巴里·J. 纳来巴夫
Nalev, Neven	内文·纳莱夫
Naoki, Murakami	村上直树
Narayan, Deepa	迪帕·纳拉扬
Neary, J. Peter	J. 彼得·尼律
Neil, Vousden	沃斯登·内尔
Nelson, Richard R.	理查德·R. 纳尔逊
Neusser, Klaus	克劳斯·纽瑟尔
Neven, Damien J.	达米安·J. 内文
Newberry, David M.	大卫·M. 纽贝里
Nippel, Peter	彼得·尼佩尔
Norgaard, Richard B.	理查德·B. 诺加特
Norman, Gorge	乔治·诺曼
Norman, Victor	维克多·诺曼
North, Douglas C.	道格拉斯·C. 诺斯
Nugent, Jeffrey B.	杰弗里·B. 纽津特
Nyoro, James	詹姆斯·恩约罗
Ogawa, Hideaki	小川英昭
Ohlin, Bertil	贝蒂尔·俄林
Okubo, Toshihiro	大久保利泰
Olivera, Julio H. G.	朱利奥·H. G. 奥利维拉
Ordonez, Fidel	菲德尔·奥多内兹
Ostrom, Elinor	埃利诺·奥斯特罗姆

Ota, Mitsuru	太田充
Otsuka, Keijiro	大塚启二郎
Pagano, Marco	马可·帕加诺
Page, Talbot	塔尔波特·佩吉
Panagariya, Arvind	阿温德·潘纳加里亚
Panayotou, Theodore	西奥多·帕哪约托
Papall, Lynne	林恩·佩帕尔
Patrick, Huph T.	休·T. 帕特里克
Perroux, François	弗朗索瓦·佩鲁
Pessoa, Samuel	塞缪尔·佩索阿
Pezzey, John C. V.	约翰·C. V. 佩齐
Picard, Pierre M.	皮埃尔·M. 皮卡德
Pigou, Arthur C.	阿瑟·C. 庇古
Pitt, Mark M.	马克·M. 皮特
Piore, Michael Joseph	迈克尔·约瑟夫·皮奥里
Porta, Rafael la	拉菲尔·拉·波塔
Portes, Alejandro	亚历简德罗·波茨
Posner, Richard	理查德· 波斯纳
Poulsen, Anders	安德斯·波尔森
Prescott, Edward	爱德华·普雷斯科特
Prebisch, Raul	劳尔·普雷维什
Prezeworcki, Adam	亚当·普雷泽沃尔斯基
Pritchett, Lant	兰特·普里特切特
Puga, Diego	迪埃哥·普加
Putnam, Robert D.	罗伯特·D. 普特南
Pyle, David H.	大卫·H. 派尔
Rajan, Raghuram G.	拉格胡拉姆·G. 拉詹
Ramaswami, V. K.	V. K. 拉玛斯瓦米
Rancier, Romain	罗曼·朗西埃
Rauch, James E.	詹姆斯·E. 劳奇
Raut, Lakshmi K.	拉卡西迷·K. 劳特
Ravikummer, B.	B. 拉维库马尔
Ray, Debraj	德布拉吉·瑞

Rebelo, Sergio	塞尔吉奥·里贝罗
Redding, Stephen	史蒂芬·雷丁
Reid, Joseph D.	约瑟夫·D. 里德
Riley, John G.	约翰·G. 赖利
Rioja, Felix	菲利克斯·里奥嘉
Robert-Nicoud, Frédéric	弗里德里克·罗伯特—尼库德
Robertson, Dennis H.	丹尼斯·H. 罗伯逊
Robinson, James	詹姆斯·罗宾逊
Robinson, Joan	琼·罗宾逊
Robinson, Sherman	谢尔曼·罗宾逊
Roderiguez, Francisco	弗朗西斯科·罗德里格斯
Roderiguez-Clare, Andrés	安德烈·罗德里格斯—克莱尔
Rodrik, Dani	达尼·罗德里克
Rojas, Ana Gomez	安娜·戈梅茨·洛加斯
Romer, David	大卫·罗默
Romer, Paul M.	保罗·M. 罗默
Ros, Jaime	杰姆·罗斯
Rosen, Sherwin	舍温·罗森
Rosenstein-Rodan, Paul N.	保罗·N. 罗森斯坦—罗丹
Rosenzweig, Mark R.	马克·R. 罗森茨维格
Rossa, Robert	罗伯特·罗萨
Rossi-Hansberg, Esteban	埃斯特班·罗西—汉斯贝格
Rousseau, Peter L.	彼得·L. 卢梭
Routledge, Bryan R.	布莱恩·R. 鲁特里奇
Ruttan, Vernon W.	维农·W. 拉坦
Russell, Thomas	托马斯·拉塞尔
Sabatini, Fabio	法比奥·萨巴蒂尼
Sakurai, Takeshi	黑崎卓
Sadoulet, Elisabeth	伊丽莎白·萨多莱
Sala-i-Martin, Xavier	夏威尔·萨拉—伊—马丁
Sacerdote, Bruce	布鲁斯·萨瑟多特
Samuels, Warran J.	沃伦·J. 塞缪尔斯
Samuelson, Paul A.	保罗·A. 萨缪尔森
Sapienza, Paola	保拉·萨皮恩扎

Saracoglu, Rusdu	鲁斯杜·萨拉科格鲁
Sarte, Daniel G.	丹尼尔·G. 萨特
Sawada, Yasuyuki	泽田康幸
Schott, Peter K.	皮特·K. 肖特
Schreft, Stacey L.	施塔西·L. 施雷夫特
Schultz, T. Paul	T. 保罗·舒尔茨
Schultz, Theodore W.	西奥多·W. 舒尔茨
Scully, Gerald W.	杰拉尔德·W. 斯古力
Schumpeter, Joseph A.	约瑟夫·A. 熊彼特
Seers, Dudley	达德利·西尔斯
Segerstorm. Paul	保罗·西格斯特罗姆
Sen, Amartya	阿玛蒂亚·森
Sequeira, Tiago N.	蒂亚戈·赛凯拉
Sheshinski, Eytan	艾坦·谢辛斯基
Shleifer, Andrei	安德烈·施莱弗
Shaw, Edward S.	爱德华·S. 肖
Singer, Hans W.	汉斯·W. 辛格
Slutsky, Steven M.	斯蒂文·M. 斯卢茨基
Smith, Lorence E. D.	劳伦斯·E. D. 史密斯
Smiths, Bruce D.	布鲁斯·D. 斯密斯
Snulders, Sjak	斯贾克·斯穆尔德斯
Sobel, Russell	拉塞尔·索贝尔
Solow, Robert	罗伯特·索罗
Spence, A. Michael	A. 迈克尔·斯彭斯
Spinesi, Luca	卢卡·斯宾尼塞
Schreft, Stacey L.	施塔西·L. 施雷夫特
Srinivasan, T. N.	T. N. 斯瑞尼瓦桑
Stackelberg, Heinrich von	海因里希·冯·施塔克尔贝格
Stark, Oded	奥德·斯塔克
Stiglitz, Joseph E.	约瑟夫·E. 斯蒂格利茨
Stockbridge, Michael	迈克尔·斯托克布里齐
Stockey, Nancy L.	南希·L. 斯托基
Strauss, John	约翰·斯特劳斯
Subramanian, Arvind	阿文德·萨布拉曼尼安
Sugden, Robert	罗伯特·萨格登

Summers, Laurence H.	劳伦斯·H. 萨默斯
Svendsen, Gert T.	格尔特·T. 斯文森
Svensson, Lars E. O.	拉尔斯·E. O. 斯文森
Swan, Trevor W.	特雷沃·W. 斯旺
Swinnen, Johan F. M.	乔翰·F. M. 斯温能
Syrquin, Moshe	摩西·赛尔昆
Tabarrock, Alexander	亚历山大·塔巴洛克
Tabuchi, Takatoshi	隆俊田渕
Tadasse, Solomon	所罗门·塔达瑟
Tamura, Robert T.	罗伯特·T. 田村
Taylor, J. Edward	J. 爱德华·泰勒
Taylor, Lance	兰斯·泰勒
Taylor, M. Scott	M. 斯科特·泰勒
Thakor, Anjan V.	安詹·V. 萨科尔
Thisse, Jacques-François	雅克—弗朗索瓦·蒂瑟
Thomas, Robert	罗伯特·托马斯
Thomas, Vinod	温诺德·托马斯
Thünen, Johann Heinrich von	约翰·海因里希·冯·杜能
Timothy, Besley	贝斯利·蒂莫西
Todaro, Michael P.	迈克尔·P. 托达罗
Townsend, Robert M.	罗伯特·M. 汤森德
Tran, Lien Huong	陈莲香
Trebbi, Francesco	弗朗西斯科·特里比
Tscherley, David L.	大卫·L. 契歇尔莱
Tsionas, Efthymios G.	厄弗西米奥斯·G. 契奥纳斯
Tullock, Gordon	戈登·塔洛克
Tuncer, Baran	巴兰·唐瑟
Uzawa, Hirofumi	宇泽弘文
Udry, Christopher	克里斯托弗·尤迪
Uy, Marilou	玛丽露·乌伊
Vandeplas, Anneleen	安内林恩·范德普拉斯
Venables, Anthony J.	安东尼·J. 维纳布尔斯

Veneroso, Frank	弗兰克·维纳洛索
Vera-Hernandez, Marcos	马科斯·维拉—赫尔南德斯
Verdier, Thierry	蒂埃里·维尔迪尔
Vernon, Raymond	雷蒙德·弗农
Vishny, Robert W.	罗伯特·W. 维什尼
Vishwanath, Tara	塔拉·维什瓦纳斯
Viner, Jacob	雅各布·瓦伊纳
Vogel, Robert C.	罗伯特·C. 福格尔
Vuthipadadorn, Dadanee	达达尼·乌西帕达多恩
Wade, Robert	罗伯特·韦德
Wallerstein, Immanul	伊曼努尔·华勒斯坦
Wachtel, Paul	保罗·瓦切特尔
Wang, Yan	王燕
Webb, David	大卫·韦布
Weber, Alfred	阿尔弗雷德·韦伯
Weil, David	大卫·威尔
Weitzman, Martin L.	马丁·L. 魏茨曼
Weingast, Barry R.	贝雷·R. 魏因加斯特
Weiss, Andrew	安德鲁·魏斯
Wellisz, Stanislaw	斯坦尼斯拉夫·威利斯茨
Wheeler, Christopher H.	克里斯托弗·H. 惠勒
Wheeler, David	大卫·惠勒
Wijinbergen, Sweder van	斯威德·范·维京伯根
Wilcoxen, Peter J.	彼得·J. 威尔科克森
Williamson, Oliver E.	奥利弗·E. 威廉姆森
Williamson, Stephen D.	斯蒂芬·D. 威廉姆森
Wolf, Charles jr.	查尔斯·小沃尔夫
Wolpin, Kenneth I.	肯尼斯·I·沃尔平
Xu, Zhenhui	徐振辉
Xu, Xinpeng	徐新鹏
Yamano, Takashi	山野隆司
Yang, Xiaokai	杨小凯

Yeaple, Stephen	史蒂芬·耶普尔
Young, Alwyn	阿尔温·杨
Young, Allyn	阿林·杨
Zabojnik, Jan	让·扎博杰尼克
Zak, Paul J.	保罗·J. 扎克
Zervos, Sara	萨拉·泽尔沃斯
Zilibotti, Fabrizio	法布里齐欧·齐里波蒂
Zingales, Luigi	路易吉·津加莱斯
Zusman, Pinhas	平哈斯·朱斯曼

后　记

本书系教育部人文社会科学重点研究基地重大项目“发展经济学前沿理论研究”（项目编号：05JJD790019）的研究成果，由武汉大学经济发展研究中心部分研究人员共同完成。本人担任本课题的主持人和本书的主编，负责构思和规划课题的整体框架和各个章节的具体内容；本书的初稿写成后，由我负责全书的通读、统稿、勘校和修改，并对部分章节进行了重写。

各章写作的分工如下：第一章，马颖；第二章，马颖、李酣、余官胜；第三章，马颖、袁东阳、余官胜；第四章，马颖、秦永；第五章，马颖、陈波；第六章，马颖、叶琳娜；第七章，马颖、陈金锟、李成；第八章，代谦、余官胜；第九章，王今朝、李酣；第十章，潘敏；第十一章，马颖、朱红艳；第十二章，邹丹。

鉴于当代发展经济学前沿研究成果大都采用数学模型的表述方式，我们在概述相关理论时，为了避免对原作者思想的误读，也采用了模型表述方式。由于发展经济学各相关领域中涌现的文献在数量上存在差异，我们在选择文献时不仅注重其代表性和学术影响，而且在各章篇幅安排上根据内容需要做了不同的处理。为了便于读者对本书内容有一个全面的了解和便于读者查考，我们对文中提到的研究文献以两种方式作了交代：其一是将有关文献直接放在脚注中；其二是在该文献第一次提到时，随文在括号中注明作者的英文全名和发表年份，以便读者在每一章最后所列参考文献中查找。此外，为了避免对外国学者和港澳台学者的姓名翻译或繁简转换时出现歧义，在每一位外国学者和港澳台学者的姓名第一次出现时注明了原文。鉴于书中提到的部分国外学者有同姓不同名的情况，对此，我们在全书中适当场合标出有这种情况的学者的全名，以避免造成“张冠李戴”式的误解。

本课题获得教育部人文社会科学重点研究基地重大项目研究基金的资助，在课题评审时各位专家提出了宝贵意见和建议；同时，本课题还得到了“211 工程”项目“发展经济学与世界经济发展”的经费资助。本书的出版得到了人民出版社的大力支持，陈登编辑为本书的付梓付出了大量辛勤的劳动。我们谨对提供资助的相关机构、评审专家与编辑人员表示诚挚的感谢！

马　颖

2013 年 9 月于武昌珞珈山下